南水北调中线工程文物保护项目
河南省考古发掘报告
第32号

禹州阳翟故城遗址

（上）

河南省文物局　编著

科学出版社
北京

内 容 简 介

阳翟故城位于河南省禹州市钧台街道办事处八里营村，是一处先秦至金元时期的遗址。2006～2007年配合南水北调工程进行了考古发掘，揭露面积8046平方米，遗存以金元时期为主，并有少量西周至汉唐的遗迹、遗物。共清理墓葬、灰坑、窑、井、灶、路、沟等各类遗迹1000余处，出土陶、瓷、铜、铁、玻璃、骨、石器及钱币等遗物近2000件。阳翟故城是一处不多见的保存较好的金元时期生活遗址，过去对这一时期这种类型的遗址发掘不多。因此，本次发掘所获相关资料，对于了解金元时期一般民众的社会生活状况非常有价值。

本报告可供从事文物考古、历史学及相关学科的研究者和相关专业的师生阅读、参考。

图书在版编目（CIP）数据

禹州阳翟故城遗址/河南省文物局编著.—北京：科学出版社，2016.3
ISBN 978-7-03-047965-5

Ⅰ.①禹…　Ⅱ.①河…　Ⅲ.①古城遗址（考古）-出土文物-禹州市　Ⅳ.①K878.02

中国版本图书馆CIP数据核字（2016）第063257号

责任编辑：王光明 / 责任校对：张凤琴
责任印制：肖　兴 / 封面设计：陈　敬

科 学 出 版 社 出版
北京东黄城根北街 16 号
邮政编码：100717
http://www.sciencep.com

中国科学院印刷厂 印刷
科学出版社发行　各地新华书店经销

*

2016年3月第　一　版　　开本：889×1194　1/16
2016年3月第一次印刷　　印张：57　插页：70
字数：1 894 000

定价：728.00（全二册）
（如有印装质量问题，我社负责调换）

Reports on the Cultural Relics Conservation
in the South-to-North Water Diversion Project
Henan Vol.32

Ancient Yangdi Site in Yuzhou

I

Administration of Cultural Heritage of Henan Province

Science Press
Beijing

南水北调中线工程文物保护项目

河南省考古发掘报告编辑委员会

主　　　任　陈爱兰

副　主　任　孙英民　郑小玲　马萧林　邓培全　尚宇鸣
　　　　　　齐耀华　刘正才　张志清

编　　　委　王　琴　孔祥珍　张慧明　康国义　秦文波
　　　　　　张斌远　姚向东　王瑞琴　马培良　王家永
　　　　　　韦耀国　常志兵　李　勇　湛若云　任　伟
　　　　　　许晓鹏　车俊朝　张长海　褚源新　邢心田
　　　　　　孟照阳　赫玉建

总　　　编　陈爱兰
执 行 总 编　孙英民　马萧林
副　总　编　张志清

南水北调中线工程文物保护项目

河南省考古发掘报告第32号

《禹州阳翟故城遗址》

主　编

徐承泰　范江欧美

副　主　编

王吉卿　谢晓庆

项目承担单位

武汉大学历史学院考古系

武汉博物馆

前 言

作为举世瞩目的特大型水利建设项目，南水北调中线工程的文物保护工作在河南是史无前例的。无论是工程涉及区域之广大，还是文物点分布的密集程度和价值之高，在河南的考古史上都是前所未有的。因此，当黄河小浪底水利枢纽工程和长江三峡库区的文物保护工作结束后不久，随着南水北调中线工程设计规划和施工的渐次展开，世人的目光便开始聚焦古老的中原大地。如何在配合特大型工程建设的同时，使中原大地珍贵的文化遗产得到有效保护，成为河南文物部门的重要任务。

南水北调中线工程包括水源地和总干渠两个主要项目。水源地丹江口水库地跨河南、湖北两省，总淹没面积达370平方千米，其中河南省境内占170平方千米，约占总面积的46%。总干渠起自河南省淅川县的陶岔，流经河南、河北、北京、天津等省市，全长1276千米，其中河南境内达731千米，约占总长度的58%。从南阳盆地沿太行山东麓北行，流经南阳、平顶山、许昌、郑州、焦作、新乡、鹤壁、安阳8个省辖市32个县（市、区），南水北调中线工程纵贯了古代中原的核心区域。在淹没区和总干渠沿线及其附近分布的文物点，既有旧石器时代的化石地点和古人类遗迹，也有新石器时代的大型聚落，更有数量众多、内涵丰富的反映不同文化风格及其交融过程的历史时期的城址、墓葬群、古代建筑和石刻艺术等。可以说，纵贯河南南北的总干渠，在中原大地形成了一条极为难得的融汇各个文化发展时期和各种文化因素的古代文化廊道。

南水北调中线工程河南段的文物保护工作，有以下几个显著特点：

一是全国文物考古队伍积极参与。1994~2005年，河南省组织协调省内外有关文物考古、科研和工程设计单位，对南水北调中线工程丹江口河南淹没区和总干渠沿线进行文物调查、复核和确认工作。经国家有关部门复核确认，南水北调中线工程共涉及河南境内文物点330处。2005年，南水北调中线工程河南段文物保护抢救工作正式启动。河南省文物考古研究所和中国社会科学院考古研究所、武汉大学历史系、陕西省考古研究院等来自全国各地的50余家文物考古单位，先后参加南水北调中线工程河南段的文物保护抢救工作。河南省文物局积极组织协调，在工作中强化大局意识、质量意识、安全意识和服务意识，组织专家现场指导，安排部署市县文物部门进行巡视，为考古发掘单位提供优良的工作环境，确保工程建设和文物保护工程顺利进行。

二是保护抢救了一大批珍贵文物。南水北调文物保护不仅工程浩大，而且总干渠绝大部分是开挖明渠，更容易造成文物的破坏和损害。我们组织考古队伍提前介入，对将要开工渠段的已知文物点进行抢救发掘，有效地保护了文物。其中不乏历史价值、科学价值、艺术价值颇高的珍贵文物。如徐家岭墓地清理的一座战国早期楚国贵族墓葬，出土的一件小口鼎上铸有多达49字的清晰铭文，铭文上有岁星纪年和墓主人身份等，对于研究墓葬年代及墓主人身份提供了重要资料；鹤壁关庄墓地发现的清代西安府守备之墓，出土了一批金质头饰，造型优美，制作精细，特别是一件印有喜鹊登梅图案的金冠，工艺精良，有极高的艺术价值；博爱聂村墓地出土的4件唐代三彩钵，做工精湛，造型精美，是唐三彩器物中不可多得的精品。

三是考古发现具有重要的科学研究价值。如鹤壁刘庄遗址在全国首次发现分布密集、排列规律的大面积先商文化墓地，填补了先商文化发掘和研究工作的一项空白，是该研究领域的重大学术突破；安阳固岸墓地在我国第一次发现了以二十四孝为题材的东魏时期围屏石榻，首次发现了明确纪年的东魏墓葬，出土了大批北齐时期陶俑、瓷器和多方北齐、东魏墓志等重要文物，是研究豫北地区北朝时期的丧葬习俗和陶塑艺术，白瓷、黑瓷的起源和制作工艺，以及北齐和东魏时期的书法艺术的宝贵资料；卫辉大司马墓地唐代乞扶令和夫妇合葬墓的发掘，为研究我国隋唐时期的官吏体制、书法艺术和社会的繁盛提供了新证据；温县徐堡发现了龙山、西周、春秋、战国、汉、宋、明和清时期连续叠压的古城址，是目前黄河流域所发现的龙山文化城址中保存较好、规模较大的一座城址，填补了豫西北龙山城址发现的空白；荥阳薛村遗址为二里头文化晚期到早商文化时期的大型遗址，该遗址的发掘保护工作，对于研究薛村遗址聚落的结构、内部功能区的划分及其特点，探讨夏、商文化的演变的态势和更替有重要的学术意义和科学研究价值；荥阳关帝庙遗址发现了保存完整的商代晚期小型聚落，聚落功能齐全，分居住区、制陶区、祭祀区、墓葬区四部分，在我国商代考古发掘中尚属首次；新郑唐户遗址发现了大面积裴李岗文化时期的居住基址，房址形制结构特点和排水系统的使用，反映了裴李岗文化时期较为先进的建筑理念。

四是考古发掘与课题研究有机结合。在发掘过程中，不仅注重各类文物的抢救保护，而且采用现代科技手段，最大可能地采集各类标本。特别是对于出土的人骨、兽骨进行了性别、年龄、病理以及DNA等方面的鉴定；按照国家地理信息标准，对每处文物点都测量绘制了要素齐全的总平面图，为今后文物普查和保护奠定了基础。如武汉大学历史系对辉县大官庄墓地的一座9个墓室的大型汉墓，进行了发掘现场三维重建和近景摄影测绘技术的全面测绘，通过数字测绘技术、计算机虚拟现实技术，建立了三维的考古对象模型；山东大学在博爱西金城遗址发掘中，设立了主要涉及古地貌、动物、植物、石器、陶器以及遗址资源域十余个子课题的环境考古课题，是开展多学科综合研究的一次重大尝试。

河南省南水北调工程文物保护工作走过了艰辛而光荣的历程。我们积极探索大型项目建设中文物保护抢救工作的新路子，更新管理理念，创新管理机制，培育专业队伍，提升研究层次，取得了非凡的荣誉。安阳固岸墓地、鹤壁刘庄遗址、荥阳娘娘寨遗址、荥阳关帝庙遗址、新郑唐户遗址、新郑胡庄墓地等6个项目先后被评为"全国十大考古新发现"。鹤壁刘庄遗址、荥阳娘娘寨遗址、荥阳关帝庙遗址、新郑唐户遗址、新郑胡庄墓地、淅川沟湾遗址等6个项目荣获"全国田野考古质量奖"。国家文物局授予河南省文物局南水北调文物保护办公室

"全国文化遗产保护工作先进集体"荣誉称号。

河南省南水北调中线工程文物保护工作一直受到各级领导的关心和社会各界的支持。全国政协张思卿副主席曾率团视察河南省南水北调工程文物保护工作。国务院南水北调办公室和国家文物局各位领导多次亲临一线检查指导，帮助排忧解难。河南省委、省政府多次召开会议，研究解决文物抢救保护工程中的重大问题。南水北调中线干线工程建设管理局、南水北调中线水源有限责任公司、河南省南水北调中线干线工程领导小组办公室、河南省人民政府移民工作领导小组办公室对南水北调文物保护工作也给予了大力支持和帮助。国家诸多考古学家多次深入到文物保护抢救现场，对重大学术问题和考古发掘质量给予帮助指导。社会各界特别是新闻媒体给予极大关注和广泛宣传。

为了更好地利用考古资料开展学术研究，充分展示河南省南水北调中线工程文物保护项目考古发掘的巨大成果，河南省文物局积极组织考古发掘单位及时对考古发掘资料进行整理和研究，编辑出版考古发掘报告，以期进一步推动文物保护和考古学研究工作。

河南省文物局

2010年5月

目　　录

概述 ··（1）

　第一节　地理与行政 ··（1）

　第二节　遗址概况与田野工作 ··（2）

　　一、遗址概况 ··（2）

　　二、田野工作 ··（2）

　　三、探方、遗迹及遗物编号体系 ···（4）

序章　探方、地层与遗迹 ···（6）

　第一节　探方布设 ··（6）

　第二节　地层堆积 ··（8）

　　一、2006年西Ⅰ发掘区地层堆积 ··（8）

　　二、2006年西Ⅱ发掘区地层堆积 ··（9）

　　三、2007年西Ⅰ发掘区地层堆积 ···（11）

　　四、2007年东发掘区地层堆积 ···（13）

　第三节　遗迹类别及数量 ···（17）

　　一、2006年西区发掘遗迹情况 ···（18）

　　二、2007年西Ⅰ区发掘遗迹情况 ···（18）

　　三、2007年东区发掘遗迹情况 ···（20）

上编　先秦两汉遗存

第一章　遗迹 ··（57）

第一节　灰坑 ⋯⋯⋯⋯⋯⋯⋯⋯⋯⋯⋯⋯⋯⋯⋯⋯⋯⋯⋯⋯⋯⋯⋯⋯⋯⋯⋯⋯⋯⋯⋯⋯⋯⋯⋯⋯⋯⋯（57）

第二节　窑 ⋯⋯⋯⋯⋯⋯⋯⋯⋯⋯⋯⋯⋯⋯⋯⋯⋯⋯⋯⋯⋯⋯⋯⋯⋯⋯⋯⋯⋯⋯⋯⋯⋯⋯⋯⋯⋯⋯⋯（68）

第三节　灶 ⋯⋯⋯⋯⋯⋯⋯⋯⋯⋯⋯⋯⋯⋯⋯⋯⋯⋯⋯⋯⋯⋯⋯⋯⋯⋯⋯⋯⋯⋯⋯⋯⋯⋯⋯⋯⋯⋯⋯（69）

第四节　井 ⋯⋯⋯⋯⋯⋯⋯⋯⋯⋯⋯⋯⋯⋯⋯⋯⋯⋯⋯⋯⋯⋯⋯⋯⋯⋯⋯⋯⋯⋯⋯⋯⋯⋯⋯⋯⋯⋯⋯（70）

第五节　沟 ⋯⋯⋯⋯⋯⋯⋯⋯⋯⋯⋯⋯⋯⋯⋯⋯⋯⋯⋯⋯⋯⋯⋯⋯⋯⋯⋯⋯⋯⋯⋯⋯⋯⋯⋯⋯⋯⋯⋯（73）

第六节　夯土基址 ⋯⋯⋯⋯⋯⋯⋯⋯⋯⋯⋯⋯⋯⋯⋯⋯⋯⋯⋯⋯⋯⋯⋯⋯⋯⋯⋯⋯⋯⋯⋯⋯⋯⋯⋯（77）

第七节　墓葬 ⋯⋯⋯⋯⋯⋯⋯⋯⋯⋯⋯⋯⋯⋯⋯⋯⋯⋯⋯⋯⋯⋯⋯⋯⋯⋯⋯⋯⋯⋯⋯⋯⋯⋯⋯⋯⋯（81）

第二章　遗物 ⋯⋯⋯⋯⋯⋯⋯⋯⋯⋯⋯⋯⋯⋯⋯⋯⋯⋯⋯⋯⋯⋯⋯⋯⋯⋯⋯⋯⋯⋯⋯⋯⋯⋯⋯⋯（103）

第一节　陶器 ⋯⋯⋯⋯⋯⋯⋯⋯⋯⋯⋯⋯⋯⋯⋯⋯⋯⋯⋯⋯⋯⋯⋯⋯⋯⋯⋯⋯⋯⋯⋯⋯⋯⋯⋯⋯（103）

一、鬲 ⋯⋯⋯⋯⋯⋯⋯⋯⋯⋯⋯⋯⋯⋯⋯⋯⋯⋯⋯⋯⋯⋯⋯⋯⋯⋯⋯⋯⋯⋯⋯⋯⋯⋯⋯⋯⋯⋯（103）

二、豆 ⋯⋯⋯⋯⋯⋯⋯⋯⋯⋯⋯⋯⋯⋯⋯⋯⋯⋯⋯⋯⋯⋯⋯⋯⋯⋯⋯⋯⋯⋯⋯⋯⋯⋯⋯⋯⋯⋯（106）

三、罐 ⋯⋯⋯⋯⋯⋯⋯⋯⋯⋯⋯⋯⋯⋯⋯⋯⋯⋯⋯⋯⋯⋯⋯⋯⋯⋯⋯⋯⋯⋯⋯⋯⋯⋯⋯⋯⋯⋯（107）

四、瓮 ⋯⋯⋯⋯⋯⋯⋯⋯⋯⋯⋯⋯⋯⋯⋯⋯⋯⋯⋯⋯⋯⋯⋯⋯⋯⋯⋯⋯⋯⋯⋯⋯⋯⋯⋯⋯⋯⋯（111）

五、缸 ⋯⋯⋯⋯⋯⋯⋯⋯⋯⋯⋯⋯⋯⋯⋯⋯⋯⋯⋯⋯⋯⋯⋯⋯⋯⋯⋯⋯⋯⋯⋯⋯⋯⋯⋯⋯⋯⋯（112）

六、盆 ⋯⋯⋯⋯⋯⋯⋯⋯⋯⋯⋯⋯⋯⋯⋯⋯⋯⋯⋯⋯⋯⋯⋯⋯⋯⋯⋯⋯⋯⋯⋯⋯⋯⋯⋯⋯⋯⋯（112）

七、钵 ⋯⋯⋯⋯⋯⋯⋯⋯⋯⋯⋯⋯⋯⋯⋯⋯⋯⋯⋯⋯⋯⋯⋯⋯⋯⋯⋯⋯⋯⋯⋯⋯⋯⋯⋯⋯⋯⋯（114）

八、圈足 ⋯⋯⋯⋯⋯⋯⋯⋯⋯⋯⋯⋯⋯⋯⋯⋯⋯⋯⋯⋯⋯⋯⋯⋯⋯⋯⋯⋯⋯⋯⋯⋯⋯⋯⋯⋯⋯（115）

九、盖纽 ⋯⋯⋯⋯⋯⋯⋯⋯⋯⋯⋯⋯⋯⋯⋯⋯⋯⋯⋯⋯⋯⋯⋯⋯⋯⋯⋯⋯⋯⋯⋯⋯⋯⋯⋯⋯⋯（115）

第二节　铜器 ⋯⋯⋯⋯⋯⋯⋯⋯⋯⋯⋯⋯⋯⋯⋯⋯⋯⋯⋯⋯⋯⋯⋯⋯⋯⋯⋯⋯⋯⋯⋯⋯⋯⋯⋯⋯（115）

一、铃 ⋯⋯⋯⋯⋯⋯⋯⋯⋯⋯⋯⋯⋯⋯⋯⋯⋯⋯⋯⋯⋯⋯⋯⋯⋯⋯⋯⋯⋯⋯⋯⋯⋯⋯⋯⋯⋯⋯（115）

二、镜 ⋯⋯⋯⋯⋯⋯⋯⋯⋯⋯⋯⋯⋯⋯⋯⋯⋯⋯⋯⋯⋯⋯⋯⋯⋯⋯⋯⋯⋯⋯⋯⋯⋯⋯⋯⋯⋯⋯（115）

三、镞 ⋯⋯⋯⋯⋯⋯⋯⋯⋯⋯⋯⋯⋯⋯⋯⋯⋯⋯⋯⋯⋯⋯⋯⋯⋯⋯⋯⋯⋯⋯⋯⋯⋯⋯⋯⋯⋯⋯（115）

四、镈 ⋯⋯⋯⋯⋯⋯⋯⋯⋯⋯⋯⋯⋯⋯⋯⋯⋯⋯⋯⋯⋯⋯⋯⋯⋯⋯⋯⋯⋯⋯⋯⋯⋯⋯⋯⋯⋯⋯（116）

第三节　铁器 ⋯⋯⋯⋯⋯⋯⋯⋯⋯⋯⋯⋯⋯⋯⋯⋯⋯⋯⋯⋯⋯⋯⋯⋯⋯⋯⋯⋯⋯⋯⋯⋯⋯⋯⋯⋯（117）

第四节　贝、螺、骨 ⋯⋯⋯⋯⋯⋯⋯⋯⋯⋯⋯⋯⋯⋯⋯⋯⋯⋯⋯⋯⋯⋯⋯⋯⋯⋯⋯⋯⋯⋯⋯⋯⋯（117）

一、货贝 ⋯⋯⋯⋯⋯⋯⋯⋯⋯⋯⋯⋯⋯⋯⋯⋯⋯⋯⋯⋯⋯⋯⋯⋯⋯⋯⋯⋯⋯⋯⋯⋯⋯⋯⋯⋯⋯（117）

二、螺 ⋯⋯⋯⋯⋯⋯⋯⋯⋯⋯⋯⋯⋯⋯⋯⋯⋯⋯⋯⋯⋯⋯⋯⋯⋯⋯⋯⋯⋯⋯⋯⋯⋯⋯⋯⋯⋯⋯（119）

三、骨器 ⋯⋯⋯⋯⋯⋯⋯⋯⋯⋯⋯⋯⋯⋯⋯⋯⋯⋯⋯⋯⋯⋯⋯⋯⋯⋯⋯⋯⋯⋯⋯⋯⋯⋯⋯⋯⋯（120）

第五节　钱币 ⋯⋯⋯⋯⋯⋯⋯⋯⋯⋯⋯⋯⋯⋯⋯⋯⋯⋯⋯⋯⋯⋯⋯⋯⋯⋯⋯⋯⋯⋯⋯⋯⋯⋯⋯⋯（120）

一、蚁鼻钱 ⋯⋯⋯⋯⋯⋯⋯⋯⋯⋯⋯⋯⋯⋯⋯⋯⋯⋯⋯⋯⋯⋯⋯⋯⋯⋯⋯⋯⋯⋯⋯⋯⋯⋯⋯⋯（120）

二、半两钱 ⋯⋯⋯⋯⋯⋯⋯⋯⋯⋯⋯⋯⋯⋯⋯⋯⋯⋯⋯⋯⋯⋯⋯⋯⋯⋯⋯⋯⋯⋯⋯⋯⋯⋯⋯⋯（120）

三、五铢钱 (120)

四、货泉 (121)

下编　金元时期遗存

第一章　遗迹 (125)

第一节　灰坑 (125)

第二节　窑 (195)

第三节　井 (198)

第四节　灶 (207)

第五节　沟 (227)

第六节　道路 (230)

第七节　墙 (233)

第八节　红烧土面 (234)

第九节　白灰面 (235)

第十节　墓葬 (236)

第十一节　性质不明的遗迹 (239)

第二章　遗物之一——陶器 (243)

第一节　生活实用器 (243)

一、盘 (243)

二、盆 (245)

三、杯 (246)

四、钵 (246)

五、罐 (246)

六、釜 (246)

七、砂锅 (246)

八、饼 (247)

九、丸 (248)

十、纺轮 (249)

十一、砚 (249)
十二、围棋子 (250)
十三、象棋子 (250)
十四、其他陶器 (250)

第二节 窑具 (251)
一、匣钵 (251)
二、支圈 (252)
三、模 (252)

第三节 建筑构件 (252)
一、瓦当 (253)
二、鸱吻 (254)
三、构件 (254)

第三章 遗物之二——瓷器 (255)

第一节 容器 (255)
一、白釉器 (255)
二、酱黑釉器 (312)
三、青釉器 (333)
四、钧釉器 (350)
五、素烧器 (360)

第二节 俑 (362)
一、人俑 (362)
二、动物俑 (366)

第三节 其他瓷器 (368)
一、围棋子 (368)
二、象棋子 (375)
三、骰子 (375)
四、枕 (377)
五、饼 (378)
六、球 (378)
七、算珠 (378)
八、饰件 (378)
九、器足 (379)

十、其他 ……………………………………………………………………………（379）

第四章　遗物之三——金属器 ……………………………………………………（380）

第一节　铜器 ……………………………………………………………………（380）

一、双股钗 …………………………………………………………………………（380）

二、簪 ………………………………………………………………………………（382）

三、耳勺 ……………………………………………………………………………（382）

四、镊 ………………………………………………………………………………（383）

五、匙 ………………………………………………………………………………（383）

六、顶针 ……………………………………………………………………………（383）

七、纽扣 ……………………………………………………………………………（383）

八、泡 ………………………………………………………………………………（384）

九、器盖 ……………………………………………………………………………（384）

十、环 ………………………………………………………………………………（385）

十一、棋子 …………………………………………………………………………（385）

十二、提手 …………………………………………………………………………（385）

十三、花饰 …………………………………………………………………………（385）

十四、梳 ……………………………………………………………………………（386）

十五、残件 …………………………………………………………………………（386）

第二节　铁器 ……………………………………………………………………（387）

一、灯 ………………………………………………………………………………（387）

二、剪刀 ……………………………………………………………………………（387）

三、权 ………………………………………………………………………………（387）

四、镊 ………………………………………………………………………………（388）

五、凿 ………………………………………………………………………………（389）

六、锶 ………………………………………………………………………………（389）

七、钳 ………………………………………………………………………………（389）

八、铲 ………………………………………………………………………………（389）

九、刀 ………………………………………………………………………………（391）

十、钉 ………………………………………………………………………………（391）

十一、钩 ……………………………………………………………………………（391）

十二、镞 ……………………………………………………………………………（392）

十三、带钩 (394)

十四、其他 (394)

第三节　钱币 (394)

一、唐代钱币 (394)

二、宋代钱币 (397)

三、金代钱币 (411)

四、明代钱币 (411)

五、清代钱币 (411)

六、压胜钱 (414)

七、日本钱币 (414)

第五章　遗物之四——其他质地遗物 (415)

第一节　石器 (415)

一、石雕童子 (415)

二、砚 (415)

三、斧 (416)

四、纺轮 (417)

五、杵 (417)

六、球 (417)

七、丸 (419)

八、石英珠 (419)

九、残石器 (420)

十、石料 (420)

第二节　骨器 (420)

一、梳 (420)

二、笄 (422)

三、刷 (424)

四、匕 (425)

五、针 (426)

六、镞 (426)

七、角 (426)

八、残骨器 (427)

九、骨料 (428)

第三节　蚌器 （432）

一、蚌饰 （432）

二、蚌壳 （432）

第四节　玻璃器 （433）

一、簪 （433）

二、珠 （435）

三、珰 （435）

四、饰件 （435）

第六章　年代分析 （437）

第一节　遗址分期与各期特点 （437）

第二节　年代分析 （440）

第七章　相关研究 （444）

第一节　阳翟故城遗址出土瓷器烧造工艺 （444）

一、装烧方法 （444）

二、施釉手法 （444）

三、装饰手法 （445）

四、仿定瓷器 （445）

五、不同瓷器产品系统间的相互关系讨论 （446）

第二节　关于遗址出土瓷器产地 （446）

第三节　关于遗址的性质 （447）

附表 （449）

附表一　2006年禹州阳翟故城遗址西发掘区遗迹登记表 （449）

附表二　2007年禹州阳翟故城遗址西发掘区遗迹登记表 （489）

附表三　2007年禹州阳翟故城遗址东发掘区遗迹登记表 （527）

附表四　出土器物登记表（2006YY西） （554）

附表五　出土器物登记表（2007YY西Ⅰ） （563）

附表六　出土器物登记表（2007YY东） （575）

附表七　2006YY西ⅠT4H54出土陶瓷片统计表 （583）

附表八	2006YY西ⅠT6H81出土陶瓷片统计表	（598）
附表九	2006YY西ⅠT26H211出土陶瓷片统计表	（601）
附表一〇	2006YY西ⅡT2H223出土陶瓷片统计表	（604）
附表一一	2007YY西ⅠT6H47出土陶瓷片统计表	（605）
附表一二	2007YY西ⅠT6H124出土陶瓷片统计表	（606）
附表一三	2007YY西ⅠT9J7出土陶瓷片统计表	（607）
附表一四	2007YY西ⅠT13H309出土陶瓷片统计表	（610）
附表一五	2007YY西ⅠT13J3出土陶瓷片统计表	（613）
附表一六	2007YY西ⅠT18H239出土陶瓷片统计表	（616）
附表一七	2007YY西ⅠT22J2出土陶瓷片统计表	（623）
附表一八	2007YY东T7H145出土陶瓷片统计表	（624）
附表一九	2007YY东T10J5出土陶瓷片统计表	（625）
附表二〇	2007YY东T13H153出土陶瓷片统计表	（627）
附表二一	2007YY东T14H69出土陶瓷片统计表	（630）
附表二二	2006年禹州阳翟故城遗址西周墓葬人骨鉴定表	（633）

附录 （634）

附录一	河南禹县阳翟遗址出土古玻璃的科学分析	（634）
附录二	基于EDXRF线扫描分析的古钧瓷工艺研究	（642）
附录三	能量色散X射线荧光光谱法分析金元时代的钧窑瓷器	（650）
附录四	2006年禹州阳翟故城遗址西Ⅰ区出土瓷器胎釉描述	（657）
附录五	2006年禹州阳翟故城遗址西Ⅱ区出土瓷器胎釉描述	（674）
附录六	2007年禹州阳翟故城遗址东区出土瓷器胎釉描述	（675）
附录七	2007年禹州阳翟故城遗址西Ⅰ区出土瓷器胎釉描述	（701）

附图 （742）

附图一	2006YYT1H19②出土瓷器	（742）
附图二	2006YY西ⅠT1H60出土瓷器	（742）
附图三	2006YY西ⅠT2H4出土瓷器	（742）
附图四	2006YY西ⅠT2H27出土陶瓷器	（743）
附图五	2006YY西ⅠT2H31出土瓷器	（744）
附图六	2006YY西ⅠT4H53出土瓷器	（744）
附图七	2006YY西ⅠT4H54出土瓷器	（744）

附图八　2006YY西ⅠT4H54出土瓷器 …………………………………………………（745）
附图九　2006YY西ⅠT4H54出土瓷器 …………………………………………………（746）
附图一〇　2006YY西ⅠT5H21出土瓷器 ………………………………………………（747）
附图一一　2006YY西ⅠT5J12出土瓷器 ………………………………………………（747）
附图一二　2006YY西ⅠT6H44出土陶瓷器 ……………………………………………（747）
附图一三　2006YY西ⅠT6②出土瓷器 …………………………………………………（747）
附图一四　2006YYT6H81出土陶瓷器 …………………………………………………（748）
附图一五　2006YY西ⅠT6H81出土瓷器 ………………………………………………（749）
附图一六　2006YY西ⅠT6H115出土瓷器 ……………………………………………（750）
附图一七　2006YY西ⅠT7H28出土瓷器 ………………………………………………（750）
附图一八　2006YY西ⅠT7H102出土瓷器 ……………………………………………（750）
附图一九　2006YY西ⅠT8H166①出土瓷器 …………………………………………（750）
附图二〇　2006YY西ⅠT8M1出土瓷器 ………………………………………………（751）
附图二一　2006YY西ⅠT10H8出土陶器 ………………………………………………（751）
附图二二　2006YY西ⅠT10H13出土陶瓷器 …………………………………………（751）
附图二三　2006YY西ⅠT10H23出土瓷器 ……………………………………………（752）
附图二四　2006YY西ⅠT10H33①出土瓷器 …………………………………………（752）
附图二五　2006YY西ⅠT10H56出土瓷器 ……………………………………………（752）
附图二六　2006YY西ⅠT10H113出土瓷器 ……………………………………………（752）
附图二七　2006YY西ⅠT11H67出土瓷器 ……………………………………………（752）
附图二八　2006YY西ⅠT14②出土瓷器 ………………………………………………（753）
附图二九　2006YY西ⅠT14③出土瓷器 ………………………………………………（753）
附图三〇　2006YY西ⅠT14H117出土瓷器 ……………………………………………（753）
附图三一　2006YYT15③出土瓷器 ……………………………………………………（753）
附图三二　2006YY西ⅠT16H58出土瓷器 ……………………………………………（753）
附图三三　2006YY西T16H95出土瓷器 ………………………………………………（754）
附图三四　2006YY西ⅠT16H96出土瓷器 ……………………………………………（754）
附图三五　2006YY西ⅠT16H97出土瓷器 ……………………………………………（754）
附图三六　2006YY西ⅠT17②出土瓷器 ………………………………………………（754）
附图三七　2006YY西ⅠT18②出土瓷器 ………………………………………………（755）
附图三八　2006YY西ⅠT18③出土瓷器 ………………………………………………（755）
附图三九　2006YY西ⅠT18④出土瓷器 ………………………………………………（755）
附图四〇　2006YY西ⅠT18J2出土瓷器 ………………………………………………（756）
附图四一　2006YY西ⅠT19②出土瓷器 ………………………………………………（756）

附图四二	2006YY西ⅠT20②出土瓷器	（756）
附图四三	2006YYT西ⅠT20H72出土瓷器	（756）
附图四四	2006YY西ⅠT20H103出土瓷器	（756）
附图四五	2006YY西ⅠT20H133出土瓷器	（756）
附图四六	2006YY西ⅠT20H138出土瓷器	（757）
附图四七	2006YY西ⅠT22③出土瓷器	（757）
附图四八	2006YY西ⅠT22④出土瓷器	（757）
附图四九	2006YY西ⅠT23③出土瓷器	（757）
附图五〇	2006YY西ⅠT24②出土瓷器	（757）
附图五一	2006YY西ⅠT24H22出土瓷器	（757）
附图五二	2006YY西ⅠT24H57出土瓷器	（757）
附图五三	2006YY西ⅠT25②出土陶瓷器	（758）
附图五四	2006YY西ⅠT25③出土瓷器	（759）
附图五五	2006YY西ⅠT25H234出土瓷器	（759）
附图五六	2006YY西ⅠT25H239出土瓷器	（759）
附图五七	2006YY西ⅠT25H241出土瓷器	（759）
附图五八	2006YY西ⅠT25H245出土瓷器	（759）
附图五九	2006YY西ⅠT25H252出土陶瓷器	（760）
附图六〇	2006YY西ⅠT25H264出土瓷器	（760）
附图六一	2006YY西ⅠT25H269出土瓷器	（761）
附图六二	2006YY西ⅠT25H271出土瓷器	（761）
附图六三	2006YY西ⅠT25H277出土瓷器	（761）
附图六四	2006YY西ⅠT25H278出土瓷器	（761）
附图六五	2006YY西ⅠT25H284出土瓷器	（761）
附图六六	2006YY西ⅠT25H286出土瓷器	（761）
附图六七	2006YY西ⅠT26②出土瓷器	（762）
附图六八	2006YY西ⅠT26③出土瓷器	（762）
附图六九	2006YY西ⅠT26H211出土瓷器	（763）
附图七〇	2006YY西ⅠT26J9出土瓷器	（764）
附图七一	2006YY西ⅠT27②出土瓷器	（764）
附图七二	2006YY西ⅠT27H173②出土瓷器	（764）
附图七三	2006YY西ⅠT27H176出土瓷器	（765）
附图七四	2006YY西ⅠT27H180出土瓷器	（765）
附图七五	2006YY西ⅠT27H189出土瓷器	（765）

附图七六	2006YY西ⅠT28H191出土瓷器	（765）
附图七七	2006YY西ⅠT29②出土瓷器	（766）
附图七八	2006YY西ⅠT29H261出土瓷器	（766）
附图七九	2006YY西ⅠT29H274出土瓷器	（766）
附图八〇	2006YY西ⅠT29J10出土陶器	（766）
附图八一	2006YY西ⅠT30H228出土瓷器	（766）
附图八二	2006YY西ⅠT30H215出土瓷器	（766）
附图八三	2006YY西ⅠT32②出土瓷器	（766）
附图八四	2006YY西ⅠT32H246出土瓷器	（767）
附图八五	2006YY西ⅠT32H248出土瓷器	（767）
附图八六	2006YY西ⅠT32H255出土瓷器	（767）
附图八七	2006YY西ⅠT32H258出土瓷器	（767）
附图八八	2006YY西ⅠT32J16出土瓷器	（768）
附图八九	2006YY西ⅠT32Z7出土瓷器	（768）
附图九〇	2006YY西ⅡT1G6出土瓷器	（768）
附图九一	2006YY西ⅡT2H223出土陶瓷器	（769）
附图九二	2006YY西ⅡT4②出土瓷器	（769）
附图九三	2006YYⅡT4G6出土瓷器	（770）
附图九四	2006YY西ⅡT5②出土瓷器	（770）
附图九五	2007YY东T1H26出土瓷器	（770）
附图九六	2007YY东T1H43出土瓷器	（770）
附图九七	2007YY东T1H77出土瓷器	（770）
附图九八	2007YY东T3⑫出土瓷器	（770）
附图九九	2007YY东T3H55出土瓷器	（771）
附图一〇〇	2007YY东T3H66出土瓷器	（771）
附图一〇一	2007YY东T3H221出土瓷器	（772）
附图一〇二	2007YY东T3H240出土瓷器	（772）
附图一〇三	2007YY东T3L1出土瓷器	（772）
附图一〇四	2007YY东T4③B出土瓷器	（773）
附图一〇五	2007YY东T4H18出土瓷器	（773）
附图一〇六	2007YY东T4H19出土瓷器	（773）
附图一〇七	2007YY东T4H58出土瓷器	（773）
附图一〇八	2007YY东T4H60出土瓷器	（773）
附图一〇九	2007YYT5H142出土瓷器	（773）

附图一一〇	2007YY东T6④出土瓷器	（774）
附图一一一	2007YY东T6⑤B出土瓷器	（774）
附图一一二	2007YY东T6⑤C出土瓷器	（774）
附图一一三	2007YY东T6G3出土瓷器	（775）
附图一一四	2007YY东T6H85出土瓷器	（775）
附图一一五	2007YY东T6H121出土瓷器	（775）
附图一一六	2007YY东T6H155出土瓷器	（776）
附图一一七	2007YY东T6H226出土瓷器	（776）
附图一一八	2007YY东T6J1出土瓷器	（776）
附图一一九	2007YY东T6L1②出土瓷器	（777）
附图一二〇	2007YY东T6Z3出土瓷器	（777）
附图一二一	2007YY东T7③出土瓷器	（777）
附图一二二	2007YY东T7G1出土瓷器	（777）
附图一二三	2007YY东T7H23出土瓷器	（778）
附图一二四	2007YY东T7H40出土瓷器	（778）
附图一二五	2007YY东T7H112②出土瓷器	（778）
附图一二六	2007YY东T7H150出土瓷器	（778）
附图一二七	2007YY东T7H124出土陶瓷器	（779）
附图一二八	2007YY东T7J4出土瓷器	（780）
附图一二九	2007YY东T7H145出土瓷器	（781）
附图一三〇	2007YY东T8③出土瓷器	（781）
附图一三一	2007YY东T8G1出土瓷器	（781）
附图一三二	2007YY东T8H51出土瓷器	（781）
附图一三三	2007YY东T9④出土瓷器	（781）
附图一三四	2007YY东T9H129出土瓷器	（781）
附图一三五	2007YY东T9H130出土瓷器	（781）
附图一三六	2007YY东T9H147出土陶瓷器	（782）
附图一三七	2007YY东T9H182出土瓷器	（783）
附图一三八	2007YY东T9H197出土瓷器	（783）
附图一三九	2007YY东T9H236出土瓷器	（783）
附图一四〇	2007YY东T9L1出土瓷器	（784）
附图一四一	2007YY东T10②出土瓷器	（784）
附图一四二	2007YY东T10③出土瓷器	（784）
附图一四三	2007YY东T10⑤出土瓷器	（784）

附图一四四	2007YY东T10H10出土瓷器	（785）
附图一四五	2007YY东T10H11出土瓷器	（785）
附图一四六	2007YY东T10H35出土瓷器	（786）
附图一四七	2007YY东T10H36②出土瓷器	（786）
附图一四八	2007YY东T10H63出土瓷器	（786）
附图一四九	2007YY东T10H106出土瓷器	（786）
附图一五〇	2007YY东T10H114出土瓷器	（786）
附图一五一	2007YY东T10H115出土瓷器	（786）
附图一五二	2007YY东T10H152出土瓷器	（786）
附图一五三	2007YY东T10J5出土瓷器	（787）
附图一五四	2007YY东T10H159出土瓷器	（788）
附图一五五	2007YY东T11②出土瓷器	（788）
附图一五六	2007YY东T11③出土瓷器	（788）
附图一五七	2007YY东T11④出土瓷器	（789）
附图一五八	2007YY东T11⑤出土瓷器	（789）
附图一五九	2007YY东T11H161出土瓷器	（789）
附图一六〇	2007YY东T11H177出土瓷器	（789）
附图一六一	2007YY东T11H220出土瓷器	（790）
附图一六二	2007YY东T11H228出土瓷器	（791）
附图一六三	2007YY东T11J6出土瓷器	（791）
附图一六四	2007YY东T12②出土瓷器	（791）
附图一六五	2007YY东T12⑤出土瓷器	（792）
附图一六六	2007YY东T12H65①出土瓷器	（792）
附图一六七	2007YY东T12H141出土瓷器	（792）
附图一六八	2007YY东T12H172出土瓷器	（793）
附图一六九	2007YY东T12G3出土瓷器	（793）
附图一七〇	2007YY东T13②出土瓷器	（793）
附图一七一	2007YY东T13③出土瓷器	（794）
附图一七二	2007YY东T13H1出土瓷器	（794）
附图一七三	2007YY东T13H2出土瓷器	（794）
附图一七四	2007YY东T13H6出土瓷器	（795）
附图一七五	2007YY东T13H21出土瓷器	（795）
附图一七六	2007YY东T13H57出土瓷器	（795）
附图一七七	2007YY东T13H93出土瓷器	（795）

附图一七八	2007YY东T13H100出土瓷器	（796）
附图一七九	2007YY东T13H108出土瓷器	（796）
附图一八〇	2007YY东T13H133出土瓷器	（796）
附图一八一	2007YY东T13H134出土瓷器	（796）
附图一八二	2007YY东T13H153出土瓷器	（797）
附图一八三	2007YY东T13H153出土陶瓷器	（798）
附图一八四	2007YY东T13H153出土瓷器	（799）
附图一八五	2007YY东T13H153出土陶瓷器	（800）
附图一八六	2007YY东T13H170出土瓷器	（800）
附图一八七	2007YY东T13H186出土瓷器	（801）
附图一八八	2007YY东T13H198出土瓷器	（801）
附图一八九	2007YY东T13J2出土瓷器	（801）
附图一九〇	2007YY东T14③出土瓷器	（801）
附图一九一	2007YY东T14④出土瓷器	（801）
附图一九二	2007YY东T14⑤出土瓷器	（802）
附图一九三	2007YY东T14H29出土瓷器	（802）
附图一九四	2007YY东T14H33出土瓷器	（802）
附图一九五	2007YY东T14H56出土瓷器	（802）
附图一九六	2007YY东T14H69出土陶瓷器	（803）
附图一九七	2007YY东T14H95出土瓷器	（804）
附图一九八	2007YY东T14H96出土瓷器	（804）
附图一九九	2007YY东T14H97出土瓷器	（805）
附图二〇〇	2007YY东T14H110出土瓷器	（805）
附图二〇一	2007YY东T14H136出土瓷器	（805）
附图二〇二	2007YY东T14H173出土瓷器	（806）
附图二〇三	2007YY东T14H188出土瓷器	（806）
附图二〇四	2007YY东T14H192出土瓷器	（806）
附图二〇五	2007YY东T14H199出土瓷器	（806）
附图二〇六	2007YY东T14H230出土瓷器	（806）
附图二〇七	2007YY东T15④出土瓷器	（806）
附图二〇八	2007YY东T15G3出土瓷器	（807）
附图二〇九	2007YY东T15H17出土瓷器	（807）
附图二一〇	2007YY东T15H163②出土瓷器	（807）
附图二一一	2007YY东T15H164出土陶器	（807）

附图二一二	2007YY东T15H229出土瓷器	（808）
附图二一三	2007YY东T15Z5出土瓷器	（808）
附图二一四	2007YY西ⅠT1①出土瓷器	（808）
附图二一五	2007YY西ⅠT1②出土瓷器	（808）
附图二一六	2007YY西ⅠT1③出土瓷器	（809）
附图二一七	2007YY西ⅠT1H3出土瓷器	（809）
附图二一八	2007YY西ⅠT1H4出土瓷器	（809）
附图二一九	2007YY西ⅠT1H10出土瓷器	（809）
附图二二〇	2007YY西ⅠT1H11出土瓷器	（810）
附图二二一	2007YY西ⅠT1H44出土瓷器	（810）
附图二二二	2007YY西ⅠT1H168出土瓷器	（810）
附图二二三	2007YY西ⅠT1H184出土瓷器	（810）
附图二二四	2007YY西ⅠT2③出土瓷器	（811）
附图二二五	2007YY西ⅠT2⑤出土瓷器	（811）
附图二二六	2007YY西ⅠT2H282出土瓷器	（812）
附图二二七	2007YY西ⅠT2H297出土瓷器	（812）
附图二二八	2007YY西ⅠT2H327出土瓷器	（812）
附图二二九	2007YY西ⅠT2H330出土瓷器	（812）
附图二三〇	2007YY西ⅠT2H367出土瓷器	（812）
附图二三一	2007YY西ⅠT3②出土瓷器	（812）
附图二三二	2007YY西ⅠT3③出土瓷器	（813）
附图二三三	2007YY西ⅠT3H12出土瓷器	（813）
附图二三四	2007YY西ⅠT3H13出土瓷器	（814）
附图二三五	2007YY西ⅠT3H254出土瓷器	（814）
附图二三六	2007YY西ⅠT3H255出土瓷器	（814）
附图二三七	2007YY西ⅠT3H267出土瓷器	（814）
附图二三八	2007YY西ⅠT3H290出土瓷器	（815）
附图二三九	2007YY西ⅠT3H298出土瓷器	（815）
附图二四〇	2007YY西ⅠT4③出土瓷器	（815）
附图二四一	2007YY西ⅠT4H25出土瓷器	（816）
附图二四二	2007YY西ⅠT4H26出土瓷器	（816）
附图二四三	2007YY西ⅠT4H85出土瓷器	（816）
附图二四四	2007YY西ⅠT5③出土瓷器	（817）
附图二四五	2007YY西ⅠT5④出土瓷器	（818）

附图二四六　2007YY西ⅠT5H143出土瓷器 …………………………………………………（819）
附图二四七　2007YY西ⅠT5H175出土瓷器 …………………………………………………（819）
附图二四八　2007YY西ⅠT5H187出土瓷器 …………………………………………………（819）
附图二四九　2007YY西ⅠT5H210出土瓷器 …………………………………………………（819）
附图二五〇　2007YY西ⅠT5H215出土陶器 …………………………………………………（819）
附图二五一　2007YY西ⅠT5H226出土瓷器 …………………………………………………（820）
附图二五二　2007YY西ⅠT6H20出土瓷器 ……………………………………………………（820）
附图二五三　2007YY西ⅠT6③出土瓷器 ………………………………………………………（821）
附图二五四　2007YY西ⅠT6H37出土瓷器 ……………………………………………………（822）
附图二五五　2007YY西ⅠT6H47出土瓷器 ……………………………………………………（822）
附图二五六　2007YY西ⅠT6H52出土瓷器 ……………………………………………………（823）
附图二五七　2007YY西ⅠT6H75出土瓷器 ……………………………………………………（823）
附图二五八　2007YY西ⅠT6H122出土瓷器 …………………………………………………（823）
附图二五九　2007YY西ⅠT6H123出土陶瓷器 ………………………………………………（823）
附图二六〇　2007YY西ⅠT6H124出土瓷器 …………………………………………………（824）
附图二六一　2007YY西ⅠT6H133出土瓷器 …………………………………………………（824）
附图二六二　2007YY西ⅠT6H205出土瓷器 …………………………………………………（824）
附图二六三　2007YY西ⅠT6J9出土瓷器 ………………………………………………………（824）
附图二六四　2007YY西ⅠT7③出土瓷器 ………………………………………………………（824）
附图二六五　2007YY西ⅠT7H99出土瓷器 ……………………………………………………（824）
附图二六六　2007YY西ⅠT7H139出土瓷器 …………………………………………………（825）
附图二六七　2007YY西ⅠT7H245出土瓷器 …………………………………………………（825）
附图二六八　2007YY西ⅠT8③出土瓷器 ………………………………………………………（825）
附图二六九　2007YY西ⅠT8④出土瓷器 ………………………………………………………（826）
附图二七〇　2007YY西ⅠT8H214出土瓷器 …………………………………………………（826）
附图二七一　2007YY西ⅠT8H370出土瓷器 …………………………………………………（826）
附图二七二　2007YY西ⅠT8J1出土陶器 ………………………………………………………（826）
附图二七三　2007YY西ⅠT9③出土瓷器 ………………………………………………………（826）
附图二七四　2007YY西ⅠT9⑤出土瓷器 ………………………………………………………（826）
附图二七五　2007YY西ⅠT9H17出土瓷器 ……………………………………………………（827）
附图二七六　2007YY西ⅠT9H39出土瓷器 ……………………………………………………（827）
附图二七七　2007YY西ⅠT9H247出土瓷器 …………………………………………………（828）
附图二七八　2007YY西ⅠT9H249出土瓷器 …………………………………………………（828）
附图二七九　2007YY西ⅠT9H275出土陶器 …………………………………………………（829）

附图二八〇	2007YY西ⅠT9H276出土瓷器	（829）
附图二八一	2007YY西ⅠT9H345出土瓷器	（829）
附图二八二	2007YY西ⅠT9H347出土瓷器	（829）
附图二八三	2007YY西ⅠT9H352出土瓷器	（829）
附图二八四	2007YY西ⅠT9J7出土陶瓷器	（830）
附图二八五	2007YY西ⅠT10H142出土瓷器	（831）
附图二八六	2007YY西ⅠT10H157瓷器	（831）
附图二八七	2007YY西ⅠT10Z11出土瓷器	（831）
附图二八八	2007YY西ⅠT11③出土瓷器	（831）
附图二八九	2007YY西ⅠT11④出土瓷器	（832）
附图二九〇	2007YY西ⅠT11H33出土瓷器	（832）
附图二九一	2007YY西ⅠT11H34出土瓷器	（832）
附图二九二	2007YY西ⅠT11H80出土瓷器	（832）
附图二九三	2007YY西ⅠT11H93瓷器	（832）
附图二九四	2007YY西ⅠT11H94出土瓷器	（832）
附图二九五	2007YY西ⅠT11H110出土瓷器	（833）
附图二九六	2007YY西ⅠT11H135出土瓷器	（833）
附图二九七	2007YY西ⅠT11H179出土瓷器	（833）
附图二九八	2007YY西ⅠT11H231出土瓷器	（833）
附图二九九	2007YY西ⅠT11H265出土瓷器	（833）
附图三〇〇	2007YY西ⅠT11H311出土瓷器	（834）
附图三〇一	2007YY西ⅠT11H312出土瓷器	（834）
附图三〇二	2007YY西ⅠT11H326瓷器	（834）
附图三〇三	2007YY西ⅠT11Y2出土瓷器	（835）
附图三〇四	2007YY西ⅠT11Z6出土瓷器	（835）
附图三〇五	2007YY西ⅠT11Z7出土瓷器	（835）
附图三〇六	2007YY西ⅠT12③出土瓷器	（835）
附图三〇七	2007YY西ⅠT12H229出土瓷器	（836）
附图三〇八	2007YY西ⅠT12H334出土瓷器	（836）
附图三〇九	2007YY西ⅠT12J8出土瓷器	（836）
附图三一〇	2007YY西ⅠT13③出土瓷器	（836）
附图三一一	2007YY西ⅠT13H42出土瓷器	（837）
附图三一二	2007YY西ⅠT13H173出土瓷器	（837）
附图三一三	2007YY西ⅠT13H201出土瓷器	（837）

附图三一四	2007YY西ⅠT13H289出土陶器	（838）
附图三一五	2007YY西ⅠT13H309出土瓷器	（838）
附图三一六	2007YY西ⅠT13J3出土瓷器	（839）
附图三一七	2007YY西ⅠT14③出土陶器	（840）
附图三一八	2007YY西ⅠT14H96出土陶器	（840）
附图三一九	2007YY西ⅠT14H97出土瓷器	（840）
附图三二〇	2007YY西ⅠT14H188出土瓷器	（840）
附图三二一	2007YY西ⅠT15③出土瓷器	（841）
附图三二二	2007YY西ⅠT15H68出土瓷器	（841）
附图三二三	2007YY西ⅠT15H103出土瓷器	（841）
附图三二四	2007YY西ⅠT15H115出土瓷器	（841）
附图三二五	2007YY西ⅠT15H120出土瓷器	（841）
附图三二六	2007YY西ⅠT15H129出土瓷器	（842）
附图三二七	2007YY西ⅠT15H134出土瓷器	（842）
附图三二八	2007YY西ⅠT15H196出土瓷器	（842）
附图三二九	2007YY西ⅠT15H351出土陶瓷器	（843）
附图三三〇	2007YY西ⅠT15H371出土陶瓷器	（844）
附图三三一	2007YY西ⅠT15H377出土瓷器	（844）
附图三三二	2007YY西ⅠT15J4出土陶瓷器	（844）
附图三三三	2007YY西ⅠT16③出土瓷器	（845）
附图三三四	2007YY西ⅠT16H155出土瓷器	（845）
附图三三五	2007YY西ⅠT17③出土陶瓷器	（846）
附图三三六	2007YY西ⅠT17H88出土瓷器	（846）
附图三三七	2007YY西ⅠT17H292出土瓷器	（846）
附图三三八	2007YY西ⅠT17H293出土瓷器	（847）
附图三三九	2007YY西ⅠT17H308出土瓷器	（847）
附图三四〇	2007YY西ⅠT17H310出土瓷器	（848）
附图三四一	2007YY西ⅠT17H318出土瓷器	（848）
附图三四二	2007YY西ⅠT17H337出土瓷器	（848）
附图三四三	2007YY西ⅠT17H338出土瓷器	（848）
附图三四四	2007YY西ⅠT17H339出土瓷器	（849）
附图三四五	2007YY西ⅠT17H340出土瓷器	（849）
附图三四六	2007YY西ⅠT17H349出土瓷器	（849）
附图三四七	2007YY西ⅠT17J12出土陶瓷器	（849）

附图三四八	2007YY西ⅠT17Z12出土瓷器	（849）
附图三四九	2007YY西ⅠT18③出土瓷器	（850）
附图三五〇	2007YY西ⅠT18H212出土瓷器	（850）
附图三五一	2007YY西ⅠT18H213出土瓷器	（850）
附图三五二	2007YY西ⅠT18H239出土瓷器	（851）
附图三五三	2007YY西ⅠT18H218出土瓷器	（852）
附图三五四	2007YY西ⅠT18H239出土瓷器	（852）
附图三五五	2007YY西ⅠT19③出土瓷器	（853）
附图三五六	2007YY西ⅠT19H74出土瓷器	（853）
附图三五七	2007YY西ⅠT19H183出土瓷器	（854）
附图三五八	2007YY西ⅠT19H220出土瓷器	（855）
附图三五九	2007YY西ⅠT19H328出土瓷器	（855）
附图三六〇	2007YY西ⅠT19H328出土瓷器	（856）
附图三六一	2007YY西ⅠT19H381出土瓷器	（856）
附图三六二	2007YY西ⅠT20③出土瓷器	（856）
附图三六三	2007YY西ⅠT20H102出土瓷器	（857）
附图三六四	2007YY西ⅠT20H151②出土瓷器	（858）
附图三六五	2007YY西ⅠT20H151出土瓷器	（859）
附图三六六	2007YY西ⅠT20H151出土陶瓷器	（860）
附图三六七	2007YY西ⅠT21H151出土瓷器	（861）
附图三六八	2007YY西ⅠT20H170出土瓷器	（861）
附图三六九	2007YY西ⅠT20H198出土瓷器	（861）
附图三七〇	2007YY西ⅠT21③出土瓷器	（861）
附图三七一	2007YY西ⅠT21H365出土瓷器	（862）
附图三七二	2007YY西ⅠT21J5出土瓷器	（862）
附图三七三	2007YY西ⅠT22③出土瓷器	（862）
附图三七四	2007YY西ⅠT22H149出土瓷器	（863）
附图三七五	2007YY西ⅠT22H160出土瓷器	（863）
附图三七六	2007YY西ⅠT22H182出土瓷器	（863）
附图三七七	2007YY西ⅠT22H264出土瓷器	（863）
附图三七八	2007YY西ⅠT22J2出土陶瓷器	（864）
附图三七九	2007YY西ⅠT22J2出土陶瓷器	（865）
附图三八〇	2007YY西ⅠT22J2出土瓷器	（866）
附图三八一	2007YY西ⅠT23①出土瓷器	（866）

附图三八二	2007YY西ⅠT23②出土瓷器	（866）
附图三八三	2007YY西ⅠT23③出土瓷器	（867）
附图三八四	2007YY西ⅠT23H64出土瓷器	（867）
附图三八五	2007YY西ⅠT23H70出土瓷器	（867）
附图三八六	2007YY西ⅠT23H281出土瓷器	（868）
附图三八七	2007YY西ⅠT23H296出土瓷器	（868）
附图三八八	2007YY西ⅠT24③出土瓷器	（868）
附图三八九	2007YY西ⅠT25③出土瓷器	（868）
附图三九〇	2007YY西ⅠT25H31出土瓷器	（868）
附图三九一	2007YY西ⅠT25H146出土瓷器	（868）
附图三九二	2007YY西ⅠT25H204出土瓷器	（869）
附图三九三	2007YY西ⅠT25Z9出土瓷器	（869）
附图三九四	2007YY西ⅠTG1③出土瓷器	（869）
附图三九五	2007YY西ⅠTG1H385出土瓷器	（870）
附图三九六	2007YY西ⅠTG1J10出土瓷器	（870）
附图三九七	2007YY西ⅠTG1J13出土瓷器	（871）

后记 ……………………………………………………………………………………（872）

插图目录

图一　禹州阳翟故城遗址位置图 ……………………………………………………………（3）
图二　禹州阳翟故城遗址地形及探方分布图 ………………………………………………（插页）
图三　2006YY西Ⅰ发掘区横剖面图 …………………………………………………………（插页）
图四　2006YY西Ⅰ发掘区纵剖面图 …………………………………………………………（插页）
图五　2006YY西Ⅰ发掘区纵剖面图 …………………………………………………………（插页）
图六　2006YY西Ⅱ发掘区横剖面图 …………………………………………………………（10）
图七　2006YY西Ⅱ发掘区纵剖面图 …………………………………………………………（10）
图八　2007YY西Ⅰ发掘区横剖面图 …………………………………………………………（插页）
图九　2007YY西Ⅰ发掘区纵剖面图 …………………………………………………………（12）
图一〇　2007YY东发掘区横剖面图 …………………………………………………………（插页）
图一一　2007YY东发掘区纵剖面图 …………………………………………………………（14）
图一二　2007YY东发掘区纵剖面图 …………………………………………………………（14）
图一三　禹州阳翟故城遗址西Ⅰ发掘区总平面图 …………………………………………（插页）
图一四　禹州阳翟故城遗址西Ⅱ发掘区总平面图 …………………………………………（19）
图一五　禹州阳翟故城遗址东发掘区总平面图 ……………………………………………（插页）
图一六　2007YY西ⅠT1H236平、剖面图 ……………………………………………………（58）
图一七　2007YY西ⅠT4H125平、剖面图 ……………………………………………………（58）
图一八　2007YY西ⅠT4H78平、剖面图 ……………………………………………………（58）
图一九　2006YY西ⅠT32H295平、剖面图 ……………………………………………………（58）
图二〇　2006YY西ⅠT7H158平、剖面图 ……………………………………………………（59）
图二一　2006YY西ⅠT32H294平、剖面图 ……………………………………………………（59）
图二二　2006YY西ⅠT11H145平、剖面图 ……………………………………………………（60）
图二三　2007YY西ⅠT16H272平、剖面图 ……………………………………………………（60）
图二四　2006YY西ⅠT32H298平、剖面图 ……………………………………………………（61）
图二五　2007YY西ⅠT1H216平、剖面图 ……………………………………………………（61）

图二六	2007YY西ⅠT1H285平、剖面图	（62）
图二七	2007YY西ⅠT25H283平、剖面图	（63）
图二八	2006YY西ⅠT15H153平、剖面图	（63）
图二九	2007YY西ⅠT22H359平、剖面图	（64）
图三〇	2006YY西ⅠT6H83平、剖面图	（64）
图三一	2006YY西ⅠT11H89平、剖面图	（64）
图三二	2006YY西ⅠT15H167平、剖面图	（65）
图三三	2007YY西ⅠT4H192平、剖面图	（66）
图三四	2006YY西ⅠT2H45平、剖面图	（66）
图三五	2006YY西ⅡT5H290平、剖面图	（66）
图三六	2006YY西ⅡT5H236平、剖面图	（67）
图三七	2006YY西ⅠT2H26平、剖面图	（67）
图三八	2007YY西ⅠT4H86平、剖面图	（68）
图三九	2006YY西ⅠT2Y1平、剖面图	（69）
图四〇	2006YY西ⅠT29Z10平、剖面图	（70）
图四一	2006YY西ⅠT8J5平、剖面图	（71）
图四二	2006YY西ⅠT29J10平、剖面图	（71）
图四三	2006YY西ⅠT29J11平、剖面图	（72）
图四四	2006YY西ⅠT27J13平、剖面图	（72）
图四五	2006YY西ⅠT21J17平、剖面图	（72）
图四六	2007YY西ⅠT19J6平、剖面图	（73）
图四七	2006YYG1平、剖面图	（75）
图四八	2006YY西ⅠG2平、剖面图	（76）
图四九	2006YY西ⅠG3平、剖面图	（78）
图五〇	2007YY西ⅠG4平、剖面图	（78）
图五一	2006YY西ⅠG5平、剖面图	（80）
图五二	2006YY西ⅡG7平、剖面图	（80）
图五三	2006YY西ⅡT6G8平、剖面图	（80）
图五四	2006YY西Ⅰ夯土基址平、剖面图	（82）
图五五	2007YY西Ⅰ夯土基址平、剖面图	（84）
图五六	2006YY西ⅠT16M2平、剖面图	（85）
图五七	2006YY西ⅠT24M3平、剖面图	（86）
图五八	2006YY西ⅠT24M4平、剖面图	（87）
图五九	2006YY西ⅠT24M5平、剖面图	（88）

图六〇	2006YY西ⅠT24M6平、剖面图	（89）
图六一	2006YY西ⅠT24M7平、剖面图	（90）
图六二	2006YY西ⅠT24M8平、剖面图	（92）
图六三	2006YY西ⅠT24M9平、剖面图	（93）
图六四	2006YY西ⅠT24M10平、剖面图	（94）
图六五	2006YY西ⅠT24M11平、剖面图	（95）
图六六	2006YY西ⅠT26M13平、剖面图	（96）
图六七	2006YY西ⅠT26M15平、剖面图	（96）
图六八	2006YY西ⅠT24M16平、剖面图	（97）
图六九	2006YY西ⅠT24M17平、剖面图	（98）
图七〇	2006YY西ⅠT24M18平、剖面图	（99）
图七一	2006YY西ⅠT26M19平、剖面图	（100）
图七二	2006YY西ⅠT26M20平、剖面图	（100）
图七三	2006YY西ⅠT26M21平、剖面图	（101）
图七四	2006YY西ⅠT24M22平、剖面图	（101）
图七五	2006YY西ⅠT25M23平、剖面图	（102）
图七六	2006YY西ⅠT25M24平、剖面图	（102）
图七七	陶鬲、罐	（104）
图七八	陶鬲口	（104）
图七九	陶鬲足	（105）
图八〇	陶豆	（106）
图八一	A、B型陶大口罐、甲、乙类陶小口罐	（109）
图八二	乙、丙类陶小口罐	（110）
图八三	陶瓮	（111）
图八四	陶缸	（112）
图八五	陶盆	（113）
图八六	其他陶器	（114）
图八七	铜镞、铜镈　铁錾	（116）
图八八	货贝、骨器	（118）
图八九	先秦汉魏钱币	（121）
图九〇	2006YY西ⅠT2H18平、剖面图	（126）
图九一	2007YY西ⅠT4H26平、剖面图	（126）
图九二	2006YY西ⅠT10H10平、剖面图	（127）
图九三	2006YY西ⅠT29H260平、剖面图	（127）

图九四	2007YY东T7H103平、剖面图	（128）
图九五	2006YY西ⅠT19H154平、剖面图	（128）
图九六	2006YY西ⅠT23H198平、剖面图	（128）
图九七	2006YY西ⅠT27H180平、剖面图	（128）
图九八	2006YY西ⅠT1H59平、剖面图	（129）
图九九	2006YY西ⅠT8H75平、剖面图	（129）
图一〇〇	2006YY西ⅠT9H15平、剖面图	（130）
图一〇一	2007YY西ⅠT8H197平、剖面图	（130）
图一〇二	2006YY西ⅠT16H58平、剖面图	（131）
图一〇三	2006YY西ⅠT27H173平、剖面图	（131）
图一〇四	2007YY东T13H195平、剖面图	（132）
图一〇五	2007YY西ⅠT10H278平、剖面图	（132）
图一〇六	2007YY东T11H233平、剖面图	（133）
图一〇七	2007YY西ⅠT14H138平、剖面图	（133）
图一〇八	2006YY西ⅠT2H5平、剖面图	（133）
图一〇九	2006YY西ⅠT27H176平、剖面图	（133）
图一一〇	2006YY西ⅠT11H143平、剖面图	（134）
图一一一	2006YY西ⅠT20H175平、剖面图	（134）
图一一二	2007YY东T11H98平、剖面图	（135）
图一一三	2007YY西ⅠT2H367平、剖面图	（135）
图一一四	2007YY西ⅠT19H381平、剖面图	（137）
图一一五	2006YY西ⅠT25H251平、剖面图	（137）
图一一六	2007YY东T3H202平、剖面图	（137）
图一一七	2007YY西ⅠT1H217平、剖面图	（137）
图一一八	2006YY西ⅠT7H119平、剖面图	（138）
图一一九	2006YY西ⅠT25H264平、剖面图	（138）
图一二〇	2007YY西ⅠT13H38平、剖面图	（139）
图一二一	2007YY西ⅠT23H70平、剖面图	（139）
图一二二	2006YY西ⅠT2H2平、剖面图	（139）
图一二三	2007YY西ⅠT1H9平、剖面图	（139）
图一二四	2006YY西ⅠT4H53平、剖面图	（140）
图一二五	2007YY西ⅠT16H140平、剖面图	（140）
图一二六	2007YY东T2H67平、剖面图	（141）
图一二七	2007YY东T3H55平、剖面图	（141）

图一二八	2007YY西ⅠT14H116平、剖面图	(141)
图一二九	2006YY西ⅠT4H54平、剖面图	(143)
图一三〇	2006YY西ⅠT5H21平、剖面图	(144)
图一三一	2006YY西ⅠT10H55平、剖面图	(144)
图一三二	2007YY东T11H38平、剖面图	(144)
图一三三	2007YY西ⅠT7H180平、剖面图	(144)
图一三四	2007YY东T4H60平、剖面图	(145)
图一三五	2007YY东T10H159平、剖面图	(146)
图一三六	2007YY东T13H82平、剖面图	(146)
图一三七	2007YY西ⅠT1H10平、剖面图	(147)
图一三八	2006YY西ⅠT10H32平、剖面图	(148)
图一三九	2007YY东T9H140平、剖面图	(148)
图一四〇	2006YY西ⅠT8H74平、剖面图	(149)
图一四一	2006YY西ⅠT16H84平、剖面图	(150)
图一四二	2006YY西ⅠT26H272平、剖面图	(150)
图一四三	2007YY东T15H241平、剖面图	(150)
图一四四	2007YY西ⅠT2H40平、剖面图	(151)
图一四五	2007YY西ⅠT10H157平、剖面图	(151)
图一四六	2006YY西ⅠT2H4平、剖面图	(152)
图一四七	2006YY西ⅠT8H80平、剖面图	(153)
图一四八	2006YY西ⅠT25H277平、剖面图	(153)
图一四九	2007YY西ⅠT5H143平、剖面图	(153)
图一五〇	2007YY西ⅠT10H253平、剖面图	(154)
图一五一	2007YY东T1H126平、剖面图	(155)
图一五二	2007YY西ⅠT5H342平、剖面图	(155)
图一五三	2007YY西ⅠT20H171平、剖面图	(155)
图一五四	2006YY西ⅠT32H255平、剖面图	(156)
图一五五	2006YY西ⅠT11H66平、剖面图	(156)
图一五六	2007YY东T13H80平、剖面图	(157)
图一五七	2007YY西ⅠT23H284平、剖面图	(157)
图一五八	2006YY西ⅠT14H139平、剖面图	(158)
图一五九	2007YY东T7H151平、剖面图	(159)
图一六〇	2007YY西ⅠT14H54平、剖面图	(159)
图一六一	2007YY东T3H203平、剖面图	(159)

图号	图名	页码
图一六二	2007YY西ⅠT6H132平、剖面图	（160）
图一六三	2007YY西ⅠT13H42平、剖面图	（161）
图一六四	2007YY东T8H53平、剖面图	（161）
图一六五	2006YY西ⅠT10H63平、剖面图	（162）
图一六六	2006YY西ⅠT20H131平、剖面图	（163）
图一六七	2007YY西ⅠT1H1平、剖面图	（163）
图一六八	2007YY西ⅠT9H249平、剖面图	（163）
图一六九	2006YY西ⅠT6H81平、剖面图	（164）
图一七〇	2006YY西ⅠT12H79平、剖面图	（165）
图一七一	2006YY西ⅠT16H116平、剖面图	（166）
图一七二	2007YY东T1H177平、剖面图	（166）
图一七三	2007YY西ⅠT15H67平、剖面图	（167）
图一七四	2006YY西ⅠT27H187平、剖面图	（167）
图一七五	2007YY西ⅠT18H232平、剖面图	（168）
图一七六	2007YY西ⅠT17H89平、剖面图	（168）
图一七七	2006YY西ⅠT10H8平、剖面图	（169）
图一七八	2007YY西ⅠT15H52平、剖面图	（169）
图一七九	2006YY西ⅠT25H237平、剖面图	（170）
图一八〇	2006YY西ⅠT26H231平、剖面图	（170）
图一八一	2006YY西ⅠT2H17平、剖面图	（171）
图一八二	2007YY东T3H240平、剖面图	（171）
图一八三	2007YY西ⅠT9H17平、剖面图	（172）
图一八四	2007YY西ⅠT9H248平、剖面图	（172）
图一八五	2007YY东T8H61平、剖面图	（173）
图一八六	2007YY西ⅠT6H133平、剖面图	（173）
图一八七	2006YY西ⅠT2H31平、剖面图	（173）
图一八八	2007YY西ⅠT10H252平、剖面图	（174）
图一八九	2006YY西ⅠT10H33平、剖面图	（174）
图一九〇	2007YY东T7H144平、剖面图	（175）
图一九一	2006YY西ⅠT3H41平、剖面图	（176）
图一九二	2007YY东T13H99平、剖面图	（176）
图一九三	2007YY西ⅠT20H209平、剖面图	（177）
图一九四	2006YY西ⅠT5H51平、剖面图	（178）
图一九五	2006YY西ⅠT7H28平、剖面图	（178）

图一九六	2006YY西ⅠT10H24平、剖面图	（179）
图一九七	2007YY东T1H127平、剖面图	（179）
图一九八	2007YY西ⅠT11H266平、剖面图	（180）
图一九九	2007YY东T13H6平、剖面图	（180）
图二〇〇	2007YY西ⅠT24H32平、剖面图	（181）
图二〇一	2006YY西ⅠT27H185平、剖面图	（182）
图二〇二	2007YY西ⅠT3H267平、剖面图	（182）
图二〇三	2007YY东T8H9平、剖面图	（183）
图二〇四	2006YY西ⅠT26H226平、剖面图	（183）
图二〇五	2007YY西ⅠT14H97平、剖面图	（184）
图二〇六	2006YY西ⅠT25H278平、剖面图	（185）
图二〇七	2007YY东T14H215平、剖面图	（185）
图二〇八	2007YY西ⅠT20H169平、剖面图	（186）
图二〇九	2007YY西ⅠT21H56平、剖面图	（186）
图二一〇	2006YY西ⅠT6H115平、剖面图	（187）
图二一一	2007YY东T1H45平、剖面图	（188）
图二一二	2007YY东T11H32平、剖面图	（188）
图二一三	2006YY西ⅠT24H57平、剖面图	（189）
图二一四	2006YY西ⅠT26H225平、剖面图	（189）
图二一五	2007YY西ⅠT15H129平、剖面图	（190）
图二一六	2006YY西ⅠT8H61平、剖面图	（191）
图二一七	2006YY西ⅠT24H6平、剖面图	（192）
图二一八	2007YY东T11H156平、剖面图	（192）
图二一九	2006YY西ⅠT14H117平、剖面图	（192）
图二二〇	2006YY西ⅠT16H120平、剖面图	（193）
图二二一	2007YY西ⅠT10H279平、剖面图	（193）
图二二二	2006YY西ⅠT6H98平、剖面图	（194）
图二二三	2007YY西ⅠT8Y1、T11Y2平、剖面图	（196）
图二二四	2007YY东T5Y1平、剖面图	（197）
图二二五	2006YY西ⅡT6J8平、剖面图	（199）
图二二六	2006YY西ⅠT17J1平、剖面图	（199）
图二二七	2006YY西ⅠT18J2平、剖面图	（200）
图二二八	2006YY西ⅠT4J6平、剖面图	（200）
图二二九	2006YY西ⅠT4J7平、剖面图	（201）

图二三〇	2006YY西ⅠT30J14平、剖面图	（202）
图二三一	2006YY西ⅠT32J16平、剖面图	（202）
图二三二	2007YY西ⅠT22J2平、剖面图	（203）
图二三三	2007YY西ⅠT21J5平、剖面图	（204）
图二三四	2007YY西ⅠT9J7平、剖面图	（204）
图二三五	2007YY西ⅠT12J8平、剖面图	（204）
图二三六	2007YY西ⅠT6J9平、剖面图	（204）
图二三七	2007YY西ⅠT6J11平、剖面图	（205）
图二三八	2007YY西ⅠTG1J13平、剖面图	（205）
图二三九	2007YY东T6J1平、剖面图	（206）
图二四〇	2007YY东T13J2平、剖面图	（207）
图二四一	2007YY东T7J4平、剖面图	（208）
图二四二	2007YY东T10J5平、剖面图	（208）
图二四三	2007YY东T11J6平、剖面图	（208）
图二四四	2006YY西ⅠT26J9平、剖面图	（209）
图二四五	2007YY西ⅠT8J1平、剖面图	（209）
图二四六	2007YY西ⅠT13J3平、剖面图	（209）
图二四七	2007YY西ⅠT15J4平、剖面图	（210）
图二四八	2007YY西ⅠT17J12平、剖面图	（211）
图二四九	2007YY东T5J3平、剖面图	（211）
图二五〇	2006YY西ⅠT1Z1平、剖面图	（212）
图二五一	2006YY西ⅠT16Z2平、剖面图	（213）
图二五二	2006YY西ⅠT16Z3平、剖面图	（213）
图二五三	2006YY西ⅠT25Z6平、剖面图	（214）
图二五四	2006YY西ⅠT25Z8平、剖面图	（215）
图二五五	2006YY西ⅠT25Z9平、剖面图	（216）
图二五六	2007YY西ⅠT1Z1平、剖面图	（216）
图二五七	2007YY西ⅠT1Z2平、剖面图	（216）
图二五八	2007YY西ⅠT4Z3平、剖面图	（216）
图二五九	2007YY西ⅠT1Z4平、剖面图	（217）
图二六〇	2007YY西ⅠT25Z5平、剖面图	（217）
图二六一	2007YY西ⅠT11Z6平、剖面图	（218）
图二六二	2007YY西ⅠT11Z7平、剖面图	（219）
图二六三	2007YY西ⅠT25Z9平、剖面图	（220）

图二六四	2007YY西ⅠT25Z14平、剖面图	（221）
图二六五	2007YY东T13Z1平、剖面图	（221）
图二六六	2007YY东T11Z2平、剖面图	（222）
图二六七	2006YY西ⅠT31Z5平、剖面图	（223）
图二六八	2006YY西ⅠT32Z7平、剖面图	（224）
图二六九	2007YY西ⅠT17Z12平、剖面图	（225）
图二七〇	2007YY东T6Z3平、剖面图	（226）
图二七一	2007YY东T15Z5平、剖面图	（226）
图二七二	2006YY西ⅠT13Z4平、剖面图	（227）
图二七三	2006YY西ⅡT1、T4G6平、剖面图	（228）
图二七四	2007YY东G1平、剖面图	（228）
图二七五	2007YY东G2平、剖面图	（229）
图二七六	2006YY西ⅠT12L2平、剖面图	（231）
图二七七	2006YY西ⅠT3、T7L3平、剖面图	（232）
图二七八	2007YY东L1平、剖面图	（插页）
图二七九	2007YY西ⅠT9Q1平、剖面图	（233）
图二八〇	2007YY西ⅠT12Q2平、剖面图	（233）
图二八一	2007YY西ⅠT14Q3平、剖面图	（234）
图二八二	2006YY西ⅠT8红烧土面1平、剖面图	（234）
图二八三	2006YY西ⅠT8红烧土面2平、剖面图	（235）
图二八四	2006YY西ⅠT8M1平、剖面图	（237）
图二八五	2006YY西ⅡT4M12平、剖面图	（238）
图二八六	2006YY西ⅠT32M14平、剖面图	（238）
图二八七	2007YY西ⅠT1M1平、剖面图	（239）
图二八八	2007YY西ⅠT1Z8平、剖面图	（240）
图二八九	2007YY西ⅠT10Z11平、剖面图	（241）
图二九〇	2007YY西ⅠT7Z13平、剖面图	（241）
图二九一	2007YY东T15Z4平、剖面图	（242）
图二九二	陶盘、盆	（244）
图二九三	陶杯、钵、罐、釜、砂锅	（247）
图二九四	陶饼、丸、纺轮	（248）
图二九五	陶砚、象棋子、匣钵、支圈、模	（251）
图二九六	陶瓦当、鸱吻、构件	（253）
图二九七	甲类A、B型白釉瓷碗	（257）

图二九八	甲类B、C型白釉瓷碗	（259）
图二九九	甲类C、D型白釉瓷碗	（262）
图三〇〇	甲类D、E、F型白釉瓷碗	（264）
图三〇一	甲类G型白釉瓷碗	（266）
图三〇二	乙类Aa型白釉瓷碗	（268）
图三〇三	乙类A型白釉瓷碗	（270）
图三〇四	乙类Ba型白釉瓷碗	（273）
图三〇五	乙类Bb型白釉瓷碗	（275）
图三〇六	乙类Bc、C型白釉瓷碗	（277）
图三〇七	丙类白釉瓷碗	（279）
图三〇八	甲类白釉瓷盏	（281）
图三〇九	乙类白釉瓷盏	（285）
图三一〇	白釉瓷碟	（289）
图三一一	甲类A型白釉瓷盘	（294）
图三一二	甲类A、B型白釉瓷盘	（297）
图三一三	甲、乙、丙、丁类白釉瓷盘	（301）
图三一四	A、C型白釉瓷盆	（304）
图三一五	B型白釉瓷盆	（305）
图三一六	白釉瓷杯、鸟食罐、碟形器、瓶形器、盒、梅瓶	（306）
图三一七	白釉瓷器盖、灯盏	（310）
图三一八	甲、乙类酱黑釉瓷碗	（314）
图三一九	酱黑釉瓷碗、盏	（317）
图三二〇	酱黑釉瓷碟、盘	（319）
图三二一	酱黑釉瓷盘、盆、刻槽盆	（323）
图三二二	酱黑釉瓷经瓶、葫芦瓶、盒、罐	（326）
图三二三	B、C型酱黑釉瓷罐	（328）
图三二四	酱黑釉瓷灯盏	（329）
图三二五	酱黑釉瓷瓶形器、器盖、臼、炉、釜、盂	（331）
图三二六	甲类A型青釉瓷碗	（335）
图三二七	甲类B、C型青釉瓷碗	（336）
图三二八	乙、丙类青釉瓷碗	（339）
图三二九	青釉瓷盏、碟、盘	（342）
图三三〇	青釉瓷盘、杯、器盖、炉、漏斗	（346）
图三三一	A、B、C型钧釉瓷碗	（351）

图三三二	钧釉瓷碟、盘、杯	（355）
图三三三	钧釉瓷梅瓶	（360）
图三三四	素烧瓷器	（361）
图三三五	瓷人俑	（363）
图三三六	瓷人俑头、动物俑	（365）
图三三七	其他瓷器	（369）
图三三八	铜双股钗、簪、耳勺、镊、匙	（381）
图三三九	铜顶针、纽扣、环、棋子、花饰、提手、梳	（384）
图三四〇	铁灯、剪刀、权、镊、凿、锶	（388）
图三四一	铁铲、刀、钉	（390）
图三四二	铁钩、镞、其他	（393）
图三四三	唐宋钱币	（396）
图三四四	宋代钱币	（401）
图三四五	宋代钱币	（405）
图三四六	宋代钱币	（409）
图三四七	金、明、清、日本钱币	（412）
图三四八	石雕童子、砚、斧、纺轮	（416）
图三四九	石杵、球、丸、石英珠、残石器	（418）
图三五〇	骨梳、筓	（421）
图三五一	骨针、匕、刷、镞、角	（425）
图三五二	骨料、蚌饰、蚌壳	（429）
图三五三	玻璃簪、珠、珰、饰件	（434）
图三五四	白釉瓷器分期图（一）	（插页）
图三五五	白釉瓷器分期图（二）	（插页）
图三五六	白釉瓷器分期图（三）	（插页）
图三五七	白釉瓷器分期图（四）	（插页）
图三五八	酱黑釉瓷器分期图（一）	（插页）
图三五九	酱黑釉瓷器分期图（二）	（插页）
图三六〇	青釉瓷器分期图	（插页）
图三六一	钧釉瓷器分期图	（插页）

插表目录

表一　阳翟故城遗址2006年西Ⅰ发掘区（2006YY西ⅠT1~T32）地层关系表……………（21）

表二　阳翟故城遗址2006年西Ⅱ发掘区（2006YY西ⅡT1~T6）地层关系表………………（22）

表三　阳翟故城遗址2007年西Ⅰ发掘区（2007YY西ⅠT1~T25）地层关系表……………（22）

表四　阳翟故城遗址2007年东发掘区（2007YY东T1~T15）地层关系表…………………（23）

表五　2006年禹州阳翟故城遗址西发掘区遗迹汇总表………………………………………（25）

表六　2006年禹州阳翟故城遗址西Ⅰ发掘区（2006YY西ⅠT1~T32）遗迹层序表…………（27）

表七　2007年禹州阳翟故城遗址西发掘区各探方遗迹汇总表………………………………（28）

表八　2007年禹州阳翟故城遗址西Ⅰ发掘区（2007YY西ⅠT1~T25）遗迹层序表…………（30）

表九　2007年禹州阳翟故城遗址东发掘区各探方发掘遗迹汇总表…………………………（31）

表一〇　2007年阳翟故城遗址东发掘区（2007YY东T1~T15）遗迹层序表………………（32）

图版目录

图版一　　阳翟故城遗址全景及2006YY西Ⅰ发掘区全景
图版二　　阳翟故城遗址2006YY西Ⅱ发掘区全景及2006YY西ⅠG3、G4全景
图版三　　2006YY西ⅠT2Y1全景及细部
图版四　　2006YY西ⅠT2Y1细部
图版五　　2006YY西ⅠT8M1全景及细部
图版六　　2006YY西ⅠT8M1、2006YY西ⅠT8红烧土面2和2006YY西ⅠT12L2细部
图版七　　2006YY西ⅠT8红烧土面2和2006YY西ⅠT13Z4
图版八　　2006YY西ⅠT16J4、2006YY西ⅠT17J1和2006YY西ⅠT31Z5
图版九　　2006YY西ⅠT16Z2、Z3
图版一〇　2006YY西ⅠT24、T26墓葬全景和2006YY西ⅠT24M3
图版一一　2006YY西ⅠT24M4全景及细部、2006YY西ⅠT24M11
图版一二　2006YY西ⅠT26J9、2006YY西ⅠT25M24和2006YY西ⅠT24M6、M7
图版一三　2006YY西ⅠT26M13和2006YY西ⅠT24M22
图版一四　2006YY西ⅠT29J10和2006YY西ⅠT30J14
图版一五　2006YY西Ⅰ夯土和2006YY西Ⅰ夯土T28内夯层夯窝细部
图版一六　2006YY西ⅡT4M12和2006YY西ⅡT6J8
图版一七　2006YY西Ⅰ夯土T28内夯土解剖、2006YY西ⅡT1、T4G6及2007YY东G3
图版一八　2007YY西Ⅰ和2007YY东发掘区全景
图版一九　2007YY东L1及第2、3层层表细部
图版二〇　2007YY东L1解剖情况
图版二一　2007YY东T5J3和2007YY西ⅠT6G1
图版二二　2007YY西ⅠT1Z1和T1Z8
图版二三　2007YY东T5Y1和2007YY西ⅠT7Z13
图版二四　2007YY西ⅠT1M1、T8Y1、T11Y2
图版二五　2007YY西Ⅰ夯土建筑及T9Q1

图版二六　2007YY西ⅠT10Z11及T25Z5、Z9、Z14
图版二七　2007YY西ⅠT11Y2、T17Z12
图版二八　陶罐、陶鬲、陶钵和陶盆
图版二九　陶盆、陶杯、陶钵、陶罐和陶盘
图版三〇　陶砂锅、陶釜和陶匣钵
图版三一　陶支圈、素烧瓷碟和素烧瓷刻槽盆
图版三二　白釉瓷碗
图版三三　白釉瓷碗
图版三四　白釉瓷碗
图版三五　白釉瓷碗
图版三六　白釉瓷碗
图版三七　白釉瓷碗
图版三八　白釉瓷碗
图版三九　白釉瓷碗
图版四〇　白釉瓷碗
图版四一　白釉瓷碗
图版四二　白釉瓷碗
图版四三　白釉瓷碗
图版四四　白釉瓷碗
图版四五　白釉瓷碗
图版四六　白釉瓷碗
图版四七　白釉瓷碗和白釉瓷盏
图版四八　白釉瓷盏和白釉瓷碟
图版四九　白釉瓷碟
图版五〇　白釉瓷碟和白釉瓷盘
图版五一　白釉瓷盘
图版五二　白釉瓷盘
图版五三　白釉瓷盘
图版五四　白釉瓷盘
图版五五　白釉瓷研磨盘和白釉瓷盆
图版五六　白釉瓷杯
图版五七　白釉瓷杯和白釉瓷鸟食罐
图版五八　白釉瓷鸟食罐和白釉瓷器盖
图版五九　白釉瓷器盖

图版六〇　白釉瓷器盖

图版六一　白釉瓷盒、白釉瓷碟形器和酱黑釉瓷碗

图版六二　白釉瓷瓶盖

图版六三　白釉瓷梅瓶、钧釉瓷梅瓶和酱黑釉瓷经瓶

图版六四　酱黑釉瓷碗

图版六五　酱黑釉瓷碗

图版六六　酱黑釉瓷盏、酱黑釉瓷碗、酱黑釉瓷碟和酱黑釉瓷盘

图版六七　酱黑釉瓷盘和酱黑釉瓷盆

图版六八　酱黑釉瓷盆、酱黑釉瓷盒、酱黑釉瓷刻槽盆和酱黑釉瓷罐

图版六九　酱黑釉瓷罐

图版七〇　酱黑釉瓷罐和酱黑釉瓷炉

图版七一　酱黑釉瓷瓶形器、酱黑釉瓷釜和酱黑釉瓷器盖

图版七二　酱黑釉瓷器盖和酱黑釉瓷臼

图版七三　酱黑釉瓷臼和青釉瓷碗

图版七四　青釉瓷碗

图版七五　青釉瓷碗

图版七六　青釉瓷碗

图版七七　青釉瓷碗和青釉瓷碟

图版七八　青釉瓷碟

图版七九　青釉瓷盘

图版八〇　青釉瓷盘

图版八一　青釉瓷杯、青釉瓷器盖和青釉瓷炉

图版八二　钧釉瓷碗

图版八三　钧釉瓷碗和钧釉瓷碟

图版八四　钧釉瓷碟和钧釉瓷盘

图版八五　陶球、瓷球、陶丸和陶纺轮

图版八六　陶纺轮、瓷围棋子和瓷骰子

图版八七　瓷象棋子和陶象棋子

图版八八　瓷围棋子和瓷坐姿俑

图版八九　瓷坐姿俑

图版九〇　瓷立姿俑

图版九一　瓷立姿俑、瓷坐姿俑和瓷人俑头

图版九二　瓷人俑头和瓷姿势不明俑

图版九三　瓷蛙俑、瓷马俑、瓷狮俑和瓷鸭俑

图版九四　瓷猴俑、陶鸱吻、瓷饰件和铜花饰
图版九五　铜双股钗
图版九六　铜簪、铜花饰、铜镞、铜镈和铜环
图版九七　铜环、铜梳、铜耳勺和铜提手
图版九八　铜棋子、铁镞和铁鏓
图版九九　铁钉、铁铲和铁凿
图版一〇〇　铁剪刀、铁锸、铁钳、铁錾和铁灯
图版一〇一　铁权、铁钩和石纺轮
图版一〇二　石砚和石球
图版一〇三　石雕童子和石杵
图版一〇四　铜压胜钱、骨刷和骨针
图版一〇五　骨刷
图版一〇六　骨刷和骨梳
图版一〇七　骨梳
图版一〇八　骨梳
图版一〇九　骨梳、骨笄和骨料
图版一一〇　骨料、骨器、角和蚌饰
图版一一一　货贝和玻璃簪
图版一一二　玻璃簪和玻璃珠

概　述

第一节　地理与行政

禹州市隶属于河南省许昌市，位于河南省中部、许昌市西北部。全境东西长55千米，南北宽47千米，总面积1461平方千米。地理坐标东经113°03′~113°39′，北纬33°59′~34°24′。境域北界新郑、新密两市，南连郏县、襄城两县，东依建安区、长葛市，西接登封市、汝州市。境内西北为伏牛山余脉，东南属颍川平原，颍水自西北向东南穿境而过，形成一水带两山，北具茨、南箕山环抱颍川平原之势。

夏商之时，禹州称"夏国"或"夏邑"。《史记正义》引《帝王纪》云："禹受封为夏伯，在豫州外方之南，今河南阳翟是也。"[1]《水经注·颍水》："颍水自堨东迳阳翟县故城北，夏禹始封于此，为夏国。"[2]西周武王封少弟于禹州，称康[3]。

春秋时期，禹州称"栎邑"，属郑。《春秋左传集解·桓公十五年》"秋九月，郑伯突入于栎"句杜预注："栎，郑别都也，今河南阳翟县。"《史记·郑世家》"（郑厉公四年）夏，厉公出居边邑栎"句《集解》云："宋忠曰：'今颍川阳翟县。'"《索引》云："按：栎音历，即郑初得十邑之历也。"

《史记·韩世家》载："（韩景侯）九年，郑围我阳翟。"[4]又《汉书·地理志》"阳翟"条下注云："夏禹国。周末，韩景侯自新郑徙此。"可知，禹州，战国时期属韩，称阳翟，曾是韩的国都。秦代为阳翟县，颍川郡治。汉高祖五年（公元前202年），封故韩王信为韩王，都阳翟，六年，韩王信徙封太原，阳翟复为颍川郡治[5]，迄东汉末不曾更改。其间王莽天凤元年（公元14年）改颍川郡为左队郡，阳翟仍为郡治。

---

[1] （汉）司马迁：《史记》，中华书局，1982年，第49页。
[2] （北魏）郦道元注，杨守敬等疏，段熙仲点校、陈桥驿复校：《水经注疏》，江苏古籍出版社，1989年，第1809页。
[3] （唐）李泰等著，贺次君辑校：《括地志辑校》卷三"阳翟县"条下云："故康城在许州阳翟县西北三十五里。"中华书局，1980年，第160页。
[4] （汉）司马迁：《史记·韩世家》卷四五，中华书局，1982年，第1867页。
[5] （汉）班固：《汉书·地理志》卷二八上，中华书局，1962年，第1560页。

三国以后，迭经改属、升郡、降县、分、合等变迁。南宋高宗时，阳翟升颍顺军，金大定二十三年（1163年），又升为颍顺州，阳翟为附郭县，次年改称钧州。元及明代早中期不变，但辖境屡经增减变迁。明神宗万历三年（1575年），为避朱翊钧讳，改钧州名禹州。清代因之，至1913年再次降州为县，称"禹县"。1988年6月25日，国务院批准禹县改为禹州市。

第二节　遗址概况与田野工作

一、遗址概况

阳翟故城遗址位于河南省禹州市钧台街道办事处八里营村，南水北调工程中线干渠332千米处，地理坐标为东经113°29′，北纬34°11′，海拔127～130米（图一）。根据《读史方舆纪要》和清乾隆《禹州志》记载，此遗址是战国前期韩国的都城阳翟。现今地表遗物较少，发现有绳纹陶片、素面灰陶盆、瓷片等。2004年9月，许昌市文物钻探队和禹州市文物管理所曾联合对该遗址一处墓地进行过试掘。此后，根据南水北调中线工程的规划，河南省文物部门又对该遗址进行了钻探和试掘，最后提交的报告认为，遗址地面下有夯土城，干渠略呈东南—西北向穿过该城址，"占压城址东西长180米，南北宽200米，面积约为36000平方米"。

遗址大部分压在八里营村下，东界103省道，南界231省道，从我们在现场踏勘及对一些裸露断面观察的情况看，村庄的北面已基本没有文化堆积；省道及乡级公路以外，仅见零星遗存。遗址在村南暴露的部分，东西长约700米，南北宽约250米。地势较为平缓，略呈北高南低。地表主要为农田，种植有玉米、小麦、棉花等，一条村级公路把遗址分为东西两部分，我们将其分为东区和西区。其中西区又有三道废弃水渠交汇于遗址之上，将遗址分为东北、西北和南部三部分，我们将西区的南部编为西Ⅰ区，西区的西北部编为西Ⅱ区，西区的东北部编为西Ⅲ区（图二）。

为配合南水北调工程文物保护工作，并开展阳翟故城的考古学研究，受河南省文物局南水北调文物保护办公室的委托，武汉大学历史学院考古系承担了该项目的发掘和研究工作，并组织了武汉大学阳翟故城考古队，由徐承泰担任领队。

二、田野工作

阳翟故城遗址的田野工作历2006年和2007年两年，共分六个阶段。

第一阶段：2006年6月26日至7月1日，历时6天。许昌市文物工作队对遗址西区进行了钻探，大致探明了西Ⅰ区北部和西Ⅱ区文化堆积的基本状况，了解到文化堆积厚度在1米左右，并在遗址西Ⅰ区发现了灰坑、红烧土等遗迹，在西Ⅱ区发现了疑似夯土的遗迹。为下一步布设探方指明了方向。

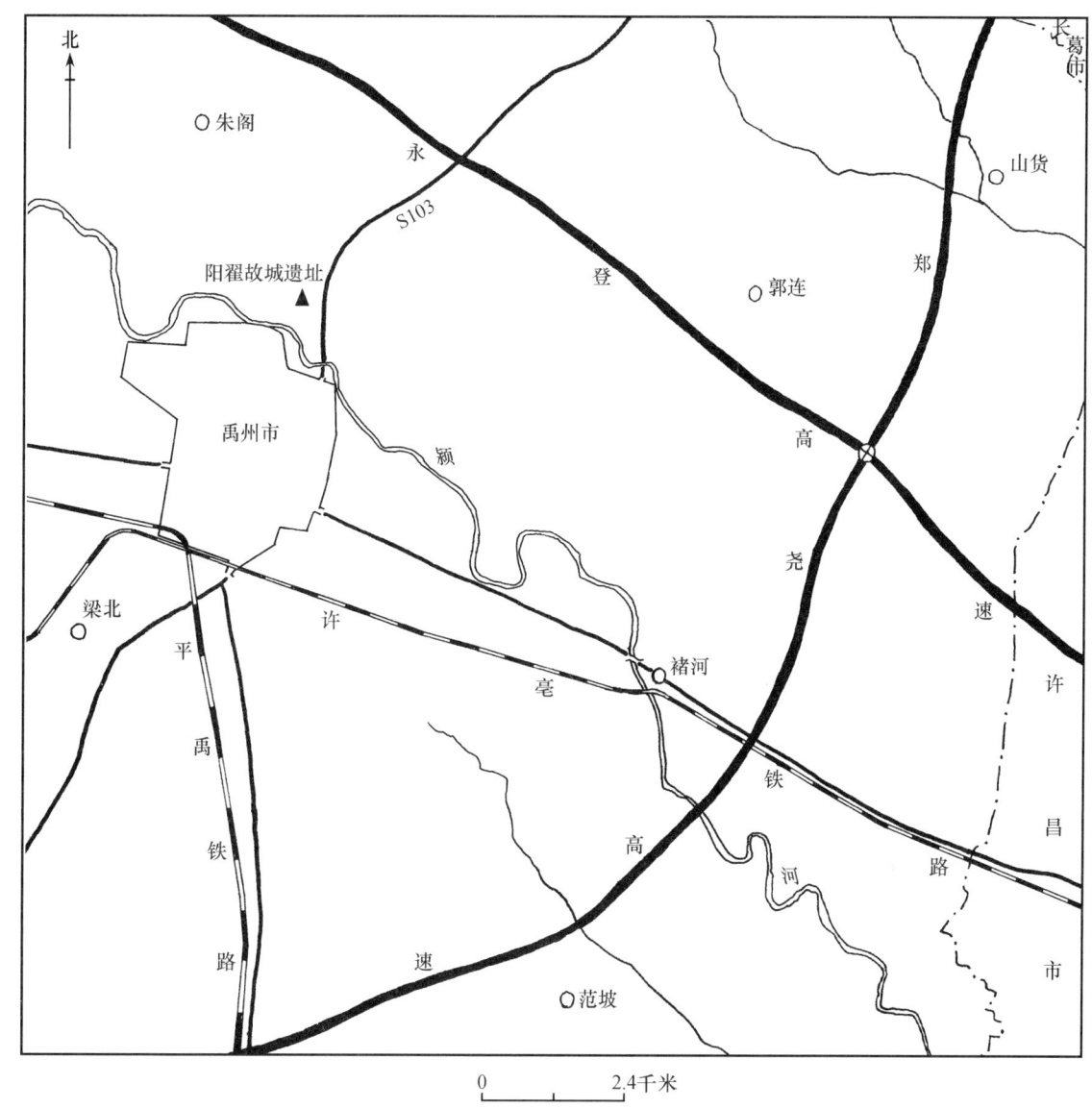

图一 禹州阳翟故城遗址位置图

第二阶段：2006年7月6日开始，2006年9月22日结束，历时79天。在遗址的西Ⅰ区布设首批探方24个，面积10米×10米，方向正北，首次发掘总面积为2400平方米。这一阶段的发掘，除出土了一大批陶瓷器遗物，清理了一批灰坑、水井、沟、窑、灶等遗迹外，在发掘区的东部还发现了一处夯土基址，在发掘区的西南部发现了一批西周墓葬。

第三阶段：从2006年9月23日开始，至2006年12月1日结束，共历时70天。本阶段的发掘具有一定的针对性。其中在西Ⅱ区布设了6个10米×10米探方，目的是揭露钻探过程中发现的疑似夯土。由于要照顾当时认为的夯土的走向，因此这6个探方的方向为15°。在西Ⅰ区第一期发掘的T24南面和西面各开设一个10米×20米的探方，目的是追寻在T24内发现墓葬的分布范围。在西Ⅰ区第一期发掘区的东端开设了6个10米×10米探方，目的是寻找在T3内发现夯土的分布范围。发掘过程中在西Ⅰ区T26西面扩方6平方米。因此，本阶段完成了1606平方米的发掘任务。

第四阶段：2007年6月29日开始，至2006年7月1日结束，历时3天。我们对遗址的东区及西Ⅰ区的南部进行了钻探，更深入地了解了上述区域的堆积状况，为下一步的发掘工作奠定了基础。

第五阶段：2007年7月10日开始，至2007年9月28日结束，历时81天。在遗址西Ⅰ区2006年发掘区的南面，以正方向开设了10米×10米探方25个。本阶段完成了2500平方米的发掘任务。

第六阶段：2007年10月4日开始，至2007年12月20日结束，历时78天。在遗址东区的西部布设了10米×10米探方15个。由于不得不避开某些区域，这一批探方的方向为17°而非正方向。本阶段发掘工作接近尾声的时候，为了解阳翟故城遗址城墙的情况，我们于12月9日在遗址西Ⅰ区调查报告所标绘城圈的东城墙中部的位置，开设了一条2米×20米探沟，并于12月19日发掘完毕。因此，本阶段完成了1540平方米的发掘任务。

以上两年的野外考古工作，共历时317天，发掘10米×20米探方2个，10米×10米探方76个，2米×20米探沟1条，扩方6平方米，共计完成8046平方米的发掘任务。

具体位置及分布参见图二。

三、探方、遗迹及遗物编号体系

1. 探方编号

阳翟故城遗址的探方采取自然布方法，编号采用自然序号，主要是考虑到本次发掘属抢救性质，难免会有一些特殊情况，这种布方可以较为灵活应对。另外，前期的调查报告认为遗址上有城墙，因此开设大探沟就在计划之中。

具体的探方编号系统中，我们将西Ⅰ区、西Ⅱ区、西Ⅲ区及东区按照发掘年份的不同各自作为一个编号体系，分别进行编号。其中西Ⅲ区最后并没有开设探方进行发掘。西Ⅰ区2006年共开设32个探方，探方编号为2006YY西ⅠT1～2006YY西ⅠT32；西Ⅰ区2007年共开设25个探方，探方编号为2007YY西ⅠT1～2006YY西ⅠT25；西Ⅰ区2007年还开设了一条探沟，编号为2007YY西ⅠTG1。西Ⅱ区仅在2006年度开设了6个探方，探方编号为2006YY西ⅡT1～2006YY西ⅡT6。东区仅在2007年开设了15个探方，探方编号为2007YY东T1～2007YY东T15。其中，2006、2007指2006年、2007年；第一个Y为禹州市的汉字拼音首字母；第二个Y为阳翟故城遗址的汉字拼音首字母。

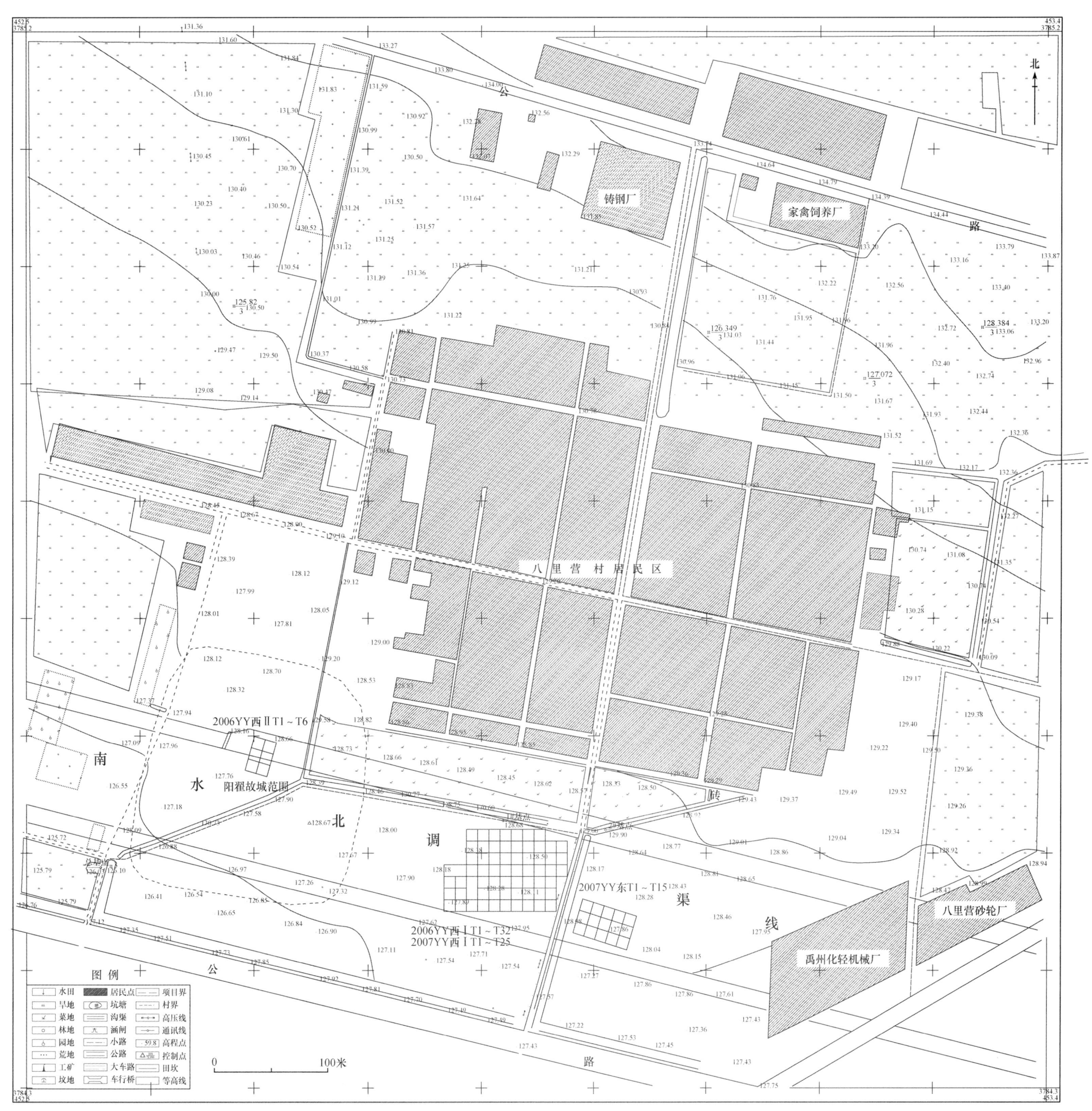

2. 遗迹编号

阳翟故城遗址遗迹表示方式，沿用考古学界的传统。报告中涉及的遗迹如下。G：沟；H：灰坑；J：井；L：路；M：墓葬；Q：墙；Y：窑；Z：灶。此外，有些现代扰坑内，偶尔也会出土一些保存较好的早期遗物，为了有利于记录这些遗物，我们将部分现代扰坑也作了记录，以K来表示。

阳翟故城遗址的遗迹编号体系，是以西区和东区两个大区为基础，按年分别进行编号。西区2006年包括西Ⅰ区和西Ⅱ区在内发掘的各类遗迹，均在同一个编号体系下，遗迹号从自然数1开始往下，按照发掘时间的早晚顺序编成；遗迹号的前缀为2006YY西Ⅰ（Ⅱ）T×。西区2007年发掘的各类遗迹，其遗迹号从自然数1开始往下，按照发掘时间的早晚顺序编成；遗迹号的前缀为2007YY西ⅠT×。东区2007年发掘的各类遗迹，其遗迹号从自然数1开始往下，按照发掘时间的早晚顺序编成；遗迹号的前缀为2007YY东T×。

3. 遗物编号

遗物以最小的发掘单位为编号系统。各探方各地层各为独立的编号体系。有的遗迹内的堆积有分层现象，我们原则上也以该遗迹内每个层位作为独立编号体系，但在执行过程中，有的探方负责人并未按此要求操作，而是将遗迹视为一个单位对出土遗物进行编号，整理过程中我们没有加以修改。还有一种情况，有的遗迹内的堆积分若干层，然而遗物的编号中有的标明了层次，有的没有标明。这是因为在发掘过程中，有时在开始阶段未注意到堆积的分层现象，因此出土的遗物就没有标明层次，而且一些遗迹尤其是灰坑，其坑内堆积往往呈坡状，故先发掘的未必就一定会是最晚的。因此，我们保留原始记录的现状，不作更改。

序章　探方、地层与遗迹

第一节　探方布设

长期以来，禹州阳翟故城遗址都被视为战国前期韩的都城阳翟，因此作为重点发掘地点，要求的发掘面积是8000平方米。但是我们在前期的钻探、地面调查过程中，并没有发现早期的遗物。

禹州阳翟故城遗址（图版一，1）于2006年和2007年发掘，历时两年，发掘10米×20米探方2个，10米×10米探方76个，2米×20米探沟1条，扩方6平方米，共计完成8046平方米的发掘任务。其中东区的西部开设10米×10米探方15个；西Ⅰ区的东部开设10米×20米探方2个、10米×10米探方55个，西部开设2米×20米探沟1条；西Ⅱ区开设10米×10米探方6个。

阳翟故城遗址的发掘，采取自然布方法，主要考虑到这是抢救性的发掘，发掘过程中可能会遇到种种意外的情况，在发掘面积和发掘时间都有一定局限性的条件下，这种布方法相对较为灵活。

首先在西Ⅰ区的东部布设第一批探方，是因为第一阶段的钻探结果显示，这一区域灰坑、红烧土等遗迹较为集中，所以在这一区域以正方向布设了第一批24个10米×10米探方，编号2006YY西ⅠT1~T24。第一批探方发掘的过程中，在发掘区东端的2006YY西ⅠT3内发现了一处夯土基址，面积大，且延伸到探方东壁以外；在发掘区西南角的2006YY西ⅠT24内，发现了排列密集的一批共15座西周墓葬，部分延伸到探方南壁和西壁以外。因此，接下来第二批探方的布设，就具有一定的针对性。

根据墓葬只发现于2006YY西ⅠT24内的情况，推测这只是一处墓地的东北角，在T24的南面和西面，应当还有大批墓葬。我们曾试图通过钻探来了解情况，但因地面下的文化堆积中有较多的料姜石块，使钻探的效果不佳。因此，我们在T24的南面布设了一个南北20米、东西10米的大探方，编号2006YY西ⅠT25；在T24的西面布设了一个东西20米、南北10米的大探方，编号2006YY西ⅠT26，目的是希望通过这两个探方的发掘，进一步找到墓地分布的线索，如果确如我们推测的那样，那么我们准备将这两个大探方之间的区域整体揭开。而后来的发掘证明，这个墓群并不大，主体部分就位于T24内，其西面和南面只发现有少数几座墓葬。

为进一步了解2006YY西ⅠT3内发现的夯土基址，我们在T3的东面布设了6个10米×10米探方，当时只给了临时编号，资料整理过程中将其编为2006YY西ⅠT27～T32。这6个探方的发掘，揭示了一处长约30米的夯土基址。

与此同时，因为第一阶段许昌文物工作队的钻探工作中，西Ⅱ区发现了疑似夯土的遗迹，这一阶段的发掘，我们在西Ⅱ区布设了6个10米×10米探方，编号为2006YY西ⅡT1～T6。由于当时判断夯土的走向大约为15°，为了照顾这个走向，这6个探方的方向就设计成15°而不是正方向。最后的发掘结果表明，所谓的夯土并不存在，只是这个区域的文化堆积特别板结而已。

2006年第二批发掘的2006YY西ⅠT25和2006YY西ⅠT26，虽然没有如预期那样找到一处更大型的西周墓地，但2006YY西ⅠT25的发掘，却也向我们展示了有一定价值的线索。那就是2006年布设的第一批探方，虽然获取了较多的遗迹、遗物，但该发掘区的文化堆积并不厚，除位于东北角的T1、T5、T9等少数几个探方文化堆积厚度可达1米左右外，多数仅0.5～0.6米，堆积较为简单。T25的发掘结果表明，在第一批探方的南面，文化堆积的厚度应在1～1.5米，遗迹与遗物也更加丰富。因此，2007年的第一次发掘，我们在进一步钻探的基础上，于2006年发掘区的南面，以正方向布设了25个10米×10米探方，编号2007YY西ⅠT1～T25。发掘结果证明这一区域的遗迹和遗物确实也很丰富。

2007年6月底至7月初，我们还对遗址的东区和西区的西部进行了钻探。西区西部的钻探结果表明，其文化堆积的情况与2007YY西ⅠT1～T25所在区域大致相近；在东区的西部，发现了较大面积的灰烬堆积，并包含有较多的瓷片。最初决定2007年的第二批探方布设在东区，但是征地的过程非常不顺利，几乎进行不下去。于是我们修改计划，准备在西区的西部布设第二批探方，但是消息刚刚传出，一夜之间这一区域垒起了几十个坟冢，征地赔偿面临极大难度。于是，我们再把目光转向东区，在当地村干部的努力协调下，东区的发掘工作总算得到落实。但是，这一区域的耕地分属于两个村，同时进行协调工作的难度也很大，最后，我们只好采取变通的办法，避开其中一个村的耕地，于是东区布设的15个探方，方向被迫设计为17°，面积10米×10米，编号为2007YY东T1～T15。

在承担阳翟故城遗址发掘任务后，提供给我们的调查报告中，于西区的西部，标明有一个边长约200米的城圈（见图二虚线处），在先后两次的钻探过程中，这个位置并未发现夯土墙或沟槽之类的遗存。为了进一步落实这个问题，我们在调查报告图上所标东城墙的位置，以正东西向开设了一条2米×20米的探沟，编号2007YY西ⅠTG1。发掘结果表明，这一带并不存在夯土或壕沟等遗迹，因此，原来标明的所谓城圈是不存在的。

具体位置及分布参见图二。

第二节 地层堆积

阳翟故城遗址分区、分年进行田野发掘工作，因此，各发掘区之间不太可能进行地层连缀。以下我们也分区、分年介绍遗址地层堆积。

一、2006年西Ⅰ发掘区地层堆积

2006年西Ⅰ发掘区共发掘32个探方（图版一，2），经串联各探方地层后，发掘区总地层堆积共计有14层（不计生土）。总地层各层所含具体内容可参见表一。地层堆积的总剖面图以2006YY西ⅠT23北壁、2006YY西ⅠT19北壁、2006YY西ⅠT15北壁、2006YY西ⅠT11北壁、2006YY西ⅠT7北壁、2006YY西ⅠT3北壁、2006YY西ⅠT28北壁、2006YY西ⅠT31北壁连缀为横剖面（图三），以2006YY西ⅠT25西壁、2006YY西ⅠT24西壁、2006YY西ⅠT23西壁、2006YY西ⅠT22西壁、2006YY西ⅠT21西壁连缀为第一纵剖面（图四），以2006YY西ⅠT4西壁、2006YY西ⅠT3西壁、2006YY西ⅠT2西壁、2006YY西ⅠT1西壁连缀为第二纵剖面（图五），进行展示。

第1层：厚20～25厘米。以2006YY西ⅠT22第1层为例。深褐色土，结构松散，包含炭灰、红烧土颗粒和细石粒。本方该层堆积全方分布。出土白瓷片、青瓷片、青花瓷片、泥质素面灰陶瓦片及灰陶砖渣等。

第2层：深20～25厘米，厚0～20厘米。以2006YY西ⅠT22第2层为例。黄褐色土，结构松散，包含炭灰、红烧土颗粒和白灰粒。本方该层堆积分布于探方东北部，东北角略厚。出土白瓷片、青瓷片、蓝瓷片、黑瓷片、泥质素面灰陶瓦片、灰陶砖渣和少量泥质素面弦纹陶片。

第3层：深20～40厘米，厚0～35厘米。以2006YY西ⅠT22第3层为例。浅褐色土，结构松散，包含炭灰、红烧土颗粒和白灰粒。本方该层堆积除探方中东部外，其他全方均匀分布。出土遗物以素面瓦片、灰砖渣为主，少量有白瓷片、青瓷片、蓝瓷片、黑瓷片、黄釉瓷片、青花瓷片、绳纹陶片及素面陶片等。

第4层：深32～55厘米，厚5～40厘米。以2006YY西ⅠT22第4层为例。褐黄色土，土质适中，包含炭灰、烧土、白灰粒和黄斑块。本方该层堆积全方分布，中部和中西部较厚，东偏南部较薄。出土有白瓷片、青瓷片、黑瓷片、白底黑花瓷片、粉红釉瓷片、紫色釉瓷片、青花瓷片，另出土少量泥质灰陶弦纹、绳纹陶片及素面灰陶瓦片、灰陶砖渣等，可辨器形有瓷碗、瓷罐、弦纹灰陶盒等残片。

第5层：深48～37厘米，厚0～37厘米。以2006YY西ⅠT22第5层为例。浅灰色土，结构松

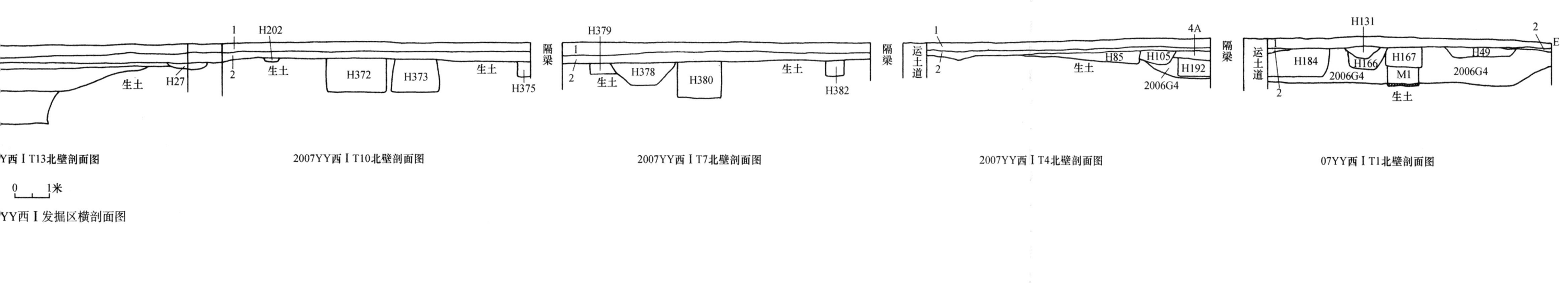

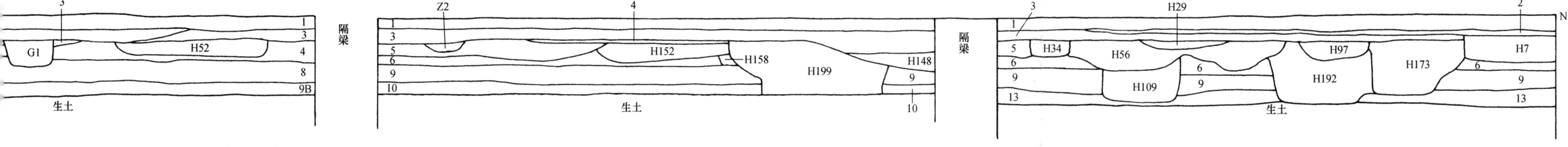

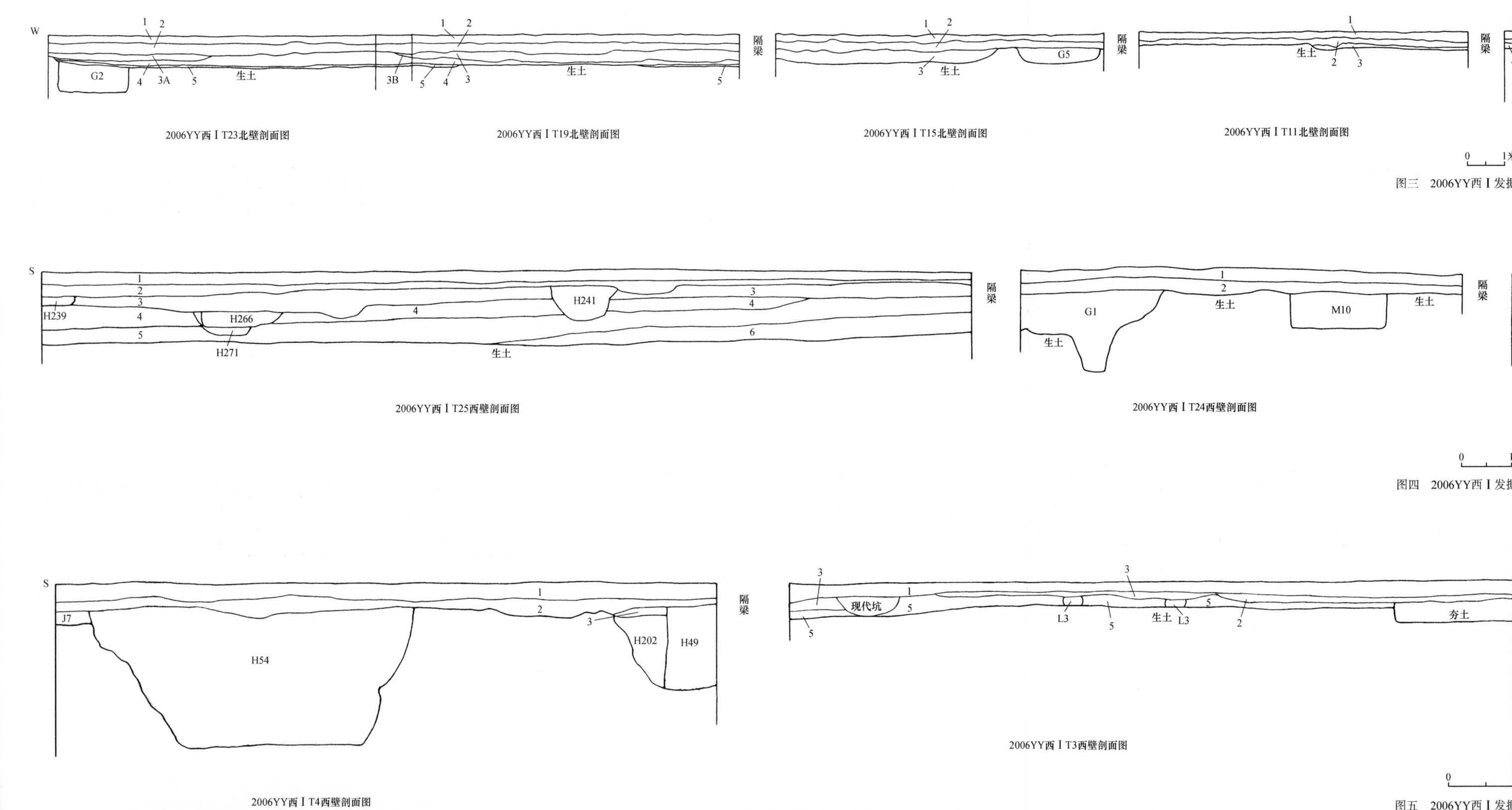

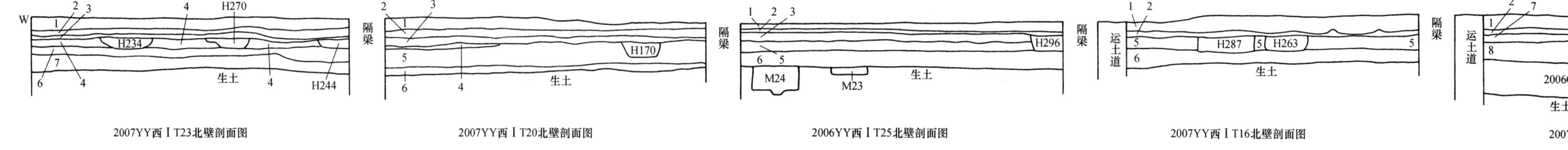

2007YY西ⅠT23北壁剖面图　　2007YY西ⅠT20北壁剖面图　　2006YY西ⅠT25北壁剖面图　　2007YY西ⅠT16北壁剖面图

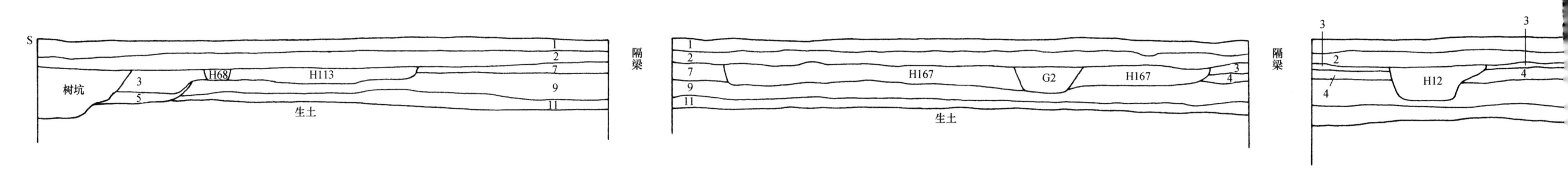

2007YY东T2北壁剖面图　　2007YY东T5北壁剖面图　　2007YY东T8北壁剖面图

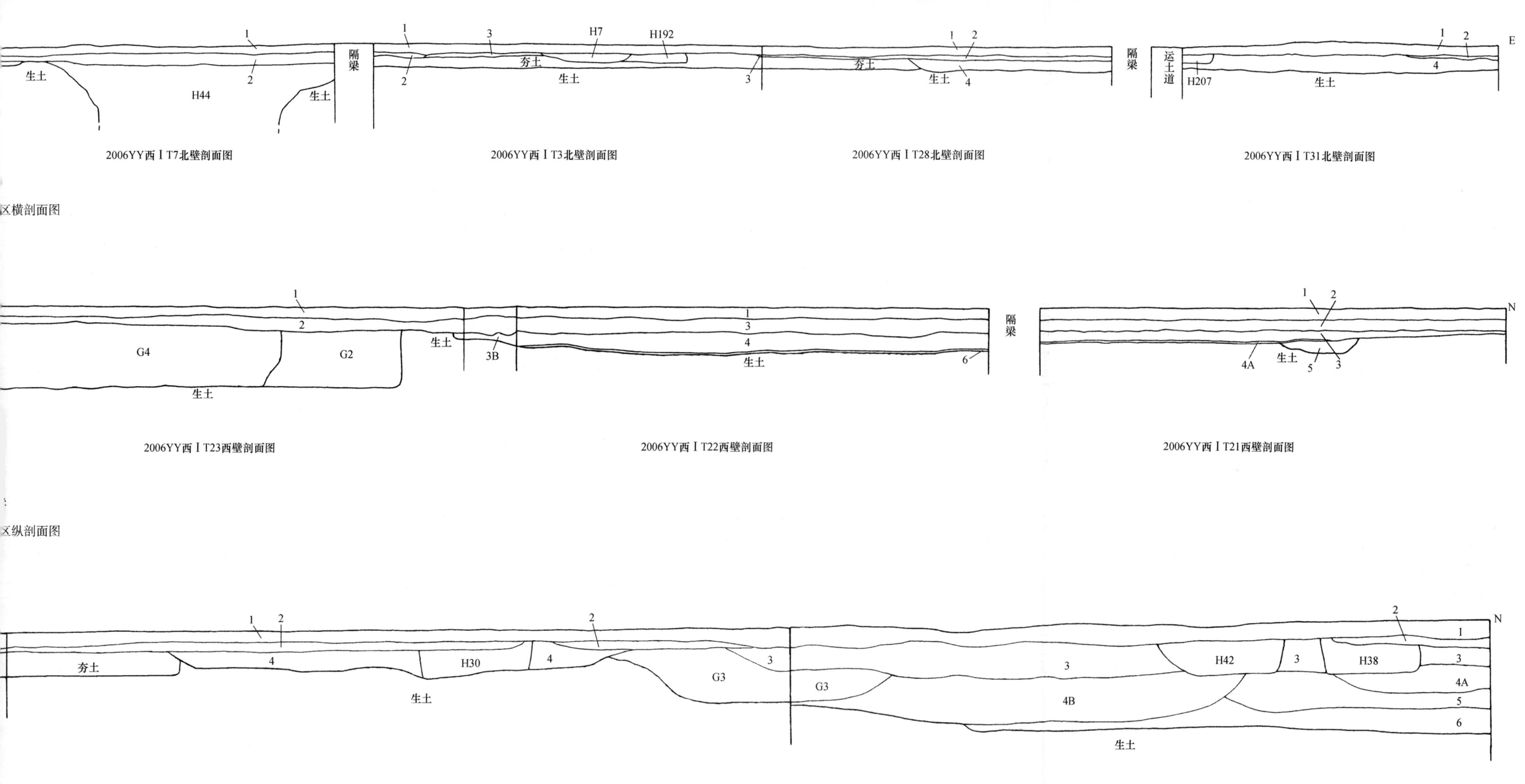

散，包含炭灰、烧土和白灰粒。本方该层堆积分布于探方东南部，东中部较厚。出土物以素面瓦片、素面灰陶砖渣为主，有少量白瓷片、青瓷片、黑瓷片、釉陶片，可辨器形有瓷碗、釉陶缸残片，此外还出土有残缺石球。

第6层：深65~86厘米，厚1~3厘米。以2006YY西ⅠT22第6层为例。褐灰色土，土质板结呈片状。本方该层堆积全方均匀分布，层表略呈北高南低的坡状。无出土遗物。

第7层：深20~30厘米，厚0~10厘米。以2006YY西ⅠT28第3层为例。褐黄色，结构紧密。本方该层堆积均匀分布于探方南部。出土遗物较少。

第8层：深38~50厘米，厚0~10厘米。仅见于2006YY西ⅠT32第4层。浅灰色土，结构松散，土质细腻纯净。本方该层堆积分布于探方西北部和西壁北部附近。无出土遗物。

第9层：深30~40厘米，厚0~27厘米。以2006YY西ⅠT32第5层为例。深灰褐色土，土质细腻纯净，包含物较少。本方该层堆积分布于探方西部南北狭长区域。出土少量绳纹灰陶瓦片和素面灰陶片。

第10层：深20~40厘米，厚0~35厘米。仅见于2006YY西ⅠT27第3B层。浅黄色土，结构紧密，土质纯净板结。本方该层堆积分布于探方南部，呈北高南低、东西走向的沟状。出土少量绳纹瓦片、泥质弦纹灰陶片、素面陶片，可辨器形有罐口沿残片。

第11层：深35~50厘米，厚10~25厘米。以2006YY西ⅠT13第5层为例。深褐色土，结构较硬。本方该层堆积分布于探方东北部，呈北高南低的坡状。出土少量泥质绳纹灰陶片。

第12层：深60~75厘米，厚10~50厘米。以2006YY西ⅠT13第6层为例。浅褐略泛黄色土，结构坚硬。本方该层堆积分布于探方东北部。出土少量泥质绳纹灰陶片和瓦片。

第13层：深15~52厘米，厚20~54厘米。以2006YY西ⅠT25第5层为例。浅黄色土，结构较硬，包含红烧土颗粒和少量炭粒等。本方该层堆积全方分布，自北向南渐厚。出土少量泥质灰陶片，多为绳纹，少量为素面。

第14层：深75~80厘米，厚0~50厘米。以2006YY西ⅠT25第6层为例。红褐色土，结构较硬，包含少量炭粒和大量的料姜石等。本方该层堆积分布于探方北半部，北部较厚，南部较薄，至探方中部消失。出土少量陶片，除一片为绳纹夹砂红陶外，其余为泥质灰陶，可辨器形有陶罐等残片。

第15层：生土层。

二、2006年西Ⅱ发掘区地层堆积

2006年于西Ⅱ区共发掘6个探方（图版二，1），经串联各探方地层后，发掘区总地层堆积共计有7层（不计生土）。总地层各层所含内容具体可参见表二。地层堆积的总剖面图以2006YY西ⅡT2北壁、2006YY西ⅡT5北壁连缀为横剖面（图六），以2006YY西ⅡT3西壁、2006YY西ⅡT2西壁、2006YY西ⅡT1西壁连缀为纵剖面（图七），进行展示。

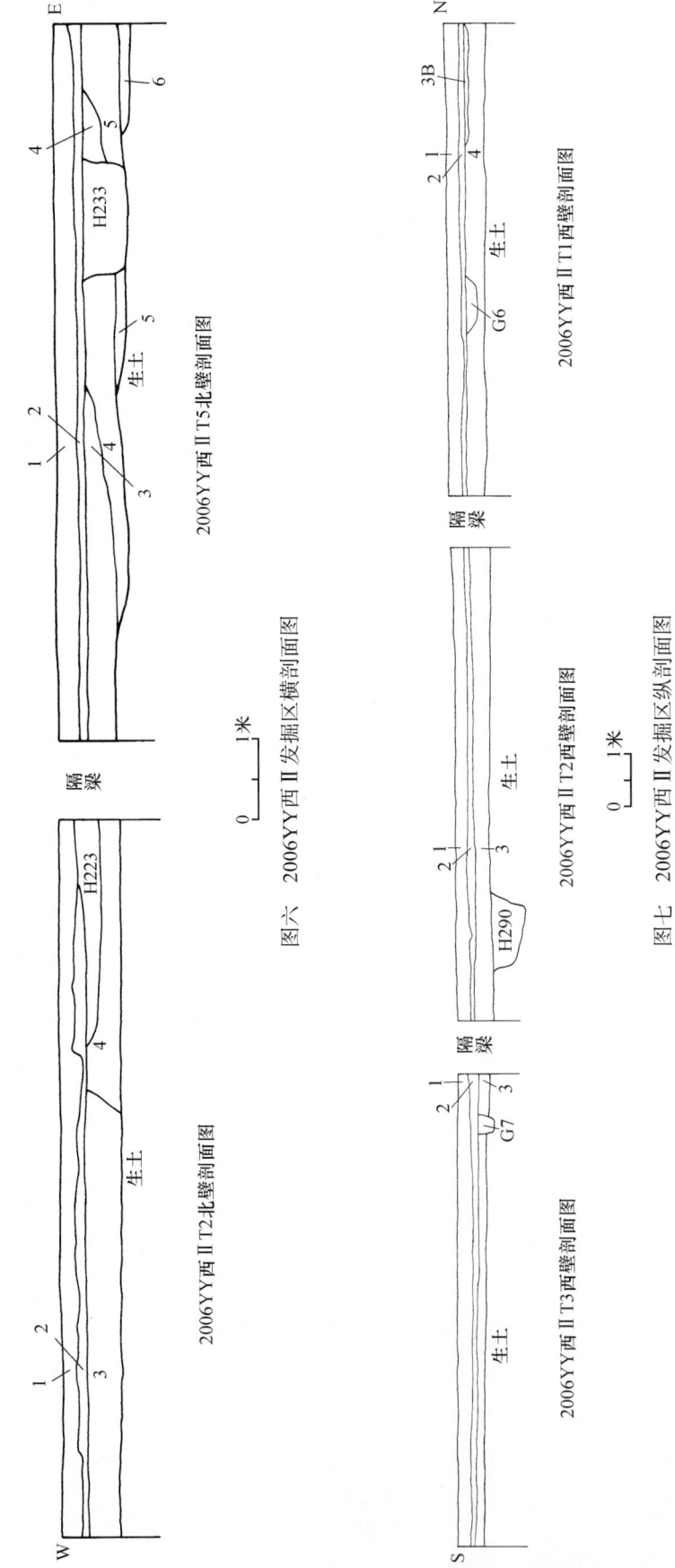

图六 2006YY丙ⅡT5北壁剖面图　2006YY丙Ⅱ发掘区横剖面图　2006YY丙ⅡT2北壁剖面图

图七 2006YY丙ⅡT1西壁剖面图　2006YY丙ⅡT2西壁剖面图　2006YY丙Ⅱ发掘区纵剖面图　2006YY丙ⅡT3西壁剖面图

第1层：厚16~28厘米。以2006YY西ⅡT5第1层为例。灰褐色土，结构松散，包含大量灰烬、煤渣等。

第2层：深16~28厘米，厚10~20厘米。以2006YY西ⅡT5第2层为例。浅黄褐色土，结构松散，包含细石粒、炭粒和红烧土颗粒。本方该层堆积全方分布，东部略薄，西部略厚。出土少量白瓷、绿瓷、黑瓷残片。

第3层：深30~35厘米，厚10~35厘米。仅见于2006YY西ⅡT1第3A层。红褐色土，土质细腻纯净。本方该层堆积分布于本方东半部。出土少量陶片和瓷片。

第4层：深30~42厘米，厚12~40厘米。以2006YY西ⅡT5第3层为例。黄灰褐土，结构较松散。本方该层堆积分布于探方西部，东部略薄，西部略厚，层表略呈西高东低的坡状。出土少量绳纹灰陶瓦片。

第5层：深35~75厘米，厚5~45厘米。以2006YY西ⅡT5第4层为例。浅灰褐土，土质较硬。本方该层堆积分布于探方中西部，由东向西逐渐变厚。出土较多绳纹灰陶瓦片。

第6层：深38~70厘米，厚10~45厘米。以2006YY西ⅡT5第5层为例。深黄褐土，土质较硬，包含零星细石粒。本方该层堆积分布于探方中东部，东部厚，西部薄。出土少量绳纹灰陶瓦片。

第7层：深80~90厘米，厚15~18厘米。以2006YY西ⅡT5第6层为例。黄土，土质较硬。本方该层堆积分布于探方东部。出土少量绳纹灰陶瓦片和红陶片。

第8层：生土层。

三、2007年西Ⅰ发掘区地层堆积

2007年西Ⅰ区共发掘25个探方（图版一八，1），经串联各探方地层后，发掘区总地层堆积共计有10层（不计生土）。总地层各层所含内容具体可参见表三。地层堆积的总剖面图以2007YY西ⅠT23北壁、2007YY西ⅠT20北壁、2006YY西ⅠT25北壁、2007YY西ⅠT16北壁、2007YY西ⅠT13北壁、2007YY西ⅠT10北壁、2007YY西ⅠT7北壁、2007YY西ⅠT4北壁、2007YY西ⅠT1北壁连缀为横剖面（图八），以2007YY西ⅠT6西壁、2007YY西ⅠT5西壁、2007YY西ⅠT4西壁连缀为纵剖面（图九），进行展示。

第1层：厚20~30厘米。以2007YY西ⅠT6第1层为例。深褐色土，结构松散。本方该层堆积全方分布。无出土遗物。

第2层：深20~30厘米，厚5~45厘米。以2007YY西ⅠT6第2层为例。黄色土，土质软硬适中，包含较多小石粒及少量炭粒、白灰粒。本方该层堆积全方分布，北部较薄，西南部较厚，局部呈东西走向沟状。

第3层：深30~70厘米，厚5~40厘米。以2007YY西ⅠT6第3层为例。灰褐色土，结构松散，包含较多的炭粒、烧土及少量白灰粒、煤灰。本方该层堆积全方分布，东北部较薄，

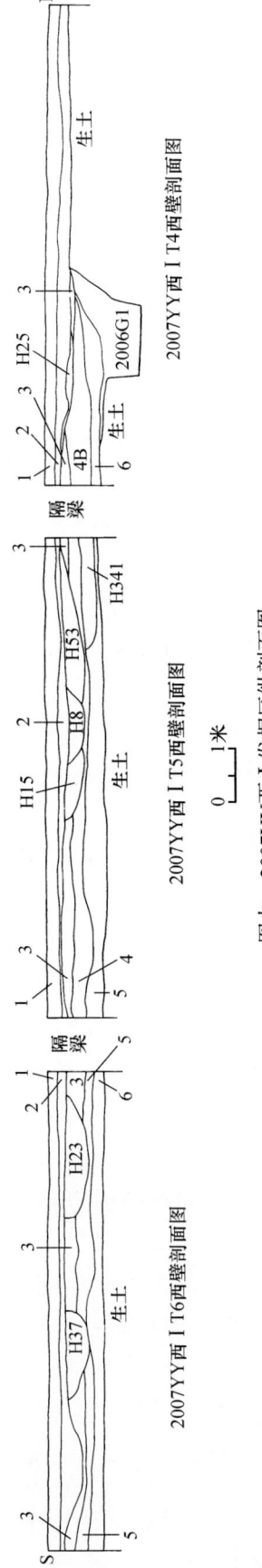

图九 2007YY丙ⅠT发掘区纵剖面图

中、西、南部较厚。出土瓷碗、瓷碟、瓷盏、瓷鸭、石球、钱币及铜发钗,此外同出白、青、黑、白底黑花等釉色瓷片及釉陶片、素面灰陶片,可辨器形有碗、盘、盏、罐、灰陶盒等器物残片。

第4层:深32~65厘米,厚0~40厘米。以2007YY西ⅠT6第4层为例。红色土,结构紧密板结,包含较多料姜石粒。本方该层堆积分布于探方东北部,向东呈坡状堆积。

第5层:深40~70厘米,厚5~40厘米。以2007YY西ⅠT6第5层为例。黄褐色土,土质软硬适中,包含少量炭粒和烧土粒。本方该层堆积全方分布,中西部较厚,西北部较薄。出土遗物以素面灰陶瓦片为主,少量青、黑等釉色瓷片及釉陶片、灰陶片。可辨器形有瓷碗、瓷盘、陶盆、釉陶罐等器物残片。

第6层:深50~75厘米,厚10~48厘米。以2007YY西ⅠT23第4层为例。黄褐色土,结构紧密,包含少量草木灰和烧土粒。本方该层堆积分布大部分地方,仅西部缺失,边缘薄,东南部较厚。

第7层:深75~98厘米,厚5~30厘米。以2007YY西ⅠT23第5层为例。灰褐色土,土质细腻,包含少量料姜石碎末。本方该层堆积分布于探方南部和西部,边缘地带薄,西南最厚。

第8层:深95~130厘米,厚15~40厘米。以2007YY西ⅠT23第6层为例。黄棕色土,结构紧密,土质细腻,包含少量褐土斑块和不均匀的铁锰结核黑斑点。本方该层堆积全方分布,北部及东部较薄,其余厚度基本一致,层表呈北高南低的坡状。

第9层:深95~130厘米,厚10~55厘米。以2007YY西ⅠT23第7层为例。浅黄色土,略发白,结构紧密,土质细腻,包含少量褐土斑块和铁锰结核黑斑点。本方该层堆积全方分布,东北较厚,西、南部较薄。出土少量绳纹和素面泥质灰陶片,可辨器形有碗、钵器物口沿残片。

第10层:深20~25厘米,厚15~25厘米。仅见于2007YY西ⅠT1第5B层。浅黄色土,结构紧密,包含少量炭粒和红烧土颗粒。本方该层堆积分布于探方中部较大的范围内。

第11层:生土层。

四、2007年东发掘区地层堆积

2007年东区共发掘15个探方(图版一八,2),经串联各探方地层后,发掘区总地层堆积共计有32层(不计生土)。总地层各层所含内容具体可参见表四。地层堆积的总剖面图以2007YY东T2北壁、2007YY东T5北壁、2007YY东T8北壁、2007YY东T11北壁、2007YY东T14北壁连缀为横剖面(图一〇),以2007YY东T9西壁、2007YY东T8西壁、2007YY东T7西壁连缀为第一纵剖面(图一一),以2007YY东T15西壁、2007YY东T14西壁、2007YY东T13西壁连缀为第二纵剖面(图一二),进行展示。

第1层:厚15~25厘米。以2007YY东T9第1层为例。灰褐色土,结构松散,包含大量植物根茎及草木灰、石灰颗粒、炭粒等。本方该层堆积全方分布。

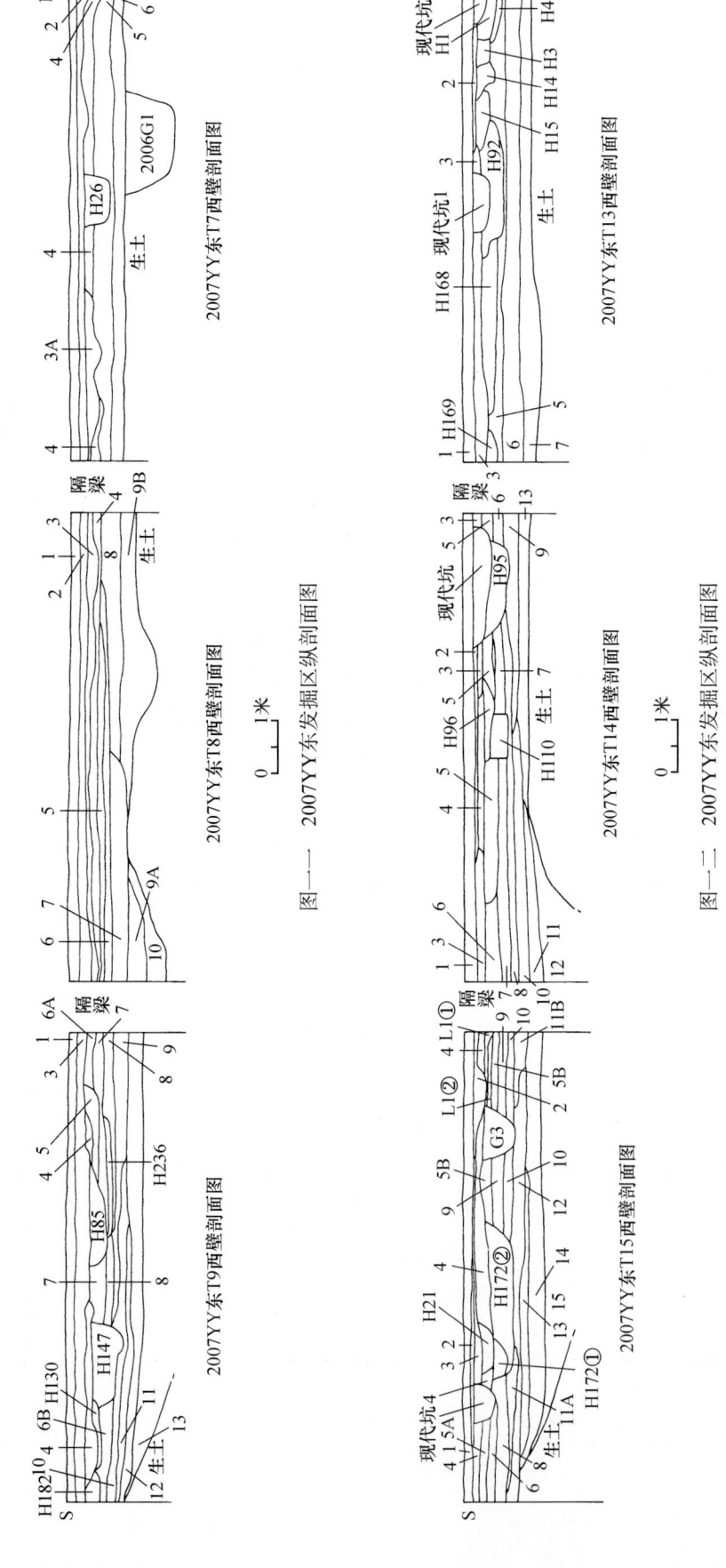

图一一 2007YY东发掘区纵剖面图

图一二 2007YY东发掘区纵剖面图

第2层：深15～25厘米，厚5～10厘米。以2007YY东T9第2层为例。褐黄色土，结构松散，包含植物根茎和石灰颗粒。本方该层堆积分布于探方东部，呈条块状分布。

第3层：深12～22厘米，厚5～30厘米。以2007YY东T9第3层为例。黄褐色土，略泛黄，结构松散，包含红烧土颗粒、炭灰、白石灰粒及零星石子。本方该层堆积全方分布，东北部和东部较薄，西部和南部较厚。

第4层：深20～45厘米，厚5～30厘米。以2007YY东T9第4层为例。褐色土，偏灰黄，结构松散，包含黄色沙性斑块、少量炭粒和红烧土颗粒。本方该层堆积分布于探方大部分区域，仅西北角、西壁中段及西南角各有一小块缺失，南部较厚，北部较薄，层表起伏，东北高西南低。

第5层：深55～95厘米，厚10～50厘米。仅见于2007YY东T1第4层。褐色，结构松散，包含黄色土块、炭粒和红烧土颗粒。本方该层堆积分布于探方西北部，北部较薄，西部较厚，层表呈南北斜坡状。出土素面瓦片和白瓷片。

第6层：深35～75厘米，厚0～30厘米。仅见于2007YY东T1、2007YY东T2、2007YY东T3。以2007YY东T3第4层为例。黄褐色土，结构松散。本方该层堆积分布范围为距西壁1米左右的长条形，东部较薄，西部较厚，层表呈西高东低的坡状。出土少量陶、瓷片。

第7层：深60～90厘米，厚0～20厘米。仅见于2007YY东T1和2007YY东T3。以2007YY东T3第5层为例。灰褐色土，结构紧密。本方该层堆积分布范围为距西壁75厘米左右的长条形，但向北不达北壁，东部较薄，西部较厚，层表呈西高东低的坡状。

第8层：深约90厘米，厚0～45厘米。仅见于2007YY东T1、2007YY东T2、2007YY东T3。以2007YY东T3第6层为例。黄色土，为沙性土，结构松散，包含物少。本方该层堆积分布范围为距西壁125～260厘米的条带形，北窄南宽，东部较薄，西部较厚，层表呈东高西低的缓坡状。出土少量陶、瓷片。

第9层：深60～85厘米，厚0～30厘米。仅见于2007YY东T3。以2007YY东T3第7A、7B层为例。第7A层黑褐色土，结构紧密，包含料姜石。本方该层堆积分布于南部西段靠西，层表呈东高西低的缓坡状。第7B层深15～30厘米，厚0～20厘米。黑褐色土，结构紧密，包含料姜石、白灰粒及红烧土颗粒。本方该层堆积分布于南部西段靠东，层表呈东高西低的缓坡状。

第10层：深90～135厘米，厚0～60厘米。仅见于2007YY东T3。以2007YY东T3第8层为例。深褐色土，结构紧密，包含物少。本方该层堆积分布范围为距西壁100厘米左右的条带形。出土少量陶、瓷片。

第11层：深约65厘米，厚0～85厘米。仅见于2007YY东T3。以2007YY东T3第9层为例。褐色土，结构紧密，包含物少。本方该层堆积分布范围为距西壁70～100厘米的条带形，层表呈西高东低的坡状。出土白、青、黑等釉色的瓷片及泥质灰陶片、瓦片、砖块等。

第12层：深65～90厘米，厚0～45厘米。仅见于2007YY东T2、2007YY东T3、2007YY东T6。以2007YY东T3第10层为例。黑褐色土，结构紧密，包含物少。本方该层堆积分布于探方西北部，呈南北向长条形状，层表呈西高东低的坡状。出土少量瓷片和泥质灰陶砖瓦。

第13层：深40～55厘米，厚0～25厘米。仅见于2007YY东T3和2007YY东T6。以2007YY东T3第11层为例。灰褐色土，结构紧密，包含灰白两色沙斑、白灰粒、烧土、炭粒等。本方该层堆积分布于探方中部和南部，其中南壁中段附近有小块缺失。出土白、青、黑、白地黑花等釉色瓷片，以及大量泥质灰陶砖瓦和少量泥质红陶砖，可辨器形有碗、盘等器物残片，同出的还有铜簪子、铁凿、铜钱及瓷围棋子各1件，此外还出土有动物骨骼。

第14层：深17～39厘米，厚6～9厘米。以2007YY东T11第3层为例。深灰色土，结构松散，包含少量炭粒和石灰粒。本方该层堆积全方分布，北部较厚，南部较薄。出土瓷片以白瓷片为主，青瓷片次之，再次为黑、蓝瓷片，可辨器形有碗、盘器物残片，同出少量泥质灰陶片。

第15层：深28～35厘米，厚5～10厘米。以2007YY东T11第4层为例。红褐色土，结构紧密，包含大量红色料姜石。本方该层堆积分布于探方南部，北部有局部分布，中部最厚。出土瓷片以白瓷片为主，青瓷片次之，再次为黑、蓝、褐瓷片，可辨器形有杯、盘器物残片，同出少量陶片和陶瓦。

第16层：深30～40厘米，厚15～40厘米。以2007YY东T11第5层为例。黄褐色土，结构紧密，包含少量石灰。本方该层堆积分布于探方中北部。出土少量瓷片、陶片和陶瓦，其中瓷片以白瓷为主，青、蓝、褐瓷极少。

第17层：深33～67厘米，厚15～30厘米。以2007YY东T11第6层为例。黄色土，结构紧密，较为纯净，包含物少。本方该层堆积全方分布，北部较厚，南部较薄。

第18层：深43～62厘米，厚10～38厘米。仅见于2007YY东T12和2007YY东T15。以2007YY东T15第6层为例。黄褐色土，较疏松，含炭粒、料姜石等。本方该层堆积呈条状分布于探方南部，层表较平缓，大致东厚西薄。出土少量白瓷片。

第19层：深59～62厘米，厚2～13厘米。仅见于2007YY东T15第7层。为红色料姜石堆，结构紧密。本方该层堆积分布于探方西南部，北部较厚，南部较薄。

第20层：深58～70厘米，厚5～24厘米。以2007YY东T15第8层为例。深褐色土，结构紧密，包含较多颗粒较粗的白色料姜石。本方该层堆积分布于探方南部，呈长条状，西部和南部较厚，北部和东部较薄，层表呈东高西低的坡状。出土若干素面和旋纹泥质灰陶片。

第21层：深63～77厘米，厚12～28厘米。以2007YY东T15第9层为例。深褐色，结构致密，较为纯净。本方该层堆积分布于探方北部，呈长条状，层表呈东高西低的坡状。

第22层：深100～115厘米，厚25～28厘米。以2007YY东T15第10层为例。浅褐色，结构致密，较为纯净。本方该层堆积分布于探方北部，呈条状，层表呈东高西低的坡状。

第23层：深65～90厘米，厚0～40厘米。仅见于2007YY东T5和2007YY东T8。以2007YY东T8第7层为例。黄色，结构紧密，包含极少烧土。本方该层堆积分布于探方南半部，北部较厚，中南部较薄。出土少量绳纹灰陶筒瓦板瓦残片、素面灰陶片，可辨器形有钵的口沿残片。

第24层：深90～95厘米，厚5～30厘米。以2007YY东T9第9层为例。黄褐色土，较纯净，土质紧密。本方该层堆积分布于探方北部，南部较薄，层表平缓。出土少量泥质灰陶片和瓦片。

第25层：深80～85厘米，南部厚13～20厘米，北部厚20～25厘米。以2007YY东T9第10层为例。红褐色土，土质密实，湿黏，包含大量料姜石。本方该层堆积分布于探方中部和南部，呈条块状分布，南部较薄，向北渐厚，至边缘又变薄。

第26层：深97～115厘米，南部厚约10厘米，北部厚约23厘米。以2007YY东T9第11层为例。褐色土，略泛黄，土质密实，湿黏，包含大量料姜石。本方该层堆积分布于探方南部，呈东西向条块状分布，南部较薄，北部较厚。

第27层：深115～125厘米，南部厚5～20厘米，北部厚约30厘米。以2007YY东T9第12层为例。褐色土，略泛红，土质密实，较纯净。本方该层堆积分布于探方大部分范围，仅东南角局部未分布，南部较薄，北部较厚。

第28层：深85～100厘米，厚10～25厘米。仅见于2007YY东T1和2007YY东T2。以2007YY东T2第11层为例。灰色土，土质紧密，呈块状。本方该层堆积分布于探方中部和北部，西北部较薄，中部略厚。

第29层：深108～152厘米，厚2～23厘米。以2007YY东T15第13层为例。棕红色，结构紧密，有黏性，包含白色料姜石。本方该层堆积分布于探方中段及偏南的区域，中间厚，边缘薄，层表呈北高南低的坡状。出土泥质灰陶瓦片。

第30层：深135～154厘米，厚8～52厘米。以2007YY东T15第14层为例。浅红色，结构致密，较为纯净，包含青色条状斑纹块。本方该层堆积分布于探方偏北的大部分区域，走势较为平缓，仅靠近南缘部分向上凸起，层表呈北高南低的坡状。

第31层：该层因清理出地下水而未清理结束，暴露于水上的部分厚48～57厘米，深125～160厘米。以2007YY东T15第15层为例。黄色泛白，结构致密，黏性强，包含少量粗料姜石。本方该层堆积分布于探方偏北的大部分区域，北部走势平缓，靠近南缘处形成坡状。出土少量粗绳纹瓦片。

第32层：深112～126厘米，厚7～30厘米。仅见于2007YY东T14第13层。黄色略泛白，结构致密，包含料姜石、炭粒等。本方该层堆积分布于探方北半部，层表高低起伏，堆积厚度不均，以探方东北部最厚，向周边渐薄。

第33层：生土层。

第三节　遗迹类别及数量

禹州阳翟故城遗址共清理不同时期各类遗迹1018处，包括灰坑902个，沟11条，井35口，路5条，墓葬25座，窑4座，灶28个，墙3道，夯土2处，白灰面1处，红烧土面2处。

一、2006年西区发掘遗迹情况

前文已述，2006年西Ⅰ区和西Ⅱ区发掘的各类遗迹，不分小区，统一在同一个编号体系内。2006年，禹州阳翟故城遗址西Ⅰ区和西Ⅱ区清理的遗迹情况如下。

沟8条，其中G1～G5位于西Ⅰ区，G6～G8位于西Ⅱ区。

灰坑287个，其中H210、H219、H220、H223、H227、H233、H235、H236、H259、H290等10个灰坑位于西Ⅱ区，其余277个灰坑位于西Ⅰ区。

井16口，除J8位于西Ⅱ区外，其余15口井均位于西Ⅰ区。

路2条，均位于西Ⅰ区。

墓葬24座，除M12位于西Ⅱ区外，其余23座墓葬均位于西Ⅰ区。

窑1座，位于西Ⅰ区。

灶10个，均位于西Ⅰ区。

夯土1处，位于西Ⅰ区。

红烧土面2处，位于西Ⅰ区。

上述遗迹的具体分布、位置及层位关系等，请参见表五、表六、附表一，层位关系结构图、图一三及图一四。

二、2007年西Ⅰ区发掘遗迹情况

2007年禹州阳翟故城遗址西区的发掘，仅在西Ⅰ区内进行。清理的遗迹情况如下。

沟2条，分别为2006年发掘的G1和G4在本次发掘区内的延续。

灰坑377个。

井13口。

路2条。

墓葬1座。

墙3道。

窑2座。

灶13个。

夯土1处。

白灰面1处。

上述遗迹的具体分布、位置及层位关系等，请参见表七、表八、附表二，层位关系结构图，以及图一三。

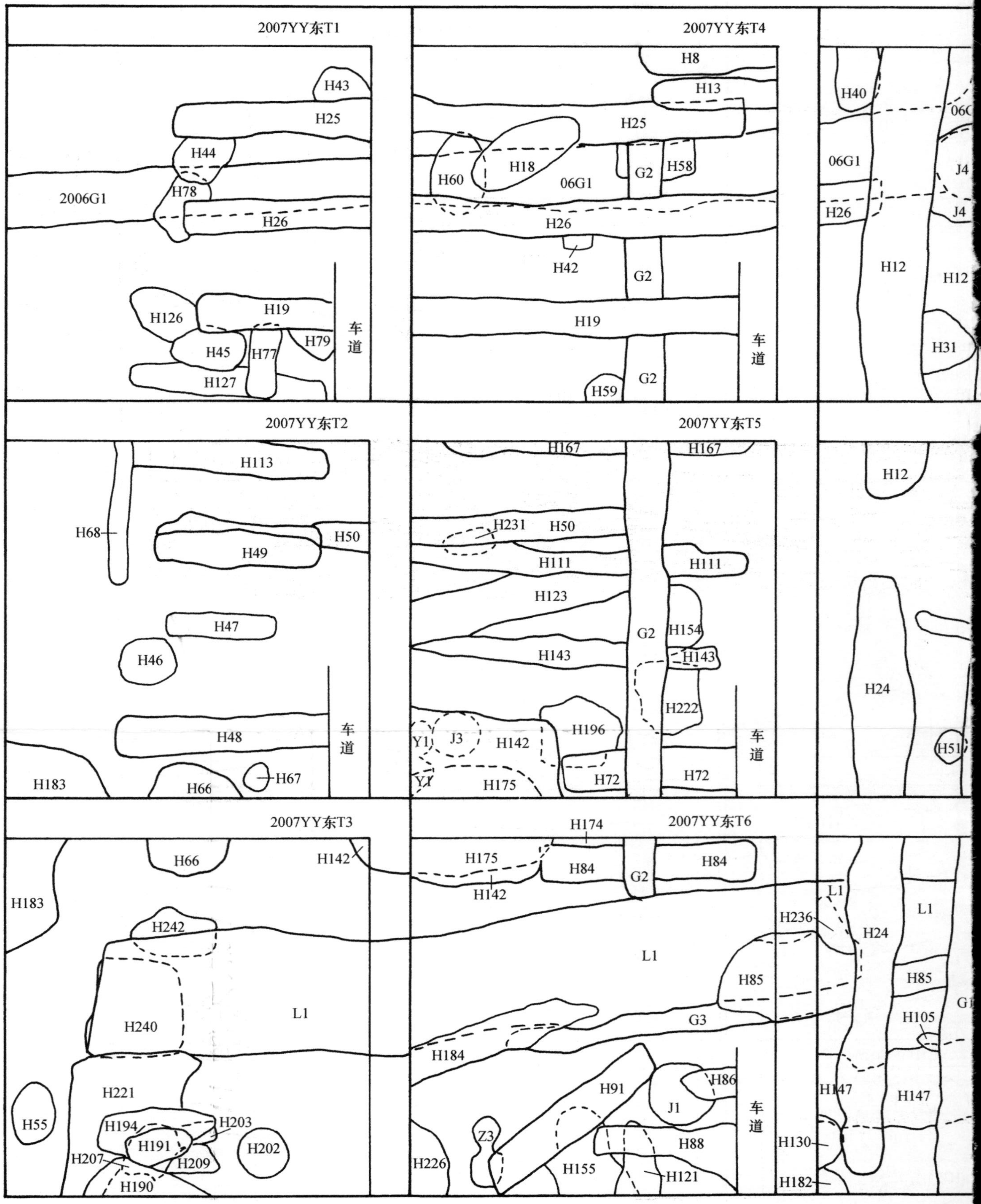

图一五 禹州

图一三 禹州瓦瞿故城遗址

罗故城遗址东发掘区总平面图

500厘米

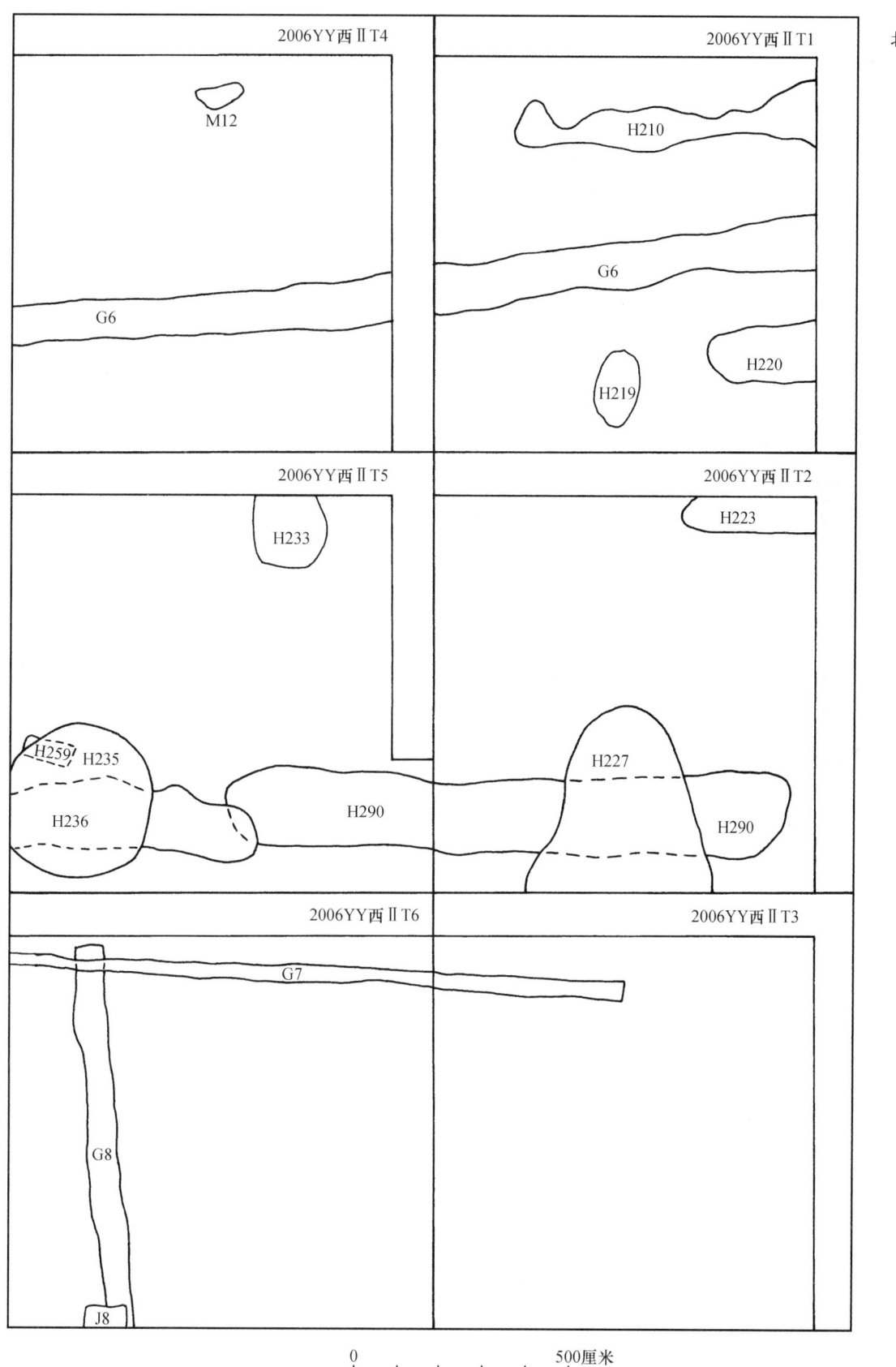

图一四 禹州阳翟故城遗址西Ⅱ发掘区总平面图

三、2007年东区发掘遗迹情况

2007年禹州阳翟故城遗址东区发掘清理的遗迹情况如下。

沟4条,其中一条为2006YY西Ⅰ区发掘的G1在本区的延续。

灰坑238个。

井6口。

路1条。

窑1座。

灶5个。

上述遗迹的具体分布、位置及层位关系等,请参见表九、表一〇、附表三,层位关系结构图,以及图一五。

表一　阳罹故城遗址2006年西Ⅰ发掘区（2006YY西ⅠT1～T32）地层关系表

	T1	T2	T3	T4	T5	T6	T7	T8	T9	T10	T11	T12	T13	T14	T15	T16	T17	T18	T19	T20	T21	T22	T23	T24	T25	T26	T27	T28	T29	T30	T31	T32
1	①	①	①	①	①	①	①	①	①	①	①	①	①	①	①	①	①	①	①	①	①	①	①	①	①	①	①	①	①	①	①	①
2	②	②	②③	②		②	②	②	②	②	②	②	②	②	②	②	②	②	②	②	②	②	②	②	②		②	②	②	②	②	②
3								③					③	③	③		③	③								②						
4	②				②												④A	③	③		③		③AB		③	③						
5						③	③									③		④	④		④AB	④	④		④							
6	③	③			③		③												⑤	⑤	⑤	⑤	⑤									
7		④	④	③																		⑥										
8													④ABC															③	③	③	③	③
9																											③A		④			④
10										③	③		⑤				④B	⑤							⑤		③B	④		④	④	⑤
11							④		③AB	④		③AB	⑥	④											⑥		④					⑥
12	④AB				④	④			④			④																	⑤			
13	⑤		⑤		⑤	⑤																										
14	⑥																															

表二 阳翟故城遗址2006年西Ⅱ发掘区（2006YY西ⅡT1～T6）地层关系表

	T1	T2	T3	T4	T5	T6
第1层	①	①	①	①	①	①
第2层	②	②	②	②	②	②
第3层	③A					
第4层	③B	③	③	③	③	③
第5层		④		④	④	④
第6层	④		④	⑤	⑤	⑤
第7层	⑤				⑥	

表三 阳翟故城遗址2007年西Ⅰ发掘区（2007YY西ⅠT1～T25）地层关系表

	T1	T2	T3	T4	T5	T6	T7	T8	T9	T10	T11	T12	T13	T14	T15	T16	T17	T18	T19	T20	T21	T22	T23	T24	T25
第1层	①	①	①	①	①	①	①	①	①	①	①	①	①	①	①	①	①	①	①	①	①	①	①	①	①
第2层	②	②	②	②	②	②	②	②	②	②	②	②	②	②	②	②	②	②	②	②	②	②	②	②	②
第3层	③	③	③	③	③	③	③	③	③	③	③	③	③	③	③	③	③	③	③	③	③	③	③	③	③
第4层	④	④	④	④B	④	④		④	④			④	④	④	④		④A	④	④A						
第5层	⑤	⑤	⑤	④A	④	⑤	④	④	⑤	④⑤	④	⑤	⑤	⑤	⑤	④	④B	⑤	④B	④	④	④	④	④	④
第6层				⑤			⑤	⑤			⑤	⑥	⑥	⑥	⑥	⑤	⑤	⑥	⑤	⑤	⑤	⑤	⑤	⑤	⑤
第7层											⑥	⑦	⑦		⑦	⑥	⑥	⑦	⑥	⑥	⑥	⑥	⑥	⑥	⑥
第8层	④	⑥	⑥	⑥	⑥	⑥	⑥	⑥	⑥	⑥			⑧								⑦		⑦		
第9层	⑤A																								
第10层	⑤B																								

序章　探方、地层与遗迹

表四　阳曜故城遗址2007年东发掘区（2007YY东T1～T15）地层关系表

	T1	T2	T3	T4	T5	T6	T7	T8	T9	T10	T11	T12	T13	T14	T15
第1层	①	①	①	①	①	①	①	①	①	①	①	①	①	①	①
第2层			②		②	②	②	②	②	②	②	②	②	②	②
第3层	②	②	③AB	②		③④			③			③			③
第4层	③	③							④			④			
第5层	④		④												
第6层	⑤	④	⑤												
第7层	⑥		⑥												
第8层	⑦	⑤													
第9层			⑦AB												
第10层			⑧							①	①				
第11层		⑥	⑨							②	②				
第12层			⑩			⑤B									
第13层			⑪			⑤A									
第14层			⑫	③A	③	⑤C	③AB	③	⑤	③	③	⑤	③	③	④
第15层				③B						④	④		④	④	
第16层			⑬		④	⑥AB	④	④	⑥A	⑤	⑤	⑥AC	⑤	⑤	
第17层	⑧	⑦								⑥	⑥	⑥B		⑥	⑤AB
第18层			⑭		⑤	⑦		⑤	⑥B						⑥
第19层			⑮		⑥	⑧		⑥	⑦		⑦	⑦			⑦
第20层		⑧	⑯		⑦	⑨		⑦	⑧		⑧	⑧AB		⑦	⑧
第21层					⑧							⑨		⑧	⑨
第22层															⑩
第23层			⑰	④	⑨	⑩	⑤	⑧	⑨	⑦	⑨	⑩	⑥	⑨	
第24层	⑨	⑨													⑪AB

续表

	T1	T2	T3	T4	T5	T6	T7	T8	T9	T10	T11	T12	T13	T14	T15
第25层			⑱			⑪			⑩						
第26层			⑲			⑫			⑪						
第27层	⑩	⑩	⑳	⑤	⑩	⑬	⑥	⑨AB	⑫	⑧	⑩	⑪	⑦	⑩	⑫
第28层	⑪	⑪													
第29层		⑫	㉑		⑪	⑭		⑩			⑪	⑫			⑬
第30层			㉒						⑬			⑬		⑪	⑭
第31层												⑭		⑫	⑮
第32层														⑬	

表五 2006年禹州阳翟故城遗址西发掘区遗迹汇总表

探方编号	遗迹号
2006YY西ⅠT1	G3，H19、H38、H42、H48、H52、H59、H60、H71、H76、Z1
2006YY西ⅠT2	G3，H2、H4、H5、H9、H16、H17、H18、H20、H25、H26、H27、H30、H31、H37、H45，Y1，夯土基址
2006YY西ⅠT3	H7、H34、H35、H36、H41、H192，L3，夯土基址
2006YY西ⅠT4	G4，H12、H39、H40、H43、H47、H49、H50、H53、H54、H64、H65、H88、H106、H107、H201、H202、H206，J6、J7
2006YY西ⅠT5	G3，H14、H21、H51、H98，J12
2006YY西ⅠT6	G3，H44、H81、H82、H83、H98、H115
2006YY西ⅠT7	H28、H44、H102、H104、H118、H119、H134、H158、H159、H162、H163
2006YY西ⅠT8	G4，H54、H61、H74、H75、H80、H87、H92、H93、H94、H101、H108、H109、H110、H121、H122、H123、H124、H142、H166、H172、H200、H204、H205，J5、J7，M1，红烧土面1、红烧土面2
2006YY西ⅠT9	G3、H14、H15、H160
2006YY西ⅠT10	G3，H8、H10、H13、H23、H24、H32、H33、H46、H55、H56、H63、H113
2006YY西ⅠT11	H62、H66、H67、H68、H89、H91、H143、H144、H145、H146、H161
2006YY西ⅠT12	G4，H29、H69、H70、H79、H132、H135、H141、H151、H203，L2
2006YY西ⅠT13	G3，H126、H174，Z4
2006YY西ⅠT14	G5，H13、H33、H117、H127、H139、H147、H148
2006YY西ⅠT15	G4、G5，H90、H129、H153、H167
2006YY西ⅠT16	G4，H58、H77、H84、H85、H86、H95、H96、H97、H105、H116、H120、H157、H177、H178、H181、H182、H193、H195、H199，J4，M2，Z2、Z3
2006YY西ⅠT17	G3，J1
2006YY西ⅠT18	J2
2006YY西ⅠT19	G4，H154、H197、H198
2006YY西ⅠT20	G1、G4，H72、H73、H103、H112、H114、H125、H128、H130、H131、H133、H136、H137、H138、H140、H149、H150、H155、H156、H169、H175
2006YY西ⅠT21	G2，H168，J17
2006YY西ⅠT22	G2
2006YY西ⅠT23	G2、G4，H152、H198
2006YY西ⅠT24	G1、G4，H1、H3、H6、H22、H57，M3、M4、M5、M6、M7、M8、M9、M10、M11、M16、M17、M18、M22、M23、M24
2006YY西ⅠT25	H234、H237、H238、H239、H240、H241、H242、H243、H244、H245、H250、H251、H252、H253、H254、H264、H265、H266、H267、H268、H269、H270、H271、H277、H278、H282、H283、H284、H286、H296，M23、M24，Z6、Z8、Z9
2006YY西ⅠT26	G1，H211、H212、H213、H216、H224、H225、H226、H230、H231、H272、H273、H287，J9，M13、M15、M19、M20、M21

续表

探方编号	遗迹号
2006YY西ⅠT27	G3，H173、H176、H180、H185、H187、H189、H194，J13
2006YY西ⅠT28	H179、H183、H184、H186、H188、H190、H191，夯土基址
2006YY西ⅠT29	G4，H260、H261、H262、H263、H274、H275、H276、H291、H292，J10、J11、J15，Z10
2006YY西ⅠT30	G3，H209、H214、H215、H221、H222、H228，J14
2006YY西ⅠT31	H207、H208、H218、H229，Z5，夯土基址
2006YY西ⅠT32	G4，H246、H247、H248、H249、H255、H256、H257、H258、H280、H281、H285、H288、H289、H293、H294、H295、H297、H298、H299，J16，M14，Z7，夯土基址
2006YY西ⅡT1	G6，H210、H219、H220
2006YY西ⅡT2	H223、H227、H290
2006YY西ⅡT3	G7
2006YY西ⅡT4	G6，M12
2006YY西ⅡT5	H233、H235、H236、H259、H290
2006YY西ⅡT6	G7、G8，J8

表六　2006年禹州阳翟故城遗址西Ⅰ发掘区（2006YY西ⅠT1～T32）遗迹层序表

总层序号	遗迹名称及编号
第1层下	H1、H3、H6、H7、H12、H14、H19、H21、H22、H29、H34、H35、H36、H39、H41、H43、H47、H51、H52、H58、H71、H72、H73、H76、H82、H83、H88、H98、H137、H150、H175、H192、H209、H249、H255、H256、J12
第2层下	H2、H4、H5、H9、H16、H17、H18、H20、H25、H26、H27、H28、H30、H31、H37、H40、H44、H45、H49、H50、H53、H54、H61、H64、H65、H74、H75、H77、H80、H81、H84、H85、H86、H87、H90、H92、H93、H94、H95、H96、H97、H101、H102、H104、H105、H106、H107、H108、H109、H110、H115、H116、H118、H119、H120、H121、H122、H123、H124、H134、H139、H142、H147、H148、H157、H166、H172、H173、H176、H177、H178、H179、H180、H181、H183、H184、H185、H186、H187、H188、H189、H190、H191、H193、H195、H204、H206、H207、H208、H214、H215、H218、H221、H222、H228、H229、H246、H247、H248、H257、H258、H260、H261、H262、H263、H274、H275、H276、H280、H281、H285、H288、H289、J4、J5、J6、J7、J10、J11、J14、J15、J16、L3、M1、M14、Z2、Z3、Z5、Z7、红烧土面1、红烧土面2
第3层下	H8、H10、H13、H15、H23、H24、H32、H33、H46、H55、H56、H57、H62、H63、H66、H67、H68、H69、H70、H79、H89、H91、H103、H112、H113、H114、H125、H126、H128、H130、H131、H132、H133、H136、H138、H140、H141、H143、H144、H145、H146、H149、H155、H156、H160、H161、H169、H200、H205、H211、H212、H213、H216、H234、H237、H238、H239、H240、H241、H242、H243、H244、H245、H250、H251、H252、H253、H254、H272、H273、H287、H296、M3、M4、M5、M6、M7、M8、M9、M10、M11、M16、M17、M18、M19、M20、M21、M22、M23、M24、J9、Z6
第4层下	H38、H42、H48、H59、H60、H117、H127、H129、H153、H154、H167、J1、M2、Z1
第5层下	H224、H225、H226、H230、H231、H264、H265、H266、H267、H268、H269、H270、H271、H277、H278、H282、H283、H284、H286、G1、M13、M15、Z8、Z9
第6层下	H152、H182、H197、H198、H199、G4、G5、J2
第7层下	H168、H174、J17、Y1、Z4
第8层下	无遗迹
第9层下	H194
第10层下	无遗迹
第11层下	H135、H151、H201、H202、H293、H294、H295、H297、H298、H299、G3、J13、L2
第12层下	H158、H159、H162、H163、H203
第13层下	H291、H292、G2、Z10、夯土基址
第14层下	M23、M24

注：1. 跨多个探方的遗迹，以叠压于最早的地层下确定其层序位置

2. 各地层堆积并非覆盖所有探方，探方内地层也非都是全方分布，因此，叠压在较晚地层下的遗迹，并不意味着时代也一定晚

3. H11、H99、H100、H111、H164、H170、H171、H196销号。J3销号。L1销号

4. 原H78、H165、H217、H232、H279、H300分别改为J12、J17、J14、J13、J15、J16

表七 2007年禹州阳翟故城遗址西发掘区各探方遗迹汇总表

探方号	遗迹号
2007YY西ⅠT1	2006G1、2006G4、H1、H2、H3、H4、H7、H9、H10、H11、H44、H48、H49、H71、H92、H106、H128、H130、H131、H166、H167、H168、H184、H185、H186、H216、H217、H236、H285、H286、H300、H320、M1、Z1、Z2、Z4、Z8
2007YY西ⅠT2	2006G1、H1、H18、H19、H40、H50、H267、H268、H269、H282、H297、H298、H313、H314、H327、H330、H367、H368，夯土
2007YY西ⅠT3	H12、H13、H21、H22、H254、H255、H267、H269、H290、H294、H298、H299，夯土
2007YY西ⅠT4	2006G1、H25、H26、H76、H77、H78、H85、H86、H105、H113、H125、H126、H127、H192、H256、L1、Z3
2007YY西ⅠT5	H8、H15、H46、H53、H143、H164、H175、H176、H178、H187、H210、H215、H225、H226、H237、H341、H342、H356
2007YY西ⅠT6	H12、H13、H20、H23、H36、H37、H47、H51、H52、H73、H75、H122、H123、H124、H132、H133、H144、H153、H154、H205、J9、J11
2007YY西ⅠT7	2006G1、H28、H29、H30、H57、H72、H99、H139、H180、H181、H193、H208、H245、H251、H280、H315、H333、H354、H378、H379、H380、H382、Z13
2007YY西ⅠT8	H8、H15、H16、H35、H110、H118、H119、H197、H214、H227、H233、H238、H246、H258、H259、H274、H370、J1、Y1
2007YY西ⅠT9	H17、H23、H39、H247、H248、H249、H275、H276、H291、H344、H345、H346、H347、H348、H352、J7、Q1
2007YY西ⅠT10	2006G1、H6、H58、H59、H60、H62、H65、H83、H100、H101、H142、H157、H158、H202、H203、H252、H253、H257、H277、H278、H279、H301、H302、H316、H317、H372、H373、H374、H375、Z11
2007YY西ⅠT11	H33、H34、H79、H80、H87、H94、H107、H108、H109、H110、H135、H179、H214、H230、H231、H265、H266、H311、H312、H325、H326、Y2、Z6、Z7
2007YY西ⅠT12	H221、H228、H229、H334、H335、H336、H343、H353、J8、Q2
2007YY西ⅠT13	2006G1、H6、H27、H38、H42、H159、H173、H194、H201、H235、H289、H309、H332、J3
2007YY西ⅠT14	H41、H54、H90、H91、H95、H96、H97、H98、H116、H117、H136、H137、H138、H188、H195、Q3
2007YY西ⅠT15	H66、H67、H68、H103、H104、H115、H120、H129、H134、H152、H162、H163、H196、H199、H211、H250、H351、H369、H371、H377、J4
2007YY西ⅠT16	H140、H141、H155、H156、H200、H260、H262、H263、H272、H273、H287、H288
2007YY西ⅠT17	H5、H84、H88、H89、H292、H293、H306、H307、H308、H310、H318、H337、H338、H339、H340、H349、H355、J12、Z12
2007YY西ⅠT18	H61、H212、H213、H218、H219、H232、H239、H350
2007YY西ⅠT19	H74、H112、H183、H220、H303、H304、H321、H322、H328、H357、H358、H381、J6
2007YY西ⅠT20	H43、H45、H102、H151、H169、H170、H171、H172、H177、H189、H190、H198、H206、H209
2007YY西ⅠT21	H55、H56、H102、H151、H329、H331、H362、H363、H364、H365、H366、J5，白灰面
2007YY西ⅠT22	H111、H114、H148、H149、H150、H160、H182、H191、H264、H359、H360、H361、H383、J2

续表

探方号	遗迹号
2007YY西ⅠT23	H14、H63、H64、H69、H70、H102、H172、H234、H240、H241、H242、H243、H244、H261、H270、H271、H281、H284、H295、H296、H319、H323、H324
2007YY西ⅠT24	H32、H81、H82、H121，L2
2007YY西ⅠT25	H31、H146、H147、H161、H165、H204、H223、H224、H283、H383、H384，Z5、Z9、Z14
2007YY西ⅠTG1	H385，J10、J13

表八　2007年禹州阳翟故城遗址西Ⅰ发掘区（2007YY西ⅠT1～T25）遗迹层序表

总层序号	遗迹名称及编号
第1层下	无遗迹
第2层下	H1、H2、H3、H4、H5、H6、H7、H8、H9、H10、H11、H12、H13、H14、H15、H16、H17、H18、H19、H20、H21、H22、H23、H25、H26、H27、H28、H29、H30、H31、H32、H33、H34、H35、H36、H37、H38、H39、H40、H41、H42、H43、H44、H45、H46、H47、H48、H49、H50、H51、H52、H53、H54、H55、H56、H57、H58、H59、H60、H61、H62、H63、H64、H65、H66、H69、H70、H71、H72、H73、H74、H75、H76、H78、H83、H84、H85、H88、H89、H92、H99、H100、H101、H105、H106、H112、H125、H126、H127、H131、H139、H140、H141、H142、H155、H156、H157、H158、H166、H167、H168、H180、H181、H183、H184、H185、H186、H193、H200、H202、H203、H208、H216、H220、H236、H245、H251、H280、H329、H372、H373、H374、H375、H378、H379、H380、H382、2006G4、L1、M1、Z1、Z2、Z3、Z4、Z8、Z13
第3层下	H67、H68、H77、H79、H80、H81、H82、H86、H87、H90、H91、H94、H95、H96、H97、H98、H102、H103、H104、H107、H108、H109、H110、H111、H113、H114、H115、H116、H117、H118、H119、H120、H121、H122、H123、H124、H128、H129、H130、H132、H133、H134、H135、H136、H137、H138、H143、H144、H146、H147、H148、H149、H150、H151、H152、H153、H154、H159、H160、H161、H162、H163、H164、H165、H169、H170、H171、H172、H173、H175、H176、H177、H178、H179、H182、H187、H188、H189、H190、H191、H194、H195、H196、H198、H199、H201、H204、H206、H209、H210、H211、H212、H213、H215、H217、H218、H219、H221、H223、H224、H225、H226、H228、H229、H230、H231、H232、H234、H235、H237、H239、H240、H241、H242、H243、H244、H247、H248、H249、H250、H252、H253、H254、H255、H257、H260、H261、H262、H263、H264、H265、H267、H268、H269、H270、H271、H272、H273、H275、H276、H277、H278、H279、H281、H282、H283、H284、H287、H288、H289、H290、H291、H292、H293、H294、H295、H296、H297、H298、H299、H301、H302、H303、H304、H306、H307、H308、H309、H310、H313、H314、H315、H316、H317、H318、H319、H321、H322、H323、H324、H325、H327、H328、H330、H331、H332、H337、H338、H339、H340、H347、H349、H352、H355、H357、H358、H359、H360、H361、H362、H363、H364、H365、H366、H369、H383、J2、J3、J4、J5、J7、J11、J12、Q3、Y1、Y2、Z5、Z6、Z7、Z9、Z11、Z12、Z14，白灰面
第4层下	H205、H335、H351、J8
第5层下	H197、H214、H227、H233、H238、H246、H258、H259、H266、H274、H311、H312、H326、H334、H336、H341、H342、H343、H344、H345、H346、H348、H350、H353、H356、H367、H368、H370、H371、H377、H381、J1、J9、Q1、Q2
第6层下	H384、J6、L2
第7层下	H192、H256、H333、H354
第8层下	H285、H286
第9层下	H320、2006G1、夯土基址
第10层下	H300

注：1. 跨多个探方的遗迹，以叠压于最早的地层下确定其层序位置

2. H24、H93、H174、H207、H222、H376销号

3. H145改为J11，H305改为J12，TG1H386改为J13。Z10改为Y1

表九　2007年禹州阳翟故城遗址东发掘区各探方发掘遗迹汇总表

探方号	遗迹号
2007YY东T1	2006G1、H19、H25、H26、H43、H44、H45、H77、H78、H79、H126、H127
2007YY东T2	H46、H47、H48、H49、H50、H66、H67、H68、H113
2007YY东T3	H55、H66、H142、H183、H190、H191、H194、H202、H203、H207、H209、H221、H240、H242,L1
2007YY东T4	2006G1、G2、H8、H13、H18、H19、H25、H26、H42、H58、H59、H60
2007YY东T5	G2、H50、H72、H111、H123、H142、H143、H154、H167、H175、H196、H222、H231,J3,Y1
2007YY东T6	G2、G3、H84、H85、H86、H88、H91、H121、H142、H155、H174、H175、H184、H226,J1,L1,Z3
2007YY东T7	2006G1、G1、H12、H23、H26、H31、H40、H102、H103、H112、H122、H124、H144、H145、H150、H151,J4
2007YY东T8	G1、H9、H12、H24、H51、H52、H53、H61
2007YY东T9	G1、H24、H85、H105、H129、H130、H139、H140、H147、H179、H180、H181、H182、H197、H236,L1
2007YY东T10	H10、H11、H20、H35、H36、H37、H54、H62、H63、H64、H71、H73、H74、H106、H114、H115、H116、H152、H157、H158、H159、H206、H213、H216,J5
2007YY东T11	H32、H38、H39、H70、H75、H76、H89、H90、H98、H128、H138、H148、H149、H156、H161、H162、H166、H171、H176、H177、H211、H217、H218、H220、H223、H224、H225、H227、H228、H232、H233,J6,Z2
2007YY东T12	G3、H65、H141、H172,L1
2007YY东T13	H1、H2、H3、H4、H5、H6、H14、H15、H16、H21、H41、H57、H80、H81、H82、H83、H87、H92、H93、H94、H99、H100、H104、H107、H108、H109、H117、H118、H119、H120、H131、H132、H133、H134、H146、H153、H160、H168、H169、H170、H178、H185、H186、H195、H198,J2,Z1
2007YY东T14	H7、H22、H29、H33、H34、H56、H69、H95、H96、H97、H109、H110、H135、H136、H137、H173、H187、H188、H192、H199、H215、H230,L1
2007YY东T15	G3、H17、H27、H28、H125、H163、H164、H165、H172、H193、H200、H201、H204、H208、H210、H212、H214、H219、H229、H234、H235、H237、H238、H239、H241,L1、Z4、Z5

表一〇　2007年阳翟故城遗址东发掘区（2007YY东T1～T15）遗迹层序表

总层序号	遗迹名称及编号
第1层下	有现代坑
第2层下	无遗迹
第3层下	H1、H2、H3、H4、H5、H6、H7、H8、H9、H10、H11、H12、H13、H14、H15、H16、H17、H18、H19、H20、H21、H23、H24、H25、H26、H27、H28、H31、H40、H42、H43、H44、H45、H46、H47、H48、H49、H50、H55、H58、H59、H67、H68、H72、H77、H78、H79、H85、H86、H88、H105、H111、H113、H123、H126、H127、H143、H154、H167、H183、G1、G2、J3、J4、Y1
第4层下	H65、H66、H84、H91、H121、H129、H130、H139、H140、H141、H142、H147、H155、H174、H175、H179、H180、H181、H182、H184、H197、J1
第5层下	无遗迹
第6层下	无遗迹
第7层下	无遗迹
第8层下	无遗迹
第9层下	无遗迹
第10层下	无遗迹
第11层下	无遗迹
第12层下	H226，Z3
第13层下	H190、H191、H194、H202、H203、H207、H209、H221
第14层下	H22、H29、H32、H33、H34、H35、H36、H37、H39、H41、H51、H52、H53、H54、H56、H57、H60、H61、H62、H63、H64、H69、H70、H71、H73、H74、H75、H76、H80、H81、H82、H83、H87、H89、H90、H92、H93、H94、H95、H98、H99、H100、H102、H103、H104、H107、H108、H109、H112、H117、H118、H119、H120、H122、H124、H125、H128、H131、H132、H133、H134、H135、H136、H138、H144、H145、H146、H148、H149、H150、H151、H153、H156、H160、H161、H162、H163、H164、H165、H166、H168、H169、H170、H171、H172、H176、H177、H178、H185、H186、H188、H193、H196、H200、H201、H204、H208、H210、H212、H214、H219、H222、H229、H234、H235、H237、H238、H240、G3、J2、J6、L1、Z1、Z2
第15层下	H38、H96、H97、H110、H137、H173、H187、H192、M199、H211、H217、H218、H220、H223、H224、H225、H227、H228、H232、H233
第16层下	H106、H114、H115、H116、H152、H157、H158、H159、H195、H198、H206、H213、H215、H216、H230、J5
第17层下	H231、H239、H242、Z4、Z5
第18层下	H241
第19层下	无遗迹
第20层下	无遗迹
第21层下	H236
第22层下	无遗迹
第23层下	无遗迹
第24层下	无遗迹

续表

总层序号	遗迹名称及编号
第25层下	无遗迹
第26层下	2006G1
第27层下	无遗迹
第28层下	无遗迹
第29层下	无遗迹
第30层下	无遗迹
第31层下	无遗迹
第32层下	无遗迹

注：1. 跨多个探方的遗迹，以叠压于最早的地层下确定其层序位置

2. H101改为J6，H205改为J5，H30改为J4

3. H189销号

各探方文化堆积的层位关系表述如下。

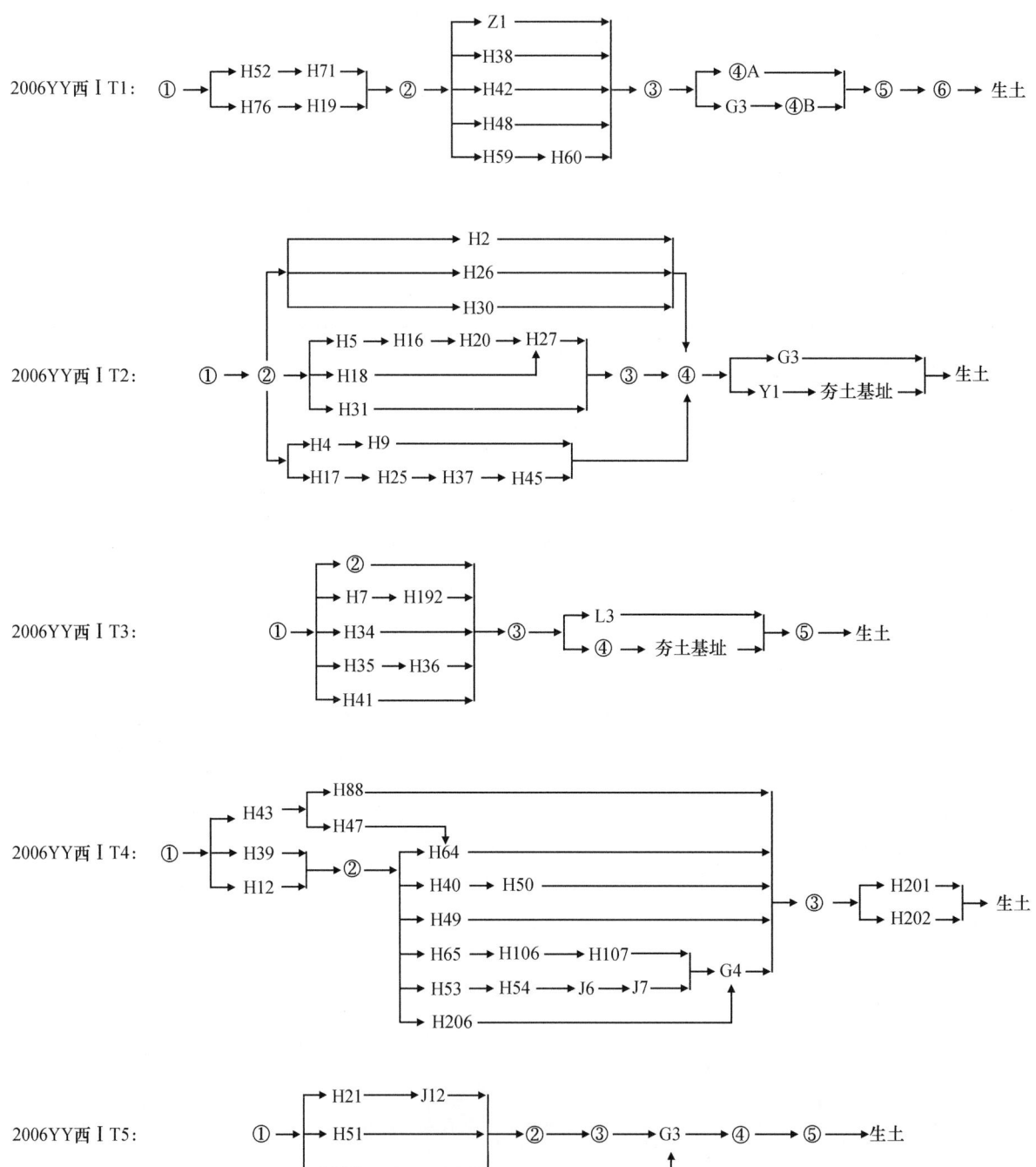

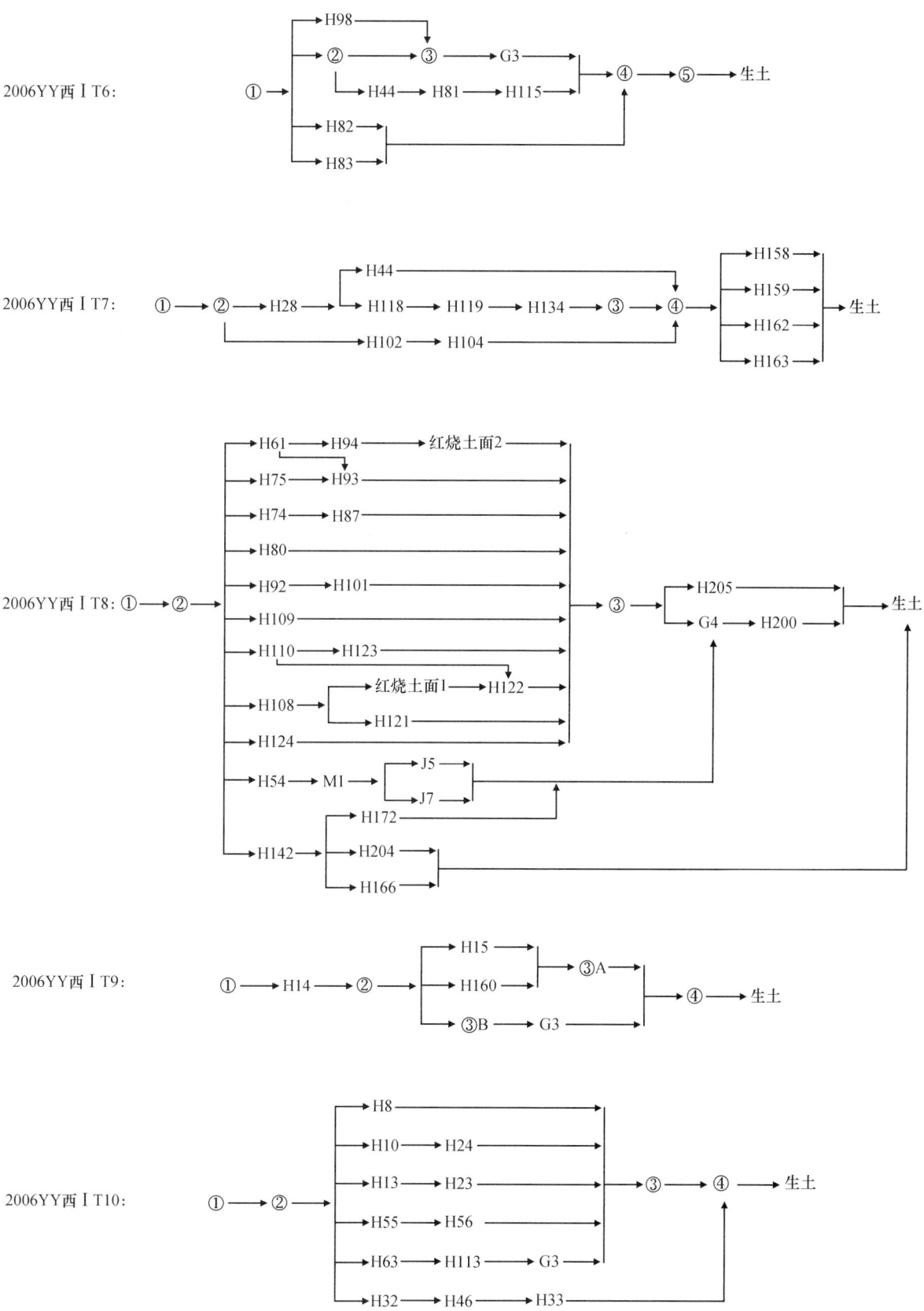

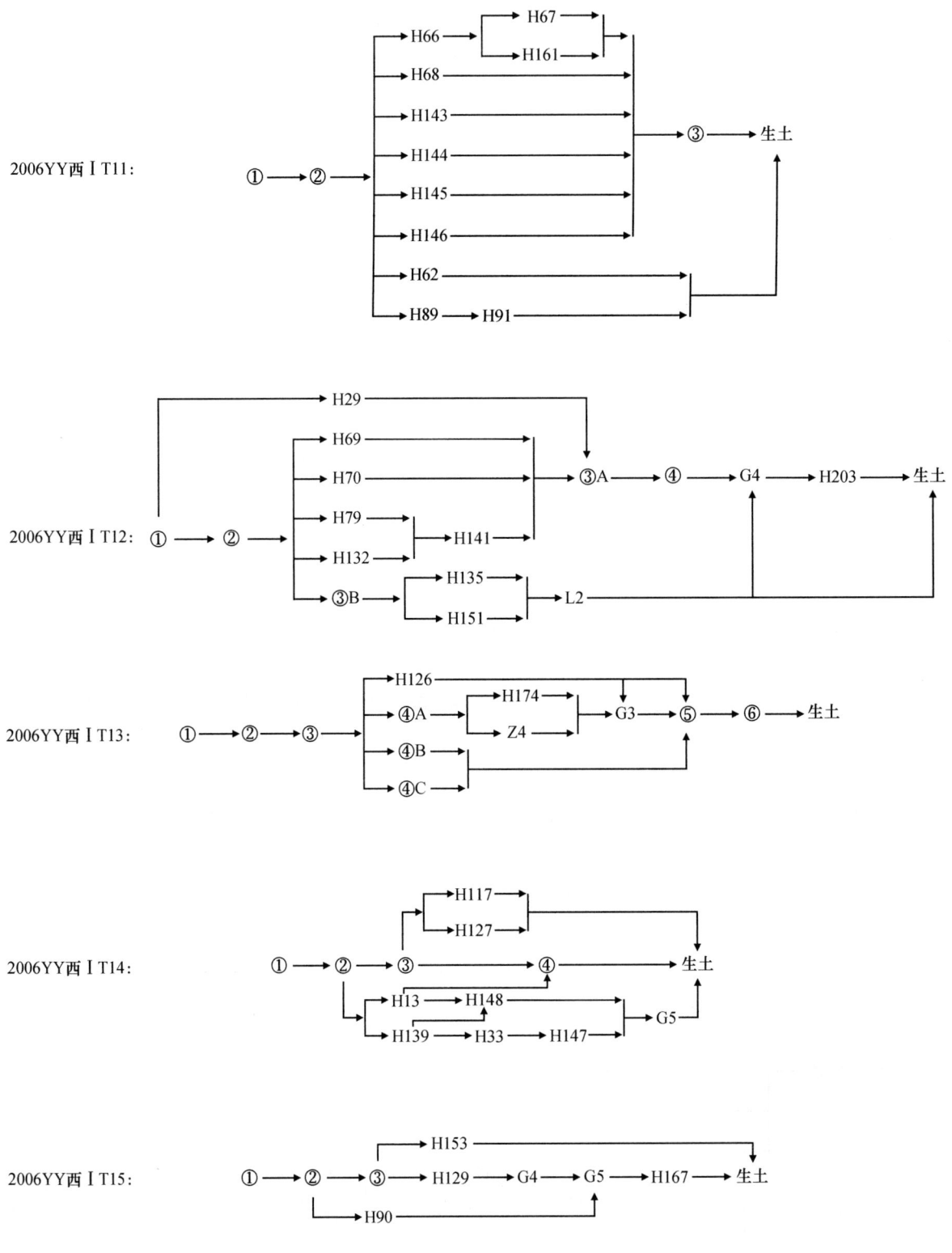

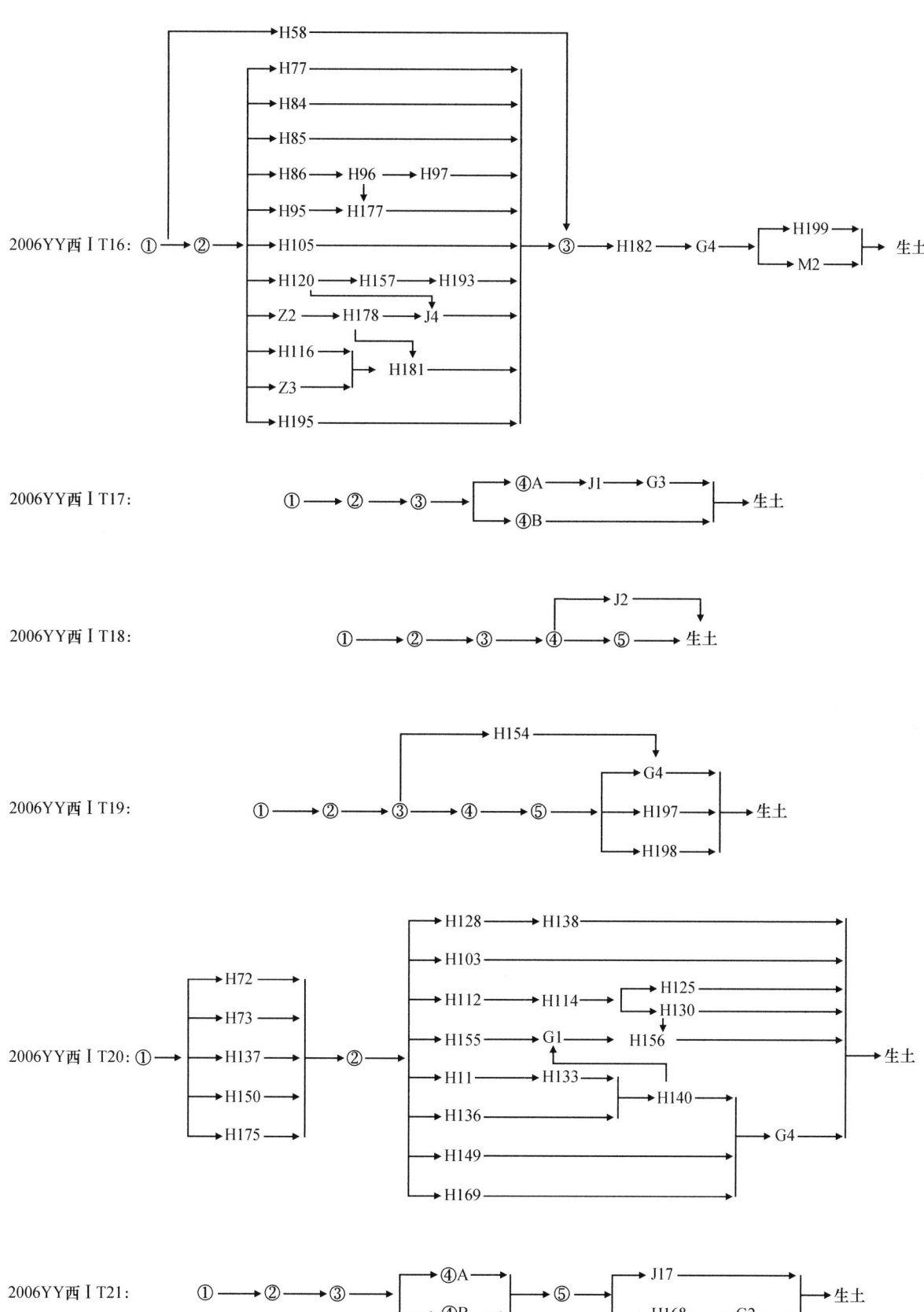

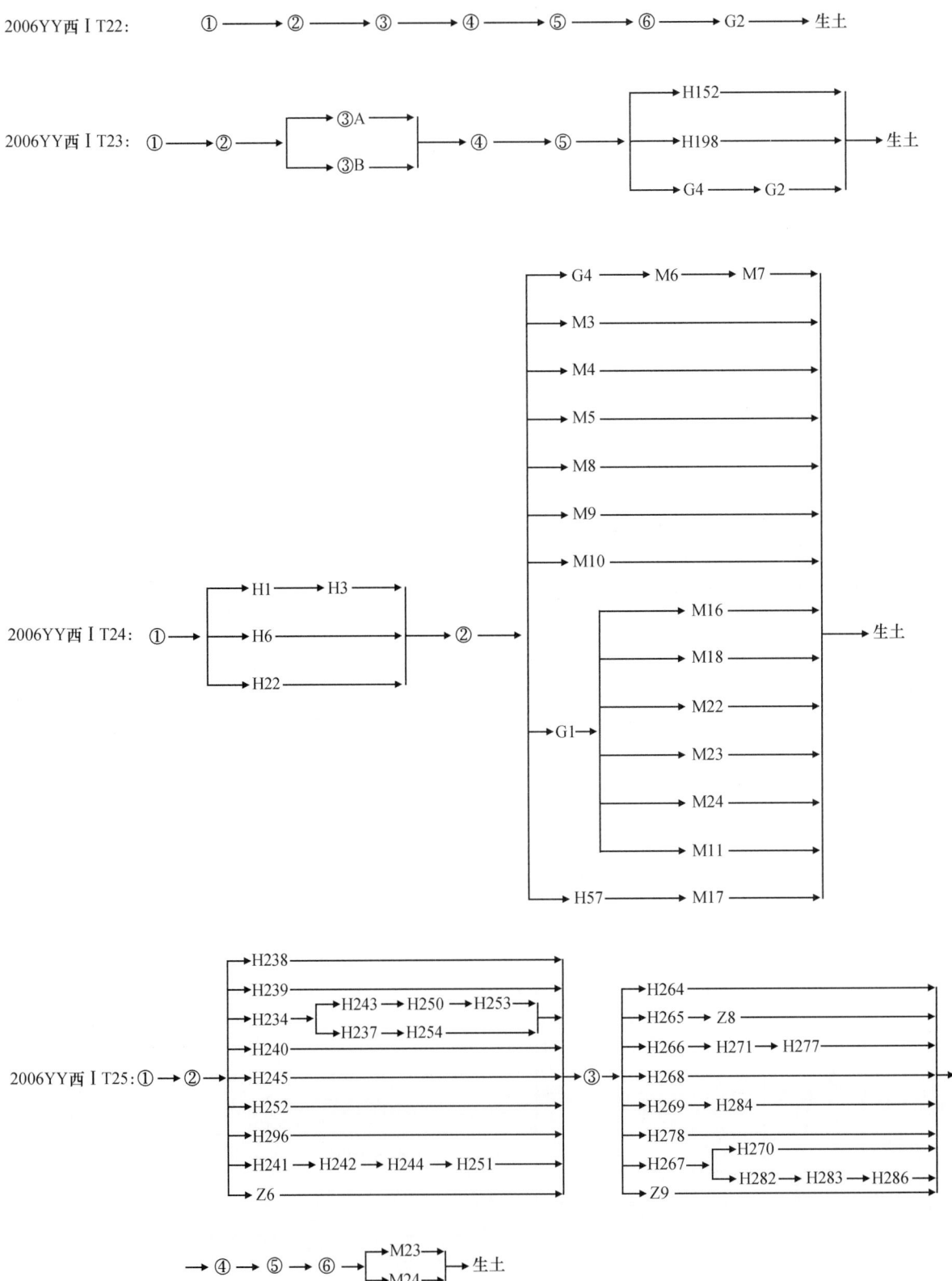

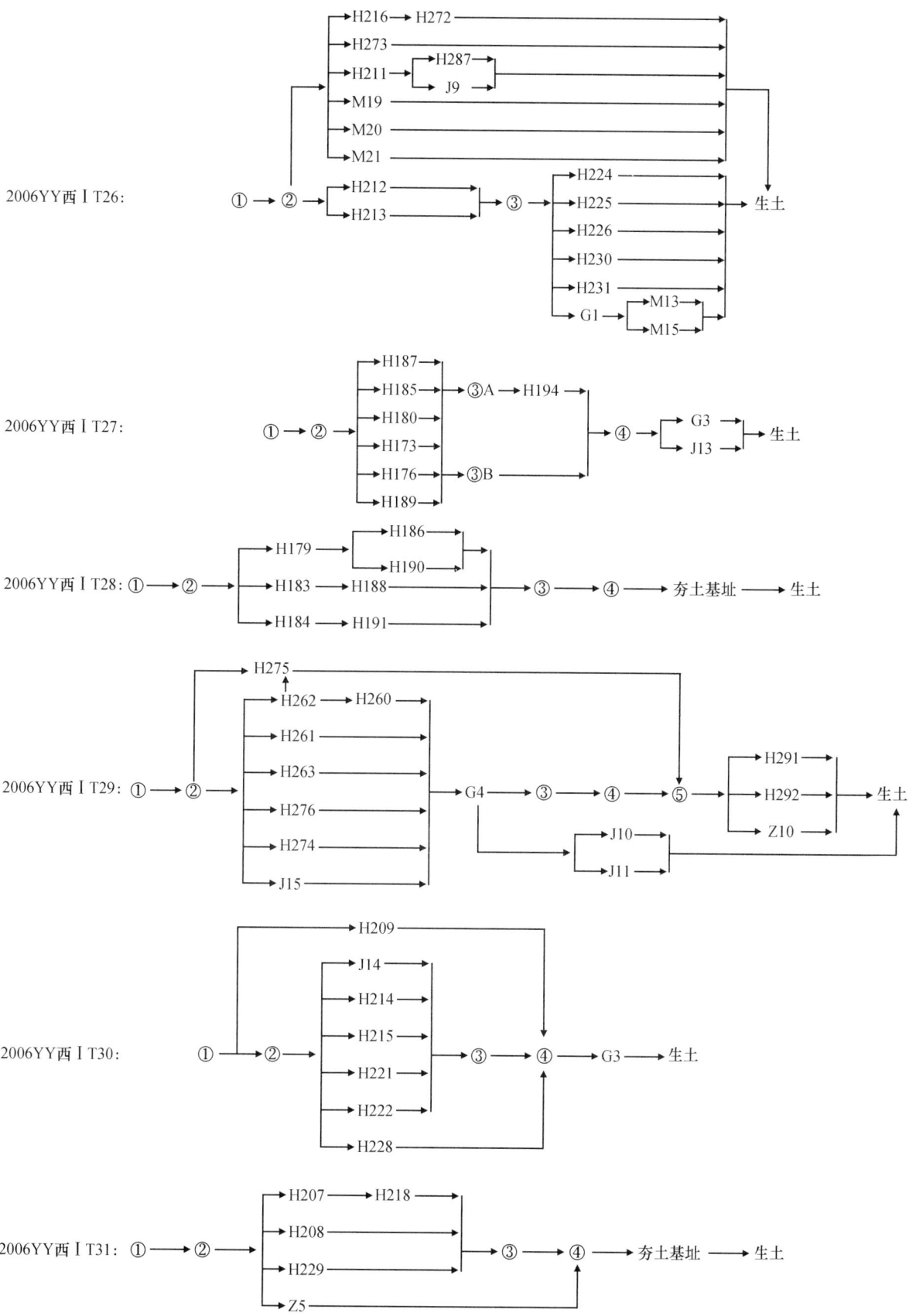

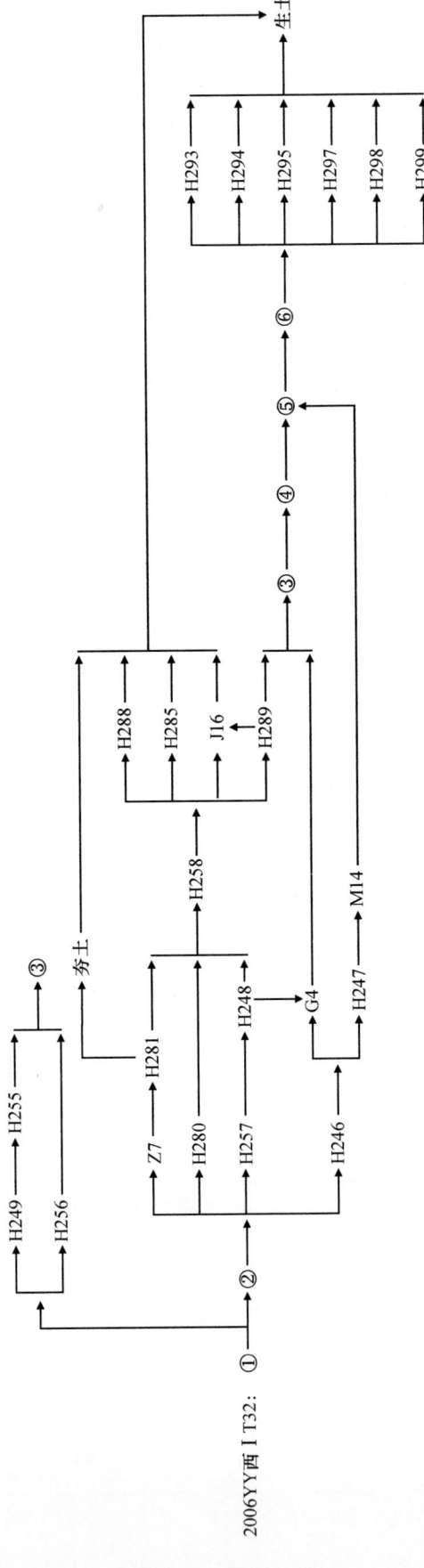

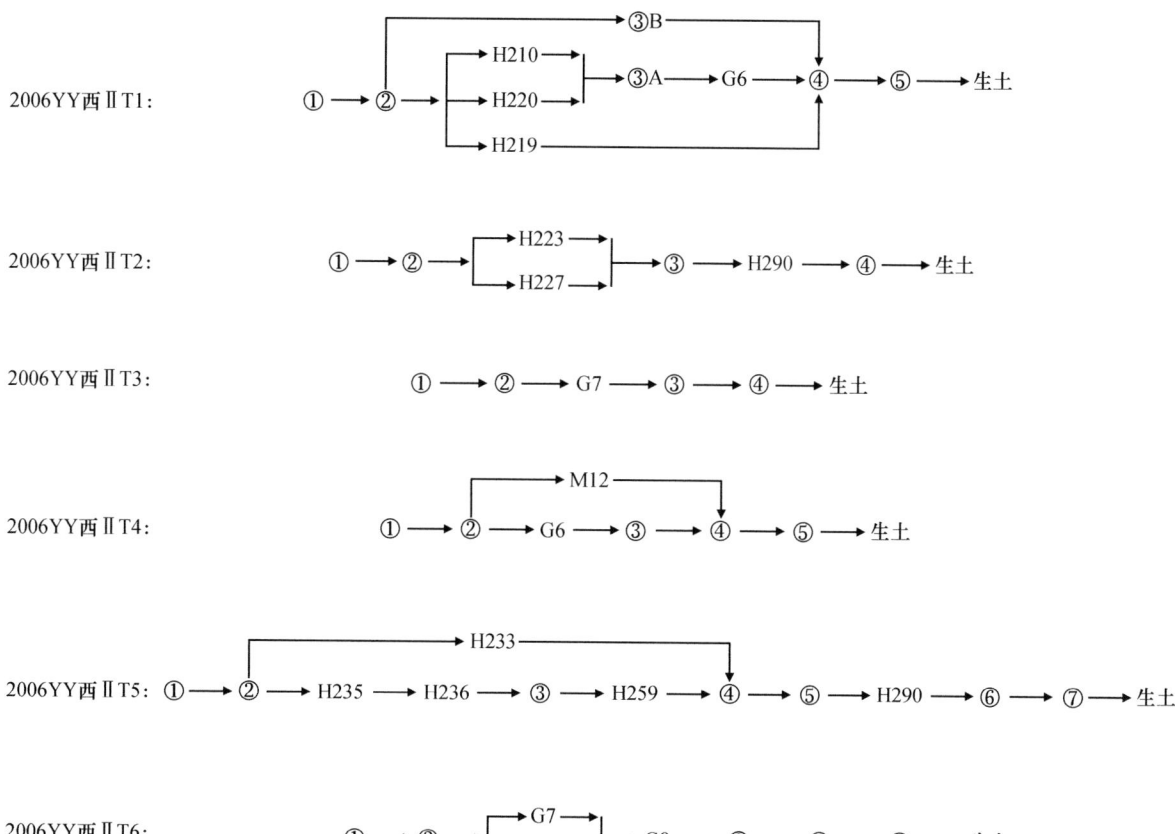

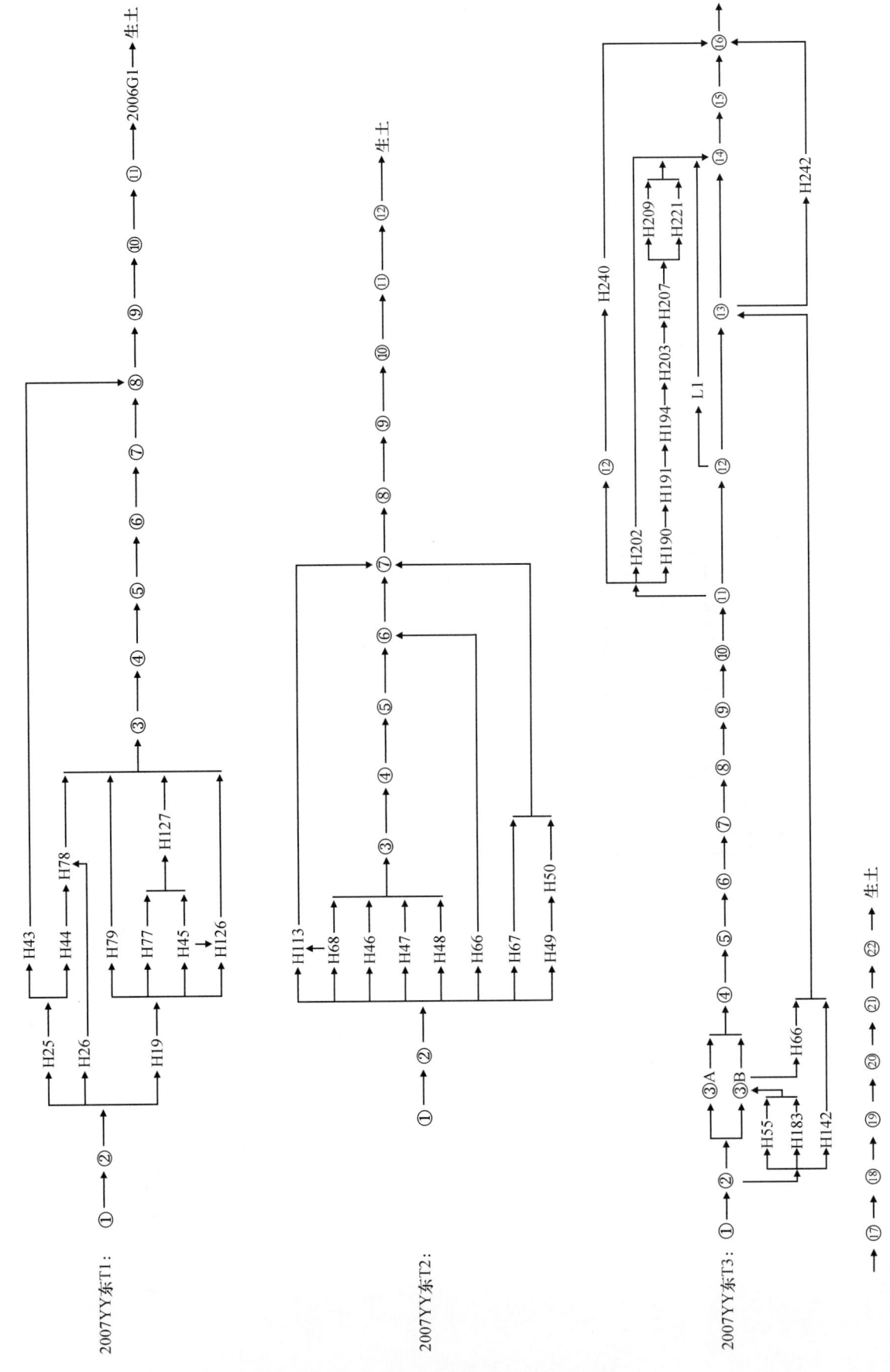

序章 探方、地层与遗迹

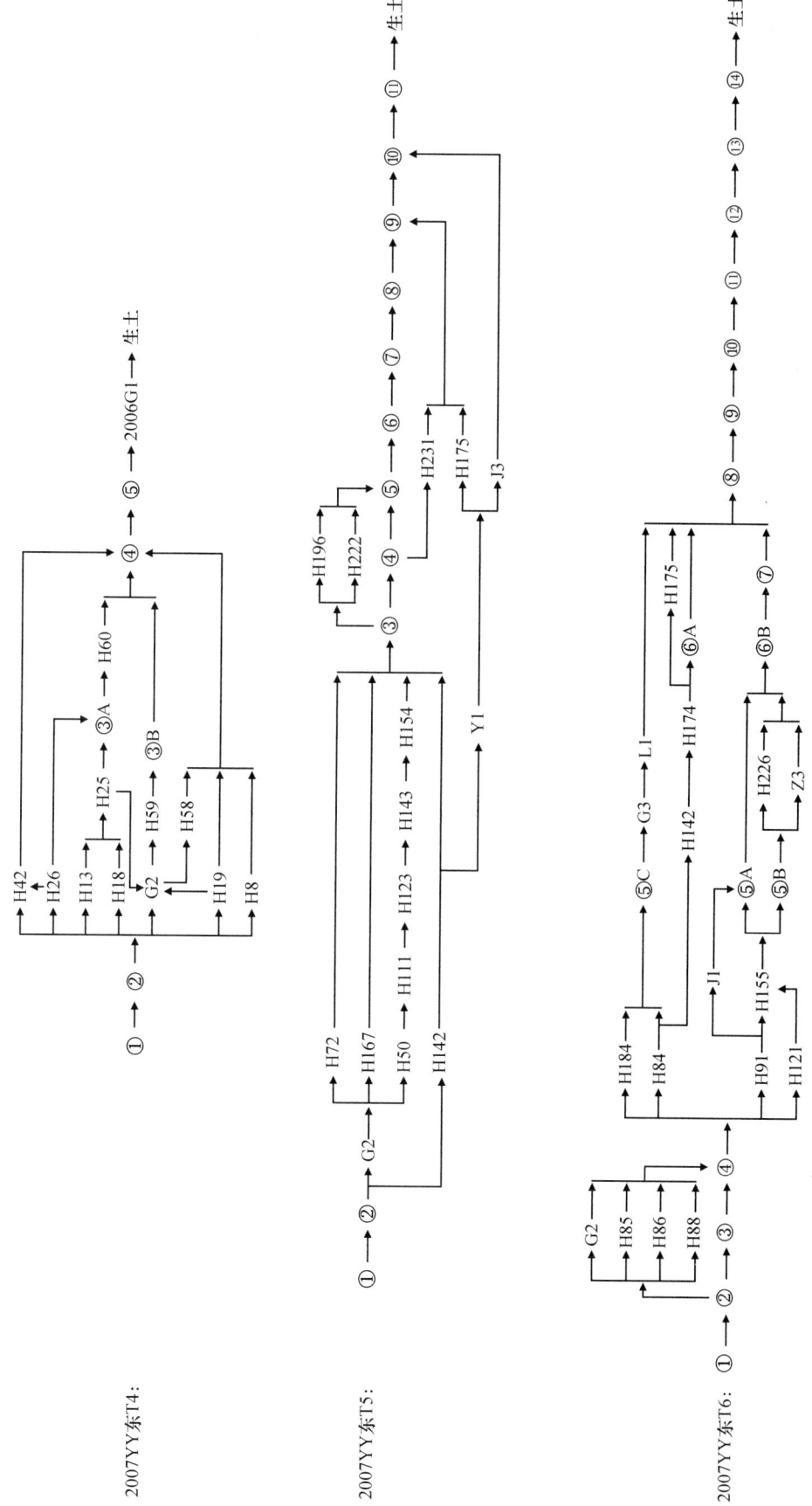

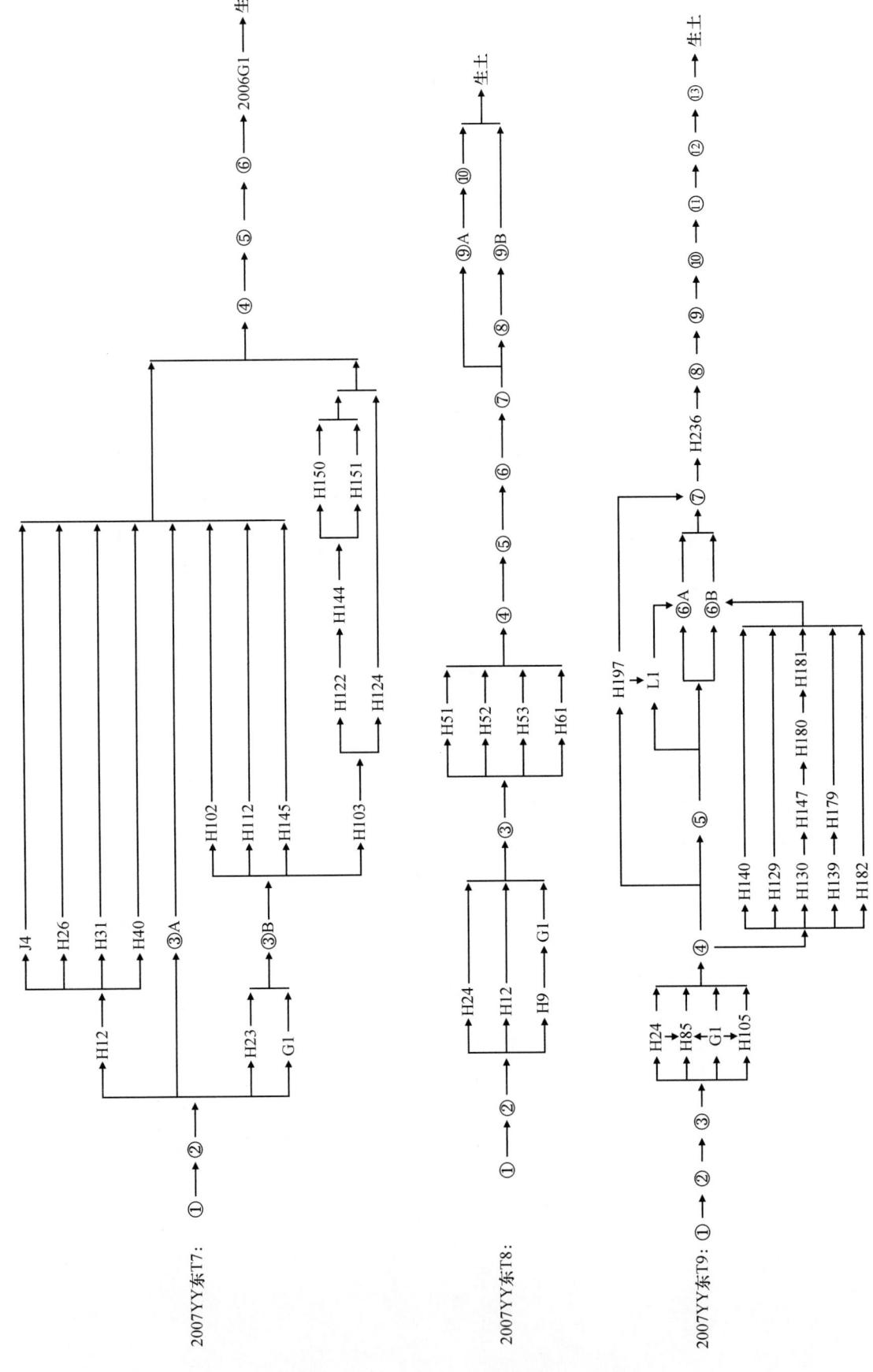

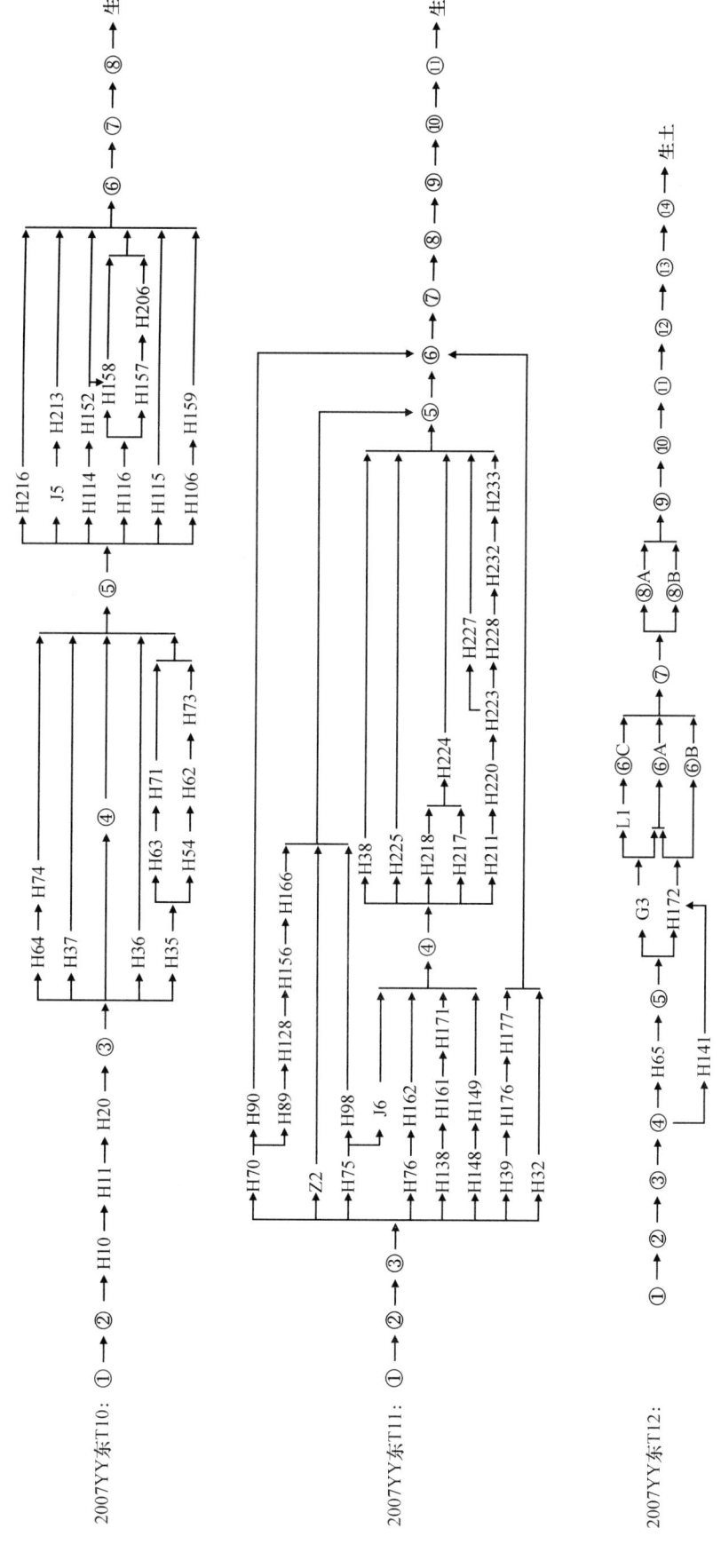

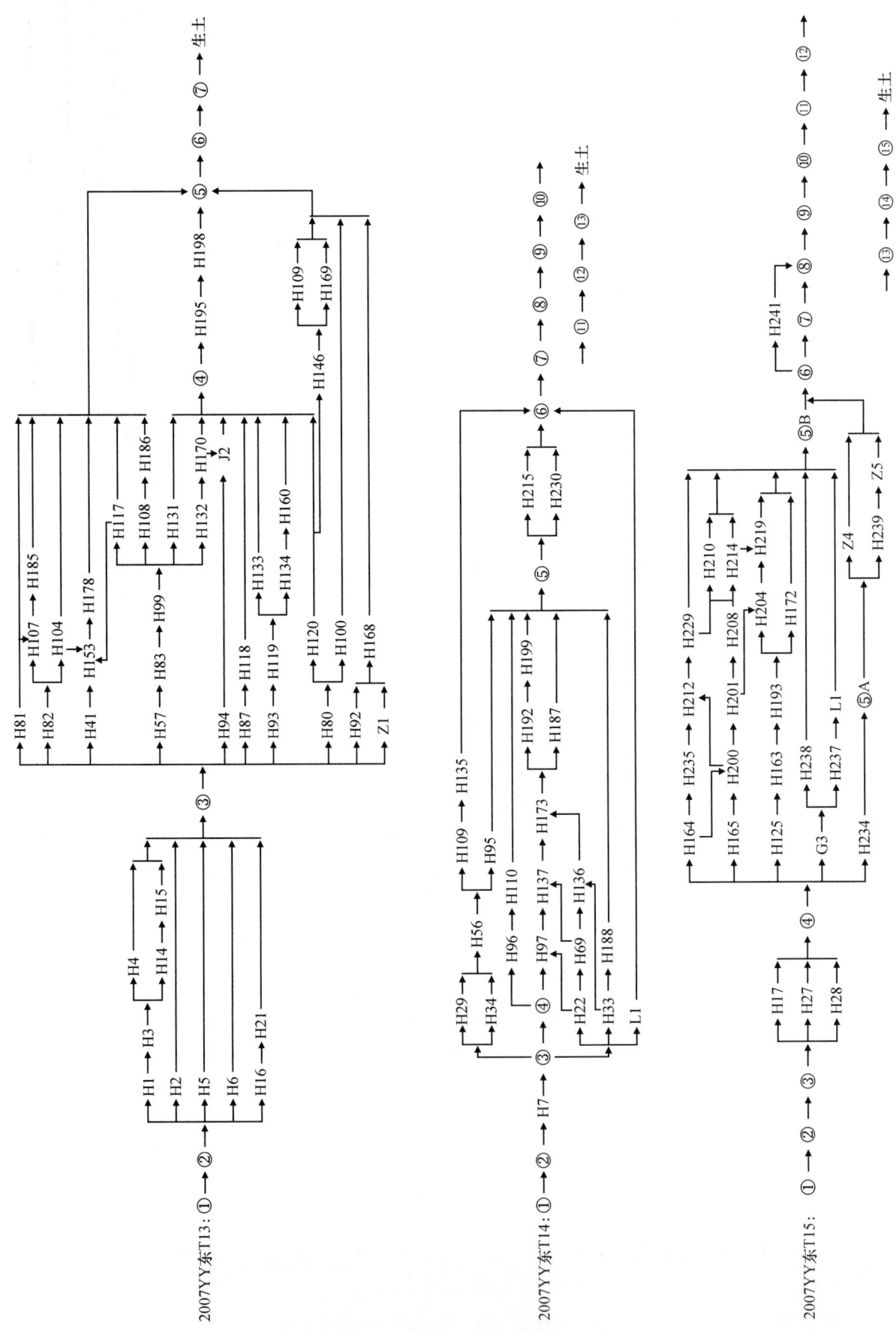

序章　探方、地层与遗迹

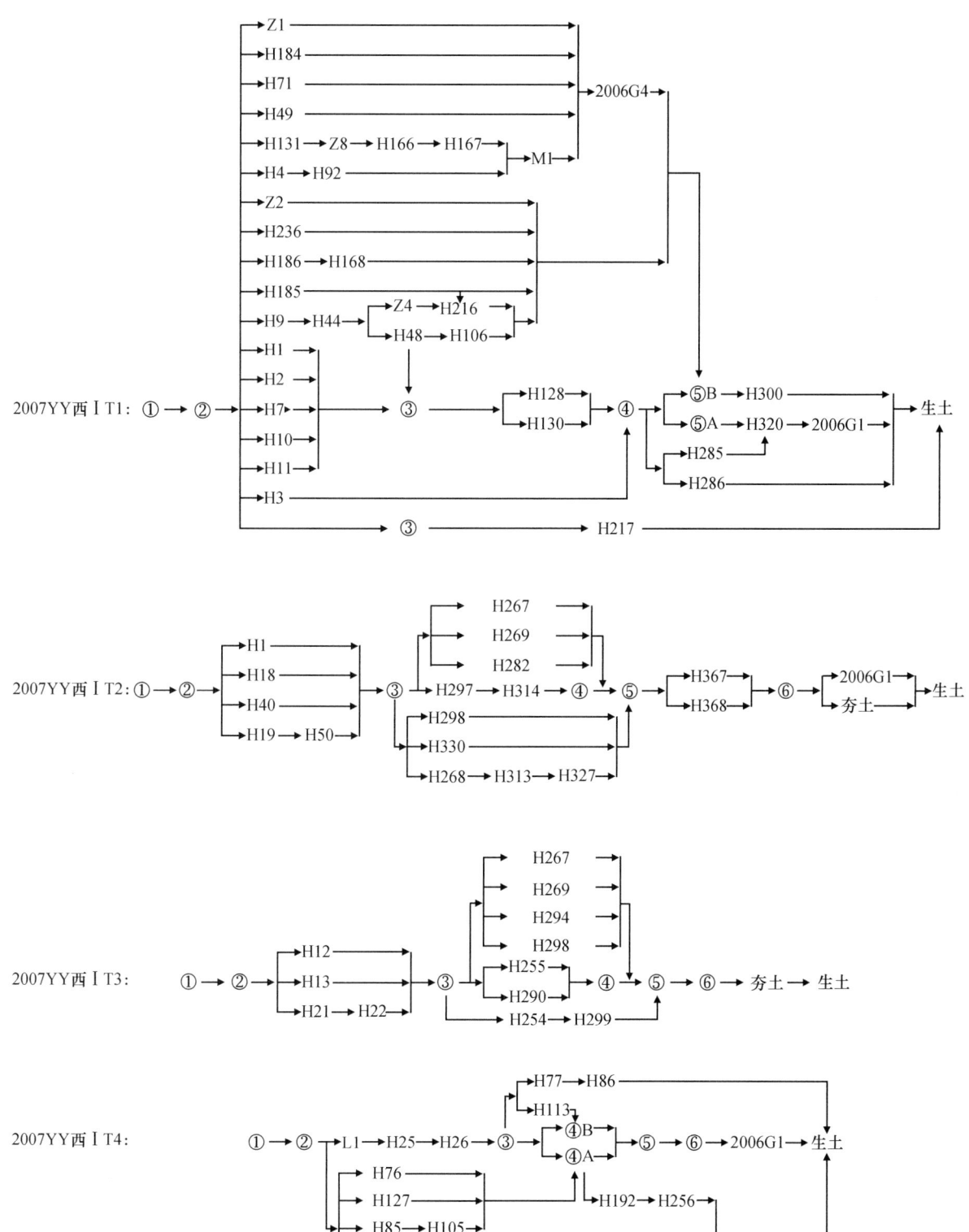

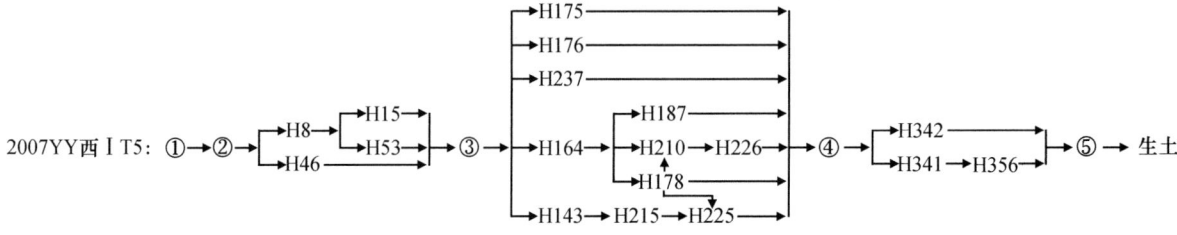

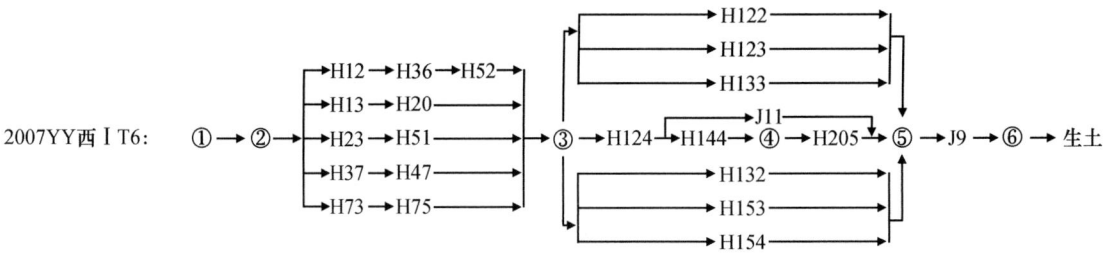

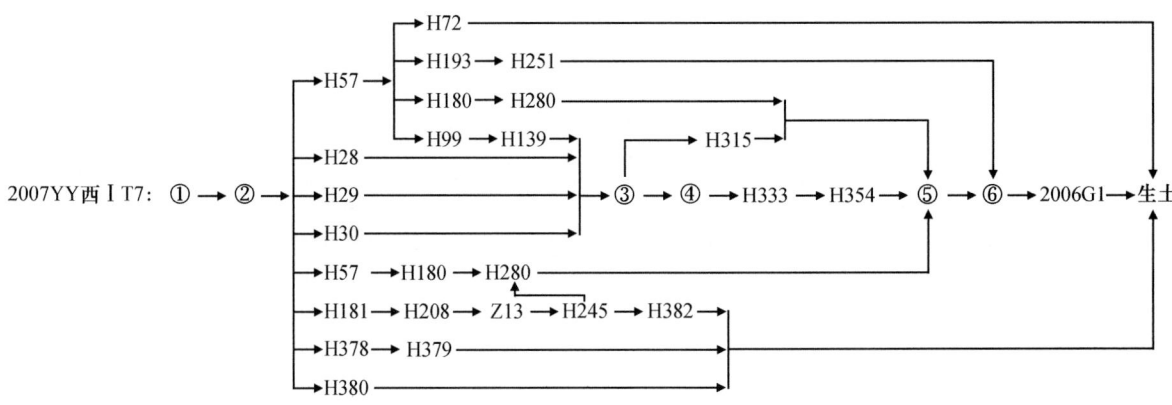

序章　探方、地层与遗迹

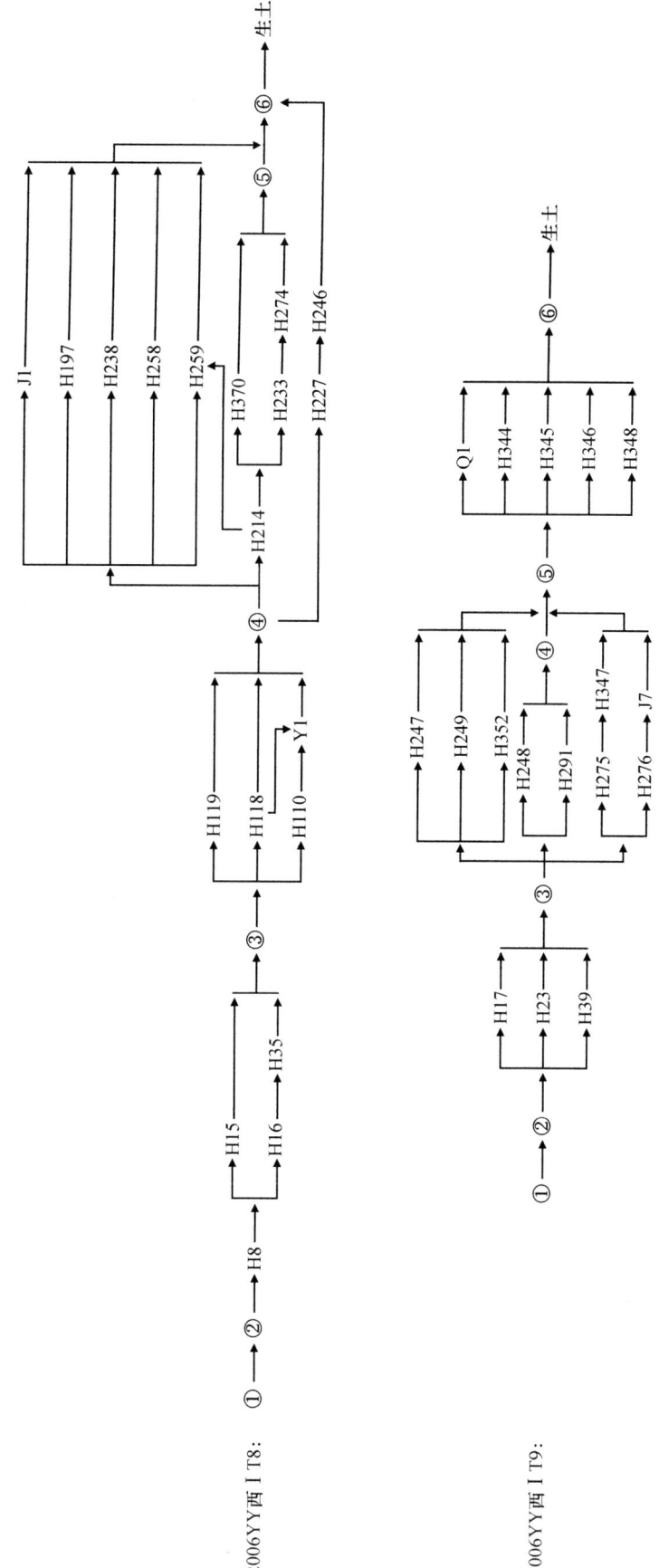

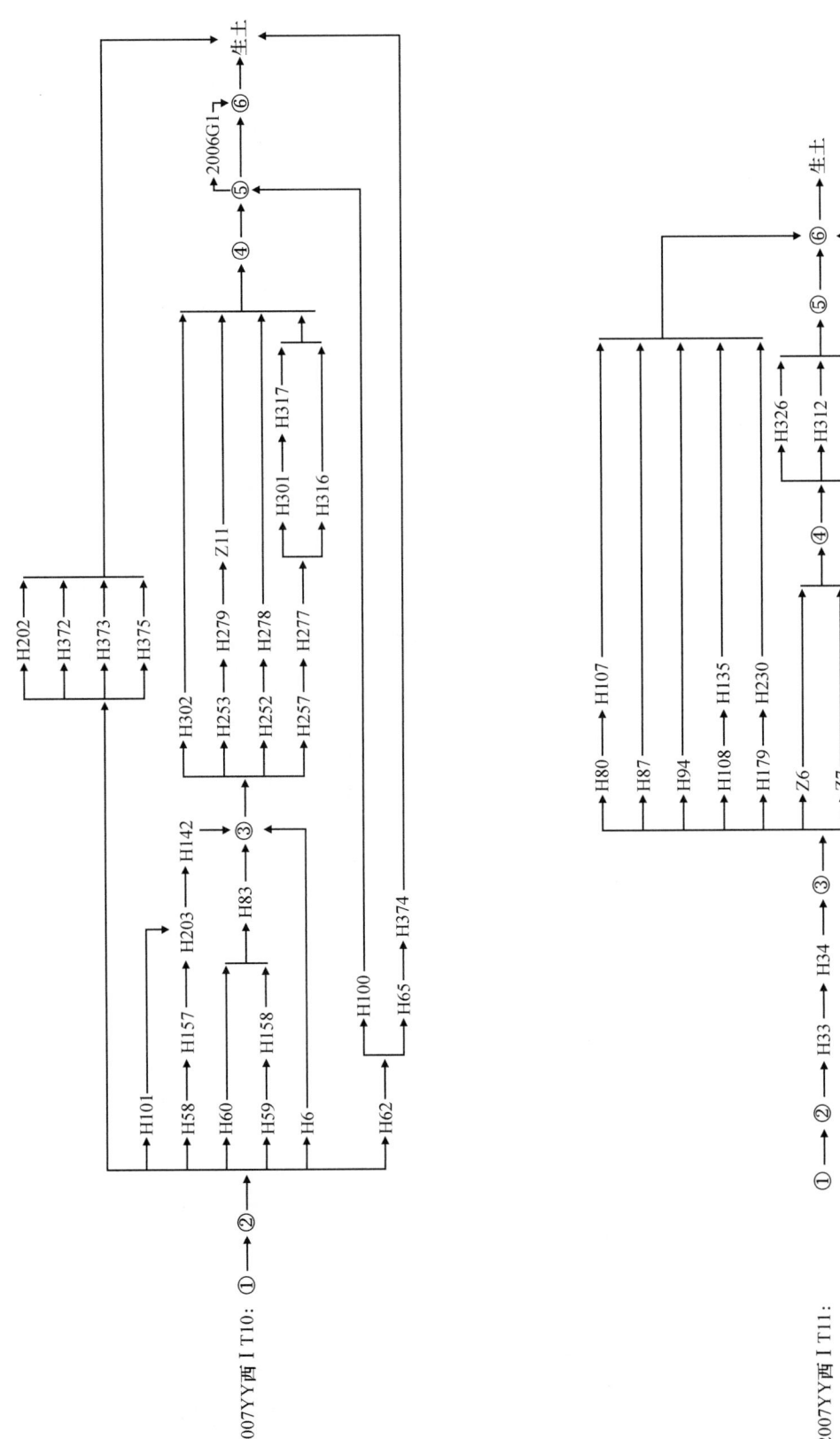

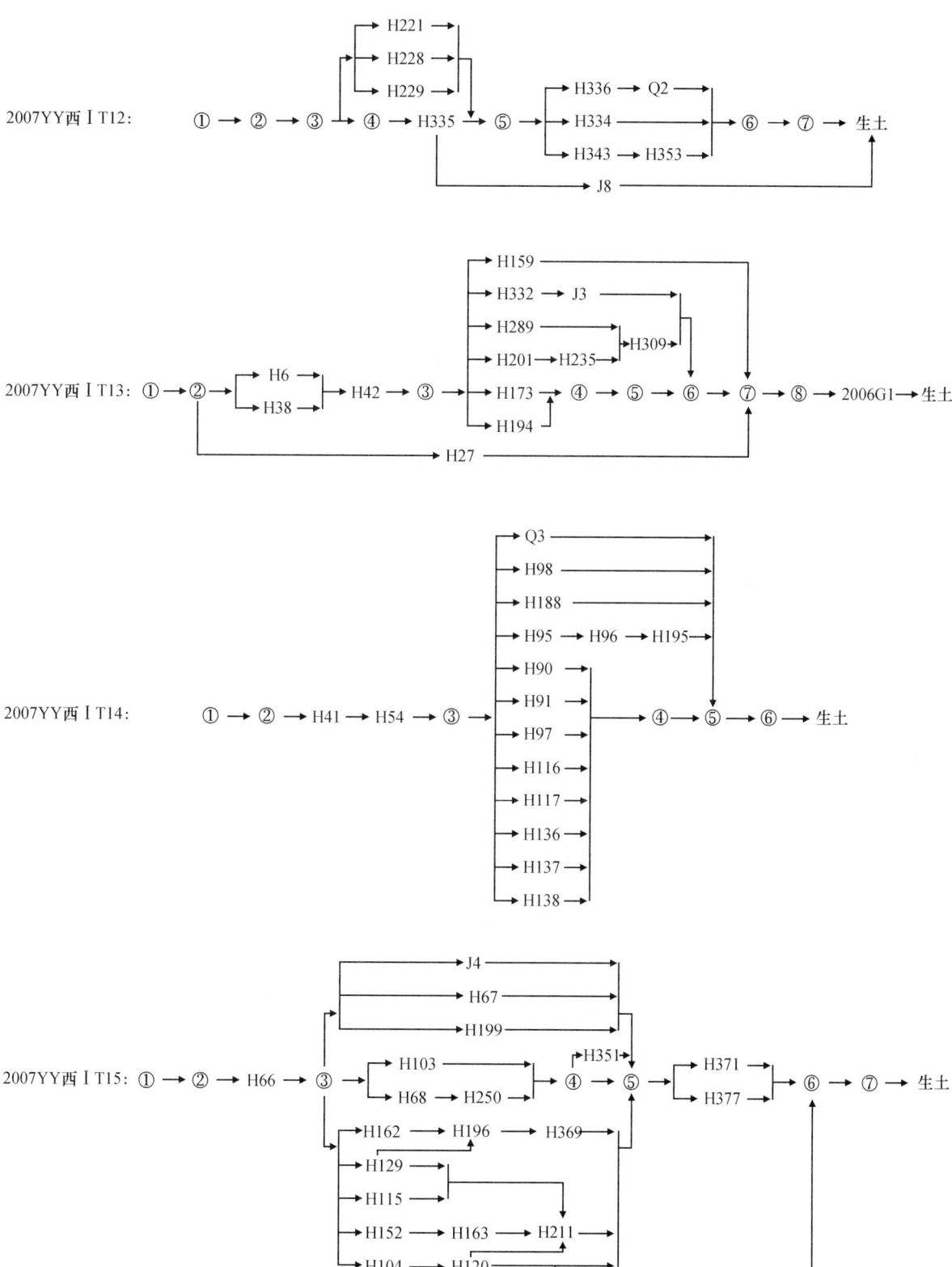

2007YY西ⅠT16:

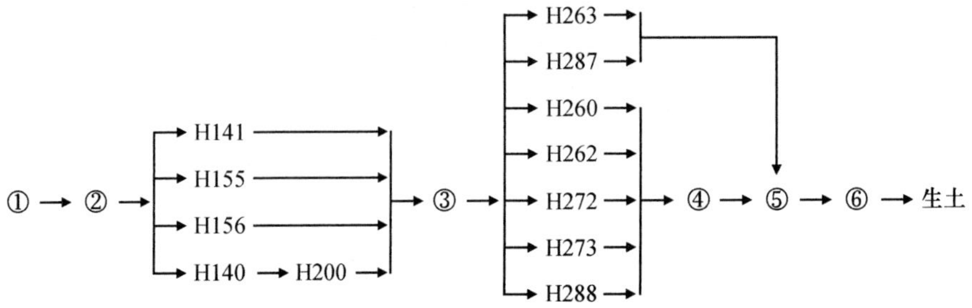

2007YY西ⅠT17:

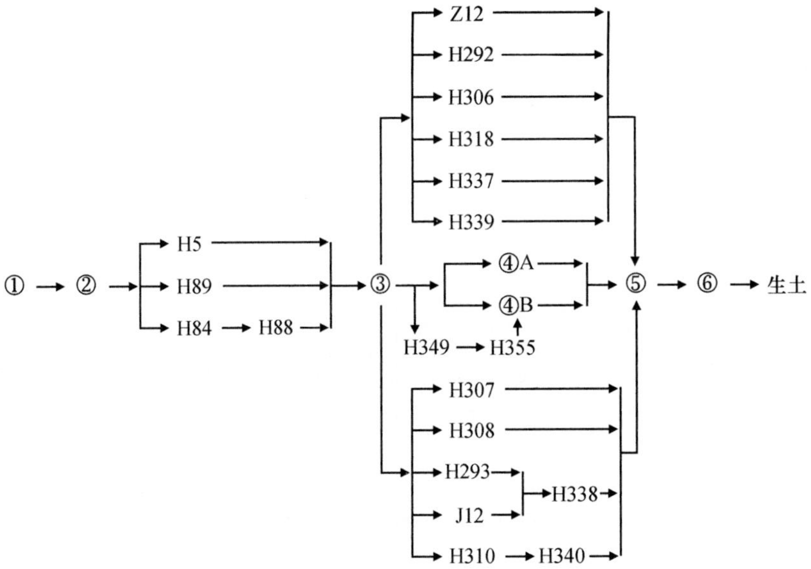

2007YY西ⅠT18:

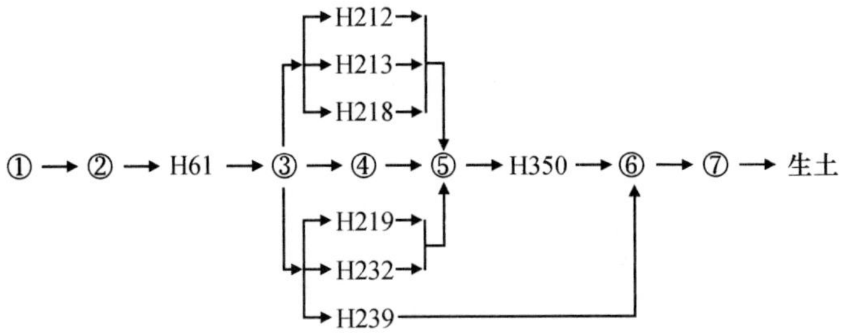

2007YY西ⅠT19:

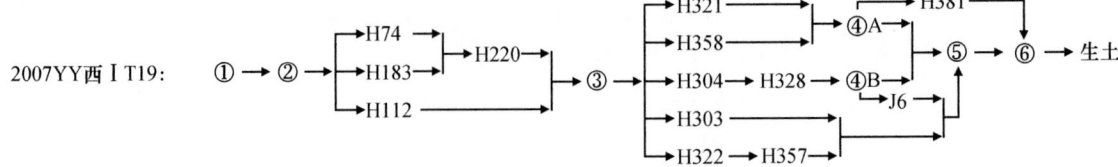

序章 探方、地层与遗迹

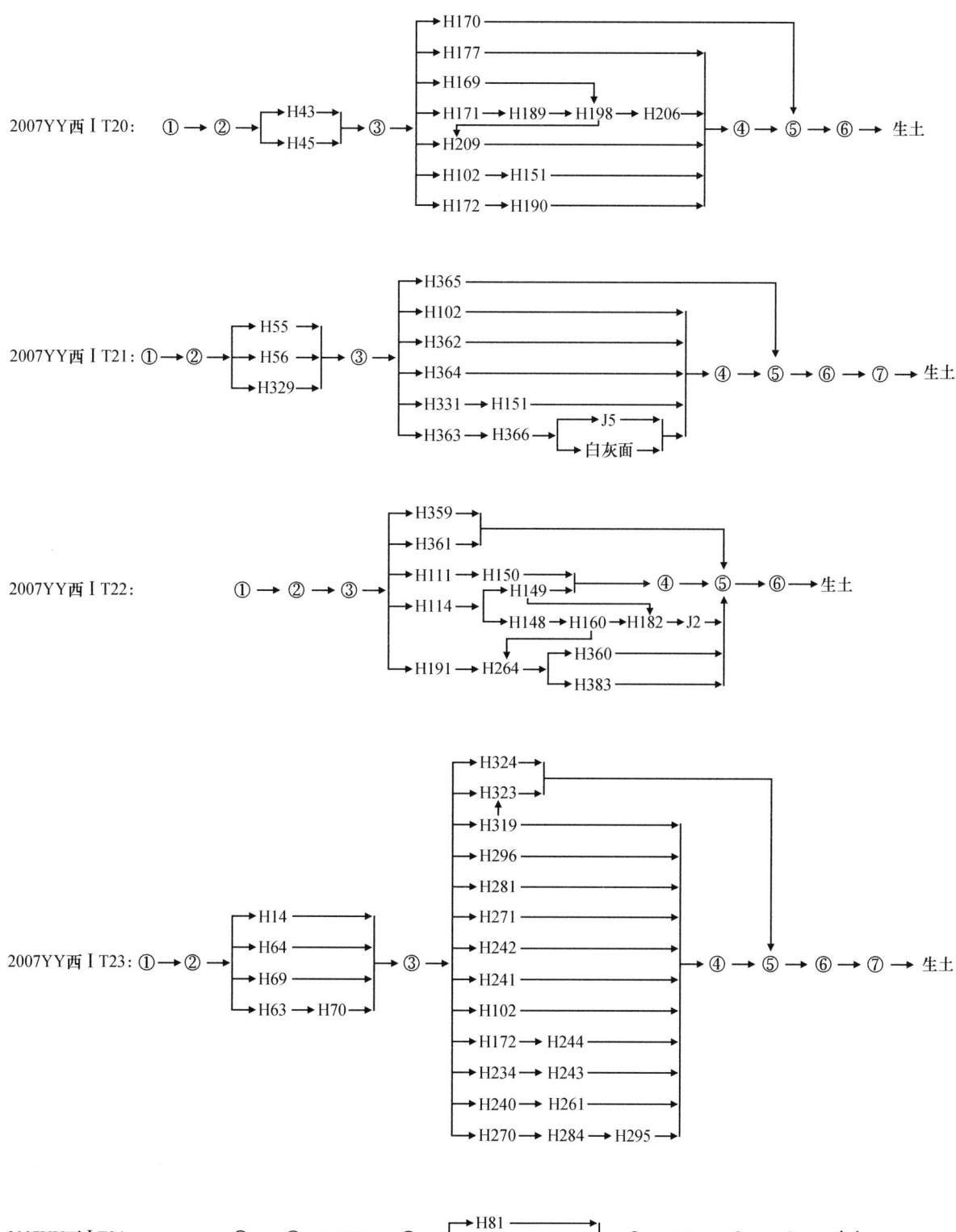

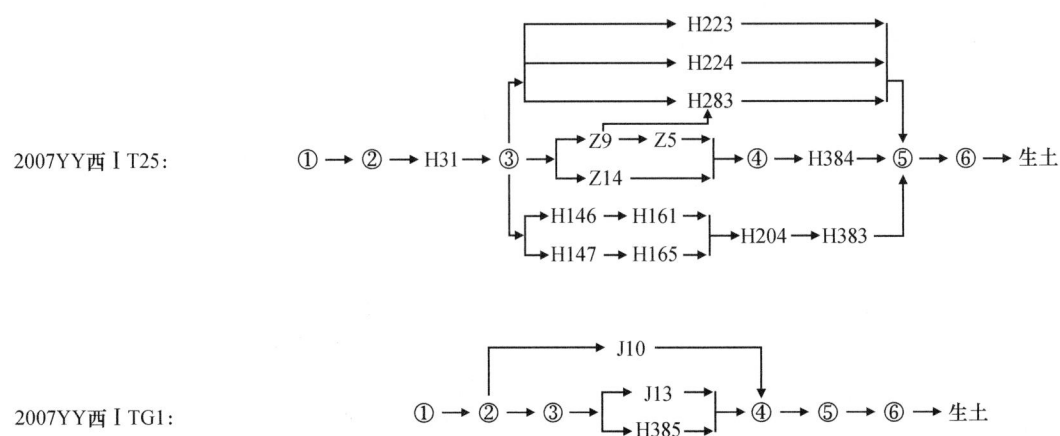

上 编
先秦两汉遗存

第一章 遗 迹

禹州阳翟故城遗址清理先秦两汉时期的遗迹共计100处，包括灰坑、窑、灶、井、沟、夯土基址、墓葬等。

第一节 灰 坑

禹州阳翟故城遗址清理先秦两汉时期的灰坑，共计61个。其中55个据平面形状不同分为七型。

A型 18个。平面呈圆形或接近圆形。据结构不同分为六亚型。

Aa型 6个。直壁，平底。包括2006YY西ⅠT7H159、2007YY西ⅠT1H236、2007YY西ⅠT1H286、2007YY西ⅠT1H300、2007YY西ⅠT4H77、2007YY西ⅠT10H372。

2007YY西ⅠT1H236

位于2007YY西ⅠT1中部偏南，方向90°。平面呈近圆形，北部一段坑边较直。直壁，平底，坑壁上半部四周有烧结现象。填土黑灰色，质地疏松，含一些草木灰和红烧土块。开口距地表30厘米，长径42厘米，短径40厘米，深34厘米（图一六）。

Ab型 2个。斜壁，平底。包括2006YY西ⅠT2H30、2007YY西ⅠT4H125。

2007YY西ⅠT4H125

位于2007YY西ⅠT4北部，方向90°。平面呈圆形，斜壁，平底。填土黑褐色，质地较硬密，包含物较少。开口距地表50厘米，口径64厘米，深20厘米，底径48厘米。出土绳纹灰陶片一片。打破H126（图一七）。

Ac型 1个。直壁，圜底。2007YY西ⅠT4H78。

2007YY西ⅠT4H78

位于2007YY西ⅠT4北部偏西，方向0°。平面呈圆形，直壁，圜底。填土黑色，质地细密，含较多炭粒。开口距地表50厘米，直径73厘米，深16厘米。出土少量绳纹灰陶片。被Z3打破（图一八）。

Ad型 2个。弧壁，圜底。包括2006YY西ⅠT32H295、2006YY西ⅡT5H235。

2006YY西ⅠT32H295

位于2006YY西ⅠT32西南部，方向97°。平面呈近圆形，弧壁内收，近圜底。填土浅灰黄色，质地稍硬，含有红烧土颗粒和陶片。开口距地表56厘米，长径196厘米，短径186厘米，深74厘米（图一九）。

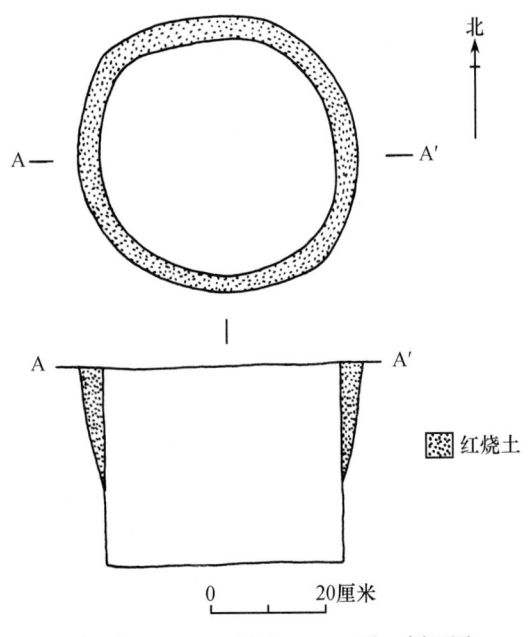

图一六　2007YY西ⅠT1H236平、剖面图

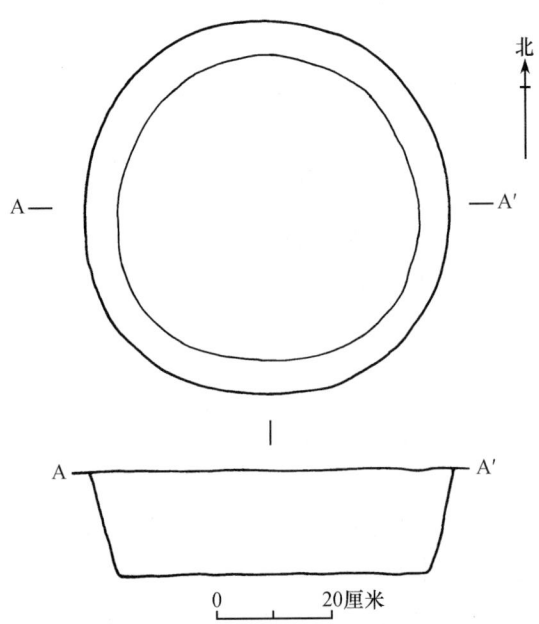

图一七　2007YY西ⅠT4H125平、剖面图

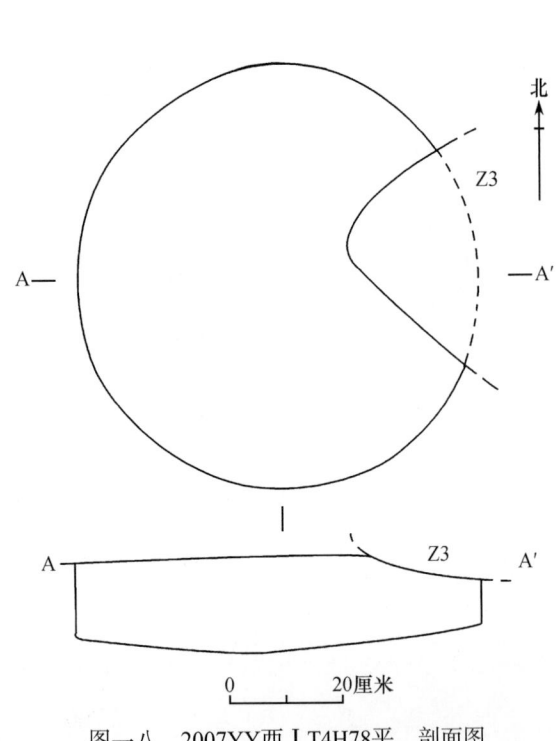

图一八　2007YY西ⅠT4H78平、剖面图

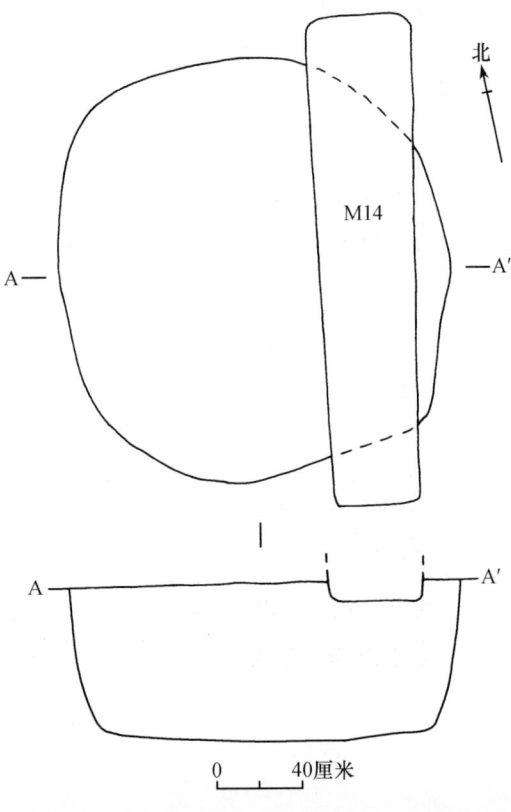

图一九　2006YY西ⅠT32H295平、剖面图

Ae型　4个。弧壁，平底。包括2006YY西ⅠT7H158、2006YY西ⅠT7H162、2006YY西ⅠT32H294、2006YY西ⅠT32H297。

2006YY西ⅠT7H158

位于2006YY西ⅠT7南部，方向108°。平面呈圆形，弧壁，平底。填土分3层。第1层灰褐色，土质细密，含少量草木灰，厚10～18厘米。第2层含大量草木灰，夹有红烧土，土质疏松，厚10厘米。第3层黄褐色，土质细密，夹有少量炭粒，厚30厘米。开口距地表47厘米，口径130厘米，深55厘米，底径112厘米。出土少量泥质黑、红陶片，部分有绳纹（图二〇）。

2006YY西ⅠT32H294

位于2006YY西ⅠT32中部偏西，方向115°。平面呈近圆形，弧壁，底部较平。填土浅灰色，质地较硬，含有少量红烧土颗粒。开口距地表57厘米，长径120厘米，短径118厘米，深51厘米（图二一）。

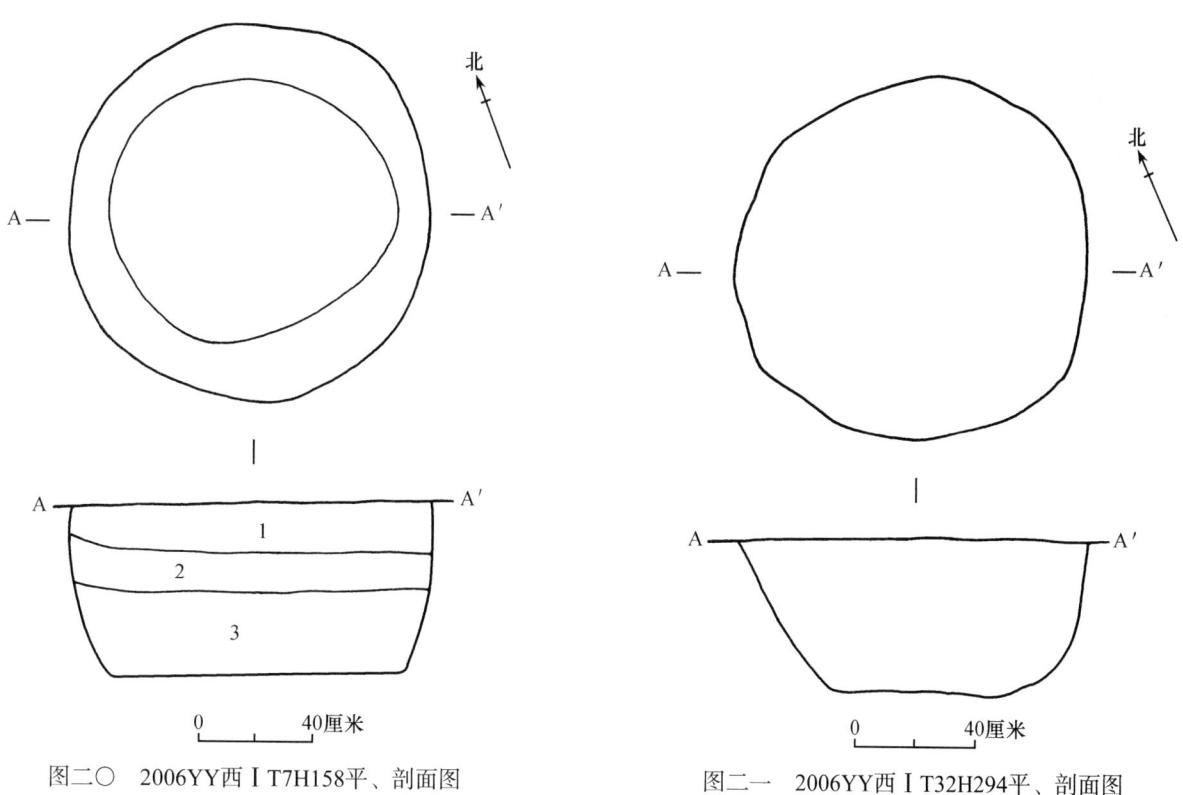

图二〇　2006YY西ⅠT7H158平、剖面图　　　图二一　2006YY西ⅠT32H294平、剖面图

Af型　3个。袋式平底。包括2006YY西ⅠT8H200、2006YY西ⅠT11H145、2007YY西ⅠT10H373。

2006YY西ⅠT11H145

位于2006YY西ⅠT11北部偏东，方向189°。平面呈圆形，上部直壁，下部坑壁外张呈弧壁，平底，口袋状。填土分3层。第1层黄褐色，质地坚硬，厚约15厘米。第2层灰白色，质地较软，含有砂石、炭粒，厚约30厘米。第3层灰黑色，质地松脆，含有炭粒、草木灰、红烧土，厚约27厘米。开口距地表35厘米，口径95厘米，深70厘米，底径120厘米。出土一片带绳纹夹砂红陶片（图二二）。

B型　13个。平面呈椭圆形或近椭圆形。据结构不同分为四亚型。

Ba型　3个。直壁，平底。包括2007YY西ⅠT4H256、2007YY西ⅠT16H260、2007YY西ⅠT16H272。

2007YY西ⅠT16H272

位于2007YY西ⅠT16西部，方向35°。平面呈不规则椭圆形，直壁，平底。填土浅黄色，土质疏松，含少量草木灰、红烧土颗粒。开口距地表65厘米，长径150厘米，短径90厘米，深10厘米。出土泥质素面灰瓦片（图二三）。

Bb型　5个。弧壁，平底。包括2006YY西ⅠT7H163、2006YY西ⅠT8H205、2006YY西ⅠT26H273、2006YY西ⅠT27H194、2006YY西ⅠT32H298。

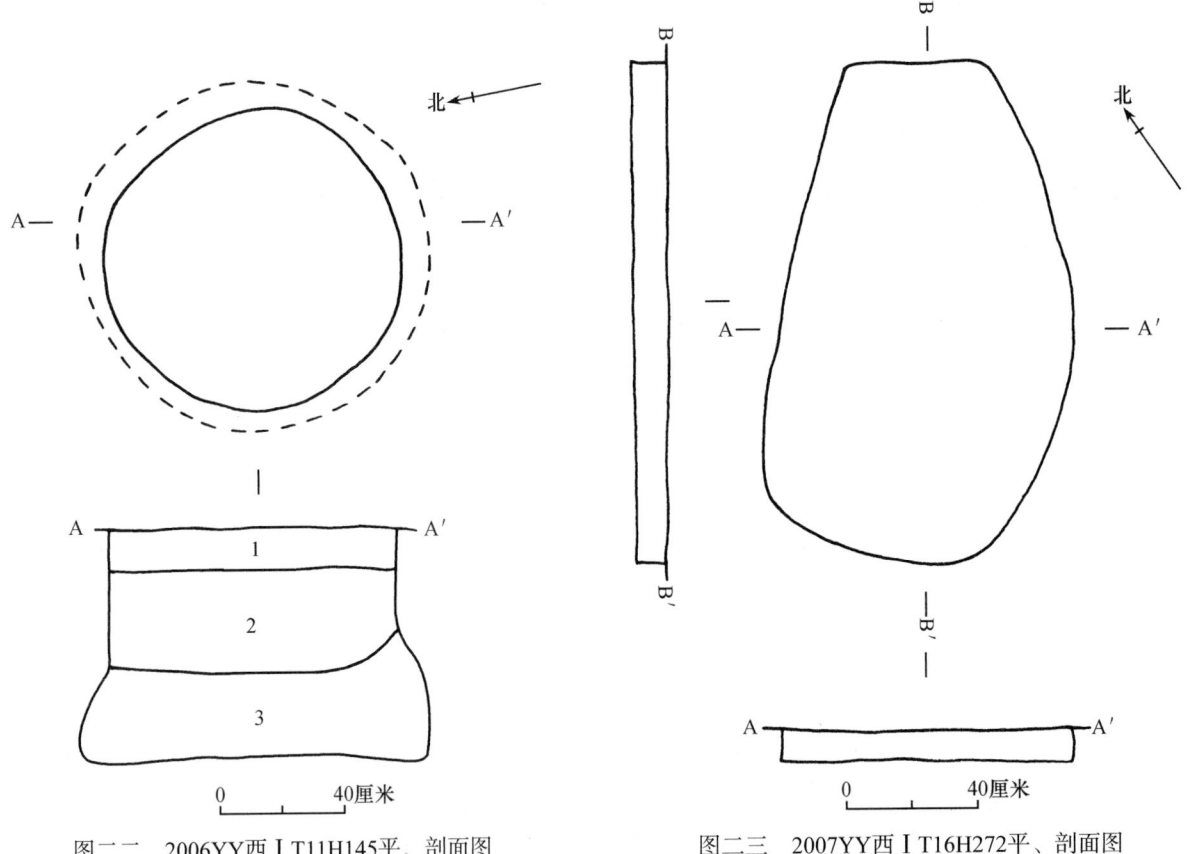

图二二　2006YY西ⅠT11H145平、剖面图　　　图二三　2007YY西ⅠT16H272平、剖面图

2006YY西ⅠT32H298

位于2006YY西ⅠT32西北部，方向96°。平面呈椭圆形，弧壁内收，底较平。填土浅灰黄色，质地较硬，含有炭粒、红烧土颗粒及少量陶片。开口距地表60厘米，长径172厘米，短径130厘米，深76~82厘米（图二四）。

Bc型　4个。袋式。包括2007YY西ⅠT1H216、2007YY西ⅠT1H285、2007YY西ⅠT1H320、2007YY西ⅠT7H72。

2007YY西ⅠT1H216

位于2007YY西ⅠT1西部,方向27°。平面呈椭圆形,坑壁外斜呈袋状,圜底。填土黑色,质地硬密,含有一些草木灰和少量红烧土颗粒。开口距地表30厘米,坑口长径120厘米,短径104厘米,深56～68厘米,底长径132厘米,短径118厘米。出土素面、绳纹泥质灰陶片。被Z4、H185打破(图二五)。

2007YY西ⅠT1H285

位于2007YY西ⅠT1西南部,方向90°。平面呈近椭圆形,坑壁外斜呈袋状,北侧坑壁外斜幅度较大,底为料姜石层、较平。坑内填土分2层。第1层灰褐土,质地较硬密,含少量草木灰。第2层褐色土,质地较疏松,含较多红烧土和草木灰。开口距地表30～58厘米,坑口

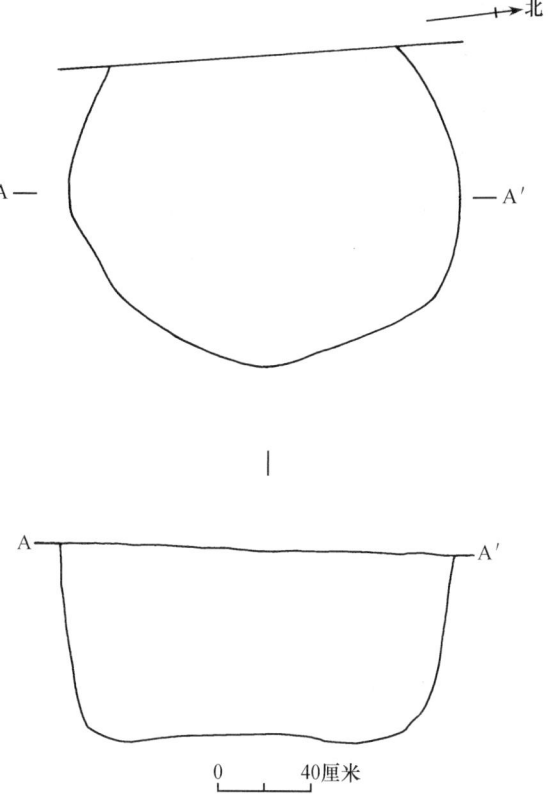

图二四　2006YY西ⅠT32H298平、剖面图

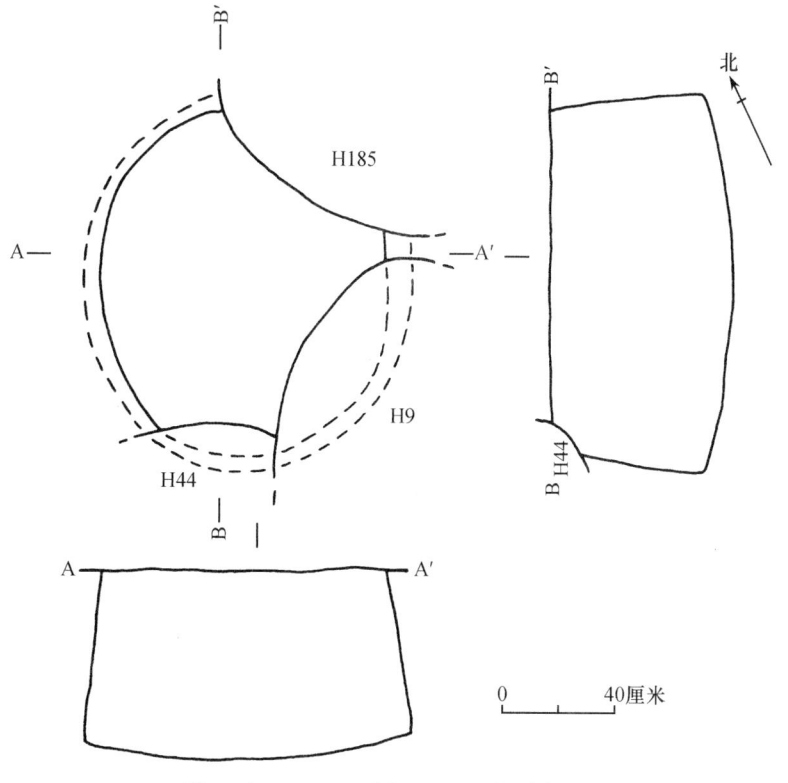

图二五　2007YY西ⅠT1H216平、剖面图

长径120厘米，短径92厘米，深58~88厘米，底长径146厘米，短径98厘米。出土有绳纹灰、红陶片及鹿角。打破H320（图二六）。

Bd型　1个。复合型。坑壁结构不一致。2007YY西ⅠT25H283。

2007YY西ⅠT25H283

位于2007YY西ⅠT25东北部，方向55°。平面呈椭圆形，东、南壁为斜壁，北、西壁为直壁，平底。填土黄色，质地疏松，含有少量炭粒、红烧土颗粒等。开口距地表54厘米，长径110厘米，短径72厘米，深26厘米。出土带布纹瓦片（图二七）。

C型　6个。平面呈长方形或近长方形。据结构不同分为四亚型。

Ca型　1个。直壁，平底。2006YY西ⅠT15H153。

2006YY西ⅠT15H153

位于2006YY西ⅠT15西壁，方向90°。平面呈长方形，两长边不直，直壁，近平底有起伏。填土青绿色，含有草木灰和料姜石。开口距地表75厘米，长120厘米，宽67厘米，深7~19厘米。出土筒瓦，外饰绳纹，内饰布纹（图二八）。

Cb型　3个。斜壁，平底。包括2006YY西ⅠT16H178、2006YY西ⅡT5H259、2007YY西ⅠT22H359。

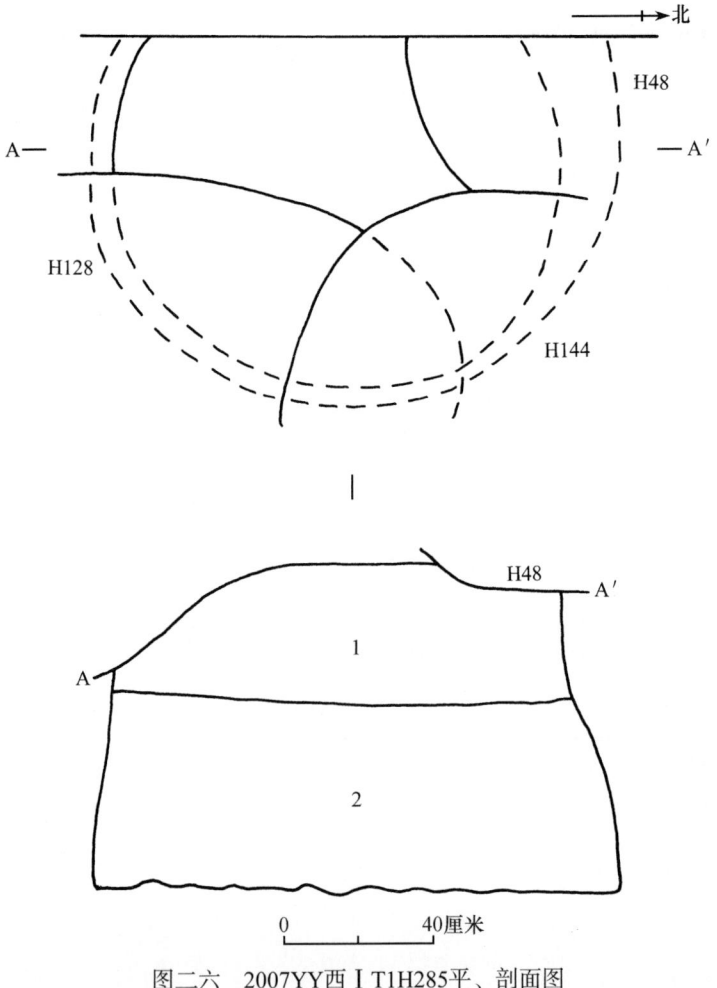

图二六　2007YY西ⅠT1H285平、剖面图

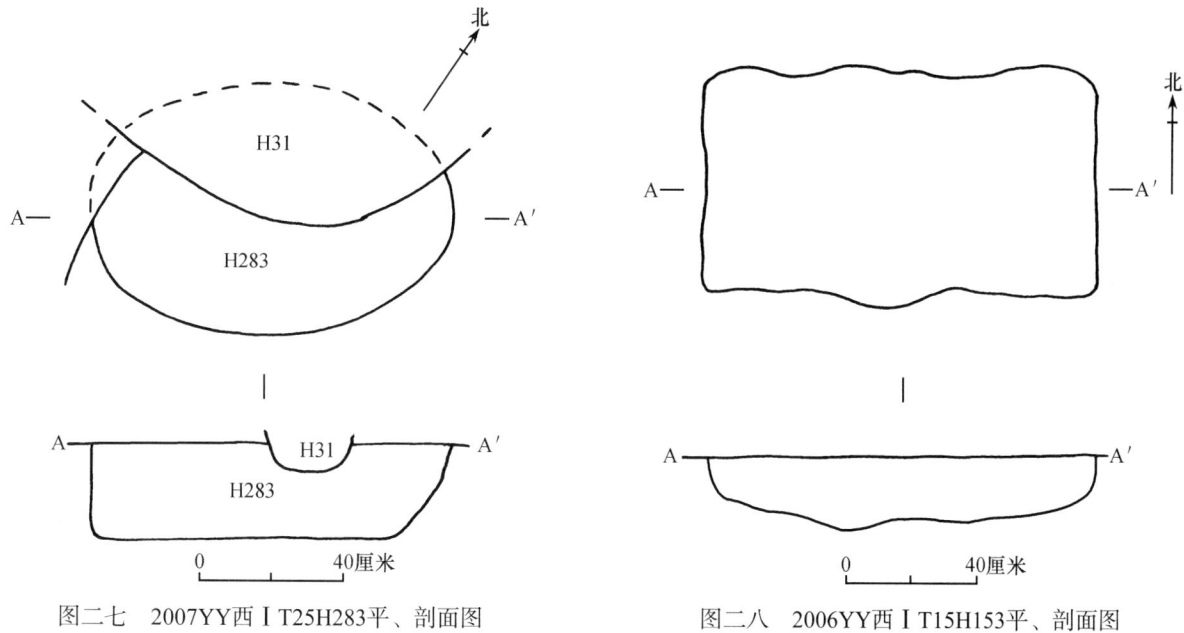

图二七　2007YY西ⅠT25H283平、剖面图

图二八　2006YY西ⅠT15H153平、剖面图

2007YY西ⅠT22H359

位于2007YY西ⅠT22东北部，方向17°。平面呈近长方形，斜壁，平底。填土黄褐色，质地疏松，含有炭粒和红烧土颗粒。开口距地表82厘米，长127厘米，宽75～103厘米，深33厘米（图二九）。

Cc型　1个。弧壁，平底。2006YY西ⅠT6H83。

2006YY西ⅠT6H83

位于2006YY西ⅠT6西部，方向105°。平面呈近长方形，东边弧壁，斜底，东高西低。填土灰黑色，土质疏松，夹炭粒、红烧土颗粒和少许料姜石。开口距地表25厘米，长125厘米，宽92厘米，深20厘米，底长110厘米，宽83厘米（图三〇）。

Cd型　1个。壁内鼓，平底。2006YY西ⅠT11H89。

2006YY西ⅠT11H89

位于2006YY西ⅠT11西壁，方向90°。平面呈近长方形，壁内鼓，底部外张，平底。填土分3层。第1层黄褐色，质地松散，含石块。第2层黄绿色，质地松软。第3层绿褐色，稍硬，湿润。开口距地表33厘米，坑口长79厘米，宽51厘米，深58厘米，底长81厘米，宽61厘米。打破H91（图三一）。

D型　2个。平面呈近方形。包括2006YY西ⅠT15H167、2006YY西ⅡT5H233。

2006YY西ⅠT15H167

位于2006YY西ⅠT15东部，方向90°。平面呈不规则方形，东边弧线，西、北两边局部内凹，直壁，平底。填土为深褐色夹杂黑斑土，质地疏松，含有少量料姜石、炭粒。开口距地表68厘米，长116厘米，宽110厘米，深34厘米。出土泥质绳纹红陶片。被G5打破（图三二）。

E型　6个。平面呈长条形。据结构不同分为四亚型。

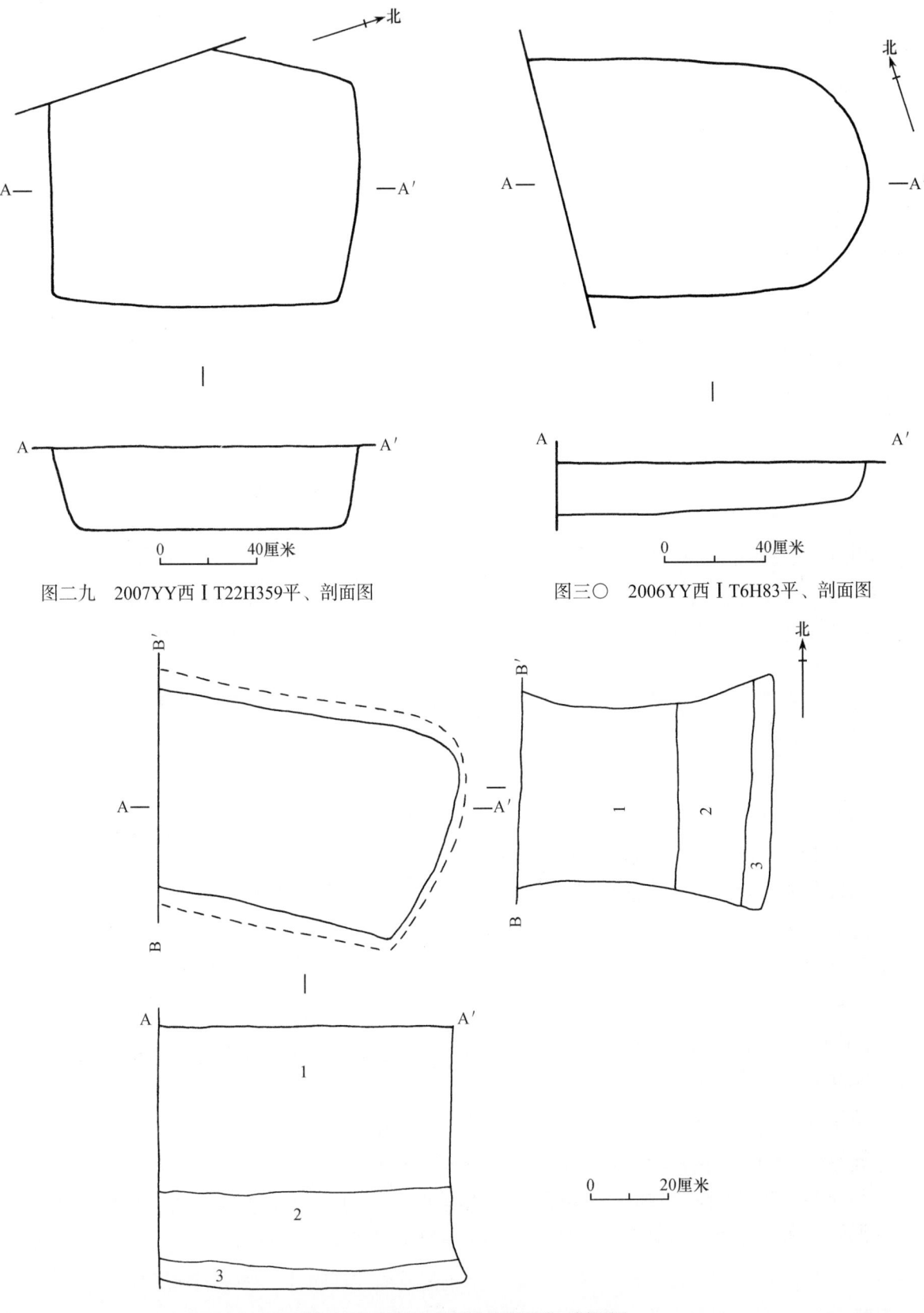

图二九　2007YY西ⅠT22H359平、剖面图

图三〇　2006YY西ⅠT6H83平、剖面图

图三一　2006YY西ⅠT11H89平、剖面图

Ea型 1个。直壁，平底。2007YY西ⅠT4H192。

2007YY西ⅠT4H192

位于2007YY西ⅠT4东部，方向10°。平面呈不规则长条形沟状，直壁，底近平，北部略高于南部。坑内填土分4层。第1层填土为褐色夹黑斑，质地疏松，含少量料姜石，分布于灰坑中部和南部。第2A层黄褐土，质地疏松，含大量料姜石，分布于灰坑南端。第2B层红色料姜石末，分布于灰坑北端。第3层黑土，质地疏松，分布于坑底。开口距地表40～58厘米，长720厘米，宽60～92厘米，深50～64厘米。出土带绳纹陶片，可辨其器形有鬲残片。打破H256、2006G1（图三三）。

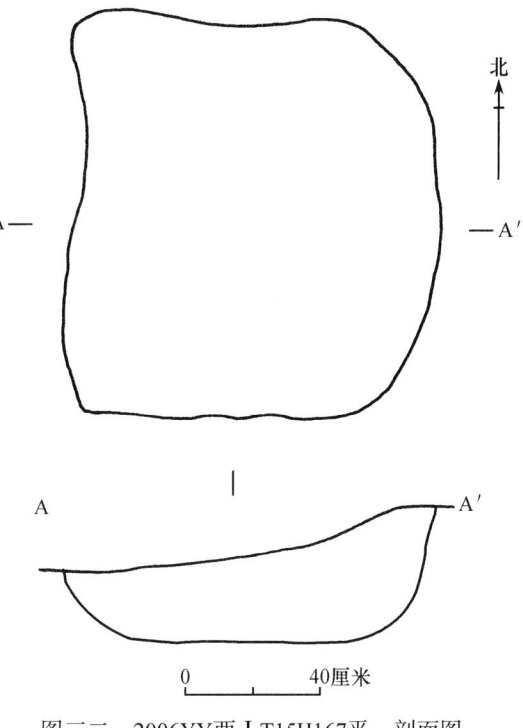

图三二 2006YY西ⅠT15H167平、剖面图

Eb型 2个。直壁，圜底。包括2006YY西ⅠT2H37、2006YY西ⅠT2H45。

2006YY西ⅠT2H45

位于2006YY西ⅠT2南部，方向103°。平面呈长条形，直壁，平底有起伏。填土黄褐色，土质疏松，夹杂较多红烧土颗粒。开口距地表25厘米，长415厘米，宽90厘米，深10厘米。出土少量砖瓦、陶片等，多饰绳纹。被H37打破（图三四）。

Ec型 2个。斜壁，平底。包括2006YY西ⅠT12H151（底不规则）、2006YY西ⅡT5H290。

2006YY西ⅡT5H290

位于2006YY西ⅡT2南部和2006YY西ⅡT5东南部，方向286°。平面呈不规则长条形，坑壁北部较斜直，南部呈弧状倾斜，底部略不平。堆积为黄褐土同筒、板瓦混合堆积，黄褐土细腻较硬，覆盖于筒、板瓦之上，其下为黄土层。开口距地表70厘米，坑口长1315厘米，宽140～186厘米，深20～90厘米，底长1275厘米，宽70～90厘米。出土带绳纹和方格纹的泥质灰陶筒、板瓦片，带附加堆纹的泥质灰陶片和红胎器物残片（图三五）。

Ed型 1个。弧壁，平底。2006YY西ⅡT5H236（不规则）。

2006YY西ⅡT5H236

位于2006YY西ⅡT5西南部，方向292°。平面呈不规则长条形，坑壁南部呈弧状，北部略斜，底较平。填土分2层。第1层黄褐土，质地较硬，厚10～18厘米。第2层筒、板瓦堆积，厚20～34厘米。开口距地表45厘米，长590厘米，宽160厘米，深38～60厘米。出土带绳纹和方格纹的泥质灰陶筒、板瓦片及素面灰陶片。被H235打破（图三六）。

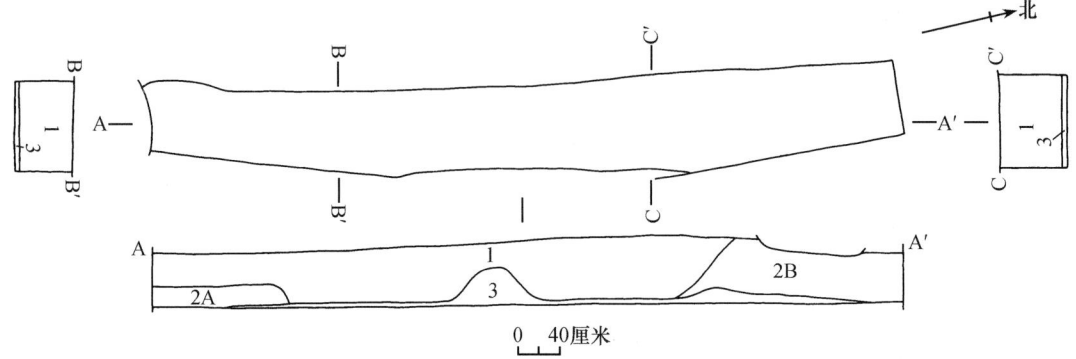

图三三　2007YY西ⅠT4H192平、剖面图

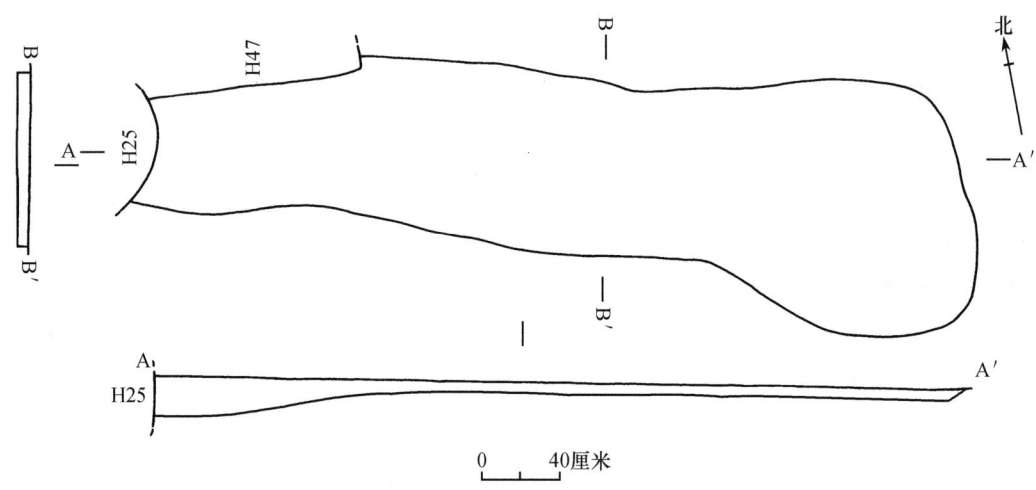

图三四　2006YY西ⅠT2H45平、剖面图

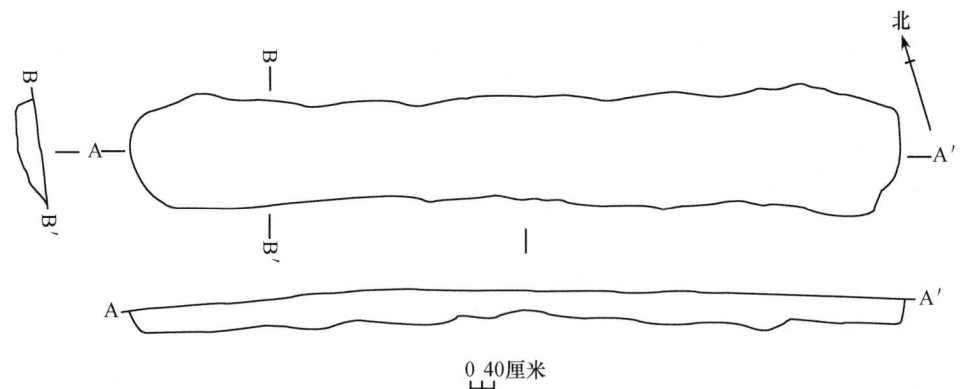

图三五　2006YY西ⅡT5H290平、剖面图

F型　1个。平面呈梯形。2006YY西ⅠT2H26。

2006YY西ⅠT2H26

位于2006YY西ⅠT2东南部，方向90°。平面略呈梯形，西壁及北壁西部呈弧形，西窄东

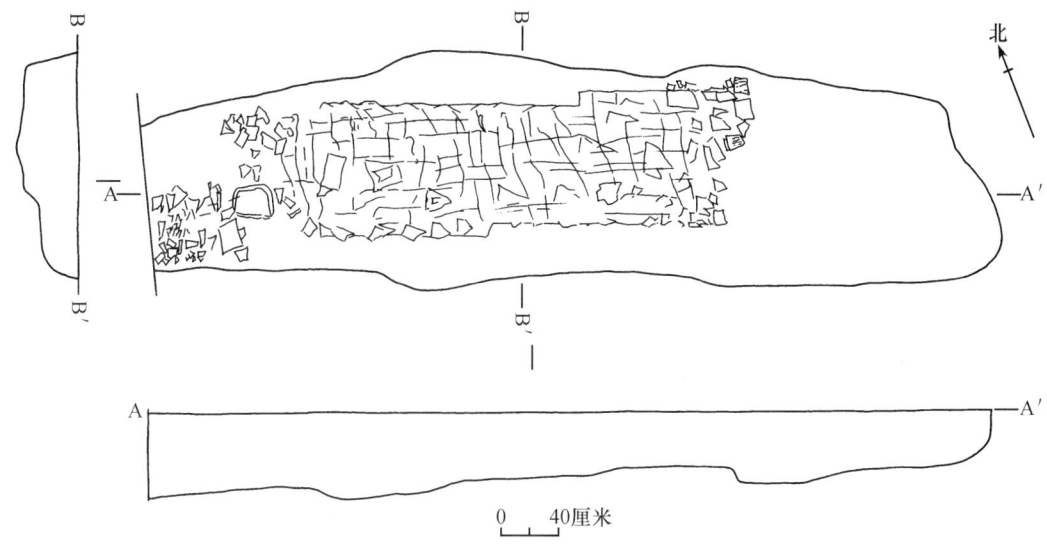

图三六　2006YY西ⅡT5H236平、剖面图

宽，直壁，平底。填土灰黄色，土质疏松，夹杂少量红烧土颗粒。开口距地表25厘米，长275厘米，宽120~160厘米，深16厘米。出土带绳纹泥质灰陶片和砖瓦片（图三七）。

G型　9个。平面形状不规则。包括2006YY西ⅠT4H201（部分）、2006YY西ⅠT8H204、2006YY西ⅠT12H203、2006YY西ⅠT16H182、2006YY西ⅠT20H156、2006YY西ⅠT26H287（底不规则）、2007YY西ⅠT4H86、2007YY西ⅠT9H348、2007YY西ⅠT22H360。

2007YY西ⅠT4H86

位于2007YY西ⅠT4中部，方向60°。平面形

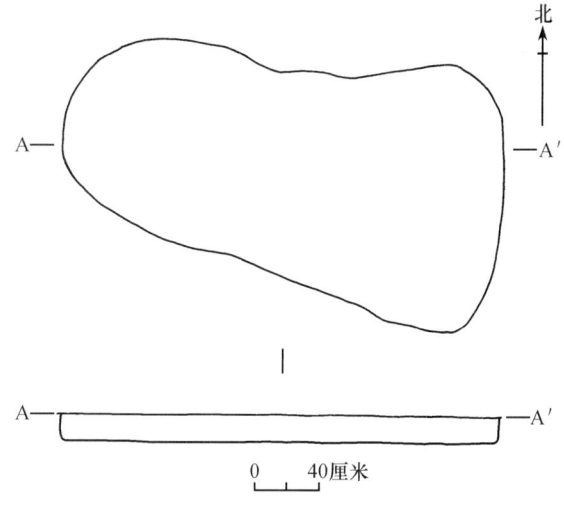

图三七　2006YY西ⅠT2H26平、剖面图

状不规则，坑壁东北呈弧状，东部斜壁，西部有台阶，台阶面呈斜坡状，坑底向北倾斜，北部近平。填土黑褐色，质地较硬密，含一些草木灰和少量红烧土颗粒。开口距地表40~56厘米，坑口长200厘米，宽176厘米，深40~60厘米，底长130厘米，宽110厘米。出土少量带绳纹灰陶片，可辨器形有陶罐残片。被H77打破（图三八）。

另有6个灰坑因发掘面积过小，或被破坏严重，平面形状及结构不明。包括2006YYⅠT4H202、2006YY西ⅠT16H199、2007YY西ⅠT7H333、2007YY西ⅠT16H287、2007YY西ⅠT25H384、2006YY西ⅠT32H299。

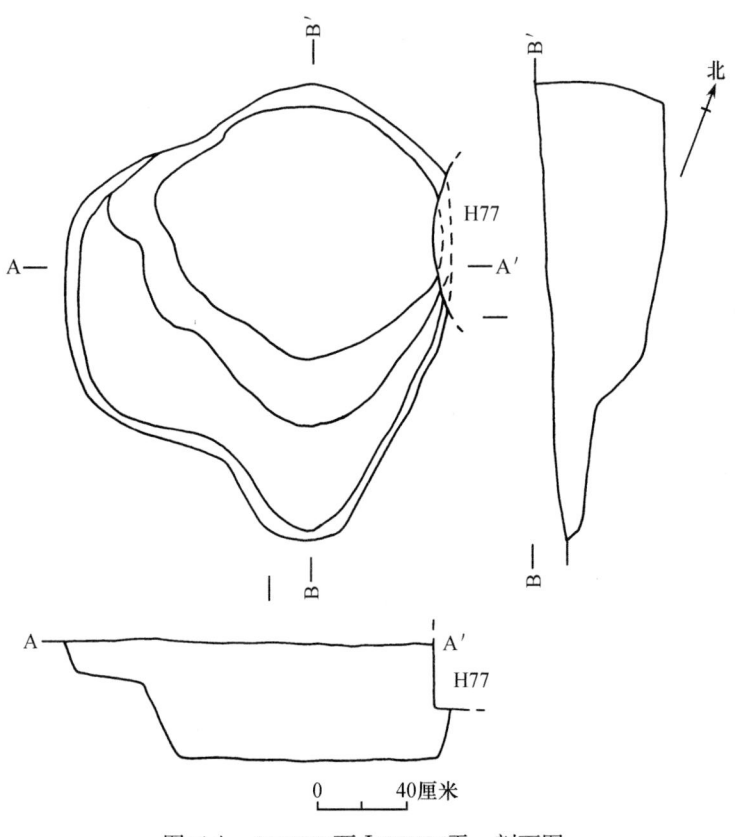

图三八　2007YY西ⅠT4H86平、剖面图

第二节　窑

1个。2006YY西ⅠT2Y1。

2006YY西ⅠT2Y1

位于2006YY西ⅠT2南部，方向285°。由操作坑、火门、火膛、窑室、烟囱组成。操作坑平面呈腰形，弧壁，圜底，底向火门倾斜，东西径约170厘米，南北径约100厘米，深约22厘米。火门略偏向右侧（北侧），直壁，顶不存。火门处发现封门，原应是以一种浅黄色泥土从外面封住火门，故封门外侧较为平整，应是经过抹修，而内侧凹凸不平。大约因为火膛和操作坑都有一定的温度，因此封门呈现内外两侧为红色但中心仍为黄色的现象。发掘时封门仅存底部一小截。火门南壁残高30厘米，北壁残高27厘米，宽约40厘米，进深25厘米。火膛位于窑门东侧，平面呈弧边梯形，东宽西窄，斜壁，平底，东西长约90厘米，南北宽40~150厘米，火膛底部低于窑室底部58厘米，低于火门底部40厘米。窑室位于火膛以东，平面近方形，东宽西窄，直壁，平底，窑室底部为窑床，东西长190厘米，南北宽170~200厘米，残存高度约40厘米。烟囱两个，位于窑室后壁（东壁）内，其中保存较好者平面呈圆角方形，东西长约25厘米，南北宽约23厘米，残存高度42厘米。其余部分残。整座窑的窑壁，内侧被烧结成青色，厚

4~16厘米；外侧被烧结成红色，厚4~30厘米。窑内堆积分2层。第1层红褐色土，夹杂大量炭灰，出土较多带绳纹瓦片。第2层为烧结土块与瓦片混合的堆积，内有较多烧土块，出土大量带绳纹瓦片。开口距地表35~40厘米，总长520厘米，最宽240厘米，最深100厘米。打破夯土（图三九；图版三，1~3；图版四，1、2）。

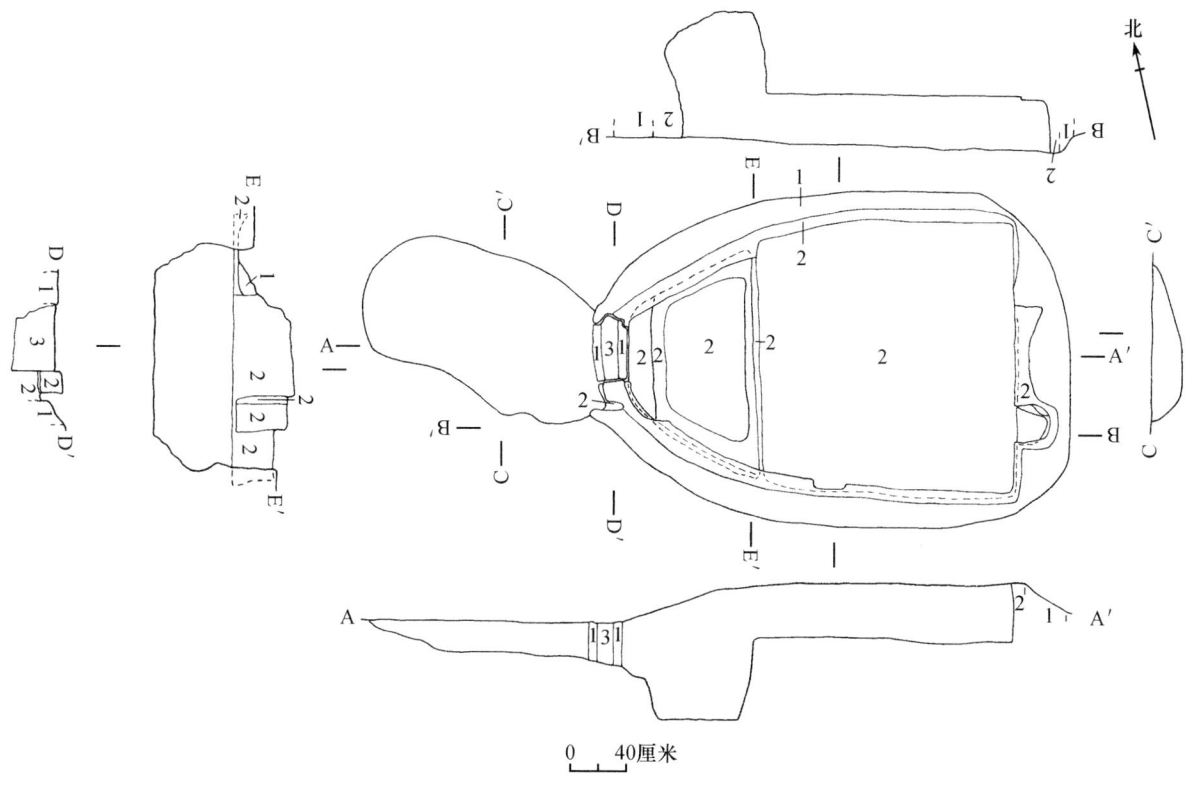

图三九　2006YY西ⅠT2Y1平、剖面图
1.红色烧土层　2.青色烧结层　3.封门墙芯（黄土）

第三节　灶

1个。2006YY西ⅠT29Z10。

2006YY西ⅠT29Z10

位于2006YY西ⅠT29西北部，方向323°。由灶膛和操作坑两部分组成，可能因为目前仅存下部的缘故，灶膛与操作坑并不相通。灶膛近圆形，直壁，平底，灶壁烧结成红色。操作坑近椭圆形，直壁，圜底。灶膛填土浅灰色，质地疏松，含有草木灰、红烧土块、骨骼等；操作坑填土黄灰色，质地疏松，含有炭粒。开口距地表47厘米，灶膛直径50厘米，深34厘米，操作坑长径79厘米，短径69厘米，深33~45厘米（图四〇）。

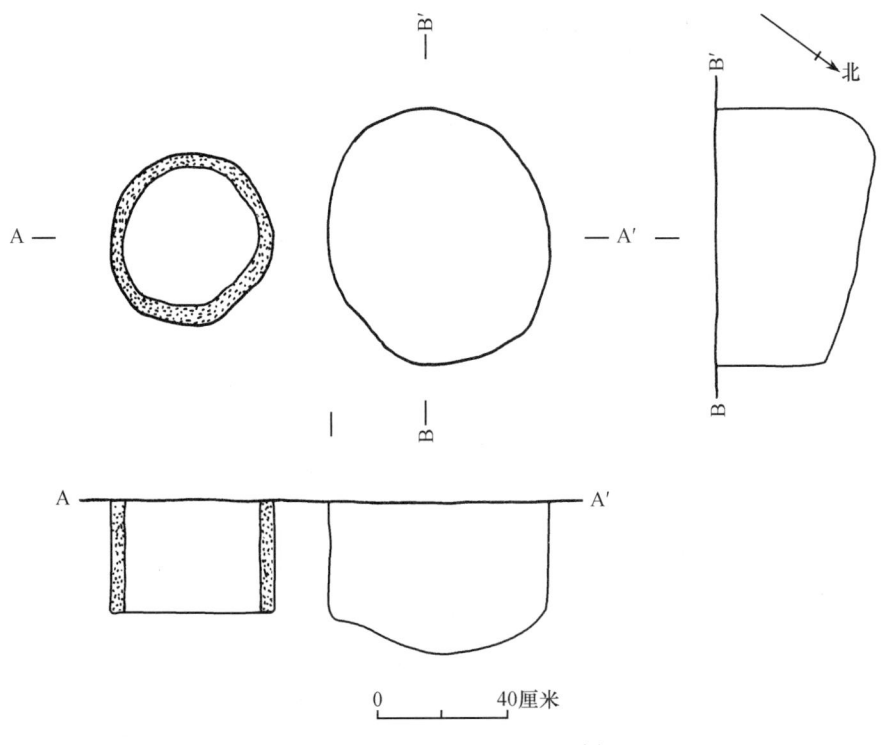

图四〇　2006YY西ⅠT29Z10平、剖面图

第四节　井

7口。因遗址地下水位较高，故多数未能清理到底。据平面形状不同分为二型。

A型　5口。平面呈长方形。包括2006YY西ⅠT8J5、2006YY西ⅠT29J10、2006YY西ⅠT29J11、2006YY西ⅠT27J13、2006YY西ⅠT21J17。

2006YY西ⅠT8J5

位于2006YY西ⅠT8东南部，方向0°。部分叠压于南壁下，探方内平面近长方形，近直壁，底不明。填土分4层。第1层黄褐色，夹杂炭粒、红烧土颗粒、料姜石等，厚85厘米。第2层灰褐色，土质疏松，夹红烧土、炭粒，厚0～24厘米。第3层黄灰色花土，夹炭粒，厚34～52厘米。第4层灰褐色，夹料姜石颗粒、炭粒、红烧土等，厚39～43厘米。开口距地表30厘米，长102厘米，宽64厘米，发掘深度186厘米。被M1打破，打破H172、G4（图四一）。

2006YY西ⅠT29J10

位于2006YY西ⅠT29南部，方向100°。平面呈弧边长方形，直壁微斜收，底不明。填土为黄褐色夹杂红褐色土团，质地松软。开口距地表130厘米，长163厘米，宽92厘米，发掘深度154厘米。被G4打破（图四二；图版一四，1）。

2006YY西ⅠT29J11

位于2006YY西ⅠT29东部，方向91°。平面呈近长方形，斜直壁内收，平底。填土为浅褐色夹杂红褐色，质地松软，含有料姜石。开口距地表127厘米，长122厘米，宽76厘米，深141

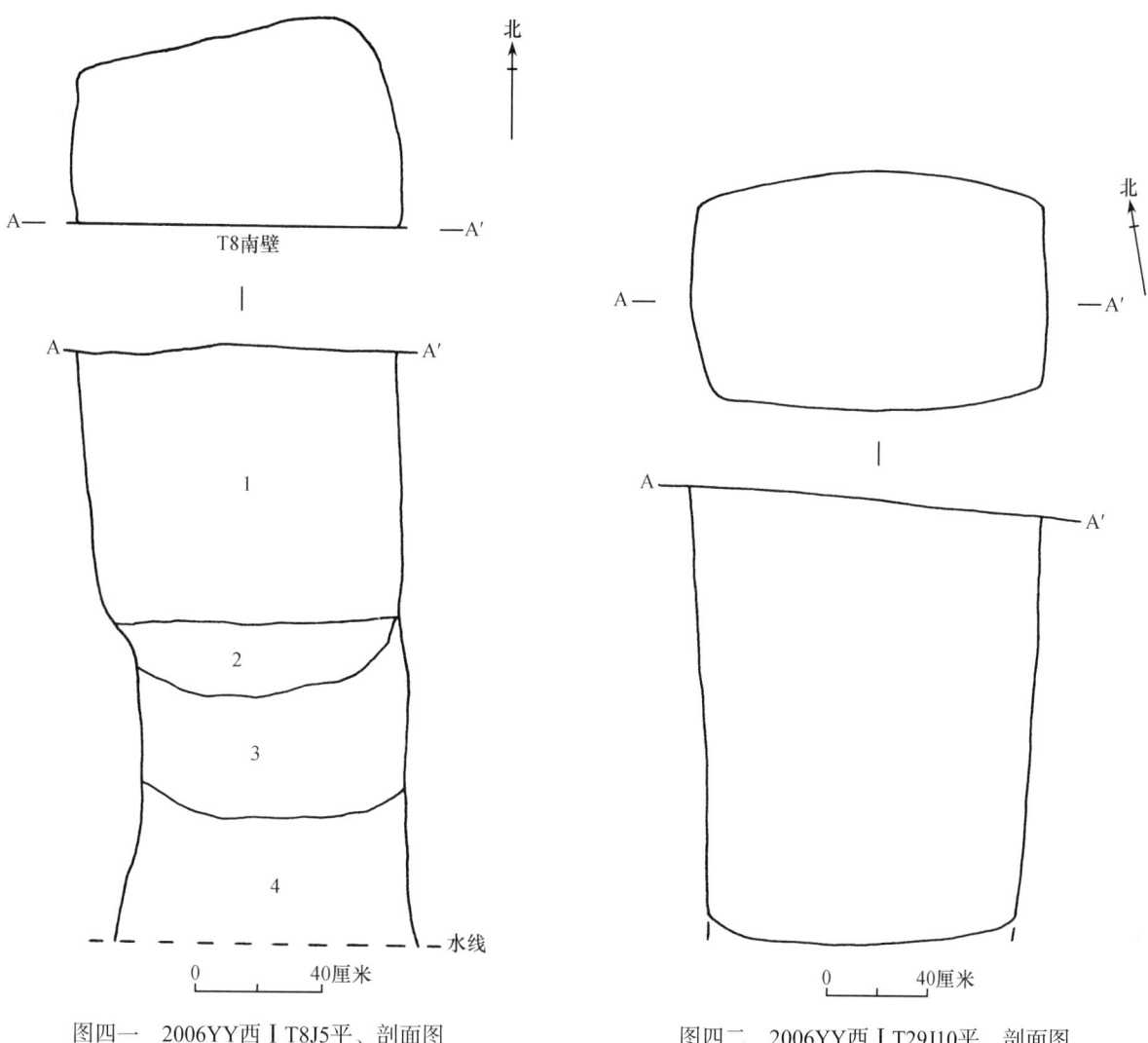

图四一　2006YY西ⅠT8J5平、剖面图　　　　图四二　2006YY西ⅠT29J10平、剖面图

厘米。出土少量陶片。被G4打破（图四三）。

2006YY西ⅠT27J13

位于2006YY西ⅠT27西南部，方向100°。分上下两部分，上部平面呈不规则椭圆形，壁斜收。下半部平面呈长方形，直壁，未发掘至底。填土分2层。第1层灰褐土，质地松散，含有料姜石，厚约50厘米。第2层浅红土，质地板结，含有白色料姜石，厚约125厘米。开口距地表54厘米，井上部长250厘米，宽135~145厘米，下部长186厘米，宽90厘米，发掘深度175厘米（图四四）。

2006YY西ⅠT21J17

位于2006YY西ⅠT21中部，方向5°。分上下两部分，上部平面形状不规则，斜弧壁，下部平面呈长方形，直壁，平底。填土分3层。第1层黄色，土质细腻，含料姜石，厚20厘米。第2层泛红色，含较多料姜石，厚20~25厘米。第3层浅褐色，较黏，含少量料姜石，厚87厘米。开口距地表80厘米，上部长205厘米，宽180厘米，深132厘米，下部长110厘米，宽85厘米（图四五）。

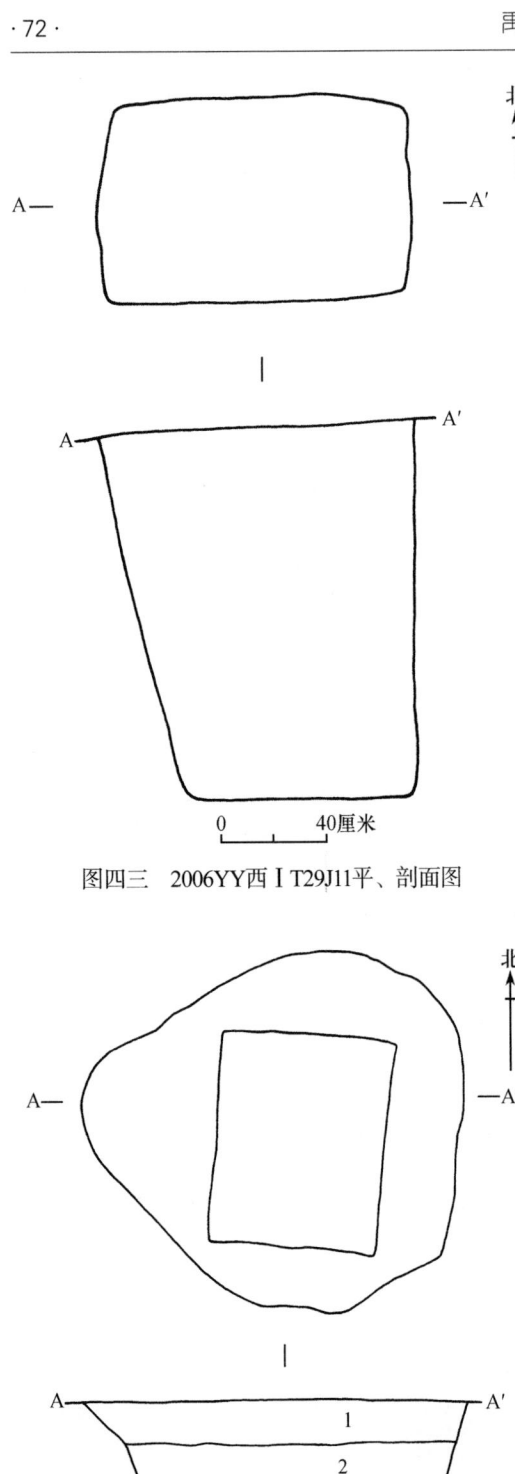

图四三　2006YY西ⅠT29J11平、剖面图

图四五　2006YY西ⅠT21J17平、剖面图

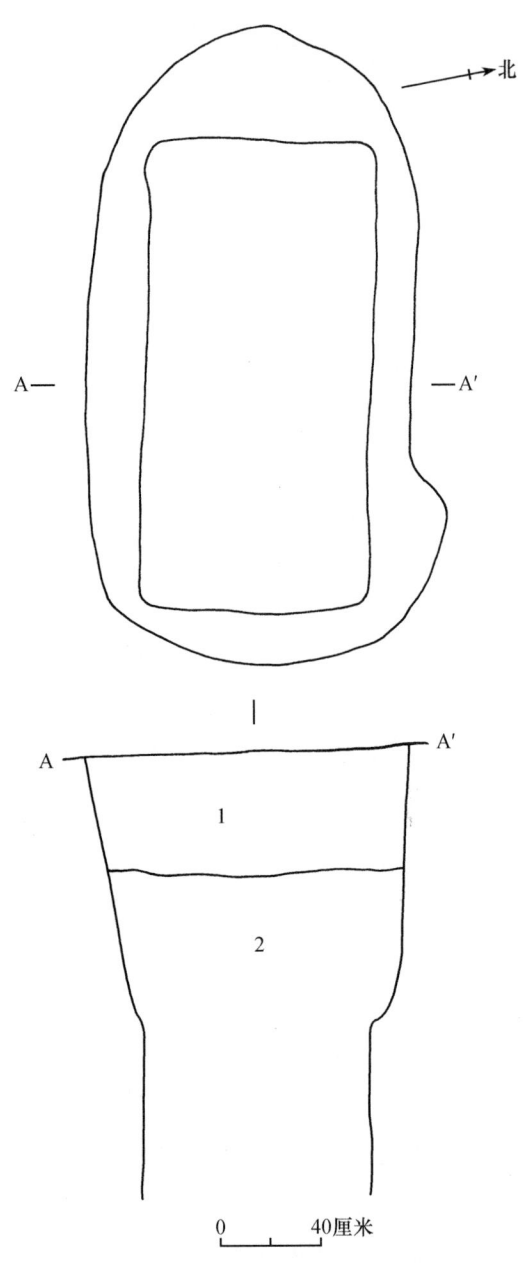

图四四　2006YY西ⅠT27J13平、剖面图
第1层为灰褐土夹料姜石，土质疏松；第2层为浅红土夹较多白色料姜石，土质板结

B型　2口。平面呈圆形。包括06YY西ⅠT16J4、2007YY西ⅠT19J6。

2006YY西ⅠT16J4

位于2006YY西ⅠT16中东部，方向0°。平面呈不规则圆形，上部坑壁斜收，至约50厘米深处，在南半部出现二层台，台宽20～26厘米；至约87厘米深处，在北半部出现二层台，台宽10～22厘米。二层台下为垂直壁，底不明。填土土色杂乱，黑色黏土夹料姜石，局部为深褐色，部分为黄褐色。开口距地表105厘米，口径140厘米，发掘深度120厘米，底径92厘米。被H178、H120打破（图版八，1）。

2007YY西ⅠT19J6

位于2007YY西ⅠT19西北部，方向90°。部分叠压于北壁下，平面应呈圆形，直壁，上部局部斜壁，底不明。填土浅灰色，较为致密，内含炭粒等。开口距地表100厘米，口长167厘米，探方内宽66厘米，发掘深度164厘米。出土有带布纹的泥质灰陶板瓦，泥质、夹砂素面灰陶片等，可辨器形有盆、豆等残片（图四六）。

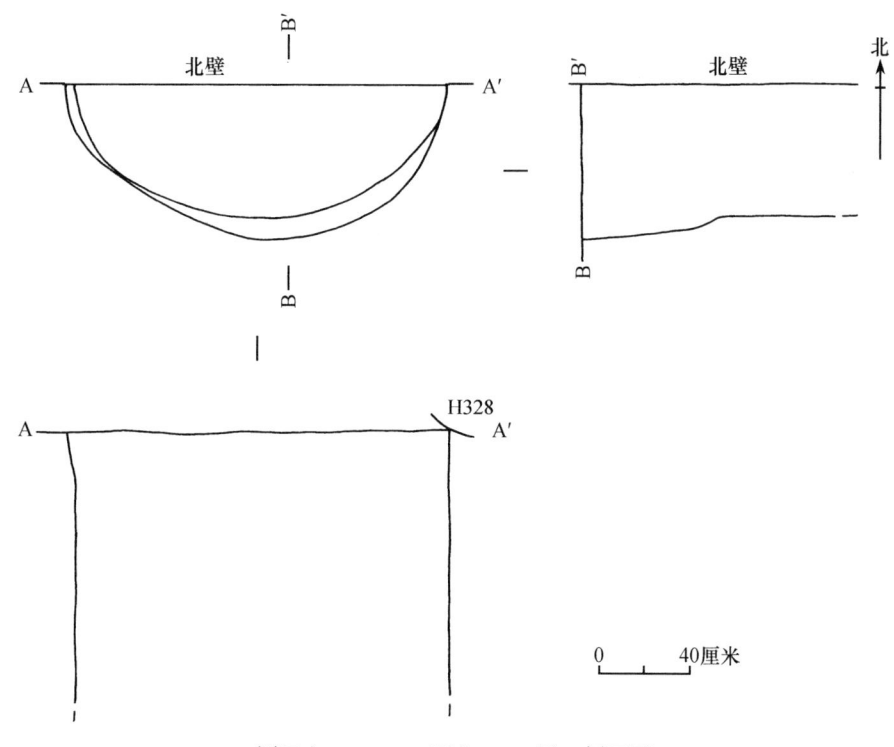

图四六　2007YY西ⅠT19J6平、剖面图

第五节　沟

7条。包括2006YYG1、2006YY西ⅠG2、2006YY西ⅠG3、2006YY西ⅠG4、2006YY西ⅠG5、2006YY西ⅡG7、2006YY西ⅡT6G8。

2006YYG1

由西向东跨越2006YY西ⅠT26、2006YY西ⅠT24、2006YY西ⅠT20，2007YY西ⅠT13、

2007YY西ⅠT10、2007YY西ⅠT7、2007YY西ⅠT4、2007YY西ⅠT2、2007YY西ⅠT1，以及2007YY东T1、2007YY东T4、2007YY东T7等共计12个探方。其中2006年西Ⅰ区发掘的G1与2007年西Ⅰ区发掘的2006G1仅隔一道隔梁，形状、结构及深度基本一致，可以确定是同一遗迹。而西Ⅰ区的2006G1，与2007年东区发掘的2006G1虽然中间隔了一条村级公路，发掘的时候并没有连贯起来，但两者在同一条直线上，形状、结构、深度相近，同时我们还沿两条沟的方向分别钻探到公路的两侧，发现沟是一直存在的，如果穿越公路，则基本上可以连成一线。因此，我们将三次发掘的各部分确定为同一遗迹，统一编号为2006G1。

2006YYG1方向在遗址西区是105°，在遗址东区为94°。平面呈长条形，东端向北拐；斜壁；平底；西深东浅，局部有起伏。沟内填土分3层。第1层红色细腻的沙土，土质疏松，纯净，仅分布于2006YY西Ⅰ发掘区一段。第2层黄褐色，夹大量料姜石，分布于整条沟内。第3层分为3A、3B两层，第3A层浅灰色，含水量大，较黏稠，夹杂少量料姜石颗粒，分布于2006YY西Ⅰ发掘区一段；第3B层黑褐色，土质疏松，含少量烧土颗粒、炭粒等，分布于2007YY西Ⅰ发掘区一段（图四七；图版二一，2、3）。

2006YYG1在2006YY西Ⅰ区一段开口距地表38～73厘米，口长3115厘米，宽150～190厘米，底宽20～50厘米，沟深145～213厘米。2006G1在2007YY西Ⅰ区一段开口距地表50～120厘米，口长4915厘米，宽120～235厘米，深140～185厘米，底宽50～70厘米。2006G1在2007YY东区一段开口距地表100～115厘米，口长2590厘米，宽130～220厘米，深80～100厘米，底长2540厘米，宽90～154厘米。

2006YY西ⅠG2

南北向跨2006YY西ⅠT21、2006YY西ⅠT22、2006YY西ⅠT23等3个探方，方向13°。平面呈长条形，直壁，平底。填土分2层。第1层褐黄色，土质较疏松，厚30～90厘米。第2层浅褐色，土质细腻纯净，厚20～40厘米。开口距地表40～70厘米，长1860厘米，宽140～210厘米，深140～146厘米。被G4、H168打破（图四八）。

2006YY西ⅠG3

东西向跨2006YY西ⅠT30、2006YY西ⅠT27、2006YY西ⅠT2、2006YY西ⅠT1、2006YY西ⅠT5、2006YY西ⅠT6、2006YY西ⅠT9、2006YY西ⅠT10、2006YY西ⅠT13、2006YY西ⅠT17等10个探方，方向100°。平面呈不规则长条形，西端北拐，中部较窄，西部较宽，东部最宽；沟边弯曲不规则；斜壁不规则；底部起伏不平。填土分4层。第1层黑灰色，土质致密，含少量炭粒、烧土等，厚15～40厘米。第2层深褐色，土质致密，含少量烧土，厚10～40厘米。第3层灰黑色，土质致密，厚25厘米。第4层黄褐色，土质致密，厚15～40厘米。开口距地表35～60厘米，长6350厘米，宽300～750厘米，深35～60厘米。被H14、H63、H98、H113、H126、H174、Z4打破（图四九；图版二，2）。

2006YY西ⅠG4

东西向跨2006YY西ⅠT32、2006YY西ⅠT29、2006YY西ⅠT4、2006YY西ⅠT8、2006YY西ⅠT12、2006YY西ⅠT15、2006YY西ⅠT16、2006YY西ⅠT19、2006YY西ⅠT20、2006YY

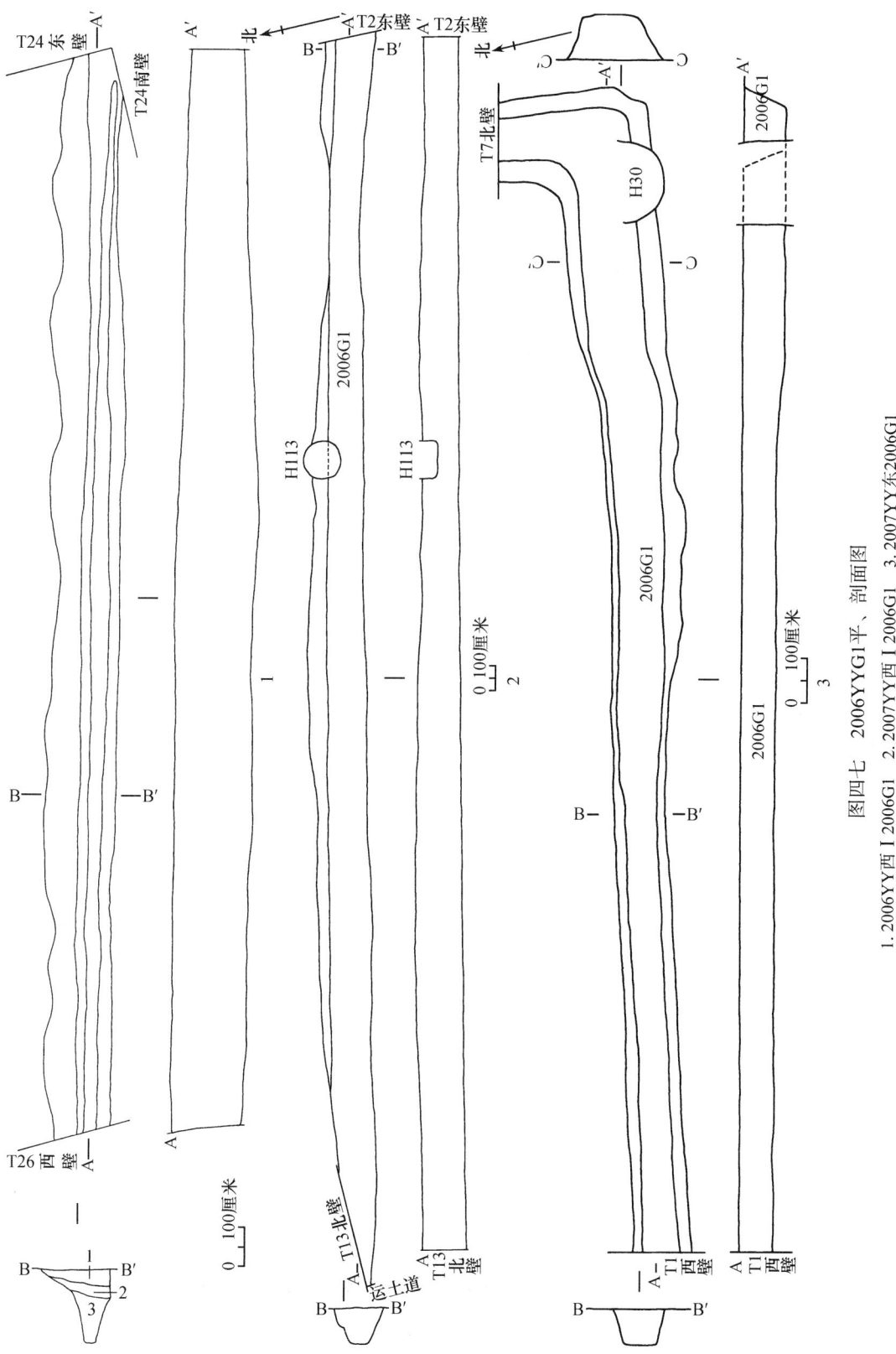

图四七 2006YYG1平、剖面图

1. 2006YY西I 2006G1　2. 2007YY西I 2006G1　3. 2007YY东2006G1

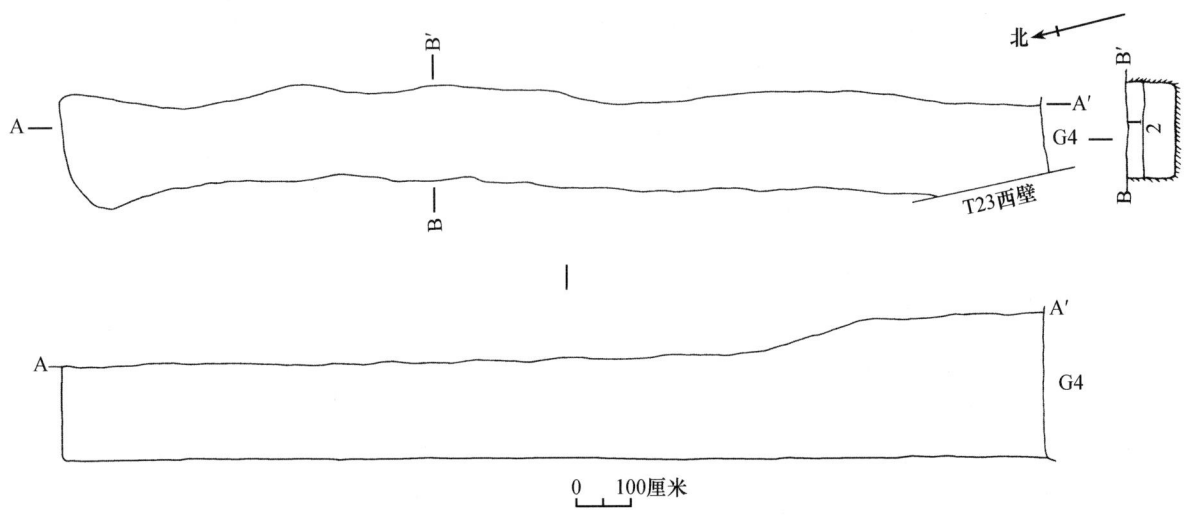

图四八　2006YY西ⅠG2平、剖面图
第1层为黄褐土，土质适中，较疏松；第2层为浅褐土，土质细腻纯净

西ⅠT23、2006YY西ⅠT24等11个探方，方向102°。平面呈长条形，东端略窄，斜直壁，近平底，东浅西深。填土分3层。第1层黄褐色，土质较黏，含炭粒、烧土、料姜石等，厚50~90厘米。第2层黄褐色，含大量料姜石块和少量红色砂石，夹黄色淤土，厚20~80厘米。第3层青灰或黄灰色，土质致密，夹少量炭粒、草木灰、红烧土颗粒等，厚50~110厘米。开口距地表25~45厘米，口长6075厘米，宽530~640厘米，深90~125厘米，底宽405~575厘米。被H54、H61、H65、H79、H106、H107、H120、H129、H157、H193、H206、H246、H248、H261、H262、H263、H274、H276、H279、J4、J5、J6、J7、L2、M1打破，打破G2、G5、H200、H203、H295、H297、H299、J10、J11、M2、M6（图五〇；图版二，3）。

2006YY西ⅠG5

位于2006YY西ⅠT14和2006YY西ⅠT15东部，方向10°。平面呈不规则长条形，两端窄，中部宽，沟边不齐整，弧壁，圜底。填土褐色，土质细腻致密，包含有烧土粒等。开口距地表30~40厘米，长1630厘米，宽30~250厘米，深50厘米。被G4、H148、H147、H90打破（图五一）。

2006YY西ⅡG7

位于2006YY西ⅡT3西北部和2006YY西ⅡT6北部，方向292°。平面呈细长条形，沟壁呈斜壁略直，底较平。填土褐色，质地较硬，含有红烧土块和草木灰。开口距地表45~50厘米，口长1370厘米，宽20~40厘米，深33~42厘米，底长1300厘米，宽15~36厘米。打破G8（图五二）。

2006YY西ⅡT6G8

位于2006YY西ⅡT6西部，方向11°。平面呈较规则的长条形，斜壁，近平底。填土灰褐土夹杂白斑土，质地松软呈沙性。开口距地表50厘米，口长875厘米，宽63~73厘米，深11~20厘米，底长870厘米，宽51~66厘米。出土少量泥质绳纹瓦片。被G7、J8打破（图五三）。

第六节 夯土基址

2处。包括2006YY西Ⅰ夯土基址、2007YY西Ⅰ夯土基址。

2006YY西Ⅰ夯土基址

分布于2006YY西ⅠT2、2006YY西ⅠT3、2006YY西ⅠT4、2006YY西ⅠT28、2006YY西ⅠT29、2006YY西ⅠT31、2006YY西ⅠT32，方向102°。堆积由垫土和夯土两部分构成。

垫土共有5层，是在生土面上铺垫而成，编为2、3、4、5、6层（夯土编为第1层）。第2层垫土灰土，细腻纯净紧密，厚0~25厘米，分布于整个遗迹的东部和南部。第3层垫土红褐土，略呈沙性，细腻纯净，厚0~14厘米，分布于遗迹的东部。第4层垫土灰黄土，紧密略板结，厚0~12厘米，分布于遗迹东部。第5层深灰土，含少量炭灰和烧土粒，较紧密，厚0~20厘米，分布于遗迹东部。第6层褐灰土，纯净较板结，厚0~20厘米，分布于遗迹东部。

整个夯土目前分为东、西两部分，西部保存较为完好，平面长方形，层表较为平整。长1920厘米，宽380~390厘米。东部仅存窄长条状，夯层也仅存一层。长420厘米，宽50~60厘米。夯土是在垫土基础上开挖基槽，然后自下而上层层夯筑而成，目前保存有4个夯层，编为第1A、第1B、第1C、第1D层。夯土总厚度30~35厘米。每层层表都有圆形夯窝，直径6~10厘米，深0.5~1.2厘米。第1A层黄灰色，厚4~8厘米。第1B层黄灰色，厚6~10厘米。第1C层黄灰色，厚6~12厘米。第1D层褐灰色，厚6~14厘米（图版一五，2）。开口距地表20~35厘米，长3020厘米，宽1420~1720厘米。被Y1打破（图五四；图版一五，1；图版一七，1）。

2007YY西Ⅰ夯土基址

分布于2007YY西ⅠT2东南部和2007YY西ⅠT3东部，方向12°。部分叠压于T2、T3东壁及T3南壁下。平面呈长方形，目前的保存状况边缘较薄，中间较厚，层表呈北高南低的缓坡状。因上部破坏严重，未发现其他与建筑相关的遗迹。其构筑方式，从北部残存情况看，是在纯黄生土上挖槽至料姜石生土层表后，再用平夯层层起筑而成。目前的夯层保存有5层。第1层褐黄色，板结，厚约5厘米。第2层褐黄色，以料姜石为主，厚约6厘米。第3层褐黄色，夹杂较多料姜石，板结，厚约8厘米。第4层褐黄色，夹杂较多料姜石，板结，厚5~12厘米。第5层褐黄色，包含较多料姜石，板结，厚5~10厘米。开口距地表70~92厘米，南北长1410厘米，宽480厘米，厚10~35厘米。被H255打破（图五五；图版二五，1、3）。

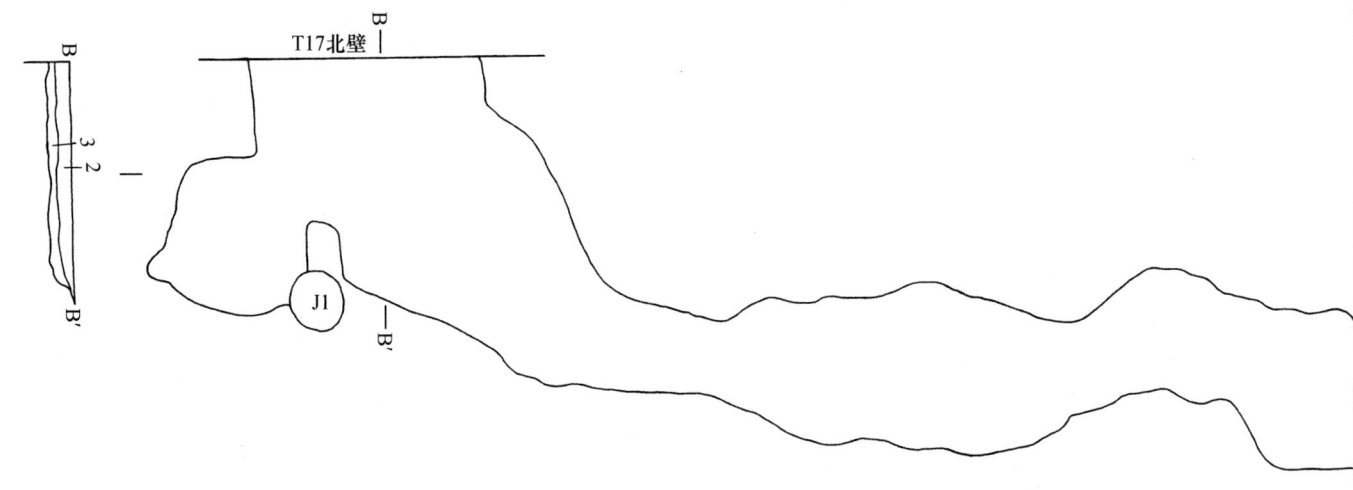

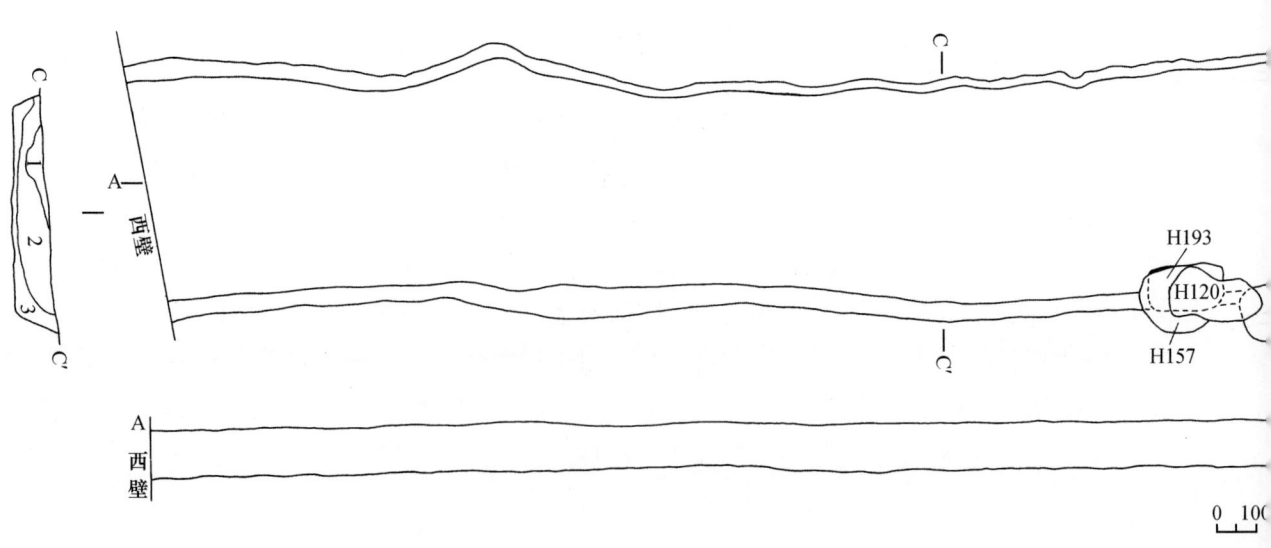

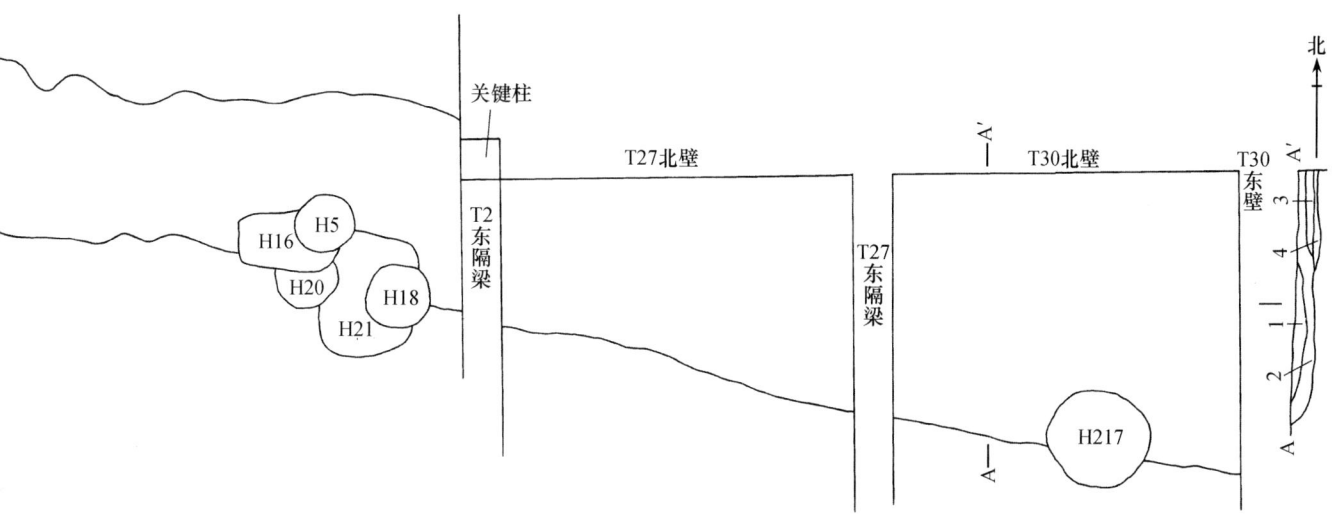

二、剖面图

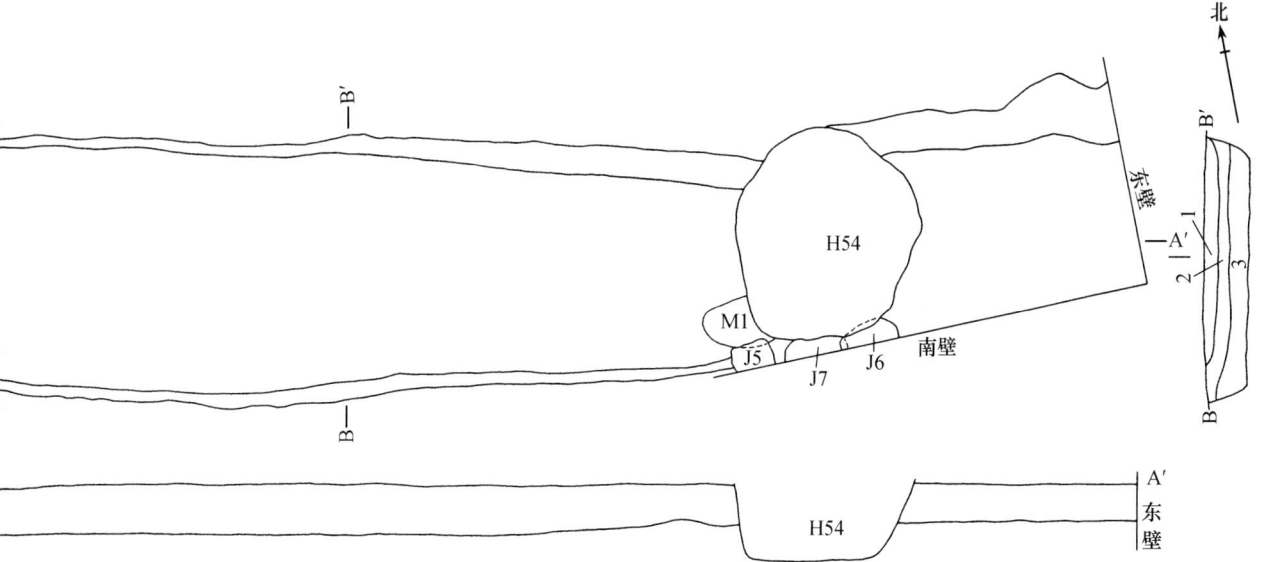

三、剖面图

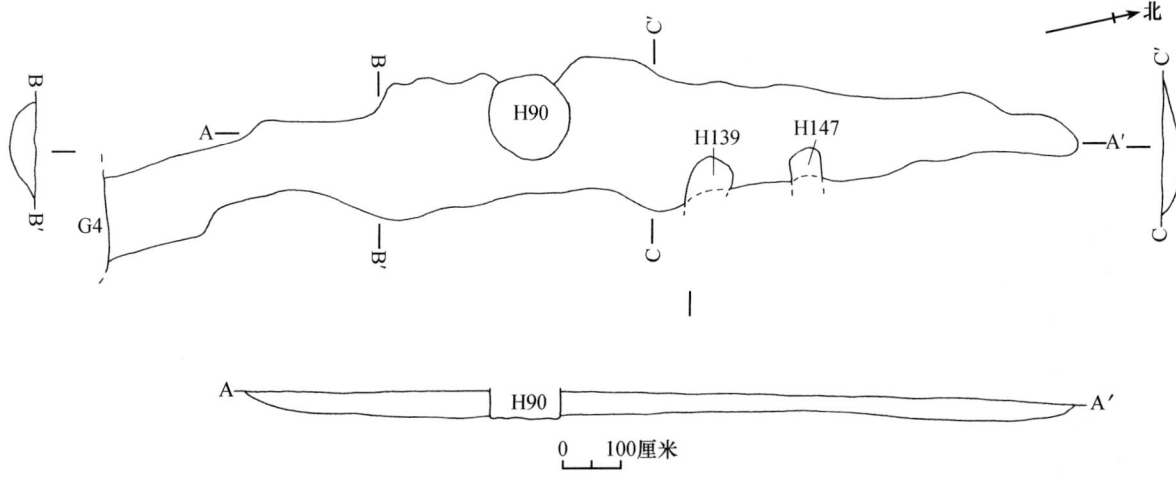

图五一　2006YY西ⅠG5平、剖面图

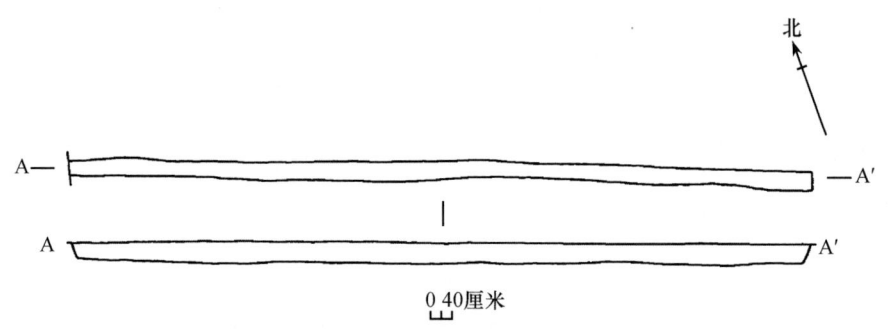

图五二　2006YY西ⅡG7平、剖面图

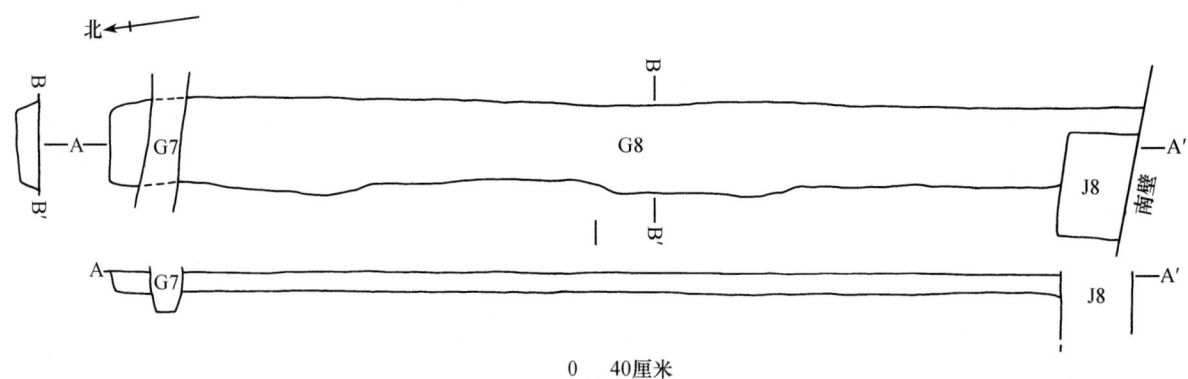

图五三　2006YY西ⅡT6G8平、剖面图

第七节 墓　　葬

21座（图版一〇，1）。包括2006YY西ⅠT16M2、2006YY西ⅠT24M3、2006YY西ⅠT24M4、2006YY西ⅠT24M5、2006YY西ⅠT24M6、2006YY西ⅠT24M7、2006YY西ⅠT24M8、2006YY西ⅠT24M9、2006YY西ⅠT24M10、2006YY西ⅠT24M11、2006YY西ⅠT26M13、2006YY西ⅠT26M15、2006YY西ⅠT24M16、2006YY西ⅠT24M17、2006YY西ⅠT24M18、2006YY西ⅠT26M19、2006YY西ⅠT26M20、2006YY西ⅠT26M21、2006YY西ⅠT24M22、2006YY西ⅠT25M23、2006YY西ⅠT25M24。

2006YY西ⅠT16M2

位于2006YY西ⅠT16中部，开口于第3层下距地表120厘米，方向195°。墓葬形制为土坑竖穴墓，南端被H193破坏不存。平面应为近长方形，墓口残长76～108厘米，宽40～52厘米，墓口距墓底深5厘米。直壁，平底。填土黄褐色，质地较密。葬具不详。据残留骨架可知头向南，面向、葬式不详。无随葬品。被G4打破（图五六）。

2006YY西ⅠT24M3

位于2006YY西ⅠT24东北部，开口于第2层下，距地表50厘米，方向287°。墓葬形制为土坑竖穴墓，平面呈长方形，墓口长240厘米，宽72厘米，墓口距墓底深96厘米。直壁，平底。填土分3层。第1层灰土。第2层红沙土。第3层白膏泥。葬具为木质单棺，平面为长方形，棺距墓口深68厘米，长220厘米，宽50厘米，残高10～20厘米，厚3～5厘米。骨架一具，保存完整，头向西，面向南，双手置于腹部，仰身直肢。随葬品置于墓主口部、左臀、右手掌和脚掌处，各为贝1枚（图五七；图版一〇，2）。

2006YY西ⅠT24M4

位于2006YY西ⅠT24东北部，开口于第2层下，距地表50厘米，方向18°。墓葬形制为土坑竖穴墓，平面呈长方形，墓口长205厘米，宽85厘米，墓口距墓底深98厘米。直壁，平底。填土分3层。第1层灰土。第2层红沙土。第3层白膏泥。葬具为木质单棺，平面为长方形，棺距墓口深68厘米，长195厘米，宽60～70厘米，残高20～30厘米，厚5厘米。骨架一具，保存完整，头向北，面向东，左手置于腹部，右手平放，仰身直肢。随葬品置于墓主下颌部和口部，分别为贝14枚和10枚（图五八；图版一一，1、2）。

2006YY西ⅠT24M5

位于2006YY西ⅠT24北部，开口于第2层下，距地表46厘米，方向20°。墓葬形制为土坑竖穴墓，平面呈长方形，墓口长225厘米，宽88厘米，墓口距墓底深90厘米。直壁，平底。填土分3层。第1层灰土。第2层红沙土。第3层白膏泥。葬具为木质单棺，已朽，平面为长方形，棺痕距墓口深70厘米，长190厘米，宽51厘米，残高10～20厘米，厚3厘米。骨架一具，保存完整，头向北，面向西，左手置于腹部，右手平放，仰身直肢。随葬品置于墓主口部，为贝11枚（图五九）。

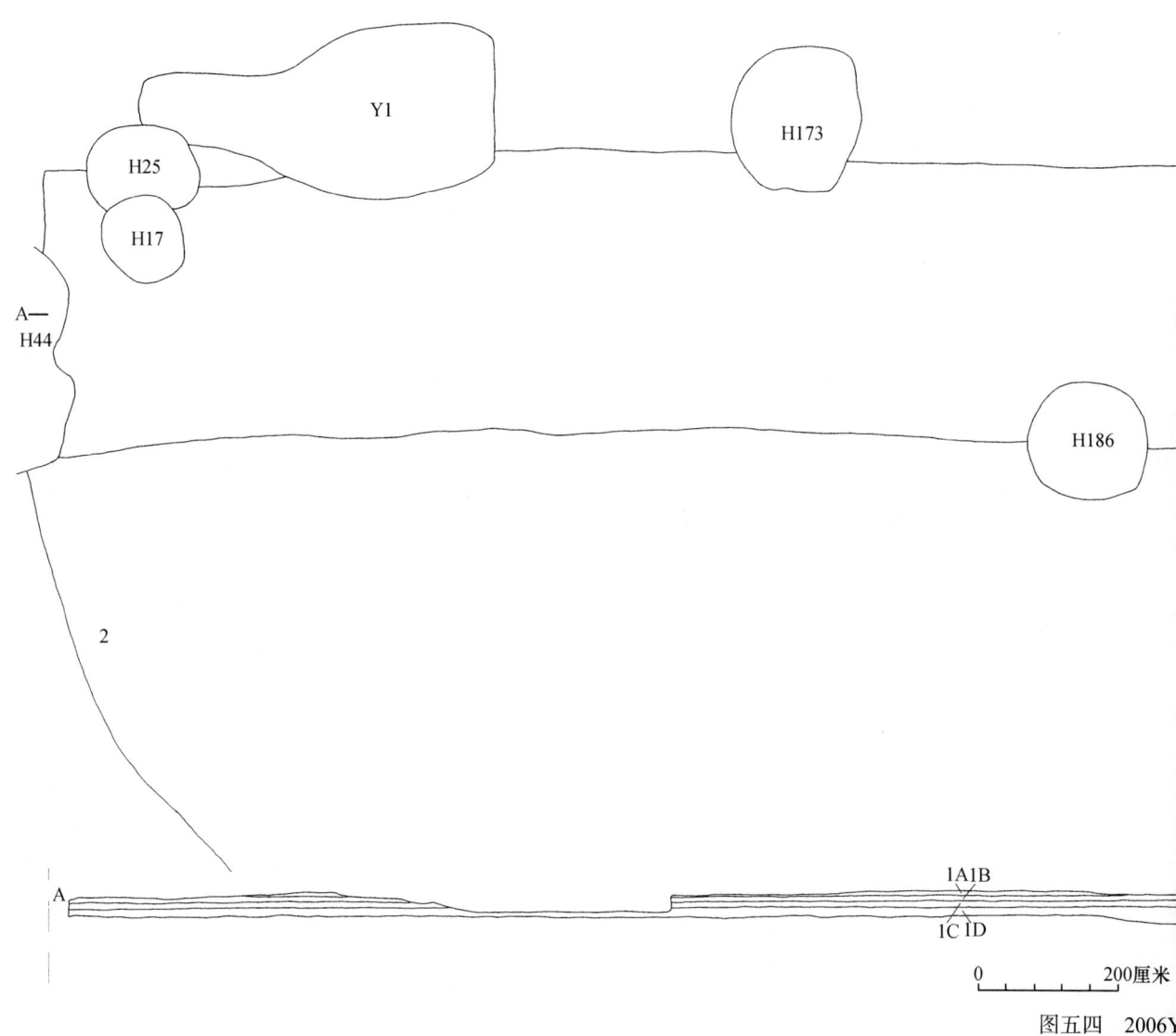

图五四 2006Y第1层为夯

上编 第一章 遗 迹

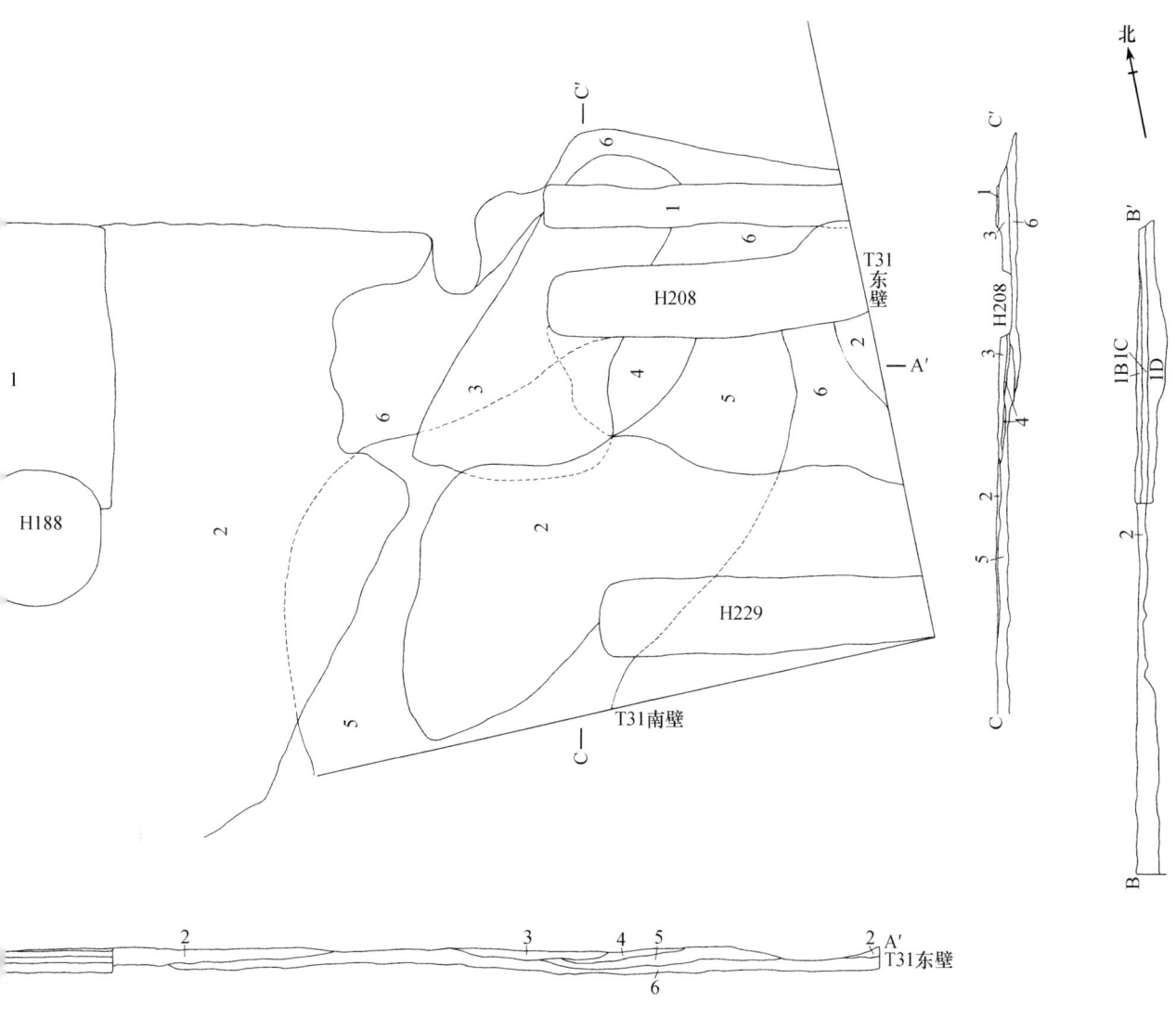

址平、剖面图
为垫土

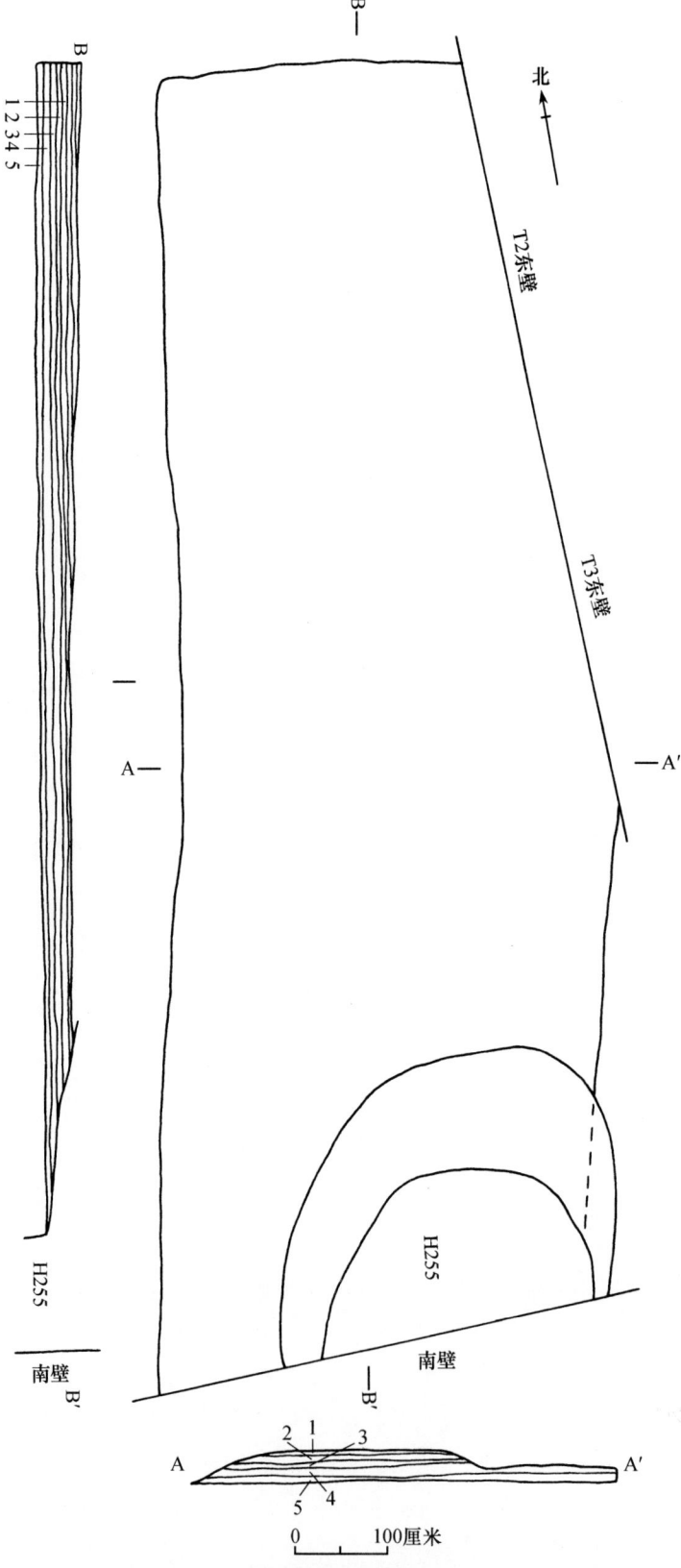

图五五　2007YY西Ⅰ夯土基址平、剖面图

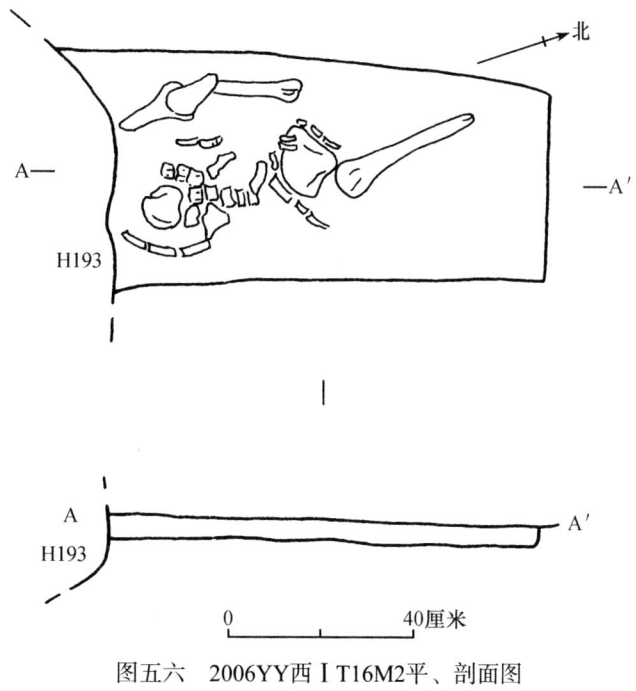

图五六　2006YY西ⅠT16M2平、剖面图

2006YY西ⅠT24M6

位于2006YY西ⅠT24西北部，开口于第2层下，打破M7，距地表50厘米，方向7°。墓葬形制为土坑竖穴墓，北端被G4破坏不存。平面呈长方形，墓口残长220厘米，宽80~96厘米，墓口距墓底深96厘米。直壁，平底。填土分3层。第1层灰土。第2层红沙土。第3层白膏泥。葬具为木质单棺，已朽，平面为长方形，棺痕距墓口深80厘米，残长200厘米，宽46~60厘米，残高30厘米，厚2厘米。骨架一具，保存完整，头向北，因下颌脱落故面向北，双手置于腹部，仰身直肢。随葬品置于墓主口部、颈部，分别为贝14枚和12枚。被G4打破，打破M7（图六〇；图版一二，3）。

2006YY西ⅠT24M7

位于2006YY西ⅠT24西北部，开口于第2层下，距地表50厘米，方向280°。墓葬形制为土坑竖穴墓，东端被M6破坏不存。平面呈长方形，墓口残长220厘米，宽66厘米，墓口距墓底深96厘米。直壁，平底。填土分3层。第1层灰土。第2层红沙土。第3层白膏泥。葬具为木质单棺，已朽，平面为长方形，棺距墓口深70~78厘米，长205厘米，宽52厘米，残高20厘米，厚4厘米。骨架一具，保存完整，头向西，面向上，双手置于腹部，仰身直肢。随葬品置于墓主口部、手部，分别为贝6枚和1枚。被M6打破（图六一；图版一二，3）。

2006YY西ⅠT24M8

位于2006YY西ⅠT24西部，开口于第2层下，距地表48厘米，方向190°。墓葬形制为土坑竖穴墓，平面呈长方形，墓口长235厘米，宽66~80厘米，墓口距墓底深95厘米。直壁，平底。填土分3层。第1层灰土。第2层红沙土。第3层白膏泥。葬具为木质单棺，已朽，平面为长

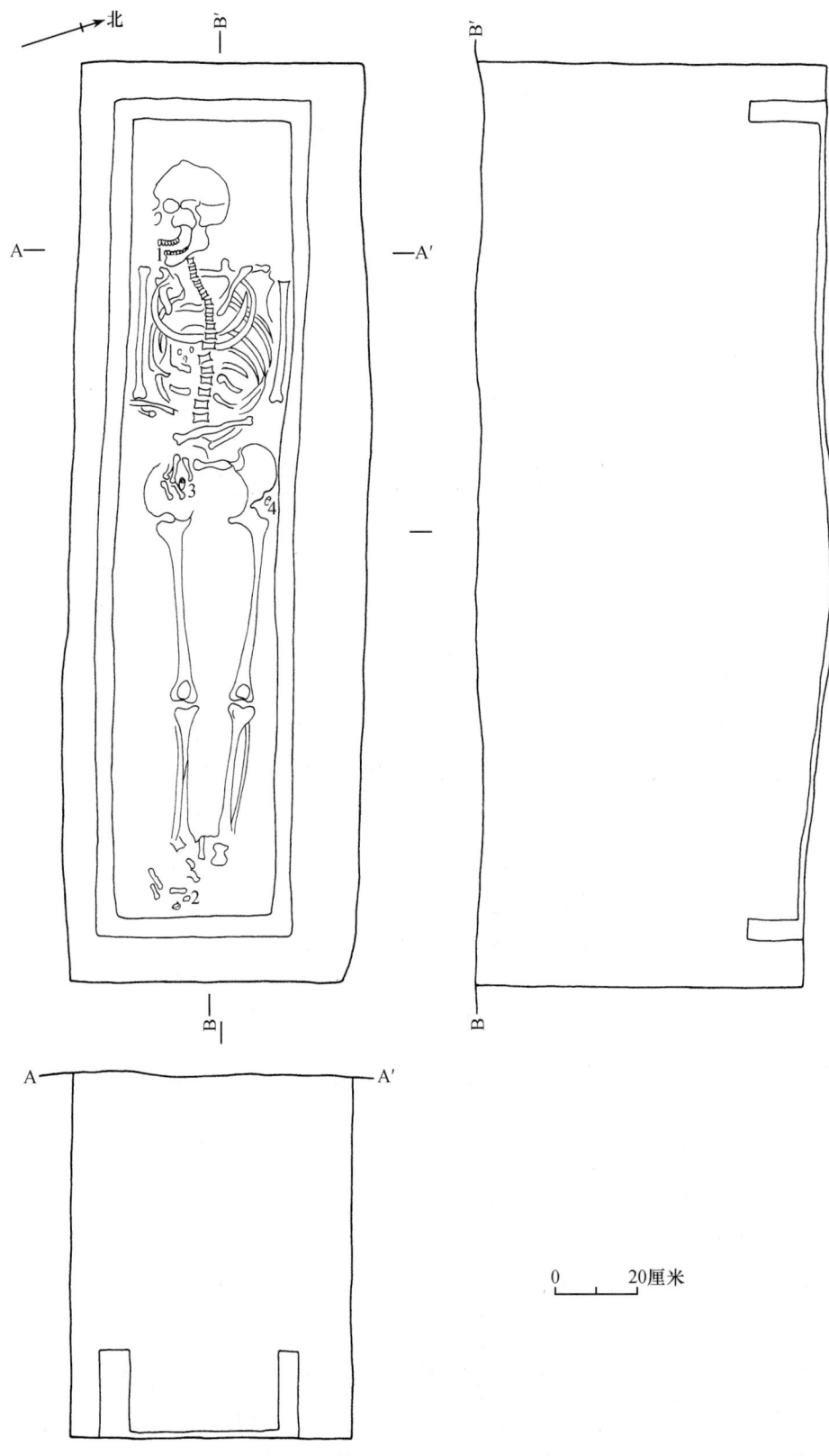

图五七 2006YY西ⅠT24M3平、剖面图

1～4.贝

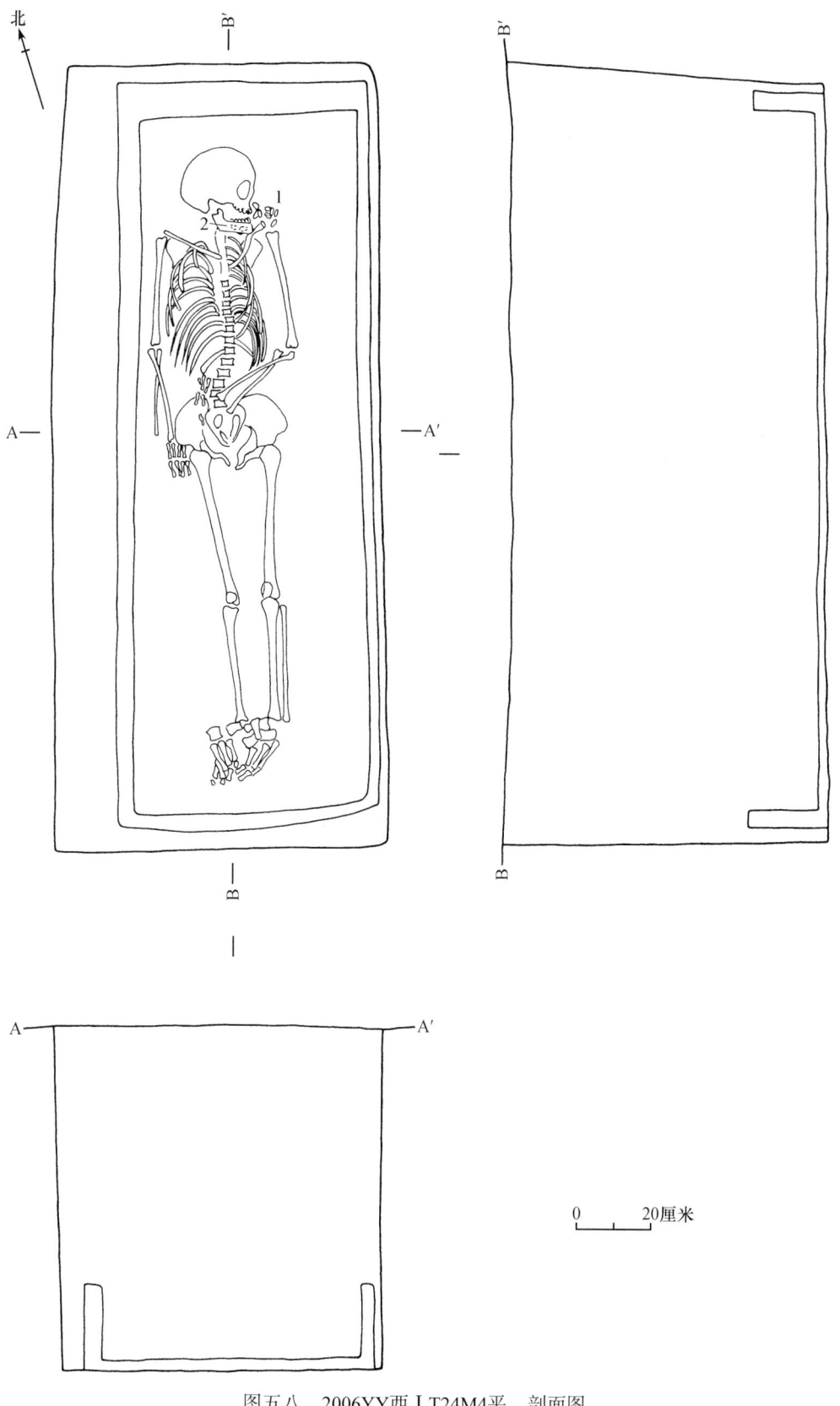

图五八　2006YY西ⅠT24M4平、剖面图

1. 贝10枚　2. 贝14枚

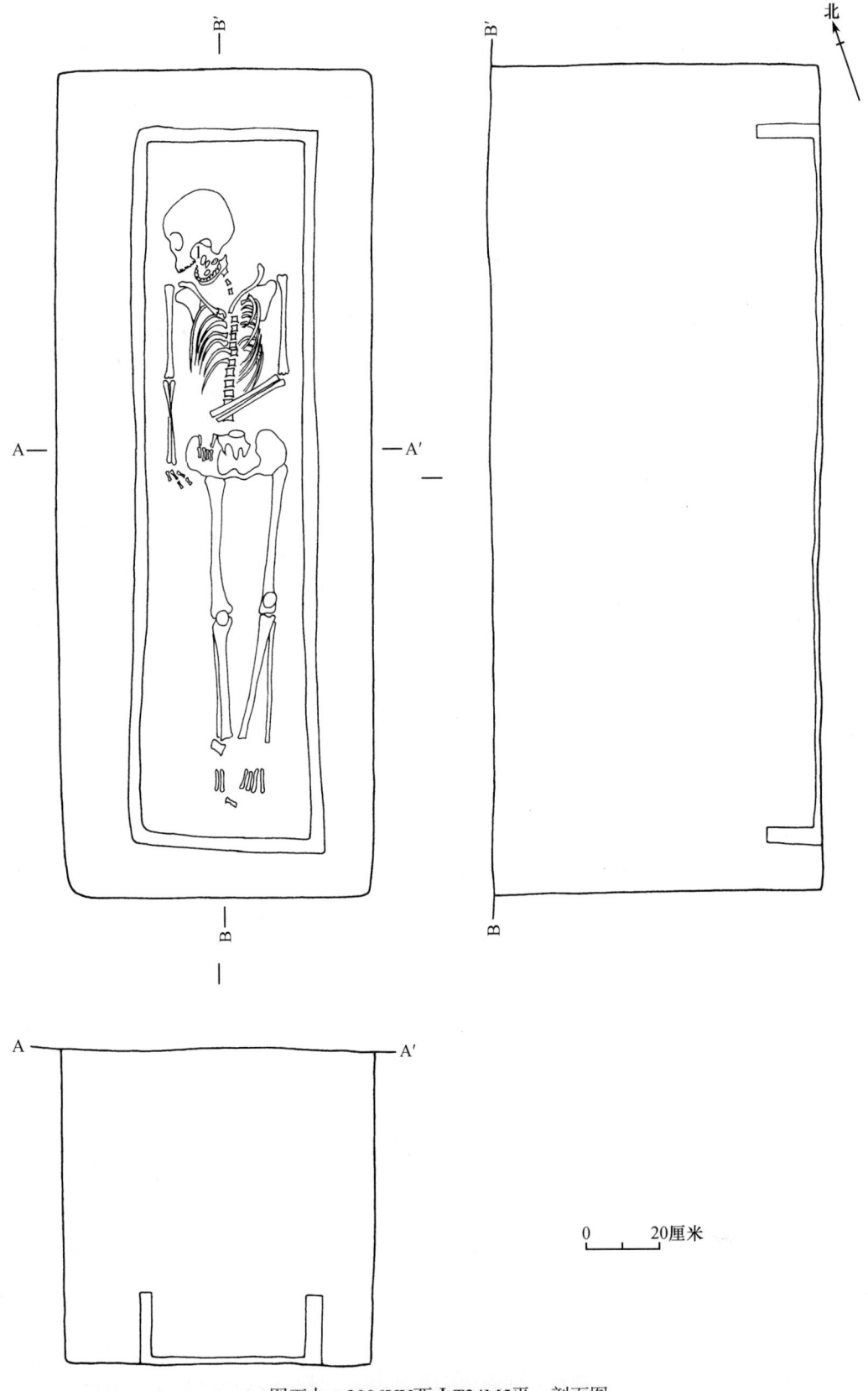

图五九　2006YY西ⅠT24M5平、剖面图

1. 贝11枚

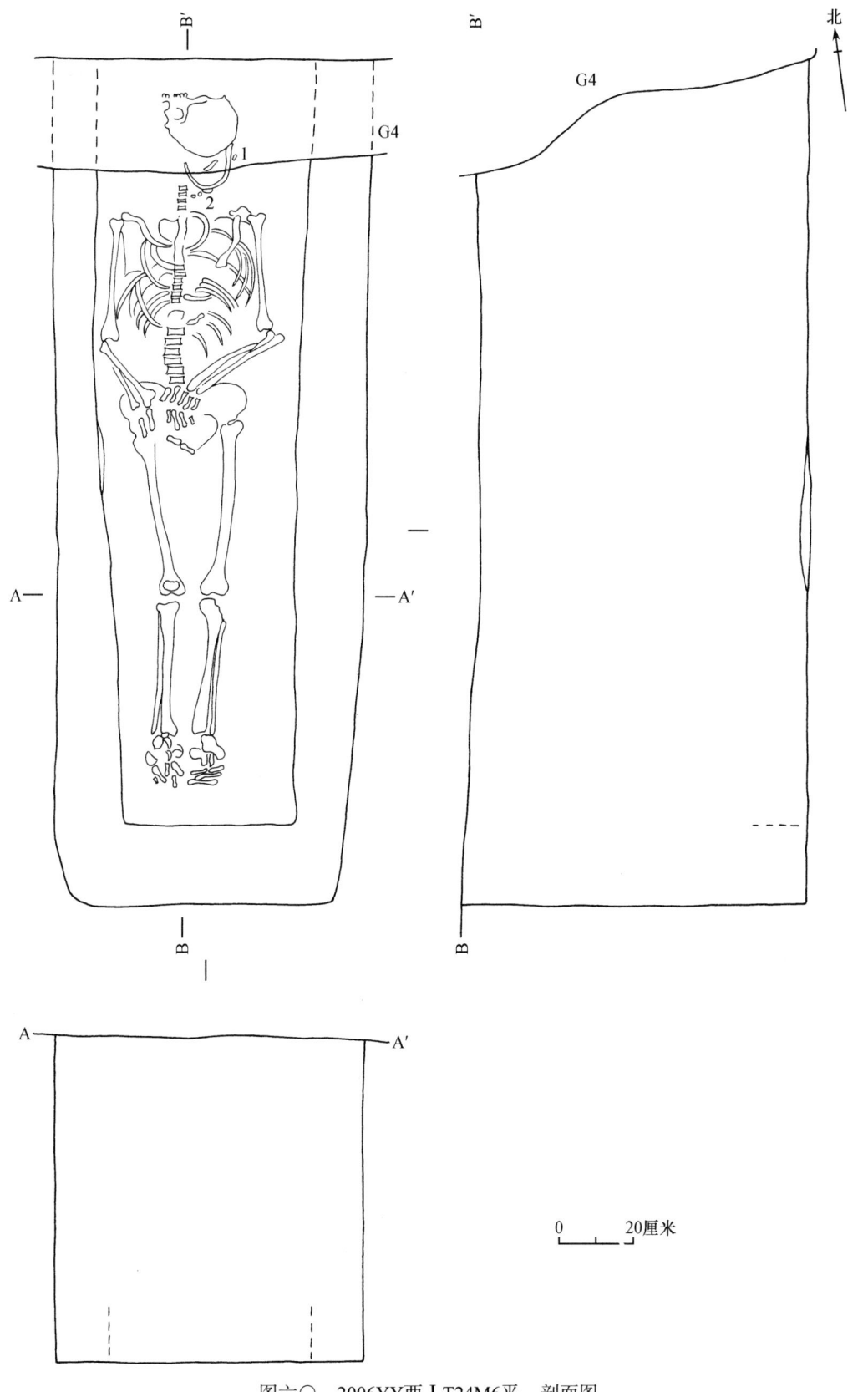

图六〇 2006YY西ⅠT24M6平、剖面图
1. 贝14枚 2. 贝12枚

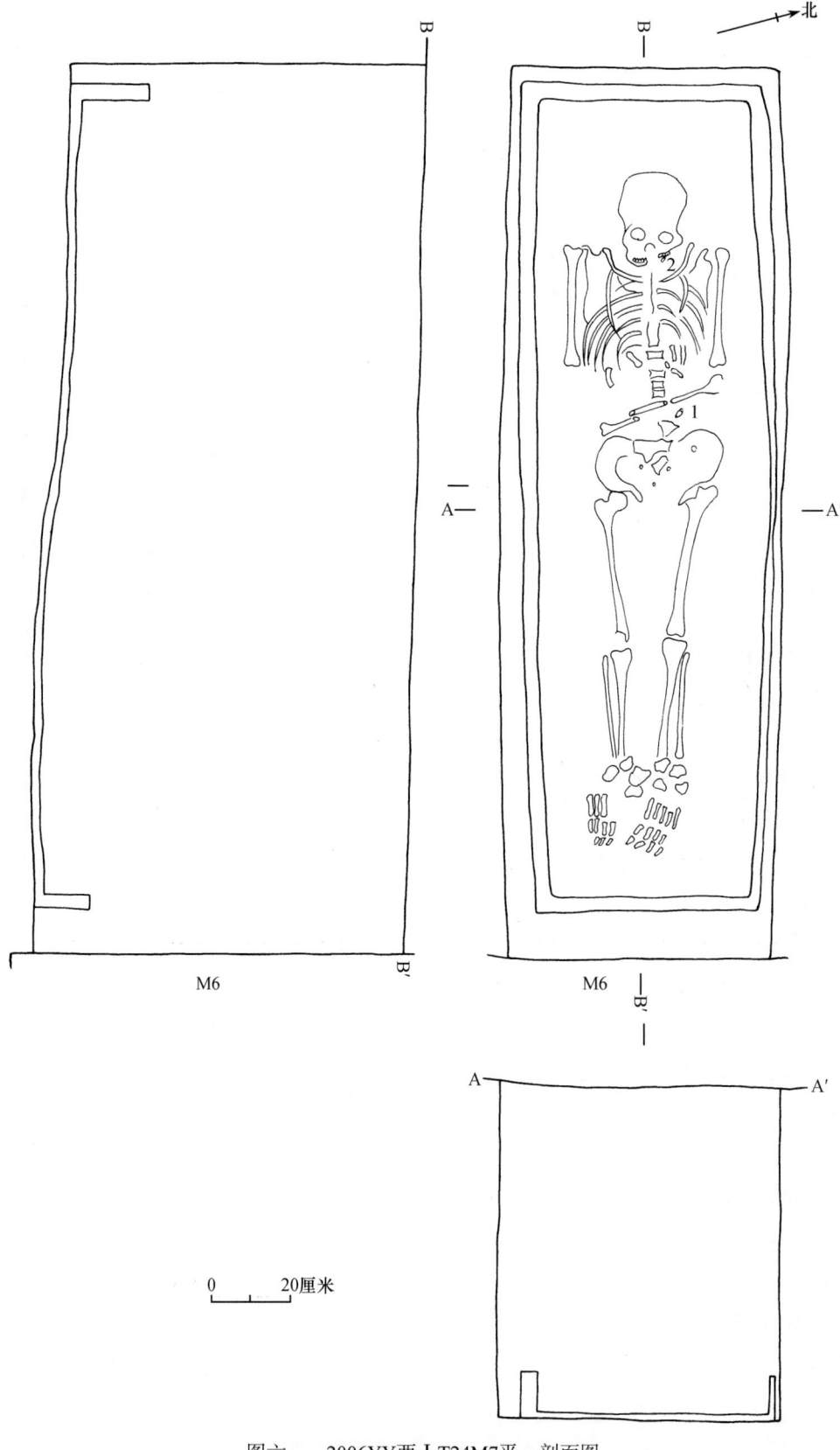

图六一　2006YY西ⅠT24M7平、剖面图

1. 贝1枚　2. 贝6枚

方形，棺距墓口深76厘米，长195厘米，宽45厘米，残高10厘米，厚3厘米。骨架一具，保存完整，头向南，面向西，双手置于胸前，仰身直肢。无随葬品（图六二）。

2006YY西ⅠT24M9

位于2006YY西ⅠT24西北部，开口于第2层下，距地表50厘米，方向187°。墓葬形制为土坑竖穴墓，平面呈长方形，墓口长220厘米，宽66厘米，墓口距墓底深90厘米。直壁，平底。填土分3层。第1层灰土。第2层红沙土。第3层白膏泥。葬具为木质单棺，已朽，平面为长方形，棺距墓口深64~80厘米，长212厘米，宽48~56厘米，残高10厘米，厚5厘米。骨架一具，保存完整，头向南，面向东，双手交叉置于胸前，仰身直肢。墓主后颈部、手部、脚部各出贝11枚、1枚、1枚（图六三）。

2006YY西ⅠT24M10

位于2006YY西ⅠT24西北部，东南部被M19破坏不存，开口于第2层下，距地表48厘米，方向13°。墓葬形制为土坑竖穴墓，平面呈长方形，墓口长210厘米，宽80厘米，墓口距墓底深90厘米。直壁，平底。填土为灰土，土质较松。葬具、葬式不详。无随葬品（图六四）。

2006YY西ⅠT24M11

位于2006YY西ⅠT24南部，开口于第2层下，距地表50厘米，方向17°。墓葬形制为土坑竖穴墓，平面呈长方形，墓口长228厘米，宽96厘米，墓口距墓底深111厘米。直壁，平底，底部有棺木下陷形成的长方形凹槽，北浅南深。凹槽长190厘米，宽55厘米，深22~42厘米。填土分2层。第1层褐色土。第2层红沙土。葬具为木质单棺，呈西北—东南方向斜置于墓底，已朽，平面为长方形，棺距墓口深55~79厘米，长190厘米，宽55厘米。骨架一具，保存完整，头向北，面向上，双手置于腹部，仰身直肢。随葬品置于墓主头部和口部，分别为骨器1件和贝2枚。被G1、H57打破（图六五；图版一一，3）。

2006YY西ⅠT26M13

位于2006YY西ⅠT26东南部，开口于第3层下，距地表125厘米，方向270°。墓葬形制为土坑竖穴墓，北侧被2006G1破坏，大部不存。平面应呈长方形，墓口长242厘米，残宽52~86厘米，墓口距墓底深20厘米。直壁，平底。填土为红泥沙土，土质松软。葬具不详。人骨仅残存头骨和小腿骨。随葬品置于头顶右侧、口腔内和胸部右侧，分别为陶罐1件、贝1枚和陶鬲1件。被G1打破（图六六；图版一三，1、2）。

2006YY西ⅠT26M15

位于2006YY西ⅠT26东南部，开口于第3层下，距地表50厘米，方向270°。墓葬形制为土坑竖穴带浅洞室墓，墓葬南侧被G1破坏不存，平面应呈长方形，开口长180厘米，西残宽40厘米，东残宽70厘米，开口距墓底深25~72厘米。直壁，平底。北壁东部向外掏出不规则浅洞室。洞室宽106厘米，最高处70厘米，进深20厘米。填土为红沙土，土质细腻松软。葬具不详。人骨一具，保存极差，应为仰身直肢，头朝西。随葬品置于墓主口腔内，为5枚贝。洞室内有动物头骨。被G1打破（图六七）。

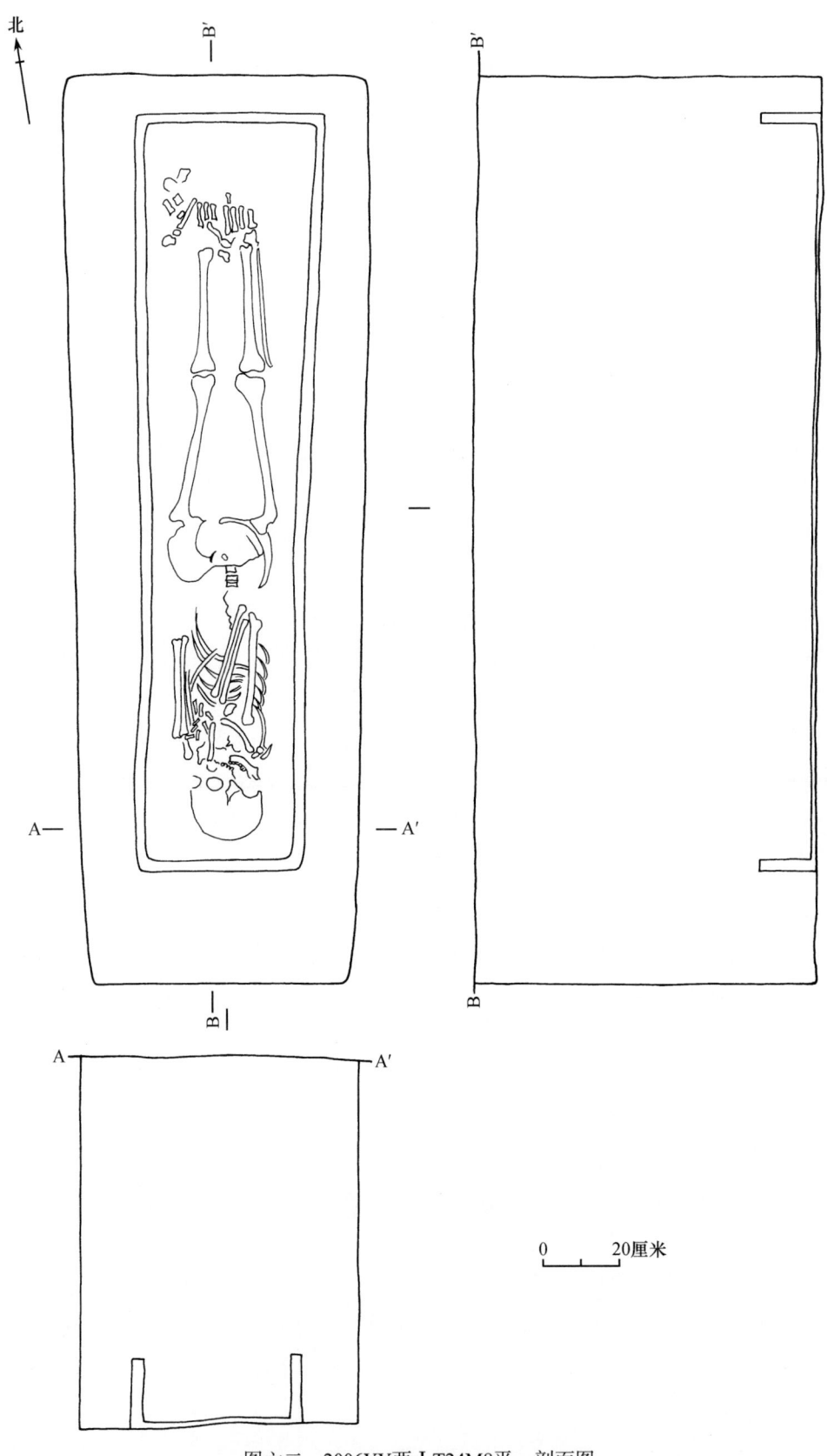

图六二　2006YY西ⅠT24M8平、剖面图

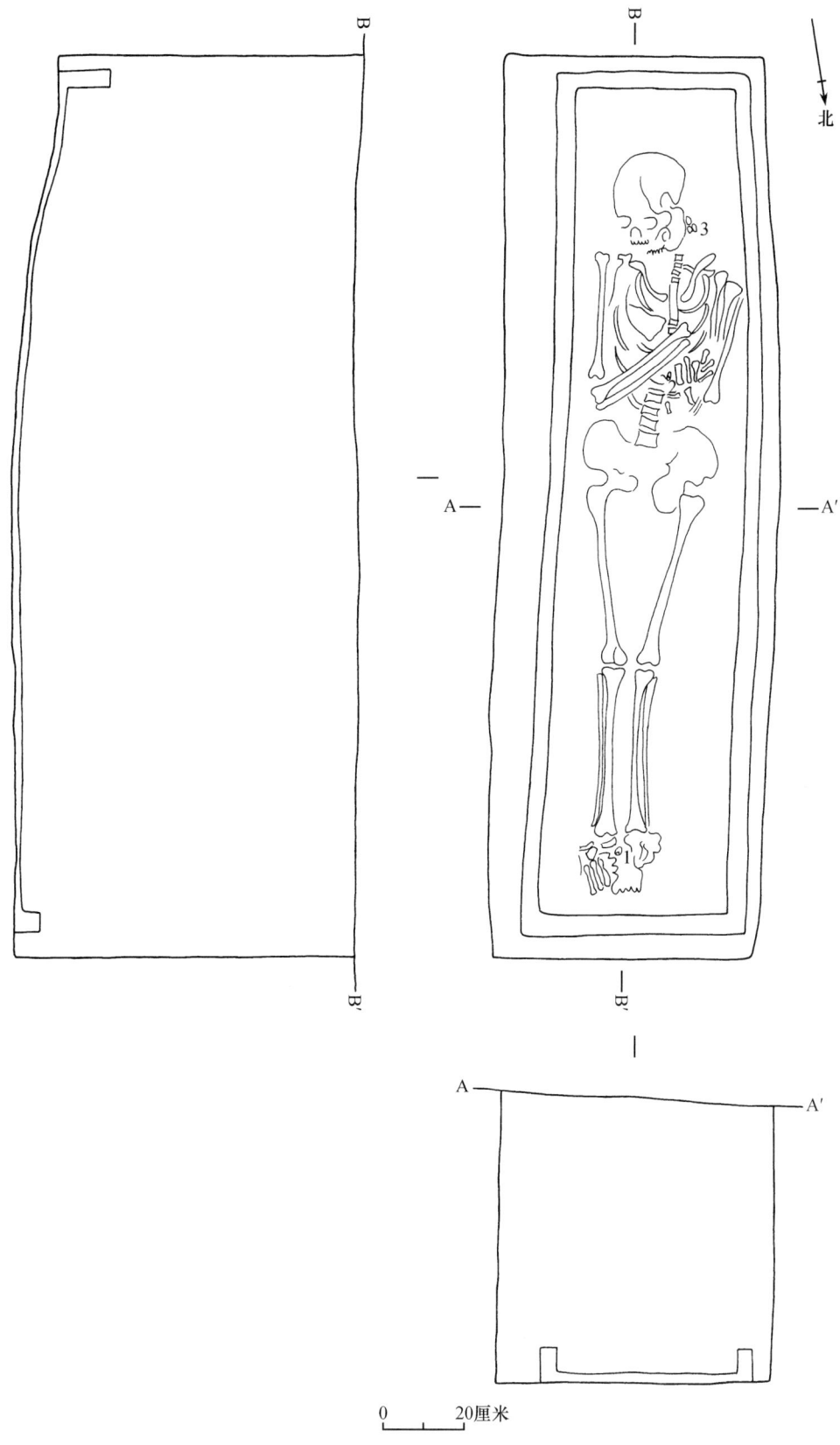

图六三 2006YY西ⅠT24M9平、剖面图

1.贝1枚 2.贝1枚 3.贝11枚

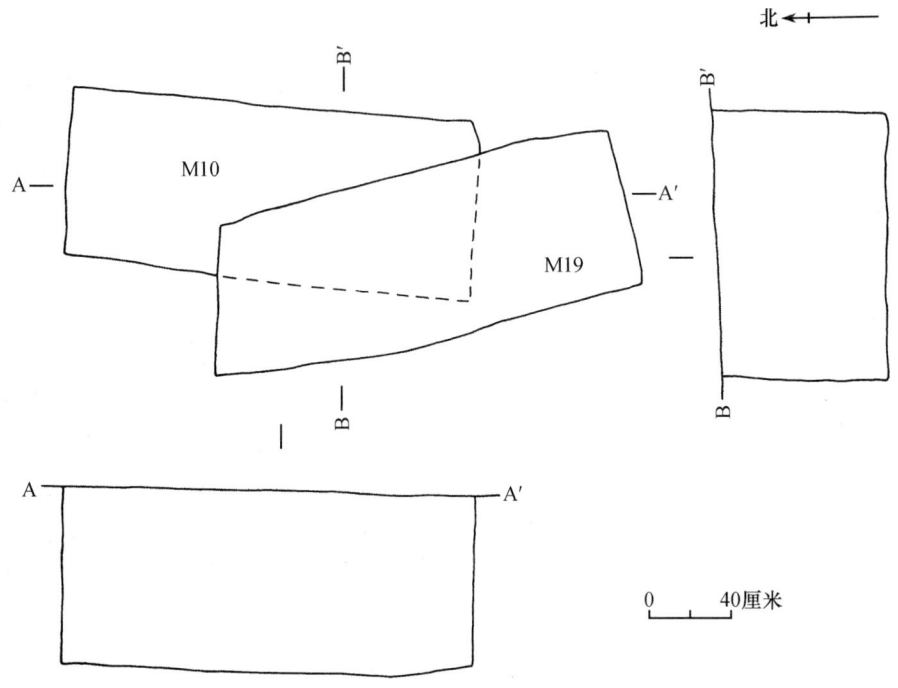

图六四　2006YY西ⅠT24M10平、剖面图

2006YY西ⅠT24M16

位于2006YY西ⅠT24东南部，开口于第2层下，距地表50厘米，方向185°。墓葬形制为土坑竖穴墓，平面呈长方形，墓口残长150厘米，宽80厘米，墓口距墓底深62～82厘米。直壁，斜底，北高南低。填土为灰色土，土质细腻松软。葬具不详。骨架一具，保存完整，头向南，面向东，双手置于腹部，仰身直肢。随葬品置于墓主口腔内，为4枚贝。被G1打破（图六八）。

2006YY西ⅠT24M17

位于2006YY西ⅠT24中部，开口于第2层下，距地表50厘米，方向284°。墓葬形制为土坑竖穴墓，平面呈长方形，墓口长210厘米，宽76～90厘米，墓口距墓底深85厘米。直壁，平底。填土为灰色土，土质细腻松软。葬具不详。骨架一具，保存完整，头向西，面向南，双手置于腹部，仰身直肢。随葬品置于墓主脚部和口部，分别为1枚和6枚贝。被H57打破（图六九）。

2006YY西ⅠT24M18

位于2006YY西ⅠT24西南部，开口于第2层下，距地表48厘米，方向183°。墓葬形制为土坑竖穴墓，南端被2006G1破坏不存。平面呈长方形，墓口残长155厘米，墓底残长185厘米，宽76～90厘米，墓口距墓底深110厘米。直壁，平底。填土为灰色土，土质细腻松软。葬具不详。骨架一具，保存完整，头向南，面向东，左手置于腹部，右手平放，仰身直肢。随葬品置于右手指骨处，为贝3枚。被G1打破（图七〇）。

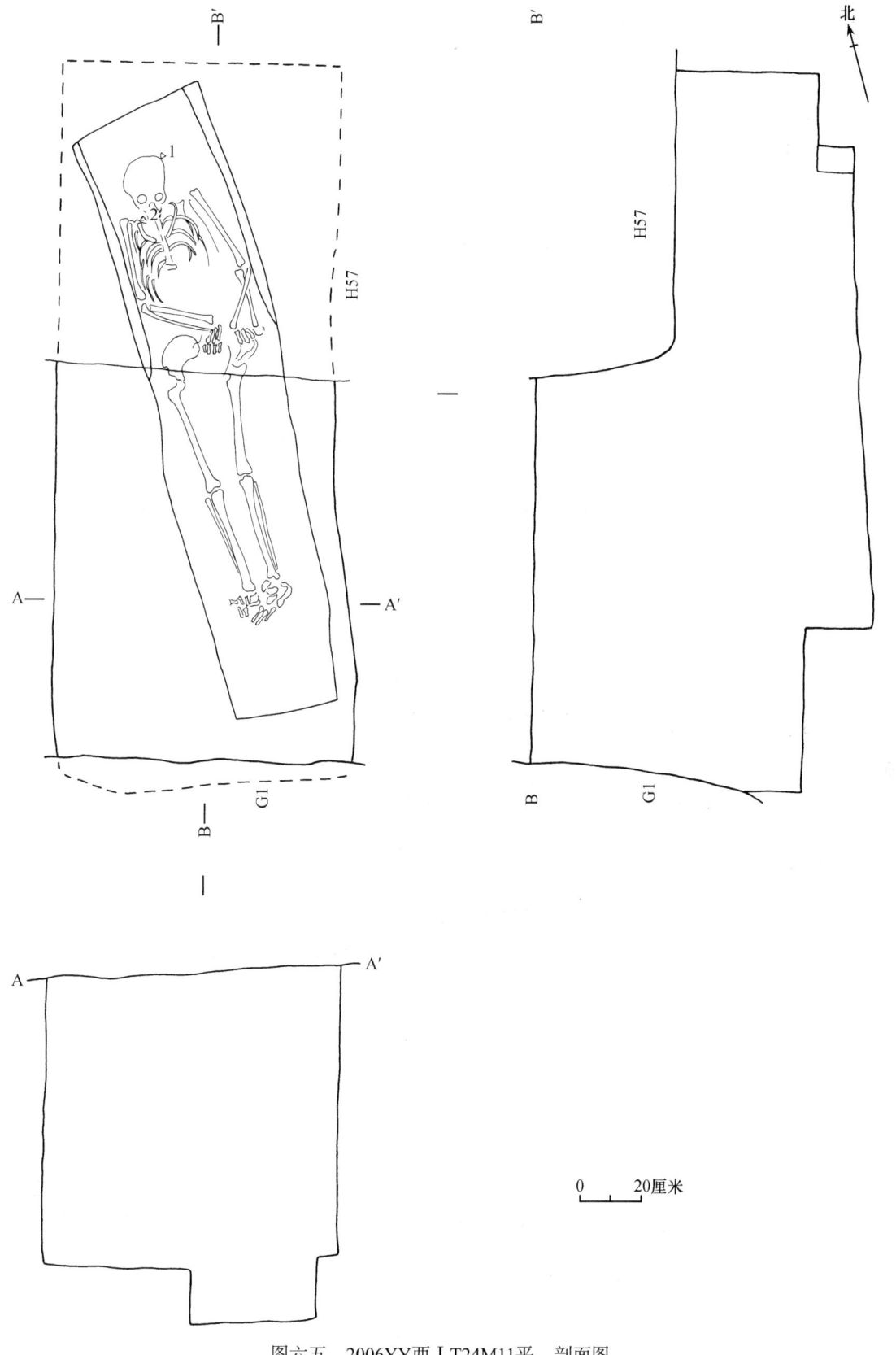

图六五　2006YY西ⅠT24M11平、剖面图
1. 骨器　2. 贝2枚

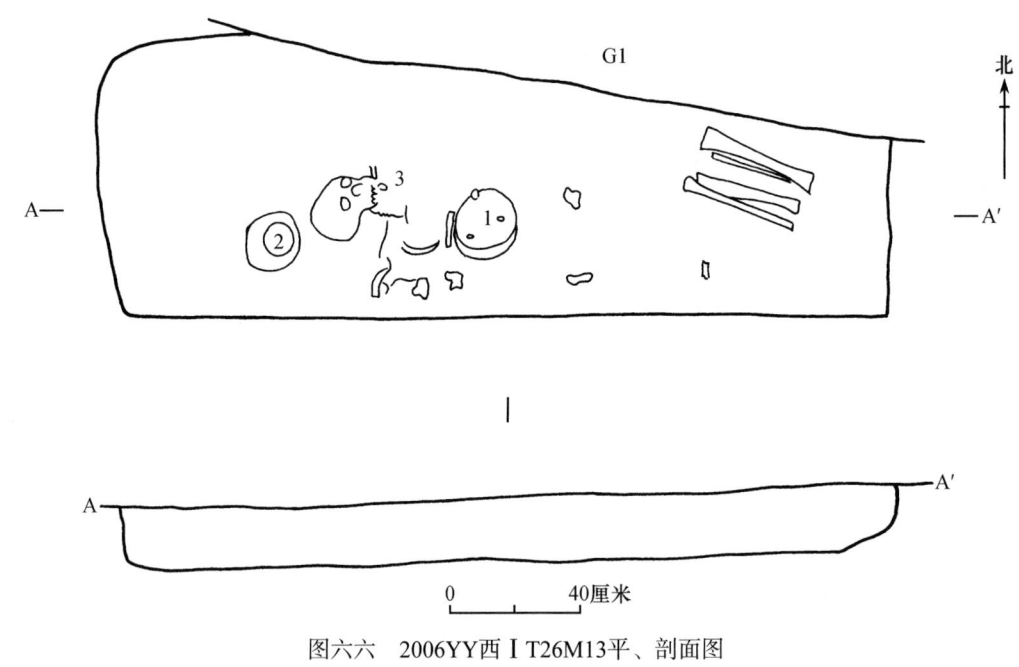

图六六　2006YY西ⅠT26M13平、剖面图
1.陶鬲　2.陶罐　3.贝1枚

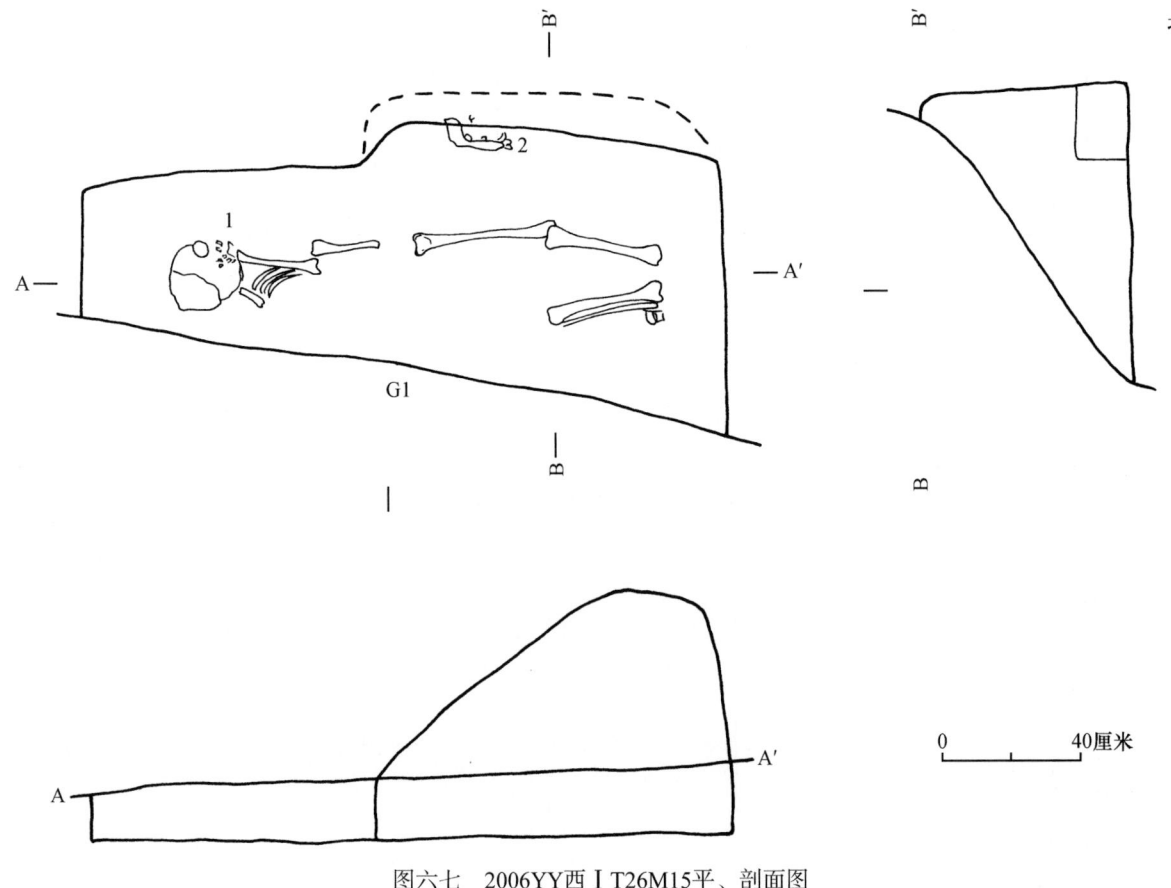

图六七　2006YY西ⅠT26M15平、剖面图
1.贝5枚　2.动物头骨

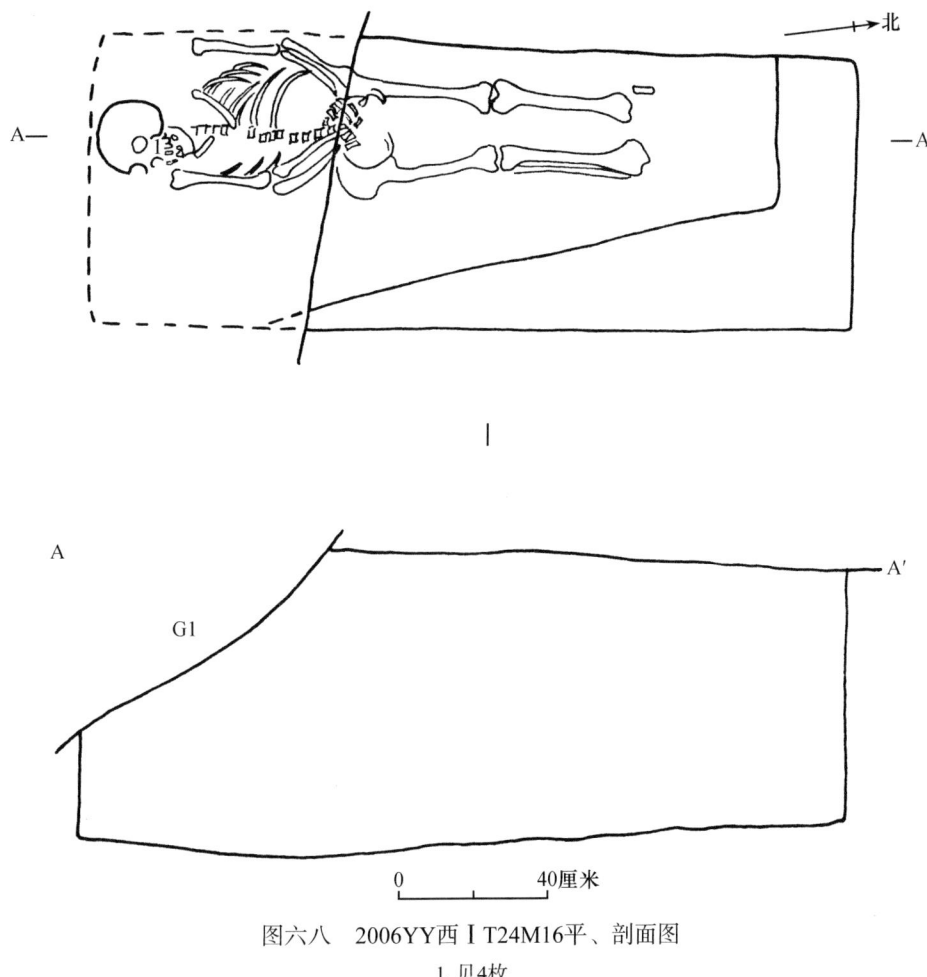

图六八 2006YY西ⅠT24M16平、剖面图
1. 贝4枚

2006YY西ⅠT26M19

位于2006YY西ⅠT26东北部，开口于第2层下，距地表48厘米，方向177°。墓葬形制为土坑竖穴墓，平面呈梯形，墓口长200～232厘米，宽70厘米，墓口距墓底深80厘米。直壁，平底。填土为灰沙土，土质细腻松软。葬具不详。骨架一具，保存完整，头向南，面向东，双手置于腹部，仰身直肢。随葬品置于口腔内、腹部及右脚处，分别为贝2、1、3枚。被M10打破（图七一）。

2006YY西ⅠT26M20

位于2006YY西ⅠT26东北部，开口于第2层下，距地表50厘米，方向177°。墓葬形制为土坑竖穴墓，平面呈长方形，墓口长220厘米，宽78厘米，墓口距墓底深96厘米。直壁，平底。填土为灰沙土，土质细腻松软。葬具不详。骨架一具，已残，头向南，面向上，仰身直肢。无随葬品（图七二）。

2006YY西ⅠT26M21

位于2006YY西ⅠT26东南部，开口于第2层下，距地表30厘米，方向270°。墓葬形制为土

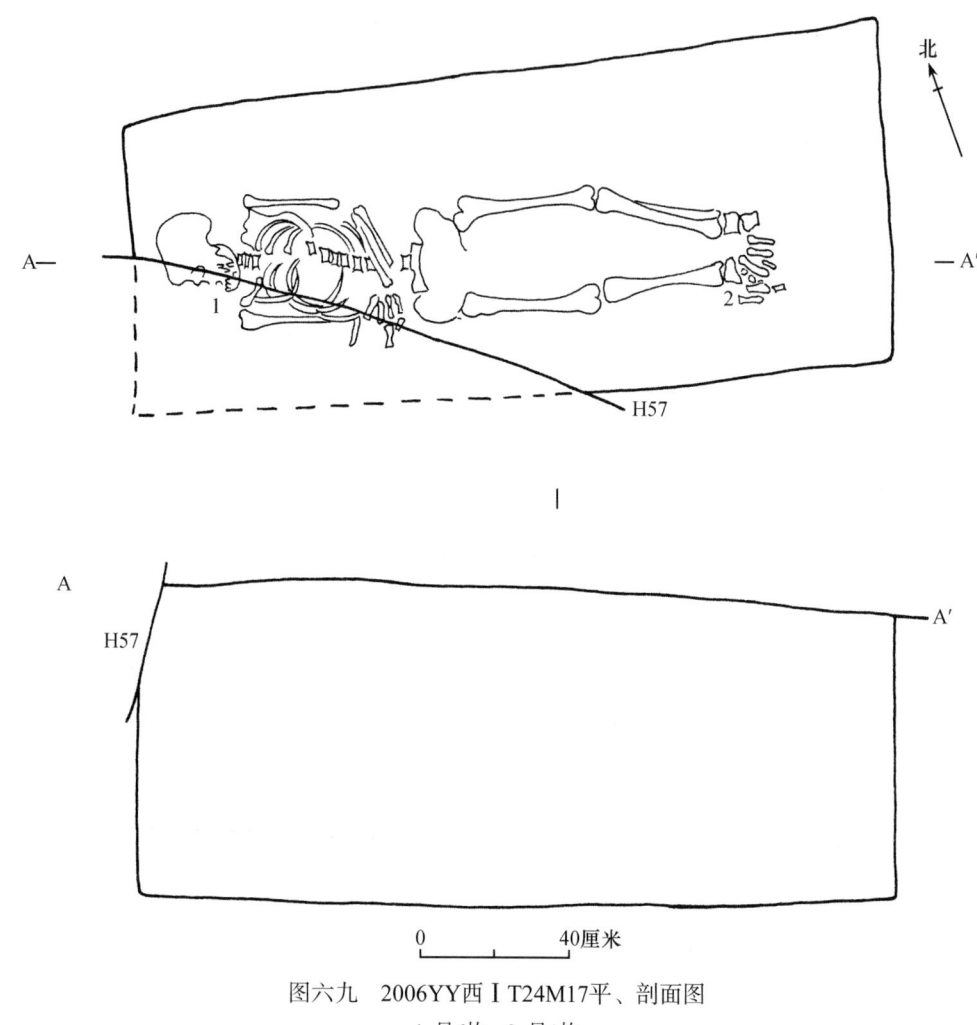

图六九　2006YY西ⅠT24M17平、剖面图
1. 贝6枚　2. 贝1枚

坑竖穴墓，平面呈长方形，墓口长230厘米，宽80厘米，墓口距墓底深98厘米。直壁，平底。填土为灰沙土，土质细腻松软。葬具不详。骨架一具，保存完整，头向西，面向北，双手置于胸前，仰身直肢。随葬品置于墓主口腔内，为1枚贝。被2006G1打破（图七三）。

2006YY西ⅠT24M22

位于2006YY西ⅠT24西南部，开口于第2层下，距地表60厘米，方向180°。墓葬被2006G1破坏，南端不存。土坑竖穴墓，南端不存。平面形状不太规则，北窄南宽，北、东两墓边呈弧形，北、西两壁垂直，东壁微外斜，平底，东侧略低。墓口残长190厘米，宽60~110厘米，墓口距墓底深110厘米。北、东、西三面有生土二层台，北二层台宽约7厘米，东二层台宽4~35厘米，西二层台宽16~30厘米。填土分3层。第1层灰白土。第2层灰土。第3层白膏泥。葬具为木质单棺，仅存朽痕，平面为长方形，棺距墓口深82厘米，残长182厘米，宽52厘米，残高15~20厘米。骨架一具，保存较完整，头向南，面向不详，双手置于腹部，仰身直肢。东西二层台上有动物骨架一具。随葬品置于右手部和右脚部，分别为贝2枚和3枚。被2006G1打破（图

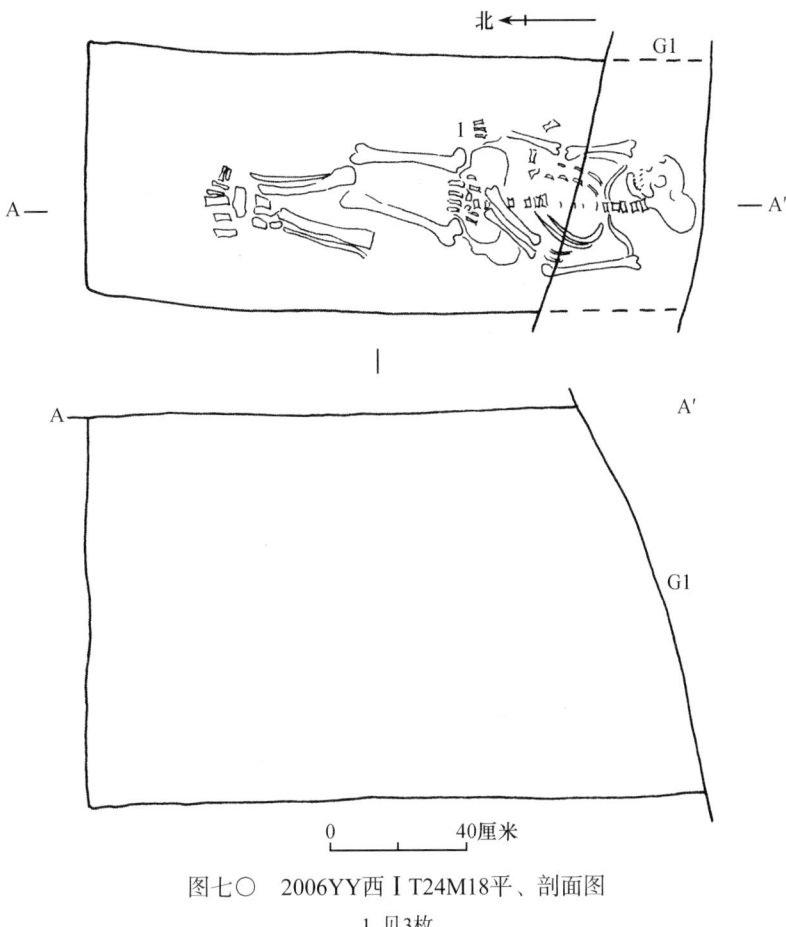

图七〇　2006YY西ⅠT24M18平、剖面图
1. 贝3枚

七四；图版一三，3）。

2006YY西ⅠT25M23

位于2006YY西ⅠT25西北部，开口于第6层下，距地表120厘米，方向176°。墓葬形制为土坑竖穴墓，平面呈长方形，墓口残长137厘米，宽80厘米，墓口距墓底深26厘米。直壁，平底。填土黄褐色花土，土质较硬。葬具不详。骨架一具，保存较差，头向南，面向东北，左手弯曲置于胸前，仰身直肢。无随葬品。北端被2006G1打破（图七五）。

2006YY西ⅠT25M24

位于2006YY西ⅠT25西北部，开口于第6层下，距地表120厘米，方向180°。墓葬形制为土坑竖穴墓，平面呈长方形，墓口长258厘米，宽128厘米，墓口距墓底深58厘米。直壁，平底。填土为黄褐色花土，土质较硬。墓底有腰坑，平面近椭圆形，长径90厘米，短径约46厘米，坑内葬动物一具。葬具为木质单棺，仅存朽痕，平面为南宽北窄的梯形，残长178厘米，南宽76厘米，北宽66厘米。骨架一具，保存差，头向南，面向下，仰身直肢。随葬品置于棺内西南角，出土陶罐1件，此外，在墓主人下颌骨和盆骨处分别发现36枚和3枚贝（图七六；图版一二，2）。

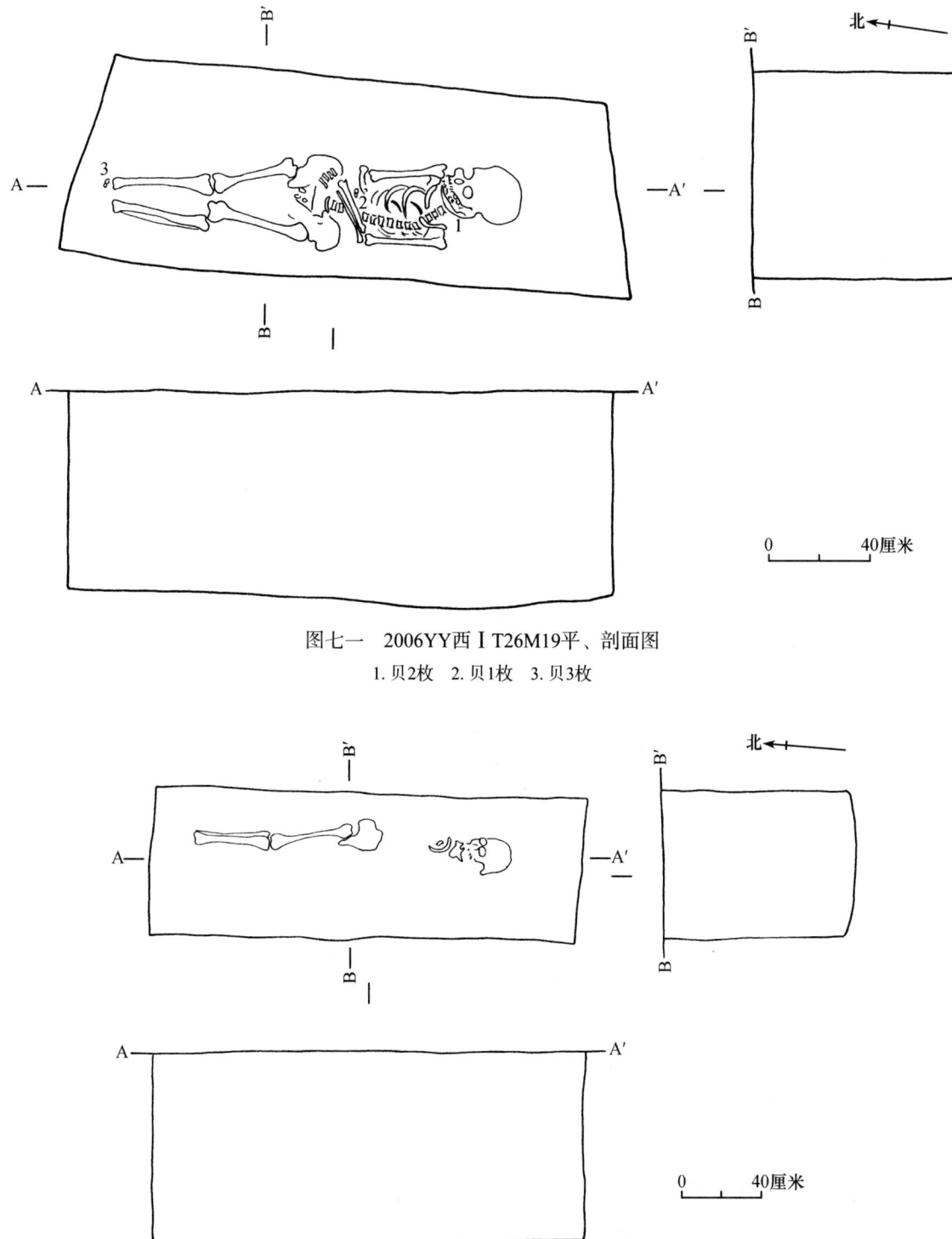

图七一　2006YY西ⅠT26M19平、剖面图
1. 贝2枚　2. 贝1枚　3. 贝3枚

图七二　2006YY西ⅠT26M20平、剖面图

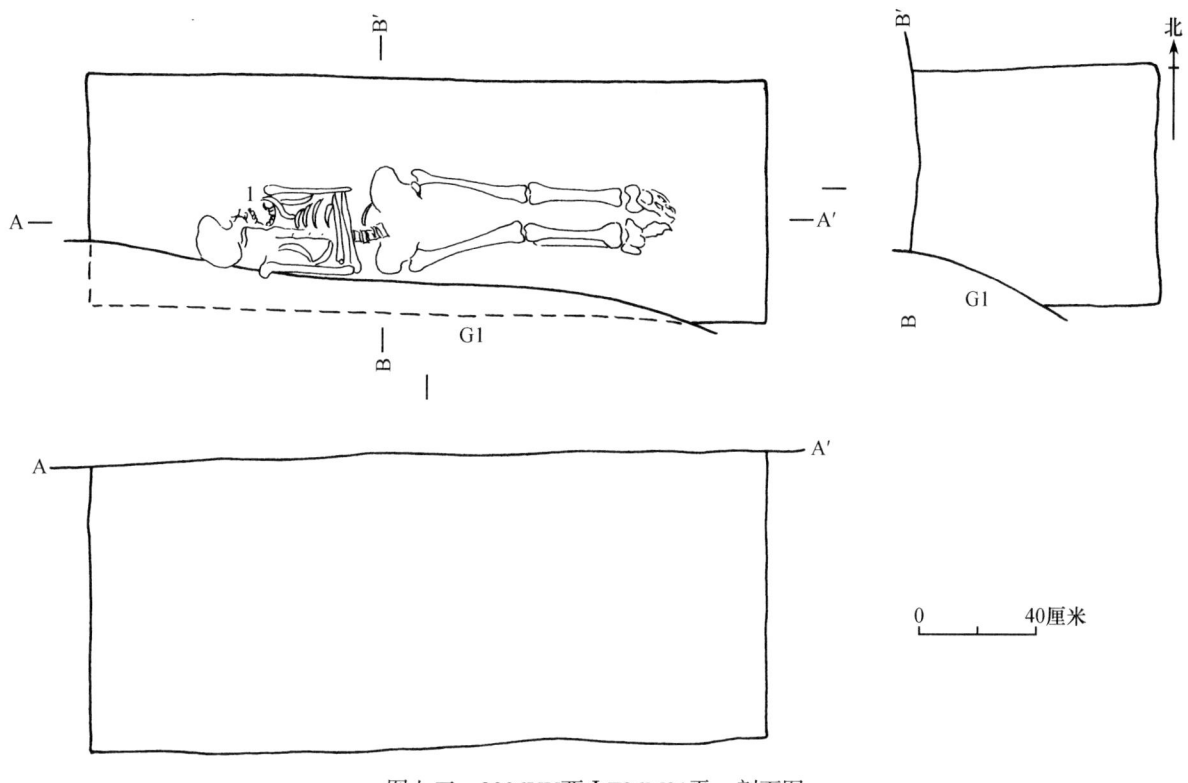

图七三　2006YY西ⅠT26M21平、剖面图
1. 贝1枚

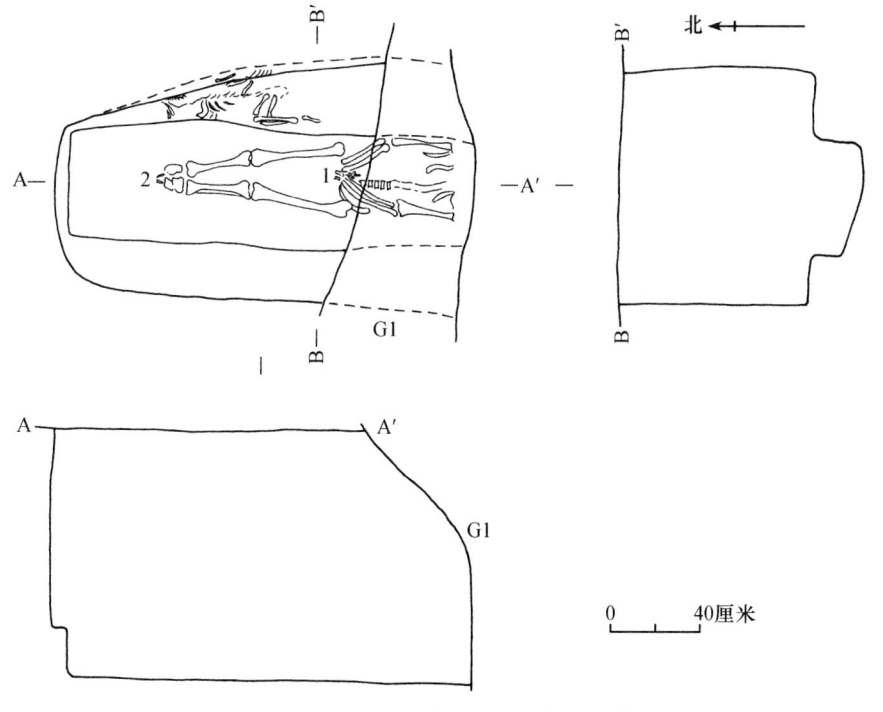

图七四　2006YY西ⅠT24M22平、剖面图
1. 贝2枚　2. 贝3枚

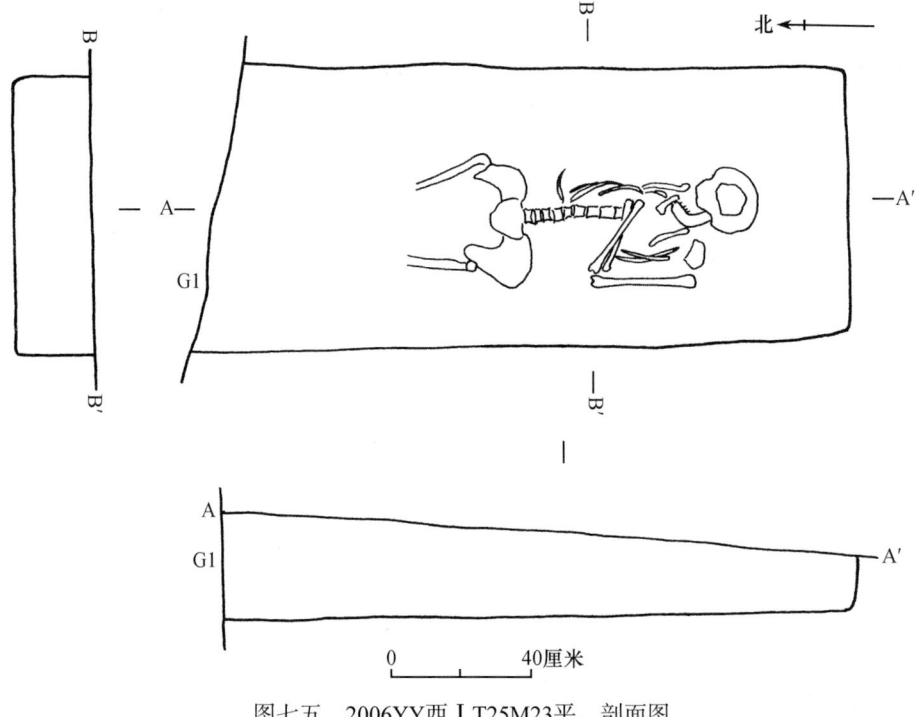

图七五　2006YY西ⅠT25M23平、剖面图

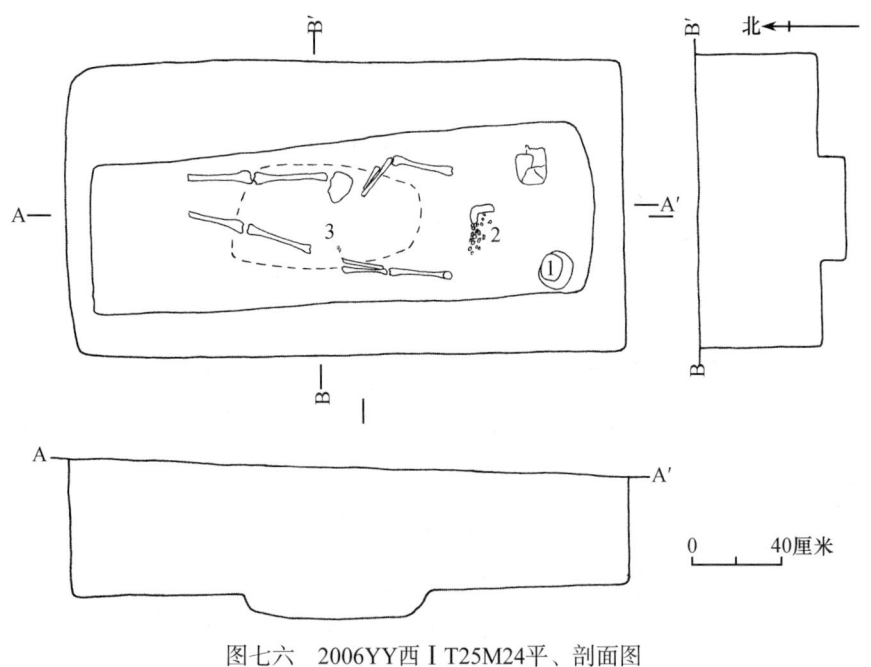

图七六　2006YY西ⅠT25M24平、剖面图
1. 陶罐　2. 贝36枚　3. 贝3枚

第二章 遗 物

禹州阳翟故城遗址出土的先秦两汉遗物有陶器、铜器、铁器、骨器、贝、螺、钱币等。

第一节 陶 器

阳翟故城遗址出土的先秦时期陶器，除墓葬中出土的1件鬲、1件钵和2件罐可复原外，其余均属残片，可见器类有鬲、豆、罐、瓮、缸、盆、钵，此外有盖纽、器足残件。共计98件标本（包括4件完整器）。除鬲有夹砂红褐陶、夹砂灰陶及泥质红陶外，其余皆为泥质灰陶。

一、鬲

25件。包括完整器、口沿及器足。

1. 鬲

1件。

2006YY西ⅠT26M13∶1，夹砂深灰陶，局部烧成黑色。通体宽矮，束颈，宽沿稍上折，方唇上缘凸出沿面，唇面局部微凹，裆部近平，仅在与足根部相接处略凹，足根略呈柱形，腹俯视略近弧边三角形。腹饰较粗的交错绳纹，底部压印有绳纹，领口部和足根为素面。口径16.6～17.1、腹径16.3～16.5、沿宽2.7、通高11.8～12.7、裆高约2.6厘米。出土时倒覆于墓主骨架胸部上方填土中（图七七，1；图版二八，3）。

2. 鬲口

17件。据口部特征变化分为四式。

Ⅰ式　1件。宽仰折沿，角度小，沿上部向内折。

2006YY西ⅠT26H287∶2，仅存上腹和口沿。夹砂陶，内灰外红，沿部呈黄灰色。圆唇。腹部饰粗竖绳纹。口径18.5、残高7.2厘米（图七八，1）。

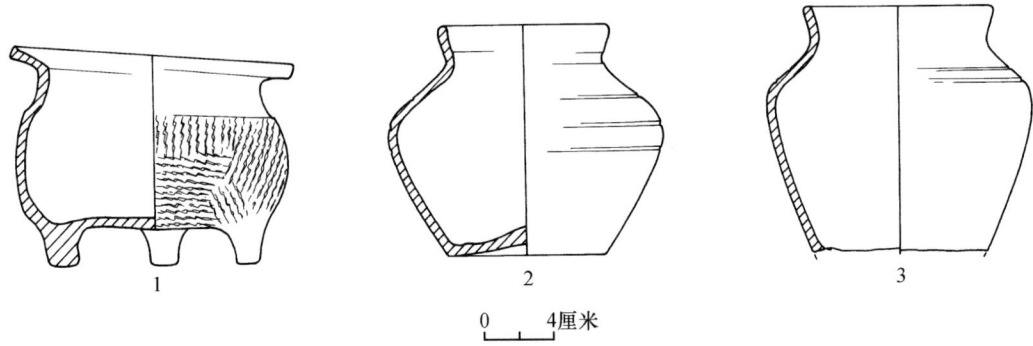

图七七　陶鬲、罐
1. 鬲（2006YY西ⅠT26M13：1）　2. A型罐（2006YY西ⅠT26M13：2）　3. B型罐（2006YY西ⅠT25M24：1）

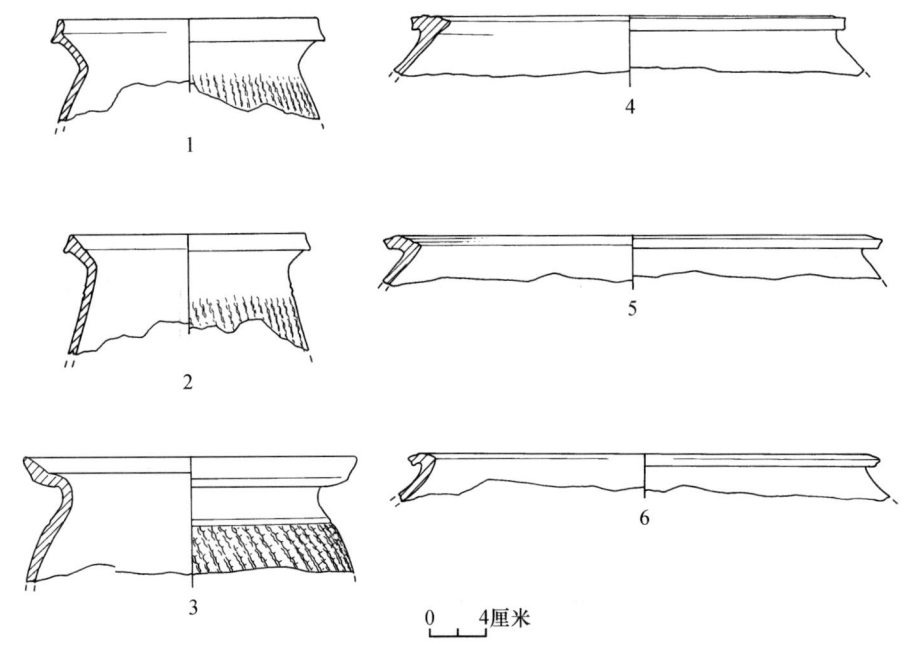

图七八　陶鬲口
1. Ⅰ式（2006YY西ⅠT26H287：2）　2. Ⅱ式（2006YY西ⅠT26H287：3）　3. Ⅲ式（2006YY西ⅠT32H295：2）
4~6. Ⅳ式（2007YY西ⅠT7⑤：1、2006YY西ⅠT9④：1、2007YY西ⅠTG1⑥：3）

Ⅱ式　2件。宽仰卷沿，角度较小，沿外侧上部有折棱。均为夹砂灰陶。

2006YY西ⅠT26H287：3，仅存腹上部及口沿。尖唇。腹部饰粗竖绳纹。口径17、残高8.3厘米（图七八，2）。

2006YY西ⅠT26G1：2，仅存腹上部及口沿。尖唇。腹部饰粗竖绳纹。

Ⅲ式　7件。均为夹砂红褐陶。宽仰折沿，角度略大，沿外侧有折棱较圆钝。

2006YY西ⅠT32H295：2，仅存腹上部及口沿。圆唇。腹部饰极粗的交错绳纹。口径24、残高9厘米（图七八，3）。

2006YY西ⅠT26G1：4，仅存口沿。

2007YY西ⅠT13⑧：2，仅存口沿。

2007YY西ⅠT7H72：2，仅存口沿。

2007YY西ⅠT4H86：5，仅存口沿。

2007YY西ⅠT7H72：3，仅存口沿。

2006YY西ⅠT32H295：5，仅存腹上部及口沿。

Ⅳ式　7件。平折沿或略仰，方唇，沿面弧，有三周凹槽。器形大。均为泥质红陶（或另作一型为大鬲）。

2007YY西ⅠT7⑤：1，存口沿及肩上部。折沿略仰。口径31.2、残高4.2厘米（图七八，4）。

2006YY西ⅠT9④：1，存口沿及肩上部。仰折沿。口径32、残高3.4厘米（图七八，5）。

2007YY西ⅠTG1⑥：3，存口沿及肩上部。近平折沿，沿面弧鼓。口径34、残高3.4厘米（图七八，6）。

2007YY西ⅠTG1⑤：2，存口沿及肩上部。

2007YY东T7⑥：2，存口沿及肩上部。

2006YY西ⅠT1⑤：2，存口沿及肩上部。

2007YY西ⅠTG1⑥：4，存口沿。

3. 鬲足

7件。均为夹砂红褐陶。据足的形态分为三型。

A型　2件。袋足。

2007YY西ⅠT7H72：4，袋足大而深。器表饰粗绳纹。足距15、残高3.8厘米（图七九，1）。

2007YY西ⅠT10H373：2，袋足略浅。器表饰中绳纹。

B型　1件。锥足。

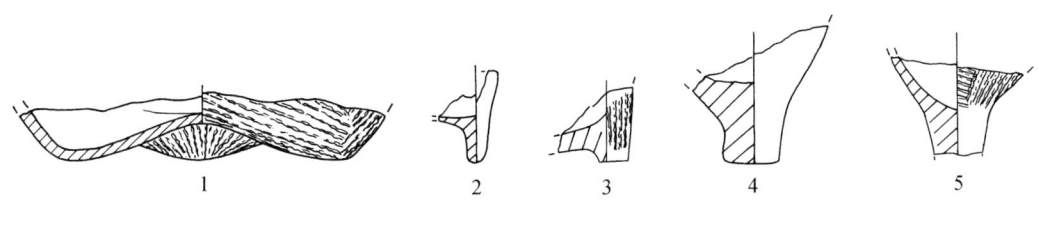

图七九　陶鬲足

1. A型（2007YY西ⅠT7H72：4）　2. B型（2006YY西ⅠT26H287：5）　3. C型Ⅰ式（2007YY西ⅠT4H256：1）
4、5. C型Ⅱ式（2006YY西ⅠT16H178②：1、2006YY西ⅠT26H287：4）

2006YY西ⅠT26H287：5，小乳丁状尖锥足，有浅足窝。残高5厘米（图七九，2）。

C型　4件。柱足。据足的高矮分二式。

Ⅰ式　1件。矮柱足。

2007YY西ⅠT4H256：1，柱足极矮，有浅足窝，弧裆。足高1、残高3.5厘米（图七九，3）。

Ⅱ式　3件。柱足较高。均残。

2006YY西ⅠT16H178②：1，柱足矮，有浅足窝。足高1.8、残高5.4厘米（图七九，4）。

2006YY西ⅠT26H287：4，残断。有浅足窝。足残高2.6、残高5.5厘米（图七九，5）。

2007YY西ⅠT2⑥：6，残断。有浅足窝。

二、豆

共有器物标本16件。均为泥质灰陶。包括豆盘、豆柄。

1. 豆盘

3件。据腹部特征分为二型。

A型　2件。折壁，腹较深。

2007YY西ⅠTG1⑥：5，胎厚。直口，圆唇，上壁折，下壁斜收。柄以下残。口径18、残高3.4厘米（图八〇，1）。

2006YY西ⅠT9④：4，豆柄残缺。直口，圆唇，折壁，斜直腹。口径14、残高4.8厘米（图八〇，2）。

B型　1件。斜壁，浅腹。

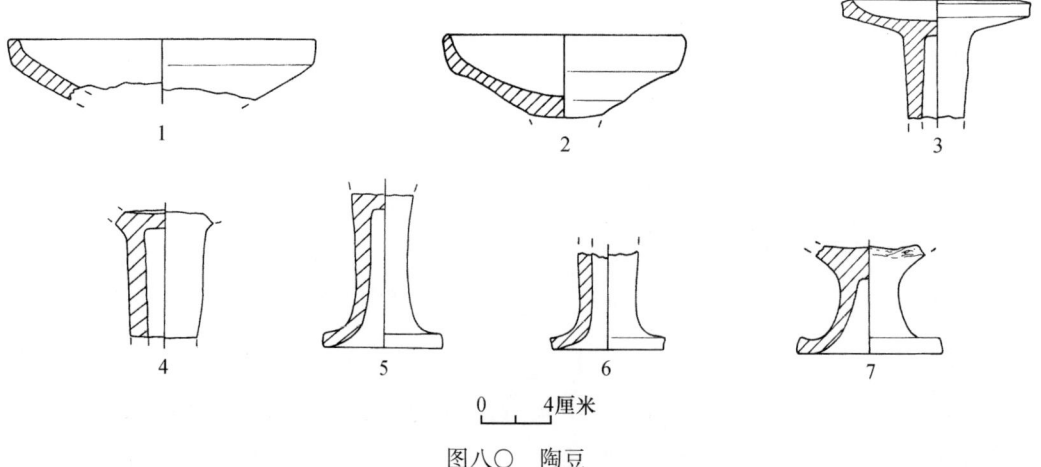

图八〇　陶豆

1、2. A型豆盘（2007YY西ⅠTG1⑥：5、2006YY西ⅠT9④：4）　3. B型豆盘（2007YY西ⅠT4H192：1）
4. Aa型豆柄（2007YY西ⅠT13⑧：1）　5、6. Ab型豆柄（2007YY西ⅠT2⑥：2、2007YY西ⅠT20⑥：1）
7. B型豆柄（2006YY西ⅠT26G1：1）

2007YY西ⅠT4H192：1，敞口，方唇，斜壁浅腹，细长柄。柄下部残。口径10.8、残高6.8厘米（图八〇，3）。

2. 豆柄

13件。据柄的高矮分为二型。

A型　12件。柄较高。据柄粗细分为二亚型。

Aa型　3件。柄较粗。

2007YY西ⅠT13⑧：1，下部残。柄上部直径4.3、残高7厘米（图八〇，4）。

2006YY西ⅠT1⑤：3，下部残。

2007YY西ⅠT2⑥：4，下部残。

Ab型　9件。柄较细。

2007YY西ⅠT2⑥：2，仅存柄部。柄最大径3.5、足径7、残高8.6厘米（图八〇，5）。

2007YY西ⅠT20⑥：1，柄上部残。柄最大径3.4、足径6.6、残高5.3厘米（图八〇，6）。

2006YY西ⅠT26G1：5，仅存中部一段。

2006YY西ⅠT5⑤：4，仅存足和一小段柄。

2007YY西ⅠT2⑥：5，仅存柄中部。

2007YY西ⅠT8⑥：1，柄上部残。

2007YY西ⅠT8⑥：2，柄足保存完好。

2007YY西ⅠTG1⑥：6，仅存柄上部。

2007YY东T1⑨：2，仅柄上部。

B型　1件。矮柄。

2006YY西ⅠT26G1：1，柄、足保存完好。柄径3.3、足径8.4、残高6厘米（图八〇，7）。

三、罐

共30件。其中，完整器2件、其他标本28件。

完整器2件。据肩部特征分二型。

A型　1件。肩腹部较圆鼓。

2006YY西ⅠT26M13：2，泥质浅灰陶。矮领，口部内侧刮抹出一道宽浅凹槽以致领微外侈，肩部较宽，凹圜底。通体完整。陶肩腹过渡处有三周凹弦纹，器身可见粗细不均的阴线擦痕，近底部隐约可见较细绳纹。口径10.4、肩径16.1、底径9、领高2.3、通高13.2厘米。（图七七，2；图版二八，2）。

B型　1件。折肩且肩腹较斜直。

2006YY西ⅠT25M24：1，泥质深灰陶，局部为黑色。口部略有残缺，矮直领微外侈，肩部有一两面对击穿孔及疤痕，近底部也有敲击疤痕，底部残，这些残损显系有意而为。通体素面，仅肩部饰两道凹弦纹。口径10.6、肩径15.4~15.7、领高2.4、残高13.9厘米（图七七，3；图版二八，1）。

标本28件。据口径大小分为大口罐和小口罐。

1. 大口罐

3件。均为泥质灰陶。据口沿特征分二型。

A型　2件。仰折沿，口部略向内外折出。

2006YY西ⅠT16G4：1，筒腹。器表饰抹断竖绳纹。口径32、残高10.2厘米（图八一，1）。

2007YY西ⅠT4G1：1，弧腹。器表上腹饰较粗的竖绳纹，下腹饰横绳纹。口径34、残高10.2厘米（图八一，2）。

B型　1件。窄折沿下仰。

2007YY西ⅠT2⑥：3，折沿厚，有长颈，弧腹。腹部饰斜绳纹。口径20、残高9.4厘米（图八一，3）。

2. 小口罐

25件。小口，有领。据口沿特征分三类。

甲类　2件。卷沿。

2006YY西ⅠT26H287：1，泥质灰陶。卷沿，圆唇，斜颈。口径18、残高5.4厘米（图八一，4）。

2006YY西ⅠT26H273：1，夹砂灰褐陶。卷沿，圆唇，斜颈。肩部饰交错粗绳纹。口径16、残高7.9厘米（图八一，5）。

乙类　17件。折沿。均为泥质灰陶。据领部高矮分二型。

A型　6件。高领。据沿的宽窄分二亚型。

Aa型　3件。宽折沿。分二式。

Ⅰ式　2件。折沿宽厚，沿面内凹。

2007YY西ⅠT3⑥：1，口径18、残高4厘米（图八一，7）。

2007YY西ⅠT3⑥：2，口径18、残高4厘米（图八一，8）。

Ⅱ式　1件。折沿较薄，沿面两周凹槽。

2006YY西ⅠT1④B：1，宽肩。口径14.4、残高8.5厘米（图八一，6）。

Ab型　3件。窄折沿。

2007YY西ⅠT8⑥：4，方唇。口径14、残高4.8厘米（图八一，9）。

2007YY西ⅠTG1⑤：4，方唇。

2007YY西ⅠTG1⑥：7，方唇。

B型　11件。中领。据沿部变化分二式。

Ⅰ式　6件。仰折沿。

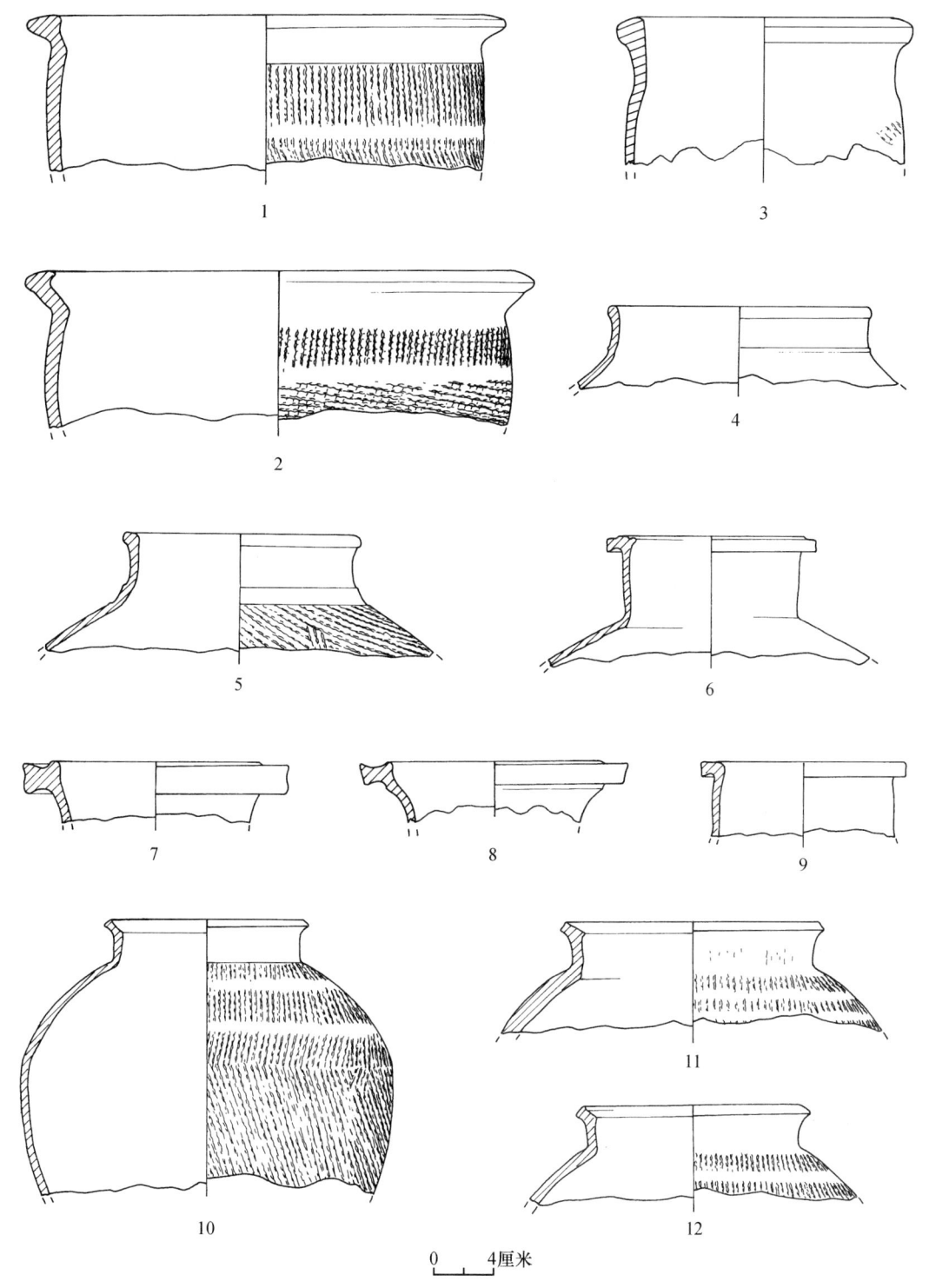

图八一 A、B型陶大口罐、甲、乙类陶小口罐

1、2. A型大口罐（2006YY西ⅠT16G4∶1、2007YY西ⅠT4G1∶1） 3. B型大口罐（2007YY西ⅠT2⑥∶3）
4、5. 甲类小口罐（2006YY西ⅠT26H287∶1、2006YY西ⅠT26H273∶1） 6. 乙类Aa型Ⅱ式小口罐（2006YY西ⅠT1④B∶1）
7、8. 乙类Aa型Ⅰ式小口罐（2007YY西ⅠT3⑥∶1、2007YY西ⅠT3⑥∶2） 9. 乙类Ab型小口罐（2007YY西ⅠT8⑥∶4）
10～12. 乙类B型Ⅰ式小口罐（2006YY西ⅠT15G5∶2、2006YY西ⅠT16G4∶2、2006YY西ⅠT15G5∶1）

2006YY西ⅠT15G5：2，方唇，唇面微凹，溜肩，弧腹。器表饰抹断绳纹。口径13、残高18厘米（图八一，10）。

2006YY西ⅠT16G4：2，方唇，唇面微凹。口径18、残高7.2厘米（图八一，11）。

2006YY西ⅠT15G5：1，方唇，唇面微凹。器表饰抹断绳纹。口径16、残高6.5厘米（图八一，12）。

2007YY西ⅠT8⑥：5，方唇，唇面微凹。

2006YY西ⅠT15G5：3，方唇，唇面微凹。器表饰抹断绳纹。

2006YY西ⅠT31夯土基址⑤：1，方唇，唇面微凹。

Ⅱ式　5件。折沿略仰或平。

2006YY西ⅠT31夯土基址⑤：2，方唇，沿面弧。器表饰抹断绳纹。口径17、残高7.4厘米（图八二，1）。

2006YY西ⅠT5⑤：3，平折沿，方唇。口径19.6、残高4.7厘米（图八二，2）。

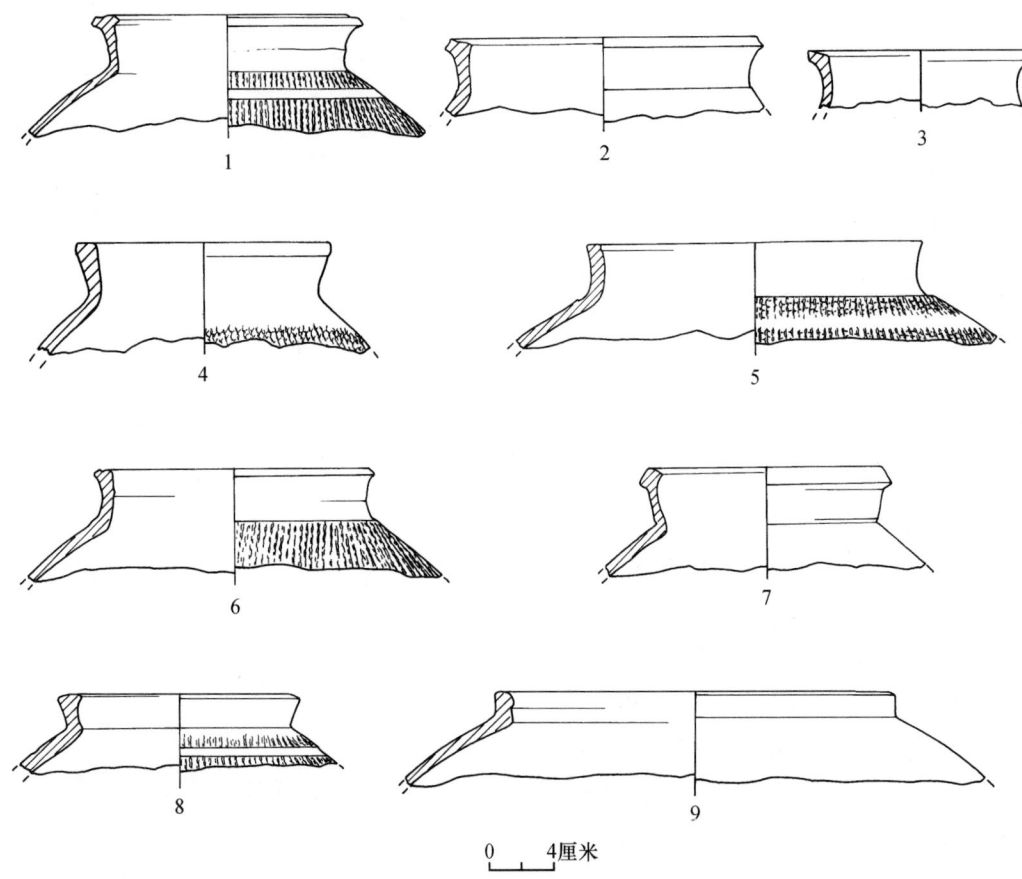

图八二　乙、丙类陶小口罐

1~3. 乙类B型Ⅱ式小口罐（2006YY西ⅠT31夯土基址⑤：2、2006YY西ⅠT5⑤：3、2006YY西ⅠT16H178①：1）
4~7. 丙类A型小口罐（2007YY西ⅠT4G1：2、2006YY西ⅠT32H295：1、2007YY西ⅠT4H86：1、2007YY西ⅠT4H86：2）
8、9. 丙类B型小口罐（2007YY西ⅠT4H78：1、2006YY西ⅠT1④A：1）

2006YY西ⅠT16H178①：1，折沿略仰，方唇。口径14、残高3.2厘米（图八二，3）。

2007YY西ⅠT2⑥：1，沿残不明，器表饰抹断绳纹。

2006YY西ⅠT32H295：4，厚平折沿，方唇。

丙类　6件。均为泥质灰陶。无沿或折沿不明显。据领部高矮分二型。

A型　4件。高领。

2007YY西ⅠT4G1：2，高领，方唇。肩部饰竖绳纹。口径16、残高6.8厘米（图八二，4）。

2006YY西ⅠT32H295：1，高束颈，方唇。肩部饰抹断绳纹。口径20.8、残高6.2厘米（图八二，5）。

2007YY西ⅠT4H86：1，领较高，圆唇。肩部饰竖绳纹。口径17.6、残高6.8厘米（图八二，6）。

2007YY西ⅠT4H86：2，领较高，口部微微折出，方唇。口径15.6、残高6.5厘米（图八二，7）。

B型　2件。矮领。

2007YY西ⅠT4H78：1，领较高，圆唇。肩部饰抹断绳纹。口径15.2、残高4.8厘米（图八二，8）。

2006YY西ⅠT1④A：1，矮领，圆唇。素面。口径24.8、残高5.8厘米（图八二，9）。

四、瓮

3件。均为泥质灰陶。小口，厚矮领，溜肩。据有无沿分为二型。

A型　1件。矮领无沿。

2007YY西ⅠT4H78：2，深灰色陶。厚方唇，唇内侧内折。器表饰抹断粗绳纹。口径32、残高8厘米（图八三，1）。

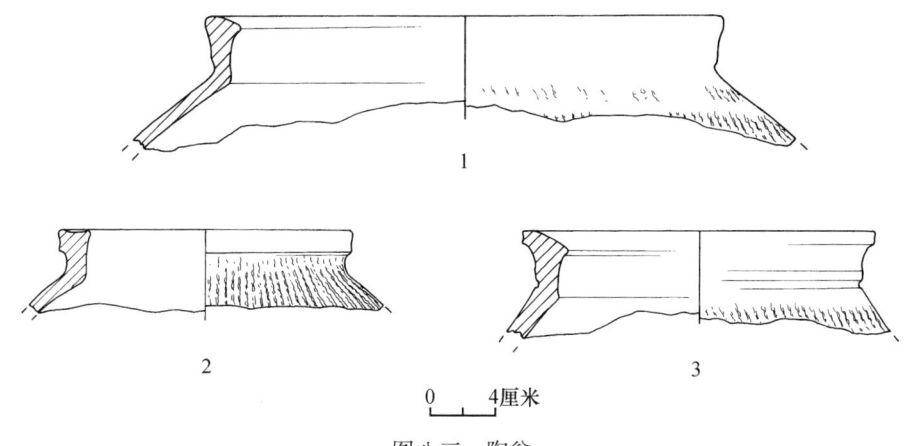

图八三　陶瓮

1. A型（2007YY西ⅠT4H78：2）　2. Ba型（2007YY西ⅠT13⑧：1）　3. Bb型（2006YY西ⅠT25⑥：1）

B型　2件。有窄折沿。据折沿角度不同分为二亚型。

Ba型　1件。平折沿。

2007YY西ⅠT13⑧：1，厚平折沿，方唇，沿、唇面皆凹。器表饰粗竖绳纹。口径16.2、残高5厘米（图八三，2）。

Bb型　1件。仰折沿。

2006YY西ⅠT25⑥：1，窄仰折沿，方唇。器表饰粗竖绳纹。口径22、残高6.4厘米（图八三，3）。

五、缸

3件。均为泥质灰陶。大口，矮直领厚，圆唇，宽肩。据领部高矮分为二型。

A型　1件。领较高。

2006YY西ⅡT2H290：2，唇内侧平凸。口径28、残高6.2厘米（图八四，1）。

B型　2件。领较矮。

2006YY西ⅡT2H290：1，领内侧凹。口径44、残高8.8厘米（图八四，2）。

2006YY西ⅡT2H290：3，口径32、残高8.1厘米（图八四，3）。

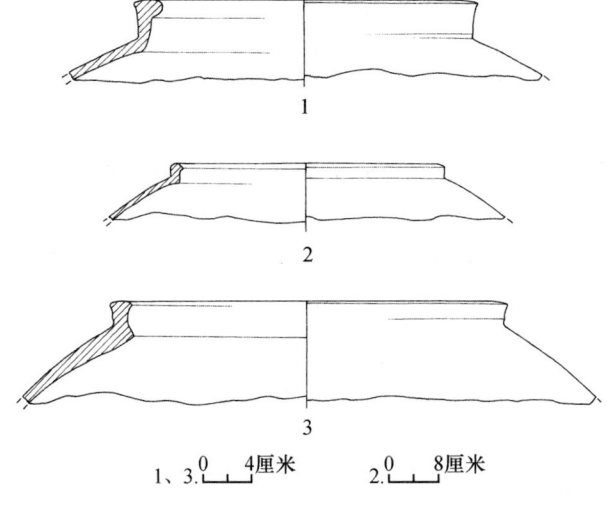

图八四　陶缸

1. A型（2006YY西ⅡT2H290：2）　2、3. B型（2006YY西ⅡT2H290：1、2006YY西ⅡT2H290：3）

六、盆

15件。均为泥质灰陶。据沿部特征分为三型。

A型　8件。宽折沿。据折沿仰角不同分二式。

Ⅰ式　1件。折沿上仰。

2006YY西ⅠT31夯土基址②：1，仰折沿，方唇，弧腹。下腹残。上腹饰竖绳纹。口径38、残高13厘米（图八五，1）。

Ⅱ式　7件。折沿平或略仰。

2007YY西ⅠTG1⑤：1，平折沿，沿面弧，方唇。上腹饰宽凹带。口径44、残高8厘米（图八五，2）。

2007YY东T7⑥：1，平折沿，沿面弧，方唇，唇面有凹槽。上腹饰宽凹带。口径46、残高5.4厘米（图八五，3）。

2006YY西ⅠT4④：1，平折沿，沿面弧，方唇，唇面有凹槽。上腹饰宽凹带。口径46、残高7厘米（图八五，4）。

2007YY西ⅠT8⑥：3，平折沿，沿面弧，圆唇。

2007YY西ⅠTG1⑥：1，平折沿，沿面弧，方唇。上腹饰宽凹带。

2006YY西ⅠT5⑤：2，平折沿，沿面弧，方唇。上腹饰宽凹带。

2006YY西ⅠT1⑤：1，折沿略仰，沿面弧，方唇。上腹饰宽凹带。

B型　2件。窄折沿。

2007YY东T1⑨：1，折沿略下仰，沿面弧，方唇。口径38、残高2.4厘米（图八五，5）。

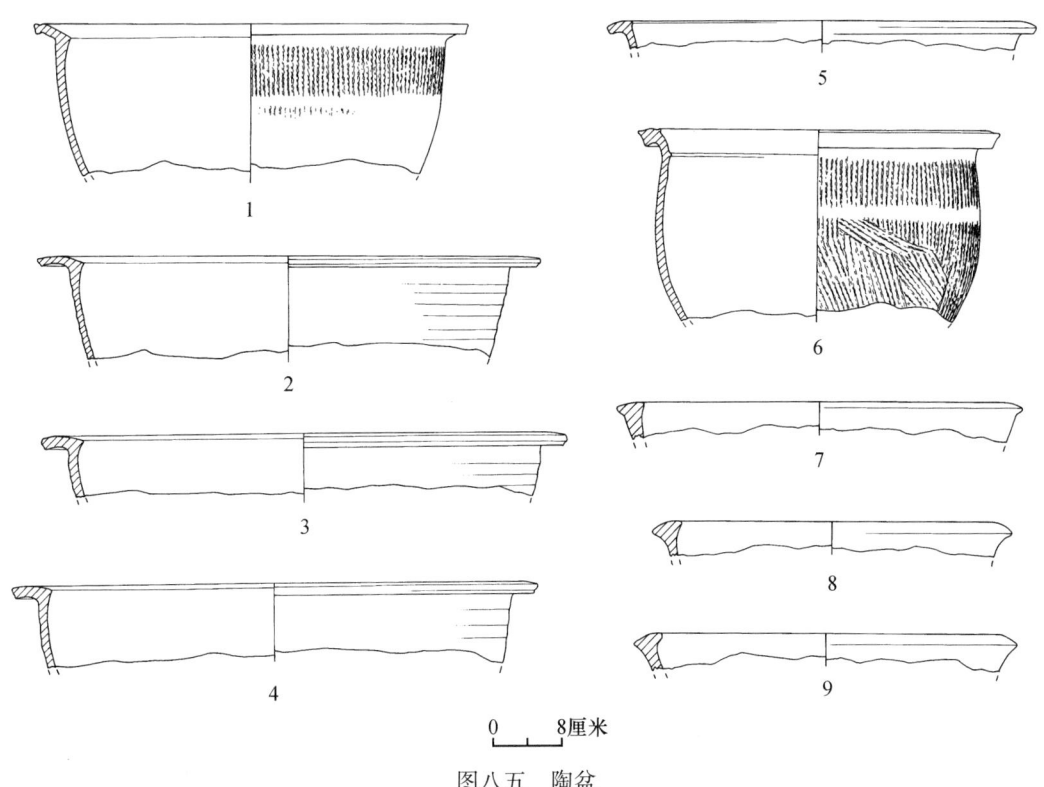

图八五　陶盆

1. A型Ⅰ式（2006YY西ⅠT31夯土基址②：1）　2～4. A型Ⅱ式（2007YY西ⅠTG1⑤：1、2007YY东T7⑥：1、2006YY西ⅠT4④：1）　5、6. B型（2007YY东T1⑨：1、2006YY西ⅠT16H116：1）　7～9. C型（2006YY西ⅠT9④：3、2006YY西ⅠT1④A：2、2007YY东T7⑥：3）

2006YY西ⅠT16H116：1，平折沿，方唇，深鼓腹。上腹部饰竖绳纹，下腹部饰交错绳纹。口径32、残高16.4厘米（图八五，6）。

C型　5件。折沿极窄。

2006YY西ⅠT9④：3，敛口，窄折沿略下仰，沿面略弧，尖唇。口径36、残高3.2厘米（图八五，7）。

2006YY西ⅠT1④A：2，敛口，窄折沿下仰，沿面弧，尖唇。口径32、残高3厘米（图八五，8）。

2007YY东T7⑥：3，敛口，窄折沿下仰，沿面弧，尖唇。口径34、残高3.2厘米（图八五，9）。

2006YY西ⅠT32H295：3，窄平折沿，方唇。

2007YY西ⅠT4H86：4，窄平折沿，沿面弧，尖唇。

七、钵

4件。

2007YY西ⅠTG1⑤：3，下部残。方唇，深弧腹。口径17.2、残高6.4厘米（图八六，1）。

2006YY西ⅠT29J10：1，方圆唇，直口微内收，弧腹，平底微凹。口径14.8、底径7.2、高6.8厘米（图八六，2；图版二八，4）。

2006YY西ⅠT1⑤：5，下部残。胎厚，唇近方，腹较深。口径13.7、残高3.4厘米（图八六，3）。

2006YY西ⅠT1⑤：4，下部残。圆唇，深腹。口径18.3、残高4.2厘米。

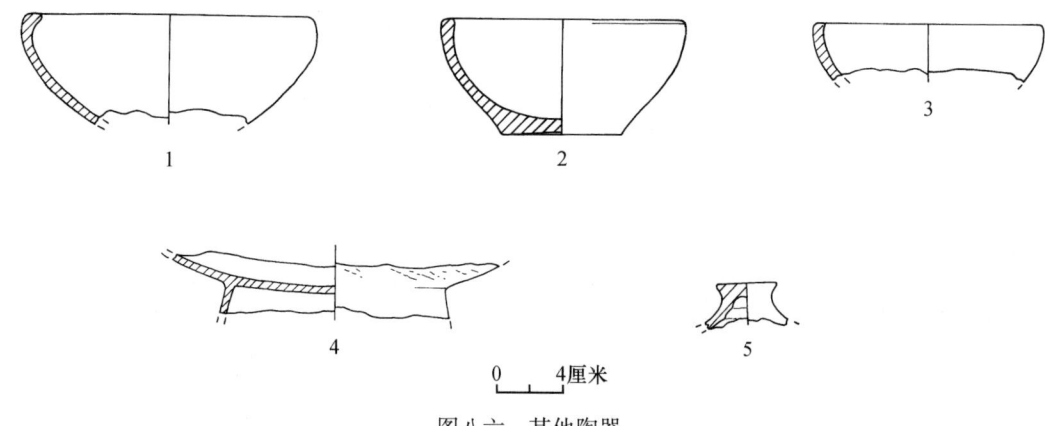

图八六　其他陶器

1～3.钵（2007YY西ⅠTG1⑤：3、2006YY西ⅠT29J10：1、2006YY西ⅠT1⑤：5）
4.圈足（2006YY西ⅠT31夯土②：2）　5.盖纽（2006YY西ⅠT6G1：3）

八、圈　　足

1件。

2006YY西ⅠT31夯土②：2，泥质灰陶。足残径14、残高3.8厘米（图八六，4）。

九、盖　　纽

1件。

2006YY西ⅠT6G1：3，泥质灰陶。饼状。平顶，束腰。纽径3.6、残高2.6厘米（图八六，5）。

第二节　铜　　器

5件。包括铃、镜、镞、镈四类。

一、铃

1件。

2006YY西ⅡT5⑤：1，铜铃，仅存顶部。半圆形穿孔，合瓦形顶。穿孔宽0.4、高0.3厘米，顶长径1.25、短径1.2、厚0.07厘米。

二、镜

1件。

2007YY西ⅠT18⑥：20，铜镜，仅存一小截边缘。截面呈梯形。残长6.5、上缘宽0.9、下缘宽1.2、厚0.39厘米。

三、镞

2件。

2007YY西ⅠT16⑤：1，残。镞身截面呈三棱锥形，镞叶微斜翘，镞铤呈圆条状。残长3.7、镞身长2.2、镞叶宽1、镞铤直径0.8厘米（图八七，1；图版九六，4）。

2007YY西ⅠT5⑤：1，残。镞身呈三角形。前锋和后锋均残。脊向外鼓。本倾斜。关截面呈弧方形。铤逐渐变细，截面呈六边形，残。残长4.3、镞身残长2.7、镞叶宽1.3、镞铤残长1.6厘米（图八七，2；图版九六，3）。

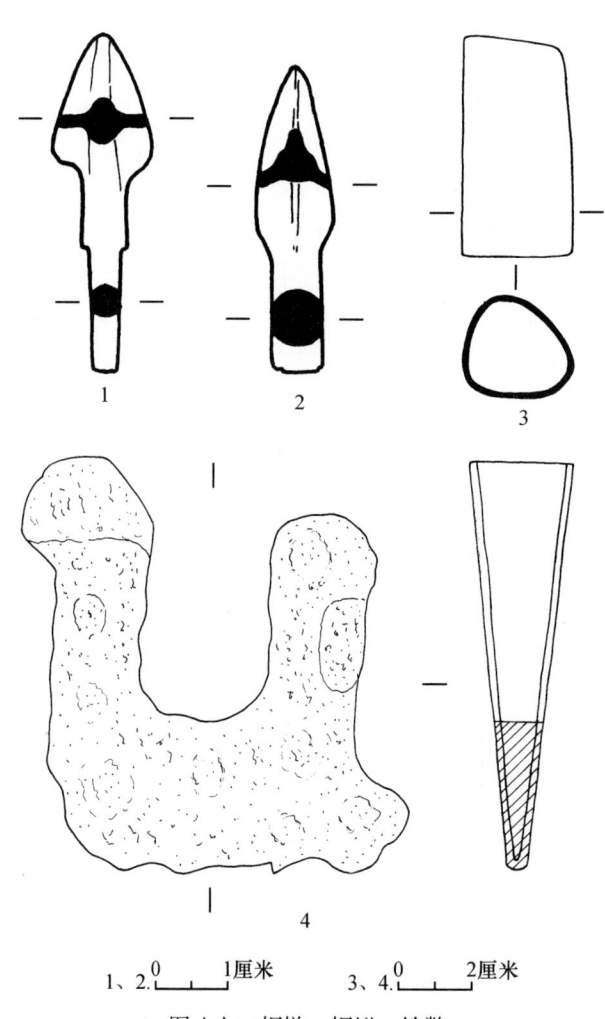

图八七　铜镞、铜镈　铁錾

1、2.铜镞（2007YY西ⅠT16⑤：1、2007YY西ⅠT5⑤：1）　3.铜镈（2006YY西ⅠT4G4：1）
4.铁錾（2007YY东T42006G1：1）

四、镈

1件。

2006YY西ⅠT4G4：1，铜镈。筒状，横截面弧边三角形，底内凹。长5.8、长径2.95、短径2.5、厚0.15厘米（图八七，3；图版九六，5）。

第三节 铁 器

仅有錾1件。

2007YY东T42006G1∶1，即铁臿口。"U"形，上部中空。长10.5、宽7.4厘米（图八七，4；图版一〇〇，4）。

第四节 贝、螺、骨

161件。包括骨器、货贝及螺等。

一、货 贝

总计154枚。根据长度大小分为二型。

A型　大贝，长度在2.1厘米以上，略显宽大饱满。

共计19枚，其中2006YY西ⅠT16G4出土2枚，2006YY西ⅠT24M3出土1枚，2006YY西ⅠT24M7出土3枚，2006YY西ⅠT24M9出土1枚，2006YY西ⅠT26M15出土5枚，2006YY西ⅠT24M18出土1枚，2006YY西ⅠT26M19出土2枚，2006YY西ⅠT26M21出土1枚，2006YY西ⅠT25M24出土3枚。

2006YY西ⅠT24M7∶2-1，近椭圆形，平背。贝面有唇、齿，唇间距较大。背残，穿孔不明。贝长径2.7、短径1.9厘米（图八八，1）。

2006YY西ⅠT26M15∶1-1，近椭圆形，弧背。贝面有唇、齿，唇间距较大。背面穿孔大，位于一端，椭圆形。贝长径2.3、短径1.7厘米。穿孔长径0.9、短径0.75厘米（图八八，2）。

2006YY西ⅠT26M15∶1-2，近椭圆形，弧背。贝面有唇、齿，唇间距较大。背面穿孔大，位于一端，椭圆形。贝长径2.15、短径1.7厘米。穿孔长径0.6、短径0.5厘米（图八八，3）。

2006YY西ⅠT16G4∶1-1，近椭圆形，平背。贝面有唇、齿，唇间距较大。背残，穿孔不明。贝长径2.4、短径1.8厘米。

2006YY西ⅠT24M3∶3，近椭圆形，弧背。贝面有唇、齿，唇间距较大。背面穿孔大，位于一端，椭圆形。贝长径2.2、短径1.7厘米。穿孔长径0.6、短径0.45厘米。

2006YY西ⅠT24M7∶2-2，近椭圆形，平背。贝面有唇、齿，唇间距较大。背残，穿孔不明。贝长径2.1、短径1.5厘米。

2006YY西ⅠT24M7∶2-3，近椭圆形，平背。贝面有唇、齿，唇间距较大。背残，穿孔不明。贝长径2.1、短径1.5厘米。

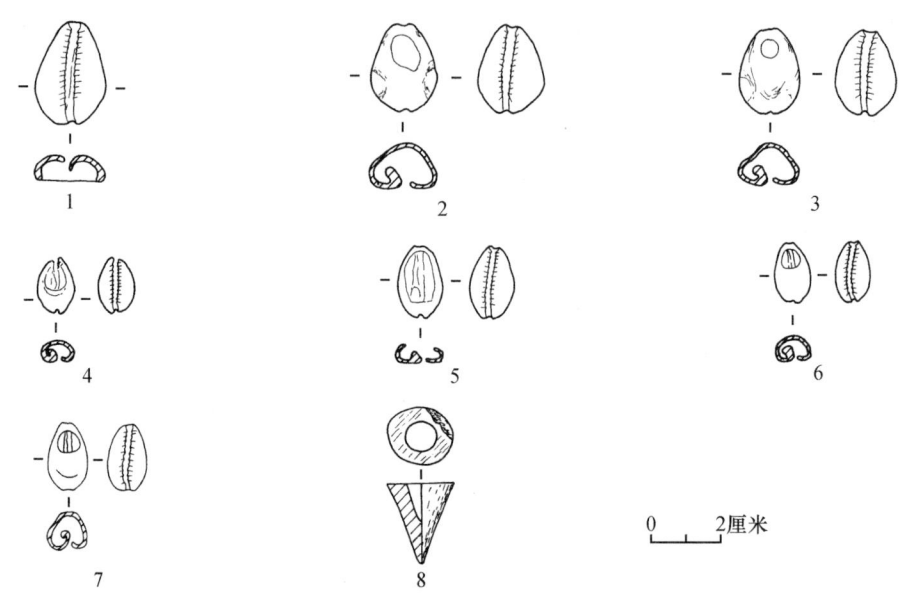

图八八　货贝、骨器

1~3.A型货贝（2006YY西ⅠT24M7∶2-1、2006YY西ⅠT26M15∶1-1、2006YY西ⅠT26M15∶1-2）
4~7.B型货贝（2006YY西ⅠT24M6∶1-1、2006YY西ⅠT24M6∶2-1、2006YY西ⅠT24M9∶3-1、2006YY西ⅠT24M17∶2-1）
8.骨器（2006YY西ⅠT24M11∶1）

2006YY西ⅠT24M9∶3-2，近椭圆形，弧背。贝面有唇、齿，唇间距较大。背面穿孔大，位于一端，圆形。贝长径2.2、短径1.5厘米。穿孔直径0.6厘米。

2006YY西ⅠT25M24∶2-2，近椭圆形，弧背。贝面有唇、齿，唇间距较大。背面穿孔大，位于一端，椭圆形。贝长径2.3、短径1.6厘米。穿孔长径1、短径0.9厘米。

2006YY西ⅠT25M24∶2-3，近椭圆形，弧背。贝面有唇、齿，唇间距较大。背面穿孔大，位于一端，椭圆形。贝长径2.3、短径1.5厘米。穿孔长径1、短径0.8厘米。

B型　小贝，长度在2厘米以下，略显瘦小狭长。

共计135枚，其中2006YY西ⅠT24M3出土4枚，2006YY西ⅠT24M4出土24枚，2006YY西ⅠT24M5出土10枚，2006YY西ⅠT24M6出土22枚，2006YY西ⅠT24M7出土4枚，2006YY西ⅠT24M9出土10枚，2006YY西ⅠT24M11出土2枚，2006YY西ⅠT26M13出土1枚，2006YY西ⅠT24M16出土4枚，2006YY西ⅠT24M17出土7枚，2006YY西ⅠT24M18出土2枚，2006YY西ⅠT26M19出土4枚，2006YY西ⅠT24M22出土5枚，2006YY西ⅠT25M24出土36枚。

2006YY西ⅠT24M6∶1-1，近椭圆形，弧背。贝面有唇、齿，唇间距较小。背面穿孔大，位于一端，椭圆形。贝长径1.4、短径1厘米。穿孔长径0.8、短径0.7厘米（图八八，4）。

2006YY西ⅠT24M6∶2-1，近椭圆形，弧背。贝面有唇、齿，唇间距较小。背残，穿孔不明。贝长径1.8、短径1.2厘米（图八八，5）。

2006YY西ⅠT24M9∶3-1，近椭圆形，弧背。贝面有唇、齿，唇间距较小。背面穿孔小，位于一端，椭圆形。贝长径1.5、短径0.9厘米。穿孔长径0.58、短径0.4厘米（图八八，6）。

2006YY西ⅠT24M17∶2-1，近椭圆形，平背。贝面有唇、齿，唇间距较大。背残，穿孔不明。贝长径1.5、短径1.0厘米（图八八，7；图版一一一，1）。

2006YY西ⅠT24M3∶2，近椭圆形，弧背。贝面有唇、齿，唇间距较小。背面穿孔大，位于一端，椭圆形。贝长径1.55、短径1.1厘米。穿孔长径0.7、短径0.55厘米。

2006YY西ⅠT24M4∶2-1，近椭圆形，平背。贝面有唇、齿，唇间距较大。背残，穿孔不明。贝长径1.7、短径1.2厘米。

2006YY西ⅠT24M5∶1-1，近椭圆形，平背。贝面有唇、齿，唇间距较大。背残，穿孔不明。贝长径1.9、短径1.3厘米。

2006YY西ⅠT24M6∶1-2，近椭圆形，弧背。贝面有唇、齿，唇间距较小。背面穿孔小，位于一端，圆形。贝长径1.5、短径0.9厘米。穿孔直径0.5厘米。

2006YY西ⅠT24M6∶2-2，近椭圆形，弧背。贝面有唇、齿，唇间距较小。背残，穿孔不明。贝长径1.77、短径1.1厘米。

2006YY西ⅠT24M9∶1-1，近椭圆形，平背。贝面有唇、齿，唇间距较大。背残，穿孔不明。贝长径1.5、短径1.0厘米。

2006YY西ⅠT26M19∶1-1，近椭圆形，弧背。贝面有唇、齿，唇间距较小。背面穿孔大，位于一端，近椭圆形。发现于墓主右脚边。贝长径1.57、短径1.1厘米。穿孔长径0.7、短径0.57厘米。

2006YY西ⅠT24M22∶1-1，近椭圆形，平背。贝面有唇、齿，唇间距较大。背残，穿孔不明。发现于墓主右脚边。贝长径1.8、短径1.1厘米。

2006YY西ⅠT24M22∶2-1，近椭圆形，弧背。贝面有唇、齿，唇间距较小。背残，穿孔不明。贝长径1.65、短径1厘米。

2006YY西ⅠT25M24∶2-1，近椭圆形，弧背。贝面有唇、齿，唇间距较小。背面穿孔小，位于一端，近椭圆形。贝长径1.6、短径1.1厘米。穿孔长径0.4、短径0.3厘米（图版一一一，2）。

二、螺

计6枚。其中4枚完整、2枚残。

2006YY西ⅠT24M9∶3-3，残长2、残宽1.5厘米。

2006YY西ⅠT24M9∶1-2，长0.9、宽0.7厘米。

2006YY西ⅠT24M3∶4，长1.8、宽1.6厘米。

2006YY西ⅠT24M5∶1，残长1.6、残宽0.9厘米。

2006YY西ⅠT24M11∶2-1，长1、宽0.9厘米。

2006YY西ⅠT24M7∶1-1，长0.9、残宽0.8厘米。

三、骨　器

1件。

2006YY西ⅠT24M11∶1，骨笄帽，帽檐微残。圆锥状。半中空。帽顶尖状。长2.2、最大直径1.5、檐宽0.3厘米（图八八，8；图版一一〇，3）。

第五节　钱　币

共计12枚。包括铜蚁鼻钱、半两钱、五铢钱、货泉等。

一、蚁　鼻　钱

1枚。

2007YY东T13⑦∶1，铜蚁鼻钱。贝形。上端锈蚀。隐约可见阴文"朱"字。长2、宽1.05、厚0.25厘米（图八九，1）。

二、半　两　钱

1枚。

2007YY西ⅠT20③∶6，圆形方穿。钱文小篆"半两"，右读。字形略有隶书味道，字体较长，单薄，结构松散呆板，字划软弱无力。"半"字下横与字体同宽，"两"字上横略短。直径2.3、穿径0.8、厚0.1厘米，重2.74克（图八九，2）。

三、五　铢　钱

8枚。据钱体完整程度不同分为二型。

A型　6枚。钱体完整。圆形方穿，面背外郭宽阔，面无内郭。钱文"五铢"二字右读。"五"字略窄，中间交叉两笔弯曲。"铢"字"金"旁头呈大三角状，"朱"字头圆折。

2007YY西ⅠT5③∶14，直径2.5、穿径1、厚0.1厘米，重2.66克（图八九，3）。

2006YY西ⅠT16H58∶1，直径2.5、穿径1、厚0.14厘米，重3.15克（图八九，4）。

2007YY东T10③∶1，直径2.5、穿径0.9、厚0.095厘米，重2.47克。

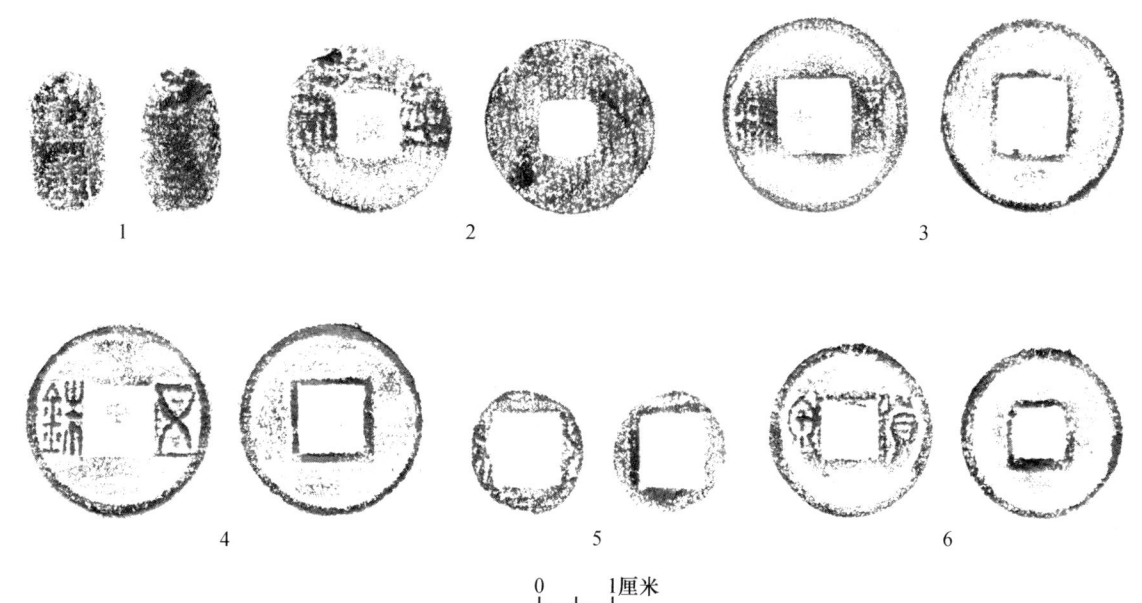

图八九　先秦汉魏钱币
1. 铜蚁鼻钱（2007YY东T13⑦：1）　2. 半两钱（2007YY西ⅠT20③：6）　3、4. A型五铢钱（2007YY西ⅠT5③：14、2006YY西ⅠT16H58：1）　5. B型五铢钱（2006YY西ⅠT4①：1）　6. 货泉（2007YY东T11②：2）

2007YY西ⅠT1①：6，直径2.3、穿径1、厚0.1厘米，重1.38克。

2006YY西ⅠT4H54⑨：39，直径2.3、穿径0.8、厚0.11厘米，重2.21克。

2007YY西ⅠT13H6：1，直径2.4、穿径1、厚0.065厘米，重1.78克。

B型　2枚。剪边钱。

2006YY西ⅠT4①：1，钱体外圈被剪凿，钱肉窄，因而穿孔显得极大，形如鹅眼。钱体轻小。钱文"五铢"，"五"中间交叉两笔与上下两横相交处呈内敛状。直径1.5、穿径0.9、厚0.05厘米，重0.61克（图八九，5）。

2006YY西ⅡT3①：2，直径2.1、穿径1、厚0.04厘米，重0.88克。

四、货　泉

2枚。圆形方穿，面背外郭宽阔，面无内郭。钱文悬针篆"货泉"，右读，"泉"字直竖中断。

2007YY东T11②：2，直径2.2、穿径0.7、厚0.14厘米，重2.75克（图八九，6）。

2007YY东T3⑪：3，直径2.1、穿径0.6、厚0.11厘米，重1.61克。

下 编
金元时期遗存

第一章 遗 迹

禹州阳翟故城遗址共清理金元时期遗迹918处，包括灰坑、窑、井、灶、沟、路、墙、红烧土面、白灰面、墓葬等，还包括4处性质不明遗迹。

第一节 灰 坑

禹州阳翟故城遗址共清理金元时期灰坑841个，其中142个灰坑形状结构不明。据平面形状不同分为八型。

A型　102个。平面呈圆形或近圆形。据结构不同分为七亚型。

Aa型　27个。直壁，平底。

其中平面呈圆形者12个。包括2006YY西ⅠT2H18、2006YY西ⅠT7H102、2007YY东T13H104、2007YY西ⅠT1H7、2007YY西ⅠT2H368、2007YY西ⅠT3H299、2007YY西ⅠT4H26、2007YY西ⅠT4H113、2007YY西ⅠT7H28、2007YY西ⅠT7H315、2007YY西ⅠT13H289。附时代不明者1个：2007YY西ⅠT4H126。

2006YY西ⅠT2H18

位于2006YY西ⅠT2东北部，方向90°。平面呈圆形，直壁，平底。填土黄色，质地疏松，夹杂大量料姜石。开口距地表25厘米，口径156厘米，深48厘米，底径156厘米。出土大量泥质素面灰陶片，白、黑、黄瓷片，可辨器形有瓷枕残片。此外还出土有砖瓦、碎骨等。打破H27（图九〇）。

2007YY西ⅠT4H26

位于2007YY西ⅠT4东南部，方向90°。平面呈圆形，直壁，平底。填土灰色，质地疏松，含较多草木灰。开口距地表30厘米，直径124～126厘米，深46厘米。被H25打破（图九一）。

平面呈近圆形者15个。包括2006YY西ⅠT2H20、2006YY西ⅠT4H88（斜底）、2006YY西ⅠT6H44（底不明）、2006YY西ⅠT7H118、2006YY西ⅠT10H10、2006YY西ⅠT15H90、2006YY西ⅠT25H234、2006YY西ⅠT25H238、2006YY西ⅠT29H260、2006YY西ⅠT32H288、2007YY东T7H103、2007YY西ⅠT1H167、2007YY西ⅠT1H185、2007YY西ⅠT2H330、2007YY西ⅠT7H30。

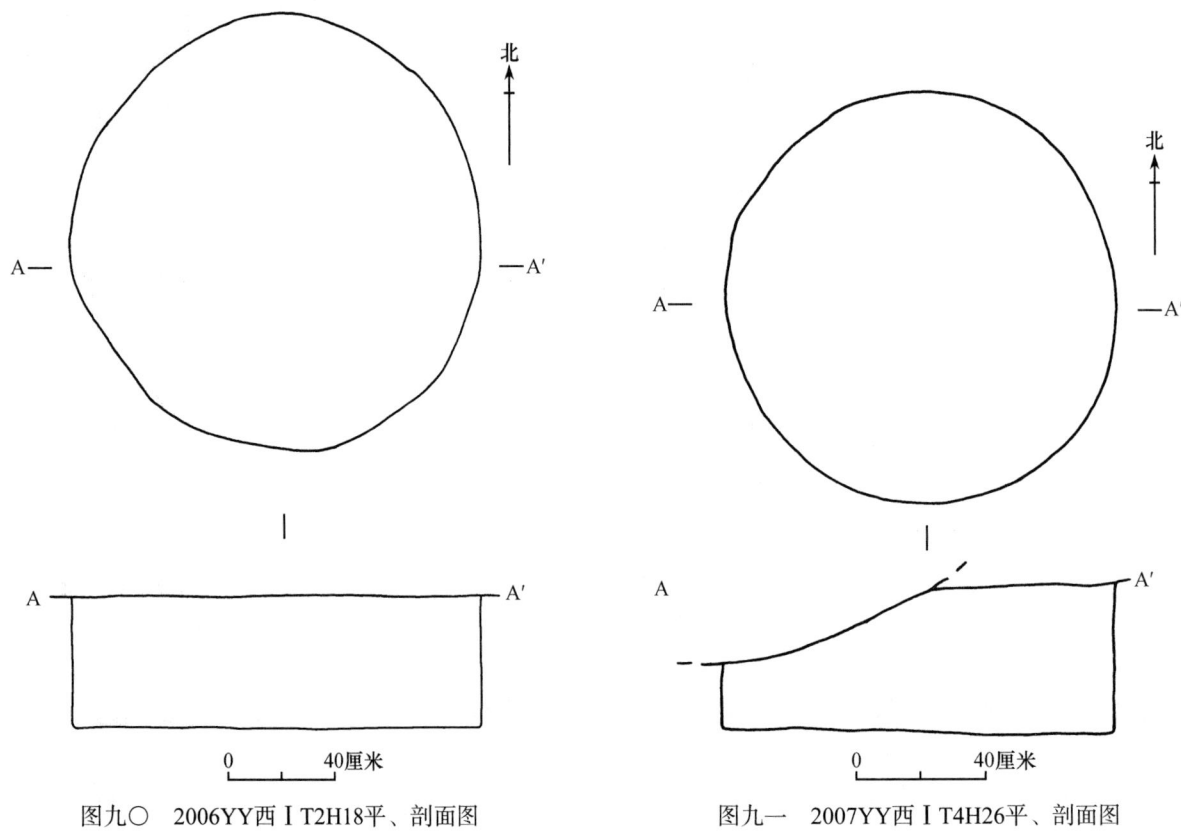

图九〇　2006YY西ⅠT2H18平、剖面图　　　　图九一　2007YY西ⅠT4H26平、剖面图

2006YY西ⅠT10H10

位于2006YY西ⅠT10西南部，方向8°。平面呈近圆形，直壁，平底。填土分5层。第1层浅灰褐色，质地松软，厚12～28厘米。第2层炭灰土，质地松软，厚4～8厘米。第3层红烧土，质地松软，厚4～10厘米。第4层炭灰土，质地松软，厚2～6厘米。第5层浅黄土，质地松软，厚10～14厘米。开口距地表33厘米，长径156厘米，短径148厘米，深50厘米。出土泥质素面青灰色砖瓦块及少量白瓷片。打破H24（图九二）。

2006YY西ⅠT29H260

位于2006YY西ⅠT29中部，方向90°。平面呈近圆形，直壁，平底。填土浅灰色，质地松软，含有草木灰、红烧土颗粒、炭粒及陶瓷片、碎骨、砖瓦块、石料、残铁片等。开口距地表29厘米，长径172厘米，短径163厘米，深139厘米。被H262打破（图九三）。

2007YY东T7H103

位于2007YY东T7中南部，方向107°。平面呈近圆形，直壁，平底。填土浅灰色，质地适中，含白灰粒、烧土、炭粒。开口距地表50厘米，直径146厘米，深72厘米。出土少量素面灰陶瓦片和白、青瓷片。打破H122、H124（图九四）。

Ab型　3个。平面呈近圆形，直壁，圜底。包括2006YY西ⅠT19H154、2006YY西ⅠT20H103、2006YY西ⅠT20H149。

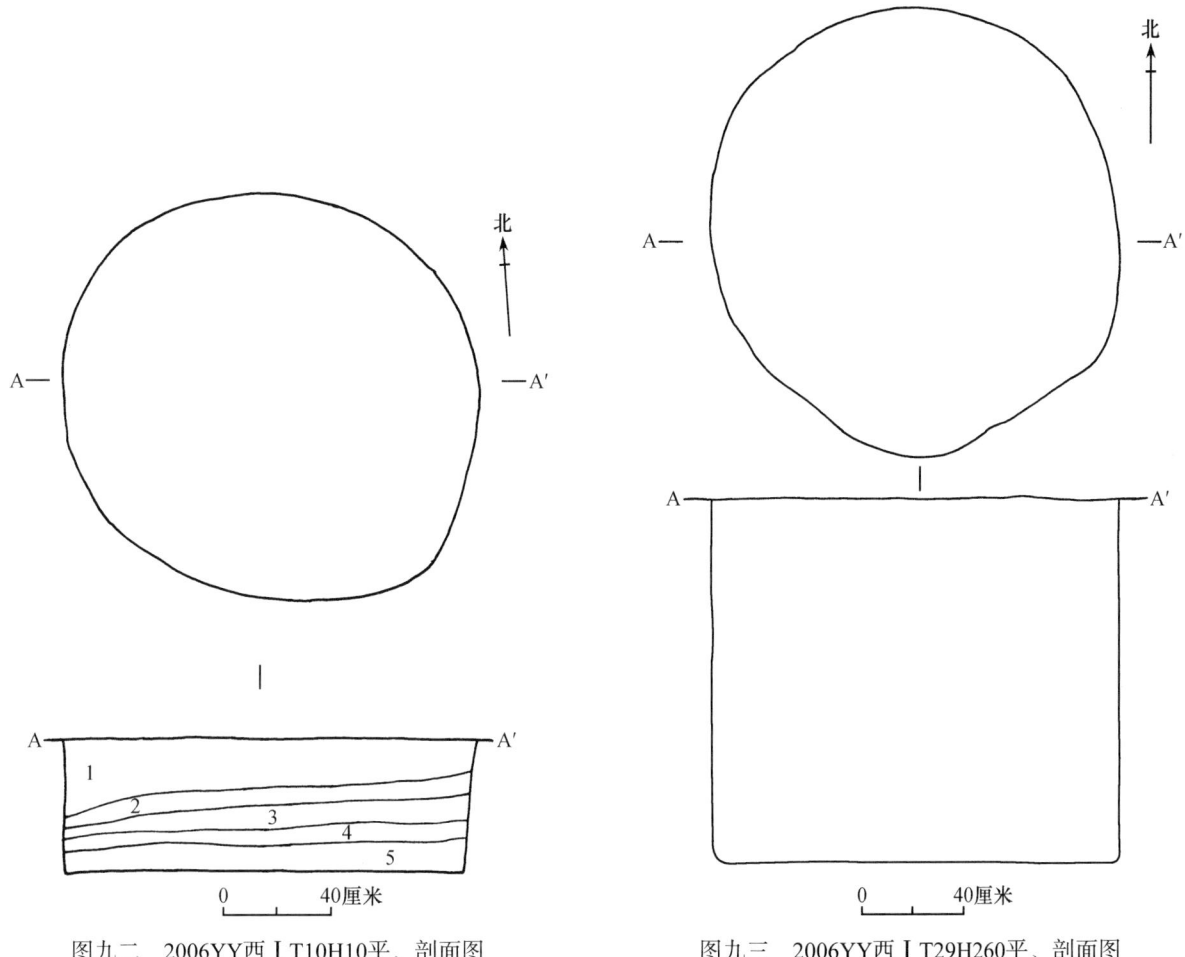

图九二　2006YY西ⅠT10H10平、剖面图　　　　图九三　2006YY西ⅠT29H260平、剖面图

2006YY西ⅠT19H154

位于2006YY西ⅠT19西南，方向25°。平面呈近圆形，直壁，圜底略有起伏。填土深褐色，质地松软，含有少量红烧土颗粒和料姜石颗粒。开口距地表43厘米，长径70厘米，短径65厘米，深33厘米。出土泥质青灰色素面陶片和少量白瓷片。打破G4（图九五）。

Ac型　27个。斜壁，平底。

其中平面呈圆形者9个。包括2006YY西ⅠT4H43、2006YY西ⅠT4H50、2006YY西ⅠT11H67、2006YY西ⅠT16H95、2006YY西ⅠT23H198、2006YY西ⅠT27H180、2006YY西ⅠT28H186、2007YY西ⅠT10H202。附时代不明者1座：2006YY西ⅠT11H146。

2006YY西ⅠT23H198

位于2006YY西ⅠT23东部，方向102°。平面呈圆形，斜壁，平底。填土黄褐色，夹杂炭粒、烧土颗粒。开口距地表71厘米，直径216厘米，深32厘米。出土骨器1件，同出大量泥质灰陶片，瓦片和少量白、绿、黑瓷片及骨骼、砖块等（图九六）。

2006YY西ⅠT27H180

位于2006YY西ⅠT27中东部，方向90°。平面呈圆形，斜壁，平底较规整。填土深灰色，

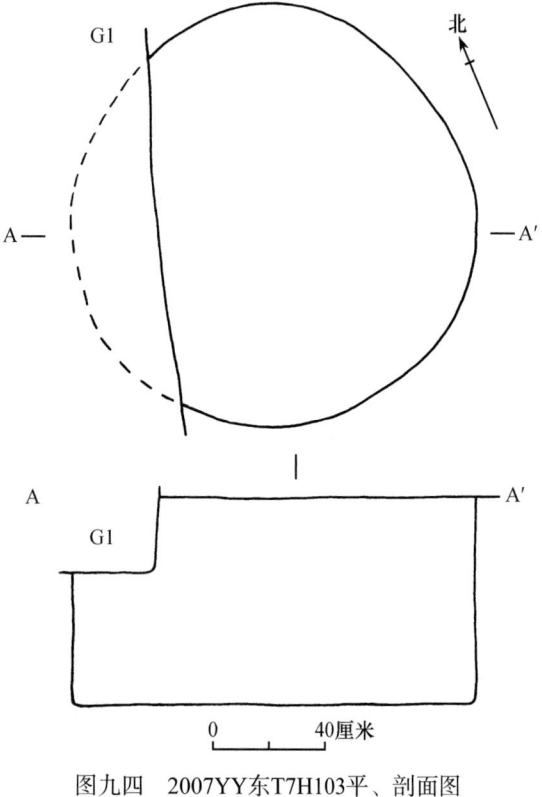

图九四　2007YY东T7H103平、剖面图

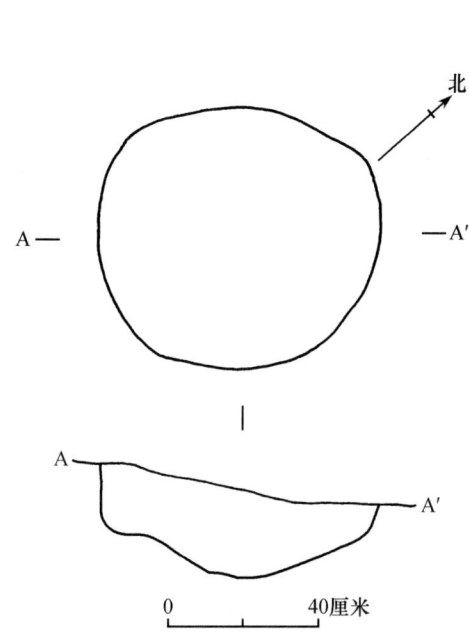

图九五　2006YY西ⅠT19H154平、剖面图

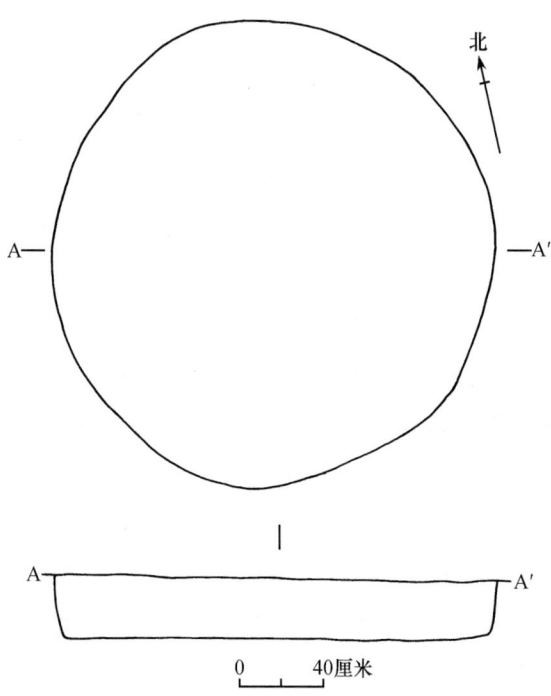

图九六　2006YY西ⅠT23H198平、剖面图

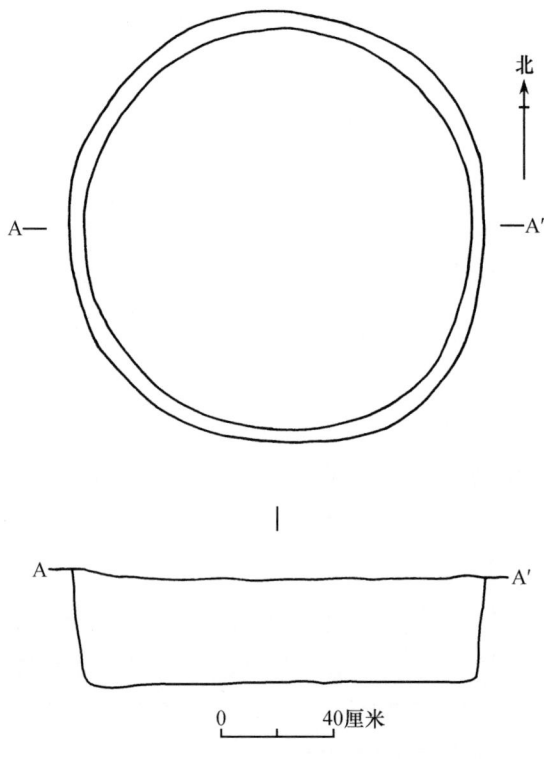

图九七　2006YY西ⅠT27H180平、剖面图

质地适中，含有炭灰、烧土、料姜石。开口距地表30厘米，口径150厘米，深70厘米，底径140厘米（图九七）。

平面呈近圆形者18个。包括2006YY西ⅠT1H19（半，底不明）、2006YY西ⅠT1H42（半）、2006YY西ⅠT1H59（弧壁、底不平）、2006YY西ⅠT4H65、2006YY西ⅠT8H75、2006YY西ⅠT8H166、2006YY西ⅠT9H15、2006YY西ⅠT10H56、2006YY西ⅠT10H113、2006YY西ⅠT11H62（底不规则）、2006YY西ⅠT28H188、2007YY东T8H51、2007YY西ⅠT1H49、2007YY西ⅠT6H36、2007YY西ⅠT8H197、2007YY西ⅠT9H276、2007YY西ⅠT23H14。附时代不明者1座：2006YY西ⅠT29H292。

2006YY西ⅠT1H59

位于2006YY西ⅠT1北部，方向180°。平面呈近圆形，弧壁，底不平。填土灰褐色，土质疏松，夹杂大量红烧土颗粒和料姜石。开口距地表30厘米，长径150厘米，短径140厘米，深25厘米。出土瓷碗，同出泥质素面灰陶片，白、青瓷片及砖瓦块等。打破H60（图九八）。

2006YY西ⅠT8H75

位于2006YY西ⅠT8西北部，方向356°。平面呈近圆形，斜壁，平底。填土灰褐色，土质

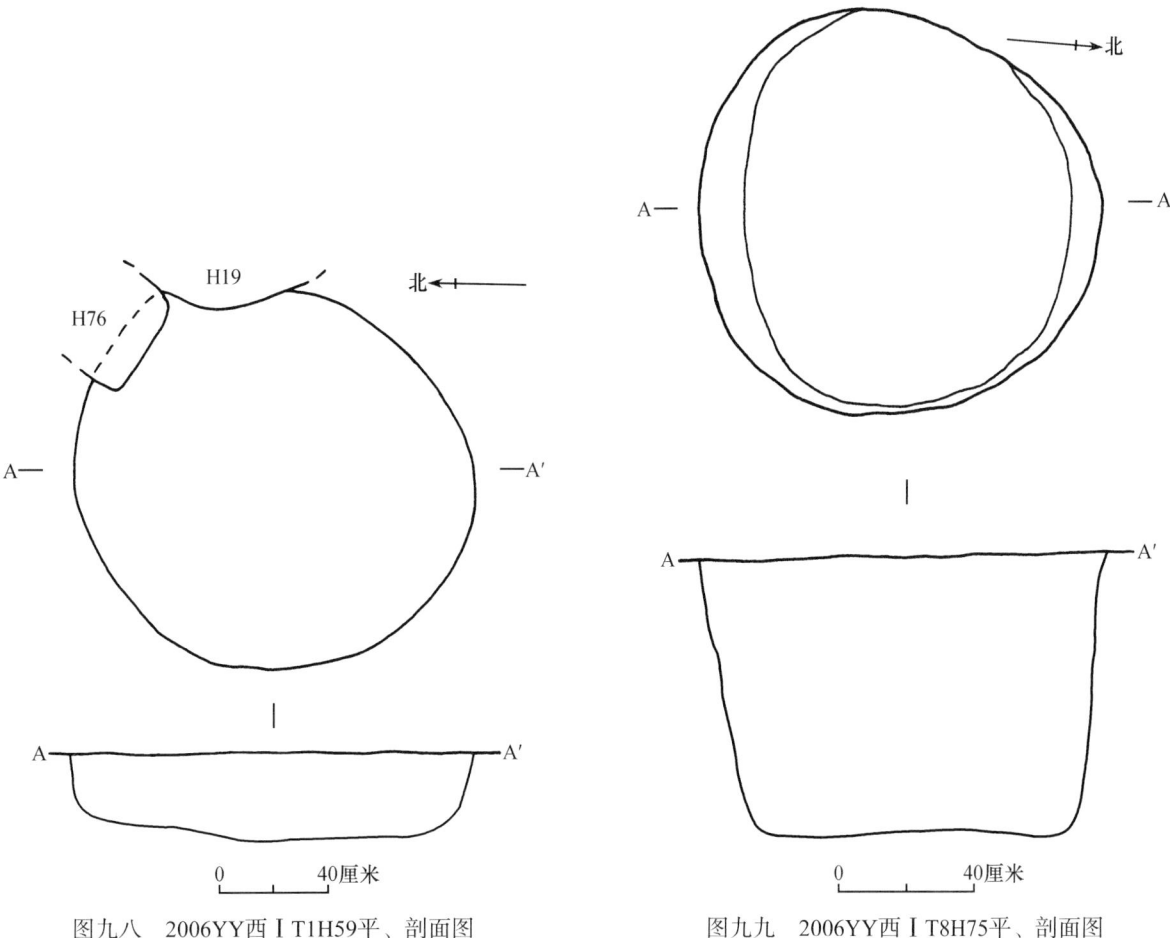

图九八　2006YY西ⅠT1H59平、剖面图　　　　图九九　2006YY西ⅠT8H75平、剖面图

疏松，夹杂红烧土颗粒。开口距地表35厘米，口径118～120厘米，深79厘米，底径100～102厘米。出土钱币，同出泥质陶片、白瓷片及泥质绳纹灰色瓦片等。打破H93（图九九）。

2006YY西ⅠT9H15

位于2006YY西ⅠT9西部，方向90°。平面呈近圆形，斜壁，近平底。填土褐色，土质疏松，包含大量炭粒、烧土粒等。开口距地表35厘米，口径116～124厘米，深30厘米，底径75～96厘米。出土泥质素面灰陶片和白、褐瓷片（图一〇〇）。

2007YY西ⅠT8H197

位于2007YY西ⅠT8东南部，方向102°。平面呈近圆形，斜壁，近平底。填土深灰色，土质疏松，包含炭粒、白色料姜石。开口距地表75厘米，直径89厘米，深18～22厘米。出土少量素面夹砂灰陶片和瓷片（图一〇一）。

Ad型 6个。斜壁，圜底。

其中平面呈圆形者2个。包括2006YY西ⅠT16H58、2007YY西ⅠT7H29。

2006YY西ⅠT16H58

位于2006YY西ⅠT16东北部，方向90°。平面呈圆形，斜壁，东半部坑壁略向外鼓，口大底小，圜底近平。填土灰黑色，质地松软，含有大量炭灰、红烧土及白色料姜石末。开口距地表26厘米，直径110厘米，深90厘米。出土瓷罐、瓷瓶、瓷盏、瓷盘、瓷碗、铜簪、钱币，同出泥质素面黑、灰陶片和黑、黄、绿瓷片等（图一〇二）。

平面呈近圆形者4个。包括2006YY西ⅠT27H173、2007YY东T13H195、2007YY东T15H165、2007YY西ⅠT10H278。

2006YY西ⅠT27H173

位于2006YY西ⅠT27西南角，方向90°。平面呈不规则圆形，斜壁不规则，圜底近平有起

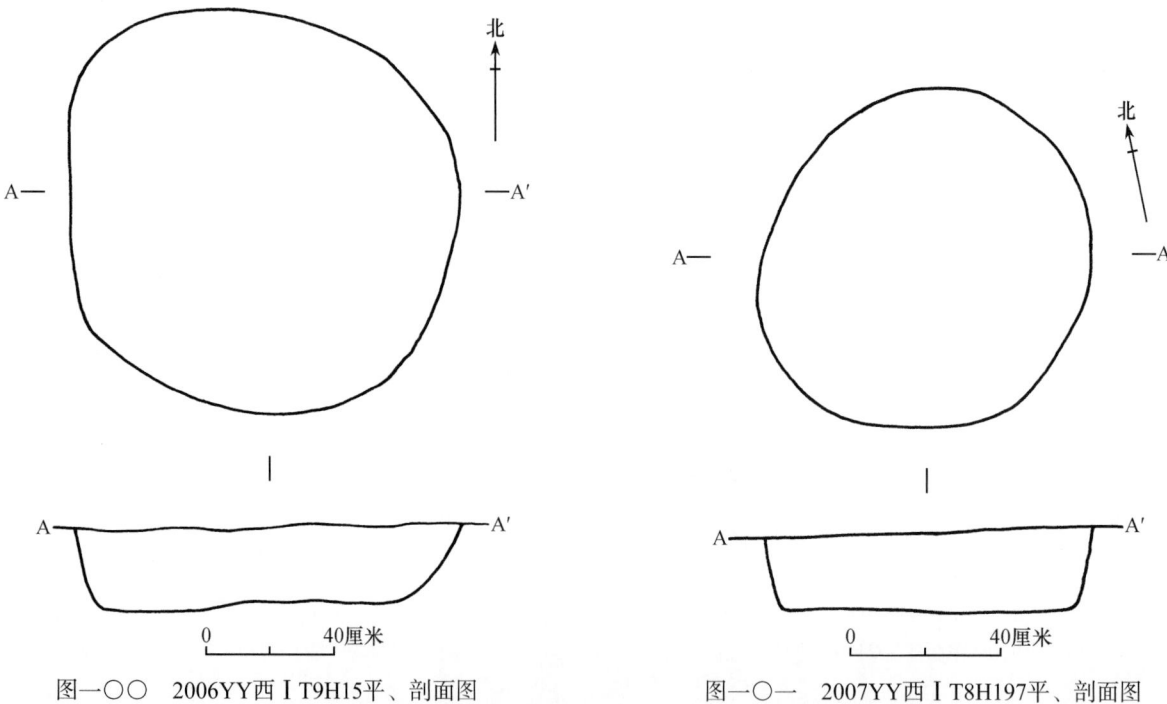

图一〇〇　2006YY西ⅠT9H15平、剖面图　　　　图一〇一　2007YY西ⅠT8H197平、剖面图

伏。填土分2层。第1层灰褐土，质地松散，含有少量炭灰、烧土、白灰粒，厚0~50厘米。第2层黄褐土，质地松散，含有少量炭灰、烧土，厚约170厘米。开口距地表22厘米，长径235厘米，短径222厘米，深220厘米（图一〇三）。

2007YY东T13H195

位于2007YY东T13东南部，方向107°。平面呈不规则圆形，斜壁，圜底。填土黄褐色，土质疏松，含炭粒、红烧土颗粒。开口距地表70厘米，直径108厘米，深22厘米。出土陶棋子1枚，同出泥质素面灰陶片，黑、青瓷片和青灰色砖、泥质灰陶瓦等。打破H198（图一〇四）。

2007YY西ⅠT10H278

位于2007YY西ⅠT10南部，方向90°。平面呈近圆形，斜壁，圜底。填土深褐色夹少量黄褐斑，土质较疏松，含大量炭粒、红烧土颗粒。开口距地表45厘米，直径130厘米，深29厘米。出土陶瓷片和少量动物骨骼。被H252打破（图一〇五）。

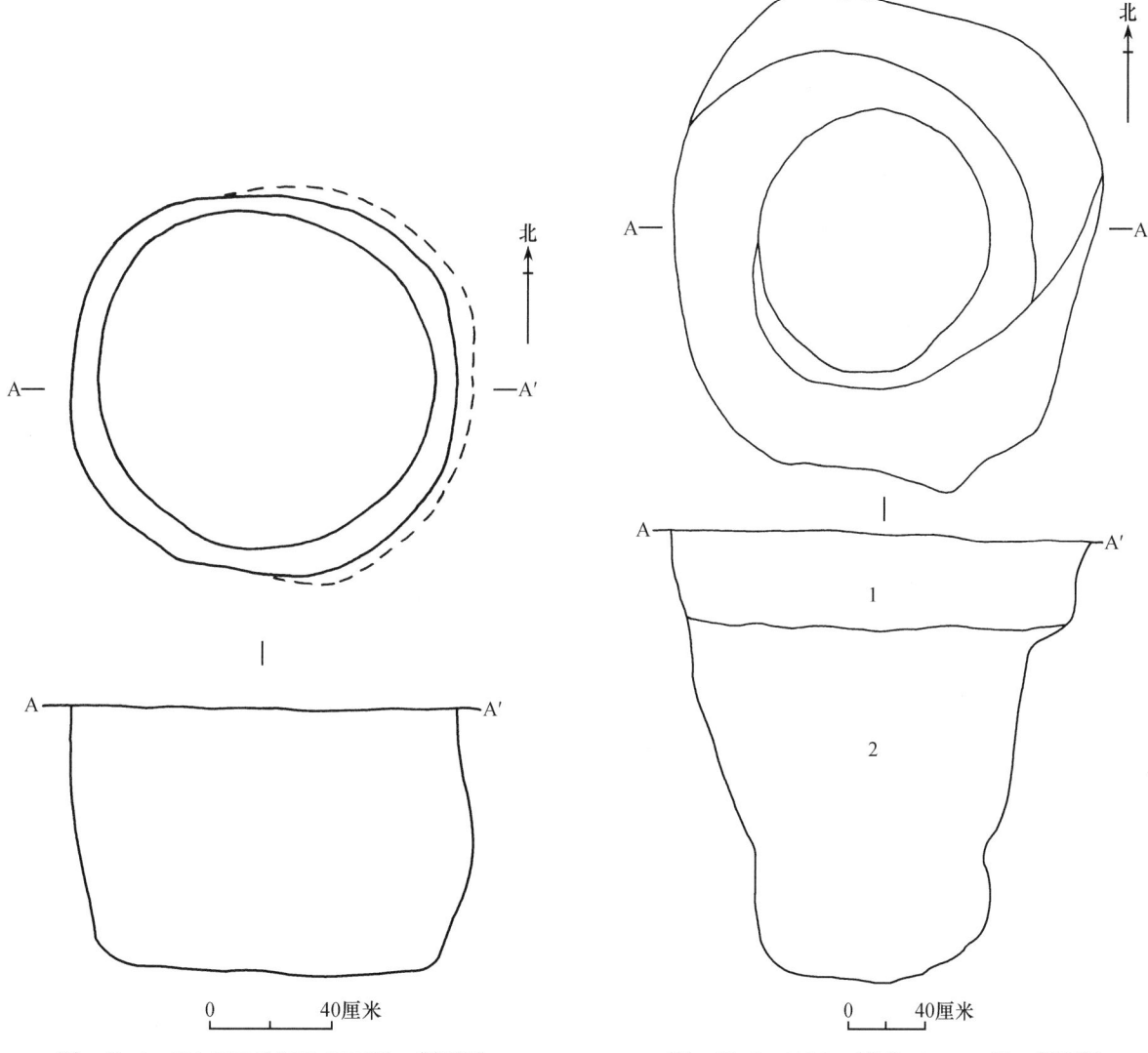

图一〇二　2006YY西ⅠT16H58平、剖面图　　　图一〇三　2006YY西ⅠT27H173平、剖面图

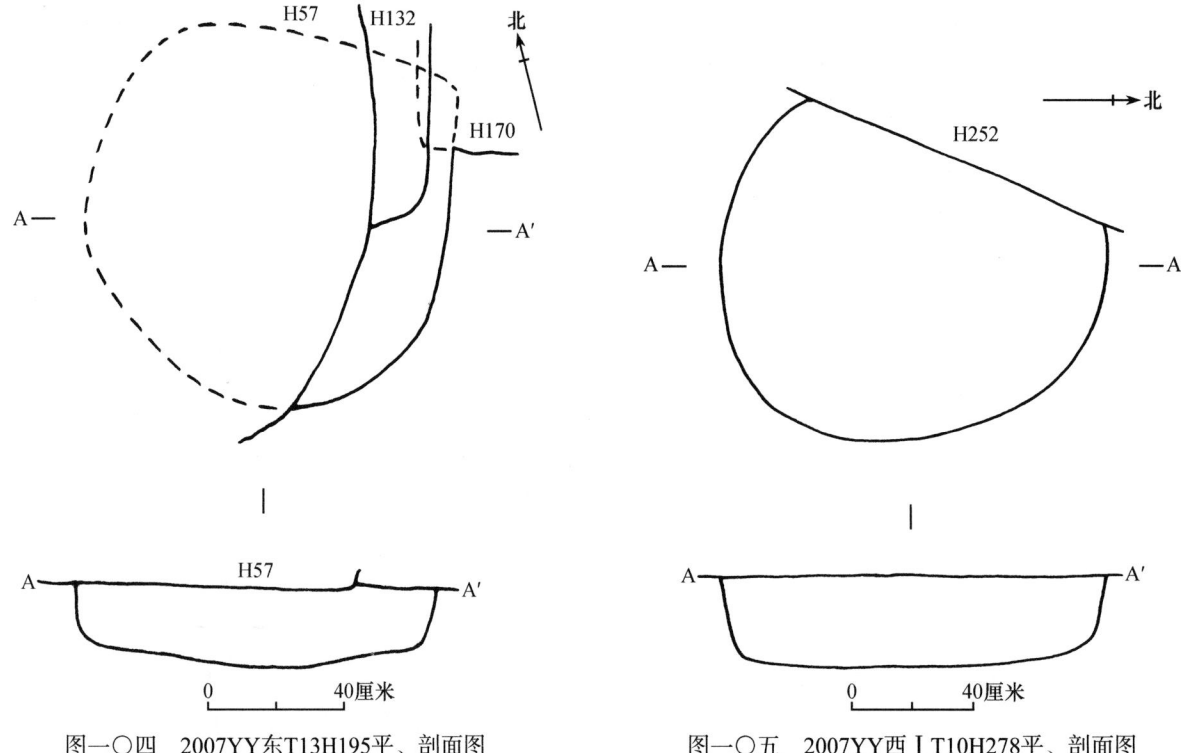

图一〇四　2007YY东T13H195平、剖面图　　　　图一〇五　2007YY西ⅠT10H278平、剖面图

Ae型　9个。弧壁，平底。

其中平面呈圆形者4个。包括2006YY西ⅠT28H191、2007YY东T11H233、2007YY西ⅠT14H138、2007YY西ⅠT18H212。

2007YY东T11H233

位于2007YY东T11中南部，方向17°。平面呈圆形，弧壁，平底有起伏。填土红土，质地致密。开口距地表115厘米，直径96厘米，深20厘米。被H232打破（图一〇六）。

2007YY西ⅠT14H138

位于2007YY西ⅠT14东北部，方向90°。平面呈圆形，弧壁，平底。填土灰土，质地疏松，含较多草木灰和少量红烧土颗粒及炉渣。开口距地表65厘米，直径80厘米，深20～30厘米。出土白瓷片和泥质灰陶片等（图一〇七）。

平面呈近圆形者5个。包括2006YY西ⅠT2H5、2006YY西ⅠT27H176、2007YY西ⅠT15H196。附时代不明者2个：2006YY西ⅠT29H291、2006YY西ⅠT32H293。

2006YY西ⅠT2H5

位于2006YY西ⅠT2北部，方向90°。平面呈近圆形，弧壁，平底。填土分2层。第1层灰褐色，土质疏松，夹杂少量红烧土颗粒、炭灰。第2层灰黑色，土质疏松，夹杂大量炭灰、烧土块。开口距地表25厘米，口径约160厘米，深62厘米，底径约90厘米。出土铜钱，同出较多泥质素面灰陶片，白、黑、黄等瓷片。打破H16（图一〇八）。

2006YY西ⅠT27H176

位于2006YY西ⅠT27南部，方向90°。平面呈不规则圆形，弧壁，平底高低起伏。填土灰褐色，质地适中，含有少量炭粒、白灰粒、料姜石等。开口距地表28厘米，长径260厘米，短径235厘米，深68厘米（图一〇九）。

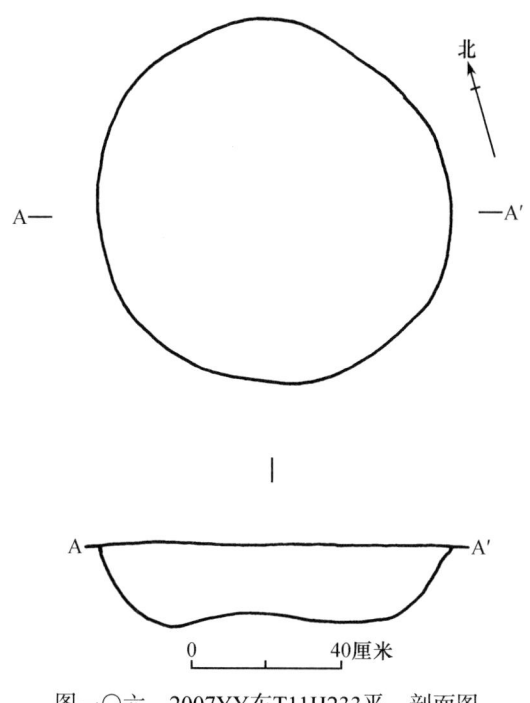

图一〇六　2007YY东T11H233平、剖面图

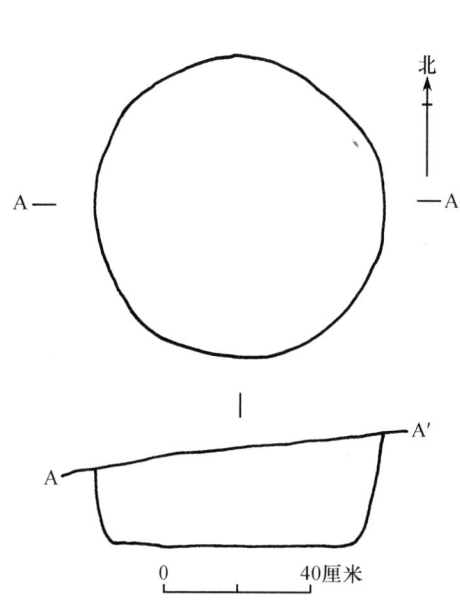

图一〇七　2007YY西ⅠT14H138平、剖面图

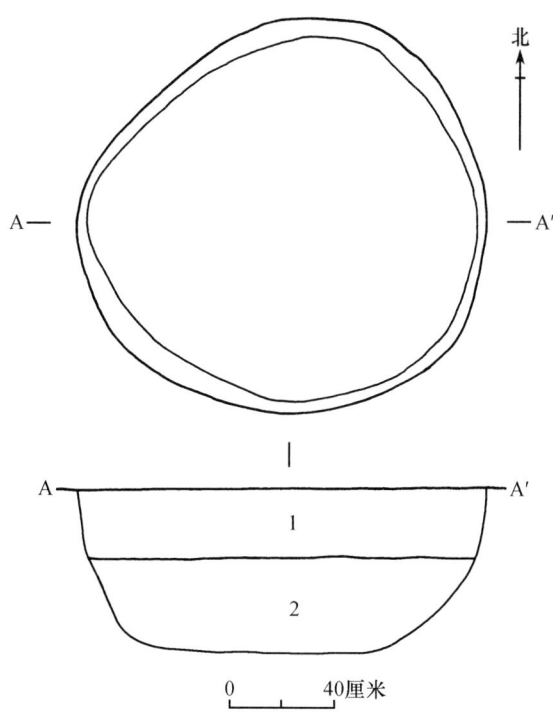

图一〇八　2006YY西ⅠT2H5平、剖面图

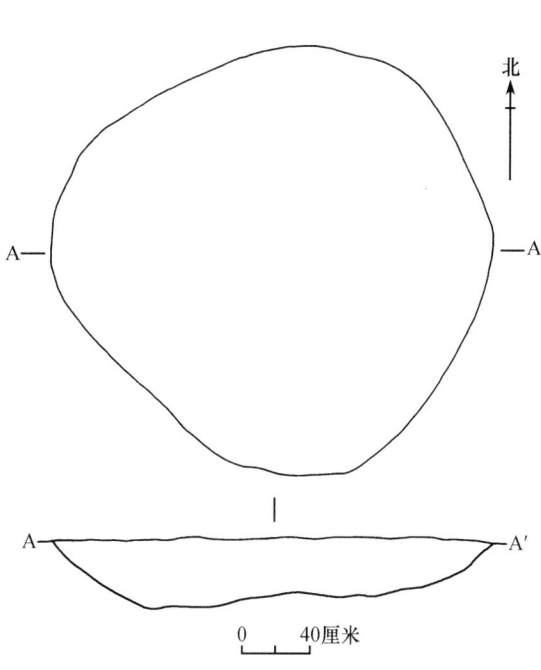

图一〇九　2006YY西ⅠT27H176平、剖面图

Af型　24个。弧壁，圜底。

其中平面呈圆形者4个。包括2006YY西ⅠT11H143、2006YY西ⅠT11H161、2006YY西ⅠT30H209（半）、2007YY西ⅠT12H335。

2006YY西ⅠT11H143

位于2006YY西ⅠT11东部，方向89°。平面呈圆形，弧壁，圜底。填土分2层。第1层黄褐色，质地坚硬，厚约20厘米。第2层黑褐色，质地松软，含有大量草木灰、红烧土颗粒，厚18～20厘米。开口距地表37厘米，直径80厘米，深38厘米。出土绳纹灰、红陶片（图一一〇）。

平面呈近圆形者20个。包括2006YY西ⅠT10H23、2006YY西ⅠT11H68、2006YY西ⅠT11H91、2006YY西ⅠT12H135、2006YY西ⅠT13H174、2006YY西ⅠT16H86、2006YY西ⅠT20H73、2006YY西ⅠT20H137、2006YY西ⅠT20H169、2006YY西ⅠT20H175、2007YY东T2H66、2007YY东T9H130、2007YY东T10H62、2007YY东T11H98、2007YY东T13H107、2007YY东T13H131、2007YY东T15H193、2007YY西ⅠT2H367、2007YY西ⅠT11H107、2007YY西ⅠT20H43。

2006YY西ⅠT20H175

位于2006YY西ⅠT20西北部，方向0°。平面呈近圆形，弧壁，圜底。填土灰色，质地松散，含有烧土和炭灰。开口距地表10厘米，直径70厘米，深56厘米（图一一一）。

2007YY东T11H98

位于2007YY东T11东北部，方向113°。平面呈圆形，弧壁，圜底。填土红褐色，质地疏松，含少量炭粒。开口距地表40厘米，直径73厘米，深16厘米。出土白瓷片。被H75打破（图

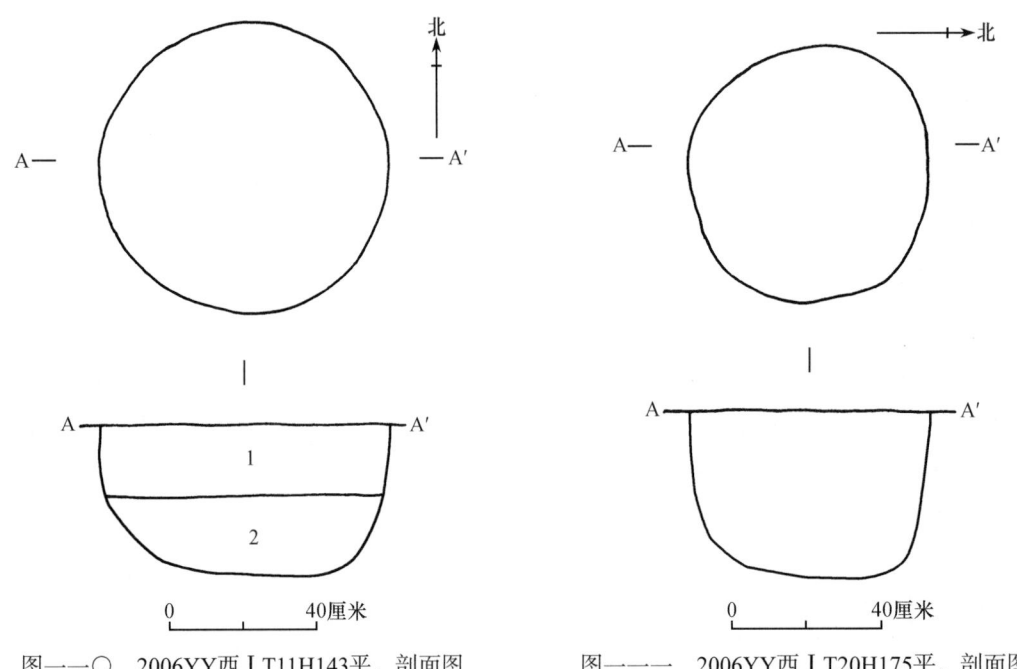

图一一〇　2006YY西ⅠT11H143平、剖面图　　图一一一　2006YY西ⅠT20H175平、剖面图

一一二）。

2007YY西ⅠT2H367

位于2007YY西ⅠT2中部偏西，方向90°。平面呈近圆形，弧壁，圜底近平。填土灰褐色，质地疏松，含较多草木灰和少量烧土。开口距地表75厘米，直径115厘米，深20厘米。出土瓷

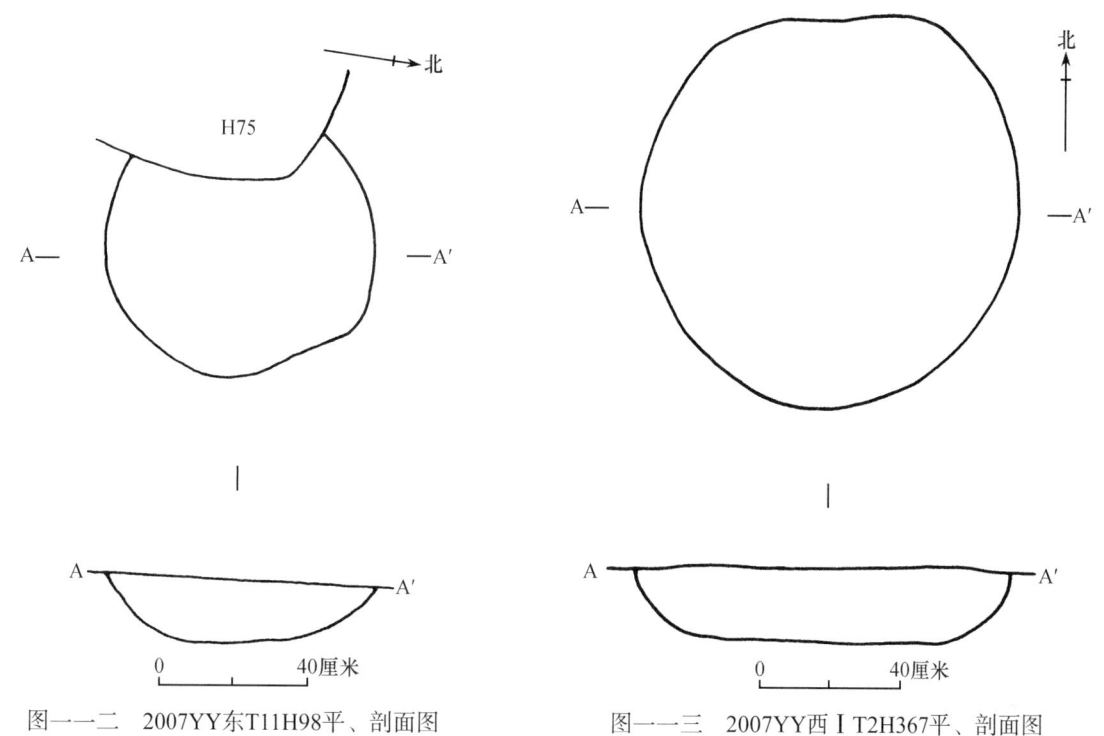

图一一二　2007YY东T11H98平、剖面图　　　　图一一三　2007YY西ⅠT2H367平、剖面图

盏、铁权、铁杵，同出陶瓷片（图一一三）。

Ag型　6个。袋式平底。

其中平面呈圆形者5个。包括2006YY西ⅠT3H192、2006YY西ⅠT25H269、2007YY西ⅠT2H268、2007YY西ⅠT3H254、2007YY西ⅠT10H317（圜底）。

平面呈近圆形者1个。2007YY西ⅠT19H381。

2007YY西ⅠT19H381

位于2007YY西ⅠT19东南角，方向90°。平面呈近圆形，斜壁外扩，呈袋状，平底。填土灰色，质地疏松，含有炭粒、草木灰等。开口距地表130厘米，口径183厘米，深82厘米，底径190厘米。出土瓷盘1件、瓷碗4件、瓷球1件、瓷棋子1件、陶球1件，同出陶瓷片、砖瓦块及大量骨料等（图一一四）。

B型　229个。平面呈椭圆形或近椭圆形。据结构不同分为八亚型。

Ba型　32个。直壁，平底。

其中平面呈椭圆形者10个。包括2006YY西ⅠT2H9、2006YY西ⅠT25H251、2007YY东T3H202、2007YY东T14H135、2007YY西ⅠT1H11、2007YY西ⅠT1H217、2007YY西ⅠT8H233、2007YY西ⅠT16H155、2007YY西ⅠT19H322。附时代不明者1个：2007YY西

ⅠT1H217。

2006YY西ⅠT25H251

位于2006YY西ⅠT25西部，方向325°。平面呈椭圆形，直壁，平底。填土黄褐色，土质较硬，含少量炭粒、红烧土颗粒等。开口距地表30厘米，长径114厘米，短径96厘米，深28厘米。被H244打破（图一一五）。

2007YY东T3H202

位于2007YY东T3东南部，方向148°。平面呈椭圆形，直壁，平底。填土褐色，质地疏松，含煤渣、烧土、炭粒。开口距地表58厘米，长径132厘米，短径114厘米，深62厘米。出土瓷骰子、陶围棋子，同出少量泥质灰陶瓦片、红陶瓦片、白、黑、白底黑花瓷片及动物骨骼等（图一一六）。

2007YY西ⅠT1H217

位于2007YY西ⅠT1南部，方向148°。平面呈椭圆形，直壁，平底。填土黑褐色，质地硬密，包含物较少。开口距地表40厘米，长径90厘米，短径82厘米，深30厘米（图一一七）。

平面呈近椭圆形者22个。包括2006YY西ⅠT7H119、2006YY西ⅠT15H129、2006YY西ⅠT25H250、2006YY西ⅠT25H254、2006YY西ⅠT25H264、2006YY西ⅠT25H265、2006YY西ⅠT25H267、2006YY西ⅠT25H283、2007YY东T13H170、2007YY西ⅠT1H128、2007YY西ⅠT13H38、2007YY西ⅠT14H90、2007YY西ⅠT15H68、2007YY西ⅠT15H120、2007YY西ⅠT16H141、2007YY西ⅠT16H273、2007YY西ⅠT21H55、2007YY西ⅠT21H363、2007YY西ⅠT23H64、2007YY西ⅠT23H70、2007YY西ⅠT25H223。附时代不明者1个：2007YY西ⅠT20H177。

2006YY西ⅠT7H119

位于20006YY西ⅠT7中部，方向21°。平面呈近似椭圆形，直壁，平底。填土灰褐色，土质较致密细腻，夹少量炭粒。开口距地表37厘米，长径64厘米，短径38厘米，深16厘米。被H118打破，打破H134（图一一八）。

2006YY西ⅠT25H264

位于2006YY西ⅠT25西南部，方向25°。平面呈近椭圆形，直壁，平底。填土灰黄色，土质疏松，含炭粒、红烧土颗粒等。开口距地表62厘米，长径144厘米，短径74厘米，深16厘米。出土瓷盘、酱釉瓷盆，同出泥质素面灰陶片，白、酱釉瓷片及泥质青灰色砖等（图一一九）。

2007YY西ⅠT13H38

位于2007YY西ⅠT13南部，方向155°。平面呈近椭圆形，直壁，平底。填土灰色，质地松软，含草木灰和红烧土颗粒。开口距地表38厘米，长径130厘米，短径90厘米，深30~35厘米。出土有瓷片和泥质灰陶片等。打破H42（图一二〇）。

2007YY西ⅠT23H70

位于2007YY西ⅠT23西南部，方向0°。平面呈不规则椭圆形，直壁，平底。填土灰褐色，

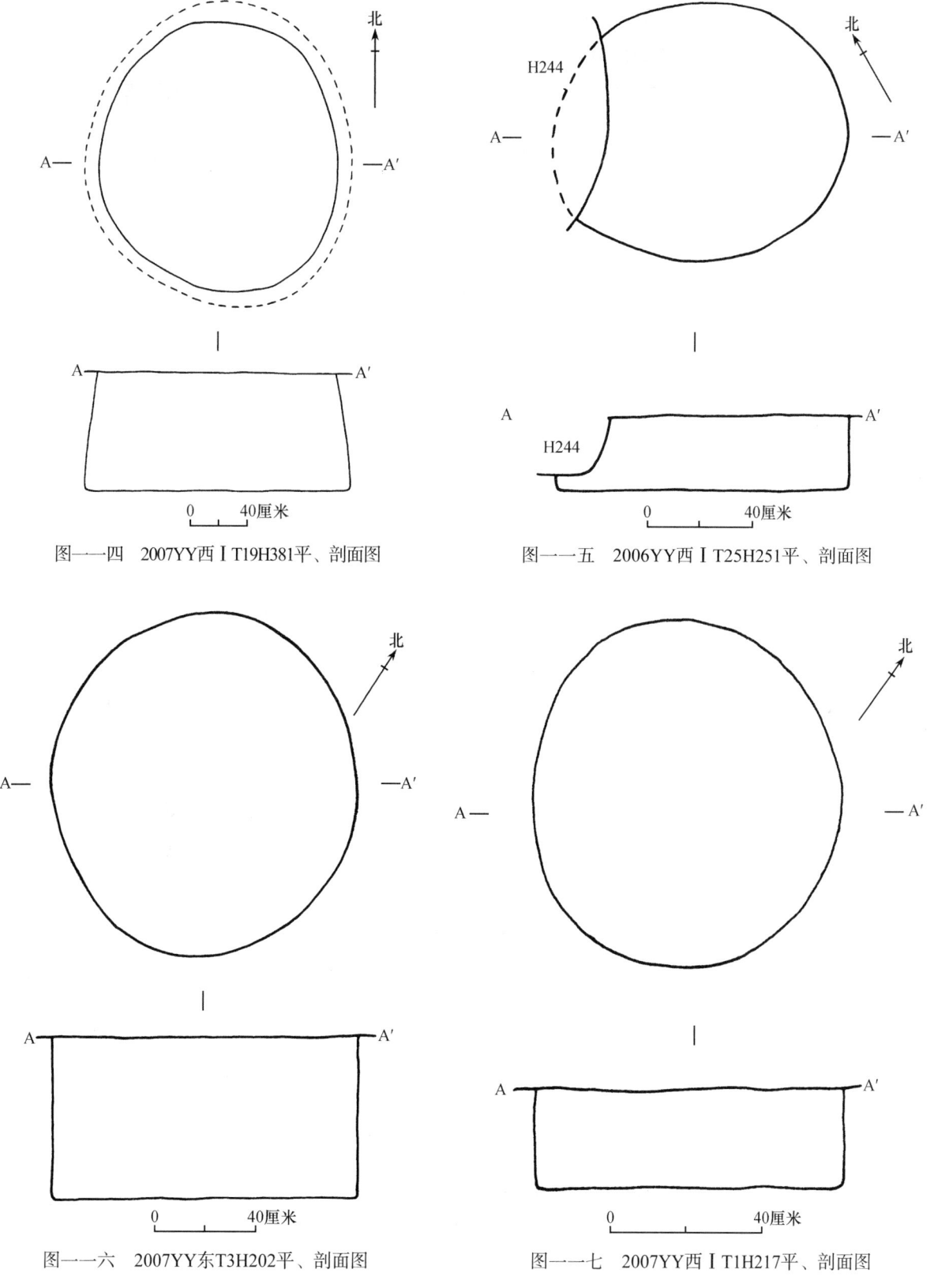

图一一四　2007YY西ⅠT19H381平、剖面图

图一一五　2006YY西ⅠT25H251平、剖面图

图一一六　2007YY东T3H202平、剖面图

图一一七　2007YY西ⅠT1H217平、剖面图

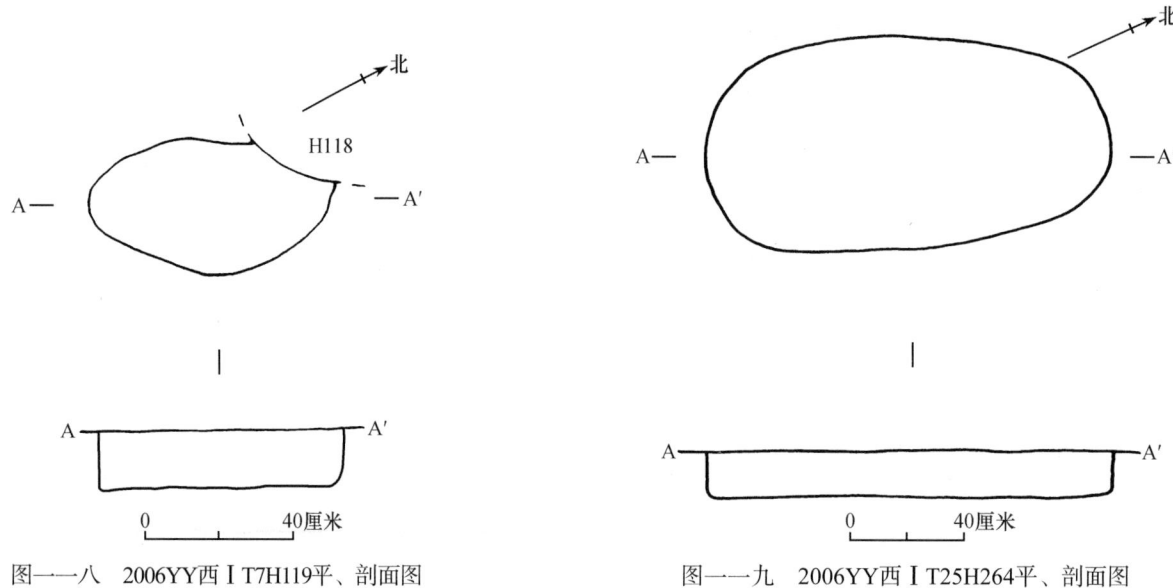

图一一八　2006YY西ⅠT7H119平、剖面图　　　　图一一九　2006YY西ⅠT25H264平、剖面图

质地疏松，夹杂大量草木灰。开口距地表45厘米，长径200厘米，短径80厘米，深24厘米。出土瓷盏、瓷盆、瓷盅、陶骰子、兽角、铁镞及钱币等，同出青、白、白底黑花瓷片。被H63打破（图一二一）。

Bb型　6个。平面呈近椭圆形，直壁，圜底。包括2006YY西ⅠT2H2、2006YY西ⅠT20H150、2007YY西ⅠT1H9、2007YY西ⅠT4H76、2007YY西ⅠT13H159、2007YY西ⅠT21H331。

2006YY西ⅠT2H2

位于2006YY西ⅠT2中部偏西，方向5°。平面呈近椭圆形，直壁，圜底。填土灰褐色，土质疏松，夹杂红烧土颗粒、炭灰及料姜石。开口距地表25厘米，长径220厘米，短径115厘米，深34厘米。出土泥质素面、绳纹灰陶片，白釉瓷片及泥质青灰色砖瓦等（图一二二）。

2007YY西ⅠT1H9

位于2007YY西ⅠT1西部，方向0°。平面呈近椭圆形，直壁，坑底在北部呈向南倾斜的台阶状，南部有圆形下凹，下凹部分直壁，底微圜。坑内填土分2层。第1层黄褐土，质地较密，含较多砖瓦块、料姜石末。第2层灰褐土，质地疏松，含少量砖瓦块、草木灰。开口距地表30厘米，口长径144厘米，短径120厘米，深20～40厘米，底长径114厘米，短径114厘米。出土白、青、白底黑花瓷片。打破H44（图一二三）。

Bc型　63个。斜壁，平底。

其中平面呈椭圆形者15个。包括2006YY西ⅠT4H53、2006YY西ⅠT8H108、2007YY东T2H67、2007YY东T3H55、2007YY东T9H129、2007YY东T13H108、2007YY西ⅠT14H116、2007YY西ⅠT14H117、2007YY西ⅠT16H140、2007YY西ⅠT17H318、2007YY西ⅠT17H292、2007YY西ⅠT18H218、2007YY西ⅠT20H190。附时代不明者2个：2006YY西ⅠT11H144、

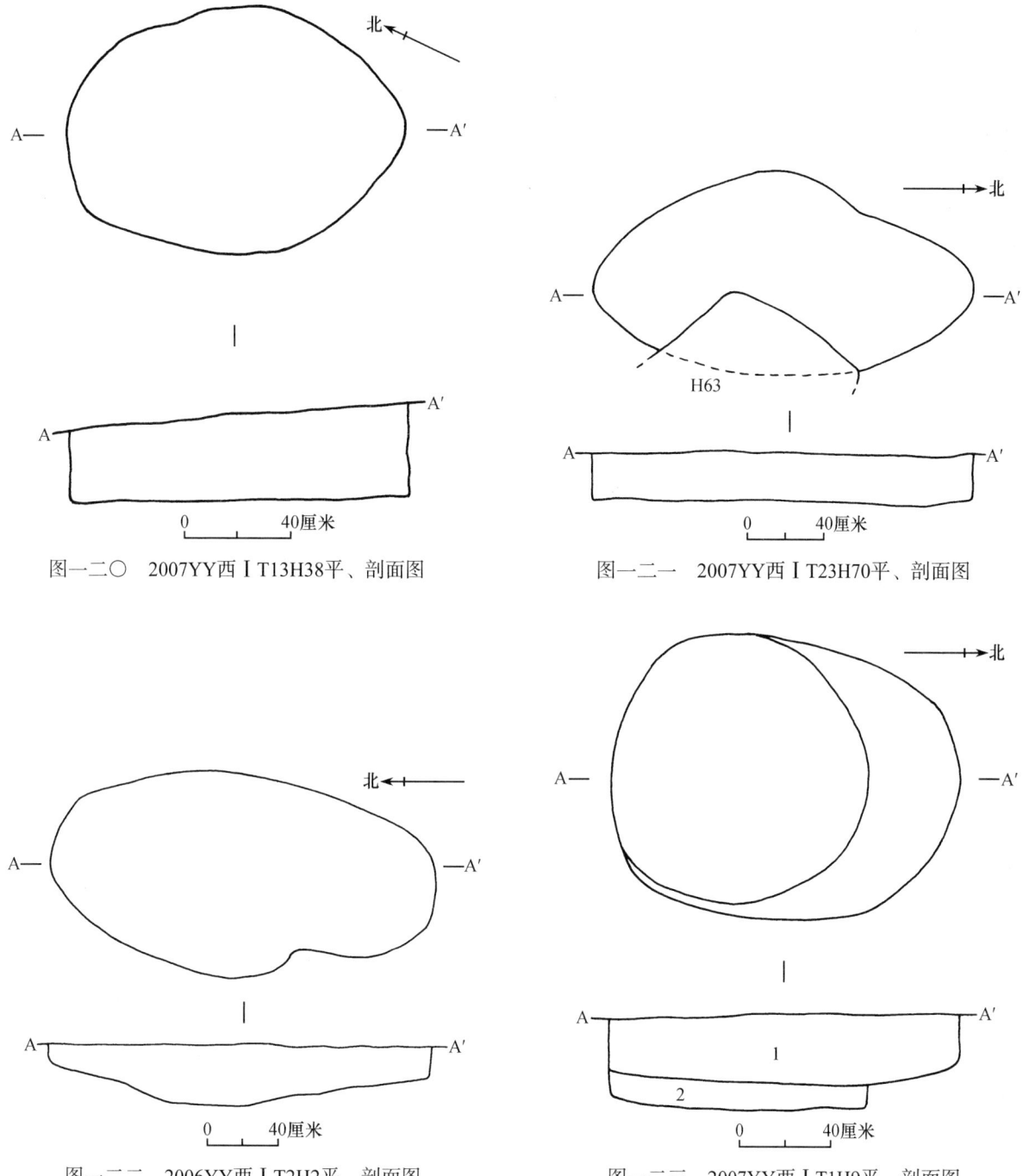

图一二〇　2007YY西ⅠT13H38平、剖面图

图一二一　2007YY西ⅠT23H70平、剖面图

图一二二　2006YY西ⅠT2H2平、剖面图

图一二三　2007YY西ⅠT1H9平、剖面图

2007YY西ⅠT1H131。

2006YY西ⅠT4H53

位于2006YY西ⅠT4西南部，方向90°。平面呈椭圆形，斜壁，平底。填土分2层。第1层红褐色，土质密，夹杂炭粒、料姜石末及红烧土，厚40厘米。第2层灰褐色，土质较疏松，包含少量红烧土块，厚42厘米。开口距地表38厘米，口长径130厘米，短径110厘米，深80厘米，底

长径106厘米，短径90厘米。出土泥质灰陶片、瓷片及残砖块等。打破H54（图一二四）。

2007YY西ⅠT16H140

位于2007YY西ⅠT16东北部，方向150°。平面呈椭圆形，斜壁，平底。填土浅灰色，土质硬，含草木灰、红烧土颗粒、石灰颗粒。开口距地表55厘米，长径158厘米，短径120厘米，深

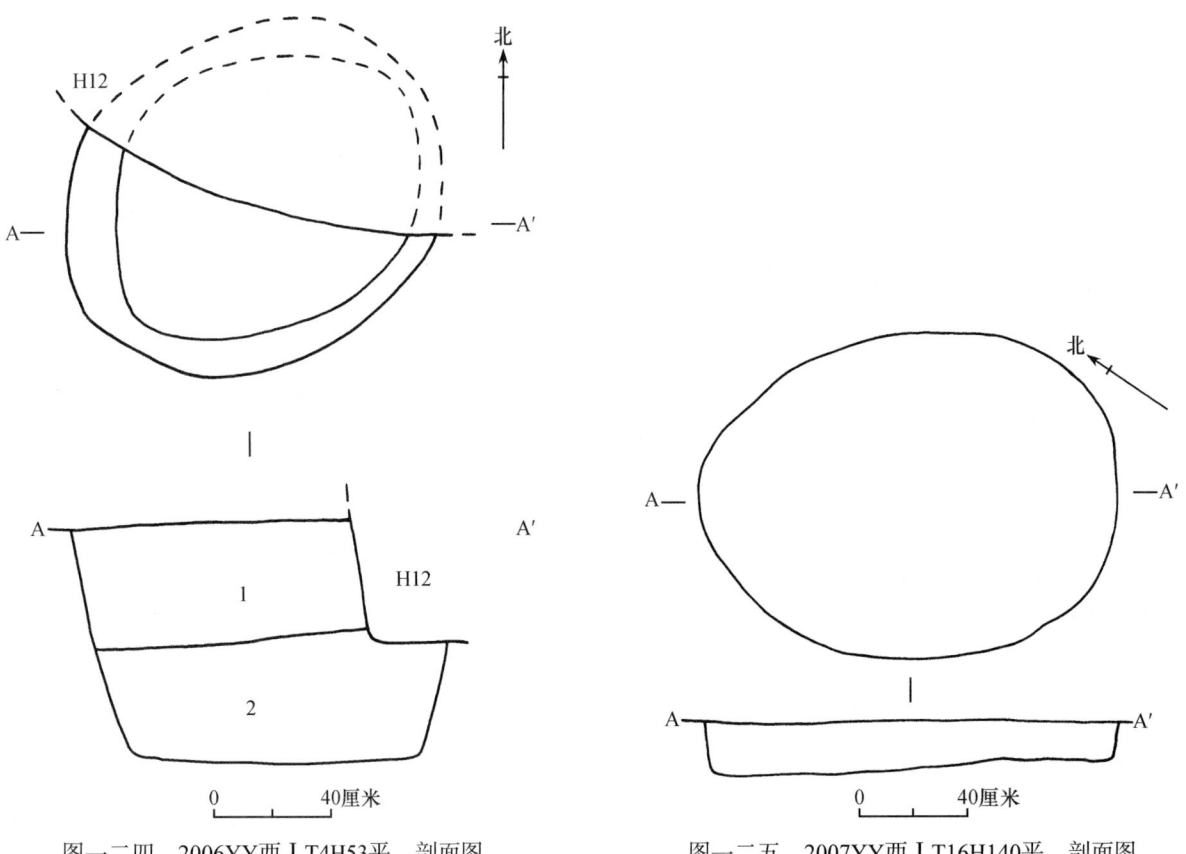

图一二四　2006YY西ⅠT4H53平、剖面图　　　图一二五　2007YY西ⅠT16H140平、剖面图

15～20厘米。打破H200（图一二五）。

2007YY东T2H67

位于2007YY东T2南部，方向31°。平面呈椭圆形，斜壁，近平底。填土浅灰褐色，土质疏松，含草木灰和红烧土颗粒。开口距地表50厘米，长径74厘米，短径62厘米，深22厘米。出土少量泥质素面灰陶片和白瓷等（图一二六）。

2007YY东T3H55

位于2007YY东T3西南部，方向27°。平面呈椭圆形，坑壁内收略呈弧形，底北深南浅，北半部呈圜底，南半部为平底。填土黑褐土，质地疏松。开口距地表44厘米，长径148厘米，短径96厘米，深41厘米。出土白、青、黑等瓷片及少量泥质灰陶片和动物骨骼（图一二七）。

2007YY西ⅠT14H116

位于2007YY西ⅠT14中部，方向125°。平面呈椭圆形，弧壁，平底。填土灰色，质地疏松，含草木灰和红烧土颗粒。开口距地表75厘米，长径100厘米，短径70厘米，深20厘米（图

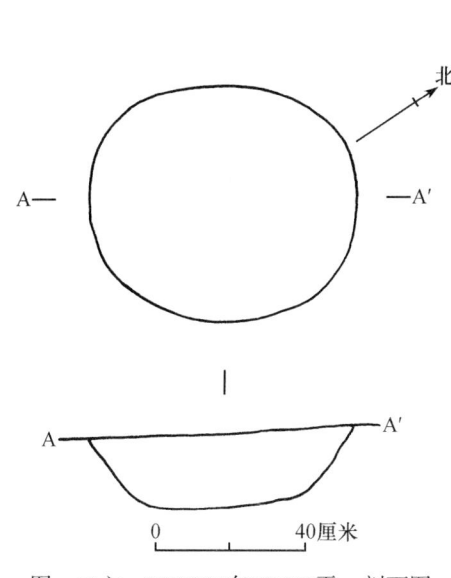

图一二六　2007YY东T2H67平、剖面图

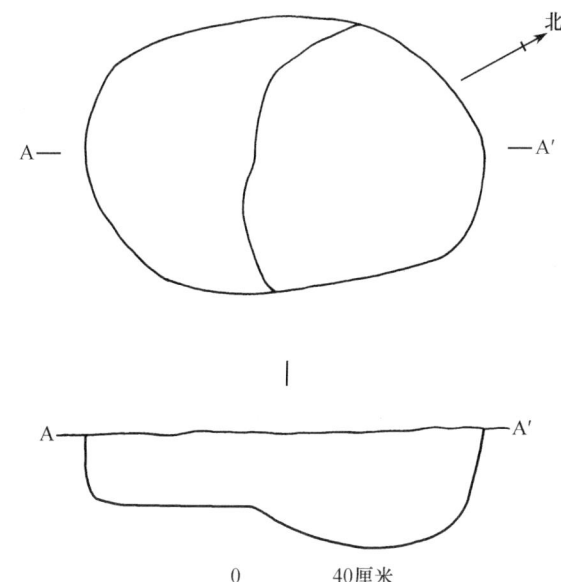

图一二七　2007YY东T3H55平、剖面图

一二八）。

平面呈近椭圆形者48个。包括2006YY西ⅠT2H25、2006YY西ⅠT4H12、2006YY西ⅠT4H54、2006YY西ⅠT5H21、2006YY西ⅠT8H93、2006YY西ⅠT10H55、2006YY西ⅠT12H70、2006YY西ⅠT16H97、2006YY西ⅠT20H112、2006YY西ⅠT20H138、2006YY西ⅠT25H244、2006YY西ⅠT25H268（局部高低不平）、2006YY西ⅠT25H286、2007YY东T5H231、2007YY东T6H175、2007YY东T10H64、2007YY东T10H71、2007YY东T11H38、2007YY东T11H76、2007YY东T11H225、2007YY东T11H228、2007YY东T13H15、2007YY东T13H198、2007YY东T14H136、2007YY西ⅠT1H2、2007YY西

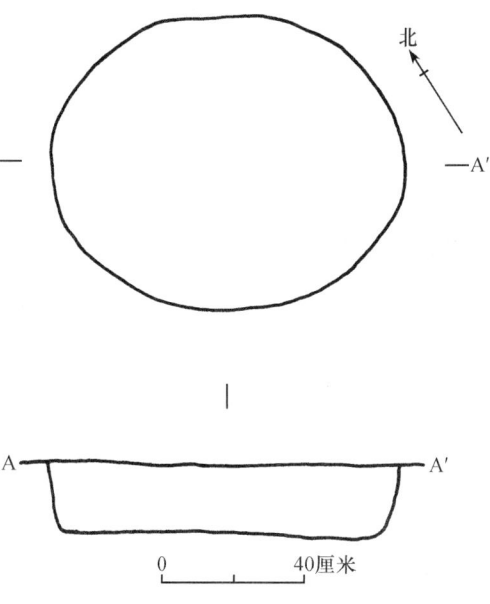

图一二八　2007YY西ⅠT14H116平、剖面图

ⅠT7H180、2007YY西ⅠT15H134、2007YY西ⅠT15H162、2007YY西ⅠT15H199、2007YYⅠT15H250、2007YY西ⅠT16H262、2007YY西ⅠT17H88、2007YY西ⅠT17H293、2007YYⅠT17H306、2007YY西ⅠT18H219、2007YY西ⅠT19H74、2007YY西ⅠT19H183、2007YYⅠT19H220、2007YY西ⅠT21H362、2007YY西ⅠT22H148、2007YY西ⅠT22H149、2007YYⅠT22H150、2007YY西ⅠT23H69、2007YY西ⅠT25H31、2007YY西ⅠT25H146、2007YYⅠT25H224。附时代不明者2个：2006YY西ⅠT7H104、2007YY西ⅠT23H240。

2006YY西ⅠT4H54

位于2006YY西ⅠT4西南部，方向0°。平面呈近椭圆形，斜壁不规则，平底。坑内填土分为11层。第1层灰褐色，土质疏松，包含料姜石碎块。第2层红褐色，土质较致密，夹杂大量料姜石和红烧土。第3层暗褐色，土质疏松，夹杂红烧土和炭粒。第4层为黑色草木灰，极为疏松。第5层灰褐色，较疏松。第6层浅灰色草木灰，较疏松。第7层黄褐色，土质疏松，包含少量草木灰。第8层灰褐色，以草木灰为主，土质疏松。第9层灰褐色，土质较硬。第10层红色，土质致密，以红烧土和料姜石为主。第11层暗褐色，土质坚硬，包含少量炭粒。开口距地表20厘米，口长径540厘米，短径360厘米，深180～204厘米，底长径360厘米，短径250厘米。出土瓷碗、瓷钵、瓷碟、瓷枕、瓷罐、瓷棋子、瓷球、陶棋子、陶球、玻璃簪、钱币、铁镞等，同出各色瓷片、灰陶片及砖瓦块。被H53打破，打破J6、M1（图一二九）。

2006YY西ⅠT5H21

位于2006YY西ⅠT5东北角，方向0°。平面呈近椭圆形，斜壁，平底。填土黄褐色，土质疏松。开口距地表15厘米，口长径175厘米，短径150厘米，深100厘米，底长径135厘米，短径100厘米。出土瓷盏、陶棋、陶骰子等，同出陶瓷片、砖瓦块。打破J12（图一三〇）。

2006YY西ⅠT10H55

位于2006YY西ⅠT10东部偏北，方向100°。平面呈近椭圆形，斜壁，平底。填土浅褐色，质地疏松。开口距地表28厘米，口长径260厘米，短径114厘米，深20～24厘米，底长径220厘米，短径86厘米。出土少量泥质青灰色瓦片和白瓷片。打破H56（图一三一）。

2007YY东T11H38

位于2007YY东T11西部，方向98°。平面呈不规则长椭圆形，斜壁，近平底有起伏。填土灰土，为一次性堆积。开口距地表45厘米，长径260厘米，短径116厘米，深18厘米。出土瓦片（图一三二）。

2007YY西ⅠT7H180

位于2007YY西ⅠT7西部，方向82°。平面呈近椭圆形，斜壁，平底。填土深褐色夹黄斑，土质疏松，包含较多炭粒。开口距地表42厘米，长径104厘米，短径80厘米，深27厘米。出土泥质素面灰陶片，白、白底黑花瓷片。被H57打破，打破H280（图一三三）。

Bd型　18个。斜壁，圜底。

其中平面呈椭圆形者4个。包括2007YY东T4H60、2007YY东T10H159、2007YY东T13H82、2007YY东T14H22。

2007YY东T4H60

位于2007YY东T4西部，方向17°。平面呈椭圆形，斜壁，圜底。填土灰色，质地疏松，含少量红烧土颗粒、炭粒。开口距地表50厘米，口长径205厘米，短径135厘米，深35～45厘米，底长径180厘米，短径115厘米。出土瓷碟、瓷围棋子、瓷女俑头等，同出少量泥质素面灰陶片，白、青、黑、白底黑花瓷片及砖瓦块等（图一三四）。

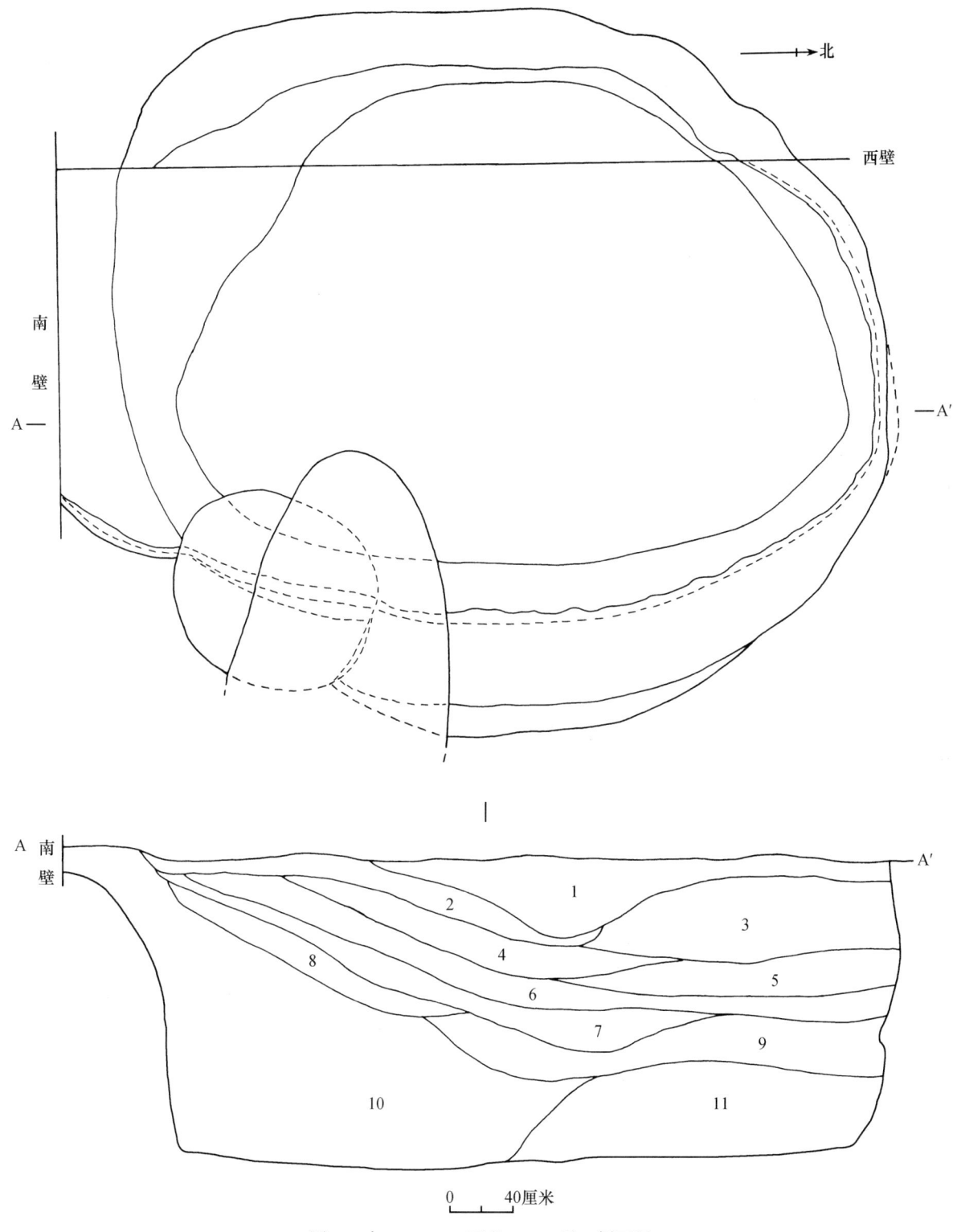

图一二九 2006YY西ⅠT4H54平、剖面图

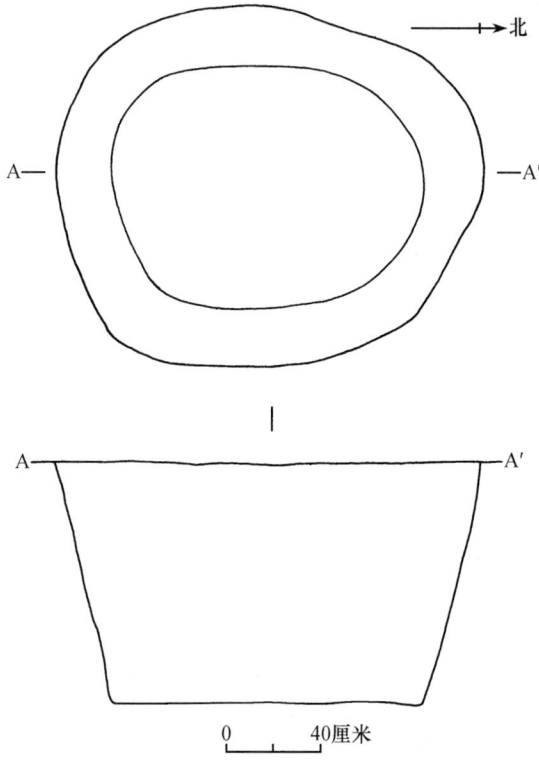

图一三〇　2006YY西ⅠT5H21平、剖面图

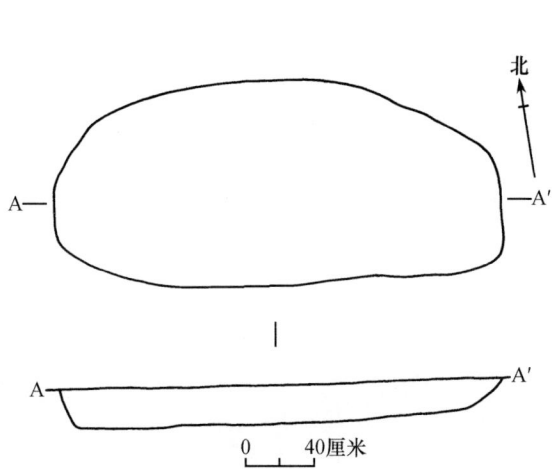

图一三一　2006YY西ⅠT10H55平、剖面图

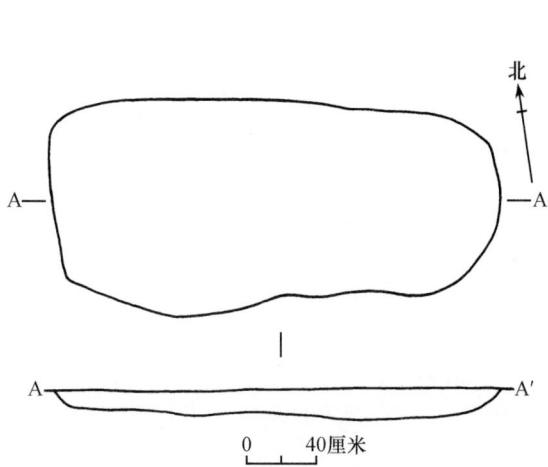

图一三二　2007YY东T11H38平、剖面图

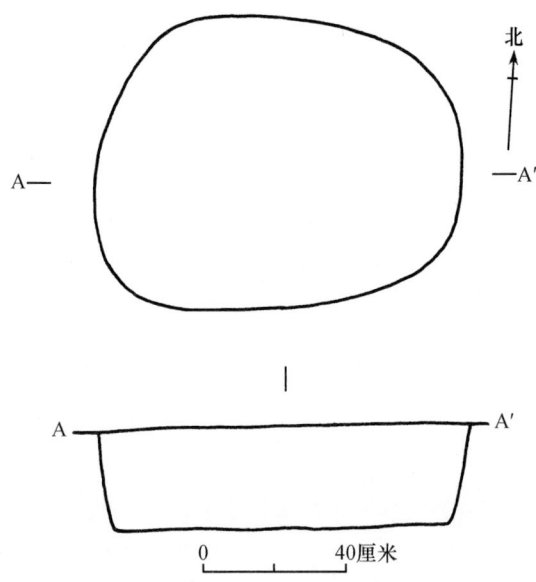

图一三三　2007YY西ⅠT7H180平、剖面图

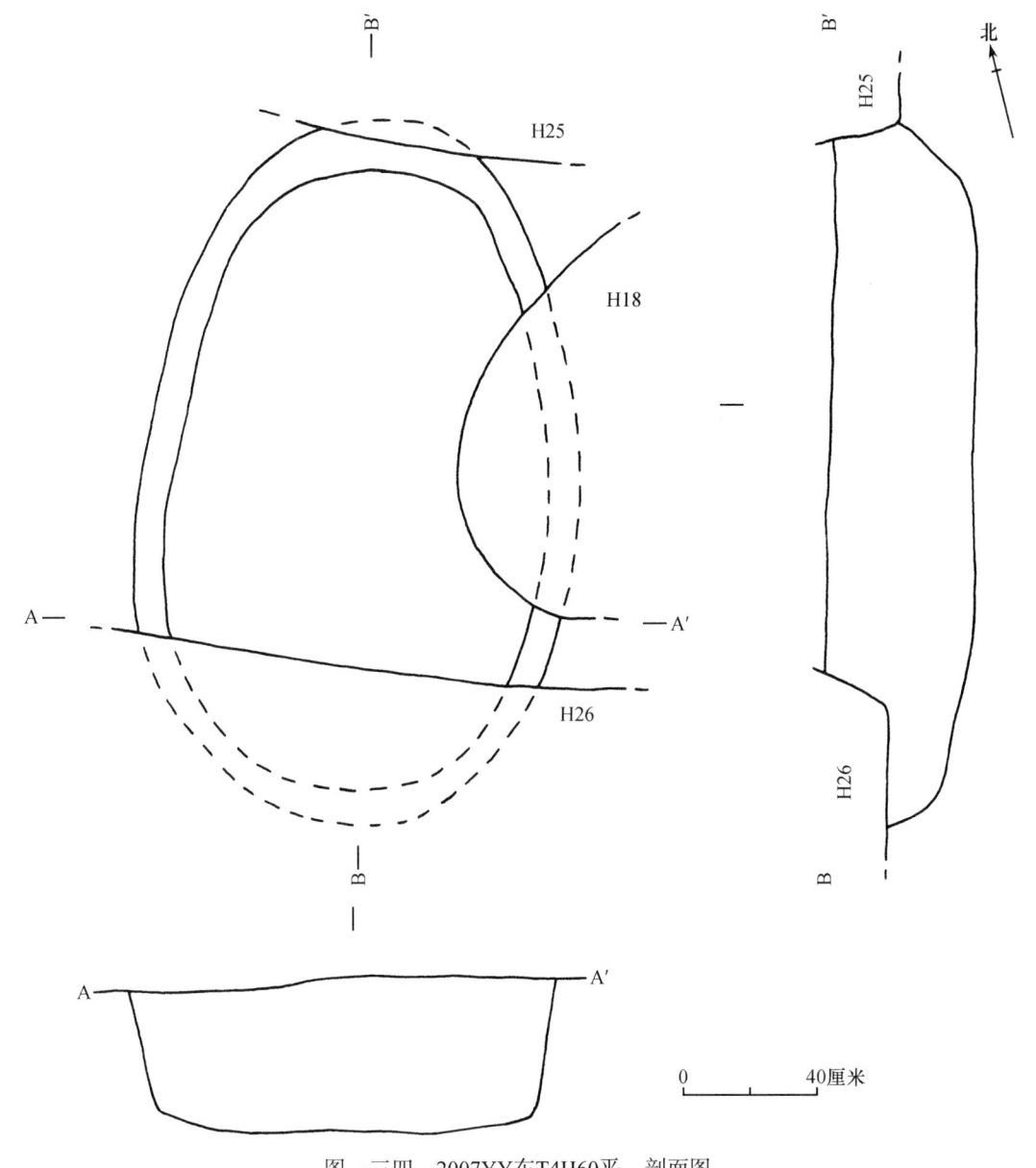

图一三四　2007YY东T4H60平、剖面图

2007YY东T10H159

位于2007YY东T10西北部，方向107°。平面呈椭圆形，斜壁，圜底。填土灰黄色，土质疏松，包含大量红色料姜石粒和少量炭粒、白灰粒、红烧土颗粒。开口距地表56厘米，长径165厘米，短径95厘米，深19～50厘米。出土瓷碗、陶盘、骨簪等，同出泥质和夹砂素面灰陶片、白、黑瓷片及铁器等。被H106打破（图一三五）。

2007YY东T13H82

位于2007YY东T13西北部，方向115°。平面呈椭圆形，斜壁，圜底。填土灰褐色，土质较硬，含炭粒和红烧土颗粒。开口距地表35厘米，长径157厘米，短径82厘米，深37厘米。出土泥质素面灰陶片、白、青瓷片及泥质青灰色瓦等。打破H104、H107（图一三六）。

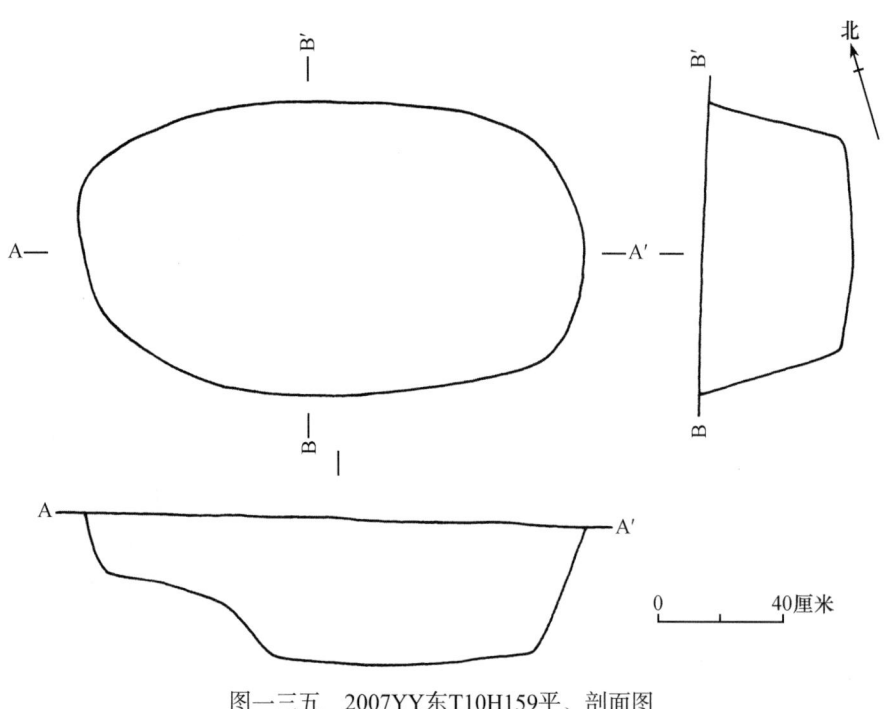

图一三五　2007YY东T10H159平、剖面图

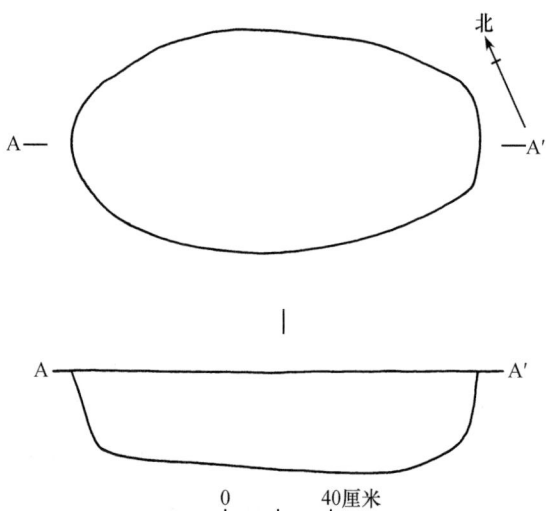

图一三六　2007YY东T13H82平、剖面图

平面呈近椭圆形者14个。包括2006YY西ⅠT8H92、2006YY西ⅠT10H32、2006YY西ⅠT16H96、2006YY西ⅠT25H252、2007YY东T5H154、2007YY东T9H140、2007YY东T13H2、2007YY西ⅠT1H4、2007YY西ⅠT1H10、2007YY西ⅠT1H44、2007YY西ⅠT17H355、2007YY西ⅠT21H329、2007YY西ⅠT22H114、2007YY西ⅠT23H296。

2007YY西ⅠT1H10

位于2007YY西ⅠT1西部，方向154°。平面呈近椭圆形，斜壁，底微圜。填土分2层。第1层灰土，质地疏松，含大量草木灰，在灰坑东北部坑壁边堆积有一些砖瓦石块。第2层灰褐土，质地疏松，含草木灰。开口距地表30厘米，口长径156厘米，短径144厘米，深80～86厘米，底长径120厘米，短径104厘米。出土瓷碟、瓷碗、瓷臼等，同出黑、绿、白等瓷片及残人骨、兽骨等。打破H185（图一三七）。

2006YY西ⅠT10H32

位于2006YY西ⅠT10南部偏西，方向92°。平面呈近椭圆形，斜壁，圜底近平。填土褐色，质地松软，含有少量草木灰。开口距地表38厘米，口长径150厘米，短径74厘米，深20厘

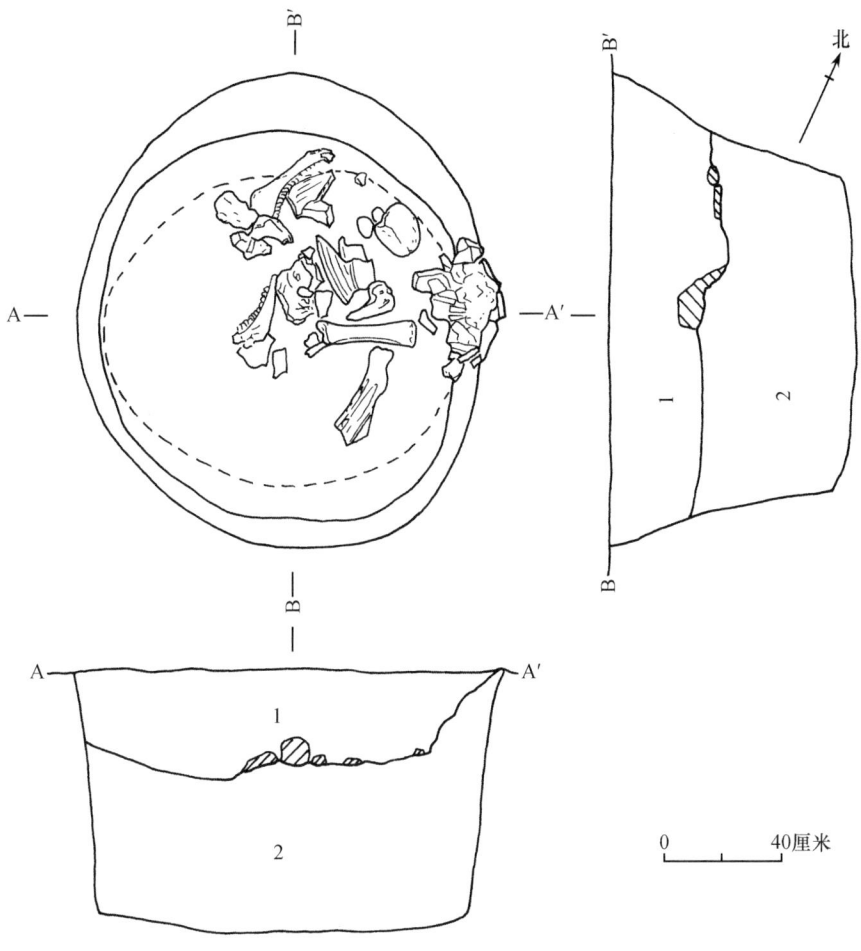

图一三七　2007YY西ⅠT1H10平、剖面图

米，底长径130厘米，短径65厘米。出土少量夹砂素面黑陶片、白瓷片及青灰砖块、动物残骸等。打破H46（图一三八）。

2007YY东T9H140

位于2007YY东T9中部偏东，方向100°。平面呈近椭圆形，斜壁微弧，圜底。填土黄褐色，土质疏松，含少量红烧土颗粒、炭粒。开口距地表58厘米，口长径86厘米，短径72厘米，深12~16厘米，底长径74厘米，短径60厘米。出土少量泥质素面灰陶片和青、白瓷片等。打破H181（图一三九）。

Be型　72个。弧壁，圜底。

其中平面呈椭圆形者21个。包括2006YY西ⅠT8H74、2006YY西ⅠT8H87、2006YY西ⅠT16H84（壁多外鼓）、2006YY西ⅠT26H272、2006YY西ⅠT30H214、2006YY西ⅠT30H215、2007YY东T15H241、2007YY西ⅠT2H40、2007YY西ⅠT2H269、2007YY西ⅠT5H176、2007YY西ⅠT5H178、2007YY西ⅠT5H187、2007YY西ⅠT6H124、2007YY西ⅠT10H59、2007YY西ⅠT10H100、2007YY西ⅠT10H157、2007YY西ⅠT10H203、2007YY

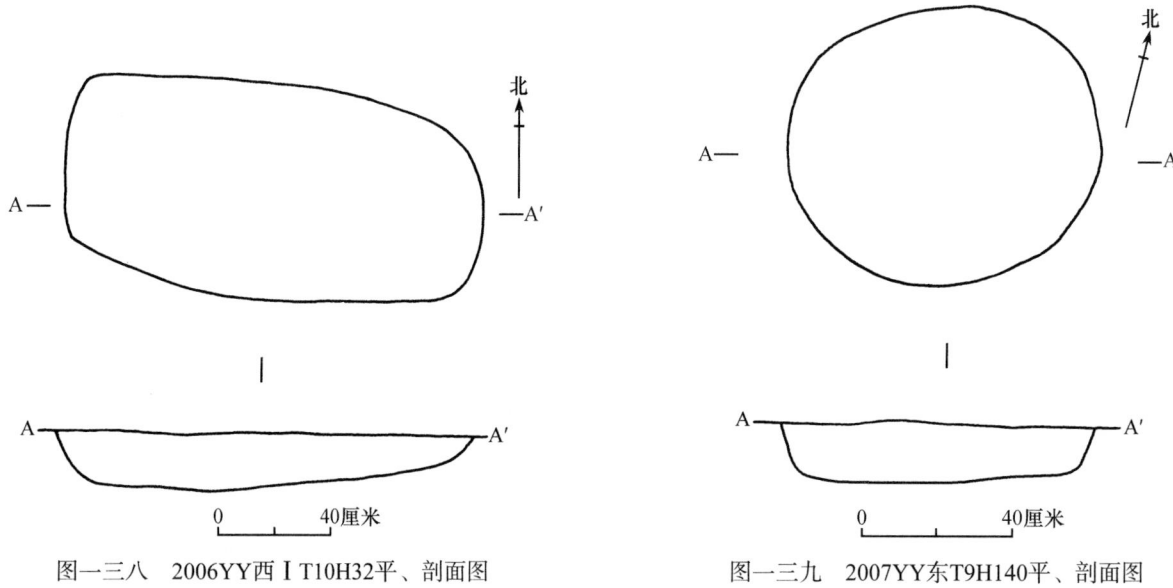

图一三八　2006YY西ⅠT10H32平、剖面图　　　　图一三九　2007YY东T9H140平、剖面图

西ⅠT10H257、2007YY西ⅠT11H80、2007YY西ⅠT11H231。附时代不明者1个：2006YY西ⅠT19H197。

2006YY西ⅠT8H74

位于2006YY西ⅠT8西南部，方向40°。平面呈椭圆形，弧壁，圜底。填土分2层。第1层灰褐色，土质疏松，包含草木灰和红烧土颗粒。第2层灰色，土质较疏松，包含炭粒。开口距地表30厘米，长径180厘米，短径100厘米，深44厘米。出土少量泥质绳纹灰瓦片、泥质素面灰陶片等。打破H87（图一四〇）。

2006YY西ⅠT16H84

位于2006YY西ⅠT16西北部，方向80°。平面呈椭圆形，坑壁大部分外鼓，圜底。填土褐色，含有炭粒和料姜石末。开口距地表33厘米，长径104厘米，短径90厘米，深24～36厘米。出土少量泥质灰陶片（图一四一）。

2006YY西ⅠT26H272

位于2006YY西ⅠT26东北部，方向101°。平面呈椭圆形，弧壁，圜底呈漏斗状。填土为灰沙土，土质细腻。开口距地表50厘米，长径196厘米，短径133厘米，深74厘米。被H216打破（图一四二）。

2007YY东T15H241

位于2007YY东T15东南部，方向12°。平面呈椭圆形，弧壁，圜底。填土灰黄色，质地疏松，含少量炭粒。开口距地表74厘米，口长径142厘米，短径138厘米，深8～14厘米，底长径130厘米，短径120厘米。出土少量泥质灰陶片和白瓷片。被H239破坏（图一四三）。

2007YY西ⅠT2H40

位于2007YY西ⅠT2西北部，方向110°。平面呈椭圆形，弧壁，圜底。填土浅褐色，质地疏松，含少量炭灰、石灰粒。开口距地表40厘米，长径146厘米，短径120厘米，深36厘米。出

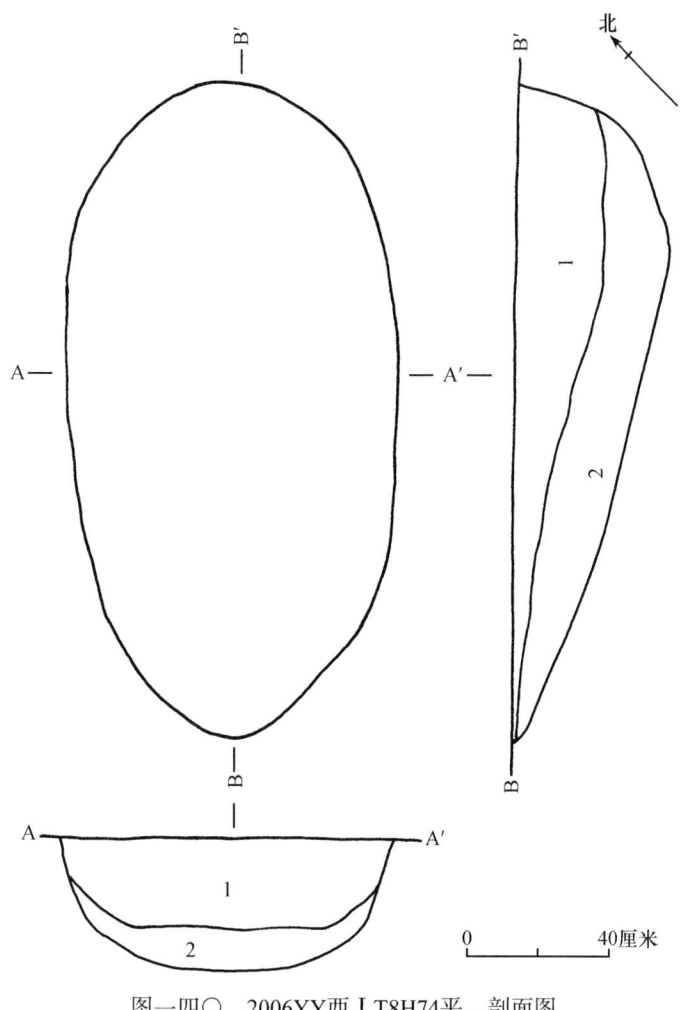

图一四〇　2006YY西ⅠT8H74平、剖面图

土瓷棋子、钱币，同出泥质素面瓦片，白、青、黑、蓝、白底黑花等瓷片（图一四四）。

2007YY西ⅠT10H157

位于2007YY西ⅠT10中部偏东，方向76°。平面呈椭圆形，弧壁，圜底。填土深褐色，土质疏松，含较多炭粒。开口距地表80厘米，长径158厘米，短径116厘米，深42厘米。出土瓷盘1件，同出白、黑、青瓷片及陶片等。被H58打破，打破H203（图一四五）。

平面呈近椭圆形者51个。包括2006YY西ⅠT2H4、2006YY西ⅠT2H27、2006YY西ⅠT3H35（大半）、2006YY西ⅠT8H80、2006YY西ⅠT8H109、2006YY西ⅠT16H77、2006YY西ⅠT16H157、2006YY西ⅠT25H277、2006YY西ⅡT1H219、2006YY西ⅠT32H247、2006YY西ⅠT32H281、2007YY东T3H191、2007YY东T7H122、2007YY东T10H35、2007YY东T10H63、2007YY东T10H115、2007YY东T11H75、2007YY东T11H224、2007YY西ⅠT1H92、2007YY西ⅠT2H297、2007YY西ⅠT2H314、2007YY西ⅠT3H294、2007YY西ⅠT5H46、2007YY西ⅠT5H143、2007YY西ⅠT5H164、2007YY西ⅠT5H210、2007YY西ⅠT5H356、

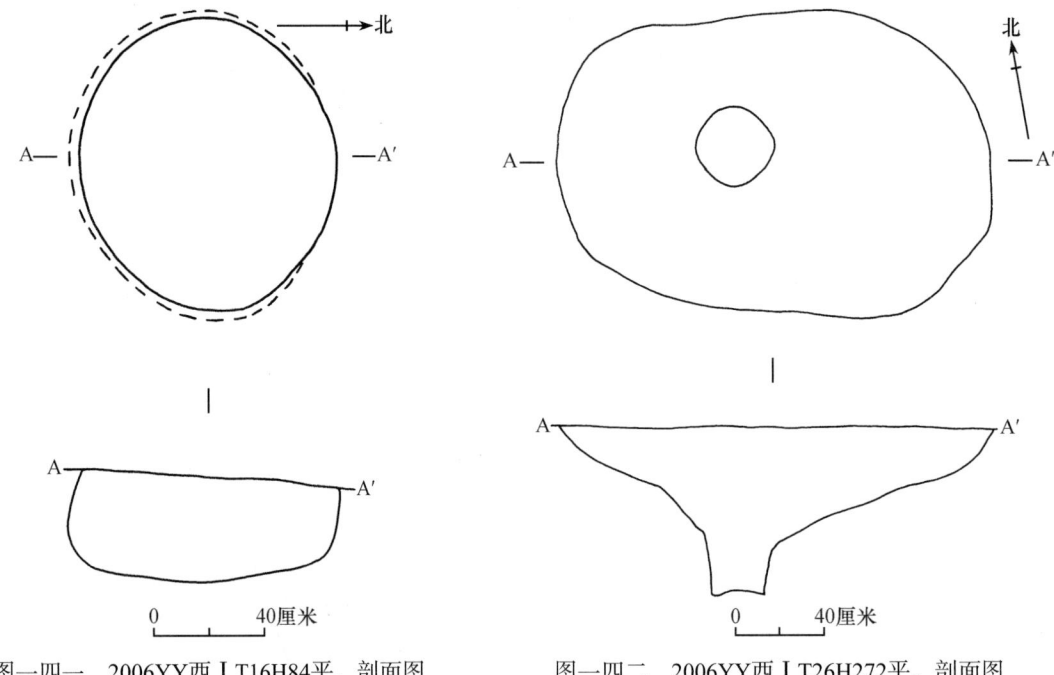

图一四一　2006YY西ⅠT16H84平、剖面图　　　图一四二　2006YY西ⅠT26H272平、剖面图

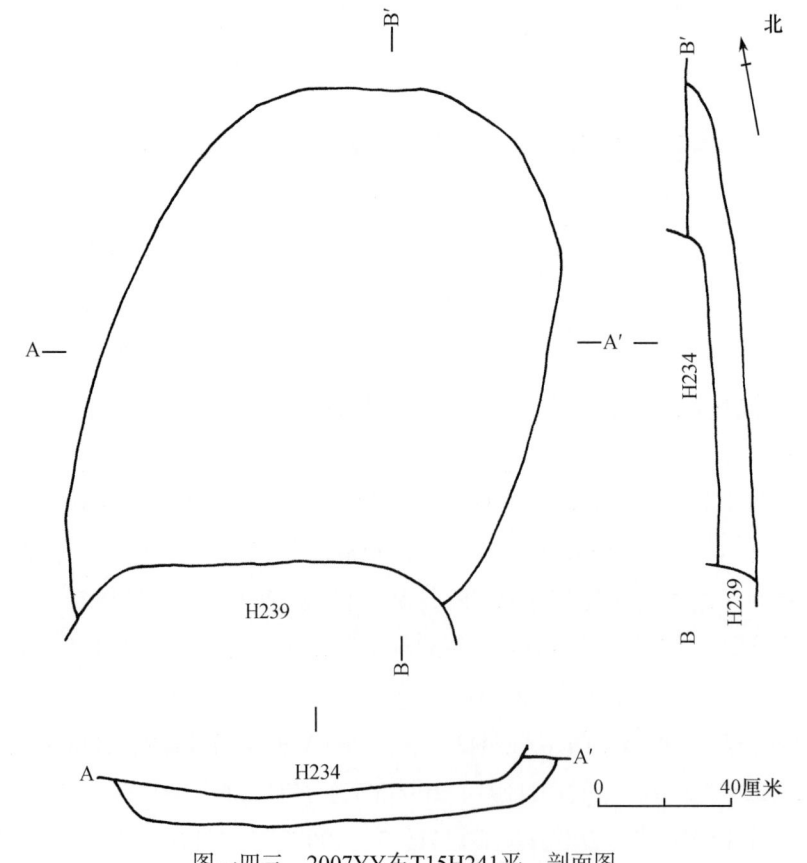

图一四三　2007YY东T15H241平、剖面图

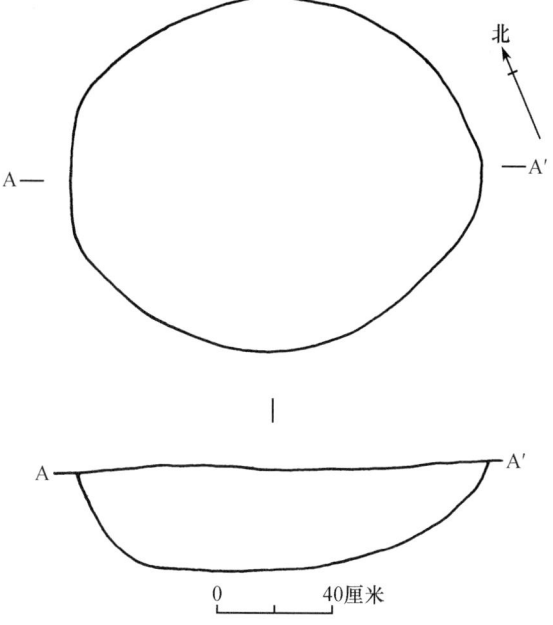

图一四四　2007YY西ⅠT2H40平、剖面图

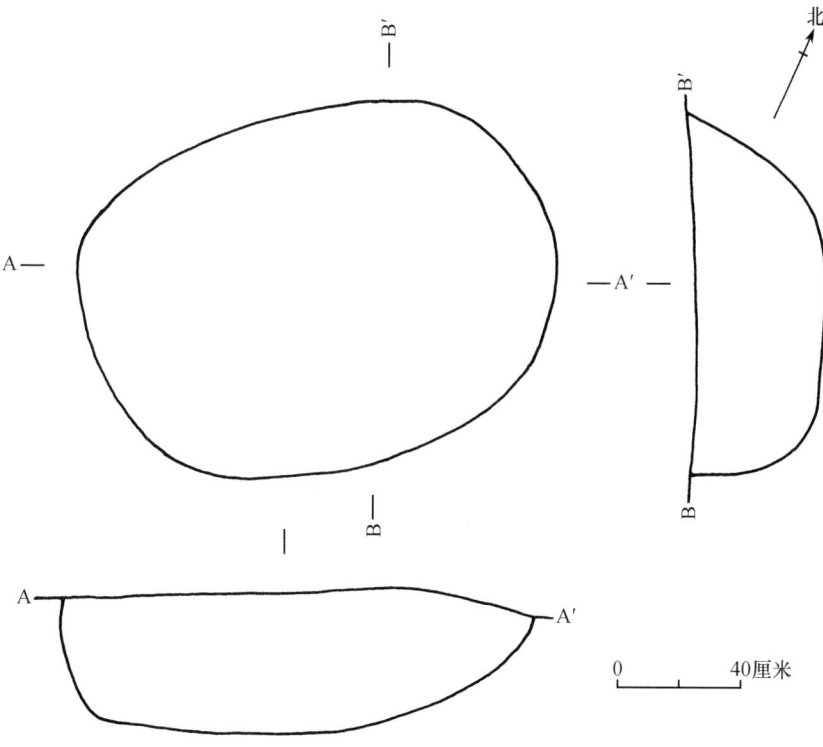

图一四五　2007YY西ⅠT10H157平、剖面图

2007YY西ⅠT6H47、2007YY西ⅠT6H123、2007YY西ⅠT6H144、2007YY西ⅠT6H154、2007YY西ⅠT7H57、2007YY西ⅠT7H99、2007YY西ⅠT8H35、2007YY西ⅠT8H227、2007YY西ⅠT8H246、2007YY西ⅠT8H259、2007YY西ⅠT9H275、2007YY西ⅠT10H60、2007YY西ⅠT10H62、2007YY西ⅠT10H83、2007YY西ⅠT10H253、2007YY西ⅠT10H277、2007YY西ⅠT11H79、2007YY西ⅠT11H135、2007YY西ⅠT11H265、2007YY西ⅠT11H311、2007YY西ⅠT11H326、2007YY西ⅠT17H310、2007YY西ⅠT19H358、2007YY西ⅠTG1H385。

2006YY西ⅠT2H4

位于2006YY西ⅠT2东南部，方向90°。平面呈近椭圆形，弧壁，圜底。填土灰褐色，土质疏松，夹杂红烧土颗粒、炭灰及料姜石。开口距地表25厘米，长径125厘米，短径75厘米，深22厘米。出土瓷碟、瓷碗、瓷盖等，同出大量陶瓷片和砖瓦片。打破H9（图一四六）。

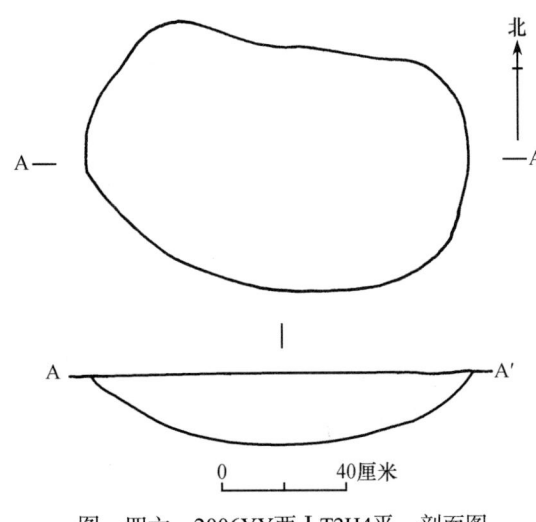

图一四六　2006YY西ⅠT2H4平、剖面图

2006YY西ⅠT8H80

位于2006YY西ⅠT8东南部，方向45°。平面呈近椭圆形，弧壁，圜底近平。填土深灰褐色，土质疏松，夹杂草木灰和炭粒。开口距地表42厘米，长径124厘米，短径80厘米，深40厘米。出土泥质素面灰陶片和白、青瓷片（图一四七）。

2006YY西ⅠT25H277

位于2006YY西ⅠT25西南部，方向0°。平面呈近椭圆形，弧壁，圜底。填土浅灰色，土质疏松，含炭粒、红烧土颗粒等。开口距地表78厘米，长径280厘米，短径147厘米，深28厘米。出土瓷杯等，同出泥质素面灰陶片，白、黑、酱釉瓷片及泥质青灰色砖瓦块。被H271打破（图一四八）。

2007YY西ⅠT5H143

位于2007YY西ⅠT5东北部，方向20°。平面呈不规则长椭圆形，弧壁，圜底。填土黑色，质地疏松，含草木灰和少量烧土。开口距地表40厘米，长径290厘米，短径92厘米，深32厘米。出土瓷碗、瓷盘等，同出少量素面灰陶瓦片和白、青、黑、蓝瓷片。打破H215（图一四九）。

2007YY西ⅠT10H253

位于2007YY西ⅠT10南部偏西，方向15°。平面呈近椭圆形，北边较直，弧壁，弧底。填土深褐色，土质较疏松，含大量炭颗粒、红烧土颗粒。开口距地表48厘米，长径121厘米，短径99厘米，深35厘米。出土少量灰陶片和白瓷片及动物骨骼。打破H279（图一五〇）。

Bf型　32个。弧壁，平底。平面均呈近椭圆形。包括2006YY西ⅠT4H39（半）、2007YY东T1H126、2007YY东T2H46、2007YY东T3H242、2007YY东T4H18、2007YY东T9H180、

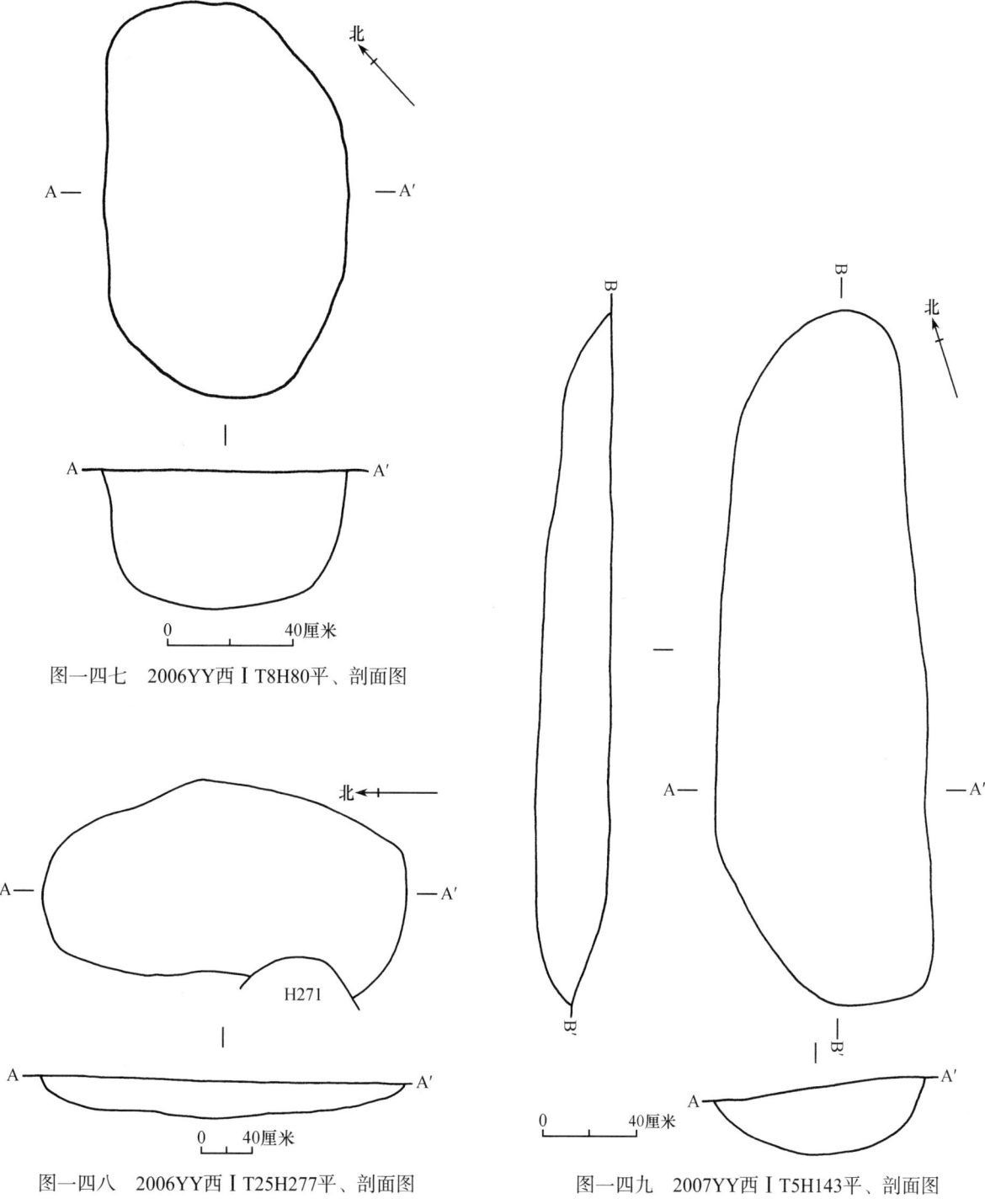

图一四七　2006YY西ⅠT8H80平、剖面图

图一四八　2006YY西ⅠT25H277平、剖面图

图一四九　2007YY西ⅠT5H143平、剖面图

2007YY西ⅠT5H342、2007YY西ⅠT7H280、2007YY西ⅠT9H23、2007YY西ⅠT9H39、2007YY西ⅠT10H58、2007YY西ⅠT10H101、2007YY西ⅠT10H316、2007YY西ⅠT11H33、2007YY西ⅠT11H34、2007YY西ⅠT11H110、2007YY西ⅠT11H179、2007YY西ⅠT11H230、2007YY西ⅠT12H336、2007YY西ⅠT14H91、2007YY西ⅠT15H104、2007YY西ⅠT16H200、

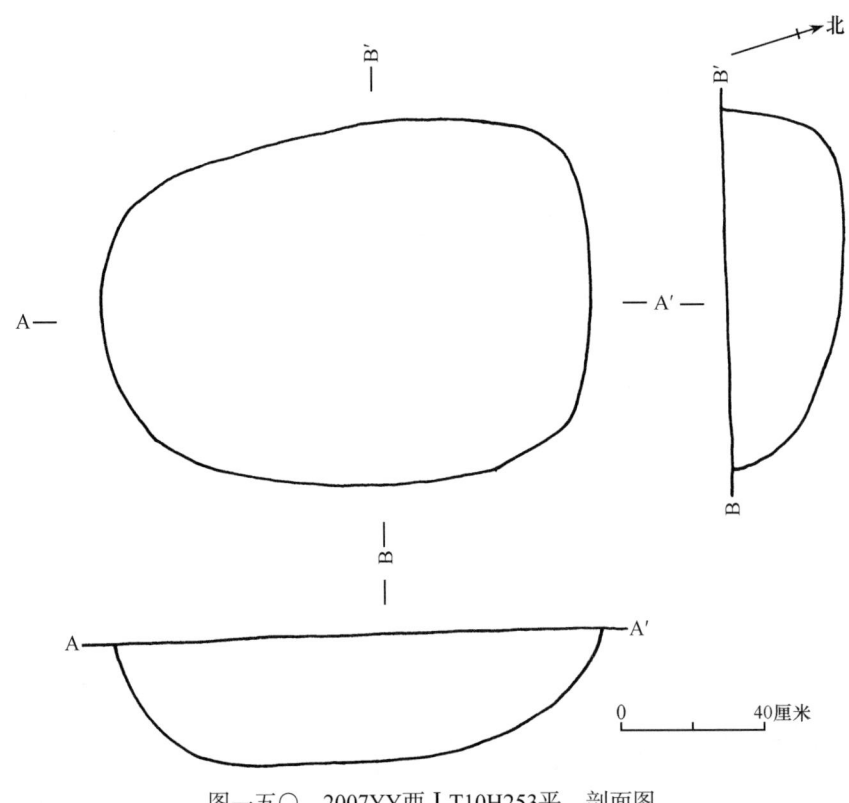

图一五〇　2007YY西ⅠT10H253平、剖面图

2007YY西ⅠT17H84、2007YY西ⅠT17H308、2007YY西ⅠT17H339、2007YY西ⅠT18H213、2007YY西ⅠT19H112、2007YY西ⅠT20H171、2007YY西ⅠT23H243、2007YY西ⅠT23H295、2007YY西ⅠT25H147、2007YY西ⅠT25H165。

2007YY东T1H126

位于2007YY东T1南部，方向150°。平面呈椭圆形，弧壁，近平底。填土黑褐色，土质疏松，含红烧土颗粒和炭粒。开口距地表50厘米，长径154厘米，短径120厘米，深12厘米。出土泥质素面灰陶片、白瓷片等。被H19、H45打破（图一五一）。

2007YY西ⅠT5H342

位于2007YY西ⅠT5中北部，方向24°。平面呈不规则长椭圆形，弧壁，平底北浅南深。填土灰褐色，质地适中，含少量炭粒、烧土。开口距地表75厘米，长径382厘米，短径166厘米，深34厘米。出土少量陶瓷片及素面瓦片等（图一五二）。

2007YY西ⅠT20H171

位于2007YY西ⅠT20南部，方向10°。平面呈长椭圆形，弧壁，平底。填土灰色，质地细腻紧密，呈板结状。开口距地表56厘米，长径290厘米，短径128厘米，深54厘米。出土泥质灰陶片，白、青瓷片等。打破H189（图一五三）。

Bg型　5个。袋式。

其中平面呈椭圆形者2个。包括2006YY西ⅠT32H255、2007YY西ⅠT1H71。

2006YY西ⅠT32H255

位于2006YY西ⅠT32东北部，方向110°。平面呈椭圆形，弧壁外扩，呈袋状，平底。填土浅灰色夹杂浅褐色，质地疏松，含有草木灰、炭粒、红烧土颗粒、瓷棋子、骨骼等。开口距地表21厘米，口长径114厘米，短径95厘米，深62厘米，底长径121厘米，短径102厘米。被H249打破（图一五四）。

平面呈近椭圆形者3个。包括2006YY西ⅠT11H66、2007YY东T13H80、2007YY西ⅠT15H351。

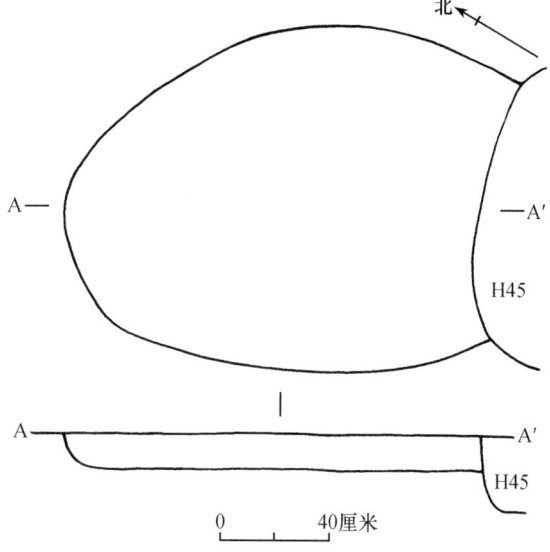

图一五一　2007YY东T1H126平、剖面图

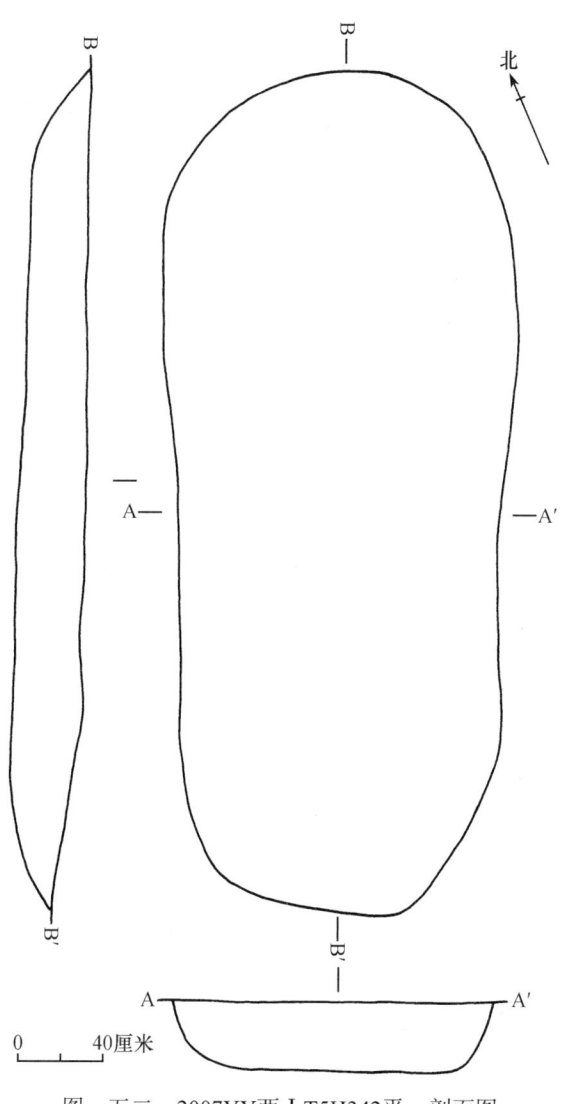

图一五二　2007YY西ⅠT5H342平、剖面图

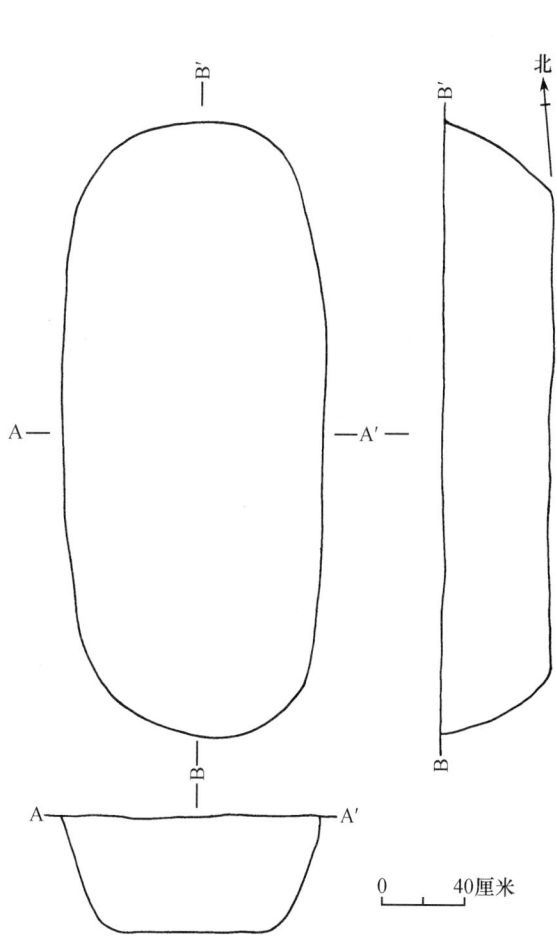

图一五三　2007YY西ⅠT20H171平、剖面图

2006YY西ⅠT11H66

位于2006YY西ⅠT11东南部，方向1°。平面略呈椭圆形，南部较直，弧壁外张呈袋状，平底。填土分2层。第1层黄褐色，质地松软湿润，含较多粗大砂石，厚约68厘米。第2层绿褐色，质地松软，含有砂石颗粒，厚约36厘米。开口距地表42厘米，口长径106厘米，短径80厘米，深104厘米，底长径121厘米，短径102厘米。出土少量灰陶片和红陶片。打破H67、H161（图一五五）。

2007YY东T13H80

位于2007YY东T13西南部，方向124°。平面呈近椭圆形，袋状，平底东南浅西北深。填土浅灰色，土质疏松，含炭粒和红烧土颗粒。出土泥质素面灰陶片，白、青、酱瓷片及泥质青灰色砖瓦块。开口距地表40厘米，长径119厘米，短径105厘米，深28～37厘米。打破H100、

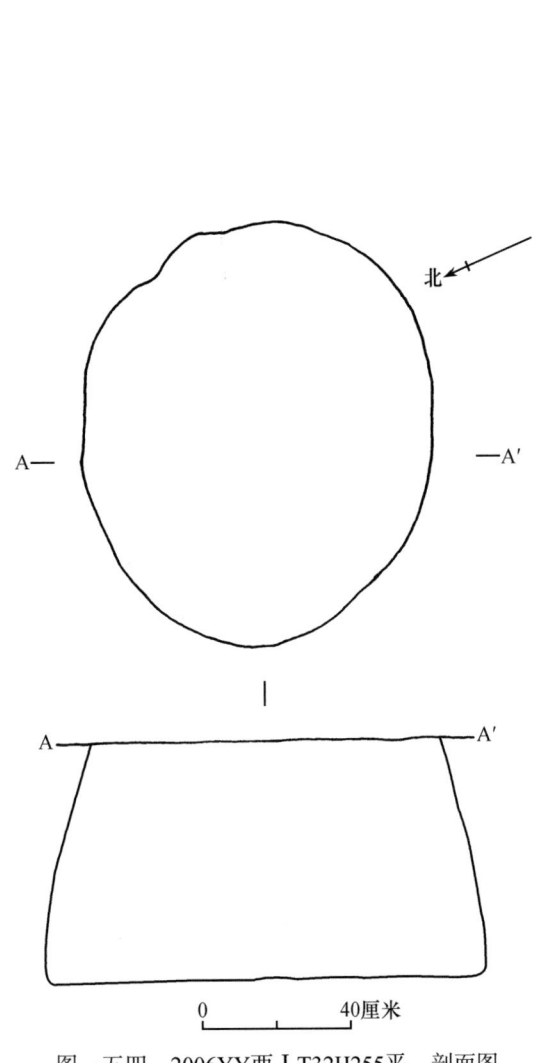

图一五四　2006YY西ⅠT32H255平、剖面图

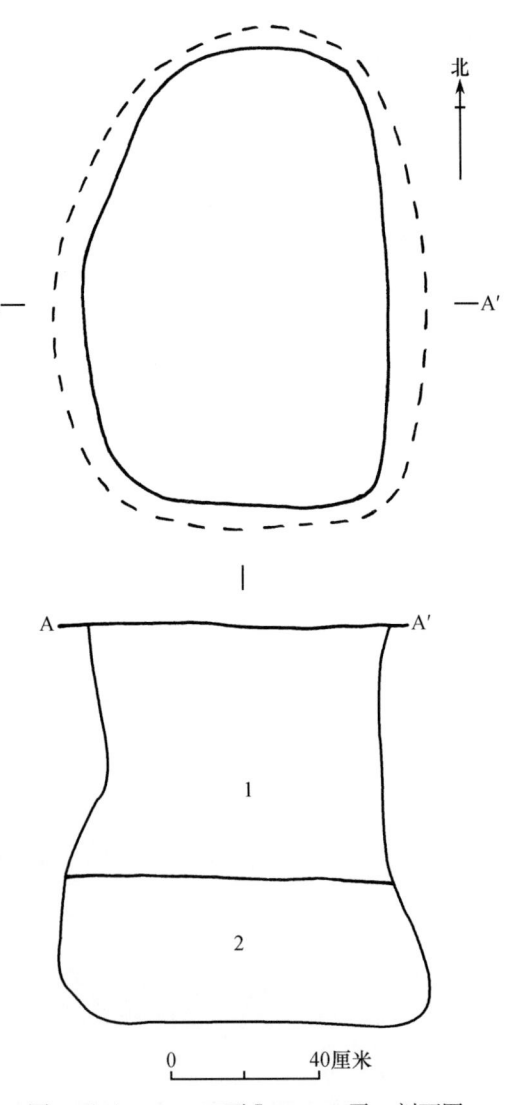

图一五五　2006YY西ⅠT11H66平、剖面图
第1层黄褐色，土质松软湿润，夹较多砂；
第2层褐绿色，土质松软，湿润，夹砂

H120（图一五六）。

Bh型　复合型。1个。坑壁结构不一致。

2007YY西ⅠT23H284

位于2007YY西ⅠT23东北部，方向90°。平面呈近椭圆形，西、北部坑壁内斜，东南部直壁，平底。填土灰褐色，质地疏松，夹杂草木灰。开口距地表80厘米，口长径128厘米，短径100厘米，深44~68厘米，底长径118厘米，短径90厘米。出土少量青、白瓷片等。被H270打破，打破H295（图一五七）。

C型　51个。平面呈长方形或近长方形。据结构不同分为六亚型。

Ca型　12个。直壁平底。

其中平面呈长方形者6个。包括2006YY西ⅠT1H52、2006YY西ⅠT14H139、2007YY东T7H151、2007YY西ⅠT14H54、2007YY西

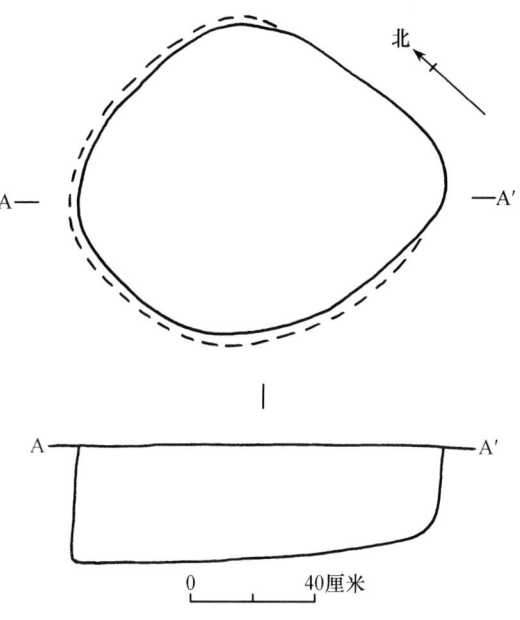

图一五六　2007YY东T13H80平、剖面图

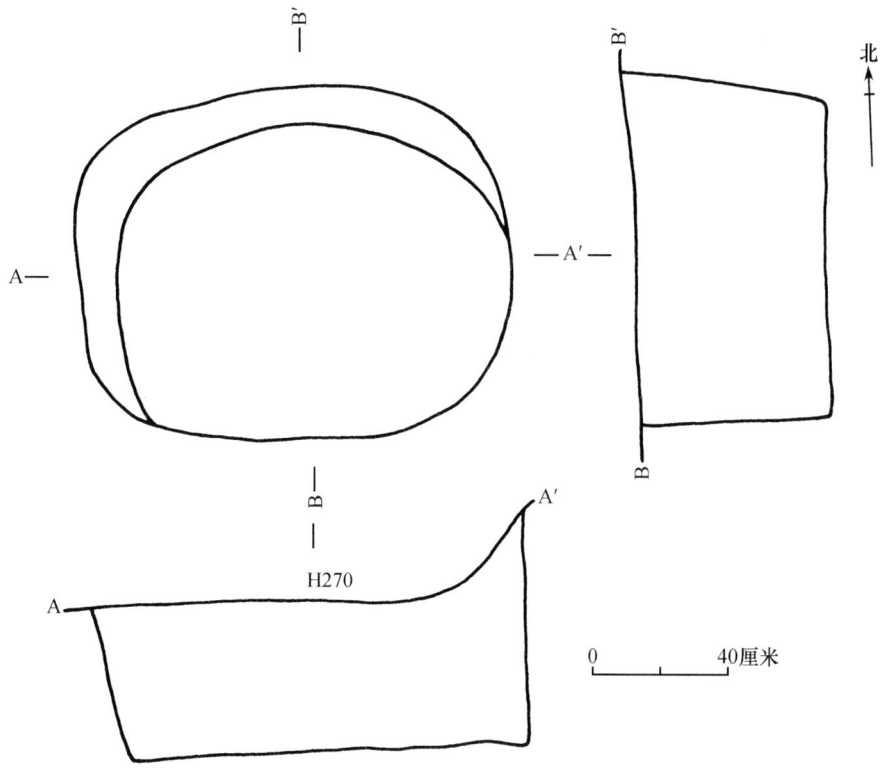

图一五七　2007YY西ⅠT23H284平、剖面图

ⅠT16H156、2007YY西ⅠT16H288。

2006YY西ⅠT14H139

位于2006YY西ⅠT14东部，方向94°。平面呈长方形，直壁，斜底，西浅东深。填土黄褐色，土质较硬，含红烧土、炭粒等。开口距地表40厘米，长130厘米，宽60厘米，深14～26厘米。出土少量泥质素面灰陶片和白瓷片等。打破H33、H148、G5（图一五八）。

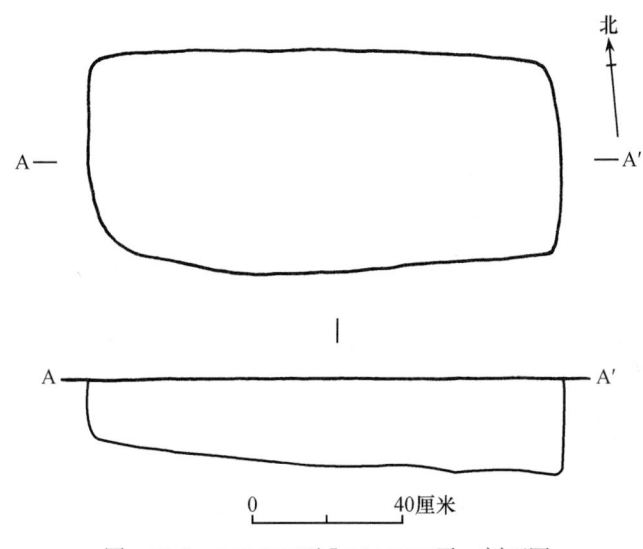

图一五八　2006YY西ⅠT14H139平、剖面图

2007YY东T7H151

位于2007YY东T7中东部，方向75°。平面呈长方形，直壁，平底。填土灰色，质地疏松，含少量白灰粒、烧土。开口距地表50厘米，长96厘米，宽60厘米，深30厘米。出土少量泥质素面灰陶片，白、青、蓝瓷片等。被H144打破（图一五九）。

2007YY西ⅠT14H54

位于2007YY西ⅠT14东北角，方向20°。平面呈长方形，直壁，平底。填土灰色，土质疏松，含草木灰和红烧土颗粒。开口距地表60厘米，长200厘米，宽100厘米，深5～10厘米。出土少量陶瓷片。被H41打破（图一六〇）。

近长方形者6个。包括2006YY西ⅠT2H16、2007YY东T3H203、2007YY西ⅠT6H132、2007YY西ⅠT13H332、2007YY西ⅠT23H63。附时代不明者1个：2006YY西ⅠT6H82。

2007YY东T3H203

位于2007YY东T3南部，方向94°。平面呈近长方形，西宽东窄，直壁，平底。填土灰色，含烧土、炭粒。开口距地表70厘米，长104厘米，宽48～60厘米，深9厘米。出土铜钱，同出白、青、黑瓷片及少量动物骨骼等。被H194打破，打破H207（图一六一）。

2007YY西ⅠT6H132

位于2007YY西ⅠT6中部偏西，方向105°。平面呈近似长方形，西边弧，西壁弧壁，其余直壁，平底。填土浅灰色，土质松软，夹少量白灰粒。开口距地表64厘米，长126厘米，宽60

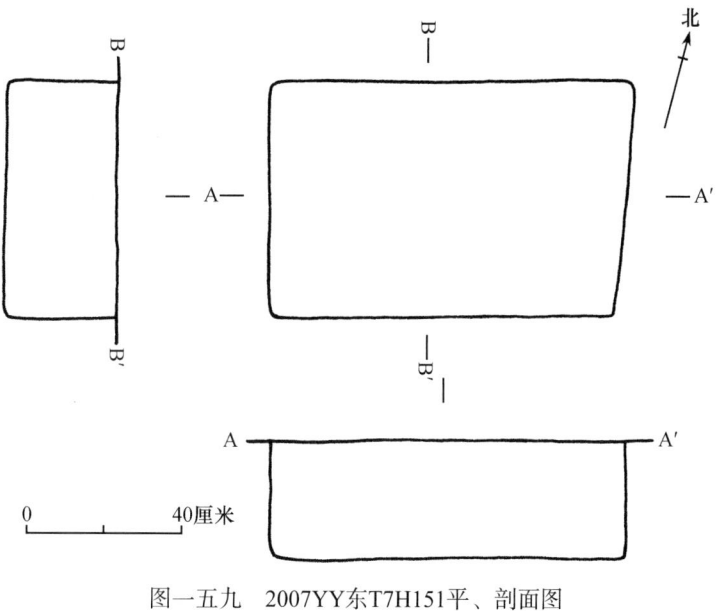

图一五九　2007YY东T7H151平、剖面图

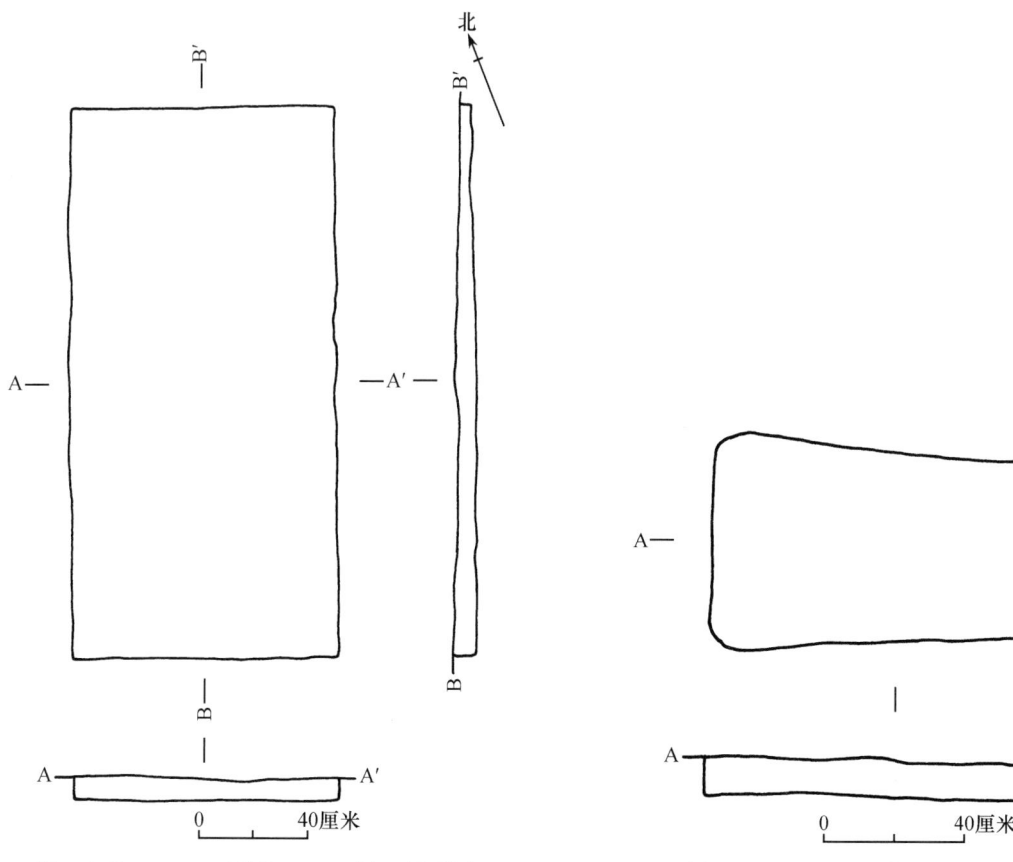

图一六〇　2007YY西ⅠT14H54平、剖面图

图一六一　2007YY东T3H203平、剖面图

厘米，深14厘米。出土少量瓷片和泥质素面灰陶片等（图一六二）。

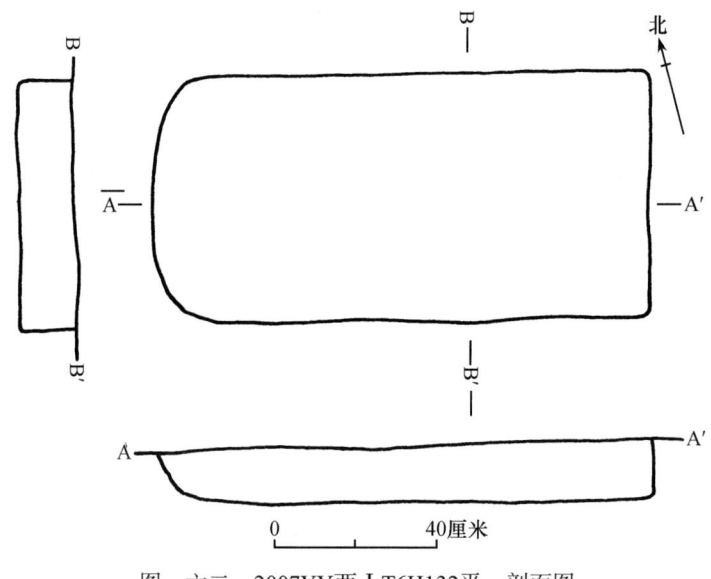

图一六二　2007YY西ⅠT6H132平、剖面图

Cb型　2个。直壁，圜底。

其中平面呈长方形者1个。2007YY西ⅠT13H42。

2007YY西ⅠT13H42

位于2007YY西ⅠT13东南部，方向37°。平面呈长方形，直壁，圜底，北浅南深。填土灰色，质地松软，含草木灰、炉渣和红烧土颗粒。开口距地表40厘米，长160厘米，宽120~130厘米，深20~38厘米。出土瓷碗，同出少量陶瓷片及砖瓦块等。被H6、H38打破（图一六三）。

平面呈近长方形者1个。2007YY东T8H53。

2007YY东T8H53

位于2007YY东T8东北部，方向102°。平面呈近长方形，东西两端弧边，北壁、东壁为直壁，南壁、西壁为斜壁，圜底。填土灰褐色，质地疏松，含白灰粒、炭灰、烧土。开口距地表42厘米，长106厘米，宽60厘米，深54厘米。出土泥质素面陶片，白、青、蓝瓷片等（图一六四）。

Cc型　23个。斜壁，平底。

其中长方形者10个。包括2006YY西ⅠT8H94、2006YY西ⅠT10H63、2006YY西ⅠT20H131（圆角，边不齐）、2006YY西ⅠT23H152、2007YY东T7H150、2007YY东T13H186、2007YY西ⅠT1H1、2007YY西ⅠT7H208、2007YY西ⅠT9H249、2007YY西ⅠT23H323。

2006YY西ⅠT10H63

位于2006YY西ⅠT10北偏中，方向101°。平面呈长方形，东西弧壁，南北壁较斜直，平

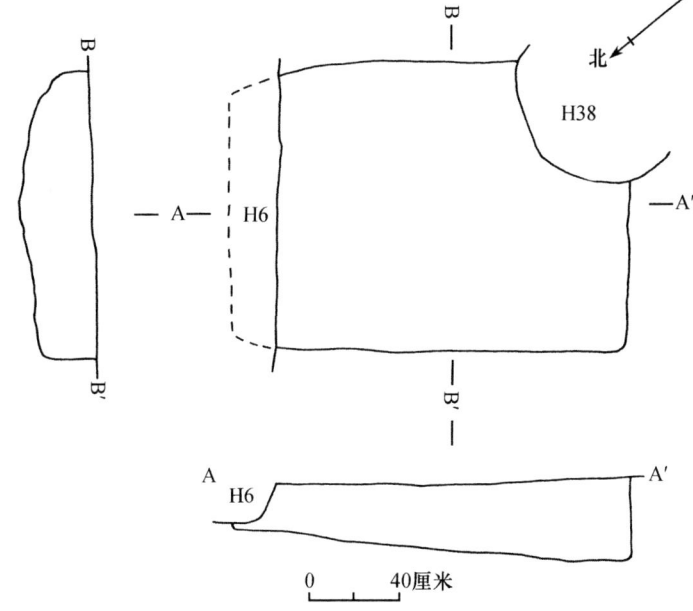

图一六三　2007YY西ⅠT13H42平、剖面图

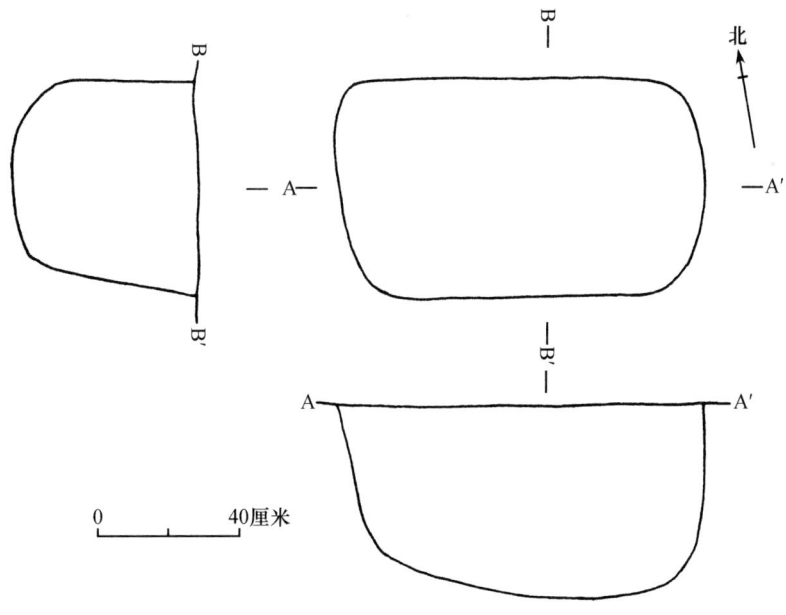

图一六四　2007YY东T8H53平、剖面图

底。填土褐色，质地松软，含有灰、红色砂石颗粒、白灰粒。开口距地表32厘米，口长284厘米，宽100厘米，深60厘米，底长190厘米，宽68厘米。出土铁带钩1件，同出少量瓷片和泥质灰色砖瓦块等。打破H113（图一六五）。

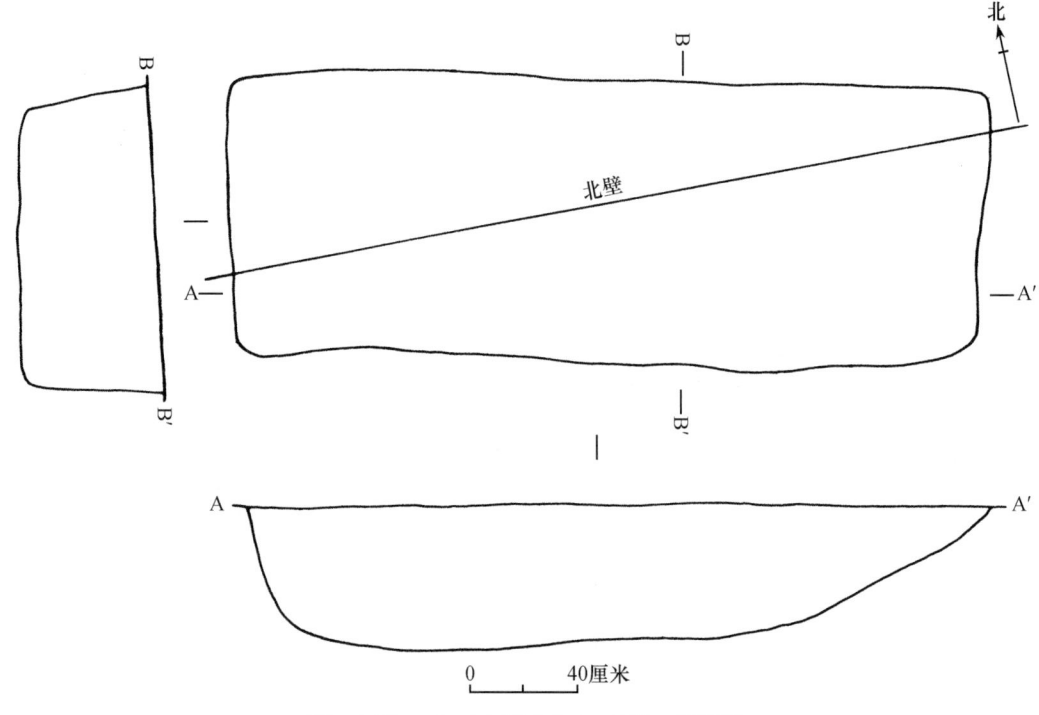

图一六五　2006YY西ⅠT10H63平、剖面图

2006YY西ⅠT20H131

位于2006YY西ⅠT20东部中南，方向19°。平面呈近长方形，斜壁，北壁较平缓，近平底，有一定起伏。填土分2层。第1层深褐色，质地疏松，含有料姜石和石块。第2层红黑相间，质地较板结，杂质少。开口距地表35～40厘米，长340厘米，宽140厘米，深36～48厘米。出土泥质素面和绳纹灰陶片、泥质素面灰砖瓦及少量动物骨骼。打破H133（图一六六）。

2007YY西ⅠT1H1

位于2007YY西ⅠT1西南部和2007YY西ⅠT2西北部，方向153°。开口形状不规则，下半部为长方形，壁东北侧和东侧内斜，西部与南部上半部呈较缓的弧壁，下半部则为与东、北侧对应的斜直壁，平底。填土黄褐土，质地疏松，含较多炭灰、烧土。开口距地表35厘米，口长524厘米，宽104～200厘米，深54～56厘米，底长450厘米，宽70～90厘米。出土瓷棋子、陶纺轮和石球等，同出白、青、黑、白底黑花瓷片及素面瓦片等（图一六七）。

2007YY西ⅠT9H249

位于2007YY西ⅠT9东部，方向18°。平面呈长方形，斜壁，平底。填土为白色料姜石，较硬。开口距地表66厘米，口长150厘米，宽78～86厘米，深20厘米，底长140厘米，宽80厘米。出土铜钱、瓷盏等，同出少量泥质素面灰陶片，黑、白瓷片等（图一六八）。

平面呈近长方形者13个。包括2006YY西ⅠT6H81（弧边）、2006YY西ⅠT12H79、2006YY西ⅠT16H116、2006YY西ⅠT16H85、2006YY西ⅠT16H193（壁略外斜）、2007YY东T1H77、2007YY东T10H106、2007YY东T11H162、2007YY东T11H220、2007YY东T14H95、2007YY东T15H125、2007YY西ⅠT20H151、2007YY西ⅠT21H365。

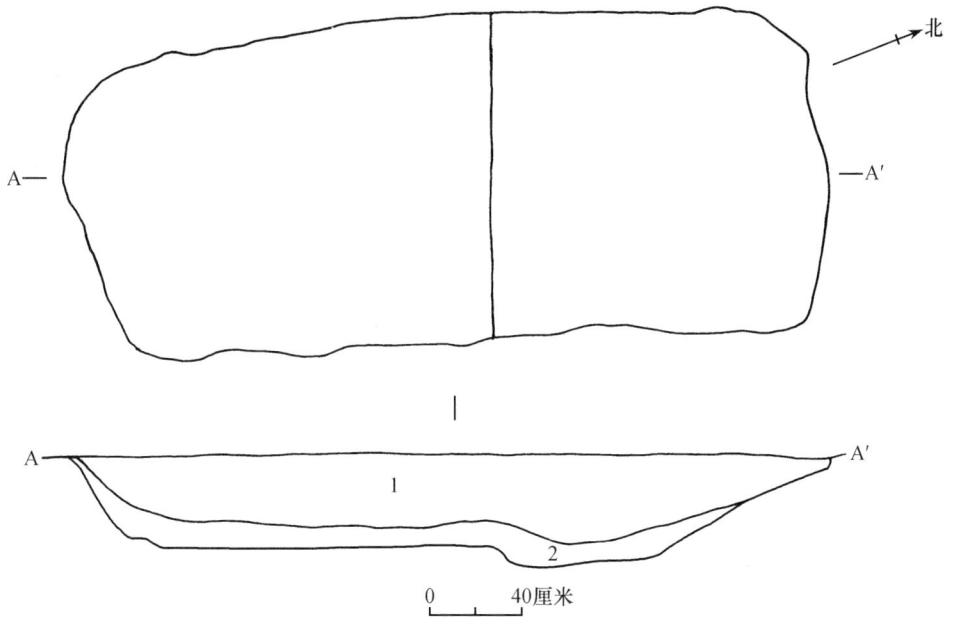

图一六六　2006YY西ⅠT20H131平、剖面图
第1层填土黄褐色，土质疏松；第2层填土红黑相间，土质疏松

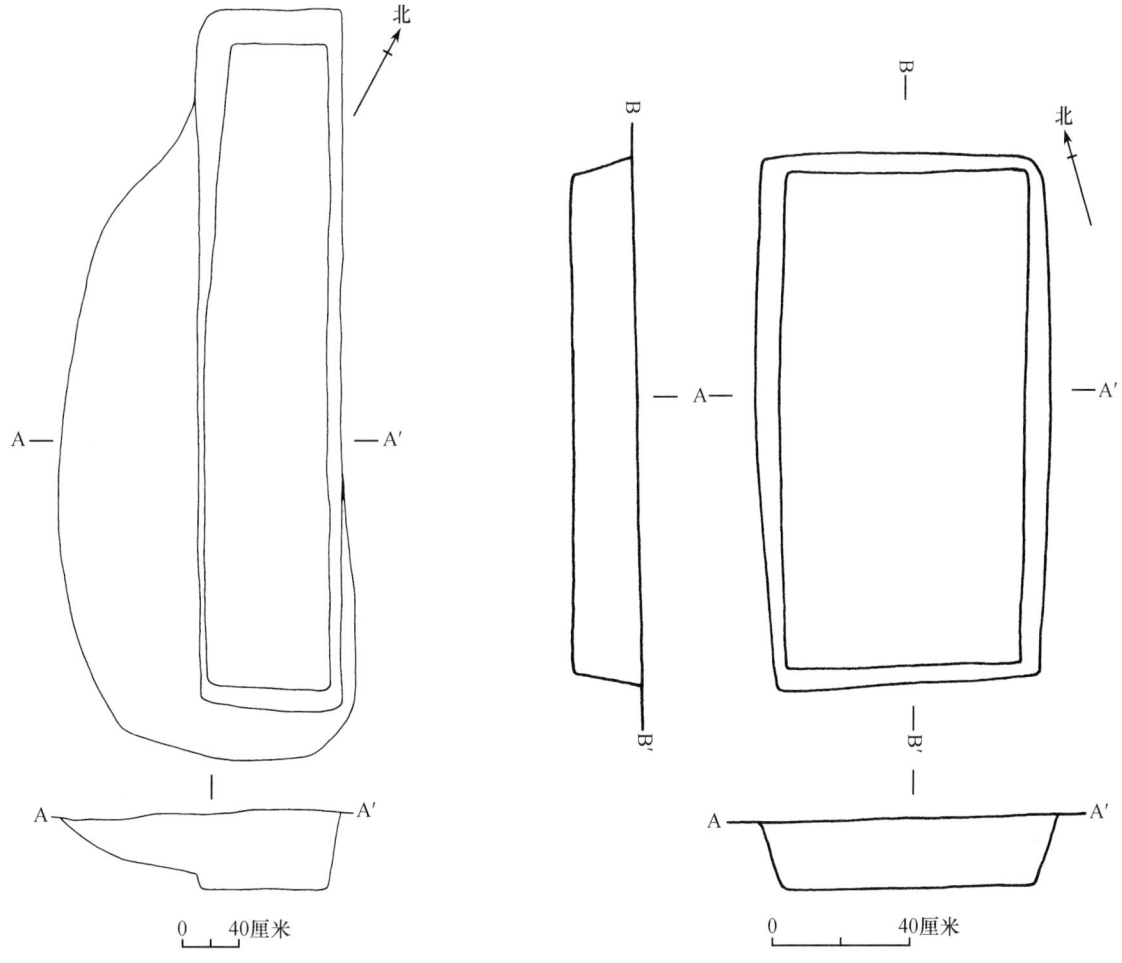

图一六七　2007YY西ⅠT1H1平、剖面图　　　　　图一六八　2007YY西ⅠT9H249平、剖面图

2006YY西ⅠT6H81

位于2006YY西ⅠT6东南部，方向13°。平面呈近长方形，四边略弧，西端被H44破坏，斜壁，平底。填土分3层。第1层灰黑色，土质疏松，含较多炭粒，厚10～22厘米。第2层灰褐色，土质疏松，厚0～50厘米。第3层灰黑色，土质疏松，夹杂红烧土颗粒和炭粒，厚0～75厘米。开口距地表25厘米，口长444厘米，宽244厘米，深120厘米，底长390厘米，宽205厘米。出土瓷碗、瓷盆、瓷盖、陶盘、陶棋子、石砚台、石球、骨针、钱币等，同出砖瓦陶瓷片。被H44打破，打破H115（图一六九）。

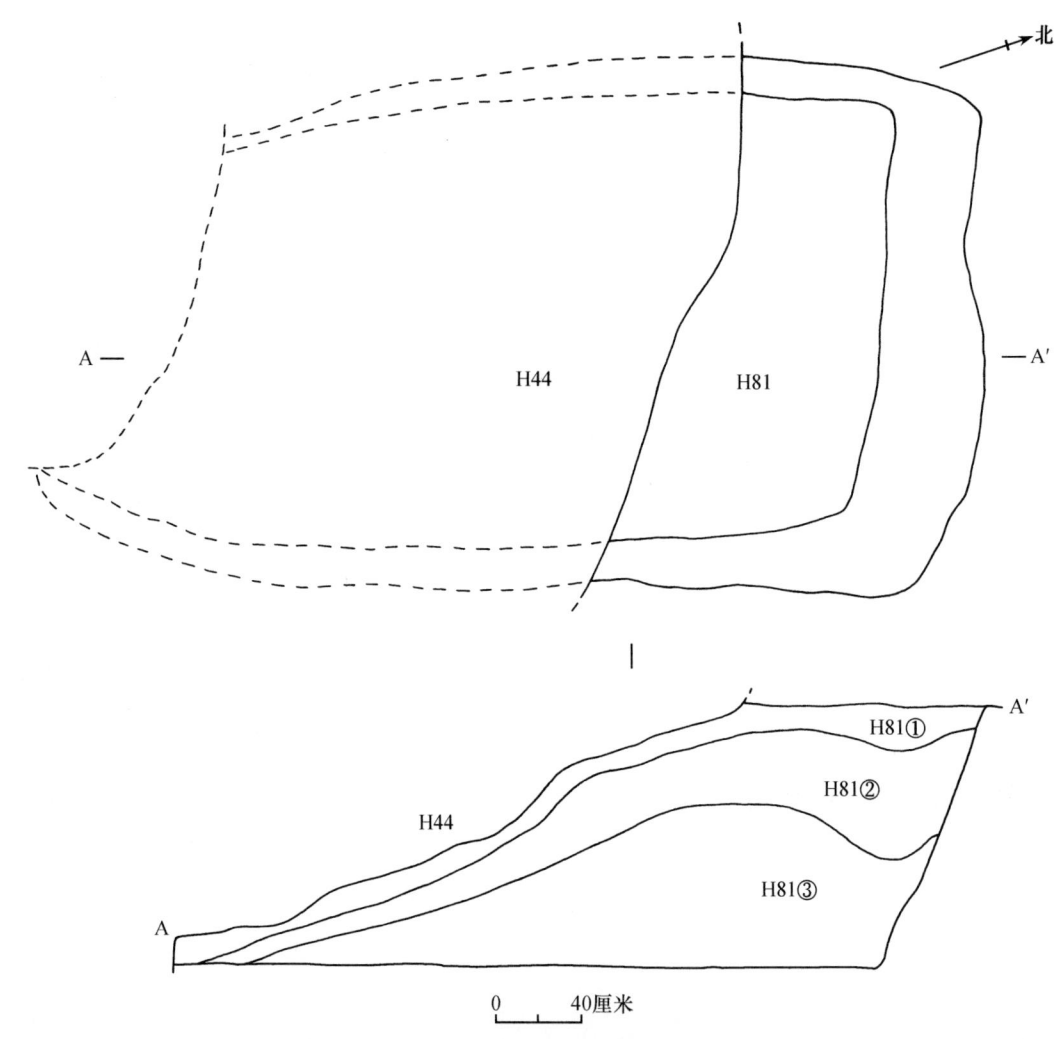

图一六九　2006YY西ⅠT6H81平、剖面图

第1层灰黑色，土质疏松，含较多炭粒；第2层灰褐土，土质疏松，北半部较纯净；第3层灰黑色，土质疏松，夹杂红烧土颗粒和炭粒

2006YY西ⅠT12H79

位于2006YY西ⅠT12东北部，方向12°。平面呈近长方形，斜壁，圜底近平。填土分4层。第1层灰褐色，土质较硬，包含小石块、料姜石、炭粒、红烧土等，厚2～32厘米。第2层主要为烧土和草木灰，厚0～12厘米。第3层黄色沙土，土质疏松，包含草木灰、炭粒等，厚

0～10厘米。第4层灰黑色，土质较硬，包含炭粒、烧土等，厚0～16厘米。开口距地表34厘米，长300厘米，宽100厘米，深56厘米。出土有泥质绳纹和素面陶片及兽骨。打破H141（图一七〇）。

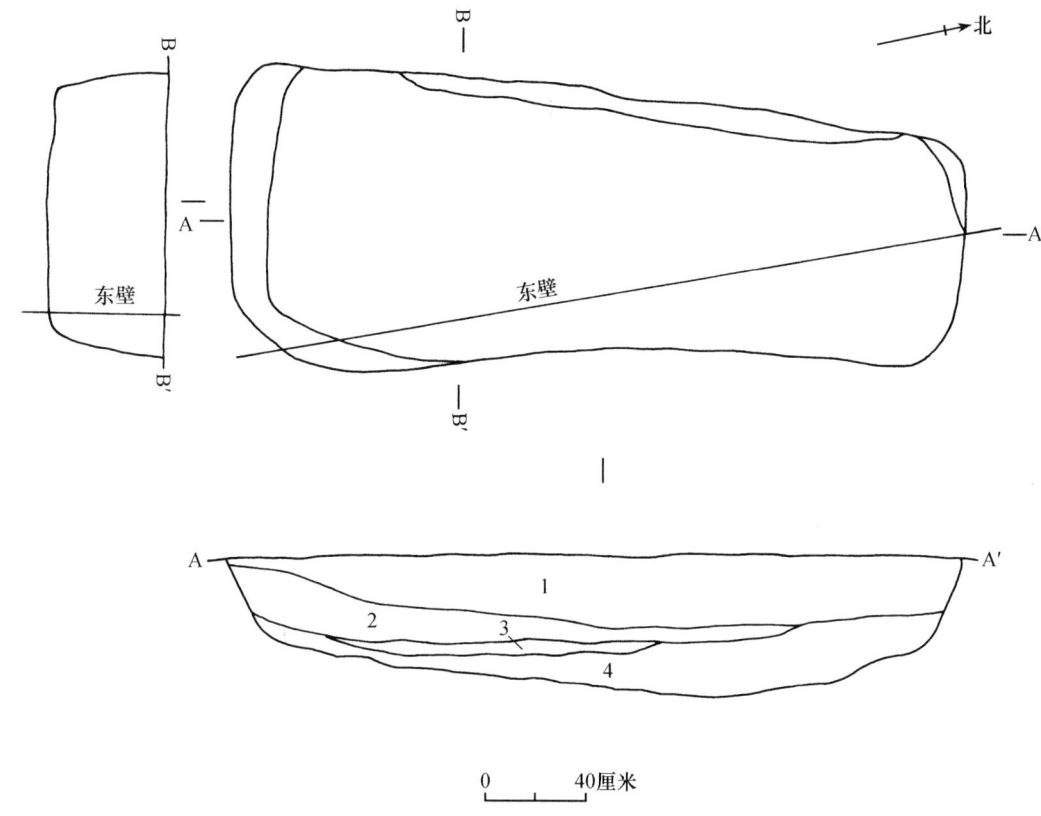

图一七〇　2006YY西ⅠT12H79平、剖面图

2006YY西ⅠT16H116

位于2006YY西ⅠT16东南部，方向90°。平面呈圆角长方形，斜壁，平底。填土黄色，质地较软，含有炭粒与少量红烧土块。开口距地表38厘米，长110厘米，宽44厘米，深16～23厘米。出土少量泥质黑、灰陶片。打破H181（图一七一）。

2007YY东T1H77

位于2007YY东T1东南部，方向20°。平面呈近似长方形，斜壁，近平底。填土灰褐色，土质致密，含红烧土颗粒、灰白土块及炭粒。开口距地表50厘米，口长182厘米，宽70厘米，深54厘米，底长122厘米，宽44～52厘米。出土瓷碟、瓷碗各1件，同出陶瓷片及砖瓦块等。被H19打破，打破H127（图一七二）。

Cd型　1个。平面近长方形，斜壁，圜底。2007YY西ⅠT15H67。

2007YY西ⅠT15H67

位于2007YY西ⅠT15南部，方向105°。平面呈近长方形，北边略弧，斜壁，浅圜底。填土红色，土质较硬。开口距地表65厘米，口长105厘米，宽85厘米，深18～30厘米，底长100厘

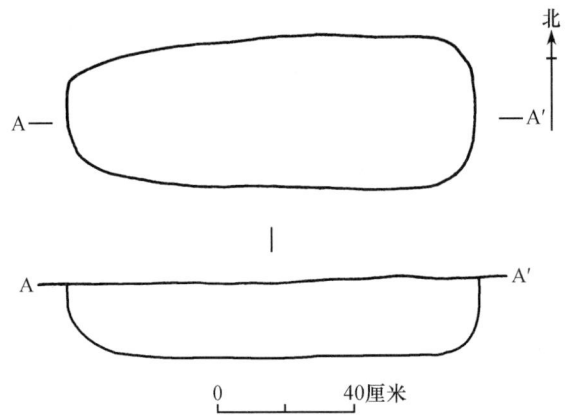

图一七一　2006YY西ⅠT16H116平、剖面图

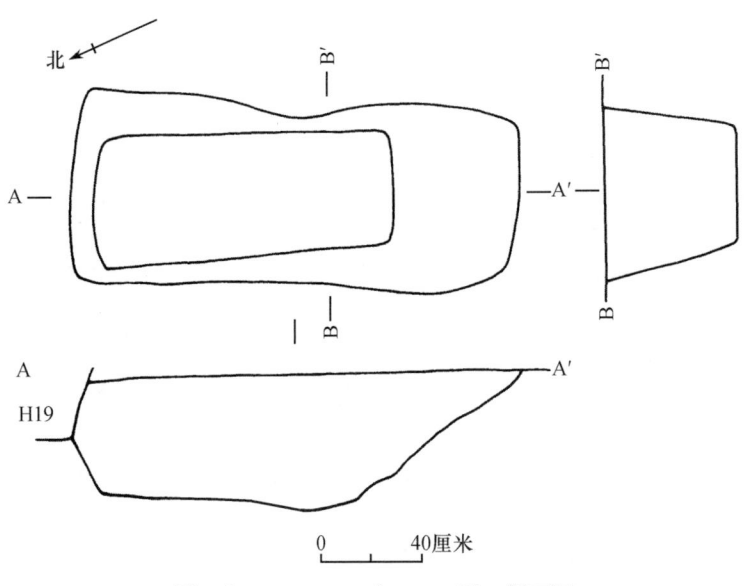

图一七二　2007YY东T1H77平、剖面图

米，宽55～80厘米。出土白、青瓷片，泥质灰陶片及砖瓦块等（图一七三）。

Ce型　12个。弧壁平底。

其中平面呈长方形者6个。包括2006YY西ⅠT1H60、2006YY西ⅠT14H147、2006YY西ⅠT27H187、2007YY东T8H52（圆角）、2007YY东T15H164、2007YY西ⅠT17H307。

2006YY西ⅠT27H187

位于2006YY西ⅠT27西北部，方向105°。平面呈长方形，弧壁，平底较规整。填土灰褐色，质地松散，含有较多草木灰。开口距地表35厘米，长130厘米，宽90厘米，深77厘米。打破G3（图一七四）。

近长方形者6个。包括2007YY东T15H212、2007YY东T15H229、2007YY西ⅠT7H139、2007YY西ⅠT17H337、2007YY西ⅠT18H232、2007YY西ⅠT23H242。

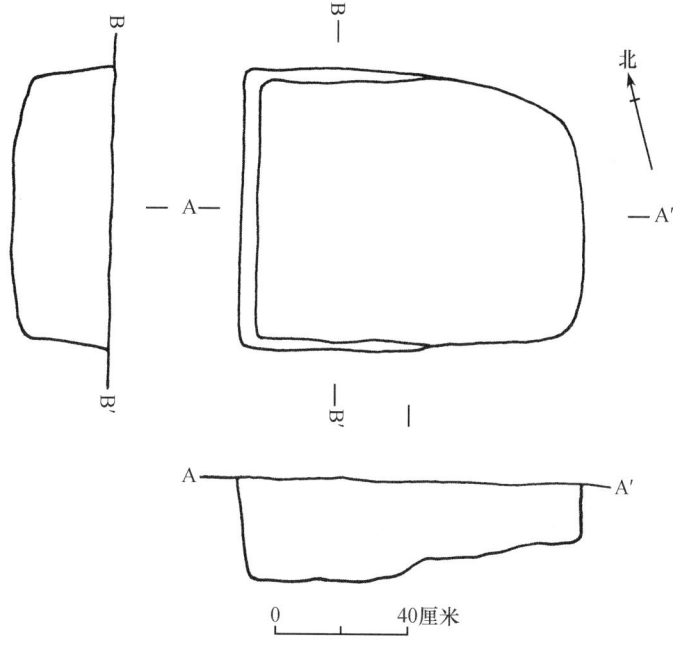

图一七三　2007YY西ⅠT15H67平、剖面图

2007YY西ⅠT18H232

位于2007YY西ⅠT18东北部，方向112°。平面呈圆角弧边长方形，弧壁，平底西浅东深。填土灰黄色，土质疏松，包含料姜石、红烧土颗粒及炭粒。开口距地表75厘米，口长125厘米，宽80厘米，深10~30厘米，底长115厘米，宽70厘米。出土少量白、青、黑、白底黑花瓷片，泥质灰陶片及瓦片等（图一七五）。

Cf型　1个。复合型。2007YY西ⅠT17H89。

2007YY西ⅠT17H89

位于2007YY西ⅠT17东部偏南，方向170°。平面呈长方形，东、西为斜壁，北壁为直壁，南壁呈阶梯状，坑底南段为斜底，北段为平底。填

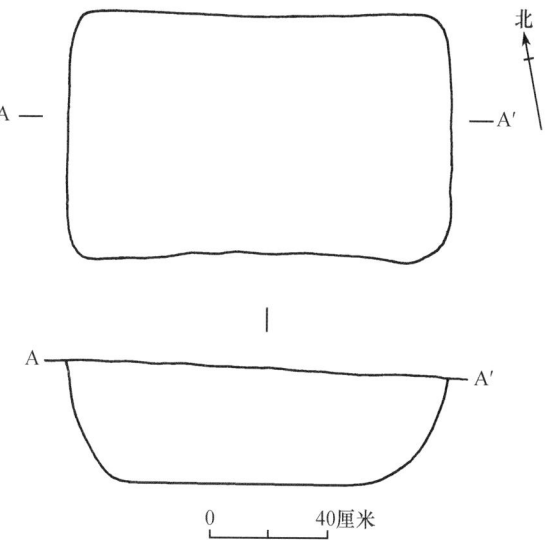

图一七四　2006YY西ⅠT27H187平、剖面图

土灰黄色，质地疏松，含红烧土颗粒、炭粒及料姜石。开口距地表40厘米，口长195厘米，宽80厘米，深70~90厘米，底长160厘米，宽65~85厘米。出土少量青、蓝瓷片（图一七六）。

D型　2个。平面呈平行四边形或不规则平行四边形。包括2006YY西ⅠT10H8、2007YY西ⅠT15H152。

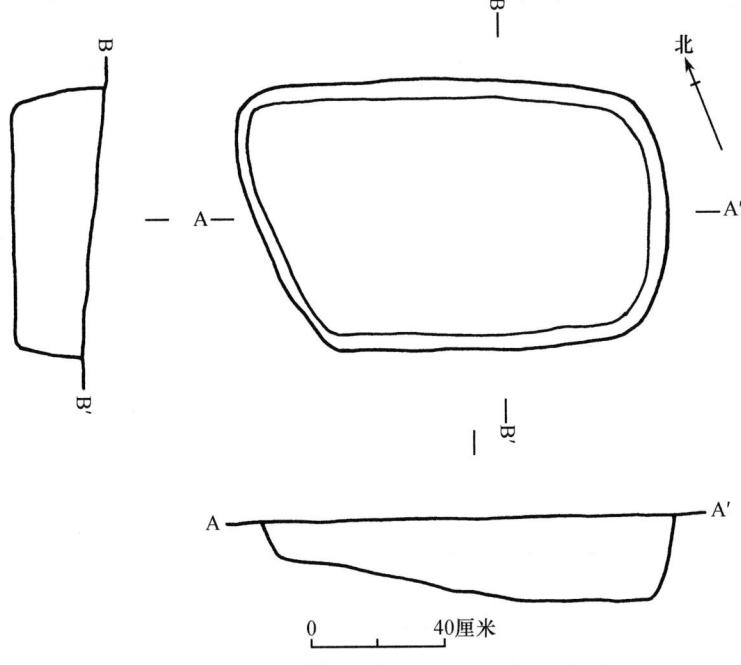

图一七五　2007YY西ⅠT18H232平、剖面图

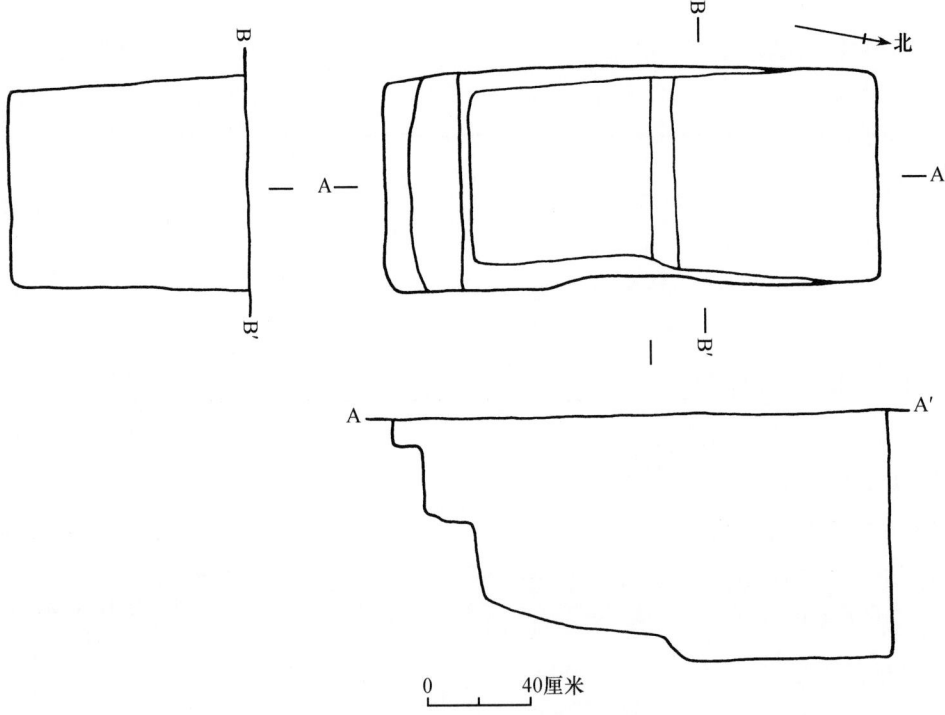

图一七六　2007YY西ⅠT17H89平、剖面图

2006YY西ⅠT10H8

位于2006YY西ⅠT10西北部，方向11°。平面呈不规则平行四边形，斜壁，斜底有起伏。填土灰褐色，质地疏松，含有少数草木灰和细砂石。开口距地表32～38厘米，口长250厘米，宽95～115厘米，深10～35厘米，底长200厘米，宽70～95厘米。出土陶球1个，同出泥质弦纹灰陶片，白、黑、绿瓷片及泥质灰陶素面瓦片等（图一七七）。

2007YY西ⅠT15H152

位于2007YY西ⅠT15中部，方向40°。平面呈四边形，斜壁，平底。填土灰褐色，土质疏松，包含红烧土颗粒和炭粒。开口距地表75厘米，口长160厘米，宽90厘米，深20厘米，底长140厘米，宽70厘米。出土泥质素面灰陶片，白、黑瓷片及砖瓦块等。打破H163（图一七八）。

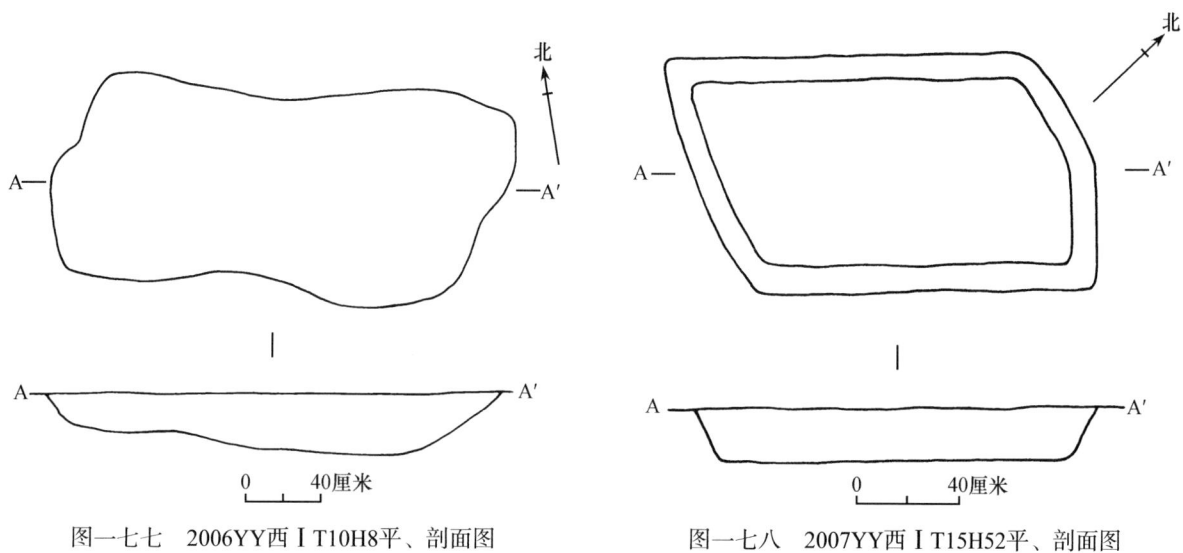

图一七七　2006YY西ⅠT10H8平、剖面图　　　图一七八　2007YY西ⅠT15H52平、剖面图

E型　15个。平面呈方形或近方形。据结构不同分为三亚型。

Ea型　6个。直壁，平底。包括2006YY西ⅠT25H237、2006YY西ⅠT26H231、2006YY西ⅠT32H285、2007YY西ⅠT19H303、2007YY西ⅠT19H304。附时代不明者1个：2007YY西ⅠT10H374。

2006YY西ⅠT25H237

位于2006YY西ⅠT25东南部，方向5°。平面呈近方形，西边外弧，直壁，平底。填土灰色，土质疏松，含白灰颗粒、红烧土颗粒等。开口距地表45厘米，长82厘米，宽82厘米，深40厘米。出土有素面的泥质、夹砂灰陶片和青、白瓷片。被H234打破，打破H250、H254（图一七九）。

2006YY西ⅠT26H231

位于2006YY西ⅠT26西南部，方向78°。平面呈方形，近直壁，平底。填土为灰烬土，土质疏松，含草木灰和红烧土。开口距地表56厘米，长124厘米，宽122厘米，深20厘米。出土少量陶瓷片和瓷砖瓦块（图一八〇）。

Eb型　7个。斜壁，平底。包括2006YY西ⅠT2H17（弧边圆角）、2006YY西ⅠT8H124、

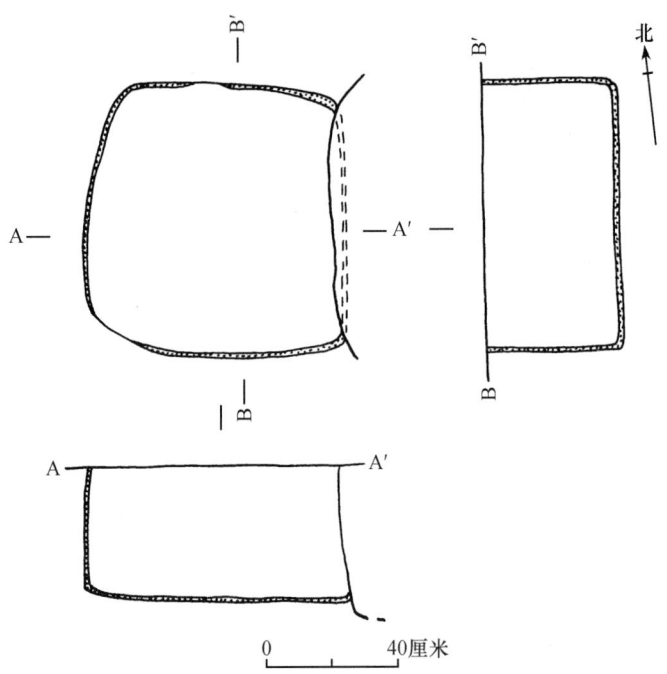

图一七九 2006YY西ⅠT25H237平、剖面图

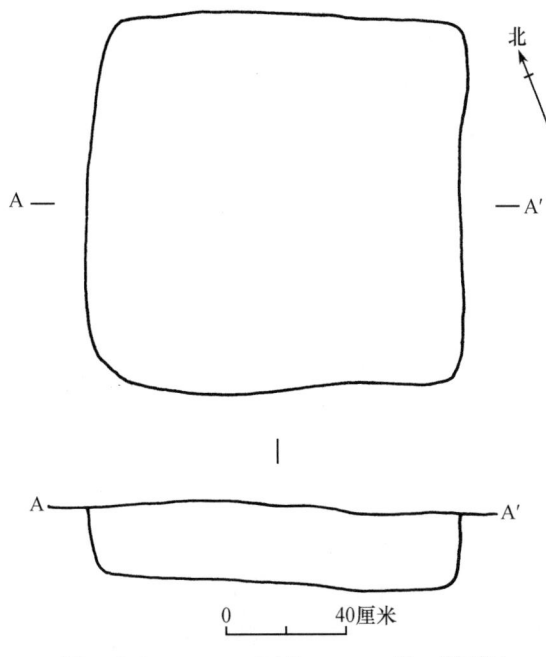

图一八○ 2006YY西ⅠT26H231平、剖面图

2007YY东T3H240、2007YY西ⅠT4H127、2007YY西ⅠT9H17、2007YY西ⅠT9H248、2007YY西ⅠT22H160。

2006YY西ⅠT2H17

位于2006YY西ⅠT2西南部，方向27°。平面呈圆角方形，斜壁，平底。填土浅褐色，土质疏松，夹杂少量红烧土颗粒和大量黄土斑。开口距地表25厘米，口长150厘米，宽125厘米，深68厘米，底长120厘米，宽110厘米。出土少量陶瓷片。打破H25（图一八一）。

2007YY东T3H240

位于2007YY东T3中部，方向15°。平面呈不规则方形，斜壁略弧，平底起伏较大，中部位置较深。填土褐色，质地疏松，含烧土、炭粒、煤渣及小石子。开口距地表68厘米，长232厘米，宽230厘米，深38厘米。出土瓷碗、铁灯盏，同出泥质素面灰陶片，白、黑、青瓷片及少量动物骨骼。被H221打破（图一八二）。

2007YY西ⅠT9H17

位于2007YY西ⅠT9东部偏北，方向10°。平面呈方形，斜壁，有一级台阶，平底南浅北

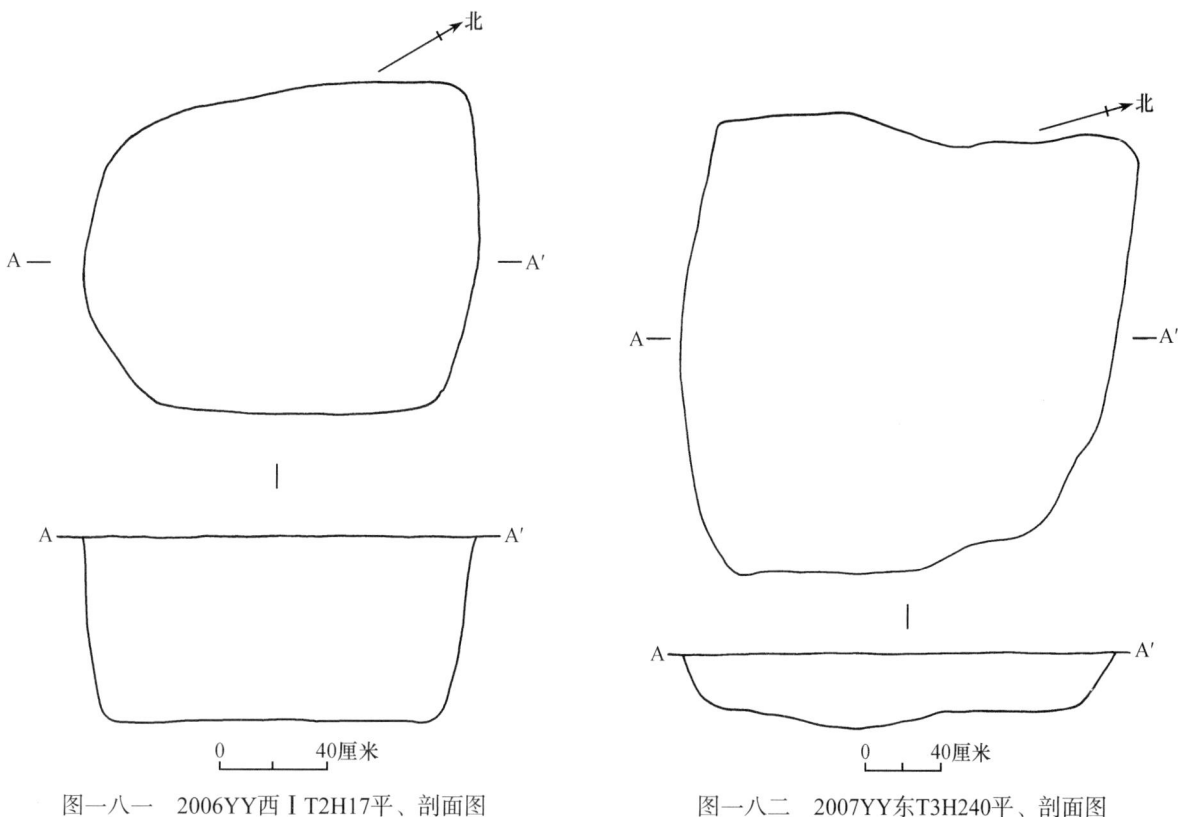

图一八一　2006YY西ⅠT2H17平、剖面图　　　　图一八二　2007YY东T3H240平、剖面图

深。填土灰褐色，土质疏松，含有大量炭粒、石子、石灰颗粒及红色料姜石。开口距地表42厘米，口长140厘米，宽120厘米，深32～40厘米，底长94厘米，宽74厘米。出土瓷碟、钱币，同出泥质素面灰陶片，白、黑、白底黑花瓷片及砖瓦块等（图一八三）。

2007YY西ⅠT9H248

位于2007YY西ⅠT9西北部，方向95°。平面呈近圆角方形，斜壁，石灰抹壁，近平底，底部有石灰硬结面。填土褐色，土质疏松，包含料姜石。开口距地表60～65厘米，长130厘米，宽92～110厘米，深30厘米。同出泥质素面灰陶片，白、青瓷片等（图一八四）。

Ec型　2个。弧壁，平底。包括2007YY东T8H61（圆角）、2007YY西ⅠT6H133。

2007YY东T8H61

位于2007YY东T8东北部，方向10°。平面呈圆角方形，弧壁，平底。填土黄褐色，质地紧密，较纯净。开口距地表42厘米，长110厘米，宽106厘米，深14厘米。同出泥质素面灰陶瓦片，白、黑瓷片等（图一八五）。

2007YY西ⅠT6H133

位于2007YY西ⅠT6中部偏北，方向102°。平面呈近方形，弧壁，近平底。填土浅灰色，土质松软，夹较多炭灰和少量的烧土、煤灰、白灰粒。开口距地表62厘米，长190厘米，宽180厘米，深16厘米。出土瓷盘，同出泥质素面灰陶瓦片，白、黑、蓝瓷片等（图一八六）。

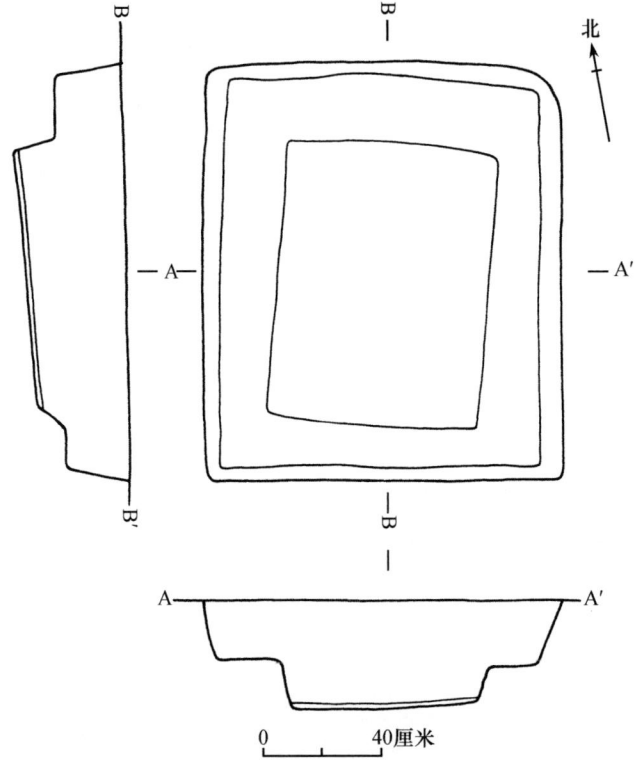

图一八三　2007YY西ⅠT9H17平、剖面图

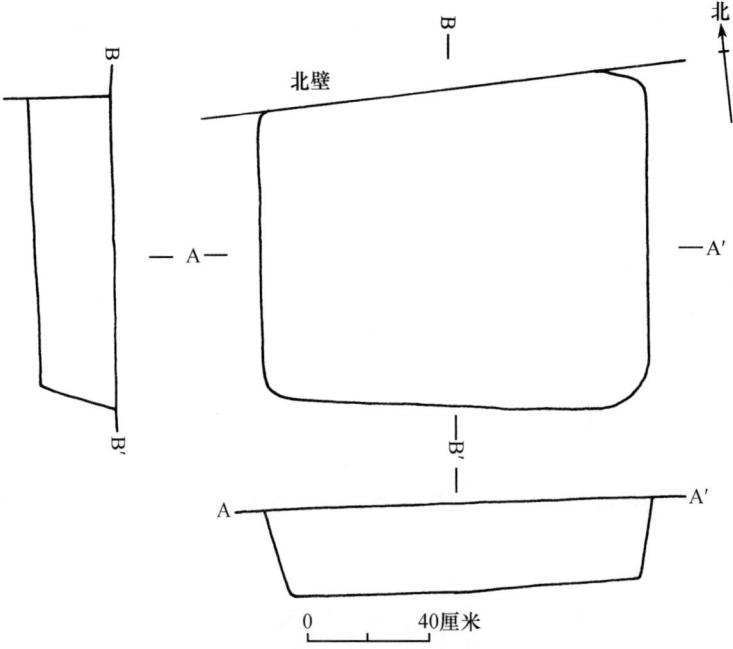

图一八四　2007YY西ⅠT9H248平、剖面图

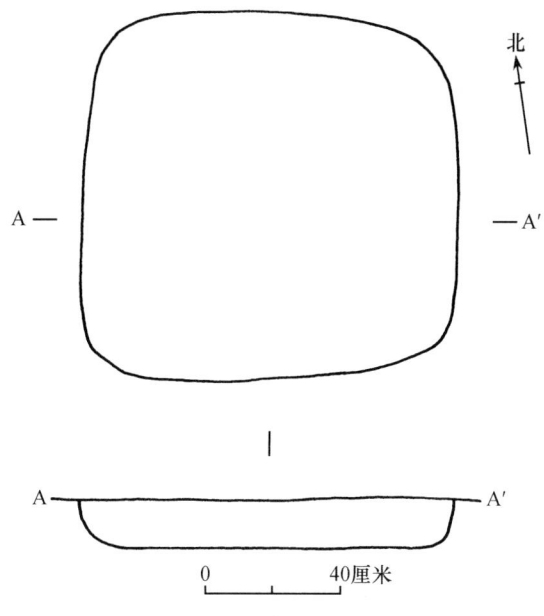

图一八五　2007YY东T8H61平、剖面图

图一八六　2007YY西ⅠT6H133平、剖面图

F型　5个。平面呈梯形或不规则梯形。据结构不同分为三亚型。

Fa型　2个。直壁，平底。包括2006YY西ⅠT1H71（大半，底不平）、2006YY西ⅠT2H31（近梯形）。

2006YY西ⅠT2H31

位于2006YY西ⅠT2东北部，方向90°。平面略呈梯形，东西两边弧，西窄东宽，直壁，平底。填土灰褐色，土质疏松，夹杂较多红烧土颗粒、炭粒。开口距地表25厘米，口长112厘米，宽60厘米，深46厘米，底长112厘米，宽60厘米。出土少量陶片、砖瓦块等（图一八七）。

Fb型　1个。斜壁，平底。2007YY西ⅠT10H252。

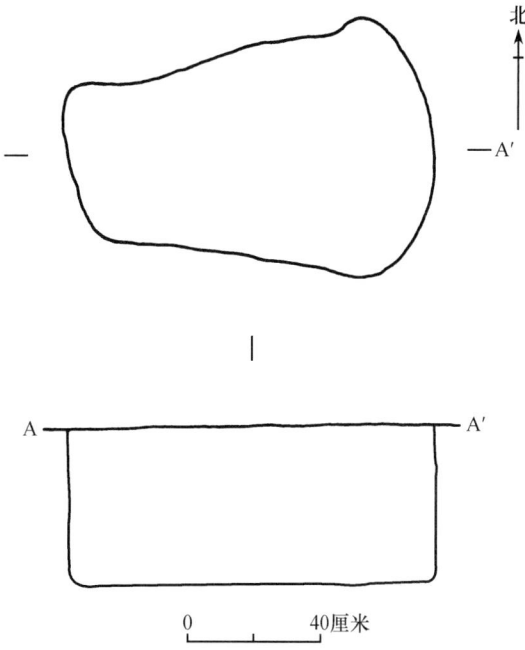

图一八七　2006YY西ⅠT2H31平、剖面图

2007YY西ⅠT10H252

位于2007YY西ⅠT10南部，方向26°。平面呈梯形，南窄北宽，南壁垂直，其余斜壁，平底北深南浅。坑内填土深褐色夹黄斑，土质较疏松，含少量炭粒、红烧土颗粒。开口距地表58厘米，长114厘米，宽96~108厘米，深20~46厘米。出土少量白瓷片和灰陶片等。打破H278（图一八八）。

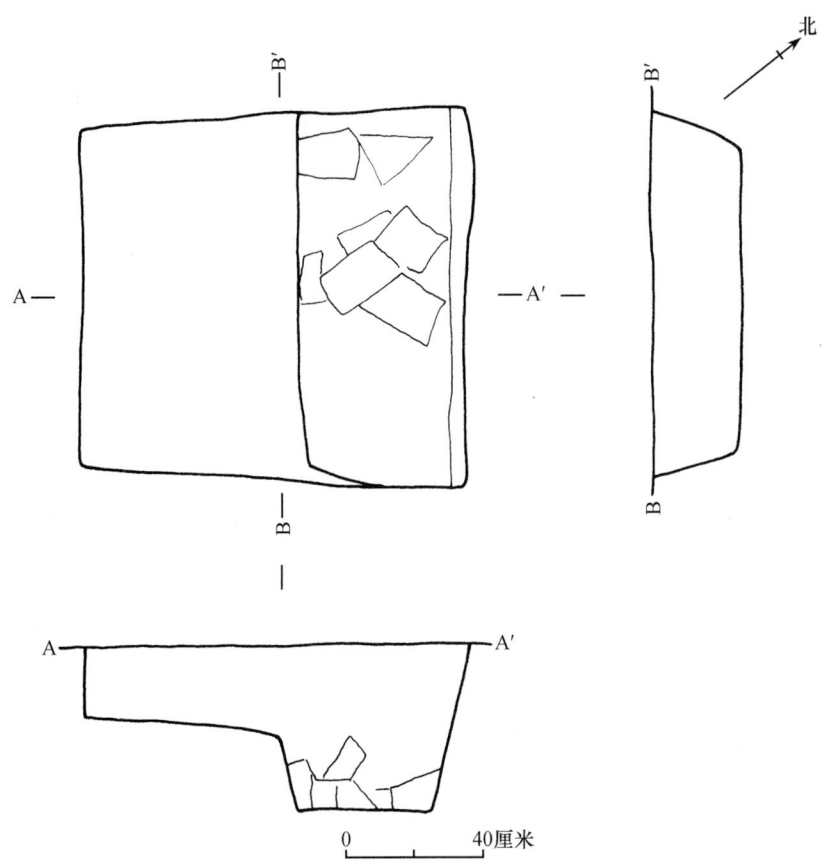

图一八八　2007YY西ⅠT10H252平、剖面图

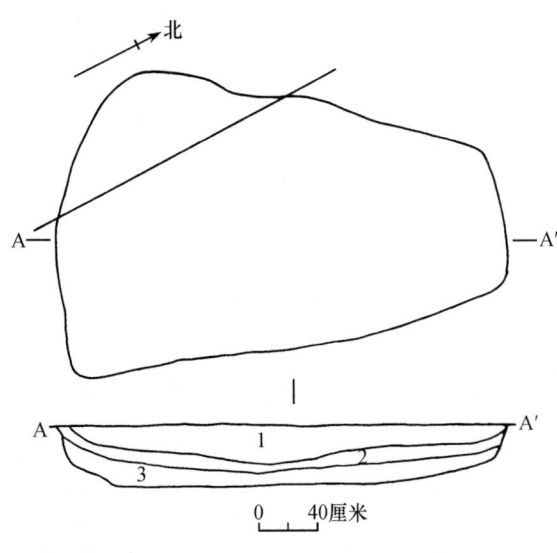

图一八九　2006YY西ⅠT10H33平、剖面图

Fc型　2个。弧壁，圜底。包括2007YY东T7H144（圆角）、2006YY西ⅠT10H33。

2006YY西ⅠT10H33

位于2006YY西ⅠT10西南角，方向24°。平面呈不规则梯形，弧壁，弧底。填土分3层。第1层黑色草木灰，质地松软，厚8~26厘米。第2层浅黄土，质地松软，厚6~8厘米。第3层浅灰土，质地松软，含零星草木灰，厚10~16厘米。开口距地表26厘米，口长260~308厘米，宽100~194厘米，深40厘米，底长220厘米，宽85~120厘米。出土有瓷碗、钱币，同出泥质和夹砂素面灰陶片，白瓷片及泥质青灰色砖瓦块等。被H46、H139打破，打破H147（图一八九）。

2007YY东T7H144

位于2007YY东T7中东部，方向292°。平面呈圆角梯形，西窄东宽，弧壁，圜底。填土灰褐色，质地疏松，含少量白灰粒、炭灰及烧土。开口距地表40厘米，长236厘米，宽46～174厘米，深14厘米。同出泥质素面灰陶瓦片，白、黑瓷片等。被H122打破，打破H150、H151（图一九〇）。

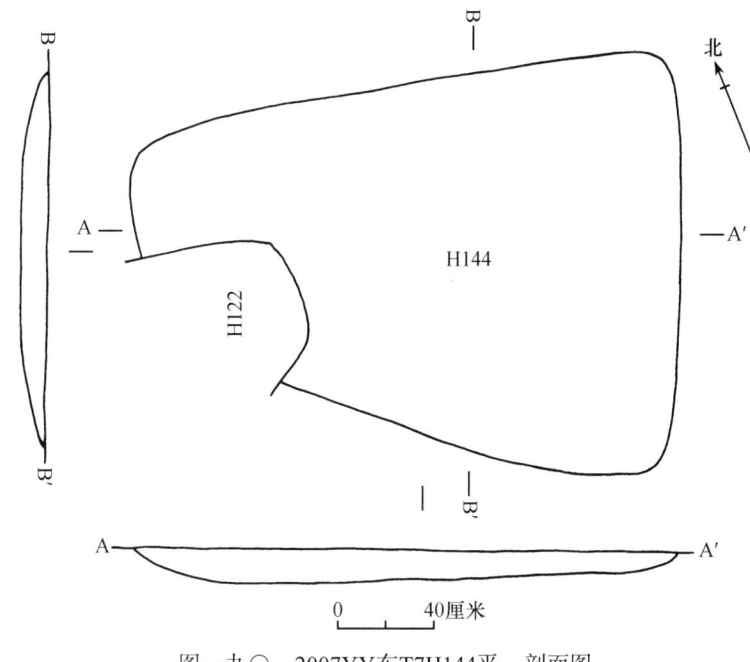

图一九〇　2007YY东T7H144平、剖面图

G型　128个。平面呈长条形。据结构不同分为五亚型。

Ga型　10个。直壁，平底。包括2006YY西ⅠT3H41（平面不规则）、2006YY西ⅡT1H210（平面不规则，底不规则）、2007YY东T13H99、2007YY东T13H120、2007YY东T14H173、2007YY西ⅠT7H354、2007YY西ⅠT14H188、2007YY西ⅠT20H198、2007YY西ⅠT20H209。附时代不明者1个：2007YY西ⅠT7H382。

2006YY西ⅠT3H41

位于2006YY西ⅠT3中部，方向100°。平面呈不规则长条形，直壁，平底有起伏。填土黄褐色，土质较板结，含大量炭粒。开口距地表20厘米，长780厘米，宽120厘米，深15厘米。出土铜钱、陶棋子，同出泥质灰陶片，白、黑、绿瓷片及砖瓦块等（图一九一）。

2007YY东T13H99

位于2007YY东T13东北部，方向10°。平面呈长条形，直壁，平底。填土浅灰色，土质疏松，含炭粒和少量红烧土颗粒。开口距地表45厘米，长285厘米，宽80～87厘米，深34厘米。被H83打破，打破H108、H117、H131、H132。出土陶骰子，同出泥质素面灰陶片，白、黑、蓝瓷片及泥质青灰色砖瓦块（图一九二）。

2007YY西ⅠT20H209

位于2007YY西ⅠT20东中部，方向120°。平面呈不规则长条形，直壁，平底。填土为灰褐

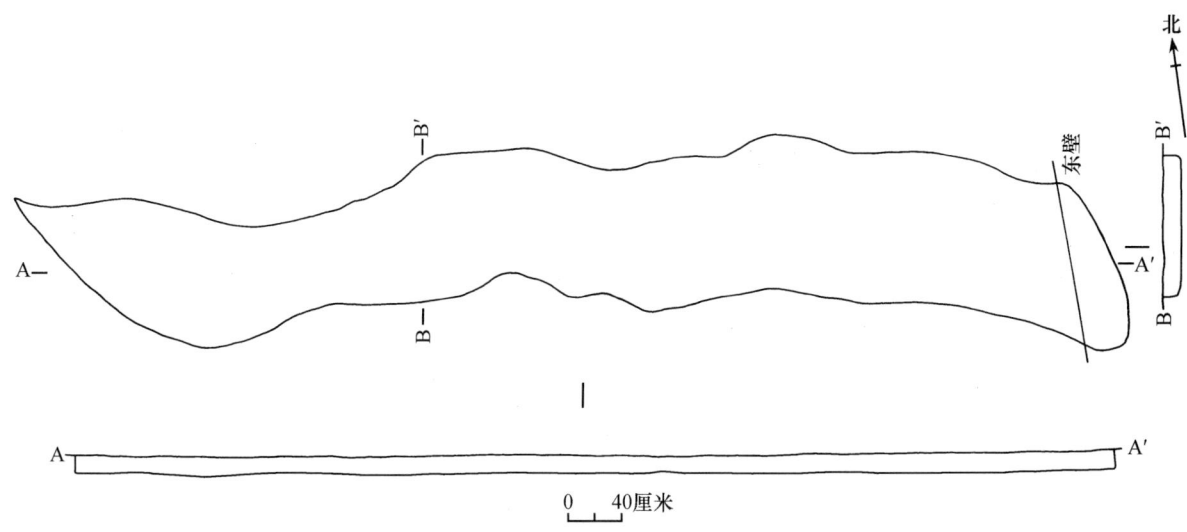

图一九一　2006YY西ⅠT3H41平、剖面图

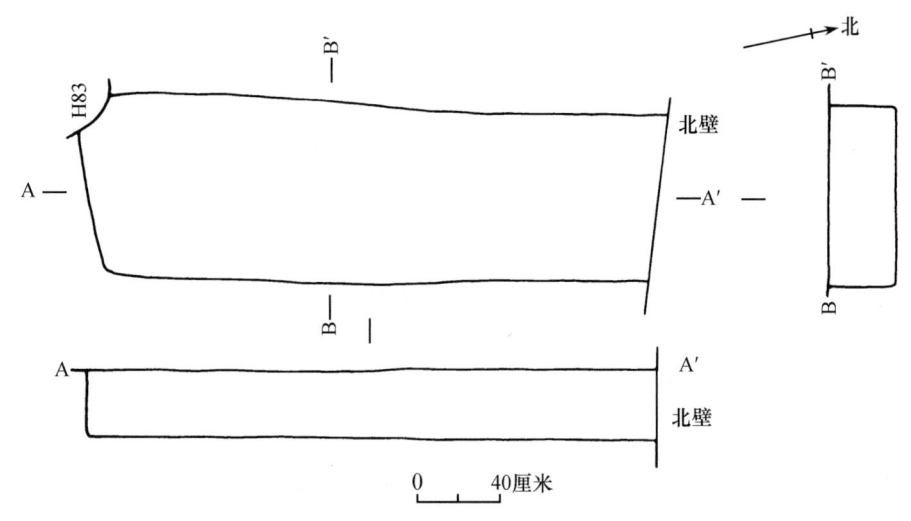

图一九二　2007YY东T13H99平、剖面图

色，质地疏松，夹杂大量红烧土颗粒和草木灰。开口距地表90厘米，长166厘米，宽40~60厘米，深20厘米。出土绿釉白瓷片。被H198打破（图一九三）。

Gb型　61个。斜壁，平底。包括2006YY西ⅠT3H34（不规则）、2006YY西ⅠT4H64、2006YY西ⅠT5H51（斜底）、2006YY西ⅠT7H28（不规则）、2006YY西ⅠT8H142、2006YY西ⅠT9H14（不规则）、2006YY西ⅠT9H160、2006YY西ⅠT10H24、2006YY西ⅠT12H132、2006YY西ⅠT14H148、2006YY西ⅠT16H105（不规则）、2006YY西ⅠT20H140、2006YY西ⅠT25H270（不规则）、2006YY西ⅠT25H271（底有高低）、2006YY西ⅠT25H282、2006YY西ⅡT1H220、2006YY西ⅠT32H246（不规则）、2006YY西ⅠT32H248（不规则）、2006YY西ⅠT32H249（不规则）、2007YY东T1H127、2007YY东T2H47、2007YY东T2H48、2007YY东T2H49（不规则）、2007YY东T2H68、2007YY东T2H113、2007YY东T4H13、2007YY

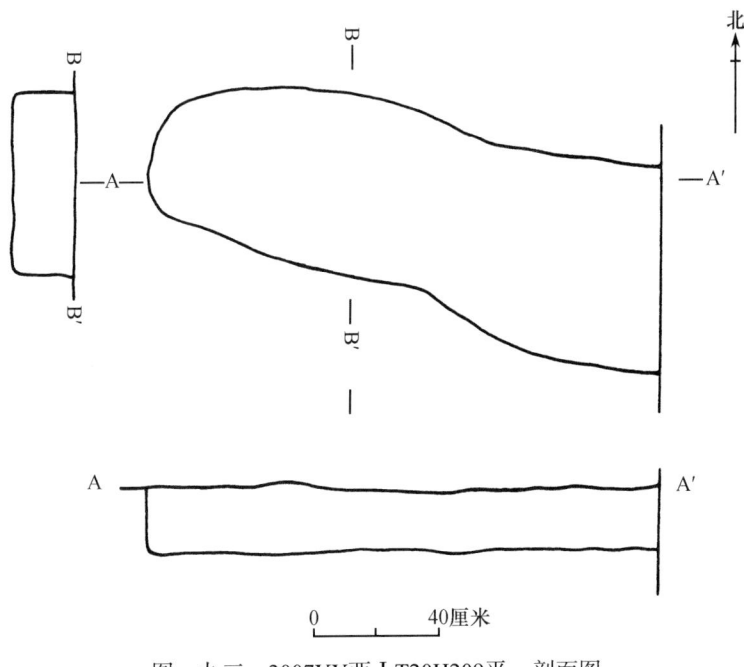

图一九三　2007YY西ⅠT20H209平、剖面图

东T4H19、2007YY东T4H25、2007YY东T4H26、2007YY东T5H50、2007YY东T5H72、2007YY东T5H111、2007YY东T5H123、2007YY东T5H143、2007YY东T5H167、2007YY东T6H84、2007YY东T6H174、2007YY东T8H12、2007YY东T8H24、2007YY东T9H105、2007YY东T9H197、2007YY东T10H152、2007YY东T11H128、2007YY东T11H176、2007YY东T11H177、2007YY东T13H41、2007YY东T13H81、2007YY东T14H96、2007YY东T14H137、2007YY东T15H17、2007YY东T15H27、2007YY东T15H163、2007YY西ⅠT11H266、2007YY西ⅠT12H229、2007YY西ⅠT12H353、2007YY西ⅠT15H211、2007YY西ⅠT15H377、2007YY西ⅠT17H338、2007YY西ⅠT22H264、2007YY西ⅠT24H121。附时代不明者1个：2007YY西ⅠT25H383。

2006YY西ⅠT5H51

位于2006YY西ⅠT5西南部，方向105°。平面呈长条带状，斜壁，底西高东低。填土黄褐色，土质疏松，夹红烧土颗粒和炭粒。开口距地表20厘米，口长400厘米，宽100厘米，深15~25厘米，底长400厘米，宽80厘米。出土少量白瓷片和泥质素面灰陶片（图一九四）。

2006YY西ⅠT7H28

位于2006YY西ⅠT7中部，方向105°。平面呈不规则长条形，斜壁，底近平。填土灰褐色，土质疏松，夹炭粒、红烧土颗粒及小块料姜石。开口距地表37厘米，口长900厘米，宽90~110厘米，深49~53厘米，底长900厘米，宽85~108厘米。出土瓷碗，同出泥质素面灰陶瓦片，白、天蓝瓷片及砖瓦块。打破H44、H118（图一九五）。

2006YY西ⅠT10H24

位于2006YY西ⅠT10东部偏南，方向104°。平面呈长条形，斜壁，平底。填土浅灰色，质

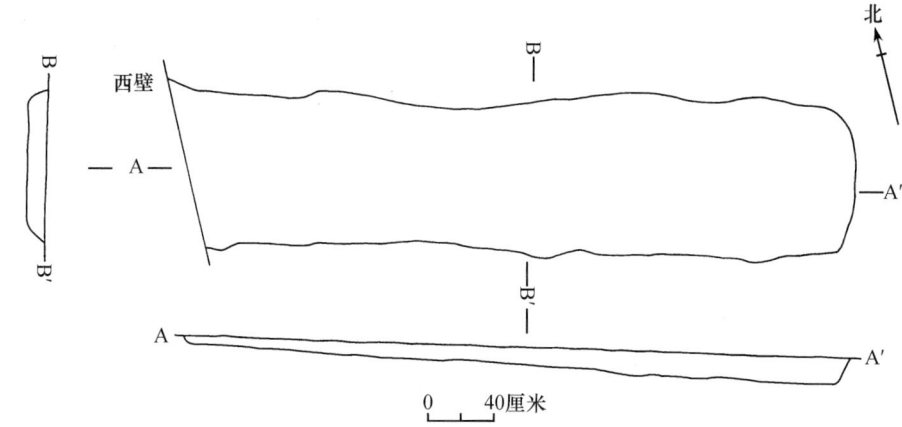

图一九四　2006YY西ⅠT5H51平、剖面图

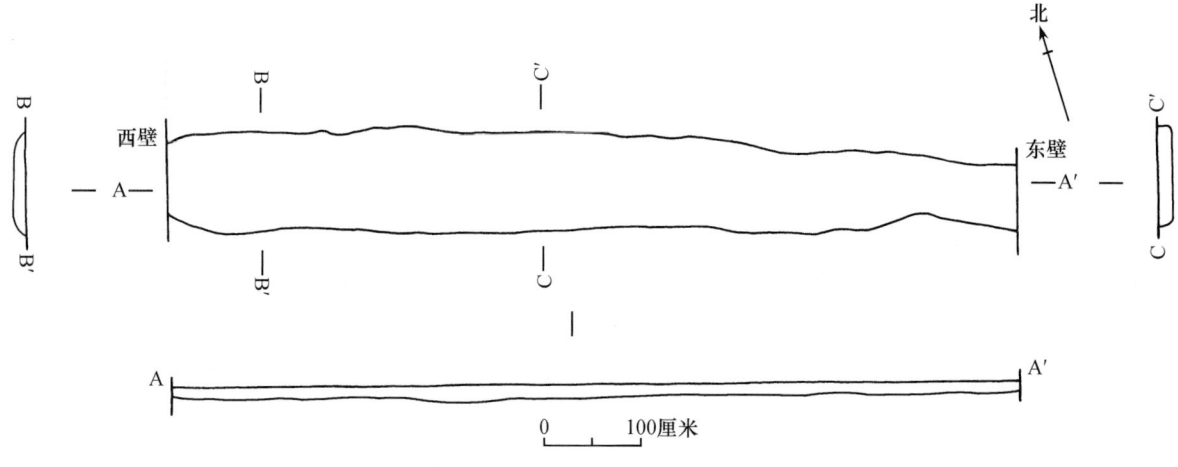

图一九五　2006YY西ⅠT7H28平、剖面图

地松软。开口距地表33厘米，口长438厘米，宽120厘米，深10~18厘米，底长390厘米，宽100厘米。出土少量白瓷片和青灰色砖块。被H10打破（图一九六）。

2007YY东T1H127

位于2007YY东T1东南部，方向114°。平面呈长条形，斜壁，平底。填土浅灰色，土质疏松，含零星红烧土颗粒、炭粒。开口距地表42厘米，长486厘米，宽55~65厘米，深26厘米。出土少量白瓷片。被H45、H77打破（图一九七）。

2007YY西ⅠT11H266

位于2007YY西ⅠT11东部，方向18°，平面呈不规则长条形，东西斜壁，南北弧壁，平底，中部略深，南北两端略浅。填土浅黄色，土质疏松，含炭粒和红色料姜石。开口距地表86厘米，口长444厘米，宽40~88厘米，深26厘米，底长436厘米，宽36~50厘米。出土泥质素面灰陶片和白、青瓷片。打破H311（图一九八）。

Gc型　8个。斜壁，圜底。包括2006YY西ⅠT3H7、2006YY西ⅠT12H172、2007YY东

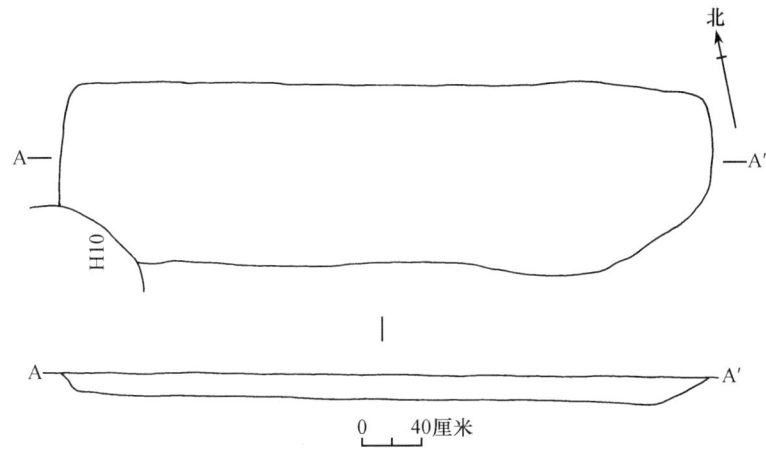

图一九六　2006YY西ⅠT10H24平、剖面图

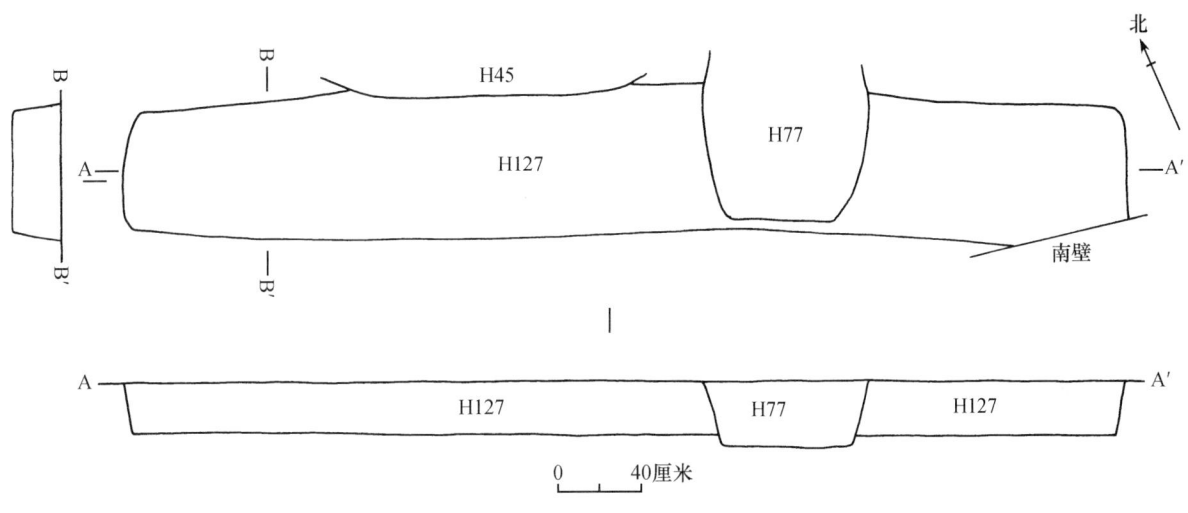

图一九七　2007YY东T1H127平、剖面图

T6H91、2007YY东T6H184、2007YY东T13H6、2007YY东T13H160、2007YY西ⅠT3H12、2007YY西ⅠT24H32。

2007YY东T13H6

位于2007YY东T13中部偏东，方向177°。平面呈长条形，斜壁，圜底近平。填土主要为煤渣，土质疏松，含大量炭粒、红烧土颗粒。开口距地表30厘米，长410厘米，宽131厘米，深36厘米。出土瓷碟、瓷碗、瓷盘、陶棋子、铜发卡，同出泥质素面灰陶片，青、白、黑、褐瓷片及泥质灰陶青灰色砖等（图一九九）。

2007YY西ⅠT24H32

位于2007YY西ⅠT24西北部，方向30°。平面呈长条形，斜壁，弧底，底部南高北低。填土浅褐色，质地疏松。开口距地表40厘米，长310厘米，最宽92厘米，南部深30厘米，北部深62厘米。出土青、白瓷片及砖瓦块等（图二〇〇）。

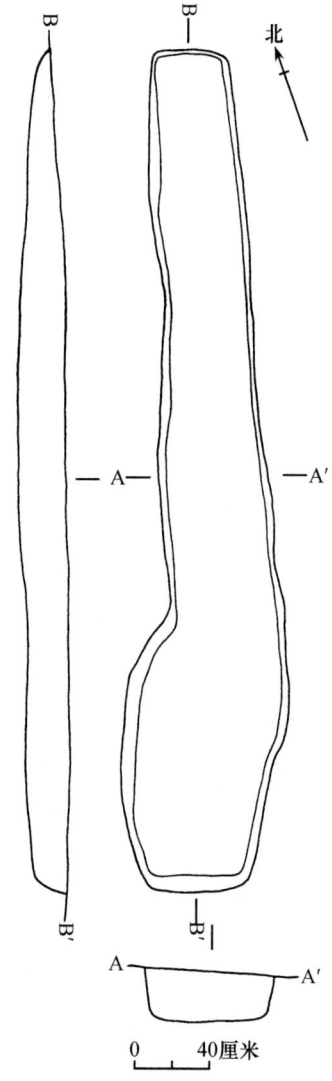

图一九八　2007YY西ⅠT11H266平、剖面图

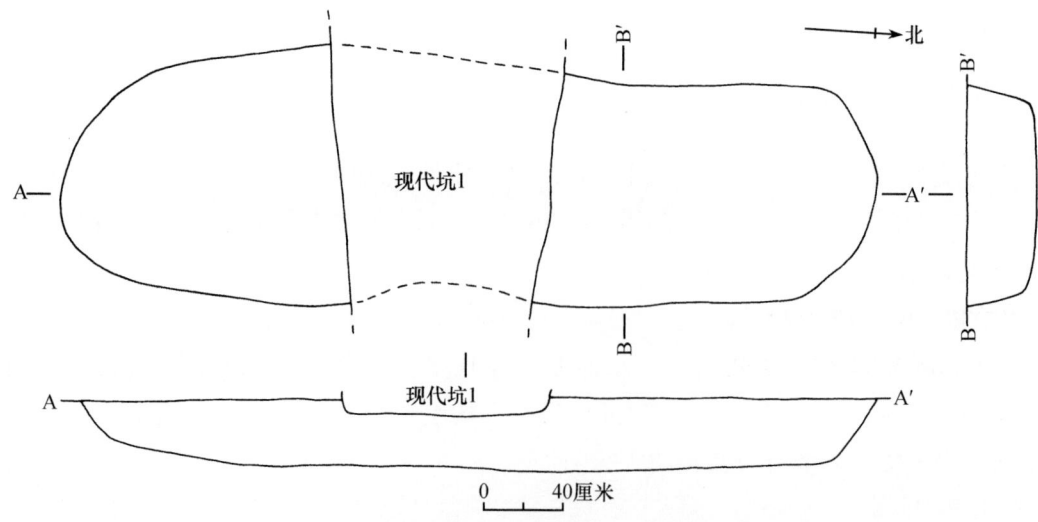

图一九九　2007YY东T13H6平、剖面图

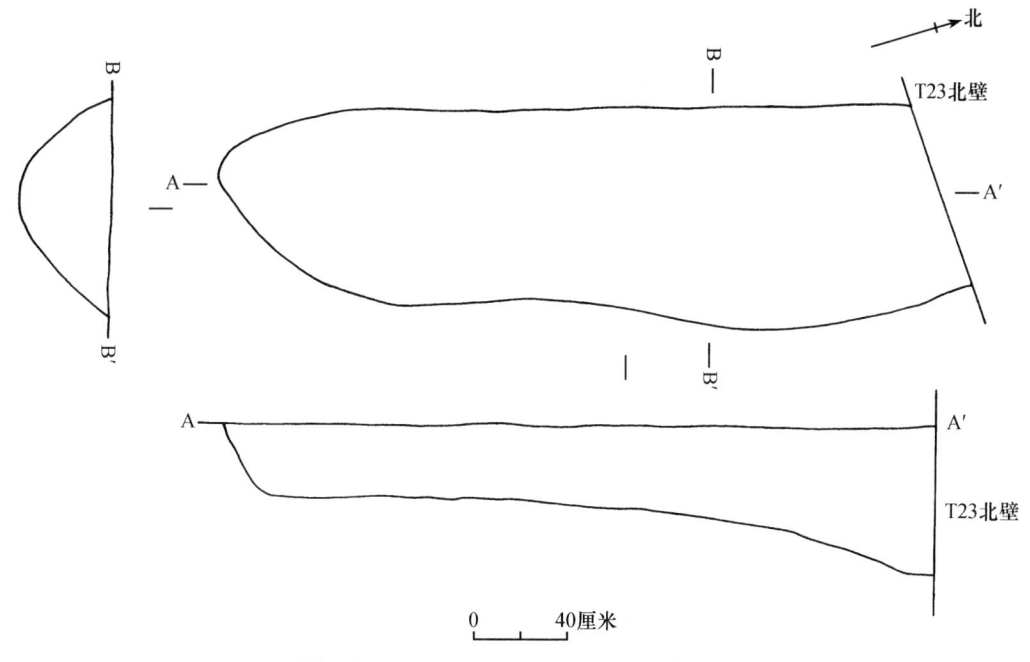

图二〇〇 2007YY西ⅠT24H32平、剖面图

Gd型 33个。弧壁，圜底。包括2006YY西ⅠT1H76（大半）、2006YY西ⅠT10H13（不规则）、2006YY西ⅠT13H126、2006YY西ⅠT24H3、2006YY西ⅠT26H216、2006YY西ⅠT27H185、2006YY西ⅠT28H184（不规则）、2006YY西ⅠT31H207（不规则）、2006YY西ⅠT32H280、2007YY东T7H40、2007YY东T8H9、2007YY东T9H139、2007YY东T15H237、2007YY西ⅠT2H19、2007YY西ⅠT2H282、2007YY西ⅠT2H327、2007YY西ⅠT3H13、2007YY西ⅠT3H21、2007YY西ⅠT3H267、2007YY西ⅠT5H226、2007YY西ⅠT6H37、2007YY西ⅠT6H52、2007YY西ⅠT6H122、2007YY西ⅠT8H8、2007YY西ⅠT8H214、2007YY西ⅠT9H347、2007YY西ⅠT11H312、2007YY西ⅠT19H328、2007YY西ⅠT20H172、2007YY西ⅠT23H319、2007YY西ⅠT25H204。附时代不明者2个：2006YY西ⅠT31H218、2006YY西ⅠT31H229。

2006YY西ⅠT27H185

位于2006YY西ⅠT27东北部，方向97°。平面呈长条形，弧壁，圜底有起伏。填土浅褐色，质地疏松。开口距地表40厘米，长260厘米，宽78厘米，深40厘米。打破G3（图二〇一）。

2007YY西ⅠT3H267

位于2007YY西ⅠT3北部，方向13°。平面呈长条形，弧壁，圜底。填土浅灰色，质地疏松，含较多炭灰和少量烧土。开口距地表45厘米，长347厘米，宽110厘米，深46厘米（图二〇二）。

2007YY东T8H9

位于2007YY东T8中部，方向115°。平面呈不规则长条形，弧壁，圜底。填土灰褐色，质

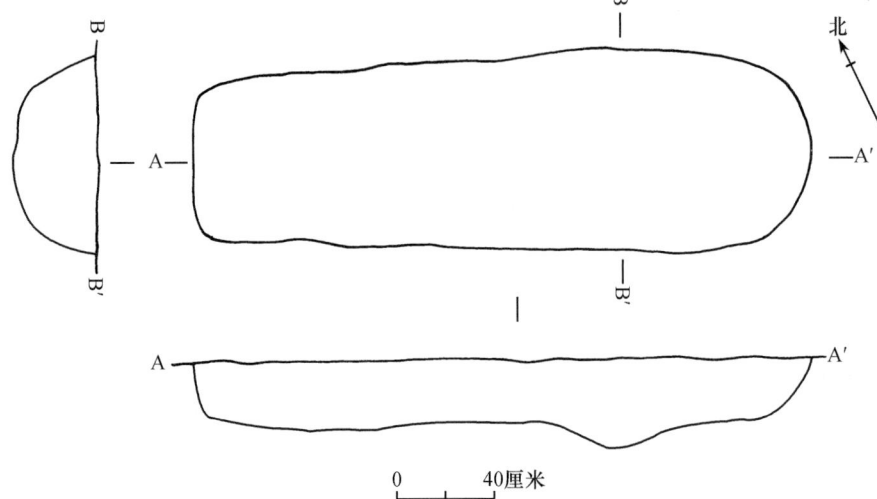

图二〇一　2006YY西ⅠT27H185平、剖面图

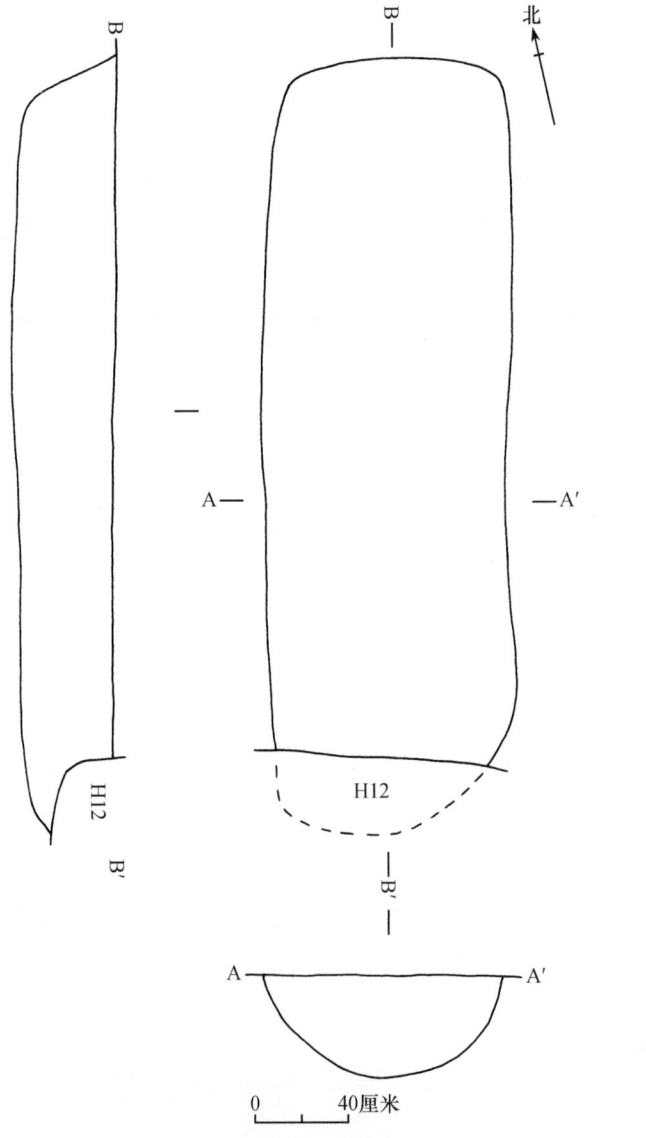

图二〇二　2007YY西ⅠT3H267平、剖面图

地疏松，含极少炭粒。开口距地表45厘米，长338厘米，宽36～52厘米，深32厘米。打破G1（图二〇三）。

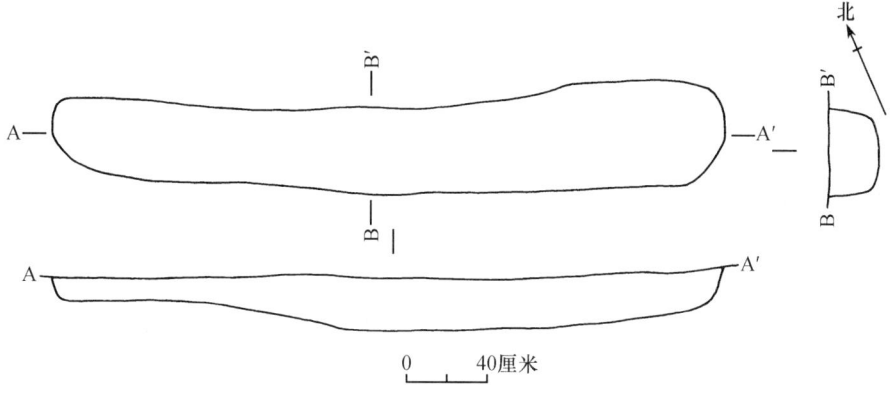

图二〇三　2007YY东T8H9平、剖面图

Ge型　16个。弧壁，平底。包括2006YY西ⅠT25H239、2006YY西ⅠT26H226（不规则）、2006YY西ⅠT29H262（不规则）、2006YY西ⅠT32H256（坡底）、2007YY东T9H181、2007YY东T10H206、2007YY东T11H70、2007YY东T13H100、2007YY东T14H97、2007YY西ⅠT2H18、2007YY西ⅠT6H75、2007YY西ⅠT10H6、2007YY西ⅠT11H325、2007YY西ⅠT14H97。附时代不明者2个：2006YY西ⅠT31H208、2007YY西ⅠT14H195。

2006YY西ⅠT26H226

位于2006YY西ⅠT26西南部，方向8°。平面呈不规则长条形，弧壁，近平底。填土为灰渣土，土质疏松，含草木灰。开口距地表53厘米，长366厘米，宽188厘米，深40厘米。出土少量陶瓷片和瓦片（图二〇四）。

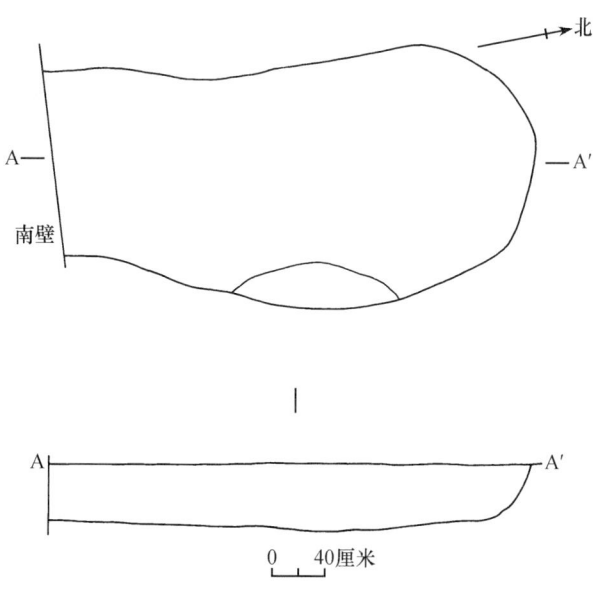

图二〇四　2006YY西ⅠT26H226平、剖面图

2007YY西ⅠT14H97

位于2007YY西ⅠT14东部,方向25°。平面呈长条形,弧壁,平底。填土灰色,质地疏松,含较多草木灰和少量炉渣、红烧土颗粒。开口距地表65厘米,长190厘米,宽60~70厘米,深25~30厘米。出土瓷盘和瓷碗(图二○五)。

H型　167个。平面形状不规则。据结构不同分为七亚型。

Ha型　15个。直壁,平底。包括2006YY西ⅠT1H48(半)、2006YY西ⅠT7H134、2006YY西ⅠT8H101、2006YY西ⅠT12H141(底不规则)、2006YY西ⅠT20H130(底中部高)、2006YY西ⅠT25H241、2006YY西ⅠT25H253、2006YY西ⅠT25H278(底有小坑)、2007YY东T3H209、2007YY东T14H215、2007YY西ⅠT13H194、2007YY西ⅠT13H235、2007YY西ⅠT13H309、2007YY西ⅠT20H169。附时代不明者1个:2007YY西ⅠT23H261。

2006YY西ⅠT25H278

位于2006YY西ⅠT25东南部,方向341°。平面呈不规则形,直壁,平底,底部有近圆形小坑。填土浅灰色,土质疏松,含炭粒、红烧土颗粒等。开口距地表65厘米,长207厘米,宽137

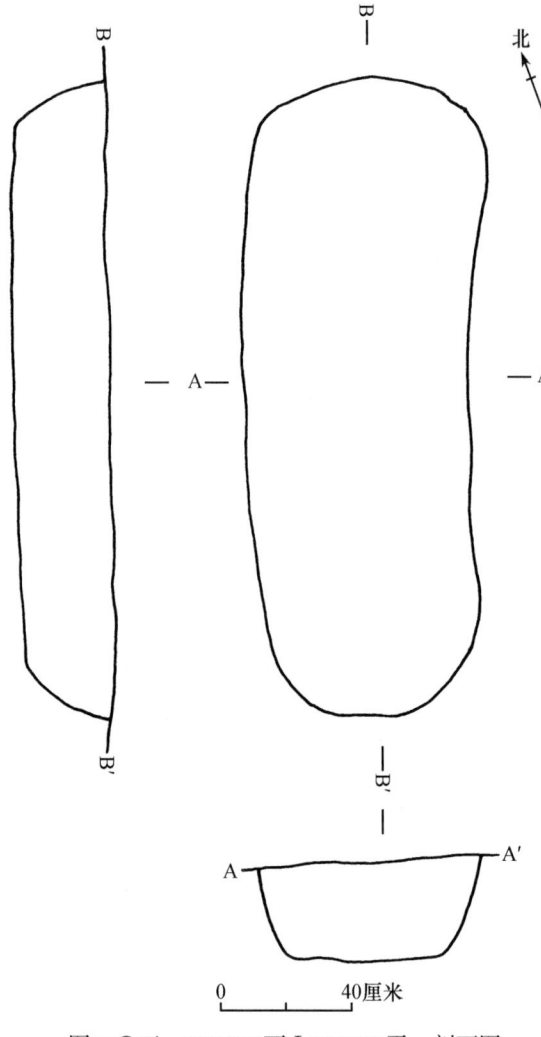

图二○五　2007YY西ⅠT14H97平、剖面图

厘米,深31厘米。出土瓷碗1件,同土泥质素面灰陶片,白、酱釉瓷片及泥质灰陶青灰色砖块等。被H254打破(图二○六)。

2007YY东T14H215

位于2007YY东T14西部,方向17°。平面呈不规则形,直壁,底近平。填土黄褐色,质地疏松,含炭粒和红烧土颗粒。开口距地表55厘米,长210厘米,宽104~138厘米,深14~18厘米。出土泥质素面灰陶片,白、青瓷片及泥质灰陶青灰色砖块等(图二○七)。

2007YY西ⅠT20H169

位于2007YY西ⅠT20东偏南,方向125°。平面呈不规则形,直壁,平底。填土黄褐色,质地较紧密,夹杂少量烧土颗粒。开口距地表54厘米,长190~230厘米,宽102厘米,深30厘米。出土有泥质素面灰陶片,白、黑、天蓝瓷片及泥质灰陶青灰色砖块。打破H198(图二○八)。

Hb型　1个。直壁,圜底。2007YY西ⅠT21H56。

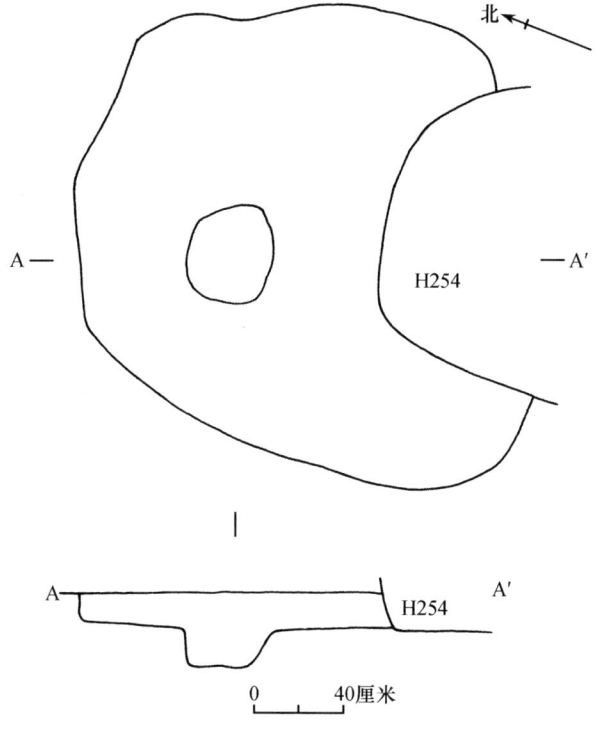

图二〇六　2006YY西ⅠT25H278平、剖面图

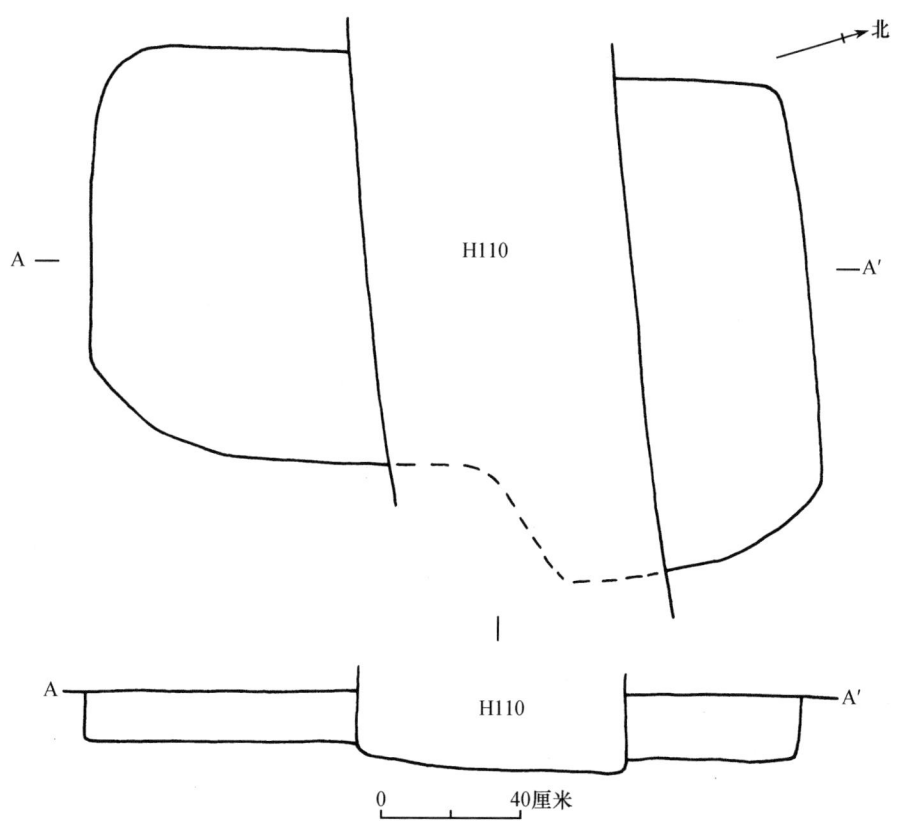

图二〇七　2007YY东T14H215平、剖面图

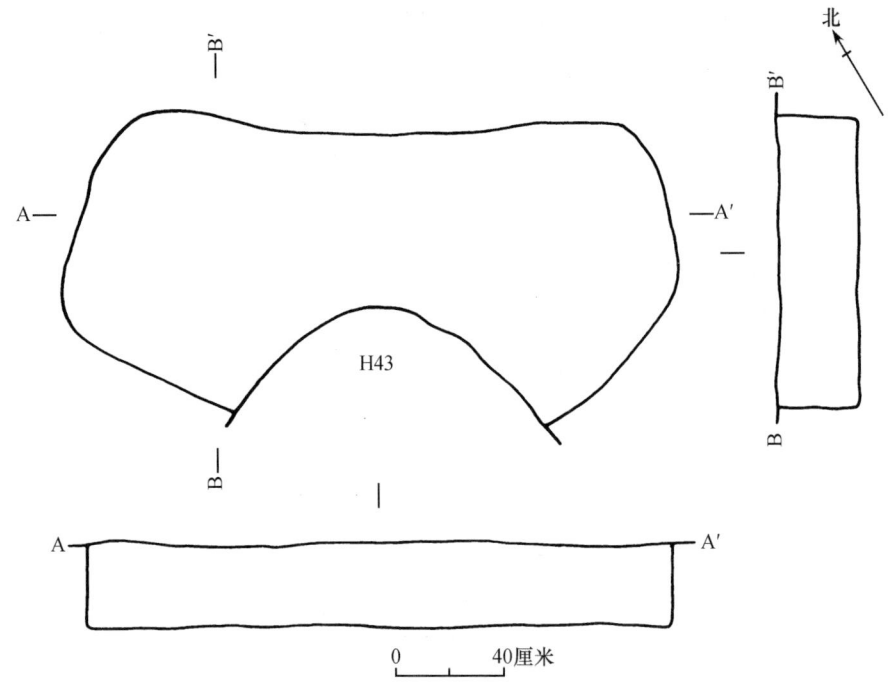

图二〇八　2007YY西ⅠT20H169平、剖面图

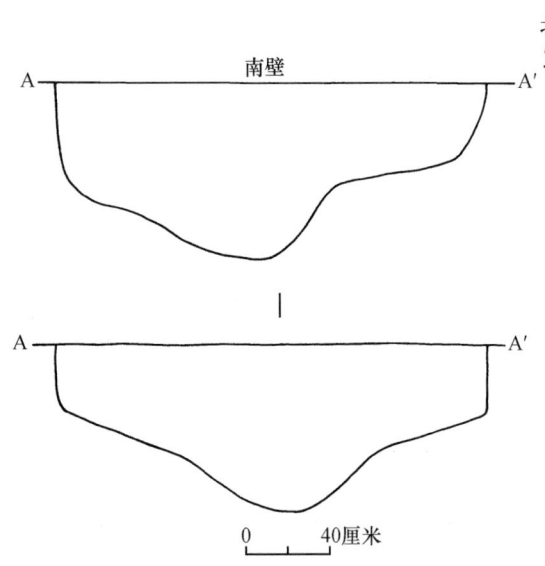

图二〇九　2007YY西ⅠT21H56平、剖面图

2007YY西ⅠT21H56

位于2007YY西ⅠT21探方南壁下,方向90°。平面呈不规则形,直壁,近圜底。填土浅灰色,质地疏松,含有炭粒和红烧土颗粒。开口距地表40厘米,长207厘米,宽82厘米,深77厘米(图二〇九)。

Hc型　42个。斜壁,平底。包括2006YY西ⅠT1H38(大半)、2006YY西ⅠT6H115(底不规则)、2006YY西ⅠT8H123、2006YY西ⅠT12H29(底不规则)、2006YY西ⅠT12H69、2006YY西ⅠT20H72(斜底不平)、2006YY西ⅠT25H266(底不规则)、2006YY西ⅠT25H284、2006YY西ⅠT29H261(底不规则)、2007YY东T1H43、2007YY东T1H44、2007YY东T1H45、2007YY东T3H207、2007YY东T5H196、2007YY东T5H222、2007YY东T9H85、2007YY东T9H236、2007YY东T10H20、2007YY东T11H32、2007YY东T11H39、2007YY东T11H171、2007YY东T11H211、2007YY东T11H223、2007YY东T11H232、2007YY东T12H65、2007YY东T12H141、2007YY东T13H21、2007YY东T13H57、2007YY东T13H93、2007YY东T13H153、2007YY东T14H230、2007YY西ⅠT1H3、2007YY西ⅠT1H106、2007YY

西ⅠT8H119、2007YY西ⅠT13H201、2007YY西ⅠT15H115、2007YY西ⅠT15H163、2007YY西ⅠT19H357、2007YY西ⅠT21H366、2007YY西ⅠT23H234、2007YY西ⅠT23H271、2007YY西ⅠT24H81。

2006YY西ⅠT6H115

位于2006YY西ⅠT6中部,方向90°。平面呈不规则形,斜壁,底部起伏不规则。填土灰黑色,土质疏松,夹炭粒和红烧土颗粒。开口距地表25～50厘米,口长280厘米,宽175厘米,深60厘米,底长210厘米,宽84厘米。出土瓷碗1件、瓷棋子1枚,同出有陶瓷片和砖瓦片。被H81打破(图二一○)。

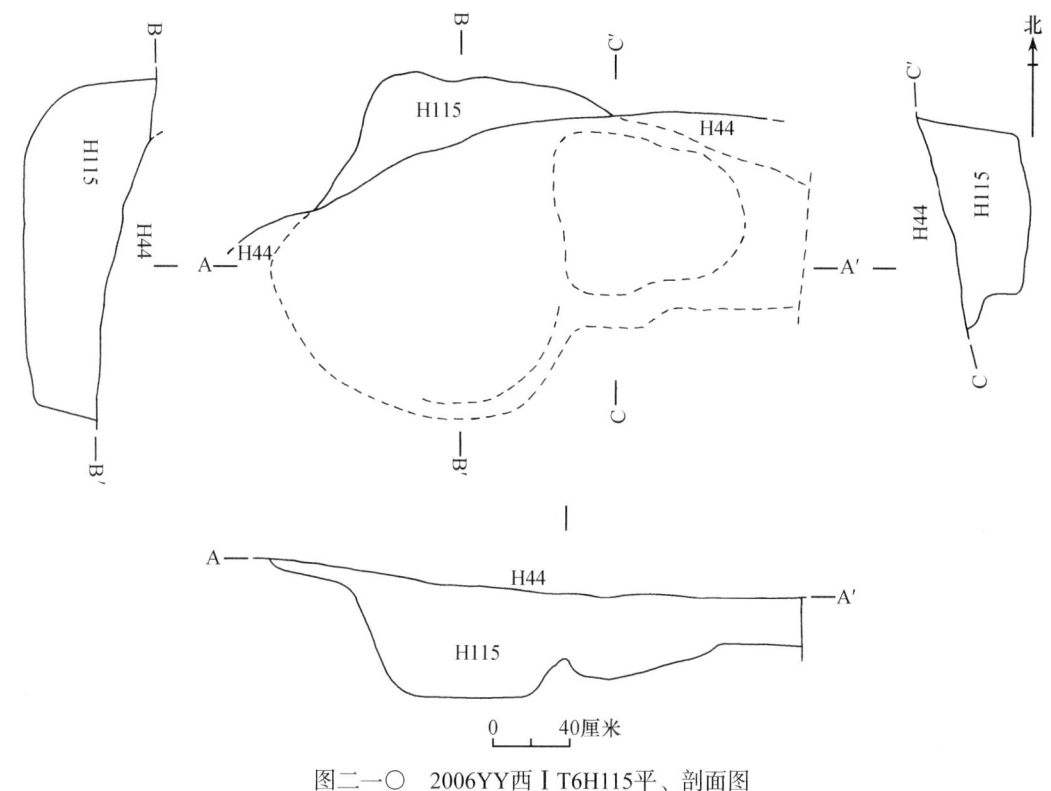

图二一○　2006YY西ⅠT6H115平、剖面图

2007YY东T1H45

位于2007YY东T1中部偏南,方向105°。平面呈不规则形,斜壁,斜底。填土灰褐色,土质疏松,含红烧土颗粒和炭粒。开口距地表55厘米,长186厘米,宽50～104厘米,深44厘米。出土少量青、白瓷片及大量素面灰陶瓦片等。被H19打破,打破H126、H127(图二一一)。

2007YY东T11H32

位于2007YY东T11西南部,方向12°。平面呈不规则形,西、北斜壁,东壁上部垂直,下部缓收,南壁弧收,坑底有腰坑状结构,呈长方形。坑内填土分2层。第1层灰褐土,厚约24厘米。第2层红烧土和炭灰,厚约16厘米。开口距地表40厘米,口长150厘米,宽110厘米,深40厘米,底长80厘米,宽50厘米。出土青瓷片(图二一二)。

Hd型　21个。斜壁,圜底。包括2006YY西ⅠT10H46、2006YY西ⅠT20H133、2006YY西

ⅠT24H57（底不规则）、2006YY西ⅠT26H225（底有小坑）、2007YY东T5H142、2007YY东T13H87、2007YY东T13H92、2007YY东T13H94、2007YY东T13H146、2007YY东T14H29、2007YY东T14H34、2007YY东T14H110、2007YY西ⅠT2H50、2007YY西ⅠT7H193、2007YY西ⅠT15H66、2007YY西ⅠT15H103、2007YY西ⅠT15H129、2007YY西ⅠT17H349、2007YY西ⅠT22H182、2007YY西ⅠT22H361。附时代不明者1个：2006YY西ⅠT20H155。

2006YY西ⅠT24H57

位于2006YY西ⅠT24中部，方向90°。

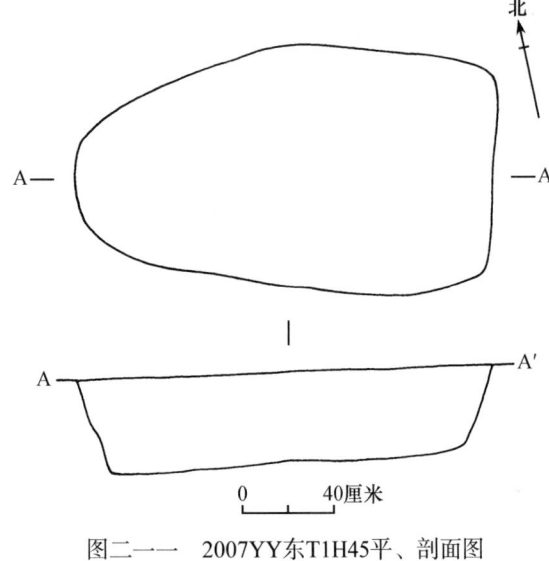

图二一一　2007YY东T1H45平、剖面图

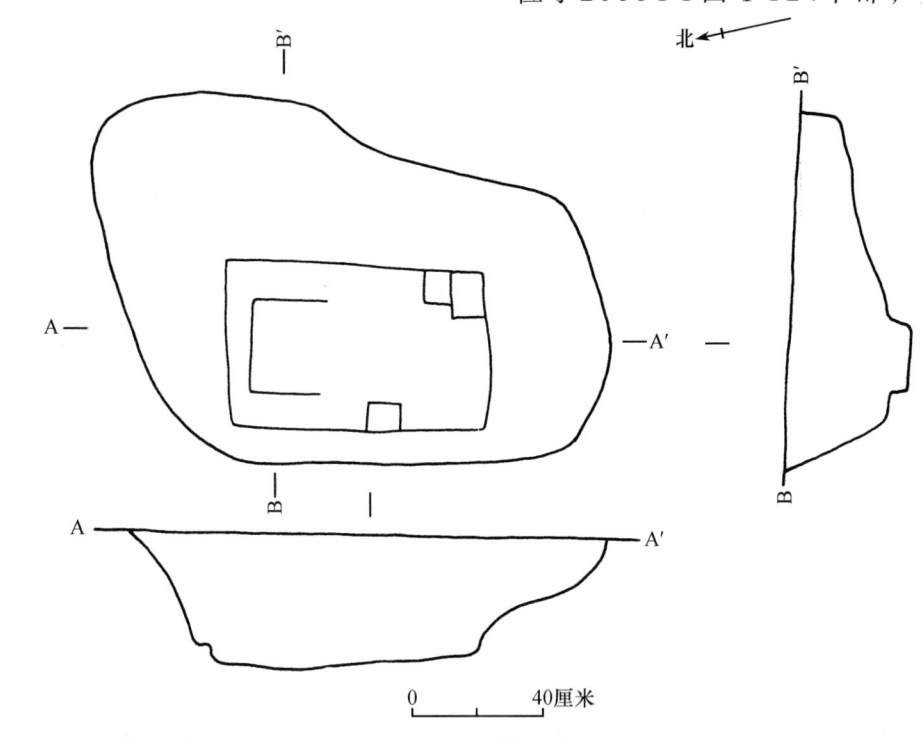

图二一二　2007YY东T11H32平、剖面图

平面呈不规则形，斜壁，圜底不规则。填土为红沙土，土质细腻。开口距地表38厘米，长256厘米，宽223厘米，深52厘米。出土瓷碗和骨器，同出少量陶瓷片。打破M11、M17（图二一三）。

2006YY西ⅠT26H225

位于2006YY西ⅠT26东南部，方向117°。平面呈不规则形，斜壁，圜底，底部有近圆形小坑。填土为灰渣土，土质疏松，含炭灰和红烧土。开口距地表60厘米，长204厘米，宽126厘米，深46厘米。出土灰瓦片和少量瓷片。打破G1（图二一四）。

2007YY西ⅠT15H129

位于2007YY西ⅠT15西北部，方向0°。平面呈不规则形，斜壁，底不平，北高南低。填土灰褐色，土质疏松，包含红烧土颗粒和炭粒。开口距地表75厘米，口长220厘米，宽200厘米，深35～40厘米，底长210厘米，宽180厘米。出土瓷盘1件，瓷围棋子1枚，同出青、白、黑、白底黑花瓷片，泥质素面灰陶片及砖瓦块等。打破H196、H211（图二一五）。

He型　53个。弧壁，圜底。包括2006YY西ⅠT8H61、2006YY西ⅠT16H177、2006YY西ⅠT16H195、2006YY西ⅠT20H114、2006YY西ⅠT20H128、2006YY西ⅠT20H136、2006YY西ⅠT21H168、2006YY西ⅠT24H1、2006YY西ⅠT24H6、2006YY西ⅠT24H22、2006YY西ⅠT25H245、2006YY西ⅠT26H211、2006YY西ⅡT2H223、2006YY西ⅠT28H179、2006YY西ⅠT28H183、2006YY西ⅠT28H190、2006YY西ⅠT30H228、2006YY西ⅠT29H274、2006YY西ⅠT29H275、2006YY西ⅠT29H276、2007YY东T1H78、2007YY东T3H221、2007YY东T6H86、2007YY东T6H88、2007YY东T6H121、2007YY东T7H112、2007YY东T7H124、2007YY东T10H10、2007YY东T10H213、2007YY东T11H156、2007YY东T15H208、2007YY东T15H234、2007YY西ⅠT3H22、2007YY西ⅠT4H25、2007YY西ⅠT6H51、2007YY西ⅠT6H73、2007YY西ⅠT7H181、2007YY西ⅠT7H245、2007YY西ⅠT8H238、2007YY西ⅠT8H274、2007YY西ⅠT8H370、2007YY西ⅠT9H344、2007YY西ⅠT10H65、2007YY西ⅠT10H142、2007YY西ⅠT10H158、2007YY西ⅠT11H94、2007YY西ⅠT11H108、2007YY西ⅠT12H228、2007YY西ⅠT12H334、2007YY西ⅠT13H173、2007YY西ⅠT18H239、2007YY西

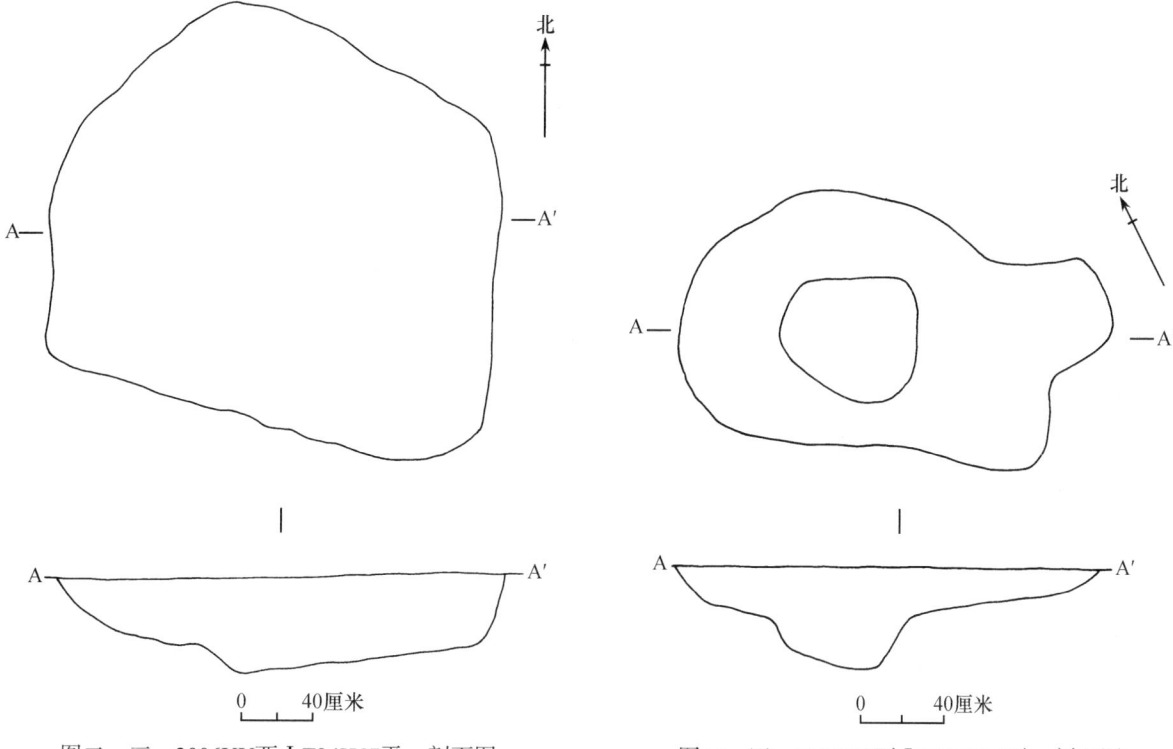

图二一三　2006YY西ⅠT24H57平、剖面图　　　　图二一四　2006YY西ⅠT26H225平、剖面图

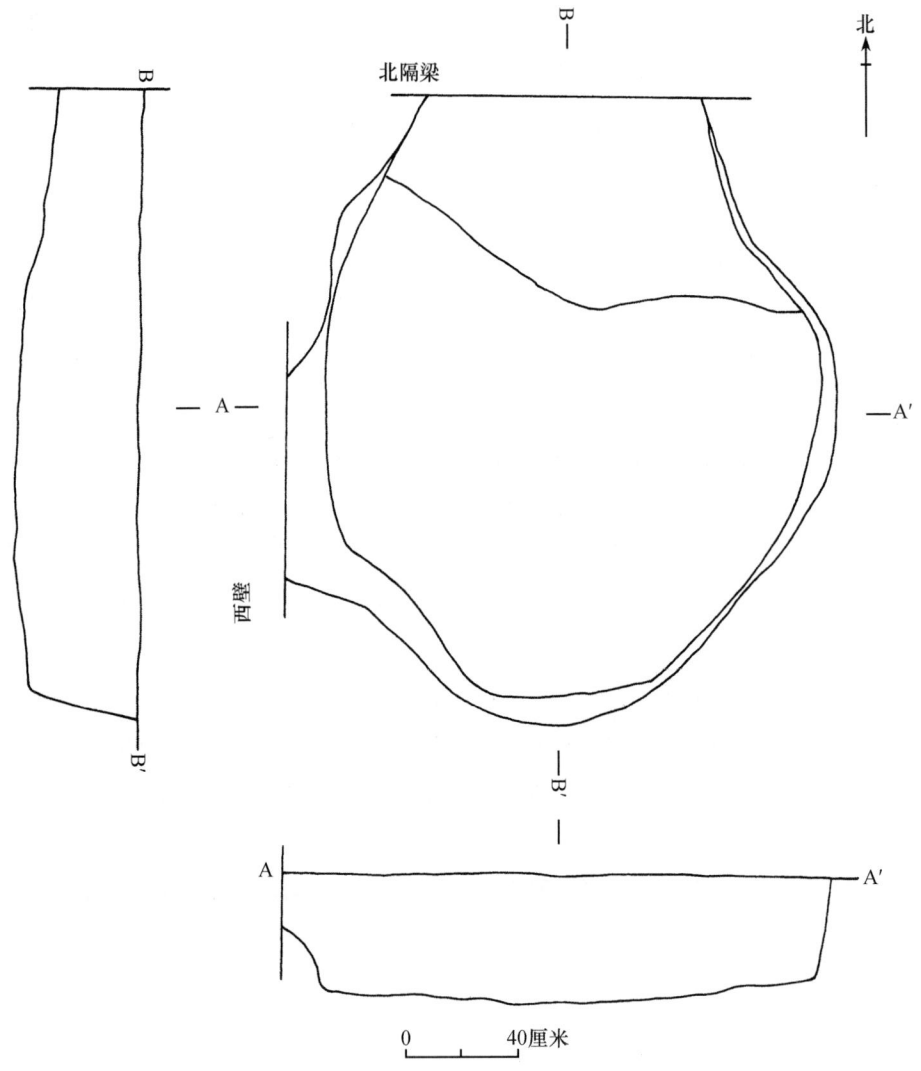

图二一五　2007YY西ⅠT15H129平、剖面图

ⅠT19H321、2007YY西ⅠT20H102。

2006YY西ⅠT8H61

位于2006YY西ⅠT8西北部，方向57°。平面呈不规则形，弧壁，圜底。填土灰褐色，土质疏松，夹杂大量红烧土颗粒。开口距地表32厘米，长222厘米，宽163厘米，深60厘米。出土瓷砖1块、泥质绳纹灰瓦片、泥质灰陶素面陶片及白、青瓷片等。打破H93、H94（图二一六）。

2006YY西ⅠT24H6

位于2006YY西ⅠT24东北部，方向135°。平面呈不规则形，弧壁，圜底。填土灰黑色，土质疏松，夹杂草木灰。开口距地表24厘米，长240厘米，宽140厘米，深38厘米。出土少量白、黑、黄瓷片及陶片（图二一七）。

2007YY东T11H156

位于2007YY东T11西北部，方向107°。平面呈不规则形，弧壁，圜底。填土分2层。第1层

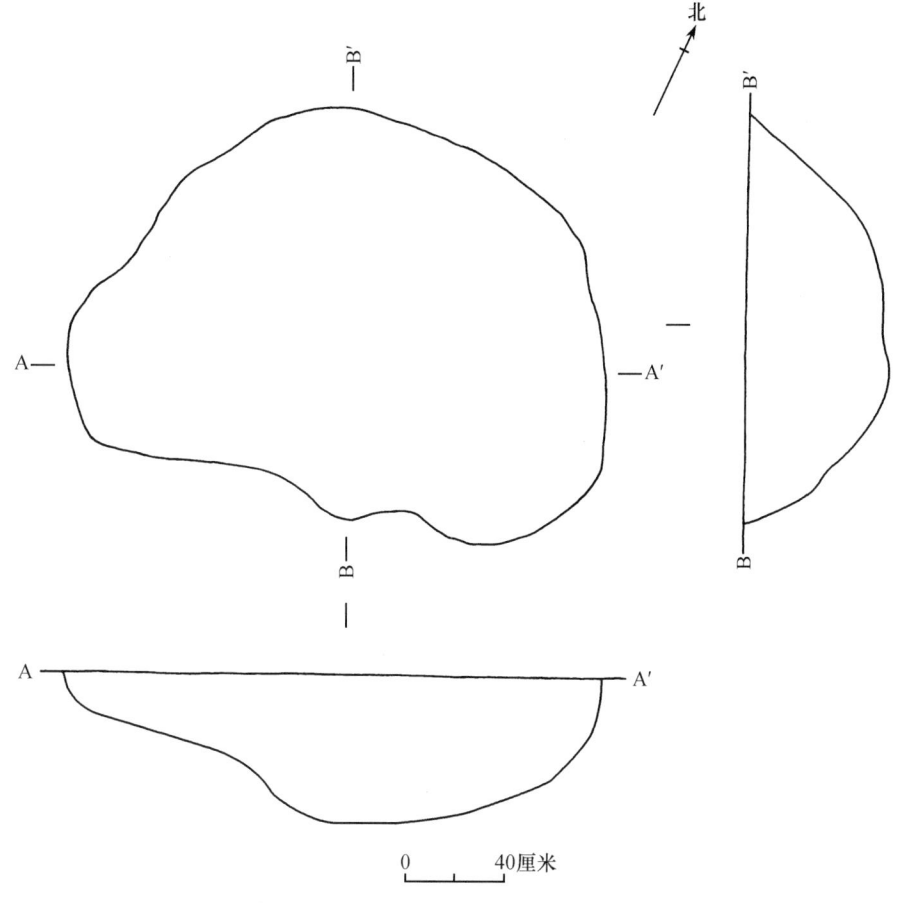

图二一六 2006YY西ⅠT8H61平、剖面图

灰土。第2层料姜石。开口距地表40厘米，长154厘米，宽120厘米，深30厘米。被H128打破，打破H166（图二一八）。

Hf型 30个。弧壁，平底。包括2006YY西ⅠT3H36（部分）、2006YY西ⅠT8H172（部分）、2006YY西ⅠT14H117、2006YY西ⅠT14H127、2006YY西ⅠT16H120（底不平）、2006YY西ⅠT20H125、2006YY西ⅡT2H227、2006YY西ⅠT29H263（斜底）、2006YY西ⅠT32H257（坡底）、2006YY西ⅠT32H289（底不规则）、2007YY东T3H183、2007YY东T3H194、2007YY东T6H155、2007YY东T9H147、2007YY东T11H166、2007YY东T11H218、2007YY东T13H168、2007YY东T14H69、2007YY东T15H204、2007YY西ⅠT6H153、2007YY西ⅠT7H380、2007YY西ⅠT9H291、2007YY西ⅠT9H352、2007YY西ⅠT10H279、2007YY西ⅠT11H87、2007YY西ⅠT12H343、2007YY西ⅠT18H350、2007YY西ⅠT21H364、2007YY西ⅠT23H270、2007YY西ⅠT23H281。

2006YY西ⅠT14H117

位于2006YY西ⅠT14东部，方向60°。平面呈不规则形，弧壁，近平底。填土灰黑色，土质疏松，包含草木灰、炭粒、烧土等。开口距地表68厘米，长210厘米，宽107厘米，深24厘米。出土白瓷片、泥质灰陶片、瓦片及骨头等（图二一九）。

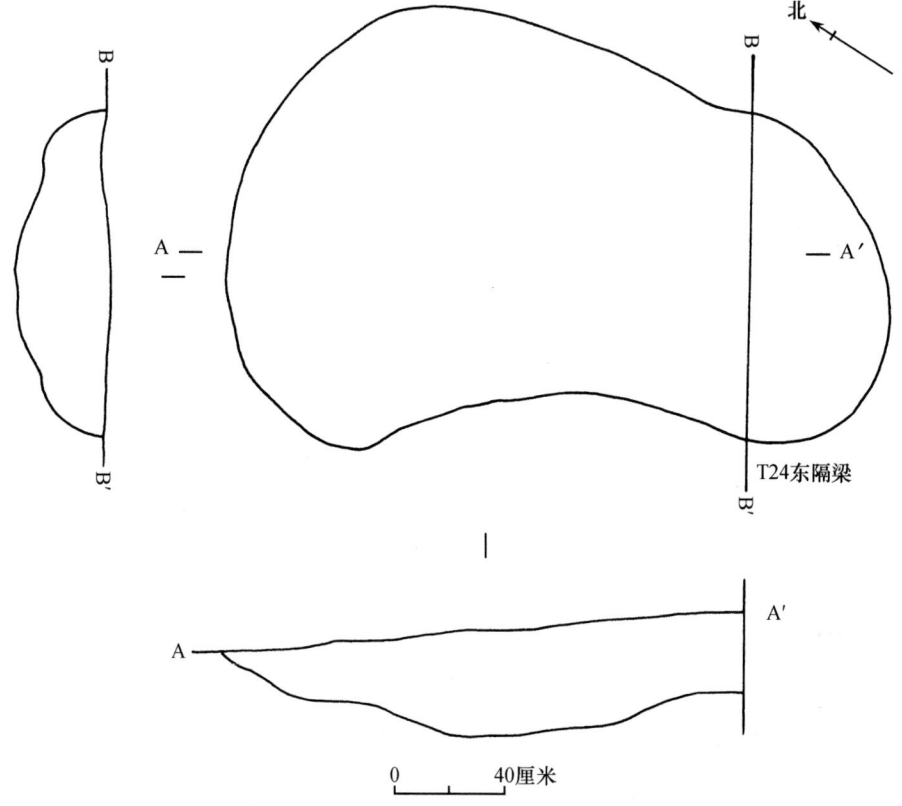

图二一七　2006YY西ⅠT24H6平、剖面图

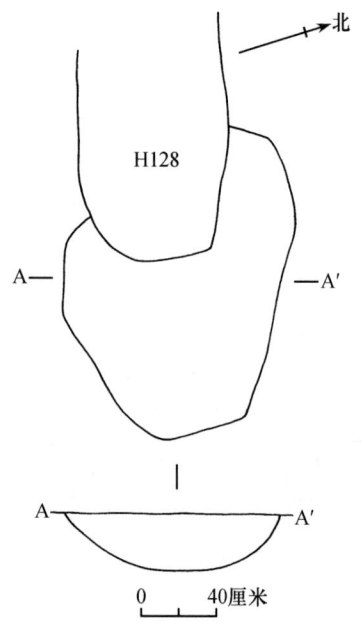

图二一八　2007YY东T11H156平、剖面图

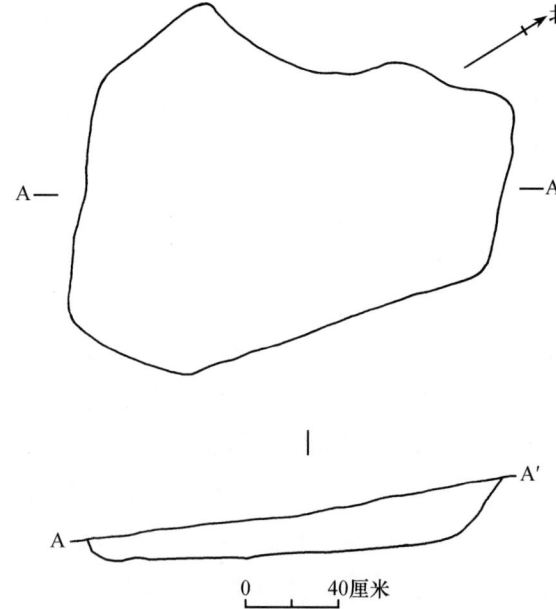

图二一九　2006YY西ⅠT14H117平、剖面图

2006YY西ⅠT16H120

位于2006YY西ⅠT16东部,方向122°。平面呈不规则形,西壁较直,东壁斜收,坑底凹凸不平。填土分2层。第1层灰褐色,内夹黄斑土,质地松软。第2层红色,沙土,质地很硬,含大量料姜石。开口距地表40厘米,长228厘米,宽102厘米,深42~52厘米。出土泥质素面黑、灰陶片。打破H157、J4(图二二〇)。

2007YY西ⅠT10H279

位于2007YY西ⅠT10中部偏南,方向17°。平面呈不规则形,弧壁,平底。填土深灰褐色,夹红色料姜石,土质较疏松,含较多炭粒。开口距地表43厘米,长234厘米,宽230厘米,深14~30厘米。被H253打破,打破Z11(图二二一)。

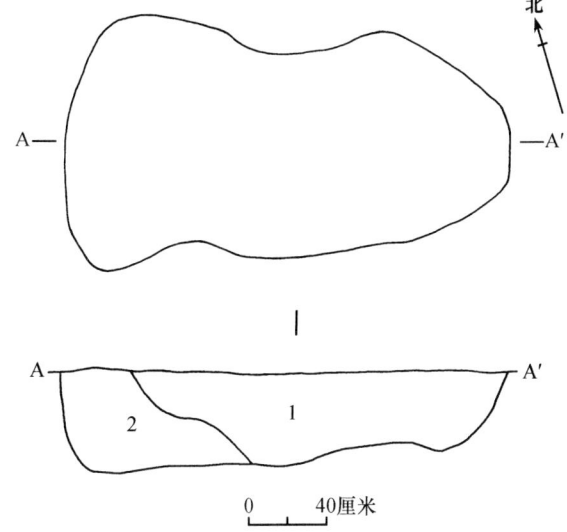

图二二〇 2006YY西ⅠT16H120平、剖面图

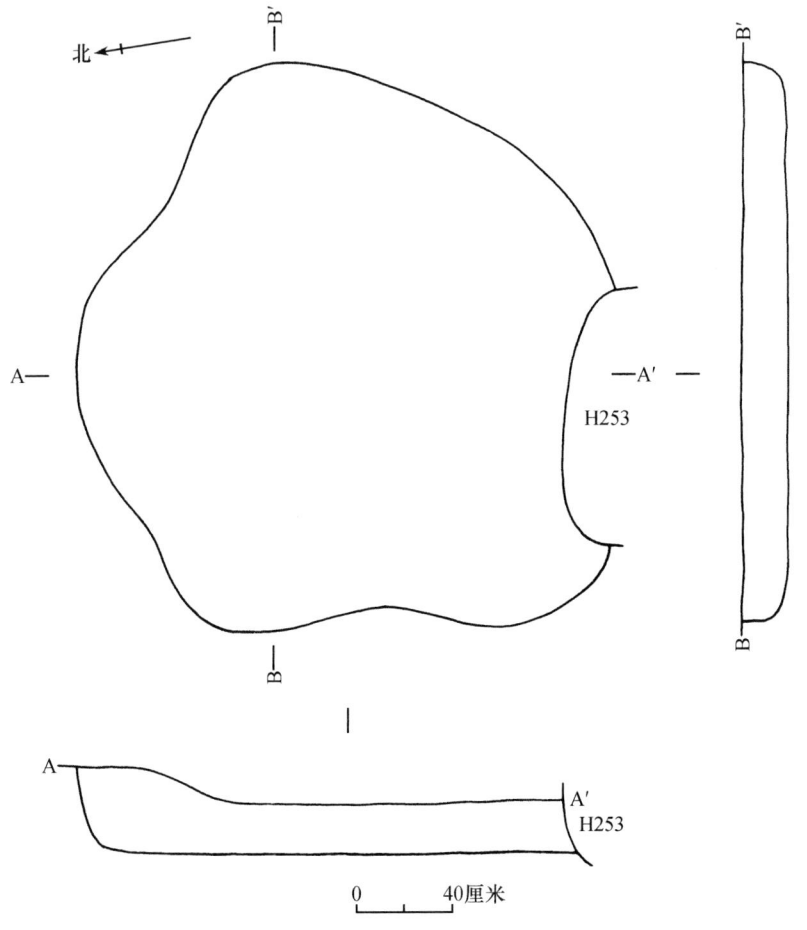

图二二一 2007YY西ⅠT10H279平、剖面图

Hg型 5个。混合型。坑壁不呈单一结构。包括2006YY西ⅠT6H98、2006YY西ⅠT27H189、2007YY西ⅠT20H45、2007YY西ⅠT20H189、2007YY西ⅠT23H241。

2006YY西ⅠT6H98

位于2006YY西ⅠT6西北角，方向0°。平面呈近圆形，壁上部斜收呈两级台阶状，下部垂直，平底。填土浅灰色，土质疏松，夹杂料姜石等。开口距地表23厘米，口径106～136厘米，深170厘米，底径106厘米。被H14打破（图二二二）。

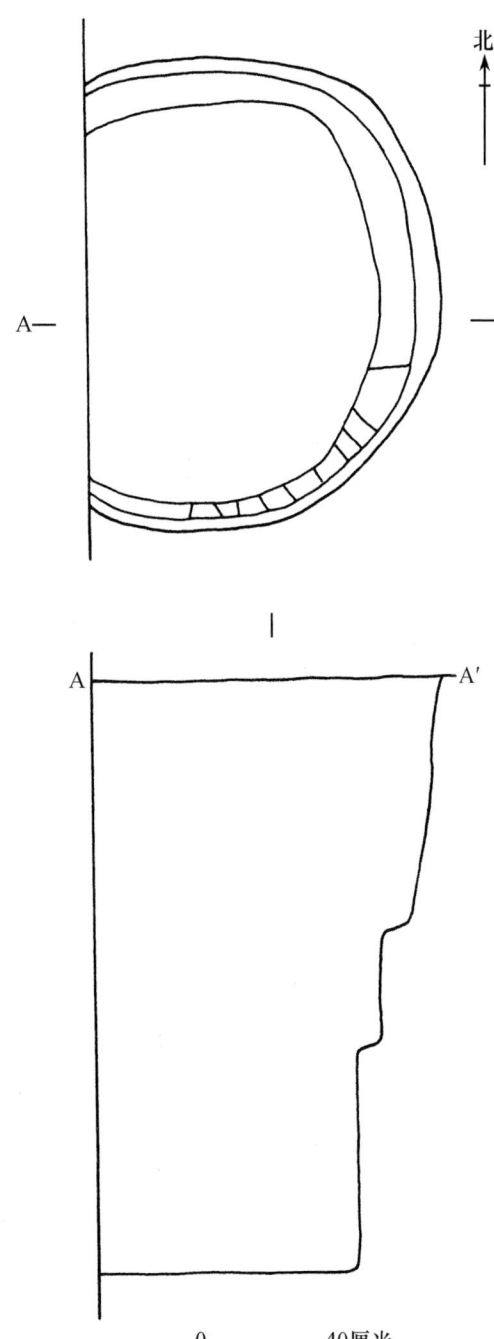

图二二二 2006YY西ⅠT6H98平、剖面图

另有142个灰坑，因发掘面积过小或被破坏严重，形状结构不明。包括2006YY西ⅠT4H40、2006YY西ⅠT4H47、2006YY西ⅠT4H49、2006YY西ⅠT4H106、2006YY西ⅠT4H107、2006YY西ⅠT4H206、2006YY西ⅠT8H110、2006YY西ⅠT8H121、2006YY西ⅠT8H122、2006YY西ⅠT16H181、2006YY西ⅠT25H240、2006YY西ⅠT25H242、2006YY西ⅠT25H243、2006YY西ⅠT25H296、2006YY西ⅠT26H212、2006YY西ⅠT26H213、2006YY西ⅠT26H224、2006YY西ⅠT26H230、2006YY西ⅠT30H221、2006YY西ⅠT30H222、2006YY西ⅠT32H258、2007YY东T1H79、2007YY东T3H190、2007YY东T4H8、2007YY东T4H42、2007YY东T4H58、2007YY东T4H59、2007YY东T6H226、2007YY东T7H23、2007YY东T7H31、2007YY东T7H102、2007YY东T7H145、2007YY东T9H179、2007YY东T9H182、2007YY东T10H11、2007YY东T10H36、2007YY东T10H37、2007YY东T10H54、2007YY东T10H73、2007YY东T10H74、2007YY东T10H114、2007YY东T10H116、2007YY东T10H157、2007YY东T10H158、2007YY东T10H216、2007YY东T11H89、2007YY东T11H90、2007YY东T11H138、2007YY东T11H148、2007YY东T11H149、2007YY东T11H161、2007YY东T11H217、2007YY东T11H227、2007YY东T13H1、2007YY东T13H3、2007YY东T13H4、2007YY东T13H5、2007YY东T13H14、2007YY东T13H16、2007YY东T13H83、2007YY东T13H117、2007YY

东T13H118、2007YY东T13H119、2007YY东T13H132、2007YY东T13H133、2007YY东T13H134、2007YY东T13H169、2007YY东T13H178、2007YY东T13H185、2007YY东T14H7、2007YY东T14H33、2007YY东T14H56、2007YY东T14H109、2007YY东T14H187、2007YY东T14H188、2007YY东T14H192、2007YY东T14H199、2007YY东T15H28、2007YY东T15H200、2007YY东T15H201、2007YY东T15H210、2007YY东T15H214、2007YY东T15H219、2007YY东T15H235、2007YY东T15H238、2007YY东T15H239、2007YY西ⅠT1H48、2007YY西ⅠT1H130、2007YY西ⅠT1H166、2007YY西ⅠT1H168、2007YY西ⅠT1H184、2007YY西ⅠT1H186、2007YY西ⅠT2H313、2007YY西ⅠT3H255、2007YY西ⅠT3H290、2007YY西ⅠT3H298、2007YY西ⅠT4H85、2007YY西ⅠT5H53、2007YY西ⅠT5H175、2007YY西ⅠT5H215、2007YY西ⅠT5H225、2007YY西ⅠT5H237、2007YY西ⅠT5H341、2007YY西ⅠT6H20、2007YY西ⅠT6H205、2007YY西ⅠT7H251、2007YY西ⅠT7H378、2007YY西ⅠT7H379、2007YY西ⅠT8H15、2007YY西ⅠT8H16、2007YY西ⅠT8H118、2007YY西ⅠT8H258、2007YY西ⅠT9H247、2007YY西ⅠT9H345、2007YY西ⅠT9H346、2007YY西ⅠT10H301、2007YY西ⅠT10H302、2007YY西ⅠT11H109、2007YY西ⅠT12H221、2007YY西ⅠT13H27、2007YY西ⅠT14H41、2007YY西ⅠT14H95、2007YY西ⅠT14H96、2007YY西ⅠT14H136、2007YY西ⅠT14H137、2007YY西ⅠT15H369、2007YY西ⅠT15H371、2007YY西ⅠT16H263、2007YY西ⅠT17H5、2007YY西ⅠT17H340、2007YY西ⅠT18H61、2007YY西ⅠT20H170、2007YY西ⅠT22H111、2007YY西ⅠT22H191、2007YY西ⅠT23H244、2007YY西ⅠT23H324、2007YY西ⅠT24H82、2007YY西ⅠT25H161。附时代不明者4个：2007YY西ⅠT4H105、2007YY西ⅠT10H375、2007YY西ⅠT14H98、2007YY西ⅠT20H206。

第二节 窑

3座。包括2007YY西ⅠT8Y1、2007YY西ⅠT11Y2、2007YY东T5Y1。

2007YY西ⅠT8Y1

位于2007YY西ⅠT8西南部，方向189°。上部被破坏，由操作坑、火门、火道、窑室、烟囱组成。操作坑南部叠压于南壁下，平面呈不规则形，弧壁，底近平，与Y2操作坑相连，探方内长70厘米，宽78厘米，深26厘米。火门呈拱形，东壁变形，西壁直壁，宽40厘米，高40厘米。火道平面呈长方形，直壁，弧顶，平底，南北长62厘米，东西宽34厘米，高44厘米。窑室平面近圆形，弧壁外张，圜底，底径68厘米，残深34厘米。烟囱平面长条形，顶部不存，北窄南宽，斜壁，斜底北高南低，南北长80厘米，东西宽14～32厘米。窑内填土灰褐色，土质疏松，含烧土颗粒、草木灰及红色料姜石。开口距地表86厘米，南北通长288厘米，东西宽14～78厘米。被H110、H118打破（图二二三；图版二四，2～4）。

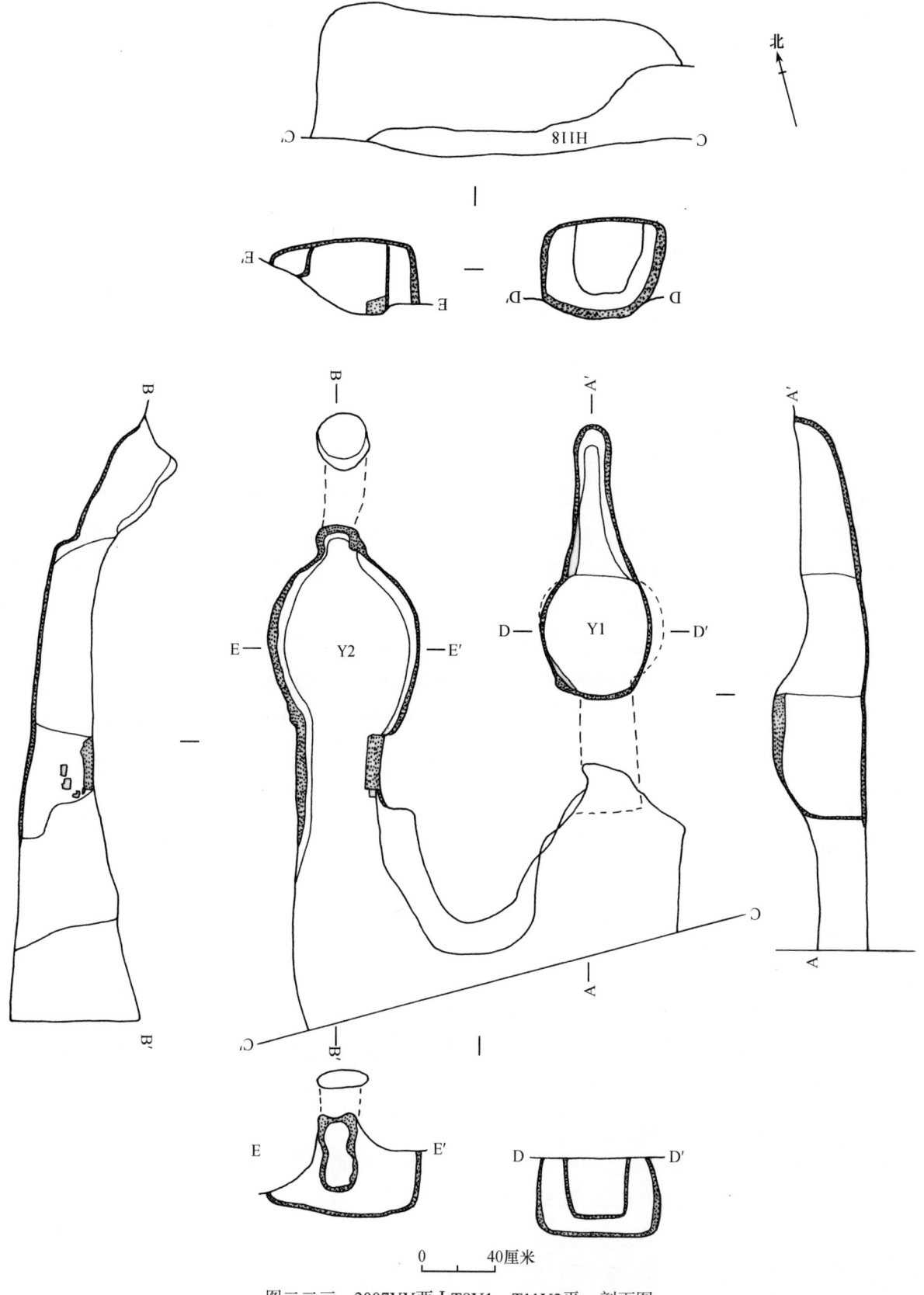

图二二三 2007YY西ⅠT8Y1、T11Y2平、剖面图

2007YY西ⅠT11Y2

位于2007YY西ⅠT11东南部，方向192°。由操作坑、火门、火道、窑室、烟囱组成。操作坑南部叠压于南壁下，平面呈不规则形，弧壁，底近平，与Y1操作坑相连，探方内长100厘米，宽36～78厘米，深72厘米。火门圜底，直壁，顶残，宽44厘米，残高32厘米。火道平面呈长条形，弧壁，斜底呈北高南低坡状，长74厘米，宽34厘米，高23～30厘米。窑室平面呈椭圆形，弧壁，斜底呈北高南低的坡状，长径100厘米，短径84厘米，残高24～30厘米。烟囱呈封闭圆筒形，底高于窑室，由南向北昂起，直径28厘米。窑内填土灰褐色，土质疏松，含烧土颗粒、草木灰及红色料姜石。开口距地表86厘米，南北通长328厘米，东西宽12～84厘米，操作坑底与烟囱顶端的高差为92厘米。被H110打破（图二二三；图版二四，2；图版二七，1、2）。

2007YY东T5Y1

位于2007YY东T5西南部，方向17°。部分叠压于西壁下，上部已遭破坏，仅存底部两个近椭圆形的坑状结构，两坑之间有凸起的梁，两坑均为圜底，坑底有很厚的红色烧结面，烧土面最厚处有18厘米。南坑底部有黑色草木灰堆积，最厚达11厘米。开口距地表75厘米，总长174厘米，北坑长94、宽60、深28厘米，南坑长98、宽48、深32厘米。被H142打破，打破H175、J3（图二二四；图版二三，1）。

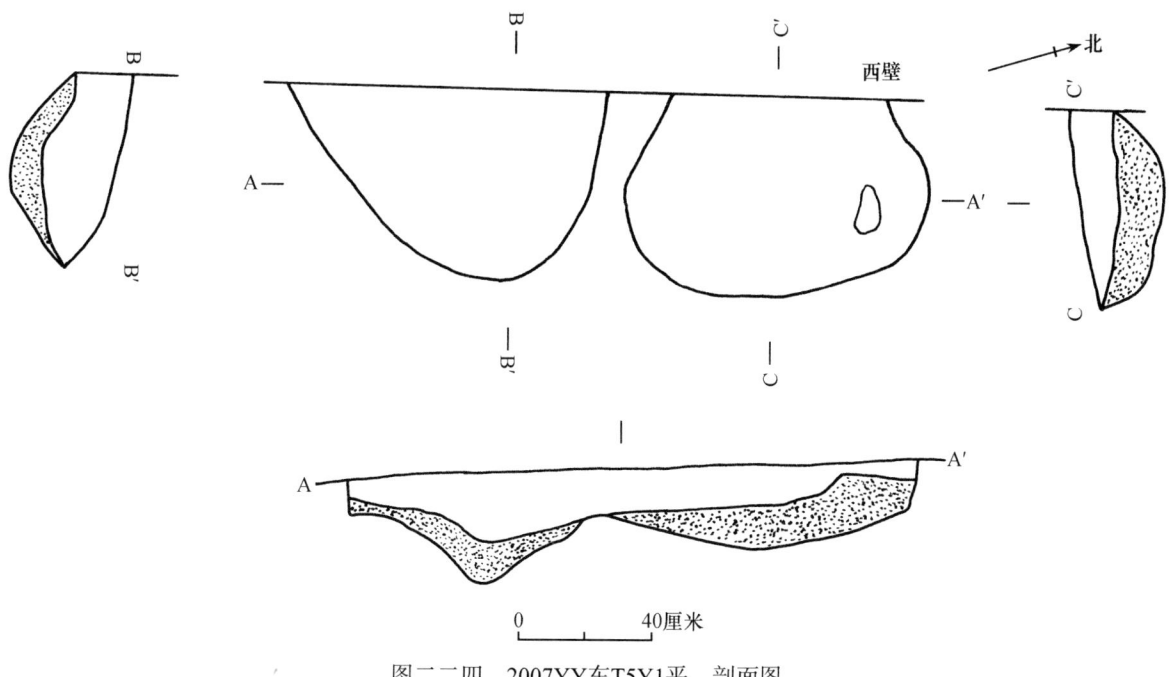

图二二四　2007YY东T5Y1平、剖面图

第三节　井

28口。平面呈圆形或近圆形、方形或长方形。因遗址地下水位较高，而且井筒直径往往较小，不利发掘，故多数未能清理到底。据平面形状不同分为二型。

A型　1口。平面呈方形或长方形。2006YY西ⅡT6J8。

2006YY西ⅡT6J8

位于2006YY西ⅡT6西南部，方向16°。部分叠压于南壁下，平面形状为方形或长方形，井壁垂直，平整光滑，118厘米以下为料姜石坑壁，平底。填土分2层。第1层灰褐土，质地松软，夹杂少量红黏土，厚60厘米。第2层红黏土，质地松软，厚235厘米。开口距地表48厘米，长90厘米，探方内宽55厘米，深295厘米。打破G8（图二二五；图版一六，2）。

B型　27口。平面呈圆形或近圆形。据井壁结构不同分为二亚型。

Ba型　21口。井壁垂直。部分上部被破坏形成敞口，部分下部因水的侵蚀外扩。包括2006YY西ⅠT17J1、2006YY西ⅠT18J2、2006YY西ⅠT4J6、2006YY西ⅠT4J7、2006YY西ⅠT5J12、2006YY西ⅠT30J14、2006YY西ⅠT29J15、2006YY西ⅠT32J16、2007YY西ⅠT22J2、2007YY西ⅠT21J5、2007YY西ⅠT9J7、2007YY西ⅠT12J8、2007YY西ⅠT6J9、2007YY西ⅠTG1J10、2007YY西ⅠT6J11、2007YY西ⅠTG1J13、2007YY东T6J1、2007YY东T13J2、2007YY东T7J4、2007YY东T10J5、2007YY东T11J6。

2006YY西ⅠT17J1

位于2006YY西ⅠT17东南部，方向0°。平面呈圆形，近直壁，平底。填土分3层。第1层灰色，土质疏松，厚48厘米。第2层深灰色淤土，含大量红烧土块，厚2~20厘米。第3层灰褐色，土质疏松，夹杂大量红斑和烧土颗粒，厚102厘米。开口距地表65厘米，口长径140厘米，短径138厘米，深170厘米，底长径140厘米，短径138厘米。打破G3（图二二六；图版八，2）。

2006YY西ⅠT18J2

位于2006YY西ⅠT18西部，方向346°。平面呈圆形，近直壁，底不明。距开口80厘米深处南北对称各有一个脚窝，最深8~10厘米，底宽12厘米，高12~18厘米。填土黑灰沙土中夹杂红色沙土，包含料姜石块。开口距地表82厘米，口径120厘米，发掘深度182厘米，底径108厘米（图二二七）。

2006YY西ⅠT4J6

位于2006YY西ⅠT4西南部，方向0°。部分叠压于南壁下，分上下两部分，上部平面形状不规则，弧壁内收；下部平面应呈近圆形，垂直壁；底不明。填土分3层。第1层灰黄色斑土，夹杂大量红色料姜石，厚1~30厘米。第2层青灰色沙土，夹红色斑点，含料姜石块，厚50~110厘米。第3层深灰色土，较疏松，含料姜石块，厚80厘米。开口距地表35厘米，上口

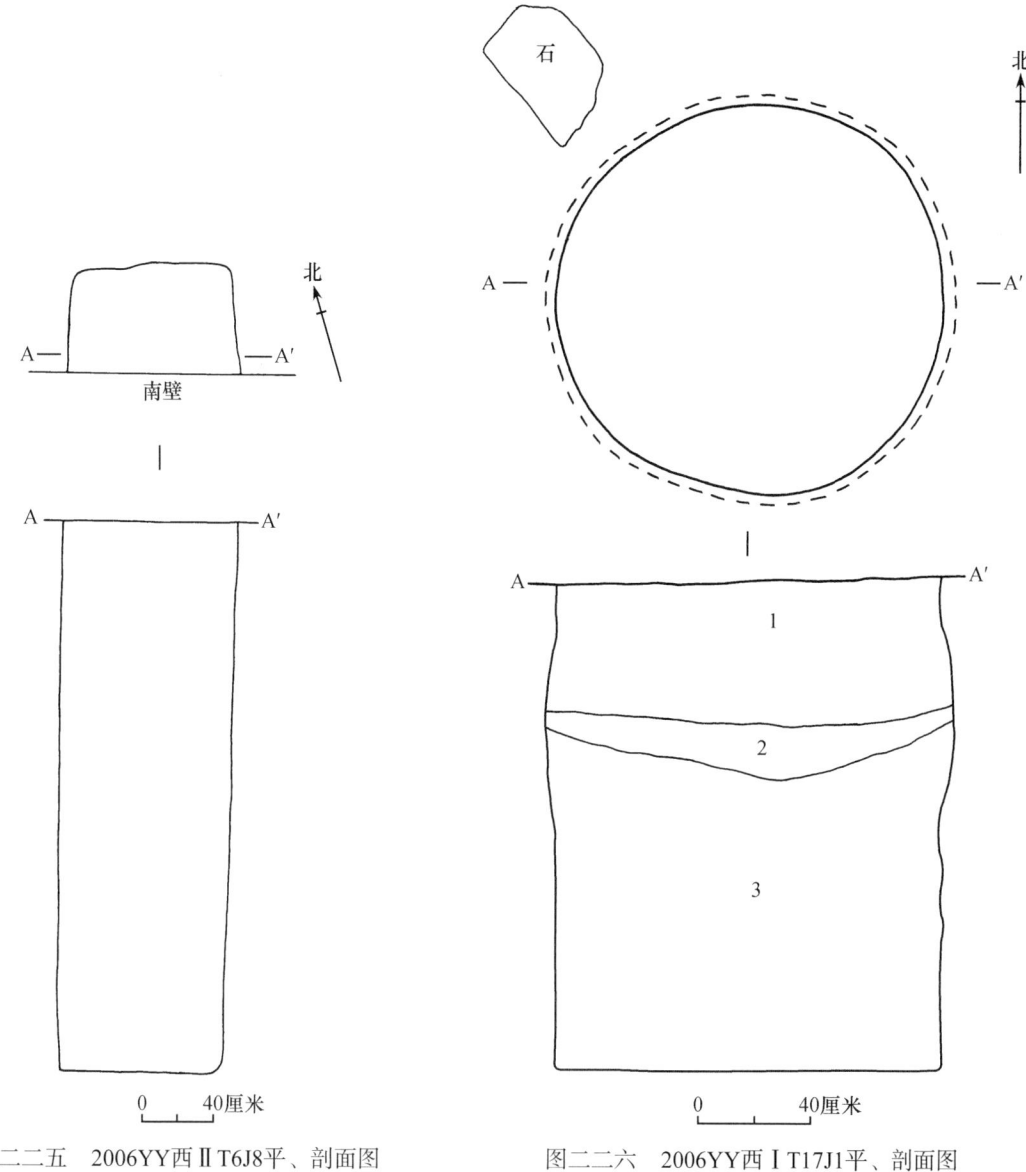

图二二五　2006YY西ⅡT6J8平、剖面图　　　图二二六　2006YYⅠT17J1平、剖面图

长146厘米，探方内宽56厘米，下部直径约95厘米，发掘深度160厘米。被H54打破，打破J7（图二二八）。

2006YY西ⅠT4J7

位于2006YY西ⅠT4西南部，方向90°。破坏严重，平面呈不规则形，上部弧壁，下部直壁，底不明。填土深褐色，土质疏松。开口距地表40厘米，上口长154厘米，发掘深度190厘米。被J6、M1、H54打破（图二二九）。

2006YY西ⅠT5J12

位于2006YY西ⅠT5东北角，方向35°。上部口大，平面呈椭圆形，弧壁。下部平面呈圆形，直壁，平底。填土黄色偏红，土质疏松，夹料姜石。开口距地表15厘米，口长径170厘米，短径100厘米，深190厘米，底径约100厘米。被H21打破。

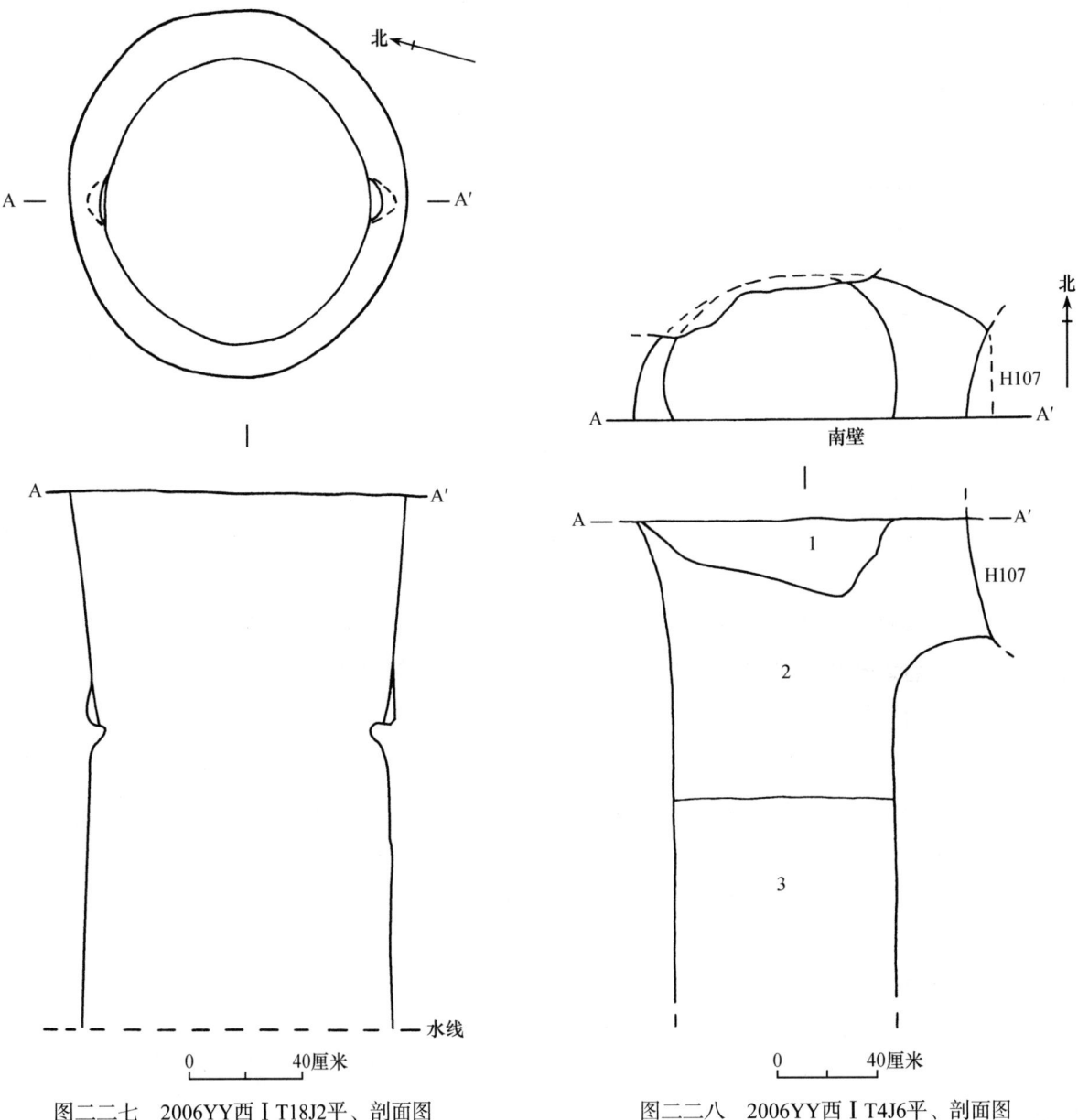

图二二七　2006YY西ⅠT18J2平、剖面图

图二二八　2006YY西ⅠT4J6平、剖面图

2006YY西ⅠT30J14

位于2006YY西ⅠT30东南部，方向98°。上部遭破坏，平面呈不规则椭圆形，弧壁。约30厘米以下平面呈圆形，壁近垂直，底不明。填土褐灰色，土质较疏松，夹杂炭灰、烧土粒。开口距地表35厘米，口长径270厘米，短径230厘米，发掘深度210厘米，底径108~122厘米（图二三〇；图版一四，2）。

2006YY西ⅠT29J15

位于2006YY西ⅠT29西南部，方向0°。平面呈圆形，直壁，近底部弧壁外扩，圜底。填土上半部浅灰色，下半部浅褐色，质地松软，含有砖瓦块、褐色料姜石等。开口距地表34厘米，直径115厘米，深294厘米。出土少量残骨块、陶瓷片等。打破G4。

2006YY西ⅠT32J16

位于2006YY西ⅠT32东隔梁处，方向0°。分上下两部分，上部平面呈近圆形，弧壁，至10厘米深处平面呈为圆形，垂直壁，底不明。填土灰褐色，质地疏松，含有草木灰、腐朽植物体碎颗粒及白灰颗粒。开口距地表110厘米，上部长径128厘米，短径104厘米，下部直径90厘米，发掘深度140厘米。被H289打破（图二三一）。

2007YY西ⅠT22J2

位于2007YY西ⅠT22中南部，方向13°。开口平面呈近圆形，井身近椭圆形，口小底大，斜直壁外扩，底不明。填土浅灰色，质地疏松，含炭粒、红烧土颗粒及草木灰。开口距地表90厘米，长径108厘米，短径96厘米，发掘深度120厘米。被H148、H182打破（图二三二）。

2007YY西ⅠT21J5

位于2007YY西ⅠT21西北部，方向0°。平面呈近圆形，上部壁斜收，下部直壁，底不明。填土浅灰色，土质疏松，含炭粒、白色料姜石等。开口距地表80厘米，口径114~128厘米，发掘深度100厘米，底径100厘米。被H366叠压（图二三三）。

2007YY西ⅠT9J7

位于2007YY西ⅠT9东南部，方向0°。平面呈圆形，上部壁较直，下部因坍塌壁外张，底不明。填土灰褐色，土质疏松，含大量草木灰、煤渣及红色料姜石。开口距地表110厘米，直径105厘米，清理深度140厘米。被H276打破（图二三四）。

2007YY西ⅠT12J8

位于2007YY西ⅠT12东部，方向0°。部分叠压于东壁下，推测平面应呈近圆形，直壁，底不明。填土灰褐色，土质疏松，含草木灰、料姜石等。开口距地表150厘米，长95厘米，宽50厘米，发掘深度120厘米。被H335打破（图二三五）。

2007YY西ⅠT6J9

位于2007YY西ⅠT6东南部，方向0°。平面呈圆形，壁上部直，下部外扩，底不明。填土褐灰土，土质疏松，夹炭灰、煤灰等。开口距地表70厘米，直径100厘米，清理深度136厘米

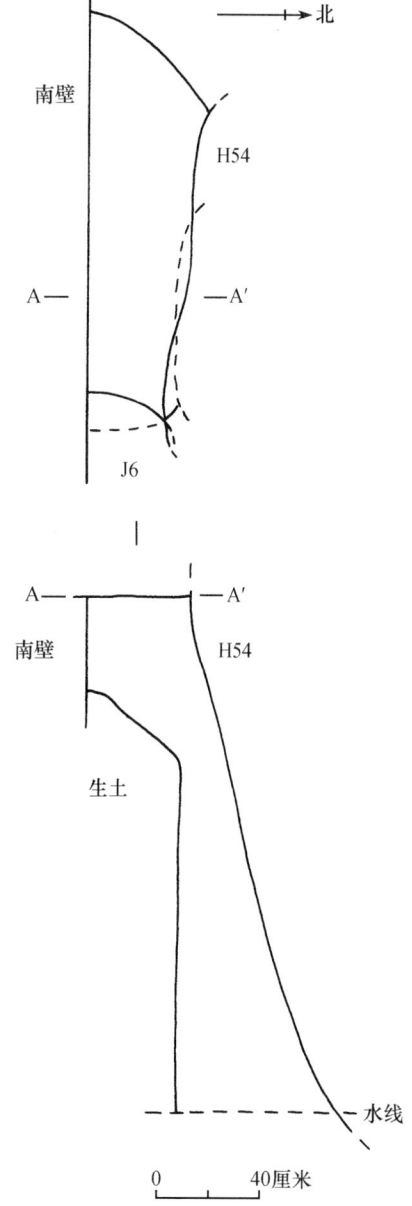

图二二九　2006YY西ⅠT4J7平、剖面图

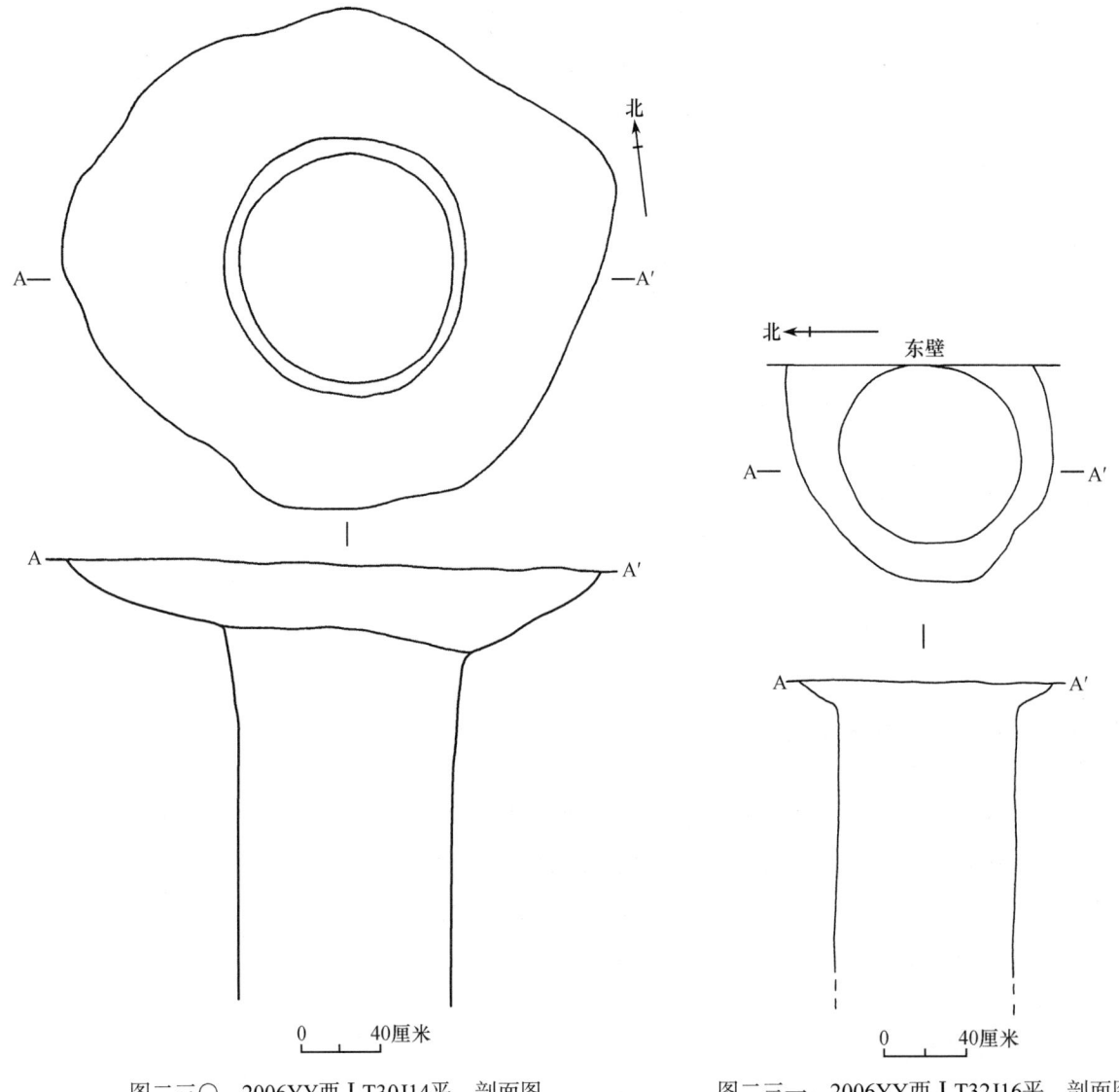

图二三〇　2006YY西ⅠT30J14平、剖面图

图二三一　2006YY西ⅠT32J16平、剖面图

（图二三六）。

2007YY西ⅠTG1J10

位于2007YY西ⅠTG1西北部，方向0°。部分叠压于北壁下，平面应呈近圆形，上部壁弧收，中间凸起，下部壁较直，囷底。填土灰褐色，土质致密，含大量料姜石。开口距地表40厘米，长208厘米，探方内宽156厘米，深280厘米。

2007YY西ⅠT6J11

位于2007YY西ⅠT6中部偏东，方向0°。平面呈近圆形，上部壁弧收，中间凸起，下部壁较直，底不明。填土分2层。第1层褐灰色，质地松软，含少量烧土、红色料姜石及石渣，厚60厘米。第2层深灰色，质地疏松，含较多草木灰，厚80厘米。开口距地表55厘米，口径154厘米，发掘深度140厘米，底径170厘米。被H124打破（图二三七）。

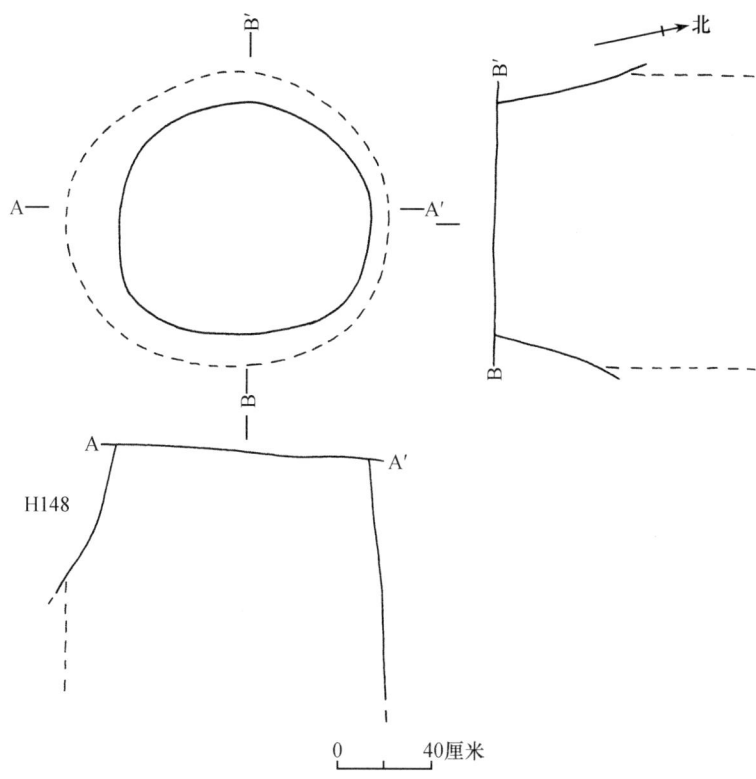

图二三二　2007YY西ⅠT22J2平、剖面图

2007YY西ⅠTG1J13

位于2007YY西ⅠTG1中部偏东，方向90°。平面呈近圆形，上壁弧壁，下壁直，圜底。填土灰褐色，土质疏松，夹白灰粒、烧土及炭灰。开口距地表55厘米，口径170厘米，深260厘米，底径106厘米（图二三八）。

2007YY东T6J1

位于2007YY东T6东南部，方向102°。平面呈圆形，壁不规则，上部斜收至深约62厘米处后略向外扩，底不明。填土黄褐色，湿度大，含较多的草木灰、炭粒、红烧土块及料姜石块。开口距地表50厘米，口径164厘米，清理深度138厘米，底径114厘米。被H091打破（图二三九）。

2007YY东T13J2

位于2007YY东T13东部，方向17°。大部分叠压于东壁下，探方内平面呈半椭圆形，自开口以下逐渐收缩，至106厘米处又逐渐扩大。填土灰褐色，土质较硬，含草木灰和炭粒。开口距地表40厘米，长180厘米，宽56厘米，发掘深度120厘米。被H94、H170打破（图二四〇）。

2007YY东T7J4

位于2007YY东T7西北部，方向22°。上部口大，似为圆形，斜弧壁。下部圆筒形，壁较直，局部因坍塌不规则，底不明。填土浅灰土，质地疏松，含烧土和炭粒。开口距地表34厘米，井口长径250厘米，短径162厘米，发掘深度170厘米，底径195厘米。被H12、G1打破（图

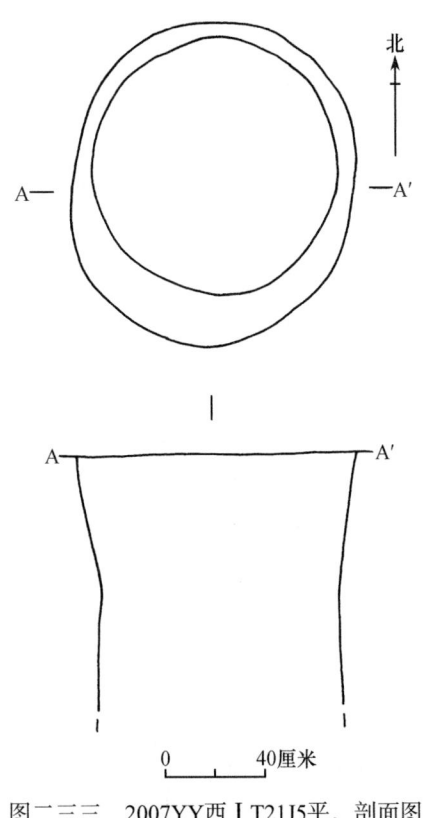

图二三三 2007YY西ⅠT21J5平、剖面图

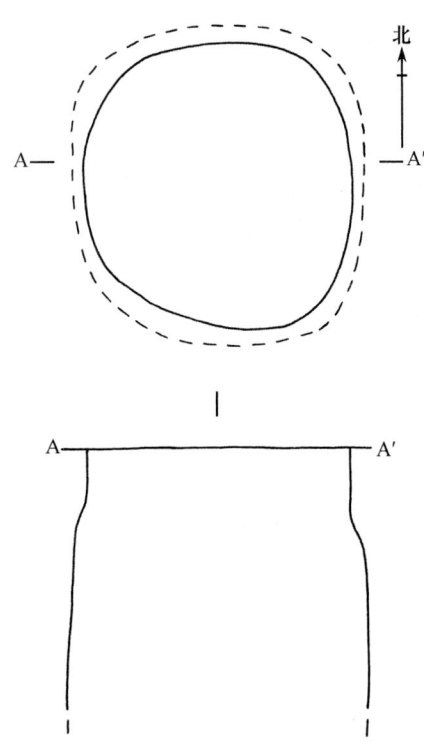

图二三四 2007YY西ⅠT9J7平、剖面图

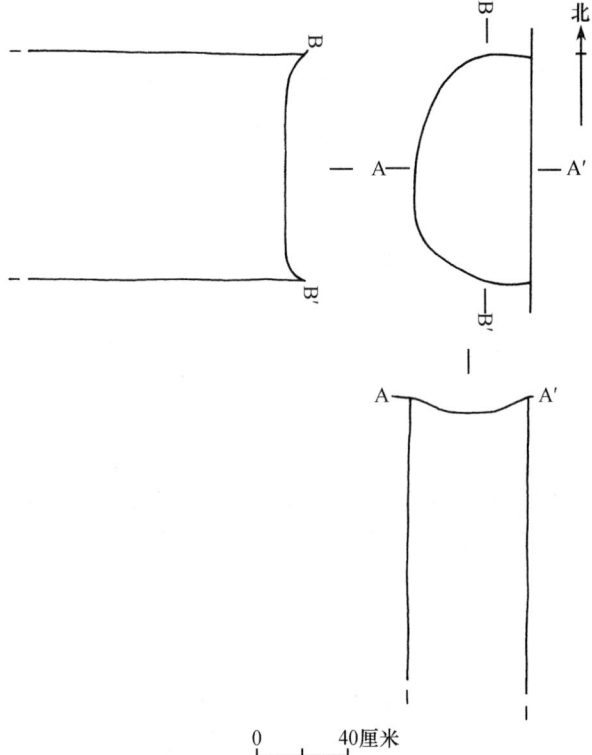

图二三五 2007YY西ⅠT12J8平、剖面图

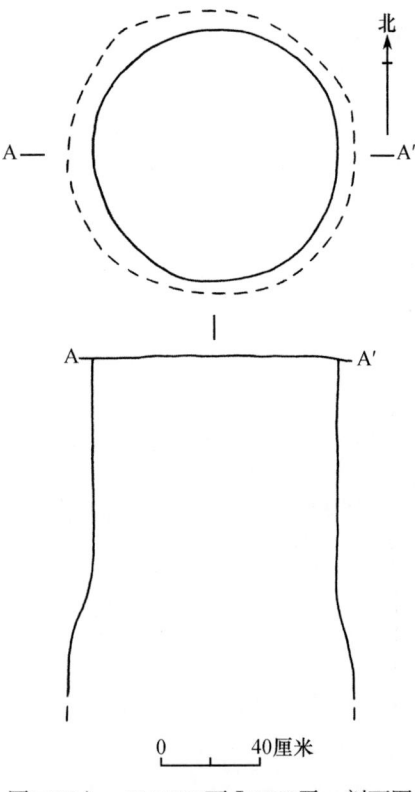

图二三六 2007YY西ⅠT6J9平、剖面图

二四一）。

2007YY东T10J5

位于2007YY东T10东北部，方向107°。上部平面呈不规则形，壁斜收。深近8厘米处以下近圆形，上部垂直壁，下部外扩，底不明。填土灰褐色，包含大量炭粒和红烧土颗粒。开口距地表51厘米，长400厘米，宽325厘米，清理深度140厘米。打破H213（图二四二）。

2007YY东T11J6

位于2007YY东T11北部，方向0°。上部平面呈不规则形，壁斜收。下部平面呈近圆形，壁向外弧鼓。底不明。填土灰色，质地疏松。开口距地表40厘米，上部井口长400厘米，宽388厘米，下部直径约130厘米，发掘深度150厘米。被H75打破（图二四三）。

Bb型　6口。井壁有二层台。包括2006YY西ⅠT26J9、2007YY西ⅠT8J1、2007YY西ⅠT13J3、2007YY西ⅠT15J4、2007YY西ⅠT17J12、2007YY东T5J3。

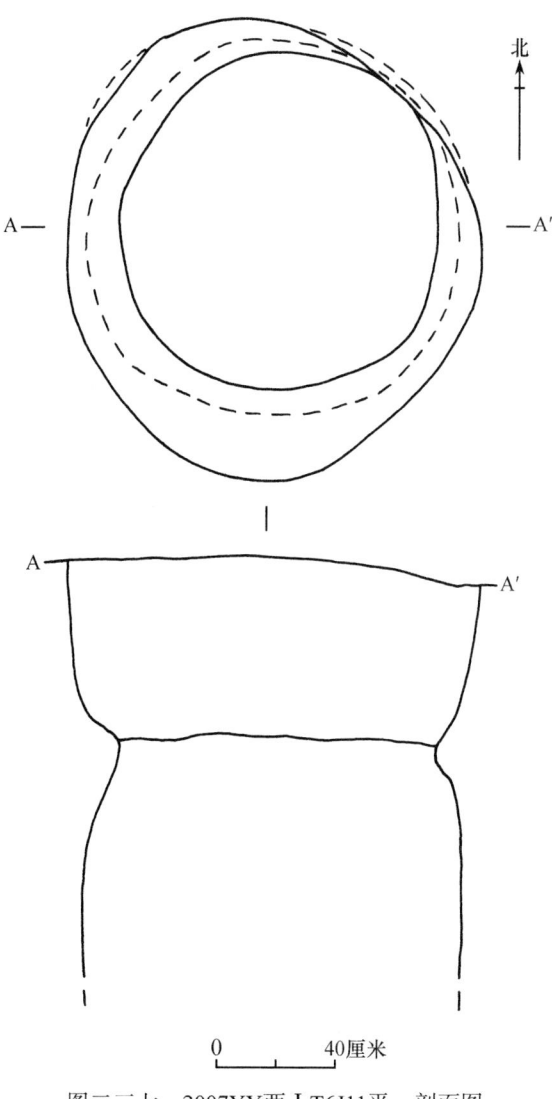

图二三七　2007YY西ⅠT6J11平、剖面图

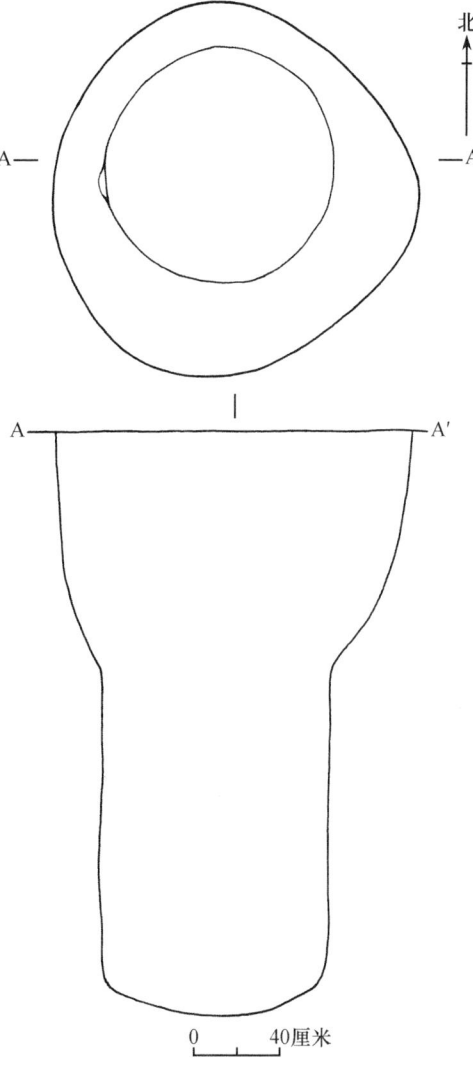

图二三八　2007YY西ⅠTG1J13平、剖面图

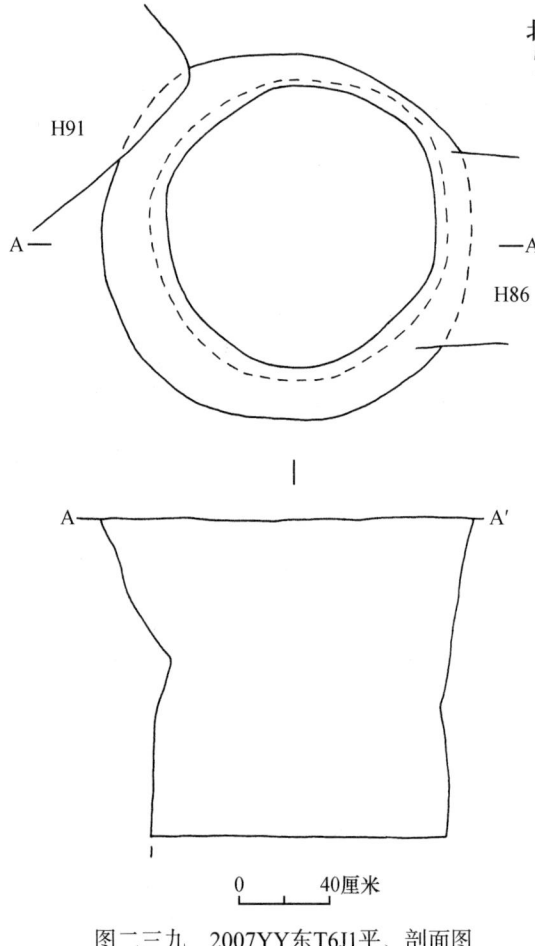

图二三九　2007YY东T6J1平、剖面图

2006YY西ⅠT26J9

位于2006YY西ⅠT26西北部，方向0°。平面呈不规则圆形，敞口，中部直壁，至108厘米深处出现二层台，台宽约10厘米。台上用青砖砌成井圈，现存3层，下部因坍塌井壁外张，平底。填土灰色，土质疏松。开口距地表40厘米，最大径192厘米，深250厘米。被H211打破（图二四四；图版一二，1）。

2007YY西ⅠT8J1

位于2007YY西ⅠT8西北部，方向99°。上部平面呈近椭圆形，壁斜收至深约48厘米处形成不规则二层台，台宽6～20厘米；下部直壁；底不明。填土灰褐色，土质疏松，包含红烧土、炭粒等。开口距地表70厘米，上口长径133厘米，短径114厘米，下部最大直径86厘米，发掘深度145厘米（图二四五）。

2007YY西ⅠT13J3

位于2007YY西ⅠT13西南部，方向0°。开口平面呈不规则形，上部分两段，上段直壁，下段斜收，至深约58厘米处形成二层台，台宽6～18厘米；下部平面呈近圆形，斜壁外张；底不明。填土灰色，土质疏松，含较多红烧土颗粒。开口距地表60厘米，上口长214厘米，宽190厘米，下部直径134厘米，清理深度120厘米。被H332打破（图二四六）。

2007YY西ⅠT15J4

位于2007YY西ⅠT15东北角，方向0°。开口处大部分叠压于北壁和东壁下，平面应呈近圆形，上部壁弧收，至约60厘米深处形成二层台，台宽6～14厘米。二层台以下井壁外鼓。填土灰褐色，土质疏松，夹杂红烧土和炭粒。开口距地表70厘米，探方内长径170厘米，短径105厘米，下部最大径214厘米，清理深度120厘米（图二四七）。

2007YY西ⅠT17J12

位于2007YY西ⅠT17中部，方向90°。开口平面呈近椭圆形，上部弧收，至约60厘米深处形成二层台，台宽6～20厘米。二层台以下井体平面呈近圆形，斜壁外张。底不明。填土灰色，质地疏松，含红烧土颗粒和炭粒。开口距地表75厘米，上口长径150厘米，短径135厘米，下口径88厘米，发掘深度90厘米。打破H338（图二四八）。

2007YY东T5J3

位于2007YY东T5西南部，方向106°。平面呈不规则圆形，上部斜壁外张，距井口105厘

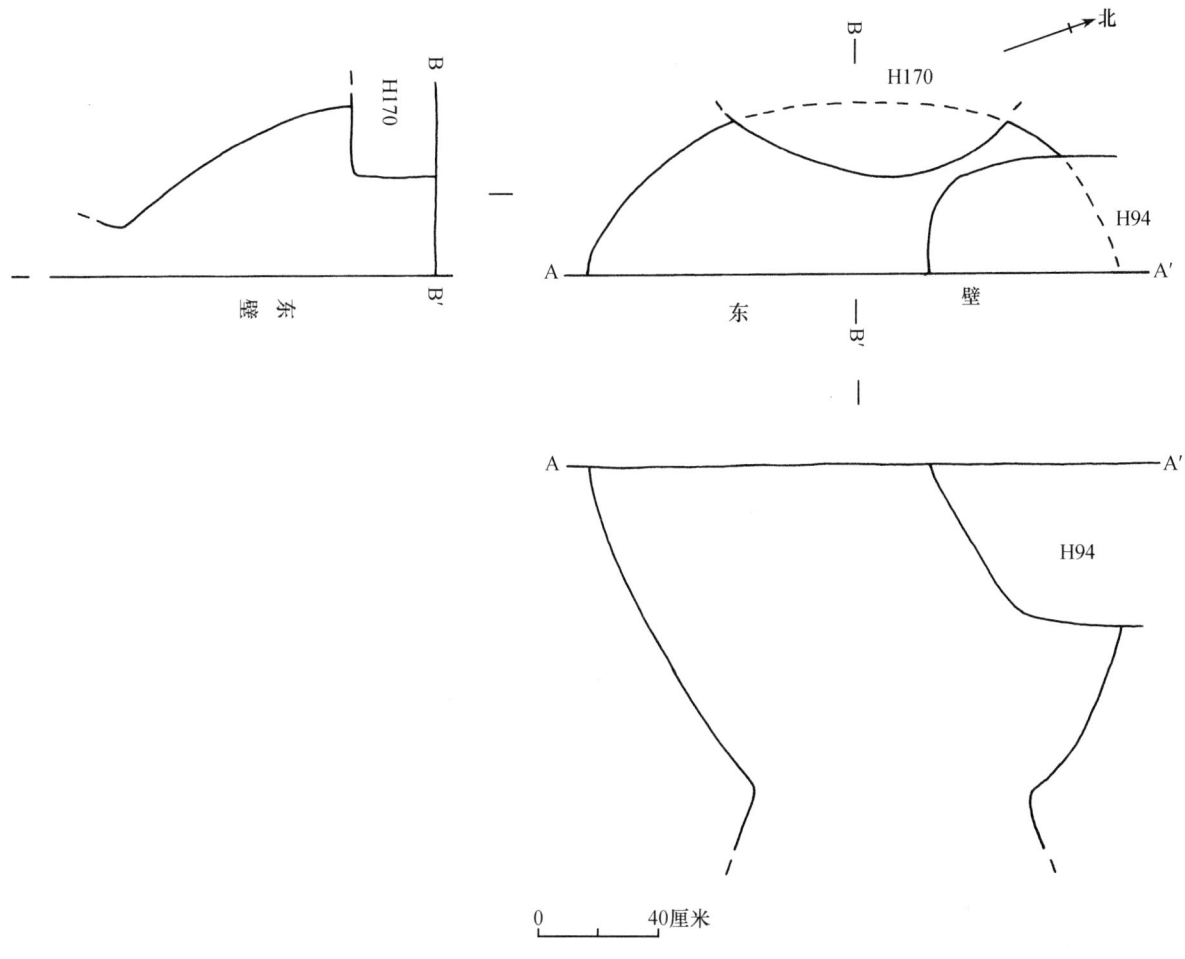

图二四〇 2007YY东T13J2平、剖面图

米处形成二层台,台宽11~30厘米,二层台以下直壁,底不明。填土黑褐色,土质疏松,含草木灰、炭粒等。开口距地表80厘米,口长径123厘米,短径110厘米,深154厘米,底长径110厘米,短径96厘米。被Y1打破(图二四九;图版二一,1)。

第四节 灶

23个。多数上部被破坏严重,仅存下部或底部。除2座结构不太清楚外,其余21座根据目前保存状况显示出来的结构可分为二型。

A型 17个。平面略呈梨形或勺状,由灶膛与投火口组成。灶膛平面一般呈近圆形,前部凸出为投火口。包括2006YY西ⅠTZ1、2006YY西ⅠT16Z2、2006YY西ⅠT16Z3、2006YY西ⅠT25Z6、2006YY西ⅠT25Z8、2006YY西ⅠT25Z9、2007YY西ⅠT1Z1、2007YY西ⅠT1Z2、2007YY西ⅠT4Z3、2007YY西ⅠT1Z4、2007YY西ⅠT25Z5、2007YY西ⅠT11Z6、2007YY西ⅠT11Z7、2007YY西ⅠT25Z9、2007YY西ⅠT25Z14、2007YY东T13Z1、2007YY东T11Z2。

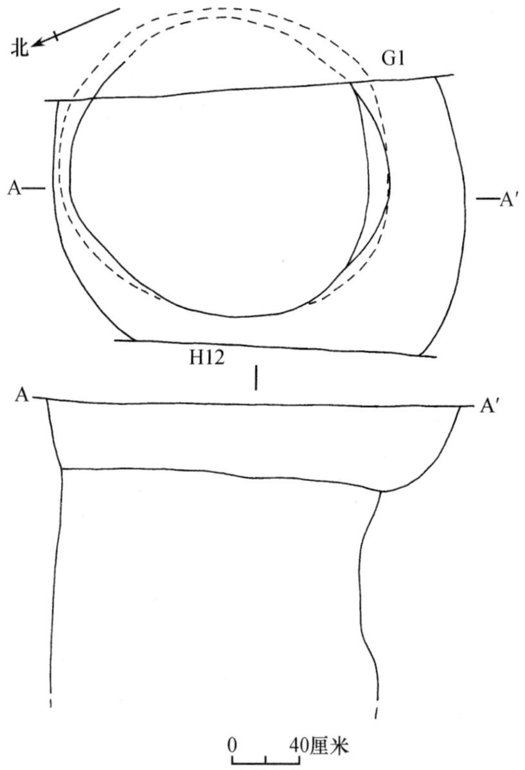

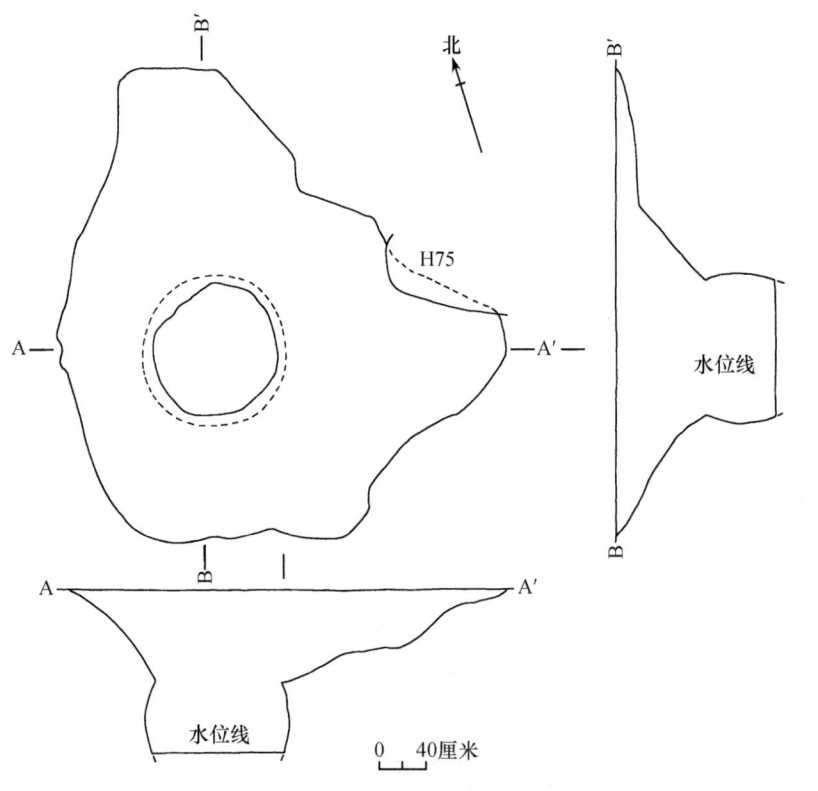

图二四一　2007YY东T7J4平、剖面图

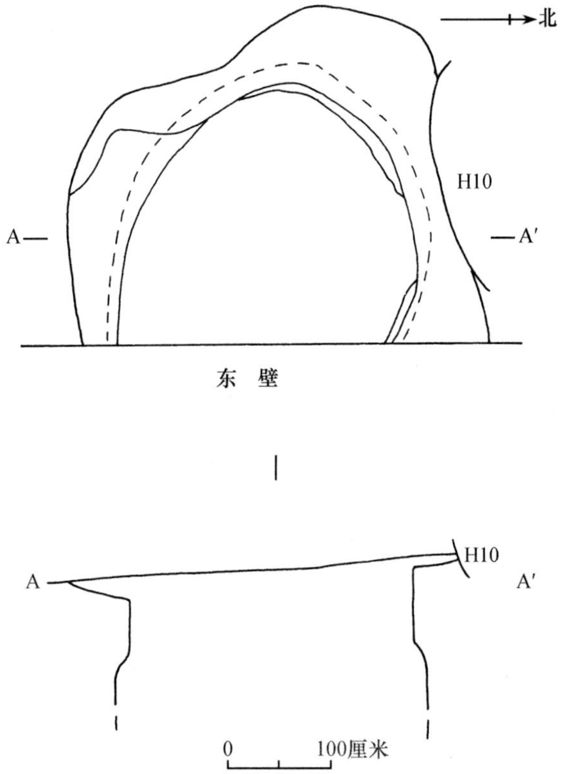

图二四二　2007YY东T10J5平、剖面图

图二四三　2007YY东T11J6平、剖面图

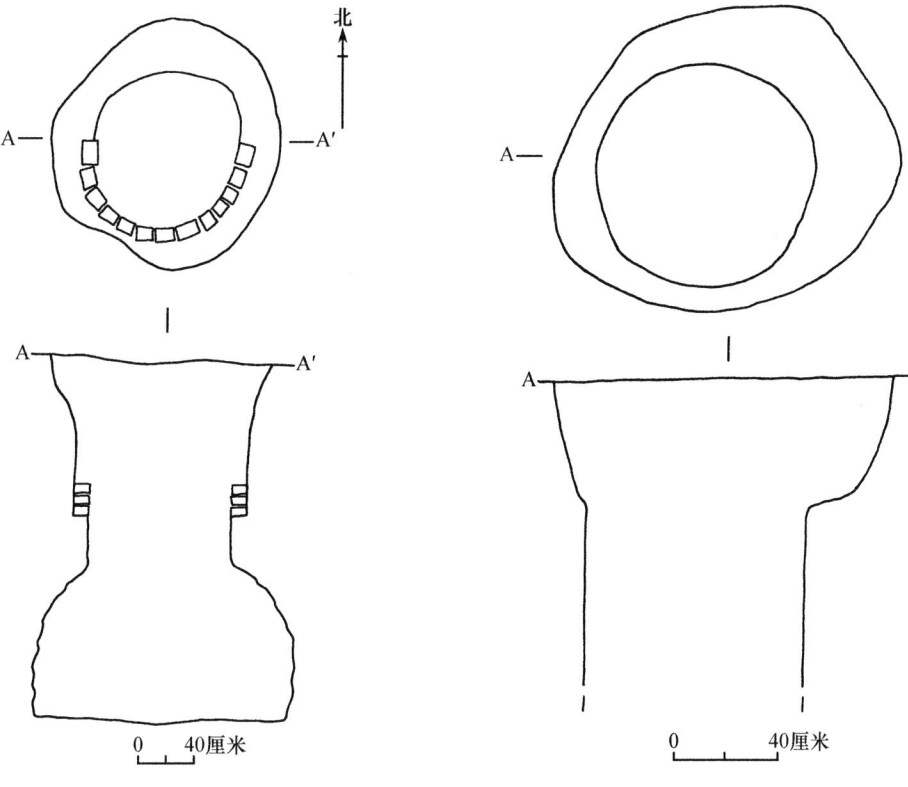

图二四四　2006YY西ⅠT26J9平、剖面图

图二四五　2007YY西ⅠT8J1平、剖面图

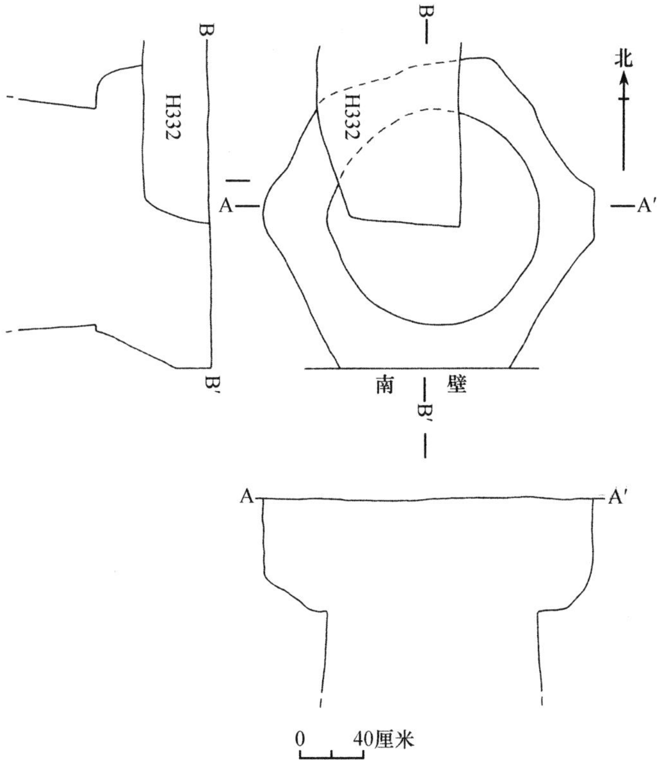

图二四六　2007YY西ⅠT13J3平、剖面图

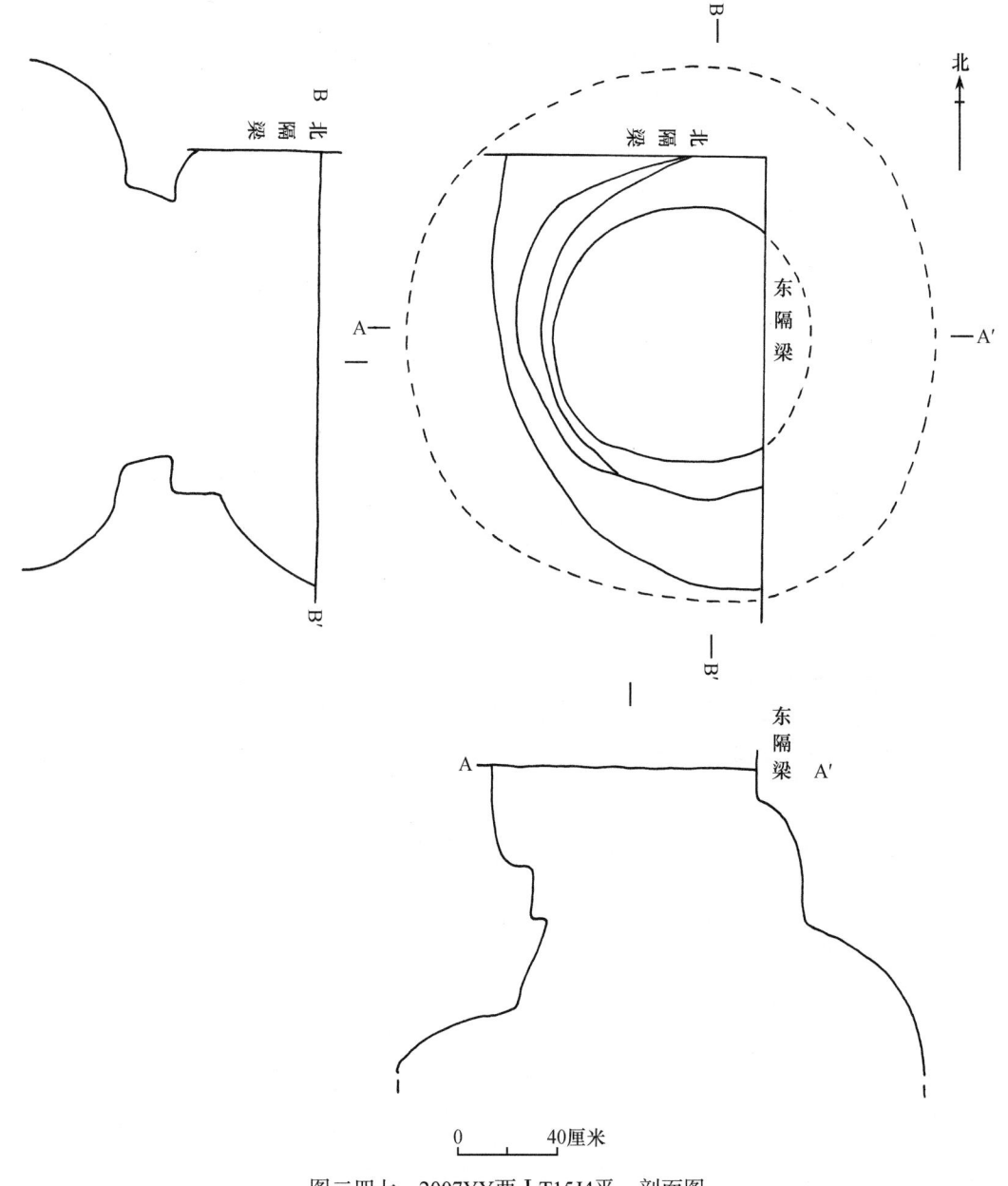

图二四七　2007YY西ⅠT15J4平、剖面图

2006YY西ⅠT1Z1

位于2006YY西ⅠT1西北部，部分叠压于北壁下，方向90°。平面形状应呈近梨形，弧壁，圜底，东浅西深。灶壁上部有红色烧结面，较松软。灶内填土黑色，土质松软，夹杂大量烧土颗粒。开口距地表30厘米，长100厘米，宽36厘米、深16厘米（图二五〇）。

2006YY西ⅠT16Z2

位于2006YY西ⅠT16东南部，方向280°。平面呈梨形，由投火口和灶膛组成。投火口位于灶膛西部，微微凸出。灶膛平面呈近椭圆形，弧壁，圜底；灶膛内壁为青色烧结面，多已不存；外壁呈红色；外围一层浅黄色硬土。可知此类灶的修筑过程，是在地面挖出灶坑，然后以

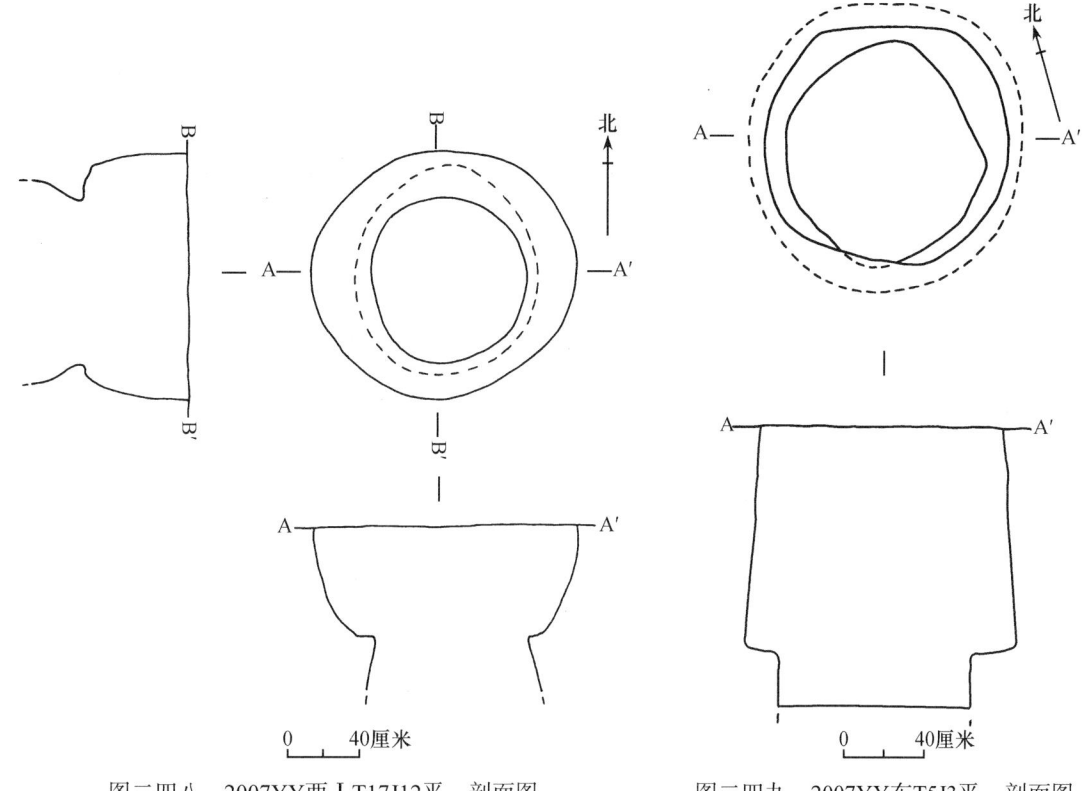

图二四八　2007YY西ⅠT17J12平、剖面图　　　　图二四九　2007YY东T5J3平、剖面图

较纯净的黄土抹壁形成灶膛。使用过程中，由于受热程度不同，由里及外，灶膛壁呈现出青色、红色和原来的黄色。灶膛内填土分2层。第1层褐色花土，质地稍松，夹杂一定炭粒和红烧土颗粒，厚4～16厘米。第2层草木灰，稍致密，表层为白灰面，厚1～2厘米。开口距地表36厘米，长104厘米，宽82厘米，深18厘米。打破H178（图二五一；图版九，1）。

2006YY西ⅠT16Z3

位于2006YY西ⅠT16东南部，方向292°。平面呈梨形，由投火口和灶膛组成。投火口位于灶膛西部，微微凸出，底部高于灶膛。灶膛平面呈近圆形，直壁，圜底；灶膛内壁为青色烧结面，多已不存；外壁呈红色；外围一层浅黄色硬土。灶膛内填土分2层。第1层褐色花土，质地稍松，含一定炭粒和红烧土颗粒，厚4～20厘米。第2层草木灰，稍致密，层表为白灰面，厚1～2厘米，紧贴灶底部。开口距地表38厘米，长156厘米，宽128厘米，深27厘米。打破H177、H181（图二五二；图版九，1、2）。

2006YY西ⅠT25Z6

位于2006YY西ⅠT25西部，方向278°。投火口不存。平面呈近椭圆形，弧壁，圜底，壁和底呈红色烧结面。灶膛内填土灰色，土质疏松，含较多红烧土块、草木灰等。开口距地表35厘米，长径86厘米，短径74厘米，深15厘米（图二五三）。

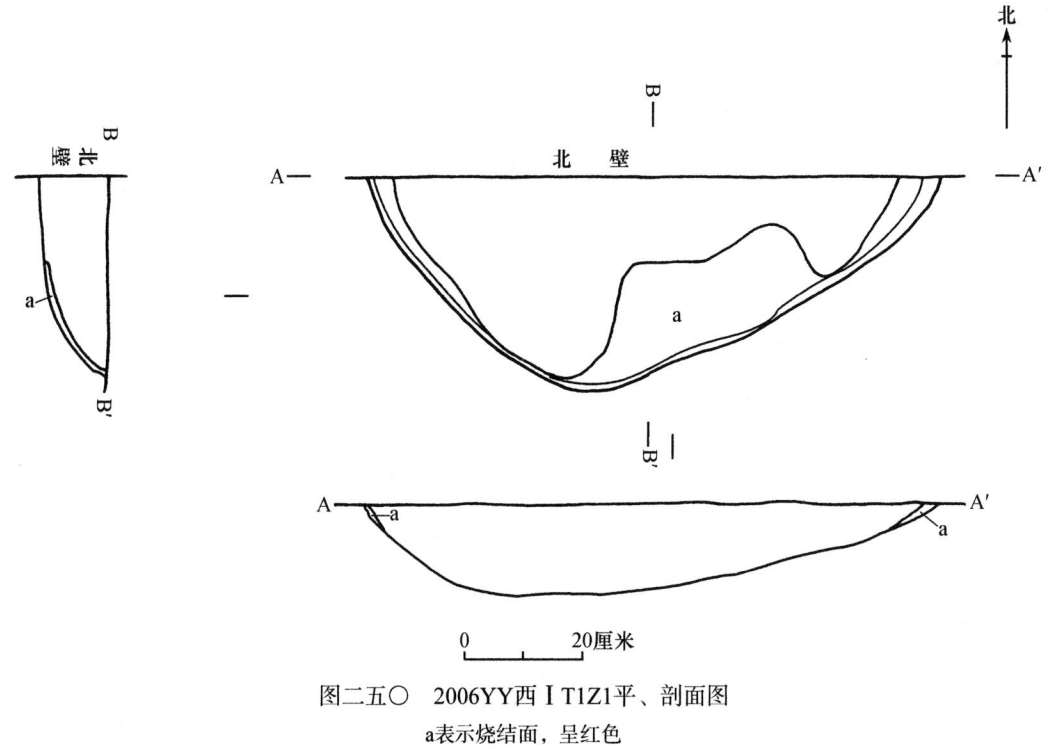

图二五〇　2006YY西ⅠT1Z1平、剖面图
a表示烧结面，呈红色

2006YY西ⅠT25Z8

位于2006YY西ⅠT25南部，方向96°。投火口不存，尾部被H265破坏。斜壁外张，平底，壁和底为红色烧结面，底部基本不存。灶膛内填土分2层。第1层浅褐色，土质较硬，内含炭粒、红烧土块等。第2层灰色，土质疏松，内含炭块等。开口距地表62厘米，口长径108厘米，短径68厘米，深31厘米，底长径120厘米，短径68厘米。被H265打破（图二五四）。

2006YY西ⅠT25Z9

位于2006YY西ⅠT25南部，方向90°。半边叠压于南壁外，探方内平面近半圆形，分投火口和灶膛。投火口位于东端，略凸出于灶膛，弧壁，底向灶膛倾斜。灶膛斜壁外张，呈红色烧结，底呈西高东低的缓坡状。灶膛内填土分2层。第1层浅褐色，土质较硬，内含炭粒、红烧土块等。第2层灰色，土质疏松，内含炭块等。开口距地表62厘米，长62厘米，宽48厘米，深36厘米，底长69厘米，宽53厘米（图二五五）。

2007YY西ⅠT1Z1

位于2007YY西ⅠT1西北部，方向130°。平面呈勺状，由灶膛和投火口两部分组成。灶膛平面呈近圆形，四壁较直，局部内凹，圜底。壁、底为红色烧结面，较松软。直径84厘米，残深约8厘米。投火口平面呈近椭圆形，斜壁，圜底略高于灶膛底部。长约50厘米，宽20~30厘米，残深0~12厘米。灶内填土黄褐色，土质致密，包含少量料姜石、石灰、草木灰等。灶膛及投火口底部有黑色灰烬。开口距地表34厘米，长136厘米，宽84厘米，深8~16厘米。打破2006G4（图二五六；图版二二，1）。

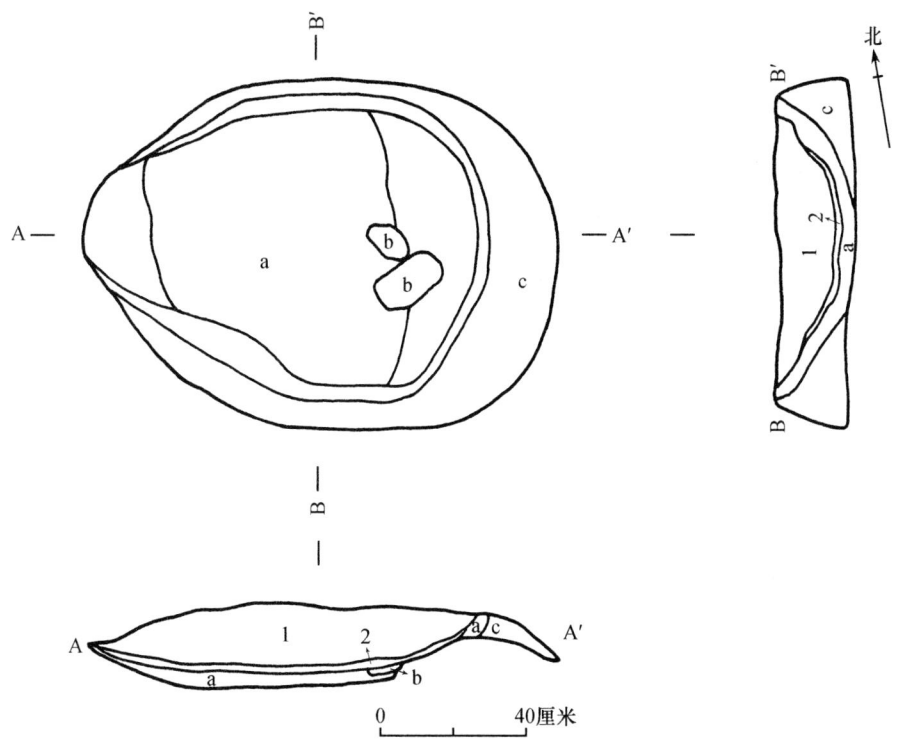

图二五一　2006YY西ⅠT16Z2平、剖面图

第1层为褐色花土、夹炭粒和红烧土颗粒；第2层为草木灰，较致密；a代表红色烧结面；b代表青色烧结面；c代表浅黄色土

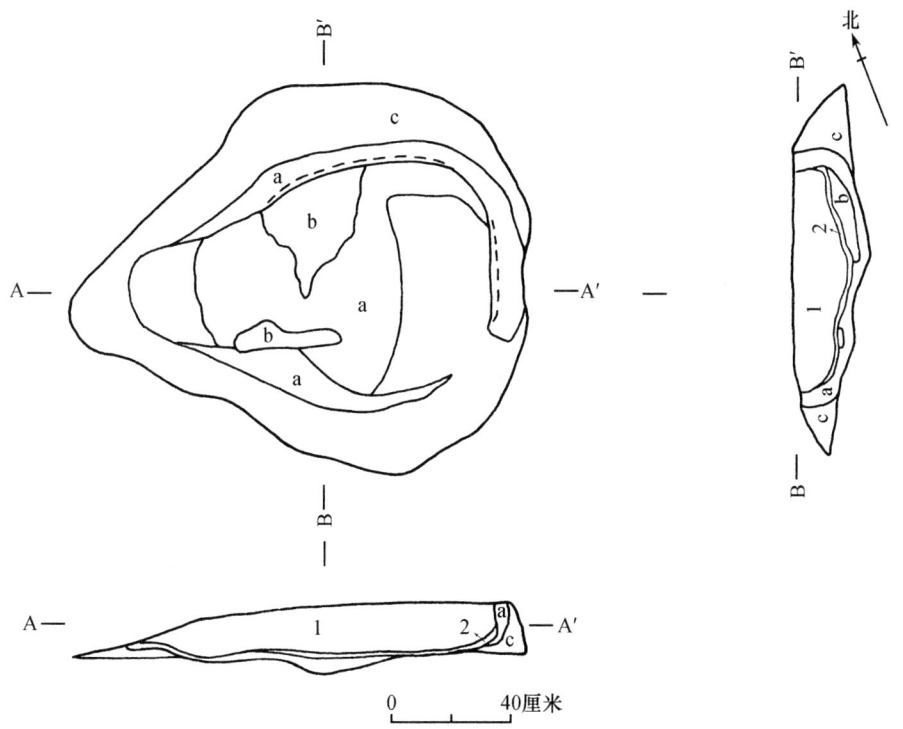

图二五二　2006YY西ⅠT16Z3平、剖面图

第1层为褐色花土、夹炭粒和红烧土颗粒，土质稍松；第2层为草木灰，土质稍致密；a代表红色烧结面；b代表青色烧结面；c代表维护加固土

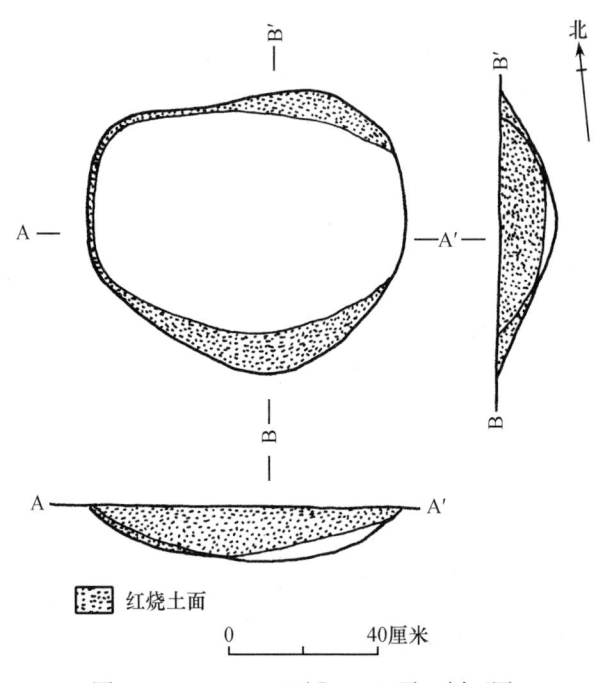

图二五三　2006YY西ⅠT25Z6平、剖面图

2007YY西ⅠT1Z2

位于2007YY西ⅠT1西北部，方向80°。平面呈勺状，由灶膛和投火口两部分组成。灶膛平面呈圆形，壁不存，圜底。直径60～66厘米。投火口平面呈近椭圆形，底略高于灶膛底，向灶膛方向倾斜，中间略呈弧形下凹。残长45厘米，最宽处26厘米，深0～3厘米。灶内填土浅褐色，土质致密，包含少量石灰颗粒。灶膛及投火口底部有黑色灰烬。开口距地表35厘米，长105厘米，宽66厘米，深3厘米（图二五七）。

2007YY西ⅠT4Z3

位于2007YY西ⅠT4北部，方向180°。平面略呈梨形，仅存灶膛，壁不存，圜底，有红色烧土面，无堆积物。开口距地表50厘米，长73厘米，宽60厘米，深2厘米。打破H78（图二五八）。

2007YY西ⅠT1Z4

位于2007YY西ⅠT1西部，方向167°。平面呈勺状，由灶膛和投火口两部分组成。灶膛平面呈圆形，直壁，圜底，直径60厘米，深0～6厘米。投火口已残，弧壁，圜底。壁、底为红色烧结面。灶内填土黄褐色，土质疏松，包含少量烧土颗粒。开口距地表25厘米，长90厘米，宽40～75厘米，深5～7厘米。被H44打破，打破H216（图二五九）。

2007YY西ⅠT25Z5

位于2007YY西ⅠT25北隔梁下，方向199°。平面呈勺状，由灶膛和投火口两部分组成。灶膛平面呈近圆形，直壁，圜底，壁底呈红色烧结面。投火口平面呈近长方形，弧壁，底向灶膛

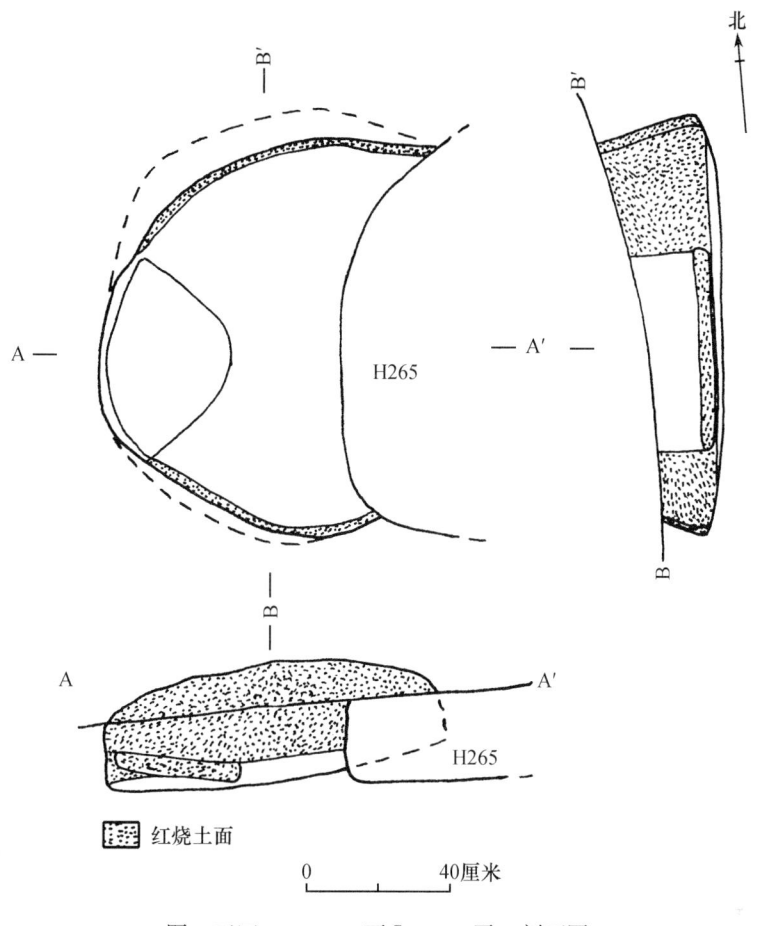

图二五四　2006YY西ⅠT25Z8平、剖面图

倾斜。灶内填土灰褐色，夹杂大量烧土块、草木灰等。灶膛底部有黑色灰烬。开口距地表60厘米，整体长径110厘米，短径100厘米，深4～13厘米。被Z9打破（图二六〇；图版二六，2）。

2007YY西ⅠT11Z6

位于2007YY西ⅠT11中东部，方向200°。平面呈勺状，由灶膛和投火口两部分组成。灶膛平面呈圆形，弧壁，圜底近平。直径90厘米，残高30厘米。投火口平面略呈喇叭形，斜壁，底向火膛底方向倾斜。残长径25厘米，短径50厘米，残高16厘米。壁、底为红色烧结面。灶内填土褐色，土质疏松，含木炭灰、红烧土块等。开口距地表50～60厘米，长126厘米，宽42～100厘米，深30厘米（图二六一）。

2007YY西ⅠT11Z7

位于2007YY西ⅠT11东南部，方向208°。平面呈近梨形，由灶膛和投火口两部分组成。灶膛平面略呈椭圆形，近直壁，平底；灶壁前部及底为红色烧结面。长径92厘米，短径82厘米，残高10～20厘米。投火口平面呈喇叭状，斜壁，斜底，残长30～40厘米，宽36～46厘米。灶内填土褐色，土质疏松，含炭灰、草木灰、红烧土块和黄土斑。灶膛底残存黑色灰烬。开口距地表50厘米，长110厘米，宽40～82厘米，深23厘米（图二六二）。

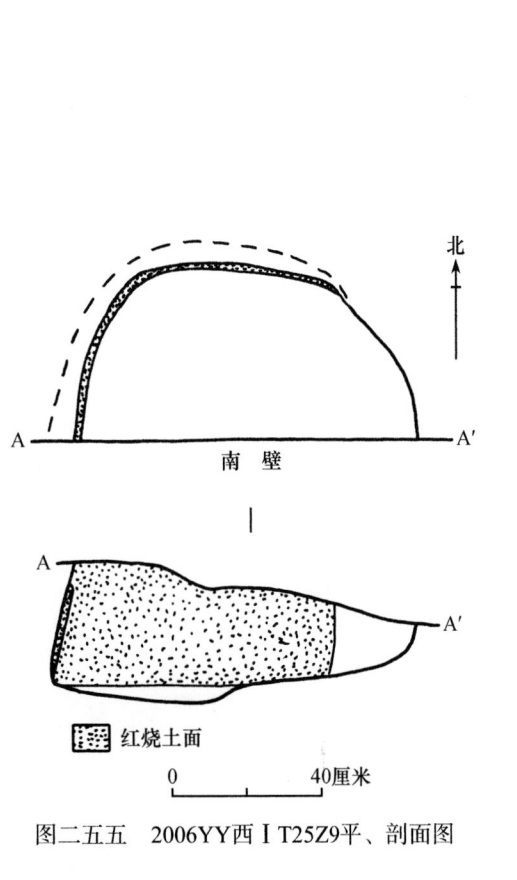

图二五五　2006YY西ⅠT25Z9平、剖面图

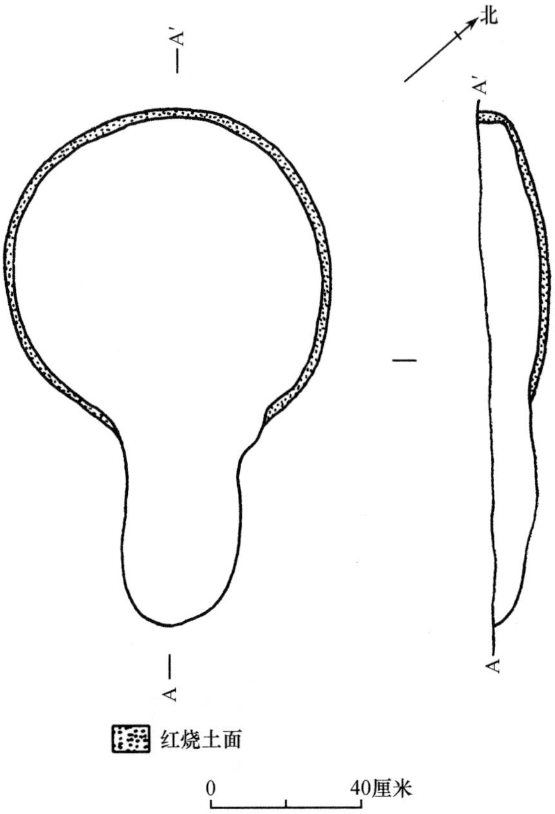

图二五六　2007YY西ⅠT1Z1平、剖面图

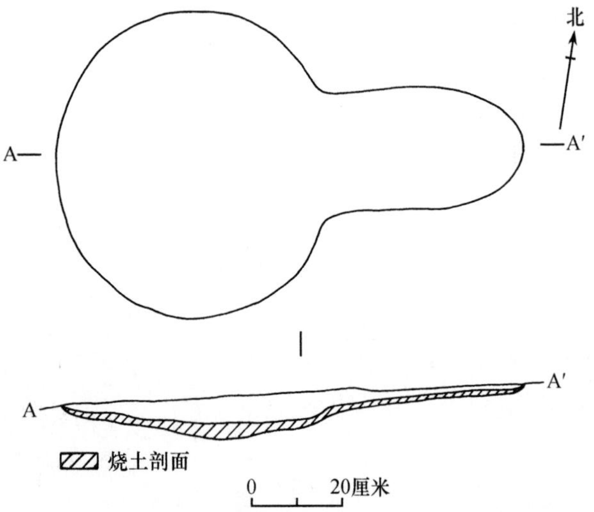

图二五七　2007YY西ⅠT1Z2平、剖面图

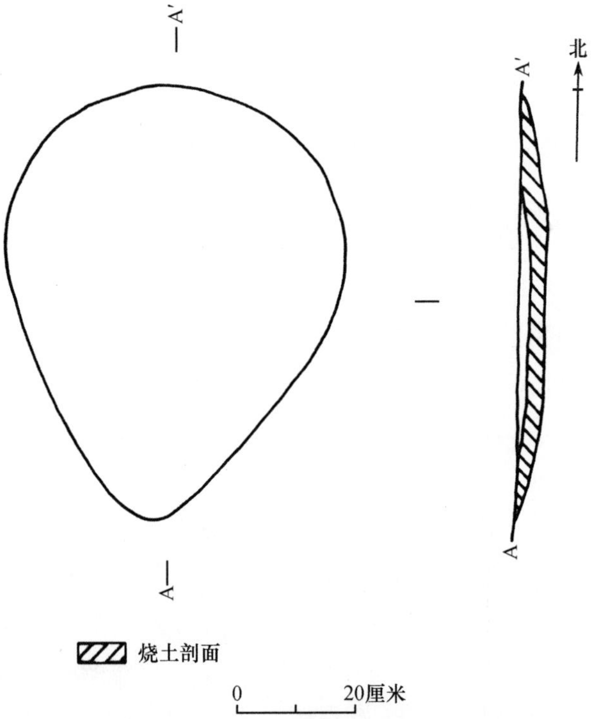

图二五八　2007YY西ⅠT4Z3平、剖面图

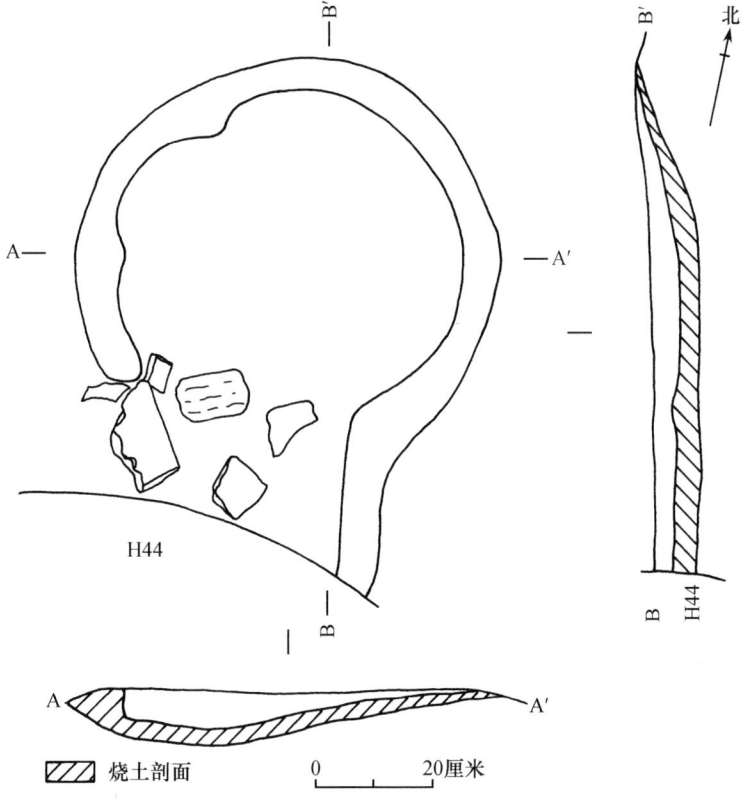

图二五九　2007YY西ⅠT1Z4平、剖面图

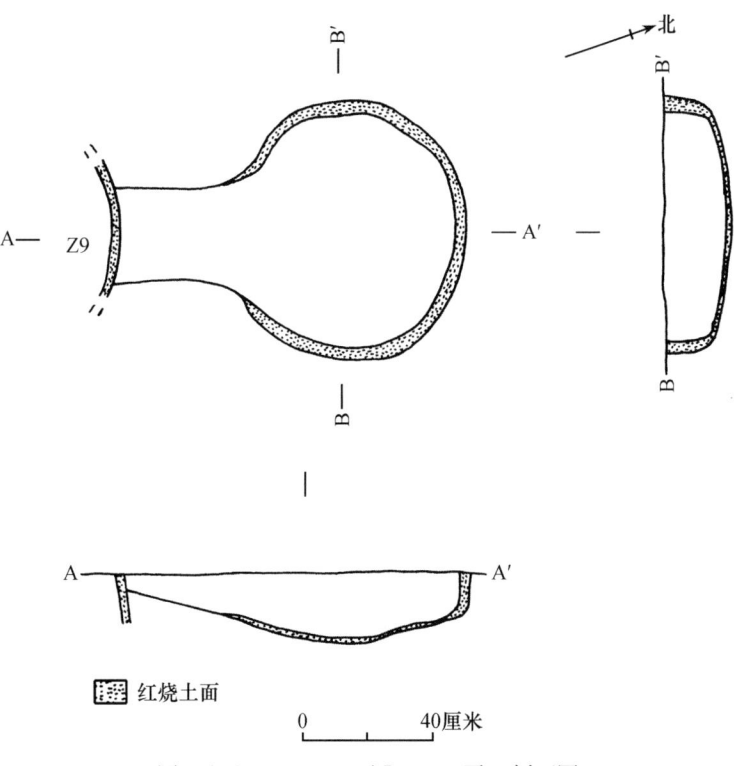

图二六〇　2007YY西ⅠT25Z5平、剖面图

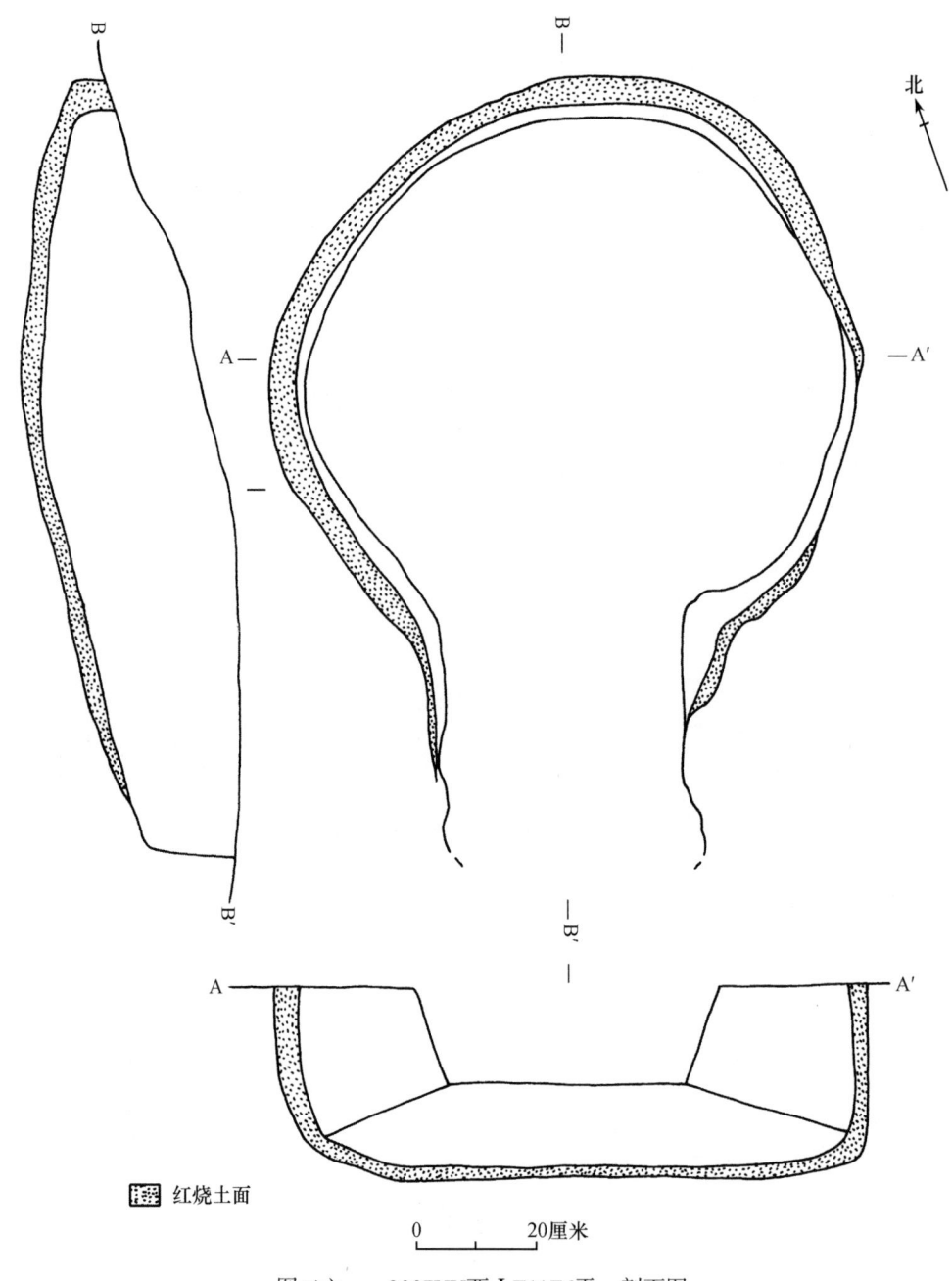

图二六一　2007YY西ⅠT11Z6平、剖面图

2007YY西ⅠT25Z9

位于2007YY西ⅠT25东北部，方向119°。平面呈勺状，由灶膛和投火口两部分组成。灶膛平面呈近圆形，斜壁外张，底近平。壁、底为红色烧结面。口径70~75厘米，底径约96厘米，深46~51厘米。投火口位于火膛东部，现存平面呈近梯形，西窄东宽，直壁，斜底。长39~52厘米，宽37~47厘米。灶内填土分3层。第1层灰褐色，土质较硬，内含炭粒、红烧土块等。第2层黄色淤土。第3层灰土，土质疏松，内含草木灰、炭块、红烧土块等。灶底有黑色灰烬。开口距地表62厘米，东西长130厘米，南北宽70厘米，深51厘米。被H31打破，打破H283、Z5

（图二六三；图版二六，2）。

2007YY西ⅠT25Z14

位于2007YY西ⅠT25北隔梁下，方向199°。平面略呈勺状，由灶膛和投火口两部分组成。灶膛平面呈近圆形，直壁，底近平。壁、底为红色烧结面。直径约82厘米，深28厘米。投火口已残，平面应呈近长方形，弧壁，斜底，呈南高北低的坡状。残长25厘米，宽60厘米，深

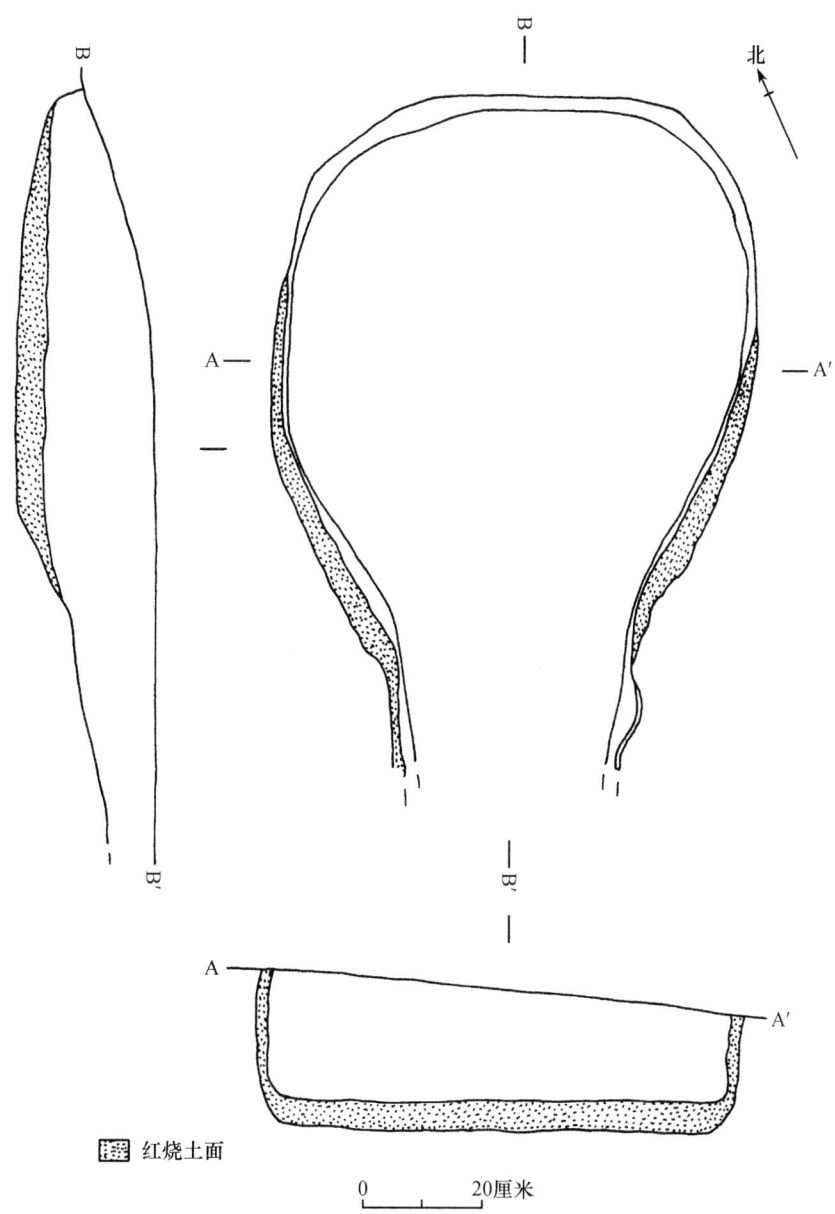

红烧土面

图二六二　2007YY西ⅠT11Z7平、剖面图

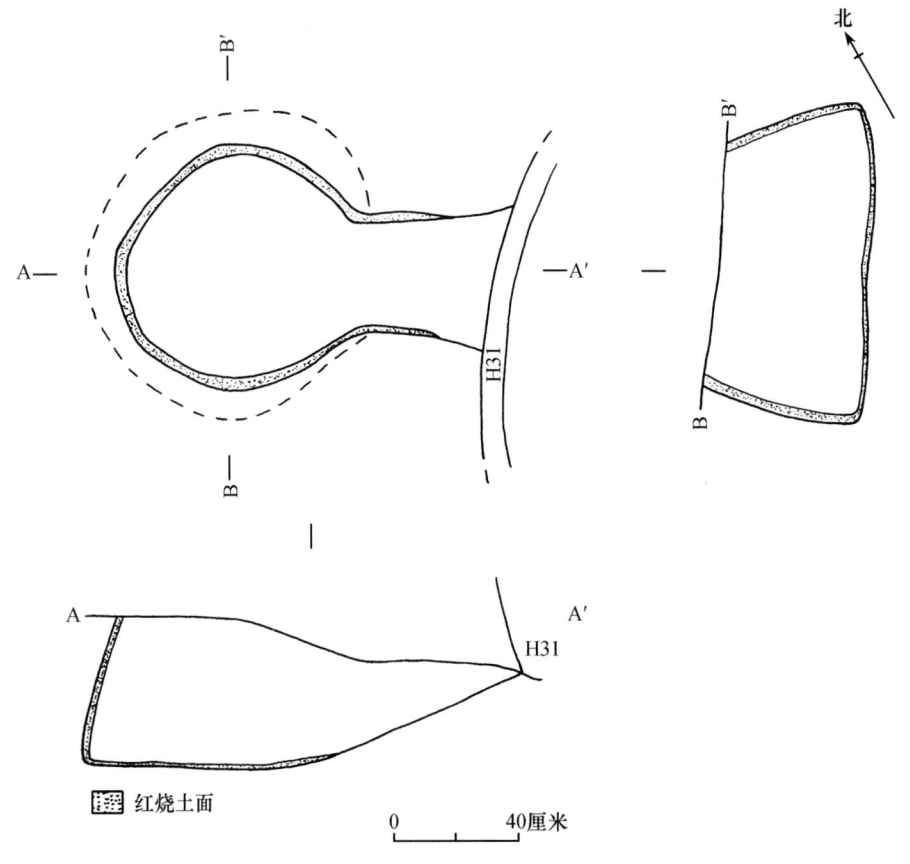

图二六三　2007YY西ⅠT25Z9平、剖面图

22~26厘米。灶内填土灰褐色，土质疏松，夹杂大量烧土块和草木灰。开口距地表62厘米，整体长108厘米，现有深度28厘米（图二六四；图版二六，2）。

2007YY东T13Z1

位于2007YY东T13西南部，方向200°。仅存灶膛，平面呈椭圆形，弧壁，圜底近平。壁、底残存红色烧结面。灶内填土分2层。第1层灰褐色，土质较硬，内含烧土颗粒、炭粒等，厚约8厘米。第2层灰白色，土质疏松，内含炭粒和少量烧土颗粒，厚1~7厘米。开口距地表35厘米，长径82厘米，短径57厘米，深9厘米。打破H168（图二六五）。

2007YY东T11Z2

位于2007YY东T11西北部，方向17°。部分叠压于北壁下。由灶膛和投火口两部分组成。灶膛仅存底部，平面呈近椭圆形，圜底。长径76厘米，短径82厘米，深6厘米。底部有红色烧结面。投火口平面呈喇叭状，弧壁，圜底。探方内长28厘米，南宽60厘米，北宽30厘米，最深16厘米。灶内填土均为灰色。开口距地表40厘米，长104厘米，宽82厘米，深16厘米（图二六六）。

B型　4个。由灶膛、火门与投火口组成，投火口为方形或长方形，灶膛平面呈近圆形。投火口与灶膛间有火门相通，火门顶部封闭。包括2006YY西ⅠT31Z5、2006YY西ⅠT32Z7、

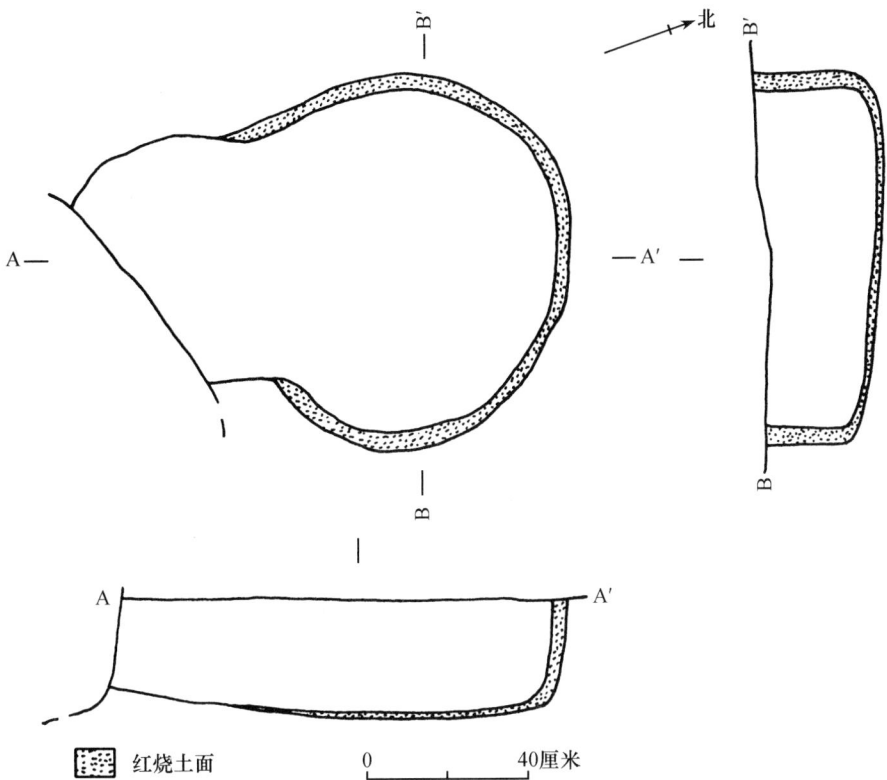

图二六四　2007YY西ⅠT25Z14平、剖面图

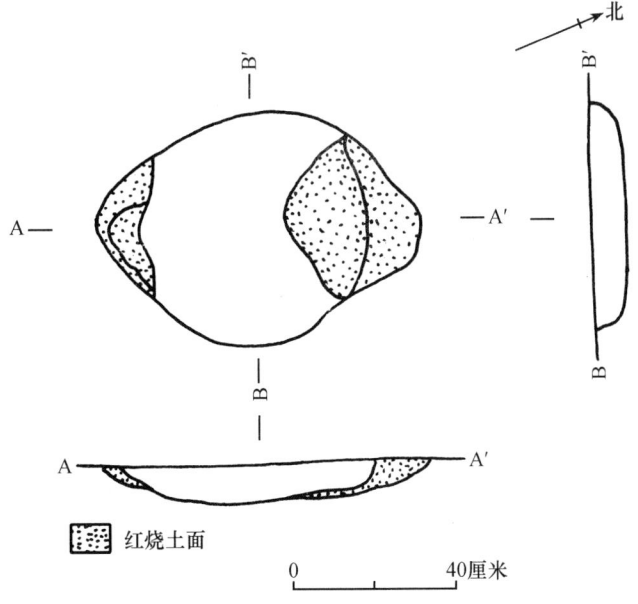

图二六五　2007YY东T13Z1平、剖面图

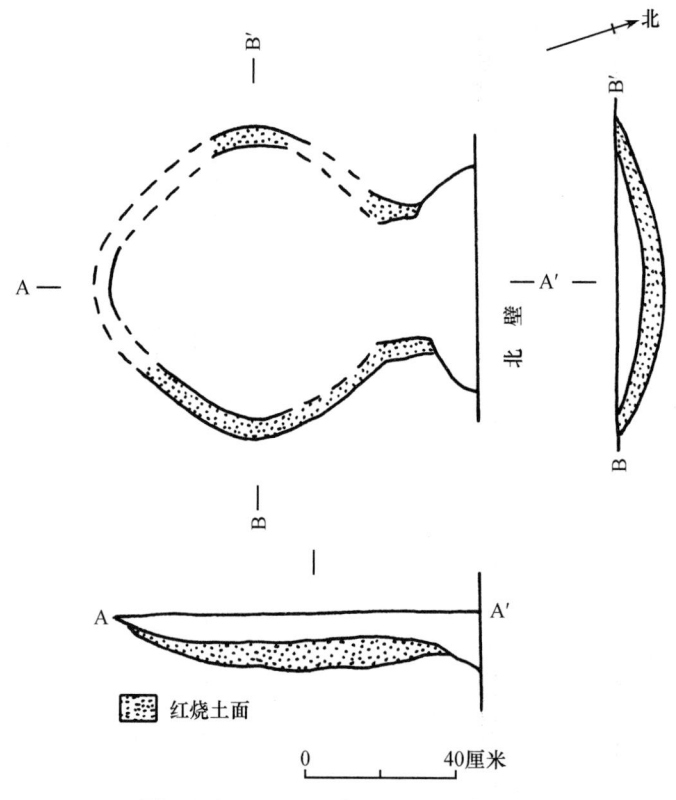

图二六六　2007YY东T11Z2平、剖面图

2007YY西ⅠT17Z12、2007YY东T6Z3。

2006YY西ⅠT31Z5

位于2006YY西ⅠT31东北部，方向182°。由投火口、火门及灶膛组成。投火口平面呈近长方形，北端略宽，斜壁，平底。长33厘米，北宽26.5厘米，南宽23厘米，深18厘米。投火口北部有火门与灶膛相通，火门平面呈喇叭状，南宽北窄，立面略呈弧边梯形，顶、底近平。长13厘米，北宽11厘米，南宽23厘米，北高12厘米，南高14厘米。灶膛平面略呈圆形，直壁，圜底。膛壁上部有红色烧结面。灶膛内径23厘米，残高26厘米。填土为煤灰和少量炭粒，质地疏松。开口距地表30厘米，整体长69厘米，最宽30厘米，最深26厘米（图二六七；图版八，3）。

2006YY西ⅠT32Z7

位于2006YY西ⅠT32东南部，方向105°。由投火口、火门及灶膛组成。部分投火口被破坏。残存投火口平面呈近椭圆形，底向火门倾斜。残长径33厘米，短径20厘米，深36厘米。火门平底，弧顶。底宽22厘米，高34厘米，进深13厘米。火膛平面呈近圆形，弧壁外张，圜底。灶壁、底烧结为红色。直径约66厘米，深46厘米。灶内填土灰褐色，土质疏松，包含草木灰、红烧土等。开口距地表33厘米，东西长120厘米，南北宽66厘米，深36厘米。打破H281（图二六八）。

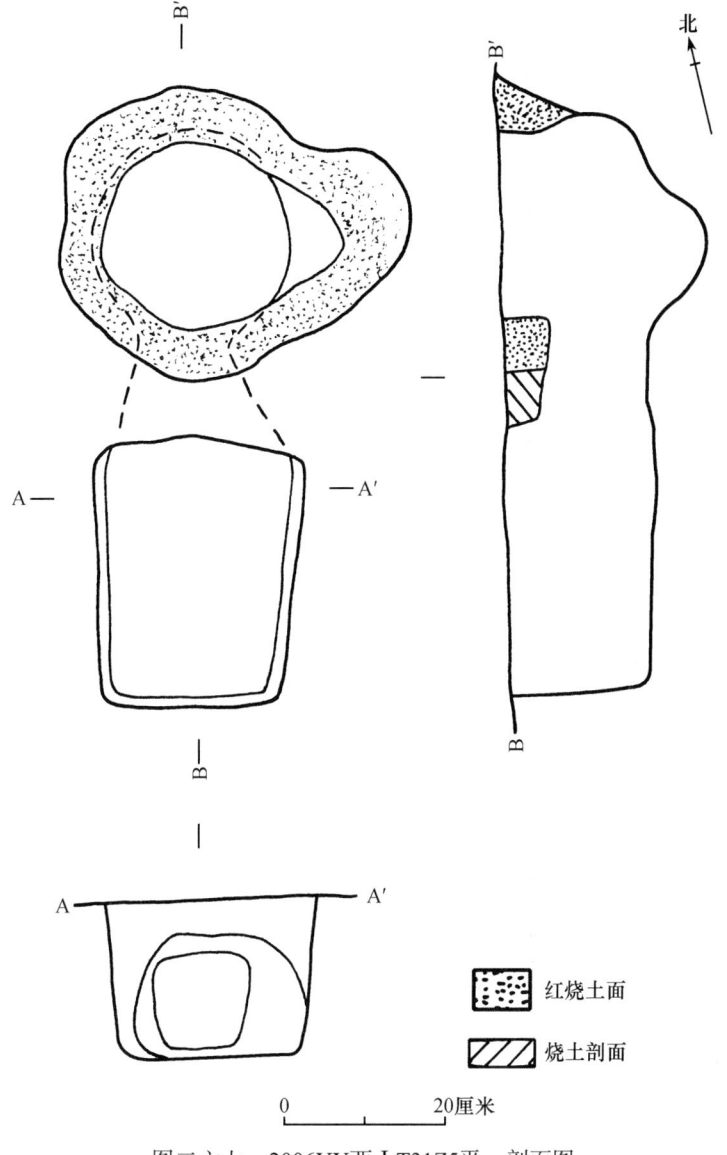

图二六七　2006YY西ⅠT31Z5平、剖面图

2007YY西ⅠT17Z12

位于2007YY西ⅠT17西南部，方向195°。由投火口、火门、灶膛及烟囱四部分组成。投火口平面呈近长方形，斜壁，底向灶膛底倾斜，呈南高北低的坡状。长48厘米，宽38厘米，深12~27厘米。火门平底，平顶。宽34厘米，高21厘米，进深6厘米。火膛平面呈近圆形，斜壁外张，平底，口径70~75厘米，底径85~90厘米，深25~30厘米。烟囱位于火膛西北部，平面近梯形，长15~20厘米，宽20厘米，残高30厘米。灶壁及烟囱壁烧结成红色。灶内填土灰褐色，土质疏松，包含红烧土颗粒、炭粒等。灶膛及投火口底有黑色灰烬。开口距地表75厘米，长150厘米，宽85厘米，深30厘米（图二六九；图版二七，3）。

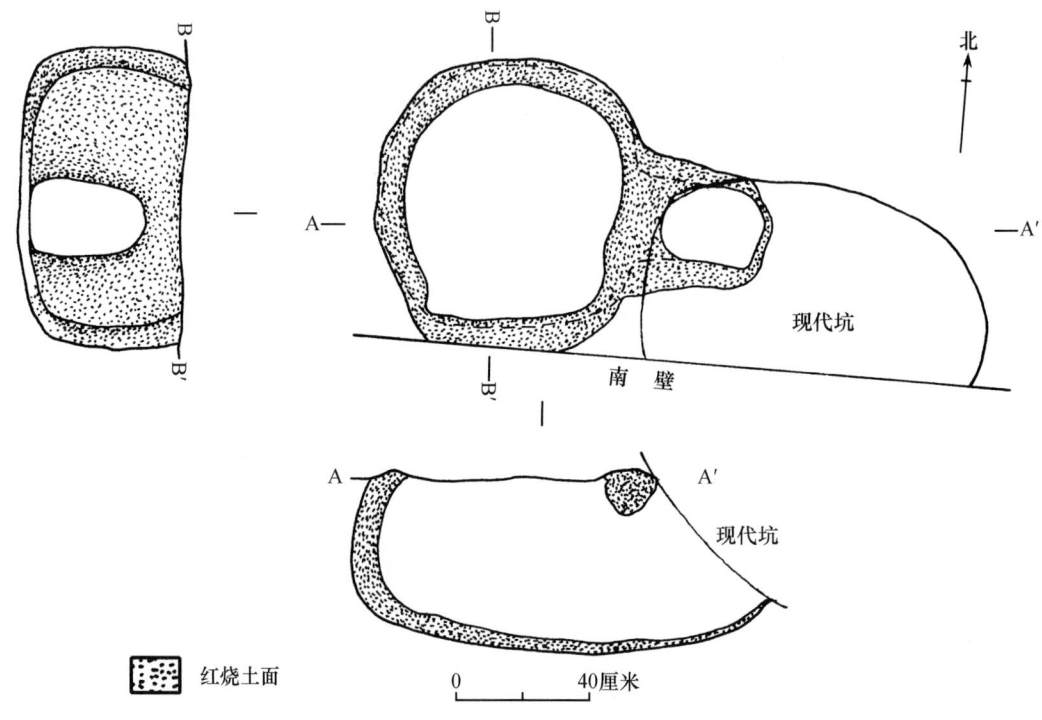

图二六八　2006YY西ⅠT32Z7平、剖面图

2007YY东T6Z3

位于2007YY东T06西南部，方向16°。由投火口、火门及灶膛三部分组成。投火口平面略呈方形，口大底小，斜壁，底近平，开口边长82厘米，底边长72厘米。火门南窄北宽，斜壁，底近平，是否有顶不明。火门上宽24厘米，下宽20厘米，残高29厘米，进深24厘米。火膛平面呈圆形，口大底小，弧壁，圜底。壁面烧结成红色。口径70~74厘米，底径70~80厘米，深6~13厘米。灶内填土分2层。第1层灰褐色，土质疏松，夹有少量草木灰、木炭粒及红烧土块。第2层主要为草木灰，分布于火门及与之相接的灶膛和投火口部位。开口距地表52厘米，长177厘米，宽82厘米，深27厘米，底长径165厘米，短径72厘米。被H91打破（图二七〇）。

另有2座形状结构不太清晰。包括2007YY东T15Z5和2006YY西ⅠT13Z4。

2007YY东T15Z5

位于2007YY东T15东南部，方向197°。上部、前部及右侧被破坏。目前的平面呈不规则条状。现存灶膛、火道及烟囱三部分。灶膛右侧被破坏，完整平面应呈近椭圆形，近直壁，平底。壁、底烧结为红色。残长95厘米，残存最宽68厘米，残高11厘米。灶膛底部开火道，火道平面呈长方形，直壁，平底，北高南低。壁面烧结为红色。残长79厘米，宽约22厘米，深22~29厘米。底部有厚6~8厘米的灰烬层。灶膛后部（北端）有烟囱，烟囱平面呈近椭圆形，斜壁，圜底近平。壁面烧结为红色。长约38厘米，宽25厘米，残高20厘米。灶内堆积为灰褐土，夹杂较多红烧土，为灶体坍塌形成。开口距地表68厘米，通长136厘米，最宽68厘米，由

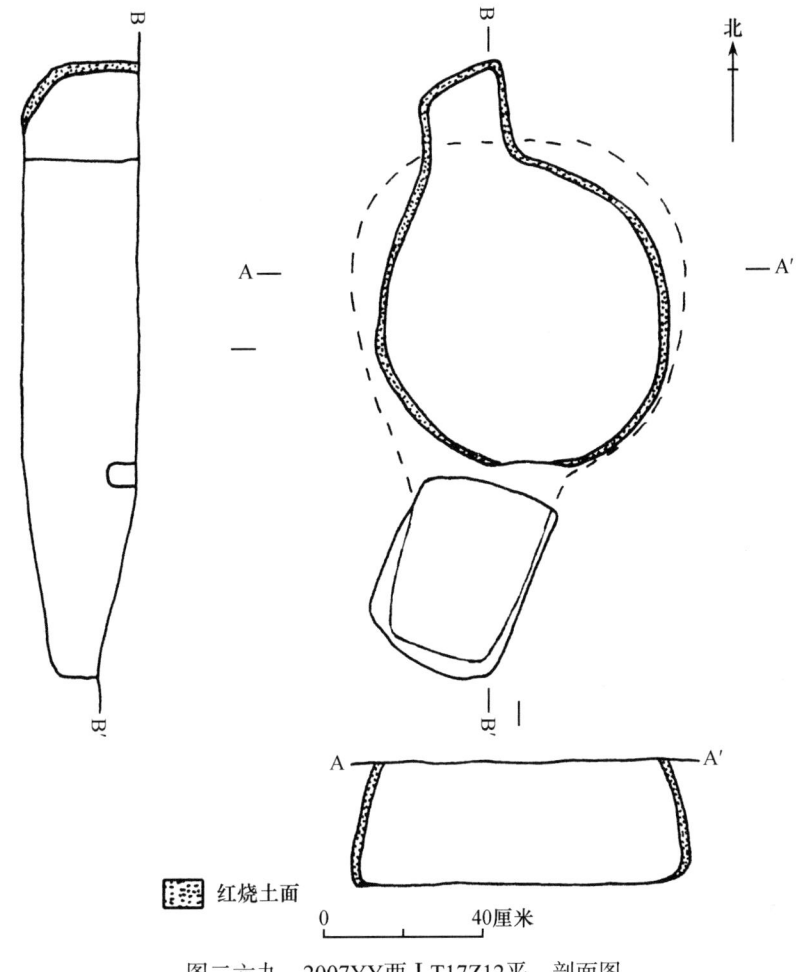

图二六九　2007YY西ⅠT17Z12平、剖面图

火道底部至烟囱顶部残高约40厘米。火道内出土铁钳1件。被H239打破（图二七一）。

2006YY西ⅠT13Z4

位于2006YY西ⅠT13东南部，方向7°。仅存由碎砖块铺砌的平台。界定它为灶的依据，是这个平台的局部原为青灰色的砖块被烧烤成了红色，砖块的缝隙间残留有烧土块与炭粒。平面呈长方形，堆积分3层。第1层由残砖垒砌而成，中部凹陷处有一块大型鹅卵石，厚约8厘米。第2层为一层红烧土，厚4厘米。第3层为3块呈"品"字形侧立排列的砖块，厚约13厘米。开口距地表48厘米，长64~72厘米，宽30~46厘米，高28厘米，底长40厘米，宽26厘米。打破G3（图二七二；图版七，2）。

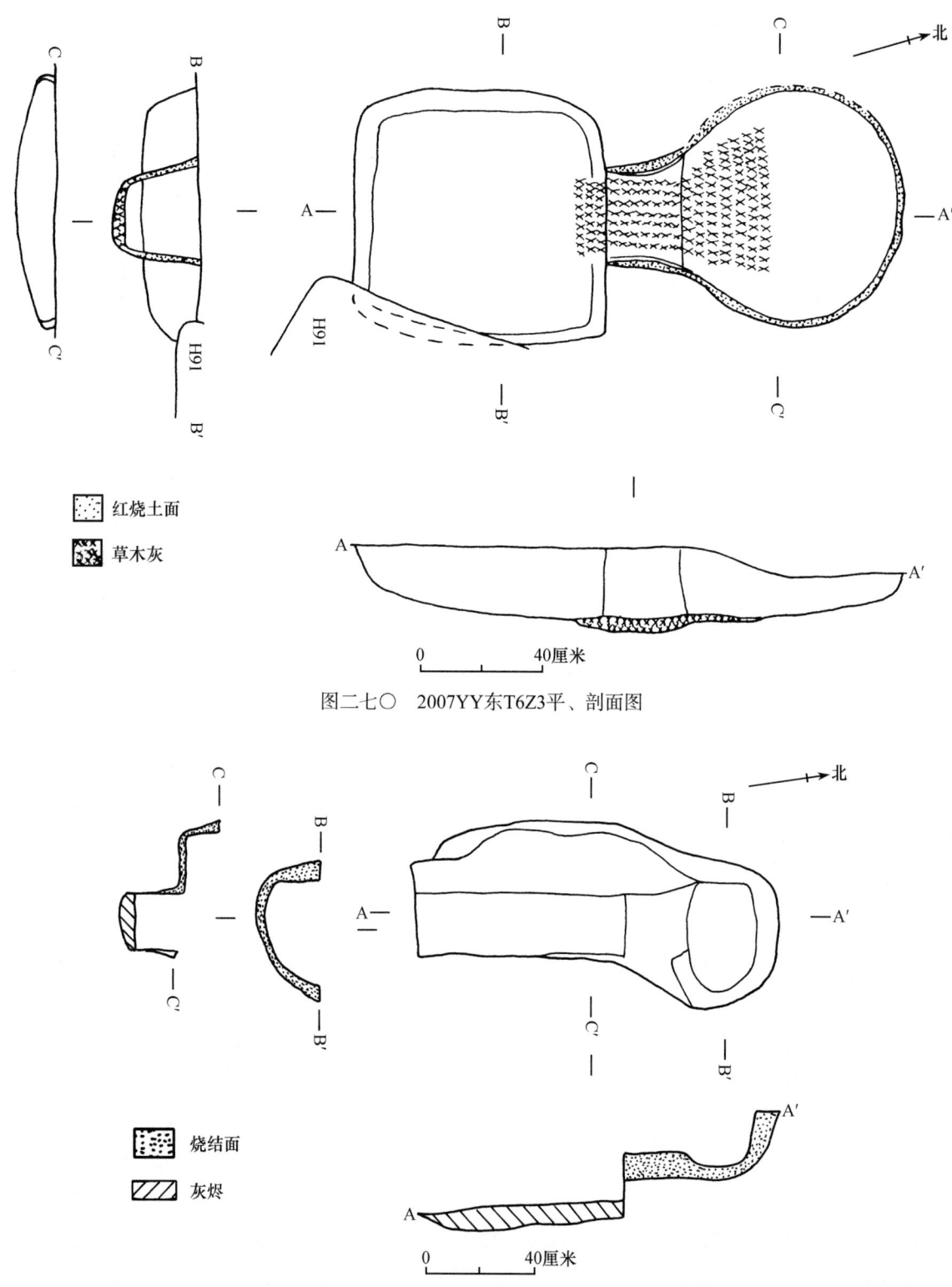

图二七〇 2007YY东T6Z3平、剖面图

图二七一 2007YY东T15Z5平、剖面图

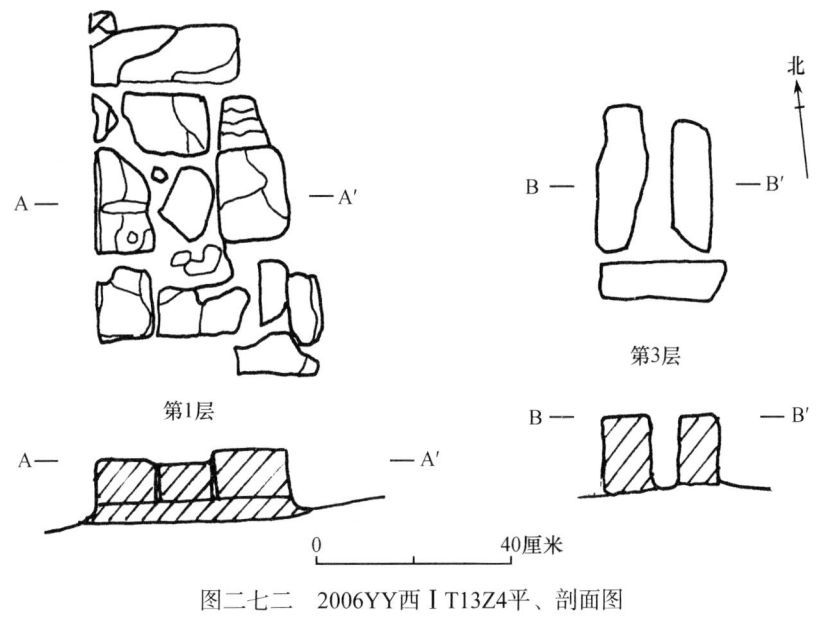

图二七二 2006YY西ⅠT13Z4平、剖面图

第五节 沟

4条。包括2006YY西ⅡT1、T4G6，2007YY东G1，2007YY东G2，2007YY东G3。

2006YY西ⅡT1、T4G6

位于2006YY西ⅡT1中部和2006YY西ⅡT4中部偏南，方向105°。平面呈长条形，略呈弧壁，底较平。沟内填土灰褐色，质地疏松，含有炭粒和黄斑土。开口距地表东部45厘米，西部30厘米，长2150厘米，宽100~110厘米，深15~30厘米，底长2150厘米，宽90~100厘米（图二七三；图版一七，2）。

2007YY东G1

横贯2007YY东T7、2007YY东T8、2007YY东T9中部，方向20°。平面呈长条形，斜壁，底近平，略有起伏。沟内填土黄褐色，土质疏松，夹杂少量炭粒、烧土。开口距地表33~42厘米，口长2900厘米，宽75~100厘米，深20~43厘米，底长2900厘米，宽65~78厘米。被H9打破，打破H85、H105、J4（图二七四）。

2007YY东G2

位于2007YY东T4、2007YY东T5东部、2007YY东T6北部，方向17°。平面呈长条形，斜壁，底近平，中间较两端深。沟内填土灰黄色，较为疏松，包含烧土颗粒和黑色炭粒。开口距地表26~50厘米，口长1920厘米，宽76~108厘米，深15~40厘米，底长1900厘米，宽65~85厘米。被H19、H25、H26打破，打破H50、H58、H59、H72、H84、H167（图二七五）。

2007YY东G3

位于2007YY东T6、2007YY东T12、2007YY东T15，方向99°。平面呈长条形，斜壁，底倾

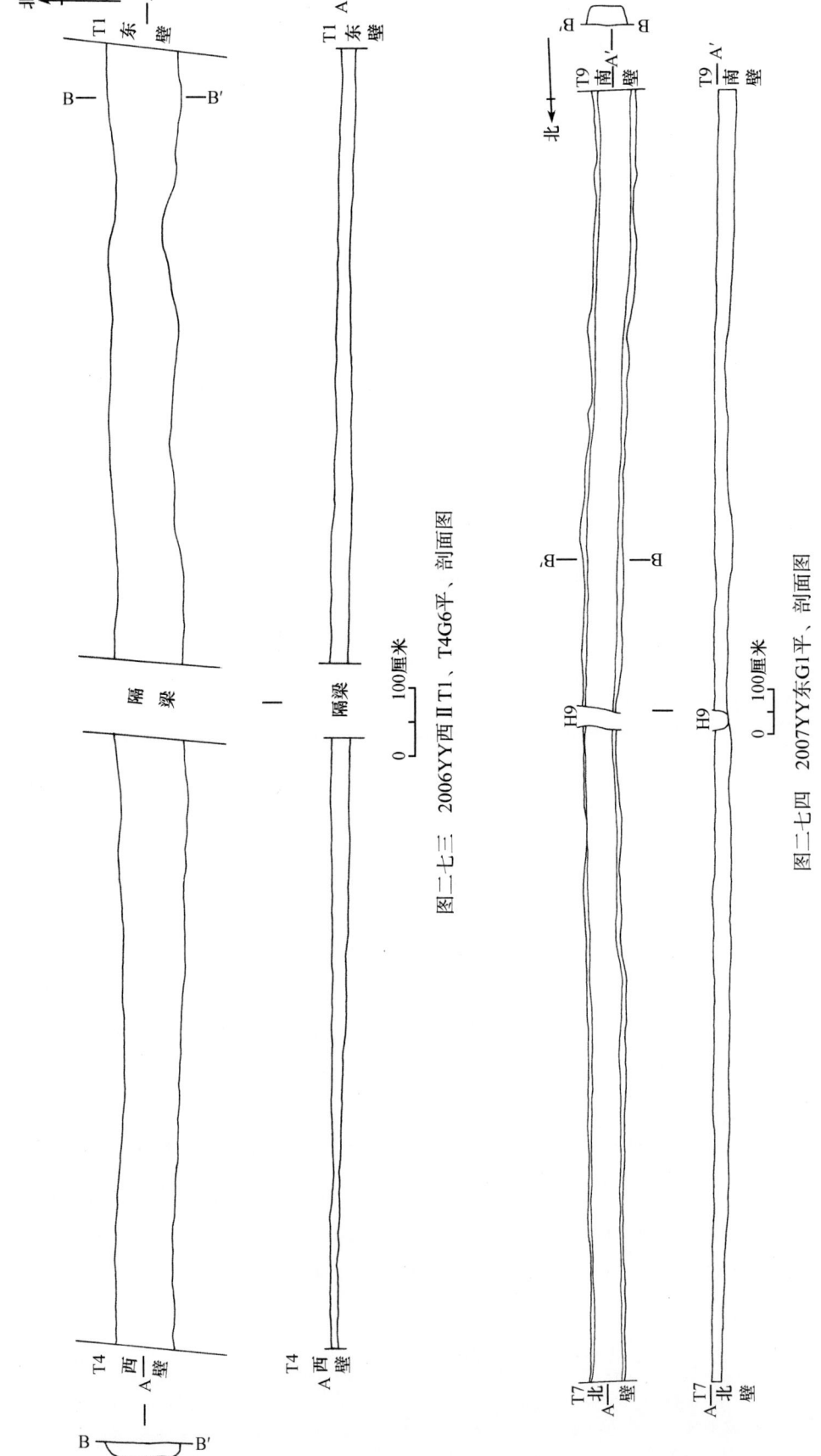

图二七三 2006YY西ⅡT1、T4G6平、剖面图

图二七四 2007YY东G1平、剖面图

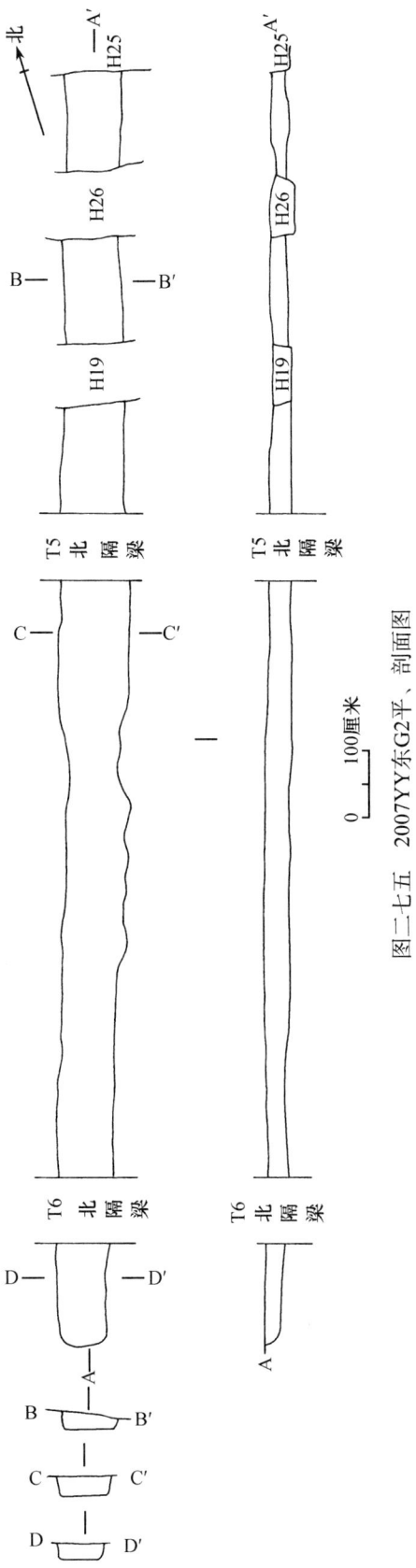

图二七五 2007YY东G2平、剖面图

斜，略有起伏。沟内填土分3层。第1层黑褐色，土质疏松，含大量炭粒、煤渣及草木灰等。第2层黄褐色，土质较疏松。第3层灰黑色，土质疏松，夹杂炭粒、草木灰等。开口距地表40～52厘米，长2160厘米，宽36～140厘米，深8～90厘米。被H65打破，打破L1、H237、H238（图版一七，3）。

第六节　道　　路

5条。包括2006YY西ⅠT12L2，2006YY西ⅠT3、T7L3，2007YY西ⅠT4、T7L1，2007YY西ⅠT24L2，2007YY东L1。其中2006YY西ⅠT12L2，2006YY西ⅠT3、T7L3，以及2007YY西ⅠT24L2叠压于生土或先秦两汉堆积之上，又直接叠压于金元文化堆积之下，也无遗物出土，故时代不能确定，稳妥起见，将其归于金元时期遗存介绍。

2006YY西ⅠT12L2

位于2006YY西ⅠT12南部，方向103°。位于生土层上，只存一小段，部分叠压于东壁下和南壁外。平面呈长条形。路下西北部有近长方形坑，修路时将其填充与路面平齐。坑内填土分为3层，自南向北倾斜堆积而成。第1层位于最北面，主要为大块料姜石夹大量红烧土，厚46厘米。第2层位于中间，为料姜石块夹少量红烧土末，厚0～28厘米。第3层位于南部，主要为细碎的料姜石，厚0～24厘米。整个路面上有明显的较为密集的西北至东南向车辙。开口距地表40～50厘米，残长620厘米，宽234厘米；车辙宽约10厘米，深约2厘米。被H135、H151打破，打破G4（图二七六；图版六，3）。

2006YY西ⅠT3、T7L3

位于2006YY西ⅠT3西部和2006YY西ⅠT7东南部，方向45°。残余路土和车辙，为两条大体平行的长条形。车辙大多已遭破坏，上面覆盖有一层黄色土，较细腻纯净。路土土色驳杂，土质坚硬，呈鳞片状，较纯净。开口距地表30厘米，长1000厘米，宽220厘米，车辙宽8～22厘米，深6厘米（图二七七）。

2007YY东L1

东西向横贯2007YY东T3、T6、T9、T12、T14、T15，东面延伸至发掘区以外，方向100°。平面呈长条形，东端略窄，西段略宽；路面呈东高西低的缓坡，整体较平坦，但西段路面中间低两侧高。路北边缘保存较好较直；南侧被多处遗迹破坏，其中2007YY东G3自东向西横贯大部分路南缘，有可能属路沟，但因G3未见于西面1040厘米长一段，故不能完全确定。路的堆积分3层。第1层黑色与红色煤渣相混，颗粒状，十分板结，厚15厘米左右，仅分布于2007YY东T3L1的南侧。第2层灰褐色，土质十分板结致密，夹杂大量碎小瓦片、瓷片及细石粒，厚5～12厘米，分布于全路。第3层深褐色，土质纯净板结，有明显的踩踏面，厚5～10厘米，分布于全路。开口距地表50～60厘米，发掘长度4724厘米，宽160～320厘米。被G3、H184、H197、H237打破（图二七八；图版一九，1～3；图版二〇，1、2）。

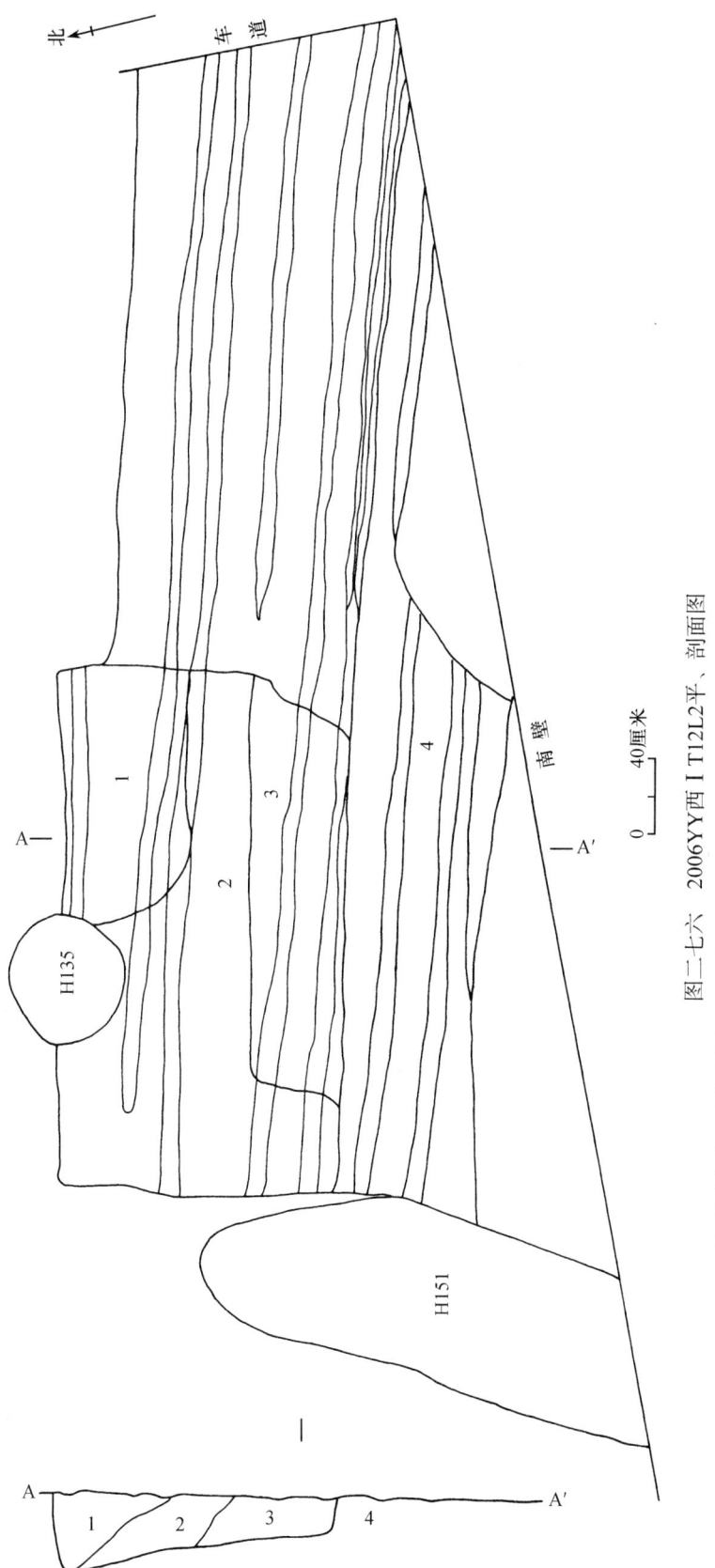

图二七六 2006YY西ⅠT12L2平、剖面图

第1层为红烧土块夹大块料姜石；第2层为小块料姜石夹红烧土颗粒；第3层为细碎料姜石；第4层为生土

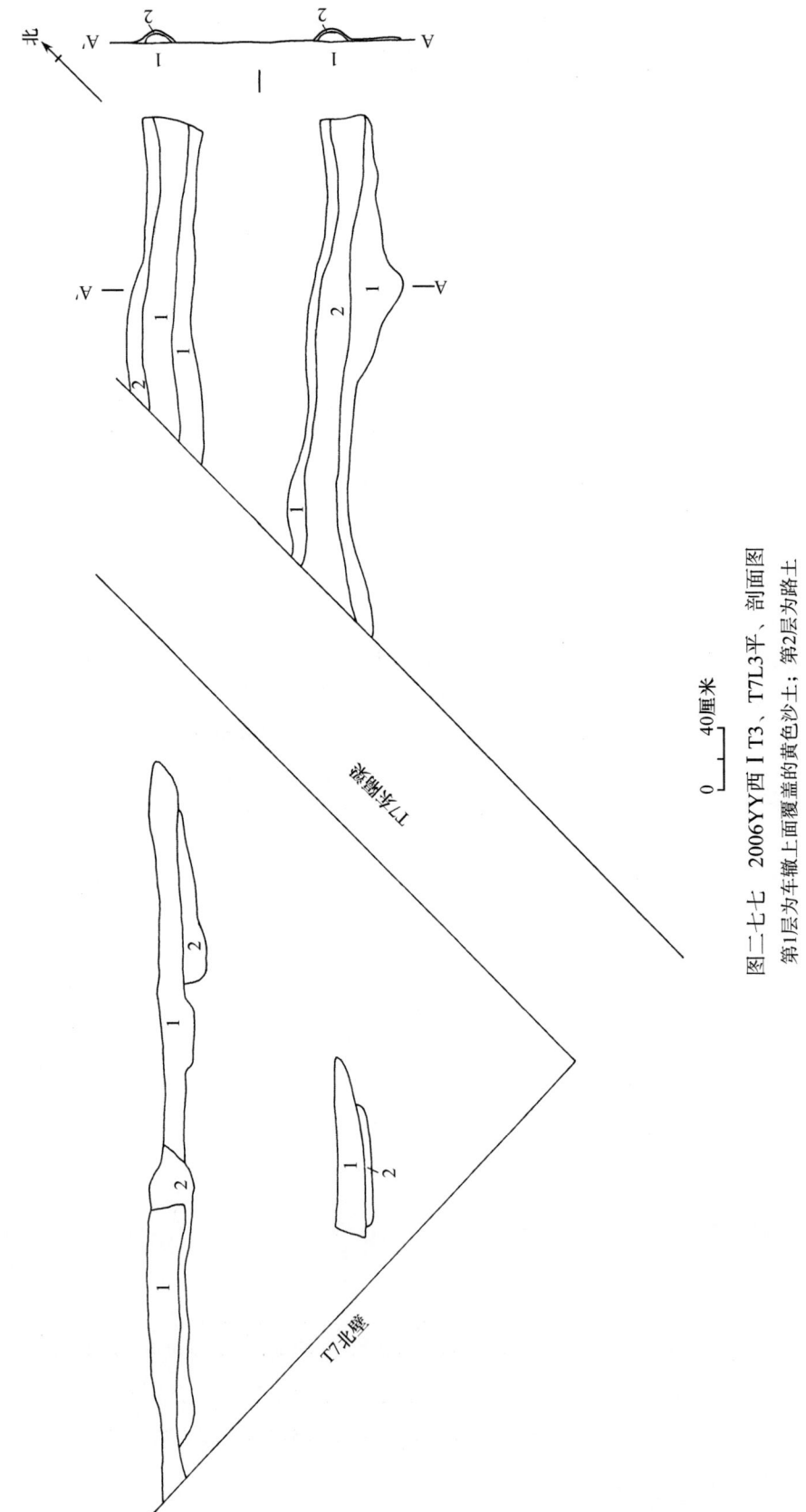

图二七七 2006YY西ⅠT3、T7L3平、剖面图
第1层为车辙上面覆盖的黄色沙土；第2层为路土

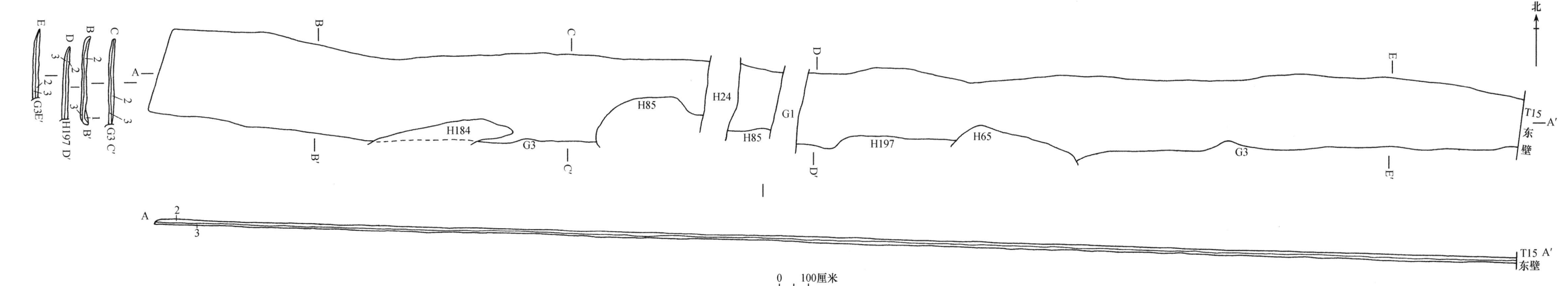

图二七八 2007YY东L1平、剖面图

第七节 墙

3 道。时代均不能确定。包括 2007YY 西ⅠT9Q1、2007YY 西ⅠT12Q2、2007YY 西ⅠT14Q3。

2007YY 西ⅠT9Q1

位于 2007YY 西ⅠT9 东部偏南，部分叠压于东隔梁下，方向 105°。平面呈长条形，直壁，平顶。墙体由深黑色土堆垒而成，土质细密，硬而板结。开口距地表 70 厘米，探方内长 275 厘米，宽 24~30 厘米，残高 15 厘米（图二七九；图版二五，2）。

2007YY 西ⅠT12Q2

位于 2007YY 西ⅠT12 西南部，方向 116°。平面呈长条形，西窄东宽，直壁，平顶。墙体由深黑色土堆垒而成，土质细密，硬而板结。开口距地表 90 厘米，长 348 厘米，宽 12~14 厘米，残高 14 厘米。被 H336 打破（图二八〇）。

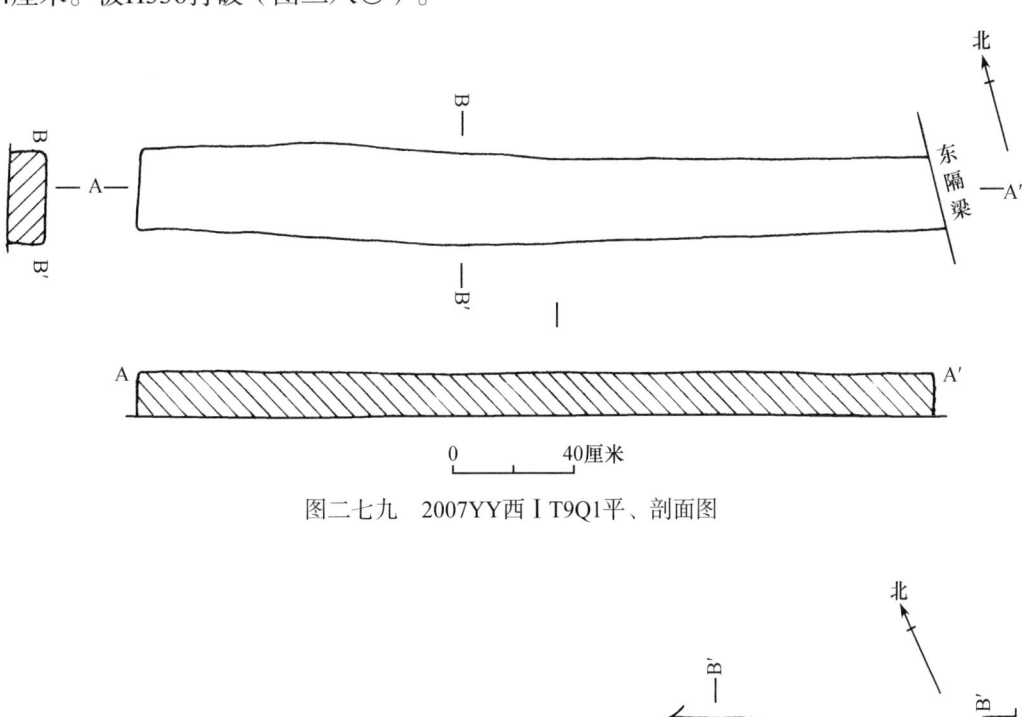

图二七九　2007YY 西ⅠT9Q1 平、剖面图

图二八〇　2007YY 西ⅠT12Q2 平、剖面图

2007YY西ⅠT14Q3

位于2007YY西ⅠT14南部，部分叠压于T17东隔梁下，方向110°。平面呈长条形，略有弯曲，直壁，平顶。墙体由深黑色土堆垒而成，土质细密，硬而板结。开口距地表60厘米，长530厘米，宽24～26厘米，残高17厘米（图二八一）。

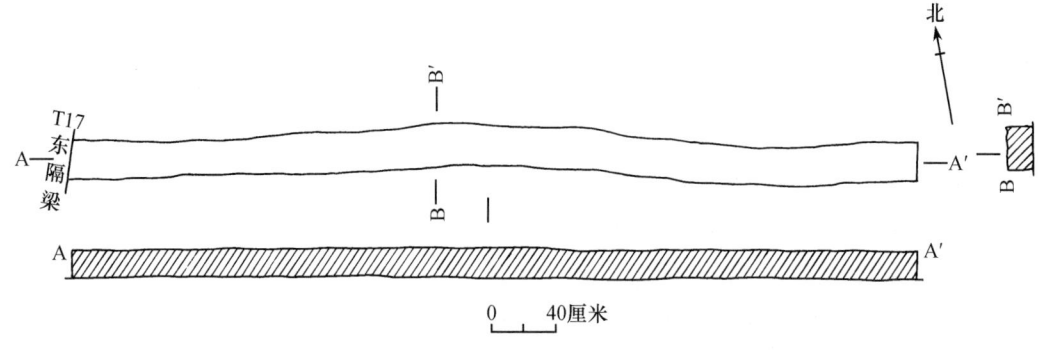

图二八一　2007YY西ⅠT14Q3平、剖面图

第八节　红烧土面

2处。包括2006YY西ⅠT8红烧土面1、2006YY西ⅠT8红烧土面2。

2006YY西ⅠT8红烧土面1

位于2006YY西ⅠT8东北部，部分叠压在北隔梁下，方向90°。坚硬的红色烧结面。平面呈不规则形，北宽南窄，表面有起伏。开口距地表34厘米，长154厘米，宽150厘米，厚8厘米（图二八二）。

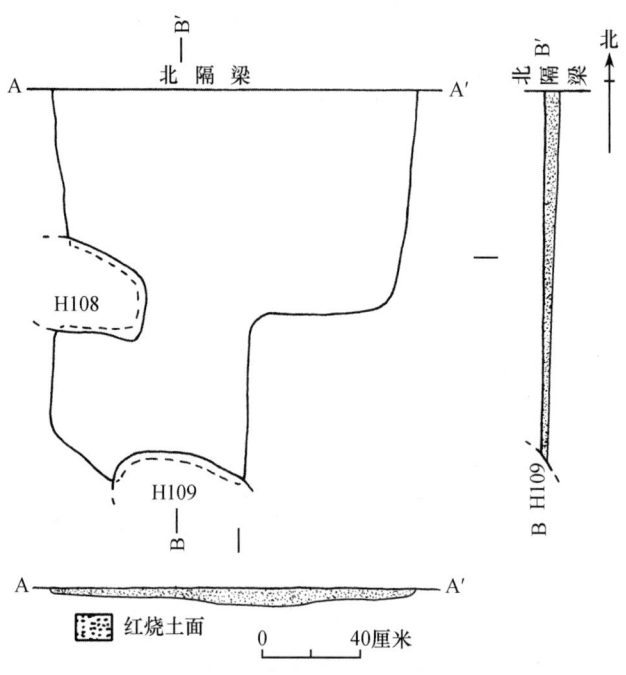

图二八二　2006YY西ⅠT8红烧土面1平、剖面图

2006YY西ⅠT8红烧土面2

位于2006YY西ⅠT8东南部,方向182°。坚硬的红色烧结面。平面呈不规则长条形,南北两端较宽,中间较窄,表面有起伏。北部局部有一薄层草木灰。开口距地表35厘米,长258厘米,宽100厘米,厚4~10厘米(图二八三;图版六,2;图版七,1)。

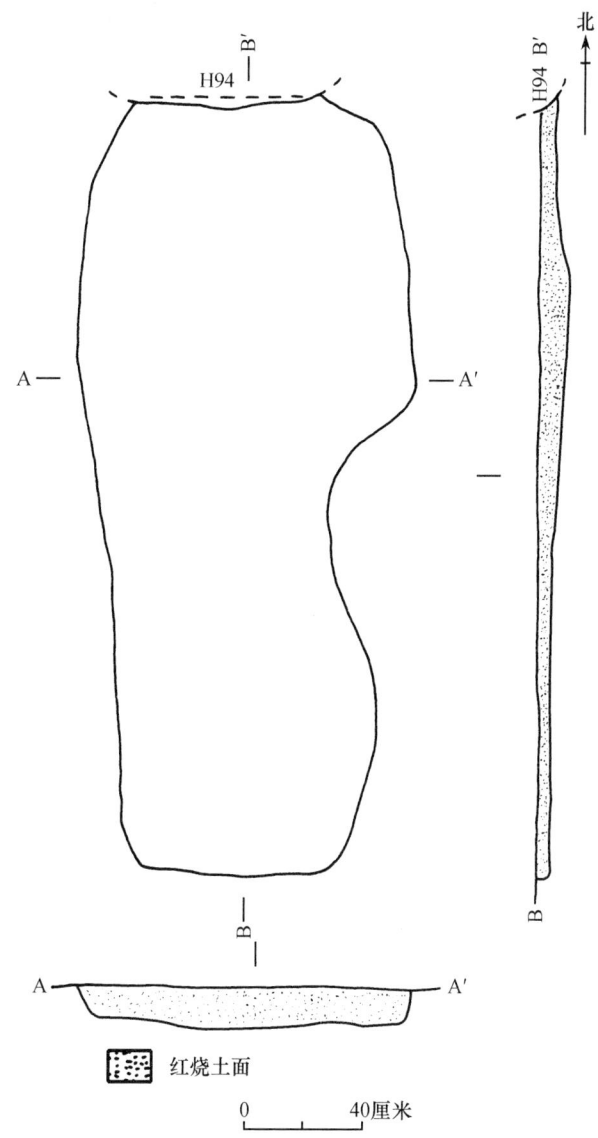

图二八三　2006YY西ⅠT8红烧土面2平、剖面图

第九节　白　灰　面

1处。2007YY西ⅠT21白灰面。

2007YY西ⅠT21白灰面

位于2007YY西ⅠT21西北部，方向157°。平面呈不规则形。堆积共分为3层。第1层为白灰面，厚约1厘米。第2层为灰黄色夯土层，坚硬致密，上有夯窝，厚1～3厘米。第3层黄褐色夯土层，土质较硬，上无夯窝，厚3～7厘米。开口距地表80厘米，长180厘米，宽147厘米，厚6～11厘米。被H363、H366叠压。

第十节 墓 葬

4座。包括2006YY西ⅠT8M1、2006YY西ⅡT4M12、2006YY西ⅠT32M14、2007YY西ⅠT1M1。

2006YY西ⅠT8M1

位于2006YY西ⅠT8东南角。此墓应为竖穴墓道土洞墓，其竖穴墓道位于2006YY西ⅠT4西南部，洞室位于2006YY西ⅠT8东南部。竖穴墓道和洞室前端已被H54完全破坏，因此，目前的开口层位只能判断在H54下。此墓最初在清理2006YY西ⅠT4H54时发现墓口的封门石，但因被H54破坏严重，除封门外未能发现其他痕迹。其后在2006YY西ⅠT8的发掘过程中发现钧瓷梅瓶，通过铲刮平面，判断出这是一座洞室墓，然后清理出相对完整的洞室。出土的6件随葬品中，有5件在洞室后端的顶部，推测应是被由墓口渗入的积土不断推动抬升到这个位置的。

墓葬形制应为竖穴墓道土洞室墓，由竖穴墓道和洞室两部分组成，方向90°。墓道已被破坏不存，推测位于墓室东端。墓室为洞穴式，平面呈长方形，弧顶，两边壁外鼓，平底。洞室口有封门，封门仅存南侧结构，为斜弧顶石板一块，石板南侧立砖一块，砖上覆板瓦一块。墓底残长270厘米，东宽100厘米，西宽80厘米。距墓底42厘米高处宽112厘米，最高102厘米。填土为灰色土，土质细腻且松软，内含少量炭粒及小石子。

葬具、葬式不详。随葬品发现于洞室后端顶部，出土有天圣元宝铜钱1枚、石雕人物1件、白瓷小瓶1件、铁器1件、钧瓷梅瓶1件、青瓷漏斗1件。被H54打破，打破J5、J7、G4（图二八四；图版五，1、2；图版六，1）。

2006YY西ⅡT4M12

位于2006YY西ⅡT4北部偏中，开口于第2层下，距地表45厘米，方向274°。墓葬平面呈不规则长方形，北边较直，其余三边较圆滑，斜壁，平底。北、东、南三面有熟土二层台，北二层台宽12厘米，东二层台宽11厘米，南二层台最宽处12厘米。墓口长106厘米，宽54厘米，墓口距墓底深32厘米，墓底长径95厘米，宽30厘米。填土灰褐色，质地松软。葬具不详。骨架1具，已残，头向西，面朝北，仰身直肢。无随葬品（图二八五；图版一六，1）。

2006YY西ⅠT32M14

位于2006YY西ⅠT32南部，开口于第2层下，距地表23厘米，方向11°。墓葬平面呈梯形，北宽南窄，长198厘米，宽48～58厘米，墓口距墓底深40厘米。直壁，平底。填土为黄褐色。葬具不详。人骨一具，保存较好，仰身直肢，头朝北，面向西。无随葬品。被H247打破（图

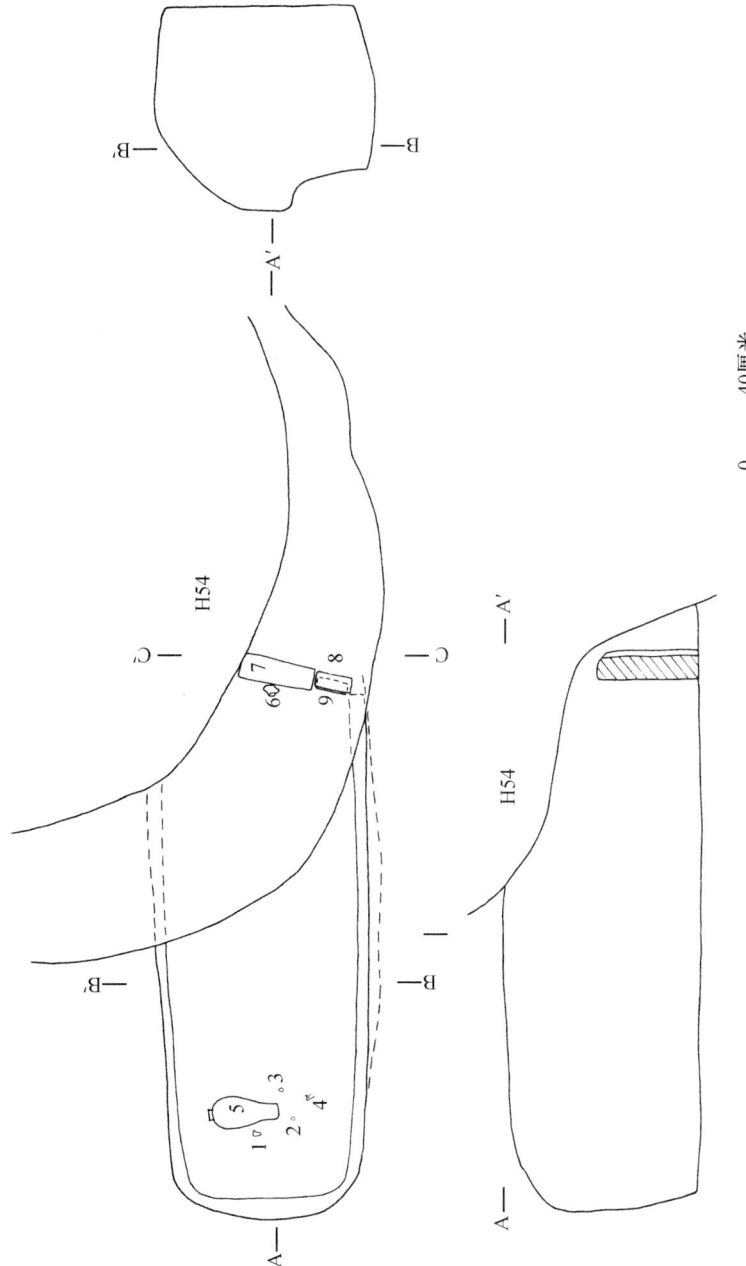

图二八四 2006YY西ⅠT8M1平、剖面图

1.石雕人物 2.铜钱（天圣元宝） 3.白瓷小瓶 4.铁器 5.钧瓷梅瓶 6.青瓷漏斗 7.石板 8.残砖 9.残瓦

二八六）。

2007YY西ⅠT1M1

位于2007YY西ⅠT1北部居中，其北端伸入北隔梁下，开口于第2层下，距地表深30厘米，方向12°。墓葬形制为土坑竖穴墓，墓底铺砖，平面呈梯形，南宽北窄，直壁，平底。墓底四周是长条形铺地砖，榫卯结构相连，中间以残砖铺垫，缝隙间填以细碎砖石块，大致排成南北纵向3列。墓口残长200厘米，北宽90厘米，南宽108厘米，墓口距墓底深116厘米。铺地砖长约46厘米，宽12~14厘米，厚6~8厘米。填土褐色，内含较多料姜石。葬具、葬式不详。无随葬品。被H92、H167打破，打破2006G4（图二八七；图版二四，1）。

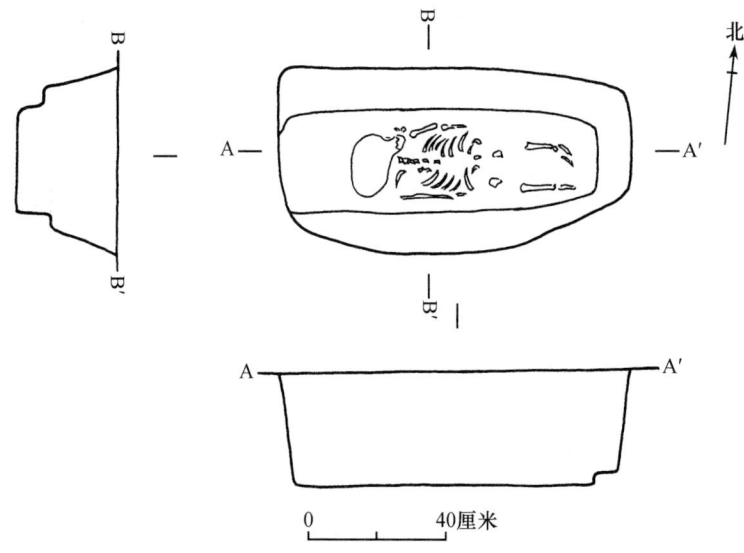

图二八五　2006YY西ⅡT4M12平、剖面图

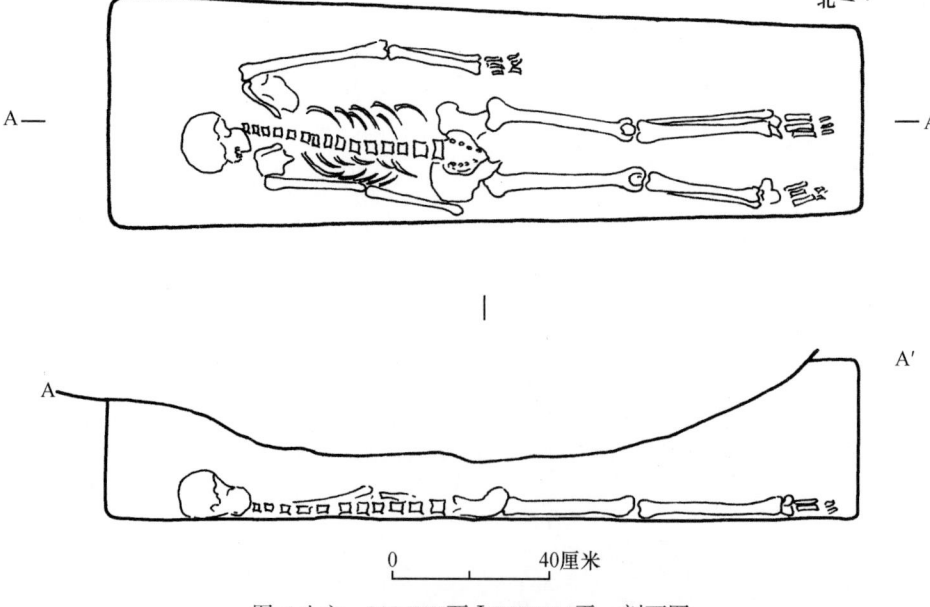

图二八六　2006YY西ⅠT32M14平、剖面图

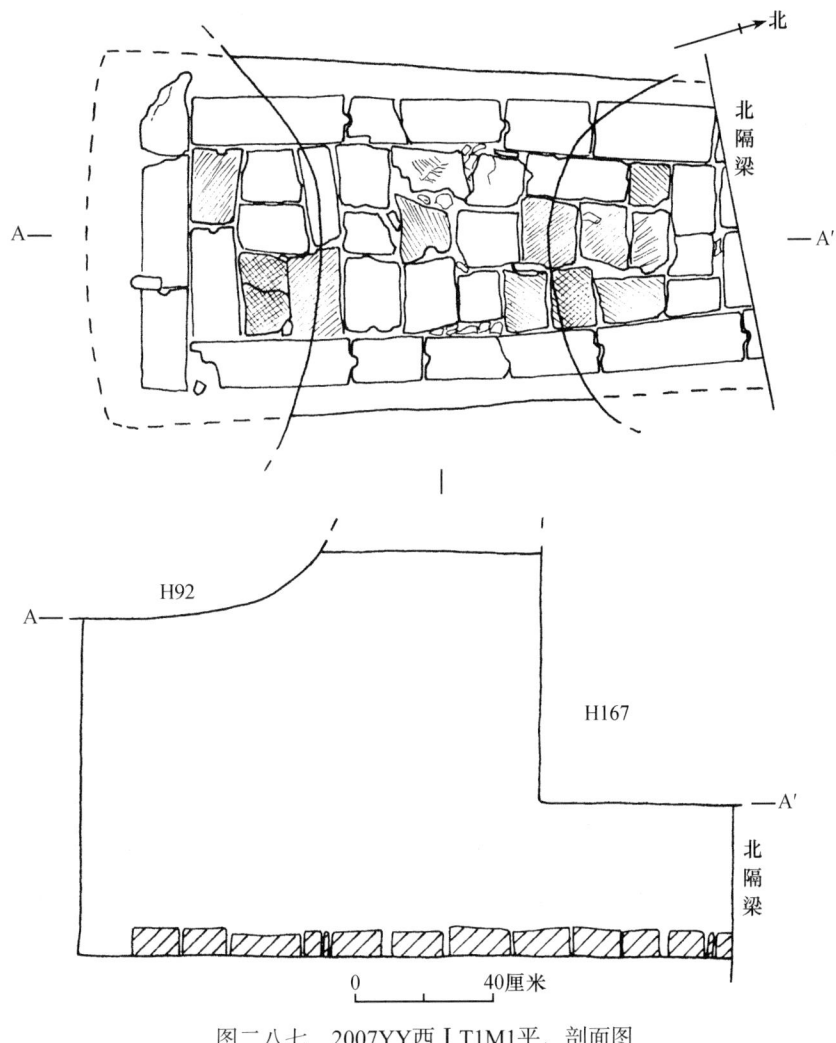

图二八七　2007YY西ⅠT1M1平、剖面图

第十一节　性质不明的遗迹

共4处。此类遗迹我们在最初的发掘阶段，曾因其呈长方形的结构，而认为可能是灶类遗迹。但是它们并未发现红色或青色烧结面，也无灰烬类堆积。整理阶段我们怀疑可能是厕坑之类的遗迹，但是并无把握。因此，我们专辟一节进行介绍，其原编号暂不作更改。包括2007YY西ⅠT1Z8、2007YY西ⅠT10Z11、2007YY西ⅠT7Z13、2007YY东T15Z4。

2007YY西ⅠT1Z8

位于2007YY西ⅠT1北部，方向105°。平面呈近似长方形土圹，土圹直壁，圜底。土圹两侧用残砖砌壁，砖壁残存3层。坑内堆积为灰烬，疏松，无包含物。开口距地表25厘米，长55厘米，宽20~25厘米，深10~20厘米。被H131打破，打破H166（图二八八；图版二二，2）。

2007YY西ⅠT10Z11

位于2007YY西ⅠT10中部偏西，方向107°。长方形土圹，土圹内以土坯侧立砌壁，东西两端各一块；南侧纵列一行两块；北侧内外两层，每层纵列一行两块。其中北侧外层东端土坯大部烧成红色。坑内填土深褐色，土质疏松，夹杂大量草木灰及炉渣。开口距地表53厘米，长90厘米，宽60厘米，深2～6厘米。被H279打破（图二八九；图版二六，1）。

2007YY西ⅠT7Z13

位于2007YY西ⅠT7中部，方向196°。南部被H208破坏，现存平面呈"凹"字形，底部垫一层黄土，东、西、北三面存黄土夯筑墙，夯土墙厚20厘米，内壁有小夯窝，弧底。坑内填土为炉渣，含较多炭灰、烧土颗粒等。开口距地表40厘米，东西宽100厘米，南北残长96厘米，高35厘米。被H208打破，打破H245（图二九〇；图版二三，2）。

2007YY东T15Z4

位于2007YY东T15西南部，方向107°。平面呈不规则长条状，可分为土圹与青砖两部分，土圹壁斜直或略弧，圜底。砖竖置于土圹北、西、南三面。坑内填土黄灰色，土质松软。开口距地表64厘米，长88厘米，宽23～35厘米，深15～30厘米（图二九一）。

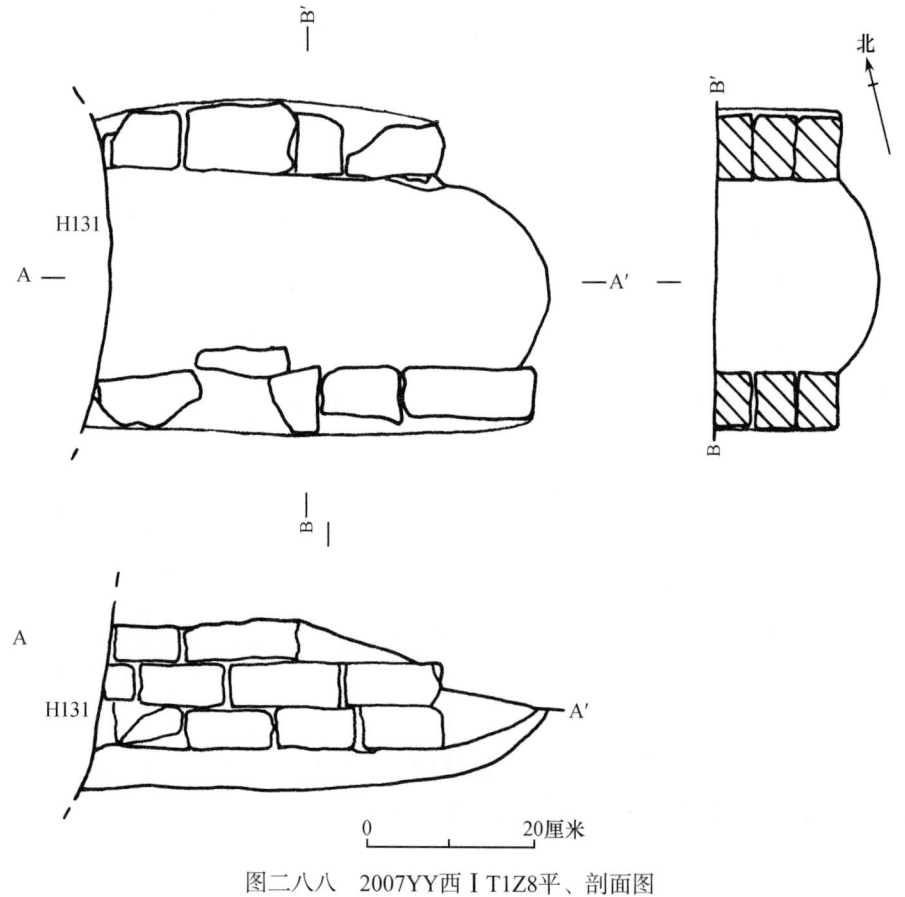

图二八八　2007YY西ⅠT1Z8平、剖面图

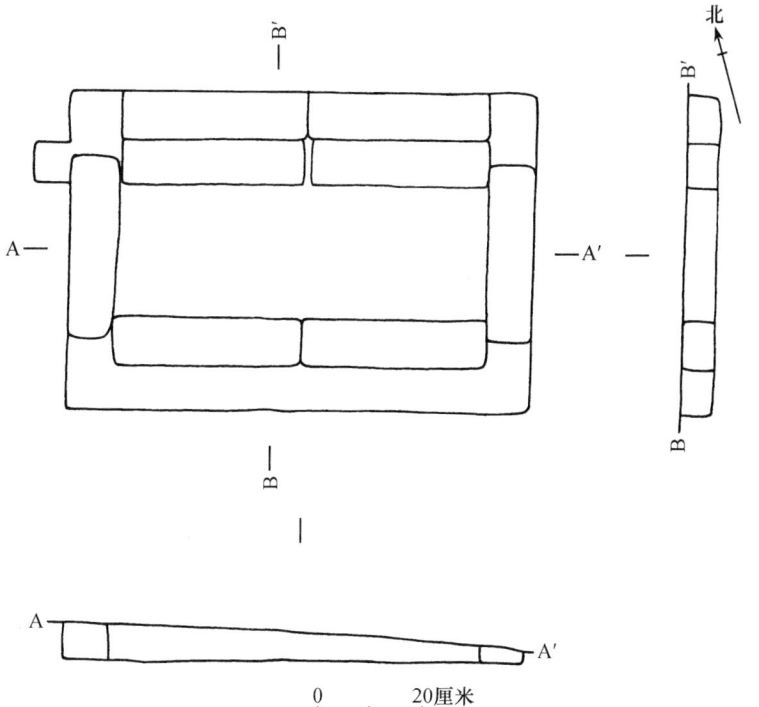

图二八九　2007YY西ⅠT10Z11平、剖面图

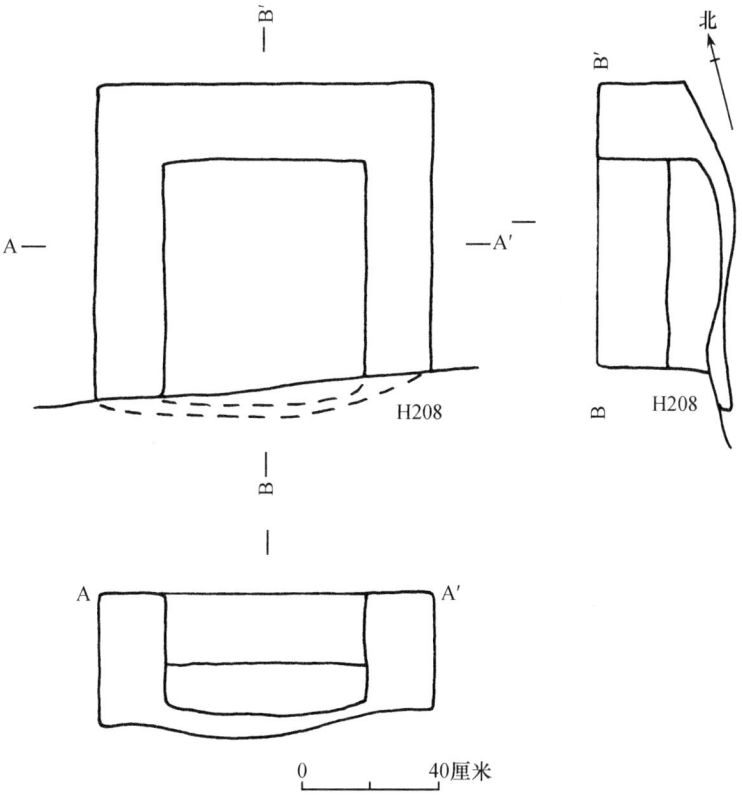

图二九〇　2007YY西ⅠT7Z13平、剖面图

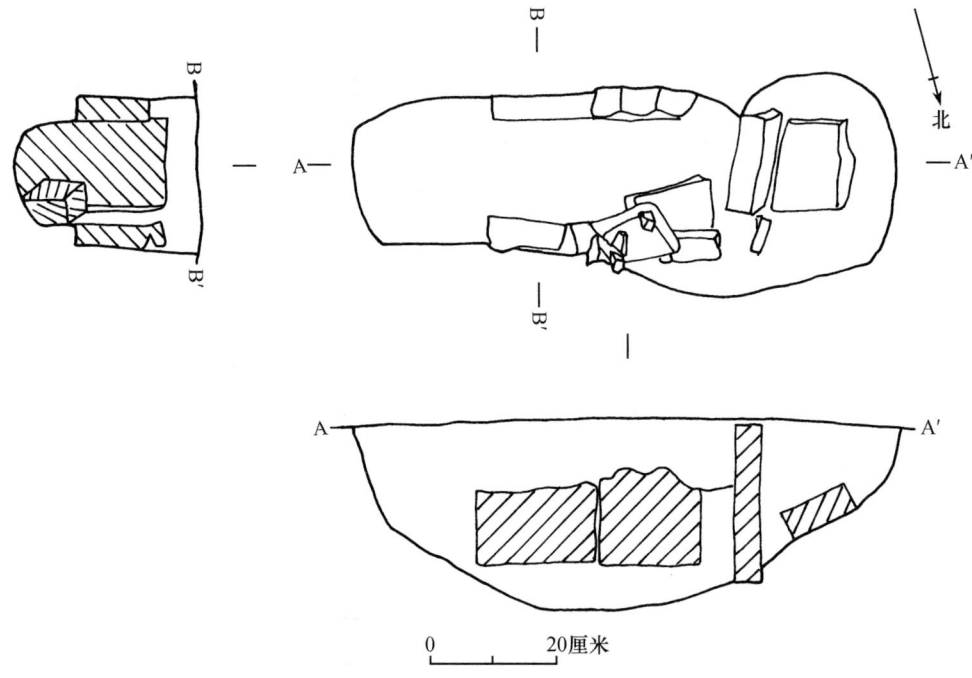

图二九一　2007YY东T15Z4平、剖面图

第二章　遗物之一——陶器

禹州阳翟故城遗址出土金元时期遗物包括陶器、瓷器、铜器、铁器、琉璃器等。其中以陶瓷器为大宗，据统计，出土陶瓷片共计近10万片，在出土的陶瓷器残片中，完整、接近完整和可修复复原的陶器共计85件、瓷器共计1544件。

本遗址共计出土陶器85件，除少量器物为夹粗砂黑灰陶外，其余均为泥质灰陶。按照器物功用分为生活实用器、窑具、建筑构件三大类。生活实用器在器类上主要以盘和盆为主，少量可见钵、杯、罐、釜、砂锅等器类，另有饼、丸、纺轮、砚、棋子等。窑具的类型和数量都较少，主要可见匣钵、支圈和模，且未见其他类型的窑具。建筑构件有瓦当、鸱吻等。

第一节　生活实用器

一、盘

12件。依据是否有足，分为二型。

A型　11件。平底，无足。依据口部形态差异分为二亚型。

Aa型　9件。均为泥质灰陶，方唇，折沿，侈口，斜直腹，腹浅，大平底。包括2006YY西ⅠT6H44②：10、2006YY西ⅠT6H81①：3、2006YY西ⅠT6H81①：15、2006YY西ⅠT25H252：4、2007YY西ⅠT9H275：1、2007YY西ⅠT9H275：2、2007YY西ⅠT13H289：1、07YY西ⅠT15H371：2、07YY西ⅠT17J12：8。

2006YY西ⅠT25H252：4，泥质灰陶。方唇，唇沿略凸，仰折沿，侈口，斜直腹，腹浅，大平底。口径32.6、底径29.6、高3.4厘米（图二九二，1）。

2007YY西ⅠT13H289：1，泥质灰陶。方唇，平折沿，侈口，斜直腹，腹浅，大平底。口径32.8、底径24.2、高3.4厘米（图二九二，3）。

Ab型　2件。均为泥质灰陶，圆唇，无沿，口部一周加厚，浅腹，平底微内凹。包括2007YY西ⅠT13H289：2、2007YY西ⅠT14H96：1（图版二九，6）。

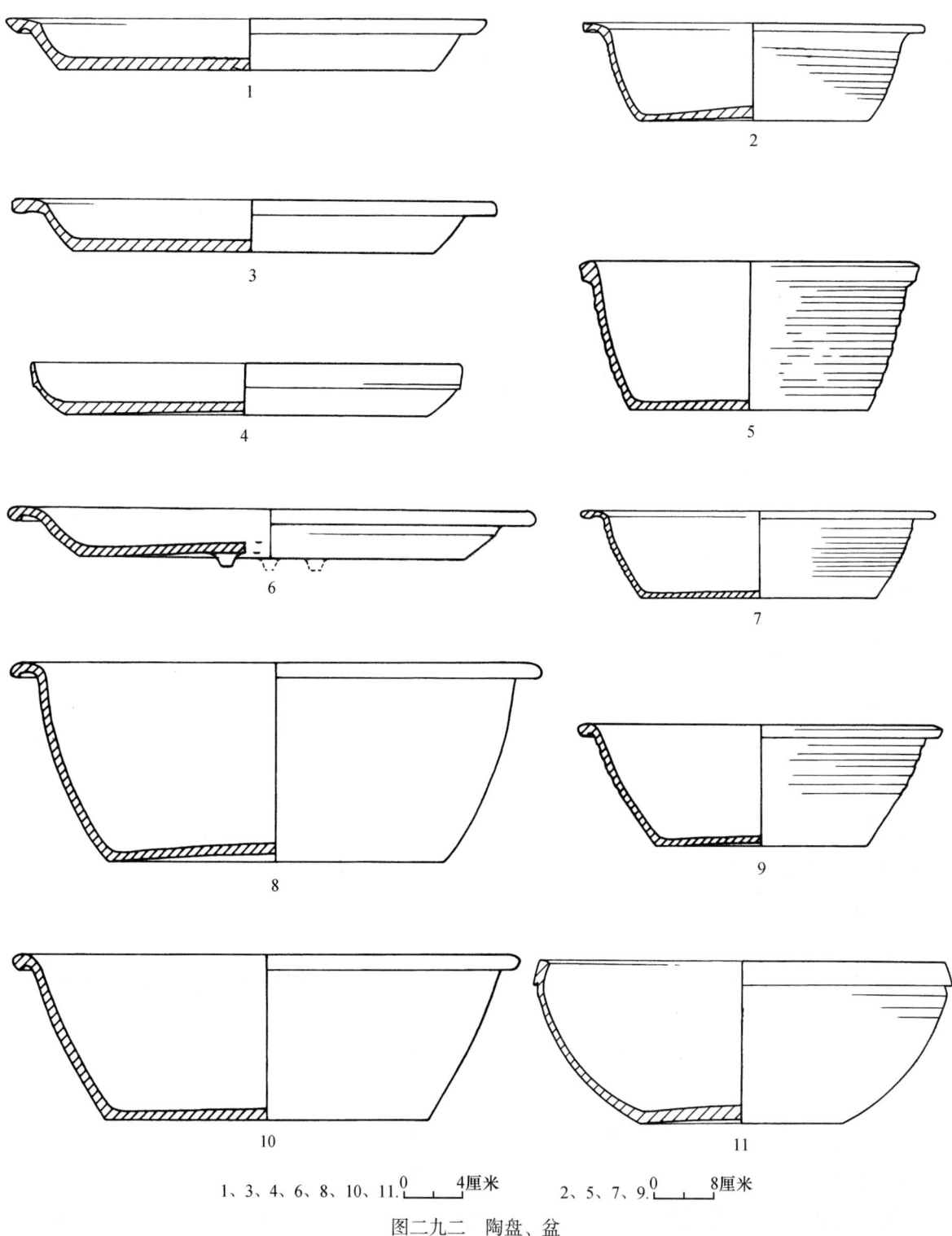

图二九二 陶盘、盆

1、3. Aa型盘（2006YY西ⅠT25H252：4、2007YY西ⅠT13H289：1） 2、10. Aa型盆（2006YY西ⅠT6H81：47、2007YYT13H153：64） 4. Ab型盘（2007YY西ⅠT13H289：2） 5. Ab型盆（2007YY东T13H153：65） 6. B型盘（2006YY西ⅠT10H8：2） 7~9. Ba型盆（2006YY西ⅠT2H27：22、2007YY东T13H153：41、2007YY西ⅠT15H351③：12） 11. Bb型盆（2007YY东T7H124：8）

2007YY西ⅠT13H289：2，泥质灰陶。圆唇，无沿，微敛口，口部一周加厚，浅腹，平底微内凹。口径29、底径24.6、高3.4厘米（图二九二，4）。

B型　1件。平底，下有三足。

2006YY西ⅠT10H8：2，泥质灰陶。圆唇，唇沿外凸，卷沿，侈口，斜直腹，浅腹，平底，底中部下接三锥状足。口径35.6、底径26.4、通高4厘米（图二九二，6）。

二、盆

18件。按口部及腹部形态差异分为二型。

A型　4件。方唇，斜直腹。依据口部差异分为二亚型。

Aa型　3件。均为泥质灰陶，方唇，折沿，斜直腹微鼓，腹略深，平底。包括2006YY西ⅠT6H81：47、2007YY西ⅠT9J7：1、2007YY东T13H153：64。

2006YY西ⅠT6H81：47，泥质灰陶。方唇，仰折沿，微侈口，斜直腹微鼓，腹深，平底。口径46、底径22.8、高12.8厘米（图二九二，2）。

2007YY东T13H153：64，泥质灰陶。方唇，卷沿，微侈口，斜直腹微鼓，腹深，平底。口径34.5、底径22、高11厘米（图二九二，10）。

Ab型　1件。厚方唇外凸。

2007YY东T13H153：65，泥质灰陶。厚方唇外凸，微侈口，斜直腹，腹深，平底。口径45.6、底径32、高19.6厘米（图二九二，5；图版二八，6）。

B型　14件。方唇或圆唇，微鼓腹。依据是否出沿分为二亚型。

Ba型　13件。均为泥质灰陶，方唇或圆唇，折沿或卷沿，微鼓腹，平底或平底微内凹。包括2006YY西ⅠT2H27：21、2006YY西ⅠT2H27：22、2006YY西ⅠT25②：1、2007YY西ⅠT5H215：1、2007YY西ⅠT15H351③：12、2007YY西ⅠT20151：32、2007YY西ⅠT21J5：1（图版二九，2）、2007YY西ⅠT22J2：4、2007YY西ⅠT22J2：29、2007YY东T13H153：41、2007YY东T13H153：66（图版二九，1）、2007YY东T14H69：8、2007YY东T14H69：14。

2006YY西ⅠT2H27：22，泥质灰陶。圆唇，唇沿略厚，卷沿，侈口，微鼓腹，腹浅，大平底。口径48、底径32、高11.4厘米（图二九二，7）。

2007YY东T13H153：41，泥质灰陶。圆唇，唇沿略凸，卷沿外翻，微鼓腹，腹深，平底微内凹。口径36、底径22.9、高13.2厘米（图二九二，8；图版二八，5）。

2007YY西ⅠT15H351③：12，泥质灰陶。方唇，唇沿略凸，卷沿外翻，斜直腹微鼓，深腹，平底微内凹。口径49.2、底径28.6、高16厘米（图二九二，9）。

Bb型　1件。无沿。

2007YY东T7H124：8，泥质灰陶。方圆唇，无沿，敛口，口部一周加厚，微鼓腹，腹深，平底微内凹。口径27.2、底径13.6、高10.8厘米（图二九二，11）。

三、杯

1件。

2007YY西ⅠT8J1∶5，泥质灰陶。厚方唇，侈口，斜直腹，厚平底。口径6.8、底径3.2、高2.9厘米（图二九三，1；图版二九，3）。

四、钵

1件。

2006YY西ⅠT10H13①∶2，泥质灰陶。圆唇，微侈口，曲腹，小平底。口径11、底径4.4、高3.4厘米（图二九三，2；图版二九，4）。

五、罐

1件。

2006YY西ⅠT6H81∶49，泥质灰褐胎。圆唇，卷沿外翻，敛口，鼓腹，最大腹径在腹中部，平底。口径23.6、腹径30.4、底径18.4、高28厘米（图二九三，3；图版二九，5）。

六、釜

1件。

2007YY西ⅠT14③∶1，夹砂黑灰陶。方圆唇，微敛口，束颈，无銴，鼓腹，圜底。口径35.2、高22.8厘米（图二九三，4；图版三〇，3）。

七、砂　锅

2件。

2006YY西ⅠT25H252∶5，夹粗砂黑陶。圆唇，敛口，弧腹，平底，一侧有短流。口径11.9×10.3、底径5.2、高5.4厘米（图二九三，5；图版三〇，1）。

2007YY东T9H147∶14，夹粗砂黑陶。圆唇，敛口，弧腹，平底，一侧有短流。口径20×16.4、底径5.4、高7.4厘米（图二九三，6；图版三〇，2）。

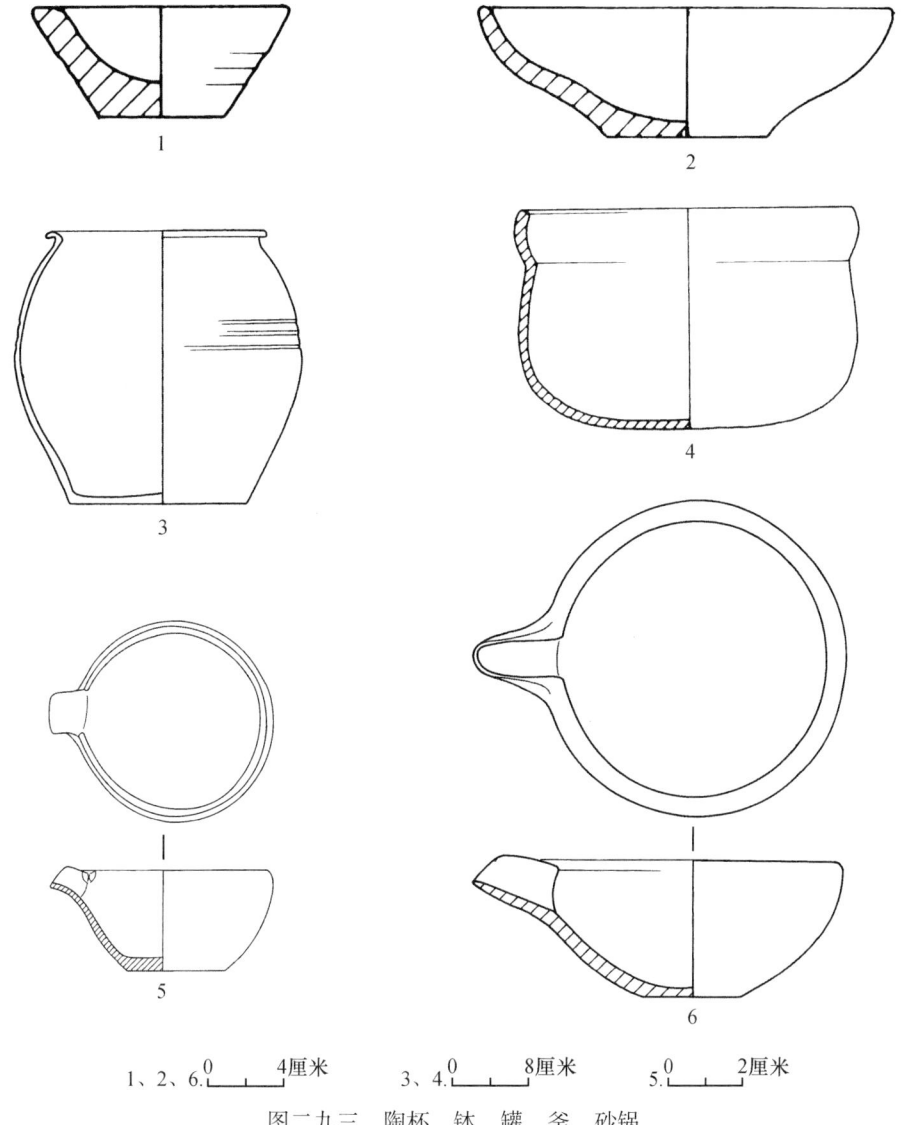

图二九三　陶杯、钵、罐、釜、砂锅

1. 杯（2007YY西ⅠT8J1∶5）　2. 钵（2006YY西ⅠT10H13①∶2）　3. 罐（2006YY西ⅠT6H81∶49）
4. 釜（2007YY西ⅠT14③∶1）　5、6. 砂锅（2006YY西ⅠT25H252∶5、2007YY东T9H147∶14）

八、饼

8件。泥质灰陶，往往掺杂有细密的石英颗粒。圆形。

2006YY西ⅠT29H260∶2，一面掺杂细密的石英颗粒。圆形，残。直径2.4、厚0.7厘米（图二九四，1）。

2006YY西ⅠT6H44③∶6，一面掺杂细密的石英颗粒。圆形，残。直径4.4、厚0.5厘米（图二九四，2）。

2007YY西ⅠT15③∶8，一面掺杂细密的石英颗粒。圆形，残。直径4.1、厚0.85厘米。

2007YY西ⅠT18③:15，圆形，残。直径2.2、厚0.8厘米。
2007YY西ⅠT21H151:7，圆形，残。直径3.4、厚0.5厘米。
2007YY西ⅠT23③:7，一面掺杂细密的石英颗粒。圆形，残。直径4、厚0.6厘米。
2006YY西ⅠT10H56:4，圆形，残。直径4.8、厚1.3厘米。
2006YY西ⅡT1②:2，圆形，弧面，平顶，平底。直径4.4、高1.15厘米。

九、丸

6件。小圆球形。

2007YY东T9H147:20，泥质灰黄陶。球体。直径2.5厘米。（图二九四，3）。

2007YY西ⅠT25H204:2，泥质黑陶，表面有一道椭圆形白色物质。球体。直径2厘米（图二九四，4）。

2006YY西ⅠT4H54①:3，泥质灰黄陶。近球体。直径3.3厘米。

2006YY西ⅠT10H8:1，泥质黄陶。球体。直径2.3厘米。

2007YY东T9H147:13，泥质灰红陶。球体。直径2厘米。

2007YY东T12G3:4，泥质灰陶。球体。直径1.7厘米。

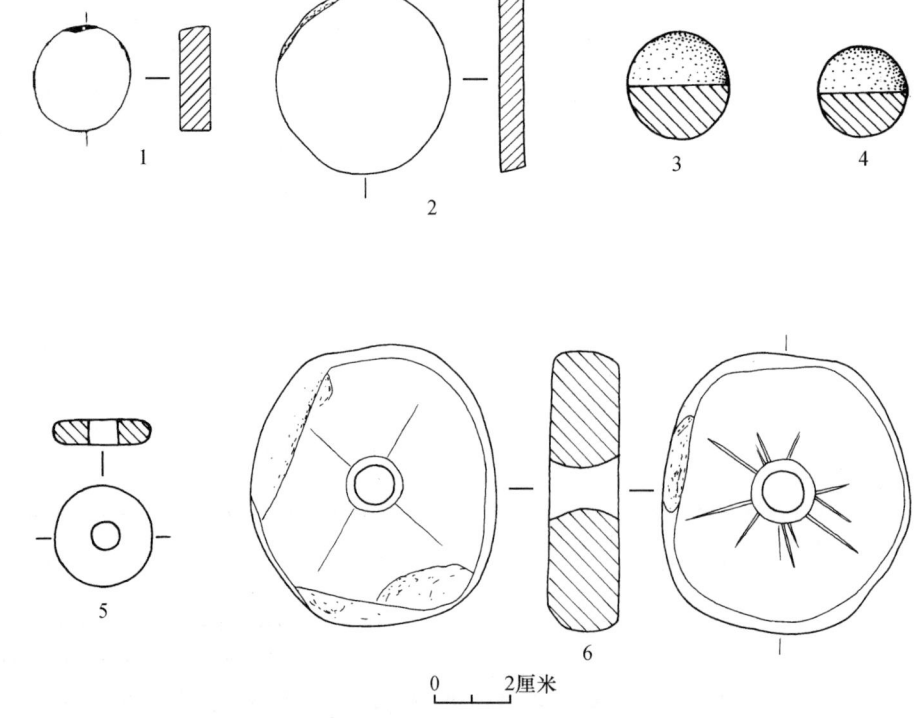

图二九四　陶饼、丸、纺轮

1、2.饼（2006YY西ⅠT29H260:2、2006YY西ⅠT6H44③:6）　3、4.丸（2007YY东T9H147:20、2007YY西ⅠT25H204:2）　5.A型纺轮（2007YY西ⅠT2③:10）　6.B型纺轮（2007YY西ⅠT18H239:14）

十、纺　　轮

10件。据制成方式不同分为二型。

A型　5件。陶土烧制而成。

2007YY西ⅠT2③：10，泥质灰陶。土质较紧密。圆形。中间开一穿孔。直径2.3、厚0.55、孔径0.9厘米（图二九四，5；图版八六，1）。

2006YY西ⅠT32H299：1，泥质灰陶。圆形。面微凹，中间两面对钻一穿孔。直径5.2、厚1、孔径0.8厘米（图版八五，5）。

2007YY西ⅠT2H1：2，泥质黑陶，掺杂石英块。圆形。中间两面对钻一穿孔。直径2.2、厚0.8、孔径0.7厘米。

2007YY西ⅠT18⑦：22，泥质灰陶。圆形。中间两面对钻一穿孔。直径4.5、厚1.05、孔径0.7厘米。

2007YY东T6Z3：2，残。泥质灰陶。圆形。中间两面对钻一穿孔。直径4、厚1.4、孔径1.1厘米（图版八五，6）。

B型　5件。利用陶片或瓦片磨制而成。均为泥质灰陶。

2007YY西ⅠT18H239：14，利用残瓦片制成。近椭圆形。中间两面对钻一穿孔。围绕一面穿孔，刻四道线纹，互成90°；围绕另一面穿孔，刻数道线纹。长径6.6、短径6、厚1.2、孔径1.5厘米（图二九四，6；图版八六，2）。

2006YY西ⅠT23②：5，利用残瓦片制成。近圆形，残。中间单面钻一穿孔。直径4.7、厚1、大孔径1、小孔径0.8厘米。

2006YY西ⅠT25②：20，利用某大型陶器的残片制成。近圆形。边缘有明显的敲打痕迹，不规整。中间两面对钻一穿孔。直径6.3、厚0.9、孔径0.8厘米。

2007YY西ⅠT7②：1，利用残瓦片制成。圆形。中间两面对钻一穿孔。直径4.4、厚1.5、孔径0.72厘米。

2007YY东T11②：3，利用某种大型陶器的残片制成。圆形，残。中间两面对钻孔，不穿。直径10.7、厚1.5、孔径0.4厘米。

十一、砚

4件。

2007YY西ⅠT13H201：1，残。泥质灰陶，掺杂石英块。砚面残，两侧有高出的边沿，截面呈等腰梯形，边沿外侧面削有凹槽，应为装饰。近平底。残存两柱足，周身有削痕。砚面残长5.3、宽5、厚1.2厘米，边沿残长4、宽0.8、高1.1厘米，足长径2.25、短径1.95、高2.2厘米（图二九五，1）。

2006YY西ⅠT26H211：13，残。泥质灰陶。器表磨光。残存部分近长方形。砚面近椭圆形，微弧鼓，后较前深。四周均有边沿。底微内凹。长13.4、残宽7、厚1.8厘米，边沿宽0.9厘米。

2007YY西ⅠT18H239：7，泥质灰陶。马蹄形。前平直，砚面由前至后向下倾斜，边沿由前至后逐渐变高，后形成一个浅凹槽。平底微内凹。长8、宽7.1、厚2.2厘米，砚面长7.1、宽6.1、厚1.5厘米，前长4.8厘米，边沿宽0.4、高0.02～0.8厘米（图二九五，2）。

2007YY东T13H153：42，仅存一方角。泥质灰陶。残存弧形砚面。残长7、残宽6.8、厚2.4厘米，边沿宽2.3厘米。

十二、围棋子

2件。泥质灰陶，表面掺杂石英颗粒。圆饼形。
2006YY西ⅠT21②：1，直径1.9、厚0.5厘米。
2007YY西ⅠT18③：11，直径2、厚0.5厘米。

十三、象棋子

2件。

2007YY西ⅠT5③：24，泥质灰陶，表面掺杂石英颗粒。圆饼形，一面刻"袍"字，一面刻"二"字。直径3.3、厚0.8厘米（图二九五，3；图版八七，5、6）。

2007YY东T13③：5，边缘微残。泥质灰陶。圆饼形。棋面阴刻"卒"字。直径3.7、厚0.93厘米。

十四、其他陶器

2件。

2006YY西ⅠT15H90：1，残，残存箕形状。泥质灰陶。残长1.9、宽2.5、最大厚0.9、最小厚0.15厘米，边沿宽0.8、高1.15厘米。

2007YY东T3H202：2，泥质红陶。尖柱状。尖头，椭圆平底。周身刻数道竖线纹。底长径1.1、短径0.9厘米，高2.2厘米。

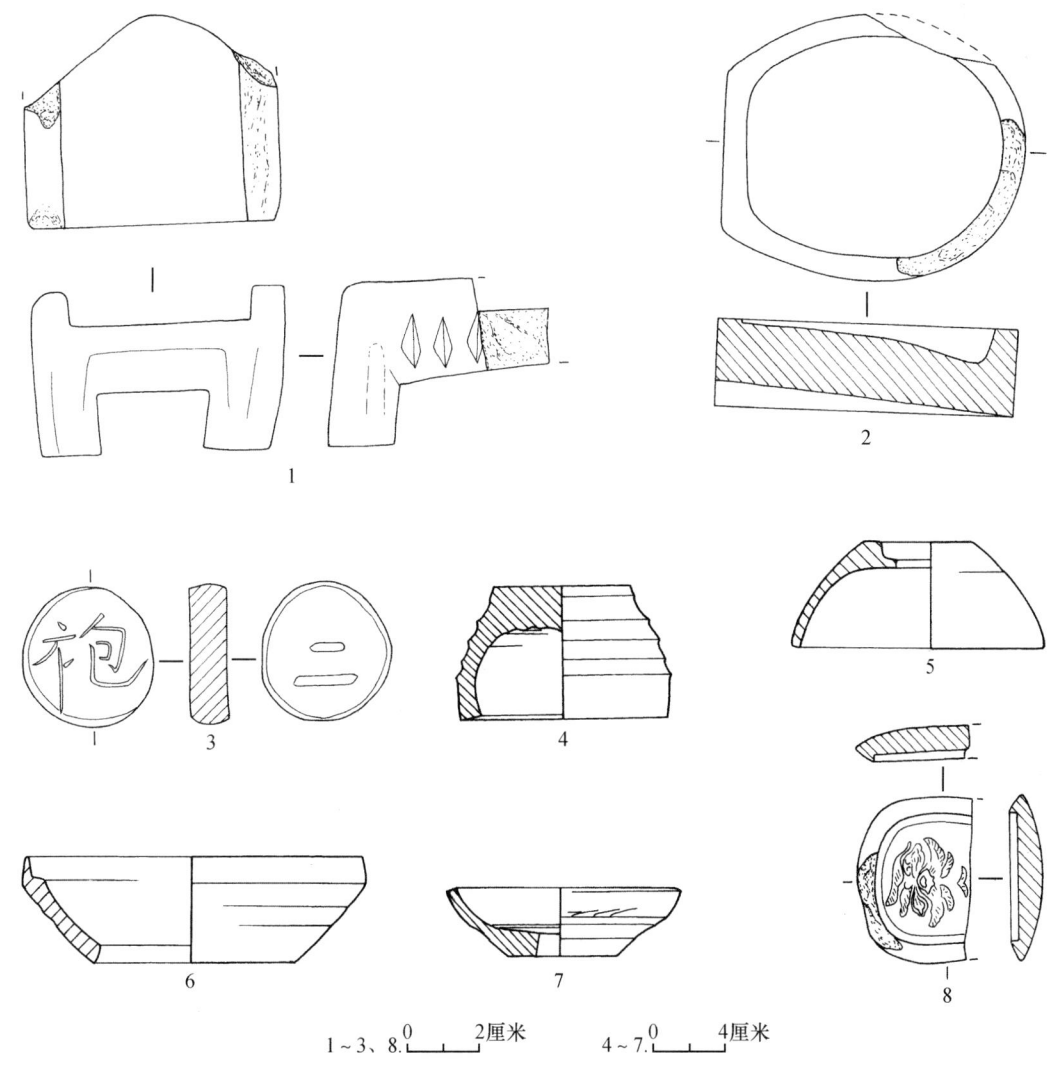

图二九五　陶砚、象棋子、匣钵、支圈、模
1、2. 砚（2007YY西ⅠT13H201：1，2007YY西ⅠT18H239：7）　3. 象棋子（2007YY西ⅠT5③：24）
4. A型匣钵（2007YY西ⅠT15J4：2）　5. B型匣钵（2007YY西ⅠT17③：11）　6. A型支圈（2006YY西ⅡT2H223：4）
7. B型支圈（2007YY西ⅠT6H123：2）　8. 模（2006YY西ⅠT11②：2）

第二节　窑　具

7件。包括匣钵、支圈、模等。

一、匣　钵

2件。依据形态差异分为二型。

A型　1件。平顶。

2007YY西ⅠT15J4：2，夹砂灰陶，外部有火烧烟熏的痕迹。方唇，厚平顶，弧形隆起，口微敛。器外壁有多圈凸棱。下端口径11.5、上端口径7.6、高7.2厘米（图二九五，4；图版三〇，4）。

B型　1件。顶部有孔。

2007YY西ⅠT17③：11，泥质灰陶，外部有火烧烟熏的痕迹。圆唇，侈口，弧形隆起，顶部有孔。上端口径6.2、下端口径14.2、孔径4、高5.8厘米（图二九五，5；图版三〇，5、6）。

二、支　圈

4件。依据形态差异分为二型。

A型　2件。直壁。

2007YY西ⅠT8J1：1，夹细砂瓷土，经过高温。方唇，直口，斜直壁，内壁有台以承器。上口径16.2、下口径12.4、高4.8厘米。

2006YY西ⅡT2H223：4，夹细砂瓷土，经过高温。圆唇，直口，斜直壁，内壁有台以承器。上口径18.4、下口径11.2、高5.8厘米（图二九五，6；图版三一，1、2）。

B型　2件。弧壁。

2007YY西ⅠT6H123：2，夹砂灰陶，经过高温。仅于外壁器底局部见已氧化的釉层。方唇，侈口，弧腹，底部有孔。上口径13、下口径6.1、孔最大径2.8、高3.7厘米（图二九五，7）。

2007YY西ⅠT6H123：3，夹砂灰陶，经过高温。方唇，侈口，弧腹，底部有孔。上口径14.4、下口径7、孔最大径1.8、高3.8厘米。

三、模

1件。

2006YY西ⅠT11②：2，残，残存拱门形模片。泥质红陶。边缘凸起，背面弧。正面刻花卉纹。残长3.1、宽4.1、厚0.6厘米，边沿宽0.5、高0.2厘米（图二九五，8）。

第三节　建筑构件

8件。包括瓦当、鸱吻和构件。

一、瓦　当

6件。据当面纹饰内容不同分为二型。

A型　5件。当面模印兽面纹。

2006YY西ⅠT32H281：1，泥质灰黄陶。圆形。当心模制一兽面纹，头部饰数根长发，顶角呈"V"形，双眉呈卷状，额角凸出，眼睛呈小圆珠状，鼻呈圆鼓状，鼻孔圆形，两耳呈椭圆状，嘴向两侧咧开，露出两排牙齿，脸部周围饰密集短毛。外有一带状边轮。当背残存筒瓦痕迹。直径12.4、厚1.4、当心直径8.4、边轮宽1.7厘米（图二九六，1）。

2007YY西ⅠT3H255：4，残。泥质灰陶。当心模制一兽面纹，仅存圆鼻，大嘴。外有三道边轮，内边轮与中边轮之间饰短线纹，外边轮较宽。当背残存筒瓦痕迹。直径11.3、厚0.9、当心直径5.7、内边轮宽0.3、中边轮宽0.15、外边轮宽1.3厘米。

2007YY西ⅠT21H365：3，残。泥质灰陶。当心模制一兽面纹，头部饰数根长发，顶角钩状，宽眉上扬，其余部分残。外有重轮，内侧边轮细窄，外侧边轮较宽。当背接筒瓦，残。瓦

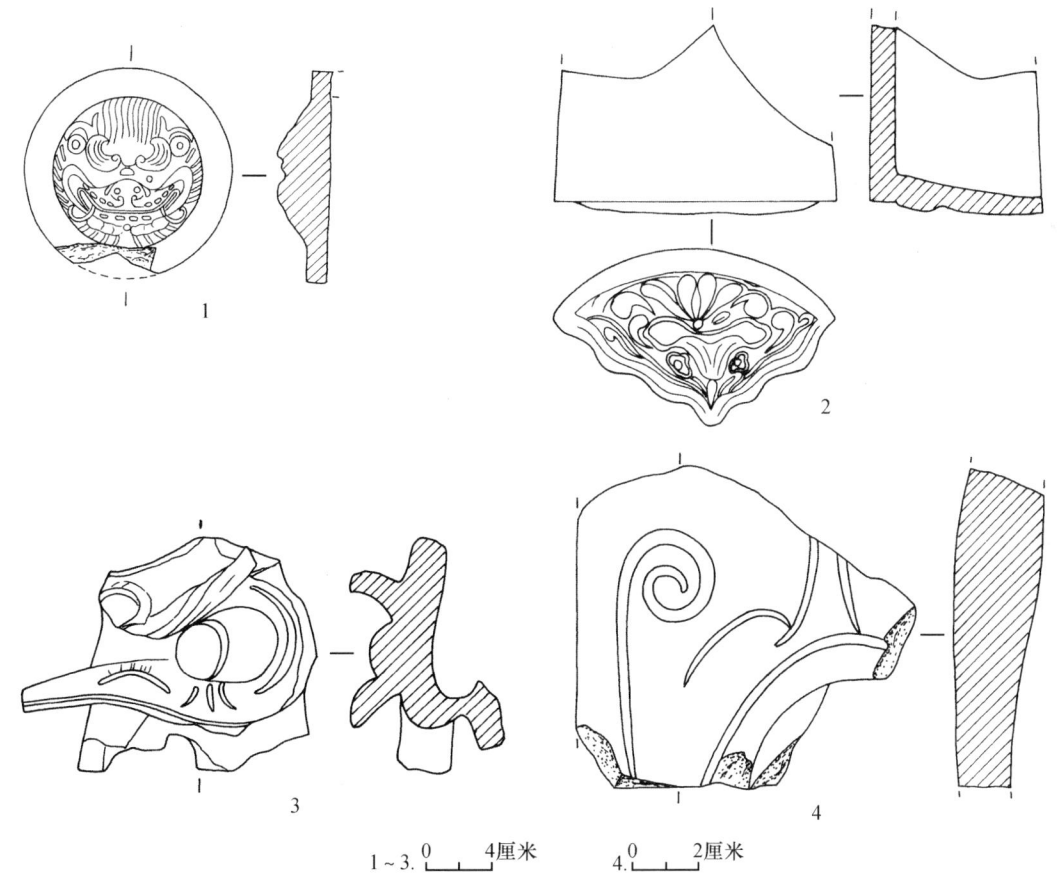

图二九六　陶瓦当、鸱吻、构件
1. A型瓦当（2006YY西ⅠT32H281：1）　2. B型瓦当（2007YY东T13H2：11）
3. 鸱吻（2007YY西ⅠT11③：11）　4. 构件（2007YY西ⅠT4H76：1）

当残径11.2、厚1.1、当心直径9.3、细边轮宽0.2、宽边轮宽1.6厘米，筒瓦残长8.1、残宽10.2、厚1.6厘米。

2007YY东T3H190：1，残。泥质灰陶。圆形。当心模制一兽面纹，头部饰数根长发，双眉呈三折线状，眼睛圆鼓，三角形鼻，鼻孔圆鼓，嘴大张，吐舌，下牙凸出，脸部周围饰密集短毛。外有重轮，内边轮细窄，外边轮较宽。残径10.7、厚1.3、窄边轮宽0.11、宽边轮宽1.3厘米。

2007YY东T3⑫：2，残。泥质灰陶。当心模制一兽面纹，头部饰数根长发，顶角呈"V"形，双眉凸出，额角凸起，眼睛呈小圆珠状，鼻呈圆鼓状，鼻孔圆形，两耳呈椭圆状，嘴向两侧咧开，露出两排牙齿，吐宽舌，脸部周围饰密集短毛。外有重轮，内边轮细窄，外边轮较宽。残径9.7、厚1、内边轮宽0.2、外边轮宽1.7厘米。

B型　1件。当面模印花卉纹。

2007YY东T13H2：11，泥质灰陶。当心呈扇形，下缘呈水波状，模制连叶荷花纹。外有一宽缘。当背接筒瓦，残。瓦当半径10.3、厚1.2、当心半径8.8、缘宽1.4厘米，筒瓦残长10.3、宽16.2、厚1.4厘米（图二九六，2）。

二、鸱　　吻

1件。

2007YY西ⅠT11③：11，残。泥质灰陶。卷云状角，圆睛，竖鼻，张口露齿（图二九六，3；图版九四，2）。

三、构　　件

1件。

2007YY西ⅠT4H76：1，残片。泥质灰陶。残片近五边形。正面刻划卷草纹。残长9.7、残宽8.6、厚1.7厘米（图二九六，4）。

第三章 遗物之二——瓷器

在本遗址众多的出土遗物中，以瓷器为大宗，共计出土瓷器标本1544件，其中，包括瓷容器1230件、瓷俑29件，以及其他瓷器器类285件。

第一节 容 器

在研究中我们发现，容器中各类不同釉色的器物，在形态上也各有特点，形态上的差异与釉色的不同，是完全一致的。我们按照瓷器的釉色先将其分为白釉器、酱黑釉器、青釉器及钧釉器四个大的门类，再依据器具形态差异进行具体的型式划分。除此而外，我们将少量未施釉的瓷胎（瓷器半成品）即所谓的素烧器也放在此节一并介绍。

一、白 釉 器

本书中讨论的白釉器包含单纯的白釉器和白地黑（褐）花（彩）器两种。由于其二者器物形态、制作技法、烧造工艺都十分一致，将其归为一个大类，统一分析。遗址中出土的白釉器共计722件，占到遗址中出土瓷容器类遗物总数的58.70%。其中白地黑（褐）花（彩）器共计204件。所谓白釉，实际上是一类含铁量降到很低的透明釉，由于制器时会在晾干的陶坯上先施一层白色化妆土，烧成后即显示为白色。而白地黑（褐）花器则是在陶坯上用酱彩或者黑彩进行装饰后，再罩上透明釉，进窑烧制。遗址中出土的白釉和白地黑（褐）花（彩）器，可见的器类有：碗、盏、碟、盘、盆、杯、鸟食罐、碟形器、瓶形器、盒、灯盏、器盖、瓶盖、梅瓶等。除白釉梅瓶外，其余均为日常生活用器，其中以碗、盏、碟、盘为主要器类，占到白釉器总数的90.01%。绝大多数器物胎体为灰色、黄色、黄褐色或褐红色，这类器物胎体有一定厚度或很厚。仅有极个别器物的胎体为灰白色或白色，且这类器物的胎体轻薄，与众不同。在施釉方式上，对于个体较小的白釉器，使用荡釉法和蘸釉法施釉。荡釉，即手持器圈足，器口朝下，在釉料中一荡即完成挂釉。蘸釉，即手持器圈足，器口朝下，将整个器物的大部浸入釉料中，完成挂釉。而对于个体器形较大的器物，如梅瓶，则采用浇釉法或刷釉法施釉。白釉器施釉，釉层多数较薄。在装饰手法上，除用白色化妆土打底和黑（褐）彩装饰外，还广泛应用刻花、划花、篦划等技法。在装烧方式上，器物釉面大多数釉色较白，少见烟灰的熏染；内底多见芝麻状支钉痕或环形刮釉区，圈足上亦可见垫烧的痕迹。由此可知，遗址内的绝大部分白瓷器应是装匣正烧。遗址中亦有少数几件器物，胎体很轻薄，器内外壁及圈足施满釉，口部为芒口，应是覆烧的结果。

1. 碗

遗址中碗类遗物共计出土270件，其中无彩的纯白釉器166件，白地黑（褐）花器104件。碗的形态各异，大小不一，器形多样。依据口部、腹部及剖面形态，先将其分为甲、乙、丙三个大类。

甲类　118件，其中白地黑花器45件。侈口或敛口，直弧腹，剖面近梯形或三角形。依据口部及腹部形态差异，将其分为七型。

A型　21件，其中白地黑花器13件。圆唇，侈口外放甚，直弧腹，剖面似"元宝"状。依据胎釉、器腹、器底及圈足形态变化，可分为三式。

Ⅰ式　6件。灰胎、黄灰胎或深灰近紫胎。釉色较白，有光泽。器腹略深，圈足有一定高度，挖足过肩，足壁较直或微斜，足壁不厚，圈足足心为平底。包括2006YY西ⅠT6H44③：5、2006YY西ⅠT30H228：4、2007YY西ⅠT9H347：1、2007YY西ⅠT17H349：1（白地黑花）、2007YY西ⅠT20H151②：7、2007YY西ⅠT22J2：2（小口径，葵口）。

2006YY西ⅠT30H228：4，黄灰胎。内壁施冻白釉，全釉；外壁上半部施冻白釉，下半部露胎，釉层下施一薄层白色化妆土。内底有小支钉痕。圆唇，侈口外放甚，直弧腹，腹略深，圈足有一定高度，挖足过肩，足壁微斜，足壁窄，圈足足心为平底。口径20.4、底径7.4、高8.9厘米（图二九七，1）。

2007YY西ⅠT22J2：2（小口径，葵口），黄褐胎。内外壁施满釉，釉厚，冻白色，仅圈足足台微露胎。内底可见小支钉痕。圆唇，侈口外放甚，葵口，直弧腹，腹略深，圈足有一定高度，挖足过肩，足壁微斜，足壁窄，圈足足心为平底。口径10.7、底径4、高4.4厘米（图二九七，2；图版四六，4）。

Ⅱ式　10件。黄胎或红胎。釉色略发黄，多数有光泽。器腹变浅，圈足不高，挖足过肩，足内壁因挖足明显倾斜，足壁变厚，足缘经过修削，圈足足心微凸或留有一个小凸点。包括2006YY西ⅠT4H54①：2（白地黑花）、2006YY西ⅠT4H54⑥：19（白地黑花）、2006YY西ⅠT4H54⑦：23（白地黑花）、2006YY西ⅠT4H54⑦：26（白地黑花）（图版三三，1~3）、2006YY西ⅠT8H166①：1（白地黑花）、2006YY西ⅠT27H173②：4（白地黑花）、2007YY西ⅠT1H10②：2、2007YY西ⅠT18③：14（白地黑花）、2007YY西ⅠT18③：24（白地黑花）、2007YY东T3H221①：1（白地黑花）。

2006YY西ⅠT4H54①：2（白地黑花），灰胎，足底褐红色，内底及圈足露胎。器内外壁施冻白釉，釉上施黑彩，釉层下施一层白色化妆土。圆唇，侈口外放甚，直弧腹，腹略变浅，

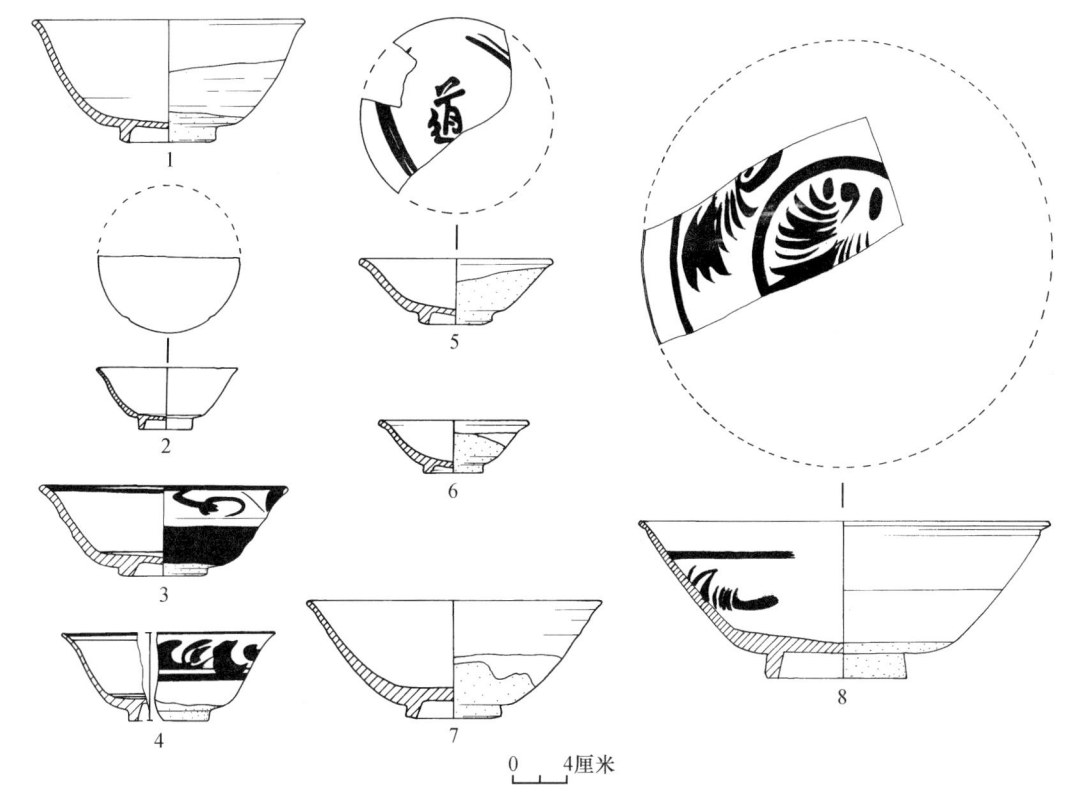

图二九七 甲类A、B型白釉瓷碗

1、2.A型Ⅰ式（2006YY西ⅠT30H228：4、2007YY西ⅠT22J2：2） 3、4.A型Ⅱ式（2006YY西ⅠT4H54①：2、2007YY西ⅠT18③：14）
5、6.A型Ⅲ式（2006YY西ⅠT7H28：1、2007YY东T6⑤C：3） 7、8.B型Ⅰ式（2007YY东T15G3③：2、2007YY西ⅠT5H226：6）

圈足不高，挖足过肩，足内壁因挖足明显倾斜，足壁变厚，足缘经过修削，圈足足心留有一个小凸点。口径18.6、底径6.7、高6.6厘米（图二九七，3；图版三二，4~6）。

2007YY西ⅠT18③：14（白地黑花），深灰近紫胎。除圈足及近圈足处外，器内外壁通体施釉，釉层薄；釉冻白色，略有光泽。釉层下施一层白色化妆土略厚。内底残存麻点状支钉两个，由数个小凸点组成。内壁有黑彩，口部两周弦纹，底部两周弦纹。外壁一周黑彩，似写意花叶。圆唇，侈口外放甚，直弧腹，腹略深，圈足略高，挖足过肩，足内壁因挖足明显倾斜，足壁略厚，圈足足心残不可知。口径16、底径6、高6.4厘米（图二九七，4；图版四四，4~6）。

Ⅲ式 5件。黄灰胎或褐红胎。釉色发黄，光泽暗淡。器腹浅，圈足不高，挖足不一定过肩，足内壁因挖足斜度加大，圈足足心有明显小圆凸。包括2006YY西ⅠT1H60②：5（白地黑花）（图版三二，1、2）、2006YY西ⅠT7H28：1（白地黑花）、2007YY西ⅠT23②：1（白地黑花）、2007YY东T6④：5（小口径）、2007YY东T6⑤C：3（小口径）。

2006YY西ⅠT7H28：1（白地黑花），黄灰胎。器物内壁施满釉，器底中部黑彩书一"道"字，近口部黑彩施两道弦纹；外壁上部施冻白釉，釉略厚，下部露胎。圆唇，侈口外放甚，直弧腹，腹略浅，圈足不高，挖足过肩，足内壁因挖足明显倾斜，足壁变厚，足缘经过修削，圈足足心略下凸。口径14.4、底径5.5、高4.8厘米（图二九七，5；图版三四，5、6）。

2007YY东T6⑤C：3（小口径），黄灰胎，露胎处表面红色。器外壁上部及整个内壁施釉，釉层薄；釉冻白色，釉面光泽暗淡。釉层下施一薄层白色化妆土。内底残存麻点状支钉一个，由六个小凸点组成。圆唇，侈口外放甚，直弧腹，腹略变浅，圈足不高，挖足略过肩，足内壁斜度较大，足壁宽厚，圈足足心微下凸。口径11.1、底径4.5、高3.9厘米（图二九七，6）。

B型　21件，其中白地黑花器6件。圆唇，侈口微放，直弧腹，腹深，剖面似梯形。依据胎釉、器底及圈足形态变化分为三式。

Ⅰ式　12件。灰胎，少量黄灰胎。釉色较白，有光泽。圈足足壁较直或微外撇，足壁略厚，挖足多数过肩，圈足足心为平底。包括2006YY西ⅠT26H211：12、2007YY西ⅠT5H226：6（白地黑花）、2007YY西ⅠT11H80：4、2007YY西ⅠT13H42：1（图版三七，6）、2007YY西ⅠT17H308：1、2007YY西ⅠT20H151：28（白地黑花）、2007YY西ⅠTG1③：2、2007YY西ⅠTG1③：4、2007YY东T10H159：1、2007YY东T14H95：5（白地黑花）、2007YY东T15H163②：1（小口径）、2007YY东T15G3③：2。

2007YY东T15G3③：2，黄灰胎。器外壁上部及整个内壁施釉，釉层薄；釉冻白色；釉面已氧化无光泽。釉层下施一薄层白色化妆土。内底残存近椭圆形支钉三个，长0.7厘米。圆唇，侈口微放，直弧腹，腹深，圈足有一定高度，圈足足壁微外撇，足壁有一定厚度，挖足过肩，圈足足心为平底。口径22、底径7.2、高8.6厘米（图二九七，7）。

2007YY西ⅠT5H226：6（白地黑花），黄灰胎，胎较厚。器外壁上部及整个内壁施釉，釉层薄；釉暗白色，光泽暗淡。釉层下施一薄层白色化妆土。内壁有棕褐色彩，腰部及碗底各一周宽带纹，腰部一周草叶纹，簇数不明，内底一簇草叶纹。圆唇，侈口微放，外壁口部有一周凹槽，直弧腹，腹深，圈足有一定高度，圈足足壁微外撇，足壁有一定厚度，挖足过肩，圈足足心为平底。口径30.8、底径10.6、高11.4厘米（图二九七，8）。

2007YY东T15H163②：1（小口径），黄灰胎。除内壁近口处一周无釉外，器内外壁通体施釉，釉层薄；釉色近正白，有冰裂纹；外壁釉面光泽度好，玻璃质感强。釉层下施一薄层白色化妆土。圆唇，侈口微放，直弧腹，腹深，圈足不高，圈足足壁微外撇，足壁有一定厚度，挖足不过肩，圈足足心为平底。口径10.8、底径4、高4.8厘米（图二九八，1）。

Ⅱ式　5件。淡黄胎或黄灰胎。多数有光泽。圈足足壁外撇，足壁有一定厚度，挖足过肩，圈足足心微下凸或留有小凸点。包括2006YY西ⅠT2H27：5、2007YY西ⅠT9H39：1（白地黑花）、2007YY西ⅠT20H151：5（白地黑花）、2007YY西ⅠT20H151：12、2007YY西ⅠTG1J13：5。

2006YY西ⅠT2H27：5，黄灰胎。器内壁及外壁上部施冻白釉，无光泽，釉层略厚。釉层下施一层化妆土。圆唇，侈口微放，直弧腹，腹深，圈足有一定高度，圈足足壁微外撇，足壁有一定厚度，挖足过肩，圈足足心为平底。口径20.8、底径8、高9厘米（图二九八，2；图版三二，3）。

2007YY西ⅠT20H151：12，灰胎。器外壁上部及整个内壁施釉，釉层薄；釉冻白色，局部有冰裂纹及蚯蚓状纹路；釉面有光泽。釉层下施一层白色化妆土略厚。内底有瓜子状支钉五

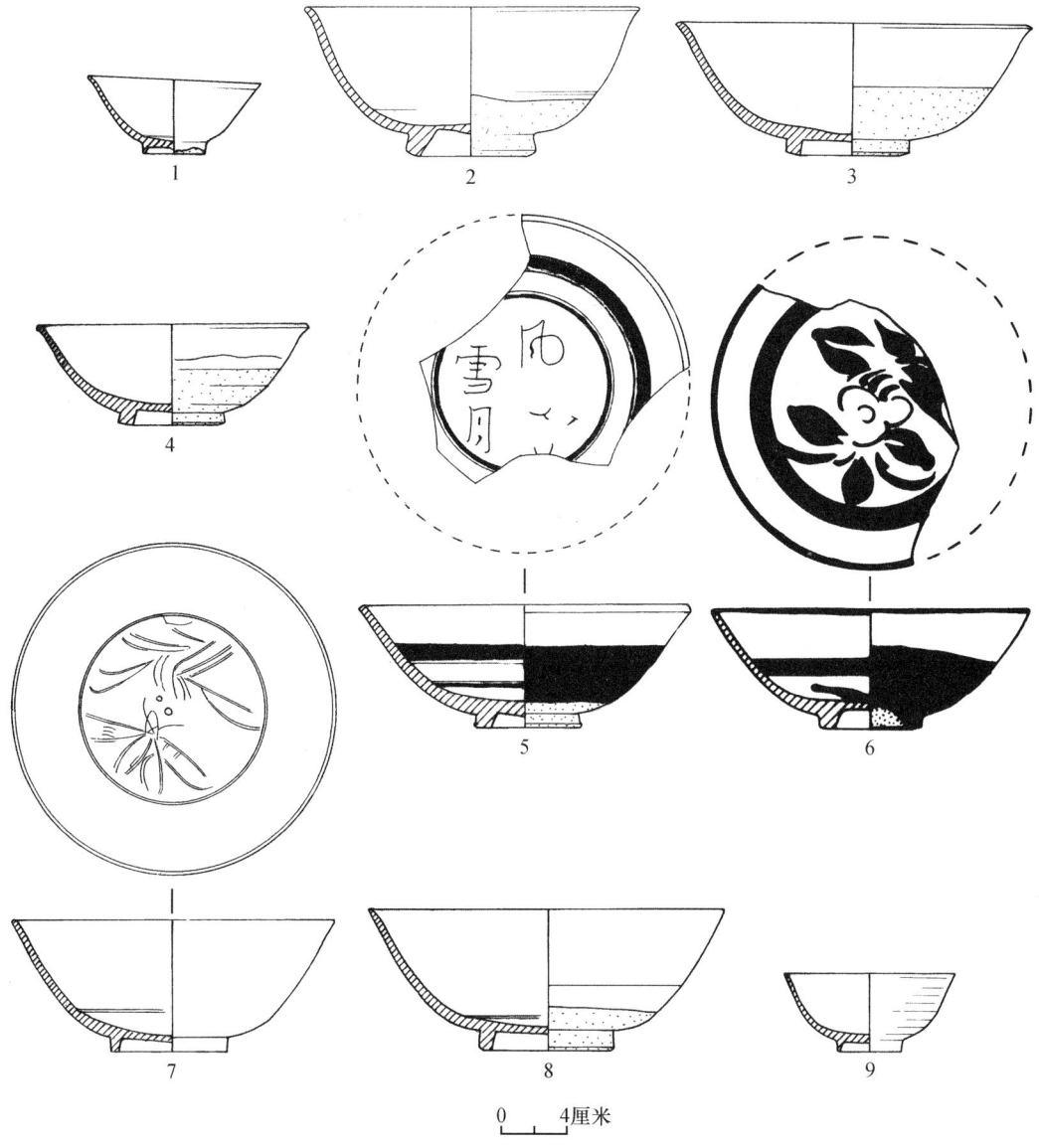

图二九八 甲类B、C型白釉瓷碗
1. B型Ⅰ式（2007YY东T15H163②∶1） 2、3. B型Ⅱ式（2006YY西ⅠT2H27∶5、2007YY西ⅠT20H151∶12）
4、5. B型Ⅲ式（2007YY西ⅠT17③∶5、2007YY西ⅠT19③∶11） 6~9. C型Ⅰ式（2007YY东T14④∶2、
2007YY西ⅠT22J2∶14、2007YY西ⅠT22J2∶16、2007YY西ⅠTG1③∶3）

个，长约1厘米。圆唇，侈口微放，直弧腹，腹略浅，圈足不高，圈足足壁微外撇，足壁有一定厚度，挖足近肩，圈足足心有一凸点。口径22.4、底径7.8、高8.1厘米（图二九八，3）。

Ⅲ式 4件。黄灰胎或褐红胎。釉色发黄，光泽暗淡。胎体厚，圈足不高，挖足不一定过肩，足内壁斜度加大，圈足足根径变小，圈足足心有挖足留下的明显的小圆凸。包括2007YY西ⅠT3③∶11、2007YY西ⅠT17③∶1、2007YY西ⅠT17③∶5、2007YY西ⅠT19③∶11（白地黑花）。

2007YY西ⅠT17③：5，褐红胎。内壁及外壁上部施釉，釉色暗黄。外壁下部及圈足露胎。釉层下施一层白色化妆土。圆唇，侈口微放，外壁口部经过修整，直弧腹，腹略浅，圈足有一定高度，圈足足壁微外撇，足壁略厚，挖足过肩，圈足足心为平底。口径17、底径6.8、高6.2厘米（图二九八，4）。

2007YY西ⅠT19③：11（白地黑花），褐胎。器内壁施冻白釉，近底部和器中部分别施黑彩弦纹一周，底部书"风□雪月"；外壁上部施冻白釉，中部少量露胎，下部施黑釉，圈足及近圈足处露胎。釉层下施一薄层白色化妆土。圆唇，侈口微放，直弧腹，腹深，圈足有一定高度，圈足足壁微外撇，足壁宽厚，挖足过肩，圈足足心下凸。口径20.6、底径6.9、高7.6厘米（图二九八，5）。

C型　32件，其中白地黑花器9件。圆唇或尖圆唇，侈口不外放，斜直弧腹，剖面是标准的等腰梯形，圈足，圈足足径明显小于器底径。依据胎釉、器底、圈足及整器形态的变化可分为三式。

Ⅰ式　17件。灰胎或淡黄胎。釉面有光泽。圈足有一定高度，挖足不一定过肩，足壁微斜，圈足足心为平底。包括2006YY西ⅠT32H258：8、2007YY西ⅠT11H326：2、2007YY西ⅠT15H351①：3（白地黑花）、2007YY西ⅠT20H151②：8（白地黑花）、2007YY西ⅠT20H151：26（白地黑花）、2007YY西ⅠT22J2：10、2007YY西ⅠT22J2：14（有暗花）、2007YY西ⅠT22J2：15、2007YY西ⅠT22J2：16、2007YY西ⅠT22J2：20、2007YY西ⅠT22J2：22、2007YY西ⅠT22J2：24、2007YY西ⅠTG1③：3（小口径）、2007YY西ⅠTG1J10：7、2007YY东T9H147：17、2007YY东T10H159：3、2007YY东T14④：2（白地黑花）。

2007YY东T14④：2（白地黑花），淡黄胎。除外壁圈足部位外，器内外壁通体施釉，釉层薄；外壁上部及内壁施冻白釉，口部褐釉，外壁其余部位施褐釉，但褐釉与冻白釉之间有一段无釉，釉面无光泽；褐釉层表面有细密的气孔。冻白釉层下施一薄层白色化妆土略厚。内壁有褐彩，腰部三周弦纹，碗底写意花叶纹。圆唇，侈口不外放，直弧腹，腹深，圈足有一定高度，圈足足壁微外撇，足壁有一定厚度，挖足过肩，圈足足心为平底。口径20、底径6.3、高7.4厘米（图二九八，6；图版三九，1、2）。

2007YY西ⅠT22J2：16，上部为灰胎，近底部为黄灰胎。内壁及外壁大部施冻白釉，釉略泛黄，外壁下部及圈足露胎。釉层下施一层白色化妆土。内底残存三处支钉痕。圆唇，侈口不外放，直弧腹，腹深，圈足有一定高度，圈足足壁微外撇，足壁不厚，挖足近肩，圈足足心为平底。口径22、底径8.4、高8.5厘米（图二九八，8；图版四六，5）。

2007YY西ⅠT22J2：14（有暗花），黄灰胎。除器外壁圈足及近圈足处外，其余部位通体施釉，釉层略厚；釉白色，釉面有光泽。器内外壁有釉无釉处均施一薄层白色化妆土。内壁底部有划花，为一蝶一花叶，其中蝶身局部有篦划纹装饰。圆唇，侈口不外放，直弧腹，腹深，圈足有一定高度，圈足足壁微外撇，足壁不厚，挖足近肩，圈足足心微凸近平。口径20、底径7.4、高8厘米（图二九八，7）。

2007YY西ⅠTG1③：3（小口径），黄灰胎。器内外壁通体施釉，其中圈足底部是否有釉不能确定，但有较厚的白色化妆土，局部掉落，釉层薄；釉近洁白色，内壁有细冰裂纹；釉面光泽暗淡。釉层下施一层白色化妆土略厚。圆唇，侈口不外放，直弧腹，腹深，圈足不高，圈足足壁微外撇，足壁剖面为"尖锥"状，挖足近肩，圈足足心为平底。口径10.8、底径4、高4.8厘米（图二九八，9）。

Ⅱ式 10件。灰胎或黄灰胎，露胎处显褐色，釉色光泽度下降。圈足不高，挖足略过肩，足内壁因挖足而外撇明显，足壁变厚，圈足足心略下凸或留有小凸点。包括2006YY西ⅠT10H33③：1、2006YY西ⅠT14③：2（小口径）、2007YY西ⅠT2H327：2（小口径）、2007YY西ⅠT7H99：1、2007YY西ⅠT15H68：1（白地黑花）、2007YY西ⅠT17H310：4（小口径）、2007YY西ⅠTG1③：1（小口径）、2007YY东T12H65①：7（白地黑花）、2007YY东T12H172①：9、2007YY东T3⑫：8（白地黑花）。

2007YY东T3⑫：8（白地黑花），灰胎。除外壁圈足及近圈足处外，器内外壁通体施釉；外壁上部及内壁冻白釉，薄；外壁下部酱褐釉，略厚；白釉釉面光泽暗淡，酱褐釉面有银灰色光泽。白釉层下施一层白色化妆土略厚。内壁施黑彩，口部一周、腰部三周弦纹，内底缠枝写意花卉。内底有麻点状支钉五个，由十余个小凸点组成。圆唇，侈口不外放，直弧腹，腹深，圈足不高，圈足足壁微外撇，足壁宽厚，挖足过肩，圈足足心微凸。口径18.4、底径6.6、高6.8厘米（图二九九，1）。

2007YY西ⅠT15H68：1（白地黑花），淡黄胎。器外壁近口部及整个内壁施釉，釉层薄；釉白色泛黄，釉面无光泽。口部一周褐彩，内壁两周褐彩，碗心几笔写意褐彩。圆唇，侈口不外放，直弧腹，腹深，圈足不高，圈足足壁微外撇，足壁宽厚，挖足近肩，圈足足心为一凸点。口径21.1、底径6.9、高6.8厘米（图二九九，2；图版四一，5、6）。

2007YY西ⅠTG1③：1（小口径），灰胎。器外壁上部及整个内壁施釉，釉层薄；釉近白色，局部有冰裂纹；釉面无光泽。釉层下施一层白色化妆土略厚。圆唇，侈口不外放，直弧腹，腹深，圈足有一定高度，圈足足壁外撇，足壁不厚，挖足过肩，圈足足心下凸。口径12.6、底径5、高5.4厘米（图二九九，3；图版四六，6）。

Ⅲ式 5件。红褐胎或褐黄胎。釉色发暗，光泽暗淡。圈足不高，挖足略过肩，足内壁因挖足而外撇、斜度很大，足根径变小，圈足足心因挖足留有明显的小圆凸。包括2006YY西ⅠT2H4：2、2006YY西ⅠT4H54⑨：45、2006YY西ⅠT4H54：53（小口径）、2007YY西ⅠT15③：41（白地黑花）、2007YY东T3H66：2（白地黑花）。

2006YY西ⅠT4H54⑨：45，红褐胎。内壁及外壁上部施冻白釉，满釉，釉色灰暗，外壁下部及圈足露胎。外壁中部可见少量黑彩。圆唇，侈口不外放，直弧腹，腹深，圈足有一定高度，圈足足壁外撇，足壁宽厚，挖足过肩，圈足足心明显下凸。口径18、底径7、高6.8厘米（图二九九，4；图版三三，5、6）。

2007YY东T3H66：2（白地黑花），上部灰胎，圈足处胎色近黄，露胎处表面淡褐色。除外壁圈足及近圈足处外，器内外壁通体施釉，釉层薄；外壁上部及内壁冻白釉，外壁下部酱褐

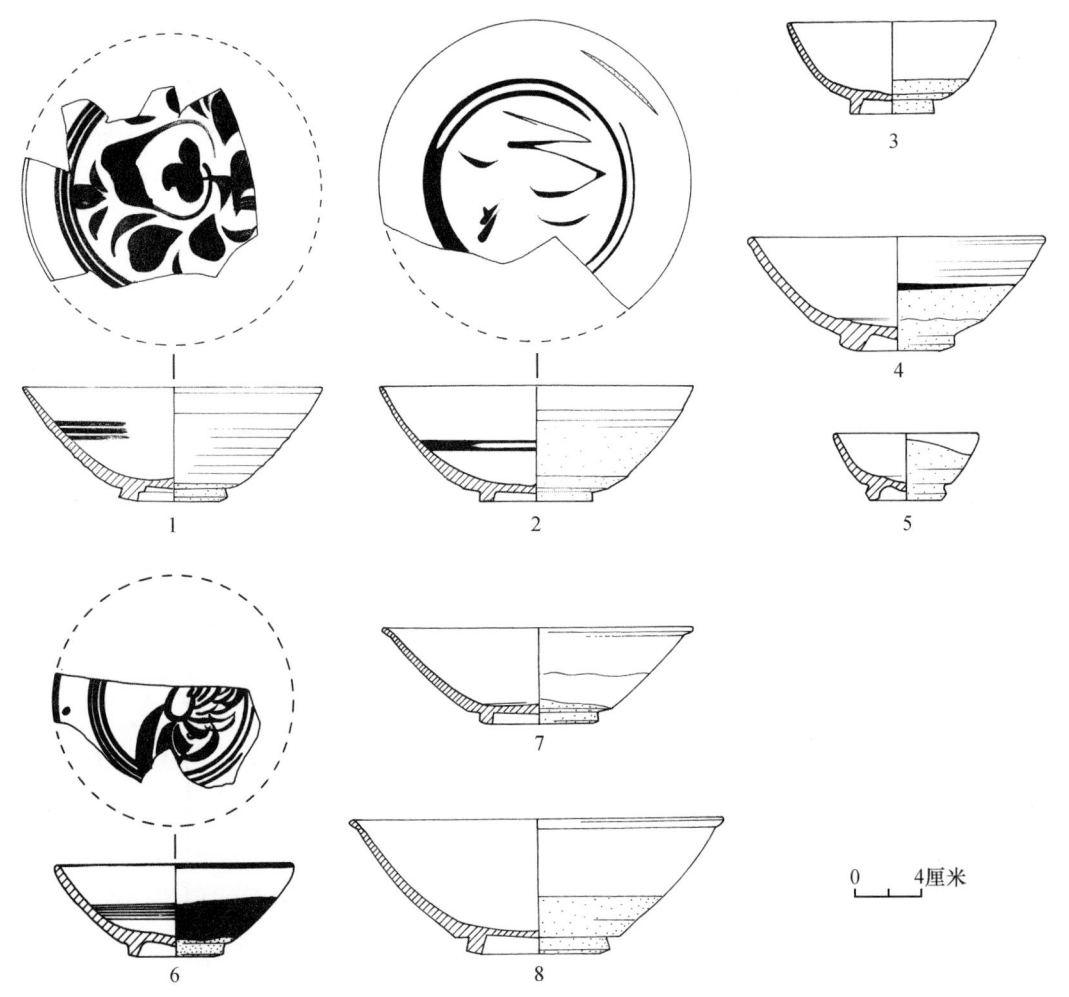

图二九九　甲类C、D型白釉瓷碗

1~3. C型Ⅱ式（2007YY东T3⑫：8、2007YY西ⅠT15H68：1、2007YY西ⅠTG1③：1）　4~6. C型Ⅲ式（2006YY西ⅠT4H54⑨：45、2006YY西ⅠT4H54：53、2007YY东T3H66：2）　7. Da型Ⅰ式（2007YY西ⅠT19H381：2）　8. Da型Ⅱ式（2007YY西ⅠT11H311：1）

釉；釉面光泽暗淡。白釉层下施一层白色化妆土略厚。内壁施黑彩，口部一周、腰部三周弦纹，内底一朵写意花卉。内底残存麻点状支钉三个，由近十个小凸点组成。圆唇，侈口不外放，直弧腹，腹深，圈足有一定高度，圈足足壁微外撇，足壁有一定厚度，挖足过肩，圈足足心明显下凸。口径14.6、底径5.8、高5.4厘米（图二九九，6）。

2006YY西ⅠT4H54：53（小口径），淡黄胎。内壁及外壁口部施冻白釉。外壁大部及圈足露胎。釉层下施一层白色化妆土。圆唇，侈口不外放，直弧腹，腹深，圈足有一定高度，圈足足壁外撇，足壁厚，挖足近肩，圈足足心明显下凸。口径8.8、底径4.8、高4厘米（图二九九，5）。

D型　24件，其中白地黑花器5件。圆唇或尖圆唇，侈口口阔，斜直弧腹近直腹，腹稍浅，剖面为梯形，圈足，圈足足径多等于或略小于器底径。依据唇部差异分为二亚型。

Da型　4件。尖圆唇外凸。依据胎釉、圈足及器底形态的变化可分为二式。

Ⅰ式　2件。灰胎。釉色较白，有光泽。矮圈足，足面微外斜，挖足近肩，足壁较直，圈足足心为平底。制作较为规整。包括2007YY西ⅠT19H381：2、2007YY西ⅠT19H381：3。

2007YY西ⅠT19H381：2，灰胎，胎面有较多圆凸点，可能与胎体内的气体排放有关。器外壁上部及内壁通体施釉，釉层薄；釉白色，有大冰裂纹；釉面光泽度极好。釉层下一层白色化妆土略厚。内底有瓜子状支钉五个。圆唇外凸，侈口口阔，斜直腹，腹有一定深度，矮圈足，挖足近肩，足壁较直，圈足足心为平底。制作较为规整。口径18.8、底径7.2、高5.6厘米（图二九九，7）。

Ⅱ式　2件。灰胎，光泽暗淡。圈足略变高，足面外斜，挖足过肩，足壁略变厚且外撇明显，圈足足心微下凸。包括2006YY西ⅠT26J9：5、2007YY西ⅠT11H311：1。

2007YY西ⅠT11H311：1，黄灰胎。器外壁上部及内壁通体施釉，釉层薄；釉色白中闪黄；釉面无光泽。釉层下一层白色化妆土略厚。器内外壁上部有蚯蚓状凹陷纹路。内底残存芝麻点状支钉三个。圆唇外凸，侈口口阔，斜直腹，腹有一定深度，圈足有一定高度，挖足过肩，足壁外撇，圈足足心为修复，情况不明。口径22.8、底径8.8、高8厘米（图二九九，8）。

Db型　20件。圆唇不外凸。依据胎釉、器身、圈足及器底形态的变化可分为二式。

Ⅰ式　11件。灰胎或黄灰胎。釉色较白，有光泽。深腹或略浅，足面较平，挖足略过肩，足内壁为直壁或外撇，圈足足心为平底。包括2006YY西ⅠT26J9：4（暗花）、2006YY西ⅠT26H211：2、2006YY西ⅠT26H211：6、2007YY西ⅠT10H142：1、2007YY西ⅠT11④：1、2007YY西ⅠT13H309②：6、2007YY西ⅠT14H97：2（白地黑花）、2007YY西ⅠT15H351①：2、2007YY西ⅠT17H310：3、2007YY东T13H153：43、2007YY东T13H153：63。

2006YY西ⅠT26H211：2，黄灰胎。器外壁上部和整个内壁施釉，釉层薄；釉冻白色，釉面有光泽。器内外壁有釉无釉处通体施一层化妆土。内底长条形支钉五个。圆唇，侈口口阔，弧腹近直，深腹，矮圈足，足壁微外撇、有一定厚度，圈足足心为平底。口径22.4、底径7.6、高7.4厘米（图三〇〇，1；图版三六，1）。

2006YY西ⅠT26H211：6，灰胎，露胎处表面褐色护胎釉。器外壁上部及整个内壁施釉，釉层薄；釉冻白色，有细冰裂纹；釉面有光泽。釉层下施一层白色化妆土略厚。内底有长条形支钉五个，长0.7厘米。器外壁上部残存叠烧痕。圆唇，侈口口阔，弧腹近直，深腹，矮圈足，足壁微外撇、不厚，圈足足心微下凸。口径17.6、底径6.4、高5.5厘米（图三〇〇，2；图版三六，2）。

2007YY西ⅠT13H309②：6，黄灰胎，露胎处表面浅黄色。器外壁上部及整个内壁施釉，但唇部无釉，釉层薄；釉冻白色；釉面光泽暗淡。釉层下施一层白色化妆土略厚。内底残存芝麻点支钉两个，长0.2厘米。圆唇，侈口口阔，斜直腹，腹浅，矮圈足，足壁直、不厚，圈足足心为平底。口径13.4、底径5、高4厘米。

Ⅱ式　9件。灰胎或黄灰胎。釉色发黄，光泽暗淡。整器变小，器腹浅，矮圈足，挖足过肩，足壁开始变厚且外撇，圈足足心微下凸或留有小凸点。包括2006YY西ⅠT25H286：2、

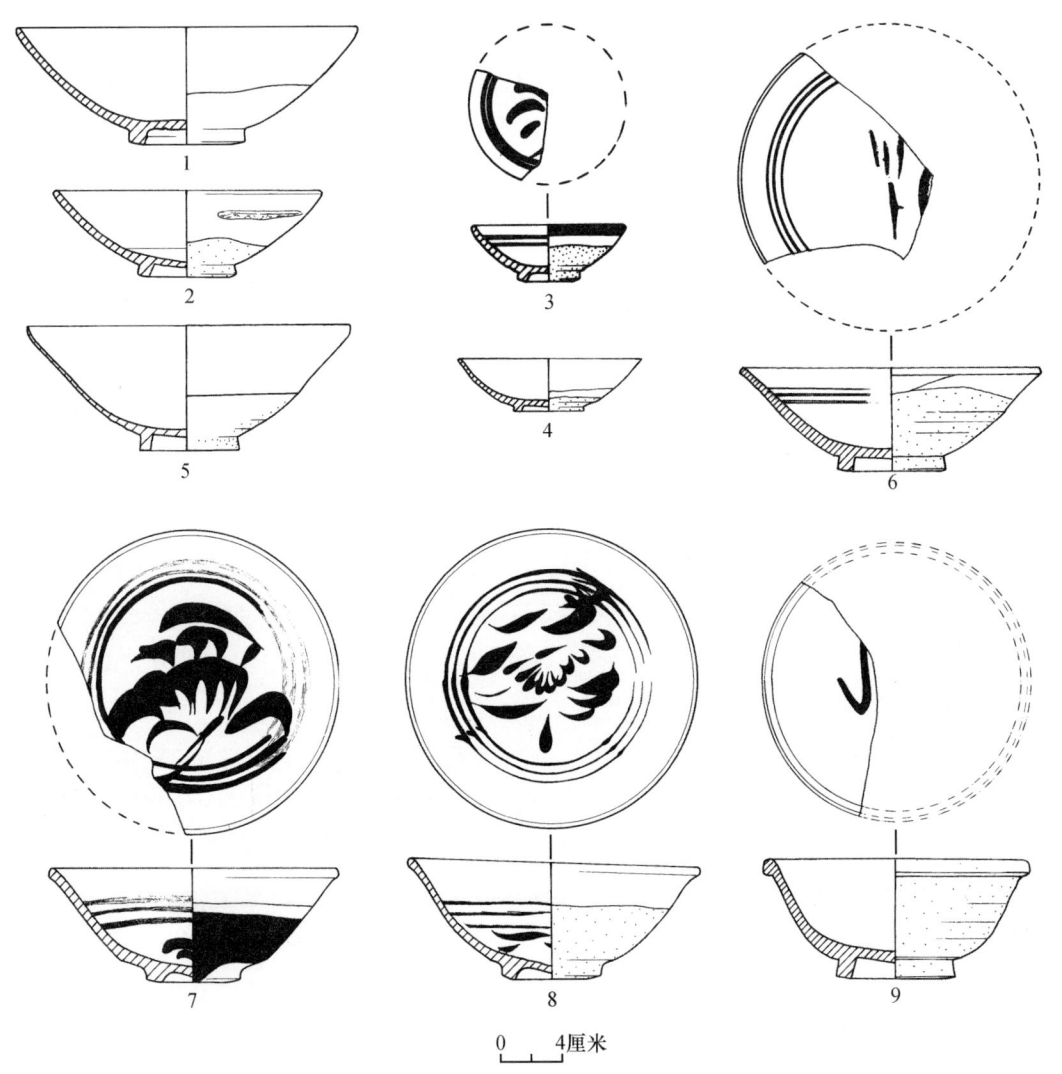

图三〇〇 甲类D、E、F型白釉瓷碗

1、2. Db型Ⅰ式（2006YY西ⅠT26H211：2、2006YY西ⅠT26H211：6） 3、4. Db型Ⅱ式（2007YY西ⅠT7H245：1、2007YY西ⅠTG1H385：2） 5、6. E型Ⅰ式（2007YY东T13H134：3、2007YY西ⅠT3③：9） 7、8. E型Ⅱ式（2007YY西ⅠT1①：1、2007YY西ⅠT9H247：1） 9. F型（2007YY西ⅠT3③：8）

2007YY西ⅠT5④：12（白地黑花）、2007YY西ⅠT7H245：1（白地黑花）、2007YY西ⅠT13H201：2、2007YY西ⅠT14H97：3（白地黑花）、2007YY西ⅠT22H149：2、2007YY西ⅠTG1H385：2（小口径）、2007YY东T13H153：15、2007YY东T13J2：1（白地黑花）。

2007YY西ⅠT7H245：1（白地黑花），灰胎。器外壁上部及整个内壁施釉，釉层薄；釉冻白色；釉面有光泽。釉层下施一层白色化妆土略厚。内底残存芝麻点状支钉两个，长0.4厘米。有彩，外壁口下一周棕褐色宽带，内壁上部两周棕褐色带纹，内底黑彩写意草叶纹。圆唇，侈口口阔，弧腹近直，腹浅，矮圈足，足壁外撇，有一定厚度，圈足足心近平微凸。口径10.2、底径4.2、高3.6厘米（图三〇〇，3）。

2007YY西ⅠTG1H385：2（小口径），灰胎，露胎处表面红褐色。器外壁上部及整个内壁施釉，釉层薄；釉白色偏黄；釉面光泽暗淡。釉层下施一薄层白色化妆土。内底残存长条形支钉两个，长0.8厘米。圆唇，侈口口阔，弧腹近直，腹浅，矮圈足，足壁微外撇、不厚，圈足足心平底微凸。口径12、底径4.6、高3.4厘米（图三〇〇，4）。

E型 14件，其中白地黑花器11件。圆唇，侈口外放，直弧腹，腹稍深，收底稍小，剖面近似倒三角形。依据胎釉、器底及圈足形态变化可分为二式。

Ⅰ式 5件。黄灰胎或褐黄胎。釉色较白，有光泽。挖足过肩，足内壁因挖足而外撇，圈足足心为平底。包括2007YY西ⅠT3③：9（白地黑花）、2007YY西ⅠT6③：14（白地黑花）、2007YY西ⅠT6③：15（白地黑花）、2007YY东T6G3：4、2007YY东T13H134：3。

2007YY西ⅠT3③：9（白地黑花），黄灰胎，外壁大部及圈足露胎。器内外壁施冻白釉，内底以黑彩绘纹饰。釉下层施一层白色化妆土。圆唇，侈口微外放，直弧腹，腹深，收底稍小，圈足有一定高度，挖足过肩，足壁微外撇，圈足足心为平底。口径19.8、底径7.2、高6.6厘米（图三〇〇，6）。

2007YY东T13H134：3，淡黄胎。器外壁上部及整个内壁施釉，釉层薄；釉白色，釉面无光泽。釉层下施一薄层白色化妆土。圆唇，侈口微外放，直弧腹，腹稍深，收底稍小，圈足有一定高度，挖足过肩，足壁微外撇，圈足足心微下凸。口径21.2、底径6.6、高8厘米（图三〇〇，5）。

Ⅱ式 9件。灰胎，黄褐胎或红褐胎，光泽下降。挖足不一定过肩，圈足足壁厚，足内壁因挖足斜度较大，圈足足心有明显小圆凸。包括2006YY西ⅠT26②：4（白地黑花）、2006YY西ⅠT32H255：4（白地黑花）、2007YY西ⅠT1①：1（白地黑花）、2007YY西ⅠT9H247：1（白地黑花）、2007YY西ⅠT11Y2：3（白地黑花）、2007YY西ⅠT17H293：7（白地黑花）、2007YY西ⅠT25H204：1（白地黑花）（图版四七，1、2）、2007YY东T6G3：1（白地黑花）、2007YY东T13②：5（小口径）。

2007YY西ⅠT1①：1（白地黑花），黄灰胎，露胎处表面褐色。除器外壁圈足及近圈足处外，器内外壁通体施釉，釉层薄；外壁上部及内壁冻白釉，外壁下部酱褐釉；釉面光泽暗淡。冻白釉层下施一层白色化妆土。内底有麻点状支钉五个，由十余个小凸点组成。饰黑彩，内壁腰部三周弦纹，内底折枝花卉一朵。圆唇，侈口外放，直弧腹，腹稍深，收底稍小，圈足有一定高度，挖足近肩，足壁外撇、较宽厚，圈足足心明显下凸。口径19.2、底径6.2、高7.3厘米（图三〇〇，7；图版三九，3、4）。

2007YY西ⅠT9H247：1（白地黑花），淡黄胎。内壁及外壁上部施白釉，釉色发黄，外壁下部及圈足露胎。内底以黑彩绘写意花卉。釉层下施一层白色化妆土。圆唇，侈口外放，直弧腹，腹稍深，收底稍小，圈足有一定高度，挖足近肩，足壁外撇、宽厚，圈足足心明显下凸。口径19.2、底径6.6、高7.8厘米（图三〇〇，8；图版四〇，5、6）。

F型 1件。厚方圆唇，唇沿外凸，侈口外放，直弧腹。

2007YY西ⅠT3③：8（白地黑花）。灰胎，胎厚。器内壁及外壁口沿处施冻白釉，外壁大部及圈足露胎。口沿沿面因釉水粘粘而粗糙或有釉面剥落。釉层下施一薄层白色化妆土。厚方圆唇，唇沿外凸，侈口外放，直弧腹，腹深，圈足有一定高度，挖足过肩，足壁因挖足外撇、宽厚，圈足足心明显下凸。口径17.4、底径8、高7.6厘米（图三〇〇，9）。

G型　5件，无白地黑花器。敛口，直弧腹。依据胎釉、圈足形态变化分为三式。

Ⅰ式　1件。灰胎。釉色较白，有光泽。圈足较高，挖足过肩，足壁较直，足壁不是很厚，成钉状，圈足足心为平底。

2007YY西ⅠT19H381：5，灰胎。器外壁上部及内壁通体施釉，釉层薄；釉白色；釉面光泽度极好。釉层下一层白色化妆土。内壁釉层下有划花，应为莲花纹。圆唇，外壁唇部有一道凹痕，微敛口，直弧腹，圈足有一定高度，挖足过肩，足壁较直、不厚，圈足足心为修复。口径18.2、底径6.2、高6厘米（图三〇一，1）。

Ⅱ式　3件。灰胎或淡黄胎。釉面有光泽。圈足较高，挖足过肩，足内壁微斜，圈足足心近平微凸。包括2007YY西ⅠT5④：7、2007YY西ⅠT9H247：3（有暗花）、2007YY东T3H240：3（薄胎）。

2007YY东T3H240：3（薄胎），淡黄胎，胎薄。除圈足底外，器内外壁通体施釉，釉层薄；釉冻白色，内壁氧化；釉面无光泽。内壁残存支钉两个，其一细长条形，长0.6厘米；其一细弧形，长1.4厘米。圆唇，微敛口，直弧腹，圈足有一定高度，足截面为"尖锥"状，圈足足心为平底。口径17.6、底径5.6、高6.6厘米（图三〇一，2）。

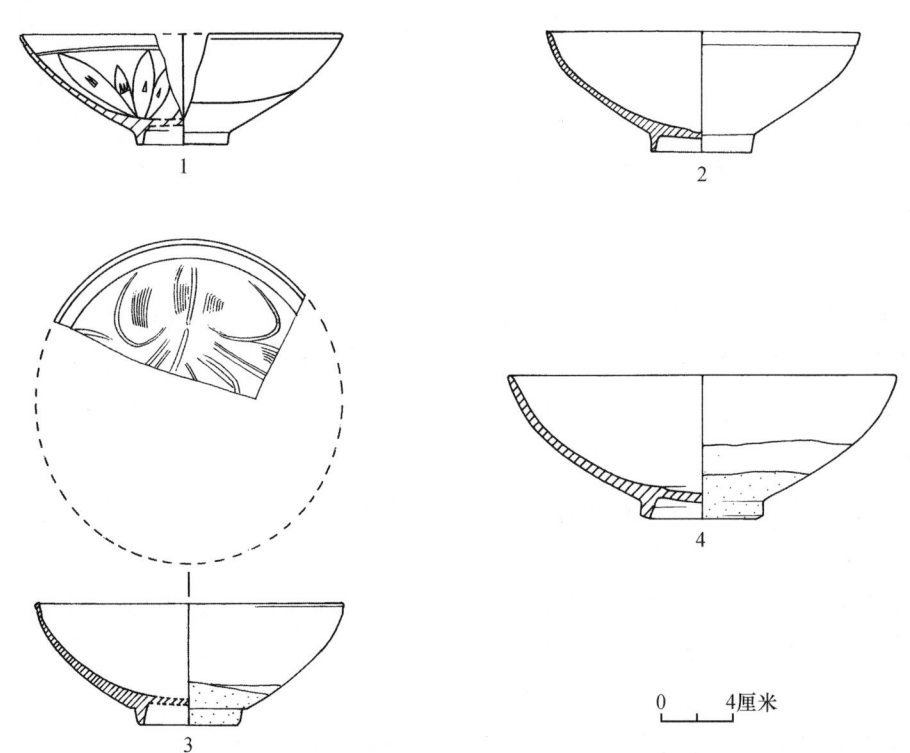

图三〇一　甲类G型白釉瓷碗

1. Ⅰ式（2007YY西ⅠT19H381：5）　2、3. Ⅱ式（2007YY东T3H240：3、2007YY西ⅠT9H247：3）
4. Ⅲ式（2006YY西ⅠT6H81①：43）

2007YY西ⅠT9H247：3（有暗花），灰胎。除器外壁圈足及近圈足处外，器内外壁通体施釉，釉层薄；外壁上部及内壁施冻白釉；釉面有光泽。冻白釉层下施一层白色化妆土。内底有麻点状支钉六个。内壁釉层下刻划暗花。圆唇，外壁口部施一道凹痕，微敛口，直弧腹，圈足有一定高度，挖足过肩，足壁略直，截面成"尖锥"状，圈足足心为修复。口径17.4、底径5.6、高6.6厘米（图三〇一，3）。

Ⅲ式　1件。灰胎，釉面有光泽。圈足稍矮，挖足过肩，足壁因挖足而外撇明显，足缘有修削痕，内外底微下凸。

2006YY西ⅠT6H81①：43，灰胎。器外壁上部及整个内壁施釉，釉层薄；釉暗白色，有细冰裂纹；釉面有光泽。釉层下施一薄层白色化妆土。内底有椭圆形支钉五个，长0.8厘米。圆唇，微敛口，直弧腹，圈足有一定高度，足壁微外撇，圈足足心下凸。口径21.6、底径6.8、高7.8厘米（图三〇一，4）。

乙类　131件，其中白地黑花器51件。侈口，圆弧腹，圈足，剖面近二分之一或三分之一圆形。依据口部形态分为三型。

A型　68件，其中白地黑花器20件。侈口外放，弧腹。依据器腹深浅分为二亚型。

Aa型　40件，其中白地黑花器10件。深腹，剖面近二分之一圆形。依据胎釉、圈足形态分为三式。

Ⅰ式　17件，其中白地黑花器4件。灰胎或黄灰胎。釉色较白，有光泽。挖足多数过肩，足壁微斜，圈足足心为平底。包括2006YY西ⅠT2H27：13、2006YY西ⅠT6H81①：34、2006YY西ⅠT6H81③：19、2006YY西ⅠT6H81③：29（白地黑花）（图版三四，3、4）、2006YY西ⅠT6H81③：44、2006YY西ⅠT25H252：1（白地黑花）、2006YY西ⅠT30H228：1、2006YY西ⅠT32J16：2、2007YY西ⅠT9J7：12（白地黑花）（图版四一，1、2）、2007YY西ⅠT9J7：17、2007YY西ⅠT12H229：1（白地黑花）、2007YY西ⅠT13H173①：1、2007YY西ⅠT13J3：5（有暗花）、2007YY西ⅠT13J3：13（有篦纹）、2007YY西ⅠT20H151：18、2007YY西ⅠTG1J10：5、2007YY东T14H95：2。

2006YY西ⅠT25H252：1（白地黑花），黄灰胎。器内壁及外壁上部施釉，釉层薄；釉冻白色，外壁断釉处局部釉层较厚，釉色白中微泛青，光泽暗淡，有细冰裂纹。釉层下有白色化妆土，化妆土施至外壁圈足，其中器身下半部较薄，圈足则与器身上部同厚。内壁底部有蚯蚓状纹路。器底有大小不等的近椭圆形支钉五个，大者长1.4、小者长0.8厘米。器内壁白底之上绘黑彩，碗心部位似一草书汉字，四面各一簇写意草叶，之上一周宽弦纹。圆唇，侈口外放，圆弧腹，腹深，圈足有一定高度，挖足略过肩，足内壁微斜，圈足足心为平底。口径22.8、底径6.4、高8.8厘米（图三〇二，1；图版三五，1、2）。

2007YY西ⅠT13J3：5（有暗花），灰胎。器外壁上部及内壁通体施釉，釉层薄；釉冻白色，有冰裂纹；釉面光洁度好。釉层下一层白色化妆土。器内底釉下于化妆土表面有划花及篦划纹，局部露胎。内底残存瓜子状支钉四个。圆唇，侈口外放，圆弧腹，腹深，圈足有一定高度，挖足略过肩，足壁微撇，圈足足心为平底。口径21.6、底径7.2、高7.8厘米（图三〇二，

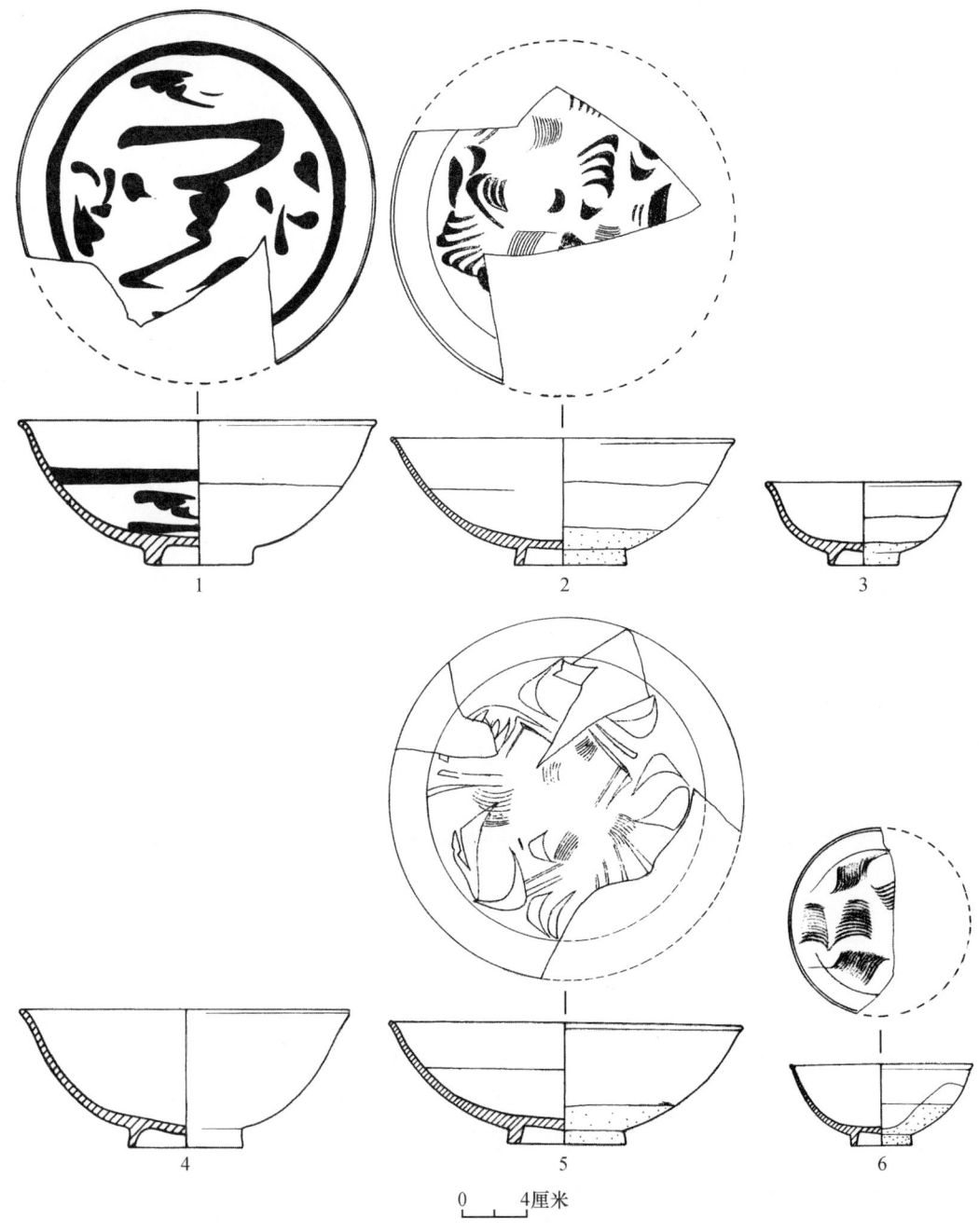

图三〇二　乙类Aa型白釉瓷碗

1、2. Ⅰ式（2006YY西ⅠT25H252：1、2007YY西ⅠT13J3：5）　3～6. Ⅱ式（2006YY西ⅠT30H228：5、2007YY西ⅠT13J3：8、2006YY西ⅠT6H81③：45、2007YY西ⅠT13J3：1）

2）。

Ⅱ式　19件，其中白地黑花器5件。黄灰胎或灰胎。釉面有光泽。挖足不一定过肩，足壁明显倾斜，内壁斜度较大，圈足足心微凸或留有一小凸点。包括2006YY西ⅠT4H54⑦：25（白地黑花）、2006YY西ⅠT6H81③：21（小口径）、2006YY西ⅠT6H81③：45、2006YY西ⅠT25②：13、2006YY西ⅠT30H228：5（小口径）、2007YY西ⅠT11H231：1（白地黑花）、2007YY西ⅠT13J3：1（小口径，有篦纹）、2007YY西ⅠT13J3：8（有暗花）（图版四一，3、4）、2007YY西ⅠT15H196：3、2007YY西ⅠT15H351③：10（白地黑花）（图版四二，5、6）、2007YY西ⅠT19H328：7（白地黑花）、2007YY西ⅠT19H328：15、2007YY西ⅠT20H151：9（暗花）（图版四五，5、6）、2007YY西ⅠT20H151：14、2007YY东T6J1：1（有暗花）、2007YY东T10H115：1、2007YY东T13H153：2（白地黑花）（图版三八，5、6）、2007YY东T13H153：36、2007YY东T14H95：7。

2006YY西ⅠT6H81③：45，器内外壁及器底施满釉，釉冻白色，有光泽。圆唇，侈口外放，圆弧腹，腹深，圈足有一定高度，挖足近肩，足壁微斜，圈足足心微下凸。口径21、底径7.2、高8.6厘米（图三〇二，5）。

2007YY西ⅠT13J3：8（有暗花），灰胎。器外壁上部及内壁通体施釉，釉层薄；釉冻白色，有冰裂纹；釉面有光泽。釉层下一层白色化妆土。器内底釉下有篦划纹。内底残存瓜子状支钉五个。圆唇，侈口外放，圆弧腹，腹有一定深度，圈足有一定高度，挖足过肩，足壁外撇，圈足足心微下凸。口径22.2、底径7.4、高7.5厘米（图三〇二，4）。

2006YY西ⅠT30H228：5（小口径），灰胎。器外壁上部及整个内壁施釉，釉层薄；釉近白色；釉面光泽度好。釉层下施一薄层白色化妆土。内底残存芝麻点状支钉三个，长3～4厘米。圆唇，侈口外放，圆弧腹，腹有一定深度，圈足有一定高度，挖足略过肩，足内壁外撇，圈足足心微下凸。口径12.2、底径4.4、高5.2厘米（图三〇二，3）。

2007YY西ⅠT13J3：1（小口径，有篦纹），黄灰胎。器外壁上部及内壁通体施釉，釉层薄；釉白色，局部有细冰裂纹；釉面光泽度极好。釉层下施一层白色化妆土。器内底釉下有露胎篦划纹。内底残存芝麻点状支钉两个。圆唇，侈口微放，唇外壁经过修整，圆弧腹，腹深，圈足有一定高度，挖足过肩，足内壁微斜，圈足足心微下凸。口径11.6、底径3.8、高5厘米（图三〇二，6）。

Ⅲ式　4件，其中白地黑花器1件。黄灰胎或褐红胎。釉色发黄，多光泽暗淡。圈足不高，挖足略过肩，足内壁斜度较大，圈足足心因挖足留下小圆凸。包括2007YY西ⅠT16③：6（白地黑花）、2007YY西ⅠT18H239：1（小口径）、2007YY东T4H58：1、2007YY东T13H153：44。

2007YY东T13H153：44，灰胎，露胎处器表红褐色。器外壁上部及整个内壁施釉，釉层薄，流釉现象严重；釉冻白色闪黄，釉面有光泽。釉层下施一层白色化妆土略厚。内壁碗底一周旋去施釉，露出胎底。圆唇，侈口外放，圆弧腹，腹深，圈足有一定高度，挖足略过肩，足壁外撇，圈足足心明显下凸。口径21.4、底径7.2、高8厘米（图三〇三，1）。

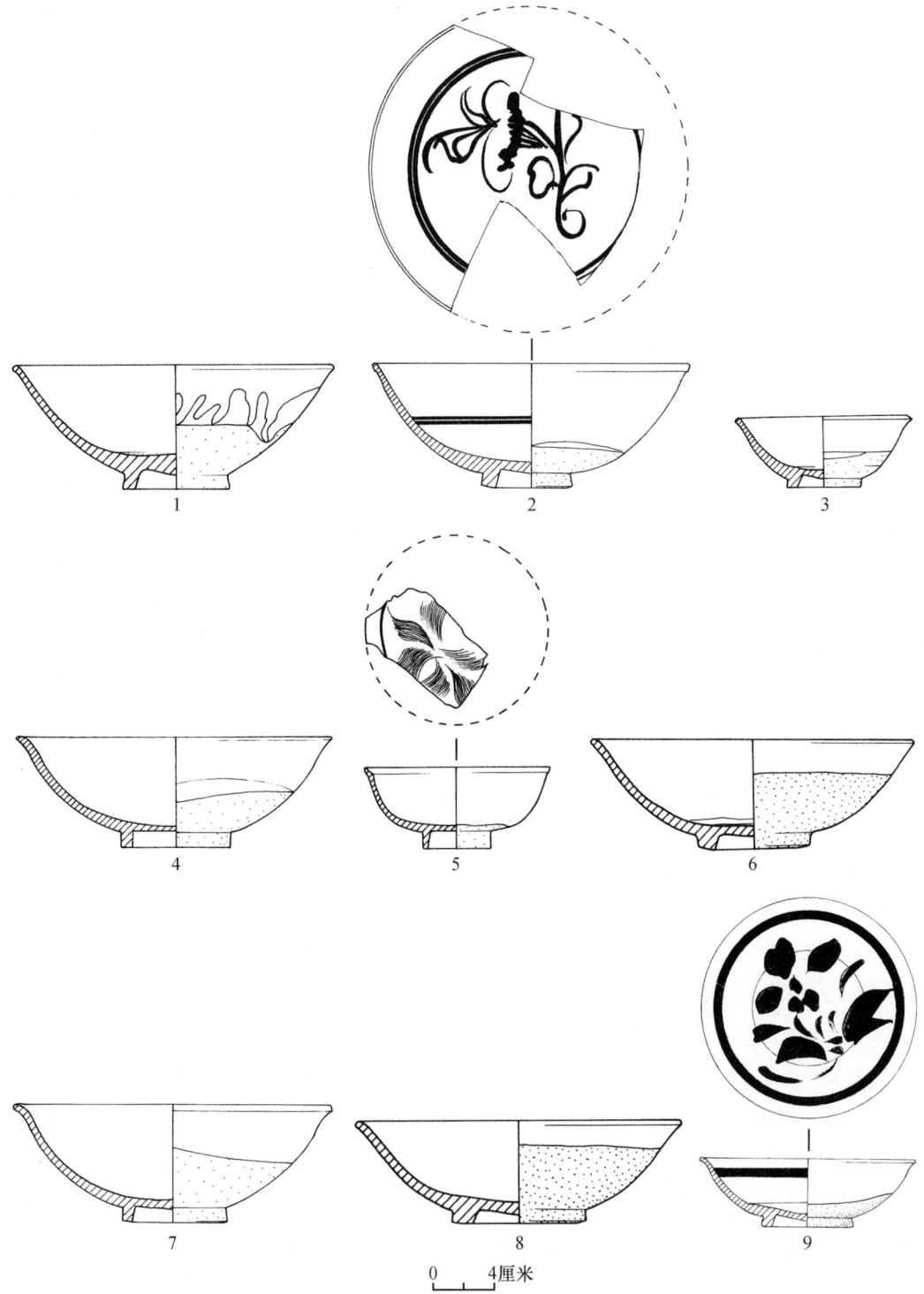

图三〇三　乙类A型白釉瓷碗

1~3.Aa型Ⅲ式（2007YY东T13H153：44、2007YY西ⅠT16③：6、2007YY西ⅠT18H239：1）　4、5.Ab型Ⅰ式（2007YY西ⅠT20H151②：9、2007YY西ⅠT11H33：2）　6、7.Ab型Ⅱ式（2007YY东T13H153：18、2007YY西ⅠT21H151：9）　8、9.Ab型Ⅲ式（2006YY西ⅠT10H33①：1、2007YY西ⅠT15H196：1）

2007YY西ⅠT16③：6（白地黑花），灰胎，器外壁圈足及近圈足处露胎。器内底及外壁上部施冻白釉，釉色发黄，内底以黑彩绘写意花卉，无光泽。釉层下施一层白色化妆土。圆唇，侈口外放，圆弧腹，腹深，圈足有一定高度，挖足略过肩，足壁外撇、宽厚，圈足足心明显下凸。口径21、底径6、高8厘米（图三〇三，2；图版四三，1、2）。

2007YY西ⅠT18H239：1（小口径），黄灰胎，外壁下部及圈足露胎。器内壁及外壁上部施冻白釉，釉色略黄，光泽暗淡。釉层下施一层白色化妆土。尖圆唇，侈口外放，圆弧腹，腹有一定深度，圈足不高，挖足略过肩，足壁外撇、宽厚，圈足足心明显下凸。口径11.8、底径5、高4.6厘米（图三〇三，3）。

Ab型　28件，其中白地黑花器10件。浅腹，剖面近三分之一圆形。依据胎釉及圈足形态分为三式。

Ⅰ式　11件。灰胎和黄灰胎。釉色较白，有光泽。圈足有一定的高度，挖足不一定过肩，足壁较直或微外撇、不厚，圈足足心为平底。包括2006YY西ⅠT6H81③：26、2006YY西ⅠT32H248：1、2007YY西ⅠT11H33：2（小口径，有篦纹）、2007YY西ⅠT20H151②：9、2007YY西ⅠTG1J10：1、2007YY西ⅠTG1J10：2、2007YY西ⅠTG1J10：3、2007YY东T4H58：2、2007YY东T13H153：11、2007YY东T14H230：3（小口径，有篦纹）、2007YY西ⅠT19H328：8。

2007YY西ⅠT20H151②：9，灰胎。器外壁上部及整个内壁施釉，釉层薄；釉冻白色，釉面不光洁。釉层下施一薄层白色化妆土。内壁近口局部有蚯蚓状纹路。内底残存小瓜子状支钉三个，长0.8厘米。圆唇，侈口外放，圆弧腹，腹浅，圈足不高，挖足近肩，足壁近直，圈足足心为平底。口径21.2、底径7.4、高7.3厘米（图三〇三，4）。

2007YY西ⅠT11H33：2（小口径，有篦纹），灰胎，外壁露胎处表面局部红褐色，夹细砂。器内壁及外壁上部施釉，釉层薄；釉白色，光泽暗淡。釉层下施白色化妆土较薄。内壁有篦划纹。尖圆唇，侈口外放，圆弧腹，腹浅，高圈足，挖足略过肩，足壁窄直，圈足足心为平底。口径12.2、底径4.6、高5.2厘米（图三〇三，5）。

Ⅱ式　10件，其中白地黑花器4件。黄灰胎、淡黄胎或灰胎，露胎处显褐色。釉面有光泽。圈足不高，挖足略过肩，足壁较斜，圈足足心微下凸。包括2006YY西ⅠT10H13①：5、2006YY西ⅠT16H95：1、2007YY西ⅠT2⑤：1（白地黑花）、2007YY西ⅠT18H212：3（白地黑花）、2007YY西ⅠT21H151：9、2007YY西ⅠTG1J10：4、2007YY东T11H220：4（白地黑花）（图版三七，3~5）、2007YY东T13H153：17、2007YY东T13H153：18、2007YY东T13H153：59（白地黑花）。

2007YY东T13H153：18，灰胎，露胎处器表红褐色。器外壁上部及整个内壁施釉，釉层薄；釉冻白色闪黄，釉面有光泽。釉层下施一薄层白色化妆土。内壁碗底一周旋去施釉，露出胎底。圆唇，侈口外放，圆弧腹，腹浅，圈足不高，挖足略过肩，足壁微撇、宽厚，圈足足心微下凸。口径21.4、底径7.2、高7.4厘米（图三〇三，6）。

2007YY西ⅠT21H151：9，深灰胎，器下部及圈足露胎。器内壁及外壁上部施冻白釉，有光泽。釉层下施一层白色化妆土。内底可见瓜子状支钉五个。圆唇，侈口外放，圆弧腹，腹浅，圈足不高，挖足略过肩，足壁外撇，圈足足心微下凸。口径23.2、底径7、高7.6厘米（图三〇三，7；图版四六，2）。

Ⅲ式　7件，其中白地黑花器6件。黄灰胎或褐红胎。釉色发黄，光泽暗淡。圈足不高，挖足过肩，足内壁明显外撇，圈足足心因挖足明显下凸。包括2006YY西ⅠT10H33①：1、2007YY西ⅠT4H26：1（白地黑花）、2007YY西ⅠT4H26：2（白地黑花）、2007YY西ⅠT6H122：3（白地黑花）（图版四〇，1、2）、2007YY西ⅠT8③：32（白地黑花）、2007YY西ⅠT15H196：1（白地黑花）、2007YY西ⅠT23H64：1（白地黑花）。

2006YY西ⅠT10H33①：1，黄灰胎。器内壁及外壁上部施釉，釉层薄；釉冻白色，光泽暗淡。釉层下施白色化妆土，外壁化妆土施至下部。器内壁底部有釉下划花，因只残存局部，且有土锈遮掩，故花纹的全貌不十分清楚，从局部观察，应与一般常见的褐彩写意草叶相近。圆唇，侈口外放，圆弧腹，腹浅，圈足不高，挖足略过肩，足壁外撇、宽厚，圈足足心明显下凸。口径21.6、底径8.8、高6.6厘米（图三〇三，8）。

2007YY西ⅠT15H196：1（白地黑花），黄灰胎。除器外壁圈足及近圈足处外，器内外壁通体施釉，釉层薄；釉白色，有光泽。冻白釉层下施一层白色化妆土。内底有芝麻点状支钉五个。内壁饰黑彩，腰部一周宽带，碗心折枝花一枝。圆唇，侈口外放，圆弧腹，腹浅，圈足不高，挖足略过肩，足壁外撇，圈足足心明显下凸。口径14.3、底径6、高4.4厘米（图三〇三，9；图版四二，1~3）。

B型　53件，其中白地黑花器23件。侈口微收不外放，圆弧腹，剖面近半圆形，圈足。依据口部及腹部形态差异分为三亚型。

Ba型　33件，其中白地黑花器17件。侈口，深腹，剖面接近二分之一圆形。依据胎釉及圈足形态可分为三式。

Ⅰ式　8件，其中白地黑花器1件。灰胎。釉面有光泽。圈足不高，挖足略过肩，足壁微斜，圈足足心为平底。包括2007YY西ⅠT13③：4（白地黑花）、2007YY西ⅠT19③：16、2007YY西ⅠT20H151：3、2007YY西ⅠT20H151：10、2007YY西ⅠT22J2：28、2007YY西ⅠT23①：2、2007YY东T9H147：4、2007YY东T9H236：1。

2007YY西ⅠT20H151：10，灰胎。器外壁上部及整个内壁施釉，釉层薄；釉冻白色，内壁碗底及腹壁局部有蚯蚓状纹路；釉面光泽度好。釉层下施一层白色化妆土略厚。内底有支钉六个，一个瓜子状，其余长条形，长约1.1厘米。圆唇，侈口微收不外放，圆弧腹，腹深，圈足不高，挖足略过肩，足壁外撇，圈足足心为平底。口径20.6、底径7.2、高7.8厘米（图三〇四，1）。

Ⅱ式　18件，其中白地黑花器9件。灰胎、淡黄胎或黄灰胎，光泽度下降。圈足不高，挖足过肩，足壁外撇明显，圈足足心微凸或留有一小凸点。包括2006YY西ⅠT6H81：46、2006YY西ⅠT24H57：1、2006YY西ⅠT26H211：20（有暗花）、2006YY西ⅡT1G6：3、2007YY西ⅠT5H210：1（白地黑花）、2007YY西ⅠT6H122：5（白地黑花）（图三〇四，

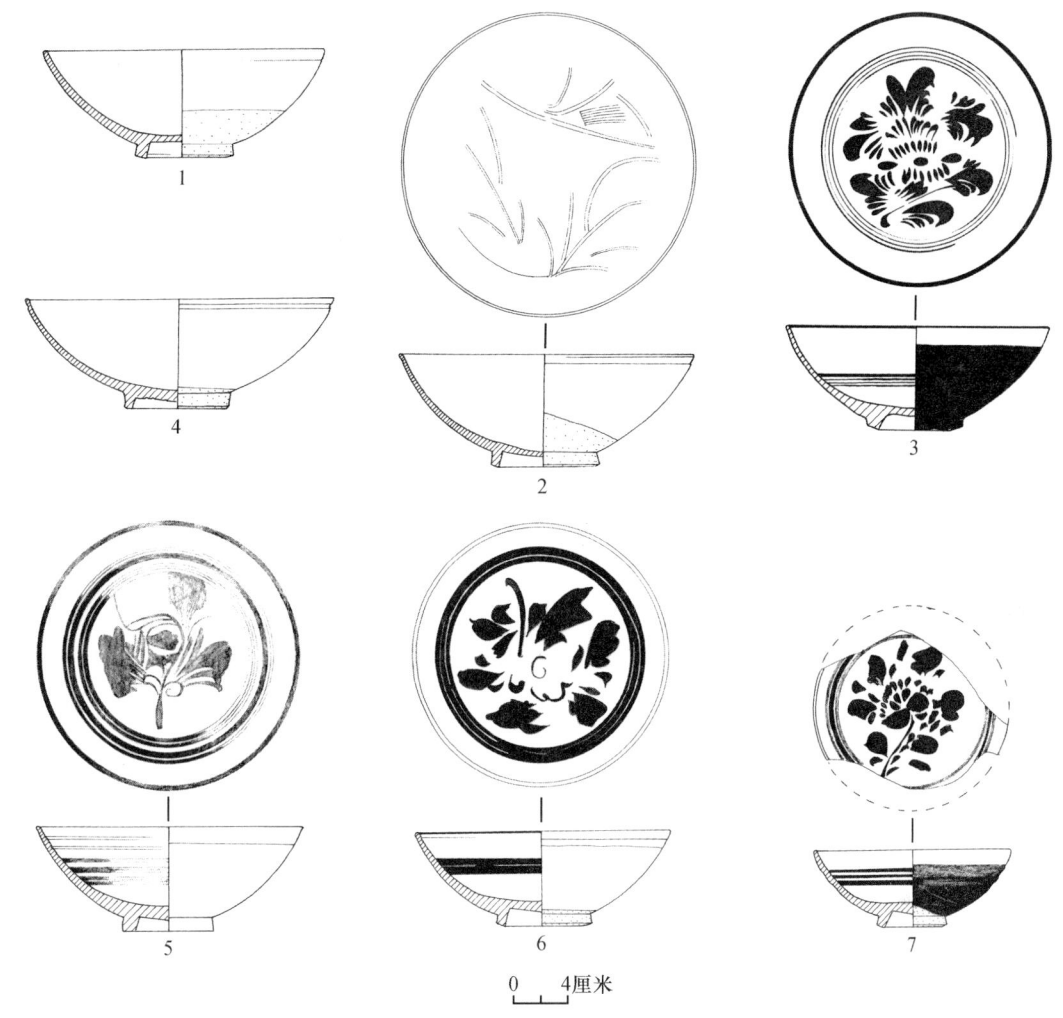

图三〇四　乙类Ba型白釉瓷碗

1. Ⅰ式（2007YY西ⅠT20H151：10）　2~5. Ⅱ式（2006YY西ⅠT26H211：20、2007YY东T13H6：5、2007YY东T6H155③：9、2007YY西ⅠT6H122：5）　6、7. Ⅲ式（2007YY西ⅠT17H88：1、2007YY西ⅠT17H293：1）

5；图版四〇，3、4）、2007YY西ⅠT9H247：2（白地黑花）、2007YY西ⅠT13H42：2、2007YY西ⅠT17H310：1（白地黑花）（图版四四，1~3）、2007YY西ⅠT17H339：1（小口径）、2007YY西ⅠT17③：8（白地黑花）、2007YY西ⅠT19③：3（白地黑花）、2007YY西ⅠT20H151：13、2007YY东T3H240：1、2007YY东T6H155③：9、2007YY东T7J4：11（白地黑花）、2007YY东T13③：3（白地黑花）（图版三八，1、2）、2007YY东T13H6：5（白地黑花）。

2006YY西ⅠT26H211：20（有暗花），黄灰胎。器外壁上部及整个内壁施釉，釉层薄；釉冻白色，有细冰裂纹；釉面光泽暗淡。釉层下施一层白色化妆土略厚。碗内底有划花。内底有椭圆形支钉五个，长0.7厘米。圆唇，侈口微收不外放，器外壁口部有修整的痕迹，圆弧腹，腹深，圈足有一定高度，挖足近肩，足壁外撇，圈足足心微下凸。口径19.6、底径8、高8厘米（图三〇四，2）。

2007YY东T6H155③：9，淡黄胎。除外壁圈足及近圈足处外，器内外壁通体施釉，釉层薄；釉冻白色，光泽暗淡；釉面多见蚯蚓状裂纹。釉层下施一层白色化妆土略厚。碗底有椭圆形支钉五个。圆唇，侈口微收不外放，外壁口部经过修整，圆弧腹，腹深，矮圈足，挖足不过肩，足壁外撇，圈足足心微下凸。口径22.6、底径7.6、高7.8厘米（图三〇四，4）。

2007YY东T13H6：5（白地黑花），灰胎。除圈足底外，器内外壁通体施釉，釉层薄；内壁及外壁上部施冻白釉，外壁其余部位施褐釉；釉面有光泽。口沿一周黑彩，内壁腰部四周断续黑彩弦纹，内壁碗底黑彩写意花草。碗底有麻点状支钉五个，均由十余个小凸点组成。冻白釉层下施一层薄薄的白色化妆土。圆唇，侈口微收不外放，圆弧腹，腹深，矮圈足，挖足略过肩，足壁外撇、宽厚，圈足足心微下凸。口径19.6、底径7.2、高7.4厘米（图三〇四，3；图版三八，3、4）。

Ⅲ式　7件，均为白地黑花器。淡黄胎或灰胎，器底呈褐红色。釉色发黄，光泽暗淡。圈足略矮，挖足不一定过肩，足壁因挖足外撇明显、足根径变小，圈足足心因挖足留有一小圆凸。包括2007YY西ⅠT2③：8（白地黑花）、2007YY西ⅠT17③：13（白地黑花）、2007YY西ⅠT17H88：1（白地黑花）、2007YY西ⅠT17H293：1（白地黑花）、2007YY东T9H182：1（白地黑花）、2007YY东T10H11②：7（白地黑花）、2007YY东T11③：9（白地黑花）。

2007YY西ⅠT17H88：1（白地黑花），灰胎，夹细砂，圈足底红褐色。除圈足外，器内外壁施釉，釉层薄；内壁及外壁口沿部位釉冻白色；外壁酱褐釉，釉面局部有较大气孔；无光泽；冻白色釉层下有白色化妆土。内壁白地上绘彩，彩黑中泛灰，口部一周、内壁三周弦纹，碗心有写意花叶一簇。器内底有呈梅花状分布的支钉痕五个，每个支钉痕迹呈麻点状，由二十余个不规则小点组成。圆唇，侈口微收不外放，圆弧腹，腹深，圈足不高，挖足略过肩，足壁外撇，圈足足心明显下凸。口径18.8、底径7.2、高6.8厘米（图三〇四，6；图版四三，3、4）。

2007YY西ⅠT17H293：1（白地黑花），灰胎，露胎处器表浅褐色；内壁平整，外壁凹凸不平。除外壁圈足及近圈足处外，器内外壁通体施釉，酱褐釉层略厚，白釉层薄；内壁及外壁上部施釉白色微泛黄，有冰裂纹；外壁口沿及下部施黑釉；釉面有光泽；白釉层下施一层白色化妆土。内底以黑彩绘三周弦纹，弦纹下写意折枝花。内底有麻点状支钉五个，每个支钉由十余个小凸点组成。圆唇，侈口微收不外放，圆弧腹，腹深，圈足有一定高度，挖足过肩，足壁外撇，圈足足心明显下凸。口径14.8、底径5.4、高5.4厘米（图三〇四，7；图版四三，5、6）。

Bb型　19件，其中白地黑花器6件。侈口，浅腹，剖面近三分之一圆形。依据胎釉及圈足形态分为三式。

Ⅰ式　3件。灰胎或黄褐胎。釉色较白，有光泽。圈足略矮，足壁微斜，挖足略过肩，圈足足心为平底。包括2007YY西ⅠT3H267：3、2007YY西ⅠT6③：12、2007YY东T13H198：1（小口径）。

2007YY西ⅠT3H267：3，黄褐胎。器外壁上部及内壁通体施釉，釉层薄；釉冻白色，有细冰裂纹；釉面有光泽。釉层下一层白色化妆土。内壁腹部残存长条形支钉一个。圆唇，侈口微收不外放，圆弧腹，腹浅，矮圈足，挖足略过肩，足壁外撇，圈足足心为平底。口径14.2、底径5.6、高5厘米（图三〇五，1）。

2007YY东T13H198：1（小口径），灰胎。器外壁上部及整个内壁施釉，但唇部无釉，釉层薄；釉色近正白，有细冰裂纹；釉面光泽暗淡。釉层下施一薄层白色化妆土。圆唇，侈口微收不外放，圆弧腹，腹浅，矮圈足，挖足近肩，足壁近直，圈足足心为平底。口径11.2、底径4.4、高3.8厘米（图三〇五，2）。

Ⅱ式　15件，其中白地黑花器6件。灰胎或淡黄胎。釉色略发黄，多数有光泽。圈足不高，足壁外撇明显，足壁明显变厚，挖足略过肩，圈足足心微凸。包括2006YY西ⅠT10H33①：2、2006YY西ⅡT1G6：4、2007YY西ⅠT1H44：3（白地黑花）、2007YY西ⅠT5④：17（白地黑花）、2007YY西ⅠT8③：27（白地黑花）、2007YY西ⅠT8③：31、2007YY西ⅠT15H134：1（图版四二，4）、2007YY西ⅠT17H293：6（白地黑花）、2007YY西ⅠT20H151：15、2007YY西ⅠT20H151：16、2007YY西ⅠT22J2：27、2007YY东T3H66：4（白地黑花）（图版三六，3、4）、2007YY东T10H11④：11（白地黑花）、2007YY东T11J6：10（小口径）、2007YY东T14H95：4（小口径）。

2006YY西ⅠT10H33①：2，黄灰胎，外壁下部及圈足处露胎。器内壁及外壁上部施冻白釉。釉层下施一层白色化妆土。圆唇，侈口微收不外放，圆弧腹，腹浅，矮圈足，挖足略过肩，足壁外撇、略宽，圈足足心微下凸。口径19.2、底径6.8、高6.6厘米（图三〇五，3）。

2007YY西ⅠT5④：17（白地黑花），褐黄胎，外壁大部及圈足露胎。器内外壁施冻白

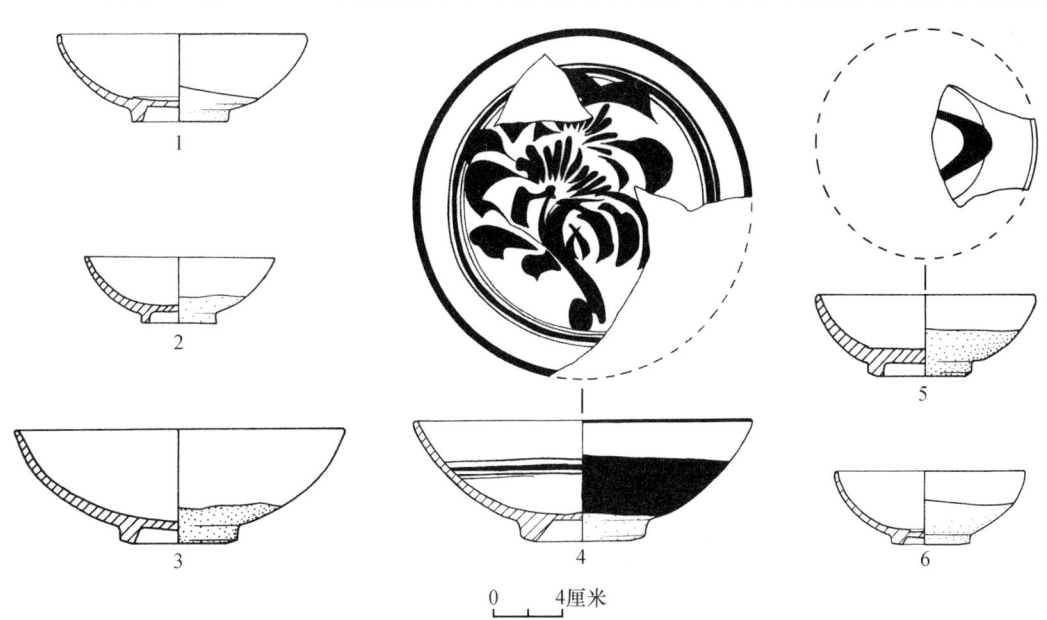

图三〇五　乙类Bb型白釉瓷碗

1、2. Ⅰ式（2007YY西ⅠT3H267：3、2007YY东T13H198：1）　3～5. Ⅱ式（2006YY西ⅠT10H33①：2、2007YY东T10H11④：11、2007YY西ⅠT5④：17）　6. Ⅲ式（2007YY西ⅠT6H37：1）

釉，器内底饰以黑彩，有光泽。釉下层施一层白色化妆土。圆唇，侈口微收不外放，圆弧腹，腹浅，矮圈足，挖足近肩，足壁近直、略宽，圈足足心为平底。口径13、底径6、高4.8厘米（图三〇五，5）。

2007YY东T10H11④：11（白地黑花），灰胎，圈足露胎。内壁及外壁大部施冻白釉，有光泽。釉层下施一层白色化妆土。器内底中部以黑彩绘弦纹三周，中心绘写意花卉，外壁中部施酱黑釉。内底残存麻点状支钉五个，由十多个小凸点组成。圆唇，侈口微收不外放，圆弧腹，腹浅，矮圈足，挖足略过肩，足壁外撇、宽厚，圈足足心为平底。口径19.8、底径7、高7厘米（图三〇五，4；图版三七，1、2）。

Ⅲ式　1件。红褐胎。釉色发黄，光泽暗淡。圈足不高，足壁外撇明显，足壁有厚有薄，挖足多数过肩，圈足足心微下凸。

2007YY西ⅠT6H37：1（小口径），红褐胎，圈足底表面紫褐色。除圈足及近圈足处外，器内外壁施釉，釉层薄；釉色白中微闪黄，光泽暗淡。釉层下施白色化妆土。圆唇，侈口微收不外放，圆弧腹，腹浅，矮圈足，挖足略过肩，足壁外撇、宽厚，圈足足心明显下凸。口径11、底径4.6、高4.2厘米（图三〇五，6）。

Bc型　1件。花口，深腹。

2006YY西ⅠT2H27：11（花口），灰白胎，胎质细腻，胎薄。器内外壁及圈足通体施釉，釉层薄；乳浊釉正白色，有冰裂纹；釉面光泽度好，玻璃质感好。内底残存芝麻点状支钉三个，长0.35厘米。花口，瓜棱状器身，圆弧腹，腹深，圈足有一定高度，挖足近肩，足壁微斜，圈足足心为平底。口径10.6、底径3.6、高5.1厘米（图三〇六，1）。

C型　10件，其中白地黑花器8件。方圆唇，唇厚而唇沿外凸。侈口微内收，弧腹，绝大多数为深腹，圈足。依据器腹深浅分为二亚型。

Ca型　8件，均为白地黑花器。深腹，器剖面近二分之一个圆形。依据胎釉及圈足形态分为二式。

Ⅰ式　7件，均为白地黑花器。灰胎、黄灰胎或橙黄胎，釉色较白，有光泽。圈足有一定的高度，挖足略过肩，足内壁因挖足而外撇，圈足足心微下凸。包括2006YY西ⅠT4H54：54（白地黑花）、2006YY西ⅠT16H97：3（白地黑花）、2006YY西ⅠT18J2：1（白地黑花）、2006YY西ⅠT27H173②：6（白地黑花）、2007YY西ⅠT2H330：1（白地黑花）、2007YY西ⅠT5H187：2（白地黑花）（图版三九，5～7）、2007YY东T11H177：1（白地黑花）。

2007YY东T11H177：1（白地黑花），灰胎，胎极厚，最厚处达1.2厘米。器外壁上部及整个内壁施釉，釉层薄；釉冻白色，外壁有流釉；釉面有冰裂纹，无光泽。釉层下施一薄层白色化妆土。内壁施黑彩，腰部一周双叶纹（残存两组），内底草叶纹，但因残而整体不明。圆唇，唇厚而唇沿外凸，侈口微内收，弧腹，腹深，圈足有一定高度，挖足略过肩，足壁外撇，圈足足心近平微凸。口径17.6、底径7.8、高7.2厘米（图三〇六，2）。

2006YY西ⅠT18J2：1（白地黑花），黄灰胎，胎厚，外壁下部及圈足处露胎。器内壁及外壁上部施冻白釉，釉色发黄，内壁以酱彩饰纹。釉层下施一薄层白色化妆土。圆唇，唇厚而

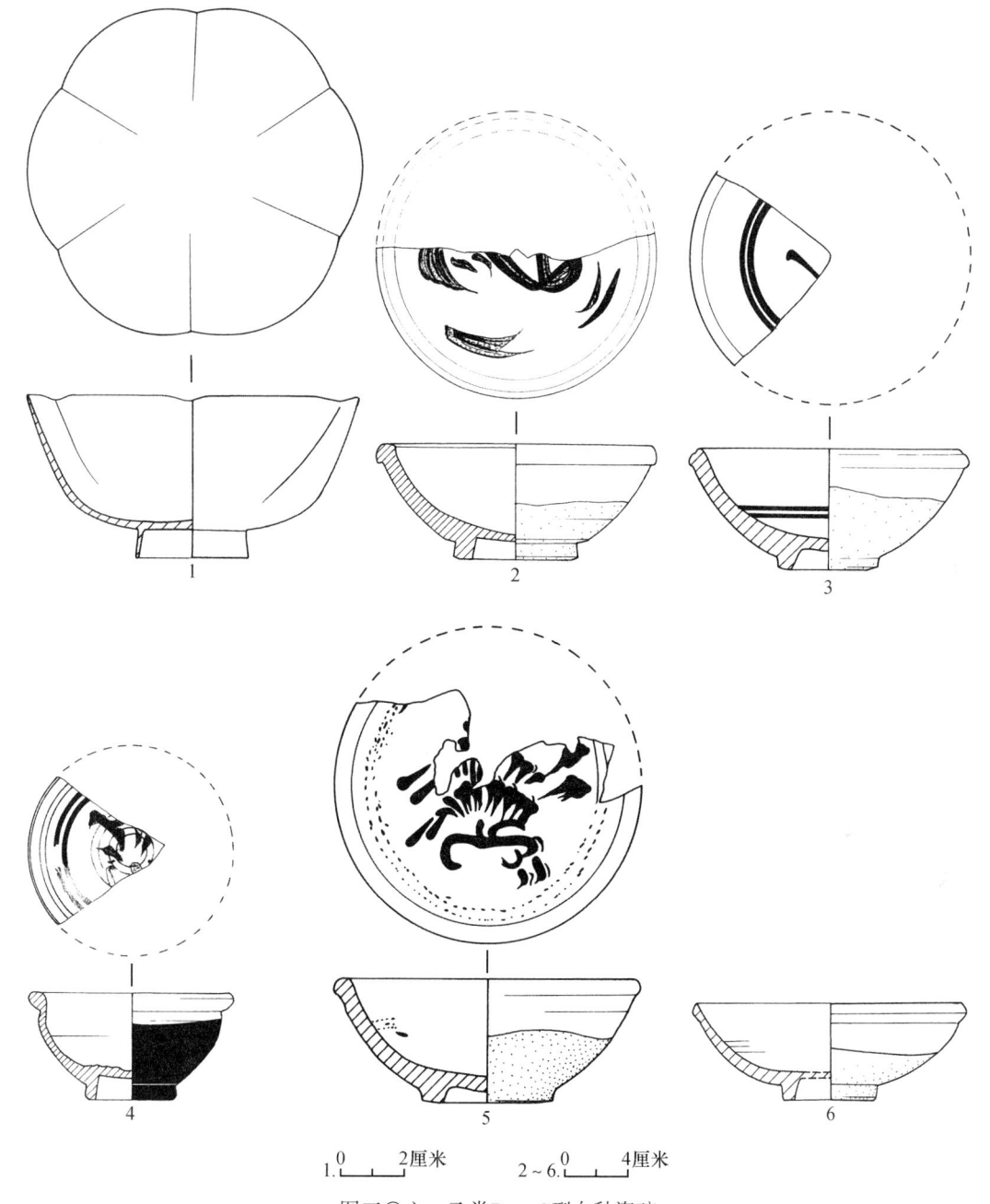

图三〇六　乙类Bc、C型白釉瓷碗
1. Bc型（2006YY西ⅠT2H27∶11）　2~4. Ca型Ⅰ式（2007YY东T11H177∶1、2006YY西ⅠT18J2∶1、2007YY西ⅠT2H330∶1）
5. Ca型Ⅱ式（2007YY东T7J4∶1）　6. Cb型（2007YY东T10H106∶1）

唇沿外凸，侈口微内收，弧腹，腹深，圈足有一定高度，挖足过肩，足壁外撇，圈足足心微下凸。口径18、底径6.2、高7.4厘米（图三〇六，3）。

2007YY西ⅠT2H330∶1（白地黑花）（口部形态特别），黄灰胎，下腹部极厚。除圈足外，器内外壁通体施釉，釉层薄；外壁上部及整个内壁冻白釉，外壁其余部位酱褐釉；釉面有光泽。白釉层下施一层白色化妆土略厚。内底有灰褐彩，腰部两周弦纹，内底写意草叶纹。圆唇，唇厚而唇沿外凸，侈口微内收，弧腹，腹深，圈足有一定高度，挖足过肩，足壁外撇，圈足足心微下凸。口径13、底径5.4、高6.7厘米（图三〇六，4）。

Ⅱ式　1件。褐黄胎。釉色发黄，光泽暗淡。圈足略矮，挖足略过肩，足壁厚，足内壁斜度较大，圈足足心因挖足下凸。

2007YY东T7J4：1（白地黑花），黄褐胎，胎极厚，最厚处达1.2厘米。器外壁上部及整个内壁施釉，釉层薄；釉冻白色微泛黄，釉面光泽暗淡。釉层下施一层白色化妆土略厚。内壁有黑彩，其中腰部两周点纹，碗心一枝写意花卉。碗口有较密集的小凸点，似作支钉之用。圆唇，唇厚而唇沿外凸，侈口微内收，弧腹，腹深，矮圈足，挖足略过肩，足壁外撇、宽厚，圈足足心明显下凸。口径19.4、底径8.2、高7.8厘米（图三〇六，5；图版三六，5、6）。

Cb型　2件，无白地黑花器。浅腹，器剖面近三分之一圆形。包括2007YY东T10H106：1（浅腹）、2007YY东T12H172①：10。

2007YY东T10H106：1（浅腹），黄灰胎较厚，壁近圈足处厚1厘米。圈足底有棕褐色护胎釉，略有光泽。器外壁上部及整个内壁施釉，釉层薄；釉白色泛黄，有光泽。釉层下施一层白色化妆土略厚。内底粘有一周他器的圈足底痕。方圆唇，唇沿外凸，圆弧腹，腹浅，圈足较高，挖足过肩，器底未修复，推测为平底。口径17.6、底径6、高6厘米（图三〇六，6）。

丙类　21件，其中白地黑花器8件。直口或敛口，筒形腹，圈足。依据唇部形态差异分为二型。

A型　17件，其中白地黑花器5件。圆唇。依据胎釉、圈足及腹部形态分三式。

Ⅰ式　9件，其中白地黑花器3件。灰胎，釉面有光泽。腹深，圈足有一定高度，挖足不一定过肩，足壁较直或微斜、不厚，圈足足心为平底。包括2006YY西ⅠT6H81③：18、2006YY西ⅠT25H269：2（白地黑花）（图版三五，5、6）、2006YY西ⅡT1G6：1（白地黑花）、2007YY西ⅠT5④：2（白地黑花）、2007YY西ⅠT5④：3、2007YY西ⅠT15H377：1、2007YY西ⅠT22H182：1、2007YY西ⅠT22J2：25、2007YY东T9H147：6。

2006YY西ⅡT1G6：1（白地黑花），灰胎，外壁下部及圈足处露胎。器内壁及外壁上部施冻白釉，外壁中部以黑彩绘写意草叶纹。釉层下施一层白色化妆土。圆唇，直口，筒形腹，有一定深腹，圈足有一定高度，挖足过肩，足壁外撇，圈足足心为平底。口径12.3、底径6.6、高9.4厘米（图三〇七，1；图版三三，4）。

2007YY西ⅠT22H182：1，灰胎。器外壁上部及整个内壁施釉，釉层薄；釉冻白色，釉面光泽度好。除圈足心外，器内外壁有釉无釉处均施一薄层白色化妆土。圆唇，敛口，筒形腹微鼓，腹深，圈足不高，挖足略过肩，足壁不厚、外撇，圈足足心未修复，推测为平底。口径14.6、底径7.4、高11.6厘米（图三〇七，2；图版四六，3）。

Ⅱ式　6件，其中白地黑花器2件。灰胎或黄灰胎。釉面有光泽。腹变浅，圈足不高，挖足不一定过肩，足壁微外撇，圈足足心为平底。包括2006YY西ⅠT2H27：10、2007YY西ⅠT3H267：2、2007YY西ⅠT9J7：18（小口径，浅腹）、2007YY西ⅠT19H328：17、2007YY

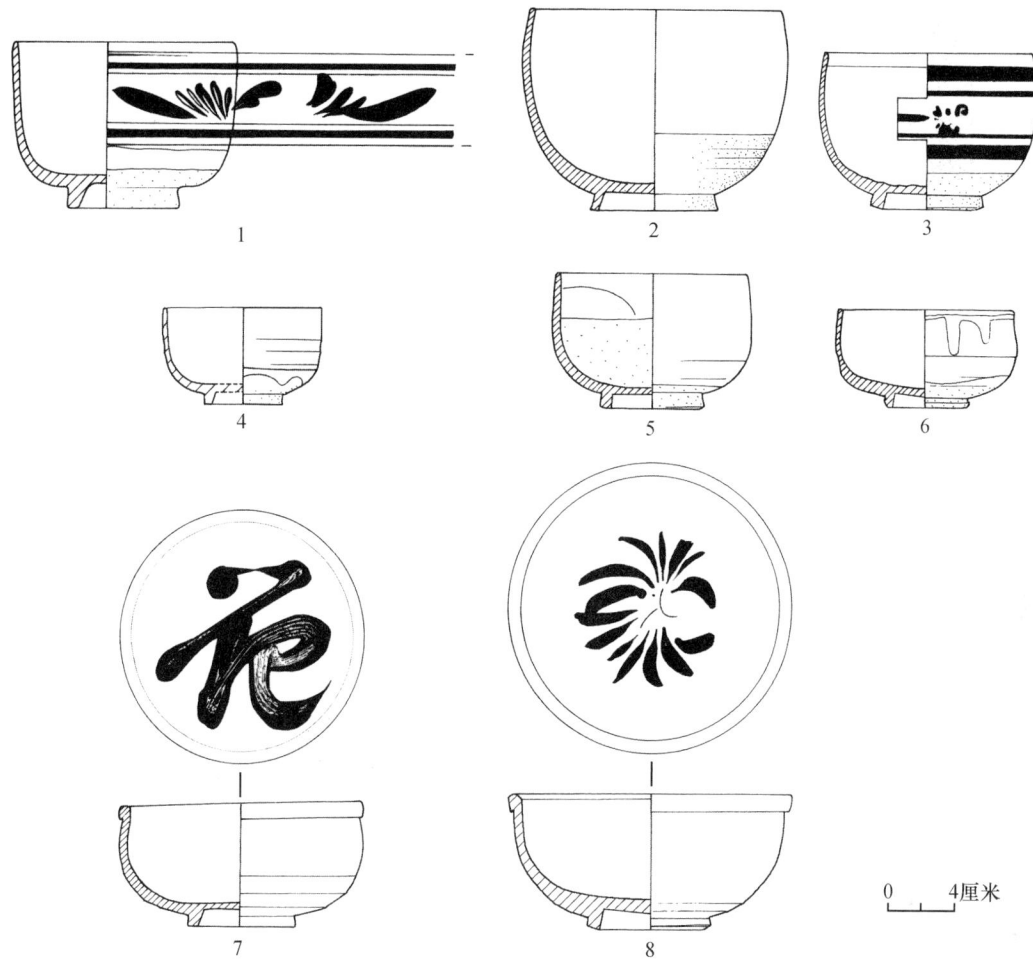

图三〇七　丙类白釉瓷碗

1、2.A型Ⅰ式（2006YY西ⅡT1G6∶1、2007YY西ⅠT22H182∶1）　3～5.A型Ⅱ式（2007YY东T3L1②∶4、2007YY西ⅠT3H267∶2、2007YY西ⅠT19H328∶17）　6.A型Ⅲ式（2007YY西ⅠT15J4∶4）　7、8.B型（2006YY西ⅠT25H252∶2、2007YY西ⅠT20H151∶4）

西ⅠT23③∶12（白地黑花）、2007YY东T3L1②∶4（白地黑花）。

2007YY东T3L1②∶4（白地黑花），胎色略呈水红色。除外壁圈足及近圈足处外，器内外壁通体施釉，釉层薄；外壁化妆土与胎面结合不好，多剥落。釉冻白色，其中内壁釉层下的白色化妆土极薄，使釉色暗哑；釉面光泽暗淡。釉层下施一层白色化妆土，外壁厚而内壁极薄，内壁局部无化妆土。圆唇，敛口，筒形腹微鼓，有一定深腹，圈足不高，挖足不过肩，足壁外撇，圈足足心为平底。口径12.2、底径6.6、高9厘米（图三〇七，3）。

2007YY西ⅠT3H267∶2，黄灰胎。外壁上部及整个内壁施釉，釉层薄；釉冻白色；釉面有光泽。釉层下施一层薄薄的化妆土。圆唇，直口，筒形腹，腹浅，矮圈足，挖足过肩，足壁外撇，圈足足心为修复。口径9、底径4.6、高5.6厘米（图三〇七，4）。

2007YY西ⅠT19H328∶17，灰胎，露胎处圈足底红褐色。器内壁上部、外壁除圈足及近圈足处外施釉，釉层薄；釉白色，有光泽。除外壁圈足部位外，器内外壁有釉无釉处通体施一层化妆土。圆唇，直口，筒形腹，有一定深腹，圈足不高，挖足不过肩，足壁微外撇，圈足足心为修复。口径11、底径6、高7.8厘米（图三〇七，5；图版四五，1、2）。

Ⅲ式　2件。黄灰胎或褐红胎。釉色略发黄，多数有光泽。整器变小，器腹明显变浅，圈足略矮，挖足略过肩，圈足足心微下凸。包括2006YY西ⅠT20H133∶2（小口径）、2007YY西ⅠT15J4∶4。

2007YY西ⅠT15J4∶4，淡红褐胎，露胎处表面棕褐色，似护胎釉。器外壁上部及整个内壁施釉，釉层薄；釉暗白色，有流釉；釉面无光泽。圆唇，敛口，筒形腹微鼓，腹浅，矮圈足，挖足近肩，足壁外撇，圈足足心明显下凸。口径10.2、底径4.8、高5.6厘米（图三〇七，6）。

B型　4件，其中白地黑花器3件。灰黄胎，泛黄褐色，部分有光泽。外壁均不施釉而露胎。厚方圆唇，唇部外凸。器腹有一定深度，矮圈足，足壁微外撇，挖足不一定过肩，圈足足心为平底或微下凸。包括2006YY西ⅠT6H81①∶2（白地黑花）（图版三四，1、2）、2006YY西ⅠT25H252∶2（白地黑花）、2007YY西ⅠT18③∶16、2007YY西ⅠT20H151∶4（白地黑花）。

2006YY西ⅠT25H252∶2（白地黑花），夹少量细砂。器内壁及口部施釉，外壁局部有流釉；釉层薄，有冰裂纹；釉冻白色，外壁流釉色青黄，光泽不好。釉层下有化妆土。内底有褐彩所书"花"字。厚方唇，唇部外凸，敛口，筒形腹，腹有一定深度，矮圈足，足壁外撇，圈足足心为平底。口径14.4、底径6.4、高7.2厘米（图三〇七，7；图版三五，3、4）。

2007YY西ⅠT20H151∶4（白地黑花），灰胎。器口部及整个内壁施釉，釉层薄；釉白色，釉面有光泽。釉层下施一层白色化妆土，上薄下厚。器内壁有褐彩，腰部一周宽带，碗底写意草叶纹两簇。内底有楔形支钉三个，长约0.5厘米。厚方唇，唇部外凸，微侈口，筒形腹，腹有一定深度，矮圈足，足壁外撇，圈足足心近平微凸。口径16.8、底径7.4、高7.8厘米（图三〇七，8；图版四五，3、4）。

2. 盏

阳翟故城遗址出土了大量瓷盏，白釉盏共计157件，其中白地黑花器共计12件。依据整器形态差异，将其分为甲、乙两类。

甲类　60件，其中白地黑花器共计11件。碗形盏。鉴于功用的差异，将口径小于12厘米、浅腹类碗形者归入碗形盏类，依据腹部形态差异分为二型。

A型　13件，其中白地黑花器2件。直腹或直弧腹。依据口部形态差异，分为三亚型。

Aa型　4件。侈口微内收，直弧腹，器腹有一定的深度，器身剖面近似等腰梯形。依据胎釉及器底形态差异，分为二式。

Ⅰ式　1件。灰胎。釉面有光泽。圈足有一定高度，挖足略过肩，足壁因挖足外撇明显、有一定厚度，圈足足心微凸。

2007YY西ⅠT20H151②∶13，灰胎。器外壁上部及整个内壁施釉，釉层薄；釉冻白色，釉面光泽暗淡。釉层下施一薄层白色化妆土。圆唇，侈口微内收，直弧腹，器腹有一定深度，圈足有一定高度，挖足略过肩，足壁外撇、有一定厚度，圈足足心微凸近平。口径10.8、底径4.4、高3.8厘米（图三〇八，1）。

Ⅱ式　3件。灰胎或黄灰胎。釉色发黄，光泽暗淡。圈足不高，足壁较厚，因挖足足内壁斜度较大，圈足足心有锥形下凸。包括2006YY西ⅠT27H176∶4、2007YY西ⅠT1H10①∶1、2007YY东T10②∶3。

2006YY西ⅠT27H176∶4，深灰胎。器内外壁通体施釉，釉层薄；外壁上部及整个内壁白釉偏黄，无光泽；外壁其余部位酱褐色，有光泽；白釉层下施一层白色化妆土较厚。内底有麻点状支钉四个，由十余个小凸点组成。圆唇，侈口微内收，直弧腹，器腹有一定的深度，圈足不高，挖足近肩，足壁外撇、宽厚，圈足足心明显下凸。口径11.2、底径4.6、高3.7厘米（图三〇八，2）。

Ab型　7件，其中白地黑花器1件。侈口，直弧腹，器腹有一定深度，器身剖面近似三角形。依据胎釉及器底形态差异分为二式。

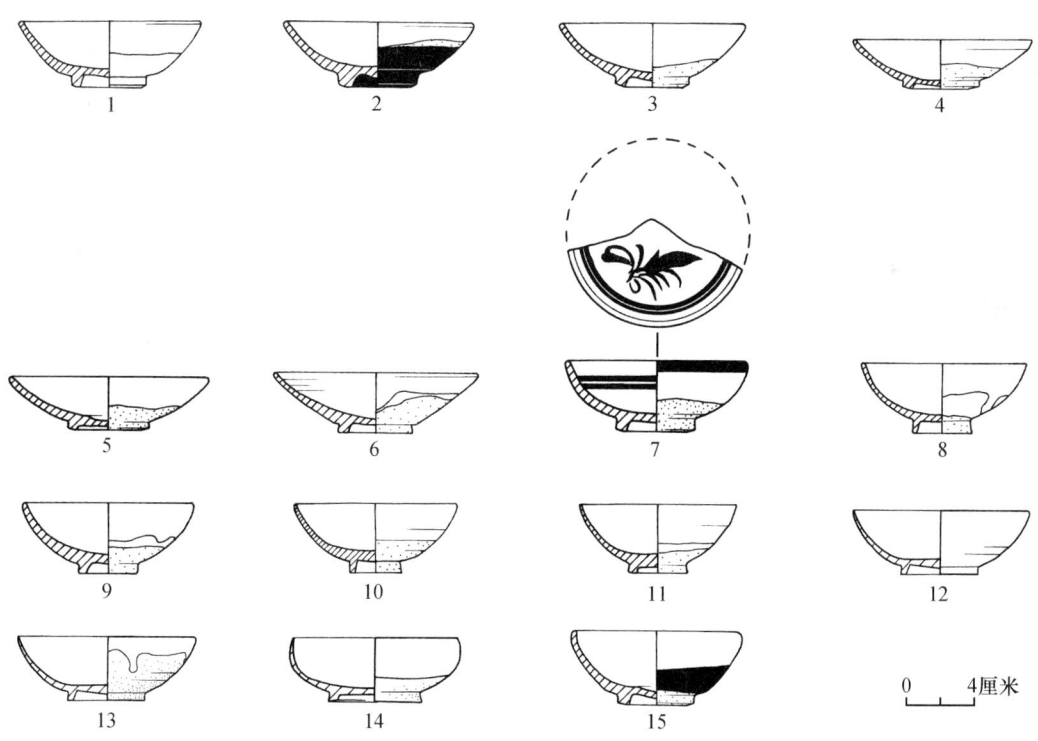

图三〇八　甲类白釉瓷盏

1. Aa型Ⅰ式（2007YY西ⅠT20H151②∶13）　2. Aa型Ⅱ式（2006YY西ⅠT27H176∶4）　3、4. Ab型Ⅰ式（2006YY西ⅠT26H211∶18、2007YY东T11⑤∶1）　5. Ab型Ⅱ式（2007YY西ⅠT5④∶4）　6. Ac型（2007YY东T6J1∶3）　7~9. Ba型Ⅰ式（2007YY东T9H147∶8、2007YY西ⅠT9J7∶7、2007YY东T9H236∶2）　10. Ba型Ⅱ式（2007YY西ⅠT20H151∶8）　11. Ba型Ⅲ式（2007YY西ⅠT9③∶2）　12. Ba型Ⅳ式（2007YY西ⅠT6H47∶19）　13、14. Bb型Ⅰ式（2007YY东T10J5∶43、2007YY西ⅠT5H143∶1）　15. Bb型Ⅱ式（2007YY东T13H1∶2）

Ⅰ式　4件，其中白地黑花器1件。灰胎。釉面有光泽。圈足有高有矮，挖足不一定过肩，足内壁微斜，圈足足心下凸。包括2006YY西ⅠT26H211∶18、2006YY西ⅠT26J9∶3、2007YY西ⅠT5④∶9（白地黑花）、2007YY东T11⑤∶1。

2006YY西ⅠT26H211∶18，黄灰胎。除圈足及近圈足处外，器内外壁通体施釉，釉层薄；釉白色，有光泽。釉层下施一薄层白色化妆土。圆唇，侈口，直弧腹，器腹有一定深度，矮圈足，挖足略过肩且有一定深度，足壁外撇、有一定厚度，圈足足心微下凸。口径11、底径4.2、高3.7厘米（图三〇八，3）。

2007YY东T11⑤∶1，灰胎。器外壁上部及整个内壁施釉，釉层薄；釉冻白色，釉面光泽暗淡。釉层下施一薄层白色化妆土。圆唇，侈口，直弧腹，器腹有一定的深度，矮圈足，挖足不过肩且有一定深度，足壁外撇、有一定厚度，圈足足心微下凸。口径10.8、底径4.6、高2.8厘米（图三〇八，4）。

Ⅱ式　3件。黄灰胎或淡黄胎。釉色发黄，光泽暗淡。圈足很矮，挖足很浅而不过肩，足壁微斜，圈足足心为平底。包括2007YY西ⅠT5④∶4、2007YY西ⅠT5④∶10、2007YY西ⅠT5④∶15。

2007YY西ⅠT5④∶4，淡黄胎。外壁下部无釉，圈足处施白色化妆土。器内外壁施冻白釉，釉色略发黄，有光泽。釉下层施一层白色化妆土，略厚。圆唇，侈口，直弧腹，器腹有一定的深度，圈足很矮，挖足不过肩、很浅，足壁微外撇，圈足足心微凸近平。口径11.8、底径4.8、高3.2厘米（图三〇八，5）。

Ac型　2件。侈口口阔，直腹，腹浅，器身剖面近似三角形。包括2007YY西ⅠT19H183∶4（白地黑花）、2007YY东T6J1∶3。

2007YY东T6J1∶3，黄褐胎，外壁下部及圈足露胎处施褐红色护胎釉。内壁及外壁上部施冻白釉，有光泽。釉层下施一层白色化妆土。圆唇，侈口，斜直腹，器腹有一定深度，圈足不高，挖足略过肩且有一定深度，足壁外撇，圈足足心微凸近平。口径12、底径4.2、高3.6厘米（图三〇八，6）。

B型　47件，其中白地黑花器9件。圆弧腹。依据口部及腹部形态差异分为二亚型。

Ba型　39件，其中白地黑花器6件。侈口微内收，圆弧腹，剖面近似半圆形，圈足。依据胎釉及器底形态差异分为四式。

Ⅰ式　11件，其中白地黑花器1件。灰胎或淡黄胎。釉面有光泽。圈足有一定高度，挖足多不过肩，足壁较直，圈足足心为平底。包括2006YY西ⅠT6H81①∶1、2006YY西ⅠT10H13②∶7、2007YY西ⅠT6H124∶2、2007YY西ⅠT9J7∶2、2007YY西ⅠT9J7∶7、2007YY西ⅠT9J7∶24、2007YY西ⅠT18③∶13、2007YY东T9H147∶8（白地黑花）、2007YY东T9H236∶2（图三〇八，9）、2007YY东T12G3①∶1、2007YY东T14⑤∶2。

2007YY东T9H147∶8（白地黑花），灰胎。器外壁上部及整个内壁施釉，釉层薄；釉白色，釉面有光泽。釉层下施一层白色化妆土较厚。有酱褐彩，器外壁近口部一周宽弦纹，内壁腰部两周弦纹，内底残存写意折枝花一株。圆唇，侈口微内收，圆弧腹，器腹有一定深度，矮圈足，挖足近肩、有一定深度，足壁外撇，圈足足心微凸近平。口径10.6、底径4.6、高4.2厘米（图三〇八，7；图版四七，5、6）。

2007YY西ⅠT9J7：7，黄灰胎，圈足露胎。器内壁及外壁上部施冻白釉，釉有光泽。釉层下施一层白色化妆土。圆唇，侈口微内收，圆弧腹，器腹有一定深度，圈足有一定高度，挖足近肩、有一定深度，足壁外撇，圈足足心为平底。口径10、底径3.6、高4厘米（图三〇八，8）。

Ⅱ式　21件，其中白地黑花器4件。灰胎或淡黄胎。釉面光泽度下降。圈足很矮，挖足浅而不过肩，圈足足心为平底或圈足尚有一定高度，挖足过肩，足壁微外撇，圈足足心微下凸。包括2006YY西ⅠT2H27：9、2006YY西ⅠT10H23：1、2006YY西ⅠT14H117：1、2006YY西ⅠT25H269：1、2006YY西ⅠT25②：17、2006YY西ⅠT27H176：3、2007YY西ⅠT5H226：5、2007YY西ⅠT5③：10、2007YY西ⅠT6H124：1、2007YY西ⅠT9J7：19（白地黑花）、2007YY西ⅠT11H135：1（白地黑花）、2007YY西ⅠT11H231：3（白地黑花）（图版四八，3、4）、2007YY西ⅠT19H74：1、2007YY西ⅠT19H328：14、2007YY西ⅠT20H151②：22、2007YY西ⅠT20H151：8、2007YY西ⅠT23③：13、2007YY西ⅠTG1J13：4（白地黑花）、2007YY东T11J6：6、2007YY东T13H153：10、2007YY东T14H56：2。

2007YY西ⅠT20H151：8，灰胎。器外壁上部及整个内壁施釉，釉层薄；釉冻白色，釉面有光泽。釉层下施一薄层白色化妆土。圆唇，侈口微内收，圆弧腹，器腹有一定的深度，圈足有一定高度，挖足略过肩、有一定深度，足壁外撇，圈足足心微凸近平。口径9.4、底径3、高4厘米（图三〇八，10；图版四六，1）。

Ⅲ式　5件，其中白地黑花器1件。灰胎或淡黄胎，胎色偏褐色。釉面有光泽。圈足矮，挖足很浅而不过肩，圈足足心平底微凸。包括2006YY西ⅠT26J9：1、2007YY西ⅠT9③：2、2007YY西ⅠT17J12：1（白地黑花）、2007YY西ⅠT19H328：2、2007YY东T12H141：2。

2007YY西ⅠT9③：2，黄灰胎，外底露胎。器内壁及外壁上部施冻白釉，有光泽。釉层下施一层白色化妆土。圆唇，侈口微内收，圆弧腹，器腹有一定深度，矮圈足，挖足浅而不过肩，足壁微外撇，圈足足心微凸近平。口径9.2、底径3.4、高3.8厘米（图三〇八，11）。

Ⅳ式　2件。淡黄胎或红褐胎。釉色发黄，光泽暗淡。圈足矮，挖足多数过肩，足内壁外撇明显，圈足足心锥状下凸。包括2007YY西ⅠT6H47：19、2007YY西ⅠT19③：1。

2007YY西ⅠT6H47：19，淡红褐粗胎。器内壁及外壁全部施釉，釉层薄；釉冻白色，微闪黄，光泽暗淡。釉层下施白色化妆土。圆唇，侈口微内收，圆弧腹，器腹有一定的深度，矮圈足，挖足过肩、有一定深度，足壁外撇，圈足足心锥状下凸。口径10.6、底径4.6、高3.6厘米（图三〇八，12）。

Bb型　8件，其中白地黑花器3件。敛口，圆弧腹，圈足。依据胎釉及器底形态差异，将其分为二式。

Ⅰ式　3件。黄灰胎或淡黄胎，釉面有光泽。矮圈足，挖足浅而不过肩，足壁因挖足微外撇，足壁不厚，圈足足心微下凸。包括2007YY西ⅠT5H143：1、2007YY东T7H112②：3、

2007YY东T10J5：43。

2007YY东T10J5：43，淡黄胎。器外壁上部及整个内壁施釉，釉层薄；釉白色，内壁泛黄，有冰裂纹，釉面有光泽。釉层下施一层白色化妆土，上部略厚，底部较厚。圆唇，敛口，圆弧腹，器腹有一定的深度，矮圈足，挖足近肩、不深，足壁外撇，圈足足心微下凸。口径9.6、底径3.2、高4.4厘米（图三〇八，13）。

2007YY西ⅠT5H143：1，黄灰胎，夹细砂。器内壁及外壁上部施釉，釉层薄；釉冻白色，有光泽。釉层下施白色化妆土。圆唇，敛口，圆弧腹，腹浅，矮圈足，挖足近肩、不深，足壁外撇，圈足足心微凸近平。口径7.4、底径5.4、高3.6厘米（图三〇八，14）。

Ⅱ式 5件，其中白地黑花器3件。灰胎、黄灰胎或黄褐胎。釉色发黄，光泽暗淡。矮圈足，挖足不一定过肩，足内壁因挖足斜度很大，足壁宽厚，圈足足心留有锥状下凸。包括2006YY西ⅠT18②：12、2007YY东T1H26：1、2007YY东T9H130：1（白地黑花）、2007YY东T13H1：2（白地黑花）、2007YY东T14H96：1（白地黑花）。

2007YY东T13H1：2（白地黑花），褐灰胎，圈足露胎。器内外壁施冻白釉，釉色略显黄，外壁中部施酱黑釉，有光泽。釉层下施一层白色化妆土。圆唇，敛口，圆弧腹，器腹有一定的深度，矮圈足，挖足略过肩，足壁外撇、宽厚，圈足足心明显下凸。口径9.6、底径4.4、高4.2厘米（图三〇八，15）。

乙类 碟形盏。97件，其中白地黑花器仅1件。鉴于功用的差异，现将口径小于等于10厘米且腹略深和少数口径虽大于10厘米但腹浅而形类小碟者，归入碟形盏类。可分二型。

A型 39件，其中白地黑花器1件。弧壁。依据口部形态差异，分为二亚型。

Aa型 16件，其中白地黑花器1件。圆唇。依据胎釉及器底形态差异分为三式。

Ⅰ式 4件。灰胎或黄灰胎。釉色较白，有光泽。矮圈足，挖足尚有一定深度，但不过肩，足内壁微斜，圈足足心微凸近平。包括2006YY西ⅠT6H81①：27、2006YY西ⅠT26H211：10、2006YY西ⅠT27H180：4、2007YY西ⅠT17J12：9。

2006YY西ⅠT26H211：10，灰胎。器外壁上部及整个内壁施釉，釉层薄；釉白色略泛淡紫；釉面光泽度好，玻璃质感较好。釉层下施一薄层白色化妆土。内底有芝麻点状支钉五个，长0.4厘米。圆唇，侈口，弧壁，腹浅，圈足很矮，挖足不过肩、很浅，足壁微外撇，圈足足心微凸近平。口径5.8、底径4.4、高2.6厘米（图三〇九，1；图版四七，3）。

Ⅱ式 11件，其中白地黑花器1件。淡黄胎或黄灰胎。釉面有光泽。矮圈足，挖足很浅而不过肩，足壁窄，足内壁微斜，圈足足心为平底。包括2006YY西ⅠT26H211：17、2007YY西ⅠT5④：8、2007YY西ⅠT8③：30、2007YY西ⅠT9J7：4、2007YY西ⅠT20③：9、2007YY东T4③B：3、2007YY东T9H147：10（图版四八，1）、2007YY东T10H159：2、2007YY东T10J5：10（白地黑花）、2007YY东T12H65①：2、2007YY东T12H172①：12。

2006YY西ⅠT26H211：17，灰胎。器外壁上部及整个内壁施釉，釉层薄；釉白色发暗；釉面光泽暗淡。釉层下施一薄层白色化妆土。圆唇，侈口，弧壁，腹浅，圈足很矮，挖足不过肩、浅，足壁微外撇，圈足足心微下凸。口径10、底径4、高2.6厘米（图三〇九，2）。

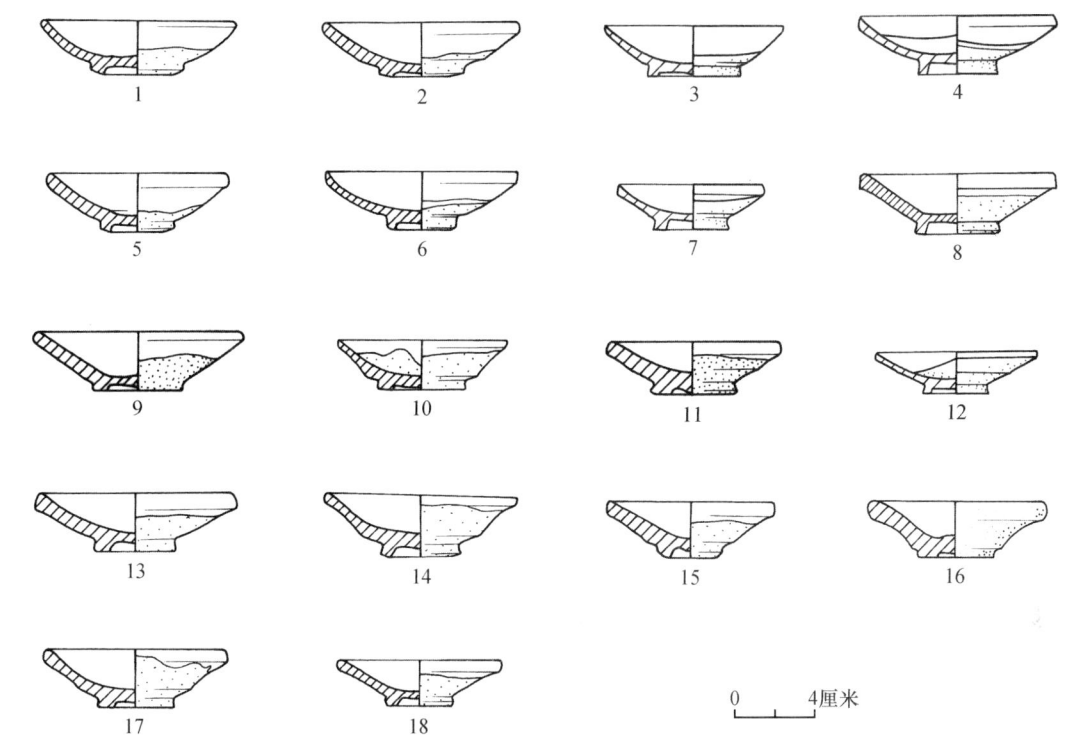

图三〇九　乙类白釉瓷盏

1. Aa型Ⅰ式（2006YY西ⅠT26H211∶10）　2. Aa型Ⅱ式（2006YY西ⅠT26H211∶17）　3. Aa型Ⅲ式（2007YY西ⅠT19H183∶3）　4. Ab型Ⅰ式（2007YY东T10J5∶19）　5、6. Ab型Ⅱ式（2006YY西ⅠT14②∶2、2007YY西ⅠT9J7∶8）　7. Ab型Ⅲ式（2007YY东T10H63∶1）　8. Ba型Ⅰ式（2007YY西ⅠT20H151∶29）　9. Ba型Ⅱ式（2007YY西ⅠT11④∶2）　10、11. Ba型Ⅲ式（2007YY西ⅠT3③∶1、2007YY西ⅠT8③∶33）　12. Ba型Ⅳ式（2007YY西ⅠT21③∶6）　13、14. Bb型Ⅰ式（2006YY西ⅠT25H271∶1、2007YY东T13H153∶30）　15、16. Bb型Ⅱ式（2006YY西ⅠT16H58∶6、2006YY西ⅠT25③∶8）　17、18. Bb型Ⅲ式（2007YY东T3⑫∶6、2007YY西ⅠT1②∶2）

Ⅲ式　1件。淡黄胎或红胎，釉色发黄，光泽暗淡。矮圈足，挖足很浅或接近假圈足，足壁变宽厚，圈足足心下凸。

2007YY西ⅠT19H183∶3，淡黄胎。外壁上部及整个内壁施釉，釉层薄；釉白中泛黄；釉面无光泽。釉层下施一薄层化妆土。圆唇，侈口，弧壁，腹浅，圈足很矮，挖足不过肩、很浅，足壁微外撇，圈足足心下凸。口径8.8、底径4.6、高2.4厘米（图三〇九，3）。

Ab型　23件，无白地黑花器。方唇。依据胎釉及器底形态差异分为三式。

Ⅰ式　3件。灰胎或黄灰胎，釉面有光泽。矮圈足，挖足尚有一定深度但不过肩，足壁薄微外撇，圈足足心微凸近平。包括2007YY西ⅠT12J8∶1、2007YY东T10H10∶4、2007YY东T10J5∶19。

2007YY东T10J5∶19，灰胎。器内外壁上部施釉，内壁下部局部有刷釉痕，釉层薄；釉原应透明无色，因氧化或其他原因，现呈淡玫瑰红色。釉层下施一薄层白色化妆土，内壁无釉处亦施化妆土。方唇，侈口，弧壁，腹浅，圈足有一定高度，挖足近肩、有一定深度，足壁微外撇，圈足足心微凸近平。口径10、底径4、高2.8厘米（图三〇九，4）。

Ⅱ式　18件。黄灰胎或淡黄胎。釉面光泽下降。矮圈足，挖足浅而不过肩，足壁较直，圈足足心为平底或有小凸点。包括2006YY西ⅠT5H21：3、2006YY西ⅠT14②：2、2006YY西ⅠT14②：5、2006YY西ⅠT18④：4、2006YY西ⅠT20H72：3、2006YY西ⅠT22④：2、2006YY西ⅠT25H264：1、2006YY西ⅠT25②：7、2007YY西ⅠT8③：17、2007YY西ⅠT9J7：8、2007YY西ⅠT11H34：1、2007YY西ⅠT13H201：3、2007YY西ⅠT15H134：2、2007YY西ⅠT15H351③：14、2007YY西ⅠT17③：4、2007YY东T3H55：1、2007YY东T6H155③：6、2007YY东T10J5：4。

2006YY西ⅠT14②：2，黄灰胎，夹细砂，圈足及近圈足处露胎。器内壁及外壁中上部施釉，釉层薄；冻白釉，局部有细冰裂纹；光泽暗淡。釉层下施白色化妆土。方唇，侈口，弧壁，腹浅，矮圈足，挖足近肩、尚有一定深度，足壁微外撇，圈足足心微凸近平。口径7.2、底径3.6、高2.8厘米（图三〇九，5）。

2007YY西ⅠT9J7：8，黄灰胎，外壁下部及圈足露胎。器内壁及外壁上部施冻白釉，有光泽。釉层下施一层白色化妆土。方唇，侈口，弧壁，腹浅，圈足有一定高度，挖足不过肩、浅，足壁微外撇，圈足足心微凸近平。口径9.6、底径3.4、高2.8厘米（图三〇九，6）。

Ⅲ式　2件。褐红胎。釉色发黄，光泽暗淡。矮圈足，挖足很浅而不过肩，足壁宽厚，圈足足心下凸。包括2007YY东T9G1：1、2007YY东T10H63：1。

2007YY东T10H63：1，淡黄胎，露胎处表面红褐。外壁上部及整个内壁施釉，釉层薄；釉白中泛黄；釉面光泽暗淡。釉层下施一层化妆土较厚。方唇，侈口，弧壁，腹浅，圈足有一定高度，挖足过肩、有一定深度，足壁微外撇，圈足足心明显下凸。口径7.4、底径3.8、高2.2厘米（图三〇九，7；图版四八，2）。

B型　58件，无白地黑花器。直壁。依据口部形态分为二亚型。

Ba型　27件。侈口不外撇。依据胎釉及器底形态差异，分为四式。

Ⅰ式　5件。灰胎或灰黄胎，釉色较白，有光泽。圈足尚有一定的高度，挖足尚有一定深度，但不一定不过肩，足壁不宽微斜，圈足足心为微凸平底。包括2007YY西ⅠT8④：2、2007YY西ⅠT9J7：5、2007YY西ⅠT20H151：25、2007YY西ⅠT20H151：29、2007YY西ⅠT21H151：12。

2007YY西ⅠT20H151：29，淡黄胎。器外壁上部及整个内壁施釉，釉层薄；釉冻白色，釉面有光泽。釉层下施一薄层白色化妆土。内底残存芝麻状支钉一个，长0.4厘米。方唇、侈口不外撇，斜直腹，腹有一定深度，圈足不高，挖足不过肩，足壁微撇，圈足足心为平底。口径9.8、底径4.2、高2.8厘米（图三〇九，8）。

Ⅱ式　15件。淡黄胎或黄灰胎，釉面有光泽。矮圈足，挖足很浅而不过肩，足壁不宽，圈足足心近平微凸。包括2006YY西ⅠT25H284：1、2007YY西ⅠT8③：6、2007YY西ⅠT11④：2、2007YY西ⅠT15H103：4、2007YY西ⅠT19H328：13、2007YY西ⅠT20H102：2、2007YY西ⅠT20H102：3、2007YY西ⅠT20H151②：5、2007YY西ⅠT21H151：14、2007YY西ⅠT21J5：3、2007YY西ⅠT22③：9、2007YY西ⅠT25Z9：1、

2007YY东T4H19：2、2007YY东T10J5：16、2007YY东T13H153：34。

2007YY西ⅠT11④：2，灰胎，外壁下部及圈足露胎，圈足底为褐红色。器内壁及外壁上部施冻白釉，有光泽。釉层下施一层白色化妆土。方唇，侈口，弧壁，腹不深，矮圈足，挖足很浅，足壁近直，圈足足心微凸。口径10.6、底径4.4、高2.8厘米（图三〇九，9）。

Ⅲ式　6件。黄灰胎或黄褐胎。釉面光泽下降。矮圈足，挖足不过肩，足壁变宽厚，足内壁外撇明显，圈足足心为平底或锥状下凸。包括2006YY西ⅠT14②：7、2007YY西ⅠT3③：1、2007YY西ⅠT3H12：2、2007YY西ⅠT8③：33、2007YY西ⅠT11H34：2、2007YY西ⅠT19③：15。

2007YY西ⅠT3③：1，黄灰胎，外壁及器底无釉。内壁施冻白釉，光泽暗淡。圆唇，侈口，弧壁，腹浅，矮圈足，挖足很浅，足壁微外撇、宽厚，圈足足心微下凸。口径8.4、底径4.2、高2.4厘米（图三〇九，10）。

2007YY西ⅠT8③：33，黄褐胎，外壁大部无釉。器内壁及外壁口部施冻白釉，釉色泛黄，光泽暗淡。釉层下施一层白色化妆土。方唇，侈口，弧壁，腹浅，矮圈足，挖足浅，足壁微外撇，圈足足心锥状下凸。口径8.8、底径4.2、高2.6厘米（图三〇九，11）。

Ⅳ式　1件。黄灰胎。釉色发黄，光泽暗淡。假圈足。

2007YY西ⅠT21③：6，黄灰胎。器口及内壁上部施釉，釉层薄；釉应为白色，已氧化，无光泽。内壁有釉无釉处均施一薄层白色化妆土。方唇，侈口，弧壁，腹浅，假圈足。口径8.2、底径3.4、高2厘米（图三〇九，12）。

Bb型　31件。敞口外放。依据胎釉及器底形态差异，分为三式。

Ⅰ式　10件。灰胎、淡黄胎或黄灰胎，釉面有光泽。矮圈足，挖足浅而不过肩，足壁尚薄，圈足足心为平底或微下凸。包括2006YY西ⅠT25H271：1、2006YY西ⅠT25H271：4、2006YY西ⅠT25②：5、2006YY西ⅡT4②：3、2007YY西ⅠT5③：28、2007YY西ⅠT9H249：2、2007YY西ⅠT11③：13、2007YY西ⅠT21③：3、2007YY东T13H153：30、2007YY东T13H153：61。

2006YY西ⅠT25H271：1，黄灰胎。器内壁及外壁近口处施釉，釉层薄；冻白釉；有光泽。釉层下施白色化妆土。方唇，侈口外放，弧壁，腹浅，圈足不高，挖足近肩、有一定深度，足壁微外撇，圈足足心微凸近平。口径10、底径4、高2.8厘米（图三〇九，13）。

2007YY东T13H153：30，淡黄胎。器外壁上部及整个内壁施釉，釉层薄；釉冻白色，釉面无光泽。釉层下施一薄层白色化妆土。方唇，侈口外放，直弧壁，腹浅，圈足不高，挖足近肩、有一定深度，足壁微外撇，圈足足心微凸近平。口径9.6、底径4、高3.2厘米（图三〇九，14）。

Ⅱ式　17件。淡黄胎、黄灰胎或黄褐胎。釉面光泽下降。矮圈足，挖足浅，多不过肩，足壁变宽厚，圈足内径变小，圈足足心微下凸。包括2006YY西ⅠT16H58：6、2006YY西ⅠT25③：8、2006YY西ⅠT32Z7：1、2006YY西ⅡT5②：2、2007YY西ⅠT2③：7、2007YY西ⅠT5③：8、2007YY西ⅠT5④：14、2007YY西ⅠT9H249：3、2007YY西ⅠT11H34：4、

2007YY西ⅠT15H351③：8、2007YY西ⅠT15H351③：13、2007YY西ⅠT16③：2、2007YY西ⅠT16③：5、2007YY西ⅠT18H239：17、2007YY西ⅠT23H296：1、2007YY东T6⑤C：2、2007YY东T13H153：37。

2006YY西ⅠT16H58：6，灰胎，器底露胎处显红褐色。器内壁及外壁上部施冻白釉，有光泽。釉层下施一层白色化妆土。方唇，侈口外放，斜直壁，腹浅，矮圈足，挖足略浅，足壁微外撇，圈足足心微下凸。口径8.4、底径3、高2.8厘米（图三〇九，15）。

2006YY西ⅠT25③：8，深灰胎，外壁露胎。内壁施冻白釉，釉色暗黄，无光泽。方唇，侈口外放，斜直壁，腹浅，矮圈足，挖足浅，足壁近直，圈足足心微下凸。口径9、底径3.8、高2.8厘米（图三〇九，16）。

Ⅲ式　4件。红褐胎或黄褐胎。釉色发黄，光泽暗淡。矮圈足，挖足浅，多不过肩，足壁宽厚，足内壁斜度很大，圈足内径很小，圈足足心下凸，圈足接近假圈足。包括2007YY西ⅠT1②：2、2007YY西ⅠT6③：16、2007YY东T3⑫：6、2007YY东T5H142：4。

2007YY东T3⑫：6，褐红胎，外壁大部露胎。内壁及外壁口沿处施冻白釉，釉色略泛黄，有光泽。釉层下施一层白色化妆土。方唇，侈口外放，斜直壁，腹浅，矮圈足，挖足浅，足壁微外撇，圈足足心微下凸。口径9.2、底径3.6、高3厘米（图三〇九，17）。

2007YY西ⅠT1②：2，深灰泛紫胎，外壁大部及圈足露胎。内壁及外壁口部施冻白釉，釉色暗黄，无光泽。方唇，侈口外放，斜直壁，腹浅，矮圈足，挖足尚有一定深度，足壁微外撇，圈足足心微下凸。口径8.2、底径3.4、高2.2厘米（图三〇九，18）。

3. 碟

碟实为口径小而腹较浅的盘，也可称之为"小盘"，碟与盘在用途、功能与形态上基本一致。54件，其中白地黑花器9件。本书将口径10～14厘米的一类口大腹浅者，归入碟类。依据器壁形态将其分为甲、乙两类。

甲类　44件，其中白地黑花器7件。弧腹。依据口部、腹部及圈足有无分为三型。

A型　8件，无白地黑花器。侈口或敛口，弧腹，无圈足。依据口部及器底形态分为三亚型。

Aa型　1件。敛口，平底，卧足。

2006YY西ⅠT25②：15，黄灰胎，夹细砂。除器底外，器内外壁通体施釉，釉层薄；白釉泛黄褐色，有光泽。釉层下施一层白色化妆土。圆唇，敛口，弧腹，平底，卧足。口径9.2、底径4.4、高3厘米（图三一〇，1）。

Ab型　3件。侈口，平底，卧足。包括2006YY西ⅠT27②：1、2006YY西ⅠT27H180：9、2007YY东T10J5：3。

2006YY西ⅠT27②：1，黄褐胎，器底露胎。器内外壁施乳浊釉，釉色显米黄和暗红，未见有化妆土痕迹。圆唇，侈口，弧腹，平底，卧足。口径12.2、底径7.6、高2.4厘米（图三一〇，2）。

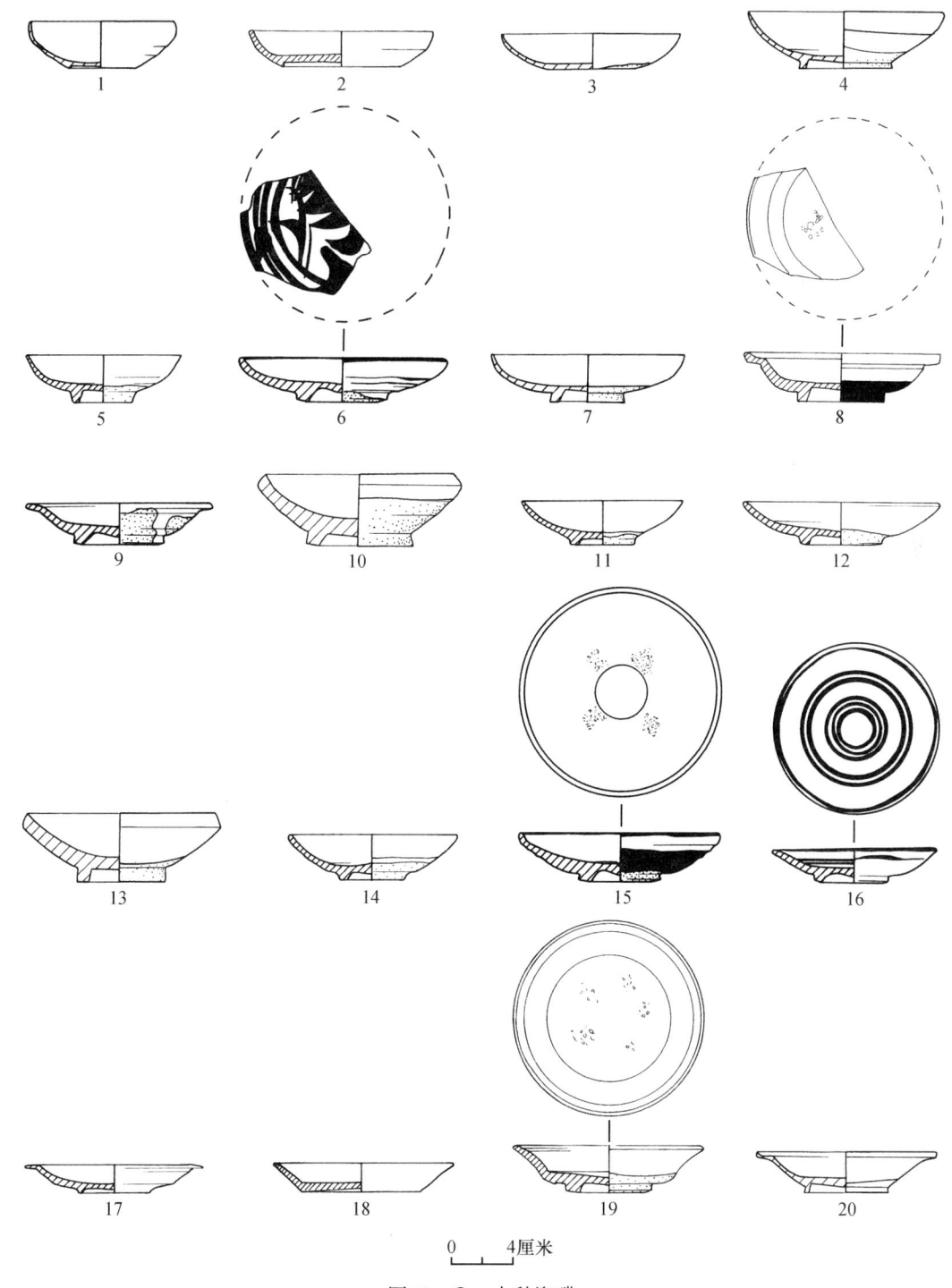

图三一〇 白釉瓷碟

1. 甲类Aa型（2006YY西ⅠT25②：15） 2. 甲类Ab型（2006YY西ⅠT27②：1） 3. 甲类Ac型（2007YY西ⅠT22H149：3）
4. 甲类Ba型Ⅰ式（2007YY西ⅠT3H298：2） 5、6. 甲类Ba型Ⅱ式（2006YY西ⅠT25②：8、2007YY西ⅠT5③：30） 7. 甲类Ba型Ⅲ式（2007YY西ⅠT5③：17） 8. 甲类Bb型Ⅰ式（2007YY西ⅠT3H255：3） 9. 甲类Bb型Ⅱ式（2006YY西ⅠT4H54⑧：33）
10、11. 甲类Ca型Ⅰ式（2007YY西ⅠT1H184①：1、2007YY西ⅠT6H124：3） 12~14. 甲类Ca型Ⅱ式（2006YY西ⅠT1H19②：5、2007YY东T4H19：1、2007YY东T13H57：1） 15. 甲类Ca型Ⅲ式（2007YY东T1H77：1） 16. 甲类Cb型（2007YY西ⅠT18H212：1）
17. 甲类Cc型（2007YY东T14H199：1） 18. 乙类A型（2007YY西ⅠT8H370：1） 19. 乙类B型（2007YY西ⅠT3H255②：2）
20. 乙类C型（2006YY西ⅠT29H261：3）

Ac型　4件。侈口，平底或微内凹，无足。包括2007YY西ⅠT11H231∶2（小口径）、2007YY西ⅠT20H198∶2、2007YY西ⅠT22H149∶1、2007YY西ⅠT22H149∶3。

2007YY西ⅠT22H149∶3，灰胎。除器底外，器内外壁通体施釉，釉层薄；釉冻白色；釉面光泽度好。釉层下施一层白色化妆土。圆唇，侈口，弧腹，平底。口径11.7、底径5.8、高2.2厘米（图三一〇，3）。

B型　20件，其中白地黑花器3件。微侈口或敛口，圆弧腹，有圈足。依据唇部是否出沿，分为二亚型。

Ba型　17件，其中白地黑花器1件。无沿，唇部不外凸。依据器底形态差异，分为三式。

Ⅰ式　1件。灰胎，釉色较白，有光泽。矮圈足，挖足较浅，挖足过肩，足壁近直，圈足足心微凸近平。

2007YY西ⅠT3H298∶2，灰胎。器外壁上部及内壁通体施釉，釉层薄；釉冻白色，有细冰裂纹；釉面有光泽。釉层下施一层白色化妆土。内底残存芝麻点状支钉一个。圆唇，侈口，无沿，圆弧腹，矮圈足，挖足过肩，足壁外撇，圈足足心为修复。口径12.8、底径6.2、高3.6厘米（图三一〇，4）。

Ⅱ式　14件，其中白地黑花器1件。灰胎、淡黄胎或黄褐胎。釉面光泽下降。圈足有一定高度，挖足多数过肩，足内壁外撇，圈足足心为平底或微下凸。包括2006YY西ⅠT25②∶8、2007YY西ⅠT1③∶5、2007YY西ⅠT3③∶4、2007YY西ⅠT5③∶30（白地黑花）、2007YY西ⅠT6H20∶2、2007YY西ⅠT6H20∶3、2007YY西ⅠT6H52∶2、2007YY西ⅠT25③∶8、2007YY东T14H33∶1、2007YY东T14H95∶1、2007YY东T14H110∶1、2007YY东T14H110∶2、2007YY东T14H110∶3、2007YY东T14④∶1。

2006YY西ⅠT25②∶8，酱褐色胎，外壁下部及圈足处露胎。器内壁及外壁上部施冻白釉，有光泽，有冰裂纹。釉层下施一层白色化妆土。内底可见一小的支钉痕。圆唇，侈口，无沿，圆弧腹，腹浅，圈足不高，挖足近肩，足壁微撇，圈足足心为平底。口径10.2、底径3.8、高3厘米（图三一〇，5）。

2007YY西ⅠT5③∶30（白地黑花），褐黄胎，圈足露胎，足底施护胎釉。器内外壁施冻白釉，外壁中部施酱黑釉，有光泽。内底以黑彩绘写意花卉。釉下层施一层白色化妆土。圆唇，侈口内收，无沿，圆弧腹，腹浅，圈足不高，挖足过肩，足壁微撇、宽厚，圈足足心微下凸。口径13.8、底径6、高2.8厘米（图三一〇，6）。

Ⅲ式　2件。红褐胎，釉色发黄，光泽暗淡。圈足有一定高度，挖足过肩，足壁外撇明显，圈足足心明显下凸。包括2007YY西ⅠT5③∶17、2007YY东T10H11④∶10。

2007YY西ⅠT5③∶17，红胎。器外壁上部及整个内壁施釉，釉层薄；釉白色泛黄；釉面光泽暗淡。釉层下施一层白色化妆土略厚。内底残存麻点状支钉两个，由数个小凸点组成。圆唇，侈口，无沿，圆弧腹，腹浅，圈足不高，挖足过肩，足壁微撇，圈足足心明显下凸。口径12.6、底径4.8、高3厘米（图三一〇，7）。

Bb型　3件，其中白地黑花器2件。平折沿。依据胎釉及器底形态差异分为二式。

Ⅰ式　1件。黄褐胎，釉面有光泽。圈足有一定高度，挖足过肩，足内壁外撇，圈足足心微凸近平。

2007YY西ⅠT3H255∶3（白地黑花），黄褐胎，露胎处表面褐色。除圈足底外，器内外壁通体施釉；外壁上部及整个内壁冻白釉，有细冰裂纹，釉层薄；外壁其余部位黑釉，釉层略厚，釉面有密集的小气孔；釉面有光泽。白釉层下施一层白色化妆土略厚。内底残存麻点状支钉一个半，由十余个大凸点组成。方唇，微侈口，平折沿，圆弧腹，腹浅，圈足不高，挖足过肩，足壁微撇，圈足足心微凸。口径13、底径5.8、高3.2厘米（图三一〇，8）。

Ⅱ式　2件，其中白地黑花器1件。黄褐胎或褐红胎，釉面有光泽。矮圈足，挖足过肩，足壁外撇明显，圈足足心明显下凸。包括2006YY西ⅠT1H19②∶6、2006YY西ⅠT4H54⑧∶33（白地黑花）。

2006YY西ⅠT4H54⑧∶33（白地黑花），深褐胎，外壁下部及圈足处露胎。器内壁及外壁上部施冻白釉，有光泽，有冰裂纹。釉层下施一层白色化妆土。外壁施少量黑釉，有流釉。方圆唇，微侈口，平折沿，圆弧腹，腹浅，圈足不高，挖足过肩，足壁微撇、宽厚，圈足足心明显下凸。口径12.2、底径5.8、高2.8厘米（图三一〇，9）。

C型　16件，其中白地黑花器4件。侈口，直弧腹，有圈足。依据唇部形态差异，分为三亚型。

Ca型　12件，其中白地黑花器3件。唇部不外凸。依据器底形态差异，分为三式。

Ⅰ式　2件。灰胎，釉面有光泽。圈足尚有一定高度，足壁微外撇、不厚，挖足过肩，圈足足心微凸近平。

2007YY西ⅠT1H184①∶1（特厚胎），灰胎，胎极厚，最厚1.3厘米。器外壁上部及整个内壁施釉，釉层薄；釉冻白色，有冰裂纹，釉面有光泽。釉层下施一薄层白色化妆土。方唇，侈口微收，无沿，直弧腹，腹有一定深度，圈足不高，挖足近肩，足壁微撇，圈足足心微凸近平。口径11.2、底径7.2、高4.6厘米（图三一〇，10）。

2007YY西ⅠT6H124∶3，黄灰胎。器内壁及外壁上部施釉，釉层薄；釉白色，有光泽。釉层下施白色化妆土。圆唇，微侈口，无沿，直弧腹，腹浅，矮圈足，挖足浅，足壁微撇，圈足足心微凸近平。口径10.6、底径4.2、高2.8厘米（图三一〇，11）。

Ⅱ式　7件。灰黄胎。釉面光泽下降。圈足有一定高度，足壁外撇，开始变厚，挖足不一定过肩，圈足足心微下凸。包括2006YY西ⅠT1H19②∶5、2007YY西ⅠT1H184③∶1、2007YY西ⅠT5③∶21、2007YY西ⅠT13J3∶2、2007YY东T4H19∶1（特厚胎）、2007YY东T13H57∶1、2007YY东T14H56∶1。

2006YY西ⅠT1H19②∶5，灰胎，圈足底面紫褐色，夹细砂。器内壁及外壁上部施釉，釉层薄；釉冻白色，聚釉处闪青、有冰裂纹；有光泽。釉层下施白色化妆土。器内底有麻点状支钉痕四个，呈四方分布，组成支钉的小凸点多聚集在一起。圆唇，侈口，无沿，直弧腹，腹浅，圈足不高，挖足近肩，足壁微撇、略宽，圈足足心微下凸。口径13、底径5.4、高2.8厘米（图三一〇，12；图版四九，4）。

2007YY东T4H19：1（特厚胎），黄灰胎。器外壁上部及整个内壁施釉，釉层薄；釉微泛黄色，有冰裂纹，釉面无光泽。釉层下施一薄层化妆土，色微黄。方唇，侈口，无沿，直弧腹，腹有一定深度，圈足有一定高度，挖足近肩，足壁微撇，圈足足心微凸近平。口径12.2、底径5.8、高4.6厘米（图三一〇，13；图版四七，4）。

2007YY东T13H57：1，灰黄胎，圈足及近圈足处露胎。器内壁及外壁上部施冻白釉，有光泽。釉层下施一层白色化妆土。圆唇，侈口，无沿，直弧腹，腹浅，矮圈足，挖足略过肩，足壁微撇、宽厚，圈足足心微下凸。口径11.2、底径4.2、高3厘米（图三一〇，14）。

Ⅲ式　3件，均为白地黑花器。黄灰胎或偏褐红色，釉色发黄，光泽暗淡。圈足有一定高度，足壁外撇而宽厚，挖足过肩，圈足足心下凸。包括2007YY东T1H77：1（白地黑花）、2007YY东T11J6：7（白地黑花）、2007YY东T13H1：3（白地黑花）。

2007YY东T1H77：1（白地黑花），淡黄胎，露胎处表面红褐。除外壁圈足及近圈足处外，器内外壁通体施釉，釉层薄；内壁及外壁上部施冻白釉，外壁其余部位施褐釉；釉面有光泽，偶见有小气孔，冻白釉层有细冰裂纹。碗底有麻点状支钉四个，由十至二十余个小凸点组成。冻白釉层下施一层薄薄的白色化妆土。圆唇，侈口微收，无沿，直弧腹，腹浅，圈足不高，挖足过肩，足壁微撇，圈足足心明显下凸。口径13.2、底径5.4、高3.2厘米（图三一〇，15；图版四九，1~3）。

Cb型　2件，其中白地黑花器1件。圆唇外凸。包括2007YY西ⅠT18H212：1（白地黑花）、2007YY西ⅠT23H70：2。

2007YY西ⅠT18H212：1（白地黑花），灰胎。器内壁及外壁近口部施釉，釉层薄；釉冻白色，釉面光泽暗淡。釉层下施一层白色化妆土。内壁三组褐彩弦纹，其中口部及腰部各两道，底部三道。内底三个麻点状支钉，由十余个小凸点组成，支钉偏于一侧。圆唇外凸，侈口，无沿，弧腹，腹浅，圈足不高，挖足过肩，足内壁斜度大、宽厚，圈足足心下凸。口径11、底径4.8、高2.2厘米（图三一〇，16；图版四九，5、6）。

Cc型　2件。尖圆唇外凸。包括2007YY东T13H2：5、2007YY东T14H199：1。

2007YY东T14H199：1，黄灰胎，胎薄。除内壁沿部外，器内外壁通体施满釉，釉层略厚；半乳浊釉，色暗白；釉面有光泽，釉色发青。内壁沿部无釉处施一薄层白色化妆土，釉下不施。尖圆唇外凸，平折沿，直弧腹，圈足很矮，挖足很浅，圈足足心近平微凸。口径11.8、底径4.6、高1.8厘米（图三一〇，17）。

乙类　10件，其中白地黑花器2件。斜直腹。依据口部及圈足有无分为三型。

A型　3件。灰胎或粗灰胎，釉面有光泽。侈口，唇沿不外凸，无圈足。斜直壁，平底。包括2006YY西ⅠT6H81：48、2007YY西ⅠT8H370：1、2007YY西ⅠT11③：15。

2007YY西ⅠT8H370：1，灰胎。除器底外，器内外壁通体施釉，釉层薄；釉冻白色；釉面光泽度好。釉层下施一层白色化妆土。内底残存芝麻点状支钉两个。圆唇，侈口外放，斜直腹，平底微内凹。口径11.8、底径7.6、高1.8厘米（图三一〇，18；图版四八，6）。

B型　6件，其中白地黑花器2件。褐黄胎或褐红胎。侈口或外撇，唇沿不外凸，有圈足。圈足有一定高度，足内壁微斜，挖足不一定过肩，圈足足心近平微凸。包括2007YY西ⅠT3H12：1、2007YY西ⅠT3H255②：2（白地黑花）、2007YY西ⅠT8③：4、2007YY西ⅠT8③：9、2007YY西ⅠT18H212：2、2007YY西ⅠT20H102：7（白地黑花）。

2007YY西ⅠT3H255②：2（白地黑花），红胎，胎面毛糙、不平整，露胎处表面红褐色。除外壁圈足及近圈足处外，器内外壁通体施釉，釉层薄；釉冻白色，釉面有光泽但不平。白釉层下施一层白色化妆土略厚。内底有麻点状支钉五个，由十余个细小凸点组成。圆唇，侈口外放，斜直腹，腹浅，矮圈足，挖足略过肩，足壁宽厚、外撇，圈足足心下凸。口径12.6、底径5.4、高3厘米（图三一〇，19；图版四八，5）。

C型　1件。方唇，侈口，仰折沿，有圈足。

2006YY西ⅠT29H261：3，淡黄粗胎，胎面粗糙、不平整。器外壁上部及整个内壁施釉，釉层薄；釉冻白色；釉面有光泽。釉层下施一薄层白色化妆土。方唇，侈口，仰折沿，斜直腹，矮圈足，挖足略过肩，足壁微外撇，圈足足心为修复。口径11.8、底径5.6、高2.6厘米（图三一〇，20）。

4. 盘

168件，其中白地黑花器45件。依据功能和整体形态差异，将此类器物分为甲、乙、丙、丁四大类。

甲类　150件，其中白地黑花器38件。弧壁盘。依据口部形态差异，将其分为二型。

A型　61件，其中白地黑花器27件。侈口内收或近直口。依据口部及圈足形态差异，分为四亚型。

Aa型　1件。侈口内收，无沿，弧壁，无圈足。

2006YY西ⅠT17②：6，粗灰胎。器外壁上部及整个内壁施釉，釉层薄；釉冻白色，局部釉厚处有冰裂纹；釉面有光泽。釉层下施一层白色化妆土略厚。圆唇，侈口内收，弧壁，平底。口径16、底径11.2、高2.8厘米（图三一一，1）。

Ab型　7件，无白地黑花器。侈口内收或敛口，无沿，弧壁，多数腹略深，大圈足（足径等于底径）或卧足。包括2006YY西ⅠT5J12：3（卧足）、2007YY西ⅠT6H122：6（卧足）、2006YY西ⅠT32Z7：3（卧足）、2007YY西ⅠT11Z7：2（大圈足）、2007YY东T7H124：3（大圈足）、2007YY东T7H150：1、2007YY东T8③：2（卧足）。

2006YY西ⅠT32Z7：3（卧足），淡黄胎。除器外底及外壁下部外，器内外壁通体施釉，釉层薄；釉冻白色，有细冰裂纹；釉面有光泽。釉层下施一薄层白色化妆土，但不及外壁下部。圆唇，侈口微内收，弧壁，腹略深，平底，卧足。口径14.8、底径7.2、高4.2厘米（图三一一，2）。

2007YY东T7H150：1，灰胎，有较多气孔。器外壁上部及整个内壁施釉，釉层薄；因釉下所施白色化妆土不均，故釉色有的呈冻白色，有的透出灰胎色从而呈一种灰白带褐色。釉面有冰裂纹，光泽暗淡。圆唇，侈口微内收，弧壁，腹不深，平底，矮圈足，足壁窄直。口径

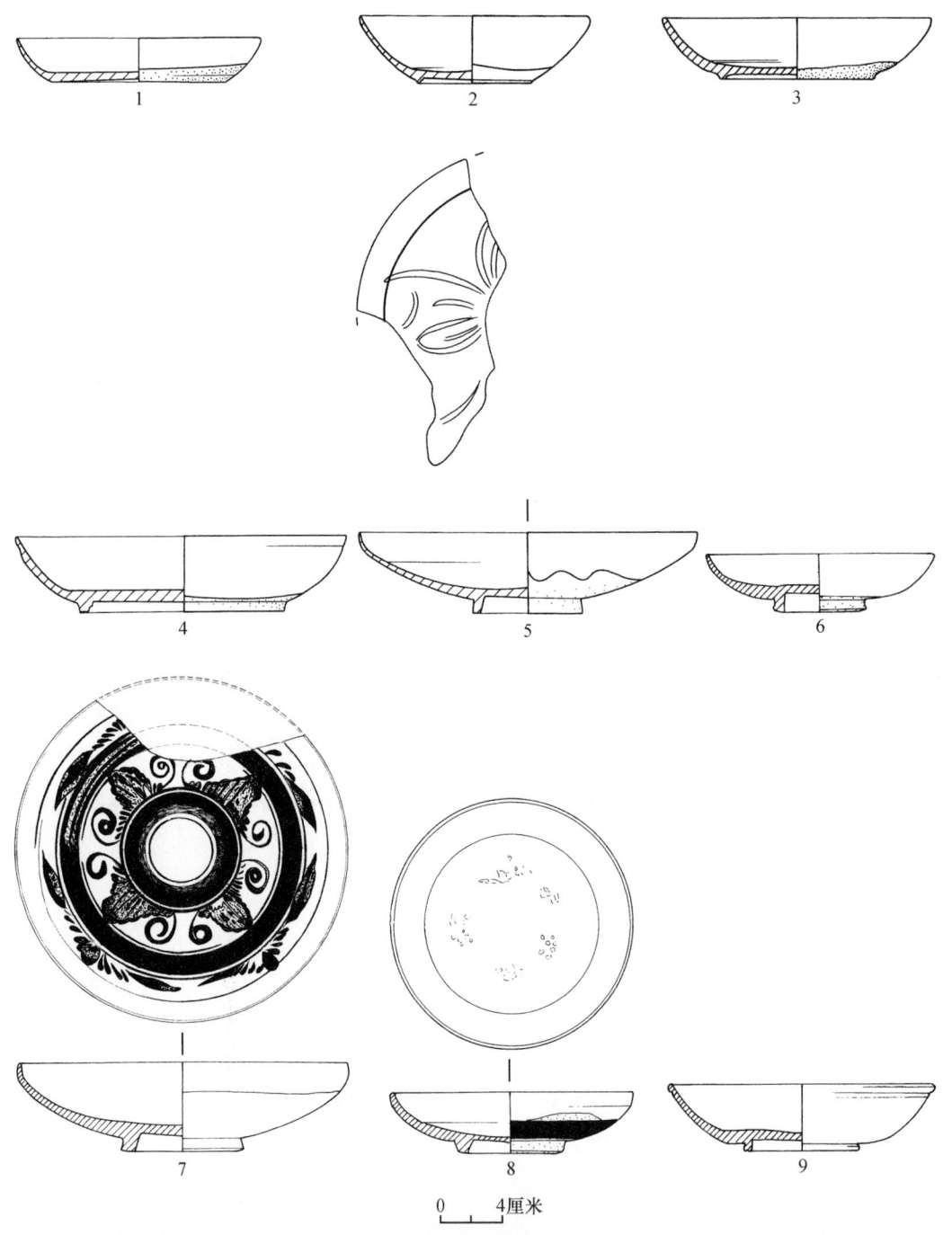

图三一一　甲类A型白釉瓷盘

1. Aa型（2006YY西ⅠT17②：6）　2~4. Ab型（2006YY西ⅠT32Z7：3、2007YY东T7H150：1、2007YY西ⅠT11Z7：2）
5. Ac型Ⅰ式（2007YY西ⅠT2⑤：2）　6~9. Ac型Ⅱ式（2007YY西ⅠT17H293：2、2007YY东T11H220：2、2007YY西ⅠT6H47：8、2007YY西ⅠT18H239：6）

17.4、底径9.8、高3.8厘米（图三一一，3；图版五二，1、2）。

2007YY西ⅠT11Z7：2（大圈足），灰胎。除器外壁圈足及底部外，器内外壁通体施釉，釉层薄；釉白色泛青，有冰裂纹，釉面有光泽。釉层下施一层白色化妆土略厚。圆唇，侈口微内收，外壁口部有修整，弧壁，腹不深，平底，矮圈足，足壁呈阶梯状。口径21.6、底径13.4、高4.8厘米（图三一一，4；图版五四，3）。

Ac型　51件，其中白地黑花器26件。侈口内收或敛口，无沿，圆弧壁，有圈足，足径中等。依据胎釉及器底形态差异，分为三式。

Ⅰ式　2件。灰胎或黄灰胎，釉色较白，有光泽。圈足不高，挖足不一定过肩，圈足内壁微斜，足壁尚窄，圈足足心为平底。包括2007YY西ⅠT2⑤：2（暗花）、2007YY西ⅠT11Z6：1（特薄胎）。

2007YY西ⅠT2⑤：2（暗花），灰胎。器外壁上部及整个内壁施釉，釉层薄；釉冻白色，釉面有冰裂纹；釉面有光泽。釉层下施一层白色化妆土略厚。内底残存支钉三个，其中两个椭圆形，长0.9厘米；一个不规则长条形，长1.4厘米。内底有划花，形状不甚明了。圆唇，侈口内收，圆弧壁，圈足有一定高度，挖足过肩，足壁窄而外撇，圈足足心为平底。口径22、底径7、高5厘米（图三一一，5）。

Ⅱ式　35件，其中白地黑花器17件。灰胎、黄灰胎或淡黄胎。釉色发黄，釉面光泽下降。圈足有一定高度，挖足不一定过肩，足壁变宽厚、外撇，圈足足心近平或微凸。包括2006YY西ⅠT2H27：15（图版五〇，2）、2006YY西ⅠT2H27：18、2006YY西ⅠT26②：2、2006YY西ⅡT1G6：2、2007YY西ⅠT1①：4（白地黑花）、2007YY西ⅠT1H44：2（白地黑花）、2007YY西ⅠT3③：10（白地黑花）、2007YY西ⅠT5H226：7（白地黑花）、2007YY西ⅠT6H47：8（白地黑花）、2007YY西ⅠT6H47：9（白地黑花）、2007YY西ⅠT6H47：10、2007YY西ⅠT8③：11（白地黑花）、2007YY西ⅠT9H17：6、2007YY西ⅠT13J3：7、2007YY西ⅠT17H293：2、2007YY西ⅠT17H293：5、2007YY西ⅠT17H310：7、2007YY西ⅠT18H239：6、2007YY西ⅠT20H151②：6（白地黑花）（图版五二，5、6）、2007YY西ⅠT20H151：7（白地黑花）、2007YY西ⅠT22③：1（白地黑花）、2007YY东T3H66：1、2007YY东T6⑤C：1、2007YY东T7H124：5、2007YY东T9H197：5（白地黑花）、2007YY东T9H197：12、2007YY东T10H11②：9、2007YY东T10H35：3（白地黑花）、2007YY东T11H220：2（白地黑花）、2007YY东T11J6：2（白地黑花）、2007YY东T11J6：3（白地黑花）、2007YY东T12②：2（白地黑花）、2007YY东T13H2：7、2007YY东T14H33：6、2007YY东T14④：5（白地黑花）。

2007YY东T11H220：2（白地黑花），灰胎，露胎处表面淡褐色。除器外壁圈足及近圈足处外，器内外壁通体施釉，釉层薄；外壁上部及内壁冻白釉，外壁下部酱褐釉；釉面有光泽。冻白釉层下施一层白色化妆土略厚。内底有麻点状支钉五个，由十余个小凸点组成。内壁饰黑彩，腰部一周弦纹，碗底两周粗带纹，带纹之间饰花叶纹四簇，每簇两侧饰卷云纹。外周粗带上饰花叶纹四簇。圆唇，直口，圆弧壁，圈足有一定高度，挖足过肩，足壁外撇、略宽，圈足足心微下凸。口径21.4、底径8、高5.6厘米（图三一一，7）。

2007YY西ⅠT6H47：8（白地黑花），黄灰胎，圈足底露胎处表面淡褐色，夹少量细砂。

除圈足及近圈足处外，器内外壁施釉，釉层薄；内壁及外壁上部釉冻白色，有碎冰裂纹；外壁下部釉褐色，偶见气孔；光泽度不好。白釉层下施白色化妆土，褐釉层下无。内壁底有呈梅花状分布的麻点状支钉五个，每个支钉由六至十个小凸点组成。圆唇，侈口微收，圆弧壁，圈足有一定高度，挖足略过肩，足壁外撇、宽厚，圈足足心微下凸。口径15.8、底径6.4、高3.8厘米（图三一一，8；图版五三，5、6）。

2007YY西ⅠT17H293：2，浅黄胎，露胎处圈足底有一厚较厚的红褐色护胎釉，这种护胎釉在绝大多数器物上并不能很明显地看出来，但此件瓷盘的底部明确可见一层依着于圈足之上，并有剥落；圈足底的护胎釉上均匀分布五个白色化妆土涂抹的圆点，估计起支烧的作用。除圈足及近圈足处外，器内外壁通体施釉，釉层薄；釉白色泛黄，釉面无光泽。釉面下施一层白色化妆土略厚。内底残存麻点状支钉三个，由若干密集叠压在一起的小凸点组成。圆唇，侈口微内收，圆弧壁，圈足有一定高度，挖足过肩，足壁微外撇、略宽，圈足足心有一小凸点。口径14.8、底径6、高3.6厘米（图三一一，6；图版五四，2）。

2007YY西ⅠT18H239：6，黄褐胎，外壁下部及圈足露胎。器内壁及外壁上部施冻白釉，釉色略黄，光泽暗淡。釉层下施一层白色化妆土。圆唇，唇沿外凸，侈口微内收，圆弧壁，腹深，矮圈足，挖足略过肩，足壁微外撇，圈足足心微凸近平。口径17.4、底径7.4、高4.2厘米（图三一一，9）。

Ⅲ式　14件，其中白地黑花器9件。黄灰胎或红褐胎，釉色发黄，光泽暗淡。圈足有一定高度，挖足绝大多数过肩，足壁厚、内壁斜度很大，圈足足心锥状下凸明显。包括2006YY西ⅠT29H261：2、2006YY西ⅠT32②：20（白地黑花）、2007YY西ⅠT5③：1（白地黑花）、2007YY西ⅠT5H226：2（白地黑花）、2007YY西ⅠT19③：13（白地黑花）、2007YY东T3H66：6（白地黑花）、2007YY东T3H66：7（白地黑花）、2007YY东T5H142：1、2007YY东T10H10：1、2007YY东T10H11②：4、2007YY东T10H35：1、2007YY东T11J6：11（白地黑花）、2007YY东T11H220：3（白地黑花）、2007YY西ⅠT6H47：11（白地黑花）。

2006YY西ⅠT32②：20（白地黑花），灰胎，外壁近圈足处及圈足露胎。内壁及外壁大部施冻白釉，并以黑彩绘写意花草，有光泽。釉层下施一层白色化妆土。圆唇，侈口内收，弧壁，圈足不高，挖足略过肩，足壁外撇，圈足足心锥状下凸。口径14、底径5.6、高3.2厘米（图三一二，1；图版五一，1~3）。

2007YY东T10H11②：4，黄灰胎，外壁大部及圈足露胎。内壁及外壁上部施冻白釉，有光泽。釉层下施一层白色化妆土。内底有支钉痕五处，由十几个小凸点组成。圆唇，侈口内收，弧壁，圈足有一定高度，挖足过肩，足壁外撇、宽厚，圈足足心锥状下凸。口径15.4、底径6.6、高3.8厘米（图三一二，2）。

2007YY西ⅠT19③：13（白地黑花），红褐胎，圈足足底施护胎釉。器内壁及外壁上部施冻白釉，釉色发黄。器外壁下部施酱黑釉，光泽暗淡。釉层下施一层白色化妆土。器内底以黑彩书一字，外围施数周粗细不一的弦纹。圆唇，侈口内收，弧壁，圈足不高，挖足略过肩，足壁外撇、宽厚，圈足足心锥状下凸。口径15.6、底径6.6、高4.2厘米（图三一二，3；图版

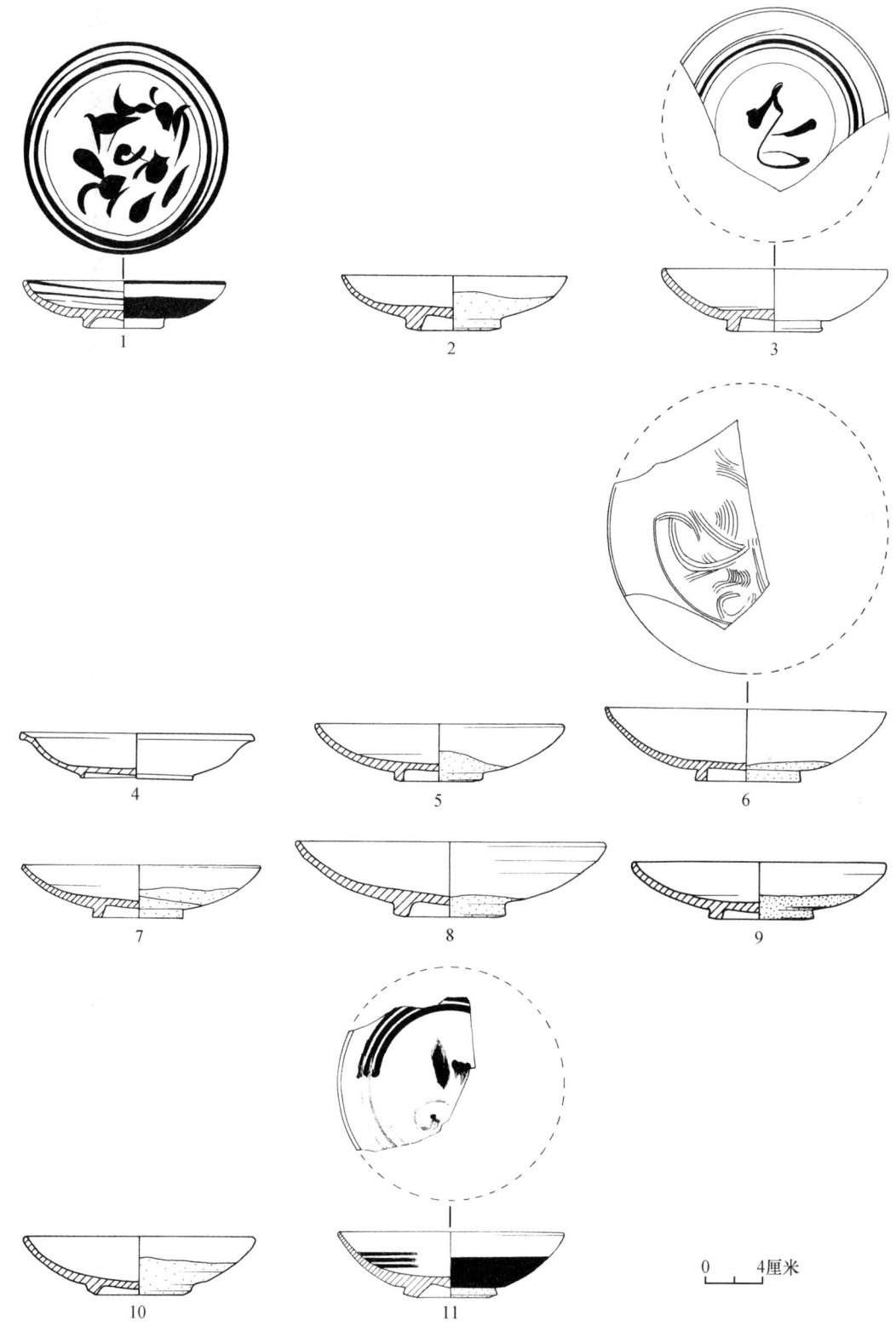

图三一二　甲类A、B型白釉瓷盘

1~3.Ac型Ⅲ式（2006YY西ⅠT32②：20、2007YY东T10H11②：4、2007YY西ⅠT19③：13）　4.Ad型（2007YY西ⅠT16H155：1）
5~7.Ba型Ⅰ式（2006YY西ⅠT2H27：16、2007YY西ⅠT11③：8、2007YY西ⅠT20H151：19）　8、9.Ba型Ⅱ式（2006YY西ⅠT2H31：1、2007YY东T11H220：8）　10、11.Ba型Ⅲ式（2006YY西ⅠT32H255：5、2007YY东T7G1：1）

五二，3、4）。

Ad型　2件，其中白地黑花器1件。小方唇，侈口微内收，仰折沿，弧壁，有圈足。包括2007YY西ⅠT16H155：1、2007YY西ⅠT9H17：5（白地黑花）。

2007YY西ⅠT16H155：1，灰胎。除器外壁圈足及底部外，器内外壁通体施釉，釉层薄；釉层多氧化，釉白色，釉面无光泽。釉层下施一层白色化妆土略厚。小方唇，侈口微内收，仰折沿，弧壁，矮圈足，挖足很浅，圈足足心微下凸。口径16.2、底径7.6、高3.2厘米（图三一二，4；图版五四，4）。

B型　89件，其中白地黑花器11件。侈口外放。依据唇、腹及圈足部位形态差异，分为四个亚型。

Ba型　73件，其中白地黑花器10件。圆唇外放，唇部不外凸，圆弧壁，有圈足。依据胎釉及器底形态差异，分为三式。

Ⅰ式　40件，其中白地黑花器3件。灰胎，黄灰胎或淡黄胎。釉色白度尚可。圈足不高，挖足绝大多数过肩，足壁有窄有宽、内壁微斜，圈足足心为平底。包括2006YY西ⅠT2H27：14、2006YY西ⅠT2H27：16、2006YY西ⅠT2H27：17、2006YY西ⅠT6H81①：13、2006YY西ⅠT6H81①：42、2006YY西ⅠT6H115：1、2006YY西ⅠT15③：6、2006YY西ⅠT30H228：2（图版五一，4）、2006YY西ⅠT32J16：1、2007YY西ⅠT7H139：1、2007YY西ⅠT9J7：3、2007YY西ⅠT9J7：6、2007YY西ⅠT11③：6、2007YY西ⅠT11③：8（暗花）、2007YY西ⅠT11H311：3、2007YY西ⅠT11H311：6、2007YY西ⅠT13H42：4、2007YY西ⅠT13H309①：7、2007YY西ⅠT13H309②：2、2007YY西ⅠT13H309②：3、2007YY西ⅠT13J3：6、2007YY西ⅠT13③：3、2007YY西ⅠT15H129：1、2007YY西ⅠT20H151：19、2007YY西ⅠT22J2：17、2007YY西ⅠT25H146：2、2007YY西ⅠTG1③：5、2007YY西ⅠTG1H385：3、2007YY西ⅠTG1J10：6、2007YY东T6H121：6、2007YY东T7H124：4（白地黑花）、2007YY东T9H147：7、2007YY东T9L1：1、2007YY东T11H220：1（白地黑花）、2007YY东T12H172①：2、2007YY东T12H172①：7、2007YY东T13H153：21、2007YY东T14H173：1（白地黑花）、2007YY东T15H229：4、2007YY东T15H229：5。

2006YY西ⅠT2H27：16，灰胎，外壁下部及圈足处露胎。器内壁及外壁上部施冻白釉。釉层下施一层白色化妆土。圆唇，侈口外放，圆弧壁，圈足不高，挖足略过肩，足壁近直，圈足足心为平底。口径17.2、底径6.2、高3.8厘米（图三一二，5；图版五〇，3）。

2007YY西ⅠT11③：8（暗花），灰胎，外壁下部及圈足露胎。器内壁及外壁上部施冻白釉，有光泽。釉层下施一层白色化妆土。器内底刻划暗花。内底残存一处支钉痕，由两个小凸点组成。圆唇，侈口外放，圆弧壁，圈足不高，挖足略过肩，足壁近直，圈足足心为平底。口径19.6、底径7.2、高5厘米（图三一二，6）。

2007YY西ⅠT20H151：19，淡黄胎。器外壁上部及整个内壁施釉，釉层薄；釉冻白色，釉面光泽暗淡。釉层下施一薄层白色化妆土。内底残存芝麻点状支钉三个，各长0.6厘米。圆唇，侈口外放，圆弧壁，圈足不高，挖足过肩，足壁外撇，圈足足心为修复。口径16.4、底径6.2、高3.6厘米（图三一二，7）。

Ⅱ式　24件，其中白地黑花器2件。灰胎较少，主要是黄灰胎和淡黄胎，釉色白度偏黄。圈足不高，挖足多数过肩，足壁外撇明显、宽厚，圈足足心微下凸。包括2006YY西ⅠT2H31：1、2006YY西ⅠT6H81①：6、2006YY西ⅠT6H81①：14、2006YY西ⅠT6H81①：28、2006YY西ⅠT6H81①：35、2006YY西ⅠT6H81③：41、2006YY西ⅠT20②：40、2006YY西ⅠT26H211：1、2006YY西ⅠT26H211：3、2006YY西ⅠT26H211：11、2007YY西ⅠT6H122：4（白地黑花）、2007YY西ⅠT13H42：3、2007YY西ⅠT13H309①：1、2007YY西ⅠT13J3：14、2007YY西ⅠT14H188：1、2007YY西ⅠT23H281：1、2007YY西ⅠTG1H385：1、2007YY东T6H121：5、2007YY东T6J1：11、2007YY东T10H35：2、2007YY东T11H220：8、2007YY东T11J6：8、2007YY东T13③：2、2007YY东T14H96：2（白地黑花）。

2006YY西ⅠT2H31：1，橙黄胎，外壁下部及圈足露胎。器内壁及外壁上部施冻白釉。釉层下施一层白色化妆土。圆唇，侈口外放，圆弧壁，圈足不高，挖足略过肩，足壁外撇，圈足足心微下凸。口径21.4、底径7.6、高5厘米（图三一二，8）。

2007YY东T11H220：8，灰胎。器外壁上部及整个内壁施釉，釉层薄；釉冻白色；有细冰裂纹，釉面有光泽。釉层下施一薄层白色化妆土，但所施不匀，局部无化妆土，釉透胎色。内底有麻点状支钉五个，由十余个小凸点组成。圆唇，侈口外放，圆弧壁，圈足不高，挖足略过肩，足壁外撇、宽厚，圈足足心为一小凸点。口径17.6、底径7.2、高3.8厘米（图三一二，9；图版五三，3、4）。

Ⅲ式　9件，其中白地黑花器5件。以红褐胎为主，也有黄灰胎。矮圈足，挖足均过肩，足壁宽厚，足内壁斜度很大，圈足足心明显下凸。包括2006YY西ⅠT25②：10、2006YY西ⅠT32H255：5、2007YY西ⅠT19③：4（白地黑花）、2007YY东T7G1：1（白地黑花）、2007YY东T10H11②：8、2007YY东T13H21：1（白地黑花）、2007YY东T13H57：2、2007YY东T14H69：5（白地黑花）、2007YY东T14H97：1（白地黑花）。

2006YY西ⅠT32H255：5，褐红胎，外壁下部及圈足露胎。器内壁及外壁上部施冻白釉，有光泽。釉层下施一层白色化妆土。圆唇，侈口外放，圆弧壁，矮圈足，挖足近肩，足壁外撇、宽厚，圈足足心明显下凸。口径16、底径7.2、高4厘米（图三一二，10）。

2007YY东T7G1：1（白地黑花），褐黄胎，圈足及近圈足处露胎。器内壁及外壁大部施冻白釉，釉色发黄。釉层下施一层白色化妆土。外壁中部施酱黑釉，有光泽。器内底以黑彩绘写意花卉，花卉外绘弦纹三周。内底残存两处支钉痕。圆唇，侈口外放，圆弧壁，矮圈足，挖足过肩，足壁外撇、宽厚，圈足足心下凸。口径15.6、底径6.4、高4.4厘米（图三一二，11）。

Bb型　5件，其中白地黑花器1件。圆唇，侈口，直弧壁，矮圈足。依据胎釉及器底形态差异分为二式。

Ⅰ式　3件。黄灰胎。圈足不高，挖足不过肩，足壁不宽、微外撇，圈足足心为平底。包括2006YY西ⅠT6H81③：25、2006YY西ⅠT6H81③：40、2007YY东T14H230：4。

2006YY西ⅠT6H81③：40，黄灰胎，外壁下部及圈足处露胎。器内壁及外壁上部施冻白釉。釉层下施一层白色化妆土。圆唇，侈口外放，直弧壁，矮圈足，挖足近肩，足壁微撇，不厚，圈足足心微凸近平。口径17、底径6.2、高4.2厘米（图三一三，1；图版五〇，6）。

Ⅱ式　2件，其中白地黑花器1件。淡黄胎或红褐胎。圈足不高，挖足不一定过肩，足壁宽厚、内壁斜度大，圈足足心下凸。包括2006YY西ⅠT32H255：6、2007YY东T13②：7（白地黑花）。

2006YY西ⅠT32H255：6，褐红胎，外壁下部及圈足处露胎。器内壁及外壁上部施冻白釉，有光泽。釉层下施一层白色化妆土。圆唇，侈口外放，直弧壁，矮圈足，挖足近肩，足壁外撇，宽厚，圈足足心下凸。口径15.6、底径6.4、高4厘米（图三一三，2；图版五一，5）。

Bc型　9件。圆唇，侈口外放，唇部外凸，有圈足。依据胎釉及器底形态差异，分为三式。

Ⅰ式　2件。灰胎，釉色白度尚佳，近满釉。矮圈足，足壁不宽，挖足近肩，微撇近直，圈足足心为平底。包括2006YY西ⅠT6H81③：20（薄胎，芒口，覆烧）、2007YY西ⅠT19H381：1。

2006YY西ⅠT6H81③：20（覆烧），灰胎，胎薄，芒口。器内外壁及器底施满釉，釉冻白色，有光泽。釉层下施一层白色化妆土。圆唇，侈口外放，唇部外凸，弧壁，矮圈足，挖足不过肩，足壁窄直，圈足足心近平，因积釉而下凸。口径18.8、底径6.2、高4厘米（图三一三，3；图版五〇，5）。

Ⅱ式　5件。灰胎、灰黄胎或淡黄胎，釉色白度下降，施半釉。圈足略高、足壁较窄或圈足矮、足壁较宽，挖足不一定过肩，足壁微外撇，圈足足心微凸近平。包括2006YY西ⅡT2H223：2、2007YY西ⅠT6H124：5、2007YY西ⅠT11H311：5、2007YY西ⅠT22J2：9、2007YY西ⅠT22J2：18。

2007YY西ⅠT22J2：9，黄灰胎，器外壁下部及圈足露胎。器内壁及外壁上部施冻白釉，有光泽。釉层下施一层白色化妆土。圆唇，侈口外放，唇部外凸，弧壁，圈足有一定高度，挖足近肩，足壁微撇、窄，圈足足心为平底。口径21.8、底径7.4、高4.8厘米（图三一三，4；图版五四，5）。

Ⅲ式　2件。灰胎或黄灰胎。釉色白度发黄。矮圈足，挖足多过肩，足壁宽厚、外撇明显，圈足足心微下凸。此型包括2006YY西ⅠT25②：3、2007YY西ⅠT22J2：21（图版五四，6）。

2006YY西ⅠT25②：3，浅灰胎，夹少量细砂。器内壁及外壁上半部施釉，釉层薄；釉白色，外壁口沿下侧釉层较厚，则釉色白中微泛青，光泽度不好；有冰裂纹。从暴露出来的痕迹看，施釉前在要施釉的部位先涂了一层白色化妆土，这样釉色显示出来的就是纯白色，而在局部未涂化妆土而施釉的地方，釉色与胎色结合，显示出来的是青灰色。圆唇，侈口外放，唇部外凸，弧壁，矮圈足，挖足不过肩，足壁外撇、略宽，圈足足心为修复。口径15.4、底径6.8、高2.8厘米（图三一三，5；图版五〇，4）。

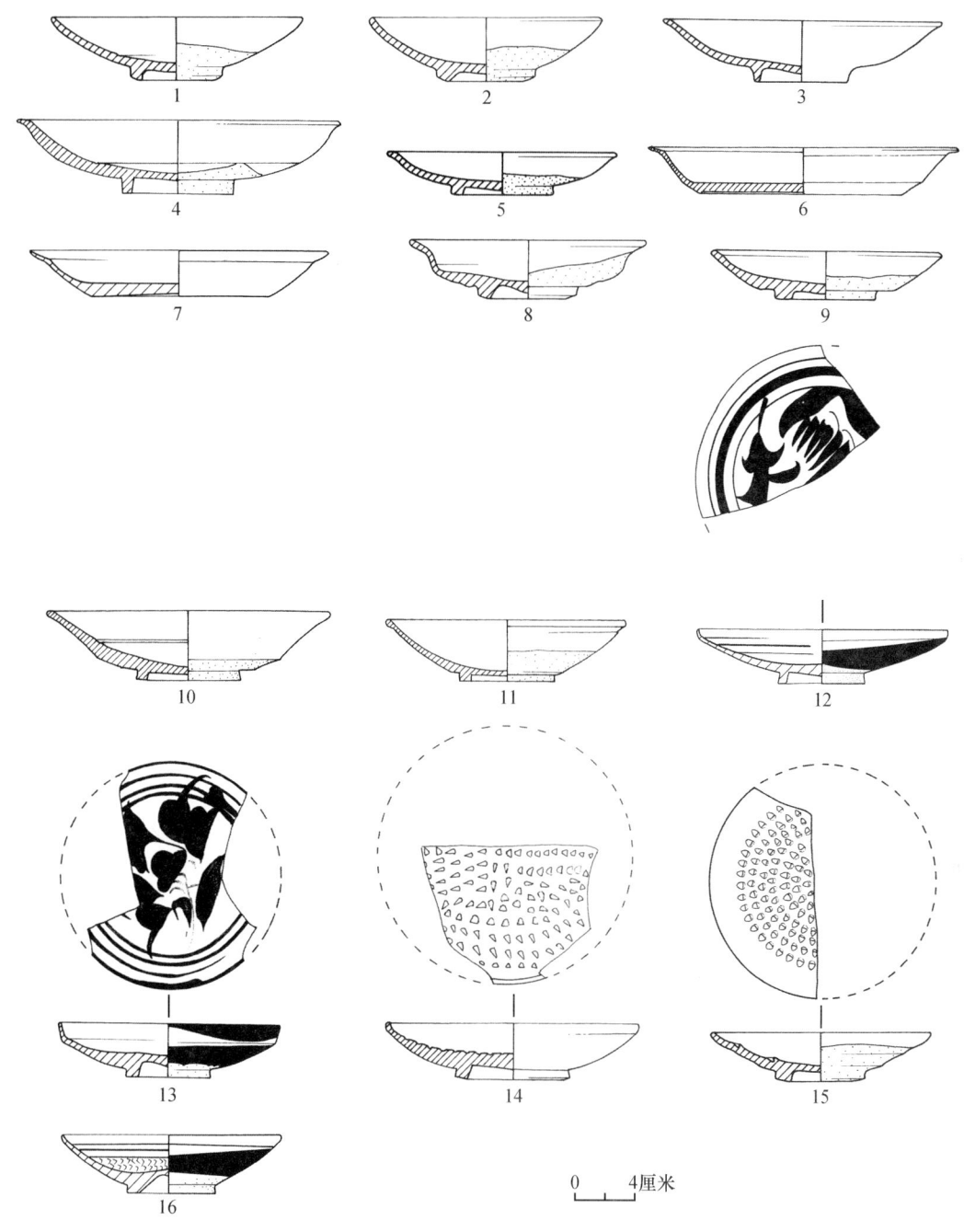

图三—三 甲、乙、丙、丁类白釉瓷盘

1. 甲类Bb型Ⅰ式（2006YY西ⅠT6H81③：40） 2. 甲类Bb型Ⅱ式（2006YY西ⅠT32H255：6） 3. 甲类Bc型Ⅰ式
（2006YY西ⅠT6H81③：20） 4. 甲类Bc型Ⅱ式（2007YY西ⅠT22J2：9） 5. 甲类Bc型Ⅲ式（2006YY西ⅠT25②：3）
6. 甲类Bd型Ⅰ式（2007YY西ⅠT9J7：13） 7. 甲类Bd型Ⅱ式（2007YY东T13H153：51） 8. 乙类A型
（2006YY西ⅠT32H255：7） 9. 乙类B型（2006YY西ⅠT4H54⑩：50） 10. 丙类A型（2007YY西ⅠT23H296：3）
11. 丙类B型（2006YY西ⅠT26H211：4） 12、13. 丙类C型（2007YY东T9H197：1、2007YY东T13H6：3） 14. 丁类
A型Ⅰ式（2007YY西ⅠT18H239：9） 15. 丁类B型（2006YY西ⅠT27H180：2） 16. 丁类A型Ⅱ式（2007YY西ⅠT3③：12）

Bd型 2件，无白地黑花器。尖圆唇，侈口外放，仰折沿，直弧腹，卧足。依据胎釉差异分为二式。

　　Ⅰ式 1件。整器施满釉，釉色白度较好。

　　2007YY西ⅠT9J7：13（卧足），灰胎。器内外壁施满釉，冻白釉，有光泽。釉层下施一层白色化妆土。尖圆唇，仰折沿，侈口外放，直弧腹，卧足。口径21、底径13.6、高3厘米（图三一三，6）。

　　Ⅱ式 1件。黄灰胎，器底露胎，露胎表面呈褐色，釉色白度下降。

　　2007YY东T13H153：51，黄灰胎，露胎处器表淡褐色。除外壁底部外，器内外壁通体施釉，釉层薄；冻白釉，显黄色，有冰裂纹，釉面有光泽。釉层下施一层白色化妆土略厚。圆唇，仰折沿，侈口外放，直弧腹，卧足。口径20、底径12、高3厘米（图三一三，7）。

　　乙类 3件，其中白地黑花器1件。折壁盘。依据唇部形态差异分为二型。

　　A型 1件。侈口外撇。

　　2006YY西ⅠT32H255：7（白地黑花），灰胎，外壁下部及圈足处露胎。器内壁及外壁上部施冻白釉，局部泛青，有光泽。釉层下施一层白色化妆土。圆唇，侈口外撇，折壁，圈足不高，足内壁斜度大，足壁宽厚，圈足足心锥状下凸。口径15.8、底径6.6、高3.8厘米（图三一三，8；图版五一，6）。

　　B型 2件。侈口。红褐胎，釉色发黄。圆唇，侈口，折壁，矮圈足，挖足近肩，足壁宽厚、微撇，圈足足心近平微凸。包括2006YY西ⅠT4H54⑩：50、2007YY西ⅠT3H254：2。

　　2006YY西ⅠT4H54⑩：50，褐红胎，外壁下部及圈足处露胎。器内壁及外壁上部施冻白釉，有光泽。圆唇，侈口，折壁，矮圈足，挖足近肩，足壁宽厚，圈足足心近平微凸。口径15.8、底径6.6、高3.2厘米（图三一三，9）。

　　丙类 11件，其中白地黑花器5件。直壁盘。依据口部形态差异分为三型。

　　A型 2件。灰胎，冻白釉。圆唇，大敞口，斜直腹，矮圈足，挖足不过肩，足壁近直，圈足足心为平底。包括2007YY西ⅠT11H80：1、2007YY西ⅠT23H296：3。

　　2007YY西ⅠT23H296：3，灰胎。器外壁上部及整个内壁施釉，釉层薄；釉冻白色，釉面无光泽。釉面下施一层白色化妆土略厚。内底残存不规则形支钉三个。圆唇，大敞口，斜直壁，矮圈足，挖足不过肩，足壁近直，圈足足心为平底。口径19、底径7、高4.6厘米（图三一三，10；图版五四，1）。

　　B型 4件。圆唇，唇沿微凸，侈口。包括2006YY西ⅠT26H211：4、2007YY西ⅠT4H25：1、2007YY西ⅠT11③：16、2007YY西ⅠT11H80：2。

　　2006YY西ⅠT26H211：4，淡黄胎。器外壁上部及整个内壁施釉，釉层薄；釉冻白色，有细冰裂纹；釉面无光泽。釉层下施一层白色化妆土略厚。内底残存椭圆形支钉两个，长0.6厘米。圆唇，唇沿微凸，侈口，斜直壁，矮圈足，挖足不过肩，足壁略宽、近直，圈足足心为平底。口径16、底径6.2、高4厘米（图三一三，11）。

　　C型 5件，均为白地黑花器。露胎表现为红褐色。直口或侈口，折沿，斜直壁。圈足不高，挖足过肩，足壁宽厚、内壁斜度大，圈足足心微凸或锥状下凸。包括2007YY东T9H197∶1（白地黑花）、2007YY东T10②∶5（白地黑花）、2007YY东T11J6∶1（白地黑花）、2007YY东T13②∶1（白地黑花）、2007YY东T13H6∶3（白地黑花）。

2007YY东T9H197∶1（白地黑花），灰胎，露胎表现为红褐色。除器外壁圈足及近圈足处外，器内外壁通体施釉，釉层薄；外壁上部及内壁白釉，外壁下部酱褐釉；釉面光泽暗淡。白釉层下施一层白色化妆土略厚。内底残存麻点状支钉三个，由十余个较大凸点组成。内壁饰黑彩，口部一周、腰部数周弦纹，碗心写意花草。敛口，折沿，斜直壁，圈足不高，挖足过肩，足壁外撇、宽厚，圈足足心微凸。口径17、底径6、高3.6厘米（图三一三，12；图版五三，1、2）。

2007YY东T13H6∶3（白地黑花），淡红胎，露胎处表面红褐。除外壁圈足及近圈足处外，器内外壁通体施釉，冻白釉层薄而褐釉层略厚；内壁及外壁上部施冻白釉，外壁其余部位施褐釉；釉面光泽暗淡，褐彩釉面有较多小气孔。冻白釉层下施一层白色化妆土略厚。口沿一周褐彩，内壁腰部三周褐彩弦纹，内壁碗底褐彩绘写意花卉。碗底有麻点状支钉五个，均由十余个小凸点组成。侈口，折沿，斜直壁，圈足不高，挖足过肩，足壁外撇、宽厚，圈足足心下凸。口径15、底径5.6、高3.6厘米（图三一三，13）。

丁类　研磨盘。4件，其中白地黑花器1件。依据器腹形态差异分为二型。

A型　3件。圆弧壁。依据胎釉及器底形态差异分为二式。

Ⅰ式　2件。灰黄胎或黄灰胎，釉面有光泽。圈足不高，挖足略过肩，足壁略宽、微外撇，圈足足心微凸近平。包括2007YY西ⅠT18H239∶9、2007YY东T13③∶4。

2007YY西ⅠT18H239∶9，深灰胎，圈足露胎。器内壁及外壁大部施冻白釉，光泽暗淡。釉层下施一层白色化妆土。内底有楔形戳点凹槽，起研磨作用。圆唇，侈口微内收，圆弧壁，矮圈足，挖足过肩，足壁外撇、宽厚，圈足足心微下凸。口径16.8、底径7.6、高3.6厘米（图三一三，14；图版五五，3、4）。

Ⅱ式　1件，其中白地黑花器1件。红褐胎，釉面光泽下降。圈足不高，挖足过肩，足壁宽厚，内壁斜度很大，圈足足心锥状下凸。

2007YY西ⅠT3③∶12（白地黑花），红胎，圈足露胎处施一薄层红褐色护胎釉，无光泽。除外壁圈足及近圈足处外，器内外壁通体施釉；外壁上部及整个内壁施冻白釉，釉层薄；外壁其余部位施棕褐釉，釉层略厚；釉面有光泽。白釉层下施一薄层白色化妆土。内壁有绿彩，为三周弦纹。内底有楔形戳点凹槽，起研磨作用。圆唇，侈口微内收，圆弧壁，矮圈足，挖足过肩，足壁内壁因挖足斜度很大，圈足足心下凸。口径14.8、底径6、高3.8厘米（图三一三，16）。

B型　1件。斜直壁。

2006YY西ⅠT27H180∶2，淡黄胎，外壁下部及圈足露胎。器内壁及外壁上部施冻白釉，有光泽。釉层下施一层白色化妆土。内底有楔形戳点凹槽，起研磨作用。圆唇，侈口微内收，斜直壁，矮圈足，挖足略过肩，足壁宽厚、微斜，圈足足心近平底。口径15、底径6、高3.2厘米（图三一三，15；图版五五，1、2）。

5. 盆

8件，均为白地黑花器。依据口部形态差异，分为三型。

A型　4件，均为白地黑花器。方圆唇，卷沿，侈口。依据釉色及器腹深浅分为二式。

Ⅰ式　2件。釉色较白，有光泽，腹深。包括2006YY西ⅠT25②：9（白地黑花）、2006YY西ⅡT4G6：1（白地黑花）。

2006YY西ⅡT4G6：1（白地黑花），黄褐胎，外壁露胎。内壁施冻白釉，以黑彩绘写意花草，有光泽。釉层下施一层白色化妆土。圆唇，唇沿外凸，卷沿，侈口，斜直腹，腹深，平底微内凹。口径29.8、底径18.8、高11.4厘米（图三一四，1）。

Ⅱ式　2件。釉色发黄，光泽暗淡，腹变浅。包括2007YY东T7H124：1（白地黑花）、2007YY东T7H124：2（白地黑花）。

2007YY东T7H124：2（白地黑花），褐灰胎，外壁大部及器底露胎。内壁及外壁口部施冻白釉，内壁以黑彩饰写意花卉，有光泽。釉层下施一层白色化妆土。圆唇，唇沿外凸，卷沿，侈口，斜直腹，腹浅，平底微内凹。口径31.6、底径19、高9.6厘米（图三一四，2）。

B型　3件，均为白地黑花器。方唇，仰折沿。依据釉色及腹深浅分为二式。

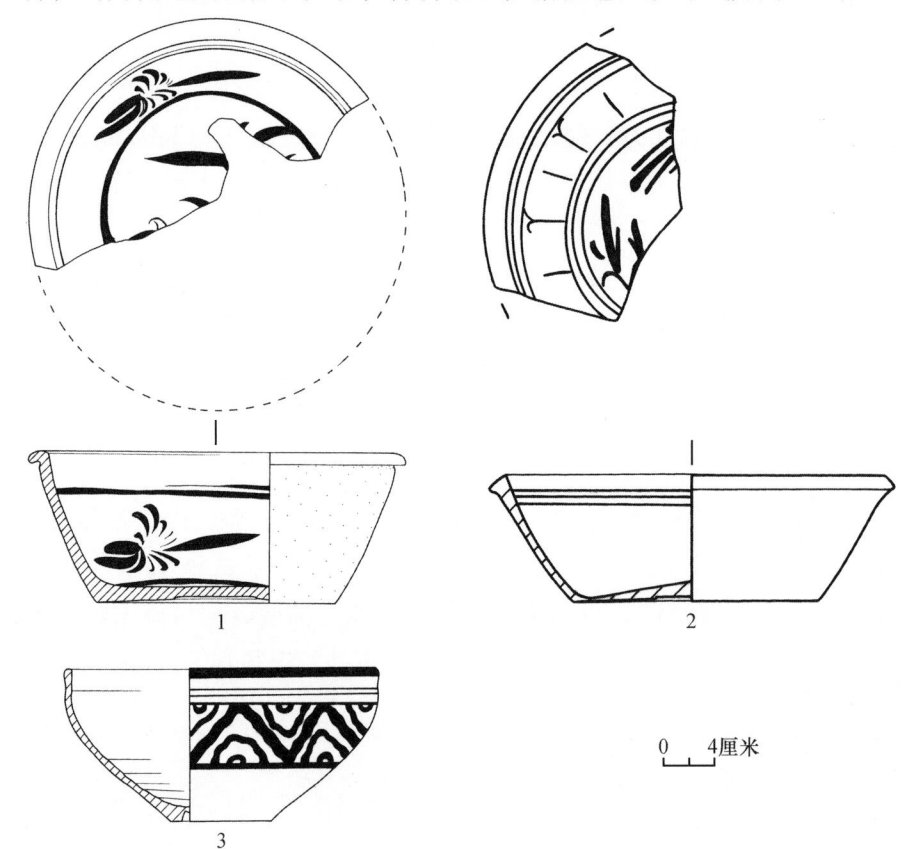

图三一四　A、C型白釉瓷盆
1. A型Ⅰ式（2006YY西ⅡT4G6：1）　2. A型Ⅱ式（2007YY东T7H124：2）　3. C型（2007YY东T9H129：1）

Ⅰ式　2件。釉色较白，有光泽，腹深。包括2007YY东T10J5：38（白地黑花）、2007YY东T14H136：2（白地黑花）。

2007YY东T10J5：38（白地黑花），黄灰胎，露胎处表面红褐色。器口部及内壁施釉，釉层薄；釉灰白色，光泽暗淡。内壁有青灰彩，口部一周弦纹，沿面一周点彩，腰部有写意草叶纹不明。方唇，唇沿凸起，仰折沿，斜直腹微鼓，底部为修复。口径37.8、底径26.6、高11厘米（图三一五，1）。

Ⅱ式　1件。釉色发黄，光泽暗淡，腹变浅。

2007YY西ⅠT23H70：5（白地黑花），灰胎，胎厚约1.1厘米。内壁施釉，釉层薄；釉冻白色，无光泽。釉层下施一层白色化妆土略厚。内壁黑彩，应为写意草叶。方唇，唇沿凸起，仰折沿，斜直腹微鼓，平底。口径50.4、底径28.8、高11.2厘米（图三一五，2）。

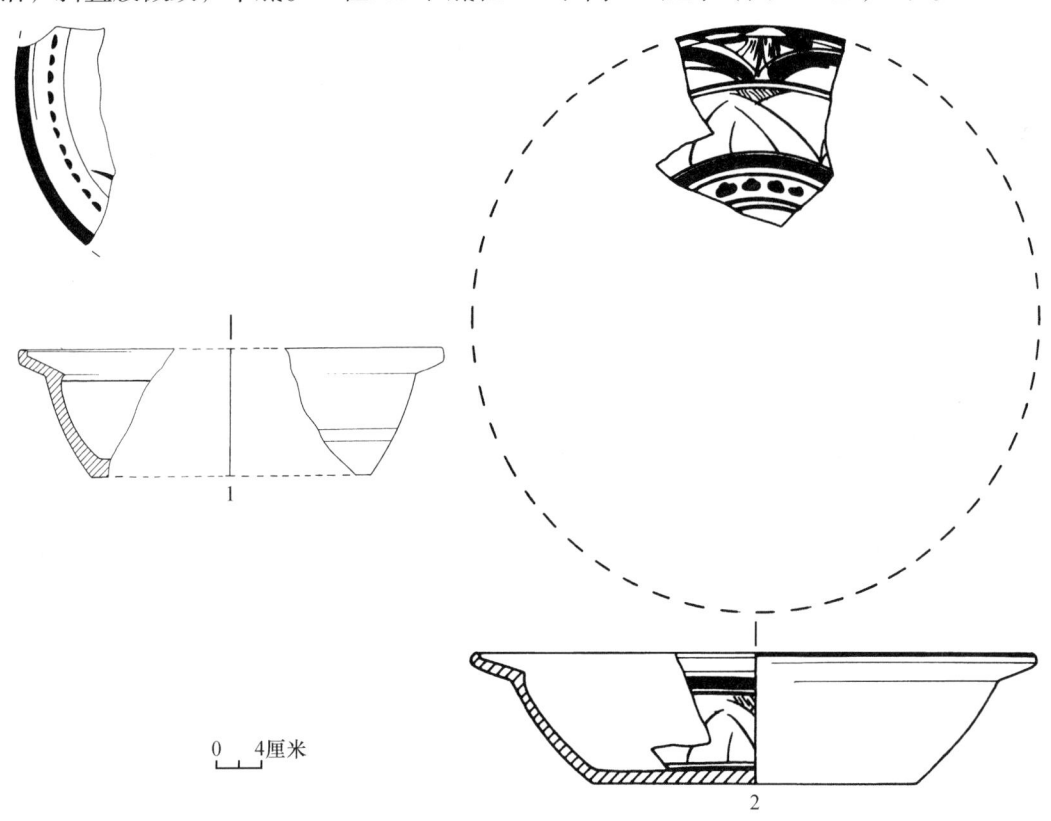

图三一五　B型白釉瓷盆
1. B型Ⅰ式（2007YY东T10J5：38）　2. B型Ⅱ式（2007YY西ⅠT23H70：5）

C型　1件。圆唇，直口，无沿。

2007YY东T9H129：1（白地黑花），红胎。除器外壁圈足内底外，器内外壁通体施釉，釉层薄；内壁褐釉，外壁冻白釉；釉面无光泽。冻白釉层下施一薄层白色化妆土。外壁上部有一周半花卉纹黑彩。圆唇，直口，口部微束，直弧腹，腹深，矮圈足，足壁宽厚，圈足足心下凸。口径24.6、底径8、高11.6厘米（图三一四，3；图版五五，5、6）。

6. 杯

14件，其中白地黑花器4件。依据口、腹形态差异分为三型。

A型 7件。直口或敛口，圆弧腹，无耳。依据器腹形态及圈足有无，分为二亚型。

Aa型 4件，其中白地黑花器1件。圆弧腹，有圈足。包括2006YY西ⅠT10H13①：1、2006YY西ⅠT25H271：3、2007YY西ⅠT5④：11（白地黑花）、2007YY东T10J5：37。

2006YY西ⅠT25H271：3，白胎。除圈足外，器内外壁通体施釉，釉层薄；白釉，釉面光洁莹润。釉下无化妆土。圆唇，直口，圆弧腹，矮圈足，挖足很浅，足壁外撇，圈足足心下凸。口径7.4、底径2.4、高3.8厘米（图三一六，1）。

2007YY西ⅠT5④：11（白地黑花），灰胎。除圈足外，器内外壁通体施釉，釉层薄；釉

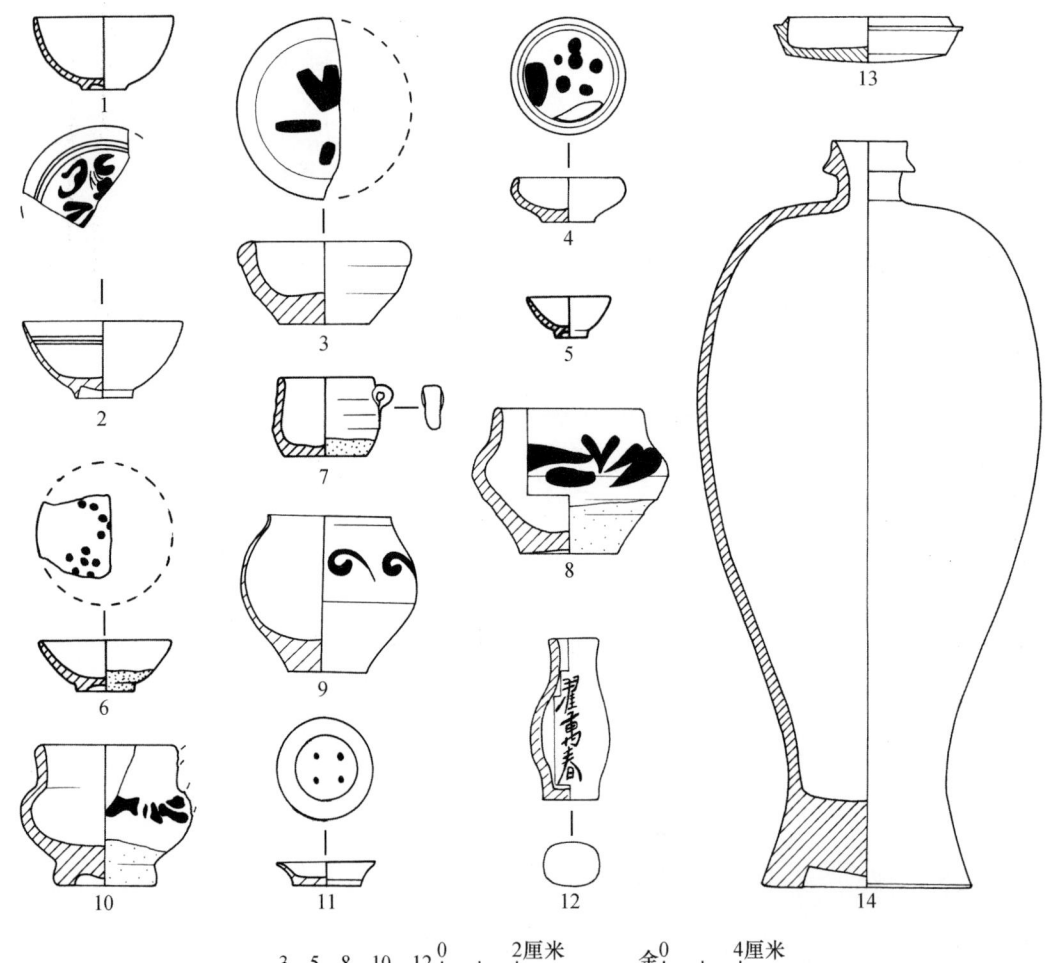

图三一六 白釉瓷杯、鸟食罐、碟形器、瓶形器、盒、梅瓶

1、2.Aa型杯（2006YY西ⅠT25H271：3、2007YY西ⅠT5④：11） 3、4.Ab型杯（2006YY西ⅠT24②：3、2007YY东T15H163②：2） 5、6.B型杯（2006YY西ⅠT24②：4、2007YY西ⅠT6③：2） 7.C型杯（2006YY西ⅠT25H277：1） 8.Aa型鸟食罐（2006YY西ⅠT6②：3） 9.Ab型鸟食罐（2007YY西ⅠT13H309②：4） 10.B型鸟食罐（2006YY西ⅠT11H326：1） 11.碟形器（2006YY西ⅠT24H57：2） 12.瓶形器（2006YY西Ⅰ采集：1） 13.盒（2007YY西ⅠT18H239：19） 14.梅瓶（2007YY东T13H170：1）

近白色，有细冰裂纹；釉面有光泽。釉层下施一薄层白色化妆土。内壁有黑彩，腰部三周弦纹，底写意花卉。圆唇，微侈口，圆弧腹，矮圈足，挖足过肩，足壁截面成"尖锥"状，圈足足心微凸近平。口径8.4、底径3、高4厘米（图三一六，2）。

Ab型　3件，其中白地黑花器2件。圆鼓腹，无圈足。包括2006YY西ⅠT24②：3（白地黑花）、2007YY西ⅠT20H102：5（图版五七，1、2）、2007YY东T15H163②：2（白地黑花）（图版五六，5、6）。

2006YY西ⅠT24②：3（白地黑花），橙黄胎，器外底露胎。器内壁及外壁施冻白釉，器内底以黑彩装饰。釉层下施一层白色化妆土。厚圆唇，弧腹，小平底。口径4、底径2.4、高2.1厘米（图三一六，3；图版五六，1、2）。

2007YY东T15H163②：2（白地黑花），黄灰胎。外壁上部及整个内壁施釉，釉层薄；釉近白色，釉面有光泽。釉层下施一薄层白色化妆土。内底有黑色点彩。圆唇，敛口，曲腹，小平底。口径5.2、底径2.8、高2.2厘米（图三一六，4）。

B型　6件，其中白地黑花器1件。侈口，直腹或直弧腹，无耳。包括2006YY西ⅠT15②：3、2006YY西ⅠT22④：1、2006YY西ⅠT24②：4、2006YY西ⅠT32H246：1（图版五六，4）、2007YY西ⅠT6③：2（白地黑花）、2007YY西ⅠT6J9：3。

2007YY西ⅠT6③：2（白地黑花），淡黄粗胎。器外壁上部及整个内壁施釉，釉层薄；釉近白色，有细冰裂纹；釉面有光泽。内壁有黑彩，为若干组，每组以六点黑彩组成花卉。圆唇，直弧腹，矮圈足，挖足浅，足壁宽厚，圈足足心微下凸。口径7.2、底径3、高2.8厘米（图三一六，6）。

2006YY西ⅠT24②：4，褐黄胎，外壁大部及圈足露胎。器内壁及外壁口部施白釉，白釉偏青灰。釉层下施一薄层白色化妆土。口径4.5、底径1.7、高2.1厘米（图三一六，5；图版五六，3）。

C型　1件。微敛口，筒形腹，单耳。

2006YY西ⅠT25H277：1，黄灰胎。除器底外，器内外壁通体施釉，釉层薄；外壁冻白釉，内壁青灰釉，无光泽。白釉下有白色化妆土。圆唇，微敛口，筒形腹，平底，单环耳。口径5、底径4.2、高4.2厘米（图三一六，7；图版五七，3）。

7. 鸟食罐

5件，均为白地黑花。依据有无圈足分为二型。

A型　4件。平底，无圈足。依据颈部形态差异分为二亚型。

Aa型　2件。短束颈。包括2006YY西ⅠT6②：3、2007YY东T3L1②：6（图版五七，5）。

2006YY西ⅠT6②：3，灰胎，内外底及外壁下部露胎。内外壁上部施冻白釉，外壁以黑彩绘草叶纹，有光泽。釉层下施一层白色化妆土。圆唇，直口，短束颈，鼓腹，下腹斜收，平底微内凹。口径3.8、底径2.6、最大腹径5.1、高3.7厘米（图三一六，8；图版五七，4）。

Ab型　2件。无颈。包括2007YY西ⅠT13H309②：4、2007YY西ⅠT21H151：6（图版

五八,1、2)。

2007YY西ⅠT13H309②:4,灰胎。口沿及外壁上部施釉,釉层薄;釉白色,有光泽;口沿及外壁施一层白色化妆土,外壁以黑彩绘螺旋纹装饰。圆唇,无颈,鼓腹,平底。口径6.4、底径4、最大腹径7.6、高8厘米(图三一六,9;图版五七,6)。

B型　1件。有圈足。

2007YY西ⅠT11H326:1,黄灰胎。器外壁上部及内壁口部施釉,釉层薄;釉冻白色,光泽暗淡。釉层下施一薄层白色化妆土。外壁腹部有黑彩,对称两簇写意草叶纹。圆唇,微侈口,短束颈,鼓腹,似有单耳,矮圈足,挖足浅,足壁宽厚,圈足足心微下凸。口径3.45、底径2.7、最大腹径4.6、高3.7厘米(图三一六,10;图版五八,3)。

8. 瓶形器

4件,其中白地黑花器2件,1件残损严重,仅可判断其器形。包括2006YY西ⅠT8M1:3、2006YY西ⅠT18②:6(白地黑花)、2006YY西Ⅰ采集:1(白地黑花)、2006YY西ⅠT19②:30(残损严重)。

2006YY西Ⅰ采集:1(白地黑花),乳白胎。先上化妆土,再施透明釉,釉上黑彩行书"翟万春"三字,微向右上扬,字形较瘦长,结构紧凑。直口微侈,横截面呈委角方形,口部似有火烧的痕迹;瘦长扁身;弧腹,下腹斜弧内收,最大腹径在中部;平底,横截面呈椭圆形。口径0.8、最大腹径1.9、底长径1.3、短径0.9、高4.2厘米(图三一六,12)。

9. 碟形器

1件。

2006YY西ⅠT24H57:2(白地黑花),灰白胎,胎质细腻。器外壁上部及整个内壁施釉,釉层薄;透明釉,釉色透胎呈白色;有细冰裂纹;釉面有光泽。釉层下不施化妆土。内底有四点黑彩。尖圆唇,侈口外放,浅腹,平底。口径5.2、底径3.6、高1.2厘米(图三一六,11;图版六一,3、4)。

10. 盒

2件,无白地黑花器。包括2006YY西ⅠT4H54④:10(缺盖)、2007YY西ⅠT18H239:19(缺盖)。

2007YY西ⅠT18H239:19(缺盖),灰胎,口部无釉。器内壁及外壁施冻白釉,有光泽。釉层下施一层白色化妆土。尖圆唇,唇沿外凸,母口,浅腹,圜底。口径8.4、底径8.4、高2.4厘米(图三一六,13;图版六一,1、2)。

11. 灯盏

8件,无白地黑花器。依据口部形态差异分为二型。

A型　4件。黄灰胎或黄褐胎。釉色发黄，光泽暗淡。侈口不外撇或略内收，平底，无圈足。包括2007YY西ⅠT18H239：2、2007YY西ⅠT18H239：3、2007YY西ⅠT18H239：13、2007YY西ⅠT18H239：16。

2007YY西ⅠT18H239：3，黄褐胎。外壁无釉，内壁施冻白釉，釉色发黄，无光泽。釉层下施一层白色化妆土。圆唇，侈口，斜直腹，平底。口径8、底径3.8、高2.4厘米（图三一七，9）。

B型　4件。灰胎或黄灰胎。釉面无光泽。侈口外撇，平底或微内凹，无圈足。包括2007YY西ⅠT2H297：1、2007YY西ⅠT2H327：4、2007YY西ⅠT11Z7：1、2007YY西ⅠT15H103：1。

2007YY西ⅠT2H297：1，灰胎，外壁露胎。器内壁及外壁口部施冻白釉。釉下层施一层白色化妆土。方唇，侈口外撇，小平底。口径8.4、底径2.6、高2.4厘米（图三一七，10）。

2007YY西ⅠT11Z7：1，灰胎。器外壁口部和整个内壁施釉，釉层薄；釉白色，有细冰裂纹；釉面有光泽。釉层下施一层薄薄的化妆土。方唇，侈口外撇，小平底。口径5.6、底径3.2、高2.2厘米（图三一七，11）。

12. 器盖

29件，其中白地黑花器13件。依据是否有捉手分为二型。

A型　23件，其中白地黑花器8件。无捉手。依据口部形态分为二亚型。

Aa型　22件。母口。依据器顶形态分为三式。

Ⅰ式　3件，其中白地黑花器1件。盖顶隆起较高。包括2006YY西ⅠT10H113：1（白地黑花）、2007YY东T6L1②：6、2007YY东T14H95：3。

2006YY西ⅠT10H113：1（白地黑花），灰胎，内壁露胎。外壁施冻白釉，上以黑彩装饰，有光泽。釉层下施一层化妆土。方圆唇，母口，平沿外凸，盖顶隆起较高。口径5.2、盖径8、高2.7厘米（图三一七，1）。

Ⅱ式　18件，其中白地黑花器7件。盖顶微隆。包括2006YY西ⅠT2H4：5、2006YY西ⅠT2H27：4（白地黑花）（图版五八，4~6）、2006YY西ⅠT5H21：6、2006YY西ⅠT6H81①：33（白地黑花）（图版五九，1、2）、2006YY西ⅠT14③：3、2006YY西ⅠT18③：3、2006YY西ⅡT1G6：5、2006YY西ⅡT4②：4、2007YY西ⅠT1③：7（白地黑花）、2007YY西ⅠT5④：18、2007YY西ⅠT9J7：11（白地黑花）、2007YY西ⅠT11③：14、2007YY西ⅠT13H309②：5、2007YY西ⅠT15H196：2（白地黑花）、2007YY东T6H155③：5、2007YY东T9H147：5（白地黑花）、2007YY东T9H147：9、2007YY东T15④：2（白地黑花）。

2007YY东T9H147：5（白地黑花），灰胎。外壁白釉色，釉面有蚯蚓状纹路，有光泽。内外壁有釉无釉处均施一层白色化妆土，釉层下略厚。外壁有偏红色褐彩，顶部两周弦纹，腰部一周弦纹，顶部与腰部弦纹间写意草叶纹两簇。尖圆唇，母口，平出沿，盖顶微隆。口径10、盖径13.6、高2.8厘米（图三一七，2；图版五九，3、4）。

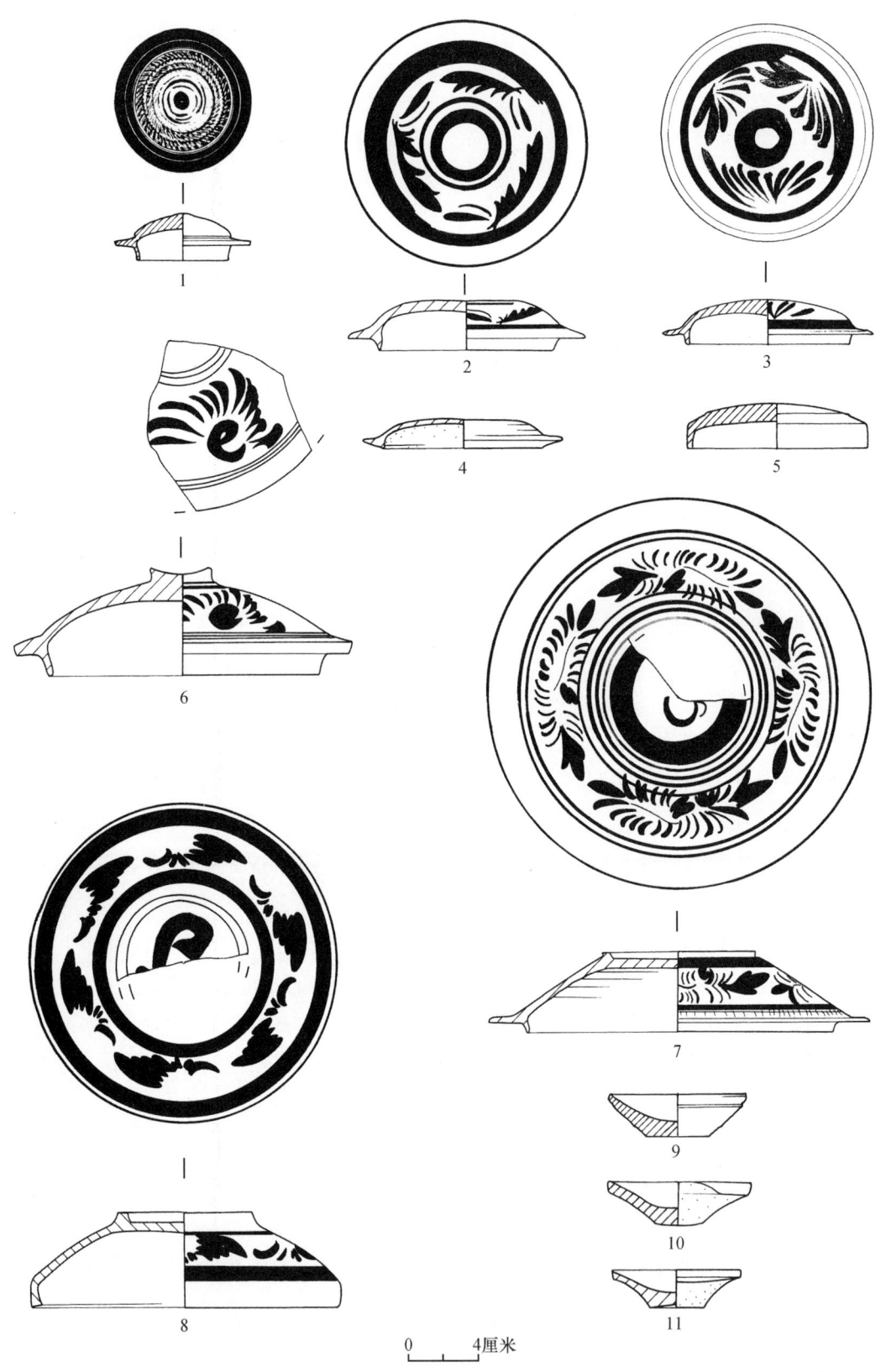

图三—七 白釉瓷器盖、灯盏

1. Aa型Ⅰ式器盖（2006YY西ⅠT10H113∶1） 2、3. Aa型Ⅱ式器盖（2007YY东T9H147∶5、2007YY西ⅠT15H196∶2）
4. Aa型Ⅲ式器盖（2007YY西ⅠT1H3∶1） 5. Ab型器盖（2007YY西ⅠT24③∶3） 6. Ba型器盖（2007YY西ⅠT18③∶17）
7. Bb型器盖（2007YY西ⅠT13J3∶4） 8. Bc型器盖（2007YY西ⅠT15H351①∶4） 9. A型灯盏（2007YY西ⅠT18H239∶3）
10、11. B型灯盏（2007YY西ⅠT2H297∶1、2007YY西ⅠT11Z7∶1）

2007YY西ⅠT15H196：2（白地黑花），黄灰胎。器表施釉，釉层薄；釉白色，有光泽。器内外壁釉层下及无釉处均施一层薄白色化妆土。器表两周圆圈纹黑彩，两周圆圈之间三簇黑彩写意草叶纹。尖圆唇，母口，平出沿，盖顶微隆。口径9.2、底径12.2、高2.4厘米（图三一七，3；图版五九，5、6）。

Ⅲ式　1件。盖顶近平。

2007YY西ⅠT1H3：1，浅灰胎，夹细砂。器外壁施釉，釉层薄；釉冰白色，有光泽。釉层下施白色化妆土。尖圆唇，母口很浅，出沿上翘，盖顶微隆近平。口径11.4、底径9、高1.6厘米（图三一七，4）。

Ab型　1件。子口。

2007YY西ⅠT24③：3，灰胎。器表施釉，釉层薄；釉冻白色，有冰裂纹；釉面有光泽。釉层下施一薄层白色化妆土。方唇，口微敛，子口，盖顶弧形隆起。口径10.4、高2.6厘米（图三一七，5；图版六〇，6）。

B型　6件，其中白地黑花器5件。有捉手。依据捉手及口部形态差异分为三亚型。

Ba型　2件，均为白地黑花器。纽形捉手，母口。包括2007YY西ⅠT18③：17（白地黑花）、2007YY东T10③：1（白地黑花）。

2007YY西ⅠT18③：17（白地黑花），粗灰胎。器表施釉，釉层薄；釉冻白色，釉面有光泽。釉层下施一层白色化妆土略厚。器表有黑彩写意花卉。方唇，母口，平出沿，盖顶弧形隆起较高，有圆纽形捉手。口径15.6、盖径19.8、高6.1厘米（图三一七，6；图版六〇，5）。

Bb型　2件，均为白地黑花器。大圈足形捉手，母口。包括2006YY西ⅠT25②：12（白地黑花）、2007YY西ⅠT13J3：4（白地黑花）。

2007YY西ⅠT13J3：4（白地黑花），黄灰胎。器表施釉，釉层薄；釉冻白色；釉面略有光泽。器内外壁通体施一层白色化妆土。胎表有蚯蚓状凹陷纹路。器表有褐彩，为两组弦纹之间一周折枝花叶，盖顶纹饰不明。尖圆唇，子口，平出沿，口浅，盖顶斜直隆起，上有大圈足形捉手，捉手很浅。口径17.6、盖径21.8、高4.4厘米（图三一七，7；图版六〇，1、2）。

Bc型　2件。圈足形捉手，子口。包括2007YY西ⅠT13J3：12、2007YY西ⅠT15H351①：4（白地黑花）。

2007YY西ⅠT15H351①：4（白地黑花），黄灰胎。器表施釉，釉层薄；釉冻白色；釉面略有光泽。釉层下施一层白色化妆土。器表有褐彩，为两组弦纹之间一周草叶纹，盖顶纹饰不明。方唇，微敛，子口，盖顶斜直隆起，上有大圈足形捉手，捉手较浅。口径17.8、高5.4厘米（图三一七，8；图版六〇，3、4）。

13. 瓶盖

1件。

2006YY西ⅠT8G4：1（白地黑花），黄灰胎，夹细砂。白釉。盖顶书一"瓶"字，盖身外壁书"不是小都看住口□□□先过去"。圆唇，斜直隆起，平顶，无纽，内有一小柱状塞。

口径9.8、高4.7厘米（图版六二，1~6）。

14. 梅瓶

1件。

2007YY东T13H170：1，灰胎。器外壁除底部外，通体施釉，釉层薄；釉冻白色，釉面光泽暗淡。釉层下施一层白色化妆土略厚。圆唇，唇沿外凸，微侈口，短束颈，溜肩，鼓腹，腹最大径在上腹部，下腹部内收，足部外放，矮圈足，足部外放、宽厚，圈足足心下凸。口径4、底径11、腹最大径18.2、高38厘米（图三一六，14；图版六三，1）。

二、酱黑釉器

酱黑釉器指釉色呈现黑色、酱黑色和酱色的一类器物。遗址中的酱黑釉器主要包含内外壁均为酱黑釉和内壁施白釉外壁施酱黑釉两种。遗址中出土的酱黑釉器的数量不及白釉，但多于青釉器和钧釉器，标本共计236件，占瓷容器类遗物总数的19.2%。阳翟故城遗址酱黑釉器可见的器类有：碗、盏、碟、盘、盆、刻槽盆、盒、瓶、罐、瓶形器、灯盏、器盖、炉、臼、釜、盂等。从胎体厚度看，绝大多数器，胎体有一定厚度或很厚，仅少量碗、盘类器物胎体较薄。在施釉手法上，对于器形较小的器物，通过对器壁上釉线形态的分析，我们认为一般有三种施釉手法。一是荡釉法，即手持器皿圈足，将器口朝下，在釉料中一荡。用这类手法施釉的器物，一般内壁施满釉，外壁施半釉，且内底多中心区域刮釉露胎，会留下环形无釉露胎区；二是蘸釉法，即将器物45°左右侧持，然后一边蘸釉一边旋转器物一周，一般5次可以完成一件器物的施釉。用这类手法施釉的器物，一般内外壁呈现连弧状的釉线，且内底中心一般无釉。三是刷釉法，即用刷子等工具蘸釉后，在器内壁刷上釉料。用这类手法施釉的器物，内底中心一般无釉露胎，而露胎区域一般不是规则的圆形，器外壁则施釉较少，釉线较高，比较随意。而对于器形较大的器物，则采用浇釉法。在装饰手法上，酱黑釉器除施釉外并无太多别的装饰手法，部分内底无釉的酱黑釉器上会先施一层白色化妆土。装烧方式上，可分为正烧与覆烧两种。绝大多数器为正烧，仅少量碗、盘类器为覆烧。正烧器内底或有支钉痕或无釉露胎，圈足足底可见垫饼留下的痕迹。覆烧器口部为芒口。

1. 碗

28件。依据腹部形态差异分为甲、乙、丙三类。

甲类　10件。直弧腹。依据器口部、腹部形态差异分为三型。

A型　5件。侈口外放，器剖面似元宝状。此类碗均为内白釉外黑釉，口部芒口，为覆烧。依据器底形态差异分为二式。

Ⅰ式　4件。圈足有一定高度，足壁薄且较直，挖足不过肩，圈足足心为平底。包括

2006YY西ⅠT18④：6（小口径）、2007YY西ⅠT9J7：14、2007YY西ⅠT9J7：15、2007YY东T6⑤B：1。

2006YY西ⅠT18④：6（小口径），灰褐胎，芒口，足底施护胎釉。器内外壁及器底施满釉，内壁施冻白釉，外壁施酱黑釉，有细小气孔，有光泽。圆唇，侈口外放，直弧腹，矮圈足，挖足近肩，足壁微撇，器底为修复。口径11、底径3.2、高4.4厘米（图三一八，1）。

2007YY西ⅠT9J7：15，黄灰胎，胎薄，芒口。器内壁施冻白釉，外壁及圈足满施酱黑釉，光泽度好。内壁釉层下施一层白色化妆土。圆唇，侈口外放，直弧腹，圈足有一定高度，挖足近肩，足壁微撇，圈足足心为平底。口径19.8、底径7、高8.6厘米（图三一八，2）。

Ⅱ式　1件。矮圈足，足壁厚，足内壁较斜，挖足不过肩，圈足足心明显下凸。

2007YY西ⅠT11H265：1（小口径），灰胎，芒口。器内外壁通体施釉；外壁口部及内壁施白釉，釉层薄，上部有冰裂纹；外壁其余部位施釉黑褐相杂，釉层略厚；釉面有光泽。白釉层下施一层白色化妆土略厚。圆唇，侈口外放，直弧腹，矮圈足，挖足不过肩、浅，足壁微撇，圈足足心微下凸。口径10.7、底径3.6、高4.3厘米（图三一八，3；图版六五，1）。

B型　3件。侈口不外放，器剖面似梯形。依据器底形态变化分为二式。

Ⅰ式　2件。圈足有一定高度，足壁外撇，挖足不一定过肩，圈足足心为平底。包括2007YY西ⅠT3H290：2、2007YY西ⅠT6J9：2。

2007YY西ⅠT3H290：2，淡黄胎，露胎处表面淡黄色。除器外壁圈足及近圈足处外，器内外壁通体施釉，内底一周去釉露胎，釉层略厚；酱褐釉，光泽暗淡。圆唇，侈口不外放，直弧腹，腹深，圈足有一定高度，足壁外撇，挖足近肩，圈足足心为平底。口径19.8、底径6.8、高7厘米（图三一八，4）。

Ⅱ式　1件。圈足有一定高度，足壁外撇，挖足过肩，圈足足心明显下凸。

2007YY西ⅠT6H47：17，黄灰胎，夹细砂。器内外壁上部及内底中心施釉，釉层略厚；釉酱褐色，釉面有极细的气孔，有光泽。釉层下无化妆土。圆唇，侈口不外放，直弧腹，腹深，圈足有一定高度，足壁外撇，挖足近肩，圈足足心明显下凸。口径19、底径6.2、高6.8厘米（图三一八，5）。

C型　2件。侈口不外放，斜直腹，器剖面似三角形。包括2007YY西ⅠT11H312：1（图版六五，4）、2007YY西ⅠT21H151：1。

2007YY西ⅠT21H151：1，黄灰胎，露胎处表面深灰色。器外壁上部及内壁施釉，釉层厚，内底及外壁釉层下缘积釉处极厚；釉黑色，内外壁口部棕色；釉面有较多的小气孔；釉面光泽度好。尖圆唇，唇部加厚，斜直腹，圈足较矮，足壁较宽，挖足很浅，似玉璧状。口径14、底径5.4、高5.8厘米（图三一八，6）。

乙类　15件。圆弧腹。依据口部形态差异分为三型。

A型　10件。侈口。依据釉色差异分为二亚型。

Aa型　8件。侈口，唇部外凸。此型器除一件器物内外壁为酱釉外，余均为内白釉外黑釉，芒口。此型器为覆烧。依据釉色及器底形态差异分为三式。

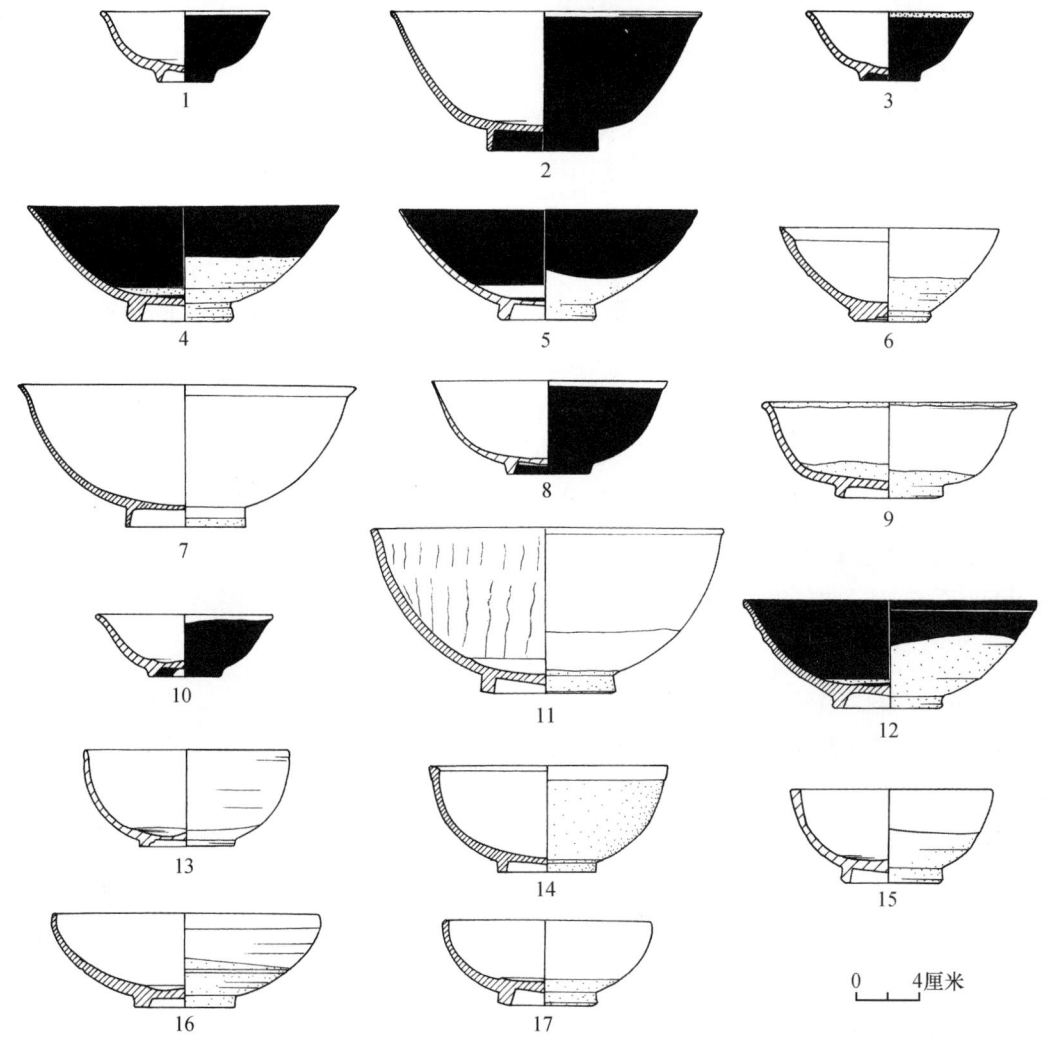

图三一八 甲、乙类酱黑釉瓷碗

1、2. 甲类A型Ⅰ式（2006YY西ⅠT18④：6、2007YY西ⅠT9J7：15） 3. 甲类A型Ⅱ式（2007YY西ⅠT11H265：1） 4. 甲类B型Ⅰ式（2007YY西ⅠT3H290：2） 5. 甲类B型Ⅱ式（2007YY西ⅠT6H47：17） 6. 甲类C型（2007YY西ⅠT21H151：1） 7. 乙类Aa型Ⅰ式（2007YY西ⅠT9J7：25） 8. 乙类Aa型Ⅱ式（2007YY西ⅠT18H218：1） 9、10. 乙类Aa型Ⅲ式（2006YY西ⅠT10H13①：4、2007YY东T7J4：12） 11. 乙类Ab型Ⅰ式（2007YY西ⅠT6H122：2） 12. 乙类Ab型Ⅱ式（2007YY西ⅠT1H11：2） 13、14. 乙类B型Ⅰ式（2007YY西ⅠT6J9：1、2007YY西ⅠT9J7：23） 15. 乙类B型Ⅱ式（2006YY西ⅠT4H54⑨：44） 16. 乙类C型Ⅰ式（2006YY西ⅠT4H54⑦：52） 17. 乙类C型Ⅱ式（2007YY西ⅠT17H293：3）

Ⅰ式 3件。釉色光泽度高。圈足尚高，足壁较直，挖足略过肩，圈足足心为平底。包括2006YY西ⅠT14③：1、2007YY西ⅠT9J7：25、2007YY西ⅠTG1J13：3。

2007YY西ⅠT9J7：25，灰胎，圈足足底刮釉。器内壁施冻白釉；器外壁满施酱黑釉，光泽度好。内壁釉层下施一层白色化妆土。圆唇，唇部外凸，侈口，圆弧腹，腹深，圈足有一定高度，挖足近肩，足壁微撇，圈足足心为修复。口径21.8、底径7.6、高8.8厘米（图三一八，7；图版六四，4）。

Ⅱ式 1件。釉色亮度下降。圈足略变矮，足壁微外撇，挖足略过肩，圈足足心留有小凸点。

2007YY西ⅠT18H218：1，黄灰胎，芒口。器内外壁通体施釉；外壁口部及内壁施白釉，釉层薄，有细冰裂纹；外壁其余部位施褐釉，釉层略厚；釉面有光泽。白釉层下施一薄层白色化妆土。圆唇，唇部外凸，侈口，圆弧腹，腹深，圈足有一定高度，挖足近肩，足壁微撇、略宽，圈足足心微凸近平。口径15、底径5.2、高5.8厘米（图三一八，8；图版六五，2）。

Ⅲ式　4件。黑釉夹酱色斑点。矮圈足，足壁外撇、宽厚，挖足略过肩，圈足足心下凸。包括2006YY西ⅠT10H13①：4、2007YY东T7J4：12、2007YY东T13H153：13（图版六四，1~3）、2007YY东T13H153：49。

2006YY西ⅠT10H13①：4，灰白胎，芒口，内底中部、外壁下部及圈足处露胎。器内壁及外壁上部施酱黑釉，有光泽，有细小气孔。内底中部施一薄层化妆土。圆唇，唇部外凸，侈口，圆弧腹，腹浅，圈足不高，挖足近肩，足壁微撇，圈足足心为修复。口径15.8、底径6.8、高6厘米（图三一八，9）。

2007YY东T7J4：12，灰胎，芒口。器内外壁通体施满釉；外壁口部及内壁施白釉，釉层薄，有细冰裂纹；外壁其余部位施黑釉，釉层略厚，表面有细密的气泡；釉面光泽度极好。白釉层下施一层白色化妆土略厚。圆唇，唇部外凸，侈口，圆弧腹，腹浅，矮圈足，挖足近肩，足内壁外撇，足壁宽厚，圈足足心为平底。口径11.4、底径4.4、高3.8厘米（图三一八，10）。

Ab型　2件。内外壁均施黑釉。侈口，唇部不外凸。此型器为正烧。依据釉色光泽度差异分为二式。

Ⅰ式　1件。光泽度较高。

2007YY西ⅠT6H122：2，黄灰胎近白。除圈足外，器内外壁施釉；器内壁及外壁上部黑釉，器口及外壁下部褐釉，其中褐釉釉层较薄，黑釉釉层厚度大约是褐釉的一倍，约0.3毫米，因此，两种釉色的差别，可能并非本身颜色有区别，而是釉层厚薄导致的变化；有光泽；釉面有较密集的气孔。内壁从上至下有三周蚯蚓状凸条，其上有暗银灰光泽。釉层下无化妆土。圆唇，外壁唇部有修整痕迹，侈口，圆弧腹，腹深，圈足有一定高度，挖足近肩，足壁微撇，圈足足心微下凸。口径22.4、底径8.6、高10.1厘米（图三一八，11；图版六四，5、6）。

Ⅱ式　1件。光泽度较低。

2007YY西ⅠT1H11：2，淡黄胎。内底中部一周、外壁上部及圈足无釉，余部施酱黑釉，有光泽。圆唇，外壁唇部有修整痕迹，侈口，圆弧腹，腹深，圈足不高，挖足过肩，足壁微撇，圈足足心下凸。口径18.6、底径7、高6.6厘米（图三一八，12）。

B型　3件。近直口。依据器底形态差异分为二式。

Ⅰ式　2件。圈足不高，足壁近直，挖足不过肩，圈足足心微凸近平。

2007YY西ⅠT6J9：1，黄灰胎。器内外壁除底部外，其余施釉，釉层略厚；黑釉；有光泽。圆唇，直口，圆弧腹，矮圈足，足壁近直，挖足近肩，圈足足心为平底。口径13.2、底径6、高6厘米（图三一八，13）。

2007YY西ⅠT9J7：23，黄褐胎，器外壁及圈足露胎。器内壁施酱黑釉，有光泽。圆唇，唇沿加厚，直口，圆弧腹，矮圈足，足壁微撇，挖足近肩，圈足足心微下凸。口径15.2、底径6.2、高6.6厘米（图三一八，14）。

Ⅱ式　1件。圈足略高，足壁略宽、微外撇，挖足不过肩，圈足足心明显下凸。

2006YY西ⅠT4H54⑨：44（小口径），黄灰胎，胎较厚，底较薄。器外壁上部及整个内壁施釉，但口沿部位无釉，釉层略厚；釉黑褐色，有光泽。口部无釉处施一薄层白色化妆土。方唇，近直口，圆弧腹，圈足不高，足壁微撇，挖足近肩，圈足足心下凸。口径12.8、底径6.6、高5.8厘米（图三一八，15）。

C型　2件。敛口。依据釉色及器底形态差异分为二式。

Ⅰ式　1件。釉色光泽度高。矮圈足，挖足不过肩，足壁近直，圈足足心为平底。

2006YY西ⅠT4H54⑦：52，黄灰胎，圈足及外壁近圈足处露胎。器内壁及外壁上部施黑釉，釉厚，光泽度好。圆唇，敛口，圆弧腹，矮圈足，足壁外撇、宽厚，挖足近肩，圈足足心为平底。口径16.8、底径6.4、高5.8厘米（图三一八，16）。

Ⅱ式　1件。釉色光泽度下降。圈足不高，挖足过肩，足壁宽厚、外撇，圈足足心锥形下凸。

2007YY西ⅠT17H293：3，黄灰胎，口部、圈足及近圈足处露胎。器内壁及外壁上部施酱黑釉，有光泽，有细小气孔。圆唇，敛口，圆弧腹，矮圈足，足壁外撇、宽厚，挖足过肩，圈足足心下凸。口径13、底径6.2、高5.2厘米（图三一八，17；图版六五，3）。

丙类　3件。筒形腹。此类器从器表各种痕迹看，为装匣正烧。依据釉色及器底形态差异分为二式。

Ⅰ式　2件。釉色光泽度高。圈足稍高，挖足略过肩，足壁外撇，圈足足心微下凸。

2007YY东T9H147：3（内白外黑），灰胎。内壁白釉色正；外壁上部黑釉；釉面有光泽。白釉层下施一层白色化妆土略厚。圆唇，敛口，筒形腹，腹深中等，矮圈足，挖足过肩，足壁微撇，圈足足心微凸近平。口径13.2、底径5.8、高7厘米（图三一九，1）。

2007YY西ⅠT20H151：2，灰胎。除器外壁圈足及近圈足处外，器内外壁通体施釉，釉层上部略厚，下部较厚；釉黑色，釉面光泽度好。内底一周宽带旋去釉层露胎。圆唇，敛口，筒形腹，腹深，矮圈足，挖足过肩，足壁微撇，圈足足心微凸近平。口径20.4、底径8.8、高9.6厘米（图三一九，2；图版六五，5、6）。

Ⅱ式　1件。釉色光泽度降低。矮圈足，挖足不过肩，足壁近直，圈足足心下凸。

2006YY西ⅠT6H81③：39（内白外黑），褐黄胎，器外壁下部及器底露胎。器内壁施冻白釉，内壁口沿及外壁上部施酱黑釉，黑釉中夹黑色和橙黄色斑点，有光泽。圆唇，敛口，筒形腹，腹深，矮圈足，足壁近直，圈足足心下凸。口径19.6、底径9.2、高9.6厘米（图三一九，3；图版六一，5、6）。

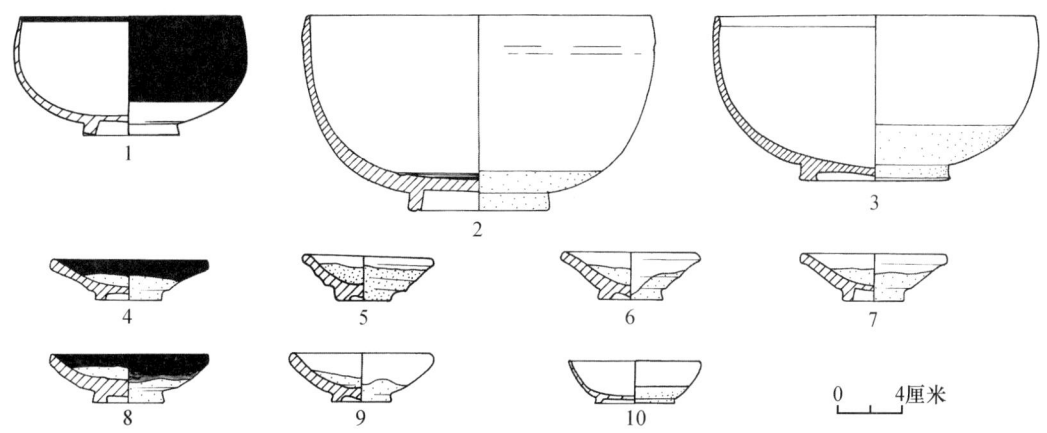

图三一九 酱黑釉瓷碗、盏

1、2.丙类Ⅰ式碗（2007YY东T9H147：3、2007YY西ⅠT20H151：2） 3.丙类Ⅱ式碗（2006YY西ⅠT6H81③：39）
4.A型Ⅰ式盏（2007YY西ⅠT2H282：1） 5.A型Ⅱ式盏（2007YY东T7J4：7） 6、7.A型Ⅲ式盏（2006YY西ⅠT17②：4、2006YY西ⅠT25②：14） 8.B型Ⅰ式盏（2007YY西ⅠT2H282：2） 9.B型Ⅱ式盏（2006YY西ⅠT16H95：3）
10.C型盏（2006YY西ⅠT22③：1）

2. 盏

27件。依据釉色，口、腹形态差异分为三型。

A型 14件。黑釉，侈口或微外放，斜直壁或直弧壁。依据器底形态变化分为三式。

Ⅰ式 2件。灰胎或灰黄胎。釉色有光泽。矮圈足，挖足略与肩齐，足内壁微斜，圈足足心近平微凸。包括2007YY西ⅠT2H282：1、2007YY西ⅠT19H328：18。

2007YY西ⅠT2H282：1，灰胎。器内外壁上部施釉，釉层略厚；釉黑色，釉面有光泽。方圆唇，侈口外放，斜直壁，矮圈足，挖足近肩，圈足足心为平底。口径9.2、底径4.1、高2.5厘米（图三一九，4）。

Ⅱ式 6件。黄灰胎。釉色光泽略降低。矮圈足，挖足不过肩，足壁多宽厚或内壁斜度很大，圈足足心微下凸。包括2006YY西ⅠT25H271：2、2007YY西ⅠT2③：6、2007YY西ⅠT5③：6、2007YY西ⅠT18H239：4、2007YY西ⅠT19H220：2、2007YY东T7J4：7。

2007YY东T7J4：7，灰胎。器内外壁上部施釉，釉层薄；釉酱褐色，有光泽。圆唇，侈口，斜直壁，矮圈足，挖足很浅，足壁宽厚，圈足足心微凸，器形不规整。口径8、底径3.4、高2.8厘米（图三一九，5；图版六六，1）。

Ⅲ式 6件。黄灰胎或黄褐胎，釉色无光泽。矮圈足，挖足浅，足心锥状下凸。包括2006YY西ⅠT17②：4、2006YY西ⅠT25②：14、2007YY西ⅠT17Z12：1、2007YY西ⅠT20H102：6、2007YY西ⅠT21③：2、2007YY东T4H58：3。

2006YY西ⅠT17②：4，黄灰胎，外壁下部及圈足露胎。器内壁及外壁上部施酱釉，无光泽。方唇，侈口，斜直壁，矮圈足，挖足浅，足壁宽厚，圈足锥状下凸。口径7.9、底径3.8、高2.8厘米（图三一九，6）。

2006YY西ⅠT25②：14，褐红胎。器内壁中心及外壁下部露胎，余部施酱釉，无光泽。方圆唇，侈口外放，斜直壁，矮圈足，挖足浅，足壁宽厚，圈足锥状下凸。口径9、底径3.8、高2.8厘米（图三一九，7）。

B型　12件。黑釉。侈口微内收，圆弧壁。依据釉色及器底形态变化分为二式。

Ⅰ式　6件。釉色有光泽。矮圈足，挖足不一定过肩，足壁近直，圈足足心近平微凸。包括2007YY西ⅠT2H282：2、2007YY西ⅠT5③：27、2007YY西ⅠT5③：29、2007YY西ⅠT10H142：2、2007YY西ⅠT15H103：3、2007YY西ⅠT20H102：4（图版六六，2）。

2007YY西ⅠT2H282：2，淡黄胎。器内外壁上部施釉，釉层略厚；釉黑褐色，釉面有光泽。方唇，侈口微内收，圆弧壁，矮圈足，挖足浅，足壁宽厚，圈足足心微凸近平。口径9.6、底径4.4、高2.9厘米（图三一九，8）。

Ⅱ式　6件。釉色光泽暗淡或无光泽。矮圈足，挖足不一定过肩，圈足足心锥状下凸。包括2006YY西ⅠT16H95：3、2006YY西ⅠT20②：26、2007YY西ⅠT3H13：1、2007YY西ⅠT12③：2、2007YY西ⅠT17③：6、2007YY东T13H153：52。

2006YY西ⅠT16H95：3，灰胎，外壁下部及圈足处露胎。器内壁及外壁上部施酱黑釉，有光泽。方圆唇，侈口微内收，圆弧壁，矮圈足，挖足浅，足壁不宽，圈足足心锥状下凸。口径8.4、底径3.6、高2.8厘米（图三一九，9）。

C型　1件。酱釉，微侈口，圆弧腹。

2006YY西ⅠT22③：1，灰胎。器外壁上部和内壁通体施釉，釉层薄；釉猪血色，有光泽。圆唇，微侈口，圆弧腹，矮圈足，挖足很浅，圈足足心为平底。口径8、底径4.8、高2.5厘米（图三一九，10）。

3. 碟

32件。依据口部形态差异将其分为二型。

A型　25件。侈口。依据唇部与腹部的形态差异分为三亚型。

Aa型　18件。侈口微内收，圆弧壁。依据胎釉及器底形态变化将其分为三式。

Ⅰ式　4件。灰胎，偶见橙黄胎。釉色有光泽。圈足不高，挖足过肩，足壁微外撇，圈足足心为平底。包括2007YY西ⅠT2H367：2、2007YY西ⅠT6H205：1、2007YY东T13H153：40、2007YY东T14H136：1。

2007YY东T13H153：40，灰胎。器内外壁上部施釉，釉层略厚；釉黑色，有光泽。圆唇，侈口微内收，圆弧壁，矮圈足，挖足近肩，足壁微撇，圈足足心为平底。口径13.2、底径5.4、高3.4厘米（图三二〇，1）。

Ⅱ式　9件。灰胎、黄灰胎或淡黄胎。圈足不高，挖足多过肩，足壁外撇、变宽厚，圈足足心留有小凸点或微下凸。包括2006YY西ⅠT20H133：3、2007YY西ⅠT6H47：15、2007YY西ⅠT8H214：3、2007YY西ⅠT9H17：4、2007YY西ⅠT18③：18、2007YY东T7③B：1、2007YY东T9H197：4、2007YY东T10H11②：3、2007YY东T14④：3。

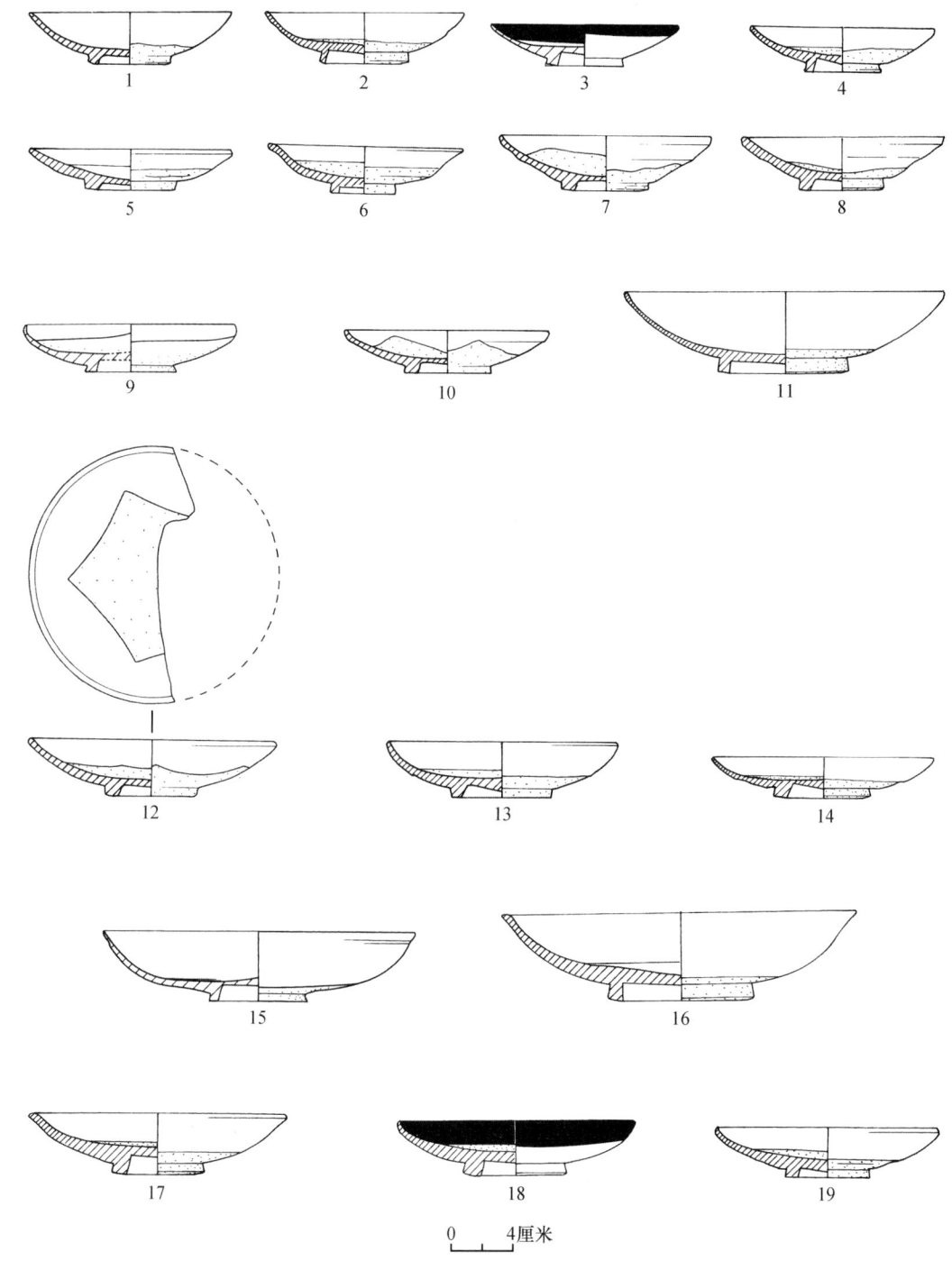

图三二〇 酱黑釉瓷碟、盘

1. Aa型Ⅰ式碟（2007YY东T13H153∶40） 2、3. Aa型Ⅱ式碟（2006YY西ⅠT20H133∶3、2007YY西ⅠT8H214∶3） 4、5. Aa型Ⅲ式碟（2006YY西ⅠT27H180∶5、2007YY西ⅠT6③∶10） 6. Ab型碟（2007YY西ⅠT23③∶6） 7. Ac型Ⅰ式碟（2007YY东T13②∶3） 8. Ac型Ⅱ式碟（2007YY西ⅠT6H133∶1） 9. Ba型碟（2007YY东T12⑤∶1） 10. Bb型碟（2007YY东T7H124∶12） 11. Aa型Ⅰ式盘（2007YY西ⅠT12H229∶2） 12、13. Aa型Ⅱ式盘（2006YY西ⅠT2H27∶7、2007YY西ⅠT9H352∶2） 14. Aa型Ⅲ式盘（2007YY东T10H11②∶2） 15. Ab型Ⅰ式盘（2006YY西ⅠT25H278∶1） 16. Ab型Ⅱ式盘（2007YY西ⅠT22J2∶6） 17. Ab型Ⅲ式盘（2007YY西ⅠT1③∶6） 18. Ac型Ⅰ式盘（2007YY西ⅠT18H239∶15） 19. Ac型Ⅱ式盘（2007YY西ⅠT2③∶5）

2006YY西ⅠT20H133：3，淡黄胎。器内壁中心及外壁下部露胎，余部施黑釉，有光泽，有细小气孔。圆唇，侈口微内收，圆弧壁，圈足不高，足壁微撇，圈足足心微凸。口径13、底径5.8、高3.2厘米（图三二〇，2）。

2007YY西ⅠT8H214：3，黄灰胎。器内外壁上部施釉，釉层薄；釉酱褐色，光泽暗淡。圆唇，侈口微内收，圆弧壁，矮圈足，挖足过肩，足壁外撇、宽厚，圈足足心微凸。口径12.2、底径5、高2.6厘米（图三二〇，3；图版六六，4）。

Ⅲ式　5件。黄灰胎或红褐胎。釉色光泽暗淡。圈足不高，挖足多过肩，足壁宽厚、外撇明显，圈足足心锥形下凸。包括2006YY西ⅠT27H180：5、2007YY西ⅠT6③：10、2007YY西ⅠT9H17：3、2007YY东T9H197：7、2007YY东T14H69：10。

2006YY西ⅠT27H180：5，淡黄胎。器内底及外壁下部露胎，余部施酱褐釉，有光泽。圆唇，侈口微内收，圆弧壁，矮圈足，足壁微撇，圈足足心为平底。口径12.2、底径5、高2.9厘米（图三二〇，4）。

2007YY西ⅠT6③：10，淡黄粗胎。器内外壁上部施釉，釉层略厚；釉酱黑色，釉面有光泽。圆唇，侈口微内收，弧壁，矮圈足，挖足不过肩，足壁微撇、宽厚，圈足足心下凸。口径13.2、底径5.8、高2.6厘米（图三二〇，5）。

Ab型　2件。灰胎，釉色有光泽。圆唇，唇部外凸，侈口，圆弧壁，圈足不高，挖足不一定过肩，足壁微斜，足心近平。包括2007YY西ⅠT13③：5、2007YY西ⅠT23③：6。

2007YY西ⅠT23③：6，灰胎，外壁下部及圈足露胎。器内壁及外壁上部施酱黑釉，有光泽。器内底无釉处施一层白色化妆土。圆唇，唇部外凸，侈口，圆弧壁，矮圈足，挖足不过肩，足壁近直，圈足足心微凸近平。口径12.6、底径4.2、高3厘米（图三二〇，6）。

Ac型　5件。侈口外放，直弧壁。依据胎釉及器底形态差异分为二式。

Ⅰ式　3件。灰胎、灰黄胎或黄灰胎。釉色有光泽。矮圈足，挖足略过肩，足壁宽厚，足心微下凸。包括2007YY西ⅠT24③：4、2007YY东T13②：3、2007YY东T13②：4。

2007YY东T13②：3，灰黄胎。内底、圈足及近圈足处无釉，余部施酱黑釉，釉厚，有光泽，有细小气孔。内底施一薄层白色化妆土。圆唇，侈口外放，直弧壁，矮圈足，挖足不过肩，足壁微撇，圈足足心微下凸。口径14、底径5.6、高3.6厘米（图三二〇，7）。

Ⅱ式　2件。红褐胎。釉色无光泽。矮圈足，挖足近肩，足壁宽厚，足心下凸。包括2007YY西ⅠT6H52：1、2007YY西ⅠT6H133：1。

2007YY西ⅠT6H133：1，红褐胎。器内外壁上部施釉，釉层薄；褐釉，光泽暗淡。釉层下无化妆土，内壁无釉处施薄薄一层化妆土。圆唇，侈口外放，直弧壁，矮圈足，挖足略过肩，足壁外撇、宽厚，圈足足心下凸。口径13.4、底径5.6、高3.4厘米（图三二〇，8；图版六六，3）。

B型　7件。敛口。依据器腹形态差异分为二亚型。

Ba型　5件。弧壁。灰胎、黄灰胎或淡黄胎。釉色有光泽。圆唇，敛口，圆弧壁，圈足不高，挖足过肩，足壁微外撇，圈足足心近平微凸。包括2007YY西ⅠT17H349：2、2007YY西

ⅠT19H328∶3、2007YY东T8H51∶1、2007YY东T8G1∶1、2007YY东T12⑤∶1。

2007YY东T12⑤∶1，灰胎。器内外壁上部施釉，余部露胎，釉层薄；釉酱褐色，有光泽。圆唇，敛口，弧壁，矮圈足，挖足过肩，足壁有一定宽度，微外撇，足心为修复，情况不可知。口径13.6、底径5.9、高3厘米（图三二〇，9）。

Bb型　2件。直壁微弧。灰胎或黄灰胎。釉色有光泽。矮圈足，挖足略过肩，足壁宽厚，圈足足心微凸近平。包括2006YY西ⅠT27H173②∶1、2007YY东T7H124∶12。

2007YY东T7H124∶12，淡黄胎，器内底、圈足及近圈足处露胎。器内外壁上部施酱黑釉，有光泽。圆唇，敛口，直壁微弧，矮圈足，挖足略过肩，足壁宽厚，圈足足心微凸近平。口径13.4、底径5.6、高2.8厘米（图三二〇，10）。

4. 盘

65件。依据器壁形态差异分为三型。

A型　48件。圆弧壁。依据胎釉及唇部形态差异将其分为三亚型。

Aa型　33件。圆唇，侈口微内收。依据器底形态变化分为三式。

Ⅰ式　3件。灰胎。釉黑色，有光泽。圈足有一定高度，挖足不一定过肩，足壁微外撇，圈足足心平底微凸。包括2007YY西ⅠT12H229∶2、2007YY西ⅠT17H337∶1、2007YY东T9H147∶2。

2007YY西ⅠT12H229∶2，黄灰胎。除器外壁圈足及近圈足处外，器内外壁通体施釉，釉层略厚；釉黑色，有光泽。内底残存椭圆形大支钉四个。圆唇，侈口微内收，圆弧壁，矮圈足，挖足不过肩，足壁微撇，圈足足心微凸近平。口径21.2、底径8.6、高5.2厘米（图三二〇，11；图版六七，1）。

Ⅱ式　18件。灰胎、灰黄胎或黄灰胎。釉色偏褐色，有光泽，多气孔。圈足有一定高度，挖足绝大多数过肩，足内壁斜度较大，足壁变宽厚，圈足足心近平或微下凸。包括2006YY西ⅠT2H27∶7、2006YY西ⅠT6H81①∶11、2007YY西ⅠT5H143∶2、2007YY西ⅠT5H175∶1、2007YY西ⅠT5③∶3、2007YY西ⅠT5③∶4、2007YY西ⅠT6H47∶14、2007YY西ⅠT9⑤∶1、2007YY西ⅠT9H17∶1、2007YY西ⅠT9H247∶4、2007YY西ⅠT9H345∶1、2007YY西ⅠT9H352∶1、2007YY西ⅠT9H352∶2（图三二〇，13；图版六六，6）、2007YY西ⅠT11H94∶2（图版八三，3）、2007YY西ⅠT18H213∶1、2007YY西ⅠT20H151②∶11、2007YY东T10J5∶40、2007YY东T11③∶3。

2006YY西ⅠT2H27∶7，灰黄胎，内壁中心及外壁下部露胎。器内壁上部及外壁上部施釉，釉黑色，光泽度好。圆唇，侈口微内收，圆弧壁，矮圈足，挖足不过肩，足壁微撇，圈足足心微凸近平。圆唇，侈口微内收，圆弧壁，矮圈足，挖足略过肩，足壁外撇、宽厚，圈足足心微凸。口径16.2、底径6、高3.6厘米（图三二〇，12；图版六六，5）。

Ⅲ式　12件。黄灰胎、灰胎或褐红胎。釉褐色，无光泽。圈足有一定高度，挖足过肩，足壁宽厚，足内壁外斜斜度很大，圈足足心锥状下凸。包括2006YY西ⅠT10H56∶2、2007YY

西ⅠT5③：11、2007YY西ⅠT5③：12、2007YY西ⅠT6H47：13、2007YY西ⅠT6H47：16、2007YY西ⅠT6H123：1、2007YY西ⅠT16③：4、2007YY东T10H10：2、2007YY东T10H11②：2、2007YY东T11④：2、2007YY东T13H2：10、2007YY东T14③：1。

2007YY东T10H11②：2，灰胎。内底、外壁下部及圈足无釉，余部施黑釉，有细小气孔，有光泽。圆唇，侈口微内收，圆弧壁，矮圈足，挖足不过肩，足壁外撇、宽厚，圈足足心锥状下凸。口径14.7、底径6.5、高2.6厘米（图三二〇，14）。

Ab型　11件。侈口微外放，圆唇微外凸。依据胎釉及器底形态分为三式。

Ⅰ式　1件。浅灰胎。釉黑色，有光泽。圈足矮，挖足过肩，足壁微斜，圈足足心为平底。

2006YY西ⅠT25H278：1，浅灰胎，夹少量细砂。除外壁圈足及近圈足处外，器内外壁均施釉，釉层较厚，约0.5毫米；釉黑色，有光泽；釉层表面有细密的气孔。釉层下无化妆土。内底有一周露胎宽弦纹。圆唇，唇部外凸，侈口微放，圆弧壁，矮圈足，挖足过肩，足壁微外撇，圈足足心为平底。口径20.4、底径6.4、高4.4厘米（图三二〇，15）。

Ⅱ式　9件。灰胎或黄灰胎。釉褐色，有光泽，多气孔。圈足有一定高度，挖足不一定过肩，足壁略宽，足心近平微凸。包括2006YY西ⅠT25③：10、2007YY西ⅠT4③：6、2007YY西ⅠT9H276：1、2007YY西ⅠT10H157：1、2007YY西ⅠT22J2：6、2007YY西ⅠT22J2：7（图版四六，4）、2007YY西ⅠT22J2：8、2007YY西ⅠT22J2：26、2007YY西ⅠT23③：4。

2007YY西ⅠT22J2：6，灰胎。除器外壁圈足及近圈足处外，器内外壁通体施釉，釉层略厚；釉黑色，内壁碗心略泛红；釉面有极细密的气孔，内壁有较多隆起的小包，从断面上看，是因为胎土内有气体导致的胎体局部隆起而形成；釉面光泽度好。内底残存三个下凹的椭圆形支钉痕，长1厘米。圆唇，唇部外凸，侈口微放，圆弧壁，矮圈足，挖足过肩，足壁微外撇，圈足足心微凸。口径23.4、底径9.6、高5.6厘米（图三二〇，16；图版六七，3、4）。

Ⅲ式　1件。褐灰胎，釉酱黑色，有光泽。圈足有一定高度，挖足过肩，足壁宽厚，足内壁外撇，圈足足心下凸。

2007YY西ⅠT1③：6，褐灰胎。内底、圈足及近圈足处无釉，余部施酱黑釉，有光泽。圆唇，唇部外凸，侈口微放，圆弧壁，矮圈足，挖足过肩，足壁外撇、宽厚，圈足足心锥状下凸。口径16.8、底径6、高4厘米（图三二〇，17）。

Ac型　4件。敛口。依据胎釉及器底形态差异分为二式。

Ⅰ式　1件。黄灰胎。釉黑色，有光泽，有气孔。圈足有一定高度，挖足过肩，足内壁外撇，圈足足心微凸。

2007YY西ⅠT18H239：15，黄灰胎，有气孔。器内外壁上部施釉，釉层略厚；黑釉；有光泽。圆唇，敛口，圆弧壁，矮圈足，挖足过肩，足壁外撇、宽厚，圈足足心微凸。口径15.6、底径6.8、高3.6厘米（图三二〇，18；图版六七，2）。

Ⅱ式　3件。黄灰胎，釉褐色，光泽暗淡。圈足不高，挖足过肩，足壁宽厚，足内壁明显外斜，圈足足心留有锥形下凸。包括2006YY西ⅠT7H102：1、2007YY西ⅠT2③：5、2007YY

西ⅠT15H115：2。

2007YY西ⅠT2③：5，褐黄胎。内底、圈足及近圈足处无釉，余部施酱釉，有光泽。圆唇，敛口，圆弧壁，矮圈足，挖足过肩，足壁外撇、宽厚，圈足足心锥形下凸。口径14.6、底径5.6、高3.2厘米（图三二〇，19）。

B型　14件。直弧壁。依据唇部形态差异分为二亚型。

Ba型　10件。圆唇，侈口微内收。依据胎釉及器底形态差异分为二式。

Ⅰ式　5件。灰胎、黄灰胎或灰黄胎，釉黑色，有光泽。圈足不高，挖足过肩，足壁外撇、宽厚，圈足足心近平微凸。包括2006YY西ⅠT4H54⑦：24、2007YY西ⅠT5④：6、2007YY西ⅠT5H143：3、2007YY西ⅠT5H226：3、2007YY东T14H188：3。

2006YY西ⅠT4H54⑦：24，灰胎。器内外壁上部施釉，釉层较厚；釉黑色，釉面有大量小气孔；釉面有光泽。内底无釉处施一薄层白色化妆土。圆唇，侈口微内收，直弧壁，矮圈足，挖足过肩，足壁外撇、宽厚，圈足足心为平底。口径16.4、底径6.2、高3.6厘米（图三二一，1）。

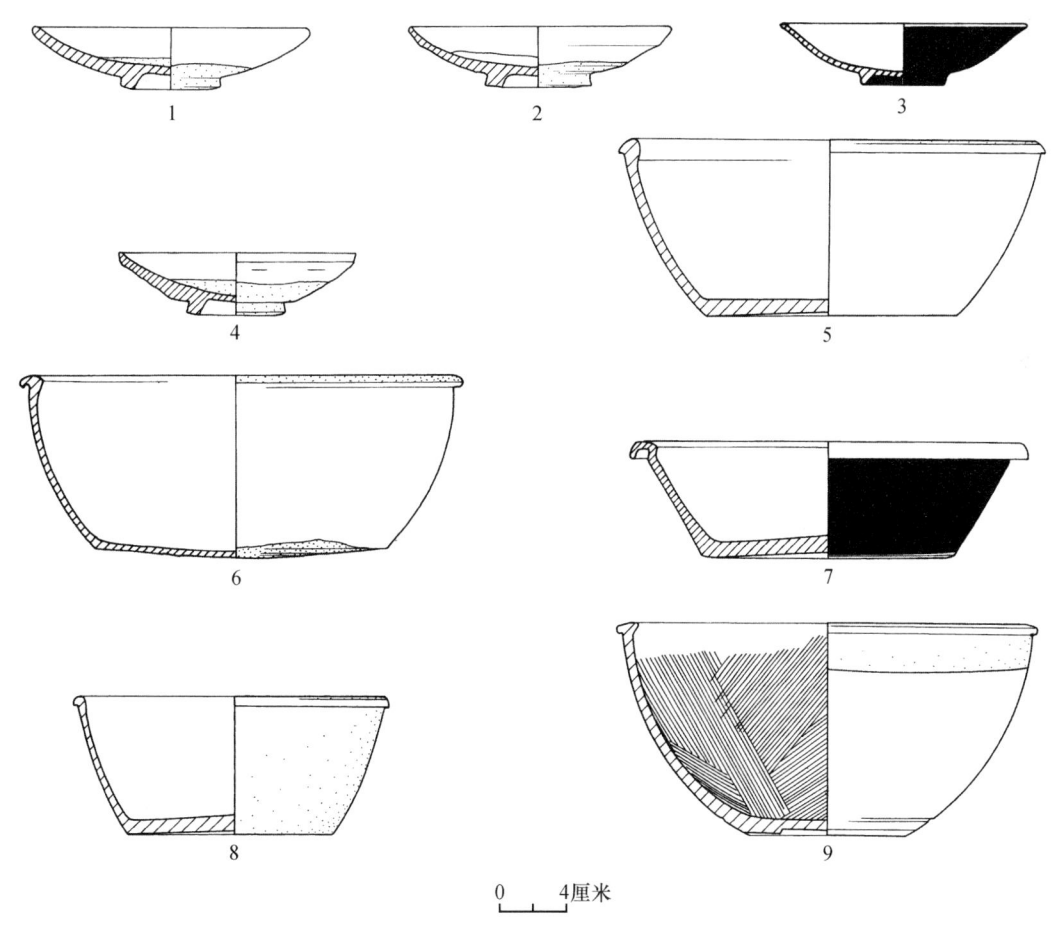

图三二一　酱黑釉瓷盘、盆、刻槽盆

1. Ba型Ⅰ式盘（2006YY西ⅠT4H54⑦：24）　2. Ba型Ⅱ式盘（2007YY东T6L1②：4）　3. Bb型盘（2006YY西ⅠT25H252：3）　4. C型盘（2007YY西ⅠT6H47：12）　5、6. A型盆（2007YY东T14H95：6、2006YY西ⅠT6H81③：30）　7、8. B型盆（2007YY东T13H153：58、2007YY西ⅠT9J7：26）　9. 刻槽盆（2007YY东T11H161：1）

Ⅱ式　5件。灰胎或红褐胎。釉褐色，光泽暗淡。矮圈足，挖足略过肩，足壁宽厚且明显外撇，圈足足心微下凸。包括2006YY西ⅠT30H215∶3、2007YY西ⅠT1③∶2、2007YY西ⅠT5③∶7、2007YY东T6L1②∶4、2007YY东T13H57∶3。

2007YY东T6L1②∶4，红胎。器内外壁上部施釉，釉层略厚；釉褐色，釉面光泽暗淡。内壁盘心无釉处施一薄层白色化妆土。圆唇，侈口微内收，直弧壁，矮圈足，挖足略过肩，足壁外撇、宽厚，圈足足心近平微凸。口径15.8、底径6.4、高3.6厘米（图三二一，2）。

Bb型　4件。灰胎，胎薄，施全釉，芒口，为覆烧。内白釉而外黑釉。釉色有光泽。圆唇外凸，广侈口，直弧壁，矮圈足，挖足浅而不过肩，足壁为直壁（因施釉成"尖锥"足），圈足足心近平微凸。包括2006YY西ⅠT25H252∶3、2007YY西ⅠT9J7∶10、2007YY西ⅠT15H120∶1、2007YY东T15H17∶1。

2006YY西ⅠT25H252∶3，浅灰胎，夹少量细砂，胎薄，芒口。内外壁通体施釉，釉层略厚；内壁冻白色釉，无光泽，有细冰裂纹；外壁黑釉，有零星气孔。内壁釉层下有白色化妆土，外壁无。圆唇外凸，广侈口，直弧壁，矮圈足，挖足不过肩，足壁为直壁（因施釉成"尖锥"足），圈足足心近平微凸。口径15.2、底径5、高3.6厘米（图三二一，3）。

C型　3件。灰胎。釉黑褐色，多有光泽。斜直腹。圈足不高，挖足略过肩，足壁外撇明显、宽厚，圈足足心微下凸。包括2007YY西ⅠT3H298∶1、2007YY西ⅠT6H47∶12、2007YY西ⅠT17H293∶4。

2007YY西ⅠT6H47∶12，灰胎，夹细砂。器内外壁上部施釉，釉层略厚；釉酱褐色，釉面偶见气孔；光泽度不好。釉层下无化妆土，器内壁无釉处施极薄一层化妆土。尖唇，斜直腹，矮圈足，挖足过肩，足壁外撇、宽厚，圈足足心微下凸。口径14.2、底径6、高3.6厘米（图三二一，4）。

5. 盆

7件。依据器腹形态差异分为二型。

A型　4件。圆唇、唇沿外凸或小方唇卷沿，微鼓腹，腹深，平底内凹或外凸。包括2006YY西ⅠT6H81③∶30、2007YY西ⅠT4H85∶1、2007YY西ⅠT19H328∶5、2007YY东T14H95∶6。

2007YY东T14H95∶6，灰胎。除口沿及外壁器底外，器内外壁通体施釉，釉层略厚；釉黑褐色，釉面偶见气孔，有光泽。口沿无釉处施一薄层白色化妆土。圆唇，唇沿外凸，微敛口，微鼓腹，腹深，平底内凹。口径26、底径15.4、高10.4厘米（图三二一，5；图版六七，6）。

2006YY西ⅠT6H81③∶30，暗红灰胎，口部及器外底露胎。器内外壁施酱黑釉，有光泽。小方唇卷沿，微敛口，微鼓腹，腹深，平底微凸。口径26.8、底径17.6、高10.8厘米（图三二一，6）。

B型　3件。斜直腹。包括2007YY西ⅠT9J7：26、2007YY西ⅠT12H334：1（图版六八，1）、2007YY东T13H153：58。

2007YY东T13H153：58，黄灰胎，露胎处表面淡褐色。器口沿及外壁底部无釉，釉层薄；内壁白釉，外壁酱褐釉；釉面有光泽。白釉层下及口沿无釉处施一薄层白色化妆土。器内底有长条形支钉五个，长1.4厘米。方唇，卷沿，微敛口，斜直腹，腹浅，平底微内凹。口径24.4、底径15.4、高7厘米（图三二一，7；图版六七，5）。

2007YY西ⅠT9J7：26，灰胎。外壁器唇部及整个内壁施釉，卷沿部位不施釉，釉层略厚；釉黑色；釉面光泽度好，玻璃质感较好。沿部无釉处施一薄层白色化妆土。圆唇微凸，微侈口，斜直腹，腹深，平底微内凹。口径19、底径12.4、高8.2厘米（图三二一，8）。

6. 刻槽盆

1件。

2007YY东T11H161：1，灰胎。器外壁除底部外施釉，釉层略厚；釉酱褐色偏红，有光泽。内壁无釉处施一层白色化妆土略厚。内壁有纵向刻槽。方唇，唇沿外凸，敛口，弧壁，深腹，矮圈足，挖足很浅，圈足足心为平底。口径25.8、底径9.6、高12.6厘米（图三二一，9；图版六八，3、4）。

7. 盒

1件。

2007YY西ⅠT17H338：2（缺盖），灰胎，有气孔。内壁施浅褐釉，外壁除圈足底部外通体施黑釉，釉层略厚；釉面有细密的小气孔；光泽暗淡。圆唇，子口，直筒腹，下腹部微内收，矮圈足，挖足过肩，足壁宽厚，圈足足心下凸。口径9.2、底径5.6、高7.6厘米（图三二二，3；图版六八，2）。

8. 经瓶（鸡腿瓶）

2件。

2006YY西ⅡT2H223：3，灰胎。除外部肩部及圈足底部外，器内外壁通体施釉，釉层较厚；釉黑褐色，釉面有光泽；肩部无釉处施一薄层白色化妆土。圆唇，唇沿外凸，短束颈，溜肩，直弧腹，腹最大径近肩部，矮圈足，挖足浅，足壁厚，圈足足心为平底，器身饰瓦纹。口径4.2、底径8.4、腹最大径15.6、高40.4厘米（图三二二，1；图版六三，4）。

2007YY西ⅠT21H365：1，黄灰胎。足底及肩部一周无釉，器余部施酱黑釉，局部有光泽，局部无光泽。圆唇，唇沿外凸，短束颈，溜肩，直弧腹，腹最大径在上腹部，矮圈足，挖足浅，足壁厚，圈足足心情况不明，器身饰瓦纹。口径4.2、底径10.2、腹最大径16.4、高39.2厘米（图三二二，2；图版六三，3）。

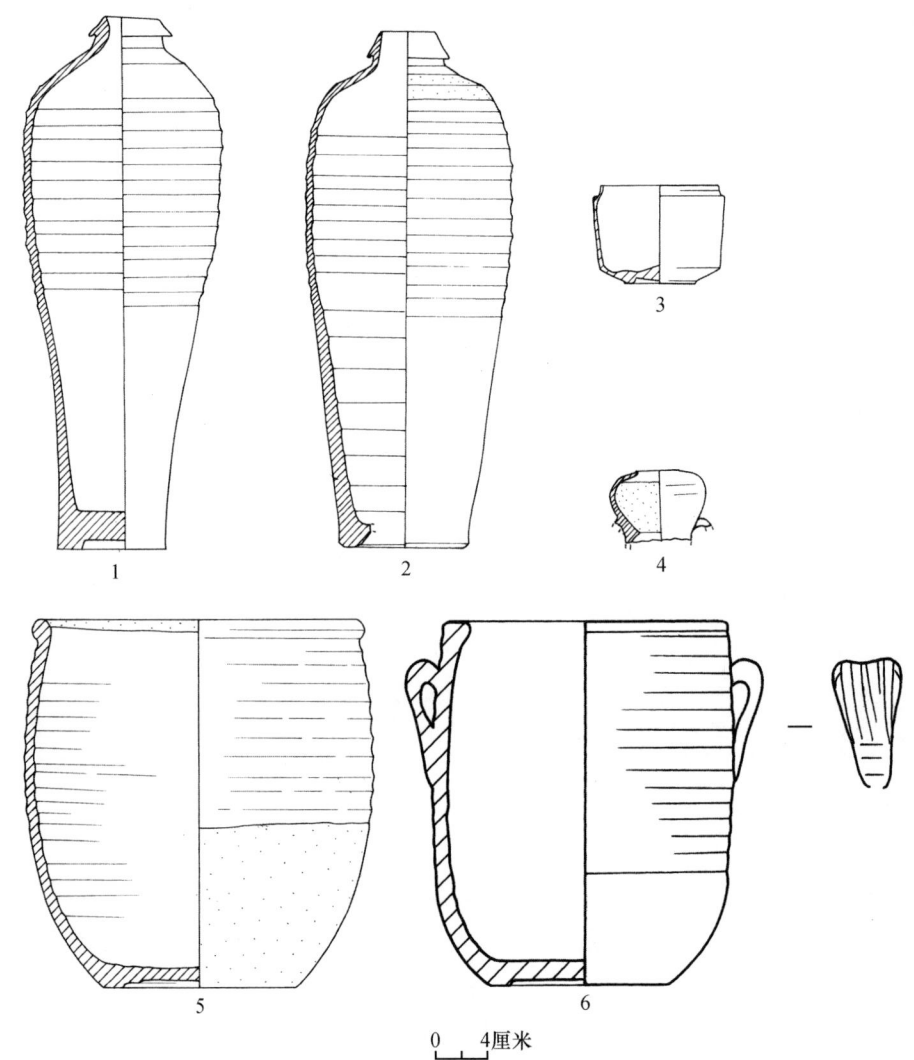

图三二二 酱黑釉瓷经瓶、葫芦瓶、盒、罐

1、2.经瓶（2006YY西ⅡT2H223∶3、2007YY西ⅠT21H365∶1） 3.盒（2007YY西ⅠT17H338∶2） 4.葫芦瓶（2007YY西ⅠT19H381∶7） 5.Aa型罐（2006YY西ⅠT4H54⑩∶41） 6.Ab型罐（2006YY西ⅠT4H54⑨∶55）

9. 葫芦瓶

1件。

2007YY西ⅠT19H381∶7（残），灰胎。外壁施釉，釉层较厚；黑釉；有光泽。圆唇，敛口，葫芦口，双耳残，下部残。口径3.4、残高5.4厘米（图三二二，4）。

10. 罐

11件。依据器腹形态分为三型。

A型 4件。筒形腹。依据是否有耳分为二亚型。

Aa型　1件。无耳。

2006YY西ⅠT4H54⑩：41，灰褐胎，口部及外壁下部露胎。内壁及外壁上部施釉，釉褐色，有光泽。圆唇，唇部微凸，微敛口，筒形腹，腹最大径在腹中部，卧足，足内壁呈阶梯状。口径24.8、底径15.2、腹最大径27.6、高28厘米（图三二二，5；图版六八，5）。

Ab型　3件。有双耳。包括2006YY西ⅠT4H54⑥：17（图版六八，6）、2006YY西ⅠT4H54⑨：55（图版六九，2）、2006YY西ⅠT4H54⑨：56（图版六九，1）。

2006YY西ⅠT4H54⑨：55，灰胎。器表无釉处施一薄层淡褐色护胎釉，无光泽。器外壁上部及整个内壁施釉，但口部无釉，釉层较厚；釉棕色夹横条纹黑釉，泛银灰光泽。口部无釉处施一薄层化妆土。圆唇，唇内沿外凸，微敛口，上腹部近口处贴有双扁耳，筒形腹，腹最大径在腹中部，卧足，足心为平底。口径21.6、底径13.2、腹最大径23.6、高27.6厘米（图三二二，6）。

B型　6件。鼓腹，双耳。依据足的差异分为四亚型。

Ba型　1件。平底。

2007YY西ⅠT13J3：10，黄灰胎。除外底外，器内外壁通体施釉，釉层薄；褐釉略泛灰；釉面有气孔；无光泽。圆唇，直口，短束颈，圆鼓腹，平底，近口部贴单扁耳。口径14.4、底径11.6、腹最大径20.4、高12.8厘米（图三二三，1；图版七〇，5）。

Bb型　2件。卧足。

2007YY东T13H170：3，灰胎。器外壁上半部及整个内壁施釉，釉层薄；外壁黑釉，内壁酱褐釉；口部无釉，施一薄层白色化妆土；釉面有光泽。圆唇外凸，微侈口，短束颈，溜肩，鼓腹，器最大腹径在肩部，卧足，足心下凸，肩部贴双扁耳。口径19.6、底径14.4、腹最大径23.2、高21.2厘米（图三二三，2；图版七〇，2）。

2007YY西ⅠT18H239：21，灰胎。器外壁上部及整个内壁施釉，唇部无，釉层较厚；釉黑色，釉面有光泽。口部无釉处施一薄层白色化妆土。圆唇外凸，微敛口，短束颈，溜肩，鼓腹，器最大腹径在肩部，卧足，足心为平底，肩部贴双扁耳。口径19.6、底径14、腹最大径25、高21.4厘米（图版七〇，3）。

Bc型　2件。圈足。

2006YY西ⅠT2H27：6，淡黄胎，口部及外壁下部露胎。器内壁及外壁上部施釉，釉黑色，有光泽，有细小气孔。圆唇，微侈口，短束颈，溜肩，圆鼓腹，器最大腹径在上腹部，矮圈足，挖足不过肩，足心为平底，肩部贴双扁耳。口径13.4、底径8.6、腹最大径17.6、高15.4厘米（图三二三，3；图版六九，3）。

2006YY西ⅠT26H211：16，黄灰胎。器外壁中上部施釉，釉层略厚；黑釉与棕色釉相杂；釉面有光泽。圆唇，微敛口，短束颈，溜肩，鼓腹，器最大腹径在腹中部，矮圈足，挖足不过肩，足壁外撇，足心为平底，肩部贴双扁耳。口径11、底径7.4、腹最大径14.4、高15.6厘米（图版七〇，1）。

Bd型　1件。三尖足。

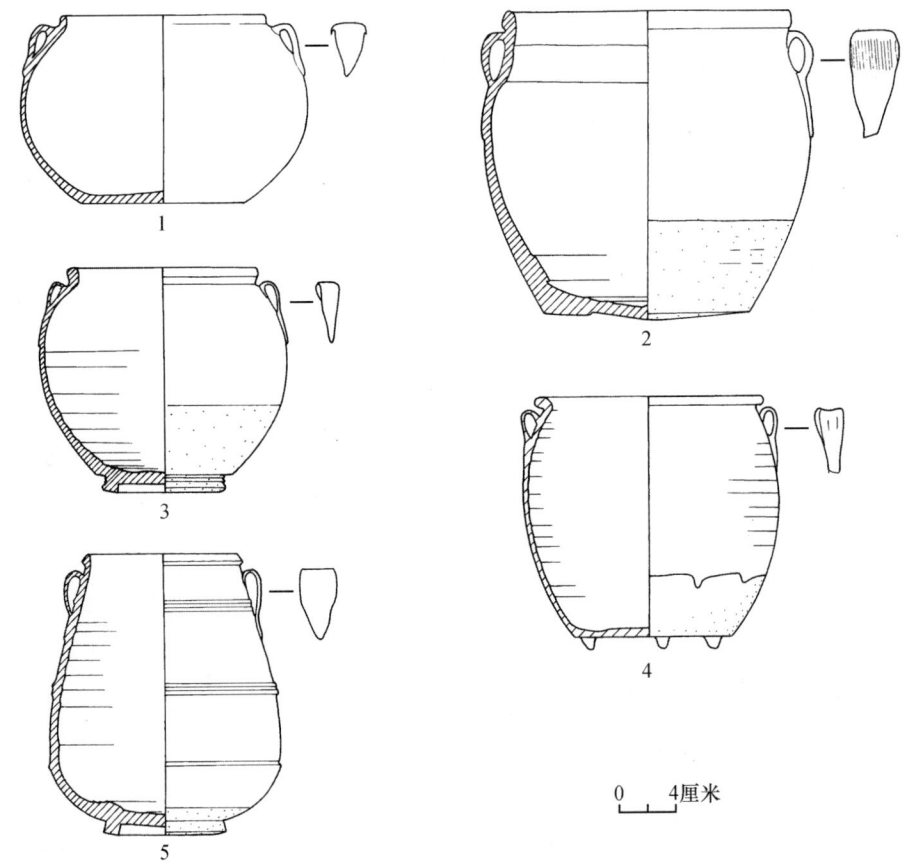

图三二三　B、C型酱黑釉瓷罐
1. Ba型（2007YY西ⅠT13J3：10） 2. Bb型（2007YY东T13H170：3） 3. Bc型（2006YY西ⅠT2H27：6）
4. Bd型（2006YY西ⅠT16H58：3） 5. C型（2007YY西ⅠTG1J13：6）

2006YY西ⅠT16H58：3，黄灰胎。外壁中上部及整个内壁施釉，釉层略厚；釉灰绿色；釉面有光泽。底部残存两个倒锥体支钉。圆唇，卷沿，敛口，溜肩，鼓腹，腹深，器最大径在腹中部，平底，下有三小尖足，肩部贴双扁耳。口径16.1、底径11、腹最大径18、高17.4厘米（图三二三，4；图版六九，4、5）。

C型　1件。垂腹。

2007YY西ⅠTG1J13：6，灰胎。除唇部、圈足及近圈足处外，器内外壁通体施釉，釉层略厚；釉黑色，釉面有少量气孔；釉面有光泽。圆唇，唇沿外凸，垂腹，器最大径在下腹部，矮圈足，挖足不过肩，足壁外撇、宽厚，圈足足心微下凸。器身上、中、下三个部位分饰三段瓦纹。口径10.6、底径8.8、腹最大径16.4、高19.3厘米（图三二三，5；图版七〇，4）。

11. 瓶形器

7件。依据釉色及口部形态差异分为二式。

Ⅰ式　1件。釉色有光泽。圆唇，长颈，鼓腹。

2006YY西ⅠT26H211：15，灰褐胎，内壁及外壁下部露胎。外壁上部施酱黑釉，光泽度好。圆唇，侈口，小长颈微束，鼓腹，平底微内凹。口径3、底径2、腹最大径3.6、高3.6厘米（图三二五，1；图版七一，1）。

Ⅱ式　6件。釉色光泽度下降，釉面多小气孔。圆唇外凸，束颈，筒形腹。包括2006YY西ⅠT16H58：5、2007YY西ⅠT1H168：1、2007YY西ⅠT8③：8、2007YY西ⅠT19H328：16、2007YY东T9④：1、2007YY东T10J5：33。

2007YY东T9④：1，灰褐胎，器内壁和器底露胎。外壁上部施酱黑釉，下部施冻白釉，下部施白色化妆土，釉面有光泽。圆唇外凸，侈口，束颈，筒形腹，平底，腹部施瓦纹。口径5、底径4.4、腹最大径5.4、高8.3厘米（图三二五，2；图版七一，2）。

2007YY西ⅠT19H328：16，黄褐胎。器外壁上部施酱黑釉，有光泽；下壁施冻白釉，无光泽。釉层下施一层白色化妆土。圆唇外凸，侈口，束颈，筒形腹，平底，腹部施瓦纹。口径4、底径4.2、腹最大径4.8、高6.8厘米（图三二五，3；图版七一，3）。

12. 灯盏

39件。依据器口、腹形态差异分为二型。

A型　29件。侈口外放，斜直壁。依据釉色及圈足形态差异分为二式。

Ⅰ式　10件。釉色有光泽。圈足或假圈足。包括2006YY西ⅠT6H44①：1、2006YY西ⅠT25H239：4、2006YY西ⅠT32H248：2、2007YY西ⅠT8④：3、2007YY西ⅠT17H310：2、2007YY东T4H19：3、2007YY东T7H124：6、2007YY东T10H11②：5、2007YY东T14H29：1、2007YY西ⅠT3②：1。

2006YY西ⅠT6H44①：1，灰胎。器内壁及外壁近唇部施黑釉，有光泽。方唇，侈口外放，斜直壁，假圈足。口径5.6、底径3.6、高2.3厘米（图三二四，1）。

2007YY西ⅠT17H310：2，粗黄灰胎。器口及内壁上部施釉，釉层极薄；黑褐釉，有光泽。圆唇，侈口外放，斜直壁，假圈足。口径6.8、底径3.8、高2.4厘米（图三二四，2）。

Ⅱ式　19件。釉色无光泽。平底或平底内凹。包括2006YY西ⅠT25②：19、2006YY

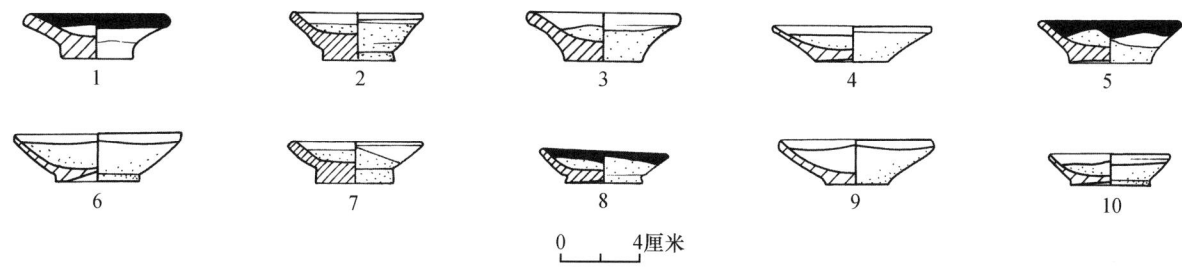

图三二四　酱黑釉瓷灯盏

1、2.A型Ⅰ式（2006YY西ⅠT6H44①：1、2007YY西ⅠT17H310：2）　3~5.A型Ⅱ式（2006YY西ⅠT27H173②：2、2007YY西ⅠT3H290：4、2007YY西ⅠT5③：13）　6~8.B型Ⅰ式（2006YY西ⅠT25H239：3、2007YY东T7H124：13、2007YY西ⅠT1③：4）　9、10.B型Ⅱ式（2007YY西ⅠT6H75：2、2007YY东T11②：10）

西ⅠT27H173②：2、2006YY西ⅠT27H180：12、2007YY西ⅠT3H290：4、2007YY西ⅠT5③：13、2007YY西ⅠT6③：9、2007YY西ⅠT7③：1、2007YY西ⅠT8③：3、2007YY西ⅠT9③：3、2007YY东T3H66：8、2007YY东T3L1②：1、2007YY东T10H10：3、2007YY东T10H35：4、2007YY东T11②：1、2007YY东T11③：8、2007YY东T13②：8、2007YY东T13②：9、2007YY东T13H6：9、2007YY东T14H97：2。

2006YY西ⅠT27H173②：2，黄褐胎。器内底及外壁下部露胎，余部施酱褐釉，有光泽。圆唇，侈口外放，斜直壁，平底。口径7.8、底径3.8、高2.5厘米（图三二四，3）。

2007YY西ⅠT3H290：4，深灰胎。器外壁口部及内壁上部施釉，釉层薄；釉酱褐色，表面泛银灰色光泽。圆唇，侈口外放，斜直壁，平底微内凹。口径4.3、底径3.8、高1.8厘米（图三二四，4）。

2007YY西ⅠT5③：13，黄灰胎。内底、圈足及近圈足处无釉，余部施酱釉，有光泽。圆唇，侈口外放，斜直壁，平底微内凹。口径7.4、底径4.2、高2.2厘米（图三二四，5）。

B型　10件。侈口微收，弧壁。依据釉色及器底形态变化，分为二式。

Ⅰ式　7件。釉有光泽。假圈足。包括2006YY西ⅠT25H239：3、2006YY西ⅠT27H180：1、2007YY西ⅠT1③：4、2007YY西ⅠT5③：26、2007YY西ⅠT10Z11：1、2007YY东T7H124：13、2007YY东T10J5：11。

2006YY西ⅠT25H239：3，浅灰胎，夹少量细砂。器内外壁口部施釉，釉层薄；褐釉，有光泽。不施化妆土。圆唇，侈口微收，弧壁，假圈足内凹。口径8.8、底径4.4、高2.4厘米（图三二四，6）。

2007YY东T7H124：13，黄灰胎，器内底、圈足及近圈足处露胎。器内外壁上部施酱黑釉，有光泽。圆唇，侈口微收，弧壁，假圈足。口径7、底径3.9、高2.1厘米（图三二四，7）。

2007YY西ⅠT1③：4，黄褐胎。内底、圈足及近圈足处无釉，余部施酱黑釉，有光泽。方唇，侈口微收，弧壁，假圈足很浅。口径5.2厘米、底径4.2厘米、高1.2厘米（图三二四，8）。

Ⅱ式　3件。釉色光泽暗淡。假圈足很浅。包括2007YY西ⅠT6H75：2、2007YY西ⅠT17③：9、2007YY东T11②：10。

2007YY西ⅠT6H75：2，灰胎，器表褐色，夹细砂。器内外壁近口处施釉，釉层略厚；釉褐色，表面泛银灰色光泽。釉层下不施化妆土。方唇，侈口微收，弧壁，假圈足很浅。口径8、底径3.3、高1.1厘米（图三二四，9）。

2007YY东T11②：10，淡黄胎。器口及内壁上部施釉，釉层薄；釉褐色，釉面无光泽。口径6.2、底径4、高1.6厘米（图三二四，10）。

13. 器盖

9件。依据是否有盖纽分为二型。

A型　2件。有纽。依据盖顶形态分为二亚型。

Aa型 1件。盖顶隆起。

2007YY东T10H11②：6，淡黄胎，内底露胎。外壁施酱黑釉，有光泽。小方唇，母口，出沿宽而向下，盖顶隆起较高，上有小纽。口径10.8、盖径15.6、高6.4厘米（图三二五，4；图版七二，1、2）。

Ab型 1件。盖顶为平顶。

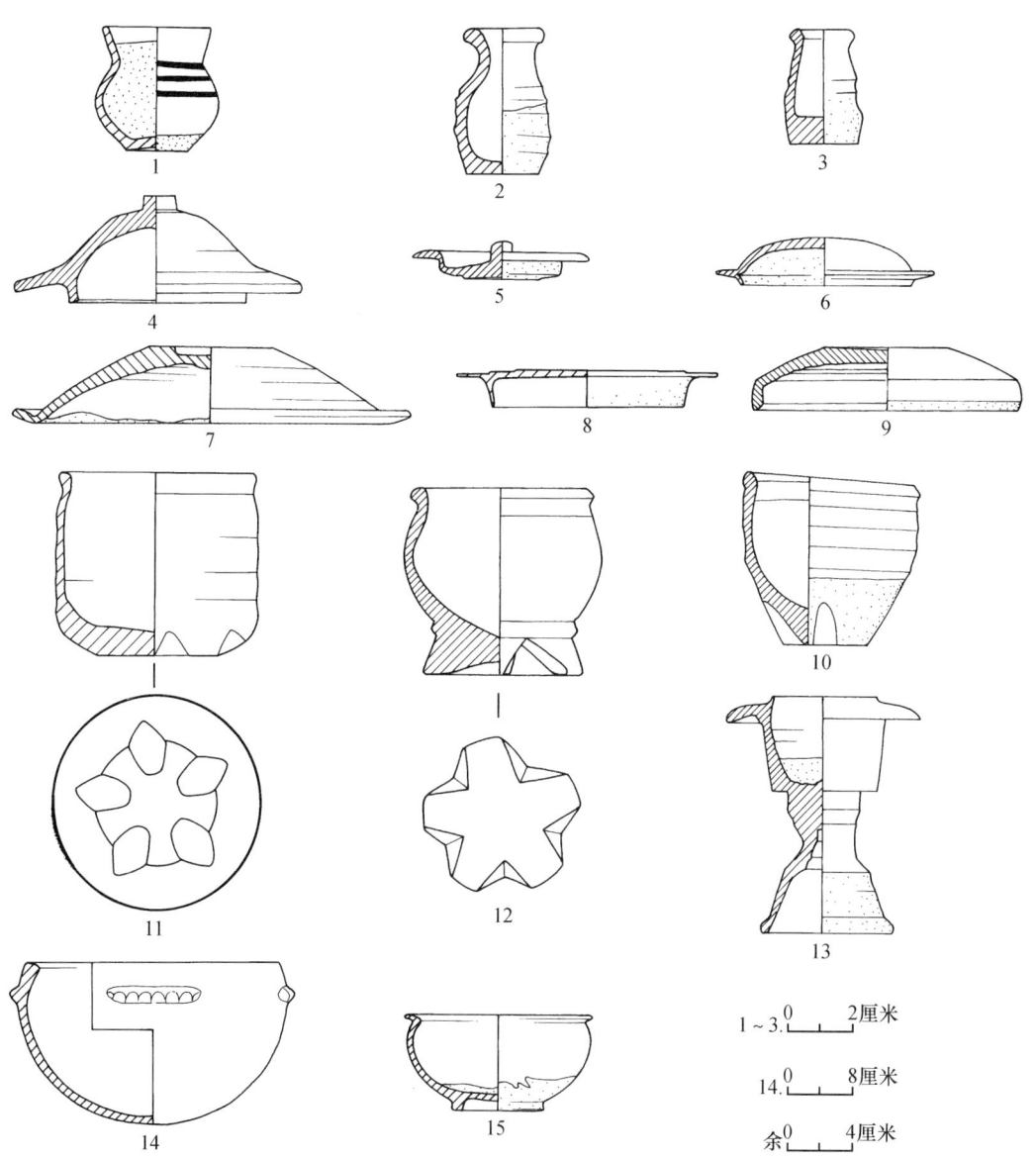

图三二五 酱黑釉瓷瓶形器、器盖、臼、炉、釜、盂

1. Ⅰ式瓶形器（2006YY西ⅠT26H211：15） 2、3. Ⅱ式瓶形器（2007YY东T9④：1、2007YY西ⅠT19H328：16） 4. Aa型器盖（2007YY东T10H11②：6） 5. Ab型器盖（2007YY西ⅠT12H229：4） 6. Ba型器盖（2007YY西ⅠT20H151：31） 7. Bb型器盖（2007YY东T10J5：34） 8. Bc型器盖（2006YY西ⅠT19②：43） 9. Bd型器盖（2006YY西ⅠT11H67：1） 10. Ab型臼（2007YY西ⅠT1H10②：3） 11. Aa型臼（2007YY东T10H35：5） 12. B型臼（2007YY西ⅠT3H290：1） 13. 炉（2007YY西ⅠT22J2：1） 14. 釜（2007YY西ⅠT22J2：5） 15. 盂（2007YY东T9H236：5）

2007YY西ⅠT12H229∶4，灰胎。外壁施黑釉略厚，局部极厚；釉面有光泽。尖圆唇外平凸，平盖顶下凹，上有圆形小纽。盖径10.8、高2.5厘米（图三二五，5；图版七二，3、4）。

B型　7件。无纽。依据盖身形态分为四亚型。

Ba型　2件。盖顶弧形隆起，母口。包括2007YY西ⅠT12③∶1、2007YY西ⅠT20H151∶31。

2007YY西ⅠT20H151∶31，黄灰胎。器外壁施釉，釉层薄；釉棕褐色，釉面有较多较大气孔；釉面有光泽。圆唇，母口，平出沿，盖顶弧形隆起。盖径13.4、高2.8厘米（图三二五，6；图版八一，5）。

Bb型　2件。盖顶斜直隆起，口沿外翻。包括2006YY西ⅠT26J9∶6、2007YY东T10J5∶34。

2007YY东T10J5∶34，灰胎。内壁施黑釉，有光泽，口部施一薄层白色化妆土。外壁施酱褐釉略厚，有光泽。方唇，出沿外翻向上，盖顶斜直隆起，平顶，内有凹槽。盖径24.4、高4.6厘米（图三二五，7）。

Bc型　2件。平盖顶，母口。包括2006YY西ⅠT19②∶43、2007YY西ⅠT9H276∶2。

2006YY西ⅠT19②∶43，灰胎。器表施釉，釉层略厚；釉黑色，有光泽。圆唇，母口，平出沿，沿宽，平盖顶。盖径16、高2.2厘米（图三二五，8）。

Bd型　1件。盖顶斜直隆起，子口。

2006YY西ⅠT11H67∶1，灰胎，内壁露胎。外壁施黑釉，有光泽，釉有一定厚度。圆唇，子口微内敛，盖顶斜直隆起，平顶。盖径16.2、高3.8厘米（图三二五，9；图版七一，5、6）。

14. 炉

1件。

2007YY西ⅠT22J2∶1，黄灰胎，内壁下部露胎。器内壁上部及外壁施酱黑釉，釉黑、厚，光泽度好。圆唇，微敛口，宽出沿微向下卷，斜直筒形腹，短柄，喇叭状足。口径6.4、足径8.2、高14厘米（图三二五，13；图版七〇，6）。

15. 臼

3件。依据整体形态差异，分为二型。

A型　2件。尖足。依据足的高矮，分为二亚型。

Aa型　1件。矮足。

2007YY东T10H35∶5，灰胎。器表施釉，釉层略厚；釉黑色，有光泽。器内壁施一层白色化妆土略厚。圆唇，近直口，微束颈，筒形腹，腹壁三组凹痕，器底内凹成五矮足。口径12.2、高10.8厘米（图三二五，11）。

Ab型　1件。高足。

2007YY西ⅠT1H10②：3，内黑外红胎。器内壁近口部及外壁上半部施釉，釉层略厚；釉酱褐色，釉面有光泽。口部无釉，施一薄层白色化妆土。圆唇，近直口，筒形腹，腹壁施多组凹痕，尖底，以凹槽状成四高足。口径10.2、高10.3厘米（图三二五，10；图版七二，5、6）。

B型　1件。爪形足。

2007YY西ⅠT3H290：1，胎不明。器外壁除口部外通体施釉，釉层略厚；釉褐色，釉面光泽暗淡。口部及整个内壁无釉，施一薄层白色化妆土。圆唇，唇沿外凸，微侈口，束颈，圆鼓腹，五爪形足。口径11.2、腹径12、高11厘米（图三二五，12；图版七三，1、2）。

16. 釜

1件。

2007YY西ⅠT22J2：5，夹粗砂灰胎。器内壁施一层酱釉，烧成温度高，光泽暗淡。方唇，微敛口，弧腹，圜底。上腹近口处有四个錾。口径30.8、腹径33.2、高19.4厘米（图三二五，14；图版七一，4）。

17. 盂

1件。

2007YY东T9H236：5，黄灰胎。内底及外壁圈足无釉，釉层略厚；釉原应为褐色，因氧化呈灰褐色；釉面无光泽。圆唇外翻，敛口，鼓腹，腹最大径在上腹部，矮圈足，挖足过肩，足壁微撇，圈足足心微凸近平。口径13.4、底径5.6、高3.6厘米（图三二五，15）。

三、青　釉　器

　　阳翟故城遗址中出土的青釉瓷器数量次于白釉器和酱黑釉器，共计174件，占瓷容器类出土总数的14.16%。阳翟故城遗址所出青釉器可见的器类有：碗、盏、碟、盘、杯、器盖、炉、漏斗等。青釉器的胎体厚度适中，未见有胎体较薄的器物。胎体颜色多为深灰泛紫、黄褐、红褐等。在施釉方式上，使用蘸釉法施釉。在蘸釉方式上，绝大多数是将整个器物直接浸入到釉料中，只有极少是将器物侧持，旋转蘸釉。青釉器的釉线一般都较低，接近外壁圈足，且釉层较厚。装饰手法上，未见使用特殊的装饰手法，只有少数内底无釉的器物可见有化妆土装饰。同时，多数器物，特别是内外壁及圈足施满釉的器物，在圈足上会施一层褐色护胎釉。在装烧方式上，在内底无釉的器物上可见到明显的支钉痕。同时，由于青釉较厚，从釉的堆积形态可以看出，青釉器均为正烧。值得一提的是，对于内壁是满釉的器物来说，青釉器的支钉痕与白釉器内壁的形态十分不同，它们非常小，几乎不会引起人们的注意。我们认为，这应该是吸收了汝窑的支烧技艺使然。

1. 碗

81件。依据器腹形态分为三类。

甲类　54件。直弧腹，器下腹部内收。依据口部形态差异分为三型。

A型　22件。侈口微内收。依据器腹深浅分为二亚型。

Aa型　16件。深腹。依据胎釉及器底形态变化分为二式。

Ⅰ式　11件。灰胎、淡黄胎或深灰胎泛紫。施半釉，近圈足处露胎，暗青釉，有光泽。圈足不高，挖足近肩，足壁微撇，圈足足心微凸近平。包括2006YY西ⅠT27H180：7、2006YY西ⅠT32H258：4、2007YY西ⅠT3H267：1、2007YY西ⅠT18H239：10、2007YY东T7J4：10、2007YY东T7H150：2、2007YY东T12H172①：11、2007YY东T13H100：1、2007YY东T13H153：22、2007YY东T13H153：38、2007YY东T13H153：48。

2007YY东T13H153：48，深灰泛紫胎，圈足露胎。器内外壁施青釉，釉色略暗，夹少量黑点，釉厚，光泽度好。圆唇，侈口微内收，直弧腹，腹深，器下腹部内收，矮圈足，挖足近肩，足壁微撇，圈足足心微凸近平。口径22、底径6.6、高8.8厘米（图三二六，1；图版七四，1、2）。

2007YY西ⅠT18H239：10，深灰近紫胎，露胎处表面紫褐色。除圈足及近圈足处外，器内外壁通体施釉，釉层厚；釉色豆青色泽略深，有大冰裂纹；釉面有光泽。圆唇，侈口微内收，直弧腹，腹深，器下腹部内收，矮圈足，挖足近肩，足壁微撇，圈足足心微凸近平。口径21.2、底径6、高7.4厘米（图三二六，2；图版七五，5、6）。

Ⅱ式　5件。灰胎或淡黄胎，露胎处显褐色或橙黄色。青釉偏灰暗，光泽暗淡。圈足略变高，挖足近肩，足壁外撇，圈足足心微下凸。包括2006YY西ⅠT18③：2、2006YY西ⅠT1H60①：1、2007YY西ⅠT6H47：3、2007YY西ⅠT19H183：11、2006YY西ⅠT20H138：1。

2006YY西ⅠT1H60①：1，淡黄胎，略偏红褐色，外壁近圈足处露胎。器内壁及外壁大部施釉，釉暗绿色，有光泽，口部夹褐斑。圆唇，侈口微内收，直弧腹，腹深，器下腹部内收，矮圈足，挖足不过肩，足壁微撇、宽厚，圈足足心微下凸。口径17.8、底径5.8、高7.6厘米（图三二六，3；图版七三，3）。

2006YY西ⅠT20H138：1，深灰胎，露胎处表面红褐色。除外壁圈足及近圈足处外，内外壁通体施釉，釉层上部较厚，下部极厚，可达2毫米。青釉，有大冰裂纹，釉面偶见有气孔；釉面光洁度极好。圆唇，侈口微内收，直弧腹，腹深，器下腹部内收，矮圈足，挖足不过肩，足壁微撇，圈足足心微下凸。口径20.4、底径6.8、高9厘米（图三二六，4；图版七三，4）。

Ab型　6件。浅腹。依据胎釉及器底形态变化分为二式。

Ⅰ式　1件。灰胎，施满釉，釉色略有光泽。矮圈足，挖足近肩，足壁略直，圈足足心为平底。

2007YY西ⅠT20H151②：4，灰胎。除外壁圈足底外，器内外壁通体施釉，釉层较厚；釉

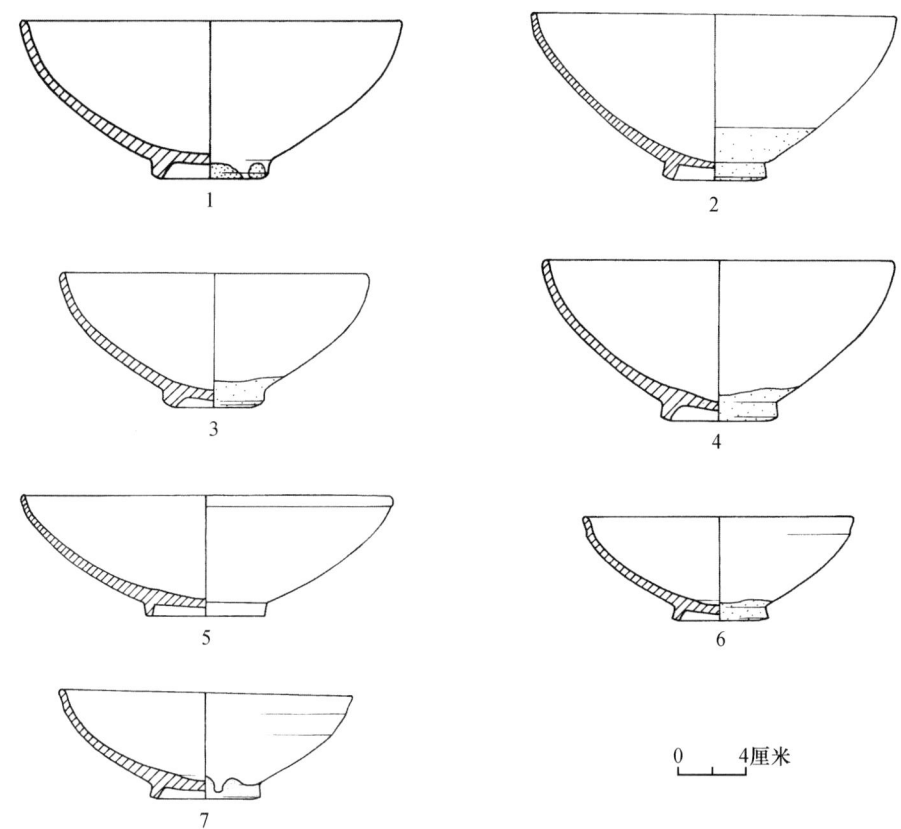

图三二六　甲类A型青釉瓷碗

1、2. Aa型Ⅰ式（2007YY东T13H153：48、2007YY西ⅠT18H239：10）　3、4. Aa型Ⅱ式（2006YY西ⅠT1H60①：1、2006YY西ⅠT20H138：1）　5. Ab型Ⅰ式（2007YY西ⅠT20H151②：4）　6、7. Ab型Ⅱ式（2007YY东T10J5：12、2007YY东T13H153：14）

青色，有细冰裂纹；釉面偶见气孔，略有光泽。圆唇微凸，侈口微内收，直弧腹，腹浅，器下腹部内收，矮圈足，挖足不过肩，足壁窄直，圈足足心为平底。口径21.4、底径6.8、高6.8厘米（图三二六，5）。

Ⅱ式　5件。灰胎。近圈足处露胎，露胎处显褐色，光泽度多数较好。矮圈足，挖足近肩，足壁外撇，圈足足心近平微凸。包括2007YY东T10J5：12、2007YY东T13H153：14、2007YY东T13H153：9、2007YY东T13H153：35、2007YY东T13H153：53。

2007YY东T10J5：12，灰胎，露胎处表面淡褐色。除器外壁圈足及近圈足处外，器内外壁通体施釉，釉层厚；豆青釉，有大冰裂纹；釉面光泽度好。圆唇，外壁口部经过修整，侈口微内收，直弧腹，腹浅，器下腹部内收，矮圈足，挖足近肩，足壁外撇，圈足足心近平微凸。口径15.8、底径5.6、高5.8厘米（图三二六，6）。

2007YY东T13H153：14，深灰泛紫胎，圈足露胎。器内外壁施青釉，釉色略灰暗，釉层厚，有光泽。圆唇，外壁口部经过修整，侈口微内收，直弧腹，腹浅，器下腹部内收，矮圈足，挖足近肩，足壁外撇，圈足足心近平微凸。口径16.8、底径6.4、高6.2厘米（图三二六，

7）。

B型　14件。近直口。依据胎釉及器底形态变化分为三式。

Ⅰ式　1件。灰胎。施满釉，豆青釉，光泽度极好。矮圈足，挖足过肩，足内壁微斜，足心为平底。

2007YY西ⅠT13J3∶3，灰胎。除圈足外，器其余部位（包括器外底）通体施釉，釉层厚；青釉；有大冰裂纹；釉面光洁莹润，光泽度极好。内底残存支钉三个，其中一个大如小瓜子，两个小如芝麻点。圆唇，近直口，直弧腹，腹深，矮圈足，挖足略过肩，足壁近直，圈足足心为平底。口径19.2、底径5.4、高7.4厘米（图三二七，1）。

Ⅱ式　7件。灰胎或深灰胎近紫。近圈足处露胎，露胎处显褐色，青釉偏灰暗，光泽度下降。圈足开始略变高，挖足开始变深，但不一定过肩，足壁微外撇，圈足足心留有小凸点或微下凸。包括2007YY西ⅠT5④∶16、2007YY西ⅠT15H351③∶17、2007YY西ⅠT15H351③∶18、2007YY西ⅠT19H183∶8、2007YY西ⅠT19H183∶12、2007YY西ⅠT19H220∶3、2007YY东T6H121∶8。

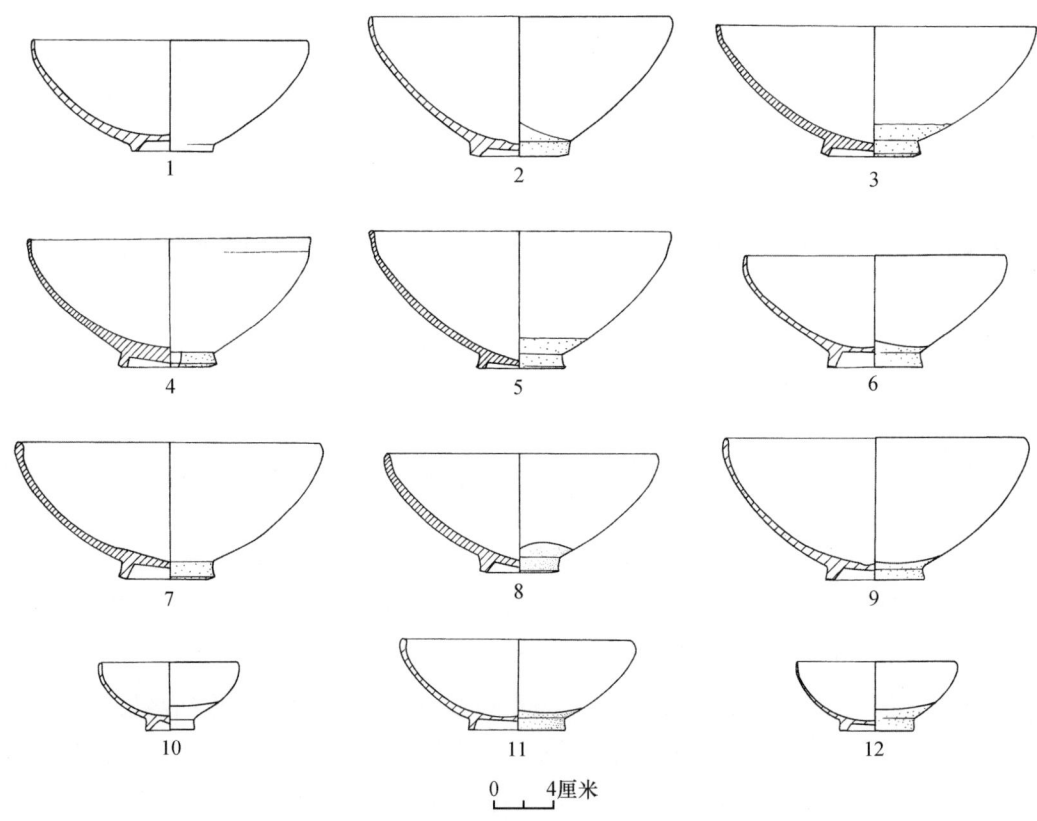

图三二七　甲类B、C型青釉瓷碗

1. B型Ⅰ式（2007YY西ⅠT13J3∶3）　2、3. B型Ⅱ式（2007YY西ⅠT15H351③∶17、2007YY西ⅠT19H183∶12）　4、5. B型Ⅲ式（2007YY东T7H145∶1、2007YY西ⅠT18H239∶5）　6、7. Ca型Ⅰ式（2007YY东T7J4∶5、2007YY西ⅠT15H351③∶15）　8、9. Ca型Ⅱ式（2007YY东T7J4∶3、2007YY西ⅠT19H183∶9）　10. Ca型Ⅲ式（2007YY西ⅠT15③∶30）　11. Cb型Ⅰ式（2007YY西ⅠT18H239∶23）　12. Cb型Ⅱ式（2007YY东T13H153∶62）

2007YY西ⅠT15H351③：17，灰胎，露胎处呈浅褐色，偶见气孔。除外壁圈足外，内外壁通体施釉，釉层厚，釉面有零星较大气孔；青釉，有较大的冰裂纹；釉面有光泽。圆唇，近直口，直弧腹，腹深，矮圈足，挖足浅、不过肩，足内壁外撇，圈足足心留有小凸点。口径20.2、底径6.6、高9.2厘米（图三二七，2；图版七五，2）。

2007YY西ⅠT19H183：12，灰胎，露胎处表面淡黄色（可能施有化妆土）。除器外壁圈足及近圈足处外，器内外壁通体施釉，釉层厚；釉色豆青，有较大冰裂纹；釉面有光泽。圆唇，近直口，直弧腹，腹深，矮圈足，挖足浅、不过肩，足壁外撇，圈足足心微凸。口径21.8、底径6.8、高8.6厘米（图三二七，3；图版七六，3、4）。

Ⅲ式　6件。深灰胎泛紫，近圈足处露胎，露胎处显褐红色，釉色灰暗，光泽度不好。圈足有高有矮，挖足多不过肩，足壁微外撇，圈足足心下凸。包括2006YY西ⅠT28H191：1、2007YY西ⅠT18H239：5、2007YY西ⅠT15③：9、2007YY西ⅠT19③：2、2007YY东T7H145：1、2007YY东T7J4：9。

2007YY东T7H145：1，灰胎，露胎处表面浅红色。除器外壁圈足及近圈足处外，器内外壁通体施釉，釉层厚；釉青色，因氧化而大面积泛灰白色，光泽暗淡。圆唇，近直口，外壁口部经过修整，直弧腹，腹深，矮圈足，挖足很浅，足壁外撇，圈足足心下凸。口径19.4、底径6.8、高8.4厘米（图三二七，4）。

2007YY西ⅠT18H239：5，深灰近紫胎，露胎处表面紫褐色，局部有光泽，应为护胎釉。除圈足及近圈足处外，器内外壁通体施釉，釉层较厚；釉青灰色，釉面有较多气孔；釉面光泽暗淡。圆唇，近直口，外壁口部经过修整，直弧腹，腹深，矮圈足，挖足很浅，足壁外撇，圈足足心下凸。口径20.6、底径6、高9厘米（图三二七，5）。

C型　18件。敛口。依据器腹深浅差异分为二亚型。

Ca型　15件。深腹。依据胎釉及器底形态变化分为三式。

Ⅰ式　9件。灰胎或黄灰胎，近圈足处露胎，釉色偏灰暗，光泽度一般。圈足略变高，也有矮圈足，挖足近肩，足壁微外撇，圈足足心为平底。包括2006YY西ⅠT20H103：1、2007YY西ⅠT3H290：3、2007YY西ⅠT5④：1（图版七四，5）、2007YY西ⅠT13H42：5、2007YY西ⅠT15H351③：15、2007YY西ⅠT19H328：10（图版七六，6）、2007YY东T7J4：4、2007YY东T7J4：5、2007YY东T10J5：47。

2007YY东T7J4：5，深灰胎，露胎处表面淡褐色。除器外壁圈足及近圈足处外，器内外壁通体施釉，釉层厚；釉豆青色；釉面偶见气孔，有大冰裂纹；釉面有光泽。圆唇，敛口，直弧腹，腹深，矮圈足，挖足过肩，足壁外撇，圈足足心为平底。口径17.4、底径6.6、高9.4厘米（图三二七，6）。

2007YY西ⅠT15H351③：15，灰胎，露胎处呈浅褐色。除外壁圈足外，器内外壁通体施釉，釉层厚，釉面有零星较大气孔；青釉，有较大的冰裂纹；釉面有光泽。内壁底部有较多排列无规律的无釉凸点，应为支钉。圆唇，敛口，直弧腹，腹深，矮圈足，挖足近肩，足壁外撇，圈足足心为平底微凸。口径20.6、底径6.6、高9厘米（图三二七，7；图版七五，3、4）。

Ⅱ式　4件。灰胎或灰胎略泛紫，近圈足处露胎。釉色偏灰，光泽暗淡。圈足多数略有高度，挖足近肩，足壁外撇明显，圈足足心微下凸。包括2007YY东T7J4：3、2007YY东T7J4：6、2007YY西ⅠT19H183：5、2007YY西ⅠT19H183：9。

2007YY东T7J4：3，灰胎。除器外壁圈足及近圈足处外，器内外壁通体施釉，釉层厚；釉青色泛灰，釉面偶见气孔，有光泽。圆唇，敛口，直弧腹，腹深，矮圈足，挖足不过肩，足内壁外撇，圈足足心为微下凸。口径18、底径5.4、高7.8厘米（图三二七，8；图版七四，3、4）。

2007YY西ⅠT19H183：9，深灰略泛紫胎，圈足心橙黄胎。除外壁圈足及近圈足处外，内外壁通体施釉，釉层厚。青釉略泛灰；釉面光泽暗淡。圆唇，敛口，直弧腹，腹深，矮圈足，挖足近肩，足内壁外撇甚，圈足足心微下凸。口径20、底径6.8、高9.4厘米（图三二七，9；图版七六，5）。

Ⅲ式　2件。深灰近紫胎，近圈足处露胎。釉色泛灰，光泽度一般。整器较小，圈足有一定高度，挖足近肩，足壁外撇明显，足内壁斜度很大，圈足足心锥状下凸。包括2007YY西ⅠT15③：30（小口径）、2007YY东T7H40：1（小口径）。

2007YY西ⅠT15③：30（小口径），深灰近紫胎，露胎处表面施一薄层淡褐色护胎釉，无光泽。除外壁圈足及近圈足处外，器内外壁通体施釉，釉层厚；釉青色泛蓝，有冰裂纹；釉面有光泽。器物个体变小。圆唇，敛口，直弧腹，腹深，矮圈足，挖足近肩，足内壁外撇甚，圈足足心锥状下凸。口径9.2、底径3.4、高4.4厘米（图三二七，10）。

Cb型　3件。浅腹。依据器底形态变化分为二式。

Ⅰ式　1件。灰胎，釉色偏灰，有光泽。矮圈足，挖足略过肩，足壁微外撇，圈足足心为平底。

2007YY西ⅠT18H239：23，紫胎，露胎处表面灰色。除圈足及近圈足处外，器内外壁通体施釉，釉层极厚；釉青色，色泽略深；釉面有冰裂纹，有光泽。圆唇，敛口，直弧腹，腹浅，矮圈足，挖足近肩，足壁外撇，圈足足心为平底。口径15、底径6.6、高6厘米（图三二七，11）。

Ⅱ式　2件。深灰胎。釉色泛灰白，光泽暗淡。矮圈足，挖足略过肩，足壁外撇，圈足足心微凸。包括2007YY西ⅠT19③：17（小口径）、2007YY东T13H153：62。

2007YY东T13H153：62，深灰胎，露胎处表面褐色。除器外壁圈足及近圈足处外，器内外壁通体施釉，釉层较厚；釉青色泛灰白；釉面光泽暗淡。圆唇，敛口，直弧腹，腹浅，矮圈足，挖足不过肩，足壁外撇，圈足足心微凸。口径10.6、底径5.1、高4.6厘米（图三二七，12）。

乙类　14件。圆弧腹。依据口部形态差异，将其分为三型。

A型　2件。圆唇，侈口微收。依据口部形态差异分为二亚型。

Aa型　1件。圆口。

2007YY东T9H197：6，黄褐胎，圈足露胎。内壁及外壁大部施青釉，釉显灰暗，有光泽，多见细小气孔。圆唇，侈口微收，圆弧腹，矮圈足，挖足不过肩，足壁微撇，圈足足心近平。口径18.1、底径5.3、高7.8厘米（图三二八，1）。

Ab型　1件。花口。

2007YY东T15G3③：3（小口径），深灰近紫胎，露胎处表面褐色。除圈足足部外，器内外壁通体施釉，釉层厚，外壁下部局部有积釉；釉青色，有较大的冰裂纹；釉面有光泽。瓜棱器身，花瓣口。圆唇，花口，侈口微收，圆弧腹，圈足不高，挖足近肩，足壁外撇，圈足足心微下凸。口径10.2、底径3.5、高4.8厘米（图三二八，2）。

B型　9件。敛口。依据胎釉及器底形态分为二式。

Ⅰ式　2件。深灰近紫胎。釉色青翠，光泽度好。圈足不高，挖足近肩，"尖锥"状足，圈足足心为平底，因积釉显下凸。包括2007YY西ⅠT8H214：2、2007YY西ⅠT19H328：20。

2007YY西ⅠT8H214：2，深灰近紫胎，露胎处表面灰色。除圈足底外，器内外壁通体施釉，釉层厚；釉色青翠，釉面有密集的小气孔，釉层透明，可见里面的小气泡；有大冰裂纹；釉面有光泽。圆唇，敛口，圆弧腹，腹深，矮圈足，挖足近肩，足壁剖面为"尖锥"状，圈足足心为平底，因积釉而略下凸。口径19.4、底径6.2、高9.1厘米（图三二八，3；图版七五，1）。

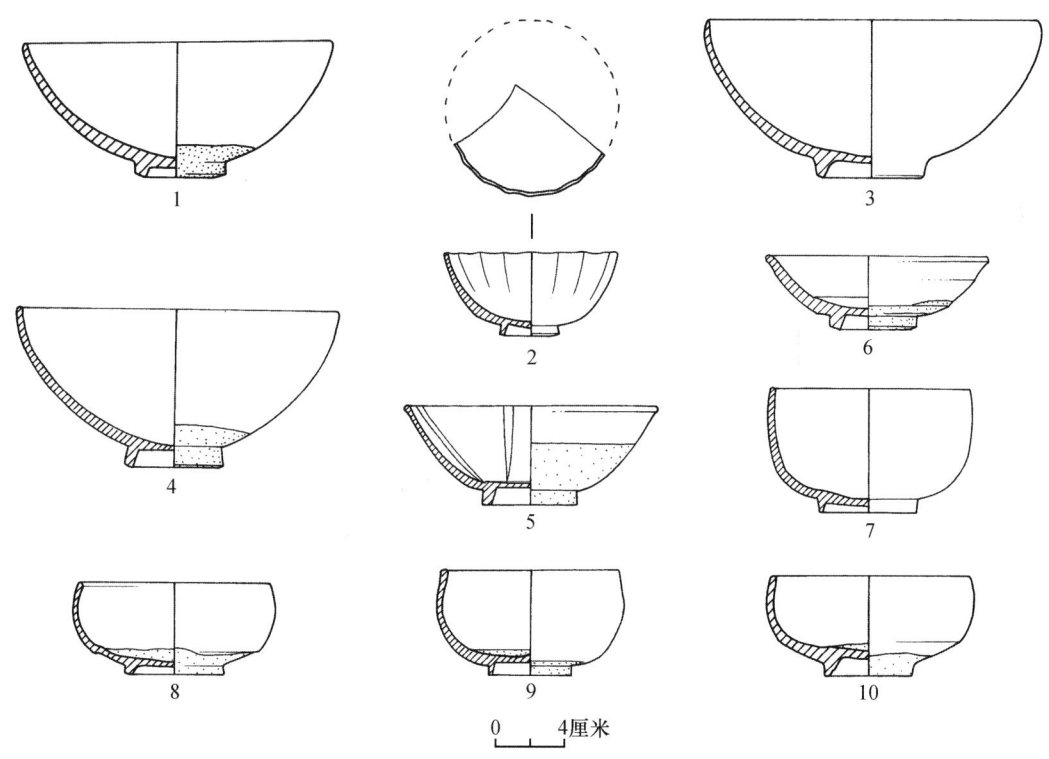

图三二八　乙、丙类青釉瓷碗

1. 乙类Aa型（2007YY东T9H197：6）　2. 乙类Ab型（2007YY东T15G3③：3）　3. 乙类B型Ⅰ式（2007YY西ⅠT8H214：2）　4. 乙类B型Ⅱ式（2007YY西ⅠT18H239：24）　5、6. 乙类C型（2007YY西ⅠT20H151：30、2007YY西ⅠT4③：5）　7. 丙类Ⅰ式（2007YY西ⅠT20H151：1）　8、9. 丙类Ⅱ式（2007YY东T13H153：31、2007YY西ⅠT17H338：1）　10. 丙类Ⅲ式（2007YY东T10J5：7）

Ⅱ式　7件。深灰胎略泛紫。青釉略泛灰，光泽度尚好。矮圈足，挖足浅多不过肩，足壁微撇，圈足足心近平微凸。包括2006YY西ⅠT7H102∶2、2007YY东T14H192∶1、2007YY东T3⑫∶4（小口径）、2007YY西ⅠT5H187∶1、2007YY西ⅠT17H318∶1、2007YY西ⅠT18H239∶24、2007YY西ⅠTG1J13∶7。

2007YY西ⅠT18H239∶24，上部深灰近紫胎，底部淡黄胎。除圈足及近圈足处外，器内外壁通体施釉，釉层较厚；釉青色略泛灰，有冰裂纹；釉面偶见气孔，有光泽。圆唇，敛口，圆弧腹，腹深，矮圈足，挖足近肩，足壁外撇，圈足足心为平底。口径18.8、底径5.8、高9厘米（图三二八，4；图版七六，1、2）。

C型　3件。圆唇外凸，侈口，圈足有一定高度，挖足过肩，足壁外撇，圈足足心为平底。包括2007YY西ⅠT4③∶5、2007YY西ⅠT9J7∶16、2007YY西ⅠT20H151∶30。

2007YY西ⅠT20H151∶30（茶色釉，内壁施五道白色放射状线条），灰胎。器外壁上部及整个内壁施釉，釉层薄；釉浅棕色略泛灰；内壁釉面有光泽，外壁暗淡。内壁有六道乳浊釉装饰的竖条（残存五道，据间距可知应为六道），由碗口通至碗底。圆唇外凸，侈口外放，圆弧腹，腹浅，圈足有一定高度，挖足近肩，足壁外撇，圈足足心为平底。口径14.8、底径5.4、高5.6厘米（图三二八，5；图版七七，3、4）。

2007YY西ⅠT4③∶5（该器是唯一一件青釉与黑釉组合的器物），黄褐胎，外壁下部及圈足露胎。器内外壁上部施青釉，色墨绿；器内外壁中部施酱黑釉，有光泽。圆唇外凸，侈口外放，圆弧腹，腹浅，圈足不高，挖足近肩，足壁外撇，圈足足心为平底。口径13.2、底径5.1、高4.2厘米（图三二八，6；图版七四，6）。

丙类　13件。筒形腹。不分型，依据器腹及器底形态变化分为三式。

Ⅰ式　1件。器腹稍深，矮圈足，挖足近肩或不过肩，足壁薄、较直或呈"尖锥"状，圈足足心为平底。

2007YY西ⅠT20H151∶1，灰胎，露胎处表面淡褐色。除器外壁圈足底部外，器内外壁通体施釉，釉层较厚；豆青釉，釉质好；有大冰裂纹；釉面有光泽。圆唇，微敛口，筒形腹，器腹稍深，矮圈足，挖足不过肩，足壁薄、呈"尖锥"状，圈足足心为平底。口径11.7、底径5.6、高7.1厘米（图三二八，7；图版七七，1、2）。

Ⅱ式　9件。器腹略变浅，矮圈足，挖足不一定过肩，足壁近直或微外撇，圈足足心为平底。包括2007YY西ⅠT4H25∶2、2007YY西ⅠT17H338∶1、2007YY东T7H112②∶1、2007YY东T10H152∶10、2007YY东T11③∶15、2007YY东T13H153∶8、2007YY东T13H153∶31、2007YY东T13H153∶33、2007YY东T13H153∶60。

2007YY东T13H153∶31，上部灰胎，下部黄灰胎，露胎处表面灰白色。除器外壁圈足及近圈足处外，器内外壁通体施釉，釉层较厚，有大冰裂纹；釉色青翠；釉面光泽度好。圆唇，敛口，筒形腹，腹浅，矮圈足，挖足近肩，足壁外撇，圈足足心为平底微凸。口径11.2、底径3.9、高5.2厘米（图三二八，8）。

2007YY西ⅠT17H338∶1，深灰胎略泛紫，露胎处表面褐色。除内壁底部及外壁圈足及近圈足处外，通体施釉，釉层较厚；釉蓝灰色，釉面有较多气孔；釉色暗淡。圆唇，敛口，筒形腹，腹深中等，矮圈足，挖足略过肩，足壁窄直，圈足足心为平底。口径10.2、底径4.7、高6厘米（图三二八，9）。

Ⅲ式　3件。器腹略变浅，挖足不一定过肩，足壁外撇明显，圈足足心微下凸。包括2007YY东T10J5：7、2007YY东T13H153：1、2007YY东T13H153：32。

2007YY东T10J5：7，黄灰胎，露胎处表面黄灰色。除器外壁圈足及近圈足处外，器内外壁通体施釉，釉层较厚；青釉，釉面偶见气孔；釉面有光泽。圆唇，敛口，筒形腹，腹浅，矮圈足，挖足过肩，足内壁外撇，圈足足心为平底微凸。口径11.8、底径5.2、高5.7厘米（图三二八，10；图版七三，6）。

2. 盏

2件。依据器壁形态分为二型。

A型　1件。圆弧壁。

2006YY西ⅠT2H4：1，黄灰胎，外壁大部及圈足处露胎。器内壁及外壁上部施釉，釉深黄褐色，光泽度好，有冰裂纹。方圆唇，侈口微内收，圆弧壁，矮圈足，挖足很浅，近假圈足，圈足足心下凸。口径9.8、底径4.5、高3厘米（图三二九，1）。

B型　1件。直弧壁。方圆唇，侈口外放。

2006YY西ⅠT4H53：1，灰黄胎，内壁中心及外壁下部露胎。器内壁大部及外壁上部施青釉，釉色墨绿偏灰暗，夹黑点，有光泽。方唇，侈口外放，直弧壁，矮圈足，挖足近肩，足壁厚而外撇，圈足足心锥状下凸。口径12.1、底径3.9、高2.5厘米（图三二九，2）。

3. 碟

30件。依据器腹形态差异分为三型。

A型　5件。红胎，绿釉泛黄，有光泽。圆唇，侈口外放，折壁，矮圈足，挖足近肩，足壁宽厚、内壁斜度大，圈足足心微凸。包括2006YY西ⅠT4H54④：11、2006YY西ⅠT4H54⑤：14、2006YY西ⅠT4H54⑧：29、2006YY西ⅠT4H54⑧：30、2006YY西ⅠT4H54⑨：38。

2006YY西ⅠT4H54⑤：14，红胎。器内外壁上部施釉，釉层略厚；釉青色略闪黄，有冰裂纹；釉面有光泽。圆唇，侈口外放，折壁，矮圈足，挖足不过肩，足壁宽厚、内壁微斜，圈足足心微凸。口径13.4、底径5.9、高3厘米（图三二九，3；图版七七，5、6）。

2006YY西ⅠT4H54⑧：30，红胎。器内外壁上部施釉，釉层略厚；釉青色略闪黄，有冰裂纹；釉面有光泽。圆唇，侈口外放，折壁，腹浅，矮圈足，挖足近肩，足壁宽厚、内壁斜度大，圈足足心下凸。口径13.2、底径6、高2.2厘米（图三二九，4）。

B型　19件。直弧壁。依据口部形态差异分为二亚型。

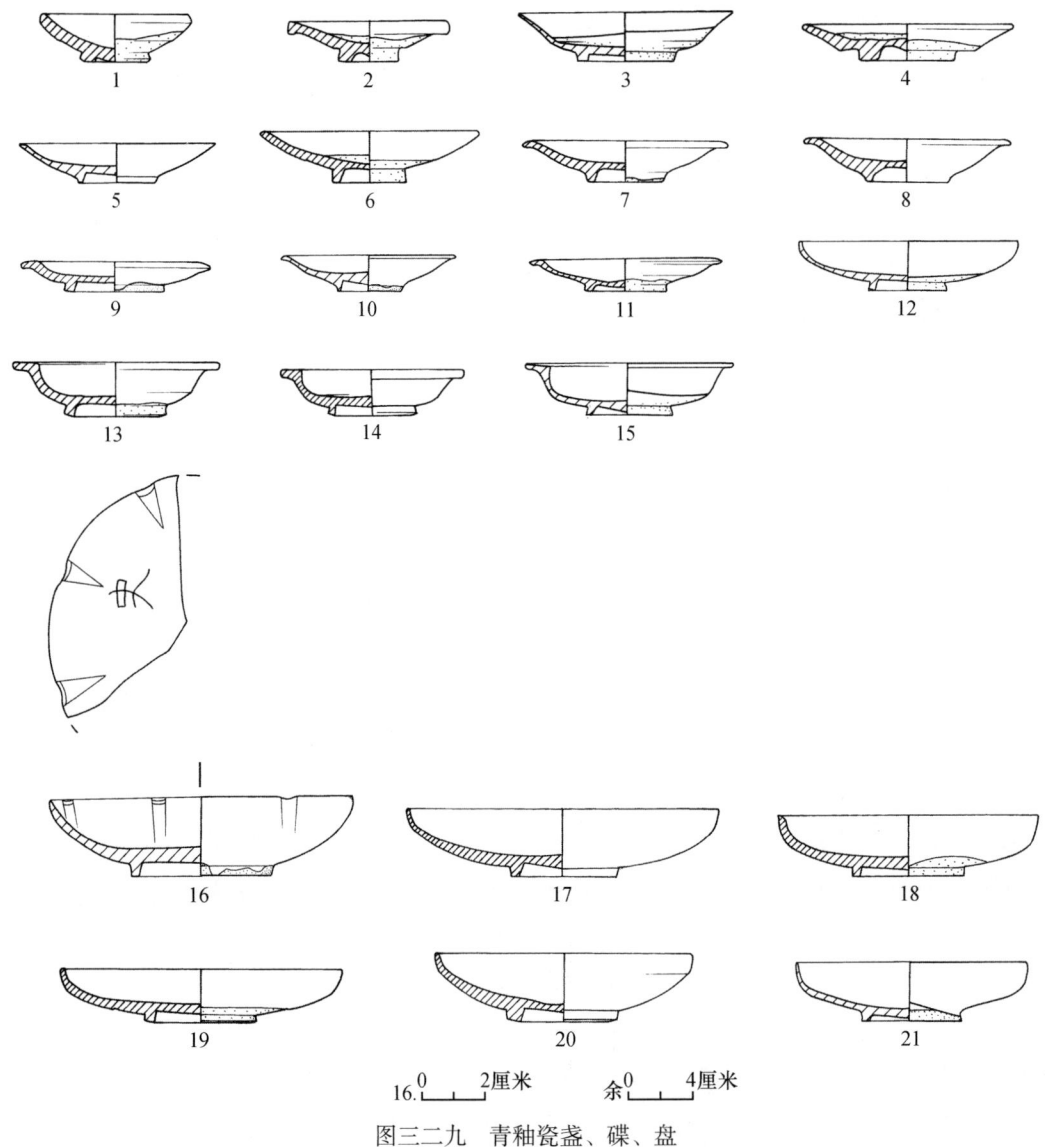

图三二九 青釉瓷盏、碟、盘

1. A型盏（2006YY西ⅠT2H4∶1） 2. B型盏（2006YY西ⅠT4H53∶1） 3、4. A型碟（2006YY西ⅠT4H54⑤∶14、2006YY西ⅠT4H54⑧∶30） 5. Ba型Ⅰ式碟（2007YY西ⅠT9H347∶2） 6. Ba型Ⅱ式碟（2007YY东T7H23∶4） 7、8. Bb型Ⅰ式碟（2007YY东T15G3③∶1、2006YY西ⅠT25③∶11） 9、10. Bb型Ⅱ式碟（2007YY东T13H153∶5、2007YY西ⅠT11③∶12） 11. Bb型Ⅲ式碟（2007YY东T13H153∶7） 12. Ca型碟（2006YY西ⅠT25H245∶1） 13. Cb型Ⅰ式碟（2007YY东T13H2∶3） 14. Cb型Ⅱ式碟（2007YY东T11J6∶5） 15. Cb型Ⅲ式碟（2007YY西ⅠT14H97∶1） 16. Cc型碟（2007YY西ⅠT9H17∶2） 17. Aa型Ⅰ式盘（2007YY西ⅠT22H160∶1） 18、19. Aa型Ⅱ式盘（2007YY西ⅠT19H328∶11、2007YY西ⅠT20H170∶1） 20、21. Aa型Ⅲ式盘（2007YY西ⅠT2③∶1、2007YY西ⅠT6H47∶7）

　　Ba型　2件。圆唇微凸，无沿，侈口外放。依据胎釉及器底形态差异分为二式。

　　Ⅰ式　1件。灰胎。青釉，施满釉。圆唇无沿，侈口外放，直弧壁，矮圈足，挖足过肩，足壁微斜，近"尖锥"状，圈足足心为平底。

　　2007YY西ⅠT9H347∶2，灰胎。除外壁圈足底部外，其余内外壁通体施釉，釉层厚；青釉；有大冰裂纹；釉面无光泽，有磨砂玻璃的感觉。圆唇微凸，无沿，侈口外放，矮圈足，挖足过肩，足内壁外撇，近"尖锥"状，圈足足心为平底。口径12.4、底径4.8、高2.4厘米（图三二九，5）。

Ⅱ式　1件。深灰胎泛紫。青釉偏黑，施半釉。圈足略变高，挖足不一定过肩，足壁外撇，圈足足心近平微凸。

2007YY东T7H23∶4，深灰胎泛紫，露胎处表面褐色。器内外壁上部施釉，釉层略厚；釉深青色近黑（可能是透明釉透出的胎色），有冰裂纹；釉面光泽暗淡。圆唇微凸，无沿，侈口外放，圈足略变高，挖足略过肩，足壁外撇，圈足足心近平微凸。口径13.8、底径4.6、高3.2厘米（图三二九，6）。

Bb型　17件。侈口，圆唇或尖圆唇，唇沿外凸。依据胎釉及器底形态分为三式。

Ⅰ式　4件。灰胎或深灰胎。豆青釉，釉色有光泽，满釉。矮圈足，挖足不一定过肩，足壁近直，圈足足心为平底。包括2006YY西ⅠT18②∶11、2006YY西ⅠT25②∶6、2006YY西ⅠT25③∶11、2007YY东T15G3③∶1。

2006YY西ⅠT25③∶11，灰褐胎。足底施护胎釉。器内外壁施满釉，釉色墨绿偏黑，有光泽，有小气泡。圆唇外凸，侈口外放，直弧壁，矮圈足，挖足略过肩，足壁窄直，圈足足心为平底。口径13、底径5.2、高2.6厘米（图三二九，8）。

2007YY东T15G3③∶1，深灰近紫胎，露胎处表面深褐色。除外壁圈足底部外，器内外壁通体施釉，釉层外壁较厚，内壁大部分厚，底部极厚；釉豆青色，釉色清澈，由釉面可见釉层中有密集的小气泡；釉面有光泽。圆唇外凸，侈口外放，直弧壁，矮圈足，挖足过肩，足壁窄直，圈足足心为平底。口径12.8、底径4.6、高2.6厘米（图三二九，7）。

Ⅱ式　8件。灰胎、黄灰胎或深灰泛紫胎。青釉偏灰暗、夹黑点，有光泽，由满釉向半釉转变。矮圈足，挖足略过肩，足壁外撇，圈足足心微凸近平。包括2006YY西ⅠT23③∶8、2006YY西ⅠT25H241∶4、2006YY西ⅡT4②∶1、2007YY西ⅠT11③∶12、2007YY西ⅠT11H110∶5、2007YY西ⅠT17Z12∶2、2007YY东T4H60∶3、2007YY东T13H153∶5。

2007YY东T13H153∶5，深灰胎，露胎处表面灰白色。除器外壁圈足及近圈足处外，器内外壁通体施釉，釉层较厚；青釉色泽较深；釉面光泽度好。圆唇外凸，侈口外放，直弧壁，矮圈足，挖足过肩，足壁外撇、宽厚，圈足足心为平底。口径12、底径6.2、高1.8厘米（图三二九，9；图版七八，4）。

2007YY西ⅠT11③∶12，深灰近紫胎，露胎处表面施一薄层褐色护胎釉，无光泽。除圈足外，器内外壁通体施釉，釉层较厚；釉青色，有大冰裂纹；釉面光泽度好，玻璃质感较好。圆唇外凸，侈口外放，直弧壁，矮圈足，挖足过肩，足壁截面成"尖锥"状，圈足足心微下凸。口径11、底径4、高2.2厘米（图三二九，10）。

Ⅲ式　5件。灰胎或黄灰胎，露胎处显红褐色或紫红色。青釉灰暗或麻灰色釉，光泽暗淡。矮圈足，挖足不一定过肩，足壁宽厚并外撇，圈足足心为平底或锥状下凸。包括2006YY西ⅠT24H22∶2、2007YY东T13H6∶2、2007YY东T13H153∶7、2007YY东T13H153∶16、

2007YY西ⅠT23③：11。

2007YY东T13H153：7，深灰胎，露胎处表面淡褐色。除器外壁圈足及近圈足处外，器内外壁通体施釉，釉层略厚；青釉色泽较深；釉面有光泽。圆唇外凸，侈口外放，直弧壁，矮圈足，挖足近肩，足壁外撇，圈足足心微下凸。口径12、底径5.1、高2厘米（图三二九，11）。

C型　6件。圆弧壁。依据口部差异分为三亚型。

Ca型　1件。圆唇，敛口，无沿。

2006YY西ⅠT25H245：1，浅灰胎，偶见砂眼。除外壁圈足及近圈足处外，器内外壁均施釉，釉层较厚，近1毫米；釉面有两个大气孔；釉青色，有光泽。不施化妆土。圆唇，敛口，圆弧壁，矮圈足，挖足过肩，足壁外撇，圈足足心微凸。口径13.6、底径5、高3.1厘米（图三二九，12）。

Cb型　4件。方唇或尖圆唇，仰折沿或平沿。依据胎釉和器底形态差异分为三式。

Ⅰ式　2件。黄灰胎。豆青釉，光泽度好。矮圈足，挖足近肩，足壁微撇，圈足足心为平底。包括2007YY东T13H2：3、2007YY东T13H2：4（图版七八，5、6）。

2007YY东T13H2：3，淡黄胎，圈足露胎。器内外壁施翠青釉，光泽度好，有冰裂纹。方唇，平折沿，圆弧壁，矮圈足，挖足略过肩，足壁外撇，圈足足心为平底。口径13、底径6.5、高3.4厘米（图三二九，13；图版七八，1～3）。

Ⅱ式　1件。深灰泛紫胎。青釉发暗，有光泽。矮圈足，挖足略过肩，足壁近直，圈足足心微凸。

2007YY东T11J6：5，深灰胎泛紫，露胎处表面黄色。除外壁圈足外，器内外壁通体施釉，釉层极厚；釉深青色，色泽深沉；釉面有大冰裂纹，有细密的小气孔，并可见釉层内密集的小气泡；釉面有光泽。方唇，平折沿，圆弧壁，矮圈足，挖足过肩，足壁外撇，圈足足心微凸。口径11.6、底径5.6、高2.9厘米（图三二九，14）。

Ⅲ式　1件。褐胎略偏红。青釉，光泽暗淡。矮圈足，挖足略过肩，足壁外撇，圈足足心下凸。

2007YY西ⅠT14H97：1，灰胎，外壁露胎处表层微泛紫，夹细砂。除圈足及近圈足处外，器内外壁施釉，釉层较厚；青釉；无光泽。釉层下不施化妆土。方唇，仰折沿，圆弧壁，矮圈足，挖足略过肩，足壁外撇，圈足足心锥状下凸。口径12.8、底径5.3、高3.1厘米（图三二九，15）。

Cc型　1件。圆唇，侈口，花口。

2007YY西ⅠT9H17：2，浅灰胎，夹细砂。除圈足外，器内外壁施釉，釉层略厚；釉青色，有大冰裂纹，光泽度不好。釉层下无化妆土。内底残存一"史"字。圆唇，侈口微内收，花口，圆弧壁，矮圈足，挖足近肩，足壁微撇，圈足足心为平底。口径9.6、底径4.4、高2.4厘米（图三二九，16）。

4. 盘

53件。依据器腹部形态差异分为三型。

A型　34件。弧壁。依据口部形态差异分为四亚型。

Aa型　17件。侈口内收，圆唇，唇沿不外凸。依据胎釉及器底形态变化分为三式。

Ⅰ式　1件。翠青釉，细冰裂纹，有光泽，施满釉，足底施护胎釉。矮圈足，挖足过肩，足壁为"尖锥"状，圈足足心为平底，因积釉下凸。

2007YY西ⅠT22H160：1，灰胎，露胎处表面淡褐色。除外壁圈足底部外，器内外壁通体施釉，釉层厚；釉豆青色，有大冰裂纹，釉面有光泽，釉层透明，内部可见细密的气泡，釉面亦有细密的小凹孔。圆唇，侈口内收，弧壁，矮圈足，挖足过肩，足壁为"尖锥"状，圈足足心为平底，因积釉而下凸。口径19.6、底径6.6、高4.2厘米（图三二九，17；图版八〇，5、6）。

Ⅱ式　13件。黄胎或深灰泛紫胎。青釉偏灰暗，略有光泽，由施满釉向施半釉变化。矮圈足，挖足不一定过肩，足壁外撇，圈足足心微凸近平。包括2006YY西ⅠT6H44②：12、2006YY西ⅠT18②：10、2007YY西ⅠT15H103：2、2007YY西ⅠT19H328：4、2007YY西ⅠT19H328：11、2007YY西ⅠT19H328：12、2007YY西ⅠT20H170：1、2007YY东T4H60：4、2007YY东T7H40：2、2007YY东T10J5：6、2007YY东T13H108：1、2007YY东T13H153：3、2007YY东T13H186：2。

2007YY西ⅠT19H328：11，上部深灰近紫胎，下部淡黄胎。除圈足及近圈足处外，器内外壁通体施釉，釉层较厚；釉青色略泛灰，有冰裂纹；釉面有光泽。圆唇，侈口内收，弧壁，矮圈足，挖足略过肩，足壁微外撇，圈足足心近平微凸。口径16.4、底径6.9、高3.8厘米（图三二九，18；图版八〇，3）。

2007YY西ⅠT20H170：1，灰胎。除圈足及近圈足处外，器内外壁通体施釉，釉层厚；青釉，色泽较深；釉面有小气孔，有光泽。圆唇，侈口内收，弧壁，矮圈足，挖足过肩，足壁外撇，圈足足心为平底。口径17.8、底径7.1、高3.4厘米（图三二九，19；图版八〇，4）。

Ⅲ式　3件。深灰胎，器壁显红褐色。青釉泛灰暗，光泽度不好。圈足不高，挖足不一定过肩，足壁外撇，圈足足心明显下凸。包括2007YY西ⅠT2③：1、2007YY西ⅠT6H47：7、2007YY西ⅠT8③：7。

2007YY西ⅠT2③：1，褐红胎，足底露胎。器内外壁施豆青釉，光泽柔和，有细冰裂纹。圆唇，侈口内收，弧壁，矮圈足，挖足过肩，足壁外撇、宽厚，圈足足心明显下凸。口径16.1、底径7.9、高4.2厘米（图三二九，20；图版七九，5）。

2007YY西ⅠT6H47：7，深灰胎，外壁露胎处局部表面浅褐色。除圈足外，器内外壁通体施釉，釉层较厚；釉青色，有冰裂纹，内壁较大，外壁极大。釉层下无化妆土。圆唇，侈口内收，弧壁，矮圈足，挖足很浅、不过肩，足壁微外撇，圈足足心下凸。口径14.2、底径6.3、高3.6厘米（图三二九，21；图版七九，6）。

Ab型 13件。侈口，圆唇不外凸。依据胎釉及器底形态变化分为三式。

Ⅰ式 2件。深灰近紫胎。豆青釉，有光泽，施满釉，足底施护胎釉。矮圈足，足壁截面为"尖锥"状，挖足略过肩，圈足足心为平底。包括2007YY西ⅠT5H226：1、2007YY西ⅠT19H328：19。

2007YY西ⅠT19H328：19，深灰近紫胎，露胎处表面一薄层棕褐色护胎釉。除圈足底外，器内外壁通体施釉，釉层厚；釉豆青色，有冰裂纹；釉面有光泽。圆唇，侈口外放，弧壁，矮圈足，挖足略过肩，足壁截面为"尖锥"状，圈足足心为平底。口径19.4、底径7、高6.1厘米（图三三〇，1）。

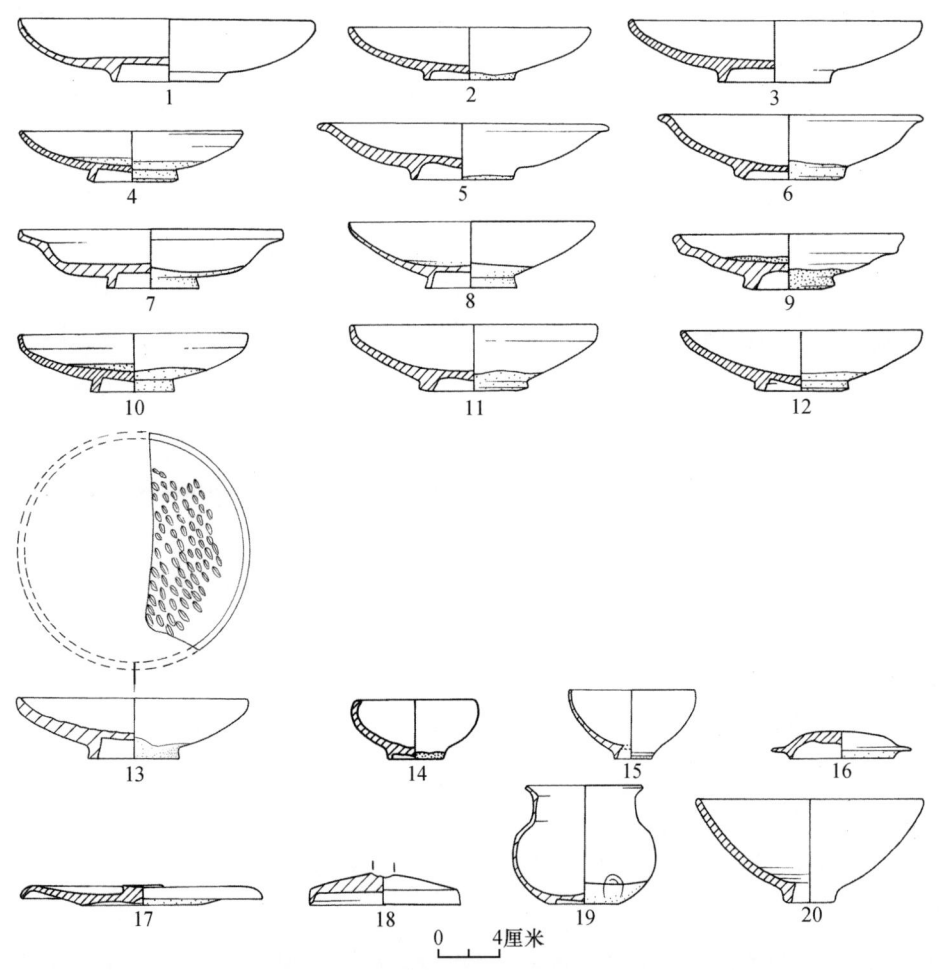

图三三〇 青釉瓷盘、杯、器盖、炉、漏斗

1. Ab型Ⅰ式盘（2007YY西ⅠT19H328：19） 2、3. Ab型Ⅱ式盘（2006YY西ⅠT2H4：3、2007YY东T14H33：3） 4. Ab型Ⅲ式盘（2006YY西ⅠT27H180：3） 5. Ac型Ⅰ式盘（2006YY西ⅡT2H223：1） 6. Ac型Ⅱ式盘（2007YY东T13H153：19） 7. Ad型盘（2006YY西ⅠT4H54⑩：48） 8. BⅠ式盘（2007YY东T7H124：11） 9、10. BⅡ式盘（2007YY西ⅠT6H47：6、2007YY西ⅠT18H239：20） 11、12. BⅢ式盘（2006YY西ⅠT27H180：6、2007YY东T14H69：3） 13. C型盘（2007YY东T6Z3：1） 14. Ⅰ式杯（2007YY东T6H121：9） 15. Ⅱ式杯（2007YY西ⅠT23H70：7） 16. A型器盖（2006YY西ⅠT29②：1） 17. Ba型器盖（2007YY东T15Z5：1） 18. Bb型器盖（2007YY西ⅠT8③：1） 19. 炉（2007YY东T13H153：45） 20. 漏斗（2006YY西ⅠT8M1：6）

Ⅱ式　8件。黄褐胎。青釉偏灰暗，光泽度下降，由施满釉向圈足露胎转变。矮圈足，挖足不一定过肩，足壁外撇，圈足足心近平微凸。包括2006YY西ⅠT2H4：3、2006YY西ⅠT2H27：20、2006YY西ⅠT14②：4、2007YY西ⅠT8④：4、2007YY西ⅠT25H31：1、2007YY西ⅠTG1J13：2、2007YY东T13H134：2、2007YY东T14H33：3。

2006YY西ⅠT2H4：3，黄褐胎，圈足足底施褐色护胎釉。器内外壁通体施釉，天青色釉偏灰，有光泽。圆唇，侈口外放，弧壁，矮圈足，挖足近肩，足壁微外撇，圈足足心微凸。口径16、底径6、高3.4厘米（图三三〇，2）。

2007YY东T14H33：3，灰胎。除器外壁圈足底部外，器内外壁通体施釉，釉层较厚；青釉，如凝脂，光泽内蕴。圆唇，侈口外放，弧壁，矮圈足，挖足略过肩，足壁微外撇，圈足足心近平微凸。口径19.4、底径7.4、高4厘米（图三三〇，3）。

Ⅲ式　3件。深灰泛紫胎或褐胎，露胎表面显红褐色。青釉偏灰暗，无光泽。挖足略过肩，圈足足径略变大，足壁有的变宽，足心下凸。包括2006YY西ⅠT27H180：3、2007YY东T4H18：3、2007YY东T13H6：1。

2006YY西ⅠT27H180：3，深灰泛紫胎，内外壁露胎处有一薄层棕褐色护胎釉，无光泽。器内外壁上部施釉，釉层较厚；釉青色，有冰裂纹；釉面光泽暗淡。圆唇，侈口外放，弧壁，矮圈足，挖足略过肩，足壁外撇，圈足足心下凸。口径14.9、底径6、高3.4厘米（图三三〇，4）。

Ac型　3件。尖圆唇外凸，侈口。依据胎釉及器底形态变化分为二式。

Ⅰ式　2件。灰胎。青釉偏暗或为麻黄色，有光泽，施满釉，足底施护胎釉。矮圈足，挖足过肩，足壁窄直，圈足足心为平底或因积釉下凸。包括2006YY西ⅡT2H223：1、2007YY西ⅠT11H179：1。

2006YY西ⅡT2H223：1，深灰胎。足底施护胎釉。器内外壁施满釉，釉墨绿色，有光泽。尖圆唇外凸，侈口外放，弧壁，矮圈足，挖足过肩，足壁窄直，圈足足心因积釉而下凸。口径19.4、底径6.6、高3.6厘米（图三三〇，5）。

Ⅱ式　1件。淡黄胎。青釉泛黄，有光泽，近圈足处露胎。矮圈足，挖足不过肩，足壁宽厚、足内壁外撇明显，圈足足心近平微凸。

2007YY东T13H153：19，淡黄胎。除外壁圈足及近圈足处，器内外壁通体施釉，釉层厚，局部极厚；釉青色泛黄，内底有一片似烧灼痕迹，其中心部位黑色，边缘褐色向外渐淡；釉面光泽度好。圆唇外凸，侈口外放，弧壁，矮圈足，挖足近肩，足壁外撇、宽厚，圈足足心近平微凸。口径17.6、底径7.2、高4.2厘米（图三三〇，6）。

Ad型　1件。方唇外凸，仰折沿。

2006YY西ⅠT4H54⑩：48，深灰近紫胎，露胎处表面一薄层褐色护胎釉，无光泽。除外壁圈足及近圈足处外，器内外壁通体施釉；釉层厚；釉青色透明，可见釉层中密集的小气泡；釉面有光泽。方唇外凸，仰折沿，弧壁，圈足不高，挖足过肩，足壁外撇，圈足足心为修复。口径17.8、底径6.2、高3.8厘米（图三三〇，7）。

B型 18件。直壁微弧。依据胎釉、口部和器底形态变化分为三式。

Ⅰ式 4件。灰胎或淡黄胎。青釉多青翠，有光泽。内壁中心多不施釉而施一层化妆土。尖圆唇，敛口，折沿，沿较浅。圈足多数较矮，挖足不一定过肩，足壁微外撇，圈足足心为平底。包括2007YY西ⅠT22H264：1、2007YY东T7H124：11、2007YY东T11③：1、2007YY东T11③：14。

2007YY东T7H124：11，淡黄胎。器内外壁上部施釉，釉层较厚；釉青黄色，有冰裂纹；釉面有光泽。尖圆唇，近直口，折沿，出沿浅，直壁微弧，圈足不高，挖足过肩，足壁微外撇，圈足足心为平底。口径16、底径6、高4.2厘米（图三三〇，8；图版七九，2）。

Ⅱ式 7件。灰胎或深灰泛紫胎，露胎处显褐色。青釉偏灰暗，有光泽。唇部变厚，口部折沿处，出沿略变深。圈足略变高，挖足过肩，足壁厚而外撇明显，圈足足心微下凸。包括2007YY西ⅠT6H47：6、2007YY西ⅠT18H239：18（图版八〇，1）、2007YY西ⅠT18H239：20、2007YY东T10②：4、2007YY东T11H228：1、2007YY东T13H6：8、2007YY东T13H153：54。

2007YY西ⅠT6H47：6，灰胎，夹细砂。器内外壁上部施釉，釉层较厚，局部达1毫米；青釉，釉层厚处泛茶色，光泽度极好，透明，有大冰裂纹。釉层下无化妆土，器内壁无釉处施极薄一层化妆土。圆唇，近直口，折沿，出沿有一定深度，直壁微弧，圈足有一定高度，挖足过肩，足壁外撇、宽厚，圈足足心微凸。口径15.2、底径6、高3.6厘米（图三三〇，9）。

2007YY西ⅠT18H239：20，灰胎，露胎处表面红褐色，施少量护胎釉。器内外壁上部施釉，釉层较厚；釉青色略暗，有冰裂纹；釉面有光泽。内底无釉处施一薄层白色化妆土。圆唇，近直口，折沿，出沿有一定深度，直壁微弧，圈足有一定高度，挖足过肩，足壁外撇，圈足足心有一小凸点。口径15.4、底径5.6、高3.7厘米（图三三〇，10；图版八〇，2）。

Ⅲ式 7件。露胎表面呈红褐色或紫褐色。青釉偏灰，光泽度尚佳，部分为内壁施满釉，外壁圈足露胎。出沿有深有浅，挖足过肩，足壁厚而外撇明显，圈足足心下凸明显。包括2006YY西ⅠT27H180：6、2006YY西ⅠT27H180：10、2007YY西ⅠT6H47：5、2007YY西ⅠT6H47：20、2007YY东T13H93：1、2007YY东T14H69：3、2007YY东T14H69：7（图版七九，4）。

2006YY西ⅠT27H180：6，褐红胎，外壁下部及圈足处露胎。器内壁及外壁上部施青釉，光泽暗淡，有冰裂纹。圆唇，近直口，折沿，出沿有一定深度，直壁微弧，圈足有一定高度，挖足过肩，足壁外撇、宽厚，圈足足心下凸。口径16.4、底径7.2、高4.4厘米（图三三〇，11；图版七九，1）。

2007YY东T14H69：3，深灰胎，露胎处表面褐色。除外壁下部及圈足外，内外壁通体施釉，釉层厚；青釉，有较大冰裂纹；釉面光洁度好。圆唇，近直口，折沿，出沿有一定深度，直壁微弧，圈足有一定高度，挖足过肩，足壁外撇、宽厚，圈足足心下凸。口径16、底径6.2、高3.9厘米（图三三〇，12；图版七九，3）。

C型 1件。研磨盘。

2007YY东T6Z3：1，深灰近紫胎，露胎处表面淡褐色。除外壁圈足外，器内外壁通体施釉，釉层略厚；釉青色，有冰裂纹；釉面有光泽。内壁有戳孔。圆唇，侈口微收，弧壁，圈足有一定高度，挖足过肩，足壁微撇，圈足足心微凸近平。口径15.4、底径6、高3.9厘米（图三三〇，13）。

5. 杯

2件。依据釉色光泽度差异分为二式。

Ⅰ式　1件。光泽度较好。

2007YY东T6H121：9，灰胎。除器外壁圈足外，器内外壁通体施釉，釉层较厚；釉色青翠；釉面有密集的小气孔不明显；有大冰裂纹；釉面光泽度好。圆唇，敛口，圆鼓腹，矮圈足，挖足很浅，足壁窄，圈足足心有一小凸点。口径8.4、底径3.7、高3.8厘米（图三三〇，14；图版八一，1）。

Ⅱ式　1件。光泽暗淡。

2007YY西ⅠT23H70：7，灰胎。除外壁圈足底部外，器内外壁通体施釉，釉层较厚，圈足底施褐色护胎釉；釉青色泛灰绿；釉面无光泽。圆唇，微敛口，圆弧腹，矮圈足，挖足过肩，足内壁斜度大，圈足足心为修复。口径8.2、底径2.4、高4.5厘米（图三三〇，15；图版八一，2）。

6. 器盖

4件。依据有无盖纽分为二型。

A型　2件。无盖纽。母口，盖顶隆起。包括2006YY西ⅠT29②：1、2006YY西ⅠT32H258：9（图版八一，4）。

2006YY西ⅠT29②：1，黄灰胎。器外壁施釉，内壁露胎。釉青色，有光泽。圆唇，平出沿，母口，盖顶微隆起，无盖纽。盖径9.2、高1.8厘米（图三三〇，16；图版八一，3）。

B型　2件。有盖纽。依据盖身形态分为二亚型。

Ba型　1件。盖顶弧形微内凹。

2007YY东T15Z5：1，灰胎。器外壁施釉，釉层薄；釉青黑色，略有光泽。圆唇，外缘翻卷，中间顶部内凹，上有盖纽。盖径16.2、高1.4厘米（图三三〇，17）。

Bb型　1件。盖顶隆起。

2007YY西ⅠT8③：1（缺纽），粗灰胎。器表施釉，釉层略厚；青釉偏黄褐色，偶见气孔；釉面无光。尖圆唇，子口内收，盖顶斜直隆起，上有盖纽（缺纽）。盖径10、残高1.1厘米（图三三〇，18）。

7. 炉

1件。

2007YY东T13H153：45，深灰胎，露胎处表面褐色。除器外壁底部外，器内外壁通体施釉，釉层较厚；青釉，色泽略深；釉面有光泽。方圆唇，侈口，短束颈，扁圆鼓腹，圜底，底微内凹，下加三足，三足已失。口径7.8、腹最大径13.4、残高7.6厘米（图三三〇，19；图版八一，6）。

8. 漏斗

1件。

2006YY西ⅠT8M1：6，内外壁施满釉，未露胎。釉青色偏褐色，有光泽。圆唇，侈口微内收，直弧壁，下接短直流，圆口。口径15、孔最大径2.4、高6.7厘米（图三三〇，20）。

四、钧 釉 器

钧釉瓷器的数量在本遗址中最少，共计93件，仅占出土瓷容器总数的7.57%。钧釉器可见的器类有：碗、碟、盘、杯、梅瓶。钧釉的胎体特点、施釉手法、装饰手法和装烧方式与青釉器基本一致。钧釉器的胎体厚度适中，未见有胎体较薄的器物。胎体颜色亦为深灰泛紫、黄褐、红褐等。在施釉方式上，使用蘸釉法施釉，即将整个器物直接浸入到釉料中。钧釉器的釉线较低，一般接近圈足处，有的甚至整个圈足及圈足足心施釉，釉层较厚，属乳浊釉。装饰手法上，亦是少数内底无釉的器物上施有化妆土。同时，器物圈足上会施一层褐色护胎釉。在装烧方式上，均为正烧。

1. 碗

36件。依据器腹形态差异将其分为三型。

A型　9件。圆弧腹。剖面近半圆形，器下腹部不内收。依据胎釉及器底形态差异分为三式。

Ⅰ式　1件。灰胎。蓝釉，有光泽，施满釉，足底施护胎釉。矮圈足，挖足过肩，足壁截面成"尖锥"状，圈足足心近平。

2007YY西ⅠT21H151：2，灰胎。除外壁圈足底（局部亦有釉，此处釉层极薄，可能因长期摩擦而掉落）外，器内外壁通体施釉，釉层厚；釉蓝色，有大冰裂纹；釉面有光泽。圆唇，微敛口，圆弧腹，矮圈足，挖足过肩，足壁截面成"尖锥"状，圈足足心为平底，因积釉而下凸。口径22.4、底径7.2、高9.8厘米（图三三一，1；图版八三，1、2）。

Ⅱ式　6件。露胎表面成褐色，蓝灰釉或麻灰釉，多见紫色色斑，有光泽。近圈足露胎。矮圈足，挖足不一定过肩，足壁外撇，圈足足心近平微凸。包括2006YY西ⅠT16H58：4、2007YY西ⅠT15H351③：16、2007YY西ⅠT19H183：7、2007YY东T3L1②：5、2007YY东T3L1③：1、2007YY东T11H220：6。

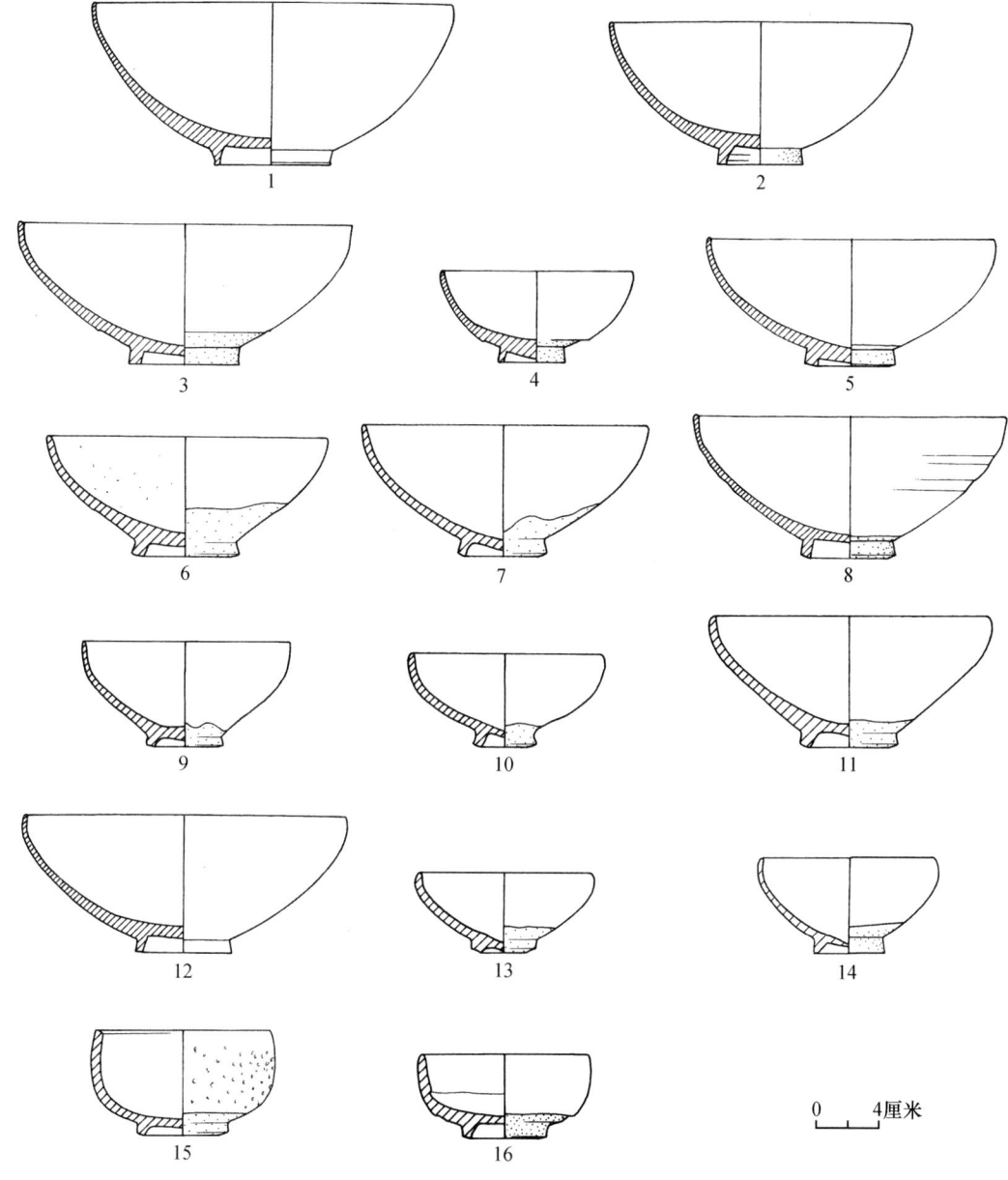

图三三一 A、B、C型钧釉瓷碗

1. A型Ⅰ式碗（2007YY西ⅠT21H151：2） 2、3. A型Ⅱ式碗（2006YY西ⅠT16H58：4、2007YY西ⅠT19H183：7）
4、5. A型Ⅲ式碗（2007YY东T3H66：3、2007YY东T14H69：1） 6. Ba型Ⅰ式碗（2007YY东T13H100：2） 7. Ba型Ⅱ式碗
（2007YY东T14H96：3） 8. Bb型Ⅰ式碗（2007YY东T14H33：4） 9、10. Bb型Ⅱ式碗（2007YY东T14H69：6、2007YY
西ⅠT6③：1） 11、12. Bc型Ⅰ式碗（2007YY东T9H147：1、2007YY东T12G3②：5） 13、14. Bc型Ⅱ式碗（2007YY东
T9H197：2、2007YY西ⅠT17H310：5） 15、16. C型碗（2006YY西ⅠT27H189：1、2007YY西ⅠT15H351③：9）

2006YY西ⅠT16H58：4，褐红胎，足底露胎。器内外壁施青釉，内底显蓝釉和紫色板块，光泽度好，有冰裂纹。圆唇，侈口内收，圆弧腹，矮圈足，挖足过肩，足壁窄而外撇，圈足足心微凸近平。口径19.2、底径5.6、高8.6厘米（图三三一，2）。

2007YY西ⅠT19H183：7，紫胎，露胎处表面淡褐色，局部有光泽，应为护胎釉。除圈足及近圈足处外，器内外壁通体施釉，釉层极厚；釉蓝灰色，内壁有一大片紫色窑变；釉面有较密集的小气孔；釉面外壁有光泽、内壁无。圆唇，近直口，圆弧腹，矮圈足，挖足不过肩，足壁外撇、变宽，圈足足心微凸近平。口径20.8、底径7.4、高8.6厘米（图三三一，3；图版八二，2）。

Ⅲ式　2件。深灰泛紫胎。蓝紫釉，釉色有光泽，近圈足露胎。矮圈足，挖足不过肩，足内壁斜度较大，圈足足心下凸。包括2007YY东T3H66：3、2007YY东T14H69：1。

2007YY东T3H66：3，深灰近紫胎，露胎处表面灰色。除外壁圈足及近圈足处外，器内外壁通体施釉，釉层厚，内底及外壁釉层下缘积釉处极厚，达0.2厘米以上；釉蓝紫色，釉面有密集的小气孔，光泽度好。圆唇，侈口内收，圆弧腹，矮圈足，挖足不过肩，足壁窄而外撇，圈足足心锥状下凸。口径12、底径4.2、高5.6厘米（图三三一，4）。

2007YY东T14H69：1，深灰胎泛紫，有气孔，露胎处表面褐色。除外壁圈足及近圈足处外，器内外壁通体施釉，釉层极厚；釉蓝色泛灰，釉面偶见气孔；有大冰裂纹；釉面有光泽。内壁有一处紫色窑变。圆唇，微敛口，圆弧腹，矮圈足，挖足不过肩，足壁外撇、宽厚，圈足足心锥状下凸。口径18.3、底径5.7、高7.8厘米（图三三一，5）。

B型　23件。直弧腹。器下腹部明显内收。依据口部形态差异分为三亚型。

Ba型　5件。口部微外放。依据器底形态变化分为二式。

Ⅰ式　2件。深灰泛紫胎，露胎处为褐色。釉蓝紫色，有一定光泽。圈足不高，挖足不过肩，足壁外撇明显，圈足足心近平。包括2007YY东T6H226：1、2007YY东T13H100：2。

2007YY东T13H100：2，深褐胎，外壁大部及圈足露胎。器内外壁施蓝紫釉，光泽度好，有细小气孔。圆唇，侈口，直弧腹，矮圈足，挖足近肩，足壁外撇，圈足足心为平底。口径17.4、底径6.8、高7.4厘米（图三三一，6）。

Ⅱ式　3件。黄褐胎。蓝釉偏灰，见紫色窑变，有光泽。矮圈足，挖足不过肩，足壁明显外撇，圈足足心锥状下凸。包括2007YY东T11③：2、2007YY东T13H2：9、2007YY东T14H96：3。

2007YY东T14H96：3，黄灰胎，露胎处表面淡黄色。除外壁圈足及近圈足处外，器内外壁通体施釉，釉层极厚；釉蓝中泛紫，内外壁上部釉面有密集的小气孔；有冰裂纹；釉面有光泽。内壁有一处不成功的窑变，色泽中部蓝中带绿，周围淡茶褐色。圆唇，侈口，直弧腹，矮圈足，挖足近肩，足壁外撇，圈足足心锥状下凸。口径17.8、底径5.6、高8厘米（图三三一，7）。

Bb型　9件。近直口。依据器底形态变化分为二式。

Ⅰ式　5件。灰胎或深灰泛紫胎，露胎处为褐色。蓝釉带紫，有光泽。矮圈足，挖足略过肩，足壁微外撇，圈足足心近平微凸。包括2007YY西ⅠT6H122：1、2007YY西ⅠT18H239：22、2007YY西ⅠT19H183：6、2007YY东T11H220：7、2007YY东T14H33：4。

2007YY东T14H33：4，深灰胎，露胎处表面褐色，内外壁胎面有凹带。除器外壁圈足及近圈足处外，器内外壁通体施釉，釉层极厚，达0.15厘米；釉蓝色泛灰，口部微泛紫；釉面偶见气孔，有冰裂纹；釉面有光泽。圆唇，微侈口，直弧腹，矮圈足，挖足近肩，足壁外撇，圈足足心为平底。口径19.8、底径6、高8.6厘米（图三三一，8）。

Ⅱ式　4件。深灰泛紫胎或黄灰胎，露胎处为褐色。蓝釉带紫，有光泽。器形整体变小。矮圈足，挖足浅而不过肩，足壁明显外撇，圈足足心锥状下凸。包括2007YY西ⅠT6③∶1（小口径）、2007YY西ⅠT6H47∶2（小口径）（图版八二，4）、2007YY东T14H33∶5、2007YY东T14H69∶6（小口径）。

2007YY东T14H69∶6（小口径），深灰胎泛紫，有气孔，露胎处表面红褐色。除外壁圈足及近圈足处外，器内外壁通体施釉，釉层上部较薄，下部极厚，外壁下部积釉处尤厚；釉蓝中泛紫，局部淡茶褐色，内壁碗底部釉面有密集的小气孔；有大冰裂纹；釉面有光泽。内壁釉有兔丝。圆唇，直口，直弧腹，矮圈足，挖足近肩，足壁外撇，圈足足心微下凸。口径13、底径4.8、高6.4厘米（图三三一，9）。

2007YY西ⅠT6③∶1（小口径），褐红胎，圈足露胎。器内外壁施釉，内壁为灰蓝釉，外壁为青釉，有冰裂纹，光泽度好。圆唇，微敛口，直弧腹，矮圈足，挖足近肩，足壁外撇，圈足足心下凸。口径11.8、底径4、高5.8厘米（图三三一，10；图版八二，6）。

Bc型　9件。敛口。依据器底形态变化，分为二式。

Ⅰ式　5件。深灰近紫胎。蓝釉带紫，有光泽。矮圈足，挖足近肩，足壁微外撇，圈足足心微凸近平。包括2007YY东T9H147∶1、2007YY东T12G3②∶5、2007YY东T13H153∶39、2007YY东T7H23∶3、2007YY东T10H36②∶1。

2007YY东T9H147∶1，深灰胎泛紫，圈足处外壁一层约2厘米厚烧成红色。除外壁圈足及近圈足处外，器内外壁通体施釉，釉层厚；釉色青中略泛蓝，内壁有一处紫红色窑变斑块；釉面有少量小气孔，有光泽。圆唇，敛口，直弧腹，矮圈足，挖足近肩，足壁外撇，圈足足心微凸。口径17.2、底径6.3、高8.1厘米（图三三一，11；图版八二，1）。

2007YY东T12G3②∶5，深灰近紫胎，露胎处表面有一薄层淡棕色护胎釉。除圈足足部外，器内外壁（包括器外底）通体施釉，釉层厚；釉灰蓝色；釉面有光泽。圆唇，敛口，直弧腹，矮圈足，挖足略过肩，足壁外撇，圈足足心微凸。口径20、底径6、高8.4厘米（图三三一，12）。

Ⅱ式　4件。灰胎或深灰泛紫胎，露胎处显褐色。蓝紫色釉，有光泽。矮圈足，挖足不过肩，足壁外撇，圈足足心下凸。包括2007YY西ⅠT17H310∶5（小口径）、2007YY东T9H197∶2、2007YY东T13H2∶2、2007YY东T13H2∶6。

2007YY东T9H197∶2，灰胎。除外壁圈足及近圈足处外，器内外壁通体施釉，釉层厚；釉蓝中泛紫，局部泛白；外壁有明显冰裂纹，内壁不显；釉面有较多小气孔，有光泽。圆唇，敛口，直弧腹，圈足很矮，挖足很浅，足壁宽厚，圈足足心下凸。口径10.6、底径4、高5厘米（图三三一，13；图版八二，5）。

2007YY西ⅠT17H310∶5（小口径），上部深灰胎，下部黄胎。除外壁圈足及近圈足处外，通体施釉，釉层厚；蓝釉，有大冰裂纹；釉面光洁莹润。圆唇，敛口，直弧腹，矮圈足，挖足不过肩，足壁外撇，圈足足心微凸。口径10.8、底径4.6、高5.8厘米（图三三一，14；图版八二，3）。

C型　4件。灰胎或淡黄胎，蓝釉或灰蓝釉，有光泽。筒形腹，矮圈足，挖足近肩，足壁外撇，圈足足心为平底。包括2006YY西ⅠT27H189：1、2006YY西ⅠT16H58：8、2007YY西ⅠT11H94：3、2007YY西ⅠT15H351③：9。

2006YY西ⅠT27H189：1，褐红胎。器内底及外壁下部露胎，余部施酱青釉，釉色豆青略偏黄夹少量紫蓝斑，有光泽，器表多棕眼。方圆唇，筒形腹、略深，矮圈足，挖足近肩，足壁外撇、略宽，圈足足心微凸近平。口径10.8、底径5.6、高6.4厘米（图三三一，15；图版七三，5）。

2007YY西ⅠT15H351③：9，深灰胎泛紫，露胎处表面褐色，胎有气孔。器内外壁上部施釉，釉层厚，釉层下缘积釉处极厚；蓝釉；釉面光洁莹润。圆唇，筒形腹，腹浅，矮圈足，挖足略过肩，足壁外撇、略宽，圈足足心为平底。口径10.4、底径6.2、高5.2厘米（图三三一，16；图版八三，4）。

2. 碟

27件。依据口部形态差异分为四型。

A型　13件。方唇或圆唇折沿，侈口微内收。依据胎釉及器底形态分为三式。

Ⅰ式　5件。深灰近紫胎。紫蓝釉，有光泽。矮圈足，挖足多过肩，足壁外撇，圈足足心为平底。包括2007YY西ⅠT2H327：1、2007YY西ⅠT6③：3、2007YY东T14H69：4、2007YY东T14④：6、2007YY东T15G3①：1。

2007YY东T15G3①：1，深灰近紫胎，露胎处表面褐色。除外壁圈足外，器内外壁通体施釉，釉层极厚；釉蓝色，局部泛紫，有大面积呈灰白色，内底有一处紫色窑变斑块；釉面未见气孔，但断面显示釉层中有较多小气泡；釉面有光泽。圆唇，仰折沿，侈口微内收，弧壁，矮圈足，挖足过肩，足壁微外撇，圈足足心为平底。口径12、底径5、高3.2厘米（图三三二，1）。

Ⅱ式　5件。黄胎或深灰泛紫胎。蓝紫釉或月白釉，光泽暗淡。矮圈足，挖足近肩，足壁略变宽、外撇，圈足足心近平微凸。包括2007YY西ⅠT6③：11、2007YY西ⅠT16③：1（图版五〇，1）、2007YY东T12H65①：5、2007YY东T13③：1、2007YY东T13H170：2。

2007YY东T12H65①：5，淡黄胎。器外壁上部及整个内壁施釉，釉层较厚；釉原应为蓝色泛紫，但因氧化呈灰白色；釉面已无光泽。方唇，仰沿，弧壁，矮圈足，挖足不过肩，足壁外撇、宽厚，足心近平微凸。口径10、底径6.1、高3厘米（图三三二，2）。

Ⅲ式　3件。深灰泛紫胎。紫蓝釉，光泽度有好有差。矮圈足，挖足过肩，足壁外撇，圈足足心锥形下凸。包括2006YY西ⅠT29H274：2、2007YY西ⅠT1①：7、2007YY东T3⑫：5。

2006YY西ⅠT29H274：2，红褐色胎，圈足及外壁下部近圈足处露胎。器内壁及外壁上部施灰蓝釉，内壁有紫色窑变，外壁夹月白色斑，有光泽。圆唇，仰沿，弧壁，矮圈足，挖足

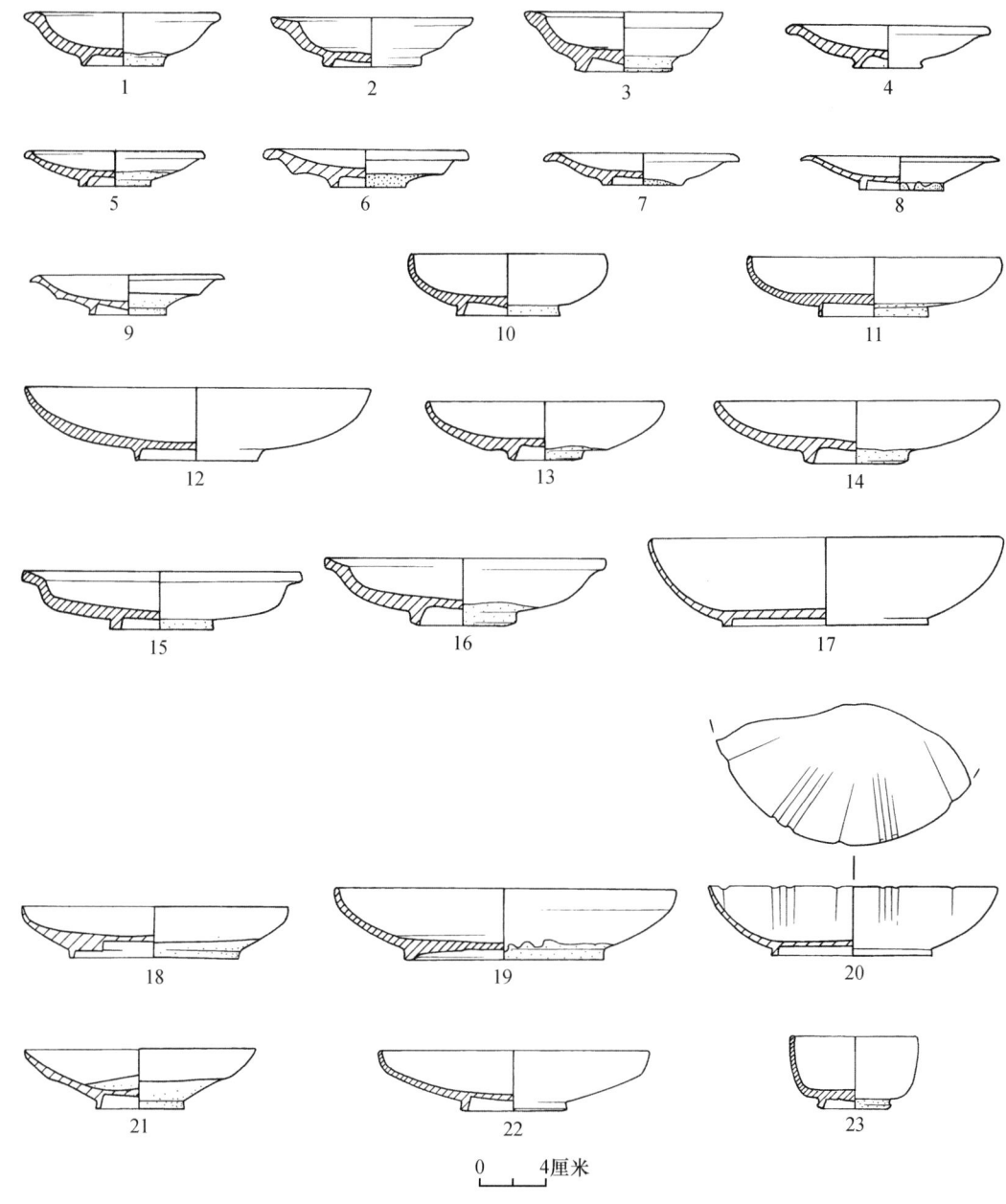

图三三二 钧釉瓷碟、盘、杯

1. A型Ⅰ式碟（2007YY东T15G3①∶1） 2. A型Ⅱ式碟（2007YY东T12H65①∶5） 3. A型Ⅲ式碟（2006YY西ⅠT29H274∶2） 4. Ba型Ⅰ式碟（2007YY西ⅠT11③∶3） 5. Ba型Ⅱ式碟（2007YY东T13H134∶1） 6. Bb型碟（2007YY东T13H153∶6） 7. Ca型Ⅰ式碟（2007YY东T6G3∶3） 8. Ca型Ⅱ式碟（2007YY西ⅠT5④∶13） 9. Cb型碟（2007YY西ⅠT17H340∶1） 10. D型碟（2007YY东T9H197∶13） 11. Aa型盘（2007YY西ⅠT15H351③∶7） 12. Ab型Ⅰ式盘（2007YY西ⅠT20H151②∶10） 13. Ab型Ⅱ式盘（2007YY东T13H153∶12） 14. Ab型Ⅲ式盘（2006YY西ⅠT16H58∶7） 15. Ac型Ⅰ式盘（2006YY西ⅠT6②∶1） 16. Ac型Ⅱ式盘（2006YY西ⅠT27H180∶8） 17. Ba型Ⅰ式盘（2007YY西ⅠT19H183∶13） 18、19. Ba型Ⅱ式盘（2006YY西ⅠT26②∶3、2007YY东T14H69∶9） 20. Bb型盘（2007YY东T10J5∶46） 21. Ca型盘（2007YY东T14H69∶2） 22. Cb型盘（2007YY东T10⑤∶3） 23. 杯（2007YY东T7H124∶7）

过肩，足壁外撇、宽厚，足心明显下凸。口径12.1、底径6、高3.6厘米（图三三二，3；图版八三，5、6）。

B型　6件。厚圆唇外凸，侈口。依据器壁形态分为二亚型。

Ba型　4件。弧壁。依据胎釉差异分为二式。

Ⅰ式　3件。蓝釉或月白釉偏黄，施满釉，足底施护胎釉，光泽度一般。矮圈足，挖足略过肩，足壁外撇，圈足足心近平微凸。包括2006YY西ⅠT24②：1、2006YY西ⅠT26③：7（月白釉）、2007YY西ⅠT11③：3。

2007YY西ⅠT11③：3，瓷碟。褐黄胎，圈足足底施褐色护胎釉。器内外壁施满釉，釉色灰蓝，有光泽，有小冰裂纹。厚圆唇外凸，侈口外放，弧壁，矮圈足，挖足过肩，足壁外撇，圈足足心近平，因积釉而微下凸。口径12.6、底径4.4、高2.5厘米（图三三二，4）。

Ⅱ式　1件。黄胎。蓝紫釉，有光泽，近圈足处露胎。矮圈足，挖足过肩，足壁微外撇，圈足足心近平微凸。

2007YY东T13H134：1，上部深灰胎泛紫，下部淡黄胎，露胎处表面淡褐色。器外壁上部及整个内壁通体施釉，釉层厚；釉蓝色略泛灰；釉面有光泽。厚圆唇外凸，侈口外放，弧壁，矮圈足，挖足过肩，足壁外撇，圈足为修复。口径11、底径4.4、高2.2厘米（图三三二，5）。

Bb型　2件。折壁。淡黄胎，紫蓝釉，有光泽。矮圈足，挖足略过肩，足壁微外撇，足心为平底。包括2007YY西ⅠT6③：18、2007YY东T13H153：6。

2007YY东T13H153：6，淡黄胎。器外壁上部及整个内壁通体施釉，釉层厚，外壁有积釉；釉蓝色略泛灰；釉面有光泽。厚圆唇外凸，侈口外放，折壁，矮圈足，挖足过肩，足壁近直，圈足足心近平微凸。口径12.6、底径4.4、高2.3厘米（图三三二，6；图版八四，2）。

C型　7件。尖圆唇外凸，侈口。依据器壁形态分为二亚型。

Ca型　6件。弧壁。依据器底形态分为二式。

Ⅰ式　3件。灰胎或深灰泛紫胎。蓝釉，有光泽，施满釉，足底施护胎釉。矮圈足，挖足过肩，足壁窄、微外撇，圈足足心为平底。包括2007YY西ⅠT17H292：1、2007YY东T6H85：1、2007YY东T6G3：3。

2007YY东T6G3：3，深灰近紫胎，露胎处表面施淡褐色护胎釉。除圈足足壁外，器内外壁（包括外底）通体施釉，釉层厚；蓝釉，釉面未见气孔，但断面显示釉层中有大量气泡；釉面有光泽。尖圆唇外凸，侈口，弧壁，矮圈足，挖足过肩，足壁近直、略宽，圈足足心近平微凸。口径12、底径4.8、高1.9厘米（图三三二，7）。

Ⅱ式　3件。灰胎或深灰泛紫胎。蓝釉泛灰，光泽暗淡，近圈足处露胎。矮圈足，挖足过肩，足内壁微斜，圈足足心微凸近平。包括2006YY西ⅠT25H234：1、2007YY西ⅠT5④：13、2007YY西ⅠT18③：19。

2007YY西ⅠT5④：13，深灰近紫胎，圈足底露胎处表面施一薄层褐色护胎釉，无光泽。除圈足外，器内外壁通体施釉，釉层较厚；釉外壁青灰色，内壁蓝灰色有紫斑；釉面无光泽。尖圆唇外凸，侈口，弧壁，矮圈足，挖足过肩，足壁微撇，圈足足心微凸。口径14.2、底径

5.2、高2.1厘米（图三三二，8）。

Cb型　1件。折壁。

2007YY西ⅠT17H340∶1，深灰胎泛紫，露胎处表面浅褐色。器外壁上部及内壁通体施釉，釉层较厚，外壁有积釉；釉蓝色，隐隐有紫色窑变；釉面有光泽。尖圆唇外凸，侈口，折壁，矮圈足，挖足过肩，足壁外撇，圈足足心下凸。口径12、底径4.8、高2.4厘米（图三三二，9）。

D型　1件。圆唇，无沿，敛口。

2007YY东T9H197∶13，深灰近紫胎，圈足外壁半层橙黄色。除外壁圈足外，器内外壁通体施釉，釉层厚；蓝釉，外壁釉色略泛紫；釉面偶见气孔，有光泽。圆唇，微敛口，圆弧壁，矮圈足，挖足过肩，足壁外撇，圈足足心为一小凸点。口径11.8、底径6.4、高3.7厘米（图三三二，10；图版八四，1）。

3. 盘

26件。依据器壁及圈足形态将其分为三型。

A型　13件。圆弧壁，小圈足（足径约等于三分之一口径）。依据口部形态差异分为三亚型。

Aa型　3件。深灰胎或深灰泛紫胎。蓝釉或月白釉偏黄，有光泽，近圈足处露胎。圆唇，直口微内敛，无沿，圆弧壁，矮圈足，挖足略过肩，足壁微外撇，圈足足心为平底。包括2007YY西ⅠT4H25∶3、2007YY西ⅠT15H351③∶7、2007YY西ⅠT17H338∶3。

2007YY西ⅠT15H351③∶7，深灰胎，胎有气孔。除外壁圈足及近圈足处外，通体施釉，釉层极厚；蓝釉，有大冰裂纹，内壁残存一处紫色窑变；釉面光洁莹润。圆唇，直口，圆弧壁，圈足不高，足径小，挖足略过肩，足壁微撇，圈足足心为平底。口径15.6、底径6.8、高3.6厘米（图三三二，11；图版八四，4）。

Ab型　6件。圆唇，侈口微收，无沿。依据胎釉及器底形态变化分为三式。

Ⅰ式　2件。灰胎或深灰胎。蓝釉，有光泽，施满釉，足底施护胎釉。矮圈足，挖足近肩，足壁截面略成"尖锥"状，圈足足心为平底。包括2007YY西ⅠT19H328∶21、2007YY西ⅠT20H151②∶10。

2007YY西ⅠT20H151②∶10，深灰胎。器内外壁通体施釉（外壁圈足底大部分有釉，局部无釉，此处釉层极薄，可能因长期摩擦而掉落），釉层厚，局部极厚；釉蓝色，有大冰裂纹；釉面有光泽。圆唇，侈口微收，圆弧壁，矮圈足，挖足近肩，足壁窄、截面略成"尖锥"状，圈足足心为平底。口径21.2、底径7.4、高2.4厘米（图三三二，12；图版八四，6）。

Ⅱ式　2件。深灰泛紫胎。蓝釉偏灰暗，有光泽。矮圈足，挖足过肩，足壁外撇，圈足足心为平底。包括2006YY西ⅠT27H173②∶3、2007YY东T13H153∶12。

2007YY东T13H153∶12，上部灰胎，下部淡黄胎。除器外壁圈足及近圈足处外，器内外壁通体施釉，釉层厚；内壁蓝釉，外壁青釉泛蓝；釉面有较密集的小气孔，有大冰裂纹；釉面光泽度好。圆唇，侈口微收，圆弧壁，矮圈足，挖足过肩，足内壁外撇，圈足足心为平底。口径14.2、底径4.4、高3.5厘米（图三三二，13）。

Ⅲ式　2件。深灰泛紫胎，露胎处显褐色。蓝釉偏灰，光泽暗淡。矮圈足，挖足过肩，足壁外撇，圈足足心平底微凸。包括2006YY西ⅠT16H58∶7、2007YY东T10J5∶36。

2006YY西ⅠT16H58∶7，深灰泛紫胎，足底施褐色护胎釉。器内外壁施青釉，内壁青釉泛蓝夹米色斑，有光泽。圆唇，侈口微收，圆弧壁，矮圈足，挖足略过肩，足内壁外撇，圈足足心平底微凸。口径17.4、底径6.5、高3.8厘米（图三三二，14）。

Ac型　4件。方唇，仰折沿，侈口微收。依据胎釉及器底形态变化分为二式。

Ⅰ式　1件。露胎处为深褐色。蓝釉，有光泽。矮圈足，挖足略过肩，足壁不宽，圈足足心为平底。

2006YY西ⅠT6②∶1，深灰近紫胎，仅足底露胎，足底施褐色护胎釉。器内外壁及器底施满釉，釉天蓝色，内壁有块状紫色窑变，有光泽。方唇，仰折沿，侈口微收，圆弧壁，矮圈足，挖足近肩，足壁微撇、不宽，圈足足心为平底。口径17.2、底径6.4、高3.5厘米（图三三二，15；图版八四，3）。

Ⅱ式　3件。深灰泛紫胎，露胎处显深褐色。蓝釉偏灰，光泽度下降。矮圈足，挖足过肩，足壁略变宽、外撇，圈足足心微下凸。包括2006YY西ⅠT27H180∶8、2006YY西ⅠT16H96∶1、2007YY东T10H114∶1。

2006YY西ⅠT27H180∶8，黄褐胎，圈足及近圈足处露胎。器内壁及外壁上部施淡蓝釉，釉厚，光泽度好。方圆唇，仰折沿，侈口微收，圆弧壁，矮圈足，挖足过肩，足壁微撇、不宽，圈足足心微凸近平。口径17.2、底径6.4、高4厘米（图三三二，16）。

B型　7件。圆弧壁，大圈足（足径大于二分之一口径）。依据口部形态差异分为二亚型。

Ba型　6件。圆唇，侈口微内收。依据胎釉及器底形态变化，分为二式。

Ⅰ式　2件。黄灰胎。蓝釉，有光泽。矮圈足，挖足不一定过肩，足壁窄直，圈足足心为平底。包括2007YY西ⅠT19H183∶13、2007YY西ⅠT19H183∶14。

2007YY西ⅠT19H183∶13，深灰胎泛紫，有气孔，露胎处表面灰色。除器外底外，器内外壁通体施釉，釉层上部较厚，下部厚；釉蓝中泛灰，釉面有较多的小气孔；釉面有光泽。圆唇，侈口微内收，圆弧壁，矮圈足，足径大，挖足很浅，足壁近直，圈足足心为平底。口径21.6、底径12.8、高5.2厘米（图三三二，17；图版八四，5）。

Ⅱ式　4件。黄褐胎或深灰泛紫胎。蓝釉偏灰，有光泽。矮圈足，挖足略过肩，足壁变宽、多呈"阶梯状"，圈足足心近平微凸。包括2006YY西ⅠT26②∶3、2007YY西ⅠT1H4∶1、2007YY东T7H112②∶2、2007YY东T14H69∶9。

2006YY西ⅠT26②∶3，深灰胎泛紫，器外壁下部露胎处有褐色护胎釉，略有光泽。器外壁上部及整个内壁施釉，釉层内壁极厚，外壁厚。釉蓝色，外壁泛灰白；釉面有光泽。圆唇，侈口微内收，圆弧壁，矮圈足，足径大，足内壁成台阶状，圈足足心为平底。口径16.2、底径10.3、高3.1厘米（图三三二，18）。

2007YY东T14H69：9，深灰胎泛紫，有气孔，露胎处表面淡褐色。除外壁圈足及近圈足处外，器内外壁通体施釉，釉层厚；釉蓝色泛灰，内外壁上部釉面有密集的小气孔；隐隐有大冰裂纹；釉面有光泽；内壁有两处紫色窑变。圆唇，侈口微内收，圆弧壁，矮圈足，足径大，挖足很浅，圈足足心因挖足内凹。口径20.8、底径12.2、高4.4厘米（图三三二，19）。

Bb型　1件。圆唇，侈口微内收，花口。

2007YY东T10J5：46，灰胎。除外壁圈足底部外，器内外壁及圈足通体施釉，盘壁釉层较薄，盘底釉层厚，其中内壁盘底釉层可达0.3厘米；盘壁釉层较薄，故映出胎色，釉色淡茶色，盘底釉蓝色；釉面有较多的小气孔，有冰裂纹；釉面有光泽。圆唇，侈口微内收，花口，圆弧壁，矮圈足，挖足过肩，足壁窄直，足心为平底。口径18、底径10、高4.2厘米（图三三二，20）。

C型　6件。直壁或直弧壁，小圈足（足径约等于三分之一口径）。依据口部形态差异分为二亚型。

Ca型　3件。深灰泛紫胎。蓝釉略偏灰，有光泽，内壁中心无釉，亦不施化妆土。侈口，折沿，斜直腹。圈足有一定高度，挖足过肩，足壁外撇，圈足足心为平底。包括2007YY东T11J6：4、2007YY东T14④：7、2007YY东T14H69：2。

2007YY东T14H69：2，上部深灰胎泛紫，下部橙黄胎，露胎处表面淡黄色。器内外壁上部施釉，釉层较厚，下部有积釉；釉蓝灰色，表面有密集的小气孔；釉面有光泽。尖圆唇，竖折沿，侈口，直弧壁，圈足有一定高度，挖足过肩，足壁外撇，圈足足心为平底。口径14.2、底径5.4、高3.6厘米（图三三二，21）。

Cb型　3件。灰胎或深灰泛紫胎。蓝釉略偏灰，有光泽，内壁施满釉，外壁近圈足处露胎。敛口，外壁圆弧，内壁有折痕，斜直斜。矮圈足，挖足过肩，足壁外撇，圈足足心为平底。包括2007YY东T1H43：1、2007YY东T10⑤：3、2007YY西ⅠT16③：3。

2007YY东T10⑤：3，褐黄胎，足底露胎，表面施少量护胎釉。器内外壁施釉，内壁釉色为麻灰色，可见蚯蚓纹；外壁近圈足处为蓝灰釉，其余大部为麻灰釉，积釉处为蓝色并夹杂紫色斑，有光泽。圆唇，敛口，斜直壁，矮圈足，挖足过肩，足壁微外撇，圈足足心为平底。口径16.4、底径6.6、高3.6厘米（图三三二，22）。

4. 杯

3件。黄胎，月白釉偏黄夹蓝色兔丝，光泽暗淡。圆唇，直口或微敛口，筒形腹。矮圈足，挖足近肩，足壁微外撇，圈足足心为平底。包括2007YY东T7H124：7、2007YY东T11④：1、2007YY东T13J2：2。

2007YY东T7H124：7，橙黄胎，圈足露胎。器内外壁施麻黄色釉，多处可见白色蚯蚓纹，外壁有一处紫色窑变，有光泽。圆唇，微敛口，筒形腹，矮圈足，挖足近肩，足壁外撇，圈足足心微凸近平。口径7.8、底径4.4、高4.4厘米（图三三二，23）。

5. 梅瓶

1件。

2006YY西ⅠT8M1∶5，内外壁施满釉，未露胎，足底施黄褐色护胎釉。通体施钧釉，釉色灰蓝，夹紫色斑块，釉层有一定厚度，可见大量气泡。圆唇，唇缘略外凸，小口，束短颈，溜肩，下腹部内收，最大腹径在上腹部，矮圈足，足壁厚，圈足底微凸近平，足底中心有一小圆凸。高35.2厘米（图三三三；图版六三，2）。

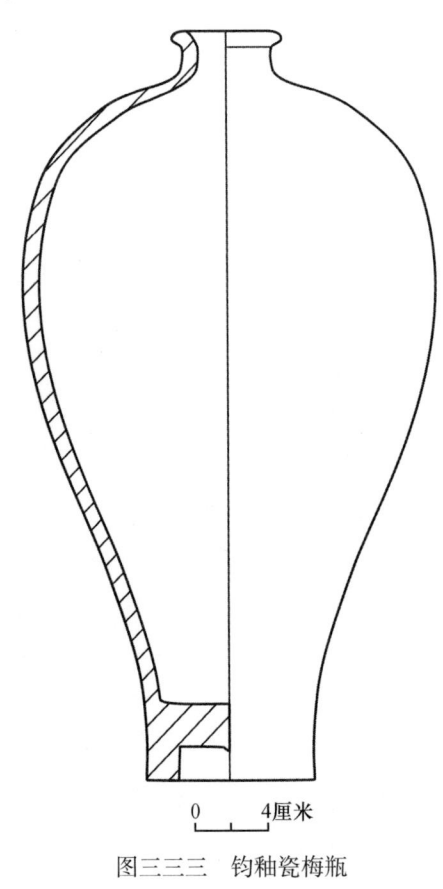

图三三三　钧釉瓷梅瓶
2006YY西ⅠT8M1∶5

五、素　烧　器

素烧器实际是一种瓷器半成品，是陶胎经过了高温烧制，但未经上釉的一类器物。素烧器在本遗址中数量很少，一共仅5件，占出土瓷容器总数的0.41%。

1. 盏

1件。

2007YY东T10J5∶4，淡黄胎，露胎处表面局部红褐色。口部及内壁施一层白色化妆土略厚，表面看不到釉的痕迹，素烧。方唇，侈口内收，弧壁，矮圈足，挖足浅、不过肩，足壁宽厚、外撇，足心下凸。口径9.6、底径4、高3厘米（图三三四，1）。

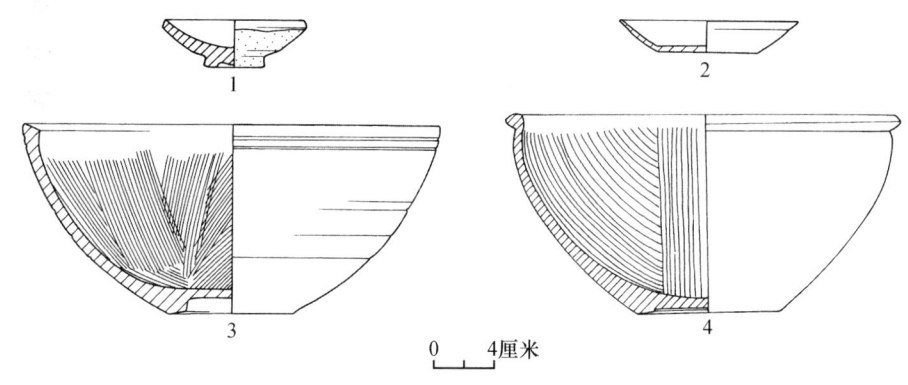

图三三四　素烧瓷器

1.盏（2007YY东T10J5∶4）　2.碟（2007YY西ⅠT15H371∶1）　3.A型刻槽盆（2007YY东T13H133∶1）
4.B型刻槽盆（2007YY西ⅠT19H328∶6）

2. 碟

2件。

2007YY西ⅠT15H371∶1，黄灰胎，无釉素烧。口径12、底径6.7、高2.1厘米（图三三四，2；图版三一，3）。

2007YY东T15H164∶1，灰胎，无釉素烧。口径17.2、底径11、高2.4厘米。

3. 刻槽盆

2件。依据口部形态差异，分为二型。

A型　1件。方唇。

2007YY东T13H133∶1，灰胎。不施釉。内壁及口部施一层白色化妆土略厚。内壁有纵向刻槽。厚方唇，微敛口，弧壁，腹深，矮圈足，挖足不深，足内壁直，足壁宽厚，圈足足心为平底。口径26.8、底径8.2、高12.2厘米（图三三四，3）。

B型　1件。圆唇外凸。

2007YY西ⅠT19H328∶6，灰胎。无釉。口沿及内壁施一层薄薄的白色化妆土。内壁密布纵向刻槽，分为六组。圆唇外凸，卷沿，近直口，弧壁，腹深，卧足，足壁宽厚。口径26.4、底径9.6、高12.8厘米（图三三四，4；图版三一，4、5）。

第二节 俑

29件。包括人俑与动物俑。

一、人　　俑

20件。包括立姿俑、坐姿俑、姿势不明俑、人俑头。

1. 立姿俑

4件。

2007YY西ⅠT21H151：13，瓷女立俑。圆脸，脸颊嘟胖，圆额，头顶梳扁平双髻，两髻之间系一环带。双眉黑彩脱落，小眼睛，睛残存黑彩痕迹，鼻残，小圆嘴，双下巴。短颈，溜肩，右小臂抬置胸前，左臂垂于身侧。身着交领衣裙，胸前系上中下三个蝴蝶结。双腿并立，膝盖处系一蝴蝶结，两脚并拢。先上化妆土，再施釉，已脱落。发髻、眼原有彩，已脱落。俑身两侧范线痕迹明显。高10.8厘米，头长2.7、宽2.5厘米，肩宽3.4厘米，身宽3.8厘米，脚长1.4、宽0.7厘米（图三三五，1；图版九〇，4~6；图版九一，1）。

2007YY西ⅠT21H151：11，瓷女立俑。圆脸，脸颊嘟胖，圆额，头顶梳扁平双髻，两髻之间系一环带。弯眉黑彩脱落，眼睛残存黑彩痕迹，鼻微残，小圆嘴，双下巴。短颈，溜肩，右小臂抬置胸前，左臂垂于身侧。身着交领衣裙，胸前系上中下三个蝴蝶结。双腿并立，膝盖处系一蝴蝶结，两脚并拢。先上化妆土，再施透明釉。化妆土开裂，釉已脱落。发髻、眉、眼原有彩，已脱落。俑身两侧范线痕迹明显。高10.5厘米，头长2.7、宽2.5厘米，肩宽3厘米，身宽3.5厘米，脚长1.5、宽0.8厘米（图三三五，2；图版九〇，1~3；图版九一，1）。

2006YY西ⅠT2H27：3，瓷人俑，仅存台座残片。浅红黄色胎。先上化妆土，再施透明釉，已脱落。残长3.1、台高1.9、残宽2.3厘米。

2006YY西ⅠT15②：2，瓷人俑，残。两手交叉相握，放于身前。灰白色胎。先施褐彩以示手指及衣袖，再上透明釉。残长3.2、宽2.5、厚0.63厘米。

2. 坐姿俑

5件。

2006YY西ⅠT25③：1，瓷人俑，内空。头残，双臂曲于胸前，双手共持一物。双腿盘曲，呈坐姿状。土黄色胎，开裂。先上化妆土，再施透明釉，已脱落。俑身两侧范线痕迹明显。残高7.6、肩宽3.4、身宽（不含双臂）2.6厘米（图三三五，3；图版八九，5，6）。

2007YY西ⅠT1①：2，瓷坐俑，内空。头残，身着对襟长衫，宽褶袖，双手放于身前，

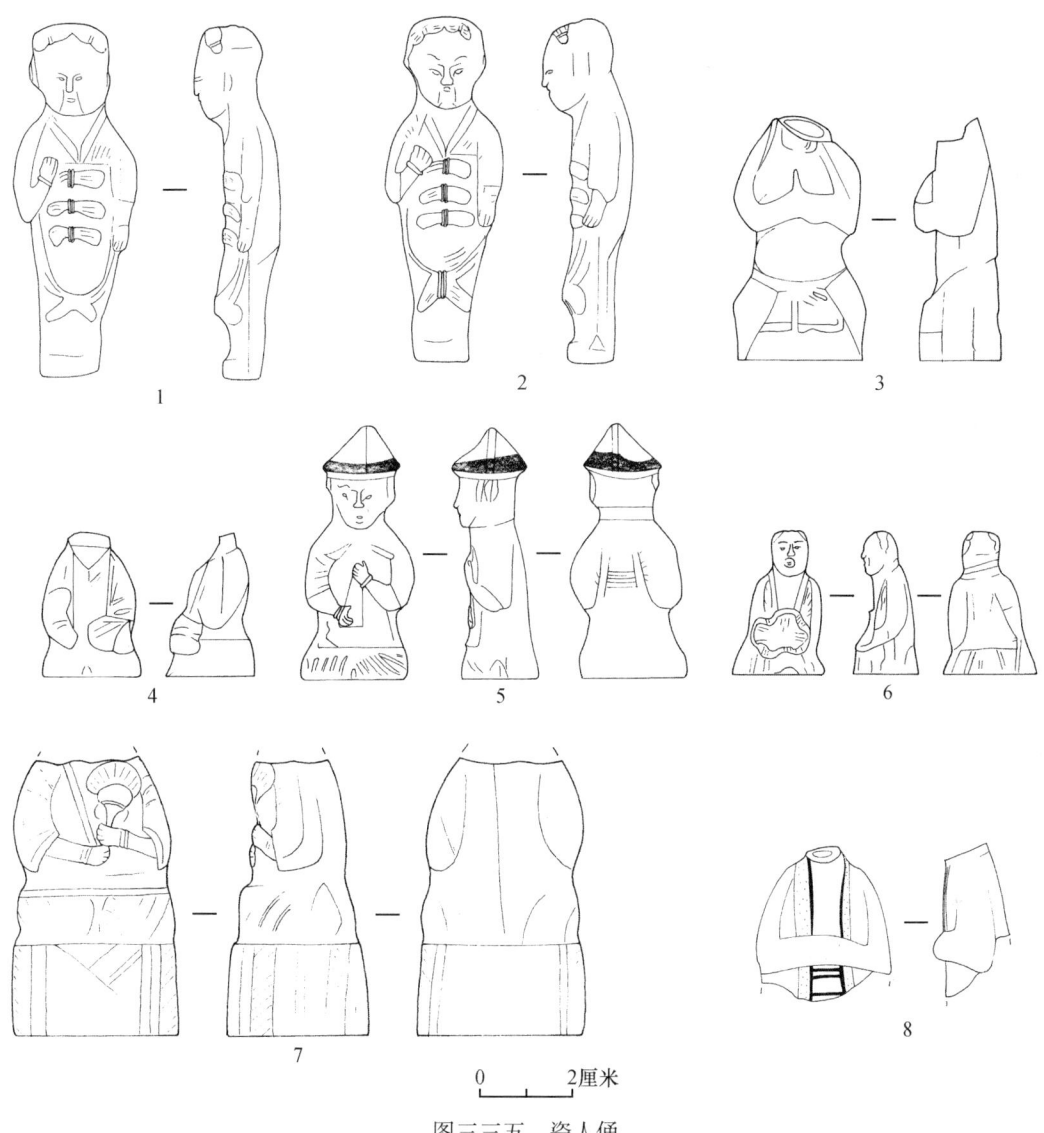

图三三五 瓷人俑

1、2. 立姿俑（2007YY西ⅠT21H151∶13、2007YY西ⅠT21H151∶11） 3～7. 坐姿俑（2006YY西ⅠT25③∶1、2007YY西ⅠT1①∶2、2006YY西ⅠT7H44∶1、2006YY西ⅠT14②∶1、2006YY西ⅠT2H27∶2） 8. 姿势不明俑（2007YY西ⅠT20H151②∶3）

左小臂挎一物，呈坐姿状，腿、臀不外露。浅红黄色胎。先上化妆土，再施透明釉。化妆土开裂，釉已脱落。残高4.3、颈宽1.3、肩宽2.2、身宽（不含双臂）1.8厘米（图三三五，4；图版九一，2）。

2006YY西ⅠT7H44∶1，瓷男坐俑。蛾眉，残存黑彩痕迹；小椭圆形眼睛，残存黑彩痕迹；矮鼻梁；小嘴微张；双下巴。头戴瓦楞帽，四面饰云纹，两侧帽缨系于耳前。身着长袍，腰后系宽带。两臂曲于胸前，双手持一竖长方形物体，左手在上，右手在下。双腿盘曲，呈坐姿状。浅黄色胎。先上化妆土，再施透明釉，已脱落。帽下部分，眉、眼及脚残留釉彩痕迹。

长7.7厘米，帽高1.5、宽2.3厘米，脸长1.7、宽1.1厘米，肩宽2.6厘米，身宽（含双臂）3.5厘米（图三三五，5；图版八九，1～4）。

2006YY西ⅠT14②：1，瓷男坐俑，内空。弯眉，圆眼，高鼻，微残，嘴微张，小半个耳朵被头发遮住了。内着圆领衫，外着对襟长袍。双手持捧一物于身前。人为坐姿状。浅黄色胎。先上化妆土，再施透明釉，已脱落。眉、眼、鼻残存黑彩痕迹。高4.4厘米，头长1.5、宽1.3厘米，肩宽2厘米，身宽2.4厘米（图三三五，6；图版八八，5、6）。

2006YY西ⅠT2H27：2，瓷坐俑，内空。头残，身着交领长衫，宽褶袖，两臂曲于胸前，手持一蒲扇，左手在上，右手在下，手腕各戴两个钏。坐于一圆柱形台座上，双腿呈交叉状。浅红黄色胎。先上化妆土，再施透明釉，已脱落。残长4.7、身宽3.1厘米（图三三五，7；图版八八，2～4）。

3. 姿势不明俑

2件。

2007YY西ⅠT20H151②：3，瓷人俑。头残，溜肩，内着交领左衽衣，衽残留红彩，系黑色腰带，外着黑色对襟长衫，对襟外缘饰绿彩，长衫残留红彩，袖手。浅黄色胎。先上化妆土，再施透明釉，再施黑彩、绿彩，绿彩部分脱落。残长4.8、颈宽1.5、肩宽3.2、身宽4.3厘米（图三三五，8；图版九二，5、6）。

2007YY东T6L1②：5，瓷孩俑。中间部分凸雕一孩童，头梳黑色总角，黑色短粗眉，黑色近椭圆形眼，鼻、嘴均残。孩童被其后的一人抱在怀里，此人残。孩童右臂搭在此人手外，孩童左臂残。浅灰色胎。先施化妆土，再上黑彩，最后施透明釉。残长3.6、残宽3、厚0.79厘米。

4. 人俑头

9件。俑身已失，残存俑头。可辨男女性别不同。

（1）女俑

6件。

2007YY西ⅠT9J7：22，瓷女俑，仅存俑头。圆脸，脸颊嘟胖，方额，头两侧梳双髻，从头顶至后脑勺绑一圈发带。双眉黑彩脱落，残存眼眶，睛黑彩脱落，高鼻梁、残，小嘴微张，双下巴。浅红黄色胎。先上化妆土，再施透明釉，已脱落。头长2.2、宽2.1厘米（图三三六，1；图版九二，4）。

2006YY西ⅠT19②：1，瓷女俑，仅存俑头。头梳双髻，弯月形黑色双眉，上眼睑饰黑彩以示眼线，黑色圆睛，鼻子微变形，小嘴微张。浅黄色胎。先上化妆土，再施透明釉，最后施黑彩。头长3.1、宽2.6厘米（图三三六，2；图版九一，3）。

2006YY西ⅠT20②：6，瓷女俑，仅存俑头。梳高髻，额发盘成朵云之状，髻上戴白色团冠。黑色蛾眉，外眼角下垂，上眼睑饰黑彩以示眼线，黑色圆睛，矮鼻梁，小圆嘴。浅红黄色

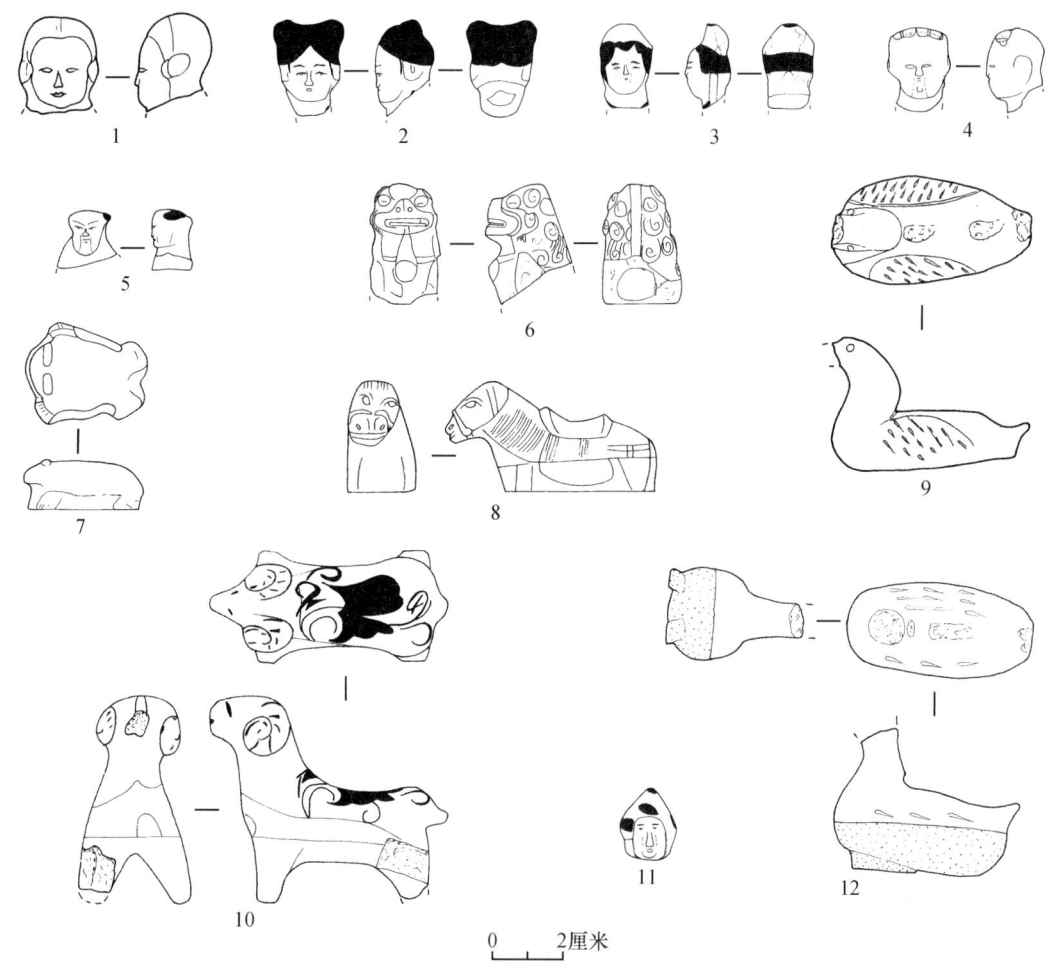

图三三六 瓷人俑头、动物俑

1~4. 女俑头（2007YY西ⅠT9J7：22、2006YY西ⅠT19②：1、2006YY西ⅠT20②：6、2007YY东T15H204：1） 5、11. 男俑头（2006YY西ⅠT15②：1、2007YY东T6L1②：2） 6. 狮俑（2007YY西ⅠT9J7：21） 7. 蛙俑（2006YY西ⅠH168：3） 8. 马俑（2006YY西ⅠH168：4） 9、12. 鸭俑（2007YY西ⅠT6③：4、2006YY西ⅠT16H95：2） 10. 羊俑（2007YY西ⅠT8H35：4）

胎。先上化妆土，再施黑彩，已氧化，最后上透明釉。残长3.1、宽2.2厘米（图三三六，3；图版九一，5）。

2007YY东T15H204：1，瓷女俑，仅存俑头。圆脸，脸颊嘟胖，宽额，头顶梳扁平双髻，两髻之间系一环带，两髻外侧各系一环带。双眉黑彩脱落，眼窝较深，圆睛，残存黑彩痕迹，高鼻梁、微残，小圆嘴微张，双下巴。浅红黄色胎。先上化妆土，再施透明釉，已脱落。残长3.4、头长2.7、宽2.4厘米（图三三六，4；图版九二，3）。

2007YY东T4H60：1，瓷女俑，仅存俑头。圆脸，黑粗眉，黑双眼，矮鼻，嘴以黑彩表示，圆下巴。黑发，左斜刘海。土黄色胎。先上化妆土，再施黑彩、绿彩，黑彩氧化，最后上透明釉。头残长1.8、宽1.5、残厚1厘米（图版九一，6）。

2006YY西ⅠT10H13：3，瓷女俑，仅存俑头残片。梳高髻，额发盘成朵云之状，髻上戴绿色团冠。一字眉，近椭圆形眼，黑睛，余部皆残。浅灰色胎。先上化妆土，再施黑彩，最后上透明釉。残长1.9、头长1.3、宽1.6厘米。

（2）男俑

3件。

2006YY西ⅠT15②：1，瓷男俑，仅存俑头。头梳黑色总角。黑色双眉呈倒八字，眼睛略向上斜，眼窝较明显，上眼睑饰黑彩以示眼线，黑色圆睛，鼻梁较矮，施黑彩以示嘴、微弧，嘴角微上扬，下有一字短胡，双下巴。一圆孔纵向贯穿头部。浅灰色胎。先上化妆土，再施黑彩，最后上透明釉。残长3.7厘米（图三三六，5；图版九一，4）。

2007YY东T6L1②：2，瓷男俑，仅存俑头。一字形黑粗眉，黑双眼，矮鼻梁，一字形嘴，双下巴。浅灰色胎。先上化妆土，再施透明釉，最后上黑彩。残长2.9、厚0.8厘米，脸长1.9、宽1.4厘米，帽高1、宽2.1厘米（图三三六，11；图版九二，1）。

2007YY东T11③：6，瓷男俑，仅存俑头。圆脸，弯眉，残存黑彩痕迹，弯月形双眼，圆睛黑彩脱落，鼻残，张嘴状，下巴嘟胖。头戴瓦楞帽，四面饰云纹，两侧帽缨系于耳前。浅红黄色胎。先上化妆土，再施透明釉，已脱落。残长3.8厘米，脸长2、宽1.5厘米，帽高2.3、宽2.7厘米（图版九二，2）。

二、动 物 俑

9件。包括马俑、羊俑、猴俑、狮俑、蛙俑、鸭俑等。

1. 马俑

2件。

2006YY西ⅠT21H168：4，内空。马头微侧，圆眼，宽鼻，嘴微张，带辔头。鬃毛细长浓密。背部带鞍，两侧有障泥，后系鞯带。马尾下垂。四肢弯曲着地，马作匍卧状。土黄色胎，较粗糙。先以黑彩彩绘，再施透明釉。下半身素胎。长8.7、高4.5厘米，头长3.6、宽1.9厘米，身长6.3、宽2.3厘米（图三三六，8；图版九三，2）。

2007YY东T6L1②：1，圆臀。两后腿微曲，施褐彩以示尾巴。前腿残存一半。余部皆残、不存。马立于一块底板上，底板椭圆形，内凹。浅灰色胎，较致密，内施透明釉；外先上化妆土，再施透明釉。高5.1、底板长6.1、最大宽3厘米。

2. 羊俑

1件。

2007YY西ⅠT8H35：4，绵羊。短头，微扬。卷角，饰黑彩以示其纹路。脸上有两黑彩短线，以示眼睛。口残。颈较粗。羊身中间略窄，背部施褐彩，有支钉痕迹。短尾，微翘。仅残存左前腿，棱柱状，由粗变细，余腿皆残。土黄偏红胎，较粗糙。身部以上（包括身部）先上化妆土，再施黑彩，从前胸围绕羊身不施化妆土，直接施褐彩，最后上透明釉。腿及腹未作装饰。长6.4、高5.8厘米，头长2.3、宽2.2厘米，身长5.3、宽1.9～2.6厘米，左前腿长2.1、宽0.7～1.1厘米，尾长0.4、宽0.2～2.1厘米（图三三六，10）。

3. 猴俑

1件。

2007YY西ⅠT5H215：2，残。小圆眼，内凹，宽嘴微张，两圆耳向下耷拉。似为坐姿状。灰胎。先上化妆土，再在头部饰黑釉，余部不施釉。高3.2、头长1.4、宽1.9厘米（图版九四，1）。

4. 狮俑

1件。

2007YY西ⅠT9J7：21，残存头与肩，内空。宽脸，圆鼓眼，微眯状，鼻骨较长，鼻翼较大，小圆形鼻孔，宽嘴微张，短圆耳。从头到肩分布着浓密的圈状鬃毛。土黄色胎，含有较多气孔。残高4.3厘米，脸长2.8、宽2.5厘米（图三三六，6；图版九三，3、4）。

5. 蛙俑

1件。

2006YY西ⅠT21H168：3，内空。蛙作趴卧状，两眼向外凸，身宽逐渐变细。浅灰偏白胎。先上化妆土，再施黑釉，化妆土裂开，釉部分脱落。长4.9、高1.8厘米，头长1.1、宽2.2厘米，身长3.1、宽1.5～2.4厘米（图三三六，7；图版九三，1）。

6. 鸭俑

3件。

2007YY西ⅠT6③：4，内空。小圆眼，镂空，不穿；嘴残；短粗颈；扁形身，逐渐变窄，背上有残断的痕迹；两翼刻羽毛，纵向分布；尾上翘，残。作游浮状。土红色胎，较粗糙。通身（除底部）施红褐釉，光泽暗淡。长5.1、高3.6厘米，头长0.9、宽0.9厘米，身长5.1、宽1.2～2.6厘米（图三三六，9；图版九三，5）。

2006YY西ⅠT16H95：2，头残，颈部及背部有残断的痕迹，椭圆形身，羽毛横向分布，尾上翘，微残。两腿弯曲平置，似作游浮状。浅灰色胎。先绘黑彩纹饰，再施透明釉，下腹部及腿部仅素胎（图三三六，12；图版九三，6）。

2006YY西ⅠT20②：16，兽足。白胎，胎质细密紧致。腿施透明釉，蹄施黑釉。长3.7、宽0.7厘米。

第三节 其他瓷器

285件。包括围棋子、象棋子、骰子、枕（残片）、饼、球、算珠、饰件等。

一、围　棋　子

197件。圆饼形，面、背往往微凹。有黑、白、灰三种色泽。

1. 黑围棋子

44件。

2007YY西ⅠT20H151：24，直径1.8、厚0.54厘米（图三三七，1）。

2006YY西ⅠT4②：5，边缘微残。表面很光滑。直径2.1、厚0.68厘米（图三三七，2）。

2007YY西ⅠT11③：1，双面模印花卉纹，围以一道凹弦纹。最大径位于中间。直径1.6~2、厚0.5厘米（图三三七，3）。

2006YY西ⅠT3H41：2，直径1.9、厚0.54厘米。

2006YY西ⅠT4②：4，直径1.7、厚0.48厘米。

2006YY西ⅠT4H206：2，边缘微残。直径1.7、厚0.41厘米。

2006YY西ⅠT8②：4，直径1.9、厚0.5厘米。

2006YY西ⅠT16H97：2，边缘微残。直径1.9、厚0.39厘米。

2006YY西ⅠT17①：1，直径2、厚0.52厘米。

2006YY西ⅠT17①：2，表面很光滑。直径1.9、厚0.51厘米。

2006YY西ⅠT20②：25，表面很光滑。直径1.8、厚0.42厘米。

2006YY西ⅠT20②：39，残。直径1.8、厚0.56厘米。

2006YY西ⅠT24②：5，直径1.9、厚0.47厘米。

2006YY西ⅠT24H6：1，直径1.8、厚0.46厘米。

2006YY西ⅠT25H265：1，直径1.7、厚0.39厘米。

2007YY西ⅠT5③：9-2，直径1.93、厚0.45厘米（图版八六，4）。

2007YY西ⅠT5③：20，边缘微残。直径1.9、厚0.48厘米。

2007YY西ⅠT6H36：2，直径2.05、厚0.48厘米。

2007YY西ⅠT6H52：3，直径1.97、厚0.54厘米。

2007YY西ⅠT8H370：2，直径2.1、厚0.55厘米。

2007YY西ⅠT15③：1，直径1.9、厚0.46厘米。

2007YY西ⅠT15③：2，直径1.7、厚0.46厘米。

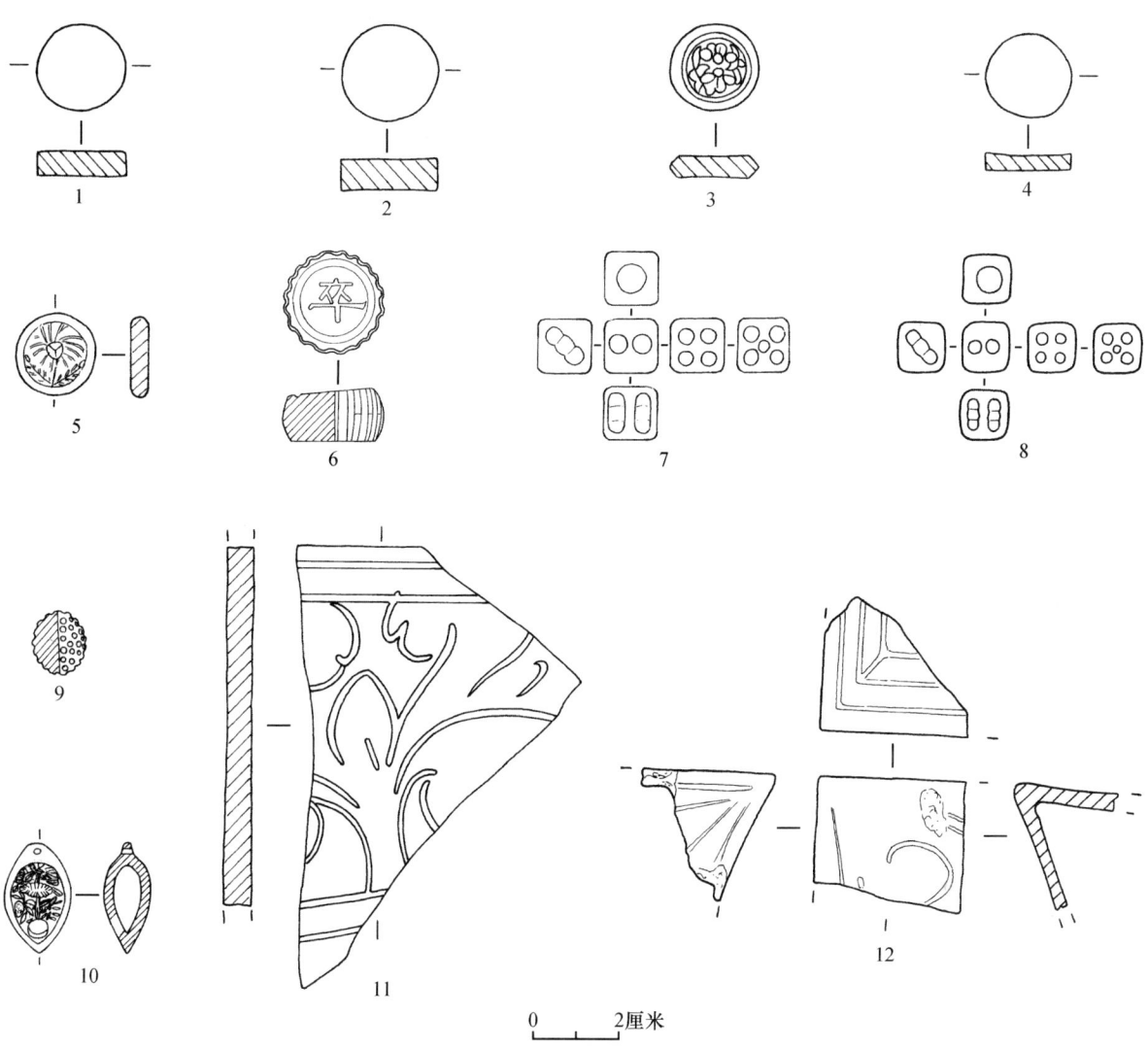

图三三七 其他瓷器

1~3. 黑围棋子（2007YY西ⅠT20H151：24、2006YY西ⅠT4②：5、2007YY西ⅠT11③：1） 4、5. 白围棋子（2007YY东T9③：4、2007YY东T13H2：1） 6. 象棋子（2007YY东T14K3：1） 7、8. 骰子（2007YY东T12④：1、2006YY西ⅠT26③：5） 9. 球（2006YY西ⅠT26②：5） 10. 饰件（2006YY西ⅠT25H252：7） 11、12. 枕（2006YY西ⅠH54⑨：47、2006YY西ⅠT4H54⑤：15）

2007YY西ⅠT15③：14，直径1.9、厚0.51厘米。

2007YY西ⅠT15H250：1，直径1.79、厚0.47厘米。

2007YY西ⅠT15H351①：1，直径2、厚0.53厘米。

2007YY西ⅠT17③：12，边缘微残。直径1.9、厚0.36厘米。

2007YY西ⅠT18③：6，表面微残。直径1.75、厚0.42厘米。

2007YY西ⅠT21③：5，边缘微残。直径1.8、厚0.48厘米。

2007YY西ⅠT24③：2，边缘微残。直径1.9、厚0.45厘米。

2007YY西ⅠT25②：4，直径2、厚0.49厘米。

2007YY东T6④：4，直径1.8、厚0.47厘米。

2007YY东T6H121：1，直径1.85、厚0.52厘米。

2007YY东T6H155①：1，直径2.15、厚0.38厘米（图版八六，3）。

2007YY东T6H155①：2，表面微残。直径1.8、厚0.42厘米。

2007YY东T6J1：2，直径2、厚0.43厘米。

2007YY东T6L1②：7，直径1.8、厚0.53厘米。

2007YY东T10⑤：7，残。直径1.9、厚0.5厘米。

2007YY东T10H71：1，边缘微残。直径1.8、厚0.46厘米。

2007YY东T11②：7-2，表面微残。直径1.8、厚0.4厘米。

2007YY东T11②：8，微变形。直径1.9、厚0.34厘米。

2007YY东T11③：12，直径1.98、厚0.4厘米。

2007YY东T12H172①：3，表面微残。直径1.9、厚0.43厘米。

2007YY东T14K1：2，直径1.73、厚0.51厘米。

2007YY东T15H204：3，表面微残。直径2、厚0.42厘米。

2. 白围棋子

151件。

2007YY东T9③：4，表面很光滑。直径1.8、厚0.39厘米（图三三七，4）。

2007YY东T13H2：1，双面模印花卉纹，围以一道凹弦纹。直径1.7、厚0.38厘米（图三三七，5）。

2007YY西ⅠT5③：9-1，边缘微残。直径1.68、厚0.47厘米（图版八六，4）。

2007YY西ⅠT7②：2，表面微残。直径2、厚0.46厘米（图版八八，1）。

2006YY西ⅠT4H54①：6，边缘高出棋面，微残。最大直径在中部。表面很光滑。直径1.9、厚0.43厘米。

2006YY西ⅠT4H54④：9，表面很光滑。直径1.85、厚0.48厘米。

2006YY西ⅠT4H54⑧：31，表面微残。直径1.8、厚0.51厘米。

2006YY西ⅠT4H54⑨：37，边缘微残。直径1.8、厚0.51厘米。

2006YY西ⅠT5H21：1，直径1.85、厚0.48厘米。

2006YY西ⅠT6H81①：5，边缘微裂。直径1.9、厚0.54厘米。

2006YY西ⅠT6H81①：32，边缘开裂。表面很光滑。直径1.7、厚0.53厘米。

2006YY西ⅠT6H81③：31，直径1.9、厚0.5厘米。

2006YY西ⅠT6H115：2，边缘微裂。直径1.8、厚0.51厘米。

2006YY西ⅠT8①：1，边缘微残。直径1.8、厚0.39厘米。

2006YY西ⅠT13②：1，边缘微残。直径2、厚0.51厘米。

2006YY西ⅠT15③：3，直径1.68、厚0.47厘米。
2006YY西ⅠT15③：4，直径1.87、厚0.41厘米。
2006YY西ⅠT16H97：1，表面微残。直径1.92、厚0.39厘米。
2006YY西ⅠT18④：7，直径1.6、厚0.5厘米。
2006YY西ⅠT19①：1，残。直径1.82、厚0.4厘米。
2006YY西ⅠT19③：2，表面开裂。直径1.98、厚0.49厘米。
2006YY西ⅠT20H125：1，直径1.65、厚0.41厘米。
2006YY西ⅠT21①：1，微残。直径1.8、厚0.42厘米。
2006YY西ⅠT24①：2，直径1.8、厚0.49厘米。
2006YY西ⅠT25③：4，边缘微残。直径1.93、厚0.45厘米。
2006YY西ⅠT25③：5，直径1.75、厚0.41厘米。
2006YY西ⅠT25③：6，直径1.6、厚0.51厘米。
2006YY西ⅠT25③：7，表面很光滑。直径1.83、厚0.44厘米。
2006YY西ⅠT25H234：2，表面很光滑。直径2、厚0.41厘米。
2006YY西ⅠT25H240：1，表面很光滑。直径1.89、厚0.47厘米。
2006YY西ⅠT25H269：4，微残。直径1.8、厚0.46厘米。
2006YY西ⅠT25H284：2，残。直径1.83、厚0.39厘米。
2006YY西ⅠT26H211：19，边缘微残。直径2.05、厚0.52厘米。
2006YY西ⅠT29H260：1，边缘微残。直径1.75、厚0.34厘米。
2006YY西ⅠT29H260：5，直径1.63、厚0.33厘米。
2006YY西ⅠT29H275：1，表面很光滑。直径1.73、厚0.49厘米。
2006YY西ⅠT29H279：2，边缘微残。表面很光滑。直径1.83、厚0.39厘米。
2006YY西ⅠT30H228：3，直径1.75、厚0.45厘米。
2006YY西ⅠT32H247：5，边缘开裂。直径1.6、厚0.48厘米。
2006YY西ⅠT32H255：2，直径1.9、厚0.5厘米。
2006YY西ⅠT32H255：3，直径1.7、厚0.38厘米。
2006YY西ⅠT32H258：1，表面很光滑。直径1.75、厚0.4厘米。
2006YY西ⅠT32H258：2，直径1.75、厚0.4厘米。
2006YY西ⅠT32H258：3，微残。直径1.75、厚0.48厘米。
2006YY西ⅠT32H258：5，表面很光滑。直径1.9、厚0.35厘米。
2006YY西ⅠT32H289：1，边缘开裂。直径1.9、厚0.47厘米。
2006YY西ⅡT1G6：8，边缘微残。直径2.23、厚0.49厘米。
2006YY西ⅡT1②：1，表面微残。直径2.05、厚0.48厘米。
2006YY西ⅡT5②：3，直径1.73、厚0.45厘米。
2006YY西ⅡT6②：1，表面很光滑。直径1.9、厚0.37厘米。

2006YY西ⅡT6②：2，直径1.9、厚0.39厘米。

2007YY西ⅠT1H2：2，表面很光滑。直径1.85、厚0.4厘米。

2007YY西ⅠT2③：12，微变形。直径2、厚0.52厘米。

2007YY西ⅠT2H1：1，边缘微残。直径1.8、厚0.41厘米。

2007YY西ⅠT2H40：1，边缘微残。直径1.73、厚0.45厘米。

2007YY西ⅠT2H50：1，表面很光滑。直径1.83、厚0.5厘米。

2007YY西ⅠT5③：18，直径1.6、厚0.39厘米。

2007YY西ⅠT5③：19，表面很光滑。直径1.83、厚0.46厘米。

2007YY西ⅠT5H164：1，边缘微残。直径1.8、厚0.44厘米。

2007YY西ⅠT6H20：1，表面开裂。直径1.83、厚0.35厘米。

2007YY西ⅠT6H36：1，边缘微残。直径1.65、厚0.42厘米。

2007YY西ⅠT6H124：4，边缘微残。直径1.75、厚0.51厘米。

2007YY西ⅠT8③：2，表面微残。直径1.7、厚0.41厘米。

2007YY西ⅠT8③：10，直径1.8、厚0.44厘米。

2007YY西ⅠT8③：12，表面很光滑。直径1.9、厚0.43厘米。

2007YY西ⅠT8③：19，直径2.03、厚0.46厘米。

2007YY西ⅠT8③：24，直径1.85、厚0.46厘米。

2007YY西ⅠT8③：25，直径1.8、厚0.585厘米。

2007YY西ⅠT8H118：1，边缘微残。直径1.9、厚0.38厘米。

2007YY西ⅠT8Y1：1，直径1.9、厚0.4厘米。

2007YY西ⅠT11H33：1，直径1.77、厚0.44厘米。

2007YY西ⅠT12H172①：5，直径1.75、厚0.39厘米。

2007YY西ⅠT12H229：5-1，直径1.8、厚0.37厘米。

2007YY西ⅠT12H229：5-2，直径1.93、厚0.47厘米。

2007YY西ⅠT14③：2，直径1.78、厚0.54厘米。

2007YY西ⅠT15③：13，直径1.78、厚0.48厘米。

2007YY西ⅠT15③：16，残。直径1.7、厚0.39厘米。

2007YY西ⅠT15③：20，直径1.85、厚0.51厘米。

2007YY西ⅠT15③：34，直径1.8、厚0.31厘米。

2007YY西ⅠT15③：35，直径1.83、厚0.35厘米。

2007YY西ⅠT15H129：2，边缘微残。直径1.9、厚0.47厘米。

2007YY西ⅠT17H338：4，直径1.9、厚0.59厘米。

2007YY西ⅠT18③：4，直径1.95、厚0.44厘米。

2007YY西ⅠT18③：10，表面微残。直径1.95、厚0.33厘米。

2007YY西ⅠT19H183：1，直径1.87、厚0.33厘米。

2007YY西ⅠT19H321：1，直径1.95、厚0.47厘米。

2007YY西ⅠT19H381：6，表面很光滑。直径1.73、厚0.39厘米。

2007YY西ⅠT20H151①：1-1，直径1.8、厚0.45厘米。

2007YY西ⅠT20H151①：1-2，表面微残。直径1.4、厚0.5厘米。

2007YY西ⅠT20H151：33，边缘微残。直径2、厚0.42厘米。

2007YY西ⅠT20H151：34，边缘微残。直径1.6、厚0.53厘米。

2007YY西ⅠT21③：4，直径1.85、厚0.53厘米。

2007YY西ⅠT21H364：1，直径1.83、厚0.49厘米。

2007YY西ⅠT22③：5，边缘微残。直径1.75、厚0.42厘米。

2007YY西ⅠT22J2：13，边缘微残。表面很光滑。直径1.98、厚0.47厘米。

2007YY西ⅠT23③：1-1，表面微裂。直径1.8、厚0.44厘米。

2007YY西ⅠT23③：1-2，直径1.8、厚0.49厘米。

2007YY西ⅠT25②：5，直径1.95、厚0.47厘米。

2007YY西ⅠT24③：1，直径1.78、厚0.46厘米。

2007YY西ⅠT25H146：1，直径1.9、厚0.41厘米。

2007YY东T3⑪：4，直径1.63、厚0.44厘米。

2007YY东T3H202：3，边缘微残。直径1.83、厚0.4厘米。

2007YY东T4G2：1，残存半个。直径1.5、厚0.42厘米。

2007YY东T4H18：1，直径1.95、厚0.35厘米。

2007YY东T4H18：2，直径2、厚0.44厘米。

2007YY东T4H60：5，直径1.9、厚0.57厘米。

2007YY东T6②：2，表面微残。直径1.8、厚0.42厘米。

2007YY东T6④：3，直径1.85、厚0.57厘米。

2007YY东T6H121：2，直径1.75、厚0.4厘米。

2007YY东T6H121：3，直径1.75、厚0.43厘米。

2007YY东T6H121：4，直径1.82、厚0.42厘米。

2007YY东T6H121：7，瓷白围棋。直径1.6、厚0.36厘米。

2007YY东T6H155③：7，直径1.6、厚0.41厘米。

2007YY东T6H155③：8，直径1.65、厚0.42厘米。

2007YY东T6J1：4，直径2.03、厚0.43厘米。

2007YY东T6J1：5，直径1.8、厚0.41厘米。

2007YY东T6J1：6，表面微残。直径1.5、厚0.39厘米。

2007YY东T6J1：7，边缘微残。直径1.88、厚0.39厘米。

2007YY东T6J1：8，直径1.8、厚0.55厘米。

2007YY东T6J1：10，边缘微残。直径1.6、厚0.37厘米。

2007YY东T7H23：5，边缘微残。直径1.9、厚0.4厘米。
2007YY东T7H23：6，残。表面很光滑。直径1.8、厚0.51厘米。
2007YY东T9H147：11，直径1.7、厚0.48厘米。
2007YY东T9H147：19，微残。表面光滑。直径2.08、厚0.46厘米。
2007YY东T9H197：9，直径2、厚0.46厘米。
2007YY东T10③：3，直径1.85、厚0.5厘米。
2007YY东T10⑤：1，边缘微残。直径1.7、厚0.43厘米。
2007YY东T10⑤：11，直径1.8、厚0.48厘米。
2007YY东T10H11①：1，直径1.73、厚0.51厘米。
2007YY东T10H152：1，直径1.8、厚0.37厘米。
2007YY东T10H152：4，直径1.8、厚0.39厘米。
2007YY东T10H152：8，微残。直径1.8、厚0.41厘米。
2007YY东T10J5：1，边缘微残。直径1.7、厚0.55厘米。
2007YY东T10J5：8，直径1.65、厚0.55厘米。
2007YY东T10J5：15，边缘开裂。直径1.7、厚0.46厘米。
2007YY东T10J5：23，直径1.75、厚0.47厘米。
2007YY东T12③：1，直径1.85、厚0.43厘米。
2007YY东T12H172①：6，直径1.98、厚0.42厘米。
2007YY东T12H172①：8，直径1.68、厚0.43厘米。
2007YY东T13②：2，表面微残。直径1.99、厚0.4厘米。
2007YY东T13H1：4，直径1.7、厚0.55厘米。
2007YY东T13H6：6，直径2.15、厚0.44厘米。
2007YY东T13H57：4，表面微残。直径1.8、厚0.39厘米。
2007YY东T13H57：5，直径2、厚0.49厘米。
2007YY东T13H195：1，直径1.8、厚0.56厘米。
2007YY东T14③：2，边缘微残，直径1.69、厚0.41厘米。
2007YY东T14H33：7，直径1.87、厚0.61厘米。
2007YY东T14H56：3，边缘微残。直径1.7、厚0.44厘米。
2007YY东T14H97：3，直径2.03、厚0.46厘米。
2007YY东T14H188：1，直径1.8、厚0.45厘米。
2007YY东T15H204：4，直径1.82、厚0.46厘米。

3. 灰围棋子

2件。

2007YY东T14H230：1，直径1.85、厚0.52厘米。

2007YY西ⅠT15③：36，表面微残。直径1.95、厚0.44厘米。

二、象棋子

4件。

2007YY东T14K3：1，表面饰白釉。棋面阴刻黑色"卒"字，围以一圈红色凹弦纹。直径3.5、厚1.7厘米（图三三七，6；图版八七，3、4）。

2007YY东T14K3：2，棋面阴刻红色"相"字。最大直径在中部。直径2.4、厚1厘米。

2007YY东T12H172①：4，残存半个。棋面阴刻红色"車"字，残。直径3.1、厚0.65厘米（图版八七，1、2）。

2006YY西ⅠT24①：1，棋面阴刻红色"俥"字。最大直径在中部。棋背微残。直径2.6、厚1.4厘米。

三、骰子

74件。正方体。据点数布局的不同分为二型。

A型　72件。六个面各阴刻不同点数，一点与六点相对，二点与五点相对，三点与四点相对。

2007YY东T12④：1，边长1.05厘米（图三三七，7）。

2006YY西ⅠT26③：5，边长1厘米（图三三七，8）。

2007YY西ⅠT3③：6，边长1厘米（图版八六，6）。

2006YY西ⅠT27①：1，边长0.97厘米。

2006YY西ⅠT4①：2，边长1.1厘米。

2006YY西ⅠT4H206：1，边长1厘米。

2006YY西ⅠT5H21：4，边长1.2厘米。

2006YY西ⅠT6H81③：16，边长1.1厘米。

2006YY西ⅠT6H81③：23，边长0.9厘米。

2006YY西ⅠT13①：2，边长1厘米。

2006YY西ⅠT17③：2，边长0.8厘米。

2006YY西ⅠT24西南现代坑：1，边长1厘米。

2006YY西ⅠT25H239：1，边长0.9厘米。

2006YY西ⅠT25H252：6，边长1厘米。

2006YY西ⅠT29②：2，边长1厘米。

2006YY西ⅠT29H260：3，边长1.05厘米。

2006YY西ⅠT29H274∶3，边长1.1厘米。
2006YY西ⅡT3①∶1，边长1.05厘米。
2007YY西ⅠT1②∶1，边长1厘米。
2007YY西ⅠT1H2∶4，边长0.9厘米。
2007YY西ⅠT3H12∶3，边长0.9厘米。
2007YY西ⅠT5③∶22，边长1厘米。
2007YY西ⅠT5③∶25，边长1厘米。
2007YY西ⅠT6H20∶4，边长1厘米。
2007YY西ⅠT8③∶5，边长1厘米。
2007YY西ⅠT8H227∶1，边长0.9厘米。
2007YY西ⅠT8H370∶3，边长0.9厘米。
2007YY西ⅠT9J7∶20-1，边长1.05厘米。
2007YY西ⅠT9J7∶20-2，边长1厘米。
2007YY西ⅠT9J7∶20-3，边长1.05厘米。
2007YY西ⅠT15③∶5，边长1厘米。
2007YY西ⅠT15H250∶2，边长1厘米。
2007YY西ⅠT17J12∶6，边长1厘米。
2007YY西ⅠT17H338∶6，边长1.1厘米。
2007YY西ⅠT20H151∶17，边长1.05厘米。
2007YY西ⅠT20H151∶23，边长1厘米。
2007YY西ⅠT21③∶1，边长1厘米。
2007YY西ⅠT22③∶2，边长1厘米。
2007YY西ⅠT23H70∶6，边长1.2厘米。
2007YY西ⅠT25③∶1，边长1厘米。
2007YY西ⅠT25③∶3，边长1厘米。
2007YY东T3②∶1，边长1厘米。
2007YY东T3H202∶1，边长0.9厘米。
2007YY东T3H207∶2，边长0.8厘米。
2007YY东T3L1③∶2，边长0.9厘米。
2007YY东T4②∶2，边长1厘米。
2007YY东T9H147∶16，边长1厘米。
2007YY东T10③∶5，边长0.95厘米。
2007YY东T10H152∶3，边长1.05厘米。
2007YY东T10H152∶5，边长1厘米。
2007YY东T10J5∶9，边长0.9厘米。

2007YY东T10J5：25，边长1.2厘米。
2007YY东T10J5：27，边长1.2厘米。
2007YY东T10J5：42，边长1.05厘米。
2007YY东T11②：5，边长1.1厘米。
2007YY东T12④：2，边长0.9厘米。
2007YY东T12H65①：1，残存半个。只残存一点和五点。边长1厘米。
2007YY东T12H141：1，长0.7厘米。
2007YY东T13②：6，边长0.9厘米。
2007YY东T13H99：1，边长0.9厘米。
2007YY东T13H153：25，边长0.8厘米。
2007YY东T13H153：26，边长1.05厘米。
2007YY东T13H153：27，边长0.85厘米。
2007YY东T13H153：56，边长1厘米。
2007YY东T13H153：57，边长0.9厘米。
2007YY东T13H160：1，边长1厘米（图版八六，5）。
2007YY东T13H186：1，边长1.1厘米。
2007YY东T14H33：2，边长1厘米。
2007YY东T14H173：2，边长1.2厘米。
2007YY东T15H204：2，边长1.1厘米。
2007YY东T15H204：5，边长1.1厘米。
2007YY东T15H208：2，边长1.05厘米。
B型　2件。三个面阴刻一点，三个面阴刻四点，一点与四点相对。
2007YY东T9③：2，边长1厘米。
2007YY东T3L1②：8，边长1厘米。

四、枕

4件。均为残片。

2006YY西ⅠT4H54⑨：47，残片。靠近两端边缘部分分别有两道平行的凹陷纹。器表中间刻花叶纹。土黄色胎。表面先上化妆土，再施透明釉、绿釉和黄釉，其中绿釉和黄釉偏向透明。残长6.3、残宽9.7、厚0.61厘米（图三三七，11）。

2006YY西ⅠT4H54⑤：15，残存枕角。一面存四道呈放射状分布的凹陷纹。一面存三道平行的折曲状凹陷纹，由内至外逐渐变大，靠内的两道凹陷纹转折处连以一条短凹陷纹。残存最大的一面，似饰有卷草纹。砖红色胎。器表先上化妆土（除凹陷纹外，直接施透明釉），再施透明釉、绿釉和黄釉，其中绿釉和黄釉偏向透明。残厚0.49～1.4厘米（图三三七，12）。

2006YY西ⅠT2H18∶1，残片。外壁有两道平行的凹弦纹和一条斜弦纹。砖红色胎。残存化妆土，其上残留少部分透明釉、绿釉和黄釉，其中绿釉和黄釉偏向透明。残长4.4、宽3.8厘米。

2006YY西ⅠH54⑨∶46，残片。截面呈曲尺形。两面各残存一道凹陷纹。土黄色胎。表面先上化妆土，再施透明釉和绿釉，其中绿釉偏向透明。残长9、残厚0.76厘米。

五、饼

1件。

2006YY西ⅠT4H53∶5，圆形，边缘残。胎质粗糙疏松。表面施黑釉，釉层略厚。残径4.5、厚1.1厘米。

六、球

1件。

2006YY西ⅠT26②∶5，表面密布圆形凹坑。仅上化妆土，未施釉。径长1.8厘米（图三三七，9；图版八五，2）。

七、算　珠

1件。

2007YY东T10H10∶5，残存半个。近球体，截面呈半圆形。中间有圆形穿孔。浅灰胎。施黑釉，底不施，釉层略厚。高2.4、底径2.6厘米。

八、饰　件

1件。

2006YY西ⅠT25H252∶7，橄榄形，内空。一端有一圆形穿孔。两面模印花卉纹，各围以两道水滴形凸弦纹。其中一面开一圆形孔。器表仅上化妆土，未施釉。长3.5、最大宽2.2、穿孔径0.2、圆孔径0.7厘米（图三三七，10；图版九四，3、4）。

九、器　　足

1件。

2006YY西ⅡT1G6：6，足上刻兽面纹，粗眉，鼓眼，三角鼻，两颊肌肉凸出，弧嘴。浅红色胎。器表、里均先上化妆土，已脱落；再施绿釉和黄釉，偏向透明，已脱落。足高4.9、宽1.6厘米。

十、其　　他

1件。

2007YY东T3⑬：09，土黄色胎。先上化妆土，部分脱落；再施绿釉，偏向透明。扁弧梯形状。沿纵轴有一贯穿小孔。长1.5、宽0.6～1.2、孔径0.3厘米。

第四章　遗物之三——金属器

阳曲故城遗址发现的金属器共90件，包括铜器和铁器两类。另有钱币297枚。

第一节　铜　　器

45件。器类包括双股钗、簪、耳勺、镊、匙、顶针、纽扣、泡、器盖、环、棋子、提手、花饰、梳及残件。

一、双　股　钗

11件。据结构形态不同分为二型。

A型　2件。钗股间距较大，钗首与钗股呈直角。

2006YY西ⅠT20H140∶1，钗股呈圆棍状，由钗首至钗尾逐渐变细，其中一股略粗。钗首呈四瓣柿蒂叶形。长9.2厘米，较细一股直径0.14～0.205厘米，较粗一股直径0.145～0.235厘米，钗首长2.8、厚0.255厘米（图三三八，1；图版九五，2）。

2006YY西ⅠT20①∶5，残。钗股呈圆棍状。钗首横截面呈橄榄形，截面呈菱形。双股平行。残长4.1厘米，钗股宽0.22、厚0.27厘米，钗首长1.45、最大宽0.49、最小宽0.34、厚0.56厘米，双股间距1.3厘米（图版九五，1）。

B型　9件。钗股间距小，钗首与钗股分界不明显。据结构不同分为二亚型。

Ba型　3件。钗股靠近钗首一段呈绞索状。

2007YY西ⅠT2H297∶2，钗股扁平窄条身。钗首较粗厚，钗股靠近钗首一段呈绞索状，尾端尖细。长13.7厘米，钗股宽0.24、厚0.12厘米，钗首长0.96、宽0.29、厚0.41厘米，主体双股间距0.11、近钗首双股间距0.5厘米（图三三八，2；图版九五，4）。

2007YY西ⅠT3②∶5，钗首及靠近其处较粗厚；钗首截面呈弧面长方形；钗股靠近钗首一段呈绞索状。钗身呈扁平窄条状。钗尾呈尖状。长13.1、宽0.25、厚0.11厘米，钗首厚0.37、宽0.19厘米。主体双股间距0.25、近钗首双股间距0.7厘米（图版九五，5）。

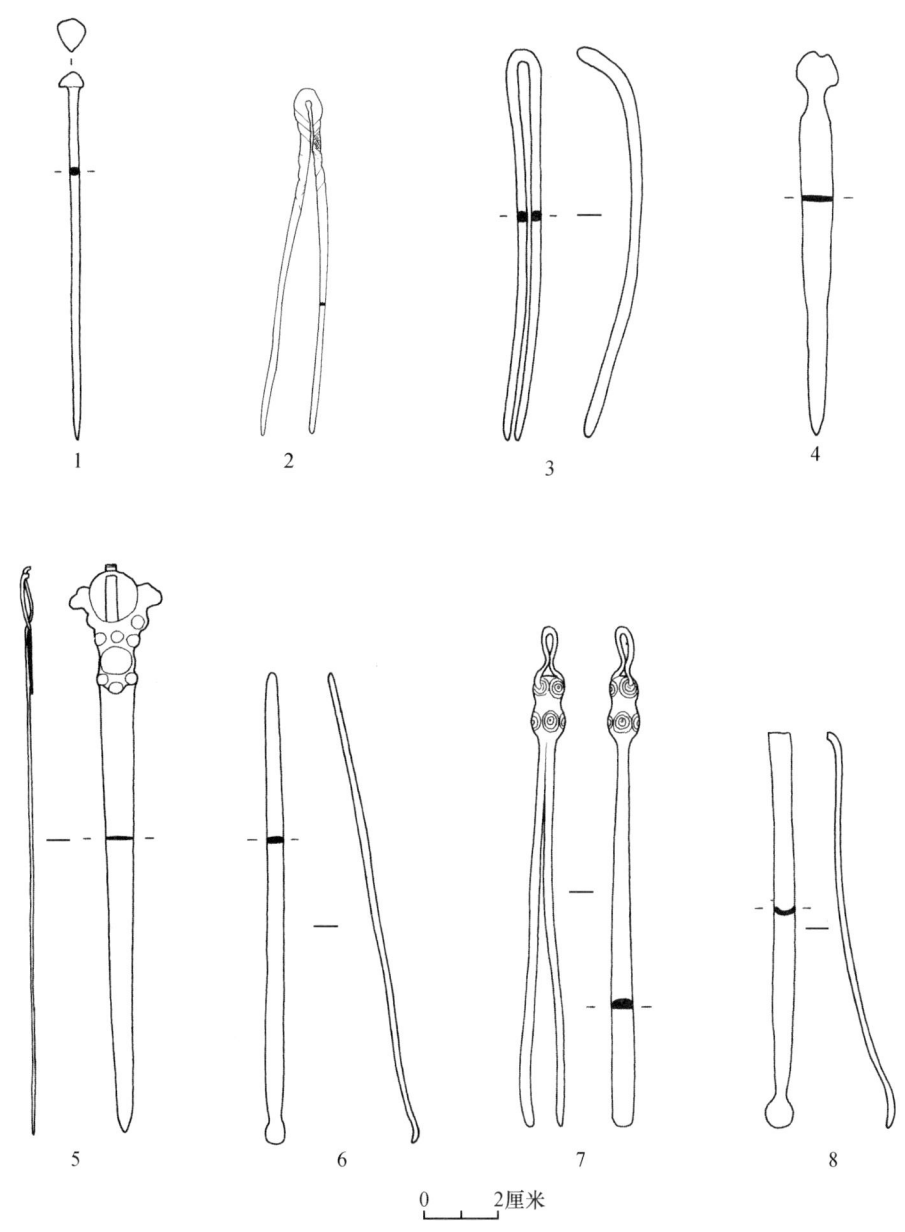

图三三八　铜双股钗、簪、耳勺、镊、匙

1. A型双股钗（2006YY西ⅠT20H140∶1）　2. Ba型双股钗（2007YY西ⅠT2H297∶2）　3. Bb型双股钗（2007YY西ⅠT6H47∶18）　4. B型簪（2007YY西ⅠT1H2∶5-1）　5. A型簪（2007YY东T13H6∶7）　6. 耳勺（2007YY东T3H209∶1）　7. 镊（2007年YY西ⅠT3③∶3）　8. 匙（2007YY东T15④∶1）

2007YY西ⅠT6③∶6，残存一股。钗股扁平窄条身，已变形。近钗首处较粗厚，呈绞索状，钗尾呈尖状。变形后长12.6、宽0.26、厚0.15厘米。

Bb型　6件。钗股不呈绞索状。

2007YY西ⅠT6H47∶18，钗股呈圆棍状。钗首及靠近其处较粗厚，截面呈圆形。钗尾呈尖状。主体双股间距小于近钗首双股间距。长9.7厘米，钗股宽0.1、厚0.16厘米，钗首长0.85、宽0.32、厚0.3厘米，主体双股间距0.1、近钗首双股间距0.4厘米（图三三八，3；图版九五，6）。

2006YYT30H215：1，钗股扁平窄条状。钗首及靠近其处较粗厚，截面呈圆形。钗尾呈尖状。长14.1厘米，钗股宽0.2、厚0.12厘米，钗首长0.85、宽0.32、厚0.32厘米，双股间距0.5厘米（图版九五，3）。

2007YY东T7H124：10，残存一股。由钗首至股尾逐渐内收成尖状。长11.9、最大宽0.8、厚0.09、钗首间距0.85厘米。

2007YY东T6④：1，钗股扁平窄条身，已变形。钗首较双股宽。变形后长11.9厘米，钗首长0.9、宽0.35、厚0.12厘米，钗股宽0.27、厚0.115厘米，双股间距0.15厘米。

2007YY西ⅠT1H2：05-2，钗股扁平窄条身，已变形。钗尾呈尖状。残长11.6、宽0.26、厚0.145厘米，钗首长1、宽0.29、厚0.18厘米，近钗首双股间距0.5厘米。

2007YY西ⅠT11H94：1，残。钗股扁平窄条身，已变形。钗首较钗股粗厚，钗尾呈方形。长14.7、钗股宽0.2、厚0.16厘米，钗首长0.7、宽0.3、厚0.35厘米。

二、簪

2件。据簪首有无花饰分为二型。

A型　1件。簪首有花饰。

2007YY东T13H6：7，扁方条状，由靠近簪首至簪尾逐渐变细，形成尖尾。簪首有一细钩，上套一簪花。簪花分上中下三部分，上部中央大圆，两侧各有三个相连的小圆；中部中央有一小圆，两侧各有两个相连的小圆；下部中央有一中圆，下端有三个相连的小圆。每个圆上应有镶嵌物，已脱落。长14.4、最大宽0.8、厚0.06厘米，簪花长3、最大宽2.5、最小宽0.8、厚0.035厘米（图三三八，5；图版九六，1）。

B型　1件。簪首无花饰。

2007YY西ⅠT1H2：5-1，簪首呈圆形，略残，下端斜弧收，与簪体连接处细窄。簪体呈扁条状，中下段处呈折曲状；靠近簪首处较粗，簪尾较细，呈尖状。残长9.3、最大宽0.8、厚0.09厘米，簪首直径1.1、厚0.14厘米（图三三八，4）。

三、耳　勺

3件。形制基本相同。

2007YY东T3H209：1，勺身扁条状，勺尾尖细，由尾至头逐渐变宽。连接勺斗处窄细。勺斗圆形，微内凹。长12、最大宽0.45、厚0.1厘米，勺斗直径0.45、厚0.11厘米（图三三八，6；图版九七，3）。

2007YY西ⅠT20③：3，勺身扁条状，勺尾尖细，由尾至头逐渐变宽，并逐渐微内凹。连接勺斗处窄细。勺斗圆形，微内凹。长11.7、最大宽0.5、厚0.14厘米，勺头直径0.5、厚 0.13厘米（图版九七，4）。

2007YY东T1⑫：1-1，尾残。扁长方形身。勺斗呈长椭圆形，略内凹，已变形。残长8、身宽0.3、厚0.065厘米，勺斗长0.7、宽0.4、厚0.065厘米。

四、镊

1件。

2007YY西ⅠT3③：3，镊首作一小一大双珠相叠，珠面各饰一周同心圆纹；珠顶有扭成云状的环。镊身呈扁条状，由细变粗。长12.45厘米，小珠直径0.6、大珠直径0.75厘米，镊身最宽0.6、厚0.1厘米（图三三八，7）。

五、匙

1件。

2007YY东T15④：1，尾端略残。扁方形身，前窄后宽。斗部呈圆形，略内凹。残长9.9、最宽0.6、厚0.075厘米，接近斗部宽0.2厘米，斗部直径0.7、厚0.08厘米（图三三八，8）。

六、顶　针

1件。

2006YY西ⅠT23④：2，残存一半。环形，环身宽扁条形，表面有五圈凹点纹。残长1.7、宽0.8、厚0.1厘米（图三三九，1）。

七、纽　扣

2件。形制基本相同。

2007YY东T12①：1，圆形。中间四个圆形纽孔，呈四方形分布。直径1.6、孔径0.15、厚0.085厘米（图三三九，2）。

2007YY东T11②：7-1，圆形，已变形。中间四个圆形纽孔，呈四方形分布。外有两道凸棱。直径1.8、孔径0.18、厚0.095厘米。

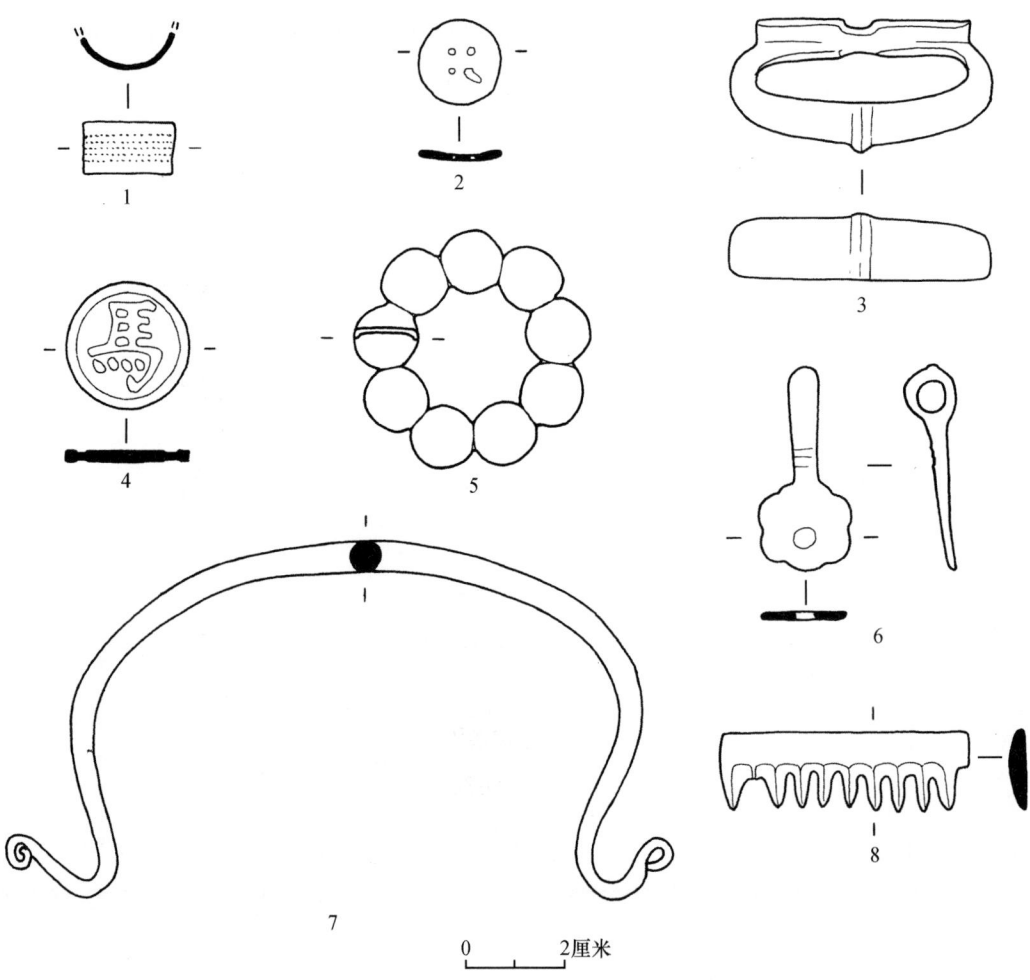

图三三九　铜顶针、纽扣、环、棋子、花饰、提手、梳
1. 顶针（2006YY西ⅠT23④：2）　2. 纽扣（2007东T12①：1）　3. 环（2007YY东T10J5：14）　4. 棋子（2007YY东T10②：6）
5. A型花饰（2007YY东T4H25：1）　6. B型花饰（2007YY东T12H65①：4）　7. 提手（2007YY西ⅠT1H71：1）　8. 梳（2007YY西ⅠT2H330：2）

八、泡

1件。

2006YY西ⅠT15③：8，顶残。盔形。直径2.1、厚0.05厘米。

九、器　盖

1件。

2007YY东T3⑫：7，残片。不规则形。微弧，残存一圆形盖纽连接处。残长15.3、残宽14.3、厚0.16～0.41毫米。

十、环

2件。

2007YY东T10J5：14，椭圆形，长边的一侧为束腰片状，另一侧中间有箍。长径4.8、短径2厘米（图三三九，3；图版九六，6）。

2007YY东T10J5：31，直径3.8、好径1.2、肉宽0.8、厚0.09厘米，重5.57克（图版九七，1）。

十一、棋　　子

1件。

2007YY东T10②：6，圆形，两面中间阳文楷书"马"。直径2.3、边缘宽0.15、厚0.11厘米（图三三九，4；图版九八，1、2）。

十二、提　　手

2件。

2007YY西ⅠT1H71：1，拱门形，两端向下斜弧内收反向上卷。截面圆形。长13、高6.7、体径0.57厘米（图三三九，7；图版九七，5）。

2007YY西ⅠT2③：4，微弧状，中间宽，两端略细。身截面橄榄形，两端内侧有凹槽，与插孔相通。长10、最大宽1.2、最小宽0.8、厚0.78厘米，插孔直径0.5厘米（图版九七，6）。

十三、花　　饰

2件。据形状结构不同分为二型。

A型　1件。九连珠形。

2007YY东T4H25：1，九连珠环形，珠一面略内凹，原来应该镶嵌有东西。直径4.5、好径2.6、珠径1、厚0.1厘米（图三三九，5；图版九四，5、6）。

B型　1件。带柄六出花。

2007YY东T12H65①：4，扁平体。扁长条舌状柄，柄面三道横纹，柄端六出花形，中间有圆形穿孔。柄长1.3、宽0.46~0.565、厚0.28~0.42厘米，六出花饰长1.5、宽1.2、厚0.17、孔径0.45厘米，通长3.65厘米（图三三九，6；图版九六，2）。

十四、梳

1件。

2007YY西ⅠT2H330：2，残。残存八齿。残长4.8、宽1.5、厚0.24厘米，齿长0.9、宽0.29厘米（图三三九，8；图版九七，2）。

十五、残　　件

14件。

2006YY西ⅠT16②：1，残。圆片状。残长2.9厘米，圆片直径2.85、厚0.225厘米，扁方条残长1.8、宽0.85、厚0.23厘米。

2006YY西ⅠT16H58：2-1，残。圆条状身。残长5.25、直径0.2厘米。

2006YY西ⅡT2③：1，圆形，一面平，另一面中间微鼓，边缘略残。中间开一圆形小穿孔，穿孔边缘高出。直径3、边缘厚0.155、中间厚0.34、穿孔直径0.34、穿孔高0.495厘米。

2007YY西ⅠT5H164：2，长方形框，中段似变形。长3.8、宽0.8、高0.4、厚0.08厘米。

2007YY西ⅠT15③：10，残。扁方条状，身宽呈逐渐变化。残长6.45、残最大宽0.35、厚0.09厘米。

2007YY西ⅠT17③：3，圆形，边缘有一圈短壁。直径1.3、壁长0.31、厚0.14厘米。

2007YY西ⅠT18③：3，残。条状，横截面呈三角形。弯处另一边残。长4.55、宽0.485、厚0.295、弯处间距0.45厘米。

2007YY西ⅠT18③：5，残。残呈曲尺形，扁条状。残长3.4、宽0.495、厚0.27厘米。

2007YY东T1⑫：1-2，仅存一截。扁平条状身，身宽逐渐变化，一端呈尖状。残长3.2、残最大宽0.4、厚0.095厘米。

2007YY东T3⑪：1，细圆条状，断为四截，其中一截一端为尖状。残长7.7、直径0.19厘米。

2007YY东T3L1②：2，残。扁方条状，身宽呈逐渐变化，最宽处逐渐斜内收变窄，略弯。残长13.65、最大宽0.7、厚0.1厘米。

2007YY东T5③：3，残。扁方条状，微弧。残长3.5、宽0.3、厚0.22厘米。

2007YY东T9H147：12，残。扁方条状，微内凹，逐渐内收成尖状。残长5.15、残最大宽0.65、厚0.11厘米。

2007YY东T14⑤：3，残。扁方条状，一端圆弧，另一端残。已变形。残长9.5、宽0.4、厚0.09厘米。

第二节 铁　　器

45件。包括灯、剪刀、权、镊、凿、鏓、钳、铲、刀、钉、钩、镞及其他铁器。

一、灯

3件。形制相同。

2007YY西ⅠT1①：3，残存盏，圆形碟状盏。圆唇，斜壁，口部有流，应为牵引灯芯之用，小平底。盏径10厘米（图三四〇，1；图版一〇〇，6）。

2007YY东T3H240：2，残存盏，圆形碟状盏。圆唇，斜壁，口部有流，应为牵引灯芯之用。盏径9厘米（图三四〇，2；图版一〇〇，5）。

2007YY东T13H153：46，残存盏。应为碟状盏，仅存半边壁。盏径9.5厘米。

二、剪　　刀

3件。

2007YY东T13H153：47-1，残，残存一个圆形指环。在刀刃和刀柄之间打了轴眼。两刃交错，刃残。残长10.7、指环径长2.8、刀柄长3.3、轴眼径长0.7、刀刃残长2.8厘米（图三四〇，3）。

2007YY东T13H153：47-2，残存刀柄。椭圆形指环。残长11.5、指环长径4.6、短径2.6厘米。

2007YY西ⅠT15H68：2，残存一段。椭圆形指环。刀刃较短。长10.6、指环长径4、短径2.4、刀刃长4.3、宽0.7厘米（图三四〇，4；图版一〇〇，1）。

三、权

3件。

2007YY西ⅠT10H59：1，束腰瓶状，顶部有长方纽，纽部有小圆孔。重122.13克（图三四〇，5；图版一〇一，2）。

2007YY西ⅠT8③：14，束腰瓶状，顶部有长方纽，纽部有小圆孔。重135.3克（图版一〇一，1）。

2007YY西ⅠT2H367：1，残存半截。

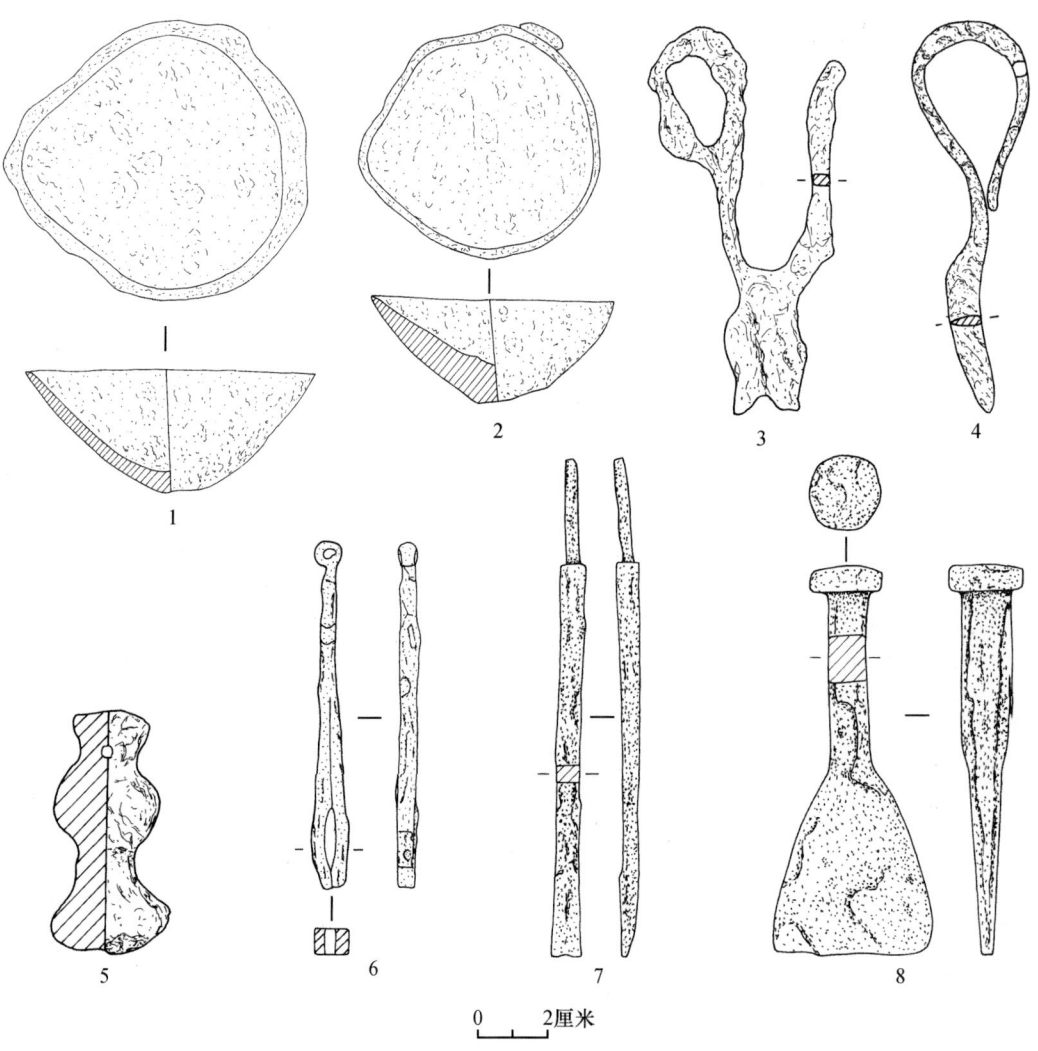

图三四〇　铁灯、剪刀、权、镊、凿、锪

1、2.灯（2007YY西ⅠT1①：3、2007YY东T3H240：2）　3、4.剪刀（2007YY东T13H153：47-1、2007YY西ⅠT15H68：2）　5.权（2007YY西ⅠT10H59：1）　6.镊（2006YY西ⅠT30H215：2）　7.凿（2007YY东T3⑪：2）　8.锪（2007YY西ⅠT9⑤：2）

四、镊

1件。

2006YY西ⅠT30H215：2，镊首呈小圆环状。镊身由两个相对的扁长方条组成，尾部向外鼓出，形成扁椭圆形中空。长9.5、镊首径0.3、镊身长8.9、高0.52厘米（图三四〇，6；图版一〇〇，2）。

五、凿

2件。据结构形状不同分为二型。

A型　1件。扁条形实体，实心銎。

2007YY东T3⑪：2，凿身扁长方形，扁平头，后部有较细的实心銎以纳柄。长13.7、宽0.6厘米，銎长2.9、宽0.3~0.4厘米（图三四〇，7；图版九九，4）。

B型　1件。空心圆锥体。

2007YY东T1H77：3-1，圆锥形器身，中空以纳柄。长13.7、最大径长3.1厘米（图版九九，5、6）。

六、鏓

1件。

2007YY西ⅠT9⑤：2，圆饼形首，方柱体柄，器身略呈三角形。长10.7厘米，首径1.9厘米，柄长5、宽1.2厘米，身长4.6厘米，刃宽4.4厘米（图三四〇，8；图版九八，6）。

七、钳

1件。

2007YY东T15Z5：2，两长股，股交叠处装有关捩。长38.5、两股间距0.8~3.4厘米（图版一〇〇，3）。

八、铲

1件。

2006YY西ⅡT3①：3，扁平短柄，柄首向后反卷呈环形。铲身倒三角形已残，微变形。铲身左上部位有一圆形小穿孔。残长13.7厘米，柄长4.8、宽1.2、厚0.43厘米，身残长8.7、残宽3.2~8、厚0.23厘米（图三四一，1；图版九九，3）。

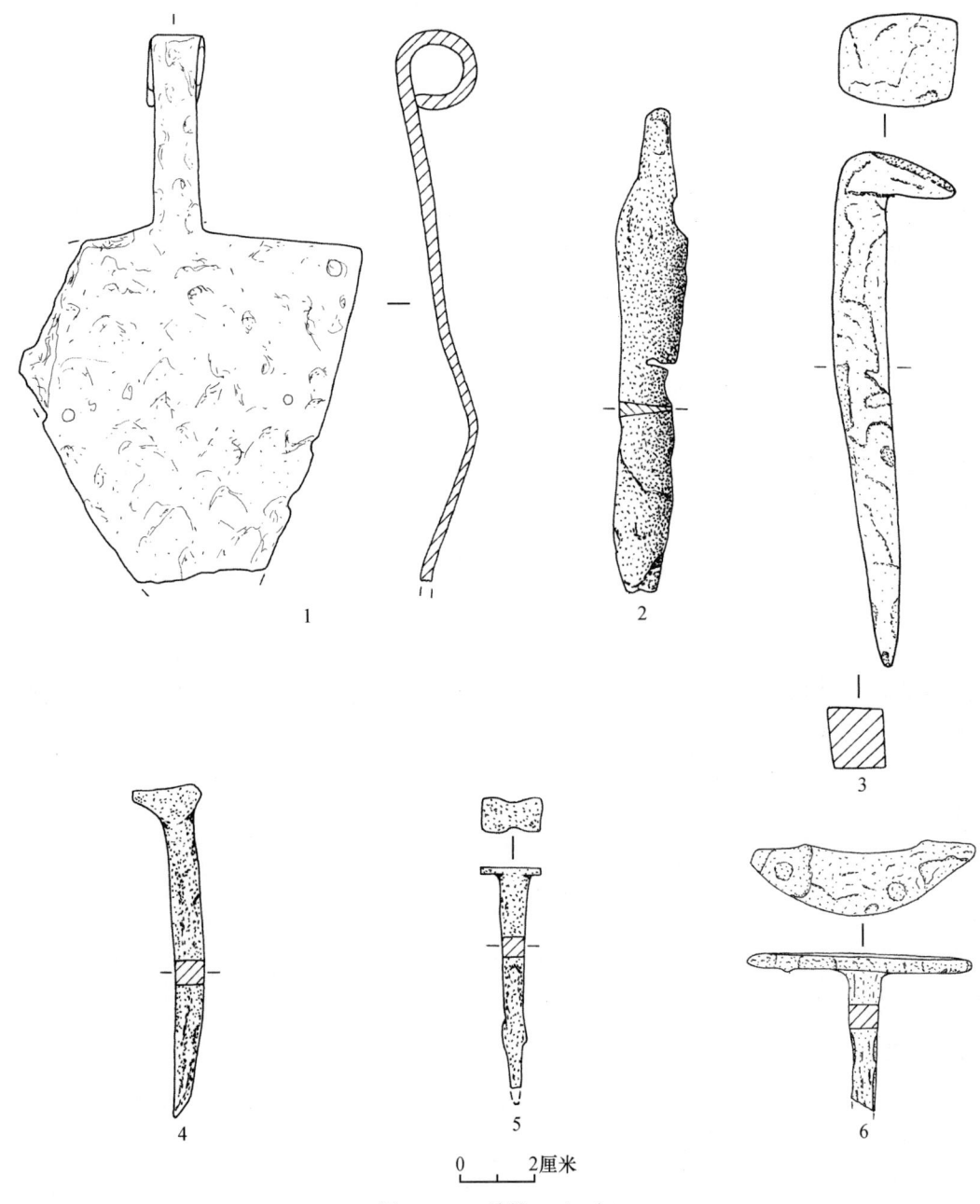

图三四一 铁铲、刀、钉

1. 铲（2006YY西ⅡT3①：3） 2. 刀（2007YY西ⅠT8③：29） 3. C型钉（2006YY西ⅠT20①：6） 4. A型钉（2007YY东T1H79：1-2） 5. B型钉（2006YY西ⅠT19②：23） 6. D型钉（2006YY西ⅠT17H310：6）

九、刀

1件。

2007YY西ⅠT8③：29，残。短长方形柄。长方形身，平背尖刃，残存两个圆孔。残长12.5厘米，柄长2.3、宽0.4~0.9厘米，身残长10.2、宽1.7厘米（图三四一，2）。

十、钉

6件。由钉帽和钉针组成，钉针截面均为方形。据钉帽不同分为五型。

A型　1枚。倒三角形钉帽。

2007YY东T1H79：1-2，长8.3厘米，钉首长0.7、宽1.7厘米，钉体长7.6、宽0.6厘米（图三四一，4）。

B型　1枚。束腰长方形钉帽。

2006YY西ⅠT19②：23，针尖残。残长5.7厘米，钉首宽1.53、厚0.18厘米，钉体长5.5、宽0.3~0.5厘米（图三四一，5）。

C型　1枚。近长方形钉帽。

2006YY西ⅠT20①：6，长13.1厘米，钉首长2.5、宽2.2、厚0.7厘米，钉体长11.9、宽0.3~1.2、厚0.2~1.2厘米（图三四一，3；图版九九，1）。

D型　1枚。月牙形钉帽。

2007YY西ⅠT17H310：6，残。残长3.7厘米，钉首长5.9、宽0.3~1.7、厚0.3厘米，钉体长3.4、宽0.05~0.6厘米（图三四一，6）。

E型　2枚。圆形钉帽。

2007YY东T9③：1，圆形钉首，顶微弧。长5.3厘米，钉首直径2.6、厚0.06~0.43厘米，钉体长4.7、宽0.3~0.5厘米（图版九九，2）。

2007YY西ⅠT11③：9，圆形钉首，残。长7.9厘米，钉首长0.5、宽1.6厘米，钉体长7.4、宽0.6厘米。

十一、钩

5件。

2007YY西ⅠT5③：16，"S"形方条身，尾变细。长7.9、宽1厘米（图三四二，1；图版一〇一，5）。

2006YY西ⅠT18④：8，卷圆"S"形。长5、宽0.7厘米（图三四二，2）。

2007YY东T1H77：3-2，衔钩铁器。"U"形器，上端内收，下衔一钩，钩呈"S"形，钩尾延伸较长。长21.9、"U"形器长13.3、钩长10.3厘米（图三四二，3；图版一〇一，3、4）。

2006YY西ⅠT24H1：2，弧三角形钩首，曲形条状钩身，截面呈方形，钩尾残。钩首直径2.9、钩身长4.7、宽0.5厘米。

2006YY西ⅠT19②：8，残。

十二、镞

7件。除1件残损不明外，其余6件据镞身形状结构不同分为三型。

A型　4件。镞身三角形。

2006YY西ⅠT4H54⑥：20，镞头残。四棱锥镞身，下端微鼓。镞本斜内收。方条状镞铤，逐渐变细，尾部尖细。残长10.2厘米，镞身残长4.6、宽0.6～1.2厘米，镞铤长5.6、宽0.1～0.7厘米（图三四二，6；图版九八，3）。

2006YY西ⅠT5①：1，镞头残。扁三角形镞身。镞本斜内收。方条状镞铤，逐渐变细，残。残长4.9厘米，镞身残长2.8、宽0.5～01.3厘米，镞铤残长2.1、宽0.1～0.4厘米（图三四二，4；图版九八，4）。

2007YY西ⅠT23H70：4，尖平状镞头。扁三角形镞身。镞本微斜。长条状镞铤。长10厘米，镞身长2.9、宽0.1～2.3厘米，镞铤长6.9、宽0.3～0.7厘米（图三四二，7；图版九八，5）。

2007YY西ⅠT25Z9：2，尖平状镞头。扁三角形镞身。镞本斜内收。镞关截面呈圆形。方条状镞铤，逐渐变细，残。残长11厘米，镞身长4.7、宽0.3～1.4厘米，镞铤残长1.8、宽0.3～0.4厘米（图三四二，5）。

B型　1件。镞身倒"T"字形。

2007YY西ⅠT15H351③：6，镞头截面呈三角形。"L"形三叶镞身。方条状镞铤，残。残长12.1厘米，镞身长7、上叶宽0.9、下叶宽1.8厘米，镞铤残长4.9、宽1.1厘米（图三四二，9）。

C型　2件。镞身柳叶形。

2007YY东T12⑤：2，尖鼓状镞头。椭圆形镞身，脊明显。镞关截面呈圆形。方条状镞铤，残。残长6.6厘米，镞身长4.8、宽0.8厘米，镞铤残长1.6、宽0.25厘米（图三四二，8）。

2007YY西ⅠT25③：6，尖平状镞头。扁长方形镞身，逐渐变细。镞关截面呈方形。方条状镞铤，残。残长9.9厘米，镞身长7.8、宽0.4～1.2厘米，镞铤残长2.1、宽0.3～0.5厘米。

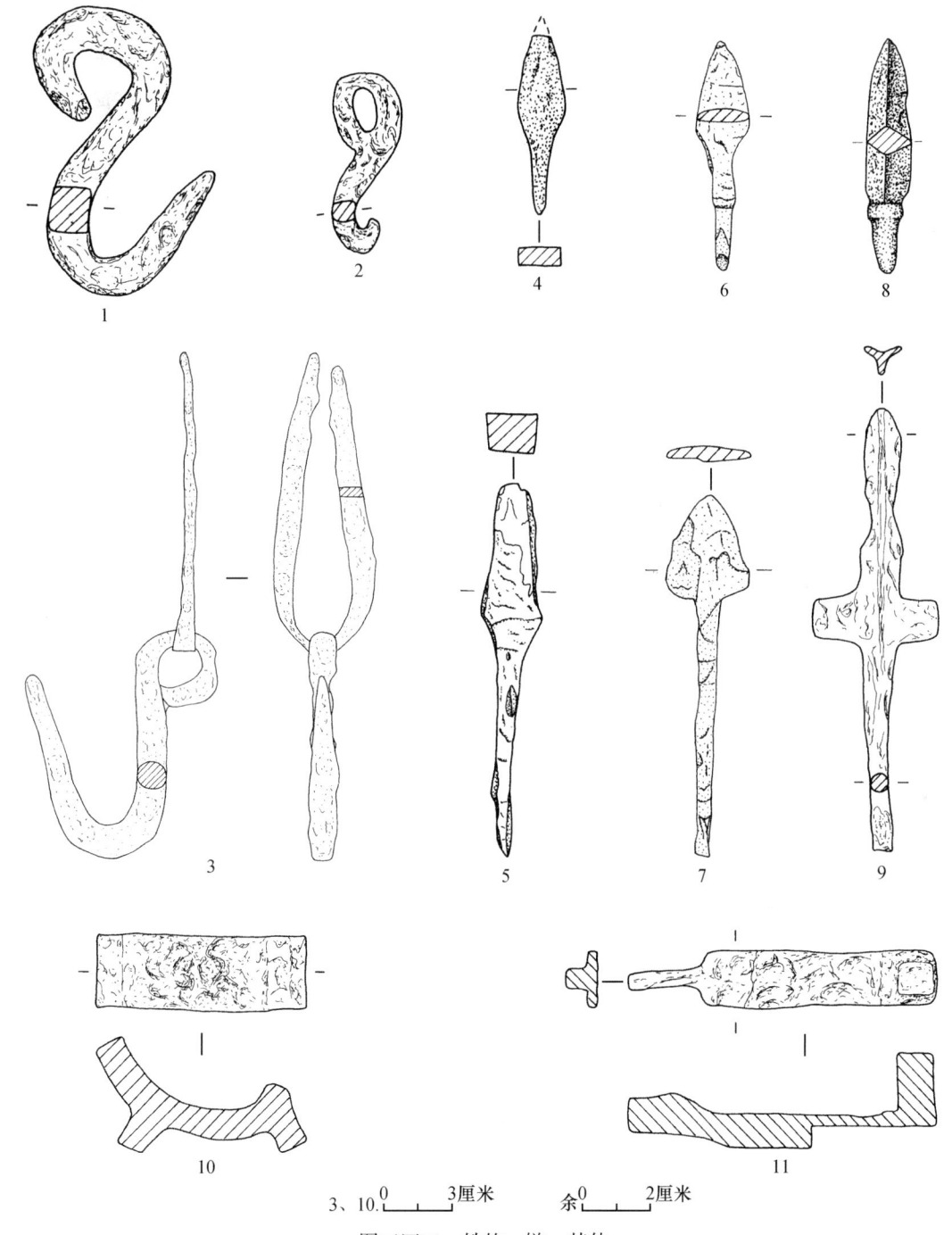

图三四二 铁钩、镞、其他

1~3. 钩（2007YY西ⅠT5③：16、2006YY西ⅠT18④：8、2007YY东T1H77：3-2） 4~7. A型镞（2006YY西ⅠT5①：1、2007YY西ⅠT25Z9：2、2006YY西ⅠT4H54⑥：20、2007YY西ⅠT23H70：4） 8. C型镞（2007YY东T12⑤：2） 9. B型镞（2007YY西ⅠT15H351③：6） 10、11. 其他（2007YY西ⅠT17H292：2、2007YY西ⅠT17J12：3）

十三、带　　钩

1件。

2006YY西ⅠT10H63∶1，残。条状身，内侧有一纽。残长5.9、宽0.7厘米。

十四、其　　他

10件。

2007YY西ⅠT17H292∶2，圆弧形，一端残。底面接两长方短足。残长10.7、宽3.7、通高5.1厘米，足长1.4、宽3.4厘米（图三四二，10）。

2007YY西ⅠT17J12∶3，扁平长方形，一端细窄隆起，另一端有方柱立起。长9.1、身宽1.4厘米（图三四二，11）。

2006YY西ⅠT8M1∶4，残损严重，成一堆锈蚀块状。

2006YY西ⅠT19②∶28，条状，中间较宽，一端细窄，另一端扁尖，微弧。长6.6、最大宽0.5厘米。

2006YY西ⅠT21②∶6，残。橄榄形薄片状，两端弯曲。残长5.9、宽0.3～1.4、厚0.11厘米。

2007YY西ⅠT1H2∶3，残。条状，截面呈长方形。残长8.6、宽0.6、厚0.5厘米。

2007YY西ⅠT8J1∶2，残。残长9.5、宽0.4厘米。

2007YY西ⅠT15③∶12，方条状。长6.7、宽0.3～0.5厘米。

2007YY东T9H24∶1，残。铁片。残长7.9、宽0.4～0.9厘米。

2007YY东T11H166∶1，残。似钳把状。残长11.4厘米。

第三节　钱　　币

共计297枚，其中240枚钱文可辨。包括唐、宋、金、明、清各代及日本钱币。

一、唐代钱币

开元通宝。18枚。钱文隶书"开元通宝"，直读。面背均有内外郭。据钱文及装饰变化分为三式。

Ⅰ式　10枚。"开"字间架匀称；"元"字第一笔短，第二笔左挑；"通"字走旁上部三笔不连；甬旁上部较为高窄；"宝"字下部贝中间两横短而与左右两竖不连。

2006YY西ⅠT29H279：3，直径2.4、穿径0.65、厚0.17厘米，重3.76克（图三四三，1）。

2006YY西ⅠT21H168：2，结构略松散，笔画较细。直径2.5、穿径0.7、厚0.15厘米，重3.74克。

2007YY西ⅠT6J11①：2，钱文磨损严重。背无外郭。直径2.1、穿径0.7、厚0.1厘米，重2.06克。

2007YY西ⅠT9H17：7，直径2.5、穿径0.6、厚0.1厘米，重3.35克。

2007YY西ⅠT15③：27，直径2.4、穿径0.6、厚0.1厘米，重2.88克。

2007YY西ⅠT19③：6，锈蚀严重。直径2.4、穿径0.6、厚0.12厘米，重2.81克。

2007YY西ⅠT23③：5，微残。直径2.5、穿径0.7、厚0.1厘米，重2.94克。

2007YY东T3H207：1，直径2.1、穿径0.6、厚0.1厘米，重1.98克。

2007YY东T5②：1，锈蚀严重。直径2.5、穿径0.65、厚0.12厘米，重3.79克。

2007YY东T10J5：20，钱文深峻清晰，轮廓规整。直径2.4、穿径0.7、厚0.12厘米，重2.74克。

Ⅱ式　2枚。"元"字第一笔较长，第二笔左挑；"通"字走旁上部三笔不连；甬旁头部开口较小；"宝"字下部贝中间两横与左右两竖相连。背面出现月纹。

2006YY西ⅠT26③：1，背穿上月纹。直径2.5、穿径0.7、厚0.11厘米，重3.05克（图三四三，2）。

2007YY西ⅠT1H167：1，背穿下月纹。钱文磨损较严重。直径2.35、穿径0.65、厚0.11厘米，重2.49克。

Ⅲ式　6枚。"元"字第一笔较长，第二笔右挑，左端残；"通"字走旁上部三撇相连；甬旁头部开口较小；"宝"字下部贝中间两横与左右两竖相连。有的背面有月纹。

2006YY西ⅠT22②：1，字形规整，背穿上月纹。直径2.5、穿径0.7、厚0.14厘米，重3.78克（图三四三，3）。

2006YY西ⅠT10H33：3，字形规整。背锈蚀。直径2.5、穿径0.7、厚0.13厘米，重3.07克。

2006YY西ⅠT25H241：2，钱文磨损严重。直径2.5、穿径0.7、厚0.16厘米，重3.4克。

2007YY西ⅠT11H94：4，结构略松散，笔画较细。锈蚀严重。直径2.4、穿径0.7、厚0.1厘米，重2.84克。

2007YY西ⅠT15H371：4，钱文磨损严重。锈蚀。直径2.4、穿径0.6、厚0.18厘米，重4.12克。

2007YY东T12H65②：3，字形规整，字口较浅。直径2.3、穿径0.7、厚0.1厘米，重2.65克。

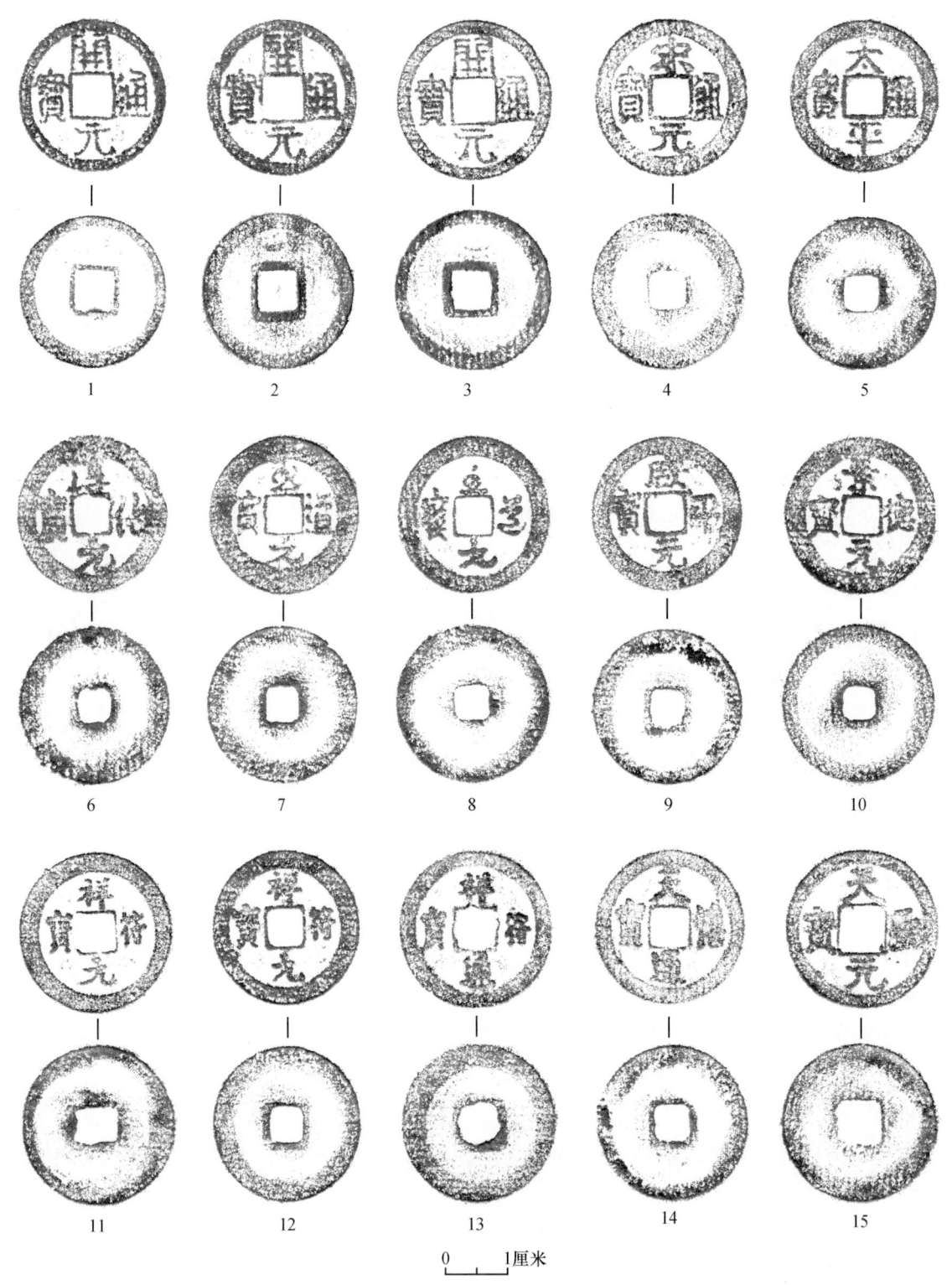

图三四三　唐宋钱币

1. Ⅰ式开元通宝（2006YY西ⅠT29H279：3）　2. Ⅱ式开元通宝（2006YY西ⅠT26③：1）　3. Ⅲ式开元通宝（2006YY西ⅠT22②：1）　4.宋元通宝（2007YY东T7H23：1）　5.太平通宝（2007YY西ⅠT1H2：1）　6.淳化元宝（2007YY西ⅠT15J4：5）　7. A型至道元宝（2006YY西ⅠT25②：4-1）　8. B型至道元宝（2007YY东T10H152：7）　9.咸平元宝（2007YY东T11H220：5）　10.景德元宝（2007YY西ⅠT23H295：1）　11、12.祥符元宝（2006YY西ⅠT20②：23、2007YY西ⅠT22J2：3）　13.祥符通宝（2007YY西ⅠT15③：28）　14.天禧通宝（2006YY西ⅠT24H22：1）　15. A型天圣元宝（2006YY西ⅠT26③：3）

二、宋代钱币

194枚。

1. 宋元通宝

1枚。

2007YY东T7H23：1，圆形方穿。钱文隶书"宋元通宝"，直读。"元"字第二笔左挑。小平钱。直径2.5、穿径0.5、厚0.125厘米，重3.65克（图三四三，4）。

2. 太平通宝

3枚。圆形方穿。钱文隶书"太平通宝"，直读。小平钱。

2007YY西ⅠT1H2：1，直径2.4、穿径0.6、厚0.12厘米，重3.42克（图三四三，5）。

2006YY西ⅠT26③：4，直径2.4、穿径0.6、厚0.115厘米，重3.08克。

2007YY西ⅠT15③：29，直径2.4、穿径0.6、厚0.105厘米，重2.79克。

3. 淳化元宝

2枚。圆形方穿。钱文行书"淳化元宝"，旋读。

2007YY西ⅠT15J4：5，小平钱。直径2.5、穿径0.6、外郭宽0.3、厚0.13厘米，重3.8克（图三四三，6）。

2007YY东T11③：12，小平钱。直径2.5、穿径0.6、外郭宽0.3、厚0.1厘米，重2.84克。

4. 至道元宝

5枚。据字体不同分为二型。

A型　2枚。行书。

2006YY西ⅠT25②：4-1，圆形方穿。钱文行书"至道元宝"，旋读。小平钱。直径2.5、穿径0.6、外郭宽0.35、厚0.125厘米，重3.66克（图三四三，7）。

2006YY西ⅠT31H207：1，圆形方穿。钱文行书"至道元宝"，旋读。小平钱。直径2.5、穿径0.6、外郭宽0.4、厚0.11厘米，重3.92克。

B型　3枚。草书。

2007YY东T10H152：7，圆形方穿。钱文草书"至道元宝"，旋读。小平钱。直径2.5、穿径0.6、外郭宽0.3、厚0.12厘米，重3.66克（图三四三，8）。

2006YY西ⅠT25H243：1，圆形方穿。钱文草书"至道元宝"，旋读。小平钱。直径2.5、穿径0.6、外郭宽0.3、厚0.12厘米，重3.65克。

2006YY西ⅠT13①：1，圆形方穿。钱文草书"至道元宝"，旋读。小平钱。直径2.4、穿径0.6、外郭宽0.3、厚0.075厘米，重2.72克。

5. 咸平元宝

4枚。圆形方穿。钱文楷书"咸平元宝"，旋读。

2007YY东T11H220：5，小平钱。直径2.4、穿径0.6、厚0.13厘米，重3.57克（图三四三，9）。

2007YY东T11③：10，小平钱。直径2.4、穿径0.6、厚0.13厘米，重4.06克。

2007YY西ⅠT2③：2，圆形花穿。直径2.6、穿径0.4、厚0.14厘米，重4.21克。

2006YY西ⅠT18②：7，直径2.45、穿径0.6、厚0.12厘米。

6. 景德元宝

4枚。圆形方穿。钱文小字楷书"景德元宝"，"德"字省略一横，旋读。

2007YY西ⅠT23H295：1，小平钱。直径2.45、穿径0.6、外郭宽0.3、厚0.12厘米（图三四三，10）。

2006YY西ⅠT25②：4-3，锈蚀严重。小平钱。直径2.4、穿径0.5、厚0.095厘米，重2.48克。

2007YY西ⅠT8J1：3，小平钱。直径2.5、穿径0.6、厚0.11厘米，重3.2克。

2007YY东T3H209：2，小平钱。直径2.4、穿径0.55、厚0.115厘米，重3.12克。

7. 祥符元宝

11枚。圆形方穿。钱文小字楷书"祥符元宝"，旋读。

2006YY西ⅠT20②：23，小平钱。直径2.5、穿径0.7、厚0.14厘米，重3.95克（图三四三，11）。

2007YY西ⅠT22J2：3，小平钱。直径2.45、穿径0.6、厚0.13厘米，重4.11克（图三四三，12）。

2006YY西ⅠT24②：2，小平钱。直径2.5、穿径0.55、厚0.115厘米，重4.02克。

2006YY西ⅠT32①：2，小平钱。直径2.5、穿径0.6、外郭宽0.3、厚0.125厘米，重4.68克。

2007YY西ⅠT9③：1，小平钱。直径2.5、穿径0.6、厚0.115厘米，重2.89克。

2007YY西ⅠT11H110东隔梁：1，小平钱。直径2.5、穿径0.6、厚0.12厘米，重3.09克。

2007YY西ⅠT15③：19，小平钱。直径2.5、穿径0.6、厚0.115厘米，重3.67克。

2007YY西ⅠT18③：7，小平钱。直径2.5、穿径0.6、外郭宽0.3厘米，厚0.11厘米，重3.24克。

2007YY西ⅠTG1J13：1，小平钱。直径2.5、穿径0.6、厚0.13厘米，重3.07克。

2007YY东T6L1②：3，小平钱。直径2.4、穿径0.6、厚0.13厘米，重3.71克。

2007YY东T11③：16，小平钱。直径2.5、穿径0.55、外郭宽0.4、厚0.09厘米，重2.99克。

8. 祥符通宝

3枚。圆形方穿。钱文小字楷书"祥符通宝",旋读。

2007YY西ⅠT15③:28,花穿。小平钱。直径2.5、穿径0.6、厚0.15厘米,重4.16克(图三四三,13)。

2007YY西ⅠT8③:26,钱文磨损。小平钱。直径2.5、穿径0.6、厚0.12厘米,重3.98克。

2007YY东T7H31:3,小平钱。直径2.5厘米,穿径0.6厘米,厚0.15厘米,重4.3克。

9. 天禧通宝

6枚。圆形方穿。钱文楷书"天禧通宝",旋读。

2006YY西ⅠT24H22:1,小平钱。直径2.4、穿径0.6、厚0.135厘米,重3.72克(图三四三,14)。

2006YY西ⅠT6②:3,小平钱。直径2.55、穿径0.6、厚0.12厘米,重3.37克。

2007YY西ⅠT6③:8,残。小平钱。直径2.55、穿径0.6、厚0.105厘米,重3.43克。

2007YY西ⅠT18③:8,小平钱。钱文磨损。直径2.5、穿径0.6、厚0.145厘米,重4.21克。

2007YY西ⅠT22③:3,小平钱。直径2.55、穿径0.6、厚0.125厘米,重4.07克。

2006YY西ⅠT25③:3-1,小平钱。直径2.6、穿径0.6、厚0.11厘米,重3.45克。

10. 天圣元宝

8枚。据字体不同分为二型。

A型　7枚。隶书。圆形方穿。钱文隶书"天圣元宝",旋读。

2006YY西ⅠT26③:3,小平钱。直径2.5、穿径0.7、厚0.12厘米,重3.58克(图三四三,15)。

2006YY西ⅠT6H81①:4,小平钱。直径2.5、穿径0.6、厚0.13厘米,重3.38克。

2006YY西ⅠT8M1:2,圆形花穿。小平钱。直径2.5、穿径0.6、外郭宽0.4、厚0.115厘米,重3.56克。

2007YY西ⅠT15③:18,小平钱。直径2.4、穿径0.6、厚0.11厘米,重3.15克。

2007YY东T13H153:20,小平钱。直径2.5、穿径0.7、厚0.15厘米,重4.48克。

2007YY东T2H48:1,小平钱。直径2.4、穿径0.6、厚0.12厘米,重3.76克。

2007YY东T13H153:28,小平钱。直径2.5、穿径0.6、厚0.12厘米,重3.26克。

B型　1枚。篆书。圆形方穿。钱文篆书"天圣元宝",旋读。

2007YY西ⅠT17③:10,小平钱。直径2.5、穿径0.8、厚0.13厘米,重3.78克(图三四四,1)。

11. 明道元宝

2枚。钱文楷书"明道元宝"，旋读。

2007YY西ⅠT11③：4，圆形方穿。小平钱。直径2.5、穿径0.6、厚0.12厘米，重3.99克（图三四四，2）。

2007YY东T10J5：45，圆形花穿。小平钱。直径2.6、穿径0.7、厚0.12厘米，重3克（图三四四，3）。

12. 景祐元宝

4枚。据字体不同分为二型。

A型　3枚。圆形方穿。钱文楷书"景祐元宝"，旋读。

2007YY西ⅠT19③：10，小平钱。直径2.5、穿径0.7、厚0.105厘米，重3.38克（图三四四，4）。

2007YY西ⅠT19H304：1，小平钱。直径2.5、穿径0.6、厚0.1厘米，重3.27克。

2007YY东T10J5：28，小平钱。直径2.5、穿径0.7、厚0.14厘米，重3.82克。

B型　1枚。圆形方穿。钱文篆书"景祐元宝"，旋读。

2007YY东T10③：2，小平钱。直径2.5、穿径0.6、厚0.1厘米，重3.51克（图三四四，5）。

13. 皇宋通宝

20枚。据字体不同分为二型。

A型　13枚。圆形方穿。钱文楷书"皇宋通宝"，直读。

2006YY西ⅠT32H258：3，"皇宋通宝"，小平钱。直径2.6、穿径0.6、厚0.13厘米，重4.28克（图三四四，6）。

2006YY西ⅠT6H98：1，小平钱。直径2.5、穿径0.7、厚0.105厘米，重2.96克。

2006YY西ⅠT23④：1，小平钱。直径2.5、穿径0.6、厚0.13厘米，重4.08克。

2006YY西ⅠT24H1：1，小平钱。直径2.4、穿径0.6、厚0.13厘米，重4.12克。

2006YY西ⅠT25③：9，小平钱。直径2.3、穿0.7、厚0.12厘米，重3.1克。

2007YY西ⅠT15③：32，小平钱。直径2.4、穿径0.7、厚0.13厘米，重3.84克。

2007YY西ⅠT15③：33-1，小平钱。直径2.5、穿径0.7、厚0.14厘米，重4.12克。

2007YY西ⅠT18③：2，小平钱。直径2.5、穿径0.65、厚0.12厘米，重3.51克。

2007YY西ⅠT19③：8，小平钱。直径2.5、穿径0.7、厚0.09厘米，重2.65克。

2007YY西ⅠT20③：4，小平钱。直径2.4、穿径0.6、厚0.12厘米，重3.65克。

2007YY东T5J3：2，小平钱。直径2.5、穿径0.7、厚0.14厘米，重3.52克。

2007YY东T10⑤：9，小平钱。直径2.5、穿径0.7、厚0.13厘米，重2.99克。

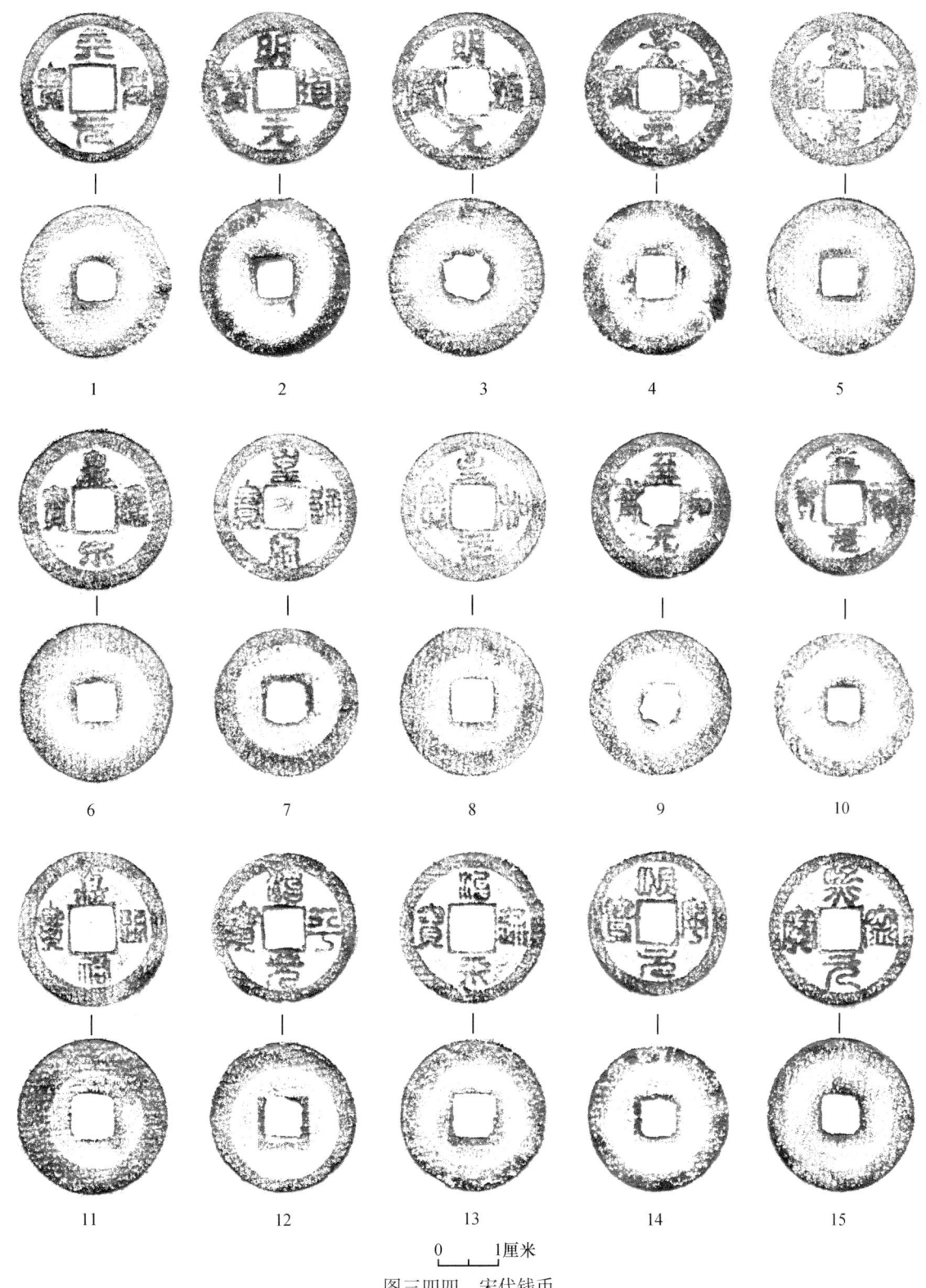

图三四四 宋代钱币

1. B型天圣元宝（2007YY西ⅠT17③：10） 2、3. 明道元宝（2007YY西ⅠT11③：4、2007YY东T10J5：45） 4. A型景祐元宝（2007YY西ⅠT19③：10） 5. B型景祐元宝（2007YY东T10③：2） 6. A型皇宋通宝（2006YY西ⅠT32H258：3） 7. B型皇宋通宝（2007YY西ⅠT25③：4） 8. A型至和元宝（2007YY西ⅠT6H75：1） 9. B型至和元宝（2007YY西ⅠT15⑤：38） 10. 嘉祐元宝（2007YY西ⅠT1③：1） 11. 嘉祐通宝（2007YY西ⅠT17③：2） 12. 治平元宝（2007YY东T10⑤：2） 13. 治平通宝（2007YY西ⅠT1H11：1） 14、15. A型熙宁元宝（2007YY西ⅠT15⑤：37、2007YY东T10H152：6）

2007YY东T10J5∶5，小平钱。直径2.35、穿径0.6、厚0.13厘米，重3.22克。

B型　7枚。圆形方穿。钱文篆书"皇宋通宝"，直读。

2007YY西ⅠT25③∶4，小平钱。直径2.4、穿径0.7、厚0.12厘米，重3.13克（图三四四，7）。

2006YY西ⅠT13H126∶1，小平钱。直径2.4、穿径0.65、厚0.135厘米，重3.38克。

2006YY西ⅠT17②∶3，小平钱。直径2.4、穿径0.6、厚0.15厘米，重3.9克。

2007YY西ⅠT19③∶5，小平钱。直径2.45、穿径0.8、厚0.085厘米，重2.43克。

2007YY西ⅠT20③∶1，小平钱。直径2.45、穿径0.7、厚0.11厘米，重2.8克。

2007YY西ⅠT22③∶7，小平钱。直径2.5、穿径0.6、厚0.13厘米，重3.6克。

2007YY东T10H10∶6，小平钱。直径2.5、穿径0.7、厚0.12厘米，重4.11克。

14. 至和元宝

3枚。据字体不同分为二型。

A型　2枚。圆形方穿。钱文篆书"至和元宝"，旋读。

2007YY西ⅠT6H75∶1，小平钱。直径2.4、穿径0.7、厚0.12厘米，重3.36克（图三四四，8）。

2007YY东T10⑤∶8，小平钱。直径2.3、穿径0.6、厚0.16厘米，重4.65克。

B型　1枚。圆形花穿。钱文楷书"至和元宝"，旋读。

2007YY西ⅠT15⑤∶38，小平钱。直径2.3、穿径0.6、厚0.13厘米，重3.54克（图三四四，9）。

15. 嘉祐元宝

2枚。圆形方穿。钱文篆书"嘉祐元宝"，旋读。

2007YY西ⅠT1③∶1，小平钱。直径2.3、穿径0.6、厚0.16厘米，重4.34克（图三四四，10）。

2007YY西ⅠT15③∶22，小平钱。直径2.5、穿径0.7、厚0.125厘米，重3.58克。

16. 嘉祐通宝

2枚。圆形方穿。钱文篆书"嘉祐通宝"，直读。

2007YY西ⅠT17③∶2，小平钱。直径2.5、穿径0.7、厚0.09厘米，重3.31克（图三四四，11）。

2007YY东T15H204∶6，小平钱。直径2.5、穿径0.7、厚0.11厘米，重3.27克。

17. 治平元宝

3枚。圆形方穿。钱文篆书"治平元宝"，旋读。

2007YY东T10⑤：2，小平钱。直径2.4、穿径0.6、厚0.125厘米，重3.66克（图三四四，12）。

2006YY西ⅠT25②：4-2，小平钱。直径2.4、穿径0.5、厚0.16厘米，重3.81克。

2006YY西ⅠT25③：3-2，圆形花穿。小平钱。直径2.4、穿径0.6、厚0.13厘米，重3.52克。

18. 治平通宝

1枚。

2007YY西ⅠT1H11：1，圆形方穿。钱文篆书"治平通宝"，直读。小平钱。直径2.45、穿径0.7、厚0.125厘米，重3.59克（图三四四，13）。

19. 熙宁元宝

29枚。据字体不同分为二型。

A型　14枚。篆书。圆形方穿。钱文篆书"熙宁元宝"，旋读。

2007YY西ⅠT15⑤：37，"熙宁元宝"，小平钱。直径2.4、穿径0.6、厚0.13厘米，重3.5克（图三四四，14）。

2007YY东T10H152：6，小平钱。直径2.5、穿径0.6、厚0.145厘米，重5.12克（图三四四，15）。

2006YY西ⅠT2H20：1，小平钱。直径2.5、穿径0.65、厚0.12厘米，重4.04克。

2006YY西ⅠT11②：1，小平钱。直径2.5、穿径0.6、厚0.14厘米，重4.28克。

2006YY西ⅠT19③：3，小平钱。直径2.3、穿径0.5、厚0.125厘米，重3.73克。

2007YY西ⅠT5③：2，小平钱。直径2.4、穿径0.6、厚0.16厘米，重3.87克。

2007YY西ⅠT5③：23，小平钱。直径2.3、穿径0.6、厚0.125厘米，重3.04克。

2007YY西ⅠT11③：2，小平钱。直径2.5、穿径0.6、厚0.105厘米，重3.76克。

2007YY西ⅠT19③：12，小平钱。直径2.4、穿径0.7、厚0.14厘米，重3.36克。

2007YY西ⅠT25③：2，小平钱。直径2.3、穿径0.6、厚0.13厘米，重3.82克。

2007YY东T7H23：2，小平钱。直径2.3、穿径0.5、厚0.13厘米，重3.67克。

2007YY东T7J4：8，小平钱。直径2.3、穿径0.6、厚0.115厘米，重3.01克。

2007YY东T7H31：1，小平钱。直径2.4、穿径0.6、厚0.12厘米，重3.43克。

2007YY东T10J5：41，小平钱。直径2.45、穿径0.6、厚0.12厘米，重3.87克。

B型　15枚。隶书。圆形方穿。钱文楷书"熙宁元宝"，旋读。

2006YY西ⅠT25H239：2，小平钱。直径2.4、穿径0.6、厚0.14厘米，重4.53克（图三四五，1）。

2007YY西ⅠT15③：26，圆形花穿。小平钱。直径2.4、穿径0.6、厚0.16厘米，重4.03克（图三四五，2）。

2006YY西ⅠT25H283：1，"熙"字左边多一"丨"。小平钱。直径2.3、穿径0.5、厚0.16厘米，重4.25克（图三四五，3）。

2006YY西ⅠH72：1，小平钱。直径2.4、穿径0.6、厚0.13厘米，重4克。

2006YY西ⅠT18②：1，小平钱。直径2.4、穿径0.6、厚0.11厘米，重3.43克。

2006YY西ⅠT21②：2，小平钱。直径2.4、穿径0.6、厚0.14厘米，重3.23克。

2006YY西ⅠT26东隔梁②：1，小平钱。直径2.4、穿径0.6、厚0.13厘米，重3.88克。

2007YY西ⅠT15③：17，小平钱。直径2.3、穿径0.5、厚0.15厘米，重2.9克。

2007YY西ⅠT18③：1，小平钱。直径2.3、穿径0.6、厚0.15厘米，重3.64克。

2007YY西ⅠT20H102：1，小平钱。直径2.45、穿径0.6、厚0.11厘米，重2.65克。

2007YY西ⅠT22③：8，小平钱。直径2.4、穿径0.6、厚0.15厘米，重4.27克。

2007YY东T10③：6，小平钱。直径2.4、穿径0.7、厚0.11厘米，重3.3克。

2007YY东T11③：5，小平钱。直径2.3、穿径0.6、厚0.14厘米，重3.79克。

2007YY东T11H70：1，小平钱。直径2.5、穿径1.6、厚0.1厘米，重3.33克。

2007YY东T14H188：2，小平钱。直径2.4、穿径0.6、厚0.11厘米，重3.53克。

20. 熙宁重宝

2枚。圆形方穿。钱文隶书"熙宁重宝"，旋读。

2007YY西ⅠT8③：18，折二钱。直径3.05、穿径0.6、外郭宽0.3、厚0.13厘米，重5.84克（图三四五，4）。

2006YY西ⅠT28①：2，折二钱。直径2.9、穿径0.6、厚0.13厘米，重6.42克。

21. 元丰通宝

34枚。据字体不同分为二型。

A型　17枚。篆书。圆形方穿。钱文篆书"元丰通宝"，旋读。其中小平钱14枚，折二钱3枚。

2006YY西ⅠT25H269：3，折二钱。直径2.9、穿径0.7、厚0.17厘米，重7.16克（图三四五，5）。

2007YY东T3L1②：7，小平钱。直径2.5、穿径0.6、外郭宽0.35、厚0.125厘米，重4.06克（图三四五，6）。

2007YY西ⅠT18③：9，小平钱。直径2.35、穿径0.7、厚0.12厘米，重3.22克（图三四五，7）。

2006YY西ⅠT21H168：1，小平钱。直径2.4、穿径0.7、厚0.14厘米，重4.48克。

2006YY西ⅠT26③：6，折二钱。直径2.8、穿径0.6、外郭宽0.3、厚0.18厘米，重6.43克。

2006YY西ⅠT32①：1，小平钱。直径2.3、穿径0.6、厚0.15厘米，重3.48克。

2006YY西ⅡT4②：2，小平钱。直径2.4、穿径0.6、厚0.13厘米，重4.22克。

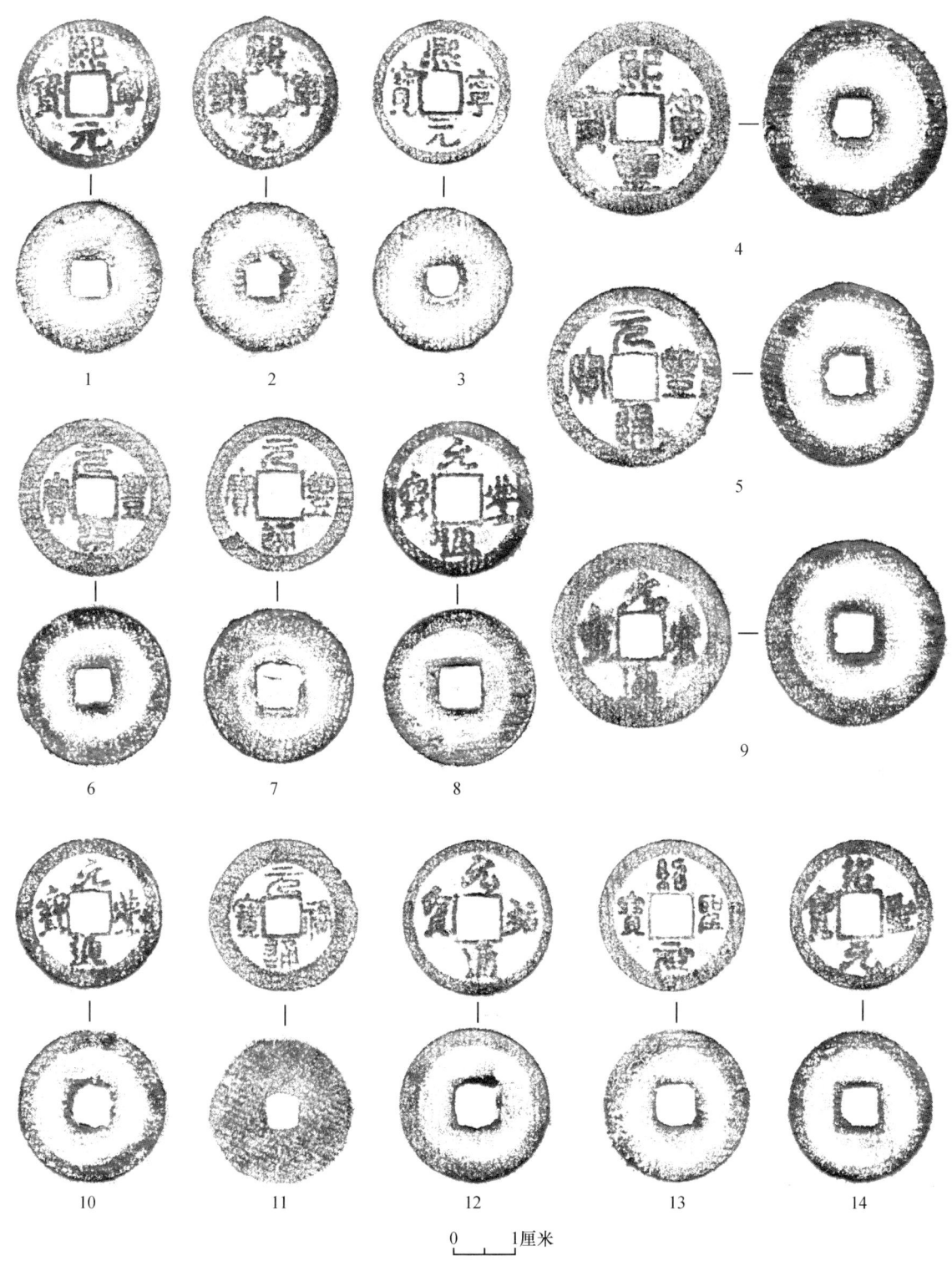

图三四五　宋代钱币

1~3. B型熙宁元宝（2006YY西ⅠT25H239∶2、2007YY西ⅠT15③∶26、2006YY西ⅠT25H283∶1）　4. 熙宁重宝（2007YY西ⅠT8③∶18）　5~7. A型元丰通宝（2006YY西ⅠT25H269∶3、2007YY东T3L1②∶7、2007YY西ⅠT18③∶9）　8~10. B型元丰通宝（2006YY西ⅠT20②∶21、2007YY西ⅠT23③∶3、2007YY西ⅠT22③∶6）　11. A型元祐通宝（2006YY西ⅠT25④∶1）　12. B型元祐通宝（2006YY西ⅠT26H224∶1）　13. A型绍圣元宝（2007YY西ⅠT5③∶15）　14. B型绍圣元宝（2006YY西ⅠT25②∶2）

2007YY西ⅠT1③∶3，小平钱。直径2.4、穿径0.6、厚0.13厘米，重3.32克。

2007YY西ⅠT15③∶21，小平钱。直径2.4、穿径0.6、厚0.125厘米，重3.44克。

2007YY西ⅠT15③∶24，折二钱。直径2.85、穿径0.7、厚0.145厘米，重6.03克。

2007YY西ⅠT15⑤∶40，小平钱。直径2.4、穿径0.65、厚0.13厘米，重3.92克。

2007YY西ⅠT21J5∶2，小平钱。直径2.4、穿径0.7、厚0.13厘米，重3.65克。

2007YY东T10J5∶35，小平钱。直径2.4、穿径0.7、厚0.15厘米，重4.4克。

2007YY东T11③∶13，小平钱。直径2.4、穿径0.7、厚0.125厘米，重3.25克。

2007YY东T11J6∶12，小平钱。直径2.4、穿径0.7、厚0.14厘米，重4.06克。

2007YY东T12G3∶3，小平钱。直径2.4、穿径0.6、厚0.11厘米，重5.14克。

2007YY东T13H153∶29，小平钱。直径2.4、穿径0.6、厚0.145厘米，重4.02克。

B型　17枚。行书。圆形方穿。钱文行书"元丰通宝"，旋读。其中小平钱15枚，折二钱2枚。

2006YY西ⅠT20②∶21，小平钱。直径2.5、穿径0.7、厚0.11厘米，重3.36克（图三四五，8）。

2007YY西ⅠT23③∶3，折二钱。直径3、穿径0.7、外郭宽0.4、厚0.17厘米，重7.44克（图三四五，9）。

2007YY西ⅠT22③∶6，圆形花穿。小平钱。直径2.4、穿径0.6、厚0.12厘米，重3.6克（图三四五，10）。

2006YY西ⅠT6H81①∶10，小平钱。直径2.4、穿径0.6、厚0.135厘米，重3.48克。

2006YY西ⅠT26③∶2，小平钱。直径2.5、穿径0.7、厚0.13厘米，重4.02克。

2007YY西ⅠT2H327∶3，小平钱。直径2.45、穿径0.7、厚0.125厘米，重3.61克。

2007YY西ⅠT13③∶2，圆形花穿。小平钱。直径2.3、穿径0.6、厚0.14厘米，重3.81克。

2007YY西ⅠT15③∶7，小平钱。直径2.4、穿径0.6、厚0.12厘米，重3.78克。

2007YY西ⅠT15③∶23，折二钱。直径2.9、穿径0.7、外郭宽0.4、厚0.14厘米，重6.01克。

2007YY西ⅠT15③∶25，小平钱。直径2.35、穿径0.6、厚0.12厘米，重3.42克。

2007YY西ⅠT15③∶31，小平钱。直径2.3、穿径0.7、厚0.1厘米，重3.37克。

2007YY西ⅠT20②∶1，小平钱。直径2.4、穿径0.7、厚0.13厘米，重3.36克。

2007YY西ⅠT23①∶1，小平钱。直径2.5、穿径0.7、厚0.14厘米，重4.63克。

2007YY东T10现代坑1∶2，小平钱。直径2.5、穿径0.7、厚0.125厘米，重3.89克。

2007YY东T10⑤∶4，小平钱。直径2.5、穿径0.7、厚0.115厘米，重3.29克。

2007YY东T10⑤∶5，小平钱。直径2.5、穿径0.7、厚0.11厘米，重3.49克。

2007YY东T11H211∶1，小平钱。直径2.4、穿径0.5、厚0.125厘米，重3.46克。

22. 元祐通宝

14枚。据字体不同分为二型。

A型　8枚。篆书。圆形方穿。钱文篆书"元祐通宝"，旋读。其中小平钱7枚，折二钱1枚。

2006YY西ⅠT25④：1，小平钱。直径2.5、穿径0.5、外郭宽0.35、厚0.12厘米，重3.44克（图三四五，11）。

2006YY西ⅠT26②：1，小平钱。直径2.5、穿径0.7、厚0.11厘米，重2.99克。

2006YY西ⅠT26H212：1，圆形花穿。小平钱。直径2.5、穿径0.7、厚0.115厘米，重4.01克。

2007YY西ⅠT21③：7，圆形花穿。小平钱。直径2.5、穿径0.7、厚0.115厘米，重3.7克。

2007YY西ⅠT23③：2，折二钱。直径3、穿径0.7、厚0.19厘米，重7.44克。

2007YY东T10③：4，小平钱。直径2.5、穿径0.7、厚0.115厘米，重3.57克。

2007YY东T10J5：29，小平钱。直径2.4、穿径0.7、厚0.135厘米，重3.68克。

2007YY东T10J5：30，小平钱。直径2.4、穿径0.7、厚0.12厘米，重3.79克。

B型　6枚。行书。圆形方穿。钱文行书"元祐通宝"，旋读。

2006YY西ⅠT26H224：1，小平钱。直径2.5、穿径0.7、厚0.14厘米，重4.07克（图三四五，12）。

2006YY西ⅠT18④：3，小平钱。直径2.45、穿径0.7、厚0.15厘米，重4.05克。

2007YY西ⅠT1H128：1，圆形花穿。小平钱。直径2.5、穿径0.6、厚0.09厘米，重3.72克。

2007YY西ⅠT20③：7，小平钱。直径2.45、穿径0.7、厚0.115厘米，重4.05克。

2007YY西ⅠT20H189：1，小平钱。直径2.4、穿径0.7、厚0.15厘米，重4.37克。

2007YY东T9H147：15，小平钱。直径2.45、穿径0.7、厚0.115厘米，重4.48克。

23. 绍圣元宝

5枚。据字体不同分为二型。

A型　3枚。篆书。圆形方穿。钱文篆书"绍圣元宝"，旋读。

2007YY西ⅠT5③：15，小平钱。直径2.4、穿径0.7、厚0.14厘米，重3.75克（图三四五，13）。

2007YY西ⅠT8③：28，小平钱。直径2.4、穿径0.5、厚0.125厘米，重3.22克。

2007YY西ⅠT20H190：1，小平钱。直径2.4、穿径0.5、厚0.13厘米，重3.63克。

B型　2枚。行书。圆形方穿。钱文行书"绍圣元宝"，旋读。

2006YY西ⅠT25②：2，小平钱。直径2.4、穿径0.6、厚0.16厘米，重3.97克（图三四五，14）。

2007YY东T11③：4，小平钱。直径2.3、穿径0.6、厚0.15厘米，重4.17克。

24. 元符通宝

2枚。圆形方穿。钱文行书"元符通宝"，旋读。

2007YY西ⅠT15③：33-2，圆形花穿。小平钱。直径2.5、穿径0.6、外郭宽0.3、厚0.1厘米，重2.76克（图三四六，1）。

2007YY东T6G3：2，小平钱。直径2.4、穿径0.6、厚0.13厘米，重3.71克。

25. 圣宋元宝

4枚。据字体不同分为二型。

A型　1枚。篆书。

2006YY西ⅠT4②：7，圆形方穿。钱文篆书"圣宋元宝"，旋读。钱文磨损较严重。国号钱。小平钱。直径2.3、穿径0.6、厚0.12厘米，重3.76克（图三四六，2）。

B型　3枚。行书。圆形方穿。钱文行书"圣宋元宝"，旋读。

2006YY西ⅠT2H5②：1，小平钱。直径2.55、穿径0.6、厚0.16厘米，重4.78克（图三四六，3）。

2007YY西ⅠT4③：3，小平钱。直径2.35、穿径0.6、厚0.13厘米，重3.61克。

2007YY东T11J6：9，小平钱。直径2.4、穿径0.7、厚0.135厘米，重3.5克。

26. 崇宁通宝

4枚。圆形方穿。钱文瘦金体"崇宁通宝"，旋读。当十大钱。

2006YY西ⅠT16H95：4，直径3.4、穿径0.8、厚0.3厘米，重11.64克。

2006YY西ⅠT18②：8，直径3.4、穿径0.8、厚0.23厘米，重10.32克。

2007YY西ⅠT19H304：2，直径3.5、穿径0.8、厚0.28厘米，重10.95克。

2007YY西ⅠT4③：1，直径3.4、穿径0.8、厚0.255厘米，重9.96克。

27. 崇宁重宝

3枚。圆形方穿。钱文隶书"崇宁重宝"，直读。当十大钱。

2006YY西ⅠT10H56：1，直径3.5、穿径0.8、厚0.21厘米，重9.83克。

2006YY西ⅠT12②：1，直径3.3、穿径0.7、厚0.185厘米，重10.27克。

2007YY西ⅠT11H110东隔梁：2，直径3.3、穿径0.8、厚0.2厘米，重8.86克。

28. 大观通宝

4枚。圆形方穿。钱文瘦金体"大观通宝"，直读。其中小平钱2枚，折十大钱2枚。

2007YY西ⅠT11③：5，小平钱。直径2.4、穿径0.7、厚0.17厘米，重3.99克（图三四六，4）。

2006YY西ⅠT8②：3，字口深峻。当十大钱。直径4.2、穿径1.1、厚0.3厘米，重15.78克（图三四六，10）。

2006YY西ⅠT4H54⑤：16，当十大钱。直径4.2、穿径1.1、厚0.24厘米，重12.79克。

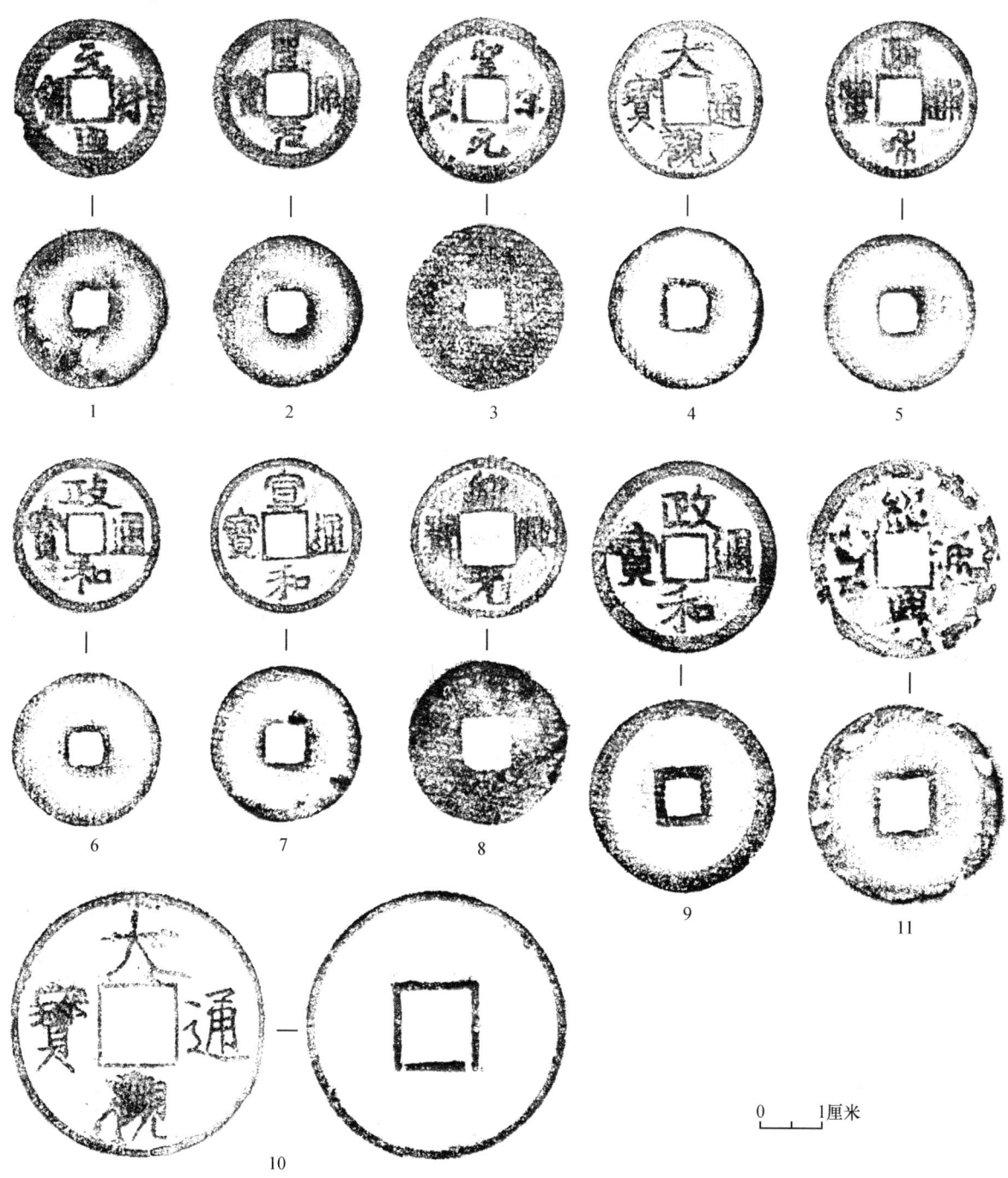

图三四六 宋代钱币

1. 元符通宝（2007YY西ⅠT15③：33-2） 2. A型圣宋元宝（2006YY西ⅠT4②：7） 3. B型圣宋元宝（2006YY西ⅠT2H5②：1） 4、10. 大观通宝（2007YY西ⅠT11③：5、2006YY西ⅠT8②：3） 5. A型政和通宝（2007YY西ⅠT1②：3） 6、9. B型政和通宝（2007YY东T10H152：2、2007YY东T11③：11） 7. 宣和通宝（2006YY西ⅠT17②：2） 8. 绍兴元宝（2006YY西ⅠT24②：6） 11. 绍兴通宝（2007YY西ⅠT8③：12）

2007YY东T8H24：1，小平钱。直径2.4、穿径0.6、厚0.16厘米，重3.26克。

29. 政和通宝

5枚。据字体不同分为二型。

A型　2枚。篆书。圆形方穿。钱文篆书"政和通宝"，直读。其中小平钱1枚，折二钱1枚。

2007YY西ⅠT1②：3，小平钱。直径2.4、穿径0.6、厚0.15厘米，重3.23克（图三四六，5）。

2006YY西ⅠT19②：37，折二钱。直径3.1、穿径0.7、外郭宽0.4、厚0.15厘米，重5.93克。

B型　3枚。隶书。圆形方穿。钱文隶书"政和通宝"，直读。其中小平钱2枚，折二钱1枚。

2007YY东T10H152：2，小平钱。直径2.4、穿径0.5、厚0.14厘米，重2.9克（图三四六，6）。

2006YY西ⅠT19③：4，小平钱。直径2.5、穿径0.5、厚0.12厘米，重3.68克。

2007YY东T11③：11，折二钱。直径3、穿径0.6、厚0.19厘米，重6.51克（图三四六，9）。

30. 宣和通宝

2枚。圆形方穿。钱文隶书"宣和通宝"，直读。

2006YY西ⅠT17②：2，"宣和通宝"，小平钱。直径2.4、穿径0.6、厚0.14厘米，重3.63克（图三四六，7）。

2007YY西ⅠT19③：9，"宣和通宝"，小平钱。直径2.5、穿径0.75、厚0.13厘米，重3.9克。

31. 绍兴元宝

1枚。

2006YY西ⅠT24②：6，铁钱。圆形方穿。钱文楷书"绍兴元宝"，旋读。锈蚀残损。小平钱。直径2.5、穿径0.8、厚0.06厘米，重1.81克（图三四六，8）。

32. 绍兴通宝

1枚。

2007YY西ⅠT8③：12，铁钱。圆形方穿。钱文楷书"绍兴通宝"，直读。残损严重。折二钱。直径3.1、穿径0.8、厚0.14厘米，重4.95克（图三四六，11）。

三、金代钱币

2枚。正隆元宝。

2007YY东T7H31：2，圆形方穿。钱文楷书"正隆元宝"，"正"字的最后两笔连写成一笔，旋读。小平钱。直径2.4、穿径0.6、厚0.14厘米，重3.02克（图三四七，1）。

2007YY西ⅠT8③：22，圆形方穿。钱文楷书"正隆元宝"，"正"字五笔，旋读。表面锈蚀。小平钱。直径2.4、穿径0.6、厚0.15厘米，重3.47克。

四、明代钱币

1枚。洪武通宝。

2007YY东T3③B：3，圆形方穿。钱文楷书"洪武通宝"，直读。小平钱。直径2.3、穿径0.6、厚0.14厘米，重3.38克（图三四七，2）。

五、清代钱币

23枚。

1. 顺治通宝

1枚。

2007YY东T7②：1，圆形方穿。钱文楷书"顺治通宝"，直读，背满文"宝泉"，左读。小平钱。钱文及背文磨损严重。锈蚀。直径1.65、穿径0.6、厚0.06厘米，重0.61克。

2. 康熙通宝

1枚。

2006YY西ⅠT18②：4，圆形方穿。钱文楷书"康熙通宝"，直读。外郭残。小平钱。直径2.3、穿径0.5、外郭宽0.3、厚0.08厘米，重2.3克（图三四七，3）。

3. 雍正通宝

1枚。

2006YY西ⅠT15②：5，圆形方穿。钱文楷书"雍正通宝"，直读，背满文"宝泉"，左读。小平钱。钱文磨损严重。直径1.6、穿径0.6、厚0.09厘米，重0.93克。

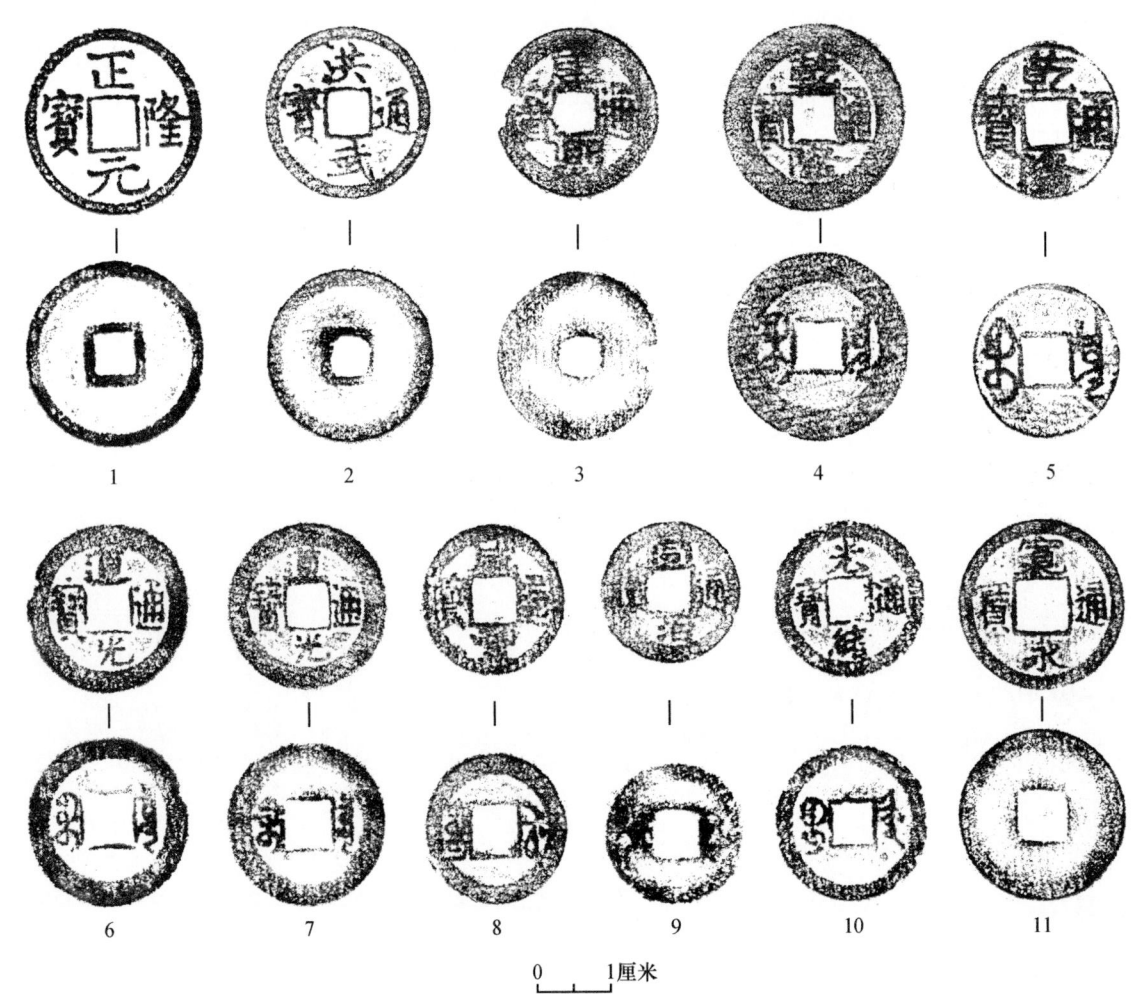

图三四七　金、明、清、日本钱币

1. 正隆元宝（2007YY东T7H31：2）　2. 洪武通宝（2007YY东T3③B：3）　3. 康熙通宝（2006YY西ⅠT18②：4）　4、5. 乾隆通宝（2007YY西ⅠT25②：1、2006YY西ⅠT20①：2）　6、7. 道光通宝（2006YY西ⅠT32H247：1、2007YY西ⅠT15②：1）　8. 咸丰通宝（2006YY西ⅠT8H75：2）　9. 同治通宝（2006YY西ⅠT18②：9）　10. 光绪通宝（2006YY西ⅠT32H247：4）　11. 宽永通宝（2006YY西ⅠT32H247：3）

4. 乾隆通宝

6枚。圆形方穿。钱文楷书"乾隆通宝"，直读。

2007YY西ⅠT25②：1，背满文"宝泉"，左读。小平钱。直径2.5、穿径0.55、外郭宽0.4、厚0.09厘米，重3.08克（图三四七，4）。

2006YY西ⅠT20①：2，背满文"宝泉"，左读。小平钱。直径2、穿径0.55、厚0.1厘米，重1.79克（图三四七，5）。

2006YY西ⅠT32H247：2，背满文"宝源"，左读。小平钱。直径2.25、穿径0.5、外郭宽0.3、厚0.14厘米，重3.47克。

2007YY西ⅠT2②：1，背满文"宝源"，左读。钱文磨损。锈蚀。花穿几成圆形，外郭残损。小平钱。直径2.25、穿径0.8、厚0.12厘米，重2.36克。

2007YY东T3③B：1，背满文"宝泉"，左读。钱文磨损。小平钱。直径1.8、穿径0.65、厚0.07厘米，重0.98克。

2007YY东T10②：2，背满文"宝源"，左读。钱文磨损。残。小平钱。直径1.9、穿径0.7、厚0.09厘米，重1.08克。

5. 道光通宝

7枚。圆形方穿。钱文楷书"道光通宝"，直读。

2006YY西ⅠT32H247：1，"道光通宝"，背满文"宝泉"，左读。外郭微残。小平钱。直径2.2、穿径0.6、外郭宽0.3、厚0.14厘米，重3.61克（图三四七，6）。

2007YY西ⅠT15②：1，背满文"宝泉"，左读。小平钱。直径2.15、穿径0.65、厚0.18厘米，重3.81克（图三四七，7）。

2006YY西ⅠT8①：3，背满文"宝源"，左读。钱文及背文均磨损。外郭微残。小平钱。直径1.65、穿径0.65、厚0.06厘米，重0.71克。

2006YY西ⅠT15②：4，背满文"宝源"，左读。小平钱。直径1.9、穿径0.6、厚0.25厘米，重2.61克。

2006YY西ⅠT18②：13，背满文"宝泉"，左读。小平钱。直径2.2、穿径0.6、厚0.27厘米，重3.92克。

2006YY西ⅠT28①：1，背满文"宝广"，左读。小平钱。直径2.05、穿径0.55、厚0.07厘米，重1.35克。

2007YY西ⅠT2H40：2，背满文"宝□"，左读。钱文、背文均磨损。小平钱。直径1.8、穿径0.4、厚0.05厘米，重0.89克。

6. 咸丰通宝

2枚。圆形方穿。钱文楷书"咸丰通宝"，直读。

2006YY西ⅠT8H75：2，背满文"宝苏"，左读。钱文磨损。锈蚀。小平钱。直径2、穿径0.6、厚0.1厘米，重2.02克（图三四七，8）。

2006YY西ⅠT15②：3，钱背磨损严重，背文不可识。小平钱。直径1.8、穿径0.6、厚0.08厘米，重1.15克。

7. 同治通宝

2枚。圆形方穿。钱文楷书"同治通宝"，直读。

2006YY西ⅠT18②：9，背文磨损。锈蚀。小平钱。直径1.9、穿径0.6、厚0.09厘米，重1.62克（图三四七，9）。

2006YY西ⅠT3H41：1，钱文及背文磨损。小平钱。直径1.7、穿径0.6、厚0.06厘米，重0.74克。

8. 光绪通宝

3枚。圆形方穿。钱文楷书"光绪通宝"，直读。

2006YY西ⅠT32H247：4，背满文"宝源"，左读。小平钱。直径2.05、穿径0.6、厚0.11厘米，重2.1克（图三四七，10）。

2007YY东T15H17：2，背满文"宝泉"，左读。钱文及背文磨损。锈蚀。外郭微残。小平钱。直径2、穿径0.5、厚0.13厘米，重2.16克。

2006YY西ⅠT1①：1，背满文"宝源"，左读。外郭微残。小平钱。直径2、穿径0.45、厚0.09厘米，重1.57克。

六、压 胜 钱

1枚。

2007YY西ⅠT2③：3，压胜钱。穿有一道凹陷纹，钱肉镂空双凤，首尾相连。直径5.8、穿径1.05、厚0.21厘米，重28.13克（图版一〇四，1、2）。

七、日 本 钱 币

1枚。宽永通宝。

2006YY西ⅠT32H247：3，钱文楷书"宽永通宝"，直读。形制规整，字体隽秀健劲，笔画纤细。小平钱。直径2.2、穿径0.7、厚0.1厘米，重2.29克（图三四七，11）。

另有57枚铜钱钱文不明。

第五章 遗物之四——其他质地遗物

禹州阳翟故城遗址还出土石器、骨器、蚌器和玻璃器等。

第一节 石　　器

59件。包括石雕童子、砚、斧、纺轮、杵、球、丸、石英珠、残石器、石料等。

一、石雕童子

1件。

2006YY西ⅠT8M1：1，整石块斫成，背面残。一童子两腿站立，两臂张开，身体前倾伏于一物上，头扭向左侧。圆脸，五官清晰——弯眉，圆睛，椭圆嘴，长耳，头顶留发一小撮。手臂、身体及腿部均刻线纹，被伏物亦刻数道横、竖线纹。背部至底两面对钻一穿孔。长2.8、残宽1、高2.3厘米（图三四八，1；图版一〇三，1～5）。

二、砚

2件。

2007YY西ⅠT3③：2，长方形，砚首弧边，水池椭圆形凹槽，墨池近椭圆形。砚面四周刻线纹。长9.2、宽8、厚1.5厘米，砚首长6.1、宽1.1厘米，水池长5.4、宽1.7、深1厘米，墨池最大径4.8、深0.7厘米（图三四八，3；图版一〇二，1～3）。

2006YY西ⅠT6H81①：8，残。砚面内凹较深。器外壁线刻菱形纹，内刻卷云纹。残长5.7、残宽8、厚3.7、砚面深3厘米。

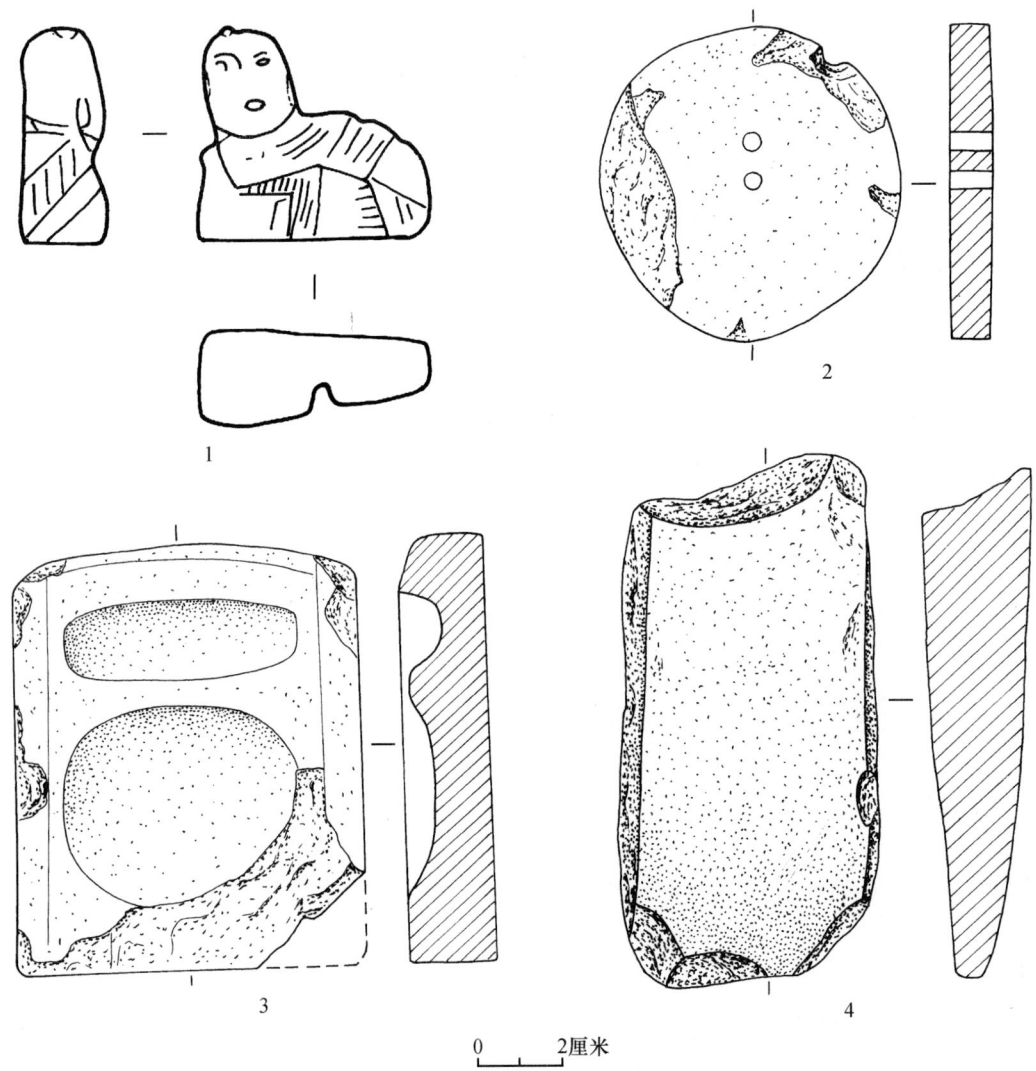

图三四八　石雕童子、砚、斧、纺轮
1.石雕童子（2006YY西ⅠT8M1∶1）　2.纺轮（2006YY西ⅠT8①∶2）　3.砚（2007YY西ⅠT3③∶2）
4.斧（2007YY西ⅠT23②∶2）

三、斧

1件。

2007YY西ⅠT23②∶2，残。残长10.5、宽5.5、厚0.7～2厘米，刃残长3.6厘米（图三四八，4）。

四、纺　　轮

1件。

2006YY西ⅠT8①：2，圆形。中间并排两穿孔，均为两面对钻而成。直径6.8厘米，厚0.9厘米，靠近边缘一孔径0.6厘米，位于正中间一孔径0.5厘米（图三四八，2；图版一〇一，6）。

五、杵

1件。

2006YY西ⅠT8②：2，柱状。由顶至底逐渐变大。横截面呈八边形。顶面和底面微弧；顶面边缘平直；底面边缘围以八道相连的弧线。长13.7、顶面直径2.2、底面直径3.3厘米（图三四九，1；图版一〇三，6）。

六、球

42件。圆球体，大小略有不同。

2007YY西ⅠT19H381：8，表面黑色。直径3.5厘米（图三四九，3；图版八五，1）。

2007YY西ⅠT8J1：4，表面有圈状白色物质。直径5.3厘米（图三四九，7；图版一〇二，6）。

2006YY西ⅠT6H81③：17，表面氧化。直径4.9厘米（图版一〇二，4）。

2007YY西ⅠT6J11①：1，表面有圈状白色物质。直径4.7厘米（图版一〇二，5）。

2006YY西ⅠT1H19：2，残存半个。直径3.9厘米。

2006YY西ⅠT4H54⑤：12，残存四分之一个。表面被撞击后残损。直径4.8厘米。

2006YY西ⅠT4H54⑤：13，残。表面氧化。直径4.8厘米。

2006YY西ⅠT6H44①：4，残存四分之一个。残径5.1厘米。

2006YY西ⅠT6H81①：36，残存半个。表面有圈状白色物质。直径5.7厘米。

2006YY西ⅠT6H81③：38，残存小半个。表面有圈状白色物质。残径5.4厘米。

2006YY西ⅠT10②：1，表面有圈状白色物质。直径5.4厘米。

2006YY西ⅠT19①：2，残存半个。表面被撞击后残损。直径4.3厘米。

2006YY西ⅠT19②：35，残存小半个。直径5厘米。

2006YY西ⅠT22⑤：1，残存三分之一个。表面有圈状白色物质。直径5厘米。

2006YY西ⅠT32H258：6，残存半个。表面有圈状白色物质。直径5.2厘米。

2006YY西ⅠT32H258：7，残存大半个。表面有圈状白色物质。直径5.1厘米。

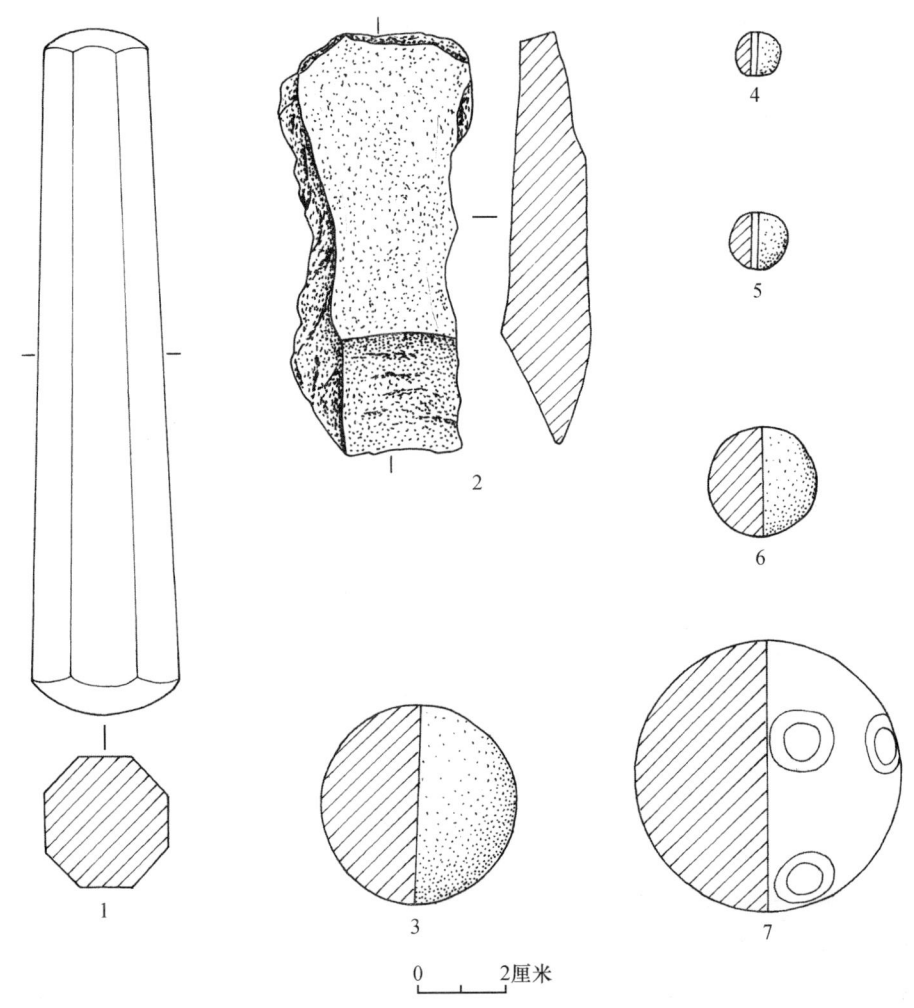

图三四九　石杵、球、丸、石英珠、残石器
1. 杵（2006YY西ⅠT8②：2）　2. 残石器（2006YY西ⅠT11①：1）　3、7. 球（2007YY西ⅠT19H381：8、2007YY西ⅠT8J1：4）
4、5. 石英珠（2007YY东T4H60：2、2007YY东T9③：5）　6. 丸（2007YY西ⅠT2H1：3）

2007YY西ⅠT1H44：1，表面被撞击后残损。直径5.1厘米。

2007YY西ⅠT3③：7，表面氧化。直径5厘米。

2007YY西ⅠT4③：2，残存半个。直径4.2厘米。

2007YY西ⅠT6③：5，表面被撞击后残损。直径4.8厘米。

2007YY西ⅠT11③：10，表面有圈状白色物质。直径4.6厘米。

2007YY西ⅠT15H371：3，表面有圈状白色物质。直径4.1厘米。

2007YY西ⅠT15H371：6，表面被撞击后残损。直径4.4厘米。

2007YY西ⅠT15H371：5，表面被撞击后残损。直径4.5厘米。

2007YY西ⅠT15J4：3，残存大半个。表面有圈状白色物质。直径4.7厘米。

2007YY西ⅠT17③：7，残存半个。表面有圈状白色物质。直径5.7厘米。

2007YY西ⅠT21H151：4，表面有圈状白色物质。直径5厘米。

2007YY西ⅠT20H151：21，残存大半个。表面有圈状白色物质。直径5.2厘米。

2007YY西ⅠT20H151：22，表面有圈状白色物质。直径4.9厘米。

2007YY西ⅠT21H365：2，表面有圈状白色物质。直径5.2厘米。

2007YY西ⅠT24H81：1-1，残存四分之三个。表面有圈状白色物质。直径5.3厘米。

2007YY西ⅠT24H81：1-2，残存半个。表面有圈状白色物质。直径5.2厘米。

2007YY西ⅠT24H81：1-3，残存半个。表面有圈状白色物质。直径6.1厘米。

2007YY西ⅠT24H81：1-4，残存小半个。表面有圈状白色物质。残径5.5厘米。

2007YY西ⅠT24H81：1-5，残存小半个。表面有圈状白色物质。残径5.4厘米。

2007YY东T7H124：9，表面有圈状白色物质。直径4.8厘米。

2007YY东T8③：1，残。表面有圈状白色物质。直径4.9厘米。

2007YY东T9G1：2，残存三分之一个。表面有圈状白色物质。残径4.4厘米。

2007YY东T11②：6，残存半个。表面有圈状白色物质。直径5.3厘米。

2007YY东T13H153：4，残存半个。表面有圈状白色物质。直径5.7厘米。

2007YY东T13H153：23，残存半个。表面有圈状白色物质。直径5.5厘米。

2007YY东T13H153：24，残存大半个。表面有圈状白色物质。直径4.7厘米。

七、丸

4件。

2007YY西ⅠT2H1：3，球体，表面有数个环形白色物质。直径2.2厘米（图三四九，6）。

2007YY西ⅠT23H296：2，球体。直径2.7厘米（图版八五，4）。

2007YY西ⅠT15③：4，球体。直径2.2厘米（图版八五，3）。

2007YY西ⅠT15③：6，近椭圆体。长径2.1、短径1.7厘米。

八、石 英 珠

3件。

2007YY东T9③：5，近球体。中间两面对钻一穿孔。直径1.1、孔径0.3厘米（图三四九，5）。

2007YY东T4H60：2，近球体，残。中间两面对钻一穿孔。直径1.1、孔径0.4厘米（图三四九，4）。

2007YY西ⅠT8H35：3，略带黄白色，透明。纺锤形，沿长轴有一贯穿小孔。径长0.24~1.1、高2.55厘米。

九、残 石 器

3件。

2006YY西ⅠT11①：1，斧形。器形不规整。长9.3、最大宽4.2、最小宽2.4、最大厚2.5厘米（图三四九，2）。

2006YY西ⅠT8②：1，长方形。残长2.6、残宽3.2、厚1.3厘米。

2006YY西ⅠT1H59：06，近长方体。长5.3、宽3.1、厚1.85厘米。

十、石 料

1件。

2006YY西ⅠT5②：1，近梯形。边沿斜弧。长10.7、最大宽5.3、最大厚1.1厘米。

第二节 骨 器

136件。包括梳、笄、刷、匕、针、镞、角、残骨器、骨料等。

一、梳

11件。据结构不同分为二型。

A型 1件。齿与背分离。

2006YY西ⅠT5J12：1，仅存梳背。半椭圆形，一边直，另三边弧。背上靠近内侧中间处刻短齿线，未穿透。一面短齿19个，背与齿之间有一道凹陷纹；另一面短齿22个，背与齿之间有一道不明显的凹弦纹，齿与弦纹交叠。由中间至尾端逐渐变薄。直边的两端各有两个插孔。长9.5、宽1.85、厚0.235～0.62厘米（图三五〇，1；图版一〇六，3、4）。

B型 10件。齿与背为一体。据形状不同分为二亚型。

Ba型 8件。弧背。

2007YY西ⅠT23H296：4，齿残。弧背，由中间至尾端逐渐变薄。28齿。背与齿之间有一道凹弦纹。由背至齿逐渐变薄。梳残长6.6、宽4.9、厚0.115～0.54厘米，背宽0.2厘米，齿残长0.2～0.9厘米（图三五〇，2；图版一〇九，1、2）。

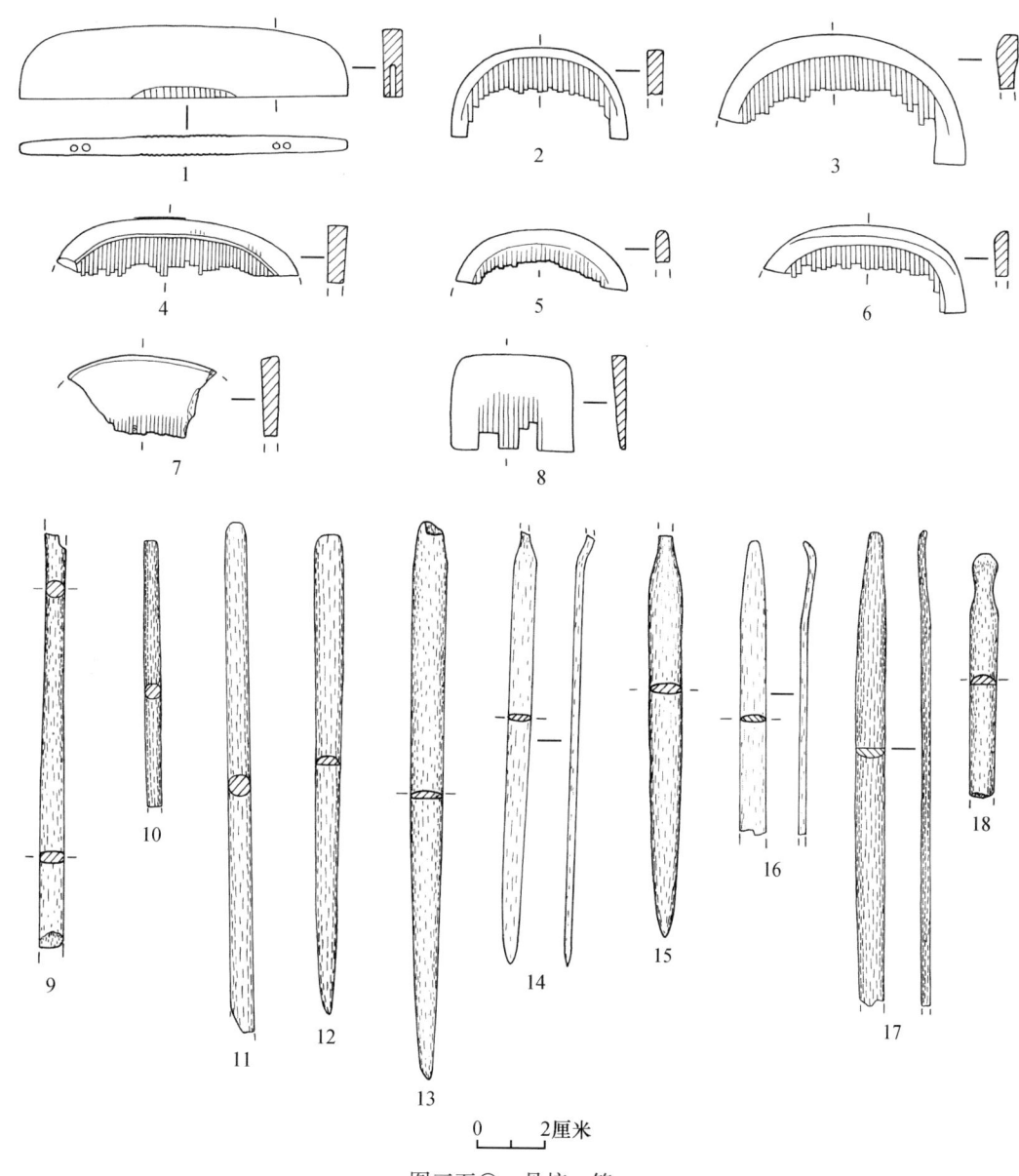

图三五〇　骨梳、笄

1. A型梳（2006YY西ⅠT5J12：1）　2~7. Ba型梳（2007YY西ⅠT23H296：4、2007YY西ⅠT6⑤：1、2006YY西ⅠT22⑤：2、2007YY西ⅠT15H351③：11、2007YY东T10J5：13、2007YY西ⅠT17H338：5）　8. Bb型梳（2007YY西ⅠT15③：15）　9. Aa型笄（2007YY东T10H73：1）　10、11. Ab型笄（2007YY东T10J5：21、2007YY西ⅠT20H151：20）　12~17. Ba型笄（2007YY西ⅠT23H324：1、2007YY东T6H155①：3、2007YY西ⅠT12H229：3、2007YY东T9H147：18、2006YY西ⅠT24H57：3、2007YY西ⅠT22J2：19）　18. Bc型笄（2006YY西ⅠT20②：24）

2007YY西ⅠT6⑤：1，半成品，齿仅加工了一面。已变形。弧背，由中间至尾端逐渐变薄，尾残。残存44齿。齿的另一面尚未加工。背与齿之间有一道凹弦纹。靠近中间齿根处最厚，背尾最薄。梳残长7.2、残宽3.2、厚0.15~0.68厘米，背宽0.4厘米，齿残长0.25~1厘米（图三五〇，3；图版一〇七，4~6）。

2006YY西ⅠT22⑤：2，残。弧背，由中间至尾端逐渐变薄，尾残。残存20齿根。背与齿之间有一道凹弦纹。由背至齿逐渐变薄。器表打磨很光滑。梳残长6.8、残宽1.7、残厚0.36～0.58厘米，背宽0.45厘米，齿残长0.15～1.05厘米（图三五〇，4；图版一〇七，1～3）。

2007YY西ⅠT15H351③：11，齿残。弧背，由中间至尾端逐渐变薄。25齿。背与齿之间有一道凹弦纹。由背至齿逐渐变薄。器表打磨很光滑。梳残长4.9、宽1.9、厚0.175～0.45厘米，背宽0.45厘米，齿残长0.25～0.5厘米（图三五〇，5）。

2007YY东T10J5：13，齿残。已变形。弧背，由中间至尾端逐渐变薄。31齿。背与齿之间有一道凹弦纹。由背至齿逐渐变薄。器表打磨很光滑。梳残长2.2、宽5.8、厚0.22～0.44厘米，背宽0.5厘米，齿残长0.2～0.8厘米（图三五〇，6）。

2007YY西ⅠT17H338：5，残。弧背。残存20齿根。由背至齿逐渐变薄。器表打磨很光滑。梳残长2.2、残宽4.3、残厚0.32～0.5厘米，背宽1.7厘米，齿残长0.18～0.4厘米（图三五〇，7）。

2007YY东T10J5：32，残。弧背，由中间至尾端逐渐变薄，尾残。残存29齿根。背与齿之间有一道凹弦纹。由背至齿逐渐变薄。梳残长1.9、残宽4.5、残厚0.36～0.71厘米，背宽0.3厘米，齿残长0.13～0.73厘米（图版一〇六，5、6）。

2007YY西ⅠT11H214：1-1，齿残。由中间至尾端逐渐变薄。33齿。背与齿之间有一道凹弦纹。由背至齿逐渐变薄。梳残长2.12、宽8.05、厚0.125～0.68厘米，背宽0.4厘米，齿残长0.15～0.52厘米（图版一〇八，1～3）。

Bb型　2件。直背。

2007YY西ⅠT15③：15，齿残。长方形。三面直背，由中间至尾端逐渐变薄。弧肩。13齿，齿根呈弧形排列。由背至齿逐渐变薄。梳长3.4、宽2.65、厚0.06～0.41厘米，中间背宽1.1、尾端背宽0.8厘米，齿长1.1～1.5、宽0.07厘米（图三五〇，8；图版一〇八，4～6）。

2006YY西ⅠT20H114：3，半成品。近长方形。有五个参差不齐的齿，残。背尚未加工。器表朽化。长4.7、宽1.8～2.1、厚0.21～0.5厘米。

二、笄

23件。据结构不同分为二型。

A型　3件。笄身圆形或部分为圆形。分二亚型。

Aa型　1件。笄身前扁后圆。

2007YY东T10H73：1，残。前部扁平，后部圆鼓。笄尾残。器表打磨很光滑。残长11.4、宽0.6～0.8、厚0.26～0.485厘米（图三五〇，9）。

Ab型　2件。笄身圆棍状。

2007YY东T10J5：21，残。圆棍状。一端残。器表打磨很光滑。残长7.4、直径0.41厘米

（图三五〇，10）。

2007YY西ⅠT20H151：20，骨残。圆棍状。一端残，另一端圆鼓。从残端至圆鼓端逐渐变细。器表打磨很光滑。残长13.9、残径0.58~0.68厘米（图三五〇，11）。

B型　20件。笄身扁条状。据形状结构不同分为三亚型。

Ba型　7件。尾部圆弧。

2007YY西ⅠT23H324：1，扁条状。弧面，平背。尾宽首窄，尾厚首薄。器表打磨很光滑。长10.5、最大直径0.59厘米（图三五〇，12）。

2007YY西ⅠT11H325：1，残。扁条状。弧面，平背。尾宽首窄，尾厚首薄。残长8.3、残最大宽0.8、厚0.05~0.21厘米。

2007YY西ⅠT20H198：1，残。扁条状。弧面，平背。尾宽首窄，尾厚首薄。残长8.3、残最大宽0.7、残厚0.13~0.31厘米。

2007YY西ⅠT23H324：2，扁体。弧面，平背。尾宽首窄，尾厚首薄。长13.3、最大宽0.8、厚0.1~0.27厘米。

2007YY西ⅠT25③：5，残。扁条状。截面呈椭圆形。尾宽首窄，尾厚首薄。残长8.2、残最大宽0.7、厚0.12~0.27厘米。

2006YY西ⅠT20②：29，残。扁条状。弧面，平背。面上有三道平行的削痕。残长5.5、残宽0.79~0.88、厚0.3厘米。

2006YY西ⅠT20H114：1，残。细扁条状。弧面，平背。一端呈尖状，另一端残。宽度及厚度逐渐变化。残长2.9、最大宽0.435、厚0.07~0.165厘米。

Bb型　12件。尾部收窄，微翘起。

2007YY东T6H155①：3，扁体。弧面，平背。首微翘，残。由近尾处至首逐渐变细、变薄。尾呈尖状，微残。器表打磨很光滑。残长15.7、最大宽0.95、厚0.09~0.305厘米（图三五〇，13）。

2007YY西ⅠT12H229：3，扁体。弧面，平背。翘首，残。由近尾处至首逐渐变细、变薄。尾呈尖状。器表打磨很光滑。残长12.1、最大宽0.6、厚0.075~0.3厘米（图三五〇，14）。

2007YY东T9H147：18，扁体。弧面，平背。近首处窄细。由近尾处至首逐渐变细、变薄。尾呈尖状。器表打磨很光滑。残长11、最大宽0.88、厚0.1~0.29厘米（图三五〇，15）。

2006YY西ⅠT24H57：3，残。扁条状。弧面，平背。一端窄细，微弧翘，中间有一道削痕；另一端残。残长8.2、宽0.2~0.8、厚0.11~0.245厘米（图三五〇，16）。

2007YY西ⅠT22J2：19，残。扁条状。弧面，平背。一端微弧翘，逐渐内收成圆状，最薄；另一端残。由靠近圆端处至残断处逐渐变细、变薄。器表打磨很光滑。残长13.4、宽0.5~0.9、厚0.125~0.62厘米（图三五〇，17；图版一〇九，4）。

2006YY西ⅠT19②：5，残。细条状。弧面，平背。一端微翘，残；另一端残。残长4.4、宽0.25~0.35、厚0.25厘米。

2006YY西ⅠT20②：8，残。细条状。弧面，平背。一端弧翘，另一端残。残长3.5、宽0.23、厚0.16～0.22厘米。

2006YY西ⅠT20②：12，残。扁条状。弧面，面上有三道平行的削痕。平背。一段翘起，微残；另一端残。残长4.25、宽0.22～0.42、厚0.15～0.3厘米。

2007YY西ⅠT13J3：11，残。扁条状。弧面，平背。一端微翘，窄细，残；另一端残。器表打磨很光滑。残长10.9、最大宽0.75、残最小宽0.57、最大厚0.255、残最小厚0.09厘米（图版一〇九，3）。

2007YY西ⅠT11H214：1-3，残。扁条状。弧面，平背。一端微弧翘，逐渐内收成尖圆状；另一端残。由残断处至尖圆端逐渐变薄。残长9.85、残最大宽0.7、厚0.13～0.31厘米。

2007YY东T6H155②：4-1，残。条状。波浪形面，平背。一端微翘，残；另一端残。器表打磨很光滑。残长6.9、宽0.46、厚0.22～0.29厘米。

2007YY东T6H155②：4-2，残。扁条状。弧面，平背。一端微翘，残；另一端残。宽度及厚度逐渐变化。残长4、宽0.71～0.8、厚0.27～0.34厘米。

Bc型　1件。尾部呈束腰形。

2006YY西ⅠT20②：24，残。扁条状。弧面，平背。面上有三道平行的削痕。尾部束腰。残长6.8、宽0.45～0.78、厚0.28～0.41厘米（图三五〇，18）。

三、刷

3件。

2007YY西ⅠT20H151②：2，柄微残。条状柄，截面呈椭圆形。刷头呈长椭圆形。刷头面两端各有一穿孔，中间有两排对称的穿孔，每排十三个，刷毛不存；刷头背有一细长穿孔，孔下现一长条凸棱。由柄至头逐渐变薄。刷残长10.1、厚0.315～0.585厘米；刷柄残长4.5、长径0.63、短径0.57厘米；刷头长5.3、宽0.9、孔径0.2厘米（图三五一，3；图版一〇五，5、6；图版一〇六，1、2）。

2007YY东T3L1②：3，残。条状柄，截面呈椭圆形。刷头残存长方形，头面尾端有一穿孔，中间有两排对称的穿孔，每排残存七个半，刷毛不存。刷头背靠近边沿各有一细长穿孔，孔下现面上穿孔；中间有一长槽。刷残长7厘米，刷柄残长3.5、长径0.5、短径0.4厘米，刷头残长3.1、宽0.9、厚0.54、孔径0.28厘米（图三五一，4；图版一〇五，1～4）。

2006YY西ⅠT2H27：1，柄微残。条状柄，逐渐变宽，截面呈正方形。刷头呈椭圆形。刷头面七个穿孔成一排，刷毛不存。刷头背有一细长穿孔，孔下现面上穿孔。刷残长8.3厘米，刷柄残长6、截面边长0.27～0.36厘米，刷头长2.3、宽0.35、厚0.3、孔径0.15厘米（图三五一，5；图版一〇四，3～5）。

四、匕

3件。

2006YY西ⅠT20H150：1，一端截面呈梯形，残；另一端尖弧状。逐渐变细。背朽化。残长11.5、面最大宽1、背最大宽0.85、最大厚度1.1厘米（图三五一，2）。

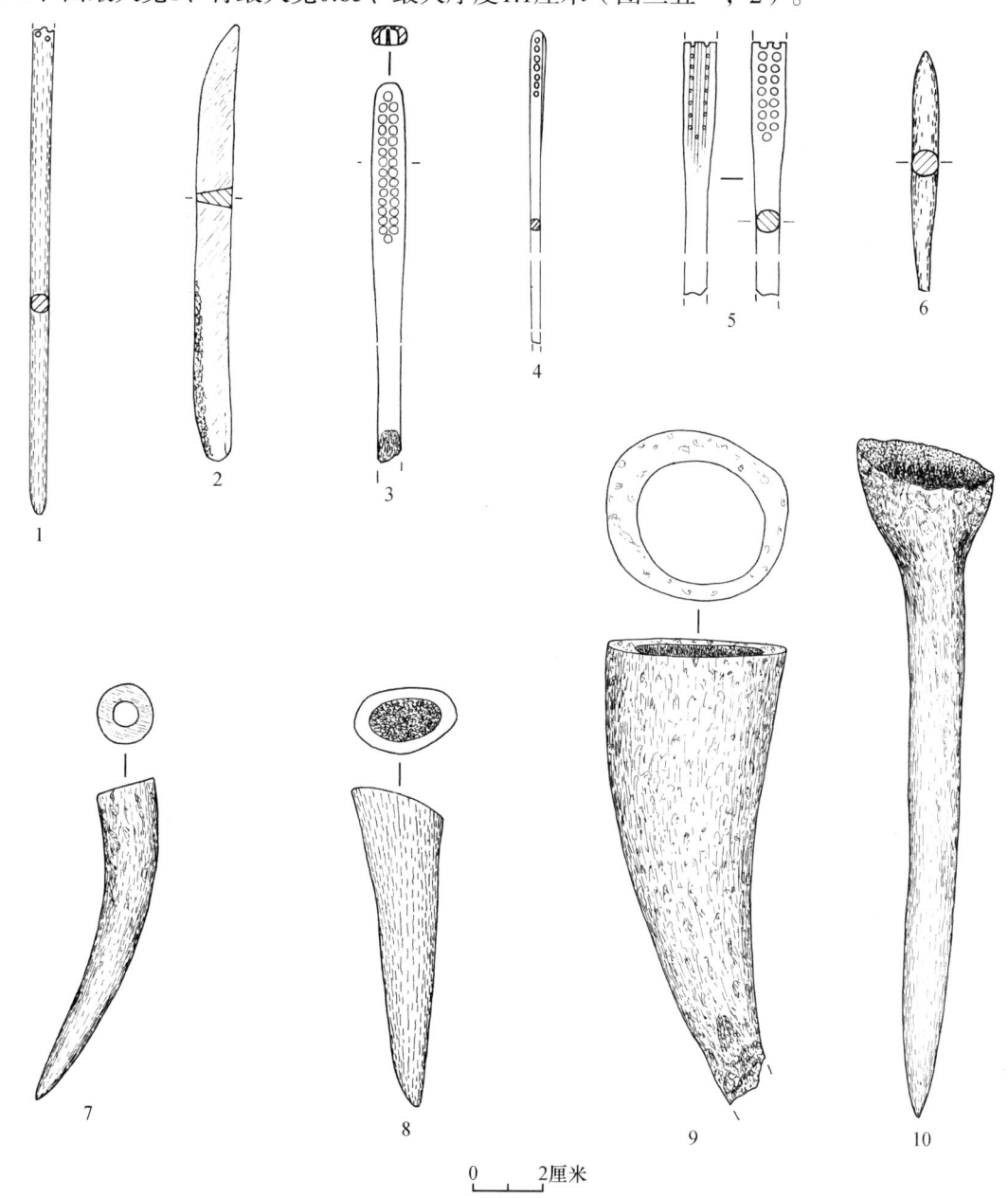

图三五一 骨针、匕、刷、镞、角

1. 针（2006YY西ⅠT6H81①：9） 2. 匕（2006YY西ⅠH150：1） 3~5. 刷（2007YY西ⅠT20H151②：2、2007YY东T3L1②：3、2006YY西ⅠT2H27：1） 6. 镞（2006YY西ⅠT7H72：1-1） 7~10. 角（2006YY西ⅠH60①：8、2007YY西ⅠT23H70：3、2007YY东T4H18：4、2007YY西ⅠT11H311：4）

2007YY西ⅠT7H72：1-2，背有多个弧形切割痕迹。长7、宽0.4~0.9、厚0.4~1.5厘米。

2006YY西ⅠT19②：21，逐渐变细，变薄。残长10.8、宽0.25~0.44、厚0.42~1.1厘米。

五、针

1件。

2006YY西ⅠT6H81①：9，截面呈圆形。针尾残存三孔，孔下有裂痕。由尾至头逐渐变细、变薄。头呈圆锥状。器表打磨很光滑。残长13.1、长径0.44~0.65、短径0.38~0.42、孔径0.16厘米（图三五一，1；图版一〇四，6）。

六、镞

1件。

2007YY西ⅠT7H72：1-1，镞身略呈圆锥体。器表有多道削痕。长6.6、直径0.28~0.71厘米（图三五一，6）。

七、角

5件。

2006YY西ⅠT1H60①：8，圆锥体弧状。角根中空。角尖磨光。长9.1、最大径1.7厘米（图三五一，7）。

2007YY西ⅠT23H70：3，椭圆锥状。角根有切割痕迹。角尖微弧，有三道削痕。器表有裂痕。长8.2、最大长径2.6、最大短径1.8厘米（图三五一，8）。

2007YY东T4H18：4，角尖残。圆锥体弧状。中空。角根有切割痕迹。器表朽化。残长13.1、长径1.5~5.2、短径1.3~4.4厘米（图三五一，9）。

2007YY西ⅠT11H311：4，圆锥体，角根粗大，未加工。长18.6、关节直径4、身直径0.2~1.9厘米（图三五一，10；图版一一〇，4）。

2006YY西ⅠT15H129：1，圆锥体弧状，粗大。角根中空。器表朽化。残长20、残宽0.8~4.3、残厚1.6~5厘米。

八、残 骨 器

另有20件骨器，因残损较甚而器形不明。

2006YY西ⅠT19②：4-1，条块状。截面呈拱形。面有一道凹槽。长6.7、宽2.7、厚0.51厘米。

2006YY西ⅠT19②：16，条状。截面呈梯形。残长4.9、宽0.84、厚0.4～0.55厘米。

2006YY西ⅠT19②：17，扁条状。弧面，平背。宽度及厚度逐渐变化。残长5.25、宽0.3～0.56、厚0.15～0.22厘米。

2006YY西ⅠT19②：18，条状。截面呈梯形。残长4.1、残宽0.82～1.05、残厚0.58～0.77厘米。

2006YY西ⅠT19②：24，扁条状。截面呈五边形。残长5.1、宽0.55、厚0.37厘米。

2006YY西ⅠT19②：33，残存一小截。截面呈三角形。面微弧。一端呈尖状，另一端残。残长1.8、最大宽0.64、厚0.3厘米。

2006YY西ⅠT20①：7，条状。截面呈梯形。斜面，平背。残长4、面宽0.46～0.65、背宽0.61～0.76、厚0.5～0.69厘米。

2006YY西ⅠT20②：1，扁条状。截面呈长方形。宽度及厚度逐渐变化。残长5.7、残宽0.6～0.74、残厚0.135～0.2厘米。

2006YY西ⅠT20②：2，扁长方形。背微内凹。宽度及厚度逐渐变化。残长5.9、残宽0.66～0.82、残厚0.32～0.5厘米。

2006YY西ⅠT20②：3，条状。截面呈梯形。逐渐变细，逐渐变厚。残长4.3、面最大宽0.8、背最大宽0.6、厚0.59～0.68厘米。

2006YY西ⅠT20②：11，条块状。平面。背中间切一凹槽。厚度逐渐变化。长2.9、宽1、厚0.34～0.81厘米，槽长1、宽0.92、深0.45厘米。

2006YY西ⅠT20②：28，条状。不规整。一端截面呈弧曲尺形，另一端截面呈弧梯形。残长4.6、宽0.8～0.9、厚0.5厘米。

2006YY西ⅠT20②：34，条状。截面呈梯形。削痕不规整。残长8.6、宽0.5～0.8、厚0.66厘米。

2006YY西ⅠT20H114：1-2，扁条状。截面呈梯形。宽度及厚度逐渐变化。残长3.8、面宽0.67～0.88、背宽0.82～0.93、厚0.33～0.54厘米。

2006YY西ⅠT21②：3，扁条状。截面呈梯形。面微弧，背微内凹。残长7.7、面宽1.1～1.3、背宽0.7～0.9、厚0.36～0.6厘米。

2006YY西ⅠT21②：4，条状。截面呈五边形。残长4.9、宽0.63、厚0.52厘米。

2006YY西ⅠT21②：5，椎体。截面呈长方形。长4.5、宽0.17～0.9、厚0.21～0.8厘米。

2006YY西ⅠT21②：7，条状。截面呈方形。宽度及厚度逐渐变化。长4.9、宽0.42～0.96、残厚0.36～0.93厘米。

2007YY西ⅠT19H328：9，条状。截面呈椭圆形。厚度及宽度逐渐变化。残长10.6、长径0.71～0.81、短径0.52～0.61厘米。

2007YY东T6H155②：4-3，柄残。勺状。残长1.8、长径1、短径0.8厘米。

九、骨　料

69件。

2007YY西ⅠT8④：5，扁条状。面上有两道平行的削痕，微内凹。平背。长12、宽0.3～2、厚0.41厘米（图三五二，1；图版一一〇，1、2）。

2006YY西ⅠT19②：38，一端截面呈梯形，骨质朽化；另一端截面呈拱形。长6.2、宽3.7～4.5、厚0.75厘米（图三五二，2）。

2006YY西ⅠT20②：10，不规则形。有两个关节凹。骨头有切割痕迹。长1.5、宽3厘米（图三五二，3）。

2006YY西ⅠT20②：18，近椭圆形。椭圆形中空。长4、宽2.7、厚0.46～0.91、中空长径2.9、短径1.8厘米（图三五二，4）。

2006YY西ⅠT4H54③：7，不规则形。有三个关节凹。骨体中空，有切割痕迹。骨质朽化。长7.7、宽11.1厘米（图三五二，5）。

2006YY西ⅠT19②：19，不规则形。有两个关节凹。骨头有切割痕迹。长2.6、宽6厘米（图三五二，6）。

2006YY西ⅠT1H60②：9，长方形条块。背尚未加工。残长8.3、宽1.8～2.2、厚0.3～0.79厘米。

2006YY西ⅠT4②：2，以兽牙为原料。微弧。中间宽，两端尖细。大部分已朽化。长4.5、宽0.21～0.76、厚0.15～0.55厘米（图三五二，7）。

2006YY西ⅠT4H53：2，以兽牙为原料。弯弧状。表面有切割痕迹。长6、宽0.16～0.9、厚0.13～0.21厘米（图三五二，8）。

2006YY西ⅠT4H53：3，以兽牙为原料。弯弧状。表面有切割痕迹。长4.9、宽0.09～0.95、厚0.2～0.26厘米。

2006YY西ⅠT5J12：2，条块状。长16.1、宽1.1～2.6、厚0.26～0.72厘米。

2006YY西ⅠT6H44③：8，由两块兽骨组成，其中一块兽骨有关节凹，另一块兽骨有一个长突。骨体中空，有切割痕迹。长12.2、宽6.6厘米。

2006YY西ⅠT6H81③：22，不规则形，有两个关节凹。骨体中空，有切割痕迹。长8.9、宽7.1厘米。

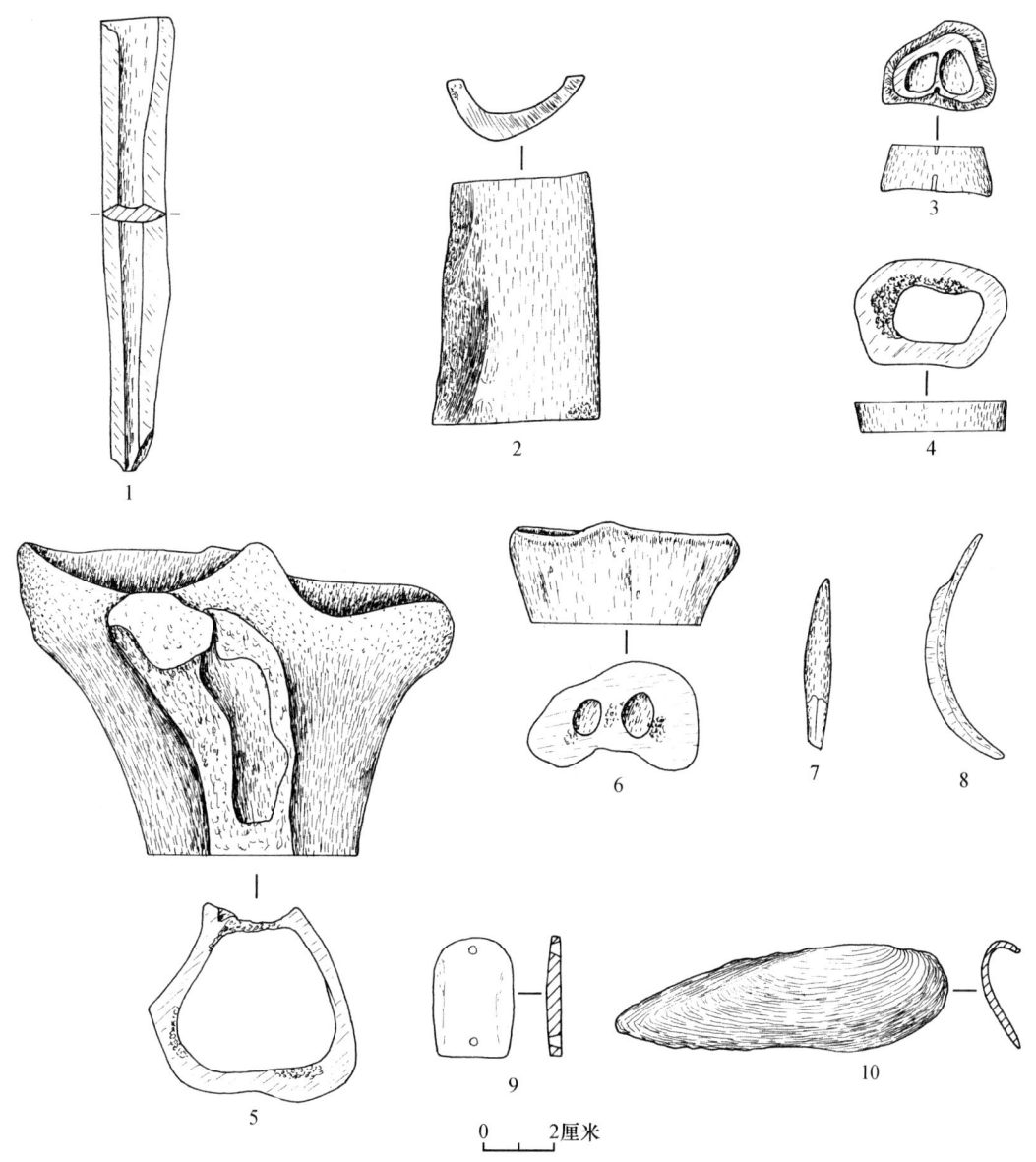

图三五二　骨料、蚌饰、蚌壳

1～8. 骨料（2007YY西ⅠT8④：5、2006YY西ⅠT19②：38、2006YY西ⅠT20②：10、2006YY西ⅠT20②：18、2006YY西ⅠT4H54③：7、2006YY西ⅠT19②：19、2006YY西ⅠT4②：2、2006YY西ⅠT4H53：2）　9. 蚌饰（2007YY西ⅠT11H107：1）　10. 蚌壳（2006YYT16H195：2）

2006YY西ⅠT7H102：3，以象牙为原料。微弧。由牙根至牙尖，逐渐变细。表面朽化。残长5.3、宽0.7～2、厚1.5～2.2厘米。

2006YY西ⅠT15H90：2，蛙骨。残存头骨、脊骨和肢骨，骨中空。残长4.3、宽1.5、高0.9厘米。

2006YY西ⅠT16H58：2-2，动物肢骨。长3.2、宽0.12～0.3厘米。

2006YY西ⅠT16H195：1-1，长条状。长13.2、宽0.4～1.1、厚0.17～0.44厘米。

2006YY西ⅠT16H195：1-2，块状。截面呈拱形。长4、宽0.48~0.71、厚0.8~1.2厘米。

2006YY西ⅠT19②：2，以兽牙为原料。弯弧状。表面有切割痕迹。长3.82、宽0.07~0.66、厚0.19~0.3厘米。

2006YY西ⅠT19②：4-2，拱形块。长2.8、宽1.1、厚0.45厘米。

2006YY西ⅠT19②：6，截面折曲形。长8、宽2.4~3.5、最大厚1.2、最小厚0.44厘米。

2006YY西ⅠT19②：7，梯形块状。横截面呈弧形。长5、宽0.8~2、厚0.6~0.74厘米。

2006YY西ⅠT19②：9，条状。残存骨原表面物质，已氧化。长6.2、宽1.3~1.7、厚0.47厘米。

2006YY西ⅠT19②：10，拱形。截面呈拱形。长1.2、宽2.6、厚0.75厘米。

2006YY西ⅠT19②：12，条状。一端截面呈弧曲尺形，骨质朽化；另一端截面呈梯形。长6.4、宽1.5~2.2、厚0.71厘米。

2006YY西ⅠT19②：13-1，不规则形。有两个关节凹，残。骨质朽化。长4.6、宽3.4厘米。

2006YY西ⅠT19②：13-2，条块状。残长4.75、宽1.9、厚0.5厘米。

2006YY西ⅠT19②：14，条块状。长7.1、宽2.3~3.3、厚0.35厘米。

2006YY西ⅠT19②：15，不规则形。有两个关节凹。骨头有切割痕迹。长1.55、宽2.9厘米。

2006YY西ⅠT19②：20，截面呈弧曲尺形。长4.3、宽1.9、高2.2、厚0.42~01.05厘米。

2006YY西ⅠT19②：22，长条状。截面呈梯形。背微内凹。长16.9、宽0.7~1.8、厚0.55~0.66厘米。

2006YY西ⅠT19②：25，不规则形。残存一个关节切迹。骨头有切割痕迹。长2.8、宽2厘米。

2006YY西ⅠT19②：26，长条状。截面呈曲尺形。长12.1、宽2、厚0.5厘米。

2006YY西ⅠT19②：27，匕状。残长7.1、宽0.06~0.38、厚0.31~0.54厘米。

2006YY西ⅠT19②：29，条块状。骨质朽化。残长6.2、宽0.59~2、厚0.35~0.76。

2006YY西ⅠT19②：31，弧形。长4、宽0.45~0.93、厚1.3厘米。

2006YY西ⅠT19②：34，梯形块状。截面呈弧形。长7.3、宽2.3~4.3、厚0.08~0.89厘米。

2006YY西ⅠT19②：40，圆弧形。长5.4、宽0.6~1.1、厚0.45~1.5厘米。

2006YY西ⅠT19②：41，弧三角形。有一圆形穿孔。弧三角形中空。边长5、厚1.1~1.4、中空边长3.3厘米。

2006YY西ⅠT19②：42，弧形。长4.6、宽0.6~1.2、厚0.7~1.5厘米。

2006YY西ⅠT19③：1，不规则形。有两个关节凹。骨头有切割痕迹。长1.2、宽1.6厘米。

2006YY西ⅠT20①：1，条状。三角形。长5.2、宽0.2~1、厚0.3~0.88厘米。

2006YY西ⅠT20②：4，扁块状。截面呈长方形。有一穿孔，不规整。背微内凹。长3.6、宽2.0~2.2、厚0.51~0.69厘米。

2006YY西ⅠT20②：5，条状。截面呈拱形。长7、宽0.5~1.4、厚0.65~0.17厘米。

2006YY西ⅠT20②：7，弧形。有一对钻小圆孔。长5.1、宽0.7~1.1、厚1.2厘米。

2006YY西ⅠT20②：9，扁条状。截面呈梯形。长4.5、面宽0.4~0.7、背宽0.5~1.1、厚0.3~0.585厘米。

2006YY西ⅠT20②：13，拱形块状。长1.55、宽2.8、厚0.25~0.46厘米。

2006YY西ⅠT20②：14，条状。一端截面近长方形，另一端截面呈半圆形。长5.3、宽1、厚0.47~0.84厘米。

2006YY西ⅠT20②：15，截面呈弧曲尺形。长5.4、宽4.5、高4.9、厚0.55~0.86厘米。

2006YY西ⅠT20②：17，长条状。一端镂刻兽首，圆眼，张嘴。兽身细长，尚未加工。长12.7、宽1.4、厚1.3厘米。

2006YY西ⅠT20②：19-1，弧三角形块状。有一钻歪的圆形穿孔。中空呈弧三角形。边长4.1、宽0.55~1.1、高3.25厘米（图版一〇九，5、6）。

2006YY西ⅠT20②：19-2，弧形。长2.8、宽0.28~0.8、厚1.4~1.58厘米。

2006YY西ⅠT20②：22，弧形。长3.4、宽0.5、厚1.05厘米。

2006YY西ⅠT20②：27，匕状。尾端有一未穿长方形孔。长11.4、宽0.5~1.1、厚0.6~1.6厘米。

2006YY西ⅠT20②：30，不规则形。有两个关节凹。骨头有切割痕迹。长1.5、宽3.2厘米。

2006YY西ⅠT20②：31，不规则形。有两个关节切迹。中间有一个突。骨体有切割痕迹。长3.77、宽4.9厘米。

2006YY西ⅠT20②：32-1，不规则形。有两个关节切迹。中间有一个突。骨头有切割痕迹。长2.75、宽1.4厘米。

2006YY西ⅠT20②：32-2，不规则形。有两个关节切迹。中间有一个突。长2.4、宽1.4厘米。

2006YY西ⅠT20②：33-1，不规则形。有两个关节切迹。中间有一个突。骨头有切割痕迹。长1.6、宽1.4厘米。

2006YY西ⅠT20②：33-2，不规则形。有两个关节切迹。中间有一个突。骨头有切割痕迹。残长1.1、残宽1.7厘米。

2006YY西ⅠT20②：35，扁条状。截面呈三角形。残存骨原表面物质，已氧化。长4.6、宽0.25～1、厚0.215～0.51厘米。

2006YY西ⅠT20②：37，不规则形。有两个关节切迹。中间有一个突。骨体有切割痕迹。长5.2、宽5厘米。

2006YY西ⅠT20②：38-1，条片状。一端尖弧。长5.4、宽0.06～0.7、厚0.02～0.2厘米。

2006YY西ⅠT20②：38-2，条块状。残长3.7、宽1.1～1.7、厚0.49厘米。

2006YY西ⅠT20H72：2，匕状。残长12.4、宽0.24～0.78、厚0.33～0.92厘米。

2006YY西ⅠT20H72：5，关节凹残。骨头有明显切割痕迹。长4.9、宽5.8厘米。

2006YY西ⅠT23①：1，扁长方形，一边斜弧。长6.9、最大宽0.9、厚0.57～0.66厘米。

2006YY西ⅠT23H198：1，鼠骨。残存头骨，前有两颗尖牙，后有两排齿；残存三条肢骨。头骨残长3.4、残宽1.7、高1.2厘米，肢骨3.4、宽0.27、厚0.47厘米。

2007YY西ⅠT11H214：2，扁条状。截面呈三角形。一端斜直；一端斜弧，残。从斜直端至斜弧端，逐渐变细。较宽的一侧面尚未磨光。残长11.6、最大宽0.85、最大厚0.45厘米。

第三节　蚌　　器

2件。包括蚌饰及蚌壳。

一、蚌　饰

1件。

2007YY西ⅠT11H107：1，蚌壳饰件。近长方形，有两个相邻的角呈弧形。通体打磨。质地坚硬。单面钻两孔，各靠近一条短边。长3.1、宽2.1、孔径0.2、厚0.39厘米（图三五二，9；图版一一〇，5、6）。

二、蚌　壳

1枚。

2006YY西ⅠT16H195：2，双蚌壳，残存一半。长形，一头弧圆，另一头尖细。长9.2、最大宽2.8、厚0.13厘米（图三五二，10）。

第四节 玻 璃 器

18件。包括簪、珠、珰及饰件。

一、簪

15件。首细尾宽，前部截面呈近圆形，后部截面呈椭圆形，簪尾弯曲，作浅勺状。有蓝色、浅蓝色、乳白色等色泽，而以蓝色为多。有的簪体内可见有小气泡。

2006YY西ⅠT4H54⑦：22，蓝色，簪体上端和下端部分透明，其余部分不透明，内有小气泡。簪首呈弯曲状，弧顶，边缘呈圆弧状。条状体，截面呈椭圆形。由簪首至簪尾逐渐变细、变薄。长8.7、宽0.44~0.95、厚0.37~0.62厘米（图三五三，1；图版———，4）。

2006YY西ⅠT4H54①：5，蓝色，簪首乳浊不透明，簪体中段部分透明。簪首呈扁曲状，弧顶，中间有一道不明显的凹槽，边缘呈圆弧状，残。条状体，截面呈半圆形，逐渐变细、变薄。簪首残长2.1、宽1.05~1.3、厚0.39~0.61厘米，簪体残长4.7、宽0.19~0.42、厚0.19~0.355厘米（图三五三，2）。

2007YY西ⅠT8H35：2，白色，乳浊不透明。条状体，截面呈椭圆形，逐渐变细、变薄。残长6.95、宽0.4~0.66、厚0.34~0.47厘米（图三五三，3；图版一一二，5）。

2006YY西ⅠT4H54④：8，白色，簪首乳浊不透明，簪体透明。簪首呈扁曲状，弧顶，边缘呈圆弧状。条状体，截面呈圆形，逐渐变细、变薄。长8.5、宽0.3~1、厚0.33~0.65厘米（图三五三，4；图版———，3）。

2007YY西ⅠT5H46：1，残。白色，乳浊不透明。簪首残。条状体，截面呈半圆形。上端有两组圆形凹槽，一组有四个，两两对称分布在簪体两侧；另一组两个，一对一分布在簪体两侧。簪体逐渐变细、变薄。残长5.6、宽0.55~1.3、厚0.32~0.62厘米（图版———，5、6）。

2007YY西ⅠT8③：15，残存簪首。圆形簪首，弧顶。器表有卷云状饰。浅蓝色，乳浊不透明。表面有白色疏松层，应为风化层。残长2.1厘米，簪首直径1.4、厚0.73厘米，体残长1.4、宽0.49厘米（图版一一二，3、4）。

2007YY西ⅠT8H35：1，残存簪首。蓝色，透明，内有小气泡。簪首呈弯曲状，弧顶，边缘呈圆弧状。残长3.1、宽0.7~0.9、厚0.48~0.68厘米。

2007YY西ⅠT10④：1，残存簪首。白色，乳浊不透明，上有绿色和黑褐色点状彩。簪首呈弯曲状，弧顶，边缘呈圆弧状。残长3、宽0.77~0.97、厚0.58~0.76厘米（图版一一二，1、2）。

2007YY西ⅠT12H229：7，残存簪体，断为三截。白色，乳浊不透明。表面有白色疏松层，应为风化层。条状体，横截面呈半圆形，逐渐变细、变薄，内收成尖状。残长6.5、宽

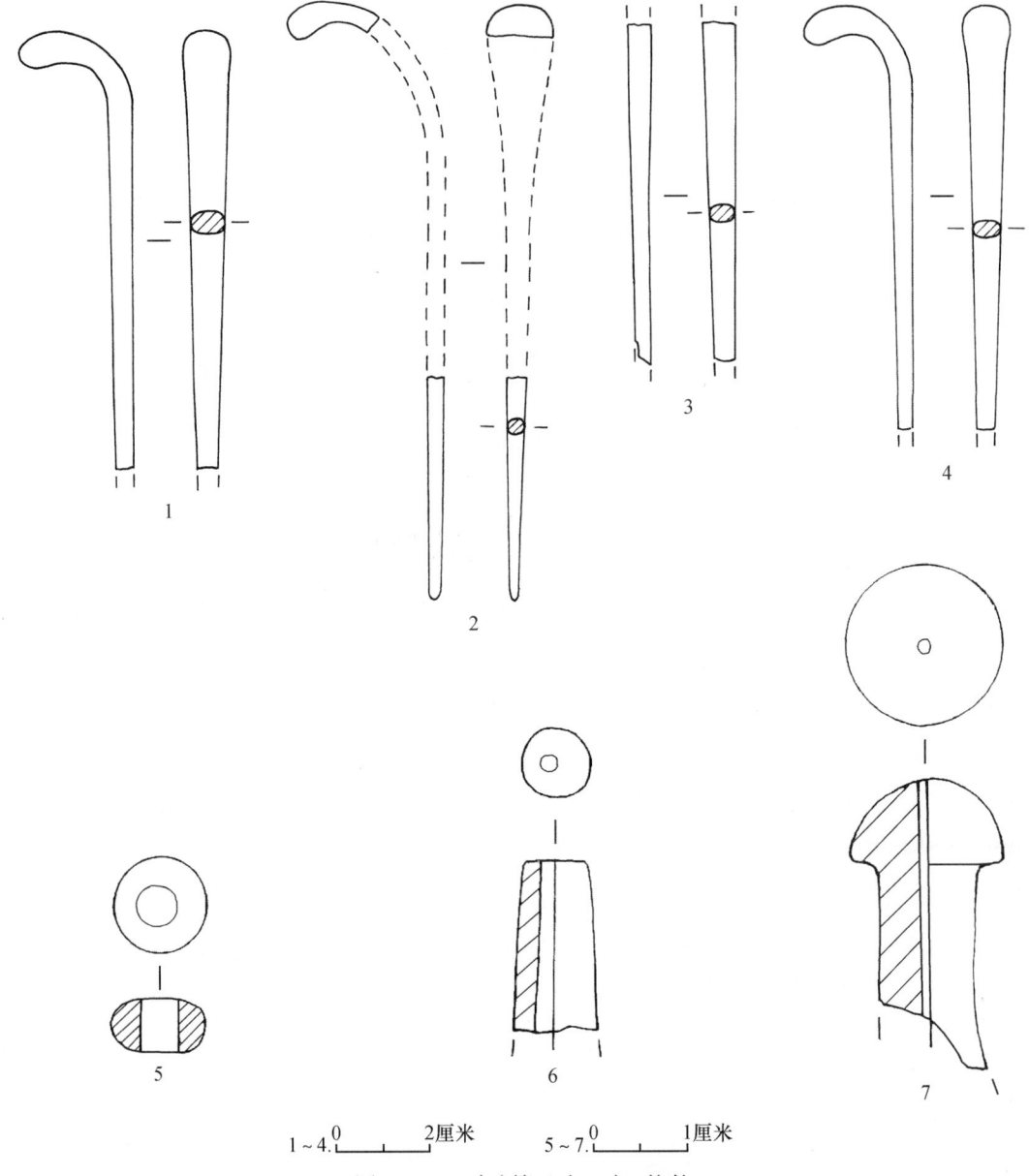

图三五三 玻璃簪、珠、珰、饰件

1~4.簪（2006YY西ⅠT4H54⑦：22、2006YY西ⅠT4H54①：5、2007YY西ⅠT8H35：2、2006YY西ⅠT4H54④：8）
5.珠（2007YY西ⅠT2③：9） 6.珰（2006YY西ⅠT19②：32） 7.饰件（2007YY东T4②：1）

0.16~0.56、厚0.14~0.42厘米。

2007YY西ⅠT15③：3，残存簪体。蓝色，乳浊不透明。条状体，截面呈弧边三角形，一侧有一道浅凹槽，残。残长3.4、宽0.52~0.67、厚0.48~0.53厘米。

2006YY西ⅠT4H54⑥：18，残存簪体。蓝色，乳浊不明。条状体，尾部内收成细乳丁状，截面呈椭圆形。簪体逐渐变细、变薄。残长8.7、宽0.2~0.57、厚0.19~0.48厘米。

2006YY西ⅠT4H54⑥：21，残存簪首。白色，乳浊不透明。簪首呈弯曲状，弧顶，边缘呈圆弧状。残长2.7、宽0.665~0.95、厚0.46~0.63厘米。

2006YY西ⅠT4H54⑧：28，残存簪体。白色，乳浊不透明。条状体，截面呈半圆形，逐渐变细，变薄。残长4.2、宽0.41~0.5、厚0.36~0.41厘米。

2006YY西ⅠT4H54⑧：34，残存簪首。蓝色，乳浊不透明。簪首呈弯曲状，弧顶，边缘呈圆弧状。残长2.4、宽0.9~1.05、厚0.555~0.745厘米。

2006YY西ⅠT26H211：9，残存簪体。浅蓝色，乳浊不透明。表面有白色疏松层，应为风化层。条状体，截面呈圆形，残。残长4.3、径长0.42厘米。

二、珠

1件。

2007YY西ⅠT2③：9，扁圆如算珠，沿纵轴有一贯穿小孔。外壁白色不透明，断面为半透明蓝色。直径0.85、孔径0.3、高0.58厘米（图三五三，5；图版一一二，6）。

三、珰

1件。

2006YY西ⅠT19②：32，圆柱状。截面呈梯形。上小下大。较大的面残蚀。沿纵轴有一贯穿小孔。残长1.5、直径0.6~0.9、小孔径0.15、大孔径0.2厘米（图三五三，6）。

四、饰　件

1件。

2007YY东T4②：1，残。浅绿色，磨砂，微透明。有一圆形帽，帽顶弧形，圆柱状柄，沿纵轴有一贯穿小孔。长2.6厘米，帽直径1.5厘米，柄长2.05、径长1.2、孔径0.15厘米（图三五三，7）。

南水北调中线工程文物保护项目
河南省考古发掘报告
第32号

禹州阳翟故城遗址
（下）

河南省文物局　编著

科学出版社
北　京

内 容 简 介

阳翟故城位于河南省禹州市钧台街道办事处八里营村，是一处先秦至金元时期的遗址。2006～2007年配合南水北调工程进行了考古发掘，揭露面积8046平方米，遗存以金元时期为主，并有少量西周至汉唐的遗迹、遗物。共清理墓葬、灰坑、窑、井、灶、路、沟等各类遗迹1000余处，出土陶、瓷、铜、铁、玻璃、骨、石器及钱币等遗物近2000件。阳翟故城是一处不多见的保存较好的金元时期生活遗址，过去对这一时期这种类型的遗址发掘不多。因此，本次发掘所获相关资料，对于了解金元时期一般民众的社会生活状况非常有价值。

本报告可供从事文物考古、历史学及相关学科的研究者和相关专业的师生阅读、参考。

图书在版编目（CIP）数据

禹州阳翟故城遗址 / 河南省文物局编著. —北京：科学出版社，2016.3
ISBN 978-7-03-047965-5

Ⅰ. ①禹… Ⅱ. ①河… Ⅲ. ①古城遗址（考古）-出土文物-禹州市 Ⅳ. ①K878.02

中国版本图书馆CIP数据核字（2016）第063257号

责任编辑：王光明 / 责任校对：张凤琴
责任印制：肖 兴 / 封面设计：陈 敬

科学出版社 出版
北京东黄城根北街16号
邮政编码：100717
http://www.sciencep.com

中国科学院印刷厂 印刷
科学出版社发行 各地新华书店经销
*

2016年3月第 一 版　　开本：889×1194　1/16
2016年3月第一次印刷　　印张：57　插页：70
字数：1 894 000
定价：728.00（全二册）
（如有印装质量问题，我社负责调换）

Reports on the Cultural Relics Conservation
in the South-to-North Water Diversion Project
Henan Vol.32

Ancient Yangdi Site in Yuzhou

II

Administration of Cultural Heritage of Henan Province

Science Press
Beijing

第六章 年代分析

第一节 遗址分期与各期特点

通过对禹州阳翟故城遗址出土瓷器的仔细观察，我们发现，遗址出土的瓷器，虽然在釉色和器形方面各有不同，但在胎色、釉色、器形及制作手法等方面仍有其内在的一些阶段性特征。在各区地层相对较早的遗迹单位中，出土的瓷器无论何种釉色，大多为灰胎，少量可见黄灰胎、淡灰胎、深灰泛紫胎等，胎体多较轻薄。釉色方面，白釉器白度较高，亮度较好；黑釉器则釉色黑亮，亮度亦佳；青釉和钧釉器釉色以釉厚、莹润为特点。这一阶段施釉多见满釉，甚至圈足和足心也会施釉，釉线比较低，露胎处很少。釉层下，化妆土的涂饰也比较仔细完整。器形方面，较为规整，个体略高大，圈足足壁多窄直，部分可见"尖锥"状足，挖足较深，而且足心为平底。较早的遗迹单位中所出器物质量亦大多较为精整，但在数量上并不很多。然而，各区地层相对较晚一些的遗迹单位中出土的瓷器则呈现出：胎色杂乱，以黄褐、红褐、紫褐色为主，亦可见橙黄、橙红等；胎体明显变得厚重；各色釉器的亮度多为晦暗无光；白釉器普遍发黄，黑釉器向褐色发展，白地黑花器中的黑彩也变为褐彩，青釉器青色发灰且多棕眼，钧釉器亦略发灰。器形方面，器物个体明显变小，规整度大幅降低。这一阶段的器物圈足出现了一个较为明显的特征——"鸡心底"。较晚期遗迹单位中所出的器物，挖足、施化妆土、上釉等各工序均体现出一种随便应付之感，与较早期遗迹单位中所出器物的精整截然不同。这两个遗物风格迥异的时期中间，是一种过渡状态。不仅遗迹数量较多，遗迹单位中所出遗物的数量亦十分丰富，这一阶段应是本遗址的主体部分。这一阶段的瓷器，胎色多为黄灰、淡黄、褐黄等，总体来讲大体由灰色向黄褐色、红褐色过渡。釉色方面，光亮度和莹润度均有所下降，不及较早地层单位中所出遗物：白釉的白度下降，黑釉器的釉面多见细密的小孔，青釉器的釉色开始变暗并夹杂黑色斑点，而钧釉器却多见颜色格外艳丽的蓝色釉。白釉器在此一阶段大量出现白地黑花的装饰方式，花样丰富，黑白分明。然而这一阶段的瓷器制品精细度已开始降低：施釉多施半釉，釉线逐步上升，化妆土亦不如之前，涂饰开始简化随意，器物的胎体开始变厚重，但个体开始逐步变小，挖足深浅不一，足心开始下凸。

综合陶瓷器的型式分析，并结合出土单位和层位关系，我们认为此次发掘的禹州阳翟故城遗址金元时期的遗存是一处时代连续性较强、存续时间又相对短暂的遗址。综合各方面因素考虑，我们将本遗址分为三期。

第一期，以2006年西Ⅰ区总第6层、2007年西Ⅰ区总第5层、2007年东区总第17层为代表。结合地层分析，属于第一期的遗迹总数不多，其中较有代表性的遗迹有：2006YY西Ⅰ T6H81③、2006YY西Ⅰ T6H115、2006YY西Ⅰ T25H269、2006YY西Ⅰ T25H278、2006YY西Ⅰ T26H211、2006YY西Ⅰ T30H228、2006YY西Ⅰ T32J16、2007YY西Ⅰ T3H267、2007YY西Ⅰ T3H298、2007YY西Ⅰ T9H347、2007YY西Ⅰ T11H80、2007YY西Ⅰ T11H311、2007YY西Ⅰ T12H229、2007YY西Ⅰ T13H309、2007YY西Ⅰ T17H349、2007YY西Ⅰ T19H381、2007YY西Ⅰ TG1J10、2007YY东T9H236、2007YY东T14H230等。

结合地层分析，属于第一期的遗物数量并不很多，但特点比较鲜明。这一时期的瓷器，胎体以灰色为主，少量可见浅灰、淡黄或深灰泛紫色等。釉色的质量是三个时间段中最好的，表现为釉色光亮——白釉色白，黑釉浓黑，青釉豆青，钧釉润蓝，而且施釉普遍较厚，玻璃感强，可见开片或小气泡。白釉器以单纯白色为主，白地黑花器在这一期不多见，尚未成为主流。化妆土施得略厚，这对提升白釉器的白度起到了很好的作用。这一时期，施釉多为满釉，特别是青釉和钧釉器，包括圈足足心都会施釉，而且圈足足壁则是专门施一层护胎釉，可见做工精细。这一时期的支烧痕也值得一提。由于这一时期流行施满釉，白釉和酱黑釉器内底多明显可见芝麻状或略大一些的支钉痕。然而这一时期的青釉和钧釉器支钉痕则极小，时常需要非常仔细地搜寻方能发现。这一时期器物在造型方面，制作都较为规整，整器较大。碗、盏、碟、盘类器，无论何种釉色，普遍呈现出圈足略高、足壁近直且窄或截面成"尖锥"状、圈足足心为平底的共同特点。这一时期的器类不算丰富，有碗、盏、碟、盘、盆、器盖等，其他各器类较少出现。具有这一时段特点的器物类型有：白釉碗甲类AⅠ、BⅠ、BⅡ、CⅠ、DaⅠ、DaⅡ、DbⅠ、EⅠ、GⅠ、GⅡ、乙类AaⅠ、AaⅡ、AbⅠ、BaⅠ、BbⅠ、Bc、CaⅠ、Cb，丙类AⅠ；白釉盏甲类BaⅠ、BaⅡ，乙类AaⅠ、AbⅠ、BaⅠ、BcⅠ；白釉碟甲类BaⅠ、CaⅠ；白釉盘甲类AcⅠ、BaⅠ、Bb、BcⅠ、BdⅠ，丙类B；白釉杯Aa、B；白釉鸟食罐A、B；白釉器盖AaⅠ、AaⅡ；酱黑釉碗甲类AⅠ、C，乙类AaⅠ，丙类Ⅰ；酱黑釉碟AaⅠ；酱黑釉盘AaⅠ、AaⅡ、AbⅠ，酱黑釉盆A、B，酱黑釉葫芦瓶，酱黑釉器盖Ab、Bd，酱黑釉炉；青釉碗甲类AbⅠ、BⅠ，乙类Ab、BⅠ、C，丙类Ⅰ、Ⅱ；青釉碟BaⅠ、BbⅠ、Ca、CbⅠ；青釉盘AaⅠ、AaⅡ、AbⅠ、AbⅡ、AcⅠ、AcⅡ、BⅠ，青釉器盖Ba；钧釉碗AⅠ；钧釉碟AⅠ、BaⅠ、CaⅠ；钧釉盘AbⅠ、AbⅡ、AcⅠ、BaⅠ、Bb。

第二期，以2006年西Ⅰ区总第5层、2007年西Ⅰ区总第4层、2007年东区总第16层为代表。第二期是禹州阳翟故城遗址的主体部分，且这一阶段的遗址数量也最多，其中较有代表性的遗迹有：2006YY西Ⅰ T2H27、2006YY西Ⅰ T6H81①、2006YY西Ⅰ T16H58、2006YY西Ⅰ T25H252、2006YY西Ⅰ T27H173、2006YY西Ⅱ T1G6、2007YY西Ⅰ T3H290、2007YY西Ⅰ T6H122、2007YY西Ⅰ T9H247、2007YY东T11H231、2007YY西Ⅰ T15H351、2007YY西Ⅰ T17H310、2007YY西Ⅰ T18H239、2007YY西Ⅰ T19H328、2007YY西Ⅰ T20H102、2007YY西Ⅰ T20H151、2007YY西Ⅰ TG1J13、2007YY东T3L1、2007YY东T7H124、2007YY东T9H147、2007YY东T10J5、2007YY东T11H220、2007YY东T12H172、2007YY东T14H95等。

结合地层分析，第二期出土的瓷器是本遗址该时期出土量最多的。这一时期的瓷器，也有较明显的总体特征。整体上来讲，这一时期的瓷器质量较第一期有所下降。从胎色来看，灰胎的数量开始下降，颜色变得较杂，有浅灰、黄灰、淡黄、深灰泛紫、黄褐、褐黄等。釉色的光泽度尚可，但除钧釉器外，已经很难见到如第一期时可见的玻璃感很强、光泽度极好的器物了。白釉器的白度略有下降，化妆土变薄，同时白地黑花器大量出现。这一时期的白地黑花器黑彩的颜色色黑且有光泽，写意花卉的装饰呈现出丰富多样、自由不拘的气质。酱黑釉不再如前一期那般浓黑光亮，而是开始向黑褐色过渡，釉面多见小而细密的气孔，施釉厚度下降。青釉器少见莹润光亮的豆青色釉，而是多见天青色釉，且天青色中带有一种灰暗之感，不再明净透亮；同时也有部分呈现墨绿色，其中还夹杂很多黑色斑点，开片和气泡均有所下降。钧釉器在这一时段明显增多，釉色优劣参差：优质的钧釉器色彩丰富而有光泽，釉色肥厚；同时，还时常可见一些夹蚯蚓纹状的偏黄麻灰色钧釉器，则这些应该是钧釉烧制中不太成功的作品。青釉和钧釉器在这一时段多见积釉和垂釉的现象。这一时段，已很少能够见到施满釉和足底施护胎釉的制作精细的器物。同时，器内底开始出现刮釉露胎、施化妆土的情况。在器形器类方面，这一时段的器类更加丰富。碗、盏、碟、盘等圈足器的圈足普遍出现足壁外撇并逐渐开始变宽厚的情况，足内壁的斜度在不断增大，圈足足心略向下凸，经常可见圈足中心留下一个小凸点。具有这一时段特点的器物类型有：白釉碗甲类AⅡ、BⅡ、CⅡ、DbⅡ、EⅡ、F、GⅢ，乙类AaⅡ、AbⅡ、AbⅢ、BaⅡ、BbⅡ、CaⅡ，丙类AⅡ、B；白釉盏甲类AbⅡ、AbⅢ、Ac、BaⅠ、BaⅢ、BbⅠ，乙类AbⅡ、BaⅡ、Bb、BcⅡ、Bd；白釉碟甲类Aa、Ab、Ac、BaⅡ、BbⅠ、CaⅡ、Cb、Cc，乙类A、B、C；白釉盘甲类Ab、AcⅡ、BaⅠ、BaⅡ、BcⅡ、BdⅡ，乙类A、B，丙类A、C，丁类AⅠ、B；白釉盆AⅠ、AⅡ、B、C；白釉杯Ab、C；白釉碟形器、白釉盒、白釉器盖AaⅡ、Ab、Ba、Bb、Bc；白釉瓶盖；白釉梅瓶；酱黑釉碗甲类AⅡ、BⅠ，乙类AaⅡ、AaⅢ、AbⅠ、BⅠ、BⅡ、CⅠ，丙类Ⅱ；酱黑釉盏AaⅠ、AaⅡ、AbⅠ、BaⅠ、BbⅠ、C；酱黑釉碟AaⅡ、Ab、AcⅠ、Ba、Bb；酱黑釉盘AbⅡ、AcⅠ、BaⅠ、BaⅡ、Bb、C；酱黑釉刻槽盆；酱黑釉盒；酱黑釉经瓶；酱黑釉罐；酱黑釉瓶形器Ⅱ；酱黑釉盏形器AⅠ、AⅡ、BⅠ、BⅡ；酱黑釉器盖Ba、Bb、Bc；酱黑釉臼A、B、C；青釉碗甲类AaⅠ、AbⅡ、BⅡ、CaⅠ、CaⅡ、CbⅠ、CbⅡ，乙类Aa、BⅡ，丙类Ⅲ；青釉碟BaⅡ、BbⅡ、CbⅡ、Cc；青釉盘Ad、BⅡ、C；青釉杯Ⅰ；青釉器盖A、Bb；青釉炉；青釉漏斗；钧釉碗AⅡ、BaⅠ、BbⅠ、BcⅠ、C；钧釉碟AⅡ、BaⅠ、Bb、CaⅡ、Cb、D；钧釉盘Aa、AbⅢ、AcⅡ、BaⅡ、Ca、Cb；钧釉杯；钧釉梅瓶。

第三期，以2006年西Ⅰ区总第4层、2007年西Ⅰ区总第3层、2007年东区总第15层为代表。属于第三期的遗迹数量少于第二期但多于第一期，其中较有代表性的遗迹有：2006YY西ⅠT4H54、2006YY西ⅠT27H180、2006YY西ⅠT32H255、2007YY西ⅠT6H47、2007YY西ⅠT9H17、2007YY西ⅠT11H34、2007YY西ⅠT17H293、2007YY西ⅠT19H183、2007YY东T3H66、2007YY东T7J4、2007YY东T9H197、2007YY东T10H11、2007YY东T11J6、2007YY东T13H2、2007YY东T13H153、2007YY东T14H69等。

结合地层分析，第三期出土瓷器在数量上少于第二期但多于第一期。这一时期的瓷器在质量上进一步下降，制作变得相对粗糙，总体呈现出以下特点。从胎色方面看，灰色已经很少见，转而以深黄褐、褐红、紫褐色为主体，黄灰、橙黄、浅黄等也夹杂其中。各类釉色的光泽度大大下降。白釉器的白度下降很多，普遍开始发黄。白地黑花器继续流行，但黑彩的颜色向褐色转变，纹饰风格变得简单随意。酱黑釉器的黑色转变成较浅的褐色。青釉器的釉色进一步变得灰暗而且无光泽，可见棕眼大量。钧釉器的釉色和光泽虽仅略显灰暗，但在数量上已经大大下降。器形方面，碗类型的器形个体普遍开始变小。碗、盏、碟、盘各类圈足器的圈足足壁普遍宽厚，足内壁的斜度很大，圈足足心明显下凸，形成所谓的"鸡心底"。盏类器甚至出现了挖足越来越浅直至假圈足的情况，可见在制作工序上的减、省。具有这一时段特点的器物类型有：白釉碗甲类AⅢ、CⅢ，乙类AaⅢ、BaⅢ、BbⅢ、CaⅢ，丙类AⅢ；白釉盏甲类AaⅡ、BaⅣ、BbⅡ，乙类AaⅢ、AbⅢ、BaⅢ、BaⅣ、BcⅢ；白釉碟甲类BaⅢ、BbⅡ、CaⅢ；白釉盘甲类Aa、AcⅢ、Ad、BaⅢ、BbⅡ，丁类AⅡ；白釉器盖AaⅢ；酱黑釉碗甲类BⅡ，乙类AbⅡ、CⅡ；酱黑釉盏AaⅢ、AbⅡ、BaⅡ、BbⅡ；酱黑釉碟AaⅢ、AcⅡ；酱黑釉盘AaⅢ、AbⅢ、AcⅡ；酱黑釉器盖Aa；酱黑釉釜；青釉碗甲类AaⅡ、BⅢ、CaⅢ、CaⅣ；青釉盏A、B；青釉碟A、BbⅢ、CbⅢ；青釉盘AaⅢ、AbⅢ、BⅢ；青釉杯Ⅱ；钧釉碗AⅢ、BaⅡ、BbⅡ、BcⅡ；钧釉碟AⅢ。

需要说明的是，各期之间胎釉和器型方面的特征虽然比较鲜明，但遗址内单个遗迹内的遗物情况却是交织杂糅的。通过综合分析单个遗迹内遗物的组成情况，并考虑到遗迹所处的地层关系，我们对遗迹进行了分期（图三五四~图三六一）。从分期的结果来看，各期别之间的连续性很强，变化性较弱，未见风格上出现剧烈而整齐的变换。

第二节 年代分析

禹州阳翟故城遗址内没有出土任何有纪年文字的器物，因此无法提供直接的年代证据。遗址的地层和遗迹中出土了大量铜钱，其中数量最多的是两宋时期的钱币，上迄北宋初年的"宋元通宝"，下至南宋初年的"绍兴通宝"和"绍兴元宝"，共计194枚。再结合遗址中瓷器的胎釉和形态特征，我们可以初步将该遗址此一阶段的绝对年代定为宋元时期。

相比数量较多的宋墓而言，金元时期的纪年墓数量显得较为稀少。加之一些资料发表时间较早，质量有限，可资参照的内容十分有限。同时，我们看到，一些堆积层次较为丰富、延续时间较长、出土遗物十分丰富、发掘整理科学完整的陶瓷窑址类发掘成果陆续见诸报告。经过对这些报告的仔细研读和分析，我们认为这样一类发掘报告和简报的年代判定较为可靠，其所公布的材料严谨完整，是可资比对的标尺性资料。前文已述，禹州阳翟故城遗址此一阶段的地层单位连续，中间未出现地层上的断层；同时，遗址内出土遗物的风格变化平缓，这些都说明遗址各期的关联性和连续性很强。从这个角度看，将本遗址中出土器物与上述一类窑址类发掘

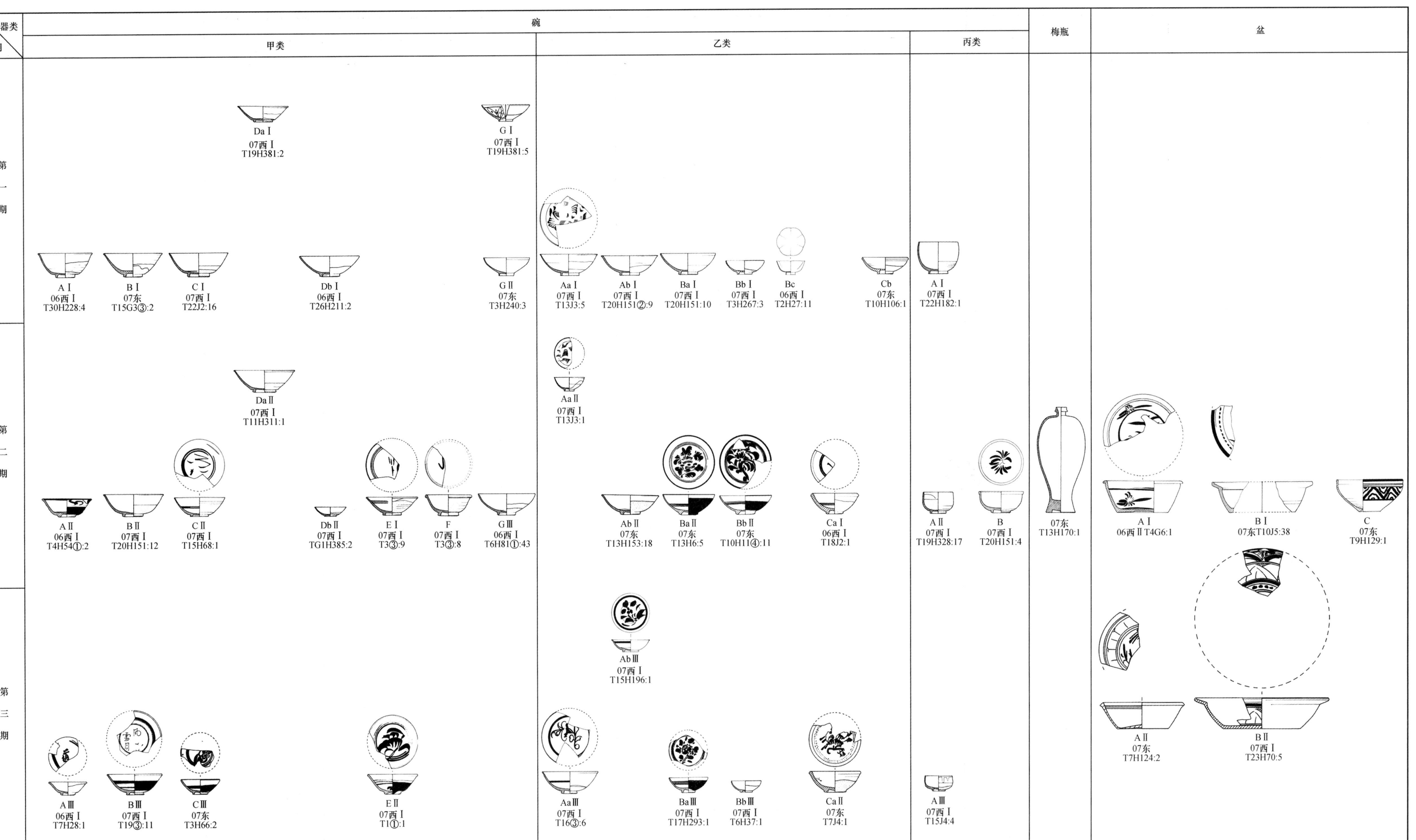

图三五四 白釉瓷器分期图（一）
标本编号前的"2006YY"略写为"06"，"2007YY"略写为"07"，后同

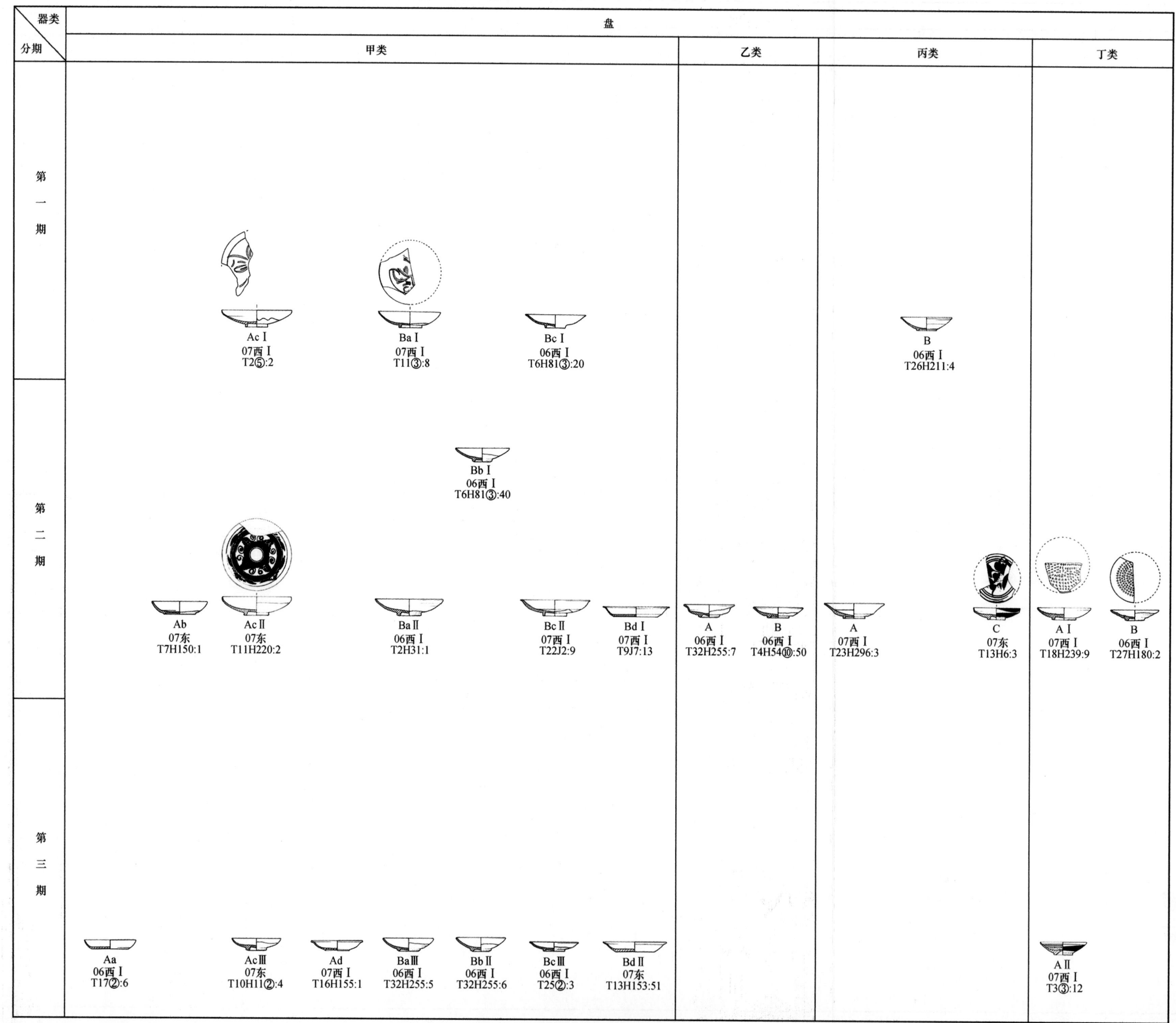

图三五五 白釉瓷器分期图（二）

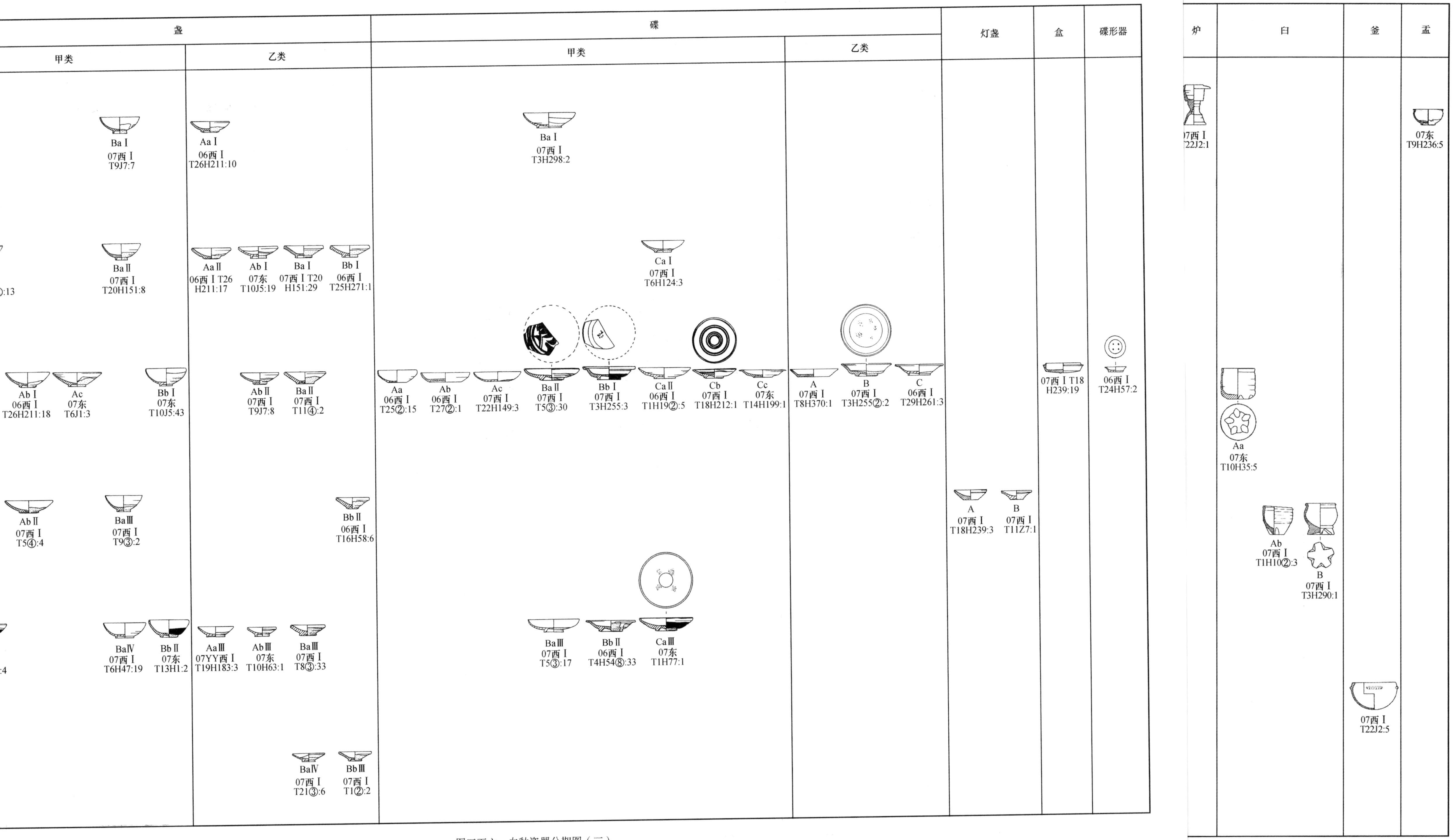

图三五六 白釉瓷器分期图（三）

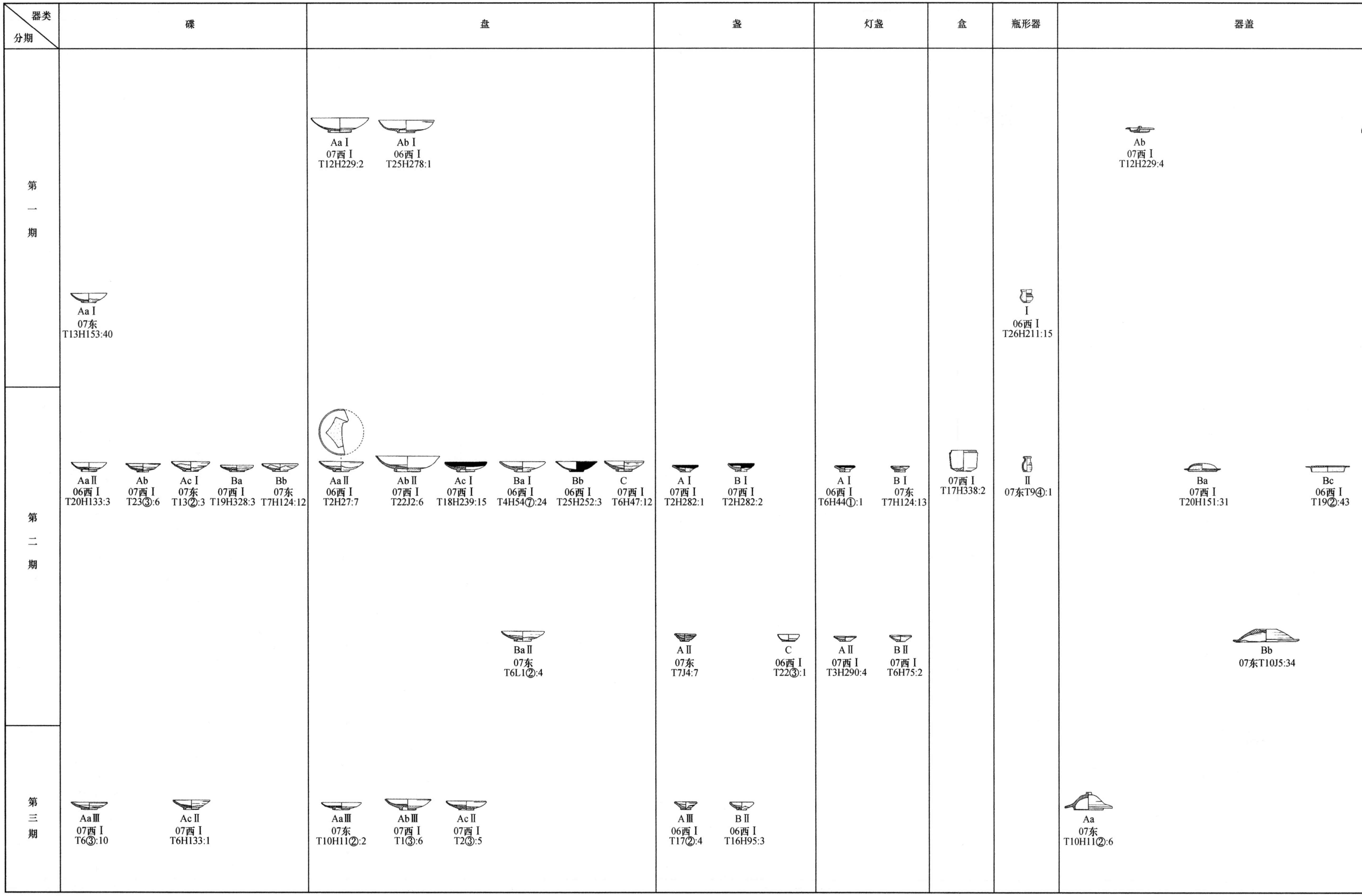

图三五九　酱黑釉瓷器分期图（二）

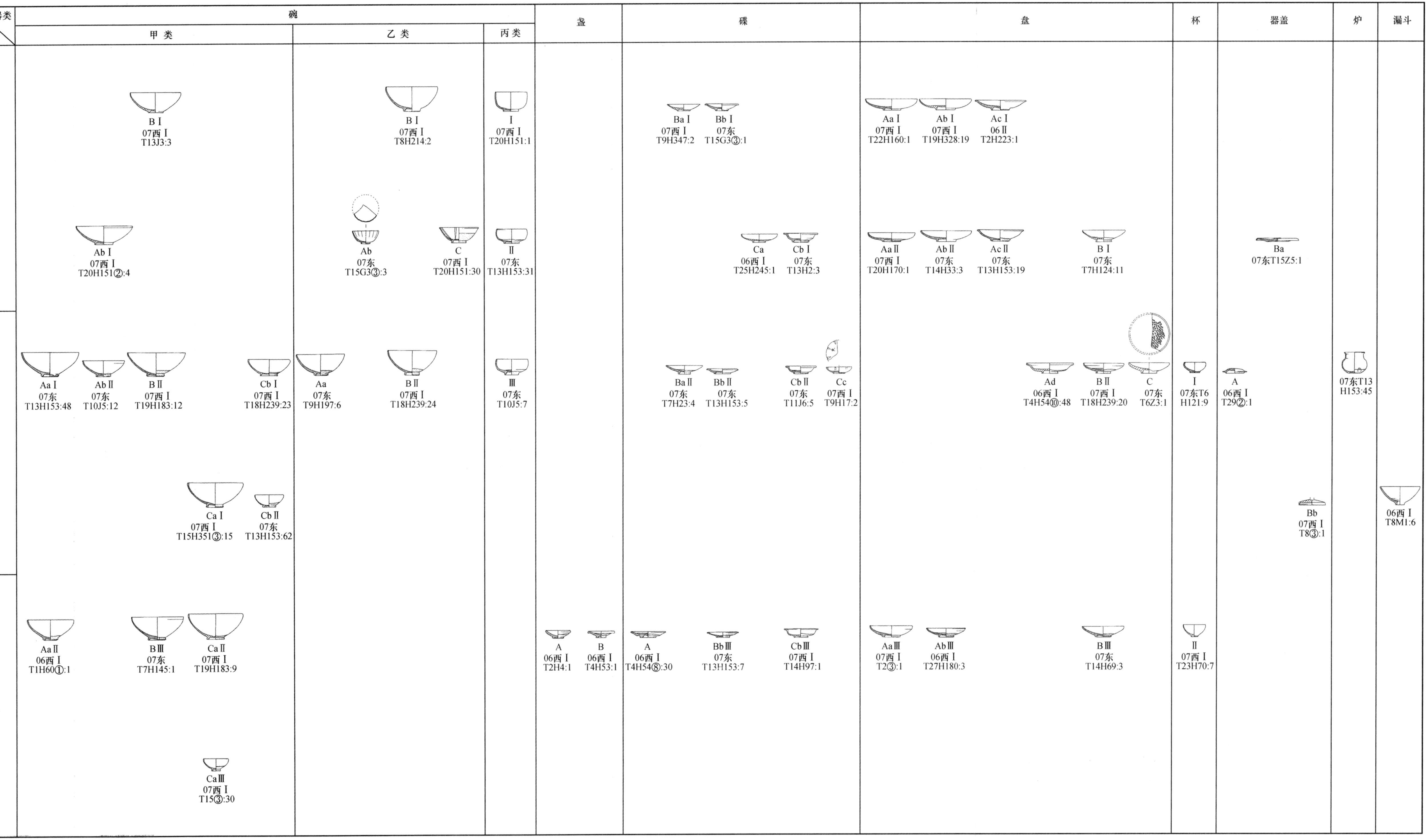

图三六〇　青釉瓷器分期图

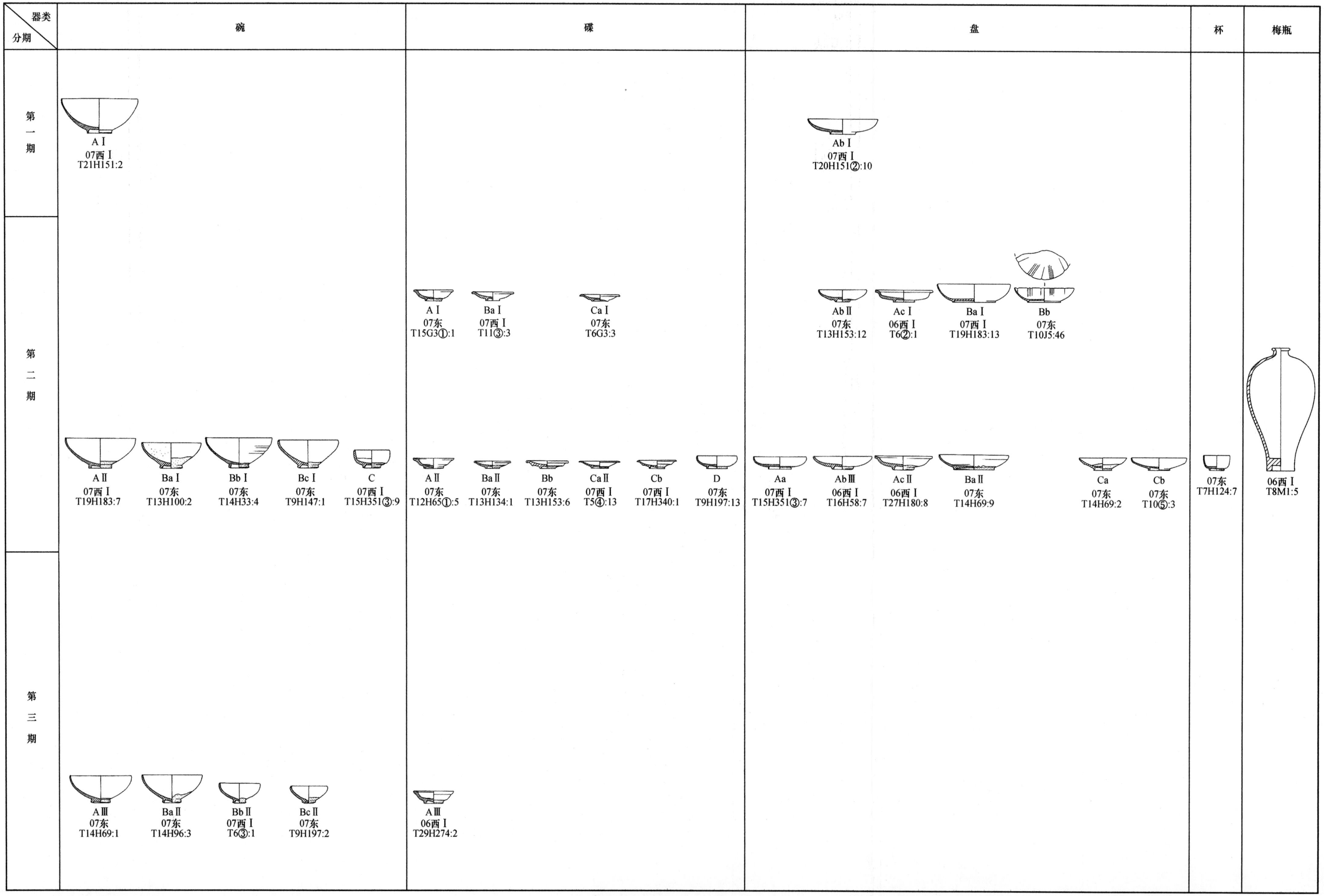

图三六一　钧釉瓷器分期图

报告的内容进行年代比对，当更为可靠和准确。

从目前已发表的资料性成果看，宋元时期遗址、窑址类资料数量相对有限。对于本遗址来说，邻近地区的瓷窑报告或简报必然是首选，其中主要包括《河南省禹州市神垕镇刘家门窑址发掘简报》①《宝丰清凉寺汝窑》②《河南汝州市东沟瓷窑址发掘简报》③等。除此而外，由于遗址中的白釉器带有明显的磁州窑产品风格，因此《观台磁州窑址》④也是较为重要的资料。至于《禹州钧台窑》⑤，虽然是距离本遗址最近的窑址，但由于其发掘时间早、整理过程长，加之报告中缺乏对年代相关问题的讨论，使得该报告内关于钧台窑内的遗迹、遗物年代的判定缺乏有力的支撑，其材料可资比对的有效性大大降低。

禹州阳翟故城遗址本阶段所出瓷器的类别以碗、盏、碟、盘为大宗，虽然釉色各有区分，但此四类圈足器在每一期的胎釉特点和形态特点上却有极大的共通之处。这一点前节已述，此不赘述。因此，只要能比对出每一期中某一类器物，我们也就能够对同期内的其他器类进行类推，并互为印证。

阳翟故城遗址白釉碗甲类AⅠ式中的2007YY西ⅠT22J2：2葵口碗和黑釉碗甲AⅠ式均与北京市海淀区南辛庄金贞元年间（1153~1156年）前后的M2中出土的Ⅰ式白瓷碗⑥形态接近。阳翟故城遗址该阶段第一期的酱黑釉炉与观台磁州窑第二期后段白釉炉Y6火：428和Y6②：3形态接近。酱黑釉经瓶与山西省大同市南郊金正隆四年（1159年）陈庆夫妇合葬墓⑦出土的瓷鸡腿坛M1：3形态、釉色一致。阳翟故城遗址白釉盘甲类BaⅠ式与北京市海淀区南辛庄金贞元年间前后的M2中出土的Ⅲ式白瓷盘⑧形态基本一致。

阳翟故城遗址白釉碗甲类EⅠ式与磁州窑第二期后段白釉碗T5⑥：2形态接近，阳翟故城遗址白釉盘甲类Aa型与磁州窑二期后段白釉盘T3⑥：11接近，阳翟故城遗址青釉盘BaⅠ式与磁州窑第二期后段白釉盘T9②：88形态接近。禹州阳翟故城遗址第一、二期很多遗物可与观台磁州窑遗址⑨第三期出土的白釉碗、盘等器进行比对。阳翟故城遗址白釉盘丙类A型与磁州窑第二期后段白釉盘T9③：27和T9②：101形态一致，阳翟故城遗址白釉碗甲类CⅠ式与磁州第三期窑白釉碗Y3①：59形态大体一致，阳翟故城遗址白釉碗甲类DaⅠ式与磁州窑第三期白釉碗T5⑤：35形态基本一致，阳翟故城遗址白釉碗乙类AbⅠ式与磁州窑第三期白釉碗Y3①：70、

---

① 北京大学中国考古学研究中心、河南省考古研究所：《河南省禹州市神垕镇刘家门窑址发掘简报》，《文物》2003年第11期。
② 河南省文物考古研究所：《宝丰清凉寺汝窑》，大象出版社，2008年。
③ 河南省文物考古研究所：《河南汝州市东沟瓷窑址发掘简报》，《华夏考古》2009年第2期。
④ 北京大学考古学系、河北省文物考古研究所、邯郸地区文物保管所：《观台磁州窑址》，文物出版社，1997年。
⑤ 河南省文物考古研究所：《禹州钧台窑》，大象出版社，2008年。
⑥ 北京市海淀区文化文物局：《北京市海淀区南辛庄金墓清理简报》，《文物》1988年第7期。
⑦ 大同博物馆：《大同市南郊金代壁画墓》，《考古学报》1992年第4期。
⑧ 北京市海淀区文化文物局：《北京市海淀区南辛庄金墓清理简报》，《文物》1988年第7期。
⑨ 北京大学考古学系、河北省文物考古研究所、邯郸地区文物保管所：《观台磁州窑址》，文物出版社，1997年。

T3H2：35形态基本一致，阳翟故城遗址白釉碗乙类AbⅠ式小口径标本与磁州窑第三期白釉碗T3②：4形态类似，阳翟故城遗址白釉碗丙类AⅠ式与磁州窑第三期白釉钵T3H2：366、T3H2：367形态接近，阳翟故城遗址白釉盘甲类BaⅠ式与磁州窑第三期白釉盘T5⑤：105形态基本一致，阳翟故城遗址白釉盘甲类BcⅠ式与磁州窑第三期白釉盘T5⑤：134形态相似，阳翟故城遗址白釉梅瓶与磁州窑第三期黑釉瓶Y3①：447形态接近，阳翟故城遗址出土白地黑花器盖Bb型与磁州窑第三期所出黑釉器盖Y3①：306形态一致，阳翟故城遗址黑釉碗乙类AaⅠ式与磁州窑第三期白釉碗T5⑤：8形态接近。从胎釉的情况分析看，磁州窑第三期的出土器物胎色主要呈棕灰、棕褐和灰褐色；釉色较第二期后段有所下降，白釉器釉色少有开片，莹润度降低；黑釉器釉色晦暗，以黑褐色和酱褐色为主。器物制作的精细度下降，不及第二期后段。虽然阳翟故城遗址第一期的出土器物可与磁州窑第二期后段的出土器相比对的不多，而与磁州窑第三期遗物形态更接近。但阳翟故城遗址第一期器物的胎釉特点则是更接近磁州窑第二期后段的。磁州窑第三期的胎釉特点反而与阳翟故城遗址第二期的情况接近。磁州窑第二期后段推定为12世纪前半叶，包括北宋末徽、钦两朝至金初海陵王朝以前。磁州窑第三期认定为金代中后期，从金海陵朝到金宣宗兴定三年（1219年）。

我们用禹州市神垕镇刘家门窑址①出土的青釉和钧釉器与阳翟故城遗址出土的青釉和钧釉器做比对。阳翟故城遗址青釉碗乙类BⅠ式、钧釉碗AⅠ式的圈足形态与刘家门第一期后段的钧釉瓜棱腹碗DT3⑦：20形态接近。刘家门第一期后段被推断为金代前期，即金太宗天会五年（1127年）至金海陵王正隆五年（1160年）。阳翟故城遗址青釉碗甲类BⅠ式与刘家门第二期钧釉敞口碗DT2C1：1形态相似，青釉碗丙类Ⅱ式与刘家门第二期钧釉罗汉碗DT2③扩：1形态一致，青釉盘AbⅡ式与刘家门第二期青釉曲腹盘DT3⑤：15基本一致。刘家门第二期被推断为金代后期，即金世宗大定元年（1161年）至金哀宗天兴三年（1234年）。

通过以上比对，我们推断，遗址第一、二期的绝对年代为金代初期至金代中后期，其中第一期大体相当于金代前期，第二期则相当于金代中后期。

在2007YY东T7H31和2007YY西ⅠT8③两个单位中各出土一枚"正隆元宝"。"正隆元宝"是金海陵王完颜亮于正隆年间（1156～1161年）铸行的钱币，说明上述两个单位时间不会早于金代正隆年间。依据层位关系分析，2007YY东T7H31开口于T7②（相当于东发掘区总第3层）下，打破T7④（相当于东发掘区总第17层），且未有瓷容器同出。单从层位推断，2007YY东T7H31的年代可能相当于于第一期或第二期，也可能相当于第三期。2007YY西ⅠT8③相当于2007年西发掘区总第3层，分期上属于第三期。由此可知，遗址第一期则可能相当于或早于金正隆元年，遗址第三期不早于金正隆年间。这与前文推断的结果是相符的。

阳翟故城遗址白釉碗乙类BaⅢ式与刘家门第三期前段白地黑花碗DT2③：133形态一致，阳翟故城遗址白釉盆AⅠ式与刘家门第三期前段白地黑花盆DT2③：146形态接近，阳翟故城

---

① 北京大学中国考古学研究中心、河南省文物考古研究所：《河南禹州市神垕镇刘家门钧瓷窑址发掘简报》，《文物》2003年第11期。

遗址酱黑釉盘AaⅢ式与磁州窑第四期后段黑釉盘Y8火③：182和T7②：1形态一致，阳翟故城遗址酱黑釉瓷盒与磁州窑遗址第四期后段黑釉盒Y8火②：145形态接近，阳翟故城遗址青釉碗甲类AaⅡ式与刘家门第三期前段钧釉敞口碗DT2③：48形态接近，阳翟故城遗址青釉盘Ad型与磁州窑第四期前段白釉盘T5③：33形态一致，阳翟故城遗址青釉盘BⅢ式与临汝市东沟窑[①]第二期出土器物A型盘T6⑥：24和T6⑥：53形态接近。刘家门第三期时间推断为元前期（1235～1307年）。临汝东沟窑第二期的时间判定是金末元初。时间跨度都达到元代前期。

阳翟故城遗址白釉碗丙类Ⅲ式与磁州窑第四期前段白釉碗T4④：245形态一致，阳翟故城遗址白釉盘甲类BcⅢ式与磁州窑第四期前段白釉盘T11H1：55形态接近，阳翟故城遗址青釉盘Ad型与磁州窑第四期前段白釉盘T5③：33形态接近，阳翟故城遗址黑釉碗乙类AaⅢ式与磁州窑四期前段黑釉碗T8③：2形态接近，阳翟故城遗址白釉碗甲类AⅢ式与磁州窑第四期后段白釉碗Y8火③：66形态、风格接近，阳翟故城遗址白釉碗乙类AbⅢ式与磁州窑四期后段白釉碗Y8火③：7形态接近，阳翟故城遗址酱黑釉碗乙类AaⅢ式与磁州窑四期后段白釉碗T12③：1形态接近，阳翟故城遗址酱黑釉盏AbⅡ式与磁州窑四期后段白釉盘Y8风内：129形态一致，阳翟故城遗址白地黑花盘丙类C型与磁州窑第四期后段白釉盘Y8火②：9形态接近。阳翟故城遗址第三期很多出土器物与磁州窑第四期后段的器物的形态接近或一致，但从胎釉情况分析，阳翟故城遗址第三期出土瓷器胎釉质量普遍较差，釉色光泽暗淡，白釉明显发黄，黑釉偏褐色，器物做工随意粗糙，这一特点却与磁州窑第四期前段的总体特征一致。磁州窑第四期前段的时间，推断是金末元前，即金宣宗兴定四年至元成宗大德年间（1220～1307年）。

阳翟故城遗址第三期与第二期之间的连续性很强，无论是从地层的叠压情况看，还是从单个遗迹单位中器物的组合情况分析，阳翟故城遗址由第二期向第三期的过渡都是较为平缓的。第三期器形的突出特点并未十分完整地显现于遗迹单位内的所有遗物上。综合以上因素分析，我们认为阳翟故城遗址第三期的年代应为金代末期至元代早期。

综上所述，遗址的第一期大体相当于金代前期，第二期则相当于金代中后期，第三期相当于金末至元代早期。

[①] 河南省文物考古研究所：《河南汝州市东沟瓷窑址发掘简报》，《华夏考古》2009年第2期。

第七章 相关研究

第一节 阳翟故城遗址出土瓷器烧造工艺

一、装烧方法

通过对遗址中出土瓷器，包括支钉痕迹、积釉状况、部分器物上的釉层粘粘痕迹等情况的仔细观察和综合分析，我们认为遗址中绝大多数器物采用的装烧方法为装匣正烧、叠烧法。遗址中也有极少数器物采用覆烧工艺烧造。采用覆烧法烧造的器物多数是酱黑釉器，也有少数薄胎白釉器，其显著特征是芒口和通体及圈足施满釉。这类器见于白釉盘2006YY西ⅠT6H81③：20，黑釉碗甲类A型和乙类Aa型及黑釉盘Bb型。在第一期的器物中，内壁流行施满釉，白釉和酱黑釉器内底多明显可见芝麻状或略大一些的支钉痕。而青釉和钧釉器这一时期的支钉痕则非常小，时常需要非常仔细地搜寻方能发现。这说明这一时期的支烧工艺水平，特别是青釉和钧釉的支烧工艺水平，已经达到一个很高的程度，这一技术可能吸取了汝窑青瓷的某些烧造工艺。这一时期的青釉和钧釉碗、盘类器，很多都会施护胎釉，说明了这一时期制器工艺的精细。除此之外，在出土的遗物中发现了少量的窑具，主要是匣钵（支顶钵）和支圈。尽管出土的数量较少，但我们仍可以判定，此时期，匣钵装烧和支圈支烧相配合的装烧工艺已经普遍流行。

二、施釉手法

通过观察遗址中出土的瓷器，我们认为遗址中器物的施釉手法主要有荡釉法、蘸釉法、刷釉法及浇釉法。对于个体较小的器物，主要用荡釉法、蘸釉法和刷釉法。而对于个体较大的器物，则使用浇釉法和刷釉法。荡釉法即手持器皿圈足，将器口朝下，在釉料中一荡。用这类手法施釉的器物，一般内底满釉，或刮釉露胎，刮釉区域为环状圆形。其中，蘸釉法的手法有两种：一种是手持器圈足，器口朝下，将整个器物的大部浸入釉料中，完成挂釉；另一种是将器物45°左右侧持,然后一边蘸釉一边旋转器物一周,一般5次可以完成一件器物的施釉。蘸釉法的第二种手法从部分黑釉器内外壁出现的连弧纹状的釉痕可以得到证实,如2006YY西ⅠT2H27:7。刷釉法,即用刷子等工具蘸釉后,在器内壁刷上釉料。用这类手法施釉的器物,内底中心一般无釉露胎,而且露胎区域一般不是规则的圆形,器外壁则施釉较少,釉线较高,比较随意。

三、装饰手法

阳翟故城遗址中出土的瓷器装饰手法并不算很丰富,主要可见刻划花和白地黑花两种,其中以白地黑花的手法为绝大多数,刻划花装饰手法的运用则不是很多。

刻划花装饰手法是宋元时期重要的装饰手法门类。以定窑刻划花白瓷、耀州窑刻划青瓷为代表。定窑和耀州窑的刻划花工艺都对宋元时期的陶瓷业整体发展有着重大的影响。阳翟故城遗址刻划花的装饰手法主要是划花,刻花手法较为少见。刻划花的纹饰题材多为缠枝花、莲瓣和篦纹,其中又以缠枝花和篦纹为多。

白地黑花装饰是白釉器的一种主要装饰手法,阳翟故城遗址中出土了大量的白地黑(褐)花瓷器,共计204件,且于遗址第二期开始大量出现。通过对阳翟故城遗址白地黑花花形纹饰的分析比对,我们发现,阳翟故城遗址的花形纹饰有其独特的地域特点,从而有别于北方以白地黑花瓷闻名的磁州窑。本遗址所出土的白地黑花装饰题材主要为植物纹样,可细分为兰草叶、草叶、莲瓣、水草、简易卷草等纹饰,这些纹饰都独具本地特点。除植物纹样外,还可见几何纹样和文字纹样。其中,几何纹样主要是弦纹,文字纹样则可见"花""秦""姑""道""天""忍""风口雪月""十""翟万春"等。

四、仿定瓷器

阳翟故城遗址中出土了少量的仿定瓷器,在类型划分时,仅按釉色划分,并未单独提出。这些仿定瓷器标本为:2006YY西ⅠT2H27:11葵口白釉碗、2006YY西ⅠT6H81③:20白釉盘、2006YY西ⅠT25H252:3黑釉盘、2007YY东T3H240:3白釉碗、2007YY东T13H2:5白釉碟、2007YY东T14H199:1白釉碟、2007YY东T15H17:1黑釉盘、2007YY西ⅠT9J7:10黑釉盘、2007YY西ⅠT9J7:15黑釉碗、2007YY西ⅠT11Z6:1白釉盘、2007YY西ⅠT15H120:1黑釉盘。这些器物的共同特点是胎体轻薄,施满釉,绝大多数为芒口覆烧。在这些标本中,若论造型工艺,自当首推2006YY西ⅠT2H27:11葵口白釉碗。这件葵口小碗,胎质灰白、细腻、轻薄,造型特别,釉色洁白光润,很好地体现了定窑白瓷的特点。

五、不同瓷器产品系统间的相互关系讨论

总体来说，阳翟故城遗址所出瓷器是分别出自四个瓷器系统的产品，即磁州窑白地黑花瓷系统、汝窑青瓷系统、钧窑钧瓷系统和建窑黑瓷系统。其中，以磁州窑系统为大宗，以汝窑系统和钧窑系统为小宗，属建窑系统者仅零星几件。遗址中的白釉器和酱黑釉器（除少数几件）均属磁州窑白地黑花瓷系统，青釉器属汝窑青瓷系统，钧釉器属钧瓷系统。2007YY西ⅠT6H122：2、2007YY西ⅠT11H312：1、2007YY西ⅠT21H151：1属建窑系统。

从器形方面看，白釉器与酱黑釉器（除少数几件）的相应器类形态接近，青釉器与钧釉器的相应器类形态接近。磁州窑系统的碗、盘、碟、器盖等器形态基本与汝窑系和钧窑系相应器类各不相同。而青釉器和钧釉器中几乎不见瓷盏这类器物。建窑系统中2007YY西ⅠT11H312：1与2007YY西ⅠT21H151：1器形独成一派，与众不同。这首先说明了汝窑系统与钧釉系统之间的关系紧密。同时，也说明各瓷器系统内部从形态到釉色上的统一和各个瓷器系统产品风格的独立。这种既独立又共存的状态，说明了当时瓷器产品市场的开放性、多元性、包容性和竞争性。

当然，我们也看到了其中的一些交流。如白釉甲类G型碗与青釉甲类Ab型碗形态接近。青釉乙类C型碗则与白釉乙类Ab型碗的形态几乎一致。白釉乙类A型盘的形态特征与钧釉A型碟较为接近。不仅如此，青釉碗乙类C型中的2007YY西ⅠT20H151：30出现了青釉上施白彩的装饰方法；2007YY西ⅠT4③：5出现了青釉与酱黑釉组合（器外壁上部施青釉，下部施酱黑釉）的情况。虽然这些标本并不代表广泛性，但这至少从一个方面说明不同瓷器产品系统之间的交流是存在的。尽管这种交流可能只是一种零星的尝试，但至少表达了瓷器烧造者的某些想法和意愿，他们小心地尝试着某种改变，试图找到坚守与创新之间的某种平衡。

第二节　关于遗址出土瓷器产地

此次发掘的禹州阳翟故城遗址位于河南省禹州市境内。禹州地区是钧瓷的发源地，也是宋元时期瓷器烧造的主要产区之一。从以往的调查报告和发掘报告可知，禹州区域的窑址非常多，其中主要以钧台窑、神垕镇刘家门窑、神垕镇下白峪窑、扒村窑为代表。钧台窑和刘家门窑的产品以钧釉和青釉瓷器为大宗，兼烧白地黑花和黑釉瓷器；下白峪窑的产品以黑釉、青黄釉和花釉瓷器为主，与本遗址出土瓷器存在较大差异；扒村窑，从调查的情况看，产品以白釉和白地黑花瓷器为主，但由于其没有经过正式发掘，尚缺乏详尽可靠的材料支撑。

阳翟故城遗址此次发掘出土了大量瓷器，虽然器类品种不算太丰富，但是数量较多。其中，又以白瓷器和白地黑花瓷器为主体，酱黑釉瓷器次之，青釉和钧釉相加仅占五分之一强。这批瓷器的产地来源如何？在钧釉的中心产区出现大量的白瓷和白地黑花瓷器又做何解？这是

笔者在研究的过程中一直反复思考的问题。

通过对这批瓷器的深入研究，我们认为，这批瓷器应该就是禹州当地瓷窑的产品。首先，从禹州钧台窑遗址[①]和神垕镇刘家门窑遗址出土的白釉器、白地黑花器、青釉器和钧釉器来看，从器物类型到器形形态再到纹饰风格，均与阳翟故城遗址所出器物基本一致。其次，阳翟故城遗址所出瓷器，从器物形态到纹饰风格再到釉料成分（阳翟故城遗址器物上所用釉料是一种乳浊釉）都具有明显的自身特点。其三，宋元时期，瓷器的使用十分普及，已经成为民众的日常生活用品。但瓷器并非耐用品，十分易碎。这就决定了民众使用瓷器一定会选择质优价廉的物品。考虑到运输成本，外地瓷器如果没有工艺或成本上的突出优势，一般不会在价格上比本地瓷器有优势。这也决定了在一个瓷器生产区一般很难见到外地的瓷器产品。

然而，这并不意味着当地窑场生产的瓷器产品就会是很单一的品种。为了能满足消费者的不同需求，当地窑场同样会尝试生产各种不同的陶瓷品种，以扩大自身的竞争优势。这一点从钧台窑遗址的发掘报告中就可见一斑，钧台窑烧造钧釉、青釉、白釉及白地黑花瓷和黑釉等不同釉色的瓷器。不仅如此，钧台窑烧造的钧釉花盆、盆托及鼓钉洗之类的器物在阳翟故城遗址中不见，说明窑场生产产品还会根据不同用户群的需要进行生产。综上，这些都从不同侧面说明了宋元时期社会经济的繁荣。

第三节　关于遗址的性质

关于禹州阳翟故城遗址的性质问题，是发掘者一开始就关注的问题之一。

从阳翟故城遗址发掘的遗迹类型看，除少数先秦汉魏时期的墓葬、沟、井、窑、灶、夯土基址等遗迹外，金元时期的遗迹主要为灰坑、沟、井等几类，少量为灶、窑、路、墙、红烧土面、白灰面、墓葬等遗迹。灰坑、沟、井、灶、窑等遗迹均与古代先民的生活、生产相关。然而，遗址中未发现有房屋遗迹，也很少见到瓦砾堆积、红烧土堆积之类的遗存，因此，排除其为生活居址的可能。同时，阳翟故城遗迹位于宋元时期钧瓷的主要烧造区，遗址中发现了少量的窑址，并出土了大量的陶瓷器遗物。那么，发掘区是否可能是窑场之类的手工业生产区呢？从发掘的情况看，遗址中发掘清理的几处窑址，规模都不大，不太可能是烧造瓷器的陶窑。同时，遗址中也未发现与烧造瓷器有关的配套遗存。在遗物中虽也可见与陶窑有关的匣钵、支圈等窑具和制瓷的半成品——素烧器，但其数量十分有限，几乎可以忽略。据此种种因素，排除该遗址为窑址的可能。

从出土遗物的情况看，以瓷器为其大宗，再就是宋元时期的钱币，以及诸如陶盆、陶盘、瓷棋子、瓷俑、瓷动物、铜钗、铜簪、铜顶针、铁灯、铁剪刀等与民众日常生活相关的器物。再从瓷器的器类看，除几件可作为陈设器的梅瓶外，其余均为生活实用器；不仅如此，在瓷器

---

① 河南省文物考古研究所：《禹州钧台窑》，大象出版社，2008年。

的工艺水平方面，很少见到材质上乘、制作特别精细的精品。这些信息都指向了这批遗物的使用者不会是身份等级很高的人，而应该是普通民众。此次发掘的瓷器类遗物，虽然器类不算太丰富，但瓷器数量（瓷片10万余片）较大。考虑到遗址的存续时间并不很长，这至少从一个方面说明，金元时期居住在该遗址的居民人口具有一定的数量。

值得一提的是，金元时期的遗址中，发现了4条沟和28口井。从清理的情况看，沟的规模较大，贯穿于多个探方，而且一定数量的井和大部分的灶都使用了比较长的时间。在8000多平方米的发掘区内，在同一时期发现如此规模较大的沟和数量较多、使用时间较长的井和灶，使我们不得不再次思考遗址的性质。我们认为，这些沟和井，很可能与农业灌溉和农业生产有关。同时，遗址中还发现了23座灶，从灶的形态和烧结程度看，应有一定时间段的沿用。然而，灶类遗迹周边并未见房屋遗迹，可见是室外使用。在8000多平方米的发掘区内，就发现有数量如此之多的灶，不得不引起我们的关注和思考。联系到遗址内出土的一定数量的博具、棋子等遗物，再结合金元时期的时代背景和禹州阳翟故城的地理位置，这些因素使我们想到，这些灶是否可能与军队驻扎有关呢？

综上所述，我们认为，阳翟故城遗址应该是一处与古代先民生活居址有关的废弃堆积区，或是一处与从事农业灌溉和生产有关的区域。经过实地调查和大面积的勘探，我们认为，与发掘区对应的生活居住区，很可能仍在今天阳翟故城村居民们居住的区域，即整个发掘区的西北部。

附 表

附表一 2006年禹州阳翟故城遗址西发掘区遗迹登记表

遗迹号	层位	方向	尺寸（厘米）	平面形状与堆积	打破关系
G1	东西向跨2006YY西ⅠT20、2006YY西ⅠT24、2006YY西ⅠT26 T20: ②→G1→生土 T24: ②→G1→生土 T26: ③→G1→生土	105°	开口距地表38～73，长3115，宽150～190，深145～213	长条形，斜壁不规则，平底。沟内填土分3层。第1层红色细腻的沙土，土质疏松，纯净，含水量大。第2层黄褐色，第3A层浅灰色，较黏稠，夹杂少量料姜石颗粒。第3B层黑褐色，土质疏松，含少量烧土颗粒、炭粒等	被H155打破，打破H156
G2	南北向跨2006YY西ⅠT21、2006YY西ⅠT22、2006YY西ⅠT23	13°	开口距地表40～70，长1860，宽140～210，深140～146	长条形，直壁，平底。填土分2层。第1层褐黄色，土质较疏松，厚30～90厘米。第2层浅褐色，土细腻纯净，厚20～40厘米	被H168，G4打破
G3	东西向跨2006YY西ⅠT30、2006YY西ⅠT27、2006YY西ⅠT1、2006YY西ⅠT2、2006YY西ⅠT5、2006YY西ⅠT6、2006YY西ⅠT9、2006YY西ⅠT10、2006YY西ⅠT13、2006YY西ⅠT17	100°	开口距地表35～60，长6350，宽300～750，深35～60	不规则长条形，斜壁不规则，底部起伏不平。填土分4层。第1层黑褐色，土质致密，含少量炭粒、烧土等，厚15～40厘米。第2层深褐色，土质致密，含少量炭粒、烧土，厚10～40厘米。第3层灰黑色，土质致密，厚25厘米。第4层黄褐色，土质致密，厚15～40厘米	被H14、H63、H98、H113、H126、H174、Z4打破

续表

遗迹号	层位	方向	尺寸（厘米）	平面形状与堆积	打破关系
G4	东西向跨2006YYⅠT32、2006YY西ⅠT29、2006YY西ⅡT4、2006YYⅠT8、2006YY西ⅠT12、2006YY西ⅠT15、2006YY西ⅠT16、2006YY西ⅠT19、2006YY西ⅠT20、2006YY西ⅠT23、2006YY西ⅠT24	102°	开口距地表25~45、口长6075、宽530~640、深90~125、底宽405~575	长条形，斜直壁，近平底。填土分3层。第1层黄褐色，厚50~90厘米。土质较酥，含炭粒、烧土、料姜石等。第2层黄褐色，含大量料姜石块和少量红色砂石，夹黄色淤土，厚20~80厘米。第3层青灰或黄灰色，夹少量炭粒、草木灰、红烧土颗粒等，厚50~110厘米	被H54、H61、H65、H79、H106、H107、H120、H129、H157、H193、H206、H246、H248、H261、H262、H263、H274、H276、H279、J4、J5、J6、J7、L2、M1打破，打破G2、G5、H200、H203、H295、H297、H299、J10、J11、M2、M6
G5	2006YY西ⅠT14和2006YY西ⅠT15东部 T14: ②→G5→生土 T15: ③→G5→生土	10°	开口距地表东部30~40、长1630、宽30~250、深50	不规则长条形，弧壁，圆底。填土褐色，土质细腻致密，包含有烧土粒等	被H148、H147、H90、G4打破
G6	2006YY西ⅡT1中部和2006YY西ⅡT4中部偏南 T1: ③→G6→④ T4: ②→G6→③	105°	开口距地表东部45、西部30、口长2150、宽100~110、深15~30、底长2150、宽90~100	长条形，略呈弧壁，底较平。填土灰褐色，质地疏松，含有炭粒和黄斑土	
G7	2006YY西ⅡT3西北部和2006YY西ⅡT6北部 ②→G7→③	292°	开口距地表45~50、口长1370、宽20~40、深33~42、底长1300、宽15~36	细长条形，沟壁呈斜壁略直，底较平。填土褐色，质地较硬，含有红烧土块和草木灰	打破G8
G8	2006YY西ⅡT6西部 ②→G8→③	11°	开口距地表50、口长875、宽63~73、深11~20、底长870、宽51~66	较规则的长条形，斜壁，近平底。填土灰褐土夹杂白斑土，质地松软呈沙性	被G7、J8打破
H1	2006YYⅠT24东南部 ①→H1→②	0°	开口距地表23、长440、宽138、深60	部分位于发掘区内，不规则形，弧壁，圆底。填土分3层。第1层灰黑色，含大量草木灰、红烧土、炭渣等，土质疏松，含沙粒，厚2~26厘米。第2层灰褐土夹杂白斑土，厚24厘米。第3层黄斑土，灰渣土，土质较黏，厚4~26厘米	打破H3

续表

遗迹号	层位	方向	尺寸（厘米）	平面形状与堆积	打破关系
H2	2006YY西ⅠT2中部偏西 ②→H2→④	5°	开口距地表25、长径220、短径115、深34	近椭圆形，直壁，圆底。填土灰褐色，土质疏松，夹杂红烧土颗粒、炭灰及料姜石	
H3	2006YY西ⅠT24南部 ①→H3→②	312°	开口距地表24、长160、宽100、深15	东部被H1破坏，平面略呈长条形，斜壁，圆底。填土为灰渣土，土质疏松，夹杂草木灰、红烧土、炭烧土等	被H1打破
H4	2006YY西ⅠT2东南部 ②→H4→④	90°	开口距地表25、长径125、短径75、深22	近椭圆形，弧壁，圆底。填土灰褐色，土质疏松，夹杂红烧土颗粒、炭灰及料姜石	打破H9
H5	2006YY西ⅠT2北部 ②→H5→③	90°	开口距地表25、口径160、深62、底径约90	近圆形，弧壁，平底。填土分2层。第1层褐色，土质疏松，夹杂少量红烧土颗粒、炭灰。第2层灰黑色，土质疏松，夹杂大量炭灰	打破H16
H6	2006YY西ⅠT24北部 ①→H6→②	135°	开口距地表25、长240、宽38	不规则圆形，弧壁，圆底。填土灰黑色，土质疏松，夹杂草木灰、烧土块	
H7	2006YY西ⅠT3东北部 ①→H7→③	97°	开口距地表25、长630、宽35~70、深30	不规则长条形，两边壁微斜，两端弧壁，圆底。填土灰褐色，土质疏松，含炭粒	打破H192
H8	2006YY西ⅠT10西北部 ②→H8→③	11°	开口距地表32~38、口长250、宽95~115、深10~35、底长200、宽70~95	不规则平行四边形，斜壁，斜底有起伏。填土灰褐色，质地疏松，含有少数草木灰和细砂石	
H9	2006YY西ⅠT2东南部 ②→H9→④	5°	开口距地表25、长径108、短径80、深16	椭圆形，直壁，平底。填土浅灰色，土质疏松，夹杂少量红烧土颗粒	被H4打破
H10	2006YY西ⅠT10西南部 ②→H10→③	8°	开口距地表33、长径156、短径148、深50	近圆形，直壁，平底。填土分5层。第1层浅灰褐色，质地松软，厚4~8厘米。第2层炭灰土，厚12~28厘米。第3层红烧土，厚4~10厘米。第4层炭灰土，质地松软，厚2~6厘米。第5层浅黄土，质地松软，厚10~14厘米	打破H24
H12	2006YY西ⅠT4西南部 ①→H12→②	115°	开口距地表20、口长径196、短径124、深40、底长径184、短径114	近椭圆形，东端内凹，平底。填土暗灰色，土质疏松，包含较多草木灰、红烧土、料姜石和炭粒	

续表

遗迹号	层位	方向	尺寸（厘米）	平面形状与堆积	打破关系
H13	2006YY西ⅠT10西北角 ②→H13→③	15°	开口距地表37，口长556，宽128，深56，底长300，宽74	不规则长条形，弧壁，弧底。填土分2层。第1层煤渣，草木灰，质地松软，夹少量草木灰，含有螺壳、砂石颗粒。第2层浅褐土，土质疏松，包含炭粒、烧土等，厚10～26厘米	打破H23、H148
H14	2006YY西ⅠT9东南部及T5西南角 ①→H14→②	95°	开口距地表25，口长508，宽84，深20	不规则长条形，斜壁，近平底。填土褐色，土质疏松，包含炭粒、烧土等	打破H98
H15	2006YY西ⅠT9西部 ②→H15→③A	90°	开口距地表35，口径116～124，深30，底径75～96	近圆形，斜壁，近平底。填土褐色，土质疏松，包含大量炭粒、烧土粒等	
H16	2006YY西ⅠT2北部 ②→H16→③	90°	开口距地表25，口长230，宽130，深64	弧边长方形，北东南三边近直壁，西壁呈阶梯状，平底。填土浅褐色，土质疏松，夹杂烧土颗粒、炭灰	被H5打破，打破H20
H17	2006YY西ⅠT2西南部 ②→H17→④	27°	开口距地表25，口长150，宽125，底长120，宽110，深68	圆角方形，斜壁，平底。填土浅褐色，土质疏松，夹杂少量红烧土颗粒和大量黄土斑	打破H25
H18	2006YY西ⅠT2东北部 ②→H18→③	90°	开口距地表25，口长156，深48	圆形，直壁，平底。填土黄色，土质疏松，夹杂大量料姜石	打破H27
H19	2006YY西ⅠT1东北部 ①→H19→②	180°	开口距地表25，口长410，宽145	半圆形，直壁微弧，草木灰烧土，夹杂大量红烧土颗粒。填土分3层。第1层红褐色，土质疏松，厚0～13厘米。第2层黑色，土质疏松，夹杂大量红烧土。第3层青灰色，土质疏松	被H76打破
H20	2006YY西ⅠT2北部 ②→H20→③	90°	开口距地表25，口长166，深62	近圆形，直壁，平底。填土灰黄色，土质疏松，夹杂少量红烧土颗粒、料姜石	被H16打破，打破H27
H21	2006YY西ⅠT5东北角 ①→H21→②	0°	开口距地表15，口径175，短径150，深100，底长径135，短径100	近椭圆形，斜壁，平底。填土黄褐色，土质疏松	打破J12

续表

遗迹号	层位	方向	尺寸（厘米）	平面形状与堆积	打破关系
H22	2006YY西ⅠT24西南部 ①→H22→②	90°	开口距地表22，长218，宽210，深30	被现代坑破坏，不规则形，弧壁，圜底近平。填土灰色	
H23	2006YY西ⅠT10北部 ②→H23→③	15°	开口距地表90，直径70，深48	近圆形，弧壁，圜底。填土浅褐黄土，质地松软，含有少量草木灰、螺壳和砂石颗粒	被H13打破
H24	2006YY西ⅠT10东部偏南 ②→H24→③	104°	开口距地表33，口长438，宽120，深10~18，底长390，宽100	长条形，斜壁，平底。填土浅灰色，质地松软	被H10打破
H25	2006YY西ⅠT2西南部 ②→H25→④	107°	开口距地表25，口长径148，短径76，深60，底长径100，短径60	近椭圆形，斜壁，平底。填土浅灰色，夹杂黄色土斑	被H17打破，打破H37
H26	2006YY西ⅠT2东部 ②→H26→④	90°	开口距地表25，长275、宽120~160，深16	略呈梯形，西壁及北壁西部呈弧形，西窄东宽，直壁，平底。填土灰黄色，土质松散，夹杂少量红烧土颗粒	
H27	2006YY西ⅠT2东北部 ②→H27→③	20°	开口距地表25，口长径320，短径280，深54，底长径300，短径280	略呈椭圆形，弧壁，圜底。填土灰黑色，土质疏松，夹杂大量红烧土颗粒、炭灰	被H18、H20打破
H28	2006YY西ⅠT7中部 ②→H28→③	105°	开口距地表37，口长900、宽90~110，深49~53、底长900、宽85~108	不规则长条形，斜壁，底近平。填土灰褐色，土质疏松，夹炭粒、红烧土颗粒及小块料姜石	打破H44、H118
H29	2006YY西ⅠT12西北部 ①→H29→③A	4°	开口距地表23，长108、宽62，深13~18	不规则形，斜壁，底部起伏不平。填土灰褐色，土质疏松，包含小石块、炭粒及红烧土等	
H30	2006YY西ⅠT2西北部 ②→H30→④	0°	开口距地表25，口径126、深40，底长106	近圆形，斜壁，平底。填土灰褐色，土质疏松，夹杂少量红烧土颗粒	

续表

遗迹号	层位	方向	尺寸（厘米）	平面形状与堆积	打破关系
H31	2006YY西ⅠT2东北部 ②→H31→③	90°	开口距地表25，长112，宽60，深46	略呈梯形，东西两边弧，西窄东宽，直壁，平底。填土灰褐色，土质疏松，夹杂较多红烧土颗粒、炭粒	
H32	2006YY西ⅠT10南部偏西 ②→H32→④	92°	开口距地表38，口长径150，短径74，底长径130，短径65	近椭圆形，斜壁，圆底近平。填土褐色，质地松，含有少量草木灰	打破H46
H33	2006YY西ⅠT10西南角 ②→H33→④	24°	开口距地表26，长260~308，宽100~194，深40，底长220，宽85~120	不规则梯形，弧壁，弧底。填土分3层。第1层黑色草木灰，厚6~8厘米，质地松软，胶结致密。第2层浅黄土，厚8~26厘米，质地松软。第3层浅灰土，含零星草木灰，厚10~16厘米	被H46、H139打破，打破H147
H34	2006YY西ⅠT3西南部 ①→H34→③	95°	开口距地表20，口长575~635，宽90~100，深15~20，底长548，宽92	不规则长条形，斜壁，平底。填土红色夹褐斑，胶结致密，含大量炭粒	
H35	2006YY西ⅠT3东南部 ①→H35→③	180°	开口距地表20，长110，短径60，深40	近椭圆形，弧壁，圆底近平。填土深褐色，土质疏松，包含少量炭粒和红烧土颗粒	打破H36
H36	2006YY西ⅠT3东南部 ①→H36→③	180°	开口距地表20，口长126，宽80，深40，底长96，宽54	部分位于发掘区内。不规则形，弧壁，平底。填土黄色，土质疏松，包含少量炭粒	被H35打破
H37	2006YY西ⅠT2西南部 ②→H37→④	115°	开口距地表25，长180，宽30~50，深20	略呈长条形，西宽东窄，直壁，平底。填土灰褐色，土质疏松，夹杂少量红烧土颗粒	被H25打破，打破H45
H38	2006YY西ⅠT1西北部 ②→H38→③	90°	开口距地表30，宽115，深20，底长136，宽113	不规则形，壁微斜，平底。填土浅褐色，土质疏松，夹杂大量红烧土颗粒及料姜石	
H39	2006YY西ⅠT4西北部 ①→H39→②	90°	开口距地表20，口长径220，短径50，深26，底长径196，短径44	近椭圆形，弧壁，平底。填土灰褐色，包含较多红烧土块	

续表

遗迹号	层位	方向	尺寸（厘米）	平面形状与堆积	打破关系
H40	2006YY西ⅠT4东北部 ②→H40→③	90°	开口距地表20，口长128，宽62，深16，底长120、宽58	部分位于发掘区内，呈扁形，斜壁，平底。填土灰色，土质紧密，包含少量炭粒	打破H50
H41	2006YY西ⅠT3中部 ①→H41→③	100°	开口距地表20，长780，宽120，深15	不规则长条形，直壁，平底有起伏。填土黄褐色，土质较板结	
H42	2006YY西ⅠT1西北部 ②→H42→③	0°	开口距地表30，口长150，宽75，深23，底长146、宽73	近似半圆形，斜壁，平底。填土深灰色，土质疏松，夹杂大量红烧土颗粒	
H43	2006YY西ⅠT4西北部 ①→H43→③	90°	开口距地表22，口长58，宽30，深30，底长40、宽22	发掘区内半圆形，斜壁，平底。填土灰褐色，土质紧密，包含少许炭粒	打破H47、H88
H44	2006YYⅠT7中部 ②→H44→③	90°	开口距地表37，长径890，短径785，深126	近圆形，不规则直壁，夹少量红烧土颗粒，未清理到底。填土分4层。第1层褐色，土质疏松，夹少量红烧土颗粒，厚0～32厘米。第2层深褐色，土质疏松，夹较多红烧土颗粒，厚0～45厘米。第3层灰色，土质疏松，夹红烧土颗粒和炭粒，厚0～95厘米。第4层灰褐色，夹少量红烧土、炭粒	被H28打破，打破H81
H45	2006YY西ⅠT2南部 ②→H45→④	103°	开口距地表25，长415，宽90，深10	长条形，直壁，平底有起伏。填土黄褐色，土质较疏松，夹杂较多红烧土颗粒	被H37打破
H46	2006YYⅠT10西南部 ②→H46→④	37°	长230，宽64，深10～20，底长220，宽50	不规则形，斜壁，弧底不平，堆积西南厚，东北浅。填土为黑色草木灰，质地松软	被H32打破，打破H33、H139
H47	2006YY西ⅠT1北部 ②→H47→③	90°	开口距地表20，口长146，宽40，深38，底长132、宽38	部分位于发掘区内，斜壁不规则，斜底。填土灰褐色，土质较疏松，包含大量炭粒和少量红烧土	被H43打破，打破H64
H48	2006YY西ⅠT1西北部 ②→H48→③	90°	开口距地表34，长130，宽64，深15	不规则形，直壁，平底。填土灰褐色，土质疏松，夹杂大量红烧土颗粒	

续表

遗迹号	层位	方向	尺寸（厘米）	平面形状与堆积	打破关系
H49	2006YYⅠ西ⅠT4西北部②→H49→③	90°	开口距地表20、口长104、宽60、深126、底长110、宽70	部分位于发掘区内，略呈梯形，壁不规则，底中间下凹。填土分4层。第1层灰褐色，土质疏松，夹杂大量红烧土，厚35厘米。第2层红烧土，土质疏松，包含大量红烧土块，厚35厘米。第3层灰褐色，土质较疏松，厚约40厘米。第4层青绿色，土质疏松，厚15厘米	
H50	2006YYⅠ西ⅠT4东北部②→H50→③	90°	开口距地表25、口长85、宽38、深26、底长74、宽34	部分位于发掘区内，略呈半圆形，斜壁，平底。填土黑色，土质紧密，包含物少	被H40打破
H51	2006YYⅠ西ⅠT5西南部①→H51→②	105°	开口距地表20、长400、宽100、深710、宽30、深20	长条带状，斜壁，底西高东低。填土黄褐色，土质疏松，夹红烧土颗粒和炭粒	
H52	2006YYⅠ西ⅠT1南部①→H52→②	110°	开口距地表38、口长130、短径110、底长径106、短径90	长条形，直壁，平底。填土灰褐色，土质疏松，夹杂少量红烧土颗粒和炭粒	打破H71
H53	2006YYⅠ西ⅠT4南部②→H53→H54	90°	开口距地表20、口长径540、短径360、底长径180~204、短径250	椭圆形，斜壁，斜壁，料姜石和红烧土，夹杂炭粒，包含少量红烧土块，较疏松	打破H54
H54	2006YYⅠ西ⅠT4西南部②→H54→G4	0°		近椭圆形，斜壁不规则，平底。坑内填土分为11层。第1层灰褐色，土质疏松，包含料姜石碎块、夹杂大量料姜石和红烧土，夹杂红烧土和炭粒。第2层红褐色，土质较致密，第3层暗褐色，土质疏松，夹杂红烧土和炭粒。第4层为黑色草木灰，厚40厘米。第5层灰褐色，极为疏松。第6层浅灰色草木灰，较疏松。第7层黄褐色，土质疏松，包含少量草木灰，以草木灰为主。第8层灰褐色，土质较硬。第9层草木灰，土质疏松，包含少量料姜石。第10层红色，土质坚硬，以红烧土和料姜石为主。第11层暗褐色，土质疏松，包含少量炭粒	被H53打破，打破J6、M1

续表

遗迹号	层位	方向	尺寸（厘米）	平面形状与堆积	打破关系
H55	2006YY西ⅠT10东部偏北 ②→H55→③	100°	开口距地表28、口长径260、短径114、深20~24、底长径220、短径86	近椭圆形，斜壁，平底。填土浅褐色，质地疏松	打破H56
H56	2006YY西ⅠT10东部 ②→H56→③	2°	开口距地表30、口长径175、短径160、深34、底长径154、短径146	大部位于发掘区内，近圆形，斜壁，平底。填土褐色略泛红，质地松软，略湿润	被H55打破
H57	2006YY西ⅠT24中部 ②→H57→生土	90°	开口距地表26、长256、宽223、深52	不规则形，斜壁，圆底不规则。填土为红沙土，土质细腻	打破H11、M17
H58	2006YY西ⅠT16东北部 ①→H58→③	90°	开口距地表38、直径110、深90	圆形，斜壁，东半部坑壁向外敞，圆底。口大底小，红烧土及白色料姜石末，含有大量炭末，土灰黑色，质地松软	
H59	2006YY西ⅠT1北部 ②→H59→③	180°	开口距地表30、长径150、短径140、深25	近圆形，弧壁，底不平。填土灰褐色，土质疏松，夹杂大量红烧土颗粒和料姜石	打破H60
H60	2006YY西ⅠT1中部偏北 ②→H60→③	10°	开口距地表32、长220、宽132、深42	近似长方形，壁微弧，圆底不平。填土分2层。第1层红色，土质疏松，夹杂大量料姜石。第2层深褐色，土质疏松，夹杂大量炭灰，厚16~42厘米	被H59打破
H61	2006YY西ⅠT8西北部 ②→H61→③	57°	开口距地表32、长222、宽163、深60	不规则形，弧壁，半圆底。填土灰褐色，土质疏松，夹杂大量烧土颗粒	打破H93、H94
H62	2006YY西ⅠT11南壁 ②→H62→生土	90°	开口距地表34、长125、宽46、深6	部分位于发掘区内，斜弧壁，底部起伏不规则。填土青灰色沙土，质地疏松，含有黄色小土块	
H63	2006YY西ⅠT10北部偏中 ②→H63→③	101°	开口距地表32、宽100、深60、底长190、宽68	长方形，东西弧壁，南北壁较直，平底。填土褐色，质地松软，含有灰、红色砂石颗粒、白灰块	打破H113
H64	2006YY西ⅠT4东北部 ②→H64→③	295°	开口距地表26、宽85、深20、底长476、宽66	不规则长条形，西端略呈弧形，斜壁，平底。填土黄褐色，土质疏松，包含物少	被H47打破

续表

遗迹号	层位	方向	尺寸（厘米）	平面形状与堆积	打破关系
H65	2006YY西ⅠT4南部②→H65→G4	90°	开口距地表26，口长206，宽80，深34，底长142，宽60	部分位于发掘区内，略呈半圆形，斜壁，近平底。填土灰褐色，土质紧密，包含物少	打破H106
H66	2006YY西ⅠT11东南部②→H66→③	1°	开口距地表42，口长径106，短径80，深104，底长径121，短径102	略呈椭圆形，南部较直，孤部外张呈袋状，平底。填土分2层。第1层黄褐色，含较多粗大砂石，质地松软湿润，厚约68厘米。第2层绿褐色，含有砂石颗粒，厚约36厘米	打破H67、H161
H67	2006YY西ⅠT11东南部②→H67→③	90°	开口距地表35，口径158，深47，底径150	圆形，斜壁，平底。填土分2层。第1层灰黑色腻，夹杂少量石块、炭粒，厚43～45厘米。第2层灰色，草木灰，厚2～4厘米	被H66打破
H68	2006YY西ⅠT11东南部②→H68→③	45°	开口距地表20，长径123，短径125，深40	近圆形，弧壁，圆底。填土灰黄色，质地松散，含有小石块和植物根茎	
H69	2006YY西ⅠT12西部②→H69→③A	71°	开口距地表34，口长140，宽115，深24，底长90，宽80	不规则形，斜壁，平底。填土灰褐色，土质疏松，包含料姜石、炭粒、红烧土等	
H70	2006YY西ⅠT12北部②→H70→③A	8°	开口距地表35，口长径60，短径47，深20，底长径44，短径33	近椭圆形，斜壁，平底。填土灰褐色，土质疏松，包含料姜石、炭粒、红烧土等	
H71	2006YY西ⅠT1南部①→H71→②	90°	开口距地表30，长148，宽85，深25	梯形，直壁，平底。填土灰褐色，土质疏松，夹杂大量红烧土颗粒及草木灰	被H52打破
H72	2006YY西ⅠT20西南部①→H72→②	0°	开口距地表20～24，口长396，宽142，深26～55，底长384，宽136	部分位于发掘区内，不规则形，斜壁，底部北高南低，略有起伏。填土浅褐色，质地疏松，含有料姜石、炭粒及小石子	
H73	2006YY西ⅠT20东部中段①→H73→②	180°	开口距地表20～22，口长径100，短径95，深24～42，底长径60，短径30	近圆形，弧壁，圆底有一定起伏。填土浅褐色，质地疏松，含有料姜石、小石子等	

续表

遗迹号	层位	方向	尺寸（厘米）	平面形状与堆积	打破关系
H74	2006YY西 I T8西南部 ②→H74→③	40°	开口距地表30，长径180，短径100，深44	椭圆形，弧壁，圜底。填土分2层。第1层灰褐色，土质疏松，包含草木灰和红烧土颗粒，土质较疏松，包色炭粒	打破H87
H75	2006YY西 I T8西北部 ②→H75→③	356°	开口距地表35，口径118~120、宽244、深79，底径100~102	近圆形，斜壁，平底。填土灰褐色，土质疏松，夹杂红烧土颗粒	打破H93
H76	2006YY西 I T1东北部 ①→H76→②	180°	开口距地表30，长220，宽50，深34	长条形，弧壁，圜底。填土深褐色，土质疏松，夹杂大量石灰颗粒、烧土颗粒及草木灰	打破H19
H77	2006YY西 I T16东壁附近 ②→H77→③	180°	开口距地表27，长径152，短径124，深22	近椭圆形，弧壁，圜底。填土黑色土为主，含有红烧土和炭粒	
H79	2006YY西 I T12东北部 ②→H79→③A	12°	开口距地表34，长300、宽100，深56	近长方形，斜壁，平底。填土分4层。第1层灰褐色，土质较硬，包含小石块、料姜石、红烧土等，厚2~32厘米。第2层主要为烧土和草木灰，厚0~12厘米。第3层黄色沙土，土质疏松，包含草木灰、炭粒，烧土等，厚0~10厘米。第4层灰黑色，土质较硬，包含炭粒，厚0~16厘米	打破H141
H80	2006YY西 I T8东南部 ②→H80→③	45°	开口距地表42，长径124，短径80，深40	近椭圆形，弧壁，圜底近平。填土深灰褐色，土质疏松，夹杂草木灰和炭粒	
H81	2006YY西 I T6东南部 ②→H81→④	13°	开口距地表25，口长444，宽244、深120，底长390，宽205	近长方形，四边略弧，西端被H44破坏，斜壁，平底。填土分3层。第1层灰黑色，土质疏松，含多炭粒，厚10~22厘米。第2层灰褐色，土质疏松，厚0~50厘米。第3层灰黑色，土质疏松，夹杂红烧土颗粒和炭粒，厚0~75厘米	被H44打破，打破H115
H82	2006YY西 I T6西南部 ①→H82→④	90°	开口距地表25，长170，宽115，深15	大部位于发掘区内，近长方形，东壁弧，直壁，平底，填土浅灰色，土质致密	
H83	2006YY西 I T6西部 ①→H83→④	105°	开口距地表25，口长125、宽92，深20，底长110，宽83	大部位于发掘区内，近长方形，斜底，东高西低。填土黑色，土质疏松，夹炭粒、红烧土颗粒和少许料姜石	
H84	2006YY西 I T16西北部 ②→H84→③	80°	开口距地表33，口长径104，短径90，深24~36	椭圆形，坑壁大部外敷，圜底。填土褐色土，含有炭粒和料姜末	

附 表

·459·

续表

遗迹号	层位	方向	尺寸（厘米）	平面形状与堆积	打破关系
H85	2006YY西ⅠT16北部 ②→H85→③	72°	开口距地表30、长124、宽54、深12	不规则长方形，北边外弧，南边内弧，平底，斜壁。填土浅灰色，质地疏松	
H86	2006YY西ⅠT16西南部 ②→H86→③	90°	开口距地表34、直径174、深20	近圆形，弧壁，圜底。填土黄土，不含杂物	打破H96
H87	2006YY西ⅠT8西南部 ②→H87→③	36°	开口距地表35、长径290、短径134、深31	椭圆形，弧壁，圜底。填土灰褐色，土质疏松	被H74打破
H88	2006YY西ⅠT4北部 ①→H88→③	45°	开口距地表20、口长径64、短径60、深24	略呈圆形，直壁，平底，底自东北向西南倾斜。填土黑色夹杂黄斑，土质紧密	被H43打破
H89	2006YY西ⅠT11西壁 ②→H89→生土	90°	开口距地表33、口长79、宽51、深58、底长81、宽61	大部位于发掘区内，近长方形，壁内鼓，底部外张，平底。填土分3层：第1层黄褐色，质地松散，含石块，稍硬，湿润。第2层黄绿色，质地松软。第3层绿褐色	打破H91
H90	2006YY西ⅠT15东北角 ②→H90→G5	90°	开口距地表40、长径135、短径120、深40	近圆形，直壁，平底。填土灰褐色，质地疏松，沙性强，含姜石、炭粒	打破G5
H91	2006YY西ⅠT11西壁 ②→H91→生土	90°	开口距地表37、长150、宽55、深10	部分位于发掘区内，呈半圆形，弧壁，圜底。质地松软，夹杂小石块	被H89打破
H92	2006YY西ⅠT8西北部 ②→H92→③	84°	开口距地表34、长径174、短径106、深34	近似椭圆形，北壁内凹，斜弧壁，平底有起状。填土灰褐色，土质疏松	打破H101
H93	2006YY西ⅠT8西北部 ②→H93→③	135°	开口距地表34、长径156、短径162、深32	近椭圆形，斜弧壁，平底。填土黄褐色，含大量料姜石	被H61、H75打破
H94	2006YY西ⅠT8东北部 ②→H94→③	95°	开口距地表35、长径130、宽122、深56	长方形，边略弧，斜壁，平底。填土灰褐色，土质疏松	被H61打破，打破红烧土面2
H95	2006YY西ⅠT16南部 ②→H95→③	0°	开口距地表34、长径137、宽94、深18~22	大部位于发掘区内，近半圆形，斜壁，圜底。填土灰褐色，少量红烧土颗粒，地松软，含有炭粒	打破H177
H96	2006YY西ⅠT16西南部 ②→H96→③	60°	开口距地表33、长径278、短径196、深26~35	近椭圆形，坑壁斜直，圜底。填土灰色，含有料姜石、少量红烧土，灰土中有黄斑，质地松软	被H86打破，打破H97、H177

续表

遗迹号	层位	方向	尺寸（厘米）	平面形状与堆积	打破关系
H97	2006YYⅥⅠT16西南部 ②→H97→③	56°	开口距地表37、长径310、短径210、深40~58	近椭圆形，斜壁，圆底。填土分2层。第1层灰色土，质地疏松，含有炭粒、红烧土。第2层夹黄斑褐土，质地较密，含有少量炭粒	被H96打破
H98	2006YYⅥⅠT6西北角 ①→H98→③	0°	开口距地表23、口径106~136、深170、底径106	大部位于发掘区内，近圆形，壁上部斜收呈两级台阶状，下部垂直、平底。填土浅灰色，土质疏松，夹杂料姜石等	被H114打破
H101	2006YYⅥⅠT8西北部 ②→H101→③	0°	开口距地表34、长116、宽62、深38	不规则形，直壁，平底。填土黑褐色，土质较硬	被H92打破
H102	2006YYⅥⅠT7西南角 ②→H102→④	0°	开口距地表37、直径160、深32	部分位于发掘区内，半圆形，直壁，平底。填土黄褐色，土质疏松，夹红烧土颗粒及料姜石	打破H104
H103	2006YYⅥⅠT20中部偏西 ②→H103→生土	45°	开口距地表40~45、长径114、短径98、深16~20	近圆形，直壁，近圆底，有一定起伏，西部局部下凹。填浅灰色，质地疏松，含有大量白色泥浆状物质	
H104	2006YYⅥⅠT7西南部 ②→H104→①	0°	开口距地表37、口长120、宽90、深117、底长80、宽54	大部位于发掘区内，略近半圆形，斜壁，平底。填土分4层。第1层黄褐色，土质疏松，夹黄斑，厚20~40厘米。第2层灰绿色，夹灰色或浅绿色斑点，厚40~50厘米。第3层灰色，土质致密，厚12厘米。第4层厚10厘米，夹大量石块	被H102打破
H105	2006YYⅥⅠT16西南部 ②→H105→③	72°	开口距地表34、长170、宽42~92、深26~30	不规则长条形，坑壁斜收，底不平。填土黑黄色，土质紧密	
H106	2006YYⅥⅠT4南部 ②→H106→G4	90°	开口距地表20、长130、宽90、深22	形状不明，直壁，平底。填土灰褐色，土质紧密	被H65打破，打破H107、G4
H107	2006YYⅥⅠT4西南部 ②→H107→G4	60°	开口距地表30、口长140、宽90、深50、底长120、宽80	部分位于发掘区内，形状不规则，斜壁，底平略斜。填土灰褐色，土质紧密	被H106打破，打破G4

续表

遗迹号	层位	方向	尺寸（厘米）	平面形状与堆积	打破关系
H108	2006YY西ⅠT8东北部②→H108→③	92°	开口距地表34，长径60，短径40，深16	椭圆形，弧壁，平底。填土红褐色，土质疏松，含大量红烧土颗粒	打破红烧土面1、H121
H109	2006YY西ⅠT8东北部②→H109→③	96°	开口距地表34，长径68，短径38，深24	近椭圆形，弧壁，圆底近平。填土红褐色，土质疏松，含大量红烧土颗粒	打破红烧土面1
H110	2006YY西ⅠT8东北部②→H110→③	358°	开口距地表36，长80，宽70，深22	部分位于发掘区内，形状不明，斜壁，平底。填土黑褐色，土质较硬	打破H122、H123
H112	2006YY西ⅠT20西部中段②→H112→生土	174°	开口距地表45~50，长径112，短径60，深10~22	近椭圆形，斜壁，平底有起伏。填土浅褐色，质地疏松，含有炭粒、小石粒等	打破H114
H113	2006YY西ⅠT10北隔梁②→H113→G3	8°	开口距地表34，口径114，深174，底径84	开口残破，35厘米以下近圆形，夹杂红烧土和灰白黏土，85厘米以下为褐色，斜直壁，85厘米以下土色褐色夹杂黑色淤泥，有料姜石，土质松软	被H63打破、打破G3
H114	2006YY西ⅠT20西部中段②→H114→生土	180°	开口距地表40~45，口长98，宽72，深6~20，底长88，宽60	不规则形，弧壁，圆底略有起伏。填土浅褐色，含有大量草木灰，小石粒和炭粒	被H112打破，含打破H125、H130
H115	2006YY西ⅠT6中部②→H115→④	90°	开口距地表25~50，长280，宽175，深60，底长210，宽84	不规则形，斜壁，底部起伏不规则。填土灰黑色，土质疏松，夹炭粒和红烧土颗粒	被H81打破
H116	2006YY西ⅠT16东南部②→H116→③	90°	开口距地表38，长110，宽44，深16~23	圆角长方形，斜壁，平底。填土黄土，质地较软，少量红烧土块	打破H181
H117	2006YY西ⅠT14东部③→H117→生土	60°	开口距地表68，长210，宽107，深24	不规则形，弧壁，近平底。填土灰黑色，土质疏松，包含草木灰、炭粒、烧土等	
H118	2006YY西ⅠT7中部②→H118→③	108°	开口距地表37，长80，宽44，深20	残存部分近半圆形，直壁，平底。填土灰褐色，土质较致密细腻	被H28打破，打破H119
H119	2006YY西ⅠT7中部②→H119→③	21°	开口距地表37，长径64，短径38，深16	近似椭圆形，直壁，平底。填土灰褐色，土质较致密细腻，夹少量炭粒	被H118打破，打破H134

续表

遗迹号	层位	方向	尺寸（厘米）	平面形状与堆积	打破关系
H120	2006YY西ⅠT16东部 ②→H120→③	122°	长228、宽102、深42~52	不规则形，西壁较直，东壁斜收，坑底凹凸不平。填土分2层。第1层灰褐色，质地松软。第2层红色，沙土，质地很硬，含大量料姜石	打破H157、J4
H121	2006YY西ⅠT8北部 ②→H121→③	88°	长116、宽114、深22	部分位于发掘区内，不规则形，斜壁，平底。填土黑褐色，质较硬	被H108打破
H122	2006YY西ⅠT8东北部 ②→H122→③	92°	长156、宽72、深54	大部位于发掘区内，略呈梯形，斜壁，平底。填土灰褐色，土质疏松	被红烧土面1、H110打破
H123	2006YY西ⅠT8东部 ②→H123→③	92°	长234、宽94、深27	部分位于发掘区内，略近弧边三角形，斜壁，填土灰褐色，土质较硬	被H110打破
H124	2006YY西ⅠT8东部 ②→H124→③	178°	长234、宽200、深24	略呈方形，斜壁，平底。填土灰褐色，土质疏松	
H125	2006YY西ⅠT20西部中段 ②→H125→生土	173°	开口长160、宽148、深15~20、底长150、宽145	不规则形，弧壁，近平底，填土浅褐色，质地疏松，含有红烧土、料姜石、炭粒等	被H114打破
H126	2006YY西ⅠT13东南部 ③→H126→⑤	105°	长340、宽106、深81	不规则形，弧壁，底起伏不平。填土浅褐色，土质疏松，夹杂炭粒、草木灰、红烧土等	打破G3
H127	2006YY西ⅠT14东部 ③→H127→生土	42°	长116、宽90、深12	不规则形，弧壁，平底。填土灰褐色，土质疏松，包含草木灰、炭粒、烧土等	
H128	2006YY西ⅠT20东南部 ②→H128→生土	180°	开口长260、宽250、深20~25、底长250、宽95	部分位于发掘区内，不规则形，弧壁，圜底近平。填土褐色，质地较疏松，含有料姜石及黄土块	打破H138
H129	2006YY西ⅠT15南壁 ③→H129→生土	90°	开口距地表55、长径188、短径170、深56	略呈椭圆形，直壁，近平底。填土灰褐色，质地疏松，含有炭粒	打破G4

续表

遗迹号	层位	方向	尺寸（厘米）	平面形状与堆积	打破关系
H130	2006YY西ⅠT20西部偏南②→H130→生土	177°	开口距地表35~40、口长310、宽36~110、深6~16、底长305、宽36~110	不规则形，北壁直壁，南壁斜壁，底中间高，两边略低。填土褐色，质地疏松，杂质较少	被H114打破，打破H156
H131	2006YY西ⅠT20东部中南②→H131→生土	19°	开口距地表35~40、长340、宽140、深36~48	近长方形，斜壁，北壁较缓，近平底，有一定起伏。填土分2层。第1层深褐色，质地疏松，包含料姜石和石块。第2层红黑相间，质地较板结	打破H133
H132	2006YY西ⅠT12东北部②→H132→③A	90°	开口距地表25、长579、宽160、深15	不规则长条形，斜壁，平底。填土分3层。第1层黄色花土，土质疏松，包含料姜石、炭粒、红烧土等，厚8~20厘米。第2层灰褐色，土质疏松，含料姜石、炭粒、夹褐色斑点，土质较硬，厚7~20厘米。第3层深灰褐色，含料姜石、炭粒等	打破H141
H133	2006YY西ⅠT20南部②→H133→生土	27°	开口距地表40~45、口长290、宽220、深10~28、底长270、宽200	不规则形，斜壁，近圆底，有一定起伏。填土灰褐色，质地疏松，夹杂白色斑点状物质，料姜和草木灰等	被H131打破，打破H140
H134	2006YY西ⅠT7南部②→H134→③	34°	开口距地表37、长470、宽350	不规则形，直壁，平底，厚5~18厘米。填土分10层。第1层花土，夹大量黄斑。第2层灰褐色，土质疏松。第3层黄褐色，土质细密，夹大量草木灰。第5层黄褐斑。第6层灰褐色。第7层黄褐斑。第8层灰褐色。第9层黄黑色，较细腻，夹少量黄斑和大量炭粒，夹黄斑和灰斑。第10层黄褐色	被H119打破
H135	2006YY西ⅠT12西南部③B→H135→L2	25°	开口距地表55、直径约74、深22	近圆形，弧壁，圆底不规则。填土灰褐色，土质较硬，包含料姜石、红烧土	打破L2
H136	2006YY西ⅠT20西部②→H136→生土	90°	开口距地表30~45、长170、宽24、深30~48	部分位于发掘区内，不规则形，弧壁，近圆底。填土深褐色，质地疏松，杂质较少	打破H140

续表

遗迹号	层位	方向	尺寸（厘米）	平面形状与堆积	打破关系
H137	2006YY西ⅠT20西北部①→H137→②	90°	开口距地表18~20，长径130，短径94，深50~58	近圆形，弧壁，圜底。填土灰褐色，质地疏松，含有大量骨渣及料姜石、红烧土、贝壳	
H138	2006YY西ⅠT20东南部②→H138→生土	6°	开口距地表40~46，长径80，短径80，深78	大部分位于发掘区内，近椭圆形，斜壁，平底，坑底近方形。填土灰白色，质地疏松，含有大量白色片状的泥浆质物质	被H128打破
H139	2006YY西ⅠT14东部②→H139→生土	94°	开口距地表40，长130，宽60，深14~26	长方形，直壁，斜底，西浅东深。填土黄褐色，土质较硬，含红烧土、炭粒等	打破H33、H148、G5
H140	2006YY西ⅠT20中部②→H140→生土	18°	开口距地表25~30，长794，宽120，深26~52	长条形，斜壁，底部北高南低。填土褐色，质地疏松，含有料姜石、草木灰、炭粒等	被H133、H136打破，打破G1、G4
H141	2006YY西ⅠT12东北部②→H141→③A	180°	开口距地表28，口长130，宽40~90，深28，底长116，宽30~90	不规则形，直壁，底不平整。填土褐色，含料姜石、炭粒	被H79、H132打破
H142	2006YY西ⅠT8西南部②→H142→③	90°	开口距地表60，长652，宽250，深10~28	长条形，弧壁，底不平整。填土分4层。第1层黄褐色，土质疏松。第2层灰白色，土质致密，含大量料姜石。第3层红褐色，土质较硬，夹灰色斑点。第4层红褐色，夹灰色斑点，土质较硬，含少量料姜石粉末	打破H166、H172、H204
H143	2006YY西ⅠT11东部②→H143→③	89°	开口距地表37，直径80，深38	圆形，弧壁，圜底。填土分2层。第1层黄褐色，质地松软。第2层黑褐色，质地松软，厚约20厘米，厚18~20厘米	
H144	2006YY西ⅠT11中部偏东②→H144→③	94°	开口距地表35，口长径90，短径80，深36，底径72	椭圆形，弧壁，平底。填土分2层。第1层黄褐色，质地松软，厚约20厘米。第2层灰色，质地松软，含有红烧土、草木灰等，厚约16厘米	
H145	2006YY西ⅠT11北部偏东②→H145→③	189°	开口距地表35，口径95，深70，底径120	圆形，上部直壁，下部坑壁外张呈弧壁，平底。填土分3层。第1层黄褐色，含有砂石，质地坚硬，红烧土、草木灰、炭粒、草木灰，厚约15厘米。第2层灰白色，质地松脆，含炭粒，厚约30厘米。第3层灰黑色，质地松脆，红烧土，厚约27厘米	

续表

遗迹号	层位	方向	尺寸（厘米）	平面形状与堆积	打破关系
H146	2006YYⅠ西ⅠT11北部偏西 ②→H146→③	6°	开口距地表41，口径114，深96，底径94	圆形，西壁近直，东壁下部内收，底部有圆形弧壁圜底小坑。填土分4层。第1层黄褐色，质地坚硬，厚24厘米。第2层红褐色，质地软脆，含有较多白色根茎物质，厚20厘米。第3层灰黑色，质地疏松，含有红烧土块、炭粒、草木灰，厚约35厘米。第4层灰黑色，质地板结，坚硬，厚16~20厘米	
H147	2006YYⅠ西ⅠT14东南部 ②→H147→生土	110°	开口距地表40，长150，宽96，深32	大部位于发掘区内，略呈长方形，斜壁，圜底。填土灰黑色，土质疏松，包含草木灰、红烧土等	被H33打破，打破G5
H148	2006YYⅠ西ⅠT14东部 ②→H148→生土	0°	开口距地表40，长128，宽44，深8	长条形，斜壁，平底。填土红褐色，土质较硬，夹烧土等	被H13，H139打破，打破G5
H149	2006YYⅠ西ⅠT20北部偏东 ③→H149→G4	90°	开口距地表35~40，直径110，深36~48	近圆形，直壁，圜底。填土灰褐色，质地疏松，含有草木灰、黄色砂岩等	打破G4
H150	2006YYⅠ西ⅠT20西北部 ①→H150→②	18°	开口距地表20~22，长径94，短径58，深12~16	近椭圆形，直壁，圜底。填土呈灰褐色，质地疏松，含有大量骨渣及料姜石等	
H151	2006YYⅠ西ⅠT12西南部 ③B→H151→生土	25°	开口距地表55，长约230，最宽92，最深34	不规则长条形，斜壁，底起伏不平。填土灰褐色，夹杂有红色土块、料姜石、炭粒等	打破L2
H152	2006YYⅠ西ⅠT23东北部 ⑤→H152→生土	15°	开口距地表85，口长122，宽63，底长120，宽60	长方形，斜壁，平底有起伏。填土黄褐色，质地疏松，夹杂少量碎石	
H153	2006YYⅠ西ⅠT15西壁 ③→H153→生土	90°	开口距地表75，长120，宽67，深7~19	近圆形，直壁，圜底略有起伏。填土深褐色，含有草木灰、料姜石	
H154	2006YYⅠ西ⅠT19西南部 ③→H154→G4	25°	开口距地表43，长径65，短径70，深33	近圆形，斜壁，平底。填土红褐色，含有少量红烧和料姜石颗粒和料姜石颗粒	打破G4
H155	2006YYⅠ西ⅠT20西南部 ②→H155→G1	90°	开口距地表22~42，长210，宽20，深24~36	局部位于发掘区内，斜壁，形状不明，质地软，填土褐色，疏松，杂质较少	打破G1
H156	2006YYⅠ西ⅠT20西南部 ②→H156→生土	9°	开口距地表25~30，长375，宽174，深18~35	不规则形，直壁，圜底，中部下凹。填土紫黑色，质地板结，含有红烧土、炭粒、水锈粒等	被G1和H130打破

续表

遗迹号	层位	方向	尺寸（厘米）	平面形状与堆积	打破关系
H157	2006YY西ⅠT16东部 ②→H157→③	90°	开口距地表38，长径200，短径156，深40～50	近椭圆形，弧壁，圆底。填土灰黑色，夹杂黄斑，质地疏松	被H120打破，打破H193
H158	2006YY西ⅠT7南部 ④→H158→生土	108°	开口距地表47，口径130，底径112	圆形，弧壁，平底。填土分3层。第1层灰褐色，土质细密，含少量草木灰，土质疏松，厚10～18厘米。第2层含大量草木灰，夹有红烧土，土质细密，厚10厘米，夹有少量炭粒。第3层黄褐色，土质细腻，夹有少量木灰，厚30厘米	
H159	2006YY西ⅠT7西部 ④→H159→生土	5°	开口距地表47，直径60，深10	圆形，直壁，平底。填土灰褐色，土质较密细腻，夹大量草木灰	
H160	2006YY西ⅠT9北部 ②→H160→③A	99°	开口距地表40，口长830，宽100～150，深30，底长830，宽50～120	近似长条形，斜壁，近平底。填土褐色，土质致密	
H161	2006YY西ⅠT11东南角 ②→H161→③	90°	开口距地表35，直径130，深66	约一半位于发掘区内，半圆形，弧壁，圆底。填土分2层。第1层黄褐色，质地坚硬，含有烷土块，炭粒，有脆性。第2层灰褐色，质地疏松，厚14～16厘米，厚约50厘米	被H66打破
H162	2006YY西ⅠT7西南部 ④→H162→生土	8°	开口距地表47，口径150～160，深55，底径100～105	大部位于发掘区内，近椭圆形，弧壁，平底。填土灰褐色，土质较密细腻，夹少量炭粒	
H163	2006YY西ⅠT7部 ④→H163→生土	0°	开口距地表47，长115，宽105，深55	半圆形，弧壁，平底。填土灰褐色，土质疏松，呈半圆形，夹大量草木灰，炭粒	
H166	2006YY西ⅠT8西南部 ②→H166→生土	90°	开口距地表75，长250，宽112，深136	部分位于发掘区内，呈半圆形，斜壁，底近平。填土分3层。第1层粉白色，土质疏松，含大量料姜石细块，红烧土颗粒。第2层深灰色，土质疏松，含大量草木灰，炭粒。第3层深灰色，土质致密	被H142打破
H167	2006YY西ⅠT15东部 G5→H167→生土	90°	开口距地表68，长116，宽110，深34	不规则方形，东边弧线，西、北两边局部内凹，直壁，平底。填土深褐色夹杂黑土，质地疏松，含有少量料姜石，炭粒	被G5打破

续表

遗迹号	层位	方向	尺寸（厘米）	平面形状与堆积	打破关系
H168	2006YY西ⅠT21南部 ⑤→H168→生土	0°	开口距地表70，口长198，宽158，深104，底长124，宽98	不规则形，弧壁，近圆底。填土黄褐色，夹杂炭粒、煤灰、姜石、红烧土等	打破G2
H169	2006YY西ⅠT20东北部 ②→H169→G4	143°	开口距地表15~18，长径60，短径54，深14~30	近圆形，斜壁，圜底。填土浅黄色，质地疏松，杂质少	打破G4
H172	2006YY西ⅠT8东南部 ②→H172→G4	90°	开口距地表30，长190，宽40，深16	部分位于发掘区内，不规则形，平底有起伏。填土为白色料姜石，土质硬	被H142打破
H173	2006YY西ⅠT27西南角 ②→H173→③B	90°	开口距地表22，长径235，短径222，深220	不规则形，斜壁不规则，圜底近平有起伏。填土分2层。第1层灰褐土，质地松散，含有少量灰、白灰粒、烧土，厚0~50厘米。第2层黄褐土，质地松散，含有少量炭土、烧土，厚约170厘米	
H174	2006YY西ⅠT13东南部 ④A→H174→G3	37°	开口距地表48，长径120，短径105，深18	近圆形，弧壁，圜底。填土深黑色夹杂浅灰色斑点，土质较硬，夹草木灰等	打破G3
H175	2006YY西ⅠT20西北部 ①→H175→②	0°	开口距地表10，直径70，深56	近圆形，弧壁，圜底。填土灰色，质地松散，含有烧土和炭灰料姜石等	
H176	2006YY西ⅠT27南部 ②→H176→③B	90°	开口距地表28，长260，短径235，深68	不规则圆形，弧壁，平底高低起伏。填土灰褐色，含有少量炭粒、白灰粒、料姜石	打破J13
H177	2006YY西ⅠT16南部 ②→H177→③	0°	开口距地表40，长240，宽212，深26	不规则形，弧壁，圜底。填土分2层，稍紧密，集中分布于坑中部偏西北位置。第1层黑黄斑土，质地稍密，包含物少。第2层黄灰土，质地在该层坑底部混杂少量炭粒和红烧土	被Z3、H95、H96打破
H178	2006YY西ⅠT16东南部 ②→H178→③	110°	开口距地表35，长280~290，宽134~148，深58~64	近长方形，坑壁西部为直壁，东部为弧壁，平底。填土分为6层。第1层灰土，主要分布于坑东部。第2层灰黄斑块土，含少量炭粒和红烧土，主要分布于坑干坑中部。第3层黄灰粒和红烧土颗粒，烧土颗粒少。第4层灰土，夹杂一定炭粒。第5层夹黄斑土，质地稍软，结构致密，较黏。第6层夹黄斑土，草木灰、烧土粒	被Z打破，打破J4
H179	2006YY西ⅠT28西南部 ②→H179→③	90°	开口距地表30，长250，宽245，深40	不规则形，弧壁，圜底近平有起伏。填土浅褐色，夹杂少量灰、烧土粒	打破H186、H190

续表

遗迹号	层位	方向	尺寸（厘米）	平面形状与堆积	打破关系
H180	2006YY西ⅠT27中东部 ②→H180→③A	90°	开口距地表30、口径150、深70、底径140	圆形，斜壁，平底较规整。填土深灰色，质地适中，含有炭灰、烧土、料姜石	
H181	2006YY西ⅠT16东南部 ②→H181→③	0°	开口距地表36、直径270、深40	被H178破坏，形状不明，弧壁，圆底。填土黄青色，底部夹杂少量炭粒和红烧土块	被H178、Z3打破
H182	2006YY西ⅠT16中部 ③→H182→G4	90°	开口距地表48、长192、宽108、深8~11	不规则形，弧壁，平底。灰坑自南向北呈缓坡状堆积，填土灰色，质地稍软，含有少量炭粒	打破G4
H183	2006YY西ⅠT28东南部 ②→H183→③	90°	开口距地表26、长238、宽230、深51	不规则形，弧壁，圆底有起伏，土质浅褐色，土质疏松，夹杂少量炭灰、料姜石、烧土粒	打破H188
H184	2006YY西ⅠT28西南部 ②→H184→③	193°	开口距地表30、长330、宽80、深28	部分位于发掘区内，不规则长条形，弧壁，圆底有起伏。填土浅褐色，土质疏松，夹杂少量炭灰	打破H191
H185	2006YY西ⅠT27东北部 ②→H185→③A	97°	开口距地表30、长260、宽78、深40	长条形，弧壁，圆底有起伏，质地疏松	打破G3
H186	2006YY西ⅠT28西部 ②→H186→③	90°	开口距地表30、口径约164、深56、底径148	圆形，斜壁，弧壁，平底较规整。填土黄褐色，土质疏松，夹杂大量炭灰	被H179打破
H187	2006YY西ⅠT27西北部 ②→H187→③A	105°	开口距地表35、长130、宽90、深77	长方形，弧壁，平底。填土灰褐黄色，质地松散，含有较多草木灰	打破G3
H188	2006YY西ⅠT28东部 ②→H188→③	90°	开口距地表30、口径200、深38、底径184	近圆形，斜壁，平底。填土褐黄色，上半部为不规则斜壁，下半部为直壁，平底。填土灰褐色，质地松散，含有少量炭灰、烧土灰	被H183打破
H189	2006YY西ⅠT27东南部 ②→H189→③B	90°	开口距地表30、口长176、宽78、深190、底长100、宽20	一半位于发掘区内，半圆形	
H190	2006YY西ⅠT28西部 ②→H190→③	0°	开口距地表30、长160、宽140、深24	不规则形，弧壁，圆底近平有起伏。填土褐色，土质疏松，夹杂少量草木灰	被H179打破
H191	2006YY西ⅠT28东南部 ②→H191→③	292°	开口距地表32、长105、宽50、深20	残存平面半圆形，弧壁，平底。填土黄褐色，土质较疏松，夹杂少量炭灰	被H184打破
H192	2006YY西ⅠT3东北部 ①→H192→③	15°	开口距地表22、深20、底径212	圆形，袋状，平底。填土黄褐色，土质疏松，包含较多草木灰	被H7打破

续表

遗迹号	层位	方向	尺寸（厘米）	平面形状与堆积	打破关系
H193	2006YY西ⅠT16中部偏东 ②→H193→③	110°	开口距地表88~92，长190~194，宽110~118，深46~60	不规则长方形，西边略弧，弧壁微内凹，近平底。填土分2层。第1层夹杂大量红色料姜石黏土，厚20~25厘米；第2层黄褐土，质地稍松，夹少量红烧土颗粒，厚46~60厘米	被H157打破
H194	2006YY西ⅠT27西北部 ③A→H194→④	304°	开口距地表32，长径280，短径190，深40	近椭圆形，南半部为弧壁，北半部为平坡状，圆底。填土灰褐色，质地适中，含有较多的烧土和砖渣，少量炭渣	打破G3
H195	2006YY西ⅠT16东南角 ②→H195→③	7°	开口距地表43，长130，宽75，深20	部分位于发掘区内，形状不规则，弧壁，圆底。填土黑褐色，质地松散，含有炭粒	
H197	2006YY西ⅠT19西北部 ⑤→H197→生土	98°	开口距地表80，长径100，短径74，深7	椭圆形，弧壁，平底。填土绿色，质地松软	
H198	2006YY西ⅠT23东部 ⑤→H198→生土	102°	开口距地表71，直径216，深32	圆形，斜壁，平底。填土黄褐色，夹杂炭粒、烧土颗粒	
H199	2006YY西ⅠT16中部 ③→H199→生土	110°	开口距地表50，长110，宽90，深32	被H97及形G4破坏，夹杂红烧土颗粒及炭粒，形状不明，直壁，平底。填土分2层。第1层黄褐土，土质稍松，厚12~32厘米。第2层灰黑色夹少量红烧土颗粒和草木灰，厚0~12厘米	被H97、G4打破
H200	2006YY西ⅠT8西北部 ③→H200→生土	0°	开口距地表58~63，口径196，底径218，深98，深32	圆形，弧壁，袋状，平底。填土分4层。第1层褐色，土质较硬，厚0~20厘米，厚15~44厘米。第2层褐色，土质疏松，夹草木灰，红烧土颗粒等，厚32~56厘米。第3层黄褐色，夹炭粒，红烧土颗粒，第4层灰色淤泥和草木灰，厚8~12厘米	被H79、G4打破
H201	2006YY西ⅠT4东北部 ③→H201→生土	0°	开口距地表28，长170，宽113，深75	部分位于发掘区内，不规则形，弧壁，圆底近平。填土分3层。第1层黑灰色，土质紧密，结构致密，夹杂红烧土颗粒和炭粒；第2层灰黄色，土质疏松，夹杂红烧土颗粒和炭粒；第3层黄灰色，土质疏松，夹杂红烧土颗粒和炭粒	

续表

遗迹号	层位	方向	尺寸（厘米）	平面形状与堆积	打破关系
H202	2006YYⅠ西T4西北部 ③→H202→生土	90°	开口距地表38，长94，宽84，深94	部分位于发掘区内，且被H49破坏严重，形状不明。弧壁，圆底。填土分5层。第1层深褐色，夹杂红烧土颗粒和草木灰粒，厚10～16厘米。第2层褐黄色，夹杂大量红烧土颗粒，夹杂少量红烧土颗粒，厚20～28厘米。第3层黄色，结构致密，夹杂少量红烧土颗粒，料姜石末和炭粒。第4层青灰色。第5层浅黄色	
H203	2006YYⅠ西T12北部 ④→H203→生土	30°	开口距地表45，长170，宽136，深54	不规则形，弧壁，圆底。填土浅褐色偏黄，土质疏松，含大量炭粒、草木灰	被G4打破
H204	2006YYⅠ西T8南部 ②→H204→生土	90°	开口距地表53，长104，宽20，深30	部分位于发掘区内，不规则形，弧壁，圆底。填土黑色，土质疏松	被H142打破
H205	2006YYⅠ西T8北部 ③→H205→生土	22°	开口距地表45，长径160，短径60，深90	大部分位于发掘区内，椭圆形，弧壁，平底有起伏。填土褐色，土质致密，含少量炭粒	
H206	2006YYⅠ西T4东南部 ②→H206→G4	0°	开口距地表30，长180，宽40，深151	部分位于发掘区内，呈弓形，直壁，平底。填土灰褐色，土质疏松，含料姜石和红烧土	打破G4
H207	2006YYⅠ西T31北部 ②→H207→③	286°	开口距地表20～35，长840，宽86～106，深20～28	长条形，弧壁，圆底。填土灰褐色，质地疏松，含有少量炭粒、烧土、白灰粒	打破H218、夯土基址
H208	2006YYⅠ西T31东北部 ②→H208→③	282°	开口距地表35，长440，宽90～120，深22	长条形，弧壁，平底。填土灰褐色，质地疏松，含有少量炭粒、白灰粒	打破夯土基址
H209	2006YYⅠ西T30西南部 ②→H209→④	90°	开口距地表25，长140，宽60，深110	部分位于发掘区内，半圆形，弧壁，圆底。填土褐黄色，土质较疏松，夹疏炭粒、烧土粒	
H210	2006YYⅡ西T1北部 ①→H210→③	103°	开口距地表18～25，口长710，宽158，深26，底长700	不规则长条形，直壁，底部高低起伏。填土红褐色，质地较疏松，稍有黏性，含有少量炭粒	
H211	2006YYⅠ西T26西北部 ②→H211→生土	90°	开口距地表28，长494，宽360，深54	不规则形，弧壁，圆底。填土分2层。第1层灰烬层，土质疏松，厚5～18厘米。第2层红色沙土，土质疏松，厚10～26厘米	打破G1、H287、J9

续表

遗迹号	层位	方向	尺寸（厘米）	平面形状与堆积	打破关系
H212	2006YY西ⅠT26西南部②→H212→③	0°	开口距地表40、长160、宽86、深30	部分位于发掘区内，略呈半圆形，弧壁，圜底。填土为灰渣土，土质疏松，夹杂红烧土，含草木灰	
H213	2006YY西ⅠT26西南部②→H213→③	0°	开口距地表30、长90、宽36、深36	部分位于发掘区内，略呈半圆形，弧壁，圜底。填土为灰渣土，土质疏松，夹杂红烧土，含草木灰	
H214	2006YY西ⅠT30东南部②→H214→③	90°	开口距地表30、长径114、短径105、深22	大部分位于发掘区内，近椭圆形，圜底近平。填土褐灰色，土质较疏松，夹杂少量炭灰、烧土粒	
H215	2006YY西ⅠT30东北部②→H215→③	345°	开口距地表35、长径226、短径176、深26	近椭圆形，弧壁，圜底近平。填土褐灰色，夹杂较多草木灰	
H216	2006YY西ⅠT26东北部②→H216→生土	13°	开口距地表35~40、长260、宽70、深20	大部分位于发掘区内，长条形，弧壁，不规则底。填土黄褐色，土质疏松，细腻	打破H272
H218	2006YY西ⅠT31西北部②→H218→③	290°	开口距地表25、长320、宽60~80、深30	长条形，弧壁，圜底。填土为灰沙粒，质地细腻，含有少量炭粒、白灰粒	被H207打破，打破夯土基址
H219	2006YY西ⅡT1南部②→H219→④	20°	开口距地表37、长径172、宽50、深0~14	近椭圆形，弧壁，圜底近平。填土灰色，较细腻疏松，稍有黏性，含有少量炭灰	
H220	2006YY西ⅡT1东南部②→H220→③	100°	开口距地表28、口长250、宽140、深0~30、底长240	部分位于发掘区内，呈不规则长条形，斜壁，底平。填土黄色，含有大量红色料姜石	
H221	2006YY西ⅠT30东北部②→H221→③	90°	开口距地表36、长90、宽50、深24	部分位于发掘区内，略呈扇形，弧壁，圜底近平。填土灰褐色，土质较疏松，夹杂少量炭状、烧土粒	
H222	2006YY西ⅠT30东南部②→H222→③	90°	开口距地表26、长174、宽22、深20	部分位于发掘区内，略呈条状，弧壁，红烧土	
H223	2006YY西ⅡT26东北角②→H223→③	281°	开口距地表23、长317、宽89、深0~33	部分位于发掘区内，不规则形，弧壁，底部自西向东逐渐加深。填土黑色，质地疏松，含有炭粒、煤渣等	
H224	2006YY西ⅠT26东南部③→H224→生土	90°	开口距地表56、长210、宽120、深38	部分位于发掘区内，不规则形，弧壁，圜底。填土为灰渣土，土质疏松，含灰、红烧土	打破G1

续表

遗迹号	层位	方向	尺寸（厘米）	平面形状与堆积	打破关系
H225	2006YY西ⅠT26东南部 ③→H225→生土	117°	开口距地表60、长204、宽126、深46	不规则形，斜壁，圆底，底部有近圆形小坑。填土为灰渣土，土质疏松，含炭粒和红烧土	打破G1
H226	2006YY西ⅠT26西南部 ③→H226→生土	8°	开口距地表53、长366、宽188、深40	大部位于发掘区内，不规则长条形，弧壁，近平底。填土为灰渣土，土质疏松，含草木灰	
H227	2006YY西ⅡT2南部 ②→H227→③	15°	开口距地表25~36、长442、宽412、深0~28	部分位于发掘区内，不规则形，东壁弧壁，西壁呈坎状，底为平底。填土为红色料姜石，夹杂黄土，较纯净	打破H290
H228	2006YY西ⅠT30东部 ③→H228→④	0°	开口距地表30、长225、宽180、深28	部分位于发掘区内，不规则形，弧壁，圆底。填土褐灰色，土质较疏松，夹杂较多草木灰、烧土	打破G3
H229	2006YY西ⅡT31东南部 ②→H229→③	282°	开口距地表25、长465、宽84~104、深30	不规则长条形，弧壁，圆底。填土灰褐色，质地疏松，夹杂褐色斑块	打破夯土基址
H230	2006YY西ⅠT26东南部 ③→H230→生土	90°	开口距地表56、长径93、宽45、深20	部分位于发掘区内，半圆形，弧壁，圆底近平。填土为灰渣土，土质疏松	打破G1
H231	2006YY西ⅠT26东南部 ③→H231→生土	78°	开口距地表42、口长径340、短径335	方形，近直壁，平底。填土为灰烬土，土质疏松，含草木灰和红烧土	
H233	2006YY西ⅡT5东北部 ②→H233→④	11°	开口距地表40、口长170、宽160、深58、底长125、宽115	大部位于发掘区内，略呈圆角方形，弧壁，平底。填土灰褐色，质地较硬，含有褐色颗粒物	
H234	2006YY西ⅡT5东南部 ②→H234→③	324°	开口距地表43、长径132、短径52	近圆形，直壁，平底。填土浅褐色，土质疏松，含炭粒、白灰颗粒等	打破H237、H243、H250、H253
H235	2006YY西ⅡT5西南部 ②→H235→③	20°	开口距地表42、口长径365、短径30、底径335	不规则圆形，弧壁，圆底近平。填土黄褐色，含松散的灰褐土	打破H236、H259
H236	2006YY西ⅡT5西南部 ②→H236→③	292°	开口距地表45、长590、宽160、深38~60	不规则长条形，坑壁南部呈坎状，北部略斜，底较平。填土分2层：第1层黄褐土，质地较硬，厚10~18厘米，板瓦堆积，厚20~34厘米	被H235打破
H237	2006YY西ⅠT25东南部 ②→H237→③	5°	开口距地表45、长82、宽82、深40	近方形，西边外弧，直壁，平底。填土灰色，土质疏松，含白灰颗粒、红烧土颗粒等	被H234打破，打破H250、H254

续表

遗迹号	层位	方向	尺寸（厘米）	平面形状与堆积	打破关系
H238	2006YY西ⅠT25南部 ②→H238→③	73°	开口距地表45，长径130，短径103，深31	近圆形，直壁，圜底近平。填土灰褐色，土质疏松，含炭粒、红烧土颗粒等	打破H278
H239	2006YY西ⅠT25南部 ②→H239→③	90°	开口距地表40，长900，宽64，深44	部分位于发掘区内，长条形，弧壁，平底有起伏。填土灰色，土质疏松，含草木灰、炭粒、红烧土颗粒等	打破Z9
H240	2006YY西ⅠT25东部 ②→H240→③	0°	开口距地表40，长220，宽164，深44	部分位于发掘区内，略呈圆角方形，斜壁，平底有起伏。填土浅褐色，土质较硬，含炭粒、红烧土颗粒等	
H241	2006YY西ⅠT25西部 ②→H241→③	321°	开口距地表30，长264，宽210，深78	大部分位于发掘区外，不规则形，斜壁，平底。填土灰色，土质疏松，含草木灰、炭粒、红烧土颗粒等	打破H242
H242	2006YY西ⅠT25西部 ②→H242→③	294°	开口距地表32，长径82，宽113，深36	被H241破坏，略近半圆形，直壁，平底。填土浅褐色，土质较硬，含少量炭粒	被H241打破，打破H244
H243	2006YY西ⅠT25东南部 ②→H243→③	0°	开口距地表40，长263，宽136，深54	部分位于发掘区内，略近半圆形，折壁，平底。填土灰色，土质疏松，含炭粒、红烧土颗粒等	被H234打破，打破H250、H253
H244	2006YY西ⅠT25西部 ②→H244→③	78°	开口距地表30，长径127，短径108，深18	近椭圆形，斜壁，平底。填土浅灰色，土质疏松，含少量炭粒	被H242打破，打破H251
H245	2006YY西ⅠT25东北部 ②→H245→③	355°	开口距地表48，长120，宽97，深28	不规则形，弧壁，圜底。填土浅灰色，含红烧土颗粒	
H246	2006YY西ⅠT32南部 ②→H246→⑤	115°	开口距地表20，长665，宽20~61，深36	不规则长条形，斜壁，平底，包含物主要为田螺壳、炭粒、陶瓷片、碎砖瓦块等	打破G4、H247
H247	2006YY西ⅠT32南侧中部 ②→H247→⑤	11°	开口距地表20，长212，短径140，深24	近椭圆形，弧壁，平底。填土灰黄色，质地松软，残存田螺壳及陶瓷碎片等	被H246打破，打破M14
H248	2006YY西ⅠT32南部 ②→H248→③	110°	开口距地表23，长815，宽65~130，深45	不规则长条形，斜壁，平底有起伏。填土浅灰色，少量红烧土颗粒、陶瓷片、砖瓦残块等	被H257打破，打破G4、H258
H249	2006YY西ⅠT32北部 ①→H249→③	110°	开口距地表21，长953，宽25~104，深31	不规则长条形，斜壁，平底有起伏。填土浅灰色，碎砖瓦片、质地较黏硬	打破H255
H250	2006YY西ⅠT25东南部 ②→H250→③	0°	开口距地表44，长径174，短径187，深32	近椭圆形，直壁，平底。填土浅褐色，含炭粒、红烧土颗粒等	被H234、H237、H243打破，打破H253、H254

续表

遗迹号	层位	方向	尺寸（厘米）	平面形状与堆积	打破关系
H251	2006YY西ⅠT25西部 ②→H251→③	325°	开口距地表30、长径114、短径96、深28	椭圆形，直壁，平底。填土黄褐色，土质较硬，含少量炭粒、红烧土颗粒等	被H244打破
H252	2006YY西ⅠT25南部 ②→H252→③	22°	开口距地表44、长径259、短径184、深40	近似椭圆形，斜壁，圆底近平。填土灰色，土质疏松，含炭粒、红烧土颗粒等	打破H254
H253	2006YY西ⅠT25东南部 ②→H253→③	90°	开口距地表44、长143、宽110、深51	不规则形，直壁，平底。填土灰褐色，土质较硬，含炭粒、红烧土颗粒等	被H234、H243、H250打破
H254	2006YY西ⅠT25东南部 ②→H254→③	0°	开口距地表43、长径173、短径139、深41	近似椭圆形，直壁，平底。填土灰色，土质疏松，含白灰颗粒、草木灰、红烧土颗粒等	被H237、H250、H252打破，H278
H255	2006YY西ⅠT32东北部 ①→H255→③	110°	开口距地表114、短径95、深62、底长径121、短径102	椭圆形，弧壁外扩，呈袋状，平底。填土浅灰色夹杂浅褐色，质地疏松，含有草木灰、炭粒、红烧土颗粒、瓷棋子、骨骼等	被H249打破
H256	2006YY西ⅠT32东北部 ①→H256→③	102°	开口距地表21、口长458、宽86~100、深33、底长446、宽82	长条形，弧壁，底西高东低缓坡状。填土浅灰色，质地松软，含有炭粒、红烧土颗粒、陶瓷片、砖瓦块等	打破H248
H257	2006YY西ⅠT32东南部 ②→H257→③	146°	开口距地表33、长130、宽116、深50	部分位于发掘区内，不规则形，弧壁，底自东向西呈弧状降低。填土浅褐色，质地松软，含有红烧土颗粒、炭粒、料姜石及陶瓷片、砖瓦块等	
H258	2006YY西ⅠT32东南部 ②→H258→③	0°	开口距地表35、长395、宽305、深126	部分位于发掘区内，平面近四分之一圆，弧壁，圆底。填土灰黄色，质地松软，含有草木灰、炭粒、红烧土颗粒、碎田螺壳、陶瓷瓦片、石器、动物骨骼等	被H246、H248、H280、H281打破，H285、H288、H289
H259	2006YY西ⅡT5西部偏南 ③→H259→④	305°	开口距地表70、口长108、宽50、深15、底长90、宽40	长方形，斜壁，近平底。填土黄褐色，质地较硬，含有大量细石粒	
H260	2006YY西ⅠT29中部 ②→H260→③	90°	开口距地表29、长径172、短径163、深139	近圆形，直壁，平底。填土浅灰色，含红烧土颗粒、炭粒及陶瓷片、碎骨、砖瓦块、石料、残铁片等	被H262打破
H261	2006YY西ⅠT29西南部 ②→H261→G4	60°	开口距地表33、长178、宽111、深31	不规则形，斜壁，底部起伏不平。填土浅灰色，质地松软，含有陶瓷片、石料、砖瓦块、动物骨骼等	打破G4

续表

遗迹号	层位	方向	尺寸（厘米）	平面形状与堆积	打破关系
H262	2006YY西ⅠT29中部②→H262→③	107°	开口距地表34、长720、宽125、深25	不规则长条形，弧壁，平底有起状。填土浅灰色，质地松软，含有田螺壳，陶瓷片，砖瓦块等	打破H260、H275
H263	2006YY西ⅠT29南部②→H263→G4	80°	开口距地表24、长139、宽135、深33	不规则形，弧壁，底西高东低的坡状。填土浅灰色，质地疏松，含有红烧土颗粒，炭粒，砖瓦片，陶瓷片，动物胃骼等	打破G4
H264	2006YY西ⅠT25西南部③→H264→④	25°	开口距地表62、长径144、短径74、深16	近椭圆形，直壁，平底。填土灰黄色，土质疏松，含炭粒，红烧土颗粒等	
H265	2006YY西ⅠT25南部③→H265→④	77°	开口距地表62、长径96、短径91、深20	椭圆形，直壁，平底。填土灰色，土质疏松，含炭粒，少量红烧土颗粒等	打破Z8
H266	2006YY西ⅠT25西南部③→H266→④	0°	开口距地表78、长139、宽40、深31	部分位于发掘区内，不规则形，斜壁，底不规则。填土灰黄色，土质疏松，含炭粒，少量红烧土颗粒等	打破H271
H267	2006YY西ⅠT25中部③→H267→④	285°	开口距地表62、长径140、短径116、深17	近似椭圆形，直壁，平底。填土浅灰色，土质疏松，含炭粒，红烧土颗粒等	打破H270、H282、H283
H268	2006YY西ⅠT25西北部③→H268→④	233°	开口距地表62、长径162、短径131、深38	近似椭圆形，斜壁，平底，局部高低不平。填土浅灰色，土质疏松，含炭粒，红烧土颗粒等	
H269	2006YY西ⅠT25东北部③→H269→④	90°	开口距地表60、口径130、底径139	圆形，袋状，平底。填土黄灰色，土较硬，含少量炭粒	打破H284
H270	2006YY西ⅠT25东部③→H270→④	4°	开口距地表62、长233、宽97、深31	长条形，弧壁，近平底。填土灰色，土质疏松，含大量炭粒，红烧土颗粒等	被H267打破
H271	2006YY西ⅠT25南部③→H271→④	284°	开口距地表62、长187、宽144、深53	形状不规则，斜壁，平底，局部有高低。填土浅灰色，土质疏松，含大量炭粒，红烧土颗粒等	被H266打破，打破H277
H272	2006YY西ⅠT26东北部②→H272→生土	101°	开口距地表50、长径196、短径133、深74	椭圆形，弧壁，圜底呈漏斗状。填土为灰沙土，土质细腻	被H216打破
H273	2006YY西ⅠT26东北部②→H273→生土	218°	开口距地表50、长径200、短径150、深32	椭圆形，弧壁，平底。填土为灰褐色，土质较疏松	

续表

遗迹号	层位	方向	尺寸（厘米）	平面形状与堆积	打破关系
H274	2006YY西ⅠT29西南部②→H274→G4	90°	开口距地表33、长227、宽116、深53厘米	部分位于发掘区内，不规则形，弧壁，圆底。填土浅灰褐色，质地松软，含有红烧土颗粒、炭粒及陶瓷片、砖瓦块、石料、骨骼等	打破G4
H275	2006YYⅠT29中部②→H275→③	100°	开口距地表33、长140、宽102、深30	不规则形，弧壁，近圆底，质地较松软，含有田螺壳、砖瓦块、陶瓷片等	被H262打破
H276	2006YY西ⅠT29东南部②→H276→G4	158°	开口距地表31、长272、宽240、深40	不规则形，弧壁，近圆底，含有陶瓷片、砖瓦块、动物骨骼等	打破G4
H277	2006YY西ⅠT25西南部③→H277→④	0°	开口距地表78、长径280、短径147、深28	近椭圆形，圆壁，圆底、底部有近圆形小坑。填土浅灰色，含炭粒、红烧土颗粒等	被H271打破
H278	2006YY西ⅠT25东南部③→H278→④	341°	开口距地表65、长207、宽137、深31	不规则形，直壁，平底，填土黄色，土质疏松、含炭粒、红烧土颗粒等	被H254打破
H280	2006YY西ⅠT32中部偏东②→H280→③	105°	开口距地表31、长494、宽105、深43	长条形，弧壁，圆底起伏较大。填土浅灰色，质地松软，含炭粒、白灰粒等	打破H258
H281	2006YY西ⅠT32南部偏东②→H281→③	13°	开口距地表28、长径158、短径71、深39	近椭圆形，弧壁，圆底起伏不平。填土灰褐色，含有草木灰、炭粒、红烧土颗粒、砖瓦块等	被Z7打破，打破H258、夯土
H282	2006YY西ⅠT25北部③→H282→④	10°	开口距地表62、长314、宽107、深38	长条形，斜壁，近平底。填土灰色，含少量炭粒、石块、料姜石等	被H267打破，打破H283
H283	2006YY西ⅠT25东部③→H283→④	90°	开口距地表62、长径144、短径121、深45	近椭圆形，直壁，平底，填土浅褐色，土质较硬，含炭粒、红烧土颗粒、陶瓷片、砖瓦块等	打破H267、H282打破，打破H286
H284	2006YY西ⅠT25北部③→H284→④	0°	开口距地表62、长542、宽95、深61	部分位于发掘区内，不规则形，斜壁，底近平。填土分3层。第1层黄褐色，含少量炭粒、石块等，厚20厘米。第2层浅褐色，内含少量炭粒、石块、料姜石等，厚20~61厘米。第3层浅灰色、内含草木灰、红烧土颗粒、炭粒等，厚0~21厘米	被H269打破
H285	2006YY西ⅠT32东南部H258→H285→生土	20°	开口距地表41、长94、宽80、深90	近圆角方形，直壁，平底，填土浅灰色，质地松软，含有草木灰、红烧土颗粒、陶瓷片、碎田螺壳等	被H258打破
H286	2006YY西ⅠT25东部③→H286→④	19°	开口距地表62、长径238、短径106、深60	近椭圆形，斜壁，平底，填土黄灰色，含炭粒、红烧土颗粒等	被H283打破

续表

遗迹号	层位	方向	尺寸（厘米）	平面形状与堆积	打破关系
H287	2006YY西ⅠT26西北部 ③→H287→生土	275°	开口距地表40，长342，宽120~180，深70	不规则形，斜壁，底不规则。填土灰褐色，土质致密，含炭末，红烧土	被H211打破
H288	2006YY西ⅠT32东南部 H258→H288→生土	5°	开口距地表62，长径166，短径125，深90	大部位于发掘区内，近椭圆形，直壁，平底。填土黄灰色，质地板结，含有红烧土颗粒、炭粒及陶片	被H258打破
H289	2006YY西ⅠT32东隔梁旁 ②→H289→③	11°	开口距地表35，长350，宽210，深85	不规则形，底凹凸不平。填土浅灰黄色，质地松软，含有炭粒、红烧土颗粒、白灰土颗粒、砖瓦块等	被H258打破，打破J6
H290	2006YYⅡ西T2南部 ③→H290→④ ⑤→H290→⑥	286°	开口距地表70，口长1315，宽140~186，底长1275，宽20~90，深70~90	不规则长条形，坑壁北部较斜直，南部呈弧状倾斜，底部略不平。堆积为黄褐土同筒，黄褐土细腻较硬，覆盖于筒，板瓦之上，其下为黄土层	
H291	2006YY西ⅠT29中部偏西 ⑤→H291→生土	107°	开口距地表47，长107，宽81，深49	东部被H260破坏，含有草木灰和红烧土颗粒 质地较硬	
H292	2006YY西ⅠT29中部 ⑤→H292→生土	107°	开口距地表47，长90，宽44，深33	大部分被H260破坏，近半圆形，斜壁，平底。填土浅灰黄色，质地较硬，含草木灰，红烧土颗粒	
H293	2006YY西ⅠT32北隔梁处 ⑥→H293→生土	192°	开口距地表59，长径118，短径110，深53	近圆形，弧壁内收，底较平。填土灰黄色，质地较硬，含有少量红烧土颗粒	
H294	2006YY西ⅠT32中部偏西 ⑥→H294→生土	115°	开口距地表57，长径120，短径118，深51	近圆形，弧壁，弧壁内收，近圆底。填土浅灰色，含有少量红烧土颗粒和陶片	
H295	2006YY西ⅠT32西南部 ⑥→H295→生土	97°	开口距地表56，长径196，短径186，深74	近圆形，弧壁内收，斜壁，平底。填土浅灰黄色，含有红烧土颗粒和陶片	
H296	2006YY西ⅠT25东北部 ②→H296→③	0°	开口距地表38，口长100，宽95，深43，底长92，宽85	局部位于发掘区内，呈扇形，斜壁，底部平整。填土浅灰色，土质疏松，含炭粒、红烧土颗粒等	
H297	2006YY西ⅠT32西南部 ⑥→H297→生土	90°	开口距地表56，长径175，短径168，深69~74	近圆形，弧壁，底部平整。填土浅灰色，质地较软，含有炭粒、红烧土颗粒	

续表

遗迹号	层位	方向	尺寸（厘米）	平面形状与堆积	打破关系
H298	2006YY西ⅠT32西北部 ⑥→H298→生土	96°	开口距地表60、长径172、短径130、深76~82	大部位于发掘区内，椭圆形，弧壁内收，底较平。填土浅灰黄色，质地较硬，含有炭粒、红烧土颗粒及少量陶片	
H299	2006YY西ⅠT32西北部 ⑥→H299→生土	180°	开口距地表64、长271、宽184、深75	部分位于发掘区内，略近半圆形，弧壁内收。填土分3层，第1层黄灰土，质地松软，含草木灰、红烧土颗粒，厚2~41厘米。第2层灰褐土，质地疏松，红烧土颗粒、陶片，厚23~36厘米。第3层浅黄土，质地疏松，含少量料姜石，厚2~14厘米	
J1	2006YY西ⅠT17东南部 ④A→J1→生土	0°	开口距地表65、口径140、厚48厘米、深170、底长径140、短径138	圆形，近直壁，平底。井内填土分3层，第1层红色、土质疏松，厚48厘米。第2层深灰色淤土，含大量红烧土块，厚2~20厘米。第3层灰褐色，土质疏松，夹杂大量红斑和烧土颗粒和烧土褐色，厚102厘米	打破G3
J2	2006YY西ⅠT18西部 ④→J2→生土	346°	开口距地表82、口径120、发掘深度182、底径108	圆形，近直壁，底不明。距开口80厘米深处南北对称各有一个脚窝。井内填土黑灰沙土中夹杂红色沙土块，包含有料姜石块	
J4	2006YY西ⅠT16中东部 ②→J4→③	0°	开口距地表105、口径140、发掘深度120、底径92	不规则圆形，上部坑壁斜收，至约50厘米深处，在南半部出现二层台，台宽20~26厘米；至约87厘米深处，在北半部出现二层台，台宽10~22厘米。二层台下为垂直壁，底不明。填土为色杂乱，黑色黏土夹褐色花土，局部为深黄褐色	被H178、H120打破
J5	2006YY西ⅠT8东南部 ②→J5→G4	0°	开口距地表30、长102、宽64、深度186	探方内近长方形，近直壁，红烧土颗粒、料姜石等，厚85厘米。第1层黄褐色，土质疏松，夹红烧土、炭粒，厚0~24厘米。第2层灰褐色土，夹炭粒，红烧土等，厚34~52厘米。第3层黄灰色花土，夹料姜石，厚39~43厘米。第4层灰褐色，夹料姜石块颗粒、炭粒，红烧土等	被M17打破，打破H172、G4
J6	2006YY西ⅠT4南部 ②→J6→G4	0°	开口距地表35、上口长146、宽约56、下部直径约95、发掘深度160	上部应不规则形，弧壁内收，下部应近圆形，垂直壁；底不明。填土分3层，第1层灰黄色斑土，夹大量红色斑点，较疏松，含料姜石块，厚1~30厘米。第2层青灰色沙土，夹红色斑点，含料姜石块，厚50~110厘米。第3层深灰色土，较疏松，含料姜石块，厚80厘米	被H54打破，打破J7

续表

遗迹号	层位	方向	尺寸（厘米）	平面形状与堆积	打破关系
J7	2006YY西ⅠT4西南部 ②→J7→G4	90°	开口距地表40、上口长154、发掘深度190	破坏严重，不规则形，上部弧壁，下部直壁，底不明。井内填土深褐色，土质疏松	被J6、M1、H54打破
J8	2006YY西ⅡT6西南部 ②→J8→③	16°	开口距地表48、长90、探方内宽55、深295	部分叠压于南壁下。平面形状为方形或长方形，井壁垂直，平整光滑，118厘米以下为料姜石坑壁，平底。井内填土分2层，第1层灰褐土，质地松软，夹杂少量红褐色红黏土，厚60厘米。第2层红黏土，质地松软，厚235厘米	打破G8
J9	2006YYⅠT26西北部 ②→J9→生土	0°	开口距地表40、最大径192、深250	不规则圆形，敞口，中部直壁，至108厘米深处出现二层台。台宽约10厘米。台上用青砖砌成井圈，现存3层，下部因坍塌井壁外张，平底。井内填灰色土，土质疏松	被H211打破
J10	2006YY西ⅠT29南部 G4→J10→生土	100°	开口距地表130、长163、宽92、发掘深度154	弧边长方形，直壁微斜收，底不明。填土为黄褐色夹杂红褐色土团，土质疏松，含有料姜石	被G4打破
J11	2006YY西ⅠT29东部 G4→J11→生土	91°	长122、宽76、深141	近长方形，斜直壁内收，平底。填土浅褐色夹杂红褐色，质地松软，含有料姜石	被G4打破
J12	2006YY西ⅠT5东北角 ①→J12→②	35°	开口距地表15、口长径170、短径100、底径约100	上部口大，椭圆形，弧壁。下部圆形、直壁、平底。第1层浅红土，质地板结，含有白色料姜石，厚约50厘米。第2层浅褐色偏红，土质疏松，夹料姜石，厚约125厘米	被H21打破
J13	2006YY西ⅠT27西南部 ④→J13→生土	100°	开口距地表54、井上部长250、宽135～145、发掘深度175、下部长186、宽90	分上下两部分，上部呈不规则椭圆形、直壁、未发掘至底。下半部长方形、直壁、平底。填土分2层，第1层灰褐土，质地松散，含有料姜石，土质较疏松	
J14	2006YY西ⅠT30东南部 ②→J14→③	98°	开口距地表35、口长径270、短径230、底径210、发掘深度108～122	上部遭破坏，不规则椭圆形，弧壁，约30厘米以下为圆形、壁近垂直，底不明。填土褐灰色，土质疏松，夹杂炭灰和烧土粒	
J15	2006YY西ⅠT29西南部 ②→J15→G4	0°	开口距地表34、直径115、深294	圆形、直壁，近底部弧壁外扩，圜底，含有砖瓦块，下半部浅褐色，质地松软，填土上半部浅灰色，夹杂炭灰和烧土、褐色料姜石等	打破G4

续表

遗迹号	层位	方向	尺寸（厘米）	平面形状与堆积	打破关系
J16	2006YY西ⅠT32东隔梁处 H289→J16→生土	0°	开口距地表110，上部长径128，短径104，下部直径90，发掘深度140	分上下两部分，上部近圆形，弧壁，至10厘米深处为圆形，垂直壁，底不明。填土灰褐色，质地疏松，含有草木灰，腐朽植物体碎颗粒，白灰颗粒	被H289打破
J17	2006YY西ⅠT21中部 ⑤→H165→生土	5°	开口距地表80，上部长205，宽180，深132，下部长110，宽85	分上下两部分，上部不规则形，斜弧壁，下部长方形，平底。填土分3层。第1层黄色，土质细腻，含较多料姜石，厚20厘米。第2层泛红色，厚20~25厘米。第3层浅褐色，较黏，含少量料姜石，厚87厘米	
L2	2006YY西ⅠT12南部 ③B→L2→生土	103°	开口距地表40~50，残长620，宽234	只存一小段，部分叠压于东壁下和南壁外。平面长条形。路下西北部有近长方形坑，修路时将其填充与路面平齐。坑内填土分3层，自南向北倾斜堆积而成。第1层位于最北面，为大块料姜石夹大量红烧土，厚46厘米。第2层位于中间，为料姜石块夹少量红烧土，厚0~28厘米。第3层位于南部，主要为细碎料姜石，厚0~24厘米。整个路面上有明显的较为密集的西北至东南向车辙	被H135、H151打破，打破G4
L3	2006YY西ⅠT3西部和2006YY西ⅠT7东南部 T3：③→L3→⑤ T7：②→L3→④	45°	开口距地表30，长1000，宽220	残条路土和车辙，为两条大体平行的长条形，车辙大多已遭破坏，上面覆盖有一层黄色土，较细腻纯净。路土色驳杂，土质坚硬，呈鳞片状，较纯净	
M1	2006YY西ⅠT8东南角 H54→M1→G4	90°	洞室残长270，宽80~100，高102	墓葬形制应为竖穴墓道土洞室墓，由竖穴墓道和洞室两部分组成，墓道已被破坏不存，墓室为拱穴式，平面呈长方形，弧顶，两边壁外敛，平底。洞室口有封门，封门仅存南侧结构，为斜弧顶石板一块，石板南侧立砖一块，砖上覆板瓦一块，填土为灰色土，土质细腻松软，内含少量炭粒及小石子。葬具、葬式不详。随葬品发现于洞室后端顶部，出土有天圣元宝铜钱1枚，石雕人物1件，白瓷小瓶1件，铁器1件，钧瓷梅瓶1件，青瓷漏斗1件	被H54打破，打破J5、J7、G4

续表

遗迹号	层位	方向	尺寸（厘米）	平面形状与堆积	打破关系
M2	2006YY西ⅠT16中部 ③→M2→生土	195°	开口距地表120，残长76~108，宽40~52，深5	土坑竖穴墓，南端被H193破坏不存。平面应为近长方形，直壁，平底。填土黄褐色，质地较密。推测头向南，面向，葬式不详。无随葬品	被G4打破
M3	2006YY西ⅠT24东北部 ②→M3→生土	287°	开口距地表50，长240，宽72，深96厘米。棺距墓口深68，长220，宽50，残高10~20，厚3~5	长方形土坑竖穴墓，直壁，平底。填土分3层。第1层灰土。第2层红沙土。第3层白膏泥。葬具为木质单棺，平面为长方形，头向西，面向南，仰身直肢。骨架一具，保存完整，双手置于腹部，左臀、右手掌和脚掌处，各为贝1枚	
M4	2006YY西ⅠT24东北部 ②→M4→生土	18°	开口距地表50，长205，宽85，深98，棺距墓口深68，长195，宽60~70，残高20~30，厚5	长方形土坑竖穴墓，直壁，平底。填土分3层。第1层灰土。第2层红沙土。第3层白膏泥。葬具为木质单棺，平面为长方形，头向北，面向东，左手置于腹部，右手平放，仰身直肢。墓主下颌部和口中含贝14枚和10枚	
M5	2006YY西ⅠT24北部 ②→M5→生土	20°	开口距地表46，长225，宽88，深90，棺痕距墓口深70，长190，宽51，残高10~20，厚3	长方形土坑竖穴墓，直壁，平底。填土分3层。第1层灰土。第2层红沙土。第3层白膏泥。葬具为木质单棺，平面为长方形，头向北，面向西，仰身直肢。墓主口中含贝11枚	
M6	2006YY西ⅠT24西北部 ②→M6→生土	7°	开口距地表50，长220，宽80~96，深96厘米。棺痕距墓口深80，残长200，宽46~60，残高30，厚2	长方形土坑竖穴墓，直壁，平底。北端被G4破坏不存。第2层红沙土。第3层白膏泥。葬具为木质单棺，平面为长方形，保存完整，头向北，面向西，仰身直肢。颈部分别有贝14枚和12枚	被G4打破，打破M7
M7	2006YY西ⅠT24西北部 ②→M7→生土	280°	开口距地表50，残长220，宽66，深96，棺距墓口深70~78，长205，宽52，残高20，厚4	长方形土坑竖穴墓，直壁，平底。东端被M6破坏不存。第2层红沙土。第3层白膏泥。葬具为木质单棺，保存完整，骨架一具，已朽，头向西，面向上，仰身直肢。随葬品置于墓主口部、手部，分别为贝6枚和1枚	被M6打破

续表

遗迹号	层位	方向	尺寸（厘米）	平面形状与堆积	打破关系
M8	2006YY西ⅠT24西部②→M8→生土	190°	开口距地表48、长235、宽66~80、深95，棺距墓口深76、长195、宽45、残高10，厚3	长方形土坑竖穴墓，直壁，平底。填土分3层。第1层灰土。第2层红沙土。第3层白青泥。葬具为长方形木质单棺，已朽。骨架一具，保存完整，头向南，面向西，双手置于胸前，仰身直肢。无随葬品	
M9	2006YY西ⅠT24西北部②→M9→生土	187°	开口距地表50、长220、宽66、深90，棺距墓口深64~80、长212、宽48~56、残高10，厚5	长方形土坑竖穴墓，直壁，平底。填土分3层。第1层灰土。第2层红沙土。第3层白青泥。葬具为长方形木质单棺，已朽。骨架一具，保存完整，头向南，面向东，双手交叉置于胸前，仰身直肢。墓主后颈部、手部、脚踝各出贝11枚、1枚、1枚	
M10	2006YY西ⅠT24西北部②→M10→生土	13°	开口距地表48、长210、宽80、深90	长方形土坑竖穴墓，东南部被M19破坏不存。直壁，平底。填土为灰土	被M19打破
M11	2006YY西ⅠT24南部②→M11→生土	17°	开口距地表50、长228、宽96、深深55~79、长190、宽55	长方形土坑竖穴墓，直壁，平底，底部棺木下陷形成的长方形回槽，北浅南深。填土分2层。第1层红沙土。第2层红褐色土。葬具为长方形木质单棺，已朽。骨架一具，保存完整，呈西北—东南方向斜置于墓底，头向北，面向上，仰身直肢。墓主头侧有器物1件，口含贝2枚	被G1、H57打破
M12	2006YY西ⅡT4北部偏中①→M12→④	274°	开口距地表45、墓口长106、宽54、深32，底长95、宽30、北二层台宽12，东二层台宽11，南二层台最宽处12	墓葬平面呈不规则长方形，斜壁，北三面熟土二层台，北边较直，其余三边较圆滑，质地松软。葬具不详。骨架一具，已残，头向西，面朝北，仰身直肢。无随葬品	
M13	2006YY西ⅠT26东南部③→M13→生土	270°	开口距地表125、长242、残宽52~86、深20	长方形土坑竖穴墓，直壁，平底。填土为红沙土。葬具不详。人骨仅残存头骨和小腿骨，随葬品置于头部右侧、和脚部右侧，分别为陶罐1件、贝1枚和陶鬲1件	被G1打破

续表

遗迹号	层位	方向	尺寸（厘米）	平面形状与堆积	打破关系
M14	2006YY西ⅠT32南部 ②→M14→⑤	11°	开口距地表23，长198，宽48~58，深40	南窄北宽梯形，直壁，平底。填土黄褐花土。人骨一具，保存较好，仰身直肢，头朝北，面向西。葬具不详。无随葬品	被H247打破
M15	2006YY西ⅠT26东南部 ③→M15→生土	270°	开口距地表50，开口长180，残宽40~70，深25~72，洞室宽106，最高处70，进深20	土坑竖穴带浅洞室墓。方形，平底。北壁南侧被G1破坏不存，墓葬南部向外掏出不规则浅洞室。平面应呈长方形。填土红沙土。葬具不详。人骨一具，保存极差，应为仰身直肢，头朝西。墓主口腔内含贝5枚。洞室内有动物头骨	被G1打破
M16	2006YY西ⅠT24东南部 ②→M16→生土	185°	开口距地表50，长150，宽80，深62~82	长方形土坑竖穴墓，直壁，斜底，北高南低。填土灰色。葬具不详。骨架一具，保存完整，头向南，面向东，仰身直肢，双手置于腹部。墓主口腔内含贝4枚	被G1打破
M17	2006YY西ⅠT24中部 ②→M17→生土	284°	开口距地表50，长210，宽76~90，深85	长方形土坑竖穴墓，直壁，平底。填土灰色。葬具不详。骨架一具，保存完整，头向西，面向南，仰身直肢，双手置于腹部，左手置于腹部，右手平放。墓主脚和口腔内分别出1枚和6枚	被H57打破
M18	2006YY西ⅠT24西南部 ②→M18→生土	183°	开口距地表48，墓口残长155，墓底残长185，宽76~90，深110	长方形土坑竖穴墓，直壁，平底。填土为灰色土。骨架一具，保存完整，头向南，面向东，仰身直肢，左手置于腹部，右手置于右手指骨处	被G1打破
M19	2006YY西ⅠT26东北部 ②→M19→生土	177°	开口距地表48，长200~232，宽70，深80	梯形土坑竖穴墓，直壁，平底。填土为灰色土。骨架一具，保存完整，头向南，面向东，仰身直肢，双手置于腹部。随葬品贝3枚置于右手指骨内，腹部及口腔内，分别为贝3、1、2枚	被M10打破
M20	2006YY西ⅠT26东南部 ②→M20→生土	177°	开口距地表50，长220，宽78，深96	长方形土坑竖穴墓，直壁，平底。填土为灰沙土。骨架一具，已残，头朝上，仰身直肢，面朝南。葬具不详。无随葬品	
M21	2006YY西ⅠT26南部 ②→M21→生土	270°	开口距地表30，长230，宽80，深98	长方形土坑竖穴墓，直壁，保存完整，头向北，面向西，仰身直肢。填土为灰沙土。骨架一具，双手置于胸前。葬具不详。墓主口腔内含贝1枚	被G1打破

续表

遗迹号	层位	方向	尺寸（厘米）	平面形状与堆积	打破关系
M22	2006YY西ⅠT24西南部 ②→M22→生土	180°	开口距地表60，残长190，宽60~110，深110，木棺残长182，宽52，残高15~20，北二层台宽约7，东二层台宽4~35，西二层台宽16~30	土坑竖穴墓，南端形状不太规则，北窄南宽、北、东两墓边呈弧形，西两壁垂直，平底，东侧略低。北、东、西三面有生土二层台。填土分3层。第1层灰白土。第2层灰土。第3层白膏泥。葬具为木质单棺，骨架一具，保存较完整，面向不详，头向南，双手置于腹部，仰身直肢。东西二层台存动物骨架一具，随葬品置于右手脚部，分别为贝2枚和3枚	被G1打破
M23	2006YY西ⅠT25西北部 ⑥→M23→生土	176°	开口距地表120，残长137，宽80，深26	长方形土坑竖穴墓，直壁，平底。填土黄褐色花土。骨架一具，保存较差，头向东北，面向南，左手弯曲置于胸前，仰身直肢。无随葬品	被G1打破
M24	2006YY西ⅠT25西北部 ⑥→M24→生土	180°	开口距地表120，长258，宽128，深58，腰坑长径90，短径46，棺痕残长178，北宽76，北宽66	长方形土坑竖穴墓，直壁，平底。塞底有近椭圆形腰坑。填土为黄褐色花土。葬具为木质单棺。骨架一具，保存差，头向南，面向下，仰身直肢。腰坑内兽骨一具。随葬品置于棺内西南角，出土陶罐1件，此外在墓主下颌骨和盆骨处，分别发现36枚和3枚贝	
Y1	2006YY西ⅠT2南部 ④→Y1→生土	285°	开口距地表35~40，总长520，最宽宽240，最深100	平面不甚规则形，操作坑近腰形，弧壁，圜底，底向火门倾斜；火门南壁残高30，北壁残高27，宽约40，进深25厘米；火壁弧边梯形，东宽南窄，斜壁，直壁，平底，南北宽40~150厘米；窑室近方形，东西宽90，南北长190，直宽170~200厘米，烟囱两个，圆角方形，位于窑室东壁内，第1层红褐色土，夹杂大量炭灰；其余部分残。第2层堆积分2层。窑内堆积为瓦片混合的堆积，第1层为红色烧结面，内有较多烧土块	打破夯土
Z1	2006YY西ⅠT1西北部 ②→Z1→③	90°	开口距地表30，长100，宽36，深16	近梨形，弧壁，圜底，填土黑色，土质松软，夹杂大量烧土颗粒上部有红色烧结面，灶内较松软	

续表

遗迹号	层位	方向	尺寸（厘米）	平面形状与堆积	打破关系
Z2	2006YY西ⅠT16东南部 ②→Z2→③	280°	开口距地表36，长104，宽82，深18	平面呈梨形，由投火口和灶膛组成。投火口位于灶膛西部，微微凸出。灶膛近椭圆形，弧壁，圜底；外壁呈红色；灶膛内壁为青色烧结面，多已不存。灶膛内填土分2层。第1层褐色花土，外围一层浅黄色硬土，夹杂一定炭粒和红烧土颗粒，厚4~16厘米。第2层草木灰，表层为白灰面，颗粒，厚1~2厘米	打破H178
Z3	2006YY西ⅠT16东南部 ②→Z3→③	292°	开口距地表38，长156，宽128，深27	平面呈梨形，由投火口和灶膛组成。投火口位于灶膛西部，微微凸出。灶膛近圆形，直壁，圜底；底部高于灶膛，多已不存。灶膛内壁为青色烧结面，外壁呈红色；灶膛内填土分2层。第1层褐色花土，含有一定炭粒和红烧土颗粒，厚4~20厘米。第2层草木灰，稍致密，层表为白灰面，厚1~2厘米，紧贴灶底部	打破H177、H181
Z4	2006YY西ⅠT13东南部 ④A→Z4→⑤	7°	开口距地表48，长64~72，宽30~46，高28，底长40、宽26	仅存由碎砖块铺砌的平台。平面呈长方形，堆积分3层。第1层由残砖全砌而成，中部凹陷处有一块大型鹅卵石，厚约8厘米。第2层为一层红烧土，厚4厘米。第3层为3块呈"品"字形侧立排列的砖块	打破G3
Z5	2006YY西ⅠT31东北部 ②→Z5→④	182°	开口距地表30，整体长69，最宽30，最深26	由投火口、火门及灶膛组成。投火口北部有灶膛相通，北端略宽，斜壁，平底，南窄北宽，喇叭状，立面略呈梯形。火门平面略呈圆形，直壁，圜底。灶膛平面近圆形，弧壁，圜底，壁和底有红色烧结面。填土为煤灰和少量炭粒，质地疏松	
Z6	2006YY西ⅠT25西部 ②→Z6→③	278°	开口距地表35，长径86，短径74，深15	投火口不存。灶膛内填灰色土，土质疏松，含较多红烧土块，壁和底呈红色烧结面，草木灰等	

续表

遗迹号	层位	方向	尺寸（厘米）	平面形状与堆积	打破关系
Z7	2006YY西ⅠT32东南部 ②→Z7→H281	105°	开口距地表33，东西长120，南北宽66，深36	由投火口、火门及灶膛组成。部分投火口被破坏。残存投火口平面近椭圆形，底向火门倾斜。火膛平面呈近圆形，弧壁外张，孤顶，火门平底。灶膛平面呈圆底，圆底，底烧结为红色，灶内填土灰褐色，土质疏松，包含草木灰、红烧土等	打破H281
Z8	2006YY西ⅠT25南部 ③→Z8→④	96°	开口距地表62，口长径108，短径31，底长径120，短径68	投火口不存，尾部被H265破坏，斜壁外张，平底，壁和底为红色烧结面，底部基本不存。灶膛内填土分2层。第1层浅褐色，土质较硬，内含炭粒、红烧土块等。第2层灰色，土质疏松，内含炭块等	被H265打破
Z9	2006YY西ⅠT25南部 ③→Z9→④	90°	开口距地表62，口长69，宽48，深36，底长69，宽53	半边叠压于南壁外，探方内平面近半圆形，分投火口和灶膛。投火口位于东端，略凸出于灶膛，孤壁，底呈红色烧结。底西高东低的缓坡状。灶膛内填土分2层。第1层浅褐色，土质较硬，内含炭粒、红烧土块等。第2层灰色，土质疏松，内含炭块等	
Z10	2006YY西ⅠT29西北部 ⑤→Z10→生土	323°	开口距地表47，灶膛深50，深34，操作坑径50，短径69，操作坑长径79，深33~45	由灶膛和操作坑两部分组成，灶膛与操作坑不相通。灶膛近圆形，直壁，平底。灶壁烧结成红色，灶膛填浅灰色，质地疏松，含有草木灰、骨骼等；操作坑近椭圆形，直壁，近圆底。灶膛填土浅灰色，质地疏松，红烧土块、骨骼等。操作坑填土黄灰色，质地疏松，含有炭粒	

续表

遗迹号	层位	方向	尺寸（厘米）	平面形状与堆积	打破关系
夯土基址	分布于2006YY西ⅠT2、2006YY西ⅠT3、2006YY西ⅠT4、2006YY西ⅠT28、2006YY西ⅠT29、2006YY西ⅠT31、2006YY西ⅠT32：⑥→夯土→生土 2006YY西ⅠT4：②→夯土→生土 2006YY西ⅠT28：④→夯土→生土 2006YY西ⅠT29：③→夯土→生土 2006YY西ⅠT31：④→夯土→生土 2006YY西ⅠT32：H281→夯土→生土	102°	开口距地表20~35，长3020，宽1420~1720	垫土共有5层，是在生土面上铺垫而成，编为2、3、4、5、6层（夯土垫土灰土，细腻纯净紧密，厚0~25厘米，分布于整个垫土灰土层。第3层垫土红褐土，略呈沙性，细腻纯净，厚0~14厘米，分布于遗迹的东部。第4层垫土灰黄土，紧密略板结，厚0~12厘米，分布于遗迹东部。第5层深灰土，含少量炭灰及烧土粒，较紧密，厚0~20厘米，分布于遗迹东部。第6层褐灰土，纯净板结，厚0~20厘米，分布于遗迹东部）。夯土是在垫土基础上开挖基槽，然后自下而上层层夯筑而成，目前保存有四个夯层，编为1A、1B、1C、1D层。夯土总厚30~35厘米。每层层表都有圆形夯窝，直径6~10，深0.5~1.2厘米。1A层黄灰色，厚4~8厘米。1B层黄灰色，厚6~10厘米。1C层黄灰色，厚6~12厘米。1D层褐灰色，厚6~14厘米。整个夯土目前分为东、西两部分，西部保存较为完好，平面长方形，层表较为平整。长1920，宽380~390厘米。东部仅存条长条状，夯土层表不整，夯土层也仅存一层。长420，宽50~60厘米	被Y1打破
红烧土面1	2006YY西ⅠT8东北部 ②→红烧土面1→③	90°	开口距地表34，长154，宽150，厚8	坚硬的红色烧结面。平面呈不规则形，北宽南窄，表面有起伏	被H108、H109打破，打破H122
红烧土面2	2006YY西ⅠT8东南部 ②→红烧土面2→③	182°	开口距地表35，长258，宽100，厚4~10	坚硬的红色烧结面。平面呈不规则长条形，南北两端较宽，中间较窄，表面有起伏。北部局部有一层薄草木灰	被H94打破

注：表中对遗迹平面形状的描述，凡只有部分位于发掘区内者，所述形状均指已发掘的部分，不涉及对平面整体形状的推测，与文字部分的描述并不绝对吻合

附表二 2007年禹州阳翟故城遗址西发掘区遗迹登记表

遗迹号	层位	方向	尺寸（厘米）	平面形状与堆积	打破关系
2006G1	东西向横贯2007YY西ⅠT1、2007YY西ⅠT2、2007YY西ⅠT4、2007YY西ⅠT7、2007YY西ⅠT10、2007YY西ⅠT13 T1、T2、T4、T7：⑥→2006G1→生土 T10：⑤→2006G1→生土 T13：⑧→2006G1→生土	105°	开口距地表50～120，长4915，宽120～235，深75～190	东西向长条状，沟北壁高于南壁，斜壁，平底。沟内填土分2层。第1层黄褐色，土质致密，含较多料姜石，厚1～65厘米。第2层黑褐色，土质疏松，含少量烧土颗粒、炭粒等，厚10～180厘米	被H1、H113、H130、H320打破
2006G4	2007YY西ⅠT1北部 ②→2006G4→⑤B	100°	开口距地表20～30，长850，宽130～240，深110	长条状，斜壁，弧底。填土分5层。第1层主要为白色料姜石，较硬。第2层褐色，土质较硬，包含少量炭粒、杂。第3层红色料姜石和白色料姜石混杂，较硬。第4层红色烧土，较硬。第5层灰土夹杂大量白色料姜石，较疏松	被H184、H49、H71、M1、Z1打破
H1	2007YY西ⅠT1西部和2007YY西ⅠT2西北部 ②→H1→③	153°	开口距地表35，口长524，宽104～200，深54～56，底长450，宽70～90	不规则，下半部为长方形。西部与南部上半部呈较缓的弧壁，下半部则为与东、北壁对应的斜直壁，平底。坑内黄褐土，质地疏松，含较姜石、炭灰、烧土	
H2	2007YY西ⅠT1西南部 ②→H2→③	60°	开口距地表30，深36～40，口长径144，底长径120，短径100	近椭圆形，斜壁，平底。坑内黄土，质地疏松，含料姜石、石灰颗粒及少量砖瓦块	
H3	2007YY西ⅠT1东南部 ②→H3→④	90°	开口距地表30，深36，口长220，宽200，底长220，宽164	部分位于发掘区内，不规则形。坑壁东部南北两侧较直，西部则呈缓坡状，与坑底无明显界限。坑底起伏不平。质地疏松，坑内黑褐土、含较多料姜石、碎砖瓦块	
H4	2007YY西ⅠT1北部 ②→H4→⑤B	0°	开口距地表32，深10～14，口长径100，底长径90，短径76	近椭圆形，斜壁，圜底近平。坑内黄褐土，质地疏松，含较多料姜石	打破H92

续表

遗迹号	层位	方向	尺寸（厘米）	平面形状与堆积	打破关系
H5	2007YY西ⅠT17东北角 ②→H5→③	90°	开口距地表45、口长105、宽70、深40、底长90、宽50	部分位于发掘区内。扇形、弧壁、平底。坑内灰土，质地疏松	
H6	2007YY西ⅠT10南部和T13中部 ②→H6→③	106°	开口距地表40、长1665、宽190、坑深30	长条形、弧壁、近平底。坑内填灰白色沙土，土质疏松，含少量石子	打破H42
H7	2007YY西ⅠT1南部 ②→H7→③	90°	开口距地表30~44、直径130、深36~56	圆形，坑壁东部上段略有倾斜，其他部分为直壁。底西高东低，中部略有下凹。坑内灰褐土，质地疏松，含较多石灰粉末和草木灰，少量砖瓦块	
H8	2007YY西ⅠT8东北部和2007YY西ⅠT5西北部 ②→H8→③	109°	开口距地表40、长1090、宽76~145、深13~40	不规则长条状、弧壁、圆底近平。坑内填土黄褐色夹黄土块，土质疏松，包含炭粒和石灰粒和草木灰	打破H15、H16、H53
H9	2007YY西ⅠT1西部 ②→H9→③	0°	开口距地表30、口长径144、深20~40、底长径114、短径114	近椭圆形、直壁。坑壁在北部呈向南倾斜的台阶状，南部为圆形下凹，下凹部分直壁，底微圆。坑内填土分2层。第1层黄褐土，含较多砖瓦块，料姜石末。第2层灰褐土，质地疏松，含少量砖瓦块、草木灰	打破H44
H10	2007YY西ⅠT1西部 ②→H10→③	154°	开口距地表30、口长径156、深144、底长径120、短径104	近椭圆形、斜壁、底微圆。坑内分2层。第1层灰土，质地疏松，在东坑壁北部坑壁边堆积有一些砖瓦石块。第2层灰褐土，含大量草木灰，含草木灰	打破H185
H11	2007YY西ⅠT15南部 ②→H11→③	140°	开口距地表30~40、口长径160、深径130、底长径150、短径130	椭圆形。坑壁西北部略斜，其他部分为直壁，底近平。坑内灰土，质地疏松，含石灰末和砖瓦块	
H12	2007YY西ⅠT3西北部、2007YY西ⅠT6东北部 ②→H12→③	105°	开口距地表32、长1015、宽40~145、深40~50	不规则长条沟形，坑壁局部为直壁，局部为斜壁。坑内黄褐土，质地疏松，含少量炭末	打破H36
H13	2007YY西ⅠT3中部和2007YY西ⅠT6东北部 ②→H13→③	105°	开口距地表25、长1075、宽95~110、深20~28	大部位于发掘区内。不规则长条形、弧壁，横向圆底。坑内浅黄土，质地疏松，含小石粒，纵向平底有起伏	打破H20

续表

遗迹号	层位	方向	尺寸（厘米）	平面形状与堆积	打破关系
H14	2007YY西ⅠT23西北部②→H14→③	90°	开口距地表35~40，口径100~118，深56~70，底径70~78	不规则圆形，坑壁为直壁内斜，平底。填土为褐色土，质地疏松	
H15	2007YY西ⅠT8东北部和2007YY西ⅠT5西部②→H15→③	0°	开口距地表30，长209，宽100，深30	北部被H8破坏，平面近半圆形，弧壁，底近平。坑内填土黑灰色，土质疏松，包含较多草木灰和炭粒及少量烧土粒、细石粒	被H8打破
H16	2007YY西ⅠT8东北部②→H16→③	107°	开口距地表40，长212，宽60，深38	北部被H8破坏，近似半个椭圆形，弧壁，圆底。坑内填土灰黑色，土质疏松，包含大量草木灰和少量烧土粒、细石粒	被H8打破，H35
H17	2007YY西ⅠT9东部偏北②→H17→③	10°	开口距地表42，口长140，宽120，深32~40，底长94，宽74	方形，斜壁，有一级台阶，平底。坑内浅北深。坑内填土灰褐色，土质疏松，含有大量炭粒、石子、石灰颗粒及红色料姜石	
H18	2007YY西ⅠT2中西部②→H18→③	114°	开口距地表36，长670，宽50~60，深25~30	大部位于发掘区内。长条形，弧壁，近平底。坑内黄褐土，质地疏松，含少量炭末和白灰粒	
H19	2007YY西ⅠT2西南部②→H19→③	97°	开口距地表35，长485，宽56~64，深48	大部位于发掘区内。不规则长条沟形，坑壁大部分为弧壁，局部为斜壁，坑底横断面为圆底，纵断面东西略浅，中部略深。坑内黄褐土，质地疏松，含少量炭灰	打破H50
H20	2007YY西ⅠT6东北部②→H20→③	90°	开口距地表22，长145，宽110，深42	部分位于发掘区内。不规则方形，斜壁，平底。坑内填土黑灰色，土质疏松，包含较多炭灰和少量烧土、石块	被H13打破
H21	2007YY西ⅠT3南部偏西②→H21→③	18°	开口距地表40，长220，宽93，深28	部分位于发掘区内。不规则长条形，弧壁，圆底。坑内黄褐土，质地疏松，含少量炭末和小石粒	打破H22
H22	2007YY西ⅠT3西南部②→H22→③	90°	开口距地表40，长234，宽86，深52	部分位于发掘区内。不规则形，弧壁，圆底。坑内浅褐色，质地十分疏松，含少量炭末和石灰粒	被H21打破
H23	2007YY西ⅠT9东北部和2007YY西ⅠT6西北部②→H23→③	130°	开口距地表26~34，长径460，短径206，深54	近似椭圆形，斜壁，平底。坑内填土浅色，土质疏松，包含有石灰颗粒、红色料姜石、草木灰	打破H51
H25	2007YY西ⅠT4南部和ⅠT7东部②→H25→③	0°	开口距地表30~50，长1060，宽545，深25	形状不规则，无坑壁，仅在地势低洼处呈蔓延状堆积。质地疏松细腻，有淤积痕迹	被L1打破，打破H26

续表

遗迹号	层位	方向	尺寸（厘米）	平面形状与堆积	打破关系
H26	2007YY西ⅠT4东南部 ②→H26→③	90°	开口距地表30，直径124~126，深46	圆形，直壁，平底。坑内灰土，质地疏松，含较多草木灰	被H25打破
H27	2007YY西ⅠT13东北角 ②→H27→⑦	0°	开口距地表40~60，长180，宽60~120，深10~20	部分位于发掘区内。近三角形，弧形，平底。坑内填灰土，质地松软，含草木灰和红烧土颗粒	
H28	2007YY西ⅠT7东南部 ②→H28→③	90°	开口距地表40，直径64，深22	圆形，直壁，平底。坑内填土灰褐色，土质疏松，包含较多的炭粒多黄斑	
H29	2007YY西ⅠT7东南部 ②→H29→③	90°	开口距地表40，直径60，深34	圆形，弧壁，尖底。坑内填土灰褐色夹黄斑，土质疏松，包含炭粒和烧土粒	
H30	2007YY西ⅠT7南部 ②→H30→③	90°	开口距地表40，长径82，短径70，深20	近圆形，直壁，平底。坑内填土灰白色，土质疏松，包含少量石子	
H31	2007YY西ⅠT25西北部 ②→H31→③	0°	开口地表37，口长径180，短径170，深45，底长径149，短径137	大部分于发掘区内。近椭圆形，斜壁，平底。坑内填土浅灰色，红烧土颗粒、白灰颗粒等	
H32	2007YY西ⅠT24西北部 ②→H32→③	30°	开口距地表40，长310，最宽92，南部深30，北部深62	大部位于发掘区内。长条形、弧壁、斜壁、弧底、底部南高北低。填土浅褐色，质地疏松	打破H34
H33	2007YY西ⅠT11西部 ②→H33→③	164°	开口距地表44~50，口长径166，短径116，深26，底径148	不规则椭圆形，弧壁，近平底。坑内填土浅灰色，土质疏松，含渣、草木灰	被H33打破
H34	2007YY西ⅠT11西部 ②→H34→③	97°	开口距地表44~50，口长径170~226，短径40~130，30~40，底长径220，深124，34~124	近似椭圆形，弧壁，平底东浅西深。长条形，弧壁，斜壁，圆底。坑内填土灰褐色，土质疏松，含红色料姜石、草木灰	被H16打破
H35	2007YY西ⅠT8中东部 ②→H35→③	123°	开口距地表40，长径232，短径186，深29	北部被H16破坏。近椭圆形，弧壁，圆底。坑内填土灰褐色，土质疏松，包含草木灰、炭粒、石灰粒	被H12打破，打破H52
H36	2007YY西ⅠT6西北部 ②→H36→③	0°	开口距地表32，口径124，底径88	近圆形，斜壁，平底。坑内填土浅褐色，土质疏松，夹少量炭灰和烧土	打破H47
H37	2007YY西ⅠT6西部偏南 ②→H37→③	115°	开口距地表36，长380，宽106~144，深40	部分位于发掘区内，不规则长条形，弧壁，圆底。坑内填土浅褐色，土质疏松，夹少量炭灰和白灰粒	

附表

续表

遗迹号	层位	方向	尺寸（厘米）	平面形状与堆积	打破关系
H38	2007YY西ⅠT13南部 ②→H38→③	155°	开口距地表38，长径130，短径90，深30~35	近椭圆形，直壁，平底。坑内填灰土，含草木灰和红烧土颗粒，质地松软	打破H42
H39	2007YY西ⅠT9东南角 ②→H39→③	90°	开口距地表28，长径224，短径100，深36	大部位于发掘区内，近椭圆形，弧壁，近平底。坑内填土褐色，土质疏松，包含有煤渣、红色料姜石、草木灰	
H40	2007YY西ⅠT2西北部 ②→H40→③	110°	开口距地表40，长径146，短径120，深36	椭圆形，弧壁，圆底。坑内浅褐土，含少量炭粒、石灰粒，质地疏松	
H41	2007YY西ⅠT14东北角 ②→H41→③	90°	开口距地表30~40，口长320~350，宽210~250，深15~20	部分位于发掘区内。不规则长方形，南壁为直壁，西壁为弧壁，含草木灰，少量红烧土颗粒，坑内填土分2层。第1层灰土底。第2层浅灰土，厚5~18厘米，草木灰，厚0~15厘米	打破H54
H42	2007YY西ⅠT13东南部 ②→H42→③	37°	开口距地表40，长160，宽120~130，深20~38	长方形，直壁，圆底。北浅南深。坑内填灰土，含草木灰，质地松软，灰、炉渣和红烧土颗粒	被H6、H38打破
H43	2007YY西ⅠT20东南部 ②→H43→③	90°	开口距地表45，直径110，深90	近圆形，北部和东南有规则外扩，坑壁内弧，圆底。填土为褐色土，质地疏松	
H44	2007YY西ⅠT20西部 ②→H44→③	0°	开口距地表20，口长130，底长150，宽140	东部被H9破坏。平面近椭圆形，东、南部略呈圆底，斜壁，底部北高南低，北部向南倾斜，北壁为直壁，含较多草木灰及红烧土颗粒	被H9打破，打破Z4、H48、H216、H128、H285
H45	2007YY西ⅠT20东北部 ②→H45→③	0°	开口距地表42，口长160，底长144，深46，底长150，宽70	不规则形，西、南壁为斜壁，东、北壁为直壁，平底。坑内填土黑色，含有烧土颗粒	
H46	2007YY西ⅠT5南部偏东 ②→H46→③	11°	开口距地表28，长径168，短径124，深43	部分位于发掘区内。不规则椭圆形，弧壁，圆底。含较多草木灰和少量烧土，分疏松	
H47	2007YY西ⅠT6南部 ②→H47→③	26°	开口距地表42，长径160，短径110，深24	近似椭圆形，弧壁，圆底。坑内填土黑灰色，土质疏松，灰、煤灰	被H37打破
H48	2007YY西ⅠT1西部 ②→H48→③	0°	开口距地表20，口长130，宽66，深6~10，底长120，宽60	部分位于发掘区内，东部被H44破坏，形状不明，斜壁，坑内浅褐土，质地较密，底微圆。包含较多炭、含少量砖瓦块	被H44打破，打破H106

续表

遗迹号	层位	方向	尺寸（厘米）	平面形状与堆积	打破关系
H49	2007YY西ⅠT1东北部 ②→H49→⑤B	90°	开口距地表20、口长245、宽206、深18、底长236、宽206	大部位于发掘区内。不规则圆形，南部略尖突。坑壁东西侧内斜，南侧内弧，底部近平。坑内灰褐土，含较多料姜石颗粒及少量红烧土	打破2006G4
H50	2007YY西ⅠT2西南部 ②→H50→③	90°	开口距地表26、长222、宽66、深64	部分位于发掘区内。斜壁，东南部局部坑外斜略呈袋状，圜底近平。坑内黄褐土，含较多草木灰，少量烧土、乱石砖渣	被H19打破
H51	2007YY西ⅠT6西北部 ②→H51→③	110°	开口距地表42、长188、宽176、深34	西部被H23破坏。不规则形，弧壁，圜底。坑内填土深灰色，土质疏松，夹杂较多的草木灰，烧土粒和煤灰	被H23打破
H52	2007YY西ⅠT6东北部 ②→H52→③	14°	开口距地表44、长274、宽60~86、深48	近似长条形，弧壁，圜底。坑内填土褐灰色，土质疏松，夹较多的草木灰和少量烧土	被H36打破
H53	2007YY西ⅠT5西北角 ②→H53→③	90°	开口距地表30、长300、宽90、深38	部分位于发掘区内。平面形状无法判断，东西为弧壁，圜底。坑内黑土，质地疏松，含较多草木灰	被H8打破
H54	2007YY西ⅠT14东北角 ②→H54→③	20°	开口距地表60、长200、宽100、深5~10	长方形，直壁，平底。坑内灰土，土质疏松，含草木灰和红烧土颗粒	被H41打破
H55	2007YY西ⅠT21东南部 ②→H55→③	130°	开口距地表45、长径107、短径85、深18	近似椭圆形，弧壁，直壁，平底、近圜底。填土浅灰色，质地疏松，内含红烧土颗粒、炭粒等	
H56	2007YY西ⅠT21探方南壁下 ②→H56→③	90°	开口距地表40、长207、宽82、深77	部分位于发掘区内。不规则形，弧壁，直壁，近平底。坑内填土灰白色沙土夹小褐斑，土质疏松，含有炭粒和红烧土颗粒	
H57	2007YY西ⅠT7西部 ②→H57→③	58°	开口距地表33、长径700、短径470、深40	近似椭圆形，弧壁，圜底。含石粒及少量石子和炭粒	打破H72、H99、H180、H193、H245
H58	2007YY西ⅠT10中部偏东 ②→H58→③	117°	开口距地表34、长径249、短径154、深30	不规则椭圆形，弧壁，圜底，近平底。坑内填土浅黄褐色，土质疏松，含石子、炭粒	打破H157
H59	2007YY西ⅠT10中部偏西 ②→H59→③	94°	开口距地表37、长径155、短径131、深9	椭圆形，弧壁，圜底近平。坑内填土浅黄褐色，土质疏松，含较多炭粒、烧土粒及红色料姜石	打破H158

续表

遗迹号	层位	方向	尺寸（厘米）	平面形状与堆积	打破关系
H60	2007YY西ⅠT10西北部②→H60→③	9°	开口距地表43、长径170、短径100、深15	不规则椭圆形、弧壁、弧底。坑内填土灰褐色，含较多炭粒、草木灰、石子	打破H83
H61	2007YY西ⅠT18西南部②→H61→③	90°	开口距地表40、口长170、宽40、深25、底长150、宽35	部分位于发掘区内，扇形、斜壁、平底。坑内填土灰色，土质疏松	
H62	2007YY西ⅠT10东北角②→H62→⑤	68°	开口距地表52、长径159、短径114、坑深29	不规则椭圆形、弧壁、圆底。坑内填土黄褐色，土质较疏松，含较多炭粒和草木灰及少量石子	打破H65、H100
H63	2007YY西ⅠT23西南部②→H63→③	140°	开口距地表52、长210、宽80～110、深28	近长方形、直壁、平底。填土为灰褐色偏黄，质地疏松，含有较多瓷瓦块及少量瓷片	打破H70
H64	2007YY西ⅠT23东南部②→H64→③	150°	开口距地表40、长径160、短径80、深26	不规则椭圆形、直壁、圆底。填土为浅黄色砂性土，质地纯净细腻	
H65	2007YY西ⅠT10东北部②→H65→③	154°	开口距地表53、长175、宽129、深33	形状不规则、弧壁、圆底。坑内填土深褐色，土质较致密，含较多炭粒和烧土粒	被H62打破、打破H374
H66	2007YY西ⅠT15东北部②→H66→③	90°	开口距地表55、宽240、坑深70、底深120	部分位于发掘区内。不规则形状，斜折壁、近圆底凹凸不平。坑内填土分2层。第1层浅黄色，厚25厘米，土质较硬；第2层灰黄色，质地疏松，厚45厘米	
H67	2007YY西ⅠT15南部③→H67→⑤	105°	开口距地表65、口长105、宽85、深18～30、底长100、宽55～80	近长方形，北边略弧、斜壁、浅圆底。坑内红土，土质较硬	
H68	2007YY西ⅠT15西部③→H68→④	15°	开口距地表65、长径205、短径170、深5～10	不规则椭圆形、直壁、平底。坑内灰色土，土质疏松，包含有红烧土颗粒、炭粒	打破H250
H69	2007YY西ⅠT23西壁下南部②→H69→③	0°	开口距地表30～40、口长110、宽58、深90、底长90、宽50	部分位于发掘区内。近半椭圆形，斜壁、平底。填土分2层。第1层灰褐土夹杂大量草木灰，厚15～20厘米；第2层灰褐土，质地疏松，厚70～78厘米	
H70	2007YY西ⅠT23南部②→H70→③	0°	开口距地表45、长径200、短径80、深24	不规则椭圆形、直壁、平底。填土灰褐色，质地疏松，夹杂大量草木灰	被H63打破

续表

遗迹号	层位	方向	尺寸（厘米）	平面形状与堆积	打破关系
H71	2007YY西ⅠT14东北部 ②→H71→⑤B	0°	开口距地表20，口长114，宽50，深60，底长138，宽58	部分位于发掘区内。平面近半个椭圆，坑壁外斜呈袋状，底近平。坑内灰褐土，质地较疏松，含草木灰及较多砖块	打破2006G4
H72	2007YY西ⅠT7北部 ②→H72→⑤	90°	开口距地表40，口长径130，短径116，深64，底长径156，短径130	椭圆形，袋状，平底。坑内填土分2层。第1层褐色，质地较致密，夹烧土粒和较多炭粒；第2层深褐色，含较多炭粒	被H57打破
H73	2007YY西ⅠT6南部 ②→H73→③	25°	开口距地表36，长260，宽192，深36	部分位于发掘区内。不规则形，弧壁，圆底。坑内填土浅褐色，土质松软，夹少量炭灰和烧土	打破H75
H74	2007YY西ⅠT19北部 ②→H74→③	90°	开口距地表35，长径198，短径110，深69	近椭圆形，斜壁内收，底部近平。填土浅黄色，质地疏松，含有炭粒、红烧土颗粒等	打破H220
H75	2007YY西ⅠT6南角 ②→H75→③	105°	开口距地表35，长径290，宽84，深36～68	部分位于发掘区内，西端被H73破坏。长条形，弧壁，平底不规则。西浅东深。坑内填土褐色，土质松软，夹少量炭灰和烧土	被H73打破
H76	2007YY西ⅠT4东北部 ②→H76→④A	10°	开口距地表35，长径98，短径50，深25	近椭圆形，东西两边较直，直壁，圆底。坑内灰褐土，质地较硬密，含较多砖块	
H77	2007YY西ⅠT4中部 ③→H77→生土	0°	开口距地表40～60，直径95，深14～24	圆形，直壁，平底。坑内黑褐土，质地较硬密，含较多炭粒	打破H86
H78	2007YY西ⅠT4北部偏西 ②→H78→生土	0°	开口距地表50，直径73，深16	圆形，直壁，圆底。坑内黑褐土，质地细密，含较多炭粒	被Z3打破
H79	2007YY西ⅠT11西南部 ③→H79→④	82°	开口距地表60～65，长径154，短径44～84，深20，底长径144，短径70	近椭圆形，弧壁，弧底。坑内填土灰褐色，土质疏松，含红色料姜石、草木灰	打破H325
H80	2007YY西ⅠT11东北部 ③→H80→⑥	82°	开口距地表70，长径216，短径130，深46，底径92	椭圆形，斜弧壁，弧底。坑内填土黄褐色，土质疏松，含炭粒、草木灰	打破H107
H81	2007YY西ⅠT24东中部 ③→H81→④	120°	开口距地表52，口长290，宽150，深8～25，底长280，宽68～100	大部位于发掘区内。不规则形，斜壁，底部呈阶梯状东浅西深。填土为灰褐色夹杂草木灰及料姜石，质地紧密黏度大	
H82	2007YY西ⅠT24北中部 ③→H82→④	90°	开口距地表50，长180，宽34，深60	部分位于发掘区内。圆弧形，弧壁，圆底。填土浅灰色，质地疏松	打破H121

续表

遗迹号	层位	方向	尺寸（厘米）	平面形状与堆积	打破关系
H83	2007YY西ⅠT10西北部 ②→H83→③	8°	开口距地表37，长径200，短径120，深18	近似椭圆形，弧壁，弧底近平，坑内填土灰褐色，土质致密，含大量白色料姜石、炭粒	被H60、H158打破
H84	2007YY西ⅠT17西部 ②→H84→③	0°	开口距地表45，口长径160，短径140，深35～50，底径110，短径90	近椭圆形，弧壁，弧底，坑内灰土，质地疏松，含红烧土颗粒、炭粒	打破H88
H85	2007YY西ⅠT4北部居中 ②→H85→④A	95°	开口距地表30，口长380，宽40，深16～32，底长230，宽34	部分位于发掘区内，近长三角形，斜壁，底部西高东低，土，质地疏松，包含物较少	打破H105
H86	2007YY西ⅠT4中部 ③→H86→生土	60°	开口距地表40～56，宽176，深40～60，底长130，宽110	不规则形，坑壁东北呈弧状，东部斜壁，西部有台阶，台阶面呈斜坡状，坑底向北倾斜，北部近平。坑内黑褐土，质地较硬密，含一些草木灰和少量红烧土粒	被H77打破
H87	2007YY西ⅠT11东北部 ③→H87→⑥	230°	开口距地表60，宽20～80，长130，深18～24	部分位于发掘区内。不规则形，弧壁，斜底西浅东深。坑内填土深灰色，质地疏松，含褐色颗粒	
H88	2007YY西ⅠT17西部 ②→H88→③	55°	开口距地表45，口长径250，短径145，深20，底长径210，短径125	近椭圆形，东宽西窄，斜壁内收，平底。坑内灰土，质地疏松，含红烧土颗粒、炭粒	被H84打破
H89	2007YY西ⅠT17东部偏南 ②→H89→③	170°	开口距地表40，口长195，宽80，深70～90，底长160，宽65～85	长方形，东、西为斜壁，北为直壁，南壁呈阶梯状，坑底南段为斜底，北段向北倾斜，北部近平。坑内灰黄土，质地疏松，含红烧土颗粒、炭粒及姜石	
H90	2007YY西ⅠT14中西部 ③→H90→④	120°	开口距地表65，长径150，短径85，深12	近椭圆形，直壁，平底。坑内浅灰色土，土质疏松，含草木灰和红烧土颗粒	
H91	2007YY西ⅠT14东北部 ③→H91→④	20°	开口距地表75，口长径210，短径90，深20，底径46～70，深40	近椭圆形，东宽西窄，斜壁，平底。坑内浅灰土，质地疏松，含红烧土颗粒、炉渣及石灰点	
H92	2007YY西ⅠT11北部 ②→H92→⑤B	110°	开口距地表30，口长径350，短径80～160，深22	不规则椭圆形，西宽东窄，弧壁，底微圜近平。坑内褐色土，质地较疏松，含白色料姜粒、炭粒、灶灰	被H4打破，打破M1
H94	2007YY西ⅠT14东北部 ③→H94→⑥	90°	开口距地表70，长150，宽46～70，深40	不规则形，弧壁，弧底，平底。坑内填土浅灰色，土质疏松，含草木灰和红烧土颗粒	
H95	2007YY西ⅠT14东南部 ③→H95→⑤	0°	开口距地表70，口长110，宽90，深20	部分位于发掘区内。近半椭圆形，弧壁，平底。坑内灰土，质地疏松，含草木灰和少量红烧土颗粒	打破H96

续表

遗迹号	层位	方向	尺寸（厘米）	平面形状与堆积	打破关系
H96	2007YY西ⅠT14东南部③→H96→⑤	0°	开口距地表70，宽150，深25~40	部分位于发掘区内，形状不规则，弧壁，圜底近平。坑内浅灰土质地疏松，含较多草木灰，料姜石、炉渣和红烧土颗粒	被H95打破，打破H195
H97	2007YY西ⅠT14东部③→H97→④	25°	开口距地表65，长190，宽60~70，深25~30	长条形，弧壁，平底。坑内灰土，质地疏松，含较多草木灰和少量炉渣，红烧土颗粒	
H98	2007YY西ⅠT14南部③→H98→⑤	0°	开口距地表65，长150，宽70，深10~20	部分位于发掘区内，近三角形，弧壁，平底。坑内灰土，质地疏松，含料姜石、草木灰	
H99	2007YY西ⅠT7西部②→H99→③	115°	开口距地表60，长径160，短径68，深24	近似椭圆形，弧壁，圜底。坑内填土浅灰色，土质疏松，包含少量炭粒	被H57打破，打破H139
H100	2007YY西ⅠT10东北部②→H100→⑤	100°	开口距地表53，长径229，短径80，深11厘米	椭圆形，弧壁，弧壁，平底。坑内填土灰褐色，土质中部较松，含红色料姜石、炭粒，填土夹杂少量石子	被H62打破
H101	2007YY西ⅠT10中部偏东②→H101→⑤	8°	开口距地表42，长径120，短径82，深52	不规则椭圆形，弧壁，平底北浅南深。坑内填土深灰褐色，土质疏松，含红色料姜石、炭粒、烧土粒及草木灰	打破H142、H277、H301、H316
H102	2007YY西ⅠT20南部②→H102→④	120°	开口距地表50~85，长878，宽100~122，深70~96	曲尺形，主体为东西向椭圆形，东端南折，大部分坑壁为弧壁，坑底为南北高中部低的弧壁。填土为灰土夹杂大量青灰色、白色灰粒，质地疏松	打破H151
H103	2007YY西ⅠT15东部③→H103→④	285°	开口距地表70，口长395，宽80~120，底长250，宽60厘米	不规则形，斜壁，圜底。坑内填土灰色，土质疏松，包含有红烧土粒和炭粒	
H104	2007YY西ⅠT15北部③→H104→⑤	225°	开口距地表75，口长径115，短径80，底长径110，短径75	大部位于发掘区内，近椭圆形，斜壁，平底。坑内填土，以红色红土为主，包含红烧土颗粒和炭粒	打破H120
H105	2007YY西ⅠT4东北部②→H105→④A	100°	开口距地表30，口长110，底长46，宽28~40，深15，底径90，20~30	部分位于发掘区内，西端被H85破坏，平面扇形，斜壁，圜底，西高东低。坑内填土红色夹灰色，质地较硬密	被H85打破，打破2006G4
H106	2007YY西ⅠT1西部②→H106→⑤B	0°	开口距地表25，口长230，宽90，深38~54，底长198，宽80	部分位于发掘区内，不规则形，北宽南窄，中间束腰，斜直壁较平，南部弧状高于北部，东西向较平。坑底斜度较缓，坑底北部近平，含细小的石灰颗粒及草木灰	被H48打破

续表

遗迹号	层位	方向	尺寸（厘米）	平面形状与堆积	打破关系
H107	2007YY西ⅠT11东部偏北 ③→H107→⑥	90°	开口距地表70，直径100，深40	近圆形，弧壁，圜底。坑内填土灰色，土质疏松，含草木灰	被H80打破
H108	2007YY西ⅠT11北部 ③→H108→⑥	0°	开口距地表55，长180，宽20~90，深34	部分位于发掘区内。不规则形，弧壁，圜底。坑内填土深灰色，土质疏松，含炭粒、草木灰	打破H135
H109	2007YY西ⅠT11西角 ③→H109→④	0°	开口距地表60，长40~110，宽30~76，深32	部分位于发掘区内。不规则形，弧壁，圜底。坑内填土灰褐色，土质疏松，含红色料姜石、草木灰	
H110	2007YY西ⅠT11东南部 ③→H110→④	90°	开口距地表65，长径184，短径138，深40	大部分位于发掘区内。近似椭圆形，平底。坑内填土褐色，土质疏松，含红烧土颗粒、草木灰	打破Y1
H111	2007YY西ⅠT22西北角 ③→H111→④	0°	开口距地表68，长130，宽68，深24	部分位于发掘区内。近半圆形，弧壁内收，底部近平有起伏。填土浅灰色，质地疏松，含有炭粒、红烧土颗粒	打破H150
H112	2007YY西ⅠT19东部 ③→H112→③	0°	开口距地表45，长404，宽97，深40	部分位于发掘区内。不规则形，弧壁内收，底近平。填土分2层。第1层灰褐土，含有炭粒和少量红烧土颗粒，厚约40厘米；第2层红烧土，含有炭粒、草木灰、红烧土颗粒，厚约32厘米	
H113	2007YY西ⅠT4西南部 ③→H113→④B	0°	开口距地表60~76，直径150，深24~40	圆形，直壁，平底。坑内填土以红色料姜石木为主，较硬密	
H114	2007YY西ⅠT22中部 ③→H114→④	158°	开口距地表67，长径130，短径119，深28	近椭圆形，圜底。填土浅灰色，含有炭粒、红烧土颗粒	打破H148、H149
H115	2007YY西ⅠT15东部 ③→H115→⑤	280°	开口距地表75，口长105，底长95，宽80	部分位于发掘区。不规则形，斜壁，平底。坑内填土灰褐色，土质疏松，包含红烧土颗粒	打破H211
H116	2007YY西ⅠT14中部 ③→H116→④	125°	开口距地表75，口长径100，短径70，深20	椭圆形，弧壁，平底。坑内灰土，质地疏松，含草木灰和红烧土颗粒	
H117	2007YY西ⅠT14中东部 ③→H117→④	0°	开口距地表65，口长径85，短径60，深20	椭圆形，弧壁，圜底。填土浅灰色，质地疏松，含少量红烧土颗粒及料姜石	
H118	2007YY西ⅠT8西南角 ③→H118→④	0°	开口距地表69，长315，宽86，深48	部分位于发掘区。近半椭圆形，弧壁，平底。坑内填土灰褐色，土质疏松，包含少量炭粒、烧土粒、料姜石	打破Y1
H119	2007YY西ⅠT8中部 ③→H119→④	123°	开口距地表60，长95，宽80，深15~32	不规则形，斜壁，平底。坑内填土黑灰色，包含大量红烧土块、草木灰和少量的石颗粒、炭粒	打破H214和H259

续表

遗迹号	层位	方向	尺寸（厘米）	平面形状与堆积	打破关系
H120	2007YY西ⅠT15北部 ③→H120→⑤	80°	开口距地表75、长径220、短径100、深20	近椭圆形，直壁，平底。坑内填土灰色，土质疏松，包含有较多的红烧土颗粒、炭粒、煤渣	被H104打破，打破H134和H211
H121	2007YY西ⅠT24东北部 ③→H121→④	25°	开口距地表60、口长275、宽34、深260、宽80、底长120	北部被H82破坏。长条形，斜壁，平底。填土为灰褐色夹杂大量红烧土，南部夹杂大量红料姜石堆积，质地疏松	被H82打破
H122	2007YY西ⅠT6西北部 ③→H122→⑤	10°	开口距地表50、长304、宽95~120、深43	略近长条形，弧壁，圆底。坑内填土深灰色，土质松软，夹较多的草木灰和褐土及少量的煤灰	
H123	2007YY西ⅠT6南部偏西 ③→H123→⑤	15°	开口距地表50、长径220、短径112、深26	近似椭圆形，弧壁，圆底。坑内填土浅灰色，土质松软，夹少量炭粒、烧土、煤灰	
H124	2007YY西ⅠT6中部偏东 ③→H124→④	110°	开口距地表45、长径216、短径142、深28	椭圆形，弧壁，圆底，平底。坑内填黑褐土，土质松软，包含物较少烧土和灰粒	打破H144和J11
H125	2007YY西ⅠT4北部 ②→H125→生土	90°	开口距地表50、口径64、底径48	圆形，斜壁，平底。坑内黑褐土，质地较硬密，无其他包含物	打破H126
H126	2007YY西ⅠT4北部居中 ②→H126→生土	0°	开口距地表50、直径60、深10	圆形，直壁，平底。坑内黑褐土，质地硬密，无其他包含物	被H125打破
H127	2007YY西ⅠT4东北部 ②→H127→④A	90°	开口距地表30、口长96、宽70~80、深10~16、底长80、宽60	部分位于发掘区内。近椭圆方形，坑壁近弧，近平底，南部略高于北部。坑内灰褐土，质地较疏松，含大量砖瓦块	
H128	2007YY西ⅠT1西南部 ②→H128→④	10°	开口距地表30~40、长径154、短径84、深4~44	近椭圆形，直壁，底近平，西部略高于东部。坑内灰色土，质地疏松，含一些草木灰及红烧土颗粒	
H129	2007YY西ⅠT15西北部 ③→H129→⑤	0°	开口距地表75、口长220、宽35~40、底长210、宽180、深70	大部位于发掘区内。不规则形，斜壁，底不平，北高南低。坑内填灰褐色土，土质疏松，包含红烧土颗粒和炭粒	打破H196、H211
H130	2007YY西ⅠT1西南部 ②→H130→④	0°	开口距地表50、口长88、宽52、底长56、宽44	小部分位于发掘区内。平面略为四分之一椭圆形，斜壁略弧，圆底。坑内灰褐土，含较多炭粒及少量砖石块	
H131	2007YY西ⅠT1北部 ②→H131→⑤B	115°	开口距地表20、口长96、宽50、底长60、宽40	部分位于发掘区内。整体形状应为椭圆形，斜孤壁，含少量白色料姜石	打破Z8
H132	2007YY西ⅠT6中部偏西 ③→H132→⑤	105°	开口距地表64、长126、宽60、深14	近似长方形，西边坑壁，其余直壁，平底。坑内填土浅灰色，土质松软，夹少量灰粒	

续表

遗迹号	层位	方向	尺寸（厘米）	平面形状与堆积	打破关系
H133	2007YY西ⅠT6中部偏北③→H133→⑤	102°	开口距地表62，长190，宽180，深16	近方形，弧壁，近平底。坑内填土浅灰色，土质松软，夹较多炭灰和少量的烧土、煤灰	
H134	2007YY西ⅠT15北部③→H134→⑥	100°	开口距地表75，口长径100，短径80，深35，底径75，短径60	近椭圆形，斜壁，平底。坑内填土灰黑色，土质疏松，包含有红烧土颗粒、炭渣、煤渣	被H120打破
H135	2007YYⅠT11西北部③→H135→⑥	105°	开口距地表60~70，长径160，短径35~70，深52	部分位于发掘区内，近似椭圆形，弧壁，底近平。坑内填土深灰色，土质疏松，含大量红烧土、草木灰	被H108打破
H136	2007YY西ⅠT14北部③→H136→④	90°	开口距地表60，口长径216，宽70，深25~30厘米	部分位于发掘区内，近半圆形，弧壁，平底。坑内浅灰土，质地疏松，含草木灰、红烧土颗粒	
H137	2007YY西ⅠT14东北部③→H137→④	90°	开口距地表60，口长径100，宽46，深30	部分位于发掘区内，近半圆形，弧壁，平底。坑内灰土，质地疏松，含草木灰、红烧土颗粒	
H138	2007YY西ⅠT14北部③→H138→④	90°	开口距地表65，直径80，深20~30	圆形，弧壁，平底。坑内灰土，含较多草木灰和少量红烧土颗粒和炉渣	
H139	2007YY西ⅠT7西部②→H139→③	90°	开口距地表30，长276，宽168，深36	仅部分位于发掘区内，似长方形，弧壁，底近平。坑内填土灰褐色，土质较致密，包含炭粒和石灰颗粒	被H99打破
H140	2007YY西ⅠT16西北部②→H140→③	150°	开口距地表55，长径158，短径120，深52	椭圆形，斜壁，平底，底微斜。坑内填土浅灰色，土质硬，含草木灰、红烧土颗粒、石灰颗粒	打破H200
H141	2007YY西ⅠT16东部②→H141→③	165°	开口距地表55，长径170，短径126，深25	近椭圆形，弧壁，直壁，圆底。坑内黑土，质地疏松，土质较松软，含草木灰、红粒	
H142	2007YY西ⅠT10中部偏东②→H142→③	90°	开口距地表43，长358，宽266，深52	不规则形，弧壁，弧底。坑内填土深灰色，土质致密，填较多石子、炭粒和少量烧土粒	被H203打破
H143	2007YY西ⅠT5东北部②→H143→④	20°	开口距地表40，长径290，短径92，深32	不规则长椭圆形，弧壁，圆底。坑内填土浅灰色，土质较松软，含草木灰和少量烧土	打破H215
H144	2007YY西ⅠT6东南部③→H144→④	26°	开口距地表55，长径240，短径100，深24	近似椭圆形，弧壁，圆底。坑内填土浅灰色，土质较松软，夹较多的烧土、草木灰和少量白色料姜石	被H124打破
H146	2007YY西ⅠT25南部③→H146→⑤	77°	开口距地表54，长径216，短径112，深16	不规则圆形，东、西、南壁为斜壁，东壁斜度较大，北壁为直壁，北壁黄褐色，南北向东低斜坡状，填土黄褐色，质地稍硬，含有少量白色料姜石、红烧土颗粒、炭粒、白灰颗粒等	打破H161

续表

遗迹号	层位	方向	尺寸（厘米）	平面形状与堆积	打破关系
H147	2007YY西ⅠT25东南部③→H147→⑤	90°	开口距地表54，长径183，短径161，深12	不规则椭圆形，壁微弧，平底。填土黄褐色，质地稍硬，红烧土颗粒，少量白色料姜石等	打破H165
H148	2007YY西ⅠT22中南部③→H148→⑤	146°	开口距地表55，长径180，短径130，深8~23	不规则椭圆形，斜壁，底部高低不平。填土灰褐色，质地疏松，含有炭粒、红烧土颗粒、白灰颗粒等	被H114打破，打破H160
H149	2007YY西ⅠT22中部③→H149→④	146°	开口距地表67，长径244，短径186，深16	不规则椭圆形，平底，斜壁。填土灰褐色，质地稍硬，含有炭粒、红烧土颗粒	被H114打破，打破H182
H150	2007YY西ⅠT22西北角③→H150→④	125°	开口距地表68，长径110，短径101，深12	不规则椭圆形，斜壁，平底。填土黄褐色，质地稍硬，含有炭粒、红烧土颗粒	被H111打破
H151	2007YY西ⅠT20东南部和2007YY西ⅠT21东北部③→H151→④	0°	开口距地表46~52，口长490，宽366，深96~98，底长330、宽200~304	不规则长方形，北部及西部坑壁斜直，坡度较大，南部有一台阶状突起。南部坑壁坡度较小，北部坑底较平。填土分2层。第1层为灰褐土夹杂少量草木灰，质地略疏松，厚0~52厘米。第2层为灰褐土夹杂大量草木灰，质地极干燥疏松，厚70~90厘米	被H102、H331打破
H152	2007YY西ⅠT15中部③→H152→⑤	40°	开口距地表75，口长160、宽90、底长140、宽70	四边形，斜壁，平底。坑内填灰褐色，土质疏松，包有红烧土颗粒和炭粒	打破H163
H153	2007YY西ⅠT6东北部③→H153→⑤	90°	开口距地表42，长径105，宽90，深30	部分位于发掘区内，东部被H36破坏。形状不规则，弧壁，坑内填土黑褐色，土质松软，夹较多的草木灰和少量烧土	
H154	2007YY西ⅠT6东北部③→H154→⑤	17°	开口距地表45，长径106，短径87，深23	近似椭圆形，弧壁，圆底。坑内填土褐灰色，土质疏松，夹少量炭灰、煤灰、烧土	
H155	2007YY西ⅠT16东北部③→H155→③	105°	开口距地表60，长径180，短径120，深20	椭圆形，直壁，平底。坑内填土浅灰色，土质疏松，含草木灰、红烧土颗粒	
H156	2007YY西ⅠT16中部偏北②→H156→③	10°	开口距地表55，长85，宽60，深12~14	长方形，直壁，平底。坑内填土深褐色，含少量草木灰较多红色料姜石	
H157	2007YY西ⅠT10中部偏东②→H157→③	76°	开口距地表80，长径158，短径116，深42	椭圆形，弧壁，弧底。坑内填土灰褐色，略发黄，土质疏松，含较多炭粒	被H58打破，打破H203
H158	2007YY西ⅠT10中部偏西②→H158→③	114°	开口距地表42，长180，宽38~66，深12	不规则形，壁较多烧土块及褐色烧土斑，夹草木灰、炭粒，坑底有大量烧土	被H59打破，打破H83，含H83

附表

续表

遗迹号	层位	方向	尺寸（厘米）	平面形状与堆积	打破关系
H159	2007YY西ⅠT13西部 ③→H159→⑦	20°	开口距地表60，长径210，短径130，深12厘米	近椭圆形，东西两壁直，南北壁略弧，圆底。坑内填灰土，含草木灰和红烧土颗粒，质地松软	
H160	2007YY西ⅠT22中南部 ③→H160→⑤	16°	开口距地表67，口长123，宽122，深27~35，底长120，宽112	近方形，斜壁，平底部东深西浅，东北角略下凹，四壁有一层约1厘米的白灰。填土分2层。上部浅灰土，含有白灰颗粒、炭粒、红烧土颗粒，厚约18厘米。下部固体白灰较硬，无包含物，厚9~17厘米	被H148打破，打破H182、H264
H161	2007YY西ⅠT25西部 ③→H161→⑤	90°	开口距地表54，长135，宽102，深12	东、南部被H146破坏，形状不明。弧壁内收，近平底。填土灰褐色，质地稍硬，含有炭粒，红烧土颗粒、白色料姜石等	被H146打破，打破H204
H162	2007YY西ⅠT15西部 ③→H162→⑤	105°	开口距地表75，口长100，短径75，底长径85，短径58	近椭圆形，斜壁，平底。坑内填土黄色，土质致密，无包含物	打破H196
H163	2007YY西ⅠT15东部 ③→H163→⑤	108°	开口距地表70，口长210，宽160，深15，底长200，宽150	不规则形状，斜壁，平底。坑内填土灰褐色，包含红烧土颗粒、土质疏松，包含红烧土颗粒和炭粒	被H152打破，打破H211
H164	2007YY西ⅠT5东南部 ③→H164→④	25°	开口距地表50，长径205，短径120，深30	不规则形状，弧壁，圆底，土质疏松。坑内灰土，含较多草木灰和少量烧土	打破H178、H187、H210
H165	2007YY西ⅠT25南部 ③→H165→⑤	0°	开口距地表54，长径136，宽113，深42	近椭圆形，北壁上部不规则，南壁上部为弧壁内收，近半圆形。底部北高南低，向下约9厘米时斜壁内收，含有红烧土，填土棕褐色，质地较硬，含有较多白色料姜石颗粒，炭粒及少量白色料姜石等	被H147打破，打破H204
H166	2007YY西ⅠT1北部 ②→H166→⑤B	90°	开口距地表20，口长104，宽48，底长60，宽30	部分位于发掘区内。近半圆形。近半圆形内，含较多白色料姜石松	被Z8打破，打破H167
H167	2007YY西ⅠT1北部居中 ②→H167→⑤B	90°	开口距地表20，长110，宽64，深58~66	部分位于发掘区内。近半圆形内，南部坑口线条较直，直壁，平底。坑内灰黑土，质地疏松，含较多红白相杂的料姜石末	被H166打破，打破M1
H168	2007YY西ⅠT1东部 ②→H168→⑤B	10°	开口距地表20，长94~96，宽30~50，深16~20	部分位于发掘区内，北部被H186破坏，近长方形，直壁，平底。坑内灰褐土，质地疏松，含较多草木灰	被H186打破
H169	2007YY西ⅠT20东部偏南 ③→H169→④	125°	开口距地表54，长190~230，宽102，深30	不规则形，直壁，平底。填土为黄褐色，质地较紧密，夹杂少量烧土颗粒	打破H198
H170	2007YY西ⅠT20东北部 ③→H170→⑤	20°	开口距地表42，口长134，宽110，深51，底长124，宽90	部分位于发掘区内，南部被H45破坏，具体形状不明，斜壁，平底。填土灰褐色，质地紧密，夹杂大量烧土颗粒及草木灰	

续表

遗迹号	层位	方向	尺寸（厘米）	平面形状与堆积	打破关系
H171	2007YY西ⅠT20南部③→H171→④	10°	开口距地表56，长径290，短径128，深54	长椭圆形，孤壁，平底。填土灰土，质地细腻紧密，呈板结状	打破H189
H172	2007YY西ⅠT20西北部及T23东北部③→H172→④	125°	开口距地表60，长486，宽102，深50	长条形，东壁呈台阶状，其余为孤壁，孤底，南北较高，中部较低	打破H190、H244
H173	2007YY西ⅠT13东部③→H173→④	0°	开口距地表80，长240，宽120，深42	部分位于发掘区内。不规则形，孤壁，圜底。坑内填土分2层。第1层灰色，质地松软，含少量草木灰和红烧土颗粒，厚30厘米。第2层浅灰色，质地松软，含较多草木灰、炉渣和红烧土颗粒，厚12厘米	
H175	2007YY西ⅠT5东南角③→H175→④	0°	开口距地表55，长110，宽74，深64	部分位于发掘区内。平面形状无法判断，孤壁，圜底。坑内浅灰土，质地疏松，含少量炭灰、烧土	
H176	2007YY西ⅠT5中部偏南③→H176→④	125°	开口距地表55，长径130，短径76，深58	椭圆形，孤壁，圜底。坑内浅灰土，含较多炭灰、煤灰	
H177	2007YY西ⅠT20东部③→H177→④	30°	开口距地表58，长径100，短径66，深28	不规则椭圆形，西边较直，直壁，平底。填土黄褐色，质地紧密，夹杂白灰色沙土斑块	
H178	2007YY西ⅠT5中东部③→H178→④	110°	开口距地表40，长径206，短径125，深34	近似椭圆形，孤壁，圜底。坑内浅灰土，质地疏松，含少量红烧土、草木灰、白色料姜石	被H164打破，打破H210、H225
H179	2007YY西ⅠT11中部偏北③→179→⑥	165°	开口距地表70，长径110，短径80，深36	近似椭圆形，斜壁，平底。坑内填土深黄褐色，土质疏松，含少量红烧土	打破H230
H180	2007YY西ⅠT7西部③→H180→⑤	82°	开口距地表42，长径104，短径80，深27	近似椭圆形，斜壁，平底。坑内填土深褐色夹黄斑，土质疏松，包含较多炭粒	被H57打破，打破H280
H181	2007YY西ⅠT7东部②→H181→⑤	90°	开口距地表46，长291，宽128，深12	不规则形，孤壁，圜底。坑内填土浅褐色，土质疏松，包含大量烧土粒和炭粒	打破H208
H182	2007YY西ⅠT22中部偏东南②→H182→⑤	141°	开口距地表67，长276，宽254，深22	不规则形，斜壁，圜底近平。填土黄褐色，质地稍硬，含有炭粒、烧土颗粒	被H149、H160打破，打破l2
H183	2007YY西ⅠT19东部②→H183→③	103°	开口距地表50，长径300，短径118，深47	近椭圆形，西壁为孤壁，其余为斜壁，平底。填土浅灰色，质地疏松，含有大量煤渣、草木灰和红烧土颗粒等	打破H220

续表

遗迹号	层位	方向	尺寸（厘米）	平面形状与堆积	打破关系
H184	2007YY西ⅠT1西北部②→H184→⑤B	90°	开口距地表30，口长180，宽80，深70～80，底长160，宽70	部分位于发掘区内。扇形，坑壁内斜，东部较南部斜度稍大，平底。坑内分3层。第1层，褐色土，含较多白色料姜石末及少量红烧土块。第2层，灰黑土，质地较硬，含较多红烧土及炭末。第3层，灰褐土，质地较疏松，含少量石块。	打破2006G4
H185	2007YY西ⅠT1西部居中②→H185→⑤B	90°	开口距地表40，直径130，深84～90	近圆形，直壁，底部不平整。坑内褐色夹黄斑花土，质地疏松，含少量石灰末。	被H10打破，打破H216
H186	2007YY西ⅠT1东部②→H186→⑤B	0°	开口距地表20，口长108，宽40，深28～32，底长90，宽20	部分位于发掘区内。似半个椭圆形，坑壁南北侧一部分为斜壁，西侧呈台阶状，平底。坑内浅褐土，质地疏松，含较多石灰末	打破H168
H187	2007YY西ⅠT5南部偏东③→H187→④	178°	开口距地表52，长径158，短径134，深36	北部被H164破坏。椭圆形，弧壁，圆底。坑内灰褐土，质地疏松，含较多草木灰及少量炭灰	被H164打破
H188	2007YY西ⅠT14南部③→H188→⑤	105°	开口距地表65，口长170，宽70，深25～30	部分位于发掘区内。不规则长条形，东北直壁，南壁斜壁，平底。坑内灰土，质地疏松，含较多红料姜石和少量草木灰及红烧土颗粒	
H189	2007YY西ⅠT20中部③→H189→④	90°	开口距地表60，口长174，宽24～146，深22～38，中部回处深50，底长160，宽0～120厘米	不规则形，北部斜壁，南为直壁，中部凹陷。填土为黄褐色，质地黏性较大，夹杂大量红烧土颗粒及草木灰	被H171打破，打破H198
H190	2007YY西ⅠT20中部偏西③→H190→④	90°	开口距地表62，口长120，宽100，底长104，宽0～74	西北部被H172破坏。平面应为椭圆形，斜壁，平底。填土黄褐色夹灰色斑块，质地细腻紧密。	被H172打破
H191	2007YY西ⅠT22西南部③→H191→⑤	90°	开口距地表42，长160，宽85，深29	部分位于发掘区内。近半圆形，南壁为斜壁内收，北壁东壁斜壁内收，底近平，北部略高于底部为平底坑状。填土灰褐色，含有白色料姜石，含少量烧土颗粒等	打破H264
H192	2007YY西ⅠT4东部④A→H192→生土	10°	开口距地表40～58，长720，宽60～92，深50～64	大部位于发掘区内。不规则长条形沟状，直壁，北部略高于南部。坑内填土分4层。第1层填土为褐色夹黑斑，质地疏松，含少量料姜石，分布于灰坑中部和南部。第2A层黄褐土，质地疏松，含大量料姜石，分布于灰坑南端。第2B层红色料姜石末，分布于坑中北端。第3层黑土，质地疏松，分布于灰坑底	打破H256、2006G1

续表

遗迹号	层位	方向	尺寸（厘米）	平面形状与堆积	打破关系
H193	2007YY西ⅠT7西北部 ②→H193→⑥	59°	开口距地表43，长径108，短径96，深30	近椭圆形，斜壁，圜底近平。坑内填土灰褐色，土质致密，包含少量炭粒和烧土粒	被H577打破，打破H251
H194	2007YY西ⅠT13东南部 ③→H194→④	0°	开口距地表65，长120，宽100，深15~20	不规则形，直壁，东部圜底，西部平底。坑内填灰土，质地松软，含草木灰和红烧土颗粒	
H195	2007YY西ⅠT14南部 ③→H195→⑤	110°	开口距地表65，长650，宽80，深10~15	东端被H96破坏。长条形，弧壁，平底西高东低。坑内填黄褐土，质地疏松，含少量草木灰	被H96打破
H196	2007YY西ⅠT15西部偏北 ③→H196→⑤	0°	开口距地表75，口径115~125，底径90~100	北部被H129破坏。近圆形，弧壁，平底。坑内填土灰褐色，土质松，包含红烧土颗粒、炭粒	被H129和H162打破，打破H369
H197	2007YY西ⅠT8东南部 ④→H197→⑥	102°	开口距地表75，直径89，深18~22	近圆形，斜壁，近平底。坑内填土深灰色，包含炭粒、白色料姜石	
H198	2007YY西ⅠT20东中部 ③→H198→④	120°	开口距地表44，长径456，短径160，深80厘米	部分位于发掘区内，西端被H189破坏。长条形，直壁，平底。填土黄褐色夹杂大量草木灰及烧土颗粒，质地紧密	被H169、H189打破，打破H206、H209
H199	2007YY西ⅠT15西部 ③→H199→⑤	0°	开口距地表75，口长径185，短径100，底长径175，95	部分位于发掘区内。近椭圆形，斜壁，平底。坑内填土灰褐色，土质疏松，包含红烧土颗粒和炭粒	
H200	2007YY西ⅠT16东部 ②→H200→③	15°	开口距地表45，长径456，短径160，深80厘米	大部位于发掘区内。长椭圆形，斜壁，平底。坑内填土黑褐色，含大量炭粒、石子、土质疏松，烧土灰	被H140打破
H201	2007YY西ⅠT13南部 ③→H201→⑥	0°	开口距地表55，长200，宽135，深80	部分位于发掘区内。不规则形，斜壁，平底。坑内填土分2层，湿度大。第1层浅灰色，质地松软，含较多草木灰和红烧土颗粒，红烧土颗粒，厚40厘米。第2层灰色，质地疏松，含较多草木灰和较少的炉渣、红烧土颗粒，厚40厘米	打破H235
H202	2007YY西ⅠT10北角 ②→H202→生土	90°	开口距地表35，口径104，底径82	圆形，斜壁，平底。坑内填土深褐色，土质疏松，含白色料姜石，烧土粒	被H101打破
H203	2007YY西ⅠT10中部偏东 ②→H203→③	110°	开口距地表85，长138，宽120，深48	东西两端分别被H101、H157破坏。平面形状或为椭圆形，弧壁，圆底。坑内填土深褐色，土质疏松，含白色料姜石、石子、煤渣、草木灰	被H101、H1557打破，打破H142

续表

遗迹号	层位	方向	尺寸（厘米）	平面形状与堆积	打破关系
H204	2007YY西ⅠT25西南部③→H204→⑤	100°	开口距地表54、长504、宽172、深53	不规则长条形，弧壁内收，底部为弧底。填土分2层。第1层灰褐土，质地稍硬，含有炭粒、红烧土颗粒等，厚约32厘米。第2层浅灰土，含有草木灰、炭粒、红烧土颗粒等，厚约21厘米	被H165、H161打破，打破H383
H205	2007YY西ⅠT6东北部④→H205→⑤	10°	开口距表60、长124、宽60、深36	西部被H52破坏，近半圆形，弧壁，圆底。坑内填土褐灰色，土质较松软，夹少量炭灰、烧土	被H52打破
H206	2007YY西ⅠT20东中部③→H206→④	90°	开口距地表42~50、长234、宽220、深30	部分位于发掘区内，被H189和H198破坏，仅余北部一段弧边及南部一段短边，直壁，平底。填土为黄褐色，质地紧密细腻，夹杂灰褐色斑块	被H189、H198打破
H208	2007YY西ⅠT7中部②→H208→⑤	100°	开口距地表46、长226、宽74、深20~24	长方形，斜壁，平底东浅西深。坑内填土深灰褐色，土质疏松，包含大量烧土颗粒	被H181打破，打破Z13
H209	2007YY西ⅠT20东中部③→H209→④	120°	开口距地表90、长166、宽40~60、深20	部分位于发掘区内。不规则长条形，直壁，平底。填土为灰褐色，质地疏松，夹杂大量红烧土颗粒和草木灰	被H198打破
H210	2007YY西ⅠT5中部偏南③→H210→④	125°	开口距地表52、长径274、短径168、深28	近椭圆形，弧壁，圆底。坑内灰褐色，质地疏松，含少量炭灰、煤灰粒、炭灰	被H164、H178打破，打破H226
H211	2007YY西ⅠT15东部③→H211→⑤	101°	开口距地表80、口长645~700、宽45~115、深25、底长640、宽30~95	不规则长条形，斜壁，平底。坑内填土灰褐色，土质疏松，包含红烧土颗粒和炭灰	被H115、H120、H129、H163打破
H212	2007YY西ⅠT18东部③→H212→⑤	90°	开口距地表75、口长径80、底长径60、深25	近圆形，弧壁，平底。炭粒、石块	
H213	2007YY西ⅠT18东部③→H213→④	0°	开口距地表75、口长径120、底长径90、短径70、深35、短径100、深28	近椭圆形，弧壁，平底。坑内填土灰褐色，土质疏松，包含红烧土颗粒、烧土颗粒、白色料姜石	
H214	2007YY西ⅠT8中南部和2007YY西ⅠT11中部④→H214→⑥	105°	开口距地表75、长1273、宽105~230、深18~30	不规则长条形，西部被H143破坏，坑内填土灰褐色，土质疏松，包含炭粒、烧土颗粒、白色料姜石	被H311打破，打破H233、H259、H370
H215	2007YY西ⅠT5东部偏北③→H215→④	0°	开口距地表40、长120、宽54~74、深24	部分位于发掘区内，形状不明，圆底。坑内浅黄土，质地紧密，弧壁，含白灰，烧土和炭灰	被H143打破，打破H225

续表

遗迹号	层位	方向	尺寸（厘米）	平面形状与堆积	打破关系
H216	2007YY西ⅠT1西部②→H216→⑤B	27°	开口距地表30，口长径120，短径104，深56~68，底长径132，短径118	北端被H185破坏。椭圆形，坑壁外斜呈袋状，圆底。坑内黑土，质地硬密，含有一些草木灰和少量红烧土颗粒	被Z4、H185打破
H217	2007YY西ⅠT1南部③→H217→生土	148°	开口距地表40，长径90，短径82，深30	椭圆形，直壁，平底。坑内黑土，质地硬密，包含物较少	
H218	2007YY西ⅠT18西北部③→H218→⑤	120°	开口距地表75，口长径155，短径115，深65~75，底长径90，短径75	椭圆形，南北弧壁，东西弧壁不规则，平底。坑内填土灰褐色，土质疏松，包含少量红烧土颗粒、炭粒	
H219	2007YY西ⅠT18东部③→H219→⑤	90°	开口距地表75，口长径180，短径125，深25~35，底长径160，短径95	不规则椭圆形，斜壁，平底。坑内填土灰褐色，土质较薄的砂性淤土，包含红烧土颗粒、炭粒	
H220	2007YY西ⅠT19东北部②→H220→③	0°	开口距地表52，长154，宽188，深38~43	北部和南部分别被H74、H183破坏。应为近椭圆形，斜壁内收，底部北高南低为缓坡状。填土灰褐色，质地疏松，含有炭粒、红烧土颗粒、煤渣等	被H74、H183打破
H221	2007YY西ⅠT12东南角③→H221→⑤	90°	开口距地表60~65，长184，宽90~120，深30	部分位于发掘区内。约四分之一圆形，弧壁，平底。坑内填灰色土以草木灰为主，质地较紧密，略硬，包含有白色和红色料姜石以及白色料姜石颗粒，厚28~30厘米	
H223	2007YY西ⅠT25南部③→H223→⑤	90°	开口距地表54，长径133，宽113，深22	不规则椭圆形，直壁，平底。填土黄褐色，质地稍硬，含有炭粒、烧土颗粒及少量白色料姜石等	
H224	2007YY西ⅠT25西部③→H224→⑤	53°	开口距地表54，长径217，短径138，深26	不规则椭圆形，斜壁，平底。填土黄褐色，含有炭粒、红烧土颗粒及少量白色料姜石	
H225	2007YY西ⅠT5东部③→H225→④	14°	开口距地表38，长334，宽152，深26	被多个灰坑破坏，平面形状无法判断，弧壁，圆底。坑内填浅黄土，质地软硬适中，含多炭粒，少量白灰烬	被H178、H215打破
H226	2007YY西ⅠT5中部③→H226→④	20°	开口距地表40，长453，宽108~174，深42	不规则长条形，南宽北窄，弧壁，圆底。坑内浅褐土，质地呈颗粒状疏松，含多煤灰和少量烧土	被H210打破
H227	2007YY西ⅠT8中东部④→H227→⑥	98°	开口距地表80，长径255，短径212，深38	近椭圆形，弧壁，圆底。坑内填浅灰土，土质疏松，包含炭粒、白色料姜石	打破H246

续表

遗迹号	层位	方向	尺寸（厘米）	平面形状与堆积	打破关系
H228	2007YY西ⅠT12东北部③→H228→⑤	0°	开口距地表55~62，口长176，宽70，深26厘米	部分位于发掘区内。不规则形，弧壁。坑内灰褐土，土质疏松，含有大量红色料姜石，厚18~28厘米	
H229	2007YY西ⅠT12西部③→H229→⑤	105°	开口距地表80，口长径244，短径28~70，深62，底长径200，短径26	不规则长条椭圆形，东西呈弧壁，南北呈斜壁，近平底，西端浅，东端深。坑内黄褐土，土质疏松，含木灰、白料姜石，厚54~62厘米	
H230	2007YY西ⅠT11中部偏北③→179→⑤	155°	开口距地表80，长径90，短径64，深34	北部被H179破环。不规则椭圆形，弧壁，近平底。坑内填土深褐色，土质疏松，含草木灰	被H179打破
H231	2007YY西ⅠT11西北部③→231→④	90°	开口距地表78，长径240，短径196，深120	大部位于发掘区内。椭圆形，上壁直，下壁弧形，圜底。坑内填土灰褐色，土质疏松，含少红色料姜石、草木灰、白色石子、炭灰	
H232	2007YY西ⅠT18东北部③→H232→⑤	112°	开口距地表75，口长125，宽80，深10~30，底长115，宽70	圆角弧边长方形，弧壁，平底西浅东深。坑内填土灰黄色，土质疏松，包含料姜石、红烧土颗粒及炭粒	
H233	2007YY西ⅠT8西南部④→H227→⑤	5°	开口距地表60，长径122，短径89，深6~41	椭圆形，直壁，平底。坑内填土深褐色，土质疏松，包含炭粒、红色料姜石	
H234	2007YY西ⅠT23西北部③→H234→④	90°	开口距地表50，长125，宽35~50，深26	部分位于发掘区内。不规则形，东、西壁斜直，质地疏松	被H214打破，打破H274
H235	2007YY西ⅠT13东南部③→H235→⑥	165°	开口距地表55，长110，宽90，深25~40	南端被H201破坏。不规则形，直壁，平底。坑内填土灰土，含草木灰、炉渣、红烧土和红烧土块	打破H243
H236	2007YY西ⅠT1中部偏南②→H236→⑤B	90°	开口距地表30，长径42，短径40，深34	近圆形，北部一段坑边较直。直壁，平底，含一些草木灰和红烧土块象。坑内黑灰土，质地疏松	被H201打破，打破H309
H237	2007YY西ⅠT5东部偏南③→H237→④	0°	开口距地表42，长106，宽40，深66	部分位于发掘区内。不规则形，近半圆形，弧壁，圜底。坑壁上半部四周有烧结现象。坑内填土灰褐土，质地疏松，含少量烧土	
H238	2007YY西ⅠT8西北部④→H238→⑥	0°	开口距地表65，长212，宽70，深50	部分位于发掘区内。不规则形。东壁较直，南北弧壁，圜底南高北低。坑内填土分2层。第1层灰褐色，质地疏松，含少量烧土、炭粒，厚1~20厘米。第2层浅黄色，质地疏松，含炭粒、石灰粒、白色颗粒	
H239	2007YY西ⅠT18北部③→H239→⑥	116°	开口距地表70，口长305，宽115，深40~60，底长295，宽105	部分位于发掘区内。不规则形，弧壁，圜底。坑内填土灰褐色，土质疏松，包含少量红烧土颗粒、炭粒、白色颗粒，厚1~28厘米	

续表

遗迹号	层位	方向	尺寸（厘米）	平面形状与堆积	打破关系
H240	2007YY西ⅠT23南部 ③→H240→④	10°	开口距地表70，长径144，短径90~100，深36	部分位于发掘区内。平面近椭圆形，斜壁，平底。填土褐色土，质地疏松	打破H261
H241	2007YY西ⅠT23中部偏西 ③→H241→④	90°	开口距地表75，长126，宽108，深12~16	不规则形，东、北直壁，西、南弧壁，平底。坑内填土黄褐色，质地疏松，夹杂碎砖瓦屑	
H242	2007YY西ⅠT23西北部 ③→H242→④	10°	开口距地表65，长256，宽95~138，深58	不规则长方形，弧壁，平底。填土灰褐色夹杂碎白色料姜石，质地疏松	
H243	2007YY西ⅠT23北部 ③→H243→④	-90°	开口距地表60，长径222，短径128，深50	不规则圆形，弧壁，平底略有起伏。填土为极结的灰土，质地紧密细腻	被H234打破
H244	2007YY西ⅠT23东北部 ③→H244→④	90°	开口距地表60，长196，宽96，深24	不规则形，不规则形，直壁，平底。填土黄褐色，质地疏松，含有烧土颗粒及草木灰	被H172打破
H245	2007YY西ⅠT7中部 ③→H245→⑤	113°	开口距地表43，长489，宽261，深50	不规则形，南壁较直，其余弧壁，圜底。坑内填土黑褐色，土质较致密，包含大量炭灰、白色料姜石	打破H280和H382，被H57和Z13打破
H246	2007YY西ⅠT8中东部 ④→H246→⑥	100°	开口距地表80，长径195，短径100，深36	不规则形，近似椭圆形，弧壁，圜底。北部被H227破坏，质疏松，包含炭粒、白色料姜石	被H227打破
H247	2007YY西ⅠT9北部 ③→H247→⑤	110°	开口距地表50~60，长190、宽26~90，深30厘米	部分位于发掘区内，东部被H23破坏，平面近半圆形，弧壁，平底。坑内填土灰褐色夹杂浅灰白土，土质疏松，底部有石灰硬结面，包含草木灰	
H248	2007YY西ⅠT9西北部 ③→H248→④	95°	开口距地表60~65，长130、宽92~110，深30	近圆角方形，斜壁，石灰抹底，近平底。土褐色，土质疏松，包含料姜石，较硬	
H249	2007YY西ⅠT9东部 ③→H249→⑤	18°	开口距地表75，口长150、口长径140、底长径80	长方形，斜壁，平底。坑内填土为白色料姜石	
H250	2007YY西ⅠT15西部偏南 ③→H240→④	0°	开口距地表66，口长150，深20，底长径140，宽80	近椭圆形，斜壁，平底。坑内填土灰褐色，土质疏松，包含有红烧土颗粒、炭粒	被H68打破
H251	2007YY西ⅠT7西北部 ②→H251→⑥	0°	开口距地表39，径170，深8	部分位于发掘区内，半圆形，弧壁，平底。坑内填土浅褐色，土质较致密，包含少量炭粒和烧土粒	被H193打破

续表

遗迹号	层位	方向	尺寸（厘米）	平面形状与堆积	打破关系
H252	2007YY西ⅠT10南部 ③→H252→④	26°	开口距地表58，宽96~108，长114，深20~46厘米	梯形，南窄北宽，南壁垂直，其余斜壁，平底北深南浅。坑内填土深褐色夹黄斑，土质较疏松，含少量炭粒、红烧土颗粒	打破H278
H253	2007YY西ⅠT10南部偏西 ③→H253→④	15°	开口距地表48，长径121，短径99，深35	近椭圆形，北边较直，弧壁，弧底。坑内填土深褐色，土质较疏松，含大量炭粒、红烧土颗粒	打破H279
H254	2007YY西ⅠT3西北部 ③→H254→⑤	98°	开口距地表55，口径138，深68，底径148	圆形，弧壁外张呈袋状，平底。坑内灰黑土，质地十分疏松，含大量灰烬	打破H299
H255	2007YY西ⅠT3东南部 ③→H255→④	0°	开口距地表65，长360，宽275，深126~154	部分位于发掘区内。平面形状略近半圆形，弧壁，局部为斜壁，下部为直壁，平底。坑内分2层：第1层，灰黑土，质地疏松，含较多草木灰和少量红烧土粒，黄褐土；第2层，质地紧密板结，含较多石粒	
H256	2007YY西ⅠT4东部 ④A→H256→生土	37°	开口距地表50，口长径160，深46~52，底长径250，短径150	近椭圆形，南端略大于北端，直壁，西侧有一段内斜，平底。坑内黑褐土，质地较硬密，含少量红烧土粒及草木灰	被H192打破
H257	2007YY西ⅠT8东南角 ③→H257→④	17°	开口距地表60，长径190，短径91，深12	椭圆形，弧壁，圜底。坑内填土深褐色夹浅灰色斑，土质较疏松，含石子和白色料姜石	打破H277
H258	2007YY西ⅠT8西北角 ④→H258→⑥	0°	开口距地表64，长97，宽75，深38	部分位于发掘区内。近长方形，南壁弧壁，东壁斜壁，圜底。坑内填土浅褐色，土质疏松，包含大量土深褐色，炭粒和少量白色料姜石、红烧土颗粒	
H259	2007YY西ⅠT8中部 ④→H259→⑥	102°	开口距地表80，长径262，短径130，深22	不规则椭圆形，弧壁，圜底。坑内填土浅褐色，土质疏松，包含大量红烧土、炭粒和少量白色料姜石、石灰粒	被H214打破
H260	2007YY西ⅠT16南部 ③→H260→④	115°	开口距地表65，长径200，短径80，深10~12	不规则椭圆形，直壁，平底。坑内填土灰色，含草木灰、红烧土颗粒	
H261	2007YY西ⅠT23东南部 ③→H261→④	90°	开口距地表75，长102，宽58~100，深20	东南部被H240破坏。不规则形，直壁，平底。填土为褐色土，土质纯净疏松	被H240打破
H262	2007YY西ⅠT16南部 ③→H262→④	30°	开口距地表60，长径160，短径140，深60	近似椭圆形，斜壁，平底。坑内填土灰色，含较多草木灰，红烧土颗粒	
H263	2007YY西ⅠT16北部 ③→H263→⑤	12°	开口距地表65，长150，宽140，深70	近似方形，上壁直壁，下壁弧壁，平底。坑内填土灰色，土质疏松，含少量草木灰，红烧土颗粒	

续表

遗迹号	层位	方向	尺寸（厘米）	平面形状与堆积	打破关系
H264	2007YY西ⅠT22南部 ③→H264→⑤	75°	开口距地表42，长820，宽70~257，深10~65	不规则长条形，斜壁，底部自西北向东南渐低，近台阶状。填土分2层，厚10~27厘米。第1层灰褐色，红烧土稍硬，含有炭粒。第2层红土，质地稍硬，含有大量料姜石，厚35~45厘米	被H160、H191打破，打破H360、H383
H265	2007YY西ⅠT11西南部 ③→H265→④	28°	开口距地表70，长径156，短径40~96，深25	近椭圆形，弧壁，圆底。坑内填土深灰色，含草木灰，红色料姜石	打破H325
H266	2007YY西ⅠT11东南部 ④→H266→⑤	18°	开口距地表86，口长444，宽40~88，底长436，宽36~50	不规则长条形，东西斜壁，南北弧壁，平底，中部略深，南北两端略浅。坑内填土浅黄色，土质疏松，含炭粒和红色料姜石	打破H311
H267	2007YY西ⅠT3北部 ③→H267→⑤	13°	开口距地表45，长347，宽110，深46	长条形，弧壁，圆底。坑内浅灰色，含较多炭灰，质地疏松土	
H268	2007YY西ⅠT2南部偏西 ③→H268→⑤	90°	开口距地表50，口径125，深62，底径138	圆形，坑壁外弧呈袋状，平底。填土黄褐色，质地疏松，含较多草木灰和少量料姜石	打破H313
H269	2007YY西ⅠT2东南角 ③→H269→⑤	90°	开口距地表48，长径452，短径184，深23	大部位于发掘区内。不规则长椭圆形，弧壁，平底。坑内浅灰土，质地疏松，含少量灰和烧土	
H270	2007YY西ⅠT23东北部 ③→H270→④	90°	开口距地表55，长120~194，宽100~190，深30	部分位于发掘区内。不规则形，弧壁，平底。填土黄褐色，质地疏松，含有碎砖瓦屑	打破H284
H271	2007YY西ⅠT23东中部 ③→H271→④	90°	开口距地表70，口长286，宽170~244，深20~22，底长264，宽150~220	不规则多边形，斜壁，平底略有起伏。填土黄褐色，质地疏松，夹杂大量碎砖瓦	
H272	2007YY西ⅠT16西部 ③→H272→④	35°	开口距地表65，长径150，短径90，深10	不规则椭圆形，直壁，平底。坑内填土浅黄色，土质含草木灰，红烧土颗粒	
H273	2007YY西ⅠT16南部 ③→H273→④	125°	开口距地表60，长径190，短径160，深10~12	近似椭圆形，直壁，平底。坑内浅黄色，土质疏松，含少量草木灰，红烧土颗粒	
H274	2007YY西ⅠT8西南部 ④→H274→⑤	20°	开口距地表70，长356，宽131，底长354，宽102，深40	不规则长条形，弧壁，弧底。坑内填土分2层。第1层黄色，质地松软，含大量红色料姜石，石灰粒。第2层浅褐色，含少量炭粒，烧土粒	被H233打破

续表

遗迹号	层位	方向	尺寸（厘米）	平面形状与堆积	打破关系
H275	2007YY西ⅠT9东南部③→H275→⑤	90°	开口距地表66，直径164，深40	部分位于发掘区内。近半椭圆形，弧壁，弧底。坑内填土灰褐色，较疏松，含红色煤渣、草木灰、红色料姜石	打破H347
H276	2007YY西ⅠT9中部偏东③→H276→⑤	90°	开口距地表66，直径170，深48厘米	不规则圆形，斜壁，近平底。坑内填土灰黄褐色，土质较疏松，含白土块、草木灰、红色料姜石	打破J7
H277	2007YY西ⅠT10东南部③→H277→④	6°	开口距地表50，长径270，短径162，深50	大部位于发掘区内。近椭圆形，弧壁，弧底。坑内填土灰褐色夹黄斑，土质较疏松，含较多炭粒和少量白色料姜石、草木灰	被H257打破，打破H301、H316
H278	2007YY西ⅠT10南部③→H278→④	90°	开口距地表45，直径130，深29	近圆形，圆底。坑内填土深褐色夹少量黄褐料姜石，土质较疏松，含大量炭粒、红烧土颗粒	被H252打破
H279	2007YY西ⅠT10中部偏南③→H279→④	17°	开口距地表43，长径234，宽106，深14~30	不规则形，弧壁，平底。坑内填土深褐色夹红色料姜石，土质较疏松，含较多炭粒	被H253打破，打破Z11
H280	2007YY西ⅠT7中部偏西②→H280→⑤	100°	开口距地表64，长径300、短径18	长椭圆形，弧壁，平底。坑内填土浅褐色，土质较疏松，包含少量炭粒	被H180和H245打破
H281	2007YY西ⅠT23西北部③→H281→④	0°	开口距地表62，长190，宽6~60，深54~57	部分位于发掘区内。不规则形，弧壁，平底略有起状。填土黄褐色，质地疏松，含有大量烧土颗粒及碎砖瓦	
H282	2007YY西ⅠT2东南部③→H282→⑤	16°	开口距地表50，长701、宽110、深30	不规则长条形，弧壁，弧底南浅北深，坑内浅灰土，质地较疏松，含少量炭灰烧土	
H283	2007YY西ⅠT25东北部③→H283→⑤	55°	开口距地表54，长径110，短径72，深26	椭圆形，东、南壁为斜壁，北、西壁为直壁，平底，含有少量炭粒，红烧土颗粒等	被Z9打破
H284	2007YY西ⅠT23东北部③→H284→④	90°	开口距地表80，口长径128，底径100，深44~68，底长长径118，短径90	近椭圆形，西、北坑壁内斜，东南部直壁，平底。填土灰黄色，质地疏松，夹杂草木灰	被H270打破，打破H295
H285	2007YY西ⅠT1西南部④→H285→生土	90°	开口距地表30~58，口长径120，短径92，深58~88，底长径146，短径98	大部位于发掘区内。应近椭圆形，坑壁外斜幅度较大，底为料姜层，较平。坑内填土分2层，北侧坑壁外斜呈袋状，第1层灰褐土，较硬密，含少量草木灰；第2层褐土，质地较疏松，含较多红烧土和草木灰	打破H320

续表

遗迹号	层位	方向	尺寸（厘米）	平面形状与堆积	打破关系
H286	2007YY西ⅠT1南部偏西④→H286→生土	90°	开口距地表75、长径144、短径140、深40~46	圆形，直壁，平底。坑内黑褐土，含较多草木灰及红烧土颗粒，质地较密	
H287	2007YY西ⅠT16北部③→H287→⑤	0°	开口距地表55、长160、宽30、深40	部分位于发掘区内。弧形，直壁，平底。坑内填土浅黄色，土质疏松，含少量木灰、红烧土颗粒	
H288	2007YY西ⅠT16北部③→H287→④	30°	开口距地表55、长75、宽24~28、深20	长方形，直壁，平底。坑内填土灰色，土质疏松，含较多草木灰、红烧土颗粒	
H289	2007YY西ⅠT13南部③→H289→⑥	0°	开口距地表62、直径120、深20	圆形，直壁，平底。坑内填灰土，质地松软，含草木灰和红烧土颗粒和少量炉渣	打破H309
H290	2007YY西ⅠT3西北角③→H290→④	90°	开口距地表36、长250、宽60、深50	部分位于发掘区内。不规则形，弧壁，圆底。坑内浅灰土，质地呈颗粒状松散，含较多煤灰、少量炭土颗粒、红色料姜土	
H291	2007YY西ⅠT9西北部③→H291→④	30°	开口距地表76、长100、宽20~80、深20	部分位于发掘区内。不规则形，弧壁，近平底。坑内填土灰褐色，土质疏松，含炭粒、红色料姜石	
H292	2007YY西ⅠT17西部③→H292→⑤	90°	开口距地表65、口长径115、短径100、深60、底长径65、短径60	椭圆形，弧壁，平底。坑内灰土，质地疏松，含红烧土颗粒、炭粒	
H293	2007YY西ⅠT17南部③→H293→⑤	15°	开口距地表65、口长径170、短径80、深45、底长径115、短径70	近椭圆形，东西直边，南北两端圆弧，斜壁内收，平底。坑内灰土，质地适中，含少量炭土、烧土	打破H338
H294	2007YY西ⅠT3东北部③→H294→⑤	12°	开口距地表48、长径105、短径96、深30	不规则椭圆形，弧壁，圆底近平。坑内填土为灰土，其余弧壁、灰土	
H295	2007YY西ⅠT23东北部③→H295→④	100°	开口距地表66、长径270、短径114、深46~56	近长椭圆形，弧壁，南壁较直，圆底。填土黄色，含有黄色黏土块及结	被H284打破
H296	2007YY西ⅠT23西南部③→H296→④	90°	开口距地表72、长径188、短径150、深68	近椭圆形，弧壁，圆底。填土黄褐色，质地疏松，含黄色黏土块及大量碎瓦	
H297	2007YY西ⅠT2中西部③→H297→④	95°	开口距地表55、长径240、短径124、深56	不规则椭圆形，弧壁，圆底近平。坑内深褐土，质地疏松，含较多草木灰	打破H314
H298	2007YY西ⅠT3东北角③→H298→⑤	90°	开口距地表48、长405、宽100、深40	部分位于发掘区内。半椭圆形，弧壁，圆底。坑内红色料姜土，夹少量黄褐土，质地紧密	

续表

遗迹号	层位	方向	尺寸（厘米）	平面形状与堆积	打破关系
H299	2007YY西ⅠT3北部偏西③→H299→⑤	90°	开口距地表50、长134、宽70、深74	部分位于发掘区内。半圆形、直壁、平底。坑内黄褐土、质地疏松、含较多草木灰和少量烧土	被H254打破
H300	2007YY西ⅠT1西北部⑤B→H300→生土	90°	开口距地表50、长90、宽40、深40	北部被G4破坏。近半圆形、直壁、平底。坑内灰褐土、质地较硬较密、含少量炭粒	
H301	2007YY西ⅠT10东南部③→H301→④	156°	开口距地表57、直径153、深20	被H101、H203、H277破坏，仅存半圆环形，南壁直壁、北壁弧底。坑内填土浅褐色夹黄斑，土质较疏松、含少量炭粒、石子、草木灰	被H277打破，打破H317
H302	2007YY西ⅠT10西南部③→H302→④	90°	开口距地表46、直径153、深88	部分位于发掘区内。近半圆形、弧壁、圆底。坑内填土分2层，第1层灰褐色，含大量红色料姜石，白色料姜石，第2层深褐色，土质疏松、含红色料姜石	
H303	2007YY西ⅠT19北部③→H303→⑤	14°	开口距地表71、长76、宽64、深21	方形、直壁、平底。在坑的四壁有一层白灰，厚约0.5厘米。填土黄褐色、质地疏松、含有炭粒、红烧土颗粒等	
H304	2007YY西ⅠT19南部偏西③→H304→④B	14°	开口距地表66、长95～102、宽86～94、深16～24	方形、直壁、平底。在坑的四壁有一层白灰，厚约1厘米，坑底厚约0.5厘米。填土灰褐色、质地疏松、含有炭粒、白灰颗粒等	打破H328
H306	2007YY西ⅠT17南部③→H306→⑤	90°	开口距地表75、口长径135、短径60、深10、底长径125、短径50	近椭圆形、斜壁、平底。坑内灰褐色、质地松软、含红烧土颗粒	打破H337
H307	2007YY西ⅠT17西角③→H307→⑤	90°	开口距地表70、口长80、宽90、深20、底长65、宽60	部分位于发掘区内。近正方形、弧壁、平底。坑内灰褐土、质地疏松、含红烧土颗粒	
H308	2007YY西ⅠT17北部③→H308→⑤	72°	开口距地表65、口长径105、短径85、深30、底长径65、短径60	不规则椭圆形、弧壁、圆底。坑内灰褐土、质地疏松、含红烧土颗粒、炭粒	
H309	2007YY西ⅠT13南部③→H309→⑥	0°	开口距地表65、长260、宽240、深80	部分位于发掘区内。不规则形，西壁斜坡起两道坎，其余直壁，近平底。坑内填土分2层。第1层灰，含较多草木灰和红烧土颗粒以及较少炉渣和红色料姜石，厚40厘米。第2层浅灰色，质地疏松，炉渣和红烧土颗粒，厚40厘米	被H201、H289、H235打破
H310	2007YY西ⅠT17东北部③→H310→⑤	50°	开口距地表65、口长径245、深60、底长径200、短径140	近椭圆形、弧壁、圆底。坑内灰褐土、质地疏松、含红烧土颗粒、炭粒	打破H340

续表

遗迹号	层位	方向	尺寸（厘米）	平面形状与堆积	打破关系
H311	2007YY西ⅠT11中部偏东④→H311→⑥	30°	开口距地表80、长径146、短径124、深22	近似椭圆形，弧壁，弧底。坑内填土黄褐色，土质疏松，含炭灰、黑土块	被H266打破，打破H214
H312	2007YY西ⅠT11东部④→H312→⑤	17°	开口距地表90、长414、宽40~110、深56	不规则长条形，弧壁，弧底。坑内填土黄褐色，土质疏松，含红色料姜石、草木灰、红烧土	打破H214
H313	2007YY西ⅠT2南部偏西③→H313→⑤	90°	开口距地表40、长156、宽53、深30	部分位于发掘区内。平面近半个椭圆形，弧壁，圜底。坑内灰黑土质地疏松，含较多草木灰	被H268打破，打破H327
H314	2007YY西ⅠT2西南部③→H314→⑤	170°	开口距地表55、长120、宽110、深46	北部被H297破坏。平面呈大半椭圆形，弧壁，圜底。坑内浅灰土，质地疏松，含少量炭粒、烧土	被H297打破
H315	2007YY西ⅠT7东南部③→H315→⑤	0°	开口距地表60、直径110、深36~42	大部位于发掘区内。大半圆形，直壁，平底。坑内填土深褐色夹黄斑，土质疏松，含较多炭粒、烧土粒、草木灰	
H316	2007YY西ⅠT10东南部③→H316→④	0°	开口距地表83、长径210、短径90、深36~44	近似椭圆形，弧壁，平底南北深北浅。坑内填土分2层。第1层灰褐色，含较多料姜石，土质疏松，含红色料姜石	被H277打破
H317	2007YY西ⅠT10东部③→H317→④	0°	开口距地表40、口径206、底径217、深64	部分位于发掘区内。半圆形，袋状，圜底。坑内填土分2层。第2层深褐土，含较多红烧土颗粒及草木灰细密	被H301打破
H318	2007YY西ⅠT17南部③→H318→⑤	150°	开口距地表70、口长径155、短径115、深25、底长径135、短径95	椭圆形，斜壁，平底。弧壁内收，底部近圜底。质地疏松，含幻烧土颗粒、炭粒	
H319	2007YY西ⅠT23西南部③→H319→④	13°	开口距地表72、长400、宽84~116、深30~50	长条形，弧壁，弧底略有起伏，南高北低。填土表面有极薄一层黄褐土，坑内填土为灰土，质地细腻	打破H323
H320	2007YY西ⅠT10西南部⑤A→H320→生土	0°	开口距地表65~110、口长190、宽104、深18~52、底长180、宽108	部分位于发掘区内，北部被H285破坏。平面近半个椭圆形，坑壁外斜，呈袋状，坑底为料姜石层，不平整。北高南低。坑内灰褐土，质地较疏松	被H285打破，打破2006G1
H321	2007YY西ⅠT19中部③→H321→④A	90°	开口距地表75、长447、宽393、深33	不规则形，弧壁内收，底部近圜底。填土灰褐色，质地疏松，含有炭粒、红烧土颗粒、白灰颗粒等	
H322	2007YY西ⅠT19东北角③→H322→⑤	90°	开口距地表70、长165、宽44、深13	南部被H74破坏。平面约半个椭圆形，直壁，平底。填土灰褐色，质地疏松，含有炭粒、红烧土颗粒等	打破H357
H323	2007YY西ⅠT23西部③→H323→⑤	115°	开口距地表80、长156、宽88、深24	东部及西南角分别被H319及H69破坏。应为长方形，坑壁上部斜直，下部弧收，底略平。填土为黄褐色，质地疏松，含有白色料姜石	被H319打破

续表

遗迹号	层位	方向	尺寸（厘米）	平面形状与堆积	打破关系
H324	2007YY西ⅠT23西南部 ③→H324→⑤	90°	开口距地表68、长240、宽50、深50~53	部分位于发掘区内。圆弧形、弧壁、平底略有起伏。填土为黄褐色、质地疏松，含有少量红料姜石	
H325	2007YY西ⅠT11西南部 ③→H325→④	17°	开口距地表66、长332、宽60~104、深40	部分位于发掘区内。弧壁、近平底。坑内填土主要为红色料姜石夹黄褐色土，结构疏松	被H79、H265打破
H326	2007YY西ⅠT11西部 ④→H326→⑤	10°	开口距地表84、长径176、短径86、深38	不规则椭圆形、弧壁、圜底。坑内填土深灰色、土质疏松，含草木灰、炭粒、烧土块	
H327	2007YY西ⅠT2中西部 ③→H327→④	14°	开口距地表50、长690、宽130、深25~50	不规则长条形、弧壁、圜底。坑底中部浅，南部略深，北部最深。坑内填土褐土、质地疏松，含较多炭灰、烧土	被H313打破
H328	2007YY西ⅠT19中西部 ③→H328→④B	19°	开口距地表45、长900、宽150~180、深60~67	不规则长条形、弧壁内收。填土分2层。第1层灰土、质地疏松，含草木灰、红烧土颗粒，厚约47厘米。第2层黄褐土，含有较多的炭粒、红烧土颗粒，该层中夹杂有较薄的淤土，厚约60厘米	被H304打破
H329	2007YY西ⅠT21西南部 ②→H329→③	38°	开口距地表45、长径125、短径98、深26	不规则椭圆形、斜壁、圜底。填土浅灰色、土质疏松，内含少量红烧土颗粒、炭粒等	
H330	2007YY西ⅠT2西北部 ③→H330→⑤	90°	开口距地表50、直径122、深16~34	不规则圆形、直壁、平底。坑内浅黄土、质地紧密，含少量炭灰、红烧土颗粒	
H331	2007YY西ⅠT21北部 ③→H331→④	0°	开口距地表42、长233、短径200、深20~46	不规则椭圆形、直壁、近平底。底部自西向东渐低，北部深南部浅。填土浅灰黄土、质地疏松，含有炭灰、红烧土颗粒	打破H151
H332	2007YY西ⅠT13西南部 ③→H332→⑥	15°	开口距地表60、宽300、宽90、深40	不规则狭长方形。东西两壁弧壁，南北两壁直壁、近平底。坑内填浅灰土、质地松软，含少量草木灰和红烧土颗粒	打破J3
H333	2007YY西ⅠT7西南角 ④→H333→⑤	0°	开口距地表66、长164、宽173、深30	部分位于发掘区内。近半圆形、直壁、平底。坑内填土深褐色夹小黄斑。土质疏松，包含较多炭粒和较少白色料姜石	打破H354
H334	2007YY西ⅠT12东部 ⑤→H334→⑥	90°	开口距地表88、长212、宽36~140、深36	不规则形、弧壁、近圜底。圜底。坑内深灰色土、质地疏松，含草木灰，厚20~36厘米	
H335	2007YY西ⅠT12东部 ④→H335→⑤	0°	开口距地表70、长218、宽106、深80	部分位于发掘区内。弧壁、圜底。坑底红褐土、近平底，厚80厘米	打破J8
H336	2007YY西ⅠT12西南部 ⑤→H336→⑥	17°	开口距地表95、长径280、短径42~130、深20	北端被H229破坏。不规则椭圆形、弧壁、近平底。坑内深灰色土、质地疏松，含草木灰，厚20厘米	打破Q2

续表

遗迹号	层位	方向	尺寸（厘米）	平面形状与堆积	打破关系
H337	2007YYⅠ西ⅠT17南部 ③→H337→⑤	90°	开口距地表70，口长475，宽120～130，深20～30，底长330，宽120	部分位于发掘区内。近圆角长方形，弧壁，近平底。坑内灰褐土，质地疏松，含有红烧土颗粒、炭粒及白料姜石	被H306打破
H338	2007YY西ⅠT17中部 ③→H338→⑤	100°	开口距地表70，口长415，宽65～70，深40～55，底长285，宽35～50	长条形呈沟状，东西弧壁，南北斜壁，弧底。坑内灰褐土，质地疏松，含红烧土颗粒、炭粒	被H293、J12打破
H339	2007YY西ⅠT17北部 ③→H339→⑤	50°	开口距地表70，口长120，径95，深15～20，底长短径90，径65	近椭圆形，弧壁，平底。坑内灰褐土，质地疏松，含红烧土颗粒、炭粒	
H340	2007YY西ⅠT17东部 ③→H340→⑤	0°	开口距地表75，口长100～120，宽60～125，深30～40，底长80～120，宽80～105	部分位于发掘区内，西部被H310破坏。形状不明，弧底。坑内灰褐土，质地疏松，含红烧土颗粒、炭粒、白料姜石	被H310打破
H341	2007YY西ⅠT5西北角 ④→H341→⑤	90°	开口距地表65，口长208，宽60，深34	部分位于发掘区内。平面近长三角形，弧壁，平底有起伏。浅灰土，质地软硬适中，含极少烧土及炭粒	打破H356
H342	2007YY西ⅠT5中北部 ④→H342→⑤	24°	开口距地表75，长径382，短径166，深34	不规则长椭圆形，弧壁，斜底。坑内浅北浅南深。坑内褐土，质地疏松，含烧土颗粒及草木灰，厚12～20厘米	
H343	2007YY西ⅠT12中部偏北 ⑤→H343→⑥	175°	开口距地表80，口长160，宽58～160，深14～20	不规则形，弧壁，斜底。坑内褐色土，弧壁，平底北浅南深。不规则形，含炭粒、白色料姜石	打破H353
H344	2007YY西ⅠT9西北角 ⑤→H344→⑥	0°	开口距地表80，长150，宽78～100，深20	部分位于发掘区内。弧壁，疏松，含炭粒、白色料姜石	
H345	2007YY西ⅠT9北部偏西 ⑤→H345→⑥	90°	开口距地表85，径90，深34厘米	部分位于发掘区内。近半圆形，弧壁，平底。含石灰块和草木灰	
H346	2007YY西ⅠT9东部 ⑤→H346→⑥	0°	开口距地表80，长1110，宽95～110，深20	近方形，弧壁，弧底。坑内填土灰褐色，土质疏松，含红色料姜石、白色石灰颗粒	
H347	2007YY西ⅠT9东南部 ③→H347→⑤	90°	开口距地表80，长362，宽48～120，深22	不规则长条形，弧壁，圜底近平。坑内填土浅灰褐色，土质疏松，含草木灰	被H275打破

附表

续表

遗迹号	层位	方向	尺寸（厘米）	平面形状与堆积	打破关系
H348	2007YY西ⅠT9东北部⑤→H348→⑥	0°	开口距地表82，长70，宽55，深22	部分位于发掘区内。不规则形，弧壁，近平底。坑内填土深灰褐色，土质疏松，含少量草木灰	
H349	2007YY西ⅠT17西部③→H349→⑤	210°	开口距地表75，口长145，宽110，深50~60，底长135，宽90	不规则形，斜壁，弧底。坑内灰褐土，质地疏松，含红烧土颗粒、炭粒	打破H355
H350	2007YY西ⅠT18西南部⑤→H350→⑥	0°	开口距地表85~90，口长470，宽280，深20~30，底长420，宽230~270	部分位于发掘区内。不规则形，弧壁，近平底。坑内填土分2层，第1层灰黄色，土质疏松，包含少量红烧土颗粒、炭粒，厚15~20厘米；第2层灰色，土质疏松，包含白色料姜石、炭粒，厚1~10厘米	
H351	2007YY西ⅠT15西部④→H351→⑤	132°	开口距地表100，口长径310，短径265，深90，底长径335，短径285	近椭圆形，袋状，平底。坑内填土分6层。第1层灰褐色，土质疏松，包含红烧土颗粒、炭粒，厚1~45厘米。第2层红色，土质较硬，包含有白色料姜石，厚1~35厘米。第3层灰褐色，土质疏松，包含有红烧土颗粒、炭粒，厚10~75厘米。第4层红色，土质较硬，包含有白色料姜石、炭粒，厚1~60厘米；第5层红色，土质较硬，含少量红烧土颗粒、炭粒，厚1~35厘米；第6层灰色，含白色料姜石，厚1~35厘米	
H352	2007YY西ⅠT9中部偏西③→H352→⑤	90°	开口距地表65~70，长236，宽184，深56	不规则形，弧壁，近平底，土质疏松，炭粒。石灰煤渣、烧土	
H353	2007YY西ⅠT12中部偏北⑤→H353→⑥	102°	开口距地表80，口长500，宽112~160，深28	东端被H335破坏。不规则长条形，西端呈弧壁，平底有起伏。坑内灰褐土，质地疏松，含红色料姜石，南北呈斜壁，弧底，草木灰，厚20~28厘米	被H343打破
H354	2007YY西ⅠT7西部④→H354→⑤	13°	开口距地表43~74，长495，宽118，深72	长条形，直壁，底不规则。坑内填黑褐色，土质致密，包含较少炭粒	被H333打破
H355	2007YY西ⅠT17西部③→H355→④B	0°	开口距地表75，口长210，宽70，深20~40，底长200，宽65	部分位于发掘区内。近半椭圆形，弧壁，南部略高于北部。坑内灰褐土，质地疏松，含红烧土颗粒、炭粒	被H349打破
H356	2007YY西ⅠT5西北部④→H356→⑤	90°	开口距地表78，长径166，短径140，深28	西部被H341破坏。不规则椭圆形，弧壁，圜底。坑内浅灰色，质地细腻紧密，含少量炭粒、烧土	被H341打破

续表

遗迹号	层位	方向	尺寸（厘米）	平面形状与堆积	打破关系
H357	2007YYⅠ西ⅠT19东北角③→H357→⑤	90°	开口距地表55、长160、宽70、深34	部分位于发掘区内，南部被H322破坏，西壁斜壁内收。不规则形，东壁斜壁向下20厘米形成宽36厘米的台阶，底部西高东低近斜底。填土黄褐色，质地稍硬，含有炭粒、红烧土颗粒等	被H322打破
H358	2007YYⅠ西ⅠT19东部③→H358→④A	17°	开口距地表55、长径163、短径120、深23	北部被H183、H220破坏，应为近椭圆形，弧壁内收。填土浅灰色，质地疏松，含有炭粒	
H359	2007YYⅠ西ⅠT22东北部③→H359→⑤	17°	开口距地表55、长127、宽75~103、深33	大部位于发掘区内。近长方形，斜壁，平底。填土黄褐色，质地疏松，含有炭粒和红烧土颗粒	
H360	2007YYⅠ西ⅠT22东南部③→H360→⑤	90°	开口距地表55、长133~138、宽173~254、深75	部分位于发掘区内。不规则形，弧壁，平底。填土黄褐色，质地稍硬，含有炭粒，红烧土颗粒，少量白色料姜石	被H264打破
H361	2007YYⅠ西ⅠT22西部③→H361→⑤	0°	开口距地表58、长146~170、宽150、深54	部分位于发掘区内。不规则形，北、东南壁微斜壁内收，东南角上半部为斜壁，中部呈阶梯状，下部弧收至底，圆底近平。填土灰色，质地疏松，含有草木灰、料姜石	
H362	2007YYⅠ西ⅠT21西南部③→H362→⑤	20°	开口距地表55、长径184、短径104、深10~14	东南部被H329破坏。近椭圆形，斜壁，底部近平。填土黄褐色，质地疏松，含有炭粒、红烧土颗粒	
H363	2007YYⅠ西ⅠT21西北部③→H363→④	78°	开口距地表55、长径205、短径151、深11~28	不规则椭圆形，南北壁、东西壁微斜壁内收，底部为平底。填土浅灰色，质地疏松，含有炭粒、红烧土颗粒	打破H366
H364	2007YYⅠ西ⅠT21西南部③→H364→④	90°	开口距地表50、长137、宽75、深20	部分位于发掘区内。不规则形，弧壁内收，底部近平。填土浅灰色，质地疏松，含有炭粒	
H365	2007YYⅠ西ⅠT21南部③→H365→⑤	12°	开口距地表63、口长80、底长60、宽48	西端被H56破坏。近长方形，北壁为斜壁内收，东西壁为斜壁，平底南深、北浅。填土黄褐色，质地稍硬，含有炭粒	
H366	2007YYⅠ西ⅠT21西北角③→H366→④	126°	开口距地表60、长300、宽188、深24	不规则形，斜壁，平底略有起伏。填土浅灰色，质地疏松，含有炭粒，白灰颗粒，红烧土颗粒	被H363打破，打破J5、白灰面
H367	2007YYⅠ西ⅠT2中部偏西⑤→H367→⑥	90°	开口距地表75、直径115、深20	近圆形，弧壁，圆底近平。坑内灰褐土、白灰面，少量烧土	

续表

遗迹号	层位	方向	尺寸（厘米）	平面形状与堆积	打破关系
H368	2007YY西ⅠT2西南部 ⑤→H368→⑥	90°	开口距地表75、直径120、深42	圆形，直壁，平底。坑内灰褐土，质地疏松，含较多草木灰和少量烧土	
H369	2007YY西ⅠT15西部 ③→H369→⑤	90°	开口距地表75、口长90～110、宽25～30、深45～50、底长80～100、宽25～30	部分位于发掘区内，东部被H196破坏，形状不明，斜壁，平底。坑内填土灰褐色，土质疏松包含红烧土颗粒和炭粒	被H196打破
H370	2007YY西ⅠT8西南部 ④→H370→⑤	45°	开口距地表80、长225、宽188、深38	不规则形，弧壁，圆底。坑内填土深褐色，土质疏松，包含少量炭粒、烧土粒和白石灰块	被H214打破
H371	2007YY西ⅠT15西部 ⑤→H371→⑥	90°	开口距地表100、口长190、宽150、深100、底长220、宽200	部分位于发掘区内，近半椭圆形，袋状，平底。坑内填土黄色，土质疏松，包含红烧土颗粒、炭粒	
H372	2007YY西ⅠT10北部 ②→H372→生土	0°	开口距地表32、直径176、深93	部分位于发掘区内，半圆形，直壁，平底。坑内填土浅褐色，略发黄，土质致密，含炭粒、烧土粒	
H373	2007YY西ⅠT10北部 ②→H373→生土	0°	开口距地表53、口径119、深92、底径142	部分位于发掘区内，半圆形，袋状，平底。坑内填土深褐色，略发黑，土质较致密，含较多炭粒、烧土粒	
H374	2007YY西ⅠT10东北部 ②→H374→生土	13°	开口距地表53、长35、宽30、深7	方形，直壁，壁上有一层白灰，白灰内掺有粮食外壳，平底。坑内填土黄褐色，土质致密，含少量炭粒	被H65打破
H375	2007YY西ⅠT10东北角 ②→H375→生土	90°	开口距地表65、长84、宽82、深43	部分位于发掘区内，四分之一圆形，直壁，平底。坑内填土褐色，土质致密，含少量炭粒、烧土粒	
H377	2007YY西ⅠT15东南部 ⑤→H377→⑥	14°	开口距地表85～100、长270、宽100、深30～35、底长120	部分位于发掘区内，长条形，略近半圆形，斜壁，平底不规则。坑内填土灰黄色，包含少量红烧土颗粒和炭粒	
H378	2007YY西ⅠT7北部 ②→H378→生土	90°	开口距地表60、长185、宽65、深93	部分位于发掘区内，略近半圆形，弧壁，平底。坑内填土分2层，第1层深黑褐色，质地紧密，含少量炭粒，厚37厘米。第2层深褐色夹黄斑，含较多的炭粒和烧土粒，厚58厘米	打破H379
H379	2007YY西ⅠT7北部 ②→H379→生土	90°	开口距地表60、口径67、深28、底径78	部分位于发掘区内，东部被H378破坏，形状不明，袋状，平底。坑内填土深褐色，土质疏松，包含炭粒和烧土粒	被H378打破

续表

遗迹号	层位	方向	尺寸（厘米）	平面形状与堆积	打破关系
H380	2007YYⅥT7北部②→H380→生土	90°	开口距地表60，长105，宽125，深83	部分位于发掘区内，不规则形，弧壁，平底。坑内填土深褐色，土质疏松，包含较多炭粒	
H381	2007YYⅥT19东南角④A→H381→⑥	90°	开口距地表130，口径183，深82，底径190	近圆形，斜壁外扩，平底，质地疏松，填土灰土，呈袋状，含有炭粒、草木灰等	
H382	2007YYⅥT7东北部②→H382→生土	90°	开口距地表50，长450，宽35～55，深33	部分位于发掘区内，南端被H245破坏，不规则长条状，直壁，平底。坑内填土褐色，土质致密，包含炭粒和烧土	被H245打破
H383	2007YYⅥT25、T22南部③→H383→⑤	109°	开口距地表53，长1465，宽220，深83	部分位于发掘区内，长条形，斜壁内收，弧底。填土分2层。第1层为大量白色料姜石夹杂少量黄土而成，厚约74厘米。第2层黄土，质地疏松，无包含物，厚约7厘米	被H204、H264打破
H384	2007YYⅥT25西北角④→H384→⑤	90°	开口距地表50，长200，宽180，发掘深度为144	部分位于发掘区内。近扇形，东壁为弧壁内收约50厘米厚斜壁向下，南壁为直壁向下约55厘米厚斜壁外敞，未发掘到底。填土分2层。第1层灰黄土，质地稍硬，含有炭粒、红烧土颗粒，第2层青灰色土，质地坚硬，含有炭粒、红烧土颗粒及少量白色料姜石等，厚约50厘米	
H385	2007YYⅥTG1中部③→H385→④	109°	开口距地表60，长径270，短径54～116，深25	近椭圆形，东窄西宽，弧壁，圆底。坑内填土灰褐色，土质疏松，夹炭粒、烧土、炭灰	
J1	2007YYⅥT8东北部④→J1→⑥	99°	开口距地表70，上口长径133，短径114，下部最大直径86，发掘深度145	上部平面近椭圆形，壁斜收至深约48厘米处成不规则二层台，台宽6～20厘米；下部直壁，底不明。填土灰褐色，土质疏松，包含红烧土、炭粒等	
J2	2007YYⅥT22中南部H182→J2→⑤	13°	开口距地表90，长径108，短径96，发掘深度120	近圆形，口小底大，斜直壁外扩，底不明。填土浅色，质地疏松，含有炭粒、红烧土颗粒及草木灰	被H148、H182打破
J3	2007YYⅥT13西南部③→J3→⑥	0°	开口距地表60，上口长214，宽190，下部长134，清理深度120	不规则形，上部分两段，上段直壁，下段斜收，至深约58厘米处成二层台，台宽6～18厘米；下部近圆形，斜壁外张，底不明。填土灰土色，含较多红烧土颗粒	被H332打破
J4	2007YYⅥT15东北角③→J4→⑤	0°	开口距地表70，探方内长径170，短径105，下部最大径214，清理深度120	开口处大部分叠压于北壁和东壁下，上部壁弧收，至约60厘米深处形成二层台，台宽6～14厘米。二层台以下并壁外敞，井内填土灰褐色，土质疏松，夹杂红烧土和炭粒	

附表

续表

遗迹号	层位	方向	尺寸（厘米）	平面形状与堆积	打破关系
J5	2007YY西ⅠT21西北部 ④B→J5→⑤	0°	开口距地表80、口径114~128、发掘深度100、底径100	近圆形，上部壁斜收，下部直壁，井内填土浅灰色，土质疏松，含炭粒、白色料姜石等	被H366叠压
J6	2007YY西ⅠT19西北部 ④B→J6→⑤	0°	开口距地表100、口长167、探方内宽66、发掘深度164	应呈圆形。井内填土浅灰色，直壁，较为致密，包含炭粒等	
J7	2007YY西ⅠT9东南部 ③→J7→⑤	0°	开口距地表110、直径105、清理深度140	圆形，上部壁较直，下部因塌坍壁外张，底不明。井内填土灰褐色，土质疏松，含大量草木灰、煤渣及红色料姜石	被H276打破
J8	2007YY西ⅠT12东部 H335→J8→生土	0°	开口距地表150、长径95、短径50、发掘深度120	应近圆形，直壁，底不明。井内填土灰褐色，土质疏松，含草木灰、料姜石等	被H335打破
J9	2007YY西ⅠT6东南部 ⑤→J9→⑥	0°	开口距地表70、直径100、清理深度136	圆形，壁上部直，下部外弧，底不明。井内填土褐灰土，土质疏松，夹炭灰、煤灰等	
J10	2007YY西ⅠTG1西北部 ②→J10→④	0°	开口距地表40、长208、探方内宽156、深280	近圆形，上部壁弧收，中间凸起，下部壁较直，圆底。井内填土灰褐色，土质致密，含大量料姜石	
J11	2007YY西ⅠT6中部偏东 ③→HJ11→⑤	0°	开口距地表55、口径154、深径140、底径170	近圆形，上部壁弧收，中间凸起，下部壁较直。坑内填土分2层。第1层褐灰软，质地松软，含少量烧土，红色料姜石及石渣层，厚60厘米。第2层深灰色，含多草木灰、厚80厘米	被H124打破
J12	2007YY西ⅠT17中部	90°	开口距地表75、上口长径150、短径135、下口径88、发掘深度90	近椭圆形，上部圆形，至约60厘米深处形成二层台，二层台以下井体近园形，斜壁近园形，台宽6~20厘米，含红烧土颗粒和炭粒	打破H338
J13	2007YY西ⅠTG1中部偏东 ③→J13→④	90°	开口距地表55、口径170、深径260、底径106	近圆形，上壁弧壁，下壁直，圆底。坑内填土灰褐色，土质疏松，夹白灰粒、烧土及炭灰	
L1	2007YY西ⅠT4南部和T7东南部 T4: ②→L1→③	96°	开口距地表40、长975、宽15~95、深15	残存不规则长条状路土，西端宽，东端窄，路面近平，堆积边缘较薄，中间厚。堆积呈浅灰色，土质坚硬，包含少许石灰粒	打破H25

续表

遗迹号	层位	方向	尺寸（厘米）	平面形状与堆积	打破关系
L2	2007YY西ⅠT24北部 ④→L2→⑤	110°	开口距地表80	L2在探方内部分平面呈南北两条平行带状，均保存不完整，呈不连续状。北部一条自东向西分为四段，分别长50、125、80、85厘米，南部一条自东向西分为三段，分别长200、290、50厘米，南部第一段和第二段宽度分别是65、52厘米，其余均为25厘米左右，各段厚度在5~15厘米。路土质地细腻较硬，夹杂少量烧土颗粒及瓦片碎块	
M1	2007YY西ⅠT1北部居中 ②→M1→⑤B	12°	墓口距地表30，残长200，宽90~108，深116	土坑竖穴墓、直壁、平底，墓底有砖铺地。墓葬填土褐色，含较多料姜石。葬式不详，无随葬品	被H92、H167打破，打破2006G4
Q1	2007YY西ⅠT9东部偏南 ⑤→Q1→⑥	105°	开口距地表70，探方内长275，宽24~30，残高15	长条形、直壁、平顶。墙体由深黑色土堆垒而成，土质细密，硬面板结	
Q2	2007YY西ⅠT12西南部 ⑤→Q2→⑥	116°	开口距地表90，长348，宽12~14，残高14	长条形，西窄东宽、直壁、平顶。墙体由深黑色土堆垒而成，土质细密，硬面板结	被H336打破
Q3	2007YY西ⅠT14南部 ③→Q3→⑤	110°	开口距地表60，长530，宽24~26，残高17	长条形，略有弯曲、直壁、平顶。墙体由深黑色土堆垒而成，土质细密，硬面板结	
Y1	2007YY西ⅠT8西南部 ③→Y1→④	189°	开口距地表86，南北通长288	操作坑南部叠压于南壁下，平面呈不规则形、弧壁、底近平、与Y2操作坑相连。火门呈拱顶、东壁变窄、西壁直壁。火道平面长方形、直壁、顶残、平底。窑室平面近圆形，弧壁外张，孤壁，斜底北高南低的坡状。窑底北高南低、斜壁，窑内填土灰褐色，土质疏松，含烧土颗粒、草木灰及红色料姜石	被H110打破
Y2	2007YY西ⅠT11东南部 ③→Y2→④	192°	开口距地表86，南北通长328，操作坑宽12~84，操作坑底与烟囱顶端的高差为92	由操作坑、火门、火道、窑室、烟囱组成。操作坑南部叠压于南壁下，平面呈不规则形、弧壁、底近平，与Y1操作坑相连。火门呈圆底、顶残。火道平面呈长条形、直壁、顶残、平底。窑室平面呈椭圆形、弧壁、斜壁、斜底北高南低的坡状。窑底呈北高南低封闭圆筒形，底呈高于窑室，由南向北填土灰褐色，含烧土颗粒、草木灰及红色料姜石	被H110、H118打破
Z1	2007YY西ⅠT1西北部 ②→Z1→⑤B	130°	开口距地表34，长136，宽84，深8~16	平面呈勺状，局部内凹，由灶膛和投火口两部分组成，灶膛平面近圆形，四壁较直，椭圆形、斜壁、圆底，圆底略高于灶膛底部，灶内填土黄褐色，土质致密，包含少量料姜石、石灰、草木灰等。灶膛及投火口底部有黑色灰烬	打破G4

附表

续表

遗迹号	层位	方向	尺寸（厘米）	平面形状与堆积	打破关系
Z2	2007YYⅠ西ⅠT1西北部②→Z2→⑤B	80°	开口距地表35、长105、宽66、深3	平面呈勺状，由灶膛和投火口两部分组成，灶膛平面呈椭圆形，壁不存，圆底，投火口平面呈近椭圆形，底略高于灶膛，向灶膛方向倾斜，中间略呈弧形下凹。灶内填土浅褐色，土质致密，包含少量石灰颗粒。灶膛及投火口底部有黑色灰烬	
Z3	2007YYⅠ西ⅠT4北部②→Z3→生土	180°	开口距地表50、长73、宽60、深2	平面略呈梨形，壁不存，圆底，有红色烧土面	打破H78
Z4	2007YYⅠ西ⅠT1西部②→Z4→⑤B	167°	开口距地表25、长90、宽40~75、深5~7	平面呈勺状，由灶膛和投火口两部分组成，灶膛平面呈圆形，直壁，圆底，直径60、深0~6厘米。投火口已残，弧壁，圆底，底为红色烧结面。灶内填土黄褐色，土质疏松，包含少量烧土颗粒	被H44打破，打破H216
Z5	2007YYⅠ西ⅠT25北隔梁下③→Z5→④	199°	开口距地表60、长126、宽径100、深4~13厘米，整体长径110	平面呈勺状，由灶膛和投火口两部分组成，灶膛平面呈近方形，直壁，孤壁，壁底呈红色烧结面。灶膛倾斜，底为红色烧结面。夹杂大量烧土灰褐色、草木灰等，灶膛底部有黑色灰烬	被Z9打破
Z6	2007YYⅠ西ⅠT11中部③→Z6→④	200°	开口距地表50~60、长126、宽42~100、深30	平面呈勺状，由灶膛和投火口两部分组成，灶膛平面呈圆形，弧壁，圆底近平，投火口平面略呈喇叭形，底向火膛底方向倾斜，斜壁，底为红色烧结面。灶内填土褐色，土质疏松，红烧土块等	
Z7	2007YYⅠ西ⅠT11东南部③→Z7→④	208°	开口距地表50、长110、宽40~82、深23	平面近梨形，由灶膛和投火口两部分组成，灶膛平面呈椭圆部。长径92、短径82、残高10~20厘米。投火口平面呈喇叭状，斜壁；灶壁前部及底红色烧结面，斜壁，红烧土块和黄土斑，土质疏松，含炭灰、草木灰等	
Z8	2007YYⅠ西ⅠT1北部②→Z8→⑤B	105°	开口距地表25、长55、宽20~25、深10~20	近似长方形土圹，土圹直壁，圆底，土圹两侧用残砖砌壁，砖壁残存3层。坑内堆积为灰烬，无包含物	被H131打破，打破H166。疑其为厕坑
Z9	2007YYⅠ西ⅠT25东北部③→Z9→④	119°	开口距地表62、东西长130、南北宽70、深51	平面呈勺状，由灶膛和投火口两部分组成，灶膛口位于火膛东部，现存平面呈近圆形，斜壁，底为红色烧结面。投火口分3层，灶内填土分3层，土质较硬，西窄东宽，直壁，红烧土块、炭块，内含草木灰等，红烧土块，第1层灰色，土质疏松，内含草木灰等。第2层黄色淤土。第3层灰土，灶底有黑色灰烬	被H31打破，打破H283、Z5

续表

遗迹号	层位	方向	尺寸（厘米）	平面形状与堆积	打破关系
Z11	2007YY西ⅠT10中部偏西③→Z11→④	107°	开口距表53、长90、宽60、深2～6	长方形土圹，土圹以土坯侧立砌壁，东西两端各一块；南侧纵列一行两块；北侧内外层，每层纵列外层东端土坯大部烧成红色，夹杂大量草木灰及炉渣。坑内填土深褐色，土质疏松	被H279打破。疑其为厕坑
Z12	2007YY西ⅠT17西南部③→Z12→⑤	195°	开口距地表75、长150、宽85、深30	由投火口、火门、灶膛、烟囱四部分组成。投火口平面呈近长方形、斜壁、底向灶膛底倾斜，呈南高北低的坡状。火门平底，火顶、火膛平面近圆形，斜壁外张，平底。烟囱位于火膛西北部，平面呈近长梯形。灶内填土灰褐色，土质疏松，包含红烧土颗粒、炭粒等。灶膛及投火口底有黑色灰烬	
Z13	2007YY西ⅠT7中部②→Z13→⑤	196°	开口距地表40、东西宽100、南北残长96、高35	南部被H208破坏，现存平面呈"凹"字形，底部垫一层黄土。东、西、北三面存黄土夯筑端，夯土墙厚20厘米，内壁有小夯窝，弧底，坑内填土为灰烬、含较多炭渣、烧土颗粒等	被H208打破，打破H245。疑其为厕坑
Z14	2007YY西ⅠT25北隔梁下③→Z14→④	199°	开口距地表62、整体长108、现有深度28	平面略呈勺状，底近矿、壁、弧壁，斜底，呈南高北低的坡状。由灶膛和投火口两部结合面，投火口已残，灶膛填土灰褐色，土质疏松，夹杂大量烧土块和草木灰	
白灰面	2007YY西ⅠT21西北部H366→白灰面→④	157°	开口距地表80、长180、宽147、厚6～11	不规则形。堆积共分3层。第1层为白灰面，厚约1厘米。第2层为灰黄色夯土层，坚硬致密，上有夯窝，厚1～3厘米。第3层黄褐色夯土层，土质较硬，上无夯窝，厚3～7厘米	被H363、H366叠压
夯土基址	2007YY西ⅠT2南部和2007YY西ⅠT3东部⑥→夯土结构→生土	12°	开口距地表70～92、南北长1410、东西宽480、厚10～25	部分叠压于T2、T3东壁及T3南壁下。平面呈长方形，边缘较薄，中间较厚，层表呈北高南低的缓坡状。构筑方式是在纯黄土上挖槽至料姜石生土层表后，再用平夯方层起筑而成。目前的夯层保存有5层。第1层黄色，厚约5厘米，板结，夹杂较多料姜石，以料姜石为主。第2层褐黄色，厚约6厘米。第3层褐黄色，板结，夹杂较多料姜石，厚约8厘米。第4层褐黄色，包含多色，夹杂较多姜石，厚5～12厘米。第5层褐黄色，板结，夹杂多料姜石，厚5～10厘米	被H255打破

附表三 2007年禹州阳翟故城遗址东发掘区遗迹登记表

遗迹号	层位	方向	尺寸（厘米）	平面形状与堆积	打破关系
2006G1	东西向横贯2007YY东T1、T4、T7 T1: ⑪→2006G1→生土 T4: ⑤→2006G1→生土 T7: ⑥→2006G1→生土	94°	开口距地表100~115，口长2590，宽130~220，深80~100，底长2540，宽90~154	"L"形，东西向穿越T1、T4、T7后，在T7内向北转折。斜壁，底近平，略有起伏。沟内填土黄褐色，较为致密，含较多白色料姜石	
G1	2007YY东T7、T8、T9中部 T7: ②→G1→③B T8: ②→G1→③ T9: ③→G1→④	20°	开口距地表33~42，口长2900，宽75~100，深20~43，底长2900，宽65~78	长条形，斜壁，底近平，略有起伏。沟内填土黄褐色，土质疏松，夹杂少量炭粒、烧土	被H9打破，打破J4、H85、H105
G2	南北向纵贯2007YY东T4、2007YY东T5东部、2007YY东T6北部 T4: ②→G2→③B T5: ②→G2→③ T6: ②→G2→④	17°	开口距地表26~50，口长1920，宽76~108，深15~40，底长1900，宽65~85	长条形，斜壁，底近平，中间较两端深。沟内填土灰黄色，较为疏松，包含有烧土颗粒和黑色炭粒	被H19、H25、H26打破，打破H50、H58、H59、H72、H84、H167
G3	东西向横贯2007YY东T15、2007YY东T12、2007YY东T6 T6: ⑤C→G3→⑧ T12: ⑤→G3→⑥A T15: ④→G3→⑤B	99°	开口距地表40~52，长2160，宽36~140，深8~90	长条形，斜壁，底倾斜，略有起伏。沟内填土分3层。第1层黑褐色，土质疏松，含大量炭粒、煤渣及草木灰等。第2层黄褐色，土质较疏松。第3层灰黑色，土质疏松，夹杂炭粒、草木灰等	被H65打破，打破L1、H237、H238
H1	2007YY东T13西北部 ②→H1→③	107°	开口距地表30，长87，宽86，深50	部分位于发掘区内，平面似椭圆形，南壁直壁，其余斜壁，斜底。坑内填土灰褐色，土质疏松，含炭粒、红烧土颗粒	打破H3
H2	2007YY东T13南部 ②→H2→③	177°	开口距地表30，长径165，短径77，深38	不规则椭圆形，斜壁，圜底。坑内填土为煤渣，土质疏松，含大量炭粒	

续表

遗迹号	层位	方向	尺寸（厘米）	平面形状与堆积	打破关系
H3	2007YY东T13西北角 ②→H3→③	133°	开口距地表30、长162、宽54、深20	部分位于发掘区内，北部被H1破坏。形状不明，斜壁，近平底。坑内填土浅灰色，土质疏松，含红烧土颗粒	被H1打破，打破H4、H14
H4	2007YY东T13西北角 ②→H4→③	132°	开口距地表50、长92、宽90、深17	部分位于发掘区内，形状不明，斜壁，近平底。坑内填土褐灰色，土质疏松，含炭粒，红烧土颗粒	被H3打破
H5	2007YY东T13北部 ②→H5→③	107°	开口距地表25、长128、宽30、深50	部分位于发掘区内，似圆形之一部分，弧壁，圜底。坑内填土主要为煤渣，土质疏松，含大量炭粒	
H6	2007YY东T13中部偏东 ②→H6→③	177°	开口距地表30、长410、宽131、深36	长条形，斜壁，圜底近平。坑内填土主要为煤渣，土质疏松，炭粒，红烧土颗粒	
H7	2007YY东T14东北部 ②→H7→③	62°	开口距地表30、长166、宽150、深38～42	部分位于发掘区内。不规则形，斜直壁内收，含少量炭粒。浅灰土，质地疏松	
H8	2007YY东T4东北角 ②→H8→③	107°	开口距地表40、口长345、宽50～70、深15～30、底长330、宽30～65	部分位于发掘区内。不规则长方形，斜壁内收，弧底，东西两端略高于中部。坑内灰黄土，含少量红烧土颗粒、炭粒	
H9	2007YY东T8中部 ②→H9→③	115°	开口距地表45、长338、宽36～52、深32	不规则长条形，弧壁，圜底。坑内灰褐土，质地疏松，含极少炭粒	打破G1
H10	2007YY东T10东北部 ②→H10→③	102°	开口距地表28、长277、宽224、深50	不规则形，弧壁，圜底。坑内填土深褐色，土质疏松，包含大量炉渣和少量炭粒	打破H11
H11	2007YY东T10北部 ②→H11→③	107°	开口距地表22、长492、宽135、深93	部分位于发掘区内。不规则形，土质疏松，包含有大量炉渣、石灰粒、炭粒。坑内填土分4层，第1层灰褐色，土质黄色，土质疏松，包含有少量炉渣、炭粒、石灰粒，厚1～43厘米。第2层灰黑色，土质疏松，包含有大量炭粒和少量炉渣，厚1～50厘米。第3层灰黑色，土质疏松，包含有大量炭粒和少量炉渣，厚1～34厘米。第4层灰褐色，土质疏松，包含有大量炉渣的填土，炭粒，厚1～37厘米	被H10打破，打破H20

续表

遗迹号	层位	方向	尺寸（厘米）	平面形状与堆积	打破关系
H12	2007YY东T7西部和2007YY东T8西部 T7: ②→H12→④ T8: ②→H12→③	22°	开口距地表35~42、口长1145、宽135~165、深355、底长1105、宽95	大部位于发掘区内。不规则长条沟状，斜壁，平底。坑内灰褐土，质地疏松，含少量炭灰、烧土	打破H26、J4、H31、H40
H13	2007YY东T4东北部 ②→H13→③A	107°	开口距地表40、口长310、宽70~80、深5~15、底长305、宽55~70	部分位于发掘区内。长条形，斜壁，平底。坑内灰黄土，质地疏松，含红烧土颗粒、炭粒	打破H25
H14	2007YY东T13西北角 ②→H14→④	17°	开口距地表27、长65、宽53、深36	部分位于发掘区内。北部被H3破坏。形状不明，弧壁，土黄灰色，土质疏松，含炭粒、红烧土颗粒	被H3打破，打破H15
H15	2007YY东T13西北部 ②→H15→③	105°	开口距地表25~30、长118、宽115、深32	部分位于发掘区内。平面近似半椭圆形，斜壁，底近平。坑内填土浅灰色，土质疏松，含炭粒和少量红烧土颗粒	被H14打破
H16	2007YY东T13南部 ②→H16→③	107°	开口距地表30、长115、宽50、深32	部分位于发掘区内。近半圆形，斜壁，近平底。坑内填土主要为煤渣，土质疏松，含大量炭粒	打破H21
H17	2007YY东T15中部 ③→H17→④	100°	开口距地表40、口长636、宽50~78、深31~47、底长626、宽42~70	大部位于发掘区内。东宽西窄的长条形，壁稍斜，平底有起状，东深西浅	
H18	2007YY东T4中部偏西 ②→H18→③A	76°	开口距地表40、口长径290、短径130、深30、底长径270、短径105	近椭圆形，斜壁，平底。坑内灰黄土，质地疏松，含红烧土颗粒、炭粒	打破H25
H19	2007YY东T1及T4南部 T1: ②→H19→③ T4: ②→H19→④	107°	开口距地表40、口长1330、宽65~100、深20~40、底长1250、宽55~85	长条形沟状，斜壁，近平底，底东部略高于西部。坑内灰土，质地疏松	打破H45、H77、H79、H126、G2

续表

遗迹号	层位	方向	尺寸（厘米）	平面形状与堆积	打破关系
H20	2007YY东T10中部偏北 ②→H20→③	90°	开口距地表36、长211、宽112、深30	东部被H10破坏。不规则形，斜壁，近平底。坑内填土灰褐色，土质疏松，包含大量红色料姜石、石灰块和少量炭粒	被H11打破
H21	2007YY东T13东南部 ②→H21→③	107°	开口距地表30、长130、宽65、深26~32	部分位于发掘区内。平面形状不规则，斜壁，平底东浅西深。坑内填土浅灰色，土质疏松，含炭粒	被H16打破
H22	2007YY东T14东部 ③→H22→⑤	98°	开口距地表45、长径97、短径74、深21	西端被现代坑破坏。椭圆形，斜壁内收，圜底近平。坑内浅灰土，质地疏松，含炭粒，少量红烧土颗粒	打破H69、H97
H23	2007YY东T7北部偏东 ②→H23→③B	107°	开口距地表20、长176、宽47、深87、宽52	平面形状无法判断，东壁上部微弧壁，下部及南壁为斜壁，西壁为直壁，呈上小下大的袋状。平底。坑内分2层。第1层深灰土，质地十分疏松，含较多草木灰和少量烧土。第2层黄土，质地紧密，较为纯净	
H24	2007YY东T8西南部和T9西北部 T8: ②→H24→③ T9: ③→H24→④	18°	开口距地表40~42、长1518、宽95~160、深61	不规则长条沟状，南端为弧壁，其余为斜壁，坑底纵向南北浅、中部较深，呈弧状。坑内灰褐土，质地疏松，含少量炭灰、烧土	打破H85
H25	2007YY东T1和T4北部 T1: ②→H25→③ T4: ②→H25→③A	107°	开口距地表40~45、口长1400、宽75~100、深25~35、底长1385、宽60~85	长条形沟状，斜壁，平底。坑内灰黄土，质地疏松，含少量红烧土颗粒及炭粒、炭粒	被H13、H18打破，打破H43、H44、H58、G2
H26	2007YY东T1、T4中部及T7西部 T1: ②→H26→③ T4: ②→H26→③A T7: ②→H26→④	107°	开口距地表40~45、口长1690、宽75~110、深25~45、底长1705、宽65~80	长条形，斜壁，平底。坑内灰黄土，质地疏松，含少量红烧土颗粒及炭粒	被H12打破，打破H42、H78、G2

续表

遗迹号	层位	方向	尺寸(厘米)	平面形状与堆积	打破关系
H27	2007YY东T15南部 ③→H27→④	101°	开口距地表42，口长520，宽70~106，深6~20，底长508，宽50~82	大部位于发掘区内。不规则长条形，斜壁微弧，底部起伏较大，西部略深，东中部略浅。坑内黄灰土，质地较松散，含少量石粒	
H28	2007YY东T15东南角 ③→H28→⑤	113°	开口距地表36，口长210，宽88~104，深37~42，底长130，宽50~60	部分位于发掘区内。不规则形，斜壁，平底微弧。坑内黄土，质地疏松，含少量石粒	
H29	2007YY东T14西部 ③→H29→⑤	107°	开口距地表35，长315，宽216，深40	部分位于发掘区内。不规则形，斜壁，西壁为斜壁，南、西壁为弧壁，东壁上斜壁，平底。坑内灰土，质地疏松，含炭粒、草木灰、红烧土颗粒	打破H56
H31	2007YY东T7西南部 ②→H31→④	110°	开口距地表40，长130，宽150，深56	部分位于发掘区内。不规则形，半椭圆形，弧壁，圆底。坑内浅灰土，质地疏松，含少量炭粒、烧土	被H12打破
H32	2007YY东T11西南部 ③→H32→⑥	12°	开口距地表40，口长150，宽110，深40，底长80，宽50	不规则形。西、北斜壁，东壁上部垂直，下部缓收，南壁弧收，坑底有腰坑状结构，呈长方形。坑内分2层。第1层红烧土和炭灰，第2层红烧土褐土，厚约24厘米，厚约16厘米	
H33	2007YY东T14东北部 ③→H33→⑤	17°	开口距地表45，长204，宽116，深19	部分位于发掘区内。不规则形。弧壁内收，圆底近平。坑内浅灰土，含有炭粒及少量烧土颗粒	打破H136、H188
H34	2007YY东T14西北部 ③→H34→⑤	17°	开口距地表35，长130，宽66，深26~28	部分位于发掘区内。不规则形。东西壁为斜壁，南壁为弧壁，近圆底。坑内浅灰土，土质疏松，含炭粒及少量红烧土颗粒	打破H56
H35	2007YY东T10西南部 ③→H35→⑤	17°	开口距地表32，长径104，短径76，深48	大部位于发掘区内。近椭圆形，弧壁，圆底。坑内填土黑褐色，土质疏松，包含大量炭粒、白灰粒、烧土颗粒	打破H54、H63
H36	2007YY东T10西部 ③→H36→⑤	17°	开口距地表40，长213，宽63，深78	部分位于发掘区内。不规则形，弧壁，圆底。坑内填土分3层。第1层灰褐色，土质疏松，包含烧土颗粒、炭粒、石灰粒，厚6~20厘米。第2层灰黑色，土质疏松，包含大量炭粒、烧土颗粒，厚1~26厘米。第3层黄褐色，土质疏松，包含大量炭渣、炉渣、白色料姜石，厚1~34厘米	

续表

遗迹号	层位	方向	尺寸（厘米）	平面形状与堆积	打破关系
H37	2007YY东T10西北部 ③→H37→⑤	17°	开口距地表34，长84，宽48，深17	部分位于发掘区内。近半圆形，弧壁，近平底。坑内填土灰褐色，土质疏松，包含大量炭灰、红烧土颗粒	
H38	2007YY东T11西部 ④→H38→⑤	98°	开口距地表45，长径260，短径116，深18	不规则长椭圆形，斜壁，近平底有起伏。坑内灰土，为一次性堆积	
H39	2007YY东T11东南部 ③→H39→⑥	0°	开口距地表35，长270，宽166，深32	不规则形，斜壁，近平底。坑内红褐土，质地疏松，含一些炭灰	打破H176
H40	2007YY东T7西北部 ②→H40→④	17°	开口距地表50，长162，宽108，深34	部分位于发掘区内。近长方形，弧壁，圜底，南浅北深。坑内浅灰土，质地疏松，含少量炭灰、烧土	被H12打破
H41	2007YY东T13西北部 ③→H41→⑤	115°	开口距地表40，长267，宽75，深26~51	西端被H3破坏。长条形，斜壁，平底东深西浅。坑内填土黄褐色，土质疏松，含炭粒、红烧土颗粒	被H3打破，打破H153
H42	2007YY东T4中部 ②→H42→④	107°	开口距地表40，长90~100，宽45~55，深15~25	被H26破坏。残存部分长方形，南壁斜壁、东西壁直壁，底部中部略低近圜底。坑内灰黄土，质地致密，较纯净	被H26打破
H43	2007YY东T1东北部 ②→H43→⑧	17°	开口距地表45，口长144，宽80，深25，底径120	不规则形，斜壁，平底。填土黄褐色，土质疏松，含少量炭粒	被H25打破
H44	2007YY东T1中部偏北 ②→H44→③	45°	开口距地表58，长154，宽120，深12	不规则形，斜壁，近平底。填土浅褐色，土质疏松，含草木灰、炭粒	
H45	2007YY东T1中部偏南 ②→H45→③	105°	开口距地表55，长186，宽50~104，深44	不规则形，斜壁，斜底。填土灰褐色，土质疏松，含红烧土颗粒和炭粒	被H19打破，打破H126、H127
H46	2007YY东T2中部偏西 ②→H46→③	105°	开口距地表45，长径138，短径112，深18	不规则椭圆形，弧壁，平底。填土浅灰褐色，土质疏松，含零星炭粒	
H47	2007YY东T2中部 ②→H47→③	109°	开口距地表45，长268，宽46~60，底长240，宽34~40	长条形，斜壁，斜底。填土浅灰色，土质疏松，含炭粒	
H48	2007YY东T2东南部 ②→H48→③	107°	开口距地表42，长530，宽76~100，深30	长条形，斜壁，近平底。填土浅褐色，土质疏松，含炭粒	

续表

遗迹号	层位	方向	尺寸（厘米）	平面形状与堆积	打破关系
H49	2007YY东T2东北部 ②→H49→⑦	110°	开口距地表56，口长400，宽84~100，底长386，宽24，底长386，宽80	长条形，斜壁，斜底。填土浅灰色，土质疏松，含石灰颗粒、炭粒	打破H50
H50	2007YY东T5西北部和2007YY东T2东北部 T2: ②→H50→⑦ T5: ②→H50→③	105°	开口距地表38~42，长680~700，宽60~78，深22~40	长条形，斜壁，平底。填土灰褐色，土质疏松，含有零星炭粒、红烧土颗粒、石粒	被G2、H49打破，打破H111
H51	2007YY东T8西南部 ③→H51→④	120°	开口距地表48，口径82，深42，底径60	不规则圆形，斜壁，平底。坑内灰褐土，质地疏松，含白灰粒、炭灰、烧土	
H52	2007YY东T8东北部 ③→H52→④	17°	开口距地表35，长242，宽50，深24	部分位于发掘区内。圆角长方形，弧壁，平底。坑内灰褐土，质地适中，含少量烧土、炭灰	
H53	2007YY东T8东北部 ③→H53→④	102°	开口距地表42，长106，宽60，深54	近长方形，东西两端弧边，北、东壁为直壁，南、西壁为斜壁，圜底。坑内灰褐土，质地疏松，含白灰粒、炭灰、烧土	
H54	2007YY东T10西南角 ③→H54→⑤	17°	开口距地表35，长98，宽50，深25	部分位于发掘区内，北部被H35破坏。形状不明，弧壁，圜底。坑内填土灰褐色，土质疏松，包含少量炭粒、红烧土颗粒	被H35打破，打破H62
H55	2007YY东T3西南部 ②→H55→③B	27°	开口距地表44，长径148，短径96，深41	椭圆形，坑内收缩略呈弧，平底。坑内黑褐土，质地疏松	
H56	2007YY东T14西北部 ③→H56→⑤	107°	开口距地表40，长247，宽94，深51	部分位于发掘区内。形状不明，东壁为斜壁，南壁残存为斜直壁，底高低不平。坑内填土为煤渣土，质地疏松，含较多炭粒、煤渣及烧土颗粒，底北深南浅，北半部呈圜底，南半部为平底	被H29、H34打破，打破H95、H109、H192
H57	2007YY东T13中部偏东 ③→H57→④	107°	开口距地表40，长285，宽266，深40	不规则形，斜壁微弧，底近平。坑内填土主要褐灰色，土质疏松，含炭粒、红烧土颗粒	打破H83
H58	2007YY东T4东北部 ②→H58→④	107°	开口距地表40，口长195，宽85~110，深15~25，底长185，宽85~105	不规则形，北部被H25破坏，残存部分近长方形，斜壁，弧底，土质疏松，含少量红烧土颗粒及炭粒。坑内灰土质地疏松	被H25、G2打破

续表

遗迹号	层位	方向	尺寸（厘米）	平面形状与堆积	打破关系
H59	2007YY东T4南壁下②→H59→③B	17°	开口距地表40，口长95，宽70，深15～25，底长80，宽60	部分位于发掘区内。近半圆形，斜壁，弧底。坑内灰土，质地疏松，含少量红烧土颗粒及炭粒	被G2打破
H60	2007YY东T4西部③A→H60→④	17°	开口距地表50，深口径205，短径135，底长径180，短径115，深35～45	椭圆形，斜壁，圆底。坑内灰土，质地疏松，含少量炭粒	
H61	2007YY东T8东北部③→H61→④	10°	开口距地表42，长110，宽106，深14	圆角方形，弧壁，平底。坑内黄褐土，质地紧密，较纯净	
H62	2007YY东T10西南角③→H62→⑤	15°	开口距地表42，长径112，短径110，深34	不规则圆形，弧壁，圆底。坑内填土深褐色，土质疏松，包含少量炭粒、石灰粒	被H54打破，打破H73
H63	2007YY东T10西南部③→H63→⑤	12°	开口距地表45，长径140，短径122，深30	北部被现代坑打破坏。近椭圆形，弧壁，圆底。坑内填土灰褐色，土质疏松，包含大量草木灰和少量白色料姜石	被H35打破，打破H71
H64	2007YY东T10西北部③→H64→⑤	10°	开口距地表30，长径94，短径66，深38	不规则椭圆形，斜壁，近平底。坑内填土灰黄色，土质疏松，包含炭粒、烧土颗粒	打破H74
H65	2007YY东T12西北部④→H65→⑤	107°	开口距地表40～50，口长430，宽320，深70～120，底长370，宽280	部分位于发掘区内。不规则形，斜壁，平底有起伏。填土分2层。第1层灰色，土质疏松，厚30～40厘米。第2层灰黑色，土质疏松，夹炭粒、红烧土颗粒，厚30～40厘米	
H66	2007YY东T3北部 T2:②→H66→⑥ T3:③B→H66→13	107°	开口距地表36～38，长径284，短径208～240，深98	不规则圆形，弧壁，圆底。坑底西部有一堵"L"形砖墙，素面砖错缝平铺直砌，残存7层，高72厘米。填土分2层。第1层褐色，土质疏松，含炭粒、红烧土块，厚28～70厘米。第2层黄褐色，较硬，含红烧土颗粒、炭粒，厚30～70厘米。砖长26，宽18，厚6厘米	
H67	2007YY东T2南部②→H67→⑦	31°	开口距地表50，长径74，短径62，深22	椭圆形，斜壁，近平底。填土浅灰褐色，土质疏松，含草木灰和红烧土颗粒	

续表

遗迹号	层位	方向	尺寸（厘米）	平面形状与堆积	打破关系
H68	2007YY东T2西北部 ②→H49→③	20°	开口距地表42、口长360、宽40～50、深22、底长352、宽36	长条形，斜壁，近平底。填土灰黄褐色，土质疏松，含草木灰、红烧土颗粒	打破H113
H69	2007YY东T14东部 ③→H69→⑤	11°	开口距地表45、长520、宽115、深20～66	不规则长条形，弧壁内收，平底，中间深两端浅。坑内填土为煤渣土，质地疏松，含大量煤渣、炭粒、红烧土及草木灰	被H22打破，打破H136、H137
H70	2007YY东T11西部 ③→H70→⑤	107°	开口距地表40、口长147、宽88、深32、底长136	部分位于发掘区内。长条形，东壁斜壁，南北弧壁，坑内填土黄褐色，疏松细腻，为一次性堆积	打破H89、H90
H71	2007YY东T10西南部 ③→H71→⑤	1°	开口距地表40、长径143、短径113、深15厘米	近椭圆形，斜壁，斜底，坑内填土黄褐色，土质疏松，包含少量炭粒、烧土颗粒、石灰粒	被H63打破
H72	2007YY东T5东南部 ②→H72→③	114°	长440、宽110、深10～30、底长438、宽102	部分位于发掘区内。长条形，斜壁，平底，局部被H62破坏。不规则形，弧壁，土质疏松，含少量炭粒	被G2打破
H73	2007YY东T10西南角 ③→H73→⑤	107°	开口距地表30、长128、宽63、深40	部分位于发掘区内。形状不规则，弧壁，圆底，烧土颗粒和少量白色料姜石	被H62打破
H74	2007YY东T10西北角 ③→H74→⑤	17°	开口距地表30、长72、宽58、深28	形状不规则，弧壁，平底，包含少量白色料姜石、炭粒、烧土颗粒	被H64打破
H75	2007YY东T11东北部 ③→H75→④	107°	开口距地表40、长径153、短径108、深18	不规则椭圆形，弧壁，圜底近平。坑内灰褐土，质地疏松，为一次性堆积	打破H98、J6
H76	2007YY东T11东部 ③→H76→④	102°	开口距地表35、长径78、短径54、深13	椭圆形，斜壁，平底。坑内黄土，质地疏松，为一次堆积	打破H162
H77	2007YY东T11东南部 ②→H77→③	20°	开口距地表50、深70、深54、底长182、宽44～52、宽122	近似长方形，斜壁，近平底。填土灰褐色，土质致密，含红烧土颗粒、灰白土块及炭粒	被H19打破，打破H127

续表

遗迹号	层位	方向	尺寸（厘米）	平面形状与堆积	打破关系
H78	2007YY东T1中部 ②→H78→③	40°	开口距地表60、长190、宽110、深20	不规则形，弧壁，弧底。填土黄黑褐色，土质疏松，含炭粒	被H26、H44打破
H79	2007YY东T1东南部 ②→H79→③	17°	开口距地表45、长80、宽60~100、深18	不规则形，弧壁，弧底。填土灰褐色，土质疏松，含白色石灰颗粒、煤渣、炭粒	被H19打破
H80	2007YY东T13西南部 ③→H80→④	124°	开口距地表40、长径119、短径105、深28~37	近椭圆形，袋状，平底东南浅西北深。坑内填土浅灰色，土质疏松，含炭粒和红烧土颗粒	打破H100、H120
H81	2007YY东T13西部 ③→H81→⑤	107°	开口距地表40、长295、宽42~62、深24~31	长条形，斜壁，近平底。坑内填土黄灰色，土质疏松，含炭粒和红烧土颗粒	打破H107、H186
H82	2007YY东T13西北部 ③→H82→⑤	115°	开口距地表35、长径157、短径82、深37	椭圆形，斜壁，圜底。坑内填土灰褐色，土质疏松，含炭粒和少量红烧土颗粒	打破H104、H107
H83	2007YY东T13东北部 ③→H83→④	107°	开口距地表35、长76、宽50、深28	被H6、H57破坏，形状不明，斜壁，平底。坑内填土黄灰色，土质疏松，含炭粒、红烧土颗粒	被H57打破，打破H99
H84	2007YY东T13东北部 ④→H84→⑤C	115°	开口距地表52、口长530、宽76~96、深22、底长505、宽70~90	长条形，斜壁，平底不规则。填土黄色，夹零星黑斑，土质疏松	打破H142
H85	2007YY东T9西部和T6东部 T9: ③→H85→④ T6: ②→H85→④	115°	开口距地表43~45、口长678、宽48~208、深8~37、底长636、宽30~191	不规则形，斜壁，近平底。坑内填土黑黄色，夹杂黄沙斑，土质疏松	被G1、H24打破，打破G3
H86	2007YY东T6东南部 ②→H86→④	98°	开口距地表44、口长130、宽75~80、深11~12、底长124、宽60~68	部分位于发掘区内。不规则形，弧壁，弧底。坑内填土深黑色，土质疏松，含较多煤渣和炭粒	打破J1
H87	2007YY东T13东北部 ③→H87→④	107°	开口距地表40、长143、宽50、深26	部分位于发掘区内。不规则形，斜壁，弧底。坑内填土浅灰色，土质疏松，含炭粒	打破H117、H118
H88	2007YY东T6南角 ②→H88→④	113°	开口距地表40、口长360、宽31~160、深58~150、底长360、宽58~150	不规则长条形，西壁直壁，其余弧壁，弧底。填土灰褐色，土质疏松	

续表

遗迹号	层位	方向	尺寸（厘米）	平面形状与堆积	打破关系
H89	2007YY东T11西部 ③→H89→⑤	17°	开口距地表40、长159、宽69、深16	部分位于发掘区内。形状不明，弧壁，圜底。坑内填土黄偏红，质地疏松，为一次性堆积	被H70打破，打破H128
H90	2007YY东T11西部 ③→H90→⑥	17°	开口距地表40、口长130、宽65、底长124、宽60	部分位于发掘区内。形状不明，弧壁，圜底近平。坑内灰土，质地疏松	被H70打破
H91	2007YY东T6南部 ④→H86→⑤A、⑤B	70°	开口距地表38、口长500、宽90～105、深26、底长455、宽88～94	长条形，斜壁，弧底。填土黄褐色，土质较疏松，含少量炭粒	打破J1、H155
H92	2007YY东T13西部 ③→H92→⑤	17°	开口距地表36、长262、宽55、深30	部分位于发掘区内。不规则形，斜壁，圜底。坑内填土褐灰色，土质较硬，含炭粒和少量红烧土颗粒	打破H168
H93	2007YY东T13南部 ③→H93→④	107°	开口距地表45、长259、宽200、深27	部分位于发掘区内。不规则形，斜壁，近平底。坑内填土浅灰色，含炭粒、红烧土颗粒	打破H119
H94	2007YY东T13东部 ③→H94→④	17°	开口距地表45、长245、宽46、深59～66	部分位于发掘区内。不规则形，斜壁，圜底不平。坑内填土褐灰色，含炭粒和少量红烧土颗粒	打破J2
H95	2007YY东T14西部 ③→H95→⑤	107°	开口距地表30、长260、宽163、深39～49	部分位于发掘区内。圆角长方形，南壁略为弧壁，其余为斜壁，底西高东低。坑内分2层，第1层，煤渣土，含草木灰；第2层，灰褐土，质地疏松，含红烧土颗粒、炭粒等	被H56打破，打破H135
H96	2007YY东T14西部 ③→H96→⑤	17°	开口距地表40、长383、宽25～60、深10～23	大部分位于H75破坏。不规则长条形，斜壁，底南部高于东部略呈台阶状。坑内灰土，质地疏松，含草木灰、红烧土颗粒等	打破H110
H97	2007YY东T14东北部 ④→H97→⑤	20°	开口距地表45、长690、宽87～133、深41	大部分被H75破坏。不规则长条形，弧壁内收，平底有起伏。坑内灰土及煤渣混合而成，质地疏松，含炭粒、红烧土颗粒、草木灰等	被H22打破，打破H137
H98	2007YY东T13东北部 ③→H98→⑤	113°	开口距地表40、直径73、深16	西部被H75破坏。圆形，弧壁，圜底，平底。坑内填土红褐色，质地疏松，含少量炭粒	被H75打破
H99	2007YY东T13东北部 ③→H99→④	10°	开口距地表45、长285、宽80～87、深34	部分位于发掘区内。长条形，直壁，平底。坑内填土浅灰色，土质疏松，含炭粒和少量红烧土颗粒	被H83打破，打破H108、H117、H131、H132

续表

遗迹号	层位	方向	尺寸（厘米）	平面形状与堆积	打破关系
H100	2007YY东T13西南部 ③→H100→⑤	11°	开口距地表40、长153、宽63、深10	南部被H80破坏。长条形，弧壁，平底。坑内填土褐灰色，土质疏松，含炭粒和少量红烧土颗粒	被H80打破
H102	2007YY东T7东南部 ③B→H102→④	17°	开口距地表50、长150、宽86、深62	部分位于发掘区内。近半圆形，弧壁，圆底。坑内填土，质地疏松，含炭灰、煤渣、白灰渣	
H103	2007YY东T7中南部 ③B→H103→④	107°	开口距地表50、直径146、深72	近圆形，直壁，平底。坑内浅灰土，质地适中，含白灰粒炭粒	打破H122、H124
H104	2007YY东T13西北部 ③→H104→⑤	107°	开口距地表40、直径83、深25	西南部被H82破坏。圆形，直壁，平底。坑内填土褐灰色，土质较硬，含炭粒、红烧土颗粒	被H82打破，打破H153
H105	2007YY东T9中部 ③→H105→④	110°	开口距地表54、口长265、宽32~54、深17~22、底径245、宽24~42	长条形，南北壁斜直壁，东西壁斜弧壁，平底。坑内填土深褐色，土质疏松，含少量红烧土、红色料姜石、红烧土颗粒	被G1打破，打破H147
H106	2007YY东T10西北部 ⑤→H106→⑥	107°	开口距地表45、长265、宽96、深14	近长方形，斜壁，近平底。坑内填土褐色，土质疏松，烧土颗粒	打破H159
H107	2007YY东T13西部 ③→H107→⑤	17°	开口距地表40、直径184~185、深49~64	近圆形，弧壁，圆底不规则。坑内填土灰褐色，土质疏松，红烧土颗粒	被H81、H82打破，打破H185
H108	2007YY东T13中部 ③→H108→⑤	82°	开口距地表45、长317、短径130、深12~30	椭圆形，斜壁，平底东浅西深。坑内填土较硬，土质较硬，含炭粒、红色料姜石、红烧土颗粒	被H99打破，打破H153、H186
H109	2007YY东T14北部 H56→H109→⑥	107°	开口距地表85、长125、宽26、深45	部分位于发掘区内。平面形状略近半椭圆形一部分，斜壁，直壁，圆底。坑内灰褐土，质地疏松，含炭粒、红烧土颗粒等	被H56打破，打破H135
H110	2007YY东T14西部 ④→H110→⑤	107°	开口距地表35、长310、宽82~180、深47	不规则形，斜壁，斜壁内收，近圆底。填土黄褐色，质地疏松，含炭粒、红烧土颗粒、草木灰等	被H96打破
H111	2007YY东T5西北部 ②→H111→③	110°	开口距地表40、口长832、宽60、深30~42、底长814、宽52	不规则长条形，斜壁，平底有起伏。填土黄褐色，含炭粒、石粒	被H50打破，打破H123
H112	2007YY东T7东北部 ③B→H112→④	17°	开口距地表30、长227、宽248、深30	部分位于发掘区内。上部形状不规则，弧壁内收，下部近长方形，圆底。坑内分2层。第1层，褐黄土，红料姜土，质地紧密板结，厚10厘米左右。第2层，褐黄色，质地紧密，含料姜石粒和少量炭灰烧土	

续表

遗迹号	层位	方向	尺寸（厘米）	平面形状与堆积	打破关系
H113	2007YY东T2北部②→H113→⑦	110°	开口距地表44，口长480，宽76，深30，底长470，宽70	长条形，斜壁，近平底。填土灰褐色，土质疏松，含红烧土颗粒、炭粒	被H68打破
H114	2007YY东T10西南部⑤→H114→⑥	9°	开口距地表49，长268，宽208，深15	北部被H63、H71破坏。平面似原为椭圆形，斜壁，近平底。坑内填土灰褐色，土质疏松，包含大量炭粒和少量烧土颗粒、白色料姜石	打破H152
H115	2007YY东T10西北部⑤→H115→⑥	57°	开口距地表45，长67，短径57，深16	近椭圆形，弧壁，圜底。坑内填土深灰色，土质疏松，包含炭粒、红烧土颗粒、白灰块	
H116	2007YY东T10东南部⑤→H116→⑥	17°	开口距地表56，长190，宽44，深35	部分位于发掘区内。形状不明，弧壁，圜底。坑内填土浅灰色，土质疏松，包含大量炉渣和少量炭粒	打破H157、H158
H117	2007YY东T13东北部③→H117→⑤	107°	开口距地表50，宽50，深24	不规则形，斜壁，平底。坑内填土红色，土质较硬	被H99、H87打破，打破H153
H118	2007YY东T13东北部③→H118→④	17°	开口距地表55，宽61，深30	北部被H87破坏。形状不明，弧壁，圜底。坑内填土黄灰色，土质疏松，含炭粒、红烧土颗粒	被H87打破
H119	2007YY东T13东南部③→H119→④	107°	开口距地表72，长190，宽73~90，深31	近似长方形，直壁，平底。坑内填土黄灰色和煤渣渣混合，土质疏松，含煤渣、炭粒、红烧土颗粒	被H93打破，打破H133、H134
H120	2007YY东T13西南部③→H120→④	17°	开口距地表35，长159，宽76，深43~48	部分位于发掘区内。不规则形长条形，直壁，平底。坑内填土分2层。第1层浅黑色，土质疏松，含煤渣、炭粒、红烧土颗粒；第2层黑褐色，土质疏松，厚8厘米	被H80打破，打破H146
H121	2007YY东T6东南部④→H121→⑤A	14°	开口距地表40，口长184，宽30~108，深36，底长157，宽30~70，厚28厘米	部分位于发掘区内。不规则形长条形，弧壁，弧底。填土黄褐色，土质疏松，含炭灰、烧土	打破H155
H122	2007YY东T7中东部③B→H122→④	86°	开口距地表40，长径118，短径80，深20	近椭圆形，弧壁，圜底。坑内填土灰褐色，质地疏松，含炭灰、烧土	被H103打破，打破H144
H123	2007YY东T5中部偏北②→H123→③	94°	开口距地表38，宽110，深26~39，底长560，宽88	不规则长条形，壁微斜，平底有起伏。填土黄褐色，土质疏松，含炭粒、石粒	被H111打破，打破H143

续表

遗迹号	层位	方向	尺寸（厘米）	平面形状与堆积	打破关系
H124	2007YY东T7东南角③B→H124→④	17°	开口距地表45、长310、宽315、深36	不规则形，弧壁，圆底。坑内灰褐土，质地疏松，含较多煤灰及少量炭灰、烧土	被H103打破
H125	2007YY东T15西北部④→H125→⑤B	103°	开口距地表37、口长140、宽40~50、深30~45、底长120、宽34~46	略呈长方形，东宽西窄，南北壁稍斜，东西壁为弧壁，平底有起伏，西浅东深。坑内灰土，质地疏松，含少量煤灰	打破H163
H126	2007YY东T1南部②→H126→③	150°	开口距地表50、长径154、短径120、深12	椭圆形，弧壁，近平底。填土黑褐色，土质疏松，含红烧土颗粒和炭粒	被H19、H45打破
H127	2007YY东T1东南部②→H127→③	114°	开口距地表42、长486、宽55~65、深26	长条形，斜壁，平底。填土浅灰色，土质疏松，含零星红烧土颗粒、炭粒	被H45、H777打破
H128	2007YY东T11西部③→H128→⑤	107°	开口距地表40、长226、宽82、深50	西部被H89破坏，长条形，斜壁，平底不规则，西部较东部深。坑内分2层。第1层红色料姜石、第2层灰土	被H89打破，打破H156
H129	2007YY东T9中部偏南④→H129→⑥B	42°	开口距地表120、短径86、深17、底长径96、短径54	西部被G1破坏，近椭圆形，弧壁，平底，圆底。坑内填土黑褐色，土质疏松，含大量炭粒红烧土颗粒、含大量炉渣	打破H147
H130	2007YY东T9西南角④→H130→⑥B	17°	开口距地表104~114、口长131、宽64、深4~10、底长117、宽50	部分位于发掘区内。半圆形，弧壁，圆底。坑内填土灰红色，土质疏松，含大量炭粒和少量红烧土颗粒	打破H147
H131	2007YY东T13东北部③→H131→④	12°	开口距地表45、长175、宽74、深19	西部被H99破坏，近半圆形，弧壁，圆底。坑内填土黄灰色，土质疏松，含炭粒、红烧土颗粒	被H99打破
H132	2007YY东T13东部③→H132→④	17°	开口距地表45、长278、宽57、深16~18	被H57、H83、H99破坏，形状不明，斜壁、平底。坑内填土灰褐色，土质较硬、含炭粒、红烧土颗粒	被H99打破，打破H170
H133	2007YY东T13南部③→H133→④	107°	开口距地表60、长145、宽77、深28	部分位于发掘区内。近半圆形，斜壁，平底。坑内填土黄灰色，土质较硬，含炭粒和少量红烧土颗粒	被H119打破
H134	2007YY东T13南部③→H134→④	107°	开口距地表35、长170、宽120、深95	部分位于发掘区内。平面形状近半圆，弧壁，圆底，含炭粒、红烧土颗粒、绿色水锈	被H119打破，打破H160

续表

遗迹号	层位	方向	尺寸（厘米）	平面形状与堆积	打破关系
H135	2007YY东T14西北部 ③→H135→⑥	69°	开口距地表75，长径104，短径88，深24	北端被H109破坏。椭圆形，东西为直壁，南壁为弧壁，底近平。坑内黄褐土，质地较硬，含少量炭粒	被H109打破
H136	2007YY东T14东北部 ③→H136→⑤	161°	开口距地表35，长径253，短径166，深30~35	近椭圆形，南北为弧壁，东西为斜壁，底东高西低。坑内灰褐土，含有炭粒、红烧土颗粒等，质地较硬	被H33、H69打破，打破H173
H137	2007YY东T14中部 ④→H137→⑤	107°	开口距地表35，长径324，宽112，深41	东端被H22、H69破坏。长条形，西壁为弧壁，南北为斜直壁，底近平。坑内深灰土，质地疏松，含炭粒、红烧土颗粒、草木灰等	被H69、H97打破，打破H173
H138	2007YY东T11东南部 ③→H138→④	107°	开口距地表40，长166，宽155，深34	部分位于发掘区内。方形，南北为弧壁，西壁为斜壁，底近平。坑内灰土，含大量炭灰	打破H161
H139	2007YY东T9东南部 ④→H139→⑥B	17°	开口距地表62，口径86，短径72，深275，宽60~90，18~22，底长255，宽52~82	部分位于发掘区内。近似长条形，弧壁，圆底。坑内填土黄褐色，土质疏松，含少量炭粒	打破H179、H181
H140	2007YY东T9中部偏东 ④→H140→⑥B	100°	开口距地表58，口径86，短径72，深12~16，底长径74，短径60	近椭圆形，斜壁微弧，圆底。坑内填土黄褐色，土质疏松，含少量红烧土颗粒、炭粒	打破H181
H141	2007YY东T12西南部 ④→H141→⑥A、⑥B	107°	开口距地表60~70，口长260，宽180，深20，底长250，宽170	部分位于发掘区内。不规则形，斜壁，平底有起伏，北浅南深。填土灰黑色，土质疏松，夹少量炭粒、红烧土	打破H172
H142	2007YY东T5西北部 T6：④→H142→⑥A T5：②→H142→③	107°	开口距地表30~40，口长356，宽355，深53~71，底长346，宽324	部分位于发掘区内。不规则形，斜壁，圆底有起伏。填土灰黑色，含炭粒、石灰颗粒	被H84打破，打破H174、Y1
H143	2007YY东T5中部偏南 ②→H143→③	111°	开口距地表35，口长794，宽82，深10~26，底长750，宽36	长条形，斜壁，近平底。填土灰褐色，土质疏松	被H123打破，打破H154

续表

遗迹号	层位	方向	尺寸（厘米）	平面形状与堆积	打破关系
H144	2007YY东T7中东部③B→H144→④	292°	开口距地表40，长236，宽46~174，深14	圆角梯形，西窄东宽，弧壁，圆底。坑内灰褐土，白灰粒、炭灰和，质地疏松、烧土	被H122打破，打破H150和H151
H145	2007YY东T7东北角③B→H145→④	17°	开口距地表30，长110，宽56，深44	部分位于发掘区内。平面形状无法判断，弧壁，圆底。坑内浅灰土，质地疏松，含少量炭灰	
H146	2007YY东T13西南部③→H146→⑤	107°	开口距地表30，长145，宽52，深24	部分位于发掘区内。东部被H120破坏，不规则形，斜壁，圆底近平。坑内填土灰褐色，土质疏松，含炭粒、红烧土颗粒	被H120打破，打破H109和H169
H147	2007YY东T9西南部④→H147→⑥B	105°	开口距地表98，口长516，宽134~219，深16~54，底长470，宽102~187厘米	大部分位于发掘区内。不规则形，弧壁，近平底。坑内填土黄褐色，偏黑，土质疏松，含大量炭粒和红烧土颗粒	被H129、H130打破，打破H180
H148	2007YY东T11东北部③→H148→④	107°	开口距地表40，长140，宽94，深29	部分位于发掘区内。平面形状约为四分之一圆形，弧壁，圆底。坑内灰土，为一次堆积	打破H149
H149	2007YY东T11东北部③→H149→④	107°	开口距地表35，长255，宽45，深85	部分位于发掘区内。不规则形，西壁斜壁微弧，东壁垂直，南北近垂直，底近平。坑内分2层。第1层灰土，厚约60厘米。第2层红色料姜石，厚约25厘米	被H148打破
H150	2007YY东T7东北角③B→H150→④	102°	开口距地表35，口长184，宽114，深26，底长176，宽100	部分位于发掘区内。长方形，斜壁，平底。坑内浅灰土，质地疏松，含少量白灰粒	被H144打破
H151	2007YY东T7中东部③B→H151→④	75°	开口距地表50，长96，宽60，深30	长方形，直壁，平底。坑内灰土，包含炭粒、烧土及白灰粒	被H144打破
H152	2007YY东T10中部偏南⑤→H152→⑥	14°	开口距地表56，长505，宽285，深55	部分位于发掘区内。近似长条形，斜壁，平底有起伏。坑内填土黄褐色，土质疏松，含少量炭粒，白色料姜石	被H114打破，打破H158
H153	2007YY东T13中部偏北③→H153→④	107°	开口距地表40，长415，宽410，深81	不规则形，斜壁，平底。坑内填土灰褐色，含炭粒，红烧土颗粒	被H41、H104、H108、H117打破，打破H178
H154	2007YY东T5中部偏东②→H154→③	17°	开口距地表30，口长径189，短径96，深23~43，底长径160，短径75	西部被G2破坏，近椭圆形，斜壁，圆底近平。填土灰褐色，土质疏松	被H143打破

续表

遗迹号	层位	方向	尺寸（厘米）	平面形状与堆积	打破关系
H155	2007YY东T6南部 ④→H155→⑤A、⑤B	5°	开口距地表32，口长237，宽30～190，深54，底长230，宽80	部分位于发掘区内。不规则形，弧壁，底近平。填土分3层。第1层黄褐色，土质疏松，夹较多炭粒和煤渣。第2层黑色，土质疏松，较纯。第3层灰褐色，夹较多草木灰和少量炭粒、红烧土	被H91、H121打破
H156	2007YY东T11西北部 ③→H156→⑤	107°	开口距地表40，长154，宽120，深30	西部被H128破坏。不规则形，弧壁，圜底，坑内分2层。第1层灰土，第2层料姜石	被H128打破，打破H166
H157	2007YY东T10东南部 ⑤→H157→⑥	107°	开口距地表55，长101，宽38，深29	部分位于发掘区内。不规则形，弧壁，近平底。坑内填土黄褐色，土质疏松，包含大量石灰粒和少量炭粒、烧土颗粒	被H116打破，打破H206
H158	2007YY东T10东南部 ⑤→H158→⑥	107°	开口距地表63，长147，宽12，深74	部分位于发掘区内。西端被H152破坏。不规则形，弧壁，圜底，坑内填土灰褐色，土质疏松，包含石灰块、烧土块、炭粒	被H116、H152打破
H159	2007YY东T10西北部 ⑤→H159→⑥	107°	开口距地表56，长径165，短径95，深19～50	椭圆形，斜壁，圜底。坑内填土灰黄色，土质略疏松，包含大量红色料姜石粒和少量炭粒，白烧土颗粒	被H106打破
H160	2007YY东T13南部 ③→H160→④	8°	开口距地表35，长331，宽146，深24～51	部分位于发掘区内。近似长条形，斜壁，圜底。坑内填土灰褐色，土质疏松，含炭粒、红烧土颗粒	被H134打破
H161	2007YY东T11东部 ③→H161→④	17°	开口距地表40，长166，宽100，深34	部分位于发掘区内。形状不明，斜壁，底近平。坑内灰土，为一次性堆积	被H138打破，打破H171
H162	2007YY东T11东部 ③→H162→④	17°	开口距地表40，长118，宽56，深33	圆角长方形，斜壁，平底，北部略深。坑内灰土，为一次性堆积	被H76打破
H163	2007YY东T15西部 ④→H163→⑤B	11°	开口距地表45，宽182～240，深344～380，宽80～104，深20～48，底长318～354，宽54～60	不规则长条形，南北为弧壁，南部东西壁为斜壁，从底部可将其分为南北两部分。北部起伏有台，底部略向东侧倾斜，平底为弧壁弧底。坑内分3层。第1层位于坑中部，夹较多红烧土的疏松黄土。北部为红烧土的疏松黄土。第2层散发臭味的松散黑土，分布于坑中部至南部。第3层为夹煤渣较多的灰土，分布于整个坑内	被H125打破，打破H193
H164	2007YY东T15中部偏东 ④→H164→⑤B	17°	开口距地表37，口长282，宽10～16，底长270，宽170～232	不规则圆角长方形，南、西边略曲，弧壁，圜底。坑内灰褐土，质地较黏，含较多煤渣、料姜石	打破H200、H212、H229、H235

续表

遗迹号	层位	方向	尺寸（厘米）	平面形状与堆积	打破关系
H165	2007YY东T15中部偏南 ④→H165→⑤B	103°	开口距地表65、长110、深8~26、宽100	被现代坑破坏。残存近半圆形，斜壁，圜底起伏不平，东部隆起。坑内黄褐土，质地较疏松，含黑色颗粒	打破H200
H166	2007YY东T11西北部 ③→H166→⑤	17°	开口距地表40、长230、宽208、深16	中部被H128、H156打破。不规则形，弧壁，平底。坑内灰土，为一次性堆积	被H156打破
H167	2007YY东T5北部 ②→H167→③	107°	开口距地表35~43、长760、宽20~37、深24~40、底长740、宽30	部分位于发掘区内。长条形，斜壁，近平底。填土灰黄色，土质较疏松，含炭粒	被G2打破
H168	2007YY东T13西部 ③→H168→⑤	17°	开口距地表40、长302、宽100、深29	部分位于发掘区内。北部被H92破坏。不规则形，弧壁，平底。坑内填土灰褐色，土质较硬，含炭粒、红烧土颗粒	被Z1、H92打破
H169	2007YY东T13西南部 ③→H169→⑤	17°	开口距地表40、长63、宽54、深23	部分位于发掘区内。平面形状略似半个椭圆，弧壁，圜底近平。坑内填土灰褐色，土质疏松，含炭粒、红烧土颗粒	被H146打破
H170	2007YY东T13东部 ③→H170→④	17°	开口距地表40、长径150、短径129、深28	近椭圆形，直壁，平底。坑内填土灰褐色，土质较硬，含炭粒、红烧土颗粒	被H132打破，打破J2
H171	2007YY东T11东部 ③→H171→④	17°	开口距地表40、长170、宽126、深23	部分位于发掘区内。南部被H161破坏。不规则形，斜壁，平底。坑内灰土，为一次性堆积而成	被H161打破
H172	2007YY东T12中部和T15西部 T12：⑤→H172→⑥A、⑥B T15：④→H172→⑤B	107°	开口距地表70~80、口长1000、宽300、深115~125、底长1000、宽150~200	近似长条形，斜壁，弧底。填土分3层。第1层黑灰色，土质疏松，夹炭粒，厚10~15厘米。第2层灰褐色，厚15~25厘米。第3层灰黑色，土质疏松，夹粒	被H141、H193打破
H173	2007YY东T14东北部 ④→H173→⑤	170°	开口距地表45、长416、宽153~220、最深88	部分位于发掘区内。不规则长条形，近缓坡状，平底南浅北深。坑内分3层。第1层灰褐土掺杂煤渣，红烧土颗粒等，东西壁为直壁，南壁近弧壁内收。第2层黄褐土，质地较硬，含黄斑土颗粒及少量炭粒。第3层灰褐土，质地较硬，含少量炭粒	被H136、H137打破，打破H187、H192

续表

遗迹号	层位	方向	尺寸（厘米）	平面形状与堆积	打破关系
H174	2007YY东T6北部 ④→H174→⑥A	107°	开口距地表34，口长166，宽25~28，深28，底长180，宽25~28	部分位于发掘区内。长条形，斜壁，平底。填土浅黑色，土质较疏松，含少量炭粒和白点	被H142打破，打破H175
H175	2007YY东T5西南部和T6西北部 T5: Y1→H175→⑨ T6: ④→H175→⑧	107°	开口距地表62，口长径350，短径244~286，清理深度105，底长径340，短径230~270	部分位于发掘区内。近椭圆形，斜壁，平底。填土黑褐色，含较多炭粒，石灰白点	被H174打破
H176	2007YY东T11东南部 ③→H176→⑥	2°	开口距地表35，长150，宽70，深18	部分位于发掘区内。长条形，斜壁，平底有起伏。坑内灰土，为一次性堆积	被H39打破，打破H177、H228
H177	2007YY东T11西南部 ③→H177→⑥	107°	开口距地表35，长668，宽63，深18~36	部分位于发掘区内。长条形，斜壁，平底西深东浅。坑内填黄土，土质疏松	被H176打破
H178	2007YY东T13西北部 ③→H178→⑤	85°	开口距地表40，长146，宽78，深18	被H41、H153破坏，形状不明，含炭粒，红烧土颗粒	被H153打破
H179	2007YY东T9东部偏南 ④→H179→⑥B	17°	开口距地表62，口长33，宽70，深6~12，底长30，宽64	大部被H139破坏，弧壁，圆底。坑内填土灰褐色，土质较硬，疏松	被H139打破，打破H181
H180	2007YY东T9中南部 ④→H180→⑥B	100°	开口距地表59，口长175，短径69~86，深10，底长径170，短径65~80	西端被H147破坏。近似长椭圆形，弧壁，近平底。坑内填土黄褐色，土质疏松，含大量炭渣	被H147打破，打破H181
H181	2007YY东T9东南部 ④→H181→⑥B	17°	开口距地表61，口长410，宽73~116，底长406，宽65~105	近似长条形，弧壁，近平底。坑内填土灰黑色，土质疏松，含大量炭粒和少量炉渣	被H140、H179、H180打破
H182	2007YY东T9西南角 ④→H182→⑥B	17°	开口距地表35，口长80，宽60，深8~30，底长70，宽52	部分位于发掘区内。平面四分之一圆形，弧壁，平底，坑内填土灰褐色，略黑，土质疏松，含大量炉渣，炭粒，红烧土颗粒	

续表

遗迹号	层位	方向	尺寸（厘米）	平面形状与堆积	打破关系
H183	2007YY东T3西北部 ②→H183→③B	17°	开口距地表48、口长280、宽145、底长214、宽100	部分位于发掘区内。不规则形、弧壁、平底。坑内分3层。第1层黄褐土，质地软硬适中。第2层褐色土，质地密实。第3层黄土，呈沙性，质地疏松	
H184	2007YY东T6中部偏西 ④→H184→⑤C	91°	开口距地表38、口长492、宽30~100、深23、底长482、宽30~60	不规则长条形、斜壁、弧底有起伏。填土黄褐色、土质疏松，含少量炭粒	
H185	2007YY东T13中部偏西 ③→H185→⑤	107°	开口距地表45、长119、宽74、深24	被H81、H82、H107破坏、形状不明、直壁、平底。坑内填土褐灰色，土质较硬，含炭粒、红烧土颗粒	被H107打破
H186	2007YY东T13中部 ③→H186→⑤	17°	开口距地表45、长124、宽47、深29	长方形、斜壁、平底。坑内填土褐灰色，土质疏松，含炭粒、红烧土颗粒	被H81、H108打破
H187	2007YY东T14东部 ④→H187→⑤	17°	开口距地表35、长224、宽65、深19	西部及北部被破坏，形状不明，斜壁、平底、底高低不平。坑内浅灰土，质地疏松，含炭粒及少量红烧土颗粒	被H173打破
H188	2007YY东T14东部 ③→H188→⑤	17°	开口距地表45、长220、宽50、深88	小部分位于发掘区内，暴露部分似是长方形一角，北壁为斜壁，南壁弧壁，坑底西深东浅呈台阶状。坑内褐色土夹黄沙斑块，含白灰粒、烧土炭粒	被H33打破
H190	2007YY东T3南部 ⑪→H190→⑭	107°	开口距地表50、长316、宽100、深36	近椭圆形、斜壁略弧、弧底西深东深。坑内褐色土，质地疏松，含煤渣	打破H191
H191	2007YY东T3南部 ⑪→H191→⑭	82°	开口距地表54、长径166、短径82、深22	被破坏形状不明，西南壁内收，现存为一台阶，东壁仅存底部，含炭粒及红烧土颗粒	被H190打破、打破H194
H192	2007YY东T14北部中段 ④→H192→⑤	107°	开口距地表35、长160、宽123、深98	被破坏形状不明，西南壁为弧壁，西壁为斜壁。坑内浅灰土、质地精硬，含炭粒及红烧土颗粒	被H56、H173打破、H199
H193	2007YY东T15西部中段 ④→H193→⑤B	100°	开口距地表67、口径170、深3~14、底径164	不规则圆形、弧壁圆底、平底。坑内灰黑土，质地较松软，含煤渣	被H163打破、打破H172、H204
H194	2007YY东T3南部 ⑪→H194→⑭	100°	开口距地表54、长280、宽95、深22	不规则形、弧壁、平底。坑内褐色土，质地密实，含料姜石	被H191打破、打破H203

续表

遗迹号	层位	方向	尺寸（厘米）	平面形状与堆积	打破关系
H195	2007YY东T13东南部 ④→H195→⑤	107°	开口距地表70、直径108、深22	不规则圆形、斜壁、圆底。坑内填土黄褐色，土质疏松，含炭粒、红烧土颗粒	打破H198
H196	2007YY东T5南部 ③→H196→⑤	108°	开口距地表56、口长176、宽154、深54、底长132、宽132	不规则形、斜壁、近平底。填土灰褐色，土质疏松	
H197	2007YY东T9北部 ④→H197→⑦	99°	开口距地表52、口长542、宽60~98、深16~35、底长542、宽50~82	不规则长条形、斜壁、平底不规则。坑内填土黄褐色，土质疏松，含大量炉渣、炭粒	被H65打破，打破L1
H198	2007YY东T13东南部 ④→H198→⑤	87°	开口距地表70、长径191、短径160、深26	近椭圆形、斜壁、平底。坑内填土灰褐色，土质疏松，含炭粒、红烧土颗粒	被H195打破
H199	2007YY东T14北部 ④→H199→⑤	17°	开口距地表45、长218、宽76~100、深43	被破坏形状不明，西窄东宽、斜壁、近平底。坑内灰黑土，质地疏松，含较多炭粒、红烧土颗粒等	被H192打破
H200	2007YY东T15中部 ④→H200→⑤B	90°	开口距地表66、长244、宽158、深10~26、底长224、宽142	被H164、H165破坏、H200破坏，形状不明、斜壁、底部有起伏、较板结，含少量料姜石	被H164、H165打破，坑内褐色土，质地疏松，东高西低，坑内浅褐土 H201、H212
H201	2007YY东T15中部 ④→H201→⑤B	56°	开口距地表65、口长108、宽21、底长100	被H165、H200破坏，不规则形、斜壁、近平底。坑内黄褐土、质地较疏松，含煤渣、烧土及炭粒	被H200打破，打破H204、H208
H202	2007YY东T3东南部 ①→H202→⑭	148°	开口距地表58、长径132、短径114、深62	椭圆形、直壁、平底。坑内褐色土，质地疏松，含烧土及炭松	
H203	2007YY东T3南部 ①→H203→⑭	94°	开口距地表70、长104、宽48~60、深9	近长方形、西宽东窄、直壁、平底。坑内灰土，含烧土、炭粒	被H194打破，打破H207
H204	2007YY东T15中部偏西 ④→H204→⑤B	11°	开口距地表67、口长150~202、宽140、深45、底长90~154、宽130	西部被H163破坏，不规则形、弧壁、平底。坑内黄土，质地较疏松，含炭粒，煤灰与红烧土	被H193、H201打破，打破H219

续表

遗迹号	层位	方向	尺寸（厘米）	平面形状与堆积	打破关系
H206	2007YY东T10东南部⑤→H206→⑥	104°	开口距表54、长188、宽85、深16	部分位于发掘区内。近似长条形，弧壁，近平底。坑内填土深褐色，土质疏松，包含少量炭粒、烧土颗粒	被H157打破
H207	2007YY东T3南部⑪→H207→⑭	75°	开口距地表66、长164、宽124、深18	形状不规则，斜壁，平底。坑内青灰土，质地疏松，含烧土、炭粒	被H203打破，打破H209、H221
H208	2007YY东T15中部④→H208→⑤B	93°	开口距地表64、口长148、宽96～117、深20～29、底长138、宽70～91	南部被H201破坏。不规则形，弧壁，圆底。坑内浅褐土，质地疏松，含炭粒和料姜石等	被H201打破，打破H210、H214
H209	2007YY东T3南部11→H209→14	109°	开口距地表66、长108、宽68、深16	形状不规则，直壁，平底。坑内青灰土，质地疏松，含烧土、炭粒	被H207打破
H210	2007YY东T15中部④→H210→⑤B	103°	开口距地表66、口长102～130、宽80～23、底长85～91、深36	南、西部被H200、H208破坏，形状不明，弧壁，底部较平。坑内黄褐土，质地疏松，含烧土颗粒及炭粒	被H208、H229打破
H211	2007YY东T11中部④→H211→⑤	107°	开口距地表60、长160、宽113、深52	圆角近方形，斜壁，底西高东低、北高南低。坑灰土，质地较密，含少量料姜石	打破H220
H212	2007YY东T15中部偏东④→H212→⑤B	9°	开口距地表64、口长216、宽150、深11～18、底长190、宽126	不规则长方形，除南壁为斜壁呈台阶状外其余壁均微弧，平底。坑内黄土，质地疏松，较纯净	被H200、H235打破，打破H229
H213	2007YY东T10东北角⑤→H213→⑥	17°	开口距地表30、长187、宽130、深50	部分位于发掘区内。不规则形，土质疏松，包含少量炭粒、烧土颗粒，厚1～39厘米。第2层黄褐色，土质疏松，包含有大量的炭灰，厚1～24厘米。第3层浅黄色，包含大量红色料姜石和少量炭粒，厚1～14厘米	被J5打破
H214	2007YY东T15中部偏西④→H214→⑤B	17°	开口距地表64～68、长98、宽48、深12、底长32、宽30	大部被H208破坏，形状不明，斜壁，底向东倾斜。坑内黄褐土，质地较疏松，含少量红烧土颗粒及炭粒	被H208打破，打破H219

续表

遗迹号	层位	方向	尺寸（厘米）	平面形状与堆积	打破关系
H215	2007YY东T14西部 ⑤→H217→⑦	17°	开口距地表55、长210、宽104～138、深14～18	不规则形，直壁，底近平。坑内黄褐土，质地疏松，含炭粒和红烧土颗粒	
H216	2007YY东T10西南部 ⑤→H216→⑥	17°	开口距地表56、长54、宽28、深16	部分位于发掘区内，南端及北端分别被H35及H36破坏。形状不明，弧壁，圆底。坑内填土深灰色，土质疏松，包含少量炭粒、烧土粒	
H217	2007YY东T11东北部 ④→H217→⑤	17°	开口距地表50、长112、宽95、深16	部分位于发掘区内，北部被H148破坏，形状不明，圆底近平。坑内褐色土，质地紧密，含红色料姜石	打破H224
H218	2007YY东T11东北部 ④→H218→⑤	107°	开口距地表50、长146、宽110、深10	不规则形，弧壁，底近平。坑内红褐土，质地疏松	打破H224
H219	2007YY东T15中部偏西 ④→H219→⑤B	107°	开口距地表63、口长130、宽60、深3～19、底长122、宽51	中、南部被H204破坏，形状不明，弧壁，平底。坑内堆积黄灰黄色较致密而纯净的填土	被H204、H214打破
H220	2007YY东T11中南部 ④→H220→⑤	140°	开口距地表60、长211、宽160、深36	不规则圆角长方形，斜壁，平底。坑内填土红色偏黄，质地致密，含砖块、料姜石	被H211打破，打破H223
H221	2007YY东T3南部偏西 ⑪→H221→⑭	79°	开口距地表40、长390、宽350、深82	部分位于发掘区内，不规则形，北壁为直壁，其余为弧壁，西深东浅，近直底。坑内分2层。第1层，灰褐土，含黄色沙斑；第2层，褐色土，质地密实，含煤渣、料姜石	被H207打破，打破H240
H222	2007YY东T5东南部 ③→H222→⑤	100°	开口距地表55、口长192、宽160、深38～48、底长176、宽132	不规则形，斜壁，近平底。填灰褐色，土质疏松	
H223	2007YY东T11南部 ④→H223→⑤	82°	开口距地表50、长154、宽150、深34	北部被H220破坏，不规则形，斜壁，底近平。坑内灰土，质地疏松，含大量炭粒	被H220打破，打破H227、H228
H224	2007YY东T11东北部 ④→H224→⑤	17°	开口距地表50、长径176、短径106、深26	近椭圆形，弧壁，圆底。坑内灰褐土，质地疏松，含少量炭粒	被H217、H218打破
H225	2007YY东T11东部 ④→H225→⑤	107°	开口距地表50、长138、宽138、深19	不规则形，斜壁，底近平。坑内红土，质地疏松，含大量料姜石	

续表

遗迹号	层位	方向	尺寸（厘米）	平面形状与堆积	打破关系
H226	2007YY东T6西南角⑤B→H226→⑥B	17°	开口距地表50、长200、宽90、深30	部分位于发掘区内。不规则形，斜壁，弧底。填土灰黑色，土质疏松，含烧土、煤渣、料姜石、炭粒	
H227	2007YY东T11南部④→H227→⑤	107°	开口距地表60、长128、宽88、深17	被H220、H223破坏。形状不明，孤壁，圜底。坑内黄土，质地疏松	被H223打破
H228	2007YY东T11南部④→H228→⑤	107°	开口距地表60、长328、宽185、深20	不规则椭圆形，斜壁，平底。坑内灰黄土，质地致密	被H176、H223打破，打破H232
H229	2007YY东T15中部偏东④→H229→⑤B	107°	开口距地表67、口长255、宽86~163、深50、底长228、宽66~140	不规则圆角长方形，除南壁稍直外，其余均为斜壁，平底有起伏。坑内黄褐土，质地疏松，含煤灰、较多炭粒	打破H210
H230	2007YY东T14中南部⑤→H230→⑥	107°	开口距地表55、长470、宽126~258、深54	不规则形，斜壁内收，近平底。坑分2层。第1层煤渣土，第2层灰褐土，质地稍硬，含炭粒、红烧土颗粒	被H212打破，打破H210
H231	2007YY东T5西北部④→H231→⑨	94°	开口距地表77、口长径125、短径42~62、深16~20、底长径104、短径46	近似椭圆形，斜壁，近平底。填土灰黑色，质地致密	被H69打破
H232	2007YY东T11中南部④→H232→⑤	107°	开口距地表60、长338、宽324、深56	不规则形，斜壁，底部西部深东部浅。坑内填土红色偏黄，质地致密	被H228打破，打破H233
H233	2007YY东T11中南部④→H233→⑤	17°	开口距地表115、直径96、深20	圆形，弧壁，平底有起伏。坑内红土	被H232打破
H234	2007YY东T15东南部④→H234→⑤A	107°	开口距地表64、口长124~156、宽84~126、深6~20、底长103~140、宽78~120	部分位于发掘区内。不规则形，弧壁，圜底有起伏。坑内灰黄土，质地疏松	被H28打破，打破H239、H241、Z5
H235	2007YY东T15东壁中段④→H235→⑤B	103°	开口距地表55、口长160~260、深31、底长148~257	部分位于发掘区内。口长，北部被H17破坏。形状不明，斜壁，平底。坑内黄褐土，质地疏松，含炭粒和红烧土颗粒	被H164打破，打破H212

续表

遗迹号	层位	方向	尺寸（厘米）	平面形状与堆积	打破关系
H236	2007YYET9西北部⑦→H236→⑧	17°	开口距地表71、口长252、宽107、深8～17、底长240、宽105	不规则形，斜壁微弧，平底不规则。坑内填土黄褐色，土质致密	
H237	2007YYET15东北部④→H237→⑤B	91°	开口距地表52、口长373、宽16～27、深22～28、底长361、宽20～32	部分位于发掘区内，大部被G3破坏。应为不规则长条形，弧壁，弧底。坑内堆积为黑煤渣，上层板结，下层松散	被G3打破，打破L1
H238	2007YYET15中部偏北④→H238→⑤B	99°	开口距地表52、口长178、宽30～34、深14～19、底长152、宽5～8	被G3破坏，残存半月形，弧壁，圜底近平。坑内灰褐土，质地疏松，含黑煤渣	被G3打破
H239	2007YYET15东南角⑤A→H239→⑥	107°	开口距地表64、口长130、宽44～50、深14～44、底长106、宽32～34	部分位于发掘区内。形状不明，弧壁，平底起伏有起伏。坑内浅灰土，质地疏松，含烧土、炭粒、煤渣及小石子	打破Z5
H240	2007YYET3中部⑫→H240→⑯	15°	开口距地表68、长232、宽230、深38	不规则方形，斜壁略弧，平底起伏较大，中部位置较深。坑内褐色土，质地疏松，含烧土、炭粒、红烧土颗粒	被H221打破
H241	2007YYET15东南部⑥→H241→⑧	12°	开口距地表74、口长径142、短径138、深8～14、底长径130、短径120	南端被H239破坏。椭圆形，弧壁，圜底。坑内灰黄土，质地疏松，含少量炭粒	
H242	2007YYET3北中部⑬→H242→⑯	110°	开口距地表70、长径228、短径118、深50	近椭圆形，弧壁，平底略有起伏。坑内黄褐土，质地疏松，含炭点、炭粒、碎石子、红烧土颗粒	被L1打破
J1	2007YYET6东南部④→J1→⑤A	102°	开口距地表50、口径164、清理深度138、底径114	圆形，壁不规则，上部斜收至深约62厘米处后向外扩，底不明。井内填土黄褐色，湿度大，含较多的草木灰、炭粒、红烧土块及料姜石块	被H86打破

续表

遗迹号	层位	方向	尺寸（厘米）	平面形状与堆积	打破关系
J2	2007YY东T13东部 ③→J2→④	17°	开口距地表40、长180、宽56、发掘深度120	半椭圆形，自开口以下逐渐收缩，至106厘米处又逐渐扩大。井内填土灰褐色，土质较硬，含草木灰和炭粒	被H94、H170打破
J3	2007YY东T5西南部 Y1→J3→⑩	106°	开口距地表80、口长径123、短径110、深154、底长径110、短径96	不规则圆形，上部斜壁外张，距井口105厘米处成二层台，台宽11～30厘米，二层台以下直壁，底不明。井内填土黑褐色，土质疏松，含草木灰、炭粒等	被Y1打破
J4	2007YY东T7西北部 ②→J4→④	22°	开口距地表34、口长径250、短径162、发掘深度170、底径195	上部口大，似为圆形，斜弧壁。下部圆筒形，井内填土浅灰土，质地疏松，含烧土和炭粒	被H12、G1打破
J5	2007YY东T10东北部 ⑤→J5→⑥	107°	开口距地表51、长400、宽325、清理深度140	大部位于发掘区内。上部不规则形，壁斜收。深近8厘米处以下近圆形，上部直壁，下部外扩，底不明。井内填土灰褐色，包含大量炭粒和红烧土颗粒	打破H213
J6	2007YY东T11北部 ③→J6→④	0°	开口距地表40、上口长400、宽388、下部直径约130、发掘深度150	上部不规则，壁斜收。下部近圆形，壁向外弧鼓。底不明。井内填灰土，质地疏松	被H75打破
L1	东西向横跨2007YY东T3、T6、T9、T12、T14、T15 T3: ⑫→L1→⑬ T6: ⑤C→L1→⑧ T9: ⑤→L1→⑥ T12: ⑤→L1→⑥C T14: ③→L1→⑥ T15: ④→L1→⑤B	100°	开口距地表50～60、发掘长度4724、宽160～320	长条形，东端略窄，西段略宽；路面呈东高西低的缓坡，整体较平出，但西段路面中间低两侧高。路北边缘保存较好较直，南侧被多处遗迹破坏，其中2007YY东G3可能属路沟。路的堆积分3层。第1层黑色与红色煤渣相混，颗粒状，十分板结，厚15厘米左右，仅分布于2007YY东T3L1的南侧。第2层灰褐色，土质十分板结致密，夹杂大量碎小瓦片、瓷片及细石粒，厚5～12厘米，分布于全路。第3层深褐色，土质纯净的踩踏面，有明显的踩踏面，厚5～10厘米，分布于全路	被G3、H184、H197、H237打破

续表

遗迹号	层位	方向	尺寸（厘米）	平面形状与堆积	打破关系
Y1	2007YY东T5西南部 ⑤B→Y1→⑩ H142→Y1→⑩	17°	开口距地表75，总长174，北坑长94，宽60，深28，南坑长98，宽48，深32	部分叠压于西壁下，上部已遭破坏，仅存底部两个近椭圆形的坑状结构，两坑之间有凸起的梁，两坑均为圆底，坑底有很厚的红色烧结面，烧结面最厚处有18厘米。南坑底部有黑色草木灰堆积，最厚达11厘米	被H142打破，打破H175、J3
Z1	2007YY东T13西南部 ③→Z1→⑤	200°	开口距地表35，长径82，短径57，深9	仅存灶膛，平面呈椭圆形，弧壁，圆底近平。壁、底残存红色烧结面。灶内填土分2层。第1层灰褐色烧结等，厚约8厘米。第2层灰白色，土质疏松，内含炭粒和少量烧土颗粒，厚1～7厘米	打破H168
Z2	2007YY东T11西北部 ③→Z2→⑤	17°	开口距地表40，长104，宽82，深16	部分叠压于北壁下。由灶膛和投火口两部分组成。灶膛仅存底部，平面呈近椭圆形，圆底。底部有红色烧结面。投火口平面呈喇叭状，弧壁，圆底。灶内填土均为灰色	
Z3	2007YY东T6西南部 ⑤B→Z3→⑥B	16°	开口距地表52，长177，宽82，深27，底长165，宽72	由投火口、火门、灶膛三部分组成。投火口平面略呈方形，口大底小，斜壁，火门径北宽南三面，是否有顶不明。火膛平面呈近圆形，口大底小，弧壁，圆底，土质疏松，夹有少量草木灰。灶内填土分2层。第1层灰褐色，土质疏松，夹杂红烧土块。第2层主要为草木灰，分布于火门及与之相接的灶膛和投火口部位	被H91打破
Z4	2007YY东T15西南部 ⑤A→Z4→⑥	107°	开口距地表64，长88，宽23～35，深15～30	不规则长条状，可分为土圹与青砖直或略弧两部分。土圹壁斜直或略弧，圆底。砖三面。填土黄灰色，土质松软	疑其为烟坑
Z5	2007YY东T15东南部 ⑤A→Z5→⑥	197°	开口距地表68，通长136，最宽68，由火道底部至烟囱顶部残高约40	上部、前部及右侧被破坏，目前的平面呈不规则条状。现存灶膛、火道及烟囱三部分。灶膛右侧被破坏，完整平面应呈近椭圆形，火道平面近直壁，前壁，平底，直壁，北高南低。壁面烧结为红色。壁面烧结为红色，烟囱平面近椭圆形，斜壁，圆底近平。壁面烧结为灰褐土，夹杂较多红烧土，为灰烬层。灶膛后部（北端）有烟囱，灶内堆积厚6～8厘米的灶体坍塌形成	被H239打破

附表四 出土器物登记表（2006YY西）

遗迹单位		白釉	酱黑釉	青釉	钧釉	其他	年代
2006YY西ⅠT1①		碟甲BbⅡ、甲CaⅡ				"光绪通宝"	清
2006YY西ⅠT1H19	未分层					石球	清
2006YY西ⅠT1H59				碗甲AaⅡ		残石器	金元
2006YY西ⅠT1H60	①	碗甲AⅢ				骨角	金末元早
	②					骨料	
2006YY西ⅠT2H4		碗甲CⅢ；器盖AaⅡ		盏A；盘AbⅡ			金末元早
2006YY西ⅠT2H5②		碗甲BⅡ、乙AaⅠ、乙Bc、丙AⅡ；甲AcⅡ2、甲BaⅠ3；器盖AaⅡ	盘AaⅡ；罐Bc	盏甲BaⅡ；盘AbⅡ		"圣末元宝"B	元
2006YY西ⅠT2H18						瓷枕残片	元
2006YY西ⅠT2H20						"熙宁元宝"A	元
2006YY西ⅠT2H27		盘甲BaⅡ		盘AbⅡ		陶盆Ba2、瓷坐俑、瓷立俑、骨刷	金中后期
2006YY西ⅠT2H31				盏B			金中后期
2006YY西ⅠT3H41						瓷黑围棋子、"同治通宝"	清
2006YY西ⅠT4①				碟A		瓷骰子A、"五铢"B	清
2006YY西ⅠT4②				碟A		瓷黑围棋子2、"圣末元宝"A、骨料	清
2006YY西ⅠT4H53						瓷枕、骨饼、骨料2	金末元早
2006YY西ⅠT4H54	①	碗甲AⅡ				瓷白围棋子、玻璃簪、陶丸	金末元早
	③					骨料	
	④	盒				瓷白围棋子、"大观通宝"、石球2	
	⑤		罐Ab			铁镞A、玻璃簪2	
	⑥	碗甲AⅡ					
	⑦	碗甲AⅡ2、乙AaⅡ	碗乙CⅠ；盘BaⅠ			玻璃簪	

续表

遗迹单位		白釉	酱黑釉	青釉	钧釉	其他	年代
2006YY西ⅠT4H54	⑧	碟甲BbⅡ		碟A2		瓷白围棋子、玻璃簪2	
	⑨	碗甲CⅢ	碗乙BⅡ；罐Ab2	碟A		瓷白围棋子、瓷枕残片2、"五铢" A	金末元早
	⑩	盘乙B	罐Aa	盘Ad			
	未分层	碗甲CⅢ、乙CaⅠ					
2006YY西ⅠT4H206						瓷黑围棋子、瓷骰子A	元
2006YY西ⅠT5①						铁镞A	清
2006YY西ⅠT5②						石料	金末元早
2006YY西ⅠT5H21		盏乙AbⅡ；器盖AaⅡ				瓷白围棋子、瓷骰子A	金末元早
2006YY西ⅠT5J12		盘甲Ab				骨梳、骨料	金末元早
2006YY西ⅠT6②		鸟食罐Aa			盘AcⅠ	"天禧通宝"	清
2006YY西ⅠT6H44	①		灯盏Ⅰ			石球	金中后期
	②			盘AaⅡ		陶盘Aa	
	③	碗甲AⅠ				陶饼、骨料	
2006YY西ⅠT6H81	①	碗甲GⅢ、乙AaⅠ、丙B；盏甲BaⅠ、乙AbⅠ、丙AⅠ；盘甲BaⅡ、甲BaⅠ2、甲BaⅡ4；器盖AaⅡ	盘AaⅡ			陶盘Aa2、瓷白围棋子2、"天圣元宝" A、"元丰通宝" B、石砚、石球、骨针	金中后期
	③	碗乙AaⅠ3、乙AaⅠ2、乙AbⅠ2、丙AⅠ；盘甲BaⅡ、甲BbⅠ2、甲BcⅠ	碗丙Ⅱ；盆A			瓷白围棋子、瓷骰子A2、骨料	金前期
	未分层	碗乙BaⅡ；碟乙A				陶盆Aa、陶罐	金中后期
2006YY西ⅠT6H98						"皇宋通宝" A	元—清
2006YY西ⅠT6H115		盘甲BaⅠ				瓷白围棋子	金前期
2006YY西ⅠT7H28		碗甲AⅢ					金末元早
2006YY西ⅠT7H44						瓷坐俑	金末元早

续表

遗迹单位		白釉	酱黑釉	青釉	钧釉	其他	年代
2006YY西ⅠT7H102			盘AcⅡ	碗乙BⅡ		骨料	金末元早
2006YY西ⅠT8①						瓷白围棋子、"道光通宝"、石纺轮	清
2006YY西ⅠT8②						瓷黑围棋子、"大观通宝"、残石器、石杵	清
2006YY西ⅠT8G4		瓶盖					金中后期
2006YY西ⅠT8H75		碗甲AⅡ				"咸丰通宝"	清
2006YY西ⅠT8H166①		瓶形器		漏斗		铁器、"天圣元宝"A、石雕童子	金中后期
2006YY西ⅠT8M1					梅瓶		金中后期
2006YY西ⅠT10②						石球	元
2006YY西ⅠT10H8						陶盘B、陶丸	金末元早
2006YY西ⅠT10H13	①	碗乙AbⅡ；杯Aa	碗乙AaⅢ			陶钵	金中后期
	②	盏甲BaⅠ					
	未分层					瓷女俑头	
2006YY西ⅠT10H23		盏甲BaⅡ					金中后期
2006YY西ⅠT10H33	①	碗乙AbⅢ、乙BbⅡ	盘AaⅢ			"开元通宝"Ⅲ	金末元早
	③	碗甲CⅡ					
	未分层	器盖AaⅠ					
2006YY西ⅠT10H56						"崇宁重宝"、陶饼	金末元早
2006YY西ⅠT10H63						铁带钩	元
2006YY西ⅠT10H113		器盖AaⅠ					金中后期
2006YY西ⅠT11①						残石器	清
2006YY西ⅠT11②						陶模、"熙宁元宝"A	元
2006YY西ⅠT11H67			器盖Bd				金中后期

续表

遗迹单位	白釉	酱黑釉	青釉	钧釉	其他	年代
2006YY西ⅠT12②					"崇宁重宝"	元
2006YY西ⅠT13①					瓷骰子A、"至道元宝"B	清
2006YY西ⅠT13②					瓷白围棋子	清
2006YY西ⅠT13H126					"皇宋通宝"B	元
2006YY西ⅠT14②	盏乙AbⅡ2、乙BaⅢ		盘AbⅡ		瓷坐俑	清
2006YY西ⅠT14③	碗甲CⅡ；器盖AaⅡ	碗乙AaⅠ				金末元早
2006YY西ⅠT14H117	盏甲BaⅡ					金前期
2006YY西ⅠT15②	杯B				瓷立俑、瓷男俑、"雍正通宝"、"咸丰通宝"、"道光通宝"	清
2006YY西ⅠT15③	盘甲BaⅠ				瓷白围棋子、骨泡	清
2006YY西ⅠT15H90					陶器、骨料	元
2006YY西ⅠT15H129					骨角	金
2006YY西ⅠT16②					铜器	清
2006YY西ⅠT16H58	盏乙BbⅡ	罐Bd；瓶形器Ⅱ		碗AⅡ、C；盘AbⅢ	铜器、骨料、"五铢"A	金中后期
2006YY西ⅠT16H95	碗乙AbⅡ	盏BⅡ			瓷鸭、"崇宁通宝"	金末元早
2006YY西ⅠT16H96				盘AcⅡ		金中后期
2006YY西ⅠT16H97	碗乙CaⅠ				瓷白围棋子、瓷黑围棋子	金中后期
2006YY西ⅠT16H195					骨料2、双蚌壳	金元
2006YY西ⅠT17①	盘甲Aa				瓷黑围棋子2	清
2006YY西ⅠT17②		盏AⅢ			"皇宋通宝"B、"宣和通宝"	清
2006YY西ⅠT17③					瓷骰子A	元
2006YY西ⅠT18②	盏甲BbⅡ；瓶形器		碟BbⅠ；盘AaⅡ		"熙宁元宝"B、"咸平元宝"、"崇宁通宝"、"康熙通宝"、"同治通宝"、"道光通宝"	清

续表

遗迹单位	白釉	酱黑釉	青釉	钧釉	其他	年代
2006YY西ⅠT18③	器盖AaⅡ		碗甲AaⅡ			金末元早
2006YY西ⅠT18④	盏乙AbⅡ	碗甲AⅠ			瓷白围棋子、铁钩、"元祐通宝"B	金前期
2006YY西ⅠT18J2	碗乙CaⅠ					金前期
2006YY西ⅠT19①					瓷白围棋子、石球	清
2006YY西ⅠT19②		器盖Bc			瓷瓶形器、瓷白围棋子、瓷女俑头、铁钩、铁器、铁钉B、"政和通宝"A、石球、骨料23、骨器6、骨匕、骨笄Bb、玻璃珰	元
2006YY西ⅠT19③					瓷白围棋子、"熙宁元宝"A、"政和通宝"B、骨料	金末元早
2006YY西ⅠT20①					铁钉C、铜双股钗A、"乾隆通宝"、骨料、骨器	清
2006YY西ⅠT20②	盘甲BaⅡ	盏BⅡ			"元丰通宝"B、瓷兽足、瓷黑围棋子、瓷女俑头、"祥符元宝"、骨器6、骨料24、骨笄Bb2、骨笄Ba、骨笄Bc	元
2006YY西ⅠT20H72	盏乙AbⅡ				骨料2	元
2006YY西ⅠT20H103						金中后期
2006YY西ⅠT20H114					骨器、骨笄Ba、骨梳Bb	金中后期
2006YY西ⅠT20H125					瓷白围棋子	金中后期
2006YY西ⅠT20H133	碗丙AⅢ	碟AaⅡ				金末元早
2006YY西ⅠT20H138			碗甲AaⅡ			金末元早
2006YY西ⅠT20H140					铜双股钗A	金
2006YY西ⅠT20H150					骨匕	元—清
2006YY西ⅠT21①					瓷白围棋子	清

续表

遗迹单位	白釉	酱黑釉	青釉	钧釉	其他	年代
2006YY西ⅠT21②					陶围棋子、铁器、"熙宁元宝"B、骨器4	元
2006YY西ⅠT21H168					瓷马、瓷蛙、"开元通宝"Ⅰ、"元丰通宝"A	宋
2006YY西ⅠT22②		盏C			"开元通宝"Ⅲ	清
2006YY西ⅠT22③						元
2006YY西ⅠT22④	盏乙AbⅡ；杯B					金末元早
2006YY西ⅠT22⑤					石球、骨梳Ba	金中后期
2006YY西ⅠT23①					骨料	清
2006YY西ⅠT23②					陶纺轮B	元
2006YY西ⅠT23③			碟BbⅡ			金末元早
2006YY西ⅠT23④					铜顶针、"皇宋通宝"A	金中后期
2006YY西ⅠT23H198					骨料	宋
2006YY西ⅠT24①			碟BbⅢ		瓷象棋子、瓷白围棋子	清
2006YY西ⅠT24②	杯Ab、B			碟BaⅠ	瓷黑围棋子、"祥符元宝"、"绍兴元宝"	元
2006YY西ⅠT24H1					铁钩、"皇宋通宝"A	清
2006YY西ⅠT24H6					瓷黑围棋子	清
2006YY西ⅠT24H22			碟BbⅠ		"天禧通宝"	元
2006YY西ⅠT24H57	碗乙BaⅡ；碟形器				骨笄Bb	金中后期
2006YY西ⅠT25②	碗乙AaⅡ；盏甲BaⅡ、乙AbⅡ、乙BbⅠ；碟甲Aa、甲BaⅡ；盘甲BaⅢ；甲BcⅢ；盆AⅠ；器盖Bb	盏AⅢ；灯盏AⅡ	碟BbⅠ		陶盆Ba、陶纺轮B、"绍圣元宝"B、"至道元宝"A、"治平元宝"、"景德元宝"	元
2006YY西ⅠT25③	盏乙BbⅡ	盘AbⅡ	碟BbⅠ		瓷坐俑、瓷白围棋子4、"天禧通宝"、"治平元宝"、"皇宋通宝"A	金中后期
2006YY西ⅠT25④					"元祐通宝"A	金前期

续表

遗迹单位	白釉	酱黑釉	青釉	钧釉	其他	年代
2006YY西ⅠT25H234				碟CaⅡ	瓷白围棋子	金末元早
2006YY西ⅠT25H239		灯盏AⅠ、BⅠ			瓷骰子A、"熙宁元宝" B	金中后期
2006YY西ⅠT25H240					瓷白围棋子	金元
2006YY西ⅠT25H241			碟BbⅡ		"开元通宝" Ⅲ	金中后期
2006YY西ⅠT25H243			碟Ca		"至道元宝" B	金元
2006YY西ⅠT25H245					陶盘Aa、陶砂锅、瓷骰子A、瓷饰件	金中后期
2006YY西ⅠT25H252	碗乙AaⅠ、丙B	盘Bb				金中后期
2006YY西ⅠT25H264	盏乙AbⅡ				瓷黑围棋子	金
2006YY西ⅠT25H265					瓷白围棋子、"元丰通宝" A	金中后期
2006YY西ⅠT25H269	碗丙AⅠ；盏甲BaⅡ					金中后期
2006YY西ⅠT25H271	盏乙BbⅠ2；杯Aa	盏AⅡ				金中后期
2006YY西ⅠT25H277	杯C					金前期
2006YY西ⅠT25H278		盘AbⅠ			"熙宁元宝" B	金中后期
2006YY西ⅠT25H283					瓷白围棋子	金中后期
2006YY西ⅠT25H284	盏乙BaⅡ					金中后期
2006YY西ⅠT25H286	碗甲DbⅡ					金中后期
2006YY西ⅠT26②	碗甲EⅡ；盘甲AcⅡ			盘BaⅡ	瓷球、"元祐通宝" A	元
2006YY西ⅠT26东隔梁②					"熙宁元宝" B	元
2006YY西ⅠT26③	碗甲BⅠ、甲DbⅠ2、乙BaⅡ；盏甲AbⅠ、乙AaⅠ、乙AaⅡ；盘甲BaⅡ3、丙B	罐Bc；瓶形器Ⅰ		碟BaⅠ	瓷骰子A、"开元通宝" A、"元丰通宝" B、"天圣元宝" A、"太平通宝" A、"元祐通宝"	金中后期
2006YY西ⅠT26H211					陶砚、瓷白围棋子、玻璃簪	金前期
2006YY西ⅠT26H212					"元祐通宝" A	金元
2006YY西ⅠT26H224					"元祐通宝" B	宋金

附表

续表

遗迹单位	白釉	酱黑釉	青釉	钧釉	其他	年代
2006YY西ⅠT26J9	碗甲DaⅡ、甲DbⅠ；盏甲AbⅠ、甲BaⅢ	器盖Bb				金元
2006YY西ⅠT27②	碟甲Ab					清
2006YY西ⅠT27H173②	碗甲AⅡ、乙CaⅠ	碟Bb；灯盏AⅡ		盘AbⅡ		金中后期
2006YY西ⅠT27H176	盏甲AaⅡ、甲BaⅡ					金末元早
2006YY西ⅠT27H180	盏乙AaⅠ；碟甲Ab；盏丁B	碟AaⅢ；灯盏AⅡ、BⅠ	碗甲AaⅠ；盘ÁbⅢ、BⅢ2	盘AcⅡ		金末元早
2006YY西ⅠT27H189				碗C		金中后期
2006YY西ⅠT28①					"熙宁重宝"、"道光通宝"	清
2006YY西ⅠT28H191			碗甲BⅢ		瓷骰子A	金末元早
2006YY西ⅠT29②			器盖A		瓷白围棋子2、瓷骰子A	清
2006YY西ⅠT29H260	碟乙C、盘甲AcⅢ				瓷骰子A	元明清
2006YY西ⅠT29H261				碟AⅢ	瓷白围棋子	金末元早
2006YY西ⅠT29H274					瓷白围棋子、"开元通宝"Ⅰ	金一清
2006YY西ⅠT29H275					陶钵	金一清
2006YY西ⅠT29J10					铜双股钗Bb、铁镢	金前期
2006YY西ⅠT30H215	碗甲AⅠ、乙AaⅡ、乙AaⅡ；盘甲BaⅠ	盘BaⅡ			瓷骰子A	金中后期
2006YY西ⅠT30H228					"至道元宝"A	金元
2006YY西ⅠT31H207					"元丰通宝"A、"祥符元宝"	清
2006YY西ⅠT32①	盘甲AcⅢ					清
2006YY西ⅠT32②	杯B					清
2006YY西ⅠT32H246						清

续表

遗迹单位	白釉	酱黑釉	青釉	钧釉	其他	年代
2006YY西ⅠT32H247					瓷白围棋子、"宽永通宝""乾隆通宝""道光通宝""光绪通宝"	清
2006YY西ⅠT32H248	碗乙AbⅠ	灯盏AⅠ				金末元早
2006YY西ⅠT32H255	碗甲EⅡ；盘甲BaⅢ、BbⅡ、乙A				瓷白围棋子2	金末元早
2006YY西ⅠT32H258	碗甲CⅠ		碗甲AaⅠ；器盖A		瓷白围棋子4、"皇宋通宝"A、石球2	金中后期
2006YY西ⅠT32H281					陶瓦当A	金中后期
2006YY西ⅠT32H289					瓷白围棋子	金
2006YY西ⅠT32H299					陶纺轮A	宋
2006YY西ⅠT32J16	碗乙AaⅠ；盘甲BaⅠ					金前期
2006YY西ⅠT32Z7	盏乙BbⅡ；盘甲Ab					金中后期
2006YY西ⅡT1②	碗乙BaⅡ、BbⅡ、丙AⅠ；盘甲AcⅡ；器盖AaⅡ				瓷白围棋子、陶饼	金中后期
2006YY西ⅡT1G6					瓷器足、瓷白围棋子	金中后期
2006YY西ⅡT2③					铜器	金
2006YY西ⅡT2H223	盘甲BcⅡ	经瓶	盘AcⅠ		陶支圈A	金中后期
2006YY西ⅡT3①					瓷骰子A、"五铢"B、铁钎²	金元
2006YY西ⅡT4②	盏乙BbⅠ；器盖AaⅡ		碟BbⅡ		"元丰通宝"A	金中后期
2006YY西ⅡT4G6	盆AⅠ					金中后期
2006YY西ⅡT5②					瓷白围棋子	金中后期
2006YY西ⅡT6②	盏乙BbⅡ				瓷白围棋子2	金中后期

注：凡出土物品数量为1件者均未标注数字

附表五 出土器物登记表（2007YY西Ⅰ）

遗迹单位	白釉	酱黑釉	青釉	钧釉	其他	分期
2007YY西ⅠT1①	碗甲EⅡ；盘甲AcⅡ			碟AⅢ	瓷坐俑，"五铢"，铁钉	清
2007YY西ⅠT1②	盏乙BbⅢ				瓷骰子A，"政和通宝"A	清
2007YY西ⅠT1③	碟甲BaⅡ；器盖AaⅡ	盘AbⅢ，BaⅡ；灯盏BⅠ			"嘉祐元宝"，"元丰通宝"A	金末元早
2007YY西ⅠT1H2					瓷白围棋子，瓷骰子A，铜簪B，双股钗Bb，铁器，"太平通宝"	元—清
2007YY西ⅠT1H3	器盖AaⅢ					金中后期
2007YY西ⅠT1H4				盘BaⅡ		金中后期
2007YY西ⅠT1H10 ①	盏甲AaⅡ					金末元早
2007YY西ⅠT1H10 ②	碗甲AⅡ	白Ab				金末元早
2007YY西ⅠT1H11					"治平通宝"	金末元早
2007YY西ⅠT1H44	碗乙BbⅡ；盘甲AcⅡ				石球	元—清
2007YY西ⅠT1H71					铜提手	宋金
2007YY西ⅠT1H128					"元祐通宝"B	金元
2007YY西ⅠT1H167					"开元通宝"Ⅱ	金中后期
2007YY西ⅠT1H168		瓶形器Ⅱ				金中后期
2007YY西ⅠT1H184 ①	碟甲CaⅠ					清
2007YY西ⅠT1H184 ③	碟甲CaⅡ				"乾隆通宝"	清
2007YY西ⅠT2②	碗乙BaⅢ；盏乙BbⅡ	盏AⅡ；盘AcⅡ	盘AaⅢ		陶纺轮A，瓷白围棋子，铜提手，"咸平元宝"，压胜钱，玻璃珠	金末元早
2007YY西ⅠT2③	碗乙AbⅡ；盘AcⅠ				陶纺轮A，瓷白围棋子，石丸	金中后期
2007YY西ⅠT2⑤					瓷白围棋子，"道光通宝"	清
2007YY西ⅠT2H1					瓷白围棋子	清
2007YY西ⅠT2H40						清
2007YY西ⅠT2H50						

续表

遗迹单位	白釉	酱黑釉	青釉	钧釉	其他	分期
2007YY西ⅠT2H282		盏AⅠ、BⅠ				金末元早
2007YY西ⅠT2H297	灯盏B				铜双股钗Ba	金末元早
2007YY西ⅠT2H327	碗甲CⅡ；灯盏B			碟AⅠ	"元丰通宝" B	金末元早
2007YY西ⅠT2H330	碗乙CaⅠ				铜梳	金末元早
2007YY西ⅠT2H367		碟AaⅠ			铁权	清
2007YY西ⅠT3②		灯盏AⅠ			铜双股钗Ba	金前期
2007YY西ⅠT3③	碗甲BⅢ、甲EⅠ、甲F；盏乙BaⅢ；碟甲BaⅡ；盘甲AcⅡ、丁AⅡ				瓷骰子A、铜镊、石砚、石球	金末元早
2007YY西ⅠT3H12	盏乙BaⅢ；碟乙B	盏BⅡ			瓷骰子A	金末元早
2007YY西ⅠT3H13	盘乙B					金中后期
2007YY西ⅠT3H254	碟甲BbⅠ、乙B		碗甲AaⅠ		陶瓦当A	金中后期
2007YY西ⅠT3H255	碗乙BbⅠ、丙AⅡ	碗甲BⅠ；灯盏AⅡ；臼B	碗甲CaⅠ			金前期
2007YY西ⅠT3H267	碟甲BaⅠ	盆C				金中后期
2007YY西ⅠT3H290						金前期
2007YY西ⅠT3H298		盘AbⅡ	碗乙C		"圣末元宝" B、"崇宁通宝"、石球	金末元早
2007YY西ⅠT4③	盘丙B		碗丙Ⅱ	盘Aa		金末元早
2007YY西ⅠT4H25	碗乙AbⅢ2					金末元早
2007YY西ⅠT4H26					陶建筑构件	金前期
2007YY西ⅠT4H76		盆A				金前期
2007YY西ⅠT4H85	盏甲BaⅡ、乙BbⅠ；碟甲BaⅡ、甲BⅢ、甲CaⅡ；盘甲AcⅢ	盏AⅡ、BⅠ2；盘AaⅡ2、AaⅢ2、BaⅡ；灯盏AⅡ、BⅠ			陶象棋子、瓷白围棋子3、瓷黑围棋子2、瓷骰子A2、铁钩、"五铢" A、"熙宁元宝" A2、"绍圣元宝" A	金末元早
2007YY西ⅠT5③						

续表

遗迹单位	白釉	酱黑釉	青釉	钧釉	其他	分期
2007YY西ⅠT5④	碗甲DbⅡ、甲GⅡ、乙BbⅡ、丙AⅠ2；盏甲AbⅠ、甲AbⅡ3、ZAaⅡ、ZBbⅡ；杯Aa；器盖AaⅡ	盘BaⅠ	碗甲BⅡ、甲CaⅠ	碟CaⅡ		金前期
2007YY西ⅠT5H46					玻璃簪	元一清
2007YY西ⅠT5H143	盏甲BbⅠ	盘AaⅡ、BaⅠ				金中后期
2007YY西ⅠT5H164		盘AaⅡ			瓷白围棋子、铜器	金中后期
2007YY西ⅠT5H175	碗乙CaⅠ					金中后期
2007YY西ⅠT5H187	碗乙BaⅡ		碗乙BⅡ			金中后期
2007YY西ⅠT5H210					陶盆Ba、瓷猴	金中后期
2007YY西ⅠT5H215	碗甲BⅠ、盏甲AcⅡ、甲AcⅢ	盘BaⅠ	盘AbⅠ			金中后期
2007YY西ⅠT5H226	碗甲EⅠ2、乙BbⅠ、BbⅢ；杯B	碟AaⅢ；灯盏AⅡ		碗BbⅡ；碟AⅠ、AⅡ、Bb	瓷鸭、铜双股钗Ba、"天禧通宝"、石球	金末元早
2007YY西ⅠT6③					骨梳Ba	金前期
2007YY西ⅠT6⑤	碟甲BaⅡ2				瓷白围棋子、瓷骰子A	金末元早
2007YY西ⅠT6H20					瓷白围棋子、瓷黑围棋子	元一清
2007YY西ⅠT6H36	碗乙BbⅢ					金末一清
2007YY西ⅠT6H37	盏甲BaⅣ；盘甲AcⅢ	碗甲BⅡ；碟AaⅡ、AaⅢ2、C	碗甲AaⅡ；盘AaⅢ、BⅡ、BⅢ2		铜双股钗Bb	金末元早
2007YY西ⅠT6H47	碟甲BaⅡ	碟AcⅡ			瓷黑围棋子	金末元早
2007YY西ⅠT6H52		灯盏BⅡ			"至和元宝"A	金末元早
2007YY西ⅠT6H75						

续表

遗迹单位	白釉	酱黑釉	青釉	钧釉	其他	分期
2007YYⅠ西ⅠT6H122	碗乙AbⅢ、乙BaⅡ；盘甲Ab、甲BaⅡ	碗乙AbⅠ		碗BbⅠ		金中后期
2007YYⅠ西ⅠT6H123		盘AaⅢ			陶支圈B2	金中后期
2007YYⅠ西ⅠT6H124	盏甲BaⅠ、甲BaⅡ；碟甲CaⅠ；盘甲BcⅡ				瓷白围棋子	金中后期
2007YYⅠ西ⅠT6H133		碟AcⅡ				金中后期
2007YYⅠ西ⅠT6H205		碟AaⅠ				金前期
2007YYⅠ西ⅠT6J9	杯B	碗甲BⅠ、乙BⅠ				金前期
2007YYⅠ西ⅠT6J11①					"开元通宝"Ⅰ、石球	清
2007YYⅠ西ⅠT7②					陶纺轮B、瓷白围棋子	金末元早
2007YYⅠ西ⅠT7③		灯盏AⅡ				金一清
2007YYⅠ西ⅠT7H72					陶两足A、陶高口Ⅲ2、骨镞、骨匕	金末元早
2007YYⅠ西ⅠT7H99	碗甲CⅡ					金末元早
2007YYⅠ西ⅠT7H139	盘甲BaⅠ					金中后期
2007YYⅠ西ⅠT7H245	碗甲DbⅡ					
2007YYⅠ西ⅠT8③	碗乙AbⅢ、乙BbⅡ2；盏乙AaⅡ、乙AbⅡ、乙BaⅡ、乙BaⅢ；碟乙B2；盘甲AcⅡ	瓶形器Ⅱ；灯盏AⅡ	盘AaⅢ；器盖Bb		瓷白围棋子6、瓷骰子A、铁刀、"祥符通宝"A、"熙宁重宝"、"绍圣元宝"A、"绍兴通宝"、"正隆元宝"、玻璃簪	金末元早
2007YYⅠ西ⅠT8④	盏乙BaⅠ	灯盏AⅠ	盘AbⅡ		骨料	金前期
2007YYⅠ西ⅠT8H35					瓷绵羊、石英珠、玻璃簪2	元一清
2007YYⅠ西ⅠT8H118					瓷白围棋子	金元
2007YYⅠ西ⅠT8H214		碟AaⅡ	碗乙BⅠ			金前期
2007YYⅠ西ⅠT8H227					瓷骰子A	宋金
2007YYⅠ西ⅠT8H370	碟乙A				瓷黑围棋子、瓷骰子A	金前期
2007YYⅠ西ⅠT8J1					陶支圈A、陶杯、铁器、"景德元宝"、石球	金前期

续表

遗迹单位	白釉	酱黑釉	青釉	钧釉	其他	分期
2007YY西ⅠT8Y1					瓷白围棋子	金元
2007YY西ⅠT9③	盏甲BaⅢ	灯盏AⅡ			"祥符元宝"	金末元早
2007YY西ⅠT9⑤		盘AaⅡ			铁镞	金前期
2007YY西ⅠT9H17	盘AcⅡ、甲Ad	碟AaⅡ、AaⅢ；盘AaⅡ	碟Cc		"开元通宝"Ⅰ	金末元早
2007YY西ⅠT9H39	碗甲BⅡ					金末元早
2007YY西ⅠT9H247	碗甲EⅡ、甲GⅡ、乙BaⅡ	盘AaⅡ				金中后期
2007YY西ⅠT9H249	盏乙BbⅠ、乙BbⅡ					金中后期
2007YY西ⅠT9H275					陶盘Aa2	金中后期
2007YY西ⅠT9H276		盘AbⅡ；器盖Bc				金前期
2007YY西ⅠT9H345		盘AaⅡ				金前期
2007YY西ⅠT9H347	碗甲AⅠ		碟BaⅠ			金前期
2007YY西ⅠT9H352		盘AaⅡ2				金前期
2007YY西ⅠT9J7	碗乙AaⅠ3、丙AⅠ；盏甲BaⅠ3、甲BaⅡ、乙AaⅡ、乙AbⅡ、乙BaⅠ；盘甲BaⅠ2、甲BdⅠ；器盖AaⅡ	碗甲AⅠ2、乙AaⅠ、乙BⅠ；盘Bb；盆B	碗乙C		陶盆Aa、瓷女俑头、瓷狮、瓷骰子A3	金
2007YY西ⅠT10④				碟BbⅡ	玻璃簪	宋金
2007YY西ⅠT10H59					铁杈	元一清
2007YY西ⅠT10H142	碗甲DbⅠ	盏BⅠ				金末元早
2007YY西ⅠT10H157		盘AbⅡ				金末元早
2007YY西ⅠT10Z11		灯盏BⅠ				金中后期
2007YY西ⅠT11③	盏乙BbⅠ；碟乙A；盘甲BaⅠ2、丙B；器盖AaⅡ			碟BaⅠ	陶鸥吻、瓷黑围棋子、铁钉E、"明道元宝"、"熙宁元宝"A、"大观通宝"、石球	金末元早
2007YY西ⅠT11④	碗甲DbⅠ；盏乙BaⅡ					金前期

续表

遗迹单位	白釉	酱黑釉	青釉	钧釉	其他	分期
2007YY西ⅠT11H33	碗乙AbⅠ				瓷白围棋子	金末元早
2007YY西ⅠT11H34	盏乙AbⅡ、乙BaⅢ、乙BbⅡ					金末元早
2007YY西ⅠT11H80	碗甲BⅠ；盘丙A、丙B					金前期
2007YY西ⅠT11H94		盘AaⅡ		碗C	铜双股钗Bb、"开元通宝"Ⅲ	金中后期
2007YY西ⅠT11H110			碟BbⅡ			金末元早
2007YY西ⅠT11H110东隔梁					"祥符元宝""崇宁重宝"	金末元早
2007YY西ⅠT11H135	盏甲BaⅡ					金中后期
2007YY西ⅠT11H179			盘AcⅠ			金前期
2007YY西ⅠT11H214					骨料、骨梳Ba、骨笄Bb	金前期
2007YY西ⅠT11H231	碗乙AaⅡ；盏甲BaⅡ；碟甲Ac	碗甲AⅡ				金中后期
2007YY西ⅠT11H265	碗甲DaⅡ；盘甲BaⅠ2、甲BcⅡ				骨角	金前期
2007YY西ⅠT11H311		碗甲C				金前期
2007YY西ⅠT11H312	碗甲CⅠ；鸟食罐B					金中后期
2007YY西ⅠT11H325	碗甲EⅡ				骨笄Ba	金中后期
2007YY西ⅠT11H326	盏甲AcⅠ					金前期
2007YY西ⅠT11Y2	盘甲Ab；灯盏B					金中后期
2007YY西ⅠT11Z6		盏BⅡ；器盖Ba				金末元早
2007YY西ⅠT11Z7	碗乙AaⅠ	盘AaⅠ；器盖Ab			瓷白围棋子2、骨笄Bb、玻璃簪	金前期
2007YY西ⅠT12H229		盆B				金前期
2007YY西ⅠT12H334	盏乙AbⅠ					金前期
2007YY西ⅠT12J8	碗乙BaⅠ；盘BaⅠ	碟Ab			"元丰通宝"B	金末元早
2007YY西ⅠT13③						

附　表

续表

遗迹单位	白釉	酱黑釉	青釉	钧釉	其他	分期
2007YY西ⅠT13H42	碗甲BⅠ、乙BaⅠ、甲BaⅠ、甲BaⅡ		碗甲CaⅠ			金末元早
2007YY西ⅠT13H173	碗乙AaⅠ					金中后期
2007YY西ⅠT13H201	碗甲DbⅡ；盏乙AbⅡ				陶砚	金中后期
2007YY西ⅠT13H289					陶盘Aa、Ab	金中后期
2007YY西ⅠT13H309 ①	盘甲BaⅠ、甲BaⅡ					金前期
2007YY西ⅠT13H309 ②	碗甲DbⅠ；盘甲BaⅠ2；鸟食罐Ab；器盖AaⅡ					金前期
2007YY西ⅠT13J3	碗乙AaⅠ2、乙AaⅡ2；碟甲CaⅡ；盘甲AcⅡ、甲BaⅠ、甲BaⅡ；器盖Bb、Bc	罐Ba	碗甲BⅠ		骨笄Bb	金
2007YY西ⅠT14③					陶釜、瓷白围棋子	金末元早
2007YY西ⅠT14H96	碗甲DbⅠ、甲DbⅡ		碟CbⅢ		陶盘Ab	金末元早
2007YY西ⅠT14H97	盘甲BaⅡ					金中后期
2007YY西ⅠT14H188						金中后期
2007YY西ⅠT15②					"道光通宝"	清
2007YY西ⅠT15③	碗甲CⅢ		碗甲BⅢ、甲CaⅢ		陶饼、瓷白围棋子5、瓷黑围棋子3、瓷灰围棋子、瓷骰子A、铜器、铁器、"开元通宝"Ⅰ、"皇宋通宝"A2、"祥符元宝""元符通宝""元丰通宝"A、"元符通宝"B4、"嘉祐元宝"A2、"熙宁元宝"B2、"天圣元宝"A、"太平通宝"、石丸2、骨梳Bb、玻璃簪	金末元早
2007YY西ⅠT15⑤					"熙宁元宝"A、"元丰通宝"A、"至和元宝"B	金前期

续表

遗迹单位	白釉	酱黑釉	青釉	钧釉	其他	分期
2007YY西ⅠT15H68	碗甲CⅡ				铁剪刀	金中后期
2007YY西ⅠT15H103	盏乙BaⅡ；灯盏B	盏BⅠ	盘AaⅡ			金中后期
2007YY西ⅠT15H115		盘AcⅡ				金末元早
2007YY西ⅠT15H120		盘Bb				金末元早
2007YY西ⅠT15H129	盘甲BaⅠ				瓷白围棋子	金中后期
2007YY西ⅠT15H134	碗乙BbⅡ；盏乙AbⅡ					金中后期
2007YY西ⅠT15H196	碗乙AaⅡ、乙AbⅢ；器盖AaⅡ				瓷黑围棋子、瓷骰子A	金中后期
2007YY西ⅠT15H250	碗甲CⅠ、甲DbⅠ；器盖Bc				瓷黑围棋子	金中后期
2007YY西ⅠT15H351① ③	碗乙AaⅡ；盏乙AbⅡ、乙BbⅡ2		碗甲BⅡ2、甲CaⅠ	碗AⅡ、C；盘Aa		
2007YY西ⅠT15H371					陶盆Ba、铁镞B、骨梳Ba	金前期
2007YY西ⅠT15H377	碗丙AⅠ				陶盘Aa、素烧碟、"开元通宝"Ⅲ、石球3	金前期
2007YY西ⅠT15J4	碗丙AⅢ				陶匜钵A、"淳化元宝"、石球	金末元早
2007YY西ⅠT16③	碗乙AaⅢ；盏乙BbⅡ2	盘AaⅢ		盘Cb；碟AⅡ		金末元早
2007YY西ⅠT16H155	盘Ad					金末元早
2007YY西ⅠT17③	碗甲EⅢ2、乙BaⅡ、乙BaⅢ；盏乙AbⅡ	盏BⅡ；灯盏BⅡ			陶匣钵B、瓷黑围棋子、铜器、"天圣元宝"B、"嘉祐通宝"、石球	金末元早
2007YY西ⅠT17H88	碗乙BaⅢ					金末元早
2007YY西ⅠT17H292				碟CaⅠ	铁器	金前期
2007YY西ⅠT17H293	碗甲EⅡ、乙BaⅢ、乙BbⅡ；盘AcⅡ2	碗乙CⅡ；盘C				金末元早

续表

遗迹单位	白釉	酱黑釉	青釉	钧釉	其他	分期
2007YY西ⅠT17H308	碗甲BⅠ					金前期
2007YY西ⅠT17H310	碗甲CⅡ、甲DbⅠ、乙BaⅡ；盘甲AcⅡ	灯盏AⅠ		碗BcⅡ	铁钉D	金中后期
2007YY西ⅠT17H318			碗乙BⅡ			金中后期
2007YY西ⅠT17H337		盘AaⅠ				金前期
2007YY西ⅠT17H338	碗乙BaⅡ	盒	碗丙Ⅱ	盘Aa	瓷白围棋子、瓷骰子A、骨梳Ba	金中后期
2007YY西ⅠT17H339				碟Cb		金中后期
2007YY西ⅠT17H340	碗甲AⅠ	碟Ba				金前期
2007YY西ⅠT17H349	盏甲BaⅢ、乙AaⅠ	盏AⅢ			陶盘Aa、瓷骰子A、铁器	金中后期
2007YY西ⅠT17J12			碟BbⅡ			金末元早
2007YY西ⅠT17J12	碗甲AⅡ2、丙B；盏甲BaⅠ；器盖Ba	碟AaⅡ		碟CaⅡ	陶饼、陶围棋子、瓷白围棋子2、瓷黑围棋子、铜器2、"祥符元宝""天禧通宝""元丰通宝"A、"熙宁元宝"B、"皇宋通宝"A	金末元早
2007YY西ⅠT18H212	碗乙AbⅡ、碟甲Cb、乙B					金中后期
2007YY西ⅠT18H213		盘AaⅡ				金中后期
2007YY西ⅠT18H218		碗乙AaⅡ				金中后期
2007YY西ⅠT18H239	碗乙AaⅢ；盏乙BbⅡ；盘AcⅡ、丁AⅠ；灯盏A4	盏AⅠ；盘AcⅠ；罐Bb	碗甲AaⅠ、甲BⅢ、甲CbⅠ、乙BⅡ；盘BⅡ2			金中后期
2007YY西ⅠT19③	碗甲BⅢ、乙BaⅠ、BaⅠ；盏甲BaⅣ、乙BaⅢ；盘甲AcⅢ、甲BaⅢ		碗甲BⅢ、CbⅡ	碗BbⅠ	陶砚、陶纺轮B "开元通宝"Ⅰ、"皇宋通宝"A、"宣和通宝"A、"景祐元宝"A、"熙宁元宝"A	金末元早

续表

遗迹单位	白釉	酱黑釉	青釉	钧釉	其他	分期
2007YY西ⅠT19H74	盏甲BaⅡ					金末元早
2007YY西ⅠT19H183	盏甲Ac、乙AaⅢ		碗甲AaⅡ、甲BⅡ2、甲CaⅡ2	碗AⅡ、BbⅠ；盘BaⅠ2	瓷白围棋子	金末元早
2007YY西ⅠT19H220		盏AⅡ	碗甲BⅡ			金末元早
2007YY西ⅠT19H304					"景祐元宝"A、"崇宁通宝"	金末元早
2007YY西ⅠT19H321					瓷白围棋子	金元
2007YY西ⅠT19H328	碗乙AaⅡ2、乙AbⅠ、丙AⅡ；盏甲BaⅡ、甲BaⅢ、乙BaⅡ	盏AⅠ；碟Ba；盆A；瓶形器Ⅱ	碗甲CaⅠ、乙BⅠ；盘AaⅡ3、AbⅠ	盘AbⅠ	素烧刻糟B、骨器	金末元早
2007YY西ⅠT19H381	碗甲DaⅠ2、甲GⅠ；盘甲BcⅠ	葫芦瓶			瓷白围棋子、石球	金前期
2007YY西ⅠT20②					"元丰通宝"B	清
2007YY西ⅠT20③	盏乙AaⅡ				铜耳勺、"半两"、"皇宋通宝"A、"皇宋通宝"B、"元祐通宝"B	金末元早
2007YY西ⅠT20H102	盏乙BaⅡ2；碟乙B；杯Ab	盏AⅢ、BⅠ			"熙宁元宝"B	金末元早
2007YY西ⅠT20H151 ①						
②	碗甲BⅠ、甲BⅡ2、甲CⅠ、乙AaⅠ、乙AaⅡ2、乙BaⅡ2、乙BbⅡ2、丙B；盏甲BaⅡ、乙BaⅡ2	盘AaⅡ	碗AbⅠ	盘AbⅠ	瓷白围棋子2	
未分层	碗丙Ⅰ、甲CⅠ、乙AaⅠ、乙AaⅡ2、乙BaⅠ2；盏甲AcⅡ、甲BaⅠ	碗丙Ⅰ；器盖Ba	碗乙C、丙Ⅰ		瓷人俑、骨刷	金中后期
					陶盆Ba、瓷白围棋子2、瓷黑围棋子2、瓷骰AⅡ、骨笄Ab、石球2	

续表

遗迹单位	白釉	酱黑釉	青釉	钧釉	其他	分期
2007YY西ⅠT21H151	碗乙AbⅡ；盏乙BaⅠ、乙BaⅡ；鸟食罐Ab	碗甲C		碗AⅠ	陶饼、瓷女立俑2、石球	金中后期
2007YY西ⅠT20H170			盘AaⅡ			金中后期
2007YY西ⅠT20H189					"元祐通宝" B	金元
2007YY西ⅠT20H190					"绍圣元宝" A	金元
2007YY西ⅠT20H198	碟甲Ac				骨笄Ba	金中后期
2007YY西ⅠT21③	盏乙BaⅣ、乙BbⅠ	盏AⅢ			瓷白围棋子、瓷黑围棋子A、"元祐通宝" A	金末元早
2007YY西ⅠT21H364					瓷白围棋子	金元
2007YY西ⅠT21H365		经瓶			陶瓦当A、石球	金中后期
2007YY西ⅠT21J5	盏乙BaⅡ				陶盆Ba、"元丰通宝" A	金中后期
2007YY西ⅠT22③	盏乙BaⅡ；盘甲AcⅡ				瓷白围棋子、瓷骰子A、"元丰通宝" B、"皇宋通宝" B、"熙宁元宝" B、"天禧通宝"	金末元早
2007YY西ⅠT22H149	碗甲DbⅡ；碟甲Ac2					金中后期
2007YY西ⅠT22H160	碗丙AⅠ		盘AaⅠ			金前期
2007YY西ⅠT22H182			盘BⅠ			金前期
2007YY西ⅠT22H264	碗甲AⅠ、甲CⅠ7、乙BaⅠ、乙BbⅡ、丙AⅠ、盏甲BaⅠ、甲BcⅡ2、甲BcⅢ	盘AbⅡ4；炉；釜			陶盆Ba2、瓷白围棋子、"祥符元宝"、骨笄Bb	金元
2007YY西ⅠT22J2	碗乙BaⅠ				"元丰通宝" B	清
2007YY西ⅠT23①	碗甲AⅢ				石斧	清
2007YY西ⅠT23②	碗丙AⅡ；盏甲BaⅡ	碟Ab；盘AbⅡ	碟BbⅢ		陶饼、瓷白围棋子2、"开元通宝" I、"元丰通宝" B、"元祐通宝" A	金末元早

续表

遗迹单位	白釉	酱黑釉	青釉	钧釉	其他	分期
2007YY西ⅠT23H64	碗乙AbⅢ					金末元早
2007YY西ⅠT23H70	碟甲Cb；盆BⅡ		杯Ⅱ		瓷骰子A、铁镞A、骨角	金末元早
2007YY西ⅠT23H281	盘甲BaⅡ					金中后期
2007YY西ⅠT23H295					"景德元宝"	金元
2007YY西ⅠT23H296	盏乙BbⅡ；盘丙A				骨梳Ba、石丸	金中后期
2007YY西ⅠT23H324					骨笄Ba2	金元
2007YY西ⅠT24①	器盖Ab	碟AcⅠ			瓷白围棋子、瓷黑围棋子	金末元早
2007YY西ⅠT24H81					石球5	金元
2007YY西ⅠT25②					瓷白围棋子、瓷黑围棋子、"乾隆通宝"	清
2007YY西ⅠT25③	碟甲BaⅡ		盘AbⅡ		瓷白骰子A2、铁镞C、"皇宋通宝"B、"熙宁元宝"A、骨笄Ba	金末元早
2007YY西ⅠT25H31					瓷白围棋子	金末元早
2007YY西ⅠT25H146	盘甲BaⅠ				陶丸	金中后期
2007YY西ⅠT25H204	碗甲EⅡ				铁镞A	金中后期
2007YY西ⅠT25Z9	盏乙BaⅡ					金中后期
2007YY西ⅠTG1③	碗甲BⅠ2、甲CⅠ、甲CⅡ；盘甲BaⅠ					金中后期
2007YY西ⅠTG1H385	碗甲DbⅡ；盘甲BaⅠ、甲BaⅡ					金中后期
2007YY西ⅠTG1J10	碗甲CⅠ、ZAaⅠ、ZAbⅠ3、ZAbⅡ；盘甲BaⅠ					金前期
2007YY西ⅠTG1J13	碗甲BⅡ；盏甲BaⅡ	碗乙AaⅠ；罐C	碗乙BⅡ；盘AbⅡ		"祥符元宝"	金中后期

附表六 出土器物登记表（2007YY东）

遗迹单位	白釉	酱黑釉	青釉	钧釉	其他	分期
2007YY东T1②					铜耳勺、铜器	宋金
2007YY东T1H26	盏甲BbⅡ					清
2007YY东T1H43				盘Cb		金中后期
2007YY东T1H77	碟甲CaⅢ				铁锚B、铁钩	清
2007YY东T1H79					铁钉A	清
2007YY东T2H48					"天圣元宝"A	清
2007YY东T3②					瓷骰子A	清
2007YY东T3③B					"洪武通宝"、"乾隆通宝"	元—清
2007YY东T3⑪	碗甲CⅢ；盏乙BbⅢ		碗乙BⅡ	碟AⅢ	瓷白围棋子、"货泉"、铁锚A	金末元早
2007YY东T3⑫	盏乙AbⅡ				陶瓦当A、铜盖	清
2007YY东T3H55	碗甲CⅢ、乙BbⅡ；盘甲AcⅡ、甲AcⅢ2	灯盏AⅡ		碗AⅢ		金末元早
2007YY东T3H66						
2007YY东T3H190					陶瓦当A	金元
2007YY东T3H202					陶器、瓷白围棋子、瓷骰子A	金元
2007YY东T3H207					瓷骰子A、"开元通宝"Ⅰ	金元
2007YY东T3H209					铜耳勺、"景德元宝"	金元
2007YY东T3H221	碗甲AⅡ					金中后期
2007YY东T3H240	碗甲GⅡ、乙BaⅡ				铁灯	金中后期
2007YY东T3L1 ②	碗丙AⅡ；鸟食罐Aa	灯盏AⅡ		碗AⅡ	瓷骰子B、铜器、"元丰通宝"A、骨刷	金中后期
2007YY东T3L1 ③					瓷骰子A	
2007YY东T4②					瓷骰子A、玻璃饰	清

续表

遗迹单位	白釉	酱黑釉	青釉	钧釉	其他	分期
2007YY东T4③B	盏乙AaⅡ					清
2007YY东T4H18	盏乙BaⅡ；碟甲CaⅡ	灯盏AⅠ	盘AbⅢ		瓷白围棋子2、骨角	金末元早
2007YY东T4H19					铜花饰A	金中后期
2007YY东T4H25	盏乙AaⅢ；乙AbⅠ	盏AⅢ				金末元早
2007YY东T4H58						金末元早
2007YY东T4H60			碟BbⅡ；盘AaⅡ		瓷女俑头、瓷白围棋子、石英珠	金中后期
2007YY东T4G2					瓷白围棋子	金元
2007YY东T5②					"开元通宝"Ⅰ	清
2007YY东T5③					铜器	清
2007YY东T5H142	盏乙BbⅢ；盘甲AcⅢ					金末元早
2007YY东T5J3					"皇宋通宝"A	宋元
2007YY东T6②					瓷白围棋子	清
2007YY东T6④					瓷白围棋子、瓷黑围棋子、铜双股钗Bb	清
2007YY东T6⑤B		碗甲AⅠ				金末元早
2007YY东T6⑤C	碗甲AⅢ；盏乙BbⅡ；盘甲AcⅡ			碟CaⅠ		金末元早
2007YY东T6H85						清
2007YY东T6H121	盘甲BaⅠ，甲BaⅡ		碗甲BⅡ；杯Ⅰ		瓷白棋子4、瓷黑围棋子	金末元早
2007YY东T6H155 ①					骨笄Bb2、骨器	金中后期
2007YY东T6H155 ②					骨笄Bb	金中后期
2007YY东T6H155 ③	碗乙BaⅡ；盏乙AbⅡ；器盖AaⅡ				瓷白围棋子2	金中后期
2007YY东T6H226	碗甲EⅠ、EⅡ			碗BaⅠ		金中后期
2007YY东T6G3				碟CaⅠ	"元符通宝"	金中后期
2007YY东T6J1	碗乙AaⅡ；盏甲Ac；盘甲BaⅡ				瓷黑围棋子、瓷白围棋子6	金末元早

续表

遗迹单位	白釉	酱黑釉	青釉	钧釉	其他	分期
2007YY东T6L1②	器盖Aa I	盘Ba II			瓷马、瓷男俑、瓷孩俑、瓷黑围棋子、"祥符元宝"	金前期
2007YY东T6Z3			盘C		陶纺轮A	金代中后期
2007YY东T7②					"顺治通宝"	清
2007YY东T7③B		碟Aa II				金末元早
2007YY东T7H23			碟Ba II	碗Bc I	瓷白围棋子2、"宋元通宝"、"熙宁元宝" A	金末元早
2007YY东T7H31					"祥符通宝"、"熙宁元宝" A、"正隆元宝"	金元
2007YY东T7H40			碗甲CaⅢ；盘AaⅡ			金末元早
2007YY东T7H112	盏甲Bb I		碗丙II	盘Ba II		金中后期
2007YY东T7H124	盘甲Ab、甲AcⅡ、甲BaⅠ；盆AⅡ2	碟Bb；灯盏AⅠ、BⅠ	盘B I	杯	陶盆Bb、铜双股钗Bb、石球	金中后期
2007YY东T7H145	盘甲Ab		碗甲BⅢ			金末元早
2007YY东T7H150			碗甲Aa I			金末元早
2007YY东T7G1	盘甲Ba III					金末元早
2007YY东T7J4	碗乙BaⅡ、乙CaⅡ	碗乙AaⅢ；盏AⅡ	碗甲AaⅠ、甲BⅢ、甲CaⅠ2、甲CaⅡ2		"熙宁元宝" A	金末元早
2007YY东T8③	盘甲Ab				石球	金中后期
2007YY东T8H24		碟Ba			"大观通宝"	元—清
2007YY东T8H51		碟Ba				金中后期
2007YY东T8G1					瓷骰子B、瓷白围棋子、铁钉E、石英珠	金末元早
2007YY东T9③		瓶形器II				清
2007YY东T9④						清
2007YY东T9H24					铁器	清

续表

遗迹单位	白釉	酱黑釉	青釉	钧釉	其他	分期
2007YY东T9H129	盆C					金末元早
2007YY东T9H130	盏甲BbⅡ					金末元早
2007YY东T9H147	碗甲CⅠ、乙BaⅠ、丙AⅠ；盏甲BaⅠ、乙AaⅡ；器盖盘甲BaⅠ、AaⅡ2				陶砂锅、陶丸2、瓷白围棋子2、瓷散子A、铜器、"元祐通宝"B、骨笄Bb	金前期
2007YY东T9H182	碗乙BaⅢ			碗BcⅠ		金末元早
2007YY东T9H197	盘甲AcⅢ2、丙C	碟AaⅡ、AaⅢ	碗乙Aa	碗BcⅡ；碟D	瓷白围棋子	金末元早
2007YY东T9H236	碗乙BaⅠ	盂				金前期
2007YY东T9G1	盏乙AbⅢ				石球	金末元早
2007YY东T9L1	盘甲BaⅠ					金前期
2007YY东T9H105②	盏甲AaⅠ；盘丙C		盘BⅡ		铜棋子、"乾隆通宝"	清
2007YY东T9H105③	器盖Ba			盘Cb	瓷白围棋子A、瓷散子A、"景祐元宝"B、"熙宁元宝"B、"元祐通宝"A	金末元早
2007YY东T9H105⑤					瓷白围棋子2、瓷黑围棋子、"皇宋通宝"A、"治平元宝"、"元丰通宝"B2、"至和元宝"A	金末元早
2007YY东T9H10H10	盏乙AbⅠ；盘甲AcⅢ	盘AaⅢ；灯盏AⅡ			瓷算珠、"皇宋通宝"B	金末元早
2007YY东T9H11①	碗乙BaⅢ、盘甲AcⅡ、甲AcⅢ、甲BaⅢ	灯盏AⅠ；碟AaⅡ；盘盖AaⅡ；器盖Aa			瓷白围棋子	金末元早
2007YY东T9H11②	碗乙BbⅡ；碟BaⅢ					
2007YY东T9H11④	盘甲AcⅡ、甲AcⅢ、甲BaⅡ	灯盏AⅡ；白Aa				金末元早
2007YY东T9H10H35				碗BcⅠ		金中后期
2007YY东T9H10H63	盏乙AbⅢ					金末元早

续表

遗迹单位	白釉	酱黑釉	青釉	钧釉	其他	分期
2007YY东T10H71					瓷黑围棋子	金中后期
2007YY东T10H73					骨笄Aa	金中后期
2007YY东T10H106	碗乙Cb					金前期
2007YY东T10H114						金前期
2007YY东T10H115	碗乙AaⅡ			盘AcⅡ		金中后期
2007YY东T10H152			碗丙Ⅱ		瓷白围棋子3、瓷骰子A2、"熙宁元宝" A、"至道元宝" B、"政和通宝" B、"至道元宝" B	金前期
2007YY东T10H159	碗甲BⅠ、甲CⅠ；盏乙AaⅡ					金前期
2007YY东T10J5	盏甲BbⅠ、乙AaⅡ、乙AbⅠ、乙AbⅡ、乙BaⅡ；碟甲Ab；盆BⅠ；杯Aa	盘AaⅡ；瓶形器Ⅱ；器盖Bb；灯盏BⅠ	碗甲AbⅡ、甲CaⅠ、丙Ⅲ；盘AaⅡ	盘AbⅢ、Bb	素烧器器盖、瓷白围棋子4、瓷骰子A4、铜环2、"皇宋通宝" A、"景祐元宝" A、"元祐通宝" A2、"元丰通宝" A、"熙宁元宝" A、"明道元宝"、骨笄Ab、骨镞Ba2	金
2007YY东T11②		灯盏AⅡ、BⅡ			陶纺轮B、瓷散子A、瓷黑围棋子2、铜纽扣、"货泉"、石球	清
2007YY东T11③	碗乙BaⅢ	盘AaⅡ；灯盏AⅡ	碗丙Ⅱ；盘BⅠ2	碗BaⅡ	瓷男俑头、瓷黑围棋子、"绍圣元宝" B、"熙宁元宝" B、"咸平元宝"、"政和通宝" B、"淳化元宝"、"元丰通宝" A、"祥符元宝"	金末元早
2007YY东T11④		盘AaⅢ		杯		金末元早
2007YY东T11⑤	盏甲AbⅠ					金中后期
2007YY东T11H70					"熙宁元宝" B	金元

续表

遗迹单位	白釉	酱黑釉	青釉	钧釉	其他	分期
2007YY东T11H161		刻槽盆				金末元早
2007YY东T11H177	碗乙CaⅠ					金中后期
2007YY东T11H220	碗乙AbⅡ；盘甲AcⅡ、甲AcⅢ、甲BaⅠ、甲BaⅡ			碗AⅡ、BbⅠ	"咸平元宝"	金中后期
2007YY东T11H211			盘BⅡ		"元丰通宝" B	金中后期
2007YY东T11H228	碗乙BbⅡ；盏甲BaⅡ；碟甲CaⅢ；盘甲AcⅡ2、甲AcⅢ、甲BaⅡ、丙C		碟CbⅡ	盘Ca	"圣末元宝" B、"元丰通宝" A	金末元早
2007YY东T12①					铜纽扣	清
2007YY东T12②	盘甲AcⅡ				瓷白围棋子	清
2007YY东T12③					瓷骰子A2	清
2007YY东T12④					铁镞C	清
2007YY东T12⑤		碟Ba				金末元早
2007YY东T12H65 ①	碗甲CⅡ、乙Cb；盏乙AaⅡ			碟AⅡ	瓷骰子A、铜花饰B	金中后期
②	盏甲BaⅢ				"开元通宝" Ⅲ	
2007YY东T12H141					瓷骰子A	金前期
2007YY东T12H172①	碗甲CⅡ、乙Cb；盏乙AaⅡ；盘甲BaⅠ2		碗甲AaⅠ	碗BcⅠ	瓷白围棋子2、瓷黑围棋子、瓷象棋子	金中后期
2007YY东T12G3	盏甲BaⅠ	碟AcⅠ2；灯盏AⅡ2			陶丸、"元丰通宝" A	金中后期
2007YY东T13②	碗乙EⅡ；盘甲BbⅡ、丙C			碟AⅡ	瓷白围棋子、瓷骰子A	清
2007YY东T13③	碗乙BaⅡ、丁AⅠ				陶象棋子	金末元早
2007YY东T13H1	盏甲BbⅡ；碟甲CaⅢ				瓷白围棋子	金末元早
2007YY东T13H2	盘甲AcⅡ	盘AaⅢ	碟CbⅠ2	碗BaⅡ、BcⅡ2	陶瓦当B、瓷白围棋子	金末元早
2007YY东T13H6	碗乙BaⅡ；盘丙C	灯盏AⅡ	碟BbⅢ；盘AbⅢ、BⅡ		瓷白围棋子、铜簪A	金末元早

续表

遗迹单位	白釉	酱黑釉	青釉	钧釉	其他	分期
2007YY东T13H21	盘甲BaⅢ					金末元早
2007YY东T13H57	碟甲CaⅡ；盘甲BaⅢ	盘BaⅡ			瓷白围棋子2	金末元早
2007YY东T13H93			盘BⅢ			金末元早
2007YY东T13H99					瓷骰子A	金元
2007YY东T13H100			碗甲AaⅠ	碗BaⅠ		金中后期
2007YY东T13H108			盘AaⅡ			金中后期
2007YY东T13H133					素烧刻槽盆A	金中后期
2007YY东T13H134	碗甲EⅠ		盘AbⅡ	碟BaⅡ		金中后期
2007YY东T13H153	碗甲DbⅠ2、甲DbⅡ、乙AaⅡ2、乙AaⅢ、乙AbⅠ、乙AbⅡ3；盏甲BaⅡ、乙BaⅡ、乙BbⅠ2、乙BbⅡ；盘甲BaⅠ、甲BdⅡ	碗乙AaⅢ2；盏BⅡ；碟AaⅠ、盏B	碗甲AaⅠ3、甲AbⅡ4、甲CbⅡ、丙Ⅱ4、丙Ⅲ2；碟BbⅡ、BbⅢ2；盘AaⅡ、AcⅡ、BⅡ；炉	碗BcⅠ；碟Bb；盘AbⅡ	陶盆Aa、Ab、Ba2、陶砚、瓷骰子A5、铁灯、铁剪2、"天圣元宝"A2、"元丰通宝"A、石球3	金末元早
2007YY东T13H160	碗乙BbⅠ				瓷骰子A	金中后期
2007YY东T13H170	碗甲DbⅡ	罐Bb		碟AⅡ		金中后期
2007YY东T13H186			盘AaⅡ		瓷骰子A	金元
2007YY东T13H195					瓷白围棋子	金前期
2007YY东T13H198				杯		金中后期
2007YY东T13J2	碗甲CⅠ；碟甲BaⅡ；盘甲AcⅡ	碟AaⅡ		碟AⅠ；盘Ca		金末元早
2007YY东T14③	盏甲BaⅠ				铜器	金末元早
2007YY东T14④		灯盏AⅠ				金中后期
2007YY东T14⑤						金中后期
2007YY东T14H29	碟甲BaⅡ；盘甲AcⅡ		盘AbⅡ	碗BbⅠ、BbⅡ	瓷白围棋子、瓷骰子A	金末元早
2007YY东T14H33						
2007YY东T14H56	盏甲BaⅡ；碟甲CaⅡ				瓷白围棋子	金中后期

续表

遗迹单位	白釉	酱黑釉	青釉	钧釉	其他	分期
2007YY东T14H69	盘甲BaIII	碟AaIII		碗AbBbII、碟AI; 盘BaII、Ca	陶盆Ba2	金末元早
2007YY东T14H95	碗甲BI、乙AaI、乙AaII、乙BbII; 碟甲BaII; 器盖AaI	盆A	盘BIII2			金中后期
2007YY东T14H96	盏甲BbII; 盘甲BaII			碗BaII		金末元早
2007YY东T14H97	碟甲BaIII	灯盏AII			瓷白围棋子	金末元早
2007YY东T14H110	碟甲BaII3					金中后期
2007YY东T14H136	盆BI	碟AaI				金中后期
2007YY东T14H173	盘甲BaI				瓷散子A	金中后期
2007YY东T14H188		盘BaI			瓷白围棋子、"熙宁元宝"B	金中后期
2007YY东T14H192			碗乙BII			金中后期
2007YY东T14H199	碟甲Cc					金中后期
2007YY东T14H230	碗乙AbI; 盘甲BbI				瓷灰围棋子	金末元早
2007YY东T15④	器盖AaII				铜匙	清
2007YY东T15H17		盘Bb				金前期
2007YY东T15H163②	碗甲BI; 杯Ab				"光绪通宝"	金元
2007YY东T15H164					素烧器碟	金前期
2007YY东T15H204					瓷女俑头、瓷白围棋子、瓷黑围棋子、瓷散子A2、"嘉祐通宝"	金前期
2007YY东T15H208					瓷散子A	金元
2007YY东T15H229	盘甲BaI2			碟AI		金前期
2007YY东T15G3	碗甲BI		碗乙Ab; 碟BbI			金
2007YY东T15Z5			器盖Ba		铁钳	金前期

附表七 2006YY西ⅠT4H54出土陶瓷片统计表

2006YY西ⅠT4H54①

类别	瓷																		
	白瓷																		
釉色/陶质	内白外白																内白外黑				内白外青
胎色/陶色	浅灰				深灰			砖红	红黄	白	黄白				浅灰			黄白	浅灰
装饰	素面	白地黑花	白地褐花	内底划花	素面	白地黑花	白地褐花	素面	素面	素面	素面	白地黑花	压印纹	白釉上红绿彩	素面	白地黑花	白地黑花加压印纹	素面	素面
工艺																			
残片	20	1	1	1	芒口	1		1	2	10		1	1		芒口	1			
口沿	11	1			4			1	1	5	1		1	1			1	1	
圈足	1									1									
平底																			
罐口沿					1														
卧足																	1	1	
杌																			1

续表

类别	瓷															
釉色/陶质	白瓷															
胎色/陶质	内白外青褐				内白外上白下深褐		内白外红褐		内白外褐			内黑外白		内深褐外白		内褐外白
	浅灰	深灰	黄白	黄白	深灰	深灰	砖红	深灰	深灰	浅灰	浅灰	浅灰	浅灰	黄白	黄灰	砖红
装饰	素面	素面	素面	白地黑花	素面	白地黑花	素面	素面	素面	素面	白地黑花	白地黑花	白地黑花	白地黑花	白地黑花	白地黑花
工艺																
残片	1		1	1	1		1	1	2	2	1	1				1
口沿		1				1										
圈足														1		
平底																
罐口沿													1		1	
卧足																
枕																

附　表

续表

类别	瓷																				素烧		
	青瓷												钧瓷										
釉色	淡青			青绿		青黄	青灰		红灰相间	黄釉	生烧		天青		天蓝		蓝灰	蓝黄	浅灰紫红窑变	生烧深灰紫红窑变	黄白	砖红	浅灰
胎色/陶色	深灰	浅灰	砖红	深灰	浅灰	浅灰	深灰	浅灰		黄白	深灰	浅灰	深灰	浅灰	深灰	浅灰	浅灰	浅灰					
装饰	素面	素面	素面	素面	素面	素面	素面	素面	素面	素面	素面	素面	素面	素面	素面	素面	素面	素面			素面	素面	素面
工艺																							
残片	5	8	2	6	3	3	8	3	1	1	2	2	4	7	2	1	4	3					
口沿	3	4		4			2	2			1		2	4		1		1	1				
圈足				1									1	1						1	1		
平底																							
罐口沿																						1	
卧足																					1		
枕																							

续表

类别	瓷																					陶					
釉色/陶质	黑瓷				黄褐釉瓷	褐瓷		黄釉瓷		外黄内褐瓷			深褐瓷			红褐瓷			青褐瓷			泥质灰陶			泥质黑陶	泥质红陶	夹砂陶
胎色/陶色	浅灰	黄白	黄白	浅灰夹砂	砖红	黄白	深灰	浅灰	黄白夹砂	黄白	砖红	浅灰	浅灰	深灰	黄白	黄白夹砂	浅灰	黄白夹砂	浅灰	黄白	砖红夹砂	灰	灰	灰	灰	砖红	黑
装饰	素面	弦纹	素面	素面	素面	素面	素面	素面	素面	素面	素面	素面	外白起棱	素面	素面	素面	素面	素面	素面	素面	素面	弦纹	绳纹	素面	素面	绳纹	素面
工艺																											
残片	3																										
口沿	3	1	2	2	3	1		2	1	1	1	5		1	2	2	2	2	8	4	2	4	4	42	2	1	4
圈足	1				2																						
平底													1														
罐口沿									1															4			
卧足																								6	5		
枕																											

2006YY西ⅠT4H54③

类别	瓷																		釉陶				陶			
	白瓷			黑瓷	青瓷					钧瓷			褐瓷										泥质灰陶			
釉色/陶质										天蓝												外黑内青褐	灰			
胎色/陶色	黄白	肉白外白	肉白外白	浅灰	浅灰	浅灰	砖红	灰	浅灰	灰	紫红窑变	深灰	灰	黄白	黄白	浅灰	白地黑花	浅灰	黄褐夹砂	黄褐夹砂	红褐夹砂	灰胎夹砂				
		白地黑花	深灰		青绿	淡青	淡青	青灰	生烧				生烧	红褐	外红褐内白	外黑褐内白		外黄内黑褐	黑	青褐	灰褐					
装饰	素面	白地黑花	素面	素面	素面	素面	素面	素面	素面	素面	窑变	素面	素面	素面	素面	素面	白地黑花	素面	素面	素面	素面	素面	弦纹	绳纹	泥条堆纹	素面
工艺 残片	2	5	1	3	2	3	1	1	2	2	1			2				2		2	1	1	4	1	2	21
碗类口沿		1							1		1		1		1		1		2							
圈足	2	2		2																						
口沿				1																						1
平底																										1

2006YY西ⅠT4H54④

类别	白瓷															
釉色/陶质	白瓷															
胎色/陶色	内白外白													内白外黑		
	浅灰				砖红	深灰			黄白				深灰		浅灰	
装饰	篦划纹	白地红褐花	素面	白地黑花	内底压印	素面	白地黑花	内底压印	素面	划花	白地黑花	白地褐花	白地黑花	素面	素面	白地黑花
工艺		芒口													芒口	
残片			10			6	7		11	1	3	1	3	2		3
口沿	6	4	4	4	1	5	16	1	12		3			1		2
圈足	1		2	1			1		3							
罐口沿														1		
平底																
器盖	1															

续表

类别	白瓷																	
釉色/陶质	内白外红褐						外白内红褐	外白内黑		内白外上白下褐								
胎色/陶色	黄白		浅灰		深灰		深灰	深灰		浅灰			砖红		黄灰相间	黄白		
装饰	素面	白地黑花	素面	白地黑花	素面	白地黑花	白地褐花	白地褐花	白地黑花	白地黑花	白地红褐花	素面	素面	白地黑花	白地黑花	素面	白地黑花	白地褐花
工艺																		
残片	2	1	1		1	4	1	3	3	3		3	1	3				
口沿										5	6	1		8	2	2	1	
圈足		2																
罐口沿																		
平底																		
器盖																		1

续表

类别	青瓷					钧瓷					黑瓷		
釉色	淡青		青绿	青灰	青黄	天蓝	蓝灰	砖红	生烧	灰	黄白	黑	浅灰
胎色	砖红	灰	灰	灰	灰	灰	灰		黄白				
装饰							红色窑变						
工艺											内底刮釉		
残片	2	3	9	9	2	3	2			2	1		6
口沿		5	1	7						1		1	1
圈足		2	1	1					1	1			1
罐口沿								1					
平底												1	2
器盖													2

续表

类别	褐瓷										釉陶					陶	
釉色/陶质	青褐								黄	素烧	黑		褐		青褐	泥质	
胎色/陶色	深灰	浅灰	黄白	砖红	深灰	浅灰	黄褐浅灰	外黄内红褐浅灰	外黄内褐浅灰	浅灰		黄褐夹砂	灰褐夹砂	红褐夹砂	红褐夹砂	黄褐夹砂	黄褐夹砂	灰	黑
装饰	弦纹																	
工艺																		
残片	1	5	6	4	2	1		3	3	1	1	1	2	1		3	2	1
口沿			1		1						4							
圈足				1			1											
罐口沿	1	1												1			1	
平底																		
器盖																		

2006YY西Ⅰ T4H54⑥

类别	瓷																				陶	
	白瓷						黑瓷				青瓷				钧瓷			褐瓷				
釉色/陶质	内白外白						内黑外黑		外黑内白		淡青	青瓷	青灰	青灰	天蓝	天蓝	生烧	红褐	褐瓷	青褐	外黑内黑	外黑内红褐
胎色/陶色	浅灰	浅灰	黄白	黄白	深灰	砖红	黄白	浅灰	浅灰	浅灰	浅灰	砖红	浅灰	砖红	浅灰	灰	深灰	黄白	深灰	浅灰	砖红	浅灰
装饰	白地黑花	素面	白地黑花	素面	素面	素面	素面	素面	白地黑花	白地红褐花	素面	素面	素面	素面	素面	素面	素面	素面	素面	素面	素面	素面
工艺																						
残片		9	1	10	2	1	4	3	1	1	1	1	1	1	5		1	1	3	1	2	1
碗类口沿	1			3	1	2					1	1								1		
圈足	1	2		1												1						
口沿									1				1								2	
器盖																		1				
平底																			1			

附 表

2006YY西ⅠT4H54⑧

类别	陶质	陶色	装饰	工艺	残片
陶	泥质	灰	绳纹		1

2006YY西ⅠT4H54⑨

类别	瓷															陶
	白瓷			青瓷			黑瓷	褐瓷							泥质
	白		浅灰	淡青	砖红	青黄	黑	外红褐内白		砖红	红褐	黄白	青褐		灰
釉色/陶质															
胎色/陶色	黄白		浅灰	浅灰	砖红	黄白	浅灰	黄白	浅灰	砖红	浅灰	黄白	浅灰		
装饰	素面	内底压印	素面	素面	素面	素面	素面	白地黑花	白地黑花	弦纹	素面	素面	素面		素面
工艺															
残片	2	1		3	1		4			6	3	2	3		
碗类口沿	4		2	2		1		1							
圈足	1														
罐									1	1		1			
平底															
口沿													1		

附表

2006YY西ⅠT4H54①

类别	白瓷																	
釉色/陶质	内白外白									内白外褐			内白外黑	内白外红褐		外白内黑	内白外上白下褐	
胎色/陶色	深灰					黄白			砖红	深灰		黄白	深灰	深灰	黄白	深灰	黄白	深灰
装饰	篦划纹	白地黑花	白地褐花	内底圆圈	素面	白地黑花	内底压印	素面	素面	白地黑花	素面	素面	素面	白地黑花	白地黑花	素面	素面	素面
工艺								芒口										
残片	1	2	1		3	1				1	1	1	2	2	1		1	1
口沿					1		1	4	1				1	1				
圈足				1	2			2				1						
盘					1													
流					1													
器盖					1													
平底																		
盏																1		
罐口沿																		
器耳																		
罐																		
盆口沿																		

续表

类别	酱黑瓷										青瓷					
釉色/陶色	内黑外黑		深褐		青褐	红褐	外黑内褐		外青褐内褐	外黄内黑	外黄内褐	淡青	砖红	淡青黄	青绿	青黄
胎色/陶色	浅灰	黄白	浅灰	黄白	浅灰	黄白	浅灰	浅灰	深灰	浅灰	黄白	浅灰		浅灰	深灰	深灰
装饰				弦纹			弦纹	素面								
工艺																
残片	1	1	2	2			1	1	4	1	1	1			2	
口沿					1							1		1		1
圈足													2			
盘																
流																
器盖					1											
平底	1															
盏																
罐口沿						1	1									
器耳																
罐																
盆口沿																

·597·

续表

类别	钧瓷					釉陶							陶					
釉色/陶色	蓝灰	生烧	素烧		外红褐内黑	深褐		红褐	外青褐内红褐	深褐		绿釉	夹砂	泥质				
胎色/陶色	深灰	浅灰	黄白	浅灰	黄白	黄褐夹砂		黄褐夹砂	黄褐夹砂	灰		砖红	灰	黑	绳纹	弦纹	灰	
装饰					弦纹	弦纹	素面			弦纹	素面	划花					戳印纹	素面
工艺																		
残片						1	6	2	2	1	3	2	3	1	2	1	1	6
口沿														1				
圈足	2		1	1														
盘																		
流							1											
器盖																		
平底					1													2
盏													1					1
罐口沿														1				
器耳																		
罐																		
盆口沿																		

附表八　2006YY西ⅠT6H81出土陶瓷片统计表

2006YY西ⅠT6H81① 釉色	白瓷												外黑内白瓷
胎色	黄白			深灰				浅灰		黄灰相间			浅灰
装饰	白地黑花	内底圆圈	素面	素面	白地黑花	白地红褐花	内底圆圈	素面	白地黑花	白地黑花	素面	芒口	素面
工艺							芒口						
残片	1	5	108	24	2	4		42	2	2	21		1
口沿			106	34	1		2	39			12	9	2
圈足		6	11	12			1	5	1		5		
碗口沿	1		21							2	1		
器盖													
平底				4				1					
盘口沿								1					
盆口沿													

附表

2006YY西ⅠT6H81②

类别	瓷																	釉陶		
釉色/陶色	青瓷			黄釉瓷	黑瓷		褐瓷								红黄釉瓷	素烧		内外深褐		外褐内深褐
	青绿	青黄	淡青				浅褐	黄褐	青褐			深褐								
胎色/陶色	深灰	浅灰	深灰	浅灰	浅灰	黄白	黄白	黄白	黄白	红黄相间	黄白	浅灰	红黄相间	红黄相间	浅灰	黄白	红黄相间夹砂	黄白夹砂	红黄相间夹砂	弦纹
装饰	素面	素面	素面	素面	素面	素面	素面	素面	弦纹	素面	素面	弦纹	素面	刻划纹	素面	素面	素面	素面		
工艺																				
残片	1	1		2	2	10	2	7	2	1	7	5	2	1			1	1	1	
口沿	2		1									4								
圈足	1																			
罐口沿					1	5	1	6			1				1					
平底										1										
系											1									

2006YY西ⅠT6H81③

釉色/陶质	白瓷															钧瓷	内黑外白瓷	褐瓷				青褐瓷		红褐瓷	黑瓷	黄釉瓷
胎色/陶色	浅灰				黄白			砖红	深灰			黄灰			黄灰相间		黄灰相同	黄白夹砂	黄白	浅灰	红灰	浅灰	黄白	浅灰	浅灰	浅灰
装饰	素面	白地黑花	篦划花	细线划花	压印纹	素面	内底划花	白地黑花	篦划花	素面	素面	篦划花	白地黑花	素面	压印纹	白地黑花	素面	白地黑花									
工艺																											
残片	9		1			16	2	1	1		3	1	1	2	1		1		11	2	1	1	1	13	1	10	5
口沿	12				3	11				4								1									
圈足	5			1	3	6	3			1				1		1											
盆口沿		1							1																		
器盖															1												
盏																				1		1					
平底																										1	
罐类口沿																								6		6	
罐																										1	

附表九　2006YY西ⅠT26H211出土陶瓷片统计表

2006YY西ⅠT26H211①

类别		瓷																					
	砖红	内白外白瓷											外黑内白瓷			青白瓷			黑瓷			黄釉瓷			青瓷	
釉色		深灰			黄白						浅灰				黄白		深灰	白胎			浅灰			黄白	深灰	黄灰相同	深灰
胎色	素面	白地黑花	内底圆圈	素面	白地黑花	白底黄褐	内底圆圈	笔划纹	划花	素面	白地黑花	内底圆圈	划花	素面	内底圆圈	素面	素面	划花	印花	素面	弦纹	外壁起棱	素面	素面	素面	素面	素面
装饰									宽浅细线				细线														
工艺																											
残片				5	1	1	4		1	26		1	2	23		2	1	2	1	15	2	1				5	2
口沿	3	1		7	2	1				21		2	1	31		1	1	2	1	4	2	1					1
圈足								1		2	1	4	2	2	1					3				1			1
平底			1				1																				
盏																											
流														1													
器盖																			1								
罐口沿																				2					1		

2006YY西ⅠT26H211②

类别	瓷																	釉陶			陶			
	青瓷					钧瓷		褐瓷							黄釉瓷	素烧	深褐	浅褐	青褐	灰褐			
釉色/陶色	淡青	深灰	深灰	生烧	生烧	蓝灰	生烧	红褐	黄褐	浅褐	青褐	青褐	深褐	深褐	黄白	砖红							
胎色	浅灰			黄白	浅灰	深灰	深灰	黄白	浅灰	浅灰	浅灰	深灰	浅灰	浅灰		浅灰	黄白夹砂	黄灰相间	黄白夹砂	黄灰相间泥质			
装饰	素面	素面	素面	素面	素面	素面	素面	素面	素面	素面	素面	素面	弦纹	素面	素面	素面	素面	素面	素面	弦纹	连珠纹	绳纹	素面
工艺																							
残片	2	3	2	1	1	1		1	1		14	2	8	5	1	1		1	1	4	1	93	2
口沿	2	1			1	1	1																
圈足			1			1	1																
罐口沿										1	2						1						
沿												1		1				1				2	3
平底														1					1				

2006YY西ⅠT26H211③

类别	泥质陶			夹砂陶	
胎色	灰			黑	
装饰	素面	弦纹	绳纹	绳纹	素面
工艺					
残片	64	21	3	8	3
罐口沿	22	1			2
平底	13				1

附表一〇 2006YY西ⅡT2H223出土陶瓷片统计表

类别	瓷							釉陶	陶	
釉色/陶质	白瓷			内白外黑	青瓷		褐瓷	青褐	泥质	夹砂
	内白外白		白		淡青					
胎色/陶色	黄白	浅灰	白	浅灰	深灰	红灰相杂	浅灰	黄白夹砂	灰	黑
装饰	素面	素面	素面	素面					素面	
工艺										
残片	8	2		3	1			2	7	1
碗类口沿	2	7	1		1					
圈足	2	1		2	1	1				
器盖							1			
罐类口沿									2	

附表一一　2007YY西ⅠT6H47出土陶瓷片统计表

类别	瓷																陶
	白瓷					黑瓷	黄釉瓷		褐瓷		青瓷			钧瓷			泥质
													天蓝	天青			
釉色/陶质	内白外白				外红褐内白	黑	黄	外黄内红褐	黑褐	黄褐	青绿	淡青	灰	灰白	灰	深灰	深灰	浅灰	生烧(蓝白)	灰
胎色/陶色	黄白	白地黑褐	浅灰	砖红	紫红	浅灰	黄白	黄白	灰白	砖红	浅灰	深灰	砖红	灰	紫红窑变	素面	红色窑变	紫色窑变	素面	黄白	灰
装饰	素面	白地黑褐	素面	素面	素面	白地黄褐花	素面	素面	素面	素面	素面	素面	素面	素面	紫红窑变	素面	红色窑变	紫色窑变	素面	素面	素面
工艺			芒口																		
残片	6	1	1	2		1	3	2	1		1	2	1		1		1			1	3
碗类口沿	2	1	1	2														2	1		
碗足					1					1											
罐口沿																					
器盖															1						
盆口沿																					1

附表一二 2007YY西ⅠT6H124出土陶瓷片统计表

类别	瓷																									釉陶		陶		
	白瓷									青瓷			钧瓷	褐瓷														泥质	夹砂	
釉色/陶质	黄白			内白外白		浅灰			黄灰相杂	淡青	青灰		天蓝	褐釉		外黑褐内红褐	黑褐	外黑褐内白	外黄内黑褐	外黄内红褐	外绿内黄	黄釉	青褐	绿釉	青灰			灰	灰	
胎色/陶色	素面	细线划花	白地黑花	素面		内底圆圈划花	白地黑花	素面	素面	深灰	深灰	黄灰相杂	浅灰	黄白	浅灰	黄白	浅灰	黄白	黄白	黄灰相杂	红褐	黄白	浅灰	砖红	砖红			灰	灰	
装饰				素面					素面	素面	素面	素面	素面	素面	素面	白地黑花	素面		素面	素面	弦纹	素面	素面	回纹	素面			素面	弦纹	素面
工艺																														
残片	8	2	3	6		3	1		3	5	2	1	1		2		1	1	2	2	1	1		1	1			4		2
碗类口沿	4									1																				
圈足	2			2			1		1							1														
盘							1		1					1	1															
罐口沿											1			1									1							
罐																						1						2		
炉																														
平底																														

附表一三 2007YY西ⅠT9J7出土陶瓷片统计表

类别	白瓷																	
釉色/陶质																		
胎色/陶色	黄白				浅灰				深灰			砖红	白	内白外白		黄灰相杂		
装饰	素面	划花	白地黑花	白地褐花	素面	划花	白地黑花	白地褐花	素面	白地黑花	划花	素面	素面	素面	中央压印	白地褐花	白地黑花	划花
工艺																		
残片	60	6	6	2	83	6	4	3	2	1	1	6	3	1		1		1
碗类口沿	50	3	5		62	1	2	3		1	1	9	1	2	1			
圈足	3	1			10	2	2	1	2					1				
罐类口沿				3	1		1											
平底																		
盖																	1	
枕																		1

续表

类别	白瓷						青瓷						钧瓷			酱黑瓷			
釉色	外黑内白	外青褐内白			素烧		青绿		青灰		淡青		天青	天蓝		外褐内红褐		外黄内褐	褐
胎色/陶质	黄白	浅灰	灰白	砖红	灰	黄白	深灰	浅灰	浅灰	浅灰	红灰相杂	灰	灰	灰	深灰	黄白	浅灰	黄白	黄白
装饰	白地黑花	素面	素面	素面	素面	素面	素面	素面	素面	素面	素面	素面	素面	素面	素面	素面	素面	素面	素面
工艺		芒口																	
残片	1	13	1	1			1	8	1	1	3	1	2		1	3	1	4	3
碗类口沿		13			1		1	4					1	1					
圈足		2						1											
罐类口沿																			
平底																			
盖						2													
枕																			

附 表

续表

类别	酱黑瓷							釉陶				陶														
	黑瓷											黑陶					内红外灰			灰陶				红陶		夹砂
釉色/陶质	黑瓷	黑瓷	黑瓷	黑瓷	黑瓷	黑瓷	黑瓷	三彩	青褐	褐	红	黑陶	黑陶				内红外灰	内红外灰	内红外灰	灰陶	灰陶	灰陶	灰陶	红陶	红陶	夹砂
胎色/陶色	浅灰	外黑内红 浅灰	黑褐 黄白	红褐 黄白	外黄内红 黄白	青褐 浅灰	褐 黄白	砖红		黄白	砖红	黑	黑	黄灰	黄灰	红灰	红灰	红灰	砖红	灰	灰	灰	灰	红灰	砖红	黑
装饰	素面	外壁起棱	素面	素面	素面	素面	素面	素面	素面	素面	素面	素面	弦纹	素面	弦纹	素面	绳纹	素面	素面	素面	弦纹	附加堆纹	连珠纹	素面	素面	素面
工艺																										
残片	31	1	7	2		1		5	6	1	3	16	1	2	7	4	1	19	1	11	58	37	1	1	6	55
碗类口沿	6																									
圈足	5	1																								
罐类口沿	3	1	1							1		1	1		1			2			6	3	1	2	2	14
平底	3	1		2	1	2	1														10	6	1	2	1	
盖							1																			
枕																										

附表一四 2007YY西ⅠT13H309出土陶瓷片统计表

类别	瓷														
釉色	白瓷														
胎色	黄白			黄灰			白胎	灰胎			砖红		深灰		白地黑花
工艺/装饰	素面	划花	白地黑花	素面	划花	白地黑花	素面	素面	划花	白地黑花	素面	白地黑花	素面	划花	白地黑花
残片	8	9	1	7	1	6		16	5	7				1	1
碗类口沿	35	2		13		1		16	2	1	2	1	4	2	
圈足	13	4		2	2	1		11	5		1		1		
器盖						1	1								
平底															
枕			6			2				1					
罐类口沿															
盆															
缸口沿															
钵															

续表

类别	瓷													
釉色	内白外深褐	内白外黑	内白外黑	内白外青	黑瓷	黑瓷	黑瓷	深褐	浅褐	红褐	外黄内白夹砂	外黄内深褐	外黄内红褐	外黄内红褐
胎色	灰	灰白	灰白	黄灰	浅灰	浅灰	黄灰	浅灰	浅灰	浅灰	灰白夹砂	浅灰	浅灰	深灰
装饰工艺	素面	外壁起棱	素面	外壁起棱	素面	外壁起棱	素面	素面	素面	素面	素面	素面	素面	素面
残片	2	1	1		5	1	1		3	1	1	2	16	1
碗类口沿		1			1			1						
圈足					2									
器盖				1										
平底					1		1	1	1	1				
枕								1						
罐类口沿	3												5	
盆														
缸口沿													1	
钵														

续表

类别	瓷							釉陶				陶				
釉色/陶质	外黑内红褐	外浅褐内红褐	外黄内红褐	青瓷	黄白	素烧		外黄内青	外黄内褐	外黑内褐	黄褐	灰		黑		砖红
胎色/陶色	深灰	深灰	深灰	浅灰			砖红	黄白夹砂	深灰夹砂	黄白夹砂	深灰夹砂					
装饰	素面	素面	素面	素面	素面	篦划纹	素面	素面	素面	素面	素面	素面	弦纹	素面	弦纹	素面
工艺																
残片	1	1	1	4	3			5	2	3	2	9	5	5	4	1
碗类口沿					1	1	1									
圈足																
器盖																
平底			1	2								7	1			2
枕																
罐类口沿		1		1								8		3		1
盆																
缸口沿																
钵				1												

附表一五　2007YY西ⅠT13J3出土陶瓷片统计表

类别	陶													白瓷							
釉色/陶质	夹砂	泥质					釉陶							内白外白					无化妆土偏灰		
胎色/陶色	灰	灰		黑			外黄褐内褐	青褐	黄褐	灰褐	红褐	灰		黄白		白地红褐花	深灰		深灰		黄灰相间
装饰	素面	粗弦纹	外细弦纹内暗纹	素面	外细弦纹内暗纹	粗弦纹		凹弦纹	素面	凹弦纹				划花	篦划纹		篦划纹	划花	素面	划花	篦划纹	素面
工艺																						
残片	6	2	1	6	2	7	2	3	1	1	1		33	2	1	1	1	3	1	2	1	6
平底	1	1		1																		
口沿	1	1		4					1		1		23		1				7	2		8
瓶口									1													
缸口沿																						
圈足							4					2	8	1						2		1
盘							1															
枕																						
罐口沿																						
钵																						
盆口沿																						

续表

类别	白瓷											钧瓷				青瓷					
釉色	外褐内白						外白内黑					天蓝	天青	生烧		青绿		青黄	青灰	淡青	
胎色/陶质	黄灰相间						浅灰	深灰	黄白	白		深灰	深灰	深灰	红灰相间	深灰	浅灰	黄灰相间	深灰	浅灰	深灰
装饰	白地红褐花	白地黑花	篦划纹加深浅划花	篦划纹	划花	素面			凹弦纹	芒口	素面										
工艺																					
残片	3	1			4	19	1		1		5	2	1			2	2		1	1	2
平底														2		1					
口沿	1		1	1	1	17		1		4										1	1
瓶口																					
缸口沿				1		8					2				1			1			
圈足																					
盘																					
枕		1																			
罐口沿																					
钵																					
盆口沿																					

续表

类别	黑瓷			褐瓷															绿釉	素烧
釉色/陶质	黑	黑	黑	外黄内红褐	外黄内青褐	外黄内青褐	红褐	外黄内深褐	灰褐	青褐	青褐	青褐	青褐	外青褐内褐	外青褐内褐	外青褐内红褐	外褐内青褐	褐	褐	绿釉	素烧
胎色/陶色	黄白	深灰	浅灰	浅灰	灰白	红褐	浅灰	浅灰		素面	黄白		浅灰	浅灰	黄白	浅灰	浅灰	黄白	黄褐	红灰相同	
装饰		素面	外部起棱								弦纹	外部起棱							弦纹		
工艺																					
残片		2		6	1	1	1	3	1	4	1		2	3		3	1	1	1	1	
平底										1			2								
口沿	1		1								1										
瓶口																					
缸口沿															1						
圈足	1	3																			1
盘																					
枕	1																				
罐口沿	1									1											
钵	1																				
盆口沿	1																				

附表一六 2007YY西ⅠT18H239出土陶瓷片统计表

2007YY西ⅠT18H239①

类别	白瓷																			
釉色/陶质	内白外白														内白外黑		内白外褐		生烧	
胎色/陶色	黄白			黄灰相杂	砖红	浅灰								白		灰白		灰白		黄灰	
装饰	素面	篦划花	圆圈划花	素面	素面	素面	宽浅划花	圆圈划花	压印纹	白地红褐花	白地黑花	白地黑花	白地褐花	素面	压印纹	素面	芒口	素面	芒口	素面
工艺																				
残片	10	1	1		1	9	3	1		1	1		1	2						
碗类口沿	5			2		9						1	1	1			1		1	
圈足	1					2			1		2	1			1	1		1		
器盖																				1
平底																				
罐类口沿																				

附　表

·617·

续表

类别	青瓷										钧瓷		
釉色/陶质	淡青		青黄		黄白	青灰			生烧		天青		天蓝
胎色/陶色	深灰	红灰相杂	深灰	红灰相杂	黄白	深灰	黄灰相杂	红灰相杂	红灰	深灰	深灰	红灰相杂	深灰
装饰											窑变		
工艺													
残片	19				2	8	2		1	10	9	2	1
碗类口沿	10		1			11			1	12	2		
圈足	1		1	1		1		1	1		1	3	
器盖											残片		
平底											1		
罐类口沿													

续表

类别	釉瓷										釉陶						陶	
釉色/陶质	黄	青褐	浅褐	灰褐		黄褐	深褐	红褐		素烧器	青褐		浅褐	褐	黄	红褐素烧	泥质	夹砂
胎色/陶色	浅灰	浅灰	黄白	浅灰	砖红	黄白	浅灰	红灰	深灰	浅灰	红灰夹砂	黄白夹砂	红灰相杂	黄白夹砂	红灰夹砂	红灰夹砂	黑	黑
装饰																		
工艺																		
残片	1	7	4			2	4	1	1	1	6	1	4	4	1	12		
碗类口沿							2											
圈足								1		2								
器盖		1																
平底			1															
罐类口沿					1		4									5	2	1

附　表

2007YY西ⅠT18H239②	瓷										钧瓷			
类别	青瓷													
釉色	淡青		上灰下砖红	青灰		青黄	红	浅青黄			天蓝	外天青内紫红	生烧	
胎色/陶色	深灰	黄白		深灰	黄白	深灰		灰	深灰	黄白	灰	灰	灰	黄白
装饰	素面	素面	素面	素面	素面	素面	素面	素面	素面	素面	素面	素面	紫红窑变	紫红窑变
工艺														
残片	20	2	1	1	2									
碗类口沿	16	1		3		2	2	3	2		1	1		1
底足	1		2				1							
圈足	1			1		1			1	1			1	
碗		1		1				6	1					
缸							2							

续表

类别	瓷												
釉色/陶质	白瓷						红褐	黄黑相间	生烧	褐瓷			
										外黑内白	外褐内白	黄白	黑
胎色/陶色	灰			黄白						黄白	黄白		灰
装饰	素面	白地黑花	宽浅划花	划花	素面	白地褐花	素面	素面	素面	素面	素面	素面	素面
工艺													
残片	10	1	1	2	19	1	1					4	
碗类口沿	6				8			1			1	4	2
底足					3				3	2			1
圈足	2	2											
碗													
缸													

续表

类别	瓷			釉陶													
釉色/陶色	黄釉瓷	黄釉瓷	生烧	青黄	褐	深褐	深褐	乳白	乳白	黑	红	外青内黄	外褐内黑	外褐内黑	红褐	内黑外黄褐	内黑外黄褐
胎色/陶色	灰	黄白		红褐	红褐	红褐	黄褐	黄褐	灰	灰	黄白	灰白	黄白	灰	黄白	灰	黄白
装饰	素面	素烧	素面	素面	素面	素面	素面	素面	素面	素面	素面	素面	凹弦纹	素面	素面	弦纹	素面
工艺																	
残片	1	2	1	5	2	5	1	1	2	2	1	2	1	1	1		2
碗类口沿	1									1							
底足	1																
圈足																2	
碗																	
缸			1														

附 表

2007YY西ⅠT18H239③

类别	陶				釉陶		瓷
釉色/陶质	泥质		泥质	夹砂	青褐	红褐	生烧
胎色/陶色	灰		黑	灰	红褐	红褐	黄白
装饰	素面	弦纹	素面	素面	素面	素面	素面
工艺							
残片	48	4	6	19	1	1	
口沿	18		1	3			
平底	9		1	1			
底足							
碗类口沿							1

附表一七 2007YY西ⅠT22J2出土陶瓷片统计表

类别	瓷														陶							
釉色/陶质	黄白		白					浅灰		黑	褐	青褐		青绿	泥质						夹砂	
胎色/陶色										浅灰	浅灰	浅灰	砖红	深灰	灰						红	黑
装饰	素面	划花	素面	白地褐花	白地黑花	划花	花口	素面	花口	素面	素面	素面	素面	素面	暗纹	弦纹	素面	暗纹	外弦纹内暗纹	素面	素面	素面
工艺																						
残片	7	1	16			1				4	2	1	1		5	7	5	2				2
碗类口沿	2		18	1	1		1		1	2	1								8	2		
圈足			4																			
罐类口沿										1		2		2	2	1	2					1
平底															2	1		3				

附表一八 2007YY东T7H145出土陶瓷片统计表

类别	瓷					釉陶		陶
釉色/陶质	白		黑褐	钧瓷生烧	红褐	红褐	青褐	夹砂
胎色/陶色	浅灰		黑	深灰	浅灰	黄白	黄白夹砂	黑褐
装饰	素面	白地黑花	素面					
工艺								
残片	1	1	1				1	4
圈足				1				1
平底					1	1		1
口沿							1	3

附表一九　2007YY东T10J5出土陶瓷片统计表

2007YY东T10J5①

类别	瓷																				
	青瓷														钧瓷						
釉色	青绿				浅灰	淡青		青瓷		青黄	青灰				天蓝		天青	蓝黄		生烧	
胎色	浅灰		砖红	灰	浅灰	灰	灰	砖红	黄白	灰	灰	灰	深灰	砖红	灰	灰	灰	黄白	灰	黄白	灰
装饰/工艺	素面	紫色窑变	素面	素面	素面	起棱	素面	素面	素面	素面	弦纹	素面	素面	素面	紫色窑变	素面	素面	素面	素面	素面	素面
残片	15	1		2	15	3	42	3		10	1	25		2	1	3	19	1	3	6	7
碗内口沿					10	2	21	2	1	7		15	2			1	9			6	8
圈足	3			3	2		9	1		3		4					2			1	1
鸟食罐			1																		
盘	1						2														
碗																					
瓷塑												1									

2007YY东T10I5②

类别	瓷												釉陶			
	黑瓷		青褐		黑褐	褐瓷	红褐	黄褐		浅灰	黄釉	深灰	黑褐	红褐	青褐	
釉色	黑瓷	黑瓷	青褐	青褐	黑褐	褐瓷	红褐	黄褐	黄褐	浅灰	黄釉	深灰	黑褐	红褐	青褐	青褐
胎色	浅灰	黄褐	浅灰	黄褐	黄褐	浅灰					黄褐		黄褐	黄褐	黄褐	黄褐
装饰	素面	素面	素面	素面	素面	素面	外壁起棱	素面	弦纹	素面	素面	素面	素面	素面	素面	弦纹
工艺																
残片	38	5	18	62	8	3	1	34	3	8	16	3	6	4	8	2
碗类口沿	6	1		2	2			2								
圈足	2	2	1	1				2		1	1					
小罐	2															
口沿	4		4	3				4		1		1			2	
平底	1				1			1						1		
盏			1					2								
器盖			1													

附表二〇 2007YY东T13H153出土陶瓷片统计表

2007YY东T13H153 ①													
类别	陶												
陶质	夹砂		泥质		泥质			泥质				泥质	
胎色	黑		红	灰褐			灰				黑		
装饰	附加堆纹	素面	素面	弦纹	绳纹	素面	绳纹	附加堆纹	弦纹	素面	暗纹	弦纹	素面
工艺													
残片		16	6	1	1	3	3	1	14	117	3	16	41
口沿	2	1				2				27			12
缸口沿						6			2	2		2	4
平底						1				24			7

表 2007YY东T13H153②

类别	瓷																						
釉色	内白外白																	外黑内白	外青褐内白			外红褐内白	外白内黑
胎色	浅灰					黄灰		深灰			黄白				砖红			浅灰	深灰		黄灰相杂	黄灰相杂	深灰
装饰工艺	素面	白地黑花	划花	篦划纹	白釉红彩	素面	白地黑花	素面	白地黑花	篦划纹	素面	白地黑花	白釉红彩	划花	素面	白地黑花	划花	素面	素面	白地黑花	素面	素面	白地黑花
残片	72	10	6	1		22	1	23	1	1	119	3		7		1		16	1		6	2	1
碗类口沿	67	1	1		2	14	2	31	2		85	1		1	8			12	1		2		
圈足	10	1		2		6		10	1		18			1	12		1	7				1	
平底		1					1								2								
器盖	1																						
碗						2						2											
罐口沿						2						1											
流						1	1				1									1			
枕							1															1	
瓶							1	1															
瓷塑								1															
盏								1														1	
梅瓶口																							

附表

2007YY东T13H153③

釉色	青瓷											钧瓷										
	青绿	淡青		青黄			青灰			生烧		天青				天蓝				生烧		
胎色	浅灰	灰	黄白	浅灰	深灰	黄白	浅灰	灰	深灰	浅灰	灰	灰		黄白	深灰	灰		深灰		浅灰	深灰	黄白
装饰	素面	素面	素面	素面	素面	素面	素面	素面	素面	素面	素面	素面	紫红窑变	素面	素面	素面	紫红窑变	素面	紫红窑变			
工艺																						
残片	7	48	15	6	3	1	5	17	3	2		2	16	2	2	1	6	2	1		5	16	21
碗类口沿		54			1	3	2	13	6	1	2		7	1	1		2		1	2	5	19	5
圈足	2	8		1		1	1			1			2	1									
碗							2										1		1				2

附表二一　2007YY东T14H69出土陶瓷片统计表

类别	瓷														
釉色/陶质	白瓷														
胎色/陶色	浅灰						黄白（内白外白）				红黄	砖红	深灰	
装饰	素面	白地黑花	白地褐花	内底划花	宽浅划花加篦划花	弦纹	素面	篦划花	内底划花	细线划花	素面	素面	素面	内底划花
工艺	芒口						芒口							
残片	14	2	2	3	1	1	11			1	1			
口沿	12	1	1				12	1					3	
圈足	1	1					1		1			1		2
盆口沿		2												
平底														
豆柄														
罐口沿	2						2							
盏														

续表

类别	瓷																		
釉色/陶质	白瓷								青瓷										
	内白外深褐		内白外上白下深褐				内白外黑瓷		淡青			青黄		青绿		青灰		生烧	
胎色/陶色	浅灰	深灰	黄白	浅灰			浅灰		深灰	浅灰	黄灰相间	深灰	黄白	深灰	浅灰	深灰	深灰	浅灰	黄灰相间
装饰	白地黑花	素面	白地黑花	素面	白地黑花	白地褐花	素面	白地黑花	素面	素面	素面	素面	素面	素面	素面	素面	素面	素面	素面
工艺				芒口															
残片	1		2	1	1	2	1		1	1		1	1	4	1	6	1	1	
口沿			3	5	1				2			2				3			
圈足								1	2		1			1		1			3
盆口沿																			
平底		1																	
豆柄				1															
罐口沿																			
盏																			

续表

类别	瓷												釉陶				陶					
	钧瓷				瓷								深褐		青褐		泥质			泥质	夹砂	
	天青			浅灰	黄白	天蓝	生烧	黑瓷	深褐瓷	红褐瓷		黄釉瓷										
釉色/陶质						浅灰	深灰	浅灰	深灰	黄白	砖红	浅灰	黄白夹砂	砖红夹砂	黄白夹砂	砖红夹砂	灰	砖红	灰褐	黑	黑	
胎色/陶色	深灰			浅灰																		
	紫红窑变	素面	花口	紫红窑变	素面	素面	素面	素面	素面	素面	素面	素面	素面	素面	素面	素面	素面	素面	素面	素面	素面	
装饰																						
工艺																						
残片	1	2		1	1	2	1	3	4	1		1	1	1	1		26	3	4	5	1	
口沿		6	2				3															
圈足			1		1	1																
盆口沿														1								
平底																						
豆柄																						
罐口沿								2			1					4			3	2	1	
盏										1												

附表二二　2006年禹州阳翟故城遗址西周墓葬人骨鉴定表

墓号	性别	年龄	其他
M3	男	20~40	
M4	男	20~40	
M5	女	40~60	
M6	男	20~40	
M7	男	20~40	
M8	女	20~40	
M9	男	20~40	
M11	女	40~60	含贝
M13	男	20~40	
M15	女	40~60	含贝、动物
M16	女	40~60	
M17	男	20~40	含贝
M18	女	40~60	
M19	男	20~40	
M20	男	20~40	
M21	男	20~40	
M22	女	20+	动物

附　　录

附录一　河南禹县阳翟遗址出土古玻璃的科学分析[*]

李清临　徐承泰　汪大海　姚政权

一、引　　言

玻璃器是考古发掘中的重要出土文物，其研究历来受到研究者的重视。其中，通过对古玻璃化学组成和结构特征的科学分析，以探讨其工艺技术及产地问题，是古玻璃研究的重要组成部分。经过多年的研究，学界业已取得了丰硕的成果，对中国古代玻璃的起源、工艺技术特点及产地等问题有了一个相对而言较为全面的认识[1]。但相对于其他一些文物如陶瓷器来说，古玻璃的出土地点较为有限，发现数量也有所不及。因此，古玻璃显得较为珍贵，一般不允许做有损分析，在一定程度上限制了古玻璃相关研究的深入开展。另外，在已有的成果中，更多的是对西周、春秋、战国、两汉等早期古玻璃的研究，至于宋代及以后诸时期，由于古玻璃的发现数量很少，研究成果不多。

能量色散X射线荧光光谱（EDXRF）具有可同时对多种元素进行分析、分析速度快等优点，尤为重要的是，这种分析技术具有无损分析的能力，非常适合古玻璃等一些珍贵文物的分析需求，正在古代文物的科学研究中得到越来越广泛的应用[2~4]。本工作即利用此种EDXRF技术，对河南禹县阳翟遗址出土的一批金元时期的古玻璃进行了成分分析，并对这些古玻璃的工艺技术特点进行了探讨。

二、实验部分

1. 样品来源及前处理

古玻璃样品共计15件，所属年代均为金元时期。样品的器形包括发簪和珠子两种，颜色

---

[*] 原文载于《考古与文物》2011年第4期。本文在原文基础上有所修改。

则有蓝色和白色。有两个样品从外观看与其余样品一致，但发掘者将其命名为"石簪"和"玉珠"。样品的具体情况见图一和表一。

样品取得后，先后用酒精和去离子水清洗，清除表面的污物，待检。

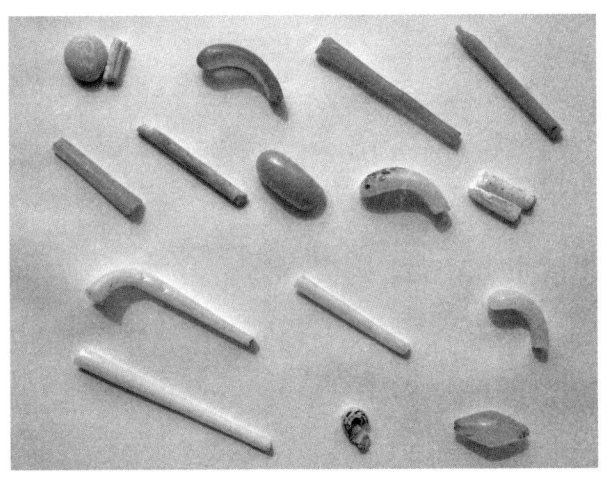

图一　检测样品外观

表一　古玻璃样品外观情况表

序号	原编号	器形	样品情况
1	2007YY西ⅠT8③	簪子	浅蓝色，乳浊不透明。表面有白色疏松层，应为风化层
2	2007YY西ⅠT8H35	簪子	蓝色，透明，内有小气泡
3	2006YY西ⅠT4H54⑦	簪子	蓝色，部分透明，部分不透明，内有小气泡
4	2006YY西ⅠT4H54⑥	簪子	蓝色，乳浊不透明
5	2007YY西ⅠT15③	簪子	蓝色，乳浊不透明
6	2006YY西ⅠT26H211	簪子	浅蓝色，乳浊不透明。表面有白色疏松层，应为风化层
7	2006YY西ⅠT4H54⑧	簪子	蓝色，乳浊不透明
8	2007YY西ⅠT10④	簪子	白色，乳浊不透明，上有绿色和黑褐色点状彩
9	2007YY西ⅠT12H229	簪子	白色，乳浊不透明。表面有白色疏松层，应为风化层。发掘者在原标签中将其标为"石簪"
10	2007YY西ⅠT5H46	簪子	白色，乳浊不透明
11	2006YY西ⅠT4H54⑧	簪子	白色，乳浊不透明
12	2006YY西ⅠT4H54⑥	簪子	白色，乳浊不透明
13	2007YY西ⅠT8H35	簪子	白色，乳浊不透明
14	2007YY西ⅠT2③	珠子	扁圆如算盘珠形，沿纵轴有一贯穿小孔。外壁白色，不透明，断面为蓝色，半透明。发掘者在原标签中将其标为"玉珠"
15	2007YY西ⅠT8H35	珠子	纺锤形，沿长轴有一贯穿小孔；略带黄白色，透明

2. 样品测试

（1）XRD分析

首先利用X射线衍射（XRD）分析法，对样品进行了物相组成的分析，以确定这批样品的质地。XRD分析工作在武汉大学物理科学与技术学院完成。由于样品不允许被破坏，故只能作无损分析。而因为这批样品的形状和大小问题，仅有四个样品（1、2、7和14号样品）能放入X射线衍射仪的样品盒内完成测试，其余样品均未能测试。但这四个样品的选取属一定意义上的随机选取，故其结果具有一定的代表性。结果见图二。

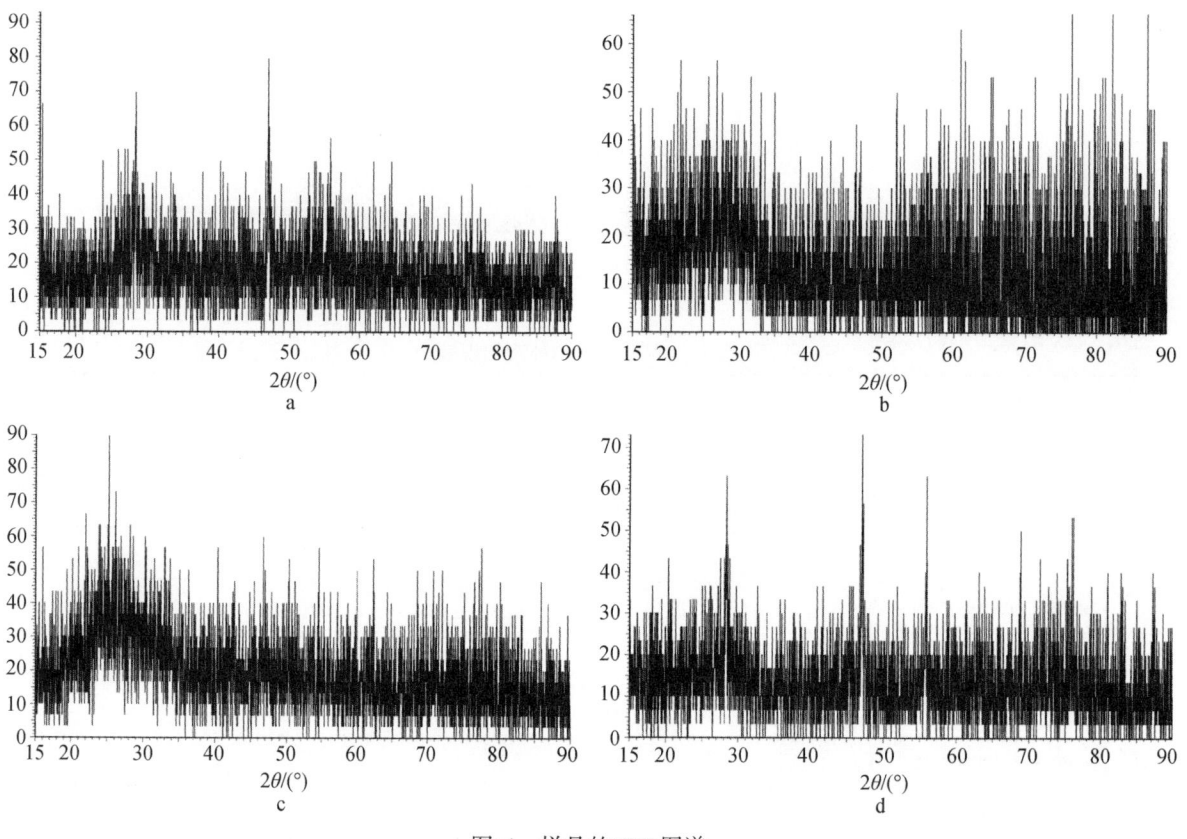

图二 样品的XRD图谱

（a. 1号样品　b. 2号样品　c. 7号样品　d. 14号样品）

（2）EDXRF分析

测试工作在安徽省文物考古研究所文物保护与科技考古试验室进行。分析仪器为美国EDAX International Inc.公司生产的EAGLE-IIIμ型能量色散型X射线探针。仪器的侧窗铑靶40WX光管，下照射式，掠射角65º，毛细管光学系统聚焦，照射在样品上的光斑直径为40μm，样品受激产生的X射线荧光以60º出射角射出，经狭缝被Si（Li）探测器记录。采用铝铜合金的AlKα和CuKα峰标定能量刻度。样品室内样品架最大移动距离：左右方向X为105.00mm，前后方向Y为94.00mm，上下方向Z为95.00mm，最小移动为距离为0.01mm。光学显微镜放大倍数为10倍、100倍和200倍。先在10倍条件下，移动Z标，粗调焦距；之后在100倍条件下，移动Z标再次调节焦距，接近焦平面时，转为自动聚焦。仪器工作条件为：X光管电压40kV，管电流600μA，死时间约30%，真空。每点测量时间为5S，真空光路，收谱和谱分析软件为仪器上配备的VISION32。

本次测试总共分析了硅、铝、钙、钾、铁、钛、锰、铅、铜、钡、磷、硫12种古玻璃中的常见元素。需说明的是，另外两个古玻璃中常见的元素镁和钠的测试误差较大，故未检测。每个样品均于3个不同部位测试，得到3组数据，然后取平均值以减少误差。测试数据见表二。

表二　古玻璃的化学成分数据表（%）

编号	SiO_2	Al_2O_3	K_2O	CaO	Fe_2O_3	TiO_2	MnO	PbO	CuO	BaO	SO_3	P_2O_5	Si/Al	K/Ca
1	54.63	5.02	7.71	7.11	0.19	0.20	0.02	16.38	0.21	0.10	8.12	0.31	10.89	1.09
2	83.64	7.38	0.78	5.97	0.39	0.25	0.02	0.20	0.57	0.00	0.50	0.29	11.34	0.13
3	81.45	7.53	4.35	5.09	0.22	0.19	0.02	0.12	0.47	0.00	0.36	0.21	10.81	0.86
4	80.72	9.21	2.50	6.16	0.18	0.20	0.01	0.09	0.30	0.00	0.35	0.27	8.76	0.41
5	81.19	7.55	2.72	6.67	0.23	0.19	0.01	0.20	0.50	0.03	0.33	0.37	10.75	0.41
6	61.25	9.66	4.30	4.38	0.18	0.04	0.03	15.16	0.20	0.03	4.56	0.18	6.34	0.98
7	79.43	9.24	4.30	5.70	0.18	0.21	0.01	0.10	0.28	0.00	0.39	0.15	8.60	0.76
8	77.07	8.95	7.63	5.45	0.16	0.21	0.02	0.03	0.01	0.03	0.26	0.19	8.61	1.40
8－绿彩	81.09	6.69	0.98	5.08	0.33	0.23	0.01	0.68	2.99	0.12	1.39	0.41	12.12	0.19
8－黑彩	80.37	8.94	1.53	4.26	2.05	0.21	0.01	0.08	0.27	0.57	1.39	0.33	8.99	0.36
9	57.20	3.52	7.64	5.32	0.13	0.03	0.03	15.29	0.06	0.02	10.31	0.46	16.26	1.44
10	78.45	10.31	2.91	7.11	0.16	0.20	0.01	0.03	0.01	0.06	0.30	0.44	7.61	0.41
11	80.04	8.34	1.28	9.03	0.43	0.23	0.02	0.02	0.01	0.01	0.28	0.33	9.60	0.14
12	76.68	8.02	8.18	6.15	0.22	0.18	0.02	0.03	0.03	0.03	0.23	0.24	9.57	1.33
13	81.54	7.97	0.72	8.81	0.27	0.22	0.02	0.03	0.01	0.02	0.19	0.21	10.23	0.08
14	74.50	11.79	1.09	9.11	0.86	0.11	0.02	0.35	0.87	0.08	0.43	0.80	6.32	0.12
15	97.14	2.56	0.10	0.05	0.03	0.02	0.00	0.01	0.02	0.00	0.04	0.04	37.92	2.12

三、结果与讨论

1. XRD分析

如图所示，1、2、7和14号4个样品的XRD衍射图谱都显示出玻璃相的弥散曲线，表明这4个样品确属玻璃态物质。同时，几个样品的XRD衍射图谱中都还有一些较尖锐的衍射峰，说明在这些玻璃中还存在着少量的细小晶粒，反映出这些玻璃在其制造过程中的熔融并不很完全，或者在其冷却过程中又有细小晶粒的析出。经检索，这些玻璃相中存在的细小晶粒主要为石英、硅酸钙等。

如表一所示，14号样品的发掘者在原标签中将其标为"玉珠"，认为其以某种玉石为原料制成。众所周知，玉石为天然结晶物质，其XRD图谱应显示出明亮而尖锐的衍射峰。但从14号样品的XRD图谱（图二，d）即可看出，14号样品的X射线衍射峰表现出明显的玻璃相的弥散曲线，与玉石应有的尖锐衍射峰差异显著，表明其为玻璃态物质，而非玉石质地。

2. 成分分析

整体而言，这批古玻璃的化学成分比较复杂，各氧化物的含量变化范围均很大。如SiO_2，其最低值为54.63%（1号），最高值达97.14%（15号）；Al_2O_3的最低值和最高值分别为2.56%（15号）和11.79%（14号）。其余10种氧化物的含量也均有一定的变化。

首先需注意的是各样品的BaO含量。如表二所示，除一个样品的BaO含量为0.10%外，其余14个样品的BaO含量均在0.10%以下，甚至测不出来（8号样品上的绿彩和黑彩的BaO含量与其他玻璃样品有较大差距，另当别论）。这说明这批古玻璃样品中的BaO只是作为一种杂质氧化物被带入的，而这些古玻璃中并无中国早期古玻璃中常见的铅钡玻璃。

所有样品中的CuO含量因样品颜色的不同而有差异。8个蓝色样品（1～7和14号样品）中的CuO含量基本都在0.20%以上，最高达0.87%，而7个白色样品（8～13和15号样品）中的CuO含量最高仅为0.06%。同时，由于在这批玻璃样品中并未检测出CoO，因此可以断定，这些蓝色古玻璃的呈色物质为CuO，而非CoO。至于其他的几种呈色氧化物Fe_2O_3、TiO_2、MnO，由于含量均很低，故对这批古玻璃的呈色没有产生大的影响。

所有样品均含有一定量的P_2O_5。这是否说明这批玻璃曾利用了草木灰等某些含P_2O_5的物质作为原料，目前尚难下结论。有研究指出，某些古代玻璃在地下埋藏过程中，由于受到了各种因素的影响从而在表面形成了一层结构疏松的腐蚀层，腐蚀层化学组成的主要特点之一，就是其中的P_2O_5含量很高，而未受腐蚀的玻璃体中却不含P_2O_5[5]。本次实验所分析的这些古玻璃样品，在长期的埋藏环境中，也可能或多或少地受到各种因素的影响，其表面形成了腐蚀层（有些腐蚀层可能薄至肉眼难以分辨），而腐蚀层也从环境中获得了其制造原料中原本所没有的P_2O_5。由于本工作采用的是无损分析法，即直接对样品的表面进行分析，因此，分析结果也就难免受到腐蚀层的影响，显示出P_2O_5的存在。如果这批玻璃样品允许进行破坏性分析，即可对未破坏时的样品分析一次，然后将表面磨去一层，再对露出的新鲜玻璃断面进行分析，将两个结果进行对照，应更能说明问题。

为更好地对各样品的化学组成特点进行观察与比较，特利用多元统计分析软件SPSS，对各样品的化学成分进行聚类分析。需说明的是，统计分析仅涉及SiO_2、Al_2O_3、K_2O、CaO、PbO、CuO 6种氧化物，而非所测定的12种氧化物。这是由于聚类分析的目的是在工艺技术的层面上对这批古玻璃样品进行分类，而在这批样品中，只能确定SiO_2（网络生成体氧化物，形成硅酸盐玻璃的网络结构）、Al_2O_3（中间体氧化物，Al_3^+与硅氧四面体形成统一的网络）、K_2O、CaO、PbO（助熔剂氧化物，降低玻璃的熔融温度）、CuO（着色剂氧化物，使玻璃着色）这6种氧化物是被工匠有意识地控制其含量，以获得某种特殊的工艺性能和效果，因此是能反映这些古玻璃的工艺技术特征的；相比之下，其余的Fe_2O_3、TiO_2、MnO、BaO、SO_3、P_2O_5等氧化物，由于其含量很低，在这批古玻璃中仅属于微量元素（个别样品的SO_3含量较高，其原因将在下文中讨论），因而可以判断它们是作为原料中的杂质带入的，不能反映这些古玻璃的工艺特征。尽管以往许多研究都指出，Fe_2O_3可以作为一种着色剂使玻璃呈色，而BaO是中国特有的铅钡玻璃中的主要助熔剂氧化物，但在本次实验所分析的这批古玻璃样品中，却显然不是这样。因此，本文中的多元统计分析仅涉及SiO_2、Al_2O_3、K_2O、CaO、PbO、CuO6种氧化物，而不包括Fe_2O_3、TiO_2、MnO、BaO、SO_3、P_2O_5等氧化物。聚类分析结果见图三。

从聚类分析树形图可见，如从阀值λ约为12.5之处（图三中较长的虚线所示之处）划分，可将所有样品划分为三类。第一类样品包含了11个样品，分别是2、3、4、5、7、8、10、11、12、13、14号样品。与另外两类样品相比，第一类样品的共同特征是含有一定量的K_2O和CaO，基本不含PbO。由于第一类样品的数量较多，且各样品中的各氧化物含量仍有较大差异，因此，仍有进一步细分的必要。从阀值λ约为2.5之处（图三中较短的虚线所示之处）划分，又可将第一类样品分为4个小类。第一小类包含了10、11、13号3个样品，它们的化学组成的共同特点是K_2O含量较低而CaO含量较高，即其K_2O/CaO值较低，CaO是其中的主要助熔剂氧化物。由于本工作所用分析方法的问题，样品中的Na_2O未能测定。但以往对中国古玻璃的研究成果表明，中国古代并不存在以CaO为唯一助熔剂的玻璃；如发现CaO在古玻璃中作为助熔剂存在，则该玻璃中必然存在着其他助熔剂，或为K_2O，或为Na_2O，或者二者皆有。因此，可以认为这第一小类古玻璃中应该还含有一定量的Na_2O，这些样品的化学组成属于$Na_2O-CaO-SiO_2$系统，也就是说，10、11、13号样品属于钠钙玻璃。第二小类样品包含了2、3、4、5、7号5个样品，这类样品的最大特点是其CuO含量普遍较高，均在0.20%以上，因此，这些样品的呈色都是蓝色。从助熔剂的含量来说，2号样品的K_2O含量很低而CaO含量较高，因此应与第一小类样品一样，为钠钙玻璃；3、4、5、7号样品的K_2O和CaO含量均较高，K_2O和CaO共同起助熔作用，因此属钾钙玻璃范畴，其化学组成属$K_2O-CaO-Si_2O$系统。第三小类样品含有8号和12号两个样品，其主要特点是K_2O含量很高，在第一大类所有11个样品中是K_2O含量最高的两个，也属于钾钙玻璃。第四小类仅含有14号一个样品，其SiO_2含量较低而Al_2O_3含量较高、K_2O含量低而CaO含量高，即其SiO_2/Al_2O_3和K_2O/CaO均很低。从助熔剂氧化物的相对含量来看，14号样品应为钠钙玻璃。

第二类样品含有1、6和9号3个样品，此类样品的共同特点是均含有超过15%的PbO，同时还含有一定量的K_2O和CaO，此外均含有相当量的SO_3。如图一和表一所示，1、6和9号3个样品的外观有一个共同特点，即这3个样品的表面都有一层白色的疏松层，从表面来看应为风化层，然而其余12个样品均无这一现象。化学组成解释了这三个样品表面白色疏松层产生的原因。含铅量高的玻璃，由于其SiO_2含量相应较低，故其化学稳定性较差，在长期的埋藏过程中，易受到各种因素如SO_2、H_2S、CO_2等的腐蚀，从而生成结构疏松的风化层，这种现象在以往的研究中多次发现[5~7]。除玻璃外，一些表面施有铅釉的陶瓷制品如釉陶（包括三彩）等，在长期的地下埋藏过程中，其表面铅釉也容易生成一层结构疏松、呈银白色的风化层，此风化层在考古和文物界被称为银釉[8]。而本次实验所分析的1、6和9号3个样品，其表面的一层白色的疏松层，也应是由于其含有一定量的铅从而造成了其化学性质的不稳定，在长期的地下埋藏环境中，逐渐被SO_2等腐蚀性气体作用进而形成的一层风化层，其化学组成的显著特点之一就是其中的SO_3的含量显著高于未风化或风化程度较低的玻璃样品。

需指出的是，如第二类样品的这种化学组成的古玻璃样品，在以往的研究中尚很少发现。经过多年的研究，学术界按照化学组成特点之不同，将中国古玻璃划分为铅钡玻璃、铅玻璃、钾玻璃、钾钙玻璃、钠钙玻璃、混合碱玻璃等几种类型。此前相关研究中所称的铅玻璃，其中的PbO含量基本上都在30%以上，高者可达70%，且K_2O和CaO的含量均很低。而本次实验所分析的1、6、9三个样品，其PbO含量仅略高于15%，其中都有相当含量的K_2O和CaO，在这3个样品中，实际上是PbO、K_2O和CaO三种氧化物共同起助熔作用，其化学组成属于PbO-K_2O-CaO-SiO_2系统，与典型的铅玻璃差异明显。因此，将1、6、9号样品称为铅玻璃是不合适的，而是称以"铅钾钙玻璃"为宜。

另外需说明的是，发掘者在原标签中将9号样品标注为"石簪"，误以为其是以某种岩石或玉石为原料制成的。但从成分分析结果来看，9号样品毫无疑问属于玻璃态物质，而非某种岩石或玉石质地。

第三类样品仅含有15号一个样品。15号样品的化学组成特点是SiO_2含量非常高，达97.14%，而其他除Al_2O_3的含量为2.56%外，余下的10种氧化物含量均甚微，都在0.10%以下。而从外观来判断，15号样品的质地很像玉髓，即一种隐晶质的SiO_2。鉴于15号样品这种特殊的化学组成和外观特点，我们认定这个样品是由石英（很可能就是玉髓）直接经琢磨、钻孔制成的珠子，属晶体物质，而不是经原料混合—熔融—再冷却而制成、属于非晶态物质的玻璃。严格地说，仅从化学组成和外观特点断定15号样品不是玻璃态物质，并非很妥当，而是应结合XRD等方法来判断，所得结果才更科学、更具说服力。但由于本样品不能破坏，而且由于形状问题，本样品又无法进行XRD的无损分析，也就难以从XRD分析的角度来说明问题。不过，玻璃通常是易于用肉眼辨认的。古代玻璃的熔制温度较低，澄清质量差，一般都存在着数量、大小不同的气泡，容易用肉眼或低倍显微镜看出，而水晶、玛瑙等天然材料制品是不含气泡的。15号样品即看不出其内部有气泡。此外，纯石英的熔点高达1710℃，然而在中国古代的科技水平下，是不可能取得这样的高温的（中国古代冶金、制瓷等工业中所能达到的最高温度均未能超过1400℃[9,10]）。也就是说，在中国古代，无法在不加入任何助熔物质（如牙硝、铅粉、长石、石灰石、草木灰等）的情况下，将石英晶体直接熔融然后再冷却生成玻璃态物质。因此，仅从化学组成和外观特点断定15号样品为石英晶体而非玻璃，是有其合理性的。

四、结　论

利用EDXRF和XRD无损分析技术，对河南禹县阳翟遗址出土的一批金元时期的玻璃样品进行了化学成分和物相组成的分析，以研究这批古玻璃的工艺技术特点。分析表明，所有蓝色玻璃的呈色物质均为CuO，而非CoO。整体而言，这批古玻璃样品的化学组成较为复杂，主要包括K_2O-CaO-SiO_2、Na_2O-CaO-SiO_2和PbO-K_2O-CaO-SiO_2等三种成分系统，分别属于钾钙玻璃、钠钙玻璃和铅钾钙玻璃。此外，另有一个样品的SiO_2含量很高，达97.14%，并且不含任何助熔剂成分；从外观来看，这个样品更像隐晶质的玉髓，而不像玻璃，因此判断这个样品是由较纯净的石英经磨制、穿孔而成的，属于晶体物质，而不是非晶体的玻璃。

参考文献

[1] 干福熹. 中国古代玻璃技术的发展 [M]. 上海：上海科技出版社，2005.
[2] 梁宝鎏，毛振伟，李德卉，等. 能量色散X射线探针技术对汝瓷成分的线扫描分析 [J]. 中国科学（B辑），2003，4：340~346.
[3] 凌雪，姚政权，魏女，等. 耀州窑青瓷白色中间层和化妆土的EDXRF光谱分析 [J]. 文物保护与考古科学，2008，1：12~18.
[4] 李乃胜，李清临，姚政权，等. 良渚文化陶器功用的初步科学研究 [J]. 光谱学与光谱分析，2009，1：231~235.
[5] 李家治，陈显求. 扬州西汉PbO-BaO-SiO_2系玻璃及其腐蚀层的研究 [J]. 硅酸盐学报，1986，3：293~397.
[6] 李青会，顾冬红，干福熹，等. 扬州西汉墓出土古玻璃的质子激发X荧光分析 [J]. 核技术，2003，12：922~924.
[7] 史美光，何欧里，吴宗道，等. 一批中国古代铅玻璃的研究 [J]. 硅酸盐通报，1986，1：17~23.
[8] 张福康. 中国古陶瓷的科学 [M]. 上海：上海人民美术出版社，2000：130~132.
[9] 韩汝玢，柯俊. 中国科学技术史·矿冶卷 [M]. 北京：科学出版社，2007.
[10] 李家治. 中国科学技术史·陶瓷卷 [M]. 北京：科学出版社，1998.

附录二　基于EDXRF线扫描分析的古钧瓷工艺研究*

李清临　徐承泰

一、引　言

钧瓷是中国古代名瓷,对钧瓷的工艺研究一直受到很大关注。研究人员先后利用多种显微结构和化学成分分析技术,对不同时期的钧瓷标本进行过测试分析,并讨论了钧瓷瓷釉的呈色机理、烧制工艺、原料配方等问题[1~7]。赵维娟等[8~10]则通过对成分数据的多元统计分析,探讨了古代钧瓷的原料来源及与汝瓷的起源关系。但限于方法,钧瓷的研究中仍有许多问题未能完全阐明,如,同一件钧瓷上不同颜色瓷釉的原料配方、施釉工艺,胎与釉间白色层的性质,以及化学成分在钧瓷瓷釉、白色层、瓷胎中的分布模式及其形成的机理,这些都影响了对钧瓷工艺技术的认识。

EDXRF探针是一种无损分析技术,可对样品进行连续的线扫描,十分适合文物的分析要求,正在古陶瓷等文物的工艺研究中得到推广[11~14]。本工作利用EDXRF探针,对河南省禹县阳翟遗址出土的一批金元时期的钧瓷标本进行了化学成分的线扫描分析,并对钧瓷的制作工艺等相关问题进行了探讨。

二、实验部分

用于分析的钧瓷样品共5件。5件样品均为典型的天青色釉瓷,1、2号样品在内壁天青色釉上还分布着不规则的紫红色釉斑,紫红色釉下仍有天青色釉。各样品的瓷胎均较粗糙,可见颜色不一的杂质存在。各样品胎釉间均分布着白色薄层。样品情况见表一。

用切磨机将样品切割出一个断面并将之磨平,然后置于超声波仪中,先后用酒精和去离子水清洗干净,待检。

分析仪器为EAGLE-IIIμ型能量色散型X射线探针(EDAX International Inc公司)。侧窗铑(Rh)靶40W光管,下照射式,掠射角65º,毛细管光学系统聚焦,照射在样品上的光斑直径为40μm,样品受激产生的X射线荧光以60º出射角射出,经狭缝被Si(Li)探测器记录。采

---

*　原文载于《武汉大学学报》(理学版)2012年第1期。本文在原文基础上有所修改。

用Al-Cu合金的AlKα和CuKα峰标定能量刻度。样品室内样品架最大移动距离：左右方向为105.00mm，前后方向为94.00mm，上下方向为95.00mm，最小移动距离为0.01mm。光学显微镜放大倍数分别为10、100、200倍。先在10倍条件下，粗调焦距；之后在100倍条件下，再次调节焦距，接近焦平面时，转为自动聚焦。测试条件为：X光管电压40kV，管电流600μA，死时间约30%，真空。收谱和谱分析软件为仪器上配备的VISION32。

表一 样品情况表

样品编号	器物号	器形	外观及胎质情况
1	2007YY西ⅠT2H327	碗	胎灰色，质地较粗，可见白色及黑色杂质颗粒及微细气孔；釉天青色，不透明，有大量微细气泡；青釉上有紫红色斑块，紫红色釉薄处下面仍见天青釉；釉层厚，超过1mm；胎釉间有白色层
2	2007YY西ⅠT6H12	碗	胎灰色，有气孔；釉天青色，有大量小气泡，不透明；青釉上有浅紫红斑块，紫红色釉较薄处下面仍见天青釉；釉层较厚；胎釉间有白色层
3	2007YY西ⅠT3H255②	罐	胎灰色，有微细气孔；釉天青色，不透明；胎釉间有白色层
4	2007YY东T11H101	瓶	胎砖红色，胎质粗，可见大量杂质颗粒；釉天青色，有大量气泡和鬃眼，不透明；胎釉间有白色层
5	2007YY西ⅠT15H68	碗	胎灰色；釉天青色，有气泡，不透明；胎釉间有白色层

每个样品的线扫描分析均自釉层经白色层到瓷胎方向进行。1、2号样品的内壁天青色釉上都分布着紫红色釉斑，两个样品的线扫描均分为两部分，分别从内壁紫红釉经其下的天青色釉、白色层到瓷胎方向，以及从外壁天青色釉经白色层到瓷胎方向的分析。每个样品的线扫描测点均为32个。共分析了SiO_2、Al_2O_3、CaO、K_2O、Fe_2O_3、TiO_2、CuO共7种氧化物。另外两种氧化物MgO和Na_2O的测试误差较大，未检测。得到的数据用ORIGIN软件进行处理，绘出每个氧化物的含量随测点变化的趋势图。

三、结果与讨论

1. 白色层性质分析

经观察，各天青色釉样品的同一氧化物的变化趋势基本一致，1号和2号样品的紫红色釉的同一氧化物的变化趋势也非常相似。限于篇幅，此处仅将1号样品的两部分线扫描分析图列出。图一为自内壁釉层至瓷胎方向的线扫描分析图，图二为自外壁釉层至瓷胎方向的线扫描分析图。

由图一可见，7种氧化物的变化趋势，既有相同之处，又各具特点。相同之处在于各氧化物的含量均先保持在一个较为稳定的水平，然后自某一点开始出现变化，最后又进入一个较为稳定的阶段。不同之处在于，自某一点开始出现的显著变化，较之原先的稳定阶段而言是上升或是下降。而在图二中，除CuO外，其他6种氧化物均呈现出与图一中的相应氧化物几乎完全一致的变化趋势。

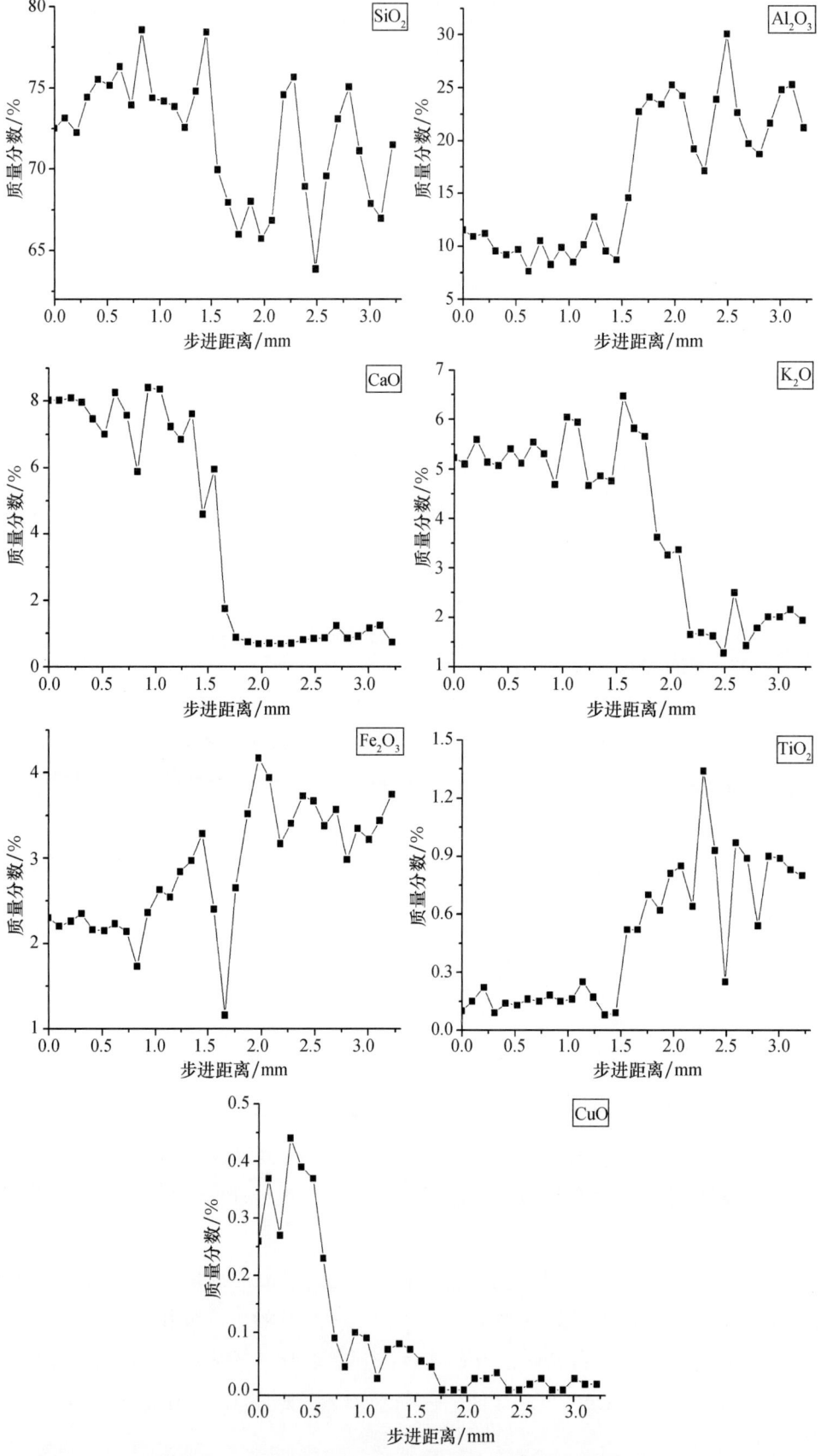

图一　1号样品自内壁釉层至瓷胎方向的线扫描分析图

附 录

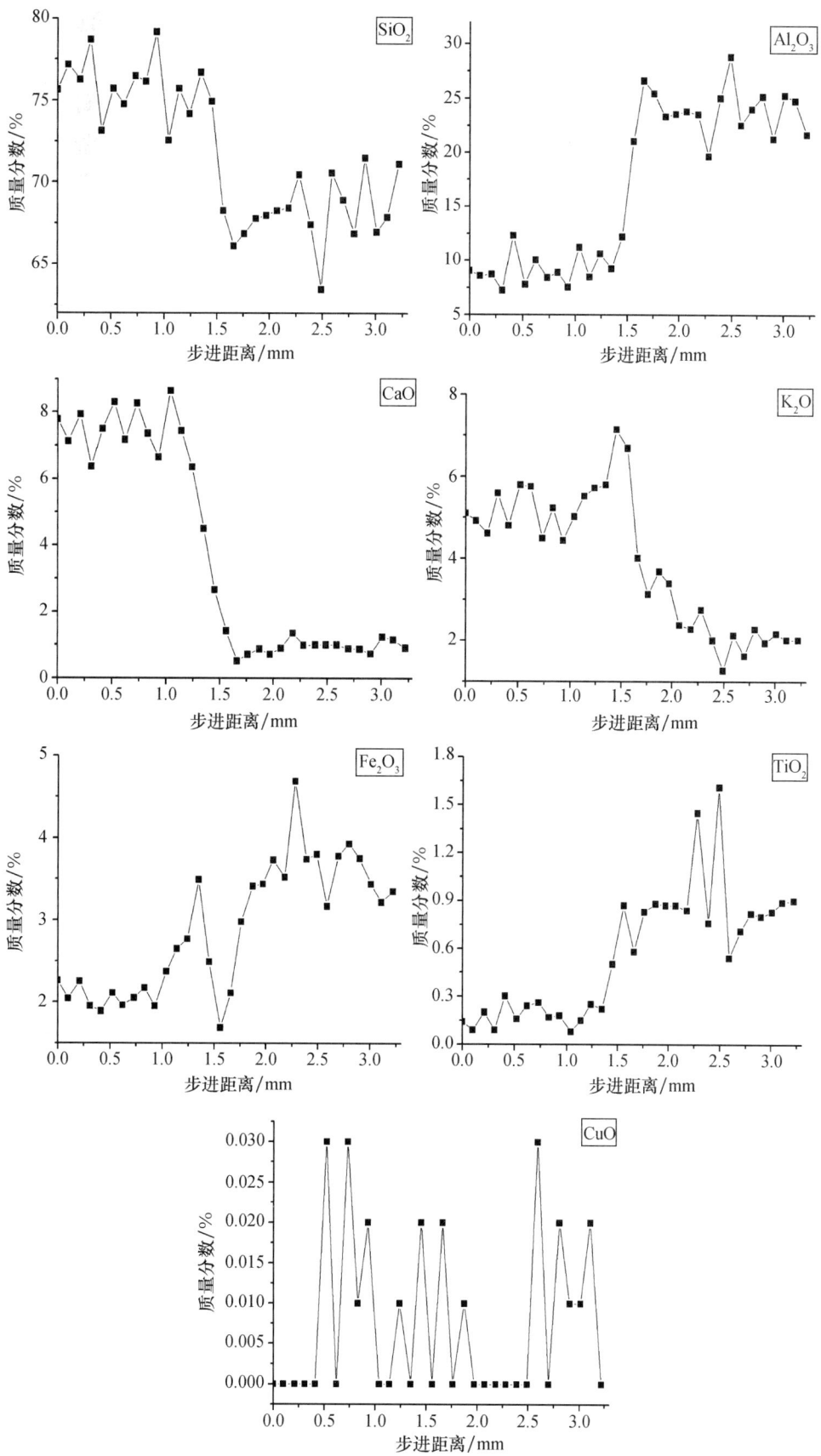

图二 1号样品自外壁釉层至瓷胎方向的线扫描分析图

对比样品的断面可以发现，无论各氧化物的变化趋势如何，发生显著变化的位置均位于瓷釉与白色层之间，以及白色层与瓷胎之间。并且，白色层中几种氧化物的含量，基本上都在瓷胎与瓷釉相应氧化物含量之间（Fe_2O_3与K_2O除外）。据此可以断定，钧瓷胎釉间的白色层应为烧制过程中由胎釉组分相互渗透、融合而形成的反应层，故其化学成分介于胎釉之间。

Fe_2O_3的变化趋势与众不同。位于反应层中的几个测点的Fe_2O_3含量明显低于相邻瓷釉和瓷胎的Fe_2O_3含量。这是由于瓷器烧制过程中常会于胎釉之间形成一层钙长石析晶层的缘故。由于Fe_2O_3在液/固相中的分配系数大于1，故钙长石晶体析出时，将铁元素排除在其晶体结构之外，因此，这层物质的铁含量就很低，色泽也明显不同于胎釉[1, 2]。

2. 紫红釉呈色机理分析

由图一可见，紫红色釉层中几个测点的CuO含量最高，而在接近紫红色釉下面的天青色釉的位置，CuO的含量开始急剧下降，并最终趋于一个稳定的低含量水平。图二中CuO的变化态势也显示，天青色釉中的CuO含量均很低。2号样品的情况亦同。这一现象说明，钧瓷上的紫红色釉的呈色物质为Cu元素。而除CuO外，紫红色釉中其他氧化物的含量与天青色釉（包括紫红色釉下的和外壁的天青色釉）差异不大，说明紫红色釉的原料配方与天青色釉一致，只是紫红色釉料中添加了某种含铜原料。天青色釉上的紫红色釉斑，应是在已施好的天青色釉料上，通过滴、洒或涂刷紫红色釉料形成。

3. 瓷胎分析

从图一，2中还可以看出，瓷胎中不同测点的各氧化物含量的变化较大，与瓷釉中相应氧化物含量较为稳定的情况不同。其他4个样品也是如此。这种现象与钧瓷瓷胎的质地有关。钧瓷瓷胎一般都不太细腻，常有较多的杂质颗粒，这批样品即是如此。因此，在瓷胎中的不同位置，化学组成可能本就有所差异。实际上，钧瓷瓷胎的这种特征与其瓷釉的特点密切相关。钧瓷瓷釉均为不透明乳浊釉，瓷胎的质地或粗糙或细腻、颜色或深或浅，对瓷釉的呈色、外观质感没有任何影响。因此，钧瓷可以利用品位较低的原料来制作瓷胎，对原料的加工处理也无须过于精细，从而扩大了原料来源范围，减少了制作环节，降低了生产成本。这对于钧瓷制品在民间的推广，无疑具有重要的意义。

4. K_2O分布模式分析

K_2O的变化趋势非常特殊。如图一和图二所示，位于反应层中几个测点的K_2O含量高于瓷釉中的K_2O含量，这与其他氧化物（SiO_2、Al_2O_3、CaO、TiO、CuO）截然不同。经观察发现，在瓷釉到反应层方向，K_2O与Al_2O_3的变化趋势几乎完全一致，二者的含量在瓷釉中均比较稳定，而且几乎是在同一位置（对应于瓷釉和反应层之间），含量开始升高，只是在升至一定值后，K_2O的含量才逐渐下降。K_2O的这种变化趋势与SiO_2正相反。2～5号样品的情况与1号样品相同。

图三列出了2~5号样品的K_2O与Al_2O_3含量的变化趋势图。与Al_2O_3相比，K_2O的含量过低，因此将K_2O含量乘以3，然后与Al_2O_3含量共同作图，以利比较。SiO_2的含量远高于K_2O和Al_2O_3，故图中未绘出SiO_2的变化曲线，对比情况参照图一、2。这些现象说明，K_2O的这种分布模式，应与瓷釉和反应层的特定化学组成和结构，以及K_2O在其中的特性等因素有关。

瓷釉的主体为铝硅酸盐玻璃。在单纯的SiO_2玻璃中，Si与O通过硅氧键相连形成硅氧四面体，构成了玻璃体的不规则网络体系。而在玻璃中，K_2O属于网络外体氧化物，一般处于网络之外，不参加玻璃网络的形成。K-O键是离子键，其中的氧离子容易摆脱阳离子的束缚而成为"游离氧"。游离氧可使硅酸盐玻璃体原有的硅氧比值发生变化，使原有的硅氧网络发生断裂。并且，K^+因只有一个正电荷，且有很强的离子性，与氧的结合力较弱，故其在玻璃网络中

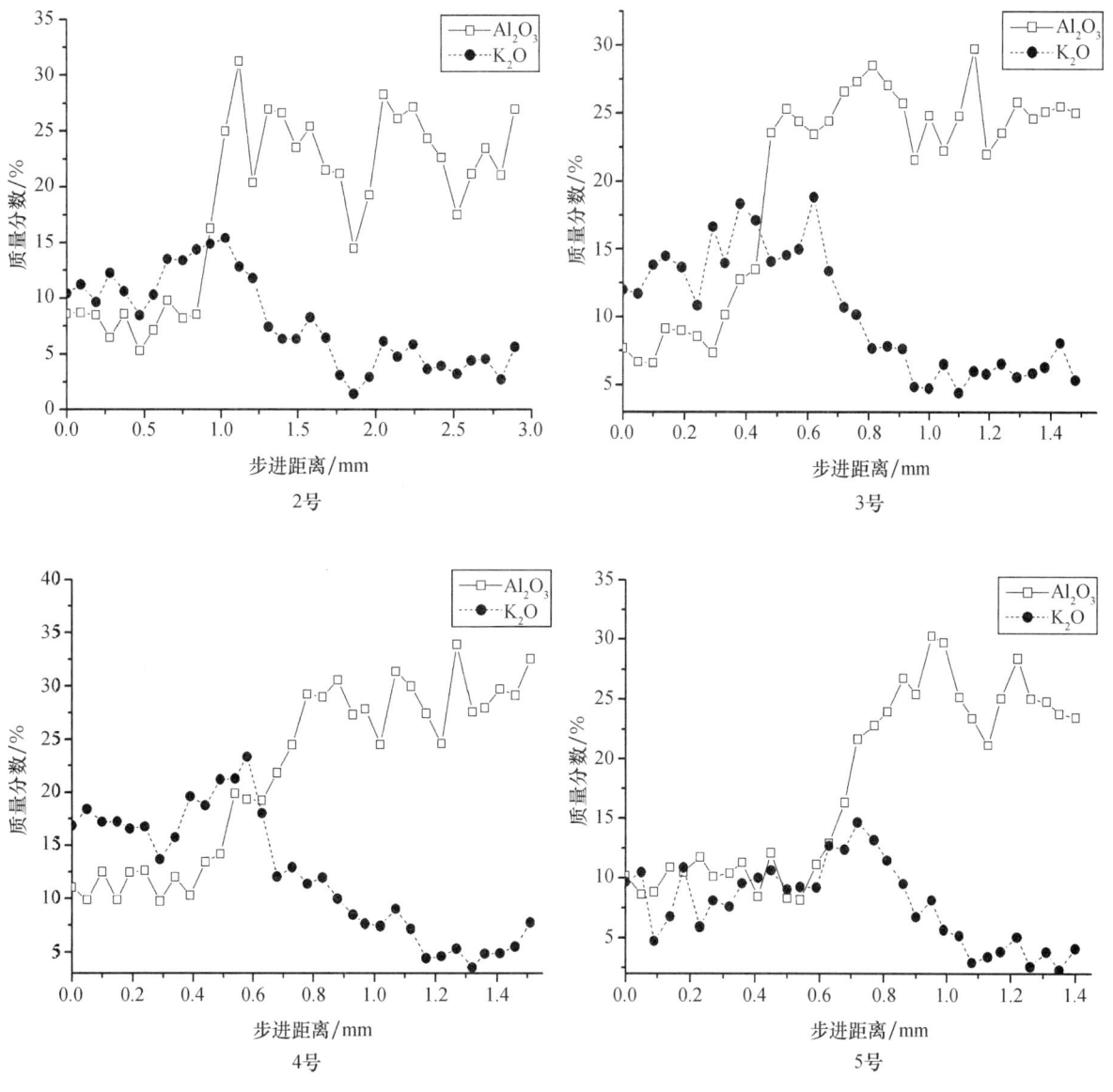

图三　各样品的K_2O与Al_2O_3含量的变化对比图

的活动性较强，在一定条件下，能从一个网穴移动到另一个网穴。

Al_2O_3在硅酸盐玻璃中是作为中间体氧化物存在的。Al_3^+可形成四面体或八面体，与硅氧四面体形成统一的网络。Al_3^+可把碱金属造成的破裂的硅氧网络重新连接起来，使玻璃结构趋向紧密。但较之硅氧四面体而言，铝氧四面体的体积较大、结构疏松、空隙大，因此更有利于碱金属离子的活动[15]。

在瓷器烧制过程中，助熔剂含量较高的釉层首先熔融成液态玻璃相，并逐渐向仍为固态的胎中渗透，从而形成了反应层。与瓷釉相比，瓷胎中的SiO_2含量较低而Al_2O_3含量较高。因此，胎釉反应层中的SiO_2含量较瓷釉低，Al_2O_3含量则较瓷釉为高。较之硅氧四面体而言，铝氧四面体的空隙较大、结构更为疏松，因此更有利于碱金属离子的活动。所以，K^+有从高硅低铝的瓷釉中向低硅高铝的反应层中移动的趋势。而玻璃相的熔融状态，则为K^+的移动创造了前提条件。所以，K^+从瓷釉不断地向反应层渗透，并且这种渗透不遵循因浓度差而引发的物质渗透规律。于是，在K^+的不断渗透之下，反应层中K_2O的含量逐渐升高并超过了瓷釉。但因越靠近瓷胎固相越多而液相越少，K^+的渗透就受到越来越大的限制。最终，在反应层中某一位置达到最大值后，K_2O含量便呈现出逐渐降低的趋势。

四、结　　论

利用EDXRF探针，本文对几件古代钧瓷标本进行了线扫描分析。分析发现，钧瓷胎釉间白色层中几种主要氧化物的含量均位于瓷胎和瓷釉相应氧化物含量之间。因此，钧瓷胎釉间的白色层应为烧制过程中胎釉组分相互渗透而形成的反应层。

钧瓷上紫红色釉的CuO含量显著高于天青色釉的CuO含量，其他化学组成则基本一致，表明紫红色釉的呈色物质为Cu元素，其他原料配方则与天青色釉相同，紫红色釉应是通过滴、洒、涂刷等工艺施加到天青色釉上的。

K_2O的变化趋势与其他氧化物均有不同，反应层中的K_2O含量高于瓷釉的K_2O含量。此种现象应缘于瓷釉的铝硅酸盐玻璃本质及其特定的化学组成，以及K_2O在玻璃体中的特性等因素。在以上因素的影响下，烧制过程中处于高硅低铝组成的瓷釉中的K^+，具有向低硅高铝的反应层中移动的趋势，并且这种移动不遵循因浓度差而引发的物质渗透规律。在不断的移动下，反应层中的K_2O含量不断升高，并最终超过了瓷釉中K_2O的含量。

参 考 文 献

[1] 陈显求，黄瑞福，陈士萍，等.河南钧窑古瓷的结构特征及其两类物相分离的确证[J].硅酸盐学报，1981，3：245~252.

[2] 陈显求，黄瑞福，陈士萍，等.宋元钧瓷的中间层、乳光和呈色问题[J].硅酸盐学报，1983，2：129~140.

[3] 陈显求，黄瑞福，陈士萍，等.刘家沟钧釉中的金属铜[J].硅酸盐学报，1988，3：233~237.

[4] 郭演仪,李国桢.古代钧瓷的科学分析分析[J].中国陶瓷,1992,4:52~57.
[5] 张茂林,吴军明,李其江,等.刘家门钧窑瓷器胎釉成分的EDXRF分析[J].陶瓷学报,2009,4:411~418.
[6] 罗永明,潘伟,李淑琴,等.钧釉呈色机理及烧制工艺的研究[J].陶瓷,2000,6:23~26.
[7] 田士兵,刘渝珍,张茂林,等.钧瓷铜红釉呈色机制的初步研究[J].核技术,2009,6:413~418.
[8] 赵维娟,谢建忠,李融武,等.用中子活化分析法研究古钧瓷和古汝瓷起源关系[J].核技术,2002,2:144~151.
[9] 李国霞,赵维娟,李融武,等.汝官窑和钧官窑瓷胎料来源的质子激发X射线荧光分析[J].中国科学(G辑),2006,3:239~247.
[10] 赵维娟,谢建忠,李国霞,等.用指纹元素分析古汝瓷和古钧瓷的起源关系[J].核技术,2002,6:461~466.
[11] 梁宝鎏,毛振伟,李德卉,等.能量色散X射线探针技术对汝瓷成分的线扫描分析[J].中国科学(B辑),2003,4:340~346.
[12] 李乃胜,李清临,姚政权,等.良渚文化陶器功用的初步科学研究[J].光谱学与光谱分析,2009,1:231~235.
[13] 李清临,王然,贺世伟,等.EDXRF探针在古陶瓷工艺研究中的应用[J].武汉大学学报(理学版),2010,1:26~30.
[14] 李清临,徐承泰,贺世伟,等.化学成分在钧瓷胎釉反应层中分布模式的线扫描分析[J].化学学报,2011,8:912~918.
[15] 赵彦钊,殷海荣.玻璃工艺学[M].北京:化学工业出版社,2006:9~30.

附录三　能量色散X射线荧光光谱法分析金元时代的钧窑瓷器*

徐承泰　李清临

钧窑是宋代五大名窑之一，其窑址地处河南省禹县，此地古时称"钧州"，故名钧窑。钧窑的烧造始自唐代，历经北宋、金代，终于元代，约有600年的历史。北宋时期是钧窑的鼎盛期，此时的部分钧窑承担了为皇家烧造御用瓷器的任务，故将这些为皇家烧瓷的钧窑称为"钧官窑"，而将那些烧造民用瓷器的钧窑称为"钧民窑"。钧窑瓷器的典型特征是其釉多为乳浊釉，釉的色彩斑斓、变化多端，有天蓝、天青、月白、玫瑰紫、海棠红等多种名目。由于钧窑瓷釉的出类拔萃，故把钧窑瓷釉特称为"钧釉"。

由于钧窑在中国古陶瓷发展史上的重要地位，对钧窑瓷器的研究一直受到学术界的极大关注，研究成果丰硕。但因北宋时期的钧窑是宋代五大名窑之一，故研究者更为关注北宋时期的钧瓷尤其是钧官窑制品。至于北宋灭亡后的金代和元代，由于此时的钧窑已处于衰落阶段，瓷器质量已不如北宋时期，故研究者对金、元时期的钧窑瓷器的重视程度不够，研究成果较少。

本工作利用能量色散X射线荧光光谱分析技术，对一批出土于河南省禹县阳翟遗址、所属时代为金元时期的钧瓷标本进行了成分测定，并据此探讨了金元时期钧瓷的工艺技术特点。在此基础上，对钧窑历经北宋、金、元时期的工艺技术发展脉络进行了讨论。

一、试 验 部 分

1. 分析仪器

分析仪器为美国EDAX International Inc.公司生产的EAGLE-III μ型能量色散型X射线探针。

2. 仪器工作条件

侧窗铑（Rh）靶40WX光管，下照射式，掠射角65º，毛细管光学系统聚焦，照射在样品上的光斑直径（d）为40μm，样品受激产生的X射线荧光以60º出射角射出，经狭缝被Si（Li）

---

* 原文载于《理化检验》（化学分册）2012年第5期。本文在原文基础上有所修改。

探测器记录。采用Al-Cu合金的AlKα和CuKα峰标定能量刻度。样品室内样品架最大移动距离：左右方向X为105.00mm，前后方向Y为94.00mm，上下方向Z为95.00mm，最小移动距离为0.01mm。光学显微镜放大倍数为10倍、100倍和200倍。先在10倍条件下，移动Z标，粗调焦距；之后在100倍条件下，移动Z标，再次调节焦距，接近焦平面时，转为自动聚焦。测试条件为：X光管电压40Kv，管电流600μA，死时间约30%，真空。收谱和谱分析软件为仪器上配备的VISION32。

3. 试验方法

（1）样品处理

钧瓷样品共计16件。样品的具体情况见表一。

表一 样品情况表

样品序号	器物号	器形	外观情况
1	2007YY西ⅠT2H327	碗	胎灰色，质地稍粗，可见白色及黑色杂质颗粒，及微细气孔，烧结程度较好；釉天青色，不透明，有大量微细气泡；青釉上有不规则紫红色斑块，紫红色釉薄处下面仍见青釉；釉层厚，超过1mm
2	2007YY西ⅠT3H267	碗	胎灰色，质地稍粗，可见白色及黑色杂质颗粒，及微细气孔，烧结程度较好；釉天蓝色，纹片，半透明，内有白色流纹及较多气泡，釉层较厚
3	2007YY西ⅠT3H255②	罐	胎灰色，有微细气孔；釉天青色，不透明，釉层较厚
4	2007YY东ⅠT6⑤	碗	胎黄白色，胎质较粗，可见杂质颗粒；釉天青色，有较多气泡和鬃眼，不透明，釉层较厚
5	2007YY西ⅠT6H122	碗	胎灰色，质地稍粗，可见杂质颗粒；釉青灰色色，半透明
6	2007YY西ⅠT6H122	碗	胎灰色，质地较粗，可见杂质颗粒；釉天蓝色，半透明，有纹片，有大量小气泡，釉层较厚
7	2007YY东T6L1②	盘	胎浅灰色，胎质较细；釉青色，有大量微细气泡，不透明，有纹片
8	2007YY西ⅠT6H12	碗	胎灰色，有气孔；内外釉颜色有别，内釉天青色，外釉青灰色；纹片，釉层中有大量小气泡和白色流纹，不透明，釉层较厚；青釉上有紫红斑块
9	2007YY西ⅠT6H47	碗	胎白中泛黄，可见杂质颗粒及气孔；釉天蓝色，纹片，有气泡，釉中有白色流纹，不透明，釉层很厚，超过1mm
10	2007YY西ⅠT9H23	碗	胎黄白色，质地较细；内外釉颜色不同，内釉青中泛紫，外釉青中泛黄；内外釉均有气泡，半透明，有纹片，釉层较厚
11	2007YY东T10H205	鬲式炉	胎土黄色，有气孔；内壁无釉，外壁釉青绿色，半透明，有大量小气泡
12	2007YY东T11H101	瓶	胎砖红色，胎质粗，可见大量杂质颗粒；内壁无釉，外壁天青色，有大量气泡和鬃眼，不透明，釉层很厚，超过1mm
13	2007YY东T14H95	莲瓣碗	胎浅灰色，质地较细，烧结程度较好；釉天蓝色，半透明，有大量大小气泡，釉层较厚
14	2007YY西ⅠT15H250	碗	胎灰色；釉青色，半透明，有紫红色斑块，有大量气泡，釉层较厚
15	2007YY西ⅠT15H68	碗	胎灰色；釉天青色，有气泡，半透明，釉层较厚
16	2007YY西ⅠT15H351	碗	胎白中略泛黄；内外釉颜色不同，内釉青中泛紫，外釉青中泛黄；内外釉均有气泡，半透明，有纹片，釉层较厚

用切磨机将样品切割出一个断面并将之磨平，然后置于超声波仪中，先后用酒精和去离子水清洗干净，待检。

（2）样品测试

本次工作共分析了Si、Al、Ca、K、Fe、Ti、Mn、Cu8种陶瓷中的常见元素。需说明的是，另外两个常量元素Mg和Na的测试误差较大，故未检测。对每个样品的胎与釉，均于不同部位测试三个数据，而后取平均值以减少误差。测试结果见表二、表三。

（3）数据处理

为探讨金元时期的钧瓷与北宋时期的钧瓷在工艺技术上的关联，特从文献[1,2]中提取北宋时期钧官窑和钧民窑瓷器胎釉的化学组成数据，列于表四，以作比较。另外，利用多元统计分析软件SPSS，对这些数据作因子分析，以更好地观察它们之间的联系。结果见图一和图二。

表二　金元时期钧瓷胎的化学组成（%）

样品编号	SiO_2	Al_2O_3	CaO	K_2O	Fe_2O_3	TiO_2	MnO	CuO
1	66.91	25.22	1.12	2.56	3.32	0.80	0.05	0.02
2	65.58	25.64	1.08	2.61	3.93	1.09	0.07	0.01
3	65.63	27.20	1.16	2.24	2.72	0.98	0.05	0.02
4	65.48	25.25	1.13	1.81	5.28	0.98	0.06	0.01
5	67.00	25.07	1.05	2.15	3.77	0.88	0.06	0.02
6	62.97	29.48	1.11	1.32	4.09	0.97	0.05	0.02
7	62.15	31.03	0.76	1.89	2.80	1.30	0.05	0.02
8	66.49	26.15	0.75	1.99	3.05	1.49	0.06	0.02
9	61.24	31.31	0.79	2.30	3.21	1.09	0.05	0.01
10	70.26	23.82	0.68	1.96	2.14	1.09	0.04	0.01
11	63.11	29.86	1.17	0.97	3.59	1.23	0.05	0.02
12	64.98	28.49	0.86	1.74	2.89	0.97	0.05	0.01
13	66.08	27.06	0.98	2.52	2.33	0.97	0.05	0.01
14	63.98	27.28	1.01	2.21	4.41	1.05	0.05	0.01
15	66.68	26.43	1.08	1.60	3.23	0.91	0.05	0.01
16	61.42	30.78	1.25	2.12	2.98	1.40	0.05	0.00

表三　金元时期钧瓷釉的化学组成（%）

样品编号		SiO_2	Al_2O_3	CaO	K_2O	Fe_2O_3	TiO_2	MnO	CuO
1	青釉	73.36	11.03	7.88	5.18	2.13	0.32	0.08	0.03
	红斑	72.99	10.17	7.76	5.95	2.25	0.29	0.08	0.51
2		70.59	11.87	8.70	6.22	2.21	0.30	0.11	0.02
3		79.38	8.78	6.11	4.24	1.17	0.23	0.07	0.02
4		71.90	10.30	10.03	4.99	2.30	0.38	0.07	0.02
5		72.65	10.52	10.33	4.04	2.07	0.30	0.07	0.01

续表

样品编号		SiO₂	Al₂O₃	CaO	K₂O	Fe₂O₃	TiO₂	MnO	CuO
6		75.13	9.78	7.88	5.48	1.37	0.28	0.06	0.02
7		73.88	9.40	10.78	3.12	2.41	0.28	0.10	0.03
8	青釉（外壁）	79.15	7.67	6.79	4.21	1.59	0.28	0.05	0.26
	青釉（内壁）	76.77	9.10	8.03	3.76	1.92	0.32	0.05	0.05
	红斑	77.13	8.71	7.17	4.24	2.25	0.27	0.06	0.17
9		76.84	8.96	7.95	4.06	1.84	0.25	0.08	0.02
10	青釉（外壁）	78.32	9.70	5.82	3.98	1.65	0.40	0.09	0.06
	青釉（内壁）	72.57	11.49	8.54	5.60	1.42	0.30	0.06	0.02
11		73.03	11.60	9.58	3.36	2.07	0.26	0.08	0.01
12		72.41	10.65	8.31	6.21	2.07	0.24	0.09	0.02
13		74.67	10.40	7.32	5.32	1.88	0.30	0.09	0.02
14	青釉	72.79	12.61	7.26	5.70	1.26	0.27	0.09	0.02
	红斑	72.21	11.31	7.53	6.07	1.43	0.27	0.09	1.09
15		75.51	10.64	7.86	3.42	2.28	0.20	0.09	0.01
16		74.48	11.24	7.10	5.06	1.73	0.29	0.08	0.02

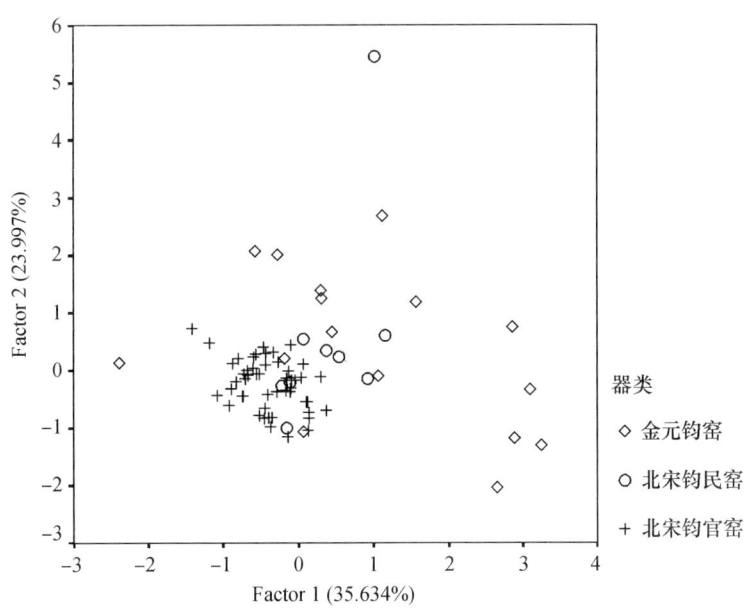

图一　钧瓷瓷胎化学组成因子分析散点图

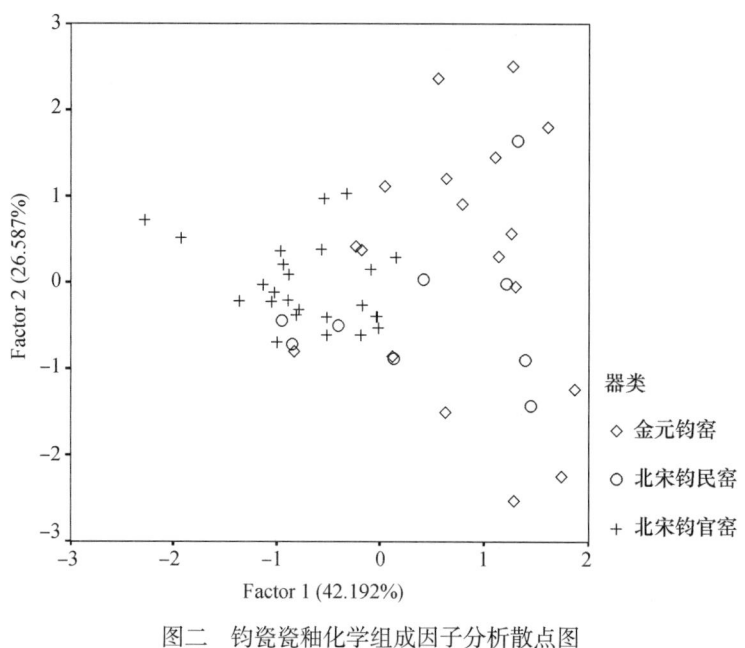

图二　钧瓷瓷釉化学组成因子分析散点图

二、结果与讨论

1. 金元时期钧瓷胎釉的化学组成特点

如表二所示，金元时期钧瓷胎的化学组成具有典型的北方瓷胎的特点，属低硅高铝质胎。胎中SiO_2含量基本上都在70%以下，Al_2O_3含量则多在28%上下变化，最高超过31%。

胎中的Fe_2O_3含量均较高，普遍在2%以上，所以这批钧瓷瓷胎均带有一定的色泽，而没有纯白色。胎的Fe_2O_3含量之所以这么高，与其瓷釉的特点有直接关系。钧瓷瓷釉多为不透明的乳浊釉，瓷胎的颜色深浅对瓷釉的呈色没有影响。因此，钧瓷可以利用品位较低的原料来制作瓷胎，对原料的加工处理也无需过于精细，从而扩大了原料来源范围，减少了制作环节，降低了生产成本。这对于钧瓷制品在民间的推广无疑具有重要的意义。

金元时期钧瓷瓷胎的这种高Fe_2O_3含量的现象，在宋代钧窑和汝窑瓷器中也存在。宋代钧窑和汝窑青瓷的瓷釉也多为乳浊釉，胎的颜色深浅与否及质地是否粗糙，对釉的呈色没有影响。因此，宋代钧窑和汝窑青瓷胎中的Fe_2O_3含量也都较高，普遍在2%上下，胎都带有一定的色泽[1~4]。

如表三所示，金元时期钧瓷瓷釉的SiO_2含量较高，多在75%上下。与此相反，釉中的Al_2O_3含量较低，普遍在10%左右，最高不过12.76%，最低仅为7.67%。同时，釉中还含有较高含量的Fe_2O_3。

从表三可以看出，8号和10号样品的内外釉的化学组成有一定区别。结合8号和10号样品的内外釉颜色有所差异的情况，可以推测这两个样品的内外釉是分别上釉的，且内外釉料的配方有所不同。

按照瓷釉中不同助熔剂氧化物的相对含量之高低[5]，所有瓷釉可分为两种不同类型。其中，11个样品为钙碱釉，其余7个样品为钙釉（其中8号和10号样品因有内外釉，故各为两个样品）。

2. 北宋、金元时期钧瓷胎釉化学组成的相关性

如表四所示，金元时期钧瓷胎釉的化学组成，与北宋时期钧瓷的胎釉化学组成很接近，只不过相比之下，在每个氧化物的含量上，金元时期钧瓷的变化范围更大一些。

图一为金元及北宋时期钧瓷瓷胎化学组成因子分析散点图，图二则为瓷釉化学组成因子分析散点图。从两个图中可以看出，尽管较之北宋钧民窑和金元钧窑样品而言，北宋钧官窑样品的数量要多得多，但北宋钧官窑样品的分布区域却更为集中。此种现象充分说明，钧官窑制品由于是为朝廷所制，故其制作工艺较之钧民窑而言要精细得多，所用原料精挑细选，原料配比严格把握，故其胎釉的化学组成变化范围相对而言就小得多；表现在因子分析散点图上，就是其分布区域较为集中。

表四　北宋与金元时期钧窑瓷器胎釉化学组成对比表（％）

		SiO_2	Al_2O_3	CaO	K_2O	Fe_2O_3	TiO_2
北宋钧官窑	胎	63.90~66.70	24.90~27.90	0.45~0.88	2.19~3.19	2.13~3.10	0.86~1.06
	釉	68.50~73.90	9.09~11.70	7.85~13.40	3.52~5.06	1.93~3.09	0.19~0.28
北宋钧民窑	胎	63.38~65.66	25.61~28.38	0.37~2.09	1.74~3.70	1.85~3.45	0.01~1.19
	釉	72.04~77.10	7.82~11.73	6.21~9.67	4.08~6.10	1.09~3.11	0.16~0.31
金元钧窑	胎	61.24~70.26	23.82~31.31	0.68~1.25	0.97~2.61	2.14~5.28	0.80~1.49
	釉	70.59~79.38	7.67~12.76	5.82~10.78	3.12~6.39	1.17~2.50	0.20~0.40

图一和图二还显示，北宋钧官窑、钧民窑和金元钧窑样品的分布区域均有所交叉，表明三者的制品虽然去向不同、时代有别，但毕竟同属一个窑系，在所用原料及原料配方上均有着密切的联系。此外，在三类样品中，金元钧窑样品的分布最为分散，而且相较之下，金元钧窑与北宋钧民窑样品分布区域的交叉范围更大。这一点在表四中即有所反映。如表四所示，在每个氧化物的含量上，金元钧窑样品的变化范围最大，并且金元钧窑样品的各氧化物含量与北宋钧民窑样品的重合范围更大。

金元钧窑与北宋钧民窑样品的胎釉化学组成有很大相似，以及二者在因子分析散点图中的分布区域有很大重合的现象，表明金元时期的钧窑瓷器是在北宋钧民窑瓷器制作工艺的基础上继续发展的，两者在所用原料的类别和配方上存在着继承和发展关系。至于金元钧窑样品胎釉化学组成的变化范围最大，以及在因子分析散点图中的分布最为分散的现象，一种合理的解释就是，金元时期的钧窑瓷器在所用原料的选择和原料配方的掌控上，已不及北宋时期那么严格。这一点可从钧窑的烧造历史得到印证。北宋时期是钧窑烧造的鼎盛期，在生产的各个环节毫无疑问都做得最好，故此时的钧瓷产品质量最优。然而到了金元时期，钧窑已处于衰落阶段，产品质量大不如前。究其根源，应该是金元时期人们对钧窑瓷器的兴趣在逐渐降低，造成了这一时期钧瓷制作工艺技术水平的下降，包括所用原料的选择和原料配方的掌控。反映在胎釉的化学组成上，就是金元钧瓷的变化范围明显大于北宋钧民窑瓷器的变化范围。

三、结　　论

　　对胎釉化学组成的分析表明，金元时期钧窑瓷器的胎具有典型的北方瓷器的低硅高铝的特征，釉则多为钙碱釉，少量为钙釉。将这批金元钧瓷胎釉的化学组成与北宋时期的钧官窑和钧民窑瓷器进行比较，结果发现，金元钧窑与北宋钧官窑和钧民窑在制作工艺上均有联系，但与北宋钧民窑的关系更为密切，金元时期的钧窑是在北宋钧民窑制作工艺技术的基础上继续发展的。但相比之下，金元时期钧窑瓷器胎釉化学组成的变化范围明显大于北宋钧民窑瓷器的变化范围，说明在所用原料和原料配方的掌握上，金元时期已不如北宋时期那么严格，反映出钧窑在金元时期已处在衰落阶段。

参 考 文 献

[1]　郭景康，承焕生，陈显求，等.从化学组成上区分宋代汝瓷与民窑钧瓷［J］.陶瓷学报，1999，3：153～157.
[2]　李融武，赵维娟，赵文军，等.三种典型釉色汝官瓷和钧官瓷原料产地的PIXE分析［J］.北京师范大学学报（自然科学版），2006，2：144～149.
[3]　赵维娟，郭敏，谢建忠，等.从化学组成研究张公巷窑与清凉寺窑青瓷胎的原料产地［J］.原子能科学技术，2006，1：106～110.
[4]　承焕生，何文权，杨福家，等.宋代汝瓷研究［J］.文物保护与考古科学，1999，2：19～26.
[5]　罗宏杰，李家治，高力明.中国古瓷中钙系釉类型划分标准及其在瓷釉研究中的应用［J］.硅酸盐通报，1995，2：50～53.

附录四 2006年禹州阳翟故城遗址西Ⅰ区出土瓷器胎釉描述

2006YY西ⅠT1H19②：5，瓷碟。灰胎，圈足底面紫褐色，夹细砂。器内壁及外壁上部施釉，釉层薄；釉冻白色，聚釉处闪青有冰裂纹，有光泽。釉层下施白色化妆土。器内底有麻点状支钉痕四个，呈四方分布，组成支钉的小凸点多聚集在一起。

2006YY西ⅠT1H19②：6，瓷碟。外壁下部及器底呈紫褐色。器内壁及外壁上部施釉，釉米黄色，光泽暗淡，口沿处显紫蓝色窑变。

2006YY西ⅠT1H60①：1，瓷碗。淡黄胎，略偏红褐色，外壁圈足及近圈足处露胎。器内壁及外壁大部施釉，釉暗绿色，有光泽，口部夹褐斑。

2006YY西ⅠT1H60②：5，瓷碗。红胎。器内壁施满釉，近内底处施黑彩弦纹两周。器外壁上部施冻白釉，中部少量露胎，下部施黑釉，足底施护胎釉。足底有三点白色化妆土。

2006YY西ⅠT2H4：1，瓷盏。黄灰胎，外壁大部及圈足处露胎。器内壁及外壁上部施釉，釉深黄褐色，光泽度好，有冰裂纹。

2006YY西ⅠT2H4：2，瓷碗。褐黄胎。内壁及外壁大部施冻白釉，外壁下部及圈足露胎。由于化妆土施得不均匀，导致内壁的釉色发暗，且深浅不一。内底可见三处支钉痕。

2006YY西ⅠT2H4：3，瓷盘。黄褐胎，圈足足底施褐色护胎釉。器内外壁通体施釉，天青色釉偏灰，有光泽。

2006YY西ⅠT2H4：5，瓷器盖。淡黄胎。器外壁施釉，釉层薄；釉冻白色，无光泽。釉层下施一薄层白色化妆土。

2006YY西ⅠT2H27：4，瓷器盖。灰褐胎，内壁露胎。外壁施冻白釉，有光泽。釉层下施化妆土。釉面上施黑彩。

2006YY西ⅠT2H27：5，瓷碗。黄灰胎。器内壁及外壁上部施冻白釉，无光泽，釉层略厚。釉层下施一层化妆土。

2006YY西ⅠT2H27：6，瓷（双耳）罐。淡黄胎，口部及外壁下部露胎。器内壁及外壁上部施釉，釉黑色，有光泽，有细小气孔。

2006YY西ⅠT2H27：7，瓷盘。灰黄胎，内壁中心及外壁下部露胎。器内壁上部及外壁上部施釉，釉黑色，光泽度好。

2006YY西ⅠT2H27：10，瓷碗。浅黄褐胎，外壁圈足及近圈足处露胎。器内壁及外壁上部施冻白釉，有光泽。釉层下施一层白色化妆土。

2006YY西ⅠT2H27：11，瓷碗，葵口，瓜棱状器身。灰白胎，胎薄，质细腻。器内外壁通体施釉，釉层薄；乳浊釉正白色，有冰裂纹；釉面光泽度好，玻璃质感好。内底残存芝麻点状支钉三个，长0.35厘米。

2006YY西ⅠT2H27：13，瓷碗。灰胎。器外壁上部及整个内壁施釉，釉层薄；釉冻白色偏黄，有冰裂纹；釉面有光泽。釉层下施一层白色化妆土略厚。

2006YY西ⅠT2H27：14，瓷盘。灰胎，外壁下部及圈足处露胎。器内壁及外壁上部施冻白釉。釉层下施一层白色化妆土。

2006YY西ⅠT2H27：15，瓷盘。灰胎，外壁下部及圈足处露胎。器内壁及外壁上部施冻白釉。釉层下施一层白色化妆土。

2006YY西ⅠT2H27：16，瓷盘。灰胎，外壁下部及圈足处露胎。器内壁及外壁上部施冻白釉。釉层下施一层白色化妆土。

2006YY西ⅠT2H27：17，瓷盘。灰胎。器外壁上部及整个内壁施釉，釉层薄；釉冻白色，局部有冰裂纹；釉面有光泽。釉层下施一薄层白色化妆土。内底残存椭圆形支钉一个，长0.6厘米。

2006YY西ⅠT2H27：18，瓷盘。灰胎，外壁下部及圈足处露胎。器内壁及外壁上部施冻白釉。釉层下施一层白色化妆土。

2006YY西ⅠT2H27：20，瓷盘。黄褐胎，圈足底施褐色护胎釉。器内外壁通体施釉，釉天青色偏灰，有光泽。

2006YY西ⅠT2H31：1，瓷盘。橙黄胎，外壁下部及圈足处露胎。器内壁及外壁上部施冻白釉。釉层下施一层白色化妆土。

2006YY西ⅠT4H53：1，瓷盏。灰黄胎，内壁中心及外壁下部露胎。器内壁大部及外壁上部施青釉，釉色墨绿偏灰暗，夹黑点，有光泽。

2006YY西ⅠT4H54①：2，瓷碗。灰胎，足底褐红色，内底及圈足露胎。器内外壁施冻白釉，釉上施黑彩。釉层下施一层白色化妆土。

2006YY西ⅠT4H54④：10，瓷盒。黄灰粗胎。除口部外，器内外壁通体施釉，釉层薄；釉冻白色，有细冰裂纹；釉面有光泽。釉层下及口部无釉处均施一薄层白色化妆土。

2006YY西ⅠT4H54④：11，瓷碟。红胎。器内外壁上部施釉，釉层略厚；釉青色略闪黄，有冰裂纹；釉面有光泽。

2006YY西ⅠT4H54⑤：14，瓷碟。红胎。器内外壁上部施釉，釉层略厚；釉青色略闪黄，有冰裂纹；釉面有光泽。

2006YY西ⅠT4H54⑥：17，瓷（双耳）罐。深灰胎泛紫，器表无釉处施一薄层淡褐色护胎釉，无光泽。器外壁上部及整个内壁施釉，但口部无釉，釉层较厚；内壁黑釉，有光泽；外壁棕褐釉，泛银灰光泽。口部无釉处施一薄层化妆土。

2006YY西ⅠT4H54⑥：19，瓷碗。红胎。器内壁施满釉，近内底处施黑彩弦纹两周。器外壁上部施冻白釉，中部少量露胎，下部施黑釉，足底施护胎釉。足底有三点白色化妆土。

2006YY西ⅠT4H54⑦:23，瓷碗。红胎。器内壁施满釉，近内底处施黑彩弦纹两周。器外壁上部施冻白釉，中部露胎，下部施黑釉，近足底露胎。足底有两点白色化妆土。

2006YY西ⅠT4H54⑦:24，瓷盘。灰胎。器内外壁上部施釉，釉层较厚；釉黑色，釉面有大量小气孔；釉面有光泽。内底无釉处施一薄层白色化妆土。

2006YY西ⅠT4H54⑦:25，瓷碗。灰胎，外壁近口部及近圈足处露胎。器内壁及外壁上部施冻白釉，内壁中部施黑彩，外壁中部施酱褐釉，有光泽。

2006YY西ⅠT4H54⑦:26，瓷碗。红胎。器内壁施满釉，近内底处施黑彩弦纹两周。器内底有四处支钉痕。器外壁上部施冻白釉，下部施黑釉，足底露胎。足底有四点白色化妆土。

2006YY西ⅠT4H54⑦:52，瓷碗。黄灰胎，圈足及外壁近圈足处露胎。器内壁及外壁上部施黑釉，釉厚，光泽度好。

2006YY西ⅠT4H54⑧:29，瓷碟。红胎。器内外壁上部施釉，釉层略厚；釉青色略闪黄，有冰裂纹；釉面有光泽。

2006YY西ⅠT4H54⑧:30，瓷碟。红胎。器内外壁上部施釉，釉层略厚；釉青色略闪黄，有冰裂纹；釉面有光泽。

2006YY西ⅠT4H54⑧:33，瓷碟。深褐胎，外壁下部及圈足处露胎。器内壁及外壁上部施冻白釉，有光泽，有冰裂纹。釉层下施一层白色化妆土。外壁施少量黑釉，有流釉。

2006YY西ⅠT4H54⑨:38，瓷碟。红胎。器内外壁上部施釉，釉层略厚；釉青色略闪黄，有冰裂纹；釉面有光泽。

2006YY西ⅠT4H54⑨:44，瓷碗。黄灰胎，胎较厚、底较薄。器外壁上部及整个内壁施釉，但口沿部位无釉，釉层略厚；釉黑褐色，有光泽。口部无釉处施一薄层白色化妆土。

2006YY西ⅠT4H54⑨:45，瓷碗。红褐胎。内壁及外壁上部施冻白釉，满釉，釉色灰暗，外壁下部及圈足露胎。外壁中部可见少量黑彩。

2006YY西ⅠT4H54⑨:55，瓷（双耳）罐。灰胎，器表无釉处施一薄层淡褐色护胎釉，无光泽。器外壁上部及整个内壁施釉，但口部无釉，釉层较厚；釉棕色夹横条纹黑釉，泛银灰光泽。口部无釉处施一薄层化妆土。

2006YY西ⅠT4H54⑨:56，瓷（双耳）罐，罐耳已失不明。灰褐胎，器表无釉处施一薄层淡褐色护胎釉，无光泽。器外壁上部及整个内壁施釉，但口部无釉，釉层较厚；釉棕色与黑色相杂，外壁棕釉为主，内壁黑釉为主；棕釉泛银灰光泽。口部无釉处施一薄层化妆土。

2006YY西ⅠT4H54⑩:41，瓷罐。灰褐胎，口部及外壁下部露胎。内壁及外壁上部施釉，釉褐色，有光泽。

2006YY西ⅠT4H54⑩:48，瓷盘。深灰近紫胎，露胎处表面一薄层褐色护胎釉，无光泽。除外壁圈足及近圈足处外，器内外壁通体施釉；釉层厚；釉青色透明，可见釉层中密集的小气泡。釉面有光泽。

2006YY西ⅠT4H54⑩:50，瓷盘。褐红胎，外壁下部及圈足处露胎。器内壁及外壁上部施冻白釉，有光泽。

2006YY西ⅠT4H54∶53，瓷碗。淡黄胎。内壁及外壁口部施冻白釉。外壁大部及圈足露胎。釉层下施一层白色化妆土。

2006YY西ⅠT4H54∶54，瓷碗。淡黄胎，胎极厚，碗壁0.7厘米，圈足处厚1.5厘米；圈足底有棕色护胎釉，无光泽。除圈足及近圈足处外，器内外壁通体施釉，釉层薄；器外壁上部及内壁冻白釉；器外壁下部褐釉，釉面有密集的小气孔；釉面无光泽。白釉层下施一薄层白色化妆土。

2006YY西ⅠT5H21∶3，瓷盏。黄灰胎，夹细砂。器内壁及外壁近口处施釉，釉层薄；冻白釉；无光泽。釉层下施白色化妆土。

2006YY西ⅠT5H21∶6，瓷器盖。淡黄胎。器外壁施釉，釉层薄；釉冻白色，有冰裂纹；釉面有光泽。釉层下施一薄层白色化妆土。

2006YY西ⅠT5J12∶3，瓷盘。褐黄胎，外底露胎，圈足施护胎釉。器内外壁除圈足外施白釉，釉色发黄，光泽暗淡。

2006YY西ⅠT6②∶1，瓷盘。深灰近紫胎，仅足底露胎，足底施褐色护胎釉。器内外壁及器底施满釉，釉天蓝色，内壁有块状紫色窑变，有光泽。

2006YY西ⅠT6②∶3，瓷鸟食罐。灰胎，内外底及外壁下部露胎。内外壁上部施冻白釉，外壁以黑彩绘草叶纹，有光泽。釉层下施一层白色化妆土。

2006YY西ⅠT6H44①∶1，瓷灯盏。灰胎。器内壁及外壁近唇部施黑釉，有光泽。

2006YY西ⅠT6H44②∶12，瓷盘。深灰近紫胎，露胎处表面淡黄褐色。除外壁圈足及近圈足处外，器内外壁通体施釉，釉层厚；釉青色，有冰裂纹；釉面有光泽。

2006YY西ⅠT6H44③∶5，瓷碗。灰胎。器外壁上部及整个内壁施釉，釉层薄，外缘有流釉；釉近白色，有细冰裂纹；釉面有光泽。釉层下施一薄层白色化妆土。

2006YY西ⅠT6H81①∶1，瓷盏。灰胎，外壁下部及圈足处露胎。器内壁及外壁上部施冻白釉，光泽度好，可见冰裂纹。釉层下施一层白色化妆土。口部一周煤状物质。

2006YY西ⅠT6H81①∶2，瓷碗。褐色胎，外壁露胎。内壁施冻白釉，光泽暗淡，碗内心以黑彩书一"秦"字。釉层下施一层白色化妆土。

2006YY西ⅠT6H81①∶6，瓷盘。橙黄胎，外壁下部及圈足处露胎。器内壁及外壁上部施冻白釉。釉层下施一层白色化妆土。

2006YY西ⅠT6H81①∶11，瓷盘。淡黄胎，内壁中心及外壁下部露胎。器内外壁上部施黑釉，光泽度好，有细小气孔。

2006YY西ⅠT6H81①∶13，瓷盘。灰胎。器外壁上部及整个内壁施釉，釉层薄；釉冻白色；有细冰裂纹；釉面有光泽。釉层下施一薄层白色化妆土。内底残存长条椭圆形支钉一个，长0.7厘米。

2006YY西ⅠT6H81①∶14，瓷盘。橙黄胎，部分区域有煤状物质，外壁下部及圈足处露胎。器内壁及外壁上部施白釉，白釉显青黑色。釉层下施白色化妆土，分布不均匀。

2006YY西ⅠT6H81①∶27，瓷盏。淡黄胎，足底露胎。内壁及外壁上部施冻白釉，光泽度好，有冰裂纹。外壁下部施褐色护胎釉。

2006YY西ⅠT6H81①：28，瓷盘。黄灰胎，外壁下部及圈足处露胎。器内壁及外壁上部施冻白釉，釉色略黄，有光泽。釉层下施一层白色化妆土。

2006YY西ⅠT6H81①：33，瓷器盖。灰褐胎，内壁露胎。外壁施冻白釉，上以黑彩书一"姑"字，有光泽。釉层下施一层白色化妆土。

2006YY西ⅠT6H81①：34，瓷碗。灰胎。器外壁上部及整个内壁施釉，釉层薄；釉暗白色，有细冰裂纹；釉面有光泽。釉层下施一薄层白色化妆土。内底残存长条形支钉一个，长0.6厘米。

2006YY西ⅠT6H81①：35，瓷盘。灰黄胎，外壁下部及圈足处露胎。器内壁及外壁上部施冻白釉。釉层下施一层白色化妆土。

2006YY西ⅠT6H81①：42，瓷盘。灰胎。器外壁上部及整个内壁施釉，釉层薄；釉近白色；有细冰裂纹；釉面有光泽。釉层下施一层白色化妆土略厚。内底残存椭圆形支钉两个，长0.9厘米。

2006YY西ⅠT6H81①：43，瓷碗。灰胎。器外壁上部及整个内壁施釉，釉层薄；釉暗白色，有细冰裂纹；釉面有光泽。釉层下施一薄层白色化妆土。内底有椭圆形支钉五个，长0.8厘米。

2006YY西ⅠT6H81③：18，瓷碗。灰胎，外壁下部及圈足处露胎。器内壁及外壁上部施白釉，白釉略显青灰，有光泽。釉层下施一层白色化妆土。

2006YY西ⅠT6H81③：19，瓷碗。黄灰胎，外壁下部及圈足露胎。器内壁及外壁上部施冻白釉，光泽度好。釉层下施一层白色化妆土。

2006YY西ⅠT6H81③：20，瓷盘。灰胎，胎薄，芒口。器内外壁及器底施满釉，釉冻白色，有光泽。釉层下施一层白色化妆土。

2006YY西ⅠT6H81③：21，瓷碗。灰胎，器外壁上部及整个内壁施釉，釉层略厚；乳浊釉白色泛黑，从无釉处及剖面观察，胎面有一层煤状物质，分布不均匀，应是釉色泛黑的原因。釉面有冰裂纹，有光泽。

2006YY西ⅠT6H81③：25，瓷盘。褐黄胎，外壁下部及圈足处露胎。器内壁及外壁上部施冻白釉，有光泽。釉层下施一层白色化妆土。器内壁有三处支钉痕。

2006YY西ⅠT6H81③：26，瓷碗。灰胎，外壁下部及圈足处露胎。器内壁及外壁上部施冻白釉，光泽度好。釉层下施一层白色化妆土。

2006YY西ⅠT6H81③：29，瓷碗。灰胎，外壁下部及圈足处露胎。器内壁及外壁上部施冻白釉，有光泽，内底及外部口沿处，分别以酱黑彩绘草叶纹和弦纹一周。釉层下施一层白色化妆土。

2006YY西ⅠT6H81③：30，瓷盆。暗红灰胎，口部及器外底露胎。器内外壁施酱黑釉，有光泽。

2006YY西ⅠT6H81③：39，瓷碗。褐黄胎，器外壁下部及器底露胎。器内壁施冻白釉，内壁口沿及外壁上部施酱黑釉，黑釉中夹黑色和橙黄色斑点，有光泽。

2006YY西ⅠT6H81③：40，瓷盘。黄灰胎，外壁下部及圈足处露胎。器内壁及外壁上部施冻白釉。釉层下施一层白色化妆土。

2006YY西ⅠT6H81③：41，瓷盘。黄灰胎，外壁下部及圈足处露胎，部分区域沾染一层煤状黑色物质。器内壁及外壁上部施冻白釉，有光泽，部分区域显青黑，应是煤状物质使然。釉层下施一层白色化妆土。

2006YY西ⅠT6H81③：44，瓷碗。黄灰胎，外壁下部及圈足处露胎，部分区域沾染一层煤状黑色物质。器内壁及外壁上部施冻白釉，有光泽，部分区域显青黑，应是煤状物质使然。釉层下施一层白色化妆土。

2006YY西ⅠT6H81③：45，瓷碗。器内外壁及器底施满釉，釉冻白色，有光泽。

2006YY西ⅠT6H81：46，瓷碗。黄灰胎。器内壁及外壁上部施冻白釉，釉略厚。外壁下部及圈足露胎。釉层下施一层白色化妆土。

2006YY西ⅠT6H81：48，瓷碟。灰胎。除外底外，器内外壁通体施釉，釉层薄；釉近白色；有冰裂纹；釉面有光泽。釉层下施一层白色化妆土。内底残存椭圆形支钉一个，长0.65厘米。

2006YY西ⅠT6H115：1，瓷盘。黄灰胎，外壁下部及圈足处露胎。器内壁及外壁上部施冻白釉。釉层下施一层白色化妆土。

2006YY西ⅠT7H28：1，瓷碗。黄灰胎。器内壁施满釉，器底中部黑彩书一"道"字，近口部黑彩施两道弦纹；外壁上部施冻白釉，釉略厚，下部露胎。

2006YY西ⅠT7H102：1，瓷盘。器身深灰胎，器底及圈足黄灰胎，夹细砂。除外壁圈足及近圈足处外，器内外壁均施釉，釉层略厚；内壁浅褐釉，外壁深褐釉；釉面有较多较大气孔，光泽暗淡。釉层下无化妆土，内底无釉处施一层薄薄的白色化妆土。

2006YY西ⅠT7H102：2，瓷碗。灰胎，圈足露胎。器内外壁施青釉，有光泽，有大片冰裂纹。

2006YY西ⅠT8G4：1，瓷瓶盖。黄灰胎，夹细砂。白釉。盖顶书一"瓶"字，盖身外壁书"不是小都看住口□□□先过去"。

2006YY西ⅠT8H166①：1，瓷碗。红胎。器内壁施满釉，近内底处施黑彩弦纹两周。器外壁上部施冻白釉，下部施黑釉，足底露胎。器内底有四处支钉痕。足底有四点白色化妆土。

2006YY西ⅠT8M1：3，瓷瓶形器。浅黄色胎。先上化妆土，再施透明釉，釉部分脱落。

2006YY西ⅠT8M1：5，瓷梅瓶。内外壁施满釉，未露胎，足底施黄褐色护胎釉。通体施钧釉，釉色灰蓝，夹紫色斑块，釉层有一定厚度，可见大量气泡。

2006YY西ⅠT8M1：6，瓷漏斗。内外壁施满釉，未露胎，釉青色偏褐色，有光泽。

2006YY西ⅠT10H13①：1，瓷杯。黄褐胎，外壁下部及圈足处露胎。器内壁及外壁上部施白釉，釉色青黑，与釉层下有煤状黑色物质有关，釉层下施一薄层白色化妆土。

2006YY西ⅠT10H13①：4，瓷碗。灰白胎，芒口，内底中部、外壁下部及圈足处露胎。

器内壁及外壁上部施酱黑釉，有光泽，有细小气孔。内底中部施一薄层化妆土。

2006YY西ⅠT10H13①：5，瓷碗。黄褐胎，外壁下部及圈足处露胎。器内壁及外壁上部施冻白釉，有光泽，釉层下施一层白色化妆土。内底有四处支钉痕。

2006YY西ⅠT10H13②：7，瓷盏。灰白胎，仅足底露胎。内外壁施白釉，光泽度好。内壁施一层白色化妆土。

2006YY西ⅠT10H23：1，瓷盏。灰胎，夹细砂。器内壁及外壁上部施釉，釉层薄；釉冻白色，有光泽。釉层下施白色化妆土。

2006YY西ⅠT10H33①：1，瓷碗。黄灰胎。器内壁及外壁上部施釉，釉层薄；釉冻白色，光泽暗淡。釉层下施白色化妆土，外壁化妆土施至下部。器内壁底部有釉下划花，因只残存局部，且有土锈遮掩，故花纹的全貌不十分清楚，从局部观察，应与一般常见的褐彩写意草叶相近。

2006YY西ⅠT10H33①：2，瓷碗。黄灰胎，外壁下部及圈足处露胎。器内壁及外壁上部施冻白釉。釉层下施一层白色化妆土。

2006YY西ⅠT10H33③：1，瓷碗。黄灰胎，圈足底面浅褐色，夹细砂。器内壁及外壁上部施釉，釉层薄；釉冻白色，有光泽。釉层下施白色化妆土。器内底残存长近椭圆形支钉痕两个，长度0.8厘米。

2006YY西ⅠT10H56：2，瓷盘。黄灰胎，夹细砂。除外壁圈足及近圈足处外，器内外壁均施釉，釉层略厚；灰褐釉；釉面有少量气孔，无光泽。釉层下无化妆土，内底无釉处施一层薄薄的白色化妆土。

2006YY西ⅠT10H113：1，瓷器盖。灰胎，内壁露胎。外壁施冻白釉，上以黑彩装饰，有光泽。釉层下施一层化妆土。

2006YY西ⅠT11H67：1，瓷器盖。灰胎，内壁露胎。外壁施黑釉，有光泽，釉有一定厚度。

2006YY西ⅠT14②：2，瓷盏。黄灰胎，夹细砂，圈足及近圈足处露胎。器内壁及外壁中上部施釉，釉层薄；冻白釉，局部有细冰裂纹；光泽暗淡。釉层下施白色化妆土。

2006YY西ⅠT14②：4，瓷盘。褐黄胎，器外壁下部露胎。器内壁及外壁上部施青釉，釉色略泛黄，有光泽，有冰裂纹。

2006YY西ⅠT14②：5，瓷盏。黄灰胎，外壁下部及圈足处露胎。器内壁及外壁上部施冻白釉。釉层下施一层白色化妆土。

2006YY西ⅠT14②：7，瓷盏。黄灰胎。器内壁及口部施釉，釉层薄，有冰裂纹；釉冻白色，光泽暗淡。釉层下有化妆土。

2006YY西ⅠT14③：1，瓷碗。黄灰胎，芒口。器内外壁及器底施满釉。器内壁施冻白釉，外壁施黑釉，有细小气孔，有光泽。

2006YY西ⅠT14③：2，瓷碗。黄灰胎。器表通体施冻白釉，釉略厚，近圈足足底露胎。釉层下施白色化妆土。

2006YY西ⅠT14③：3，瓷器盖。黄灰胎。器表施釉，釉层薄；釉冻白色，有光泽。釉层下施白色化妆土。

2006YY西ⅠT14H117：1，瓷盏。黄灰胎。器内壁及外壁上部施釉，釉层薄；釉冻白色，有光泽。釉层下施白色化妆土。

2006YY西ⅠT15②：3，瓷杯。白胎，胎质细密紧致，薄。器里先上化妆土，再施透明釉。器表未上化妆土，直接施釉，已脱落。

2006YY西ⅠT15③：6，瓷盘。灰胎。外壁上部及整个内壁施釉，釉层薄；釉冻白色；釉面有光泽。釉层下施一层薄薄的化妆土。内底残存椭圆形支钉两个，长0.8厘米。

2006YY西ⅠT16H58：3，瓷（双耳）罐。黄灰胎。外壁中上部及整个内壁施釉，釉层略厚；釉灰绿色；釉面有光泽。底部残存两个倒锥体支钉。

2006YY西ⅠT16H58：4，瓷碗。褐红胎，足底露胎。器内外壁施青釉，内底显蓝釉和紫色板块，光泽度好，有冰裂纹。

2006YY西ⅠT16H58：5，瓷瓶形器。浅灰黄色胎。从内口沿至上腹部施酱釉，余部仅素胎。

2006YY西ⅠT16H58：6，瓷盏。灰胎，器底露胎处显红褐色。器内壁及外壁上部施冻白釉，有光泽。釉层下施一层白色化妆土。

2006YY西ⅠT16H58：7，瓷盘。深灰泛紫胎，足底施褐色护胎釉。器内外壁施青釉，内壁青釉泛蓝夹米色斑，有光泽。

2006YY西ⅠT16H58：8，瓷碗。深灰泛紫胎，器内心及外底露胎，余部施釉。釉蓝色，有光泽，有细小气孔。

2006YY西ⅠT16H95：1，瓷碗。橙黄胎，外壁下部及圈足处露胎。器内壁及外壁上部施冻白釉，内底及外壁口沿处饰黑彩。釉层下施一层白色化妆土。

2006YY西ⅠT16H95：3，瓷盏。灰胎，外壁下部及圈足处露胎。器内壁及外壁上部施酱黑釉，有光泽。

2006YY西ⅠT16H96：1，瓷盘。褐胎，外壁下部及圈足处露胎。器内壁及外壁上部施蓝釉，光泽度高。

2006YY西ⅠT16H97：3，瓷碗。黄灰胎，露胎处表面施一薄层红褐色护胎釉，无光泽。除圈足及近圈足处外，器内外壁通体施釉，釉层薄；外壁上部及内壁白釉偏黄，无光泽；外壁其余部位褐釉，光泽暗淡。内壁施黑彩，腰部三周弦纹，碗底写意花卉。

2006YY西ⅠT17②：4，瓷盏。黄灰胎，外壁下部及圈足处露胎。器内壁及外壁上部施酱釉，无光泽。

2006YY西ⅠT17②：6，瓷盘。粗灰胎。器外壁上部及整个内壁施釉，釉层薄；釉冻白色，局部釉厚处有冰裂纹；釉面有光泽。釉层下施一层白色化妆土略厚。

2006YY西ⅠT18②：6，瓷瓶形器。浅灰色胎。先上褐彩，再施透明釉。彩和釉分布极不均匀。

2006YY西ⅠT18②：10，瓷盘。深灰近紫胎，露胎处表面一薄层淡褐色护胎釉，无光泽。除外壁圈足及近圈足处外，器内外壁通体施釉；釉层厚；釉青色略深，有大冰裂纹；釉面有光泽。

2006YY西ⅠT18②：11，瓷碟。灰胎，圈足底有棕色护胎釉，略有光泽。除圈足底外，器内外壁通体施釉，釉层较厚；釉色豆青透明，可见釉层内有密集的小气泡，釉面有小气孔；釉面有光泽。

2006YY西ⅠT18②：12，瓷盏。淡黄胎。器外壁上部及整个内壁施釉，釉层薄；釉冻白色，有细冰裂纹；釉面有光泽。釉层下施一层白色化妆土略厚。

2006YY西ⅠT18③：2，瓷碗。褐红胎，外壁下部及圈足处露胎。器内壁及外壁上部施青釉，釉天青色发灰，光泽暗淡。

2006YY西ⅠT18③：3，瓷器盖。灰胎。器外壁施釉，釉层薄；釉层已氧化，呈黄白色。釉层下施一层白色化妆土略厚。

2006YY西ⅠT18④：4，瓷盏。黄灰粗胎，胎面粗糙，圈足底施一薄层棕褐色护胎釉，无光泽。器外壁上部及整个内壁施釉，釉层薄；釉暗白色，外壁釉层已氧化；釉面有光泽。釉层下施一薄层白色化妆土。

2006YY西ⅠT18④：6，瓷碗。灰褐胎，芒口，足底施护胎釉。器内外壁及器底施满釉，内壁施冻白釉，外壁施酱黑釉，有细小气孔，有光泽。

2006YY西ⅠT18J2：1，瓷碗。黄灰胎，胎厚，外壁下部及圈足处露胎。器内壁及外壁上部施冻白釉，釉色发黄，内壁以酱彩饰纹。釉层下施一薄层白色化妆土。

2006YY西ⅠT19②：30，瓷瓶形器。通身似有火烧的痕迹，致使胎釉情况不易判断。

2006YY西ⅠT19②：43，瓷器盖。灰胎。器表施釉，釉层略厚；釉黑色，有光泽。

2006YY西ⅠT20②：26，瓷盏。黄灰胎，器内壁中心及外壁下部露胎，余部施酱黑釉，有光泽。

2006YY西ⅠT20②：40，瓷盘。淡黄胎。外壁上部及整个内壁施釉，釉层薄；釉冻白色；釉面有光泽，有细冰裂纹。釉层下施一层薄薄的化妆土。内底残存瓜子状支钉一个，长0.9厘米。

2006YY西ⅠT20H72：3，瓷盏。灰胎。有气孔。器外壁上部和内壁通体施釉，釉层薄；釉白色，釉面有光泽，有冰裂纹。器内外壁通体施一层化妆土。

2006YY西ⅠT20H103：1，瓷碗。上部灰胎，下部淡黄胎。除外壁圈足及近圈足处外，内外壁通体施釉，釉层较厚；青釉泛灰，有大冰裂纹；釉面略有光泽。

2006YY西ⅠT20H133：2，瓷碗。黄灰胎。器内外壁底部不施釉，釉层薄；冻白釉，光泽暗淡。釉面下施一层白色化妆土。

2006YY西ⅠT20H133：3，瓷碟。淡黄胎，器内壁中心及外壁下部露胎，余部施黑釉，有光泽，有细小气孔。

2006YY西ⅠT20H138：1，瓷碗。深灰胎，露胎处表面红褐色。除外壁圈足及近圈足处外，内外壁通体施釉，釉层上部较厚，下部极厚，可达2毫米；青釉，有大冰裂纹，釉面偶见有气孔；釉面光洁度极好。

2006YY西ⅠT22③：1，瓷盏。灰胎。器外壁上部和内壁通体施釉，釉层薄；釉猪血色，有光泽。

2006YY西ⅠT22④：1，瓷杯。灰胎。器外壁口部及内壁通体施釉，釉层薄；釉暗白色，有光泽。釉层下施一薄层白色化妆土。

2006YY西ⅠT22④：2，瓷盏。黄灰胎，露胎处器表红褐色。器外壁上部和内壁通体施釉，釉层薄；釉冻白色，釉面光泽暗淡。釉层下施一薄层化妆土。

2006YY西ⅠT23③：8，瓷碟。褐黄胎，器外壁圈足及近圈足处露胎。器内壁及外壁上部施青釉，青釉偏灰暗，夹黑色斑点，有光泽，有冰裂纹。

2006YY西ⅠT24②：1，瓷碟。深灰泛紫胎，露胎处有褐色护胎釉，无光泽。除圈足及近圈足处外，器内外壁通体施釉，釉层较厚；釉麻灰色，釉面有白色蚯蚓状纹路，夹少量蓝绿色斑；釉面光泽暗淡。

2006YY西ⅠT24②：3，瓷杯。橙黄胎，器外底露胎。器内壁及外壁施冻白釉，器内底以黑彩装饰。釉层下施一层白色化妆土。

2006YY西ⅠT24②：4，瓷杯。褐黄胎，外壁大部及圈足处露胎。器内壁及外壁口部施白釉，白釉偏青灰。釉层下施一薄层白色化妆土。

2006YY西ⅠT24H22：2，瓷碟。淡黄胎，外壁下部及圈足处露胎。器内壁及外壁上部施青釉，略灰暗，有光泽，有冰裂纹。

2006YY西ⅠT24H57：1，瓷碗。灰胎，外壁下部及圈足处露胎。器内壁及外壁上部施冻白釉，釉色泛米黄。釉层下施一层白色化妆土。

2006YY西ⅠT24H57：2，瓷碟形器。灰白胎，胎质细腻。器外壁上部及整个内壁施釉，釉层薄；透明釉，釉色透胎呈白色；有细冰裂纹；釉面有光泽。釉层下不施化妆土。内底有四点黑彩。

2006YY西ⅠT25②：3，瓷盘。浅灰胎，夹少量细砂。器内壁及外壁上半部施釉，釉层薄；釉白色，外壁口沿下侧釉层较厚，则釉色白中微泛青，光泽度不好，有冰裂纹。从暴露出来的痕迹看，施釉前在要施釉的部位先涂了一层白色化妆土，这样釉色显示出来的就是纯白色，而在局部未涂化妆土而施釉的地方，釉色与胎色结合，显示出来的是青灰色。

2006YY西ⅠT25②：5，瓷盏。浅灰胎。口沿及器内壁施釉，釉层薄；釉色冻白，有光泽。釉层下有白色化妆土。

2006YY西ⅠT25②：6，瓷碟。深灰胎，圈足黄褐色。除圈足底面外，器内外壁通体施釉，釉层厚；青釉，外壁泛果绿，有大冰裂纹，有光泽。釉层下无化妆土。

2006YY西ⅠT25②：7，瓷盏。黄灰胎。除外壁圈足及近圈足处外，器内外壁均施釉，釉层薄；釉色黄白，无光泽。器内外壁通体施白色化妆土。

2006YY西ⅠT25②：8，瓷碟。酱褐色胎，外壁下部及圈足处露胎。器内壁及外壁上部施冻白釉，有光泽，有冰裂纹。釉层下施一层白色化妆土。内底可见一小的支钉痕。

2006YY西ⅠT25②：9，瓷盆。浅灰胎，夹少量细砂，偶见砂眼。除外壁器底外，器内外壁均施釉，釉层内壁薄而外壁稍厚；外壁黑釉，内壁冻白釉，无光泽。内壁釉层下施白色化妆土。内壁白地上施褐彩，只存局部，似为写意草叶。

2006YY西ⅠT25②：10，瓷盘。黄灰胎。器内壁及外壁上口部位施釉，釉层薄；釉色冻白，无光泽。除圈足外，器内外壁通体施白色化妆土，内外壁同厚。

2006YY西ⅠT25②：12，瓷器盖。黄灰胎，夹少量细砂。器外壁施釉，釉层薄；釉色冻白，光泽度不好。器内外壁通体施白色化妆土，其中无釉的内壁极薄。外壁抓手及器壁于白地上有褐彩，残存局部，为写意草叶。

2006YY西ⅠT25②：13，瓷碗。黄灰胎。器内壁及外壁上部施釉，釉层薄；釉色白中微泛黄，光泽暗淡，有细碎的冰裂纹。釉层下有白色化妆土，局部流釉处与胎色结合釉色青黄。圈足底部表面红褐色。

2006YY西ⅠT25②：14，瓷盏。褐红胎，器内壁中心及外壁下部露胎，余部施酱釉，无光泽。

2006YY西ⅠT25②：15，瓷碟。黄灰胎，夹细砂。除器底外，器内外壁通体施釉，釉层薄；白釉泛黄褐色，有光泽。釉层下施一层白色化妆土。

2006YY西ⅠT25②：17，瓷盏。黄灰胎。器内壁及外壁上部施釉，釉层薄；釉冻白色，光泽暗淡。釉层下施白色化妆土。

2006YY西ⅠT25②：19，瓷灯盏。褐红胎，器内壁中心及外壁下部露胎，余部施酱釉，无光泽。

2006YY西ⅠT25③：8，瓷盏。深灰胎，外壁露胎。内壁施冻白釉，釉色暗黄，无光泽。

2006YY西ⅠT25③：10，瓷盘。浅灰胎，偶见砂眼。器内壁上部及外壁上部施釉，略呈连弧纹状；釉层略厚；内壁釉面有细密的小气孔；釉酱褐色，有光泽。釉层下及内壁无釉处均施一层白色化妆土，极薄。

2006YY西ⅠT25③：11，瓷碟。灰褐胎。足底施护胎釉。器内外壁施满釉，釉色墨绿偏黑，有光泽，有小气泡。

2006YY西ⅠT25H234：1，瓷碟。灰胎。器内壁及外壁上部施釉，釉层厚；灰蓝釉与青釉相间，其中内壁主要是灰蓝釉，口部及折沿处为青釉；外壁主要是青釉，中间一条灰蓝釉带。釉下无化妆土。

2006YY西ⅠT25H239：3，瓷灯盏。浅灰胎，夹少量细砂。器内外壁口部施釉，釉层薄；褐釉，有光泽。不施化妆土。

2006YY西ⅠT25H239：4，瓷灯盏。黄灰粗胎。器内外壁上部施釉，釉层薄；釉酱褐色，有光泽。釉层下无化妆土。

2006YY西ⅠT25H241：4，瓷碟。浅灰胎，夹少量细砂。除外壁圈足及近圈足处外，器内外壁均施釉，釉层较厚，局部近1毫米；釉青色，有冰裂纹，光泽度极好。不施化妆土。

2006YY西ⅠT25H245∶1，瓷碟。浅灰胎，偶见砂眼。除外壁圈足及近圈足处外，器内外壁均施釉，釉层较厚，近1毫米；釉面有两个大气孔；釉青色，有光泽。不施化妆土。

2006YY西ⅠT25H252∶1，瓷碗。黄灰胎。器内壁及外壁上部施釉，釉层薄；釉冻白色，外壁断釉处局部釉层较厚，釉色白中微泛青，光泽暗淡，有细冰裂纹。釉层下有白色化妆土，化妆土施至外壁圈足，其中器身下半部较薄，圈足则与器身上部同厚。内壁底部有蚯蚓状纹路。器底有大小不等的近椭圆形支钉五个，大者长1.4、小者长0.8厘米。器内壁白底之上绘黑彩，碗心部位似一草书汉字，四面各一簇写意草叶，之上一周宽弦纹。

2006YY西ⅠT25H252∶2，瓷碗。夹少量细砂。器内壁及口部施釉，外壁局部有流釉；釉层薄，有冰裂纹；釉冻白色，外壁流釉色青黄，光泽不好。釉层下有化妆土。内底有褐彩所书"花"字。

2006YY西ⅠT25H252∶3，瓷盘。浅灰胎，夹少量细砂，胎薄，芒口。内外壁通体施釉，釉层略厚；内壁冻白色釉，无光泽，有细冰裂纹；外壁黑釉，有零星气孔。内壁釉层下有白色化妆土，外壁无。

2006YY西ⅠT25H264∶1，瓷盏。浅灰胎，偶见气孔。器内壁及外壁上部施釉，釉层薄；釉冻白色，有光泽。釉层下施白色化妆土。

2006YY西ⅠT25H269∶1，瓷盏。灰胎，夹细砂。器内壁及外壁上部施釉，釉层薄；釉冻白色；有光泽。釉层下施白色化妆土。

2006YY西ⅠT25H269∶2，瓷碗。浅灰胎，偶见气孔。除外壁圈足及近圈足处外，器内外壁均施釉，釉层薄；釉白色，光泽度极好；局部有较大冰裂纹。釉层下有白色化妆土。外壁白地上有褐彩，上下各一周弦纹，弦纹之间是上下交错相对的写意草叶簇。

2006YY西ⅠT25H271∶1，瓷盏。黄灰胎。器内壁及外壁近口处施釉，釉层薄；冻白釉；有光泽。釉层下施白色化妆土。

2006YY西ⅠT25H271∶2，瓷盏。黄灰粗胎。器内外壁口部施釉，釉层薄；褐釉，无光泽。釉层下无化妆土。

2006YY西ⅠT25H271∶3，瓷杯。白胎。除圈足外，器内外壁通体施釉，釉层薄；白釉，釉面光洁莹润。釉下无化妆土。

2006YY西ⅠT25H277∶1，瓷杯。黄灰胎。除器底外，器内外壁通体施釉，釉层薄；外壁冻白釉，内青灰釉，无光泽。白釉下有白色化妆土。

2006YY西ⅠT25H278∶1，瓷盘。浅灰胎，夹少量细砂。除外壁圈足及近圈足处外，器内外壁均施釉，釉层较厚，约0.5毫米；釉黑色，有光泽；釉层表面有细密的气孔。釉层下无化妆土。内底有一周露胎宽弦纹。

2006YY西ⅠT25H284∶1，瓷盏。黄灰胎。除圈足及近圈足处外，器内外壁通体施釉，釉层薄；冻白釉，光泽暗淡。釉面下施一层白色化妆土。器内底残存芝麻点状支钉痕三个，长0.25厘米。

2006YY西ⅠT25H286：2，瓷碗。黄灰胎，有零星细砂。除外壁圈足及近圈足处外，器内外壁均施釉，釉层薄；釉冻白色，无光泽；有极细冰裂纹不显。釉层下有白色化妆土，外壁较薄，内壁略厚。口部一周褐彩。

2006YY西ⅠT26②：2，瓷盘。灰胎，圈足底有红褐色护胎釉，局部星星点点为乳浊釉，乳浊釉略有光泽。器外壁上部及整个内壁施釉，釉层薄；釉冻白色，有细冰裂纹；釉面有光泽。釉层下施一层白色化妆土略厚。内底残存椭圆形支钉两个，长0.65厘米。

2006YY西ⅠT26②：3，瓷盘。深灰胎泛紫，器外壁下部露胎处有褐色护胎釉，略有光泽。器外壁上部及整个内壁施釉，釉层内壁极厚，外壁厚。釉蓝色，外壁泛灰白；釉面有光泽。

2006YY西ⅠT26②：4，瓷碗。褐红胎。内壁及外壁口部施白釉，釉色暗黄，外壁大部及圈足露胎。釉层下施一层白色化妆土。

2006YY西ⅠT26③：7，瓷碟。褐红胎。器内外壁施满釉，圈足底施护胎釉，釉层薄。釉色为月白釉，少数积釉处可见青、紫斑，釉面无光泽。

2006YY西ⅠT26H211：1，瓷盘。黄灰胎。器外壁上部和整个内壁施釉，釉层薄；釉冻白色，釉面光泽暗淡。除外壁圈足处外，器内外壁有釉无釉处通体施一层化妆土。内底瓜子状支钉五个，长0.7厘米。

2006YY西ⅠT26H211：2，瓷碗。黄灰胎。器外壁上部和整个内壁施釉，釉层薄；釉冻白色，釉面有光泽。器内外壁有釉无釉处通体施一层化妆土。内底长条形支钉五个。

2006YY西ⅠT26H211：3，瓷盘。淡黄胎。器外壁上部及整个内壁施釉，釉层薄；釉冻白色，有细冰裂纹；釉面有光泽。釉层下施一层白色化妆土略厚。内底残存椭圆形支钉两个，长0.65厘米。

2006YY西ⅠT26H211：4，瓷盘。淡黄胎。器外壁上部及整个内壁施釉，釉层薄；釉冻白色，有细冰裂纹；釉面无光泽。釉层下施一层白色化妆土略厚。内底残存椭圆形支钉两个，长0.6厘米。

2006YY西ⅠT26H211：6，瓷碗。灰胎，露胎处表面褐色护胎釉。器外壁上部及整个内壁施釉，釉层薄；釉冻白色，有细冰裂纹；釉面有光泽。釉层下施一层白色化妆土略厚。内底有长条形支钉五个，长0.7厘米。

2006YY西ⅠT26H211：10，瓷盏。灰胎。器外壁上部及整个内壁施釉，釉层薄；釉白色略泛淡紫；釉面光泽度好，玻璃质感较好。釉层下施一薄层白色化妆土。内底有芝麻点状支钉五个，长0.4厘米。

2006YY西ⅠT26H211：11，瓷盘。黄灰胎。器外壁上部及整个内壁施釉，釉层薄；釉冻白色，有细冰裂纹；釉面有光泽。器内外壁有釉无釉处均施一层白色化妆土略厚。内底残存椭圆形支钉三个，长0.5厘米。

2006YY西ⅠT26H211：12，瓷碗。口部灰胎，下部内壁一半淡黄胎，外壁一半黄褐胎，圈足底表面有紫褐色护胎釉。器外壁上部及整个内壁施釉，釉层薄；釉哑白色；釉面光泽暗淡。釉层下施一层白色化妆土略厚，外壁无釉处白色化妆土施至圈足外侧。内底残存长条形支钉两个，长1.1厘米。

2006YY西ⅠT26H211∶15，瓷瓶形器。灰褐胎，内壁及外壁下部露胎。外壁上部施酱黑釉，光泽度好。

2006YY西ⅠT26H211∶16，瓷（双耳）罐。黄灰胎。器外壁中上部施釉，釉层略厚；黑釉与棕色釉相杂；釉面有光泽。

2006YY西ⅠT26H211∶17，瓷盏。灰胎。器外壁上部及整个内壁施釉，釉层薄；釉白色发暗；釉面光泽暗淡。釉层下施一薄层白色化妆土（内壁土锈覆盖，去锈后看支钉情况）。

2006YY西ⅠT26H211∶18，瓷盏。黄灰胎。除圈足及近圈足处外，器内外壁通体施釉，釉层薄；釉白色，有光泽。釉层下施一薄层白色化妆土。

2006YY西ⅠT26H211∶20，瓷碗。黄灰胎。器外壁上部及整个内壁施釉，釉层薄；釉冻白色，有细冰裂纹；釉面光泽暗淡。釉层下施一层白色化妆土略厚。碗内底有划花。内底有椭圆形支钉五个，长0.7厘米。

2006YY西ⅠT26J9∶1，瓷盏。淡黄胎。器外壁上部及整个内壁施釉，釉层薄；釉白色泛黄，釉面有少量小气孔，有细冰裂纹；釉面有光泽。釉层下施一层白色化妆土较厚。

2006YY西ⅠT26J9∶3，瓷盏。黄灰胎。器外壁上部及整个内壁施釉，釉层薄；釉白色泛黄；釉面无光泽。釉层下施一薄层白色化妆土。

2006YY西ⅠT26J9∶4，瓷碗。灰胎。除圈足及近圈足处外，器内外壁通体施釉，釉层薄；釉冻白色，釉面有光泽。釉层下施一薄层白色化妆土。内底残存近椭圆形支钉一个，长0.65厘米。内底有划花。

2006YY西ⅠT26J9∶5，瓷碗。灰胎。器外壁上部及整个内壁施釉，釉层薄；釉冻白色；釉面有光泽。釉层下施一薄层白色化妆土。内底残存长条形支钉两个，长0.6厘米。

2006YY西ⅠT26J9∶6，瓷器盖。灰褐胎，内壁露胎。外壁施酱黑釉，有光泽。

2006YY西ⅠT27②∶1，瓷碟。黄褐胎，器底露胎。器内外壁施乳浊釉，釉色显米黄和暗红，未见有化妆土痕迹。

2006YY西ⅠT27H173②∶1，瓷碟。灰胎。器内外壁上部施釉，釉层薄，局部厚；釉褐色，釉面有大量大气孔；釉面有光泽。内底无釉处施一薄层白色化妆土。

2006YY西ⅠT27H173②∶2，瓷灯盏。黄褐胎，器内底及外壁下部露胎，余部施酱褐釉，有光泽。

2006YY西ⅠT27H173②∶3，瓷盘。深灰泛紫胎，圈足部位淡黄色。除圈足部位外，器内外壁通体施釉，釉层近口处薄，由上而下由厚至极厚；釉蓝黑色，有冰裂纹；釉面有少量小气孔，有光泽。

2006YY西ⅠT27H173②∶4，瓷碗。淡黄胎，圈足底有棕黄色护胎釉，无光泽。除圈足及近圈足处外，器内外壁通体施釉，釉层薄；器外壁上部及内壁冻白釉，有细冰裂纹；器外壁下部棕褐釉；釉面有光泽。白釉层下施一薄层白色化妆土。内底残存麻点状支钉一个，由十余个小凸点组成。

2006YY西ⅠT27H173②：6，瓷碗。黄灰胎，胎极厚，厚约1厘米。器外壁上部及整个内壁施釉，釉层薄；釉冻白色，有细冰裂纹；釉面有光泽。釉层下施一层白色化妆土略厚。内壁碗底有黑彩写意花叶纹。

2006YY西ⅠT27H176：3，瓷盏。浅黄胎，圈足有棕褐色护胎釉，无光泽。器外壁上部及整个内壁施釉，釉层薄；釉冻白色，有碎冰裂纹，釉面有光泽。釉层下施一薄层白色化妆土。

2006YY西ⅠT27H176：4，瓷盏。深灰胎。器内外壁通体施釉，釉层薄；外壁上部及整个内壁白釉偏黄，无光泽；外壁其余部位酱褐色，有光泽。白釉层下施一层白色化妆土较厚。内底有麻点状支钉四个，由十余个小凸点组成。

2006YY西ⅠT27H180：1，瓷灯盏。淡黄胎，器内底及外壁下部露胎，余部施酱褐釉，有光泽。

2006YY西ⅠT27H180：2，瓷（研磨）盘。淡黄胎，外壁下部及圈足处露胎。器内壁及外壁上部施冻白釉，有光泽。釉层下施一层白色化妆土。

2006YY西ⅠT27H180：3，瓷盘。深灰泛紫胎，内外壁露胎处有一薄层棕褐色护胎釉，无光泽。器内外壁上部施釉，釉层较厚；釉青色，有冰裂纹；釉面光泽暗淡。

2006YY西ⅠT27H180：4，瓷盏。灰胎。器外壁上部及整个内壁施釉，釉层薄；釉暗白色；有细冰裂纹；釉面有光泽。釉层下施一层白色化妆土略厚。

2006YY西ⅠT27H180：5，瓷碟。淡黄胎，器内底及外壁下部露胎，余部施酱褐釉，有光泽。

2006YY西ⅠT27H180：6，瓷盘。褐红胎，外壁下部及圈足处露胎。器内壁及外壁上部施青釉，光泽暗淡，有冰裂纹。

2006YY西ⅠT27H180：7，瓷碗。上部深灰近紫胎，下部内壁及中间橘红色胎，外壁淡黄色胎。除圈足及近圈足处外，器内外壁通体施釉，釉层厚；青釉，有冰裂纹；釉面有密集的小气孔，有光泽。

2006YY西ⅠT27H180：8，瓷盘。黄褐胎，圈足及近圈足处露胎。器内壁及外壁上部施淡蓝釉，釉厚，光泽度好。

2006YY西ⅠT27H180：9，瓷碟。淡黄粗胎。除外底外，器内外壁通体施釉，釉层略厚；乳浊釉泛黄；釉面光泽暗淡。

2006YY西ⅠT27H180：10，瓷盘。淡黄胎，器内底及外壁下部露胎，余部施青釉，青釉略暗，釉略厚，有光泽，有冰裂纹。

2006YY西ⅠT27H180：12，瓷灯盏。褐红胎，器内底及外壁下部露胎，余部施酱褐釉，有光泽。

2006YY西ⅠT27H189：1，瓷碗。褐红胎，器内底及外壁下部露胎，余部施酱青釉，釉色豆青略偏黄夹少量紫蓝斑，有光泽，器表多棕眼。

2006YY西ⅠT28H191：1，瓷碗。深灰泛紫胎，圈足部外壁一层呈橘红色。除圈足及近圈足处外，器内外壁通体施釉，釉层略厚；青釉色深，内壁无光，外壁有光泽。

2006YY西ⅠT29②：1，瓷器盖。黄灰胎。器外壁施釉，内壁露胎。釉青色，有光泽。

2006YY西ⅠT29H261：2，瓷盘。橙黄胎，外壁下部及圈足处露胎。器内壁及外壁上部施冻白釉，釉色发黄，有光泽。釉层下施一层白色化妆土。

2006YY西ⅠT29H261：3，瓷碟。淡黄粗胎，胎面粗糙不平整。器外壁上部及整个内壁施釉，釉层薄；釉冻白色；釉面有光泽。釉层下施一薄层白色化妆土。

2006YY西ⅠT29H274：2，瓷碟。红褐色胎，圈足及外壁下部近圈足处露胎。器内壁及外壁上部施灰蓝釉，内壁有紫色窑变，外壁夹月白色斑，有光泽。

2006YY西ⅠT30H215：3，瓷盘。灰胎。器内外壁上部施釉，釉层薄；釉褐色，釉面有大量小气孔；釉面有光泽。内底无釉处施一薄层白色化妆土。

2006YY西ⅠT30H228：1，瓷碗。灰胎。器外壁上部及整个内壁施釉，釉层薄；釉近白色，有细冰裂纹；釉面光泽度好，有玻璃质感。釉层下施一薄层白色化妆土。内底残存长条形支钉三个，长0.75厘米。

2006YY西ⅠT30H228：2，瓷盘。灰胎，外壁下部及圈足处露胎。器内壁及外壁上部施冻白釉，釉色略显黄，内壁有光泽，外壁光泽暗淡。釉层下施一层白色化妆土。

2006YY西ⅠT30H228：4，瓷碗。黄灰胎。内壁施冻白釉，全釉；外壁上半部施冻白釉，下半部露胎。釉层下施一薄层白色化妆土。内底有小支钉痕。

2006YY西ⅠT30H228：5，瓷碗。灰胎。器外壁上部及整个内壁施釉，釉层薄；釉近白色；釉面光泽度好。釉层下施一薄层白色化妆土。内底残存芝麻点状支钉三个，长3~4厘米。

2006YY西ⅠT32②：20，瓷盘。灰胎，外壁近圈足处及圈足露胎。内壁及外壁大部施冻白釉，并以黑彩绘写意花草，有光泽。釉层下施一层白色化妆土。

2006YY西ⅠT32H246：1，瓷杯。淡黄胎。器外壁上部及整个内壁施釉，釉层薄；釉冻白色；釉面有光泽。釉层下施一薄层白色化妆土。

2006YY西ⅠT32H248：1，瓷碗。淡黄胎，外壁下部及圈足处露胎。器内壁及外壁上部施冻白釉，有光泽。釉层下施一层白色化妆土。

2006YY西ⅠT32H248：2，瓷灯盏。灰褐胎，内底及外壁圈足无釉；釉原应为酱色，因氧化呈灰褐色；釉面无光泽。

2006YY西ⅠT32H255：4，瓷碗。黄褐胎，圈足处为褐红胎。内壁及外壁上部施釉，内底以黑彩饰写意花卉，外壁近口部施黑彩一周。外壁下部及圈足露胎。釉层下施一层白色化妆土。

2006YY西ⅠT32H255：5，瓷盘。褐红胎，外壁下部及圈足处露胎。器内壁及外壁上部施冻白釉，有光泽。釉层下施一层白色化妆土。

2006YY西ⅠT32H255：6，瓷盘。褐红胎，外壁下部及圈足处露胎。器内壁及外壁上部施冻白釉，有光泽。釉层下施一层白色化妆土。

2006YY西ⅠT32H255：7，瓷盘。灰胎，外壁下部及圈足处露胎。器内壁及外壁上部施冻白釉，局部泛青，有光泽。釉层下施一层白色化妆土。

2006YY西ⅠT32H258：4，瓷碗。粗黄胎。除圈足外，器内外壁通体施釉，釉层较厚；釉麻灰色，釉面有较多小气孔，有光泽。

2006YY西ⅠT32H258：8，瓷碗。灰胎。内壁及外壁大部施冻白釉，外壁下部及圈足露胎。釉层下施一层白色化妆土。

2006YY西ⅠT32H258：9，瓷器盖。灰褐胎，内壁露胎。外壁施青釉，釉色略暗，有光泽。

2006YY西ⅠT32J16：1，瓷盘。黄灰胎。外壁上部及整个内壁施釉，釉层薄；釉冻白色；釉面暗淡无光泽。釉层下施一层薄薄的化妆土。内底残存近椭圆形支钉两个，大的一个长0.7厘米。

2006YY西ⅠT32J16：2，瓷碗。灰胎。器外壁上部及整个内壁施釉，釉层薄；釉冻白色，釉面光泽暗淡。釉层下施一层白色化妆土略厚。内底残存近圆形支钉两个，长0.6厘米。

2006YY西ⅠT32Z7：1，瓷盏。黄灰胎，外壁下部及圈足处露胎。器内壁及外壁上部施冻白釉，釉色显青灰，有光泽，有冰裂纹。釉层下施一层白色化妆土。

2006YY西ⅠT32Z7：3，瓷盘。淡黄胎，除器外底及外壁下部外，器内外壁通体施釉，釉层薄；釉冻白色，有细冰裂纹；釉面有光泽。釉层下施一薄层白色化妆土，但不及外壁下部。

2006YY西Ⅰ采集：1，瓷瓶形器。乳白胎。先上化妆土，再施透明釉，釉上黑彩行书"翟万春"三字，微向右上扬，字形较瘦长，结构紧凑。

附录五 2006年禹州阳翟故城遗址西Ⅱ区出土瓷器胎釉描述

2006YY西Ⅱ T1G6：1，瓷碗。灰胎，外壁下部及圈足处露胎。器内壁及外壁上部施冻白釉，外壁中部以黑彩绘写意草叶纹。釉层下施一层白色化妆土。

2006YY西Ⅱ T1G6：2，瓷盘。淡黄胎，外壁下部及圈足处露胎。器内壁及外壁上部施冻白釉，白釉显黄。釉层下施一层白色化妆土。

2006YY西Ⅱ T1G6：3，瓷碗。灰胎。器外壁上部及整个内壁施釉，釉层薄；釉冻白色，釉面有光泽。釉层下施一层白色化妆土略厚。内底残存楔形支钉两个，长0.6厘米。

2006YY西Ⅱ T1G6：4，瓷碗。灰胎，外壁下部及圈足处露胎，足底显褐红色。器内壁及外壁上部施冻白釉，有光泽。釉层下施一层白色化妆土。

2006YY西Ⅱ T1G6：5，瓷器盖。灰胎。器外壁施釉，釉层薄；釉冻白色，有蚯蚓纹；光泽暗淡。器内外壁有釉无釉处均施一薄层白色化妆土。

2006YY西Ⅱ T2H223：1，瓷盘。深灰胎。足底施护胎釉。器内外壁施满釉，釉墨绿色，有光泽。

2006YY西Ⅱ T2H223：2，瓷盘。灰胎。器外壁上部及整个内壁施釉，釉层薄；釉冻白色；釉面光泽暗淡。釉层下施一薄层白色化妆土。内底残存长条形支钉一个，长1.1厘米。

2006YY西Ⅱ T2H223：3，瓷经瓶。灰胎。除外部肩部及圈足底部外，器内外壁通体施釉，釉层较厚；釉黑褐色，釉面有光泽；肩部无釉处施一薄层白色化妆土。

2006YY西Ⅱ T4G6：1，瓷盆。黄褐胎，外壁露胎。内壁施冻白釉，以黑彩绘写意花草，有光泽。釉层下施一层白色化妆土。

2006YY西Ⅱ T4②：1，瓷碟。灰胎，足底施护胎釉。器内外壁施满釉，釉青色偏灰暗，光泽暗淡，有小气泡。

2006YY西Ⅱ T4②：3，瓷盏。褐胎，外壁下部及圈足处露胎。器内壁及外壁上部施冻白釉，釉色偏米黄。釉层下施一层白色化妆土。

2006YY西Ⅱ T4②：4，瓷器盖。灰胎。器外壁施釉，釉层薄；釉冻白色；釉面无光泽。器内外壁有釉无釉处均施一薄层白色化妆土。

2006YY西Ⅱ T5②：2，瓷盏。黄白胎，外壁下部及圈足处露胎。器内壁及外壁上部施冻白釉，有光泽。釉层下施一层白色化妆土。

附录六 2007年禹州阳翟故城遗址东区出土瓷器胎釉描述

2007YY东T1H26：1，瓷盏。灰胎。器内外壁通体施釉，釉层薄；外壁上部及内壁施冻白釉，外壁其余部位褐釉；釉面光泽暗淡。白釉层下施一层较厚的白色化妆土。

2007YY东T1H43：1，瓷盘。灰胎。除器外壁圈足及近圈足处外，器内外壁通体施釉，釉层厚；釉灰白色泛蓝；釉面无光泽。

2007YY东T1H77：1，瓷碟。淡黄胎，露胎处表面红褐。除外壁圈足及近圈足处外，器内外壁通体施釉，釉层薄；内壁及外壁上部施冻白釉，外壁其余部位施褐釉；釉面有光泽，偶见有小气孔，冻白釉层有细冰裂纹。碗底有麻点状支钉四个，由十至二十余个小凸点组成。冻白釉层下施一层薄薄的白色化妆土。

2007YY东T3⑫：4，瓷碗。深灰近紫胎，露胎处表面浅褐色。除圈足足部外，器内外壁通体施釉，釉层较厚；釉豆青色，釉层中可见密集的小气泡；釉面有光泽。

2007YY东T3⑫：5，瓷碟。深灰近紫胎，露胎处表面褐色。器外壁上部及整个内壁施釉，釉层厚；釉蓝色略泛紫，色泽暗哑；釉面未见气孔，但断面显示釉层中有大量小气泡；釉面光泽暗淡。

2007YY东T3⑫：6，瓷盏。褐红胎，外壁大部露胎。内壁及外壁口沿处施冻白釉，釉色略泛黄，有光泽。釉层下施一层白色化妆土。

2007YY东T3⑫：8，瓷碗。灰胎。除外壁圈足及近圈足处外，器内外壁通体施釉；外壁上部及内壁冻白釉，薄；外壁下部酱褐釉，略厚；白釉釉面光泽暗淡，酱褐釉面有银灰色光泽。白釉层下施一层白色化妆土略厚。内壁施黑彩，口部一周、腰部三周弦纹，内底缠枝写意花卉。内底有麻点状支钉五个，由十余个小凸点组成。

2007YY东T3H55：1，瓷盏。黄灰胎。器外壁上部和内壁通体施釉，釉层薄；已氧化，应为白色。釉层下施一薄层化妆土。

2007YY东T3H66：1，瓷盘。深灰近紫胎，露胎处表面灰色；胎体由于局部气体较多，造成局部中空，多处胎面鼓突。器外壁上部及整个内壁施釉，釉层薄；釉冻白色；釉面光泽暗淡。釉层下施一薄层白色化妆土。内底有麻点状支钉五个，由十余个细小凸点组成。

2007YY东T3H66：2，瓷碗。上部灰胎，圈足处胎色近黄，露胎处表面淡褐色。除外壁圈足及近圈足处外，器内外壁通体施釉，釉层薄；外壁上部及内壁冻白釉，外壁下部酱褐釉；釉面光泽暗淡。白釉层下施一层白色化妆土略厚。内壁施黑彩，口部一周、腰部三周弦纹，内底一朵写意花卉。内底残存麻点状支钉三个，由近十个小凸点组成。

2007YY东T3H66：3，瓷碗。深灰近紫胎，露胎处表面灰色。除外壁圈足及近圈足处外，器内外壁通体施釉，釉层厚，内底及外壁釉层下缘积釉处极厚，达0.2厘米以上；釉蓝紫色，釉面有密集的小气孔，光泽度好。

2007YY东T3H66：4，瓷碗。黄灰胎，露胎处表面淡褐色。除外壁圈足及近圈足处外，器内外壁通体施釉；外壁上部及内壁釉层氧化，呈黄白色，薄；外壁下部褐釉，略厚；釉面无光泽。白釉层下施一层白色化妆土略厚。内壁施黑彩，口部一周、腰部三周弦纹，内底一朵写意花卉。内底有麻点状支钉五个，由近十个小凸点组成。

2007YY东T3H66：6，瓷盘。淡红褐胎。除外壁圈足及近圈足处外，器内外壁通体施釉，釉层薄；外壁上部及内壁冻白釉，外壁下部褐釉；釉面无光泽。白釉层下施一层白色化妆土略厚。内壁施黑彩，口部一周、腰部三周弦纹，内底写意草叶纹。内底有麻点状支钉四个，由十余个小凸点组成。

2007YY东T3H66：7，瓷盘。红褐胎。除外壁圈足外，器内外壁通体施釉；器外壁上部及内壁釉冻白色，薄；外壁下部褐釉略厚；釉面光泽暗淡。白釉层下施一薄层白色化妆土。内壁有黑彩，盘心一簇写意花叶，口部一周、腰部两周弦纹。内底有麻点状支钉四个，由十余个小凸点组成。

2007YY东T3H66：8，瓷灯盏。黄灰胎，露胎处表面黑褐色。器内外壁上部施釉，釉层薄；釉黑褐色，釉面无光泽。

2007YY东T3H221①：1，瓷碗。灰胎。除外壁圈足部位外，器内外壁通体施釉，釉层薄；外壁上部及内壁冻白釉略泛黄，外壁下部酱褐釉；白釉层有细冰裂纹；釉面内壁光泽暗淡，外壁有光泽。白釉层下施一层白色化妆土略厚。内底残存麻点状支钉三个，由十余个小凸点组成。

2007YY东T3H240：1，瓷碗。灰胎。器外壁上部及整个内壁施釉，釉层薄；釉白色泛黄，有细冰裂纹；釉面光泽暗淡。釉层下施一层白色化妆土略厚。内底残存椭圆形支钉一个，长0.7厘米。

2007YY东T3H240：3，瓷碗。淡黄胎，胎薄体轻。除圈足底外，器内外壁通体施釉，釉层薄；釉冻白色，内壁氧化；釉面无光泽。内壁残存支钉两个，其一细长条形，长0.6厘米；其一细弧形，长1.4厘米。

2007YY东T3L1②：1，瓷灯盏。完整。露胎处表面淡黄色。器内外壁上部施釉，釉酱褐色，表面有银灰色光泽。

2007YY东T3L1②：4，瓷碗。胎色略呈水红色。除外壁圈足及近圈足处外，器内外壁通体施釉，釉层薄；外壁化妆土与胎面结合不好，多剥落。釉冻白色，其中内壁釉层下的白色化妆土极薄，使釉色暗哑；釉面光泽暗淡。釉层下施一层白色化妆土，外壁厚而内壁极薄，内壁局部无化妆土。

2007YY东T3L1②：5，瓷碗。钧釉。

2007YY东T3L1②：6，瓷鸟食罐。淡黄粗胎，胎面不平整。器外壁上部及内壁口部施釉，釉层薄；釉冻白色，光泽暗淡。器表有黑彩。釉层下施一层白色化妆土略厚。

2007YY东T3L1③：1，瓷碗。黄褐胎，外壁下部及圈足处露胎。器内壁及外壁上部施釉，釉麻灰白夹灰蓝斑，光泽暗淡。

2007YY东T4③B：3，瓷盏。红胎，足底施护胎釉。口部及整个内壁施釉，釉层薄；釉暗白色，局部泛青，有细冰裂纹；釉面有光泽。除外壁圈足底部外，内外壁有釉无釉处均施一薄层白色化妆土。

2007YY东T4H18：3，瓷盘。褐红胎，圈足露胎。内壁及外壁大部施天青釉，釉色灰暗，有光泽。

2007YY东T4H19：1，瓷碟。黄灰胎。器外壁上部及整个内壁施釉，釉层薄；釉微泛黄色，有冰裂纹，釉面无光泽。釉层下施一薄层化妆土，色微黄。

2007YY东T4H19：2，瓷盏。淡黄胎，露胎处表面红褐。外壁上部及整个内壁施釉，釉层薄；釉白中泛黄；釉面无光泽。釉层下施一层化妆土较厚。

2007YY东T4H19：3，瓷灯盏。黄灰胎。器内外壁上部施釉，釉层薄；釉黑色，有光泽。

2007YY东T4H58：1，瓷碗。黄灰胎。外壁上部及整个内壁施釉，釉层薄；釉应为透明釉，已氧化色泽不辨。内外壁有釉无釉处通体施一层薄薄的白色化妆土。

2007YY东T4H58：2，瓷碗。灰胎。外壁上部及整个内壁施釉，釉层薄；釉米黄色；釉面有光泽，有细冰裂纹。内底残存麻点状支钉三个，由十余个小凸点组成。釉层下施一层化妆土略厚。

2007YY东T4H58：3，瓷盏。淡黄胎。器内外壁上部施釉，釉层薄；釉层已氧化，呈褐色，无光泽。

2007YY东T4H60：3，瓷碟。深灰胎泛紫，露胎处表面红褐色。除外壁圈足底部外，器内外壁通体施釉，釉层厚；青釉，釉面偶见小气孔；釉面光泽暗淡。

2007YY东T4H60：4，瓷盘。深灰胎，露胎处表面淡褐色。除外壁圈足及近圈足处外，器内外壁通体施釉，釉层较厚；釉青色泛灰，隐隐有细冰裂纹；釉面光泽暗淡。

2007YY东T5H142：3，瓷盘。浅黄胎，露胎处表面红褐色。除器外壁圈足及近圈足处外，器内外壁通体施釉，釉层薄；外壁上部及内壁冻白釉，外壁下部酱褐釉；釉面无光泽。冻白釉层下施一层白色化妆土略厚。内底有麻点状支钉五个，由十余个小凸点组成。

2007YY东T5H142：4，瓷盏。淡黄胎，露胎处表面淡褐色。外壁上部及整个内壁施釉，釉层薄；釉白色已氧化，釉面无光泽。釉层下施一层化妆土较厚。

2007YY东T6④：5，瓷碗。褐红胎。器内壁施满釉。器外壁上部施一层化妆土，再施一层冻白釉，下部露胎。器内底可见三处支钉痕。

2007YY东T6⑤B：1，瓷碗。黄灰胎，芒口。器内外壁通体施釉，釉层内壁薄，外壁略厚；内壁冻白釉，外壁灰褐釉；釉面光泽暗淡。白釉层下施一薄层白色化妆土。

2007YY东T6⑤C：1，瓷盘。淡黄胎。除外壁圈足及近圈足处外，器内外壁通体施釉；外壁上部及内壁釉暗白色，薄；外壁下部褐釉略厚；釉面光泽暗淡。白釉层下施一薄层白色化妆土。内壁有黑彩，盘心写意花叶数簇，花枝相连，其外三周弦纹，其中中间一道较宽。内底残存麻点状支钉两个，由十余个小凸点组成。

2007YY东T6⑤C：2，瓷盏。灰黄胎，外壁下部及圈足露胎。内壁及外壁口沿处施冻白釉，内壁光泽暗淡，外壁口沿处有光泽。釉层下施一薄层白色化妆土。

2007YY东T6⑤C：3，瓷碗。黄灰胎，露胎处表面红色。器外壁上部及整个内壁施釉，釉层薄；釉冻白色，釉面光泽暗淡。釉层下施一薄层白色化妆土。内底残存麻点状支钉一个，由六个小凸点组成。

2007YY东T6H85：1，瓷碟。灰胎。除圈足底部外，器内外壁通体施釉，釉层厚；釉蓝色；釉面光泽暗淡。

2007YY东T6H121：5，瓷盘。淡黄胎。器外壁上部及整个内壁施釉，釉层薄；釉白色，有细冰裂纹，釉面有光泽。釉层下施一层白色化妆土略厚。内底残存长条形支钉三个，最长0.7厘米。

2007YY东T6H121：6，瓷盘。黄灰胎。器外壁上部及整个内壁施釉，釉层薄；釉近白色，有细冰裂纹，釉面有光泽。釉层下施一薄层白色化妆土。内底残存椭圆形支钉一个。

2007YY东T6H121：8，瓷碗。黄灰胎，圈足施橙红色护胎釉。器内外壁施天青釉，釉色偏灰，夹少量黑点，有光泽。

2007YY东T6H121：9，瓷杯。灰胎。除器外壁圈足处外，器内外壁通体施釉，釉层较厚；釉色青翠；釉面有密集的小气孔不明显；有大冰裂纹；釉面光泽度好。

2007YY东T6H155③：5，瓷器盖。灰胎。器表施釉，釉层薄；釉白色，有光泽。器内外壁釉层下及无釉处均施一薄层白色化妆土。

2007YY东T6H155③：6，瓷盏。灰胎。器外壁上部及整个内壁施釉，釉层薄；釉冻白色，釉面光泽暗淡。釉层下施一层白色化妆土较厚。内底残存芝麻点支钉痕两个，长0.3厘米。

2007YY东T6H155③：9，瓷碗。淡黄胎。除外壁圈足及近圈足处外，器内外壁通体施釉，釉层薄；釉冻白色，光泽暗淡；釉面多见蚯蚓状裂纹。釉层下施一层白色化妆土略厚。碗底有椭圆形支钉五个。

2007YY东T6H226：1，瓷碗。深灰胎略泛紫，露胎处表面淡褐色。除外壁圈足及近圈足处外，器内外壁通体施釉，釉层较厚，外壁釉层下缘有积釉，极厚；釉蓝色，有大冰裂纹；釉面光泽暗淡。

2007YY东T6G3：1，瓷碗。夹砂红胎，胎面粗糙。器外壁上部及整个内壁施釉，釉层薄；釉白色泛黄，釉面亦粗糙，光泽暗淡。釉层下施一层白色化妆土略厚。内底残存麻点状支钉一个，由十余个小凸点呈散点状分布。

2007YY东T6G3：3，瓷碟。深灰近紫胎，露胎处表面施淡褐色护胎釉。除圈足足壁外，器内外壁（包括外底）通体施釉，釉层厚；蓝釉，釉面未见气孔，但断面显示釉层中有大量气泡；釉面有光泽。

2007YY东T6G3：4，瓷碗。淡黄胎。除外壁圈足及近圈足处外，器内外壁通体施釉，釉层薄；外壁上部及内壁冻白釉，外壁下部褐釉，外壁两种釉色间有一段无釉施白色化妆土的间隔带；褐釉层面有较多小气孔；釉面无光泽。白釉层下施一层白色化妆土略厚。内底残存麻点状支钉一个，由20余个小凸点组成。

2007YY东T6L1②：4，瓷盘。红胎。器内外壁上部施釉，釉层略厚；釉褐色，釉面光泽暗淡。内壁盘心无釉处施一薄层白色化妆土。

2007YY东T6L1②：6，瓷器盖。灰胎。外壁施釉，釉层薄；釉冻白色，光泽暗淡。釉层下及内壁无釉处均施一薄层白色化妆土。

2007YY东T6J1：1，瓷碗。黄灰胎，外壁下部及圈足露胎。内壁及外壁上部施冻白釉，有光泽，釉层下施一层白色化妆土。器内壁刻划写意花草的暗花。

2007YY东T6J1：3，瓷盏。黄褐胎，外壁下部及圈足露胎处施褐红色护胎釉。内壁及外壁上部施冻白釉，有光泽。釉层下施一层白色化妆土。

2007YY东T6J1：11，瓷盘。灰黄胎，外壁下部及圈足露胎。内壁及外壁上部施冻白釉，有光泽。釉层下施一层白色化妆土。圈足足底墨笔楷书一"天"字。

2007YY东T6Z3：1，瓷（研磨）盘。深灰近紫胎，露胎处表面淡褐色。除外壁圈足处外，器内外壁通体施釉，釉层略厚；釉青色，有冰裂纹；釉面有光泽。内壁有戳孔。

2007YY东T7③B：1，瓷碟。灰胎。器内外壁上部施釉，釉层薄；釉黑色，有光泽。内壁无釉处施一薄层白色化妆土。

2007YY东T7H23：3，瓷碗。深灰胎，露胎处表面淡褐色，外壁胎面有凹带，内壁平整。除器外壁圈足及近圈足处外，器内外壁通体施釉，釉层厚；釉蓝色，大面积含乳白色，口部及外壁釉层下缘泛紫色，有紫毫；釉面有较密集的小气孔；有大冰裂纹，釉面有光泽。

2007YY东T7H23：4，瓷碟。深灰胎泛紫，露胎处表面褐色。器内外壁上部施釉，釉层略厚；釉深青色近黑（可能是透明釉透出的胎色），有冰裂纹；釉面光泽暗淡。

2007YY东T7J4：1，瓷碗。黄褐胎，胎极厚，最厚处达1.2厘米。器外壁上部及整个内壁施釉，釉层薄；釉冻白色微泛黄，釉面光泽暗淡。釉层下施一层白色化妆土略厚。内壁有黑彩，其中腰部两周点纹，碗心一枝写意花卉。碗口有较密集的小凸点，似作支钉之用。

2007YY东T7J4：3，瓷碗。灰胎。除外壁圈足及近圈足处外，器内外壁通体施釉，釉层厚；釉青色泛灰，釉面偶见气孔，有光泽。

2007YY东T7J4：4，瓷碗。灰胎，露胎处表面灰白色。除器外壁圈足及近圈足处外，器内外壁通体施釉，釉层厚；青釉，釉面有较大的冰裂纹，偶见气孔；釉面有光泽。

2007YY东T7J4：5，瓷碗。深灰胎，露胎处表面淡褐色。除器外壁圈足及近圈足处外，器内外壁通体施釉，釉层厚；釉豆青色；釉面偶见气孔，有大冰裂纹；釉面有光泽。

2007YY东T7J4：6，瓷碗。深灰胎，露胎处表面淡褐色，外壁胎面有凹带，内壁平整。除器外壁圈足及近圈足处外，器内外壁通体施釉，釉层厚；釉豆青色；釉面有较多小气孔，有大冰裂纹；釉面光泽度好。

2007YY东T7J4：7，瓷盏。灰胎。器内外壁上部施釉，釉层薄；釉酱褐色，有光泽。

2007YY东T7J4：9，瓷碗。灰胎，露胎处表面浅红色。除器外壁圈足及近圈足处外，器内外壁通体施釉，釉层较厚；釉青灰色，釉面偶见气孔，光泽暗淡。

2007YY东T7J4：10，瓷碗。黄褐胎，圈足露胎。器内外壁施天青釉，釉色偏灰暗，有光泽，釉面多棕眼。

2007YY东T7J4：11，瓷碗。淡黄胎。除外壁圈足部位外，器内外壁通体施釉，釉层薄；外壁上部及内壁施冻白釉，外壁其余部位施褐釉，釉面无光泽。冻白釉层下施一薄层白色化妆土。内壁有酱褐彩，腰部三周弦纹，碗底写意花叶纹。

2007YY东T7J4：12，瓷碗。灰胎，芒口。器内外壁通体施釉；外壁口部及内壁施白釉，釉层薄，有细冰裂纹；外壁其余部位施黑釉，釉层略厚，表面有细密的气泡；釉面光泽度极好。白釉层下施一层白色化妆土略厚。

2007YY东T7H40：1，瓷碗。深灰近紫胎，露胎处表面施一薄层淡褐色护胎釉，局部星星点点有光泽。除圈足外，器内外壁通体施釉，釉层厚；釉青色略泛灰；釉面有光泽。

2007YY东T7H40：2，瓷盘。深灰近紫胎，露胎处表面施一薄层棕褐色护胎釉，有光泽。除圈足底外，器内外壁通体施釉，釉层较厚；釉青色，有大冰裂纹。釉面有光泽。

2007YY东T7H112②：1，瓷碗。淡黄胎，外壁下部及圈足露胎。内壁及外壁上部施青釉，釉厚，光泽好，有冰裂纹。

2007YY东T7H112②：2，瓷盘。褐黄胎，外壁下部及圈足露胎。内壁及外壁上部施淡蓝釉，釉厚，内壁有一处紫色窑变，有光泽；外壁光泽度好，有小气孔。

2007YY东T7H112②：3，瓷盏。褐黄胎，外壁下部及圈足露胎。内壁及外壁上部施釉，釉米黄色，光泽暗淡。外壁中部施酱黑釉一周。釉层下施一层白色化妆土。

2007YY东T7H124：1，瓷盆。褐灰胎，外壁大部及器底露胎。内壁及外壁口部施冻白釉，釉色暗黄，内壁以黑彩饰写意花卉，有光泽。釉层下施一层白色化妆土。

2007YY东T7H124：2，瓷盆。褐灰胎，外壁大部及器底露胎。内壁及外壁口部施冻白釉，内壁以黑彩饰写意花卉，有光泽。釉层下施一层白色化妆土。

2007YY东T7H124：3，瓷盘。黄褐胎，圈足露胎。内壁及外壁大部施冻白釉，釉偏青白，有光泽。釉层下施一层白色化妆土。

2007YY东T7H124：4，瓷盘。深灰泛紫胎，圈足露胎。内外壁施冻白釉，内壁以黑彩绘花卉纹饰，外壁下部施酱黑釉，有光泽。釉层下施一层白色化妆土。

2007YY东T7H124：5，瓷盘。褐红胎，外壁下部及圈足露胎。内壁及外壁上部施釉，釉藕色，光泽度好，有冰裂纹。釉层下施一薄层白色化妆土。内底有两处支钉痕。

2007YY东T7H124：6，瓷灯盏。灰褐胎，器内底及外底露胎。器内壁上部和外壁上部施酱黑釉，有光泽。

2007YY东T7H124：7，瓷杯。橙黄胎，圈足露胎。器内外壁施麻黄色釉，多处可见白色蚯蚓纹，外壁有一处紫色窑变，有光泽。

2007YY东T7H124：11，瓷盘。淡黄胎。器内外壁上部施釉，釉层较厚；釉青黄色，有冰裂纹；釉面有光泽。

2007YY东T7H124：12，瓷碟。淡黄胎，器内底、圈足及近圈足处露胎。器内外壁上部施酱黑釉，有光泽。

2007YY东T7H124：13，瓷灯盏。黄灰胎，器内底、圈足及近圈足处露胎。器内外壁上部施酱黑釉，有光泽。

2007YY东T7H145：1，瓷碗。灰胎，露胎处表面浅红色。除器外壁圈足及近圈足处外，器内外壁通体施釉，釉层厚；釉青色，因氧化而大面积泛灰白色，光泽暗淡。

2007YY东T7H150：1，瓷盘。灰胎，有较多气孔。器外壁上部及整个内壁施釉，釉层薄；因釉下所施白色化妆土不均，故釉色有的呈冻白色，有的透出灰胎色而呈一种灰白带褐色。釉面有冰裂纹，光泽暗淡。

2007YY东T7H150：2，瓷碗。深灰胎泛紫，圈足部分淡黄色。除圈足部位外，器内外壁通体施釉，釉层厚；釉深青色，色近龙泉窑；釉面有密集的小气孔，有光泽。

2007YY东T7G1：1，瓷盘。褐黄胎，圈足及近圈足处露胎。器内壁及外壁大部施冻白釉，釉色发黄，釉层下施一层白色化妆土。外壁中部施酱黑釉，有光泽。器内底以黑彩绘写意花卉，花卉外绘弦纹三周。内底残存两处支钉痕。

2007YY东T8③：2，瓷盘。淡黄胎，圈足及器底露胎。内外壁施釉，釉米黄色，有光泽。

2007YY东T8H51：1，瓷碟。黄灰胎。器内外壁上部施釉，釉层内壁较厚，外壁厚；釉棕褐色，釉面有光泽。器内壁无釉处施一薄层白色化妆土。

2007YY东T8G1：1，瓷碟。黄灰胎夹细砂。器内外壁上部施釉，釉层薄；釉酱褐色，光泽暗淡。内壁无釉处施一层薄薄的白色化妆土。

2007YY东T9④：1，瓷瓶形器。灰褐胎，器内壁和器底露胎。外壁上部施酱黑釉，下部施冻白釉，下部施白色化妆土，有光泽。

2007YY东T9G1：1，瓷盏。褐红胎，外壁大部及圈足露胎。内壁及外壁口沿处施冻白釉，釉显米黄，光泽暗淡，釉层下施一层白色化妆土。器口沿处有煤状黑色物质。

2007YY东T9H129：1，瓷盆。红胎。除器外壁圈足内底外，器内外壁通体施釉，釉层薄；内壁褐釉，外壁冻白釉；釉面无光泽。冻白釉层下施一薄层白色化妆土。外壁上部有一周半花卉纹黑彩。

2007YY东T9H130：1，瓷盏。深灰胎，露胎处表面褐色。除外壁圈足及近圈足处外，器内外壁通体施釉，釉层薄；外壁上部及内壁施白釉，外壁其余部位施酱褐釉，釉面有光泽。白釉层下施一层白色化妆土较厚。

2007YY东T9H147：1，瓷碗。深灰胎泛紫，圈足处外壁一层约2厘米厚烧成红色。除外壁圈足及近圈足处外，器内外壁通体施釉，釉层厚；釉色青中略泛蓝，内壁有一处紫红色窑变斑块；釉面有少量小气孔，有光泽。

2007YY东T9H147∶2，瓷盘。灰胎。器内外壁上部施釉，釉层略厚；釉黑色，有光泽。内壁无釉处施一薄层白色化妆土。

2007YY东T9H147∶3，瓷碗。灰胎。内壁白釉色正；外壁上部黑釉；釉面有光泽。白釉层下施一层白色化妆土略厚。

2007YY东T9H147∶4，瓷碗。灰胎。器外壁上部及整个内壁施釉，釉层薄；釉冻白色，釉面光泽暗淡。除外壁圈足部位外，有釉无釉处均施一薄层白色化妆土。

2007YY东T9H147∶5，瓷器盖。灰胎。外壁白釉色，釉面有蚯蚓状纹路，有光泽。内外壁有釉无釉处均施一层白色化妆土，釉层下略厚。外壁有偏红色褐彩，顶部两周弦纹，腰部一周弦纹，顶部与腰部弦纹间写意草叶纹两簇。

2007YY东T9H147∶6，瓷碗。灰胎。器内外壁底部均施釉；釉层薄；釉白色，其中内壁下部因釉下无化妆土而呈胎色，釉青灰色；局部有冰裂纹，釉面光泽度好。釉层下施一薄层白色化妆土，其中内壁下部釉层下不施。

2007YY东T9H147∶7，瓷盘。淡黄胎。器外壁上部及整个内壁施釉，釉层薄；釉白色泛黄，釉面光泽暗淡；釉层下施一薄层白色化妆土。内底残存支钉痕两个，其一长方形，长0.8厘米，其一椭圆形，长0.55厘米。

2007YY东T9H147∶8，瓷盏。灰胎。器外壁上部及整个内壁施釉，釉层薄；釉白色，釉面有光泽。釉层下施一层白色化妆土较厚。有酱褐彩，器外壁近口部一周宽弦纹，内壁腰部两周弦纹，内底残存写意折枝花一株。

2007YY东T9H147∶9，瓷器盖。灰胎。外壁白釉色略暗，釉面有光泽。内外壁有釉无釉处均施一层白色化妆土，釉层下略厚。

2007YY东T9H147∶10，瓷盏。灰胎。器外壁上部及整个内壁施釉，釉层薄；釉冻白色，有较细冰裂纹，釉面光泽暗淡。釉层下施一层白色化妆土略厚，外壁无釉处局部有极厚的白色化妆土。内壁腰部残存芝麻点状支钉两个。

2007YY东T9H147∶17，瓷碗。淡黄胎。器外壁上部及整个内壁施釉，釉层薄；釉白色泛黄；釉面无光泽。釉层下施一层白色化妆土略厚。内底有蚯蚓状纹路。内底残存支钉两个，因表面剥落形状不明。

2007YY东T9H182∶1，瓷碗。橙黄胎。除外壁圈足外，器内外壁通体施釉；外壁上部及内壁冻白釉，薄；外壁下部酱褐釉，略厚；釉面无光泽。冻白釉层下施一薄层白色化妆土。内壁饰黑彩，口部一周、腰部三周弦纹，碗心写意花草。

2007YY东T9H197∶1，瓷盘。灰胎。除外壁圈足及近圈足处外，器内外壁通体施釉，釉层薄；外壁上部及内壁白釉，外壁下部酱褐釉；釉面光泽暗淡。白釉层下施一层白色化妆土略厚。内底残存麻点状支钉三个，由十余个较大凸点组成。内壁饰黑彩，口部一周、腰部数周弦纹，碗心写意花草。

2007YY东T9H197∶2，瓷碗。灰胎。除外壁圈足及近圈足处外，器内外壁通体施釉，釉层厚；釉蓝中泛紫，局部泛白；外壁有明显冰裂纹，内壁不显；釉面有较多小气孔，有光泽。

2007YY东T9H197：4，瓷碟。淡黄胎。器内外壁上部施釉，釉层略厚；釉黑色，有光泽。内壁无釉处施一薄层白色化妆土。

2007YY东T9H197：5，瓷盘。浅黄胎，露胎处表面黄褐色。除器外壁圈足及近圈足处外，器内外壁通体施釉，釉层薄；外壁上部及内壁冻白釉，外壁下部黑釉；釉面光泽暗淡。冻白釉层下施一层白色化妆土略厚。内底残存麻点状支钉两个，由二十余个小凸点组成。

2007YY东T9H197：6，瓷碗。黄褐胎，圈足露胎。内壁及外壁大部施青釉，釉显灰暗，有光泽，多见细小气孔。

2007YY东T9H197：7，瓷碟。红褐胎。器内外壁上部施釉，釉层略厚；釉褐色，无光泽。内壁无釉处施一薄层白色化妆土。

2007YY东T9H197：12，瓷盘。淡黄胎。除外壁圈足外，器内外壁通体施釉；器外壁上部及内壁釉白中泛黄，薄；外壁下部褐釉略厚；釉面光泽暗淡。白釉层下施一薄层白色化妆土。

2007YY东T9H197：13，瓷碟。深灰近紫胎，圈足外壁半层橙黄色。除外壁圈足处外，器内外壁通体施釉，釉层厚；蓝釉，外壁釉色略泛紫；釉面偶见气孔，有光泽。

2007YY东T9H236：1，瓷碗。灰胎。器外壁上部及整个内壁施釉，釉层薄；釉冻白色，内壁局部有蚯蚓状纹路；釉面有光泽。有釉无釉处通体均施一层白色化妆土略厚。内底残存椭圆形支钉一个，长0.6厘米。

2007YY东T9H236：2，瓷盏。灰胎。器外壁上部及整个内壁施釉，釉层薄；釉冻白色，釉面光泽暗淡。釉层下施一薄层白色化妆土。内壁有少量蚯蚓状纹路。

2007YY东T9H236：5，瓷盂。黄灰胎。内底及外壁圈足无釉，釉层略厚；釉原应为褐色，因氧化呈灰褐色；釉面无光泽。

2007YY东T9L1：1，瓷盘。灰胎。器外壁上部及整个内壁施釉，釉层薄；釉近白色，外壁有流釉；釉面光泽暗淡。釉层下施一薄层白色化妆土。内底有支钉五个，大小略有差异，形状亦有不同，近椭圆形三个，长条形两个，椭圆形长0.5、长条形长0.7厘米。

2007YY东T10②：3，瓷盏。淡黄胎，露胎处表面红褐。外壁上部及整个内壁施釉，釉层薄；釉冻白色；釉面有光泽，有细冰裂纹。釉层下施一层化妆土略厚。内底残存麻点状支钉一个，由十余个小凸点组成。

2007YY东T10②：4，瓷盘。深灰胎略泛紫，露胎处表面红褐色。器内外壁上部施釉，釉层厚；青釉色深，有大冰裂纹；釉面有光泽。

2007YY东T10②：5，瓷盘。淡红胎，露胎处表面红褐。除外壁圈足及近圈足处外，器内外壁通体施釉，釉层薄；内壁及外壁上部施冻白釉，外壁其余部位施褐釉；釉面光泽暗淡，褐彩釉面有较多小气孔。冻白釉层下施一层白色化妆土略厚。口沿一周褐彩，内壁腰部三周断续褐彩弦纹，内壁碗底褐彩绘写意花卉。碗底残存麻点状支钉两个，均由十余个小凸点组成。

2007YY东T10③：1，瓷器盖。胎不明。器表施釉，釉层薄；釉白中泛黄，有光泽。釉层下施一薄层白色化妆土。器表两组弦纹黑彩，两组弦纹之间三簇黑彩写意草叶纹。

2007YY东T10⑤：3，瓷盘。褐黄胎，足底露胎，表面施少量护胎釉。器内外壁施釉，内壁釉色为麻灰色，可见蚯蚓纹；外壁近圈足处为蓝灰釉，其余大部为麻灰釉，积釉处为蓝色并夹杂紫色斑，有光泽。

2007YY东T10H10：1，瓷盘。灰胎，露胎处表面红褐。外壁上部及整个内壁施釉，釉层薄；釉冻白色；釉面有光泽，有细冰裂纹。釉层下施一层化妆土略厚。内底残存麻点状支钉两个。

2007YY东T10H10：2，瓷盘。黄灰胎。器内外壁上部施釉，釉层薄；釉酱褐色，光泽暗淡。内壁无釉处施一层薄薄的白色化妆土。

2007YY东T10H10：3，瓷灯盏。黄灰胎。器内外壁上部施釉，釉层薄；釉黑色，有光泽。

2007YY东T10H10：4，瓷盏。灰胎。器外壁上部和内壁通体施釉，釉层薄；釉白色；釉面无光泽。釉层下施一层薄薄的化妆土。

2007YY东T10H11②：2，瓷盘。灰胎，内底、外壁下部及圈足无釉，余部施黑釉，有细小气孔，有光泽。

2007YY东T10H11②：3，瓷碟。黄灰胎，内底、外壁下部及圈足无釉，余部施黑釉，有细小气孔，有光泽。

2007YY东T10H11②：4，瓷盘。黄灰胎，外壁大部及圈足露胎。内壁及外壁上部施冻白釉，有光泽。釉层下施一层白色化妆土。内底有支钉痕五处，由十几个小凸点组成。

2007YY东T10H11②：5，瓷灯盏。黄灰胎。器口及内壁上部施釉，釉层薄；釉酱黑色，釉面有光泽。

2007YY东T10H11②：6，瓷器盖。淡黄胎，内底露胎。外壁施酱黑釉，有光泽。

2007YY东T10H11②：7，瓷碗。灰胎，圈足露胎。内壁及外壁大部施冻白釉，有光泽，釉层下施一层白色化妆土。器内底口部以黑彩绘弦纹三周，中心绘写意花卉，外壁中部施酱黑釉。

2007YY东T10H11②：8，瓷盘。灰胎，圈足露胎。内壁及外壁大部施冻白釉，有光泽。釉层下施一层白色化妆土。内底有麻点状支钉五个，由十几个小凸点组成。

2007YY东T10H11②：9，瓷盘。灰胎，圈足底施一薄层棕褐色护胎釉，无光泽。器外壁上部及整个内壁施釉，釉层薄；釉冻白色；有细冰裂纹；釉面有光泽。釉层下施一层白色化妆土略厚。内底残存麻点状支钉一个，由近十个小凸点组成。

2007YY东T10H11④：10，瓷碟。红褐胎。器外壁上部及整个内壁施釉，釉层薄；釉冻白色略泛黄；局部釉厚处有细冰裂纹；釉面有光泽。釉层下施一层白色化妆土略厚。内底残存麻点状支钉三个，由十余个小凸点组成。

2007YY东T10H11④：11，瓷碗。灰胎，圈足露胎。内壁及外壁大部施冻白釉，有光泽。釉层下施一层白色化妆土。器内底中部以黑彩绘弦纹三周，中心绘写意花卉，外壁中部施酱黑釉。内底残存麻点状支钉五个，由十多个小凸点组成。

2007YY东T10H35：1，瓷盘。淡黄胎，露胎处表面红褐。外壁上部及整个内壁施釉，釉层薄；釉米白色；釉面暗淡无光。釉层下施一层化妆土略厚。内底残存麻点状支钉两个，由十余个小凸点组成。

2007YY东T10H35：2，瓷盘。深灰胎。外壁上部及整个内壁施釉，釉层薄；釉冻白色；釉面有光泽，有细冰裂纹。釉层下施一层化妆土略厚。内底残存麻点状支钉一个，由十余个小凸点组成。

2007YY东T10H35：3，瓷盘。淡黄胎，露胎处表面红褐。除外壁圈足及近圈足处外，器内外壁通体施釉，釉层薄；内壁及外壁上部施冻白釉，外壁其余部位施褐釉；釉面光泽暗淡，偶见有小气孔，冻白釉层有细冰裂纹。冻白釉层下施一层白色化妆土略厚。碗底残存麻点状支钉三个，由十余个小凸点组成。

2007YY东T10H35：4，瓷灯盏。灰胎。器外壁口部及内壁上部施釉，釉层薄；釉酱褐色，有光泽。

2007YY东T10H35：5，瓷臼。灰胎。器表施釉，釉层略厚；釉黑色，有光泽。器内壁施一层白色化妆土略厚。

2007YY东T10H36②：1，瓷碗。深灰胎泛紫，露胎处表面红褐色。除外壁圈足外，器内外壁通体施釉，釉层厚；釉灰蓝色，釉面有光泽。局部有两处小面积紫色窑变。

2007YY东T10H63：1，瓷盏。淡黄胎，露胎处表面红褐色。外壁上部及整个内壁施釉，釉层薄；釉白中泛黄；釉面光泽暗淡。釉层下施一层化妆土较厚。

2007YY东T10H106：1，瓷碗。黄灰胎较厚，壁近圈足处厚1厘米。圈足底有棕褐色护胎釉，略有光泽。器外壁上部及整个内壁施釉，釉层薄；釉白色泛黄，有光泽。釉层下施一层白色化妆土略厚。内底粘有一周它器的圈足底痕。

2007YY东T10H114：1，瓷盘。深灰近紫胎，露胎处表面灰色。除圈足及近圈足处外，器内外壁通体施釉，釉层极厚；釉原应为蓝色泛紫，因氧化等原因而呈灰白色；有冰裂纹；釉面有光泽。

2007YY东T10H115：1，瓷碗。黄灰胎，露胎处表面红褐。外壁上部及整个内壁施釉，釉层薄；釉冻白色，釉面暗淡无光。釉层下施一层白色化妆土略厚。外壁三周凹弦纹。内壁碗底残存麻点状支钉两个，由十余个小凸点组成。

2007YY东T10H152：10，瓷碗。灰胎。内底及圈足无釉，余部施青釉。

2007YY东T10H159：1，瓷碗。灰胎。除外壁圈足及近圈足处外，器内外壁通体施釉，釉层薄；釉白色，局部有冰裂纹；釉面有光泽。釉层下施一层白色化妆土略厚。内底残存椭圆形支钉三个，长0.6厘米。

2007YY东T10H159：2，瓷盏。灰胎。除外壁圈足及近圈足处外，器内外壁通体施釉，釉厚薄；釉近白色，有冰裂纹，釉面有光泽。釉层下施一层白色化妆土略厚。内壁腰部残存近圆形支钉痕两个，直径0.4厘米。

2007YY东T10H159：3，瓷碗。灰胎。除外壁圈足及近圈足处外，器内外壁通体施釉，釉层薄；釉白色不纯，局部有冰裂纹；釉面有光泽。釉层下施一薄层白色化妆土。内底残存椭圆形支钉两个，长0.6厘米。

2007YY东T10J5：3，瓷碟。淡黄胎。除外壁底部外，器内外壁通体施釉，釉层薄；釉色可能因氧化或其他原因，呈淡玫瑰红色；釉面无光泽。釉层下施一层白色化妆土略厚。

2007YY东T10J5：4，瓷盏。淡黄胎，露胎处表面局部红褐色。口部及内壁施一层白色化妆土略厚，表面看不到釉的痕迹，素烧。

2007YY东T10J5：6，瓷盘。上部灰胎，下部黄胎，露胎处表面黄色。除器外壁圈足底及圈足心外，器内外壁通体施釉，釉层厚；豆青釉略深；釉面光泽度好。

2007YY东T10J5：7，瓷碗。黄灰胎，露胎处表面黄灰色。除器外壁圈足及近圈足处外，器内外壁通体施釉，釉层较厚；青釉，釉面偶见气孔；釉面有光泽。

2007YY东T10J5：10，瓷盏。灰胎，圈足露胎，足底呈黄色。内壁及外壁上部施冻白釉，外壁口部施黑彩，有光泽。釉层下施一层白色化妆土。

2007YY东T10J5：11，瓷灯盏。淡黄胎。器内外壁上部施釉，釉层略厚；釉灰褐色，有光泽。

2007YY东T10J5：12，瓷碗。灰胎，露胎处表面淡褐色。除器外壁圈足及近圈足处外，器内外壁通体施釉，釉层厚；豆青釉，有大冰裂纹；釉面光泽度好。

2007YY东T10J5：16，瓷盏。黄灰胎。器外壁上部及整个内壁施釉，釉层薄；釉冻白色，釉面光泽暗淡。釉层下施一层白色化妆土略厚。局部有蚯蚓状纹路。

2007YY东T10J5：19，瓷盏。灰胎。器内外壁上部施釉，内壁下部局部有刷釉痕，釉层薄；釉原应透明无色，因氧化或其他原因，现呈淡玫瑰红色。釉层下施一薄层白色化妆土，内壁无釉处亦施化妆土。

2007YY东T10J5：33，瓷瓶形器。灰胎，外壁下部露胎。器外壁上部施黑釉，有光泽。

2007YY东T10J5：34，瓷器盖。灰胎。内壁施黑釉，有光泽，口部施一薄层白色化妆土。外壁施酱褐釉略厚，有光泽。

2007YY东T10J5：36，瓷盘。深灰胎略泛紫，露胎处表面淡褐色。除器外壁圈足外，器内外壁通体施釉，釉层厚；釉灰蓝色，有大面积灰白色；釉面光泽暗淡。

2007YY东T10J5：37，瓷杯。灰胎。器外壁上部及整个内壁施釉，釉层薄；釉白色，外壁色暗，与局部化妆土极薄有关，内壁泛黄，有冰裂纹，釉面光泽度好。釉层下施一层白色化妆土，外壁较薄，内壁略厚。

2007YY东T10J5：38，瓷盆。黄灰胎，露胎处表面红褐色。器口部及内壁施釉，釉层薄；釉灰白色，光泽暗淡。内壁有青灰彩，口部一周弦纹，沿面一周点彩，腰部有写意草叶纹不明。

2007YY东T10J5：40，瓷盘。灰胎。器内外壁上部施釉，釉层略厚；釉灰褐色，有光泽。

2007YY东T10J5：43，瓷盏。淡黄胎。器外壁上部及整个内壁施釉，釉层薄；釉白色，内壁泛黄，有冰裂纹，釉面有光泽。釉层下施一层白色化妆土，上部略厚，底部较厚。

2007YY东T10J5：46，瓷盘。灰胎。除外壁圈足底部外，器内外壁及圈足通体施釉，盘壁釉层较薄，盘底釉层厚，其中内壁盘底釉层可达0.3厘米。盘壁釉层较薄，故映出胎色，釉色淡茶色，盘底釉蓝色；釉面有较多的小气孔，有冰裂纹；釉面有光泽。

2007YY东T10J5：47，瓷碗。灰胎，露胎处表面淡黄色。除器外壁圈足及近圈足处外，器内外壁通体施釉，釉层较厚；釉青色，内壁泛灰白色，有较细的冰裂纹；釉面有光泽。

2007YY东T11②：1，瓷灯盏。淡褐胎，露胎处表面灰色。器内外壁上部施釉，釉层薄；釉褐色，釉面光泽暗淡。

2007YY东T11②：10，瓷灯盏。淡黄胎。器口及内壁上部施釉，釉层薄；釉褐色，釉面无光泽。

2007YY东T11③：1，瓷盘。上部深灰泛紫胎，下部中间深灰胎，内外壁橙红胎。器内外壁上部施釉，釉层略厚；釉青色深，有冰裂纹；釉面有光泽。

2007YY东T11③：2，瓷碗。深灰泛紫胎，外壁圈足处露胎。器内外壁施釉，釉蓝绿色，内壁可见紫色斑块，有光泽。

2007YY东T11③：3，瓷盘。灰黄胎，内底及圈足附近不施釉，余部施黑釉，有光泽。内底中心施一薄层化妆土。

2007YY东T11③：8，瓷灯盏。灰胎。口部施釉，釉层薄；釉黑色，釉面有光泽。

2007YY东T11③：9，瓷碗。淡黄胎，圈足露胎。器内底及外壁施冻白釉，内底以黑彩绘写意花草，外壁中部施酱黑釉，有光泽。内底残存三处支钉痕，由几个小凸点组成。

2007YY东T11③：14，瓷盘。上部深灰泛紫胎，下部黄胎。除外壁圈足及近圈足处外，器内外壁通体施釉，釉层较厚；釉青色；有大冰裂纹；釉面有光泽。

2007YY东T11③：15，瓷碗。深灰近紫胎，露胎处表面施一薄层棕褐色护胎釉，有光泽。除圈足底外，器内外壁通体施釉，釉层较厚；釉青色略泛灰，釉面偶见气孔；有大冰裂纹；釉面有光泽。

2007YY东T11④：1，瓷杯。黄灰胎，露胎处表面黄灰色。除器外壁圈足及近圈足处外，器内外壁通体施釉，釉层较厚；釉灰白色泛蓝；釉面光泽暗淡。

2007YY东T11④：2，瓷盘。灰胎。器内外壁上部施釉，釉层略厚；釉灰褐色，无光泽。内壁无釉处施一薄层白色化妆土。

2007YY东T11⑤：1，瓷盏。灰胎。器外壁上部及整个内壁施釉，釉层薄；釉冻白色，釉面光泽暗淡。釉层下施一薄层白色化妆土。

2007YY东T11J6：1，瓷盘。灰胎，露胎处表面红褐色。除外壁圈足及近圈足处外，器内外壁通体施釉，釉层薄；外壁上部及内壁施白釉，有冰裂纹；外壁其余部位施酱褐釉；釉面有光泽。白釉层下施一层白色化妆土较厚。内底残存麻点状支钉一个半，由十余个小凸点组成。口沿一周褐彩；内壁有褐彩，为弦纹及写意花叶纹。

2007YY东T11J6：2，瓷盘。灰胎。除外壁圈足及近圈足处外，器内外壁通体施釉，釉层薄；外壁上部及内壁施白釉，外壁其余部位施褐釉；釉面光泽度极好。白釉层下施一层薄白色化妆土。内壁有黑彩，外围两周弦纹，盘心写意花枝。

2007YY东T11J6：3，瓷盘。灰胎。除外壁圈足及近圈足处外，器内外壁通体施釉，釉层薄；外壁上部及内壁施白釉，外壁其余部位施酱褐釉，外壁酱褐釉与白釉之间局部有一段无釉；釉面有光泽。白釉层下及白釉与褐釉间无釉处施一层薄白色化妆土。口部一周黑彩；内壁有黑彩，上部三周弦纹，盘心写意草叶纹。内底残存麻点状支钉一个，由十余个小凸点组成。

2007YY东T11J6：4，瓷盘。深灰胎，器内外壁上部施釉，釉层厚；釉色蓝中泛乳白色；釉面光泽度好。

2007YY东T11J6：5，瓷碟。深灰胎泛紫，露胎处表面黄色。除外壁圈足外，器内外壁通体施釉，釉层极厚；釉深青色，色泽深沉；釉面有大冰裂纹，有细密的小气孔，并可见釉层内密集的小气泡；釉面有光泽。

2007YY东T11J6：6，瓷盏。灰胎。外壁上部及整个内壁施釉，釉层薄；釉冻白色，有极细的冰裂纹，釉面有光泽。釉层下施一层白色化妆土略厚。

2007YY东T11J6：7，瓷碟。淡黄胎，露胎处表面灰色。除外壁圈足及近圈足处外，器内外壁通体施釉，釉层薄；外壁上部及内壁施白釉；外壁其余部位施酱褐釉，外壁酱褐釉与白釉之间有一段无釉；釉面有光泽。白釉层下及白釉与褐釉间无釉处施一层薄白色化妆土。口部一周黑彩；内壁有黑彩，上部三周弦纹，盘心写意草叶纹。内底残存麻点状支钉两个半，由十余个小凸点组成。

2007YY东T11J6：8，瓷盘。灰胎。器外壁上部及整个内壁施釉，釉层薄；釉冻白色闪黄，有细冰裂纹，釉面有光泽。釉层下施一层白色化妆土略厚。内底残存麻点状支钉三个，由十余个小凸点组成。

2007YY东T11J6：10，瓷碗。淡黄胎，露胎处表面红褐色。除外壁圈足及近圈足处外，器内外壁通体施釉，釉层薄；外壁上部及内壁施冻白釉，釉面有细冰裂纹；外壁其余部位施褐釉；釉面有光泽。冻白釉层下施一层白色化妆土较厚。

2007YY东T11J6：11，瓷盘。灰胎，露胎处表面黄褐色。除外壁圈足及近圈足处外，器内外壁通体施釉，釉层薄；外壁上部及内壁施白釉；外壁其余部位施褐釉；釉面有光泽。白釉层下施一层白色化妆土略厚。内壁有黑彩，外围两周弦纹，盘心写意花叶。

2007YY东T11H161：1，瓷刻槽盆。灰胎。器外壁除底部外施釉，釉层略厚；釉酱褐色偏红，有光泽。内壁无釉处施一层白色化妆土略厚。内壁有纵向刻槽。

2007YY东T11H177：1，瓷碗。灰胎，胎极厚，最厚处达1.2厘米。器外壁上部及整个内壁施釉，釉层薄；釉冻白色，外壁有流釉；釉面有冰裂纹，无光泽。釉层下施一薄层白色化妆土。内壁施黑彩，腰部一周双叶纹（残存两组），内底草叶纹，但残而整体不明。

2007YY东T11H220：1，瓷盘。灰胎，露胎处表面淡褐色。除器外壁圈足及近圈足处外，器内外壁通体施釉，釉层薄；外壁上部及内壁冻白釉，外壁下部酱褐釉；釉面有光泽。冻白釉层下施一层白色化妆土略厚。内底有麻点状支钉五个，由十余个小凸点组成。内壁饰黑彩，腰部一周弦纹，碗底两周粗带纹，带纹之间饰花叶纹四组，每组向内与向外的花叶各一簇；外周宽带上饰花叶纹三簇。

2007YY东T11H220：2，瓷盘。灰胎，露胎处表面淡褐色。除外壁圈足及近圈足处外，器内外壁通体施釉，釉层薄；外壁上部及内壁冻白釉，外壁下部酱褐釉；釉面有光泽。冻白釉层下施一层白色化妆土略厚。内底有麻点状支钉五个，由十余个小凸点组成。内壁饰黑彩，腰部一周弦纹，碗底两周粗带纹，带纹之间饰花叶纹四簇，每簇两侧饰卷云纹。外周粗带上饰花叶纹四簇。

2007YY东T11H220：3，瓷盘。红胎，露胎处表面红褐色。除器外壁圈足及近圈足处外，器内外壁通体施釉，釉层薄；外壁上部及内壁冻白釉泛黄，外壁下部酱褐釉；釉面无光泽。冻白釉层下施一层白色化妆土略厚。内底残存麻点状支钉三个，由十余个小凸点组成。

2007YY东T11H220：4，瓷碗。灰胎，露胎处表面淡褐色。除器外壁圈足及近圈足处外，器内外壁通体施釉，釉层薄；外壁上部及内壁冻白釉，外壁下部酱褐釉；釉面有光泽。冻白釉层下施一层白色化妆土略厚。内底有麻点状支钉五个，由十余个小凸点组成。饰黑彩，内壁腰部两周弦纹，内底折枝花卉。

2007YY东T11H220：6，瓷碗。深灰近紫胎，露胎处表面淡黄色。除外壁圈足及近圈足处外，器内外壁通体施釉，釉层极厚，内外壁釉层相加的厚度与胎厚相当；釉蓝色，内壁有一处紫色窑变；有冰裂纹，釉面有光泽。

2007YY东T11H220：7，瓷碗。深灰近紫胎，露胎处表面褐色。除外壁圈足及近圈足处外，器内外壁通体施釉，釉层厚；釉色原应为蓝色，但似被氧化，色泽呈黄灰色，有白色蚯蚓状纹路；内壁有一处窑变，也因氧化呈暗紫色；釉面有光泽。

2007YY东T11H220：8，瓷盘。灰胎。器外壁上部及整个内壁施釉，釉层薄；釉冻白色；有细冰裂纹，釉面有光泽。釉层下施一薄层白色化妆土，但所施不匀，局部无化妆土，釉透胎色。内底有麻点状支钉五个，由十余个小凸点组成。

2007YY东T11H228：1，瓷盘。深灰近紫胎，露胎处表面淡褐色。器内外壁上部施釉，釉层较厚；釉青色略深，釉面光泽暗淡。内壁无釉处施一薄层白色化妆土。

2007YY东T12⑤：1，瓷碟。灰胎。器内外壁上部施釉，余部露胎，釉层薄；釉酱褐色，有光泽。

2007YY东T12H65①：2，瓷盏。灰胎。器外壁上部及整个内壁施釉，釉层薄；釉冻白色，釉面光泽暗淡。釉层下施一层白色化妆土略厚。

2007YY东T12H65①：5，瓷碟。淡黄胎。器外壁上部及整个内壁施釉，釉层较厚；釉原应为蓝色泛紫，但因氧化呈灰白色；釉面已无光泽。

2007YY东T12H65①：7，瓷碗。灰胎。除外壁圈足及近圈足处外，器内外壁通体施釉，釉层薄；外壁上部及内壁釉暗白色；外壁下部棕褐釉；釉面光泽暗淡。白釉层下施一薄层白色化妆土。内壁有黑彩，盘心一簇写意花叶（残半），腰部三周弦纹，上部长圆点状。内底残存麻点状支钉两个，由十余个小凸点组成。

2007YY东T12H141：2，瓷盏。灰胎，露胎处表面红褐色。器外壁上部及整个内壁施釉，釉层薄；釉白色，有冰裂纹，釉面有光泽。釉层下施一层白色化妆土略厚。

2007YY东T12H172①:2，瓷盘。淡黄胎。器外壁上部及整个内壁施釉，釉层薄；釉白色，釉面无光泽。釉层下施一薄层白色化妆土。内底残存略大的芝麻点状支钉痕三个，长0.4厘米。

2007YY东T12H172①:7，瓷盘。淡黄胎。器外壁上部及整个内壁施釉，釉层薄；釉白色，局部积釉处青色；有冰裂纹，釉面有光泽。釉层下施一薄层白色化妆土。内底残存椭圆支钉痕两个，长0.5厘米。

2007YY东T12H172①:9，瓷碗。淡黄胎，露胎处圈足底表面红褐色。器外壁上部及整个内壁施釉，釉层薄；釉白色，内壁泛黄，局部有冰裂纹；釉面光泽暗淡。釉层下施一薄层白色化妆土。内底有椭圆形支钉五个，长0.8厘米。

2007YY东T12H172①:10，瓷碗。灰胎。除外壁圈足外，器内外壁通体施釉，釉层薄；釉白色，内底呈淡茶褐色并有冰裂纹；釉面有光泽。釉层下施一层白色化妆土略厚。口部原来有一周黑色釉上彩，因氧化基本不存，残存的呈煤状，刮之易掉。

2007YY东T12H172①:11，瓷碗。灰胎。除外壁圈足及近圈足处外，器内外壁通体施釉，釉层薄；釉近白色暗哑，有细冰裂纹，釉面有光泽。釉层下施一层白色化妆土略厚。内底残存小芝麻点状支钉痕两个，长0.15厘米。

2007YY东T12H172①:12，瓷盏。黄褐胎，圈足露胎。内外壁施白釉，釉色显淡藕色，有光泽，有冰裂纹，釉层下施一层白色化妆土。

2007YY东T12G3①:1，瓷盏。灰胎，圈足露胎。器内外壁施冻白釉，有光泽，有冰裂纹。

2007YY东T12G3②:5，瓷碗。深灰近紫胎，露胎处表面有一薄层淡棕色护胎釉。除圈足足部外，器内外壁（包括器外底）通体施釉，釉层厚；釉灰蓝色；釉面有光泽。

2007YY东T13②:1，瓷盘。褐红胎，圈足露胎。器内外壁施冻白釉，内壁以酱彩绘写意花草，外壁中部施酱黑釉，有光泽。

2007YY东T13②:3，瓷碟。灰黄胎，内底、圈足及近圈足处无釉，余部施酱黑釉，釉厚，有光泽，有细小气孔。内底施一薄层白色化妆土。

2007YY东T13②:4，瓷碟。灰褐胎，内底及圈足无釉，余部施酱黑釉，釉厚，有光泽，有细小气孔。内底施一薄层白色化妆土。

2007YY东T13②:5，瓷碗。黄褐胎，内壁及外壁大部施釉。内壁釉色暗黄，外壁口部施白釉，中部是酱釉，圈足及近圈足处露胎。圈足处有少量护胎釉。内底有两处支钉痕。

2007YY东T13②:7，瓷盘。黄褐胎，外壁大部及圈足露胎。内壁及外壁上部施釉，釉色偏米黄，内壁以酱彩绘花草，釉色呈色差，光泽暗淡。

2007YY东T13②:8，瓷灯盏。褐灰胎，内底及外底露胎。内外壁上部施酱黑釉，有光泽。

2007YY东T13②:9，瓷灯盏。褐灰胎，内底及外底露胎。内外壁口部施酱黑釉，有光泽。

2007YY东T13③:1，瓷碟。淡黄胎，圈足露胎。内外壁施灰蓝釉，光泽度好，釉层厚。

2007YY东T13③:2，瓷盘。紫胎。除外壁圈足外，器内外壁通体施釉；外壁上部及整个内壁施冻白釉，釉层薄；外壁其余部位施褐釉，釉层略厚；釉面有光泽。白釉层下施一薄层白色化妆土。内底残存麻点状支钉三个，由十余个小凸点组成。

2007YY东T13③:3，瓷碗。灰褐胎，圈足露胎。器内外壁施冻白釉，内壁以黑彩绘写意花草，外壁中部施酱黑釉，有光泽。内底残存三处支钉痕。

2007YY东T13③:4，瓷（研磨）盘。褐红胎。除圈足外，器外壁及整个内壁施釉，釉层薄，其中外壁施釉不匀，局部无釉，局部聚釉极厚；釉冻白色，有冰裂纹；釉面有光泽。釉层下施一层白色化妆土略厚。内壁有楔形戳点凹纹，起刮削作用。

2007YY东T13H1:2，瓷盏。褐灰胎，圈足露胎。器内外壁施冻白釉，釉色略显黄，外壁中部施酱黑釉，有光泽。釉层下施一层白色化妆土。

2007YY东T13H1:3，瓷碟。褐灰胎，圈足露胎。器内外壁施冻白釉，有光泽。釉层下施一层白色化妆土。内底可见五处支钉痕，每处有几个小凸点组成。

2007YY东T13H2:2，瓷碗。深灰近紫胎，露胎处有褐色护胎釉，无光泽。除圈足外，器内外壁通体施釉，釉层厚；釉蓝色，内壁有窑变紫斑；釉面光泽度好。

2007YY东T13H2:3，瓷碟。淡黄胎，圈足露胎。器内外壁施翠青釉，光泽度好，有冰裂纹。

2007YY东T13H2:4，瓷碟。淡黄胎，圈足露胎。器内外壁施翠青釉，光泽度好，有冰裂纹。

2007YY东T13H2:5，瓷碟。灰胎，胎薄。除内壁沿部外，器内外壁通体施釉，釉层略厚。乳浊釉略透明，故透胎色而釉色发暗；釉面有光泽。内壁折沿部无釉处施一薄层白色化妆土。

2007YY东T13H2:6，瓷碗。上部深灰近紫胎，下部橘黄胎。除圈足外，器内外壁通体施釉，釉层厚；釉层可能因氧化等原因，大面积呈灰白色，局部蓝灰色；釉面光泽暗淡。

2007YY东T13H2:7，瓷盘。褐黄胎，外壁大部及圈足露胎。内壁及外壁口部施冻白釉，有光泽。釉层下施一层白色化妆土。内底可见四处支钉痕，每处由几个小凸点组成。

2007YY东T13H2:9，瓷碗。黄褐胎，圈足露胎。器内外壁施天青釉，釉色偏灰暗，有光泽，可见少量棕眼。

2007YY东T13H2:10，瓷盘。灰胎，内底及外底露胎。内外壁上部施酱黑釉，有光泽。内底施白色化妆土。

2007YY东T13H6:1，瓷盘。褐红胎，圈足露胎。器内外壁施豆青釉，略灰暗，有光泽。

2007YY东T13H6:2，瓷碟。深灰胎略泛紫，有气孔，露胎处表面浅褐色。除外壁圈足外，器内外壁通体施釉，釉层厚；青釉色深，局部隐隐有冰裂纹；釉面有光泽。

2007YY东T13H6:3，瓷盘。淡红胎，露胎处表面红褐。除外壁圈足及近圈足处外，器内外壁通体施釉，冻白釉层薄而褐釉层略厚；内壁及外壁上部施冻白釉，外壁其余部位施褐釉；

釉面光泽暗淡，褐彩釉面有较多小气孔。冻白釉层下施一层白色化妆土略厚。口沿一周褐彩，内壁腰部三周褐彩弦纹，内壁碗底褐彩绘写意花卉。碗底有麻点状支钉五个，均由十余个小凸点组成。

2007YY东T13H6：5，瓷碗。灰胎。除圈足底外，器内外壁通体施釉，釉层薄；内壁及外壁上部施冻白釉，外壁其余部位施褐釉；釉面有光泽。口沿一周黑彩，内壁腰部四周断续黑彩弦纹，内壁碗底黑彩写意花草。碗底有麻点状支钉五个，均由十余个小凸点组成。冻白釉层下施一层薄薄的白色化妆土。

2007YY东T13H6：8，瓷盘。灰胎，露胎处表面红褐色。器内外壁上部施釉，釉层较厚；豆青釉，有大冰裂纹；釉面有光泽。

2007YY东T13H6：9，瓷灯盏。黄灰胎。器内外壁上部施釉，釉层薄；釉酱褐色，有光泽。

2007YY东T13H21：1，瓷盘。灰胎，露胎处表面红褐。除外壁圈足及近圈足处外，器内外壁通体施釉，冻白釉层薄，褐釉层略厚；内壁及外壁上部施冻白釉，外壁其余部位施褐釉；釉面光泽度好，偶见有小气孔，冻白釉层有细冰裂纹。冻白釉层下施一层白色化妆土略厚。碗底残存麻点状支钉四个，由十余个小凸点组成。

2007YY东T13H57：1，瓷碟。灰黄胎，圈足及近圈足处露胎。器内壁及外壁上部施冻白釉，有光泽。釉层下施一层白色化妆土。

2007YY东T13H57：2，瓷盘。黄褐胎，圈足露胎。器内外壁施冻白釉，釉色略显黄，光泽暗淡。釉层下施一层白色化妆土。

2007YY东T13H57：3，瓷盘。大部分为深灰泛紫胎，部分灰胎，露胎处表面淡黄色。器内外壁上部施釉，釉层略厚；釉棕褐色，表面泛银灰光泽。

2007YY东T13H93：1，瓷盘。深灰胎泛紫，露胎处表面褐色。器内外壁上部施釉，釉层略厚；釉褐中微泛绿（可能是透明釉透出的胎色）；釉面光泽暗淡。

2007YY东T13H100：1，瓷碗。灰胎，露胎处表面淡褐色。除器外壁圈足及近圈足处外，器内外壁通体施釉，釉层厚；青釉略泛灰，偶见气孔；釉面光泽暗淡。

2007YY东T13H100：2，瓷碗。深褐胎，外壁大部及圈足露胎。器内外壁施蓝紫釉，光泽度好，有细小气孔。

2007YY东T13H108：1，瓷盘。上部灰胎，下部淡黄胎，露胎处表面淡黄色。除器外壁圈足部位外，器内外壁通体施釉，釉层厚；青釉；釉面有少量较大气孔，有光泽。

2007YY东T13H133：1，瓷刻槽盆。灰胎。不施釉。内壁及口部施一层白色化妆土略厚。内壁有纵向刻槽。

2007YY东T13H134：1，瓷碟。上部深灰胎泛紫，下部淡黄胎，露胎处表面淡褐色。器外壁上部及整个内壁通体施釉，釉层厚；釉蓝色略泛灰；釉面有光泽。

2007YY东T13H134：2，瓷盘。淡黄色粗胎，露胎处表面淡褐色。器内外壁上部施釉，釉层略厚；釉褐色，外壁微泛绿；釉面光泽暗淡。内底无釉处施一薄层白色化妆土。

2007YY东T13H134：3，瓷碗。淡黄胎。器外壁上部及整个内壁施釉，釉层薄；釉白色，釉面无光泽。釉层下施一薄层白色化妆土。

2007YY东T13H153：1，瓷碗。上部灰胎，下部黄灰胎，露胎处表面灰白色。除器外壁圈足及近圈足处外，器内外壁通体施釉，釉层较厚，有大冰裂纹；青釉，釉面偶见气孔；釉面有光泽。

2007YY东T13H153：2，瓷碗。黄灰胎。器外壁上部及整个内壁施釉，釉层薄；釉白色，釉面光泽度不好。釉层下施一薄层白色化妆土。内壁有淡褐彩，腰部三组，每组两片写意叶纹，碗心两个交叠在一起的"S"形纹饰，似蛇似鹅。

2007YY东T13H153：3，瓷盘。灰胎，露胎处表面淡褐色。除外壁圈足部位外，器内外壁通体施釉，釉层厚；青釉，色泽略深；釉面有光泽。

2007YY东T13H153：5，瓷碟。深灰胎，露胎处表面灰白色。除外壁圈足及近圈足处外，器内外壁通体施釉，釉层较厚；青釉色泽较深；釉面光泽度好。

2007YY东T13H153：6，瓷碟。淡黄胎。器外壁上部及整个内壁通体施釉，釉层厚，外壁有积釉；釉蓝色略泛灰；釉面有光泽。

2007YY东T13H153：7，瓷碟。深灰胎，露胎处表面淡褐色。除器外壁圈足及近圈足处外，器内外壁通体施釉，釉层略厚；青釉色泽较深；釉面有光泽。

2007YY东T13H153：8，瓷碗。淡黄胎，圈足露胎。器内外壁通体施青釉，颜色略偏黄绿，有光泽，器表有棕眼。

2007YY东T13H153：9，瓷碗。灰胎，露胎处表面淡褐色。除外壁圈足及近圈足处外，器内外壁通体施釉，釉层厚；豆青釉，有大冰裂纹；釉面光泽度好。

2007YY东T13H153：10，瓷盏。灰胎，圈足露胎。器内外壁施冻白釉，有光泽，釉层下施一层白色化妆土。

2007YY东T13H153：11，瓷碗。灰胎，露胎处器表淡褐色。器外壁上部及整个内壁施釉，釉层薄；釉冻白色泛黄，釉面暗淡无光。釉层下施一层白色化妆土略厚。碗底残存麻点状支钉，因土锈斑驳，情况不明。

2007YY东T13H153：12，瓷盘。上部灰胎，下部淡黄胎。除外壁圈足及近圈足处外，器内外壁通体施釉，釉层厚；内壁蓝釉，外壁青釉泛蓝；釉面有较密集的小气孔，有大冰裂纹；釉面光泽度好。

2007YY东T13H153：13，瓷碗。灰胎，芒口。器内外壁通体施釉；内壁白釉色暗微黄，釉层薄，釉面无光泽；外壁酱褐釉偏红，釉层略厚，釉面有光泽。

2007YY东T13H153：14，瓷碗。深灰泛紫胎，圈足露胎。器内外壁施青釉，釉色略灰暗，釉层厚，有光泽。

2007YY东T13H153：15，瓷碗。灰胎。器外壁上部及整个内壁施釉，釉层薄；釉冻白色闪黄，釉面光泽暗淡。釉层下施一层白色化妆土略厚。

2007YY东T13H153：16，瓷碟。上部深灰胎，下部红胎，露胎处表面红色。除器外壁圈足及近圈足处外，器内外壁通体施釉，釉层较厚；釉青色泛黄；釉面有光泽。

2007YY东T13H153：17，瓷碗。灰胎，露胎处器表褐色。器外壁上部及整个内壁施釉，釉层薄；釉冻白色泛黄，釉面暗淡无光。釉层下施一层白色化妆土略厚。碗底残存麻点状支钉一个半，由数个小凸点组成。

2007YY东T13H153：18，瓷碗。灰胎，露胎处器表红褐色。器外壁上部及整个内壁施釉，釉层薄；釉冻白色闪黄，釉面有光泽。釉层下施一薄层白色化妆土。内壁碗底一周旋去施釉，露出胎底。

2007YY东T13H153：19，瓷盘。淡黄胎。除外壁圈足及近圈足处，器内外壁通体施釉，釉层厚，局部极厚；釉青色泛黄，内底有一片似烧灼痕迹，其中心部位黑色，边缘褐色向外渐淡；釉面光泽度好。

2007YY东T13H153：21，瓷盘。灰胎。器外壁上部及整个内壁施釉，釉层薄；釉白色，有冰裂纹，釉面有光泽。釉层下施一层白色化妆土略厚。

2007YY东T13H153：22，瓷碗。上部灰胎，下部浅黄胎。除器外壁圈足及近圈足处外，器内外壁通体施釉，釉层厚；豆青釉，有大冰裂纹；釉面有光泽。

2007YY东T13H153：30，瓷盏。淡黄胎，器外壁上部及整个内壁施釉，釉层薄；釉冻白色，釉面无光泽。釉层下施一薄层白色化妆土。

2007YY东T13H153：31，瓷碗。上部灰胎，下部黄灰胎，露胎处表面灰白色。除外壁圈足及近圈足处外，器内外壁通体施釉，釉层较厚，有大冰裂纹；釉色青翠；釉面光泽度好。

2007YY东T13H153：32，瓷碗。灰胎，露胎处表面灰白色。除器外壁圈足及近圈足处外，器内外壁通体施釉，釉层较厚，有大冰裂纹；釉色青翠；釉面光泽度好。

2007YY东T13H153：33，瓷碗。灰胎，露胎处表面褐色。除器外壁圈足及近圈足处外，器内外壁通体施釉，釉层较厚；青釉略泛灰，釉面偶见气孔；釉面有光泽。

2007YY东T13H153：34，瓷盏。褐红胎，外壁大部露胎。器外壁上部及整个内壁施釉，釉层薄；釉冻白色，釉面有光泽。釉层下施一层白色化妆土略厚。碗底残存麻点状支钉三个。

2007YY东T13H153：35，瓷碗。深灰胎泛紫，有气孔，露胎处表面褐色。除外壁圈足及近圈足处外，器内外壁通体施釉，釉层较厚；釉青色，局部隐隐有冰裂纹；釉面有光泽。

2007YY东T13H153：36，瓷碗。灰胎，露胎处器表红褐色。器外壁上部及整个内壁施釉，釉层薄；釉冻白色，釉面有光泽。釉层下施一薄层白色化妆土。内壁碗底一周旋去施釉，露出胎底。

2007YY东T13H153：37，瓷盏。灰黄胎，外壁大部及圈足露胎。器内壁及外壁口沿处施冻白釉，釉米黄色，光泽暗淡。

2007YY东T13H153：38，瓷碗。灰胎，露胎处表面淡褐色。除器外壁圈足及近圈足处外，器内外壁通体施釉，釉层略厚；青釉，略泛淡茶褐色；有冰裂纹；釉面光泽度好。

2007YY东T13H153：39，瓷碗。上部灰胎，下部淡黄胎。除器外壁圈足外，器内外壁通体施釉，釉层厚；外壁蓝釉，内壁浅蓝釉，有大面积灰白色；有冰裂纹，釉面有少量小气孔；

釉面有光泽。

2007YY东T13H153：40，瓷碟。灰胎。器内外壁上部施釉，釉层略厚；釉黑色，有光泽。

2007YY东T13H153：43，瓷碗。灰胎。器外壁上部及整个内壁施釉，釉层薄；釉白中泛黄，釉面有光泽。釉层下施一层白色化妆土略厚。碗底残存麻点状支钉两个，由十余个小凸点组成。

2007YY东T13H153：44，瓷碗。灰胎，露胎处器表红褐色。器外壁上部及整个内壁施釉，釉层薄，流釉现象严重；釉冻白色闪黄，釉面有光泽。釉层下施一层白色化妆土略厚。内壁碗底一周旋去施釉，露出胎底。

2007YY东T13H153：45，瓷炉。深灰胎，露胎处表面褐色。除外壁底部外，器内外壁通体施釉，釉层较厚；青釉，色泽略深；釉面有光泽。

2007YY东T13H153：48，瓷碗。深灰泛紫胎，圈足露胎。器内外壁施青釉，釉色略暗，夹少量黑点，釉厚，光泽度好。

2007YY东T13H153：49，瓷碗。灰胎，芒口。器内外壁通体施釉；内壁白釉色暗，釉层薄，有冰裂纹，釉面有光泽；外壁黑釉，釉层略厚，釉面有光泽。

2007YY东T13H153：51，瓷盘。黄灰胎，露胎处器表淡褐色。除外壁底部外，器内外壁通体施釉，釉层薄；冻白釉，显黄色，有冰裂纹，釉面有光泽。釉层下施一层白色化妆土略厚。

2007YY东T13H153：52，瓷盏。淡黄胎。器内外壁上部施釉，釉层略厚；釉灰褐色，无光泽。

2007YY东T13H153：53，瓷碗。灰胎，露胎处表面淡褐色。除外壁圈足底及圈足心外，器内外壁通体施釉，釉层厚；豆青釉略深；釉面光泽度好。

2007YY东T13H153：54，瓷盘。石灰白胎。除外壁圈足部位外，器内外壁通体施釉，釉层较厚；青釉，略泛淡茶褐色；有较大冰裂纹；釉面光泽度好。

2007YY东T13H153：58，瓷盆。黄灰胎，露胎处表面淡褐色。器口沿及外壁底部无釉，釉层薄；内壁白釉，外壁酱褐釉；釉面有光泽。白釉层下及口沿无釉处施一薄层白色化妆土。器内底有长条形支钉五个，长1.4厘米。

2007YY东T13H153：59，瓷碗。淡黄胎，露胎处器表红褐色。器外壁上部及整个内壁施釉，釉层薄；釉冻白色，有冰裂纹，釉面暗淡无光。釉层下施一层白色化妆土略厚。内壁有黄褐彩，腰部两周弦纹，碗底不明。

2007YY东T13H153：60，瓷碗。黄灰胎，露胎处表面黄灰色。除器外壁圈足及近圈足处外，器内外壁通体施釉，釉层较厚；青釉，釉面偶见气孔；釉面有光泽。

2007YY东T13H153：61，瓷盏。淡黄胎，器外壁上部及整个内壁施釉，釉层薄；釉白色，釉面有光泽。釉层下施一薄层白色化妆土。内底残存长条形支钉一个。

2007YY东T13H153：62，瓷碗。深灰胎，露胎处表面褐色。除外壁圈足及近圈足处外，器内外壁通体施釉，釉层较厚；釉青色泛灰白；釉面光泽暗淡。

2007YY东T13H153∶63，瓷碗。淡黄胎，器外壁上部及整个内壁施釉，釉层薄；釉冻白色，釉面光泽暗淡。釉层下施一薄层白色化妆土。

2007YY东T13H170∶1，瓷梅瓶。灰胎。器外壁除底部外，通体施釉，釉层薄；釉冻白色，釉面光泽暗淡。釉层下施一层白色化妆土略厚。

2007YY东T13H170∶2，瓷碟。深灰胎泛紫，露胎处表面淡褐色。除外壁圈足及近圈足处外，器内外壁通体施釉，釉层厚，外壁釉层下缘积釉处极厚；釉蓝中略透紫；釉面光泽暗淡。

2007YY东T13H170∶3，瓷（双耳）罐。灰胎。器外壁上半部及整个内壁施釉，釉层薄；外壁黑釉，内壁酱褐釉；口部无釉，施一薄层白色化妆土。有光泽。

2007YY东T13H186∶2，瓷盘。上部深灰胎略泛紫，下部淡黄胎。除外壁圈足外，器内外壁通体施釉，釉层较厚；釉青色微泛灰白，有大冰裂纹；釉面光泽暗哑。外壁腹部有一周凹弦纹，因釉的流动性较差，局部釉不能渗入导致无釉。

2007YY东T13H198∶1，瓷碗。灰胎。器外壁上部及整个内壁施釉，但唇部无釉，釉层薄；釉色近正白，有细冰裂纹；釉面光泽暗淡。釉层下施一薄层白色化妆土。

2007YY东T13J2∶1，瓷碗。灰胎。器外壁上部及整个内壁施釉，釉层薄；釉白色，釉面光泽度好。釉层下施一层白色化妆土略厚。内壁有褐彩，其中腰部一周粗带纹，碗心残存写意草叶纹一簇半。

2007YY东T13J2∶2，瓷杯。淡黄胎。除外壁圈足及近圈足处外，器内外壁通体施釉，釉层厚；釉色青灰；釉面光泽暗淡。

2007YY东T14③∶1，瓷盘。褐黄胎，外壁下部及圈足露胎。内壁及外壁上部施酱黑釉，有光泽。内底施白色化妆土一层。

2007YY东T14④∶1，瓷碟。灰胎。器外壁上部及整个内壁施釉，釉层薄；釉冻白色，局部因化妆土较薄而呈暗白色，有细冰裂纹，釉面光泽暗淡。釉层下施一薄层白色化妆土。内底残存麻点状支钉两个，由十余个小凸点组成。

2007YY东T14④∶2，瓷碗。淡黄胎。除外壁圈足处外，器内外壁通体施釉，釉层薄；外壁上部及内壁施冻白釉，口部褐釉，外壁其余部位施褐釉，但褐釉与冻白釉之间有一段无釉，釉面无光泽；褐釉层表面有细密的气孔。冻白釉层下施一薄白色化妆土略厚。内壁有褐彩，腰部三周弦纹，碗底写意花叶纹。

2007YY东T14④∶3，瓷碟。淡黄胎。器内外壁上部施釉，釉层薄；釉酱褐色，有光泽。内壁无釉处施一薄层白色化妆土。

2007YY东T14④∶5，瓷盘。深灰胎泛紫，露胎处表面深褐色。除外壁圈足及近圈足处外，器内外壁通体施釉，釉层薄；外壁上部及内壁施冻白釉；外壁其余部位施酱褐釉；釉面有光泽。白釉层下施一层白色化妆土略厚。内底残存麻点状支钉两个，由十余个小凸点组成。

2007YY东T14④∶6，瓷碟。深灰胎，露胎处表面淡褐色。除器外壁圈足及近圈足处外，器内外壁通体施釉，釉层厚；内壁蓝釉，局部青色；外壁青釉；有冰裂纹，釉面有光泽。

2007YY东T14④∶7，瓷盘。深灰胎，底部淡黄色，露胎处表面淡褐色。器内外壁上部施釉，釉层厚；釉蓝色，釉面有较密集的小气孔，有冰裂纹；釉面有光泽。

2007YY东T14⑤：2，瓷盏。灰胎。器外壁上部及整个内壁施釉，釉层薄；釉冻白色；有细冰裂纹；釉面无光泽。釉层下施一薄层白色化妆土。内底残存椭圆形支钉两个，长0.7厘米。

2007YY东T14H29：1，瓷灯盏。淡黄胎。器外壁口部及内壁上部施釉，釉层薄；釉酱褐色，有光泽。

2007YY东T14H33：1，瓷碟。褐黄胎，外壁下部及圈足露胎。器内外壁施冻白釉，釉色略显黄，光泽暗淡。釉层下施一层白色化妆土。内地残存两处支钉痕，一处为三个小凸点组成，一处为散落的九个小凸点组成。

2007YY东T14H33：3，瓷盘。灰胎。除器外壁圈足底部外，器内外壁通体施釉，釉层较厚；青釉，如凝脂，光泽内蕴。

2007YY东T14H33：4，瓷碗。深灰胎，露胎处表面褐色，内外壁胎面有凹带。除器外壁圈足及近圈足处外，器内外壁通体施釉，釉层极厚，达0.15厘米；釉蓝色泛灰，口部微泛紫；釉面偶见气孔，有冰裂纹；釉面有光泽。

2007YY东T14H33：5，瓷碗。深灰胎，露胎处表面淡褐色。除外壁圈足及近圈足处外，器内外壁通体施釉，釉层极厚，达0.15厘米；釉浅蓝色，口部及器身局部微泛紫；釉面偶见气孔，有冰裂纹；釉面有光泽。

2007YY东T14H33：6，瓷盘。深灰胎泛紫。外壁上部及整个内壁施釉，釉层薄；釉白色，釉面有光泽。釉层下施一层白色化妆土略厚。支钉情况不明。

2007YY东T14H56：1，瓷碟。灰胎。外壁上部及整个内壁施釉，釉层薄；釉冻白色；釉面无光泽。内底有麻点状支钉五个，由两个至十个小凸点组成。釉层下施一层薄薄的化妆土。

2007YY东T14H56：2，瓷盏。淡黄胎，露胎处表面红褐。外壁上部及整个内壁施釉，釉层薄；釉冻白色；釉面有光泽，有细冰裂纹。釉层下施一层化妆土略厚。内底残存麻点状支钉两个，由七八个小凸点组成。

2007YY东T14H69：1，瓷碗。深灰胎泛紫，有气孔，露胎处表面褐色。除外壁圈足及近圈足处外，器内外壁通体施釉，釉层极厚；釉蓝色泛灰，釉面偶见气孔；有大冰裂纹；釉面有光泽。内壁有一处紫色窑变。

2007YY东T14H69：2，瓷盘。上部深灰胎泛紫，下部橙黄胎，露胎处表面淡黄色。器内外壁上部施釉，釉厚较厚，下部有积釉；釉蓝灰色，表面有密集的小气孔；釉面有光泽。

2007YY东T14H69：3，瓷盘。深灰胎，露胎处表面褐色。除外壁下部及圈足外，内外壁通体施釉，釉层厚。青釉，有较大冰裂纹；釉面光洁度好。

2007YY东T14H69：4，瓷碟。深灰胎泛紫，有气孔，露胎处表面淡褐色。除外壁圈足及近圈足处外，器内外壁通体施釉，釉层上部厚，下部极厚，外壁下部积釉处尤厚；釉蓝中泛紫，釉面有较多的小气孔；釉面有光泽。

2007YY东T14H69：5，瓷盘。红胎，露胎处表面红褐。除外壁圈足部位外，器内外壁通体施釉，冻白釉层薄而褐釉层略厚；内壁及外壁上部施冻白釉，外壁其余部位施褐釉；釉面光泽暗淡，褐彩釉面有较多小气孔。冻白釉层下施一层白色化妆土略厚。口沿一周黑彩，内壁腰部三周断续黑彩弦纹，内壁碗底黑彩绘写意花卉。碗底有麻点状支钉五个，均由十余个小凸点组成。

2007YY东T14H69∶6，瓷碗。深灰胎泛紫，有气孔，露胎处表面红褐色。除外壁圈足及近圈足处外，器内外壁通体施釉，釉层上部较薄，下部极厚，外壁下部积釉处尤厚；釉蓝中泛紫，局部淡茶褐色，内壁碗底部釉面有密集的小气孔；有大冰裂纹；釉面有光泽。内壁釉有兔丝。

2007YY东T14H69∶7，瓷盘。上部灰胎，下部橙黄胎，露胎处表面红褐色。器内外壁上部施釉，釉层较厚；青釉泛灰，有细冰裂纹不显；釉面光泽暗淡。内壁无釉处表面施一层白色化妆土。

2007YY东T14H69∶9，瓷盘。深灰胎泛紫，有气孔，露胎处表面淡褐色。除外壁圈足及近圈足处外，器内外壁通体施釉，釉层厚；釉蓝色泛灰，内外壁上部釉面有密集的小气孔；隐隐有大冰裂纹；釉面有光泽。内壁有两处紫色窑变。

2007YY东T14H69∶10，瓷碟。黄灰胎。器内外壁上部施釉，釉层薄；釉酱褐色，光泽暗淡。内壁无釉处施一层薄薄的白色化妆土。

2007YY东T14H95∶1，瓷碟。灰胎。器外壁上部及整个内壁施釉，釉层薄；釉冻白色闪黄，有细冰裂纹，釉面暗淡无光。釉层下施一层白色化妆土略厚。内底有麻点状支钉三个，其中一个由三个小凸点组成，其余两个由十余个小凸点组成。

2007YY东T14H95∶2，瓷碗。灰胎。器外壁上部及整个内壁施釉，釉层薄；釉白中微闪黄，有细冰裂纹；釉面有光泽。釉层下施一层白色化妆土略厚。碗底残存麻点状支钉一个，由六个较大的椭圆形凸点组成。

2007YY东T14H95∶3，瓷器盖。灰褐胎，内底无釉，外壁施冻白釉，略闪黄，有光泽。

2007YY东T14H95∶4，瓷碗。灰胎。外壁上部及整个内壁施釉，釉层薄；釉白色，有极细的冰裂纹，釉面光泽度极好。釉层下施一层白色化妆土略厚。

2007YY东T14H95∶5，瓷碗。灰胎。器外壁上部及整个内壁施釉，釉层薄；釉冻白色，釉面光泽暗淡。釉层下施一层白色化妆土略厚。内壁有褐彩，其中腰部两周弦纹，碗心残存写意草叶纹。碗底残存麻点状支钉两个。

2007YY东T14H95∶6，瓷盆。灰胎。除口沿及外壁器底外，器内外壁通体施釉，釉层略厚；釉黑褐色，釉面偶见气孔，有光泽。口沿无釉处施一薄层白色化妆土。

2007YY东T14H95∶7，瓷碗。浅黄胎，露胎处表面红褐。外壁上部及整个内壁施釉，釉层薄；釉冻白色，釉面暗淡无光。釉层下施一层白色化妆土略厚。内壁碗底残存麻点状支钉半个，由数个小凸点组成。

2007YY东T14H96∶1，瓷盏。灰胎，露胎处表面褐色。除外壁圈足内底外，器内外壁通体施釉，釉层薄；外壁上部及内壁施白釉，外壁其余部位施灰褐釉，釉面有光泽。白釉层下施一层白色化妆土略厚。

2007YY东T14H96：2，瓷盘。淡黄胎。除外壁圈足内底部位外，器内外壁通体施釉，釉层薄；内壁及外壁上部施冻白釉，外壁其余部位施褐釉；釉面有光泽，冻白釉有冰裂纹。冻白釉层下施一层白色化妆土略厚。口沿一周黑彩，内壁腰部三周断续黑彩弦纹，内壁碗底黑彩绘写意花草。碗底残存长椭圆形支钉一个，长0.7厘米。

2007YY东T14H96：3，瓷碗。黄灰胎，露胎处表面淡黄色。除外壁圈足及近圈足处外，器内外壁通体施釉，釉层极厚；釉蓝中泛紫，内外壁上部釉面有密集的小气孔；有冰裂纹；釉面有光泽。内壁有一处不成功的窑变，色泽中部蓝中带绿，周围淡茶褐色。

2007YY东T14H97：1，瓷盘。灰胎，露胎处表面红褐色。除外壁圈足及近圈足处外，器内外壁通体施釉，釉层薄；外壁上部及内壁施冻白釉，有冰裂纹；外壁其余部位施酱褐釉；釉面有光泽。白釉层下施一层白色化妆土略厚。内底残存麻点状支钉三个，其中一个完整，两个残半，由十余个小凸点组成。

2007YY东T14H97：2，瓷灯盏。淡黄胎。器外壁口部及内壁上部施釉，釉层薄；釉黑色，釉面光泽暗淡。器表无釉处局部有锅灰状黑色物质。

2007YY东T14H110：1，瓷碟。淡黄胎，下部较厚。器外壁上部及整个内壁施釉，釉层薄；釉冻白色，隐隐有细冰裂纹，釉面有光泽。釉层下施一层白色化妆土略厚。内底残存麻点状支钉三个半，由数个小凸点组成。

2007YY东T14H110：2，瓷碟。淡黄胎。器外壁上部及整个内壁施釉，釉层薄；釉冻白色闪黄，有细冰裂纹，釉面有光泽。釉层下施一层白色化妆土略厚，内壁腰部无化妆土，而此处釉层较厚，故釉色较暗。内底残存麻点状支钉两个，由十余个小凸点组成。

2007YY东T14H110：3，瓷碟。浅黄胎，露胎处表面红褐。外壁上部及整个内壁施釉，釉层薄；釉白中微泛黄，釉面有光泽。釉层下施一层白色化妆土略厚。内壁碗底残存麻点状支钉一个半，由近十个小凸点组成。

2007YY东T14H136：1，瓷碟。灰胎，内底、外壁下部及圈足露胎，余部施酱黑釉，有光泽。

2007YY东T14H136：2，瓷盆。夹细砂灰胎，无釉处器表淡褐色。器口及内壁施釉，釉层薄；釉冻白色，光泽暗淡。釉层下施一层白色化妆土略厚。内壁有墨绿色彩饰，口沿两组各两周弦纹，弦纹之间为一周楔形长点；盆壁上下各一周弦纹，弦纹间写意细草叶纹；盆底纹饰不明。器底残存长方形及圆形支钉各一个，长方形支钉长1.3、宽0.7厘米，圆形支钉直径0.7厘米。

2007YY东T14H173：1，瓷盘。淡黄胎，圈足露胎。器内壁及外壁上部施冻白釉，釉层下施白色化妆土一层；外壁中部施酱黑釉，有光泽。内底以黑彩绘写意花草。

2007YY东T14H188：3，瓷盘。黄灰胎。器内外壁上部施釉，釉层较薄；釉黑色，有光泽。内壁无釉处施一薄层白色化妆土。

2007YY东T14H192：1，瓷碗。上部灰胎，下部黄灰胎，露胎处表面灰白色。除器外壁圈足及近圈足处外，器内外壁通体施釉，釉层厚；釉豆青色，有冰裂纹；釉面有光泽。

2007YY东T14H199：1，瓷碟。黄灰胎，胎薄。除内壁沿部外，器内外壁通体施满釉，釉层略厚；半乳浊釉，色暗白；釉面有光泽。内壁沿部无釉处施一薄层白色化妆土，釉下不施。

2007YY东T14H230：3，瓷碗。黄灰胎。器外壁上部及整个内壁施釉，釉层薄；釉近正白色；釉面有光泽，玻璃质感较好。釉层下施一层白色化妆土略厚。内底有篦划纹。内底有椭圆形支钉四个，长0.5厘米。

2007YY东T14H230：4，瓷盘。黄灰胎。器外壁上部及整个内壁施釉，釉层薄；釉冻白色；釉面有细冰裂纹，有光泽。釉层下施一薄层白色化妆土。内底残存长条形支钉一个，长0.7厘米。

2007YY东T15G3①：1，瓷碟。深灰近紫胎，露胎处表面褐色。除外壁圈足处外，器内外壁通体施釉，釉层极厚；釉蓝色，局部泛紫，有大面积呈灰白色，内底有一处紫色窑变斑块；釉面未见气孔，但断面显示釉层中有较多小气泡；釉面有光泽。

2007YY东T15G3③：1，瓷碟。深灰近紫胎，露胎处表面深褐色。除外壁圈足底部外，器内外壁通体施釉，釉层外壁较厚，内壁大部分厚，底部极厚；釉豆青色，釉色清澈，由釉面可见釉层中有密集的小气泡；釉面有光泽。

2007YY东T15G3③：2，瓷碗。黄灰胎。器外壁上部及整个内壁施釉，釉层薄；釉冻白色；釉面已氧化无光泽。釉层下施一薄层白色化妆土。内底残存近椭圆形支钉三个，长0.7厘米。

2007YY东T15G3③：3，瓷碗。深灰近紫胎，露胎处表面褐色。除圈足足部外，器内外壁通体施釉，釉层厚，外壁下部局部有积釉；釉青色，有较大的冰裂纹；釉面有光泽。

2007YY东T15H17：1，瓷盘。灰胎，胎薄，芒口。器内外壁通体施釉；外壁口部及内壁施冻白釉，釉层薄，有冰裂纹；外壁其余部位施黑釉，釉层略厚；釉面有光泽。白釉层下施一层白色化妆土略厚。

2007YY东T15H163②：1，瓷碗。黄灰胎。除内壁近口处一周无釉外，器内外壁通体施釉，釉层薄；釉色近正白，有冰裂纹；外壁釉面光泽度好，玻璃质感强。釉层下施一薄层白色化妆土。

2007YY东T15H163②：2，瓷杯。黄灰胎。外壁上部及整个内壁施釉，釉层薄；釉近白色，釉面有光泽。釉层下施一薄层白色化妆土。内底有黑色点彩。

2007YY东T15H164：1，瓷碟。灰胎，无釉素烧。

2007YY东T15H229：4，瓷盘。灰胎。器外壁上部及整个内壁施釉，釉层薄；釉冻白色，有细冰裂纹；釉面有光泽。釉层下施一薄层白色化妆土。内底残存长条形支钉一个，长0.7厘米。

2007YY东T15H229：5，瓷盘。淡黄胎。器外壁上部及整个内壁施釉，釉层薄；釉冻白色，有细冰裂纹；釉面有光泽。釉层下施一薄层白色化妆土。内底残存支钉三个，其一近方形，长0.6厘米；其一长楔形，长0.9厘米；其一芝麻状，长0.2厘米。

2007YY东T15Z5：1，瓷器盖。灰胎。器外壁施釉，釉层薄；釉青黑色，略有光泽。

附录七 2007年禹州阳翟故城遗址西Ⅰ区出土瓷器胎釉描述

2007YY西ⅠT1①:1，瓷碗。黄灰胎，露胎处表面褐色。除外壁圈足及近圈足处外，器内外壁通体施釉，釉层薄；外壁上部及内壁冻白釉，外壁下部酱褐釉；釉面光泽暗淡。冻白釉层下施一层白色化妆土。内底有麻点状支钉五个，由十余个小凸点组成。施黑彩，内壁腰部三周弦纹，内底折枝花卉一朵。

2007YY西ⅠT1①:4，瓷盘。褐黄胎，圈足露胎。器内壁施冻白釉，釉色发黄，光泽暗淡；外壁上部施冻白釉，中部施酱黑釉，有光泽。釉下层施一层白色化妆土。内底中可见四处支钉痕，每处由几个小凸点组成。

2007YY西ⅠT1①:7，瓷碟。深灰近紫胎，露胎处表面施一薄层褐色护胎釉，局部有光泽。除圈足及近圈足处外，器内外壁通体施釉，釉层厚；釉原应为蓝色泛紫，因氧化等原因而呈灰白色；釉面有光泽。

2007YY西ⅠT1②:2，瓷盏。深灰泛紫胎，外壁大部及圈足露胎。内壁及外壁口部施冻白釉，釉色暗黄，无光泽。

2007YY西ⅠT1③:2，瓷盘。灰胎，内底及圈足无釉，余部施酱黑釉，有光泽。

2007YY西ⅠT1③:4，瓷灯盏。黄褐胎，内底、圈足及近圈足处无釉，余部施酱黑釉，有光泽。

2007YY西ⅠT1③:5，瓷碟。灰褐胎，外壁大部及圈足露胎。器内壁及外壁上部施冻白釉，釉色发黄，光泽暗淡；釉下层施一层白色化妆土。内底中残存三处支钉痕，每处由几个小凸点组成。

2007YY西ⅠT1③:6，瓷盘。褐灰胎，内底、圈足及近圈足处无釉，余部施酱黑釉，有光泽。

2007YY西ⅠT1③:7，瓷器盖。灰胎，内底无釉，外壁施冻白釉，以黑彩绘写意花草，釉下层施一层白色化妆土。

2007YY西ⅠT1H3:1，瓷器盖。浅灰胎，夹细砂。器外壁施釉，釉层薄；釉冰白色，有光泽。釉层下施白色化妆土。

2007YY西ⅠT1H4:1，瓷盘。灰胎，圈足心烧成橙黄色，夹细砂。除圈足及近圈足处外，器内外壁施釉，釉层厚，厚度在1毫米以上；蓝釉，内壁灰蓝色，有大冰裂纹；有光泽。釉层下无化妆土。

2007YY西ⅠT1H10①：1，瓷盏。灰胎，圈足底表面局部红褐色，夹细砂。器内壁及外壁上部施釉，釉层薄；釉白色微闪黄，有冰裂纹，有光泽。釉层下施白色化妆土。内底残存麻点状支钉痕四个，组成支钉的凸点因堆挤在一起，个数不能详数。

2007YY西ⅠT1H10②：2，瓷碗。浅红褐胎，夹细砂。器内壁及外壁上部施釉，釉层薄；釉冻白色，有光泽。釉层下施白色化妆土。内底残存麻点状支钉痕一个。

2007YY西ⅠT1H10②：3，瓷臼。内黑外红胎。器内壁近口部及外壁上半部施釉，釉层略厚；釉酱褐色，釉面有光泽。口部无釉，施一薄层白色化妆土。

2007YY西ⅠT1H11：2，瓷碗。淡黄胎，内底中部一周、外壁上部及圈足无釉，余部施酱黑釉，有光泽。

2007YY西ⅠT1H44：2，瓷盘。黄灰胎，圈足底施护胎釉。除圈足外，器内外壁施釉，釉层薄；内壁及外壁口沿部位釉冻白色，有碎冰裂纹；外壁褐釉，釉面偶见气孔；有光泽；冻白色釉层下有白色化妆土。器内底残存两个麻点状支钉痕。

2007YY西ⅠT1H44：3，瓷碗。褐黄胎，圈足露胎。器内壁及外壁口部施冻白釉，器中部施酱黑釉，光泽暗淡，釉下层施一层白色化妆土。内底以酱彩绘写意花卉。内底中可见五处支钉痕，每处由几个小凸点组成。

2007YY西ⅠT1H168：1，瓷瓶形器。浅灰黄色胎。施黑釉，部分已脱落。

2007YY西ⅠT1H184①：1，瓷碟。灰胎，胎极厚，最厚1.3厘米。器外壁上部及整个内壁施釉，釉层薄；釉冻白色，有冰裂纹，釉面有光泽。釉层下施一薄层白色化妆土。

2007YY西ⅠT1H184③：1，瓷碟。淡黄胎，露胎处表面淡褐色。外壁上部及整个内壁施釉，釉层薄；釉冻白色，局部有细冰裂纹；釉面暗淡无光。内底有麻点状支钉五个，由数个至十余个小凸点组成。釉层下施一层薄薄的化妆土。

2007YY西ⅠT2③：1，瓷盘。褐红胎，足底露胎，器内外壁施豆青釉，光泽柔和，有细冰裂纹。

2007YY西ⅠT2③：5，瓷盘。褐黄胎，内底、圈足及近圈足处无釉，余部施酱釉，有光泽。

2007YY西ⅠT2③：6，瓷盏。褐黄胎，内底及圈足无釉，余部施酱釉，光泽暗淡。

2007YY西ⅠT2③：7，瓷盏。淡黄胎，圈足露胎。器内外壁施冻白釉，釉色略发黄，光泽暗淡。釉层下施一层白色化妆土。

2007YY西ⅠT2③：8，瓷碗。黄灰胎，圈足露胎，足底褐红色。器内壁及外壁上部施冻白釉，以酱黑彩绘写意花草；外壁中部施酱黑釉，有光泽。釉层下施一层白色化妆土。

2007YY西ⅠT2⑤：1，瓷碗。淡黄胎，露胎处表面施一薄层棕褐色护胎釉，无光泽。器外壁上部及整个内壁施釉，釉层薄；釉白色泛黄，有冰裂纹；釉面光泽暗淡。釉层下施一层白色化妆土略厚。内底有黑彩。

2007YY西ⅠT2⑤：2，瓷盘。灰胎。器外壁上部及整个内壁施釉，釉层薄；釉冻白色，釉面有冰裂纹；釉面有光泽。釉层下施一层白色化妆土略厚。内底残存支钉三个，两个椭圆形，长0.9厘米；一个不规则长条形，长1.4厘米。内底有划花，形状不甚明了。

2007YY西ⅠT2H282：1，瓷盏。灰胎。器内外壁上部施釉，釉层略厚；釉黑色，釉面有光泽。

2007YY西ⅠT2H282：2，瓷盏。淡黄胎。器内外壁上部施釉，釉层略厚；釉黑褐色，釉面有光泽。

2007YY西ⅠT2H297：1，瓷灯盏。灰胎，外壁露胎。器内壁及外壁口部施冻白釉，釉层下施一层白色化妆土。

2007YY西ⅠT2H327：1，瓷碟。深灰近紫胎，露胎处表面褐色。除圈足及近圈足处外，器内外壁通体施釉，釉层厚；釉蓝色略泛紫，局部灰白；有冰裂纹；釉面有光泽。

2007YY西ⅠT2H327：2，瓷碗。深灰胎，露胎处表面褐色。器外壁上部及内壁通体施釉，釉层薄；釉白色泛黄，釉面偶见气孔，有细冰裂纹；釉面有光泽。釉层下施一层白色化妆土。

2007YY西ⅠT2H327：4，瓷灯盏。淡黄胎，露胎处表面灰色。外壁口部及整个内壁施釉，釉层薄；釉白色；釉面光泽暗淡。釉层下施一薄层化妆土。

2007YY西ⅠT2H330：1，瓷碗。黄灰胎，下腹部极厚。除圈足外，器内外壁通体施釉，釉层薄；外壁上部及整个内壁冻白釉；外壁其余部位酱褐釉；釉面有光泽。白釉层下施一层白色化妆土略厚。内底有灰褐彩，腰部两周弦纹，内底写意草叶纹。

2007YY西ⅠT2H367：2，瓷碟。淡黄胎。器内外壁上部施釉，釉层略厚；釉褐色，釉面无光。内壁无釉处施一薄层白色化妆土。

2007YY西ⅠT3②：1，瓷灯盏。灰胎。内底及外壁大部无釉，内外壁口部施酱黑釉，有光泽。

2007YY西ⅠT3③：1，瓷盏。黄灰胎。外壁及器底无釉，内壁施冻白釉，光泽暗淡。

2007YY西ⅠT3③：4，瓷碟。灰胎。器外壁上部及整个内壁施釉，釉层薄；釉冻白色；釉面光泽暗淡。釉层下施一薄层白色化妆土。内底残存麻点状支钉一个，由十余个细小凸点组成。

2007YY西ⅠT3③：8，瓷碗。灰胎，胎厚。器内壁及外壁口沿处施冻白釉，外壁大部及圈足露胎。口沿沿面因釉水粘粘而粗糙或有釉面剥落。釉层下施一薄层白色化妆土。

2007YY西ⅠT3③：9，瓷碗。黄灰胎，外壁大部及圈足露胎。器内外壁施冻白釉，内底以黑彩绘纹饰。釉层下施一层白色化妆土。

2007YY西ⅠT3③：10，瓷盘。黄褐胎，圈足露胎。器内外壁施冻白釉，釉色略发黄，外壁中部施酱黑釉，有光泽。内底以黑彩绘写意花草。釉层下施一层白色化妆土。内底残存支钉痕一处。

2007YY西ⅠT3③：11，瓷碗。黄灰胎，圈足底施一薄层棕褐色护胎釉，无光泽。器口及整个内壁施釉，釉层薄；釉冻白色，有细冰裂纹；釉面有光泽。釉层下及外壁上部施一层白色化妆土略厚。内底残存麻点状支钉一个，由十余个小凸点组成。

2007YY西ⅠT3③∶12，瓷（研磨）盘。红胎，圈足露胎处施一薄层红褐色护胎釉，无光泽。除外壁圈足及近圈足处外，器内外壁通体施釉；外壁上部及整个内壁施冻白釉，釉层薄；外壁其余部位施棕褐釉，釉层略厚；釉面有光泽。白釉层下施一薄层白色化妆土。内壁有绿彩，为三周弦纹。内底有楔形戳点凹槽，起研磨作用。

2007YY西ⅠT3H12∶1，瓷碟。灰胎，圈足底表面褐色，夹细砂。器内壁及外壁上部施釉，釉层薄；釉冻白色，内壁局部因化妆土极薄或无，色泽灰暗；有光泽。釉层下施白色化妆土。

2007YY西ⅠT3H12∶2，瓷盏。黄褐胎，夹细砂。内壁及唇部施釉，釉白色，已氧化无光泽。口唇部有黑色点彩，釉已氧化，如煤状，易刮除。

2007YY西ⅠT3H13∶1，瓷盏。黄褐胎，夹细砂。器内外壁近口处施釉，釉层略厚；釉褐色，无光泽。釉层下不施化妆土。

2007YY西ⅠT3H254∶2，瓷盘。淡红胎，露胎处表面红褐。外壁上部及整个内壁施釉，釉层薄；釉白中微泛黄，釉面有光泽。釉层下施一层白色化妆土略厚。内壁碗底残存麻点状支钉两个半，由十余个或二十余个小凸点组成。

2007YY西ⅠT3H255∶2，瓷碟。红胎，胎面毛糙不平整，露胎处表面红褐色。除外壁圈足及近圈足处外，器内外壁通体施釉，釉层薄；釉冻白色，釉面有光泽但不平。白釉层下施一层白色化妆土略厚。内底有麻点状支钉五个，由十余个细小凸点组成。

2007YY西ⅠT3H255∶3，瓷碟。黄褐胎，露胎处表面褐色。除圈足底外，器内外壁通体施釉；外壁上部及整个内壁冻白釉，有细冰裂纹，釉层薄；外壁其余部位黑釉，釉层略厚，釉面有密集的小气孔；釉面有光泽。白釉层下施一层白色化妆土略厚。内底残存麻点状支钉一个半，由十余个大凸点组成。

2007YY西ⅠT3H267∶1，瓷碗。深灰胎泛紫，露胎处表面褐色。除器外壁圈足及近圈足处外，器内外壁通体施釉，釉层较厚；透明釉，釉下无化妆土，故釉透胎色。釉面偶见气孔，有光泽。

2007YY西ⅠT3H267∶2，瓷碗。黄灰胎。外壁上部及整个内壁施釉，釉层薄；釉冻白色；釉面有光泽。釉层下施一层薄薄的化妆土。

2007YY西ⅠT3H267∶3，瓷碗。黄褐胎。器外壁上部及内壁通体施釉，釉层薄；釉冻白色，有细冰裂纹；釉面有光泽。釉层下一层白色化妆土。内壁腹部残存长条形支钉一个。

2007YY西ⅠT3H290∶1，瓷臼。胎不明。器外壁除口部外通体施釉，釉层略厚；釉褐色，釉面光泽暗淡。口部及整个内壁无釉，施一薄层白色化妆土。

2007YY西ⅠT3H290∶2，瓷碗。淡黄胎，露胎处表面淡黄色。除外壁圈足及近圈足处外，器内外壁通体施釉，内底一周去釉露胎，釉层略厚；酱褐釉，光泽暗淡。

2007YY西ⅠT3H290∶3，瓷碗。上部深灰胎泛紫，下部橙黄胎，露胎处表面红色。除外壁圈足及近圈足处外，器内外壁通体施釉，釉层略厚；釉色灰中泛绿，有灰白色杂线纹；釉面暗淡。

2007YY西ⅠT3H290：4，瓷灯盏。深灰胎。器外壁口部及内壁上部施釉，釉层薄；釉酱褐色，表面泛银灰色光泽。

2007YY西ⅠT3H298：1，瓷盘。灰胎。器内外壁上部施釉，釉层略厚；釉黑色，釉面有光泽。内壁无釉处施一薄层白色化妆土。

2007YY西ⅠT3H298：2，瓷碟。灰胎。器外壁上部及内壁通体施釉，釉层薄；釉冻白色，有细冰裂纹；釉面有光泽。釉层下施一层白色化妆土。内底残存芝麻点状支钉一个。

2007YY西ⅠT4③：5，瓷碗。黄褐胎，外壁下部及圈足露胎。器内外壁上部施青釉，色墨绿；器内外壁中部施酱黑釉，有光泽。

2007YY西ⅠT4③：6，瓷盘。灰胎。器内外壁上部施釉，釉层略厚；釉酱黑色，釉面有光泽。器内壁无釉处施一薄层白色化妆土。

2007YY西ⅠT4H25：1，瓷盘。黄灰胎。除圈足及近圈足处外，器内外壁施釉，釉层薄；釉冻白色，有极碎的冰裂纹；有光泽。釉层下施白色化妆土。内壁底残存长方支钉一个。

2007YY西ⅠT4H25：2，瓷碗，深灰近紫胎，露胎处表面一薄层棕褐色护胎釉。外壁除圈足底外，内壁除底部外，器内外壁通体施釉，釉层较厚；釉青灰色；釉面有光泽。

2007YY西ⅠT4H25：3，瓷盘。深灰近紫胎。除圈足足部外，器内外壁通体施釉，釉层极厚；釉蓝色，圈足心青色，内壁局部有紫色窑变小斑点；有冰裂纹；釉面光泽暗淡。

2007YY西ⅠT4H26：1，瓷碗。红褐胎，圈足底表面紫褐色。除圈足及近圈足处外，器内外壁施釉，釉层薄；内壁及外壁上部釉色白中微闪黄，有极细冰裂纹不显；外壁下部褐釉；光泽暗淡。白釉层下施白色化妆土。内底有灰褐彩。

2007YY西ⅠT4H26：2，瓷碗。红褐胎。除圈足外，器内外壁通体施釉。内壁及外壁上部釉灰白色发暗，较薄；外壁下部釉褐色，略厚。光泽暗淡。白釉层下施一层白色化妆土。内底两周灰绿彩弦纹。内底残存麻点状支钉痕三个，每个支钉由十余至二十几个小凸点组成。

2007YY西ⅠT4H85：1，瓷盆。黄褐胎，口部露胎。器内外壁施酱黑釉，有光泽。

2007YY西ⅠT5③：1，瓷盘。黄褐胎，圈足露胎。器内外壁施冻白釉，有光泽。釉层下施一层白色化妆土。内底以黑彩绘写意花卉。内底残存三处支钉痕。

2007YY西ⅠT5③：3，瓷盘。灰胎。器内外壁上部施釉，釉层略厚；釉褐色略闪绿，釉面有光泽。器内壁无釉处施一薄层白色化妆土。

2007YY西ⅠT5③：4，瓷盘。黄灰胎，内底及圈足无釉，余部施酱釉，光泽暗淡。内底中部施一薄层白色化妆土。

2007YY西ⅠT5③：6，瓷盏。黄灰胎。器内外壁上部施釉，釉层薄；釉酱褐色，釉面光泽暗淡。

2007YY西ⅠT5③：7，瓷盘。内底及圈足无釉，余部施酱黑釉，有光泽。内底中部施一薄层白色化妆土。

2007YY西ⅠT5③：8，瓷盏。黄灰胎，外壁大部及圈足露胎。器内壁及外壁口部施冻白釉，釉色略发黄，光泽暗淡。釉层下施一层白色化妆土。

2007YY西ⅠT5③：10，瓷盏。粗灰胎，圈足底有棕褐色护胎釉，无光泽。外壁上部及整个内壁施釉，釉层薄；釉白色偏黄；釉面有细冰裂纹，有光泽。釉层下施一层白色化妆土较厚，外壁边缘化妆土有积聚及滴流现象。

2007YY西ⅠT5③：11，瓷盘。浅黄胎。器内外壁上部施釉，釉层略厚；釉棕色，釉面无光泽。器内壁无釉处施一薄层白色化妆土。

2007YY西ⅠT5③：12，瓷盘。浅黄胎。器内外壁上部施釉，釉层略厚；釉棕色，釉面无光泽。器内壁无釉处施一薄层白色化妆土。

2007YY西ⅠT5③：13，瓷灯盏。黄灰胎，内底、圈足及近圈足处无釉，余部施酱釉，有光泽。

2007YY西ⅠT5③：17，瓷碟。红胎。器外壁上部及整个内壁施釉，釉层薄；釉白色泛黄；釉面光泽暗淡。釉层下施一层白色化妆土略厚。内底残存麻点状支钉两个，由数个小凸点组成。

2007YY西ⅠT5③：21，瓷碟。灰胎，圈足底施一薄层棕褐色护胎釉，无光泽。器外壁上部及整个内壁施釉，釉层薄；釉冻白色；有细冰裂纹；釉面有光泽。釉层下及外壁上部无釉处施一薄层白色化妆土。内底残存麻点状支钉一个，由近十个小凸点组成。

2007YY西ⅠT5③：26，瓷灯盏。黄灰胎。器口及内壁上部施釉，釉层薄；釉酱黑色，釉面有光泽。

2007YY西ⅠT5③：27，瓷盏。淡黄胎。器口及内壁上部施釉，釉层薄；釉褐色，釉面无光泽。

2007YY西ⅠT5③：28，瓷盏。灰胎，外壁大部及圈足无釉。器内壁及外壁上部施冻白釉，釉面有光泽。釉层下施一薄层白色化妆土。

2007YY西ⅠT5③：29，瓷盏。灰胎，内底及圈足无釉，余部施酱黑釉，有光泽。

2007YY西ⅠT5③：30，瓷碟。褐黄胎，圈足露胎，足底施护胎釉。器内外壁施冻白釉，外壁中部施酱黑釉，有光泽。内底以黑彩绘写意花卉。釉层下施一层白色化妆土。

2007YY西ⅠT5④：1，瓷碗。深灰近紫胎，露胎处表面施一薄层淡褐色护胎釉，无光泽。除外壁圈足及近圈足处外，器内外壁通体施釉，釉层厚；釉青色，夹杂有小黑点；有大冰裂纹；釉面有光泽。

2007YY西ⅠT5④：2，瓷碗。灰胎，圈足露胎。器内外壁施冻白釉，有光泽。器外壁以黑彩绘写意花草。釉层下施一层白色化妆土。

2007YY西ⅠT5④：3，瓷碗。灰胎。除外壁圈足及近圈足处外，器内外壁通体施釉，釉层薄；釉冻白色，釉面有光泽。釉层下施一层白色化妆土较厚。

2007YY西ⅠT5④：4，瓷盏。淡黄胎，外壁下部无釉，圈足处施白色化妆土。器内外壁施冻白釉，釉色略发黄，有光泽。釉层下施一层白色化妆土，略厚。

2007YY西ⅠT5④：6，瓷盘。灰胎，内底及圈足无釉，余部施酱黑釉，有光泽。

2007YY西ⅠT5④：7，瓷碗。灰胎。器内壁及外壁上部施冻白釉，器外壁下部及圈足处露胎。釉层下施一层白色化妆土。

2007YY西ⅠT5④：8，瓷盏。灰白胎。器内外壁上部施冻白釉，有光泽。釉层下施一层白色化妆土。

2007YY西ⅠT5④：9，瓷盏。灰胎。露胎处表面施一薄层棕褐色护胎釉，无光泽。器外壁上部及整个内壁施釉，釉层薄；釉白色偏黄；釉面无光泽。釉层下施一层白色化妆土略厚。

2007YY西ⅠT5④：10，瓷盏。黄灰粗胎。器外壁上部及整个内壁施釉，釉层薄；釉近白色，有冰裂纹；釉面有光泽。器内外壁有釉无釉处均施一层白色化妆土略厚。

2007YY西ⅠT5④：11，瓷杯。灰胎。除圈足外，器内外壁通体施釉，釉层薄；釉近白色，有细冰裂纹；釉面有光泽。釉层下施一薄层白色化妆土。内壁有黑彩，腰部三周弦纹，底写意花卉。

2007YY西ⅠT5④：12，瓷碗。灰胎。除圈足及近圈足处外，器内外壁通体施釉，釉层薄；釉冻白色，有细冰裂纹；釉面有光泽。釉层下施一层白色化妆土略厚。口部有一周有黑彩。内底残存楔形支钉三个，长0.7厘米。

2007YY西ⅠT5④：13，瓷碟。深灰近紫胎，圈足底露胎处表面施一薄层褐色护胎釉，无光泽。除圈足外，器内外壁通体施釉，釉层较厚；釉外壁青灰色，内壁蓝灰色有紫斑；釉面无光泽。

2007YY西ⅠT5④：14，瓷盏。黄灰胎，外壁大部及圈足露胎。器内壁及外壁口沿处施冻白釉，釉色略发黄，光泽暗淡。釉层下施一层白色化妆土。

2007YY西ⅠT5④：15，瓷盏。灰胎，圈足露胎。器内外壁施冻白釉，有光泽，可见大片冰裂纹。釉层下施一层白色化妆土。

2007YY西ⅠT5④：16，瓷碗。深灰近紫胎，露胎处表面施一薄层淡褐色护胎釉，无光泽。除外壁圈足及近圈足处外，器内外壁通体施釉，釉层厚；釉青色略深，夹杂有小黑点；有大冰裂纹；釉面有光泽。

2007YY西ⅠT5④：17，瓷碗。褐黄胎，外壁大部及圈足露胎。器内外壁施冻白釉，器内底饰以黑彩，有光泽。釉层下施一层白色化妆土。

2007YY西ⅠT5④：18，瓷器盖。灰褐胎，内底露胎。器外壁施冻白釉，有光泽。釉层下施一层白色化妆土。

2007YY西ⅠT5H143：1，瓷盏。黄灰胎，夹细砂。器内壁及外壁上部施釉，釉层薄；釉冻白色；有光泽。釉层下施白色化妆土。

2007YY西ⅠT5H143：2，瓷盘。灰胎，夹细砂。器内外壁上部施酱黑釉，釉层略厚，有光泽。器内壁无釉处施一层化妆土。

2007YY西ⅠT5H143：3，瓷盘。灰胎。内底及圈足无釉，余部施酱黑釉，有光泽。内底无釉处施一层白色化妆土。

2007YY西ⅠT5H175：1，瓷盘。灰胎。器内外壁上部施釉，釉层薄；釉酱褐色，有光泽。内壁无釉处施一层薄薄的白色化妆土。

2007YY西ⅠT5H187：1，瓷碗。深灰泛紫胎，足底露胎，器内外壁施天青釉，釉色偏灰暗，夹黑色斑点，光泽度好，有细冰裂纹。

2007YY西ⅠT5H187：2，瓷碗。黄灰胎，胎极厚，最厚处达0.8厘米。器外壁上部及整个内壁施釉，釉层薄；釉冻白色，釉面光泽暗淡。釉层下施一薄层白色化妆土。内壁有褐彩，内容不明。亦应为写意草叶纹。

2007YY西ⅠT5H210：1，瓷碗。淡黄胎，露胎处表面红褐。除外壁圈足及近圈足处外，器内外壁通体施釉，釉层薄；内壁及外壁上部施冻白釉，外壁其余部位施褐釉；釉面有光泽，偶见有小气孔。口沿一周黑彩，内壁腰部三周断续黑彩弦纹，内壁碗底黑彩绘写意花草。碗底残存麻点状支钉一个，由十余个小凸点组成。冻白釉层下施一层白色化妆土略厚。

2007YY西ⅠT5H226：1，瓷盘。深灰泛紫胎，足底施护胎釉，器内外壁施满釉，色青，光泽度好，有细冰裂纹。

2007YY西ⅠT5H226：2，瓷盘。灰胎，露胎处表面褐色。除外壁圈足及近圈足处外，器内外壁通体施釉，釉层薄；内壁及外壁上部施冻白釉，外壁其余部位施褐釉；釉面有光泽。内壁腰部三周褐彩弦纹，中间一道粗，内外两道细。内壁碗底黑彩绘写意花草。碗底残存麻点状支钉三个，由五至八个小凸点组成。冻白釉层下施一层白色化妆土较厚。

2007YY西ⅠT5H226：3，瓷盘。灰胎。器内外壁上部施釉，釉层薄；釉黑色，釉面有较多的小气孔，有光泽。内壁无釉处施一层薄薄的白色化妆土。

2007YY西ⅠT5H226：5，瓷盏。深灰胎，露胎处表面红褐。外壁上部及整个内壁施釉，釉层薄；釉冻白色；釉面有光泽。釉层下施一层化妆土略厚。内底残存麻点状支钉两个，由十余个小凸点组成。

2007YY西ⅠT5H226：6，瓷碗。黄灰胎，胎较厚。器外壁上部及整个内壁施釉，釉层薄；釉暗白色，光泽暗淡。釉层下施一薄层白色化妆土。内壁有棕褐色彩，腰部及碗底各一周宽带纹，腰部一周草叶纹，簇数不明，内底一簇草叶纹。

2007YY西ⅠT5H226：7，瓷盘。灰胎。除外壁圈足及近圈足处外，器内外壁通体施釉，釉层薄；外壁上部及整个内壁冻白釉；外壁其余部位酱褐釉；釉面有光泽。白釉层下施一层白色化妆土略厚。内壁黑彩，口部一周、腰部五周弦纹，盘心写意花草。

2007YY西ⅠT6③：1，瓷碗。褐红胎，圈足露胎。器内外壁施釉，内壁为灰蓝釉，外壁为青釉，有冰裂纹，光泽度好。

2007YY西ⅠT6③：2，瓷杯。淡黄粗胎。器外壁上部及整个内壁施釉，釉层薄；釉近白色，有细冰裂纹；釉面有光泽。内壁有黑彩，为若干组，每组以六点黑彩组成花卉。

2007YY西ⅠT6③：3，瓷碟。深灰近紫胎，外壁一层灰色，露胎处表面亦灰色。除圈足及近圈足处外，器内外壁通体施釉，釉层厚；釉原应为蓝色泛紫，因氧化等原因而呈灰白色；釉面有光泽。

2007YY西ⅠT6③：9，瓷灯盏。黄灰胎。器内外壁上部施釉，釉层薄；釉酱褐色，釉面有光泽。

2007YY西ⅠT6③：10，瓷碟。淡黄粗胎。器内外壁上部施釉，釉层略厚；釉酱黑色，釉面有光泽。

2007YY西ⅠT6③：11，瓷碟。深灰近紫胎，露胎处表面施一薄层褐色护胎釉，无光泽。除圈足及近圈足处外，器内外壁通体施釉，釉层厚；釉原色已不能判明，现呈灰白色。

2007YY西ⅠT6③：12，瓷碗。灰胎，圈足露胎。器内外壁施冻白釉，光泽暗淡。釉层下施一层白色化妆土。

2007YY西ⅠT6③：14，瓷碗。灰黄胎，圈足露胎。器内外壁上部施冻白釉，内壁饰以黑彩。釉层下施一层白色化妆土。

2007YY西ⅠT6③：15，瓷碗。黄褐胎。内壁及外壁口沿处施白釉，釉色发黄，外壁大部及圈足露胎。器内底以黑彩书一字。

2007YY西ⅠT6③：16，瓷盏。褐红胎，外壁大部及圈足露胎。内壁及外壁口部施冻白釉，釉色略黄，光泽暗淡。釉层下施一层白色化妆土。

2007YY西ⅠT6③：18，瓷碟。深灰近紫胎，露胎处表面施一薄层淡褐色护胎釉，无光泽。除圈足及近圈足处外，器内外壁通体施釉，釉层厚；釉天蓝色，有冰裂纹；釉面有光泽。

2007YY西ⅠT6H20：2，瓷碟。灰胎，圈足表面浅褐色，夹细砂。器内壁及外壁上部施釉，釉层薄；釉冻白色，有碎冰裂纹，有光泽。釉层下施白色化妆土。内底残存麻点状支钉痕一个，由十余个极细的小凸点组成。

2007YY西ⅠT6H20：3，瓷碟。灰胎。器内壁及外壁上部施釉，釉层薄；釉冻白色，聚釉处有细冰裂纹，釉色白中泛青；有光泽。釉层下施白色化妆土。内底残存有麻点状支钉痕三个，每个支钉由九至十个小凸点组成。

2007YY西ⅠT6H37：1，瓷碗。红褐胎，圈足底表面紫褐色。除圈足及近圈足处外，器内外壁施釉，釉层薄；釉色白中微闪黄，光泽暗淡。釉层下施白色化妆土。

2007YY西ⅠT6H47：2，瓷碗。黄灰胎，外壁露胎处表面淡黄色。除圈足及近圈足处外，器内外壁施釉，釉层厚；蓝釉，碗口部位釉色蓝中泛紫，其余部位釉色蓝中泛白，外壁口及近底处蓝中泛紫，中部泛白；釉面有密集的较大气孔，但主要集中在蓝中泛白釉色区域。釉面光泽莹润，有兔丝。釉层下无化妆土。

2007YY西ⅠT6H47：3，瓷碗。淡黄褐胎，圈足露胎。内壁及外壁中上部施蓝釉，釉厚，光泽度好，有小气孔。

2007YY西ⅠT6H47：5，瓷盘。灰胎，圈足底表层紫褐色，夹细砂。除圈足及近圈足处外，器内外壁施釉，釉层厚；青釉，泛果绿，有冰裂纹，外壁大，内壁略小；釉面有较密集的小气孔；有光泽。釉层下无化妆土。外壁圈足心有墨书汉字。

2007YY西ⅠT6H47：6，瓷盘。灰胎，夹细砂。器内外壁上部施釉，釉层较厚，局部达1毫米；青釉，釉层厚处泛茶色，光泽度极好，透明，有大冰裂纹。釉层下无化妆土，器内壁无釉处施极薄一层化妆土。

2007YY西ⅠT6H47：7，瓷盘。深灰胎，外壁露胎处局部表面浅褐色。除圈足外，器内外壁通体施釉，釉层较厚；釉青色，有冰裂纹，内壁较大，外壁极大。釉层下无化妆土。

2007YY西ⅠT6H47∶8，瓷盘。黄灰胎，圈足底露胎处表面淡褐色，夹少量细砂。除圈足及近圈足处外，器内外壁施釉，釉层薄；内壁及外壁上部釉冻白色，有碎冰裂纹；外壁下部釉褐色，偶见气孔；光泽度不好。白釉层下施白色化妆土，褐釉层下无。内壁底有呈梅花状分布的麻点状支钉五个，每个支钉由六至十个小凸点组成。

2007YY西ⅠT6H47∶9，瓷盘。黄灰胎，夹细砂，圈足底红褐色。除圈足外，器内外壁施釉；内壁及外壁口沿部位釉米黄色，有极细的冰裂纹，釉层薄；外壁酱褐釉，釉层略厚，釉面有较多气孔；有光泽；冻白色釉层下有白色化妆土。器内底残存有麻点状支钉痕三个，支钉由十余个不规则小点组成。

2007YY西ⅠT6H47∶10，瓷盘。灰胎，夹细砂。器内壁及外壁上部施釉，釉层薄；釉冻白色，内壁局部泛青，有碎冰裂纹；内壁釉面有光泽，外壁釉面无光泽。釉层下施白色化妆土。器内底残存有麻点状支钉痕两个，支钉由十余个不规则小点组成。

2007YY西ⅠT6H47∶11，瓷盘。深灰胎近紫，外壁露胎处表面紫褐色，夹细砂。除圈足及近圈足处外，器内外壁施釉，釉层白釉薄而褐釉略厚；内壁及外壁上部釉冻白色；外壁下部釉褐色，有较多气孔；有光泽。白釉层下施白色化妆土，褐釉层下无。内壁底有呈梅花状分布的麻点状支钉五个，每个支钉由六至十余个小凸点组成。

2007YY西ⅠT6H47∶12，瓷盘。灰胎，夹细砂。器内外壁上部施釉，釉层略厚；釉酱褐色，釉面偶见气孔；光泽度不好。釉层下无化妆土，器内壁无釉处施极薄一层化妆土。

2007YY西ⅠT6H47∶13，瓷盘。黄灰胎，夹细砂。器内外壁上部施釉，釉层薄；褐釉泛灰，釉面偶见气孔，光泽暗淡。釉层下无化妆土，内壁无釉处施薄薄一层化妆土。

2007YY西ⅠT6H47∶14，瓷盘。黄灰胎。器内外壁上部施釉，釉层薄；褐釉，有光泽。釉层下无化妆土，内壁无釉处施薄薄一层化妆土。

2007YY西ⅠT6H47∶15，瓷碟。黄灰胎，夹细砂。器内外壁上部施釉，釉层略厚；釉酱褐色，釉面偶见气孔；有光泽。器内壁无釉处施极薄一层化妆土。

2007YY西ⅠT6H47∶16，瓷盘。淡黄胎，夹细砂。器内外壁上部施釉，釉层略厚；釉酱褐色泛灰，釉面偶见气孔；光泽度不好。釉层下无化妆土，器内壁无釉处施极薄一层化妆土。

2007YY西ⅠT6H47∶17，瓷碗。黄灰胎，夹细砂。器内外壁上部及内底中心施釉，釉层略厚；釉酱褐色，釉面有极细的气孔，有光泽。釉层下无化妆土。

2007YY西ⅠT6H47∶19，瓷盏。淡红褐粗胎。器内壁及外壁上部施釉，釉层薄；釉冻白色，微闪黄，光泽暗淡。釉层下施白色化妆土。

2007YY西ⅠT6H47∶20，瓷盘。灰胎，圈足底表层紫褐色，夹细砂。除圈足及近圈足处外，器内外壁施釉，釉层厚，局部近2毫米；青釉，泛果绿，有大冰裂纹；内壁釉面光泽莹润，外壁光泽暗淡。釉层下无化妆土。

2007YY西ⅠT6H52∶1，瓷碟。深灰胎近紫，外壁露胎处表层红褐色，夹细砂。器内外壁上部施釉，釉层较厚；酱褐釉，釉面偶见气孔，光泽度不好。釉层下无化妆土，器内壁无釉处施一层化妆土。

2007YY西ⅠT6H52：2，瓷碟。黄灰胎，夹细砂。器内壁及外壁上部施釉，釉层薄；釉白色，釉层下局部无化妆土，釉色灰暗；有碎冰裂纹，有光泽。釉层下施白色化妆土。

2007YY西ⅠT6H75：2，瓷灯盏。灰胎，器表褐色，夹细砂。器内外壁近口处施釉，釉层略厚；釉褐色，表面泛银灰色光泽。釉层下不施化妆土。

2007YY西ⅠT6H122：1，瓷碗。灰胎，圈足底表面红褐色。除圈足外，器内外壁施釉，釉层厚，薄处约1、厚处1.5毫米；蓝釉，近口沿一周蓝中微泛紫，有兔丝，口沿部位釉色青中闪黄；釉面有较多的气孔；有光泽；釉层下有薄薄一层化妆土。

2007YY西ⅠT6H122：2，瓷碗。黄灰胎近白。除圈足外，器内外壁施釉；器内壁及外壁上部黑釉，器口及外壁下部褐釉，其中褐釉釉层较薄，黑釉釉层厚度大约是褐釉的一倍，约0.3毫米，因此，两种釉色的差别，可能并非本身颜色有区别，而是釉层厚薄导致的变化；有光泽；釉面有较密集的气孔。内壁从上至下有三周蚯蚓状凸条，其上有暗银灰光泽。釉层下无化妆土。

2007YY西ⅠT6H122：3，瓷碗。淡黄胎，圈足底表面红褐色。除圈足外，器内外壁施釉，釉层薄；内壁及外壁口沿部位釉冻白色；外壁褐釉，釉面局部有细密小气孔；无光泽；冻白色釉层下有白色化妆土。内壁两周灰蓝色弦纹，碗心有写意草叶纹。

2007YY西ⅠT6H122：4，瓷盘。灰胎，圈足底面红褐色。除圈足及近圈足处外，器内外壁通体施釉；内壁及外壁上部冻白釉，釉层薄；外壁下部褐釉，釉层略厚，偶见气孔；有光泽。白釉层下施一层白色化妆土。内底残存麻点状支钉两个，每个由十余个小凸点组成，疏密不等。

2007YY西ⅠT6H122：5，瓷碗。淡黄胎，圈足露胎处表面红褐色。除圈足外，器内外壁施釉，釉层薄；内壁及外壁口沿部位釉冻白色，局部釉层氧化；外壁褐釉，釉面有少量气孔；光泽度不好；冻白色釉层下有白色化妆土。内壁白地上绘彩，已氧化，色泽灰绿，碗口一周、内壁四周弦纹，碗心似写意花枝。

2007YY西ⅠT6H122：6，瓷盘。灰胎，夹细砂。除圈足足心外，器内外壁施釉，釉层极薄；釉冻白色，有碎冰裂纹，有光泽。釉层下施一层白色化妆土。

2007YY西ⅠT6H123：1，瓷盘。黄灰胎。器内外壁上部施釉，釉层略厚；釉褐色，外壁褐中泛灰；釉面有较多气孔，光泽暗淡。釉层下不施化妆土，内壁无釉处施极薄一层化妆土。

2007YY西ⅠT6H124：1，瓷盏。黄灰胎。器内壁及外壁上部施釉，釉层薄；釉白色，有光泽。釉层下施白色化妆土。口部一周黑彩，已氧化，如煤状，易刮除。

2007YY西ⅠT6H124：2，瓷盏。灰胎，夹细砂。器内壁及外壁上部施釉，釉层薄；釉白色，光泽度极好。釉层下施白色化妆土。器内底残存芝麻状小支钉痕两个。

2007YY西ⅠT6H124：3，瓷碟。黄灰胎。器内壁及外壁上部施釉，釉层薄；釉白色，有光泽。釉层下施白色化妆土。

2007YY西ⅠT6H124：5，瓷盘。粗黄胎，外壁露胎处器表黄褐色。器内壁及外壁上部施釉，釉层薄；釉冻白色，微闪黄；无光泽。釉层下施白色化妆土。内壁底残存楔形支钉痕一个。

2007YY西ⅠT6H133：1，瓷碟。红褐胎。器内外壁上部施釉，釉层薄；褐釉，光泽暗淡。釉层下无化妆土，内壁无釉处施薄薄一层化妆土。

2007YY西ⅠT6H205：1，瓷碟。灰胎。器内外壁上部施釉，釉层薄；釉酱褐色，有光泽。内壁无釉处施一层薄薄的白色化妆土。

2007YY西ⅠT6J9：1，瓷碗。黄灰胎。除器内外壁底部外，其余施釉，釉层略厚；黑釉；有光泽。

2007YY西ⅠT6J9：2，瓷碗。灰胎，有较多气孔。器内外壁上部施釉，釉层略厚；酱褐釉；有光泽。

2007YY西ⅠT6J9：3，瓷杯。橙黄夹灰胎。器内外壁及外壁上部施釉，釉层下施白色化妆土，器下部近圈足处露胎，有光泽。

2007YY西ⅠT7③：1，瓷灯盏。灰胎。器内外壁上部施釉，釉层略厚；釉黑色，釉面光泽暗淡。

2007YY西ⅠT7H99：1，瓷碗。灰胎，圈足底表面浅褐色夹细砂。器内壁及外壁上部施釉，釉层薄；釉冻白色，有极碎冰裂纹不显，光泽暗淡。釉层下施白色化妆土。器内壁残存圆形及长条形小支钉痕各一个。

2007YY西ⅠT7H139：1，瓷盘。灰胎。外壁上部及整个内壁施釉，釉层薄；釉冻白色；釉面有光泽，有细冰裂纹。釉层下施一层化妆土略厚。内底残存近椭圆形支钉两个，大的一个长0.7厘米。

2007YY西ⅠT7H245：1，瓷碗。灰胎。器外壁上部及整个内壁施釉，釉层薄；釉冻白色；釉面有光泽。釉层下施一层白色化妆土略厚。内底残存芝麻点状支钉两个，长0.4厘米。有彩，外壁口下一周棕褐色宽带，内壁上部两周棕褐色带纹，内底黑彩写意草叶纹。

2007YY西ⅠT8③：1，瓷器盖。粗灰胎。器表施釉，釉层略厚；青釉偏黄褐色，偶见气孔；釉面无光。

2007YY西ⅠT8③：3，瓷灯盏。淡黄胎，器内底及圈足露胎。器内外壁上部施酱黑釉，有光泽。

2007YY西ⅠT8③：4，瓷碟。淡黄胎。露胎处表面施一薄层褐色护胎釉，无光泽。器外壁上部及整个内壁施釉，釉层薄；釉冻白色；局部釉厚处有细冰裂纹；釉面有光泽。釉层下施一层白色化妆土略厚。内底残存麻点状支钉一个，由近十个小凸点组成。

2007YY西ⅠT8③：6，瓷盏。黄褐胎，圈足露胎。器内壁及外壁上部施冻白釉，外壁中部施一周黑彩，光泽暗淡。釉下施一层白色化妆土。

2007YY西ⅠT8③：7，瓷盘。深灰近紫胎，露胎处表面施一薄层棕褐色护胎釉，无光泽。除圈足外，器内外壁通体施釉，釉层较厚；釉青灰色，釉面偶见气孔；釉面无光泽。

2007YY西ⅠT8③：8，瓷瓶形器。土黄色胎，含有较多气孔。从内口沿至外底，施酱釉，釉质分布不均匀。

2007YY西ⅠT8③：9，瓷碟。红胎。器外壁口部及整个内壁施釉，釉层薄；釉冻白色，光泽暗哑，有流釉。釉层下施一层白色化妆土略厚。

2007YY西ⅠT8③：11，瓷盘。淡黄胎，圈足底有棕褐色护胎釉，无光泽。除外壁圈足及近圈足处外，器内外壁通体施釉；外壁上部及整个内壁施冻白釉，釉层薄；外壁其余部位施棕褐釉，釉层略厚；釉面光泽暗淡。白釉层下施一薄层白色化妆土。内壁有黑彩，内底外围三周弦纹，碗心写意花卉。内底残存麻点状支钉一个，由数十个细小凸点组成。

2007YY西ⅠT8③：17，瓷盏。粗灰胎。器外壁上部及整个内壁施釉，釉层薄；釉冻白色，有流釉，有细冰裂纹；釉面有光泽。釉层下施一薄层白色化妆土。圈足底有片状分布的白色化妆土。

2007YY西ⅠT8③：27，瓷碗。灰黄胎，圈足露胎。器内壁及外壁上部施冻白釉，釉色略泛黄，外壁中部施酱黑釉，光泽暗淡。釉层下施一层白色化妆土。

2007YY西ⅠT8③：30，瓷盏。淡黄胎。器外壁上部及整个内壁施釉，釉层薄；釉冻白色，有细冰裂纹；釉面有光泽。内底残存芝麻点状支钉一个，长0.35厘米。

2007YY西ⅠT8③：31，瓷碗。红胎。除外壁圈足及近圈足处外，器内外壁通体施釉，釉层薄；釉冻白色，釉面有光泽。

2007YY西ⅠT8③：32，瓷碗。红褐胎，圈足底有一薄层褐色护胎釉，无光泽。器外壁上部及整个内壁施釉，釉层薄；釉白色偏黄，无光泽。内壁有黑彩，腰部三周宽带纹，底写意花叶。

2007YY西ⅠT8③：33，瓷盏。黄褐胎，外壁大部无釉。器内壁及外壁口部施冻白釉，釉色泛黄，光泽暗淡。釉层下施一层白色化妆土。

2007YY西ⅠT8④：2，瓷盏。灰胎，外壁露胎处施一薄层红褐色护胎釉，无光泽。器口及整个内壁施釉，釉层薄；釉冻白色，有细冰裂纹，釉有光泽。釉层下施一层白色化妆土略厚。内底残存长条支钉一个，长0.3厘米。

2007YY西ⅠT8④：3，瓷灯盏。灰胎。器内外壁上部施釉，釉层略厚；釉黑褐色，釉面有光泽。

2007YY西ⅠT8④：4，瓷盘。褐黄胎，器内底及圈足露胎。器内外壁上部施青釉，有光泽。内壁施一薄层白色化妆土。

2007YY西ⅠT8H214：2，瓷碗。深灰近紫胎，露胎处表面灰色。除圈足底外，器内外壁通体施釉，釉层厚；釉色青翠，釉面有密集的小气孔，釉层透明，可见里面的小气泡；有大冰裂纹；釉面有光泽。

2007YY西ⅠT8H214：3，瓷碟。黄灰胎。器内外壁上部施釉，釉层薄；釉酱褐色，光泽暗淡。

2007YY西ⅠT8H370：1，瓷碟。灰胎。除器底外，器内外壁通体施釉，釉层薄；釉冻白色；釉面光泽度好。釉层下施一层白色化妆土。内底残存芝麻点状支钉两个。

2007YY西ⅠT9③：2，瓷盏。黄灰胎，外底露胎。器内壁及外壁上部施冻白釉，有光泽。釉层下施一层白色化妆土。

2007YY西ⅠT9③：3，瓷灯盏。灰胎。器口及内壁上部施釉，釉层薄；釉褐色，釉面无光泽。

2007YY西ⅠT9⑤：1，瓷盘。褐红胎，器内底及圈足露胎。器内外壁上部施酱黑釉，有光泽，有大量小气孔。

2007YY西ⅠT9H17：1，瓷盘。黄灰胎，器内底及圈足露胎。器内外壁上部施酱黑釉，有光泽。

2007YY西ⅠT9H17：2，瓷碟。浅灰胎，夹细砂。除圈足外，器内外壁施釉，釉层略厚；釉青色，有大冰裂纹，光泽度不好。釉层下无化妆土。内底残存一"史"字。

2007YY西ⅠT9H17：3，瓷碟。灰胎，底橙黄色，夹细砂。器内外壁上部施釉，釉层较厚；褐釉，釉面偶见气孔，有光泽。釉层下无化妆土，器内壁无釉处施一层化妆土。

2007YY西ⅠT9H17：4，瓷碟。浅灰胎，夹细砂。器内外壁上部施釉，釉层略厚；酱褐釉，有光泽。釉层下无化妆土，器内壁无釉处施极薄一层化妆土。从保留的痕迹看，化妆土的涂抹是用刷状的工具，以碟心为起点，逆时针螺旋状旋转至碟壁中部，然后以此为起点，顺时针原路返回，由此在碟心形成一个类似太极图的痕迹。

2007YY西ⅠT9H17：5，瓷盘。灰胎。器内壁及外壁上部施釉，釉层薄；釉冰白色；光泽暗淡。釉层下施白色化妆土。内壁底部两周褐弦纹，盘心残存半个汉字。字上残存麻点状支钉痕。

2007YY西ⅠT9H17：6，瓷盘。黄灰胎，圈足底表面红褐色。除圈足外，器内外壁施釉。内壁及外壁上部釉色白中泛黄，釉层薄，有极细有冰裂纹；外壁下部褐釉，釉面偶见气孔。釉面光泽暗淡。白釉下施一层白色化妆土。内底残存麻点状支钉痕一个半，完整的一个有八个小凸点，间距疏密不等。

2007YY西ⅠT9H39：1，瓷碗。淡黄胎。除圈足及近圈足处外，器内外壁施釉，釉层薄；内壁及外壁上部釉色白中微闪黄，外壁下部褐釉，釉面均已氧化，无光泽。白釉层下施白色化妆土。内壁中部及底部有灰褐色弦纹。

2007YY西ⅠT9H247：1，瓷碗。淡黄胎。内壁及外壁上部施白釉，釉色发黄，外壁下部及圈足露胎。内底以黑彩绘写意花卉。釉层下施一层白色化妆土。

2007YY西ⅠT9H247：2，瓷碗。灰胎，圈足底表面红褐色。除外壁圈足外，器内外壁通体施釉，釉层薄；外壁上部及整个内壁冻白釉，有细冰裂纹；外壁其余部位酱褐釉；釉面有光泽。白釉层下施一层白色化妆土略厚。内底有麻点状支钉五个，由十余个小凸点组成。内底有黄棕色彩，腰部数周弦纹，内底一朵写意牡丹花。

2007YY西ⅠT9H247：3，瓷碗。灰胎。除器外壁圈足及近圈足处外，器内外壁通体施釉，釉层薄；外壁上部及内壁冻白釉，釉面有光泽。冻白釉层下施一层白色化妆土。内底有麻点状支钉六个。釉层下刻划暗花。

2007YY西ⅠT9H247：4，瓷盘。灰胎。器内外壁上部施釉，釉层略厚；釉酱褐色，釉面有光泽。内壁无釉处施一薄层白色化妆土。

2007YY西ⅠT9H249：2，瓷盏。灰胎。器外壁上部及整个内壁施釉，釉层薄；釉冻白色，有细冰裂纹；釉面有光泽。釉层下施一薄层白色化妆土。

2007YY西ⅠT9H249：3，瓷盏。灰胎，外壁及圈足无釉。器内壁及外壁口部施白釉，釉色发黄，光泽暗淡。

2007YY西ⅠT9H276：1，瓷盘。灰胎。器内外壁上部施釉，釉层薄；釉黑色，釉面有较多的小气孔，光泽度极好。内壁无釉处施一层薄薄的白色化妆土。

2007YY西ⅠT9H276：2，瓷器盖。灰胎。器表施釉，釉层略厚；釉黑色，有光泽。

2007YY西ⅠT9H345：1，瓷盘。深灰胎，有气孔。器内外壁上部施釉，釉层较厚；黑釉；有光泽。内底无釉处施一层薄薄的化妆土。

2007YY西ⅠT9H347：1，瓷碗。灰胎。器外壁上部及内壁通体施釉，釉层薄；釉冻白色；釉面无光泽。釉层下一薄层白色化妆土。内底有瓜子状支钉六个。

2007YY西ⅠT9H347：2，瓷碟。灰胎。除外壁圈足底部外，其余内外壁通体施釉，釉层厚；青釉；有大冰裂纹；釉面无光泽，有磨砂玻璃的感觉。

2007YY西ⅠT9H352：1，瓷盘。黄灰胎。器内外壁上部施釉，釉层略厚；釉酱褐色，釉面偶见气孔；光泽度不好。釉层下无化妆土，器内壁无釉处施极薄一层化妆土。

2007YY西ⅠT9H352：2，瓷盘。褐黄胎，器内底及圈足露胎。器内外壁上部施酱黑釉，釉厚，有光泽。

2007YY西ⅠT9J7：2，瓷盏。淡黄胎，圈足露胎。器内外壁施冻白釉，有光泽。内壁施一层白色化妆土。

2007YY西ⅠT9J7：3，瓷盘。灰胎。器外壁上部及整个内壁施釉，釉层薄；釉白色，有光泽。釉层下施一薄层白色化妆土。内底有瓜子状支钉五个，长0.7厘米。

2007YY西ⅠT9J7：4，瓷盏。黄灰胎，圈足露胎。器内外壁施冻白釉，有光泽。釉层下施一层白色化妆土直至圈足。

2007YY西ⅠT9J7：5，瓷盏。灰黄胎，外壁大部及圈足露胎。器内壁及外壁上部施冻白釉，有光泽。釉层下施一层白色化妆土。

2007YY西ⅠT9J7：6，瓷盘。黄灰胎，外壁大部及圈足露胎。器内壁及外壁上部施冻白釉，釉色略泛黄，有光泽。釉层下施一层白色化妆土。

2007YY西ⅠT9J7：7，瓷盏。黄灰胎，圈足露胎。器内壁及外壁上部施冻白釉，有光泽。釉层下施一层白色化妆土。

2007YY西ⅠT9J7：8，瓷盏。黄灰胎，外壁下部及圈足露胎。器内壁及外壁上部施冻白釉，有光泽。釉层下施一层白色化妆土。

2007YY西ⅠT9J7：10，瓷盘。粗灰胎，胎薄，芒口。器内外壁通体施釉；外壁黑褐釉较厚，釉面有密集的小气孔；内壁冻白釉薄，有冰裂纹；釉面有光泽。白釉层下施一层白色化妆土略厚。

2007YY西ⅠT9J7：11，瓷器盖。灰胎，器底露胎。外壁施冻白釉，釉层下以黑彩绘写意花草，有光泽。釉层下施一层白色化妆土。

2007YY西ⅠT9J7：12，瓷碗。灰胎。器外壁上部及整个内壁施釉，釉层薄；釉近白色，有冰裂纹，釉面光泽度好，玻璃质感较好。釉层下施一层白色化妆土略厚。内底残存椭圆形支钉一个，长0.8厘米。内壁有褐绿彩，腰部一周宽带，碗底写意花叶。

2007YY西ⅠT9J7：13，瓷盘。灰胎。器内外壁施满釉，冻白釉，有光泽。釉层下施一层白色化妆土。

2007YY西ⅠT9J7：14，瓷碗。黄灰胎，芒口。器内壁施冻白釉，釉色略泛黄；外壁及圈足满施酱黑釉，有光泽。内壁釉层下施一层白色化妆土。外壁中部有叠烧痕。

2007YY西ⅠT9J7：15，瓷碗。黄灰胎，胎薄，芒口。器内壁施冻白釉，外壁及圈足满施酱黑釉，光泽度好。内壁釉层下施一层白色化妆土。

2007YY西ⅠT9J7：16，瓷碗。灰胎。器外壁上部及整个内壁施釉，釉层略厚；釉灰色略泛青；釉面有光泽。内底有长条形支钉五个，长0.7厘米。

2007YY西ⅠT9J7：17，瓷碗。灰胎。器外壁上部及整个内壁施釉，釉层薄；釉近白色，釉面光泽度好，玻璃质感较好。釉层下施一层白色化妆土略厚。内底残存椭圆形支钉两个，长0.6厘米。

2007YY西ⅠT9J7：18，瓷碗。灰胎，圈足露胎。器内壁及外壁上部施冻白釉，有光泽。釉层下施一层白色化妆土。

2007YY西ⅠT9J7：19，瓷盏。黄灰胎。器外壁上部及整个内壁施釉，釉层薄；釉近白色，有细冰裂纹；釉面有光泽。釉层下施一层白色化妆土略厚。内底残存芝麻点状支钉两个，长0.3厘米。内壁有黑彩，腰部一周宽带，碗心不明。

2007YY西ⅠT9J7：23，瓷碗。黄褐胎，器外壁及圈足露胎。器内壁施酱黑釉，有光泽。

2007YY西ⅠT9J7：24，瓷盏。灰胎。器外壁上部及整个内壁施釉，釉层薄；釉近白色，有细冰裂纹，内壁近口部有蚯蚓纹；釉面光泽度好，玻璃质感较好。釉层下施一层白色化妆土略厚。内底残存楔形支钉两个，长0.6厘米。

2007YY西ⅠT9J7：25，瓷碗。灰胎。圈足足底刮釉。器内壁施冻白釉；器外壁满施酱黑釉，光泽度好。内壁釉层下施一层白色化妆土。

2007YY西ⅠT9J7：26，瓷盆。灰胎。外壁器唇部及整个内壁施釉，卷沿部位不施釉，釉层略厚；釉黑色；釉面光泽度好，玻璃质感较好。沿部无釉处施一薄层白色化妆土。

2007YY西ⅠT10H142：1，瓷碗。灰胎。外壁上部及整个内壁施釉，釉层薄；釉冻白色；釉面有光泽，有冰裂纹。内底残存椭圆形支钉两个，长0.6厘米。釉层下施一层化妆土略厚。

2007YY西ⅠT10H142：2，瓷盏。灰胎。器内外壁上部施釉，釉层薄；釉黑色，有光泽。

2007YY西ⅠT10H157：1，瓷盘。黄灰胎。除外壁圈足底部外，器内外壁施釉，釉层薄；釉黑色，釉面偶见有小气孔，有光泽。内壁无釉处施一层薄薄的白色化妆土。

2007YY西ⅠT10Z11：1，瓷灯盏。黄灰胎，器内外底无釉，内外壁口部施酱黑釉，有光泽。

2007YY西ⅠT11③：3，瓷碟。褐黄胎，圈足足底施褐色护胎釉。器内外壁施满釉，釉色灰蓝，有光泽，有小冰裂纹。

2007YY西ⅠT11③：6，瓷盘。黄灰胎，外壁下部及圈足露胎。器内壁及外壁上部施冻白釉，釉色略黄，光泽暗淡。釉层下施一层白色化妆土。器内底残存三处支钉痕，由几个小凸点组成。

2007YY西ⅠT11③：8，瓷盘。灰胎，外壁下部及圈足露胎。器内壁及外壁上部施冻白釉，有光泽。釉层下施一层白色化妆土。器内底刻划暗花。内底残存一处支钉痕，由两个小凸点组成。

2007YY西ⅠT11③：12，瓷碟。深灰近紫胎，露胎处表面施一薄层褐色护胎釉，无光泽。除圈足外，器内外壁通体施釉，釉层较厚；釉青色，有大冰裂纹。釉面光泽度好，玻璃质感较好。

2007YY西ⅠT11③：13，瓷盏。淡黄胎，器表露胎处施一薄层淡褐色护胎釉，无光泽。器外壁上部及整个内壁施釉，釉层薄；釉白色泛黄，有细冰裂纹；釉面有光泽。釉层下施一层白色化妆土略厚。

2007YY西ⅠT11③：14，瓷器盖。灰胎。器表施釉，釉层薄；釉冻白色，有冰裂纹；釉面有光泽。釉层下施一薄层白色化妆土。

2007YY西ⅠT11③：15，瓷碟。粗灰胎。器外壁上部及整个内壁施釉，釉层薄；釉近白色，有冰裂纹；釉面有光泽。釉层下施一层白色化妆土略厚。内底残存椭圆形支钉一个，长0.6厘米。

2007YY西ⅠT11③：16，瓷盘。淡黄胎。器外壁上部及整个内壁施釉，釉层薄；釉冻白色。釉层下施一薄层白色化妆土。

2007YY西ⅠT11④：1，瓷碗。灰胎。器外壁上部及整个内壁施釉，釉层薄；釉冻白色，有冰裂纹；釉面有光泽。釉层下及外壁下部无釉处施一薄层白色化妆土。内底残存椭圆形支钉一个，长0.6厘米。

2007YY西ⅠT11④：2，瓷盏。灰胎，外壁下部及圈足露胎，圈足底为褐红色。器内壁及外壁上部施冻白釉，有光泽。釉层下施一层白色化妆土。

2007YY西ⅠT11H33：2，瓷碗。灰胎，外壁露胎处表面局部红褐色，夹细砂。器内壁及外壁上部施釉，釉层薄；釉白色，光泽暗淡。釉层下施白色化妆土较薄。内壁有篦划纹。

2007YY西ⅠT11H34：1，瓷盏。黄灰胎，有细砂眼。器内壁及外壁上部施釉，釉层薄；釉冻白色，釉层氧化无光泽。釉层下施薄薄一层白色化妆土。

2007YY西ⅠT11H34：2，瓷盏。黄灰粗胎。器内壁及外壁上部施釉，釉层薄；釉面氧化，原应为白色；无光泽。釉层下施白色化妆土。

2007YY西ⅠT11H34：4，瓷盏。灰胎，圈足底表面红褐色。器内壁及外壁上部施釉，釉层薄；釉白色闪青，有冰裂纹，有光泽。釉层下施白色化妆土。器内壁残存麻点状支钉痕三个。

2007YY西ⅠT11H80：1，瓷盘。灰胎，夹少量细砂。器内壁及外壁上部施釉，釉层薄；釉冻白色，有光泽。釉层下施白色化妆土。内底残存椭长形支钉痕一个，长0.9厘米。

2007YY西ⅠT11H80：2，瓷盘。灰胎，夹少量细砂。器内壁及外壁上部施釉，釉层薄；釉冻白色，有光泽。釉层下施白色化妆土。内底残存楔形支钉痕两个，一大一小。

2007YY西ⅠT11H80：4，瓷碗。黄灰胎，夹细砂。器内壁及外壁上部施釉，釉层薄；釉白色，有极细冰裂纹，有光泽。釉层下施白色化妆土。内底残存支钉痕四个半，其中三个半芝麻状，长0.45厘米；一个小凸圆点。

2007YY西ⅠT11H93：2，瓷碗。灰胎。除外壁圈足及内壁底部外，器内外壁通体施釉，釉层厚；蓝釉略泛灰，局部有一处长3、宽2.5厘米近长方形的紫色窑变；有细冰裂纹，釉面有较密的小气孔；釉面光洁莹润。器内外壁露胎处施一层化妆土。

2007YY西ⅠT11H94：2，瓷盘。淡黄胎，极淡。除圈足及近圈足处外，器内外壁施釉，釉层较厚；黑釉，釉面有小气孔；有光泽。釉层下不施化妆土。

2007YY西ⅠT11H110：5，瓷碟。灰胎，圈足底表面紫褐色，夹细砂。除圈足外，器内外壁通体施釉，釉层厚；釉青色，有大冰裂纹，有光泽。釉层下无化妆土。

2007YY西ⅠT11H135：1，瓷盏。黄灰胎。器内壁及外壁上部施釉，釉层薄；釉白色，有光泽。釉层下施白色化妆土。口部一周黑彩，已氧化，如煤状，易刮除。

2007YY西ⅠT11H179：1，瓷盘。灰胎，露胎处表面红褐色。除外壁圈足底外，器内外壁通体施釉，釉层略厚；釉黄色，内壁釉面有白色的杂乱纹路；釉面有光泽。

2007YY西ⅠT11H231：1，瓷碗。灰胎，外壁下部及圈足露胎。器内壁及外壁上部施冻白釉，有光泽。釉层下施一层白色化妆土。器内壁以黑彩绘写意花草。

2007YY西ⅠT11H231：2，瓷碟。黄灰胎。除器外壁底部外，器内外壁通体施釉，釉层薄；釉冻白色，有冰裂纹，釉面有光泽。釉层下施一薄层白色化妆土。

2007YY西ⅠT11H231：3，瓷盏。灰胎。外壁上部及整个内壁施釉，釉层薄；釉白色，有极细的冰裂纹，釉面光泽暗淡。釉层下施一层白色化妆土略厚。内壁腰部一周黑彩，碗心一个黑彩"忍"字，仅存上半部。

2007YY西ⅠT11H265：1，瓷碗。灰胎，芒口。器内外壁通体施釉；外壁口部及内壁施白釉，釉层薄，上部有冰裂纹；外壁其余部位施釉黑褐相杂，釉层略厚；釉面有光泽。白釉层下施一层白色化妆土略厚。

2007YY西ⅠT11H311：1，瓷碗。黄灰胎。器外壁上部及内壁通体施釉，釉层薄；釉色白中闪黄；釉面无光泽。釉层下一层白色化妆土略厚。器内外壁上部有蚯蚓状凹陷纹路。内底残存芝麻点状支钉三个。

2007YY西ⅠT11H311：3，瓷盘。灰胎。器外壁上部及整个内壁施釉，釉层薄；釉冻白色，釉面无光泽。釉面下施一薄层白色化妆土。内底残存长椭圆形支钉两个，长1厘米。

2007YY西ⅠT11H311：5，瓷盘。灰胎。器外壁上部及整个内壁施釉，釉层薄；釉冻白色，釉面光泽暗淡。釉面下施一层白色化妆土略厚。内底残存支钉两个，其一芝麻点状，长0.35厘米，其一长条形，长0.5厘米。

2007YY西ⅠT11H311：6，瓷盘。灰胎。器外壁上部及整个内壁施釉，釉层薄；釉冻白色，釉色略黄，釉面无光泽。釉面下施一薄层白色化妆土。内底残存椭圆形支钉三个，长0.8厘米。

2007YY西ⅠT11H312：1，瓷碗。黄灰胎。露胎处表面红褐色，有气孔。除外壁圈足及近圈足处外，通体施釉，釉层薄；黑釉，釉面有光泽。

2007YY西ⅠT11H326：1，瓷鸟食罐。黄灰胎。器外壁上部及内壁口部施釉，釉层薄；釉冻白色，光泽暗淡。釉层下施一薄层白色化妆土。外壁腹部有黑彩，对称两簇写意草叶纹。

2007YY西ⅠT11H326：2，瓷碗。灰胎。器外壁上部及整个内壁施釉，釉层薄；釉冻白色；釉面光泽暗淡。釉层下施一层白色化妆土略厚。内底残存椭圆形支钉一个，长0.6厘米。

2007YY西ⅠT11Y2：3，瓷碗。灰胎，器外壁大部及圈足露胎，足底褐红色。器内壁及外壁口部施冻白釉，外壁中部施酱褐釉，有光泽。釉层下施一层白色化妆土。器内底饰以黑彩。

2007YY西ⅠT11Z6：1，瓷盘。灰胎，胎薄。器内外壁及外底通体施釉，仅圈足底露胎，釉层薄；釉白色，有冰裂纹，釉面有光泽。釉层下施一层白色化妆土略厚。

2007YY西ⅠT11Z7：1，瓷灯盏。灰胎。器外壁口部和整个内壁施釉，釉层薄；釉白色，有细冰裂纹；釉面有光泽。釉层下施一层薄薄的化妆土。

2007YY西ⅠT11Z7：2，瓷盘。灰胎。除外壁圈足、近圈足处及底部外，器内外壁通体施釉，釉层薄；釉白色泛青，有冰裂纹，釉面有光泽。釉层下施一层白色化妆土略厚。

2007YY西ⅠT12③：1，瓷器盖。粗灰胎。器表施釉，釉层较厚；釉黑褐色，釉面有密集的小气孔；釉面有光泽。

2007YY西ⅠT12③：2，瓷盏。灰胎。除器内外壁口部施酱黑釉外，余部均露胎，釉有光泽。

2007YY西ⅠT12H229：1，瓷碗。灰胎。器外壁上部及整个内壁施釉，釉层薄；釉近白色，有细冰裂纹；釉面光泽度好。釉层下施一层白色化妆土略厚。内底残存楔形支钉三个，长0.7厘米。圈足足底墨书一"十"字。

2007YY西ⅠT12H229：2，瓷盘。黄灰胎。除外壁圈足及近圈足处外，器内外壁通体施釉，釉层略厚；釉黑色，有光泽。内底残存椭圆形大支钉四个。

2007YY西ⅠT12H229：4，瓷器盖。灰胎。外壁施黑釉略厚，局部极厚；釉面有光泽。

2007YY西ⅠT12H334：1，瓷盆。灰胎。器内壁施釉，釉层较厚；釉黑色，釉面有密集的小气孔，有光泽。口部施一薄层白色化妆土。

2007YY西ⅠT12J8：1，瓷盏。黄灰胎。器外壁上部及内壁通体施釉，釉层薄；釉冻白色，有细冰裂纹；釉面光泽暗淡；釉层下施一层白色化妆土。内底有长条状支钉五个。

2007YY西ⅠT13③：3，瓷盘。灰胎。器外壁上部及整个内壁施釉，釉层薄；釉近白色，釉面有冰裂纹及蚯蚓状纹路；釉面有光泽。釉层下施一层白色化妆土略厚。

2007YY西ⅠT13③：4，瓷碗。黄灰胎，外壁下部及圈足露胎。器内壁及外壁上部施冻白釉，有光泽。釉层下施一层白色化妆土。器内底以黑彩装饰。内底残存两处支钉痕。

2007YY西ⅠT13③：5，瓷碟。灰胎。器口及内壁上部施釉，釉层略厚；釉酱黑色，釉面有光泽。内壁无釉处施一薄层白色化妆土。

2007YY西ⅠT13H42：1，瓷碗。黄灰胎。器内壁及外壁上部施釉，釉层薄；釉冻白色，光泽暗淡。釉层下施白色化妆土。内底残存支钉痕三个，其中两个呈芝麻状，一个近小圆点。

2007YY西ⅠT13H42：2，瓷碗。灰胎，夹少量细砂。器内壁及外壁上部施釉，釉层薄；釉冻白色，釉面局部有蚯蚓状纹路；光泽暗淡。釉层下施白色化妆土，外壁化妆土及于无釉的下部，并有滴流现象。器内壁有褐彩，两周宽带，宽带之间有数丛写意草叶，碗心一丛写意草叶。碗底残存半月形支钉痕一个，长1.2厘米。

2007YY西ⅠT13H42：3，瓷盘。浅灰胎，夹细砂。器内壁及外壁上部施釉，釉层薄；釉冻白色，釉面有蚯蚓状纹路；光泽暗淡。釉层下施白色化妆土。器内壁残存长条状小支钉痕三个。

2007YY西ⅠT13H42：4，瓷盘。灰胎，夹细砂。器内壁及外壁上部施釉，釉层薄；釉冻白色，有冰裂纹，有光泽。釉层下施白色化妆土。内底残存近椭圆形支钉痕两个，较大，长1.1厘米。

2007YY西ⅠT13H42：5，瓷碗。浅灰胎，夹少量细砂。除圈足及近圈足处外，器内外壁施釉，釉层厚；青釉，泛灰，釉面偶见小气孔；有光泽。釉层下无化妆土。

2007YY西ⅠT13H173①：1，瓷碗。灰胎。器外壁上部及整个内壁施釉，釉层薄；釉冻白色，有细冰裂纹；釉面有光泽。釉层下施一薄层白色化妆土。器内底残存两处支钉痕。

2007YY西ⅠT13H201：2，瓷碗。紫胎，露胎处表面一薄层红褐色。器外壁上部及整个内壁施釉，釉层薄；釉冻白色，色泽不匀，黄白相杂，有细冰裂纹；釉面无光泽。釉面下施一薄层白色化妆土。内底残存椭圆形支钉一个，长0.9厘米。

2007YY西ⅠT13H201：3，瓷盏。黄灰胎。器外壁上部及内壁通体施釉，釉层薄；釉冻白色；釉面光泽暗淡。釉层下施一层白色化妆土。内底残存大芝麻点状支钉一个。

2007YY西ⅠT13H309①：1，瓷盘。黄灰胎。器外壁上部及整个内壁施釉，釉层薄；釉冻白色；釉面有光泽。釉面下施一薄层白色化妆土。内底有椭圆形支钉五个，长0.9厘米。

2007YY西ⅠT13H309①：7，瓷盘。淡黄胎，器外壁下部及圈足露胎。器内壁及外壁口部施冻白釉，有光泽。釉层下施一层白色化妆土。

2007YY西ⅠT13H309②：2，瓷盘。灰胎。器外壁上部及整个内壁施釉，釉层薄；釉冻白色，釉面无光泽。釉面下施一薄层白色化妆土。内底有芝麻点状支钉痕七个。

2007YY西ⅠT13H309②：3，瓷盘。灰胎。器外壁上部及整个内壁施釉，釉层薄；釉冻白色，有细冰裂纹；釉面光泽度好，玻璃质感较强。釉层下施一层白色化妆土略厚。内底残存椭圆形支钉两个，长0.5厘米。

2007YY西ⅠT13H309②：4，瓷鸟食罐。灰胎。口沿及外壁上部施釉，釉层薄；釉白色，有光泽。口沿及外壁施一层白色化妆土，外壁认黑彩绘螺旋纹装饰。

2007YY西ⅠT13H309②：5，瓷器盖。淡黄胎。器外壁施釉，釉层薄；釉冻白色，有较多蚯蚓状纹路；釉面光泽暗淡。内外壁有釉无釉处均施一层白色化妆土。

2007YY西ⅠT13H309②：6，瓷碗。黄灰胎，露胎处表面浅黄色。器外壁上部及整个内壁施釉，但唇部无釉，釉层薄；釉冻白色；釉面光泽暗淡。釉层下施一层白色化妆土略厚。内底残存芝麻点支钉两个，长0.2厘米。

2007YY西ⅠT13J3：1，瓷碗。黄灰胎。器外壁上部及内壁通体施釉，釉层薄；釉白色，局部有细冰裂纹；釉面光泽度极好。釉层下施一层白色化妆土。器内底釉下有露胎篦划纹。内底残存芝麻点状支钉两个。

2007YY西ⅠT13J3：2，瓷碟。灰胎。器外壁上部及内壁通体施釉，釉层薄；釉冻白色，有细冰裂纹；釉面有光泽。釉层下施一层白色化妆土。内底有长条形支钉五个。

2007YY西ⅠT13J3：3，瓷碗。灰胎。除圈足外，其余部位（包括器外底）通体施釉，釉层厚；青釉；有大冰裂纹；釉面光洁莹润，光泽度极好。内底残存支钉三个，其中一个大如小瓜子，两个小如芝麻点。

2007YY西ⅠT13J3：4，瓷器盖。黄灰胎。器表施釉，釉层薄；釉冻白色；釉面略有光泽。器内外壁通体施一层白色化妆土。胎表有蚯蚓状凹陷纹路。器表有褐彩，为两组弦纹之间一周折枝花叶，盖顶纹饰不明。

2007YY西ⅠT13J3：5，瓷碗。灰胎。器外壁上部及内壁通体施釉，釉层薄；釉冻白色，有冰裂纹；釉面光洁度好。釉层下一层白色化妆土。器内底釉下于化妆土表面有划花及篦划纹，局部露胎。内底残存瓜子状支钉四个。

2007YY西ⅠT13J3：6，瓷盘。灰胎。器外壁上部及内壁通体施釉，釉层薄；釉冻白色，有细冰裂纹；釉面有光泽。釉层下一层白色化妆土。内底残存瓜子状支钉一个。

2007YY西ⅠT13J3：7，瓷盘。黄胎。器外壁上部及内壁通体施釉，釉层薄；釉冻白色；釉面暗淡无光泽。釉层下及外壁均施一层白色化妆土。内壁腹部残存芝麻点状支钉一个。

2007YY西ⅠT13J3：8，瓷碗。灰胎。器外壁上部及内壁通体施釉，釉层薄；釉冻白色，有冰裂纹；釉面有光泽。釉层下一层白色化妆土。器内底釉下有篦划纹。内底残存瓜子状支钉五个。

2007YY西ⅠT13J3：10，瓷（双耳）罐。黄灰胎。除外底外，器内外壁通体施釉，釉层薄；褐釉略泛灰；釉面有气孔；无光泽。

2007YY西ⅠT13J3：12，瓷器盖。黄灰胎，有小气孔。外壁通体施釉，釉层薄；黄釉，无光泽；釉层下施一层白色化妆土。

2007YY西ⅠT13J3：13，瓷碗。灰胎。内壁及外壁上部施冻白釉，外壁下部及圈足露胎。内壁划有暗花。釉层下施一层白色化妆土。

2007YY西ⅠT13J3：14，瓷盘。灰胎，外壁下部及圈足露胎。器内壁及外壁上部施冻白釉，有光泽。釉层下施一层白色化妆土。

2007YY西ⅠT14H97∶1，瓷碟。灰胎，外壁露胎处表层微泛紫，夹细砂。除圈足及近圈足处外，器内外壁施釉，釉层较厚；青釉；无光泽。釉层下不施化妆土。

2007YY西ⅠT14H97∶2，瓷碗。灰胎，夹细砂。器内壁及外壁上部施釉，釉层薄；釉冻白色，局部有冰裂纹；光泽度极好。釉层下施白色化妆土。口沿处一周褐彩。器内壁底部残存支钉凹痕两个。

2007YY西ⅠT14H97∶3，瓷碗。黄灰胎，极淡。器内壁及外壁上部施釉，釉层薄；釉浅白色；光泽暗淡。釉层下施薄薄一层白色化妆土。外壁口下一周宽褐彩，内壁两周褐弦纹。

2007YY西ⅠT14H188∶1，瓷盘。灰胎。器外壁上部及整个内壁施釉，釉层薄；釉冻白色暗哑，釉面光泽暗淡。釉面下施一薄层白色化妆土。内底残存支钉，情况不明。

2007YY西ⅠT15③∶9，瓷碗。黄褐胎。外壁下部及圈足露胎。器外壁上部及整个内壁施青釉，釉色偏灰暗，有光泽。

2007YY西ⅠT15③∶30，瓷碗。深灰近紫胎，露胎处表面施一薄层淡褐色护胎釉，无光泽。除外壁圈足及近圈足处外，器内外壁通体施釉，釉层厚；釉青色泛蓝，有冰裂纹；釉面有光泽。

2007YY西ⅠT15③∶41，瓷碗。黄褐胎，外壁下部及圈足露胎，足底呈褐红色。器内壁及外壁上部施冻白釉，釉色略黄，有光泽。釉层下施一层白色化妆土。器外壁以黑彩施花纹。

2007YY西ⅠT15H68∶1，瓷碗。淡黄胎。器外壁近口部及整个内壁施釉，釉层薄；釉白色泛黄，釉面无光泽。口部一周褐彩，内壁两周褐彩，碗心几笔写意褐彩。

2007YY西ⅠT15H103∶1，瓷灯盏。黄灰胎。器整个内壁施釉，釉层薄；釉冻白色，显黄；釉面无光泽。釉层下施一层薄薄的化妆土。

2007YY西ⅠT15H103∶2，瓷盘。黄灰胎，露胎处表面淡红色。除外壁圈足及近圈足处外，内外壁通体施釉，釉层极厚。青釉略泛灰，在较大冰裂纹；釉面光泽暗淡，偶见气孔。

2007YY西ⅠT15H103∶3，瓷盏。黄灰胎。器内外壁上部施釉，釉层薄；釉灰褐色，有光泽。

2007YY西ⅠT15H103∶4，瓷盏。黄灰胎，外壁露胎处表面浅灰色。器内壁及外壁上部施釉，釉层薄；釉冻白色，有碎冰裂纹；有光泽。釉层下施白色化妆土。内壁残存弧形支钉痕一个，直线长度2厘米。

2007YY西ⅠT15H115∶2，瓷盘。黄灰胎，夹少量细砂。器内外壁上部施釉，釉层略厚；褐釉，釉面偶见气孔，光泽度不好。釉层下无化妆土。

2007YY西ⅠT15H120∶1，瓷盘。灰胎，芒口，胎壁较薄。器内外壁通体施釉，内壁釉层薄，外壁釉层略厚；内壁釉冻白色，有细冰裂纹；外壁釉黑色；釉面有光泽。内壁釉层下施白色化妆土，外壁无。

2007YY西ⅠT15H129∶1，瓷盘。灰胎，夹细砂。除圈足及近圈足处外，器内外壁施釉，釉层薄；釉白色；有光泽。釉层下施白色化妆土。内壁底残存长条形小支钉痕一个。

2007YY西ⅠT15H134：1，瓷碗。灰胎。器内壁及外壁上部施釉，釉层薄；釉冻白色，有细冰裂纹，釉面光洁莹润，光泽度好。釉层下施白色化妆土。内底有呈梅花状分布的五个椭圆形小支钉，支钉长约0.6厘米。

2007YY西ⅠT15H134：2，瓷盏。灰胎，夹细砂。器内壁及外壁上部施釉，釉层薄；釉白色闪青，局部有较大冰裂纹，光泽度极好。釉层下施白色化妆土。器内壁残存楔形支钉痕两个。

2007YY西ⅠT15H196：1，瓷碗。黄灰胎。除外壁圈足及近圈足处外，器内外壁通体施釉，釉层薄；釉白色，有光泽。冻白釉层下施一层白色化妆土。内底有芝麻点状支钉五个。内壁饰黑彩，腰部一周宽带，碗心折枝花一枝。

2007YY西ⅠT15H196：2，瓷器盖。黄灰胎。器表施釉，釉层薄；釉白色，有光泽。器内外壁釉层下及无釉处均施一薄层白色化妆土。器表两周圆圈纹黑彩，两周圆圈之间三簇黑彩写意草叶纹。

2007YY西ⅠT15H196：3，瓷碗。灰胎。外壁上部及整个内壁施釉，釉层薄；釉白色；釉面有光泽。内底残存椭圆形支钉一个，长0.8厘米。釉层下施一层化妆土略厚。

2007YY西ⅠT15H351①：2，瓷碗。黄灰胎。器内壁及外壁上部施冻白釉，外壁下部及圈足露胎。釉下施一层白色化妆土。

2007YY西ⅠT15H351①：3，瓷碗。黄灰胎。器外壁上部及内壁通体施釉，釉层薄；釉白色，有冰裂纹；釉面光泽度好。釉层下施一层白色化妆土。内壁腹部两周露胎宽弦纹。内底残存两个大支钉痕，形状不明。

2007YY西ⅠT15H351①：4，瓷器盖。黄灰胎。器表施釉，釉层薄；釉冻白色；釉面略有光泽。釉层下施一层白色化妆土。器表有褐彩，为两组弦纹之间一周草叶纹，盖顶纹饰不明。

2007YY西ⅠT15H351③：7，瓷盘。深灰胎，胎有气孔。除外壁圈足及近圈足处外，通体施釉，釉层极厚；蓝釉，有大冰裂纹，内壁残存一处紫色窑变；釉面光洁莹润。

2007YY西ⅠT15H351③：8，瓷盏。黄灰胎。器外壁口部及内壁通体施釉，釉层薄；釉冻白色；釉面粗糙略有光泽。釉层下施一层白色化妆土。

2007YY西ⅠT15H351③：9，瓷碗。深灰胎泛紫，露胎处表面褐色，胎有气孔。器内外壁上部施釉，釉层厚，釉层下缘积釉处极厚；蓝釉；釉面光洁莹润。

2007YY西ⅠT15H351③：10，瓷碗。黄灰胎。器内壁及外壁上部施釉，釉层略厚；釉米黄色，釉面暗淡无光。釉层下施一薄层白色化妆土。内底以紫色与蓝灰色颜料绘写意折枝。

2007YY西ⅠT15H351③：13，瓷盏。黄灰胎。器内外壁口部施釉，釉层薄；釉白色泛青。器内壁及外壁上部施一层白色化妆土。

2007YY西ⅠT15H351③：14，瓷盏。黄灰胎，露胎处表面红褐色。器外壁上部及内壁通体施釉，釉层薄；釉黄白色；釉面暗淡无光泽。釉层下施一层白色化妆土。

2007YY西ⅠT15H351③：15，瓷碗。灰胎，露胎处呈浅褐色。除外壁圈足外，器内外壁通体施釉，釉层厚，釉面有零星较大气孔；青釉，有较大的冰裂纹；釉面有光泽。内壁底部有较多排列无规律的无釉凸点，应为支钉。

2007YY西ⅠT15H351③：16，瓷碗。深灰胎略泛紫，露胎处表面褐色，有较多气孔。除外壁圈足及近圈足处外，通体施釉，釉层厚；釉青灰色，釉面有较多气孔；釉面有光泽。釉层脱落处胎釉结合面密布气孔。内底残存凸点状支钉一个，由两个凸点并列而成。

2007YY西ⅠT15H351③：17，瓷碗。灰胎，露胎处呈浅褐色，偶见气孔。除外壁圈足外，器内外壁通体施釉，釉层厚，釉面有零星较大气孔；青釉，有较大的冰裂纹；釉面有光泽。

2007YY西ⅠT15H351③：18，瓷碗。灰胎，露胎处呈褐色，偶见气孔。除外壁圈足部位外，内外壁通体施釉，釉层较厚，釉面有零星较大气孔；青釉，有较小的冰裂纹；釉面有光泽。

2007YY西ⅠT15H371：1，素烧碟。黄灰胎，无釉素烧。

2007YY西ⅠT15H377：1，瓷碗。灰胎，圈足露胎。器内外壁施冻白釉，有光泽。

2007YY西ⅠT15J4：4，瓷碗。淡红褐胎，露胎处表面棕褐色，似护胎釉。器外壁上部及整个内壁施釉，釉层薄；釉暗白色，有流釉；釉面无光泽。

2007YY西ⅠT16③：1，瓷碟。褐红胎，外壁大部及圈足露胎。器内外壁施釉，釉色麻灰，夹墨绿色斑，光泽暗淡，釉厚，外壁有流釉。

2007YY西ⅠT16③：2，瓷盏。黄褐胎，外壁下部及圈足露胎。器内壁及外壁口部施冻白釉，釉色略黄，光泽暗淡。釉层下施一层白色化妆土。

2007YY西ⅠT16③：3，瓷盘。上部深灰泛紫胎，下部黄胎。除外壁圈足及近圈足处外，器内外壁通体施釉，釉层厚；釉外壁青色，外壁蓝色并有紫斑；有大冰裂纹；釉面有光泽。

2007YY西ⅠT16③：4，瓷盘。灰胎，器内底及圈足露胎。器内外壁上部施酱黑釉，有光泽。

2007YY西ⅠT16③：5，瓷盏。褐红胎，器外壁及圈足露胎。器内壁施冻白釉，釉色发黄，光泽暗淡。

2007YY西ⅠT16③：6，瓷碗。灰胎，器外壁下部及圈足露胎。器内底及外壁上部施冻白釉，釉色发黄，内底以黑彩绘写意花卉，无光泽。釉层下施一层白色化妆土。

2007YY西ⅠT16H155：1，瓷盘。灰胎。除外壁圈足及底部外，器内外壁通体施釉，釉层薄；釉层多氧化，釉白色，釉面无光泽。釉层下施一层白色化妆土略厚。

2007YY西ⅠT17③：1，瓷碗。灰胎，露胎处表面呈淡褐色。器内壁及外壁上部施冻白釉，有光泽。釉层下施一层白色化妆土。

2007YY西ⅠT17③：4，瓷盏。黄灰粗胎。器外壁上部及整个内壁施釉，釉层薄；釉冻白色，有细冰裂纹；釉面有光泽。釉层下施一薄层白色化妆土。

2007YY西ⅠT17③：5，瓷碗。褐红胎。内壁及外壁上部施釉，釉色暗黄。外壁下部及圈足露胎。釉层下施一层白色化妆土。

2007YY西ⅠT17③：6，瓷盏。黄灰胎。器内外壁上部施釉，釉层略厚；釉红褐色，釉面无光泽。

2007YY西ⅠT17③：8，瓷碗。灰胎，圈足露胎。器内壁及外壁大部施冻白釉，釉色略黄，器外壁中部施酱黑釉，有光泽。釉层下施一层白色化妆土。器内底以黑彩绘写意花卉。

2007YY西ⅠT17③：9，瓷灯盏。黄灰胎，器内底及圈足露胎。器内外壁上部施酱釉，有光泽。

2007YY西ⅠT17③：13，瓷碗。淡黄胎，圈足底有棕褐色护胎釉，无光泽。除外壁圈足及近圈足处外，器内外壁通体施釉；外壁上部及整个内壁施冻白釉，釉层薄，有细冰裂纹；外壁其余部位施黑褐釉，釉层略厚；釉面有光泽。白釉层下施一薄层白色化妆土。内壁有棕釉，因氧化呈橘红色。

2007YY西ⅠT17H88：1，瓷碗。灰胎，夹细砂，圈足底红褐色。除圈足外，器内外壁施釉，釉层薄；内壁及外壁口沿部位釉冻白色；外壁酱褐釉，釉面局部有较大气孔；无光泽；冻白色釉层下有白色化妆土。内壁白地上绘彩，彩黑中泛灰，口部一周、内壁三周弦纹，碗心有写意花叶一簇。器内底有呈梅花状分布的支钉痕五个，每个支钉痕迹呈麻点状，由20余个不规则小点组成。

2007YY西ⅠT17H292：1，瓷碟。灰胎。除圈足底部外，器内外壁通体施釉，釉层厚；釉蓝色，局部微泛紫；釉面光泽度好。

2007YY西ⅠT17H293：1，瓷碗。灰胎，露胎处器表浅褐色；内壁平整，外壁凹凸不平。除外壁圈足及近圈足处外，器内外壁通体施釉，酱褐釉层略厚，白釉层薄；内壁及外壁上部施釉白色微泛黄，有冰裂纹；外壁口沿及下部施黑釉；釉面有光泽。白釉层下施一层白色化妆土。内底以黑彩绘三周弦纹，弦纹下写意折枝花。内底有麻点状支钉五个，每个支钉由十余个小凸点组成。

2007YY西ⅠT17H293：2，瓷盘。浅黄胎，露胎处圈足底有一层较厚的红褐色护胎釉，这种护胎釉在绝大多数器物上并不能很明显地看出来，但此件瓷盘的底部明确可见一层依着于圈足之上，并有剥落；圈足底的护胎釉上均匀分布五个白色化妆土涂抹的圆点，估计起支烧的作用。除圈足及近圈足处外，器内外壁通体施釉，釉层薄；釉白色泛黄，釉面无光泽。釉面下施一层白色化妆土略厚。内底残存麻点状支钉三个，由若干密集叠压在一起的小凸点组成。

2007YY西ⅠT17H293：3，瓷碗。黄灰胎，口部、圈足及近圈足处露胎。器内壁及外壁上部施酱黑釉，有光泽，有细小气孔。

2007YY西ⅠT17H293：4，瓷盘。灰胎。器内外壁上部施釉，釉层略厚；釉酱褐色，釉面有光泽。内壁无釉处施一薄层白色化妆土。

2007YY西ⅠT17H293：5，瓷盘。灰胎。除圈足及近圈足处外，器内外壁通体施釉，釉层薄；釉冻白色，有细冰裂纹；釉面光泽暗淡。釉面下施一薄层白色化妆土。内底有麻点状支钉五个，由十余个小凸点组成。

2007YY西ⅠT17H293：6，瓷碗。灰胎，外壁圈足底有一层棕褐色护胎釉。除外壁圈足及近圈足处外，器内外壁通体施釉，釉层薄；外壁上部及整个内壁釉近白色，外壁釉棕红色；两色釉之间有空白；釉面有光泽。白釉层下施一层白色化妆土略厚。口部一周棕彩，内壁三周弦纹黑彩，内底黑彩写意花卉一朵。内底残存麻点状支钉五个，由数个至二十余个小凸点组成。

2007YY西ⅠT17H293：7，瓷碗。浅黄胎，露胎处表面一层紫褐色护胎釉，无光泽。除外壁圈足及近圈足处外，器内外壁通体施釉，釉层薄；外壁上部及整个内壁釉冻白色，外壁釉黑色；两色釉之间有空白；釉面有光泽。白釉层下施一层白色化妆土略厚。内壁有黑彩，腰部三周弦纹，底部写意草叶纹。

2007YY西ⅠT17H308：1，瓷碗。灰胎。器外壁上部及整个内壁施釉，釉层薄；釉近白色；釉面有光泽。釉层下施一层白色化妆土略厚。内壁有黑彩，腰部一周宽弦纹，内底对称两组写意草叶纹。内底残存芝麻点支钉两个，长0.4~0.5厘米。

2007YY西ⅠT17H310：1，瓷碗。灰胎，有气孔。除外壁圈足外，器内外壁通体施釉，釉层略厚；内壁及外壁上部施釉暗白色，有冰裂纹；外壁口沿及下部施黑釉；釉面有光泽。白釉层下施一层白色化妆土。内底以黑彩绘一粗两细三周弦纹，弦纹下写意大花叶。内底残存麻点状支钉四个，每个支钉由十余个小凸点组成。

2007YY西ⅠT17H310：2，瓷灯盏。粗黄灰胎。器口及内壁上部施釉，釉层极薄；黑褐釉，有光泽。

2007YY西ⅠT17H310：3，瓷碗。灰胎。器外壁上部及整个内壁施釉，釉层薄；釉冻白色，釉面有光泽。釉面下施一层白色化妆土略厚。内底残存近圆形支钉两个，直径0.7厘米。

2007YY西ⅠT17H310：4，瓷碗。上部灰胎，下部红褐胎，露胎处表面深褐色。器外壁上部及整个内壁施釉，釉层薄；釉冻白色，局部无化妆土的地方釉呈灰蓝色；釉面无光泽。釉层下一薄层白色化妆土但所施不匀。内底残存麻点状支钉两个，由六至十余个小凸点组成。

2007YY西ⅠT17H310：5，瓷碗。上部深灰胎，下部黄胎。除外壁圈足及近圈足处外，器通体施釉，釉层厚；蓝釉，有大冰裂纹；釉面光洁莹润。

2007YY西ⅠT17H310：7，瓷盘。灰胎。器外壁上部及整个内壁施釉，釉层薄；釉冻白色，有细冰裂纹；釉面有光泽。釉面下施一薄层白色化妆土。内底残存麻点状支钉三个，由五至八个较大凸点组成。

2007YY西ⅠT17H318：1，瓷碗。上部深灰近紫胎，底部橙黄胎。除圈足及近圈足处外，器内外壁通体施釉，釉层厚，外壁釉面下缘有聚釉，极厚；釉色青翠，釉面有密集的小气孔，釉层透明，可见里面的小气泡；有较大冰裂纹；釉面有光泽。

2007YY西ⅠT17H337：1，瓷盘。黄灰胎，有气孔。器内外壁上部施釉，釉层略厚；黑釉；有光泽。内底无釉处施一层薄薄的化妆土。

2007YY西ⅠT17H338：1，瓷碗。深灰胎略泛紫，露胎处表面褐色。除内壁底部及外壁圈足及近圈足处外，器通体施釉，釉层较厚；釉蓝灰色，釉面有较多气孔；釉色暗淡。

2007YY西ⅠT17H338：2，瓷盒。灰胎，有气孔。内壁施浅褐釉，外壁除圈足底部外通体施黑釉，釉层略厚；釉面有细密的小气孔；光泽暗淡。

2007YY西ⅠT17H338：3，瓷盘。深灰胎略含紫，圈足黄胎，器表红褐色。除外壁圈足外，器通体施釉，釉层略厚；釉色灰中略泛青；釉面有光泽。

2007YY西ⅠT17H339：1，瓷碗。黄灰胎。器外壁上部及内壁通体施釉，釉层薄；釉色白中泛黄，局部有细冰裂纹；釉面暗淡无光泽。釉层下施一层白色化妆土。内底残存芝麻点状支钉两个。

2007YY西ⅠT17H340：1，瓷碟。深灰胎泛紫，露胎处表面浅褐色。器外壁上部及内壁通体施釉，釉层较厚，外壁有积釉；釉蓝色，隐隐有紫色窑变；釉面有光泽。

2007YY西ⅠT17H349：1，瓷碗。深灰胎，露胎处表面红褐色。器外壁上部及内壁通体施釉，釉层薄；釉色白中泛黄；釉面有光泽。釉层下一层白色化妆土。内底残存麻点状支钉一个，由十一个小凸点组成。内底残存褐彩纹饰，内容不明。

2007YY西ⅠT17H349：2，瓷碟。灰胎，有气孔。器内外壁上部施釉，釉层薄；黑釉，有光泽。内壁无釉处施一层薄薄的白色化妆土。

2007YY西ⅠT17J12：1，瓷盏。黄灰胎。器外壁上部及内壁通体施釉，釉层薄；釉白色，局部有细冰裂纹；釉面有光泽。釉层下施一层白色化妆土。口沿处一周釉上黑彩，因氧化成煤状，擦之易掉。

2007YY西ⅠT17J12：9，瓷盏。黄灰胎。除外壁圈足及近圈足处外，器内外壁通体施釉，釉层薄；釉冻白色，有细冰裂纹；釉面有光泽。釉层下施一薄层白色化妆土。内底残存麻点状支钉一个，由七个小凸点组成。

2007YY西ⅠT17Z12：1，瓷盏。黄褐胎。器内外壁上部施釉，釉层薄；釉褐色；釉面暗淡无光泽。釉层下不施化妆土。

2007YY西ⅠT17Z12：2，瓷碟。深灰胎，有少量小气孔，露胎处表面呈淡褐色。除外壁圈足部位外，器内外壁通体施釉，釉层较厚；青釉，积釉处色泽深；有较大的冰裂纹；釉面光洁莹润，光泽度极好。

2007YY西ⅠT18③：13，瓷盏。灰胎。器内外壁及圈足施满釉，釉色白，有光泽。釉层下施一层白色化妆土。

2007YY西ⅠT18③：14，瓷碗。深灰近紫胎。除圈足及近圈足处外，器内外壁通体施釉，釉层薄；釉冻白色，略有光泽。釉层下施一层白色化妆土略厚。内底残存麻点状支钉两个，由数个小凸点组成。内壁有黑彩，口部两周弦纹，底部两周弦纹。外壁一周黑彩，似写意花叶。

2007YY西ⅠT18③：16，瓷碗。灰白胎，外壁下部及圈足露胎。器内壁及外部上部施冻白釉，有光泽。釉层下施一层白色化妆土。

2007YY西ⅠT18③：17，瓷器盖。粗灰胎。器表施釉，釉层薄；釉冻白色，釉面有光泽。釉层下施一层白色化妆土略厚。器表有黑彩写意花卉。

2007YY西ⅠT18③：18，瓷碟。灰胎。器内外壁上部施釉，釉层略厚；釉黑色，釉面有光泽。器内壁无釉处施一薄层白色化妆土。

2007YY西ⅠT18③：19，瓷碟。上部深灰泛紫胎，下部黄胎。除外壁圈足及近圈足处外，器内外壁通体施釉，釉层厚；釉青灰色；釉面外壁有光泽，内壁无光。

2007YY西ⅠT18③：24，瓷碗。红褐胎。外壁露胎处施一薄层褐色护胎釉，无光泽。除外壁圈足及近圈足处外，器内外壁通体施釉；外壁上部及整个内壁施冻白釉泛黄，釉层薄；外壁其余部位施黑褐釉，釉层略厚；釉面光泽暗淡。白釉层下施一薄层白色化妆土。内壁有黑彩，口部两周弦纹，底部两周弦纹。内底残存麻点状支钉两个，由十余个小凸点组成。

2007YY西ⅠT18H212：1，瓷碟。灰胎。器内壁及外壁近口部施釉，釉层薄；釉冻白色，釉面光泽暗淡。釉层下施一层白色化妆土。内壁三组褐彩弦纹，其中口部及腰部各两道，底部三道。内底三个麻点状支钉，由十余个小凸点组成，支钉偏于一侧。

2007YY西ⅠT18H212：2，瓷碟。红胎，露胎处表面红褐。外壁上部及整个内壁施釉，釉层薄；釉白中微泛黄，釉面无光泽。釉层下施一层白色化妆土略厚。内壁碗底残存麻点状支钉三个，由十余个极小的小凸点组成，有的凸点几不可辨。

2007YY西ⅠT18H212：3，瓷碗。淡黄胎。外壁上部及整个内壁施釉，釉层薄；釉冻白色，釉面暗淡无光。釉层下施一层白色化妆土略厚。内壁底部两周黑彩弦纹；外壁腰部两周黑彩弦纹，弦纹以上一周黑彩叶纹。

2007YY西ⅠT18H213：1，瓷盘。黄灰胎。器内外壁上部施釉，釉层略厚；釉酱褐色，釉面偶见气孔，光泽暗淡。内壁无釉处施一层薄薄的白色化妆土。

2007YY西ⅠT18H218：1，瓷碗。黄灰胎，芒口。器内外壁通体施釉；外壁口部及内壁施白釉，釉层薄，有细冰裂纹；外壁其余部位施褐釉，釉层略厚；釉面有光泽。白釉层下施一薄层白色化妆土。

2007YY西ⅠT18H239：1，瓷碗。黄灰胎，外壁下部及圈足露胎。器内壁及外壁上部施冻白釉，釉色略黄，光泽暗淡。釉层下施一层白色化妆土。

2007YY西ⅠT18H239：2，瓷灯盏。褐红胎，外壁无釉。内壁施冻白釉，釉色发黄，无光泽。釉层下施一层白色化妆土。

2007YY西ⅠT18H239：3，瓷灯盏。黄褐胎，外壁无釉。内壁施冻白釉，釉色发黄，无光泽。釉层下施一层白色化妆土。

2007YY西ⅠT18H239：4，瓷盏。黄灰胎。器内外壁上部施釉，釉层薄；酱褐釉；有光泽。

2007YY西ⅠT18H239：5，瓷碗。深灰近紫胎，露胎处表面紫褐色，局部有光泽，应为护胎釉。除圈足及近圈足处外，器内外壁通体施釉，釉层较厚；釉青灰色，釉面有较多气孔；釉面光泽暗淡。

2007YY西ⅠT18H239：6，瓷盘。黄褐胎，外壁下部及圈足露胎。器内壁及外壁上部施冻白釉，釉色略黄，光泽暗淡。釉层下施一层白色化妆土。

2007YY西ⅠT18H239：9，瓷（研磨）盘。深灰胎，圈足露胎。器内壁及外壁大部施冻白釉，光泽暗淡。釉层下施一层白色化妆土。内底有楔形戳点凹槽，起研磨作用。

2007YY西ⅠT18H239：10，瓷碗。深灰近紫胎，露胎处表面紫褐色。除圈足及近圈足处外，器内外壁通体施釉，釉层厚；釉色豆青色泽略深，有大冰裂纹；釉面有光泽。

2007YY西ⅠT18H239：13，瓷灯盏。黄灰胎。器外壁口部及内壁通体施釉，釉层薄；釉冻白色，釉面有气孔；釉面光泽暗淡。釉层下施一层白色化妆土。

2007YY西ⅠT18H239：15，瓷盘。黄灰胎，有气孔。器内外壁上部施釉，釉层略厚；黑釉；有光泽。

2007YY西ⅠT18H239：16，瓷灯盏。黄灰胎。器外壁口部及内壁通体施釉，釉层薄；釉冻白色；釉面暗淡无光泽。釉层下施一层白色化妆土。

2007YY西ⅠT18H239：17，瓷盏。黄灰胎。器外壁口部及内壁通体施釉，釉层薄；釉冻白色，釉面有气孔；釉面光泽暗淡。釉层下施一层白色化妆土。

2007YY西ⅠT18H239：18，瓷盘。淡黄胎。除圈足部位外，器内外壁通体施釉，釉层较厚；釉青色，有细冰裂纹。釉面有光泽。

2007YY西ⅠT18H239：19，瓷盒。灰胎。口部无釉，器内壁及外壁施冻白釉，有光泽。釉层下施一层白色化妆土。

2007YY西ⅠT18H239：20，瓷盘。灰胎，露胎处表面红褐色，施少量护胎釉。器内外壁上部施釉，釉层较厚；釉青色略暗，有冰裂纹；釉面有光泽。内底无釉处施一薄层白色化妆土。

2007YY西ⅠT18H239：21，瓷（双耳）罐。灰胎。器外壁上部及整个内壁施釉，唇部无，釉层较厚；釉黑色，釉面有光泽。口部无釉处施一薄层白色化妆土。

2007YY西ⅠT18H239：22，瓷碗。黄灰胎。除圈足及近圈足处外，器内外壁通体施釉，釉层厚；釉藕色，此器釉层亦发生氧化，釉面有较多灰白色蚯蚓状纹路，有较多大气孔。釉面光泽暗淡。

2007YY西ⅠT18H239：23，瓷碗。紫胎，露胎处表面灰色。除圈足及近圈足处外，器内外壁通体施釉，釉层极厚；釉青色，色泽略深；釉面有冰裂纹，有光泽。

2007YY西ⅠT18H239：24，瓷碗。上部深灰近紫胎，底部淡黄胎。除圈足及近圈足处外，器内外壁通体施釉，釉层较厚；釉青色略泛灰，有冰裂纹；釉面偶见气孔，有光泽。

2007YY西ⅠT19③：1，瓷盏。红胎。器外壁上部及整个内壁施釉，釉层薄；釉应为白色，已氧化，无光泽。釉层下施一层白色化妆土略厚。

2007YY西ⅠT19③：2，瓷碗。深灰近紫胎，露胎处表面施一薄层淡褐色护胎釉，无光泽。除外壁圈足及近圈足处外，器内外壁通体施釉，釉层厚；釉青色略泛灰；有大冰裂纹；釉面有光泽。

2007YY西ⅠT19③：3，瓷碗。灰黄胎，圈足露胎。器内外壁施冻白釉，釉层下施一层白色化妆土；器外壁除口部外，施酱黑釉，有光泽。内壁以黑彩绘花草纹。内底残存三处块状支钉痕。

2007YY西ⅠT19③：4，瓷盘。褐红胎，器外壁下部及圈足露胎。器内外壁施冻白釉，釉色发黄，光泽暗淡，釉层下施一层白色化妆土；器外壁中上部，施酱黑釉，有光泽。器内底施以黑彩。

2007YY西ⅠT19③：11，瓷碗。褐胎。器内壁施冻白釉，近底部和器中部分别施黑彩弦纹一周，底部书"风□雪月"；外壁上部施冻白釉，中部少量露胎，下部施黑釉，近圈足处及圈足露胎。釉层下施一薄层白色化妆土。

2007YY西ⅠT19③：13，瓷盘。红褐胎，圈足足底施护胎釉。器内壁及外壁上部施冻白釉，釉色发黄。器外壁下部施酱黑釉，光泽暗淡。釉层下施一层白色化妆土。

2007YY西ⅠT19③：15，瓷盏。淡黄粗胎，胎面粗糙不平整，器表露胎处施一薄层淡褐色护胎釉，无光泽。器外壁上部及整个内壁施釉，釉层薄；釉白色泛黄；釉面有光泽。釉层下施一层白色化妆土略厚。

2007YY西ⅠT19③：16，瓷碗。黄灰胎。除圈足及近圈足处外，器内外壁通体施釉，釉层薄；釉冻白色，有细冰裂纹；釉面有光泽。釉层下施一层白色化妆土略厚。

2007YY西ⅠT19③：17，瓷碗。上部深灰泛紫胎，下部黄胎，露胎处表面施一薄层棕褐色护胎釉，无光泽。除外壁圈足及近圈足处外，器内外壁通体施釉，釉层厚；釉青色略泛灰，釉面偶见气孔；有大冰裂纹；釉面有光泽。

2007YY西ⅠT19H74：1，瓷盏。灰胎，夹细砂。器内壁及外壁上部施釉，釉层薄；釉冻白色；有光泽。釉层下施白色化妆土。器内底残存有麻点状支钉痕四个，支钉由近十个不规则小点组成。

2007YY西ⅠT19H183：3，瓷盏。淡黄胎。外壁上部及整个内壁施釉，釉层薄；釉白中泛黄；釉面无光泽。釉层下施一薄层化妆土。

2007YY西ⅠT19H183：4，瓷盏。深灰胎，露胎处表面褐色。除外壁圈足部位外，器内外壁通体施釉，釉层薄；外壁上部及内壁施白釉，外壁其余部位施褐釉，釉面有光泽。白釉层下施一层白色化妆土略厚。

2007YY西ⅠT19H183：5，瓷碗。近口部一段为深灰近紫胎，其余胎体橙黄色。除圈足及近圈足处外，器内外壁通体施釉，釉层厚；釉青灰色，此器釉层亦发生氧化，但氧化程度可能稍轻，故其色泽保存的青色略多，因此呈现出一两种色泽中的过渡情况。内壁釉面有大量蚯蚓状白色纹路。釉面光泽暗淡。

2007YY西ⅠT19H183：6，瓷碗。深灰近紫胎，露胎处表面淡褐色。除圈足及近圈足处外，器内外壁通体施釉，釉层极厚；釉蓝色，局部略泛紫；有大冰裂纹，釉面有较密集的小气孔，局部釉层透明，可见釉层中的气泡；釉面光泽暗淡。

2007YY西ⅠT19H183：7，瓷碗。紫胎，露胎处表面淡褐色，局部有光泽，应为护胎釉。除圈足及近圈足处外，器内外壁通体施釉，釉层极厚；釉蓝灰色，内壁有一大片紫色窑变；釉面有较密集的小气孔；釉面外壁有光泽，内壁无。

2007YY西ⅠT19H183：8，瓷碗。灰胎，下部淡黄与淡红相间，露胎处表面淡红色。除外壁圈足及近圈足处外，器内外壁通体施釉，釉层厚。青釉略泛灰，有较大冰裂纹；釉面有少量小气孔。

2007YY西ⅠT19H183：9，瓷碗。深灰略泛紫，圈足心橙黄胎。除外壁圈足及近圈足处外，器内外壁通体施釉，釉层厚。青釉略泛灰；釉面光泽暗淡。

2007YY西ⅠT19H183：11，瓷碗。口部一段灰胎，其余橙黄胎，圈足表面有一层暗红色护胎釉，多磨损。除圈足及近圈足处外，器内外壁通体施釉，釉层较厚；釉青色，有较细的冰裂纹；釉面光泽暗淡。

2007YY西ⅠT19H183：12，瓷碗。灰胎，露胎处表面淡黄色（可能施有化妆土）。除外壁圈足及近圈足处外，器内外壁通体施釉，釉层厚；釉色豆青，有较大冰裂纹；釉面有光泽。

2007YY西ⅠT19H183：13，瓷盘。深灰胎泛紫，有气孔，露胎处表面灰色。除器外底外，器内外壁通体施釉，釉层上部较厚，下部厚；釉蓝中泛灰，釉面有较多的小气孔；釉面有光泽。

2007YY西ⅠT19H183：14，瓷盘。深灰胎泛紫，有气孔，露胎处表面灰色。除外壁圈足外，器内外壁通体施釉，釉层上部较厚，下部厚；釉蓝中泛灰，釉面有较多的小气孔；釉面有光泽。

2007YY西ⅠT19H220：2，瓷盏。黄灰胎。器内外壁上部施釉，釉层薄；酱褐釉；有光泽。

2007YY西ⅠT19H220：3，瓷碗。上部灰胎，底部淡黄胎，露胎处表面淡黄色。除器外壁圈足及近圈足处外，器内外壁通体施釉，釉层较厚；釉色青中闪黄；釉面无光泽。

2007YY西ⅠT19H328：2，瓷盏。黄灰胎。器外壁上部及内壁通体施釉，釉层薄；釉白色，有细冰裂纹；釉面光泽度极好。釉层下施一层白色化妆土。

2007YY西ⅠT19H328：3，瓷碟。淡黄胎。器内外壁上部施釉，釉层略厚；釉黑色，釉面有光泽。内壁无釉处施一薄层白色化妆土。

2007YY西ⅠT19H328：4，瓷盘。灰胎。除圈足底部外，其余内外壁通体施釉，釉层略厚；青釉；有大冰裂纹；釉面光洁莹润，光泽度极好。

2007YY西ⅠT19H328：5，瓷盆。灰胎，有气孔。除外底及口部外，器内外壁通体施釉，釉层较厚；内壁黑釉，釉面有少量气孔，光泽度好；外壁褐釉，釉面粗糙无光泽。

2007YY西ⅠT19H328：6，素烧刻槽盆。灰胎。无釉。口沿及内壁施一层薄薄的白色化妆土。内壁密布纵向刻槽，分为六组。

2007YY西ⅠT19H328：7，瓷碗。黄灰胎，露胎处表面褐色。器外壁上部及内壁通体施釉，釉层薄；釉色暗白；釉面有光泽。釉层下施一层白色化妆土。内壁有黑彩纹饰，内容不明。内壁腹部残存芝麻点状支钉两个。

2007YY西ⅠT19H328：8，瓷碗。灰胎，局部因空气而形成空心并使胎面鼓起，圈足有棕褐色护胎釉，薄而无光泽。器外壁上部及整个内壁施釉，釉层薄；釉冻白色；釉面有光泽。釉层下施一层白色化妆土略厚。内底有椭圆形支钉五个，长0.8厘米。

2007YY西ⅠT19H328：10，瓷碗。上半部灰胎，下半部淡黄胎。除外壁圈足部位外，器内外壁通体施釉，釉层厚，釉面有零星较大气孔；青釉，有较细的冰裂纹；釉面略有光泽。

2007YY西ⅠT19H328：11，瓷盘。上部深灰近紫胎，下部淡黄胎。除圈足及近圈足处外，器内外壁通体施釉，釉层较厚；釉青色略泛灰，有冰裂纹；釉面有光泽。

2007YY西ⅠT19H328：12，瓷盘。深灰近紫胎，露胎处表面淡褐色。器内外壁上部施釉，釉层较厚；釉色透明透胎色，色暗青；釉面有较密集的小气孔；釉面有光泽。内壁无釉处施一薄层白色化妆土。

2007YY西ⅠT19H328：13，瓷盏。淡黄胎。器内外壁上部施釉，釉层薄；釉白色泛黄；釉面氧化无光泽。釉层下及内壁无釉处施一薄层白色化妆土。

2007YY西ⅠT19H328：14，瓷盏。灰胎。除圈足及近圈足处外，器内外壁通体施釉，釉层薄；釉近白色，釉透明可见白色化妆土的干裂纹路，但釉面无纹路。釉层下施一薄层白色化妆土。内底有椭圆形支钉四个，长0.5厘米。

2007YY西ⅠT19H328：15，瓷碗。灰胎。器外壁上部及整个内壁施釉，釉层薄；釉冻白色；釉面有光泽。釉层下施一层白色化妆土略厚。内底有芝麻点状支钉五个，长0.4厘米。

2007YY西ⅠT19H328：16，瓷瓶形器。黄褐胎。器外壁上部施酱黑釉，有光泽；下壁施冻白釉，无光泽。釉层下施一层白色化妆土。

2007YY西ⅠT19H328：17，瓷碗。灰胎，露胎处圈足底红褐色。器内壁上部，外壁除圈足及近圈足处外施釉，釉层薄；釉白色，有光泽。除外壁圈足处外，器内外壁有釉无釉处通体施一层化妆土。

2007YY西ⅠT19H328：18，瓷盏。灰胎。器内外壁上部施釉，釉层略厚；釉黑色，釉面有光泽。

2007YY西ⅠT19H328：19，瓷盘。深灰近紫胎，露胎处表面一薄层棕褐色护胎釉。除圈足底外，器内外壁通体施釉，釉层厚；釉豆青色，有冰裂纹；釉面有光泽。

2007YY西ⅠT19H328：20，瓷碗。深灰近紫胎，露胎处表面一薄层棕褐色护胎釉。除圈足底外，器内外壁通体施釉，釉层厚；釉豆青色，釉面有较大的冰裂纹；釉面有光泽。

2007YY西ⅠT19H328：21，瓷盘。灰胎，足底施护胎釉，器内外壁及圈足施满釉，釉青色，有光泽。

2007YY西ⅠT19H381：1，瓷盘。深灰胎。器外壁上部及内壁通体施釉，釉层薄；釉冻白色；釉面光泽暗淡。釉层下施一层白色化妆土。内底残存大芝麻点状支钉三个。

2007YY西ⅠT19H381：2，瓷碗。灰胎，胎面有较多圆凸点，可能与胎体内的气体排放有关。器外壁上部及内壁通体施釉，釉层薄；釉白色，有大冰裂纹；釉面光泽度极好。釉层下一层白色化妆土略厚。内底有瓜子状支钉五个。

2007YY西ⅠT19H381：3，瓷碗。灰胎，胎面有较多圆凸点，可能与胎体内的气体排放有关。器外壁上部及内壁通体施釉，釉层薄；釉白色，有大冰裂纹；釉面光泽度极好。釉层下一层白色化妆土略厚。内底有瓜子状支钉五个。

2007YY西ⅠT19H381：5，瓷碗。灰胎。器外壁上部及内壁通体施釉，釉层薄；釉白色；釉面光泽度极好。釉层下一层白色化妆土。内壁釉层下有划花，应为莲花纹。

2007YY西ⅠT19H381：7，瓷（葫芦）瓶（残）。灰胎。外壁施釉，釉层较厚；黑釉；有光泽。

2007YY西ⅠT20③：9，瓷盏。黄灰粗胎，胎面粗糙不平整。器外壁上部及整个内壁施釉，釉层薄；釉冻白色，光泽暗淡。釉层下施一薄层白色化妆土。内底残存近圆形支钉痕一个，直径0.4厘米。

2007YY西ⅠT20H102：2，瓷盏。浅灰胎，夹细砂。器内壁及外壁上部施釉，釉层薄；釉冻白色，因化妆土所施不均匀，有的局部没有，有的局部较薄，故釉色局部有灰、淡褐、青白等不同；有较细的冰裂纹；有光泽。釉层下施白色化妆土。器内壁中部残存支钉三个，一个完整的呈椭圆形，另两个残存一半。

2007YY西ⅠT20H102：3，瓷盏。淡黄粗胎，外壁露胎处局部浅红褐色。器内壁及外壁上部施釉，釉层薄；釉冻白色，局部有蚯蚓状短小纹路；有光泽。釉层下施白色化妆土。内壁底残存椭圆形小支钉痕两个。

2007YY西ⅠT20H102：4，瓷盏。黄灰胎，夹少量细砂。器内壁及外壁上部施釉，釉层薄；褐釉泛灰；光泽暗淡。釉层下不施化妆土。

2007YY西ⅠT20H102：5，瓷杯。淡黄胎。釉层已氧化，似器内外壁通体施釉，釉色不辨。内外壁通体均施一层白色化妆土。器内底有褐色点彩。

2007YY西ⅠT20H102：6，瓷盏。红胎。器内外壁上部施釉，釉层薄；褐釉泛灰，无光泽。釉层下无化妆土。

2007YY西ⅠT20H102：7，瓷碟。黄灰胎。器内壁及外壁上部施釉，釉层薄；釉冻白色，釉面有一定光泽。釉层下施一层白色化妆土。内壁施三组褐黑彩纹饰，其中口部为一道弦纹，近底部为两道弦纹，底部为一笔随意彩饰。

2007YY西ⅠT20H151②：4，瓷碗。灰胎。除外壁圈足底外，器内外壁通体施釉，釉层较厚；釉青色，有细冰裂纹；釉面偶见气孔，略有光泽。

2007YY西ⅠT20H151②：5，瓷盏。灰胎。器外壁上部及整个内壁施釉，釉层薄；釉冻白色，釉面有冰裂纹，有光泽。釉层下施一薄层白色化妆土。内底残存椭圆形支钉一个，长0.6厘米。

2007YY西ⅠT20H151②：6，瓷盘。灰胎，露胎处表面红褐色。器外壁上部及整个内壁施釉，釉层薄；釉冻白色，有光泽；釉面有冰裂纹。釉层下施一层白色化妆土略厚。内底有瓜子状支钉五个，长0.7厘米。内壁饰黑彩，腰部两周弦纹，碗心折枝花一枝。

2007YY西ⅠT20H151②：7，瓷碗。深灰胎泛紫，露胎处器表红色。器外壁上部及整个内壁施釉，釉层薄；釉因氧化或其他原因大面积为淡玫瑰红色；釉面光泽暗淡。釉层下施一层白色化妆土略厚，受釉色的影响，釉层下的化妆土也呈淡玫瑰红，而釉层外的化妆土仍为白色。内底残存长条形支钉两个，长1.2厘米。

2007YY西ⅠT20H151②：8，瓷碗。灰胎。器外壁上部及整个内壁施釉，釉层薄；釉冻白色，釉面有光泽。釉层下施一薄层白色化妆土。器内壁有褐彩，腰部一周宽带，碗底纹饰整体不明。

2007YY西ⅠT20H151②：9，瓷碗。灰胎。器外壁上部及整个内壁施釉，釉层薄；釉冻白色，釉面不光洁。釉层下施一薄层白色化妆土。内壁近口局部有蚯蚓状纹路。内底残存小瓜子状支钉三个，长0.8厘米。

2007YY西ⅠT20H151②：10，瓷盘。深灰胎。器内外壁通体施釉（外壁圈足底大部分有釉，局部无釉，此处釉层极薄，可能因长期摩擦而掉落），釉层厚，局部极厚；釉蓝色，有大冰裂纹；釉面有光泽。

2007YY西ⅠT20H151②：11，瓷盘。黄灰胎。除外壁圈足及近圈足处外，器内外壁通体施釉，釉层略厚；釉黑色泛灰，内底泛褐色；釉面有较多小气孔，光泽度不好。

2007YY西ⅠT20H151②：13，瓷盏。灰胎。器外壁上部及整个内壁施釉，釉层薄；釉冻白色，釉面光泽暗淡。釉层下施一薄层白色化妆土。

2007YY西ⅠT20H151②：22，瓷盏。灰黄胎，外壁下部及圈足露胎。器内外壁施冻白釉，有光泽。

2007YY西ⅠT20H151：1，瓷碗。灰胎，露胎处表面淡褐色。除外壁圈足底部外，器内外壁通体施釉，釉层较厚；豆青釉，釉质好；有大冰裂纹；釉面有光泽。

2007YY西ⅠT20H151：2，瓷碗。灰胎。除外壁圈足及近圈足处外，器内外壁通体施釉，釉层上部略厚，下部较厚；釉黑色，釉面光泽度好。内底一周宽带旋去釉层露胎。

2007YY西ⅠT20H151：3，瓷碗。灰胎，器下部及圈足露胎。器内壁及外壁上部施冻白釉，有光泽。釉层下施一层白色化妆土。器内壁由口及底残存三道刻划直线。

2007YY西ⅠT20H151：4，瓷碗。灰胎。口部及整个内壁施釉，釉层薄；釉白色，釉面有光泽。釉层下施一层白色化妆土上薄下厚。器内壁有褐彩，腰部一周宽带，碗底写意草叶纹两簇。内底有楔形支钉三个，长约0.5厘米。

2007YY西ⅠT20H151：5，瓷碗。灰胎。器外壁上部及整个内壁施釉，釉层薄；釉白色，釉面有光泽。釉层下施一薄层白色化妆土。器内壁有褐彩，腰部及碗底各一周宽带，两周宽带之间三组写意花叶纹，碗底一簇写意花叶纹。碗底残存支钉三个，两个小瓜子状，一个长楔形，长约0.7厘米。

2007YY西ⅠT20H151：7，瓷盘。黄灰胎。器外壁上部及整个内壁施釉，釉层薄；釉冻白色，内壁釉色略暗哑，釉面光泽暗淡。釉层下施一层白色化妆土略厚。器内壁有黑彩，盘底两底弦纹，盘心写意花叶纹。

2007YY西ⅠT20H151：8，瓷盏。灰胎。器外壁上部及整个内壁施釉，釉层薄；釉冻白色，釉面有光泽。釉层下施一薄层白色化妆土。

2007YY西ⅠT20H151：9，瓷碗。灰胎。器外壁上部及整个内壁施釉，釉层薄；釉白色暗哑，局部釉厚处有冰裂纹；釉面光泽暗淡。釉层下施一层白色化妆土较薄。内壁碗底釉下有划花及箆纹装饰。内底残存芝麻点状支钉三个，长0.55厘米。

2007YY西ⅠT20H151：10，瓷碗。灰胎。器外壁上部及整个内壁施釉，釉层薄；釉冻白色，内壁碗底及腹壁局部有蚯蚓状纹路；釉面光泽度好。釉层下施一层白色化妆土略厚。内底有支钉六个，一个瓜子状，其余长条形，长约1.1厘米。

2007YY西ⅠT20H151∶12，瓷碗。灰胎。器外壁上部及整个内壁施釉，釉层薄；釉冻白色，局部有冰裂纹及蚯蚓状纹路；釉面有光泽。釉层下施一层白色化妆土略厚。内底有瓜子状支钉五个，长约1厘米。

2007YY西ⅠT20H151∶13，瓷碗。灰胎。器外壁上部及整个内壁施釉，釉层薄；釉冻白色，色泽暗哑；釉面光泽暗淡。釉层下施一薄层白色化妆土。内壁上部局部有蚯蚓状纹路。内底有椭圆形支钉五个，长0.75厘米。

2007YY西ⅠT20H151∶14，瓷碗。灰胎。器外壁上部及整个内壁施釉，釉层薄；釉冻白色，有大冰裂纹；釉面有光泽。釉层下施一层白色化妆土略厚。内底有支钉七个，其中两个长椭圆形，长2.3厘米，五个近长方形，长0.7厘米。

2007YY西ⅠT20H151∶15，瓷碗。灰胎，圈足露胎处表面黄色。器外壁上部及整个内壁施釉，釉层薄；釉冻白色，釉面无光泽。釉层下施一薄层白色化妆土。

2007YY西ⅠT20H151∶16，瓷碗。淡黄胎，圈足露胎处表面淡褐色。器外壁上部及整个内壁施釉，釉层薄；釉冻白色，釉面无光泽。釉层下施一薄层白色化妆土。内底残存芝麻点状支钉一个，长0.5厘米，长条形支钉两个，长0.6厘米。

2007YY西ⅠT20H151∶18，瓷碗。灰胎。器内壁及外壁上部施冻白釉，外壁下部及圈足露胎。釉层下施一层白色化妆土。

2007YY西ⅠT20H151∶19，瓷盘。淡黄胎。器外壁上部及整个内壁施釉，釉层薄；釉冻白色，釉面光泽暗淡。釉层下施一薄层白色化妆土。内底残存芝麻点状支钉三个，长0.6厘米。

2007YY西ⅠT20H151∶25，瓷盏。灰胎。器外壁上部及整个内壁施釉，釉层薄；釉冻白色，局部色暗；釉面局部有冰裂纹，有光泽。釉层下施一薄层白色化妆土。

2007YY西ⅠT20H151∶26，瓷碗。灰胎。器外壁上部及整个内壁施釉，釉层薄；釉白色，釉面有光泽。釉层下施一层白色化妆土略厚。器内壁有褐彩，腰部一周宽带，碗底写意草叶纹两簇。内底有长圆形支钉五个，长约0.6厘米。

2007YY西ⅠT20H151∶28，瓷碗。灰胎。器外壁上部及整个内壁施釉，釉层薄；釉白色，釉面有光泽。釉层下施一层白色化妆土略厚。器内壁有褐彩，腰部及碗底各一周宽带，两周宽带之间三组写意花叶纹，碗底一簇写意花叶纹。内底有瓜子状支钉五个，长约0.5厘米。

2007YY西ⅠT20H151∶29，瓷盏。淡黄胎。器外壁上部及整个内壁施釉，釉层薄；釉冻白色，釉面有光泽。釉层下施一薄层白色化妆土。内底残存芝麻状支钉一个，长0.4厘米。

2007YY西ⅠT20H151∶30，瓷碗。灰胎。器外壁上部及整个内壁施釉，釉层薄；釉浅棕色略泛灰；内壁釉面有光泽，外壁暗淡。内壁有六道乳浊釉装饰的竖条（残存五道，据间距可知应为六道），由碗口通至碗底。

2007YY西ⅠT20H151∶31，瓷器盖。黄灰胎。器外壁施釉，釉层薄；釉棕褐色，釉面有较多较大气孔；釉面有光泽。

2007YY西ⅠT21H151：1，瓷碗。黄灰胎，露胎处表面深灰色。器外壁上部及内壁施釉，釉层厚，内底及外壁釉层下缘积釉处极厚；釉黑色，内外壁口部棕色；釉面有较多的小气孔；釉面光泽度好。

2007YY西ⅠT21H151：2，瓷碗。灰胎。除外壁圈足底（局部亦有釉，此处釉层极薄，可能因长期摩擦而掉落）外，器内外壁通体施釉，釉层厚；釉蓝色，有大冰裂纹；釉面有光泽。

2007YY西ⅠT21H151：6，瓷鸟食罐。完整故胎不明。器内壁近口处及外壁上部施釉，釉白色，釉面光泽度好。器内外壁有釉无釉处均施一层白色化妆土。肩部对称两组褐彩，每组三条竖纹。

2007YY西ⅠT21H151：9，瓷碗。深灰胎，器下部及圈足露胎。器内壁及外壁上部施冻白釉，有光泽。釉层下施一层白色化妆土。内底可见瓜子状支钉五个。

2007YY西ⅠT21H151：12，瓷盏。完整，露胎处表面淡黄色。器外壁近口部及整个内壁施釉，釉层薄；釉近白色；有细冰裂纹；釉面有光泽。釉层下施一薄层白色化妆土。内底有长条形支钉三个。

2007YY西ⅠT21H151：14，瓷盏。黄灰胎。器外壁上部及整个内壁施釉，釉层薄；釉冻白色，釉面光泽暗淡。釉层下施一薄层白色化妆土。内底残存长条形支钉一个，长0.6厘米。

2007YY西ⅠT20H170：1，瓷盘。灰胎。除圈足及近圈足处外，器内外壁通体施釉，釉层厚；青釉，色泽较深；釉面有小气孔，有光泽。

2007YY西ⅠT20H198：2，瓷碟。淡黄胎。除外壁底部外，器内外壁通体施釉，釉层薄；釉冻白色，有冰裂纹，釉面有光泽。釉层下施一层白色化妆土略厚。

2007YY西ⅠT21③：2，瓷盏。黄褐胎，内底及圈足无釉。器内外壁上部施酱釉，釉层已经氧化，无光泽。

2007YY西ⅠT21③：3，瓷盏。淡黄胎。器外壁上部及整个内壁施釉，釉层薄；釉应为白色，已氧化，无光泽。釉层下施一层白色化妆土略厚。

2007YY西ⅠT21③：6，瓷盏。黄灰胎。器口及内壁上部施釉，釉层薄；釉应为白色，已氧化，无光泽。内壁有釉无釉处均施一薄层白色化妆土。

2007YY西ⅠT21H365：1，瓷经瓶。黄灰胎，足底及肩部一周无釉。器余部施酱黑釉，局部有光泽，局部无光泽。

2007YY西ⅠT21J5：3，瓷盏。褐胎。器外壁上部及内壁通体施釉，釉层薄；釉冻白色，局部有细冰裂纹；釉面光泽暗淡。釉层下施一层白色化妆土。内底残存长条状支钉三个。

2007YY西ⅠT22③：1，瓷盘。灰胎。器外壁上部及整个内壁施釉，釉层薄；釉冻白色，釉面光泽暗淡。釉层下施一层白色化妆土略厚。内壁有黑彩，三周弦纹，弦纹内为写意花卉。

2007YY西ⅠT22③：9，瓷盏。黄灰胎，圈足露胎。器内外壁施冻白釉，有光泽。釉层下施一层白色化妆土。

2007YY西ⅠT22H149：1，瓷碟。灰胎。除器底外，器内外壁通体施釉，釉层薄；釉冻白色；釉面光泽度好。釉层下施一层白色化妆土。内底残存芝麻点状支钉两个，凸点状支钉一个。

2007YY西ⅠT22H149：2，瓷碗。黄灰胎。外壁上部及整个内壁施釉，釉层薄；釉已氧化，应为白色。内底残存芝麻点状支钉两个。釉层下施一层化妆土略厚。

2007YY西ⅠT22H149：3，瓷碟。灰胎。除器底外，器内外壁通体施釉，釉层薄；釉冻白色；釉面光泽度好。釉层下施一层白色化妆土。

2007YY西ⅠT22H160：1，瓷盘。灰胎，露胎处表面淡褐色。除外壁圈足底部外，器内外壁通体施釉，釉层厚。釉豆青色，有大冰裂纹，釉面有光泽，釉层透明，内部可见细密的气泡，釉面亦有细密的小凹孔。

2007YY西ⅠT22H182：1，瓷碗。灰胎。器外壁上部及整个内壁施釉，釉层薄；釉冻白色，釉面光泽度好。除圈足心外，器内外壁有釉无釉处均施一薄层白色化妆土。

2007YY西ⅠT22H264：1，瓷盘。上部灰胎，下部橙黄胎，露胎处表面从上至下由红褐色至淡黄色。器内外壁上部施釉，釉层较厚；青釉，有较细的冰裂纹；釉面光泽暗淡。

2007YY西ⅠT22J2：1，瓷炉。黄灰胎，内壁下部露胎。器内壁上部及外壁施酱黑釉，釉黑、厚，光泽度好。

2007YY西ⅠT22J2：2，瓷碗。黄褐胎。内外壁施满釉，釉厚，冻白色，仅圈足足台微露胎。内底可见小支钉痕。

2007YY西ⅠT22J2：5，瓷釜。夹粗砂灰胎，器内壁施一层酱釉，光泽暗淡。

2007YY西ⅠT22J2：6，瓷盘。灰胎。除外壁圈足及近圈足处外，器内外壁通体施釉，釉层略厚；釉黑色，内壁碗心略泛红；釉面有极细密的气孔，内壁有较多隆起的小包，从断面上看，是因为胎土内有气体导致的胎体局部隆起而形成；釉面光泽度好。内底残存三个下凹的椭圆形支钉痕，长1厘米。

2007YY西ⅠT22J2：7，瓷盘。黄灰胎，器外壁下部及圈足露胎。器内壁及外壁上部施酱黑釉，有光泽。

2007YY西ⅠT22J2：8，瓷盘。黄灰胎，器外壁下部及圈足露胎。器内壁及外壁上部施酱黑釉，有光泽。

2007YY西ⅠT22J2：9，瓷盘。黄灰胎，器外壁下部及圈足露胎。器内壁及外壁上部施冻白釉，有光泽。釉层下施一层白色化妆土。

2007YY西ⅠT22J2：10，瓷碗。黄灰胎。内壁坑洼不平，施满釉，为冻白釉；外壁上部施釉，下部及器底露胎。釉层下施一层白色化妆土。

2007YY西ⅠT22J2：14，瓷碗。黄灰胎。除外壁圈足及近圈足处外，其余部位通体施釉，釉层略厚；釉白色，釉面有光泽。器内外壁有釉无釉处均施一薄层白色化妆土。内壁底部有划花，为一蝶一花叶，其中蝶身局部有篦划纹装饰。

2007YY西ⅠT22J2：15，瓷碗。上部为灰胎，近底部为黄灰胎。内壁及外壁大部施冻白釉，外壁下部及圈足露胎。釉层下施一层白色化妆土。器内底残存一处支钉痕。

2007YY西ⅠT22J2：16，瓷碗。上部为灰胎，近底部为黄灰胎。内壁及外壁大部施冻白釉，釉略泛黄，外壁下部及圈足露胎。釉层下施一层白色化妆土。内底残存三处支钉痕。

2007YY西ⅠT22J2:17，瓷盘。黄褐胎，器外壁下部及圈足露胎。器内壁及外壁上部施冻白釉，有光泽。釉层下施一层白色化妆土。器内底残存两处支钉痕。

2007YY西ⅠT22J2:18，瓷盘。灰胎，器外壁下部及圈足露胎。器内壁及外壁上部施冻白釉，釉色略黄，有光泽。釉层下施一层白色化妆土。器内底残存三处支钉痕。

2007YY西ⅠT22J2:20，瓷碗。浅灰胎，器外壁下部及圈足露胎。器内壁及外壁上部施冻白釉，有光泽。釉色下施一层白色化妆土。

2007YY西ⅠT22J2:21，瓷盘。黄灰胎，器外壁下部及圈足露胎。器内壁及外壁上部施冻白釉，有光泽。釉层下施一层白色化妆土。器内底残存三处支钉痕。

2007YY西ⅠT22J2:22，瓷碗。橙黄胎。内壁及外壁大部施冻白釉，釉略厚，色微发黄，外壁下部及圈足露胎。釉层下施一层白色化妆土。器内底残存一处支钉痕。

2007YY西ⅠT22J2:24，瓷碗。灰胎，器外壁下部及圈足露胎。器内壁及外壁上部施冻白釉，有光泽。釉层下施一层白色化妆土。器内底残存两处支钉痕。

2007YY西ⅠT22J2:25，瓷碗。灰胎，器外壁下部及圈足露胎。器内壁及外壁上部施冻白釉，有光泽。釉层下施一层白色化妆土。

2007YY西ⅠT22J2:26，瓷盘。灰胎，器外底环形露胎，外壁下部及圈足无釉。器内壁及外壁上部施酱黑釉，有光泽。

2007YY西ⅠT22J2:27，瓷碗。黄褐胎，器外壁下部及圈足露胎。器内壁及外壁上部施冻白釉，有光泽。釉层下施一层白色化妆土。器内底残存三处支钉痕。

2007YY西ⅠT22J2:28，瓷碗。黄褐胎，器外壁下部及圈足露胎。器内壁及外壁上部施冻白釉，有光泽。釉层下施一层白色化妆土。器内底残存两处支钉痕。

2007YY西ⅠT23①:2，瓷碗。黄褐胎，器外壁下部及圈足露胎。器内壁及外壁上部施冻白釉，有光泽。釉层下施一层白色化妆土。器内底可见五处芝麻状支钉痕。

2007YY西ⅠT23②:1，瓷碗。灰胎，圈足露胎呈褐红色。器内壁及外壁上部施冻白釉，釉层下施一层白色化妆土；外壁中下部饰酱黑釉，有光泽。外壁上部以黑彩绘写意纹饰。器内底残存三处支钉痕，每处由几个小凸点组成。

2007YY西ⅠT23③:4，瓷盘。灰胎，外壁下部及圈足露胎。器内壁及外壁上部施酱黑釉，有光泽。器内底残存三处支钉痕。

2007YY西ⅠT23③:6，瓷碟。灰胎，外壁下部及圈足露胎。器内壁及外壁上部施酱黑釉，有光泽。器内底无釉处施一层白色化妆土。

2007YY西ⅠT23③:11，瓷碟。灰胎。圈足底露胎处表面施一薄层红褐色护胎釉，无光泽。除圈足底外，器内外壁通体施釉，釉层较厚；釉层因氧化而呈灰白色；釉面有少量气孔，无光泽。

2007YY西ⅠT23③:12，瓷碗。灰胎，圈足底有红褐色护胎釉，无光泽。除外壁圈足及近圈足处外，器内外壁通体施釉，釉层薄；釉近白色，有光泽。釉层下施白色化妆土，内壁薄，外壁略厚。外壁有黑彩，局部棕色，上下两道宽带纹，宽带纹之间为写意花卉。

2007YY西ⅠT23③：13，瓷盏。黄灰粗胎。除外壁圈足及近圈足处外，器内外壁通体施釉，釉层薄；釉冻白色，釉面有光泽。器内外壁有釉无釉处均施一层白色化妆土略厚。

2007YY西ⅠT23H64：1，瓷碗。淡黄胎，露胎处表面红褐。外壁上部及整个内壁施釉，釉层薄；釉冻白色，釉面暗淡无光。釉层下施一层白色化妆土略厚。口部两周黑彩，碗心黑彩，纹饰不明。内壁碗底残存麻点状支钉两个，由十余个小凸点组成。

2007YY西ⅠT23H70：2，瓷碟。淡红胎，露胎处表面红褐。外壁上部及整个内壁施釉，釉层薄；釉冻白色；釉面无光泽。内底残存麻点状支钉两个，由十余个小凸点组成。釉层下施一层化妆土略厚。

2007YY西ⅠT23H70：5，瓷盆。灰胎，胎厚约1.1厘米。内壁施釉，釉层薄；釉冻白色，无光泽。釉层下一层白色化妆土略厚。内壁黑彩，应为写意草叶。

2007YY西ⅠT23H70：7，瓷杯。灰胎。除外壁圈足底部外，器内外壁通体施釉，釉层较厚，圈足底施褐色护胎釉；釉青色泛灰绿；釉面无光泽。

2007YY西ⅠT23H281：1，瓷盘。灰胎。器外壁上部及整个内壁施釉，釉层薄；釉冻白色，有细冰裂纹；釉面有光泽。釉层下施一层白色化妆土略厚，外壁除圈足外无釉处亦施一层白色化妆土但很薄。内底残存椭圆形支钉一个，长0.4厘米。

2007YY西ⅠT23H296：1，瓷盏。淡黄胎。器外壁口部及整个内壁施釉，釉层薄；釉白色略泛黄；釉面有光泽。釉层下施一薄层白色化妆土。内底有麻点状支钉两个，由十余个小凸点组成。

2007YY西ⅠT23H296：3，瓷盘。灰胎。器外壁上部及整个内壁施釉，釉层薄；釉冻白色，釉面无光泽。釉面下施一层白色化妆土略厚。内底残存不规则形支钉三个。

2007YY西ⅠT24③：3，瓷器盖。灰胎。器表施釉，釉层薄；釉冻白色，有冰裂纹；釉面有光泽。釉层下施一薄层白色化妆土。

2007YY西ⅠT24③：4，瓷碟。灰胎。器内外壁上部施釉，釉层略厚；釉酱黑色，釉面有光泽。施釉呈连弧纹状。器内外壁有釉无釉处均施一薄层白色化妆土。

2007YY西ⅠT25③：8，瓷碟。淡黄胎，圈足底施一薄层棕褐色护胎釉，无光泽。器外壁上部及整个内壁施釉，釉层薄；釉冻白色；釉面光泽暗淡。釉层下施一薄层白色化妆土。内底残存麻点状支钉一个，由近十个细小凸点组成。

2007YY西ⅠT25H31：1，瓷盘。深灰胎略含紫，有气孔，圈足露胎处表面黄褐色。除外壁圈足外，通体施釉，釉层略厚；青釉，积釉处豆青色；有大冰裂纹；釉面有光泽。

2007YY西ⅠT25H146：2，瓷盘。灰胎。器外壁上部及整个内壁施釉，釉层薄；釉近白色，釉面有光泽。釉面下施一薄层白色化妆土。内底残存椭圆形支钉一个，长0.4厘米。

2007YY西ⅠT25H204：1，瓷碗。淡红胎，露胎处表面红褐色。除器外壁圈足部位外，器内外壁通体施釉，釉层薄；外壁上部及内壁冻白釉，外壁下部酱褐釉；釉面有光泽。冻白釉层下施一层白色化妆土。内底饰黑彩。内底有麻点状支钉四个，由数个至十余个小凸点组成。

2007YY西ⅠT25Z9：1，瓷盏。黄灰胎。器外壁口部及内壁施釉，釉层薄；釉冻白色，釉层氧化无光泽。釉层下施一薄层白色化妆土。

2007YY西ⅠTG1③：1，瓷碗。灰胎。器外壁上部及整个内壁施釉，釉层薄；釉近白色，局部有冰裂纹；釉面无光泽。釉层下施一层白色化妆土略厚。

2007YY西ⅠTG1③：2，瓷碗。灰胎。器外壁上部及整个内壁施釉，釉层薄；釉白色略泛黄，有细冰裂纹；釉面光泽暗淡。釉层下施一薄层白色化妆土。内底残存支钉两个，其一椭圆形，其一楔形，长0.8厘米。

2007YY西ⅠTG1③：3，瓷碗。黄灰胎。器内外壁通体施釉，其中圈足底部是否有釉不能确定，但有较厚的白色化妆土，局部掉落，釉层薄；釉近洁白色，内壁有细冰裂纹；釉面光泽暗淡。釉层下施一层白色化妆土略厚。

2007YY西ⅠTG1③：4，瓷碗。灰胎，胎中夹杂较多黑色颗粒，似炭粒类，往往中空。器外壁上部及整个内壁施釉，釉层薄；釉冻白色；釉面有光泽。釉层下施一层白色化妆土略厚。

2007YY西ⅠTG1③：5，瓷盘。淡黄胎。器外壁上部及整个内壁施釉，釉层薄；釉冻白色；釉面无光泽。釉层下施一薄层白色化妆土。内底残存芝麻点状支钉痕三个，长0.3厘米。

2007YY西ⅠTG1H385：1，瓷盘。灰胎。器外壁上部及整个内壁施釉，釉层薄；釉冻白色；釉面无光泽。釉层下施一薄层白色化妆土。内底残存芝麻点状支钉痕两个，长0.3厘米。

2007YY西ⅠTG1H385：2，瓷碗。灰胎，露胎处表面红褐色。器外壁上部及整个内壁施釉，釉层薄；釉白色偏黄；釉面光泽暗淡。釉层下施一薄层白色化妆土。内底残存长条形支钉两个，长0.8厘米。

2007YY西ⅠTG1H385：3，瓷盘。灰胎。器外壁上部及整个内壁施釉，釉层薄；釉冻白色，釉面偶见小气孔；釉面光泽暗淡。釉层下施一薄层白色化妆土。内底残存支钉三个，其一近圆形，直径0.3厘米；其一椭圆形，长0.5厘米；其一芝麻点状，长0.3厘米。

2007YY西ⅠTG1J10：1，瓷碗。灰胎。器外壁上部及整个内壁施釉，釉层薄；釉冻白色，有细冰裂纹；釉面光泽度好。釉层下施一薄层白色化妆土。内底残存长条形支钉三个，长0.7厘米。

2007YY西ⅠTG1J10：2，瓷碗。黄灰胎。器外壁上部及整个内壁施釉，釉层薄；釉白色微泛黄，有细冰裂纹；釉面光泽暗淡。釉层下施一薄层白色化妆土。内底残存长条形支钉两个，长0.8厘米。

2007YY西ⅠTG1J10：3，瓷碗。灰胎。器外壁上部及整个内壁施釉，釉层薄；釉近白色；釉面无光泽。釉层下施一薄层白色化妆土。内底残存支钉两个，其中长条形一个，长0.5厘米，近圆形一个。

2007YY西ⅠTG1J10：4，瓷碗。器外壁上部及整个内壁施釉，釉层薄；釉冻白色，外壁有流釉；釉面光泽暗淡。釉层下施一薄层白色化妆土。内底残存椭圆形支钉三个，长0.7厘米。

2007YY西ⅠTG1J10：5，瓷碗。器外壁上部及整个内壁施釉，釉层薄；釉冻白色，外壁有流釉；釉面光泽暗淡。釉层下施一薄层白色化妆土。内底残存椭圆形支钉三个，长0.7厘米。

2007YY西ⅠTG1J10：6，瓷盘。灰胎。器外壁上部及整个内壁施釉，釉层薄；釉近白色，釉面光泽暗淡。釉层下施一薄层白色化妆土。内底残存长条形支钉两个，长0.6厘米。

2007YY西ⅠTG1J10：7，瓷碗。淡黄胎。器外壁上部及整个内壁施釉，釉层薄；釉冻白色；釉面已氧化无光泽。釉层下施一薄层白色化妆土。内底残存长条形支钉三个，长0.8厘米。

2007YY西ⅠTG1J13：2，瓷盘。深灰近紫胎，露胎处表面褐色。除外壁圈足底部外，器内外壁通体施釉，釉层较厚；青釉，大面积泛灰色；有冰裂纹；釉面无光泽。

2007YY西ⅠTG1J13：3，瓷碗。灰胎，芒口。器内外壁通体施釉，釉层内壁薄，外壁略厚；内壁白釉，外壁黑釉；釉面光泽度好。白釉层下施一层白色化妆土略厚。内壁有不规则凹坑，可能是支烧痕，均有釉。

2007YY西ⅠTG1J13：4，瓷盏。灰胎。器外壁上部及整个内壁施釉，釉层薄；釉冻白色，有细冰裂纹；釉面有光泽。釉层下施一薄层白色化妆土。内壁有黑彩，碗心三至四簇写意草叶纹（残而不明），腰部一周弦纹。灰胎。器外壁上部及整个内壁施釉，釉层薄；釉冻白色，有细冰裂纹；釉面有光泽。釉层下施一薄层白色化妆土。

2007YY西ⅠTG1J13：5，瓷碗。淡黄胎。器外壁上部及整个内壁施釉，釉层薄；釉冻白色，有细冰裂纹；釉面有光泽。釉层下施一层白色化妆土略厚。内底残存瓜子状支钉两个，长0.6厘米；圈足底粘附有近圆形支钉两个，直径0.5厘米。

2007YY西ⅠTG1J13：6，瓷（双耳）罐。灰胎。除唇部、圈足及近圈足处外，器内外壁通体施釉，釉层略厚；釉黑色，釉面有少量气孔；釉面有光泽。

2007YY西ⅠTG1J13：7，瓷碗。灰胎，仅足底露胎。器内外壁及圈足施满釉，釉色偏黄绿，有光泽。

附　图

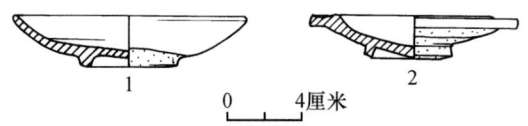

附图一　2006YYT1H19②出土瓷器

1、2.瓷碟（2006YYT1H19②：5、2006YYT1H19②：6）

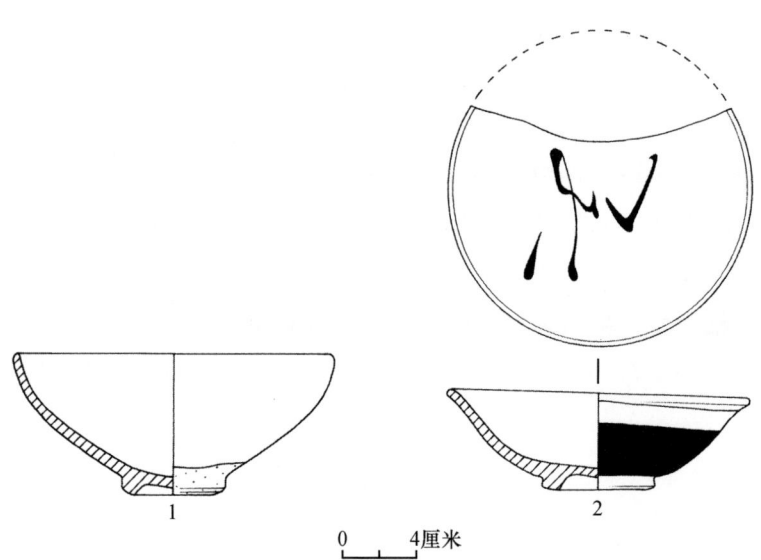

附图二　2006YY西ⅠT1H60出土瓷器

1、2.瓷碗（2006YY西ⅠT1H60①：1、2006YY西ⅠT1H60②：5）

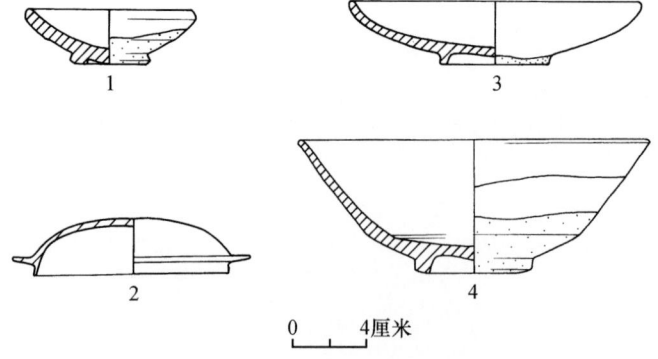

附图三　2006YY西ⅠT2H4出土瓷器

1.瓷盏（2006YY西ⅠT2H4：1）　2.瓷器盖（2006YY西ⅠT2H4：5）
3.瓷盘（2006YY西ⅠT2H4：3）　4.瓷碗（2006YY西ⅠT2H4：2）

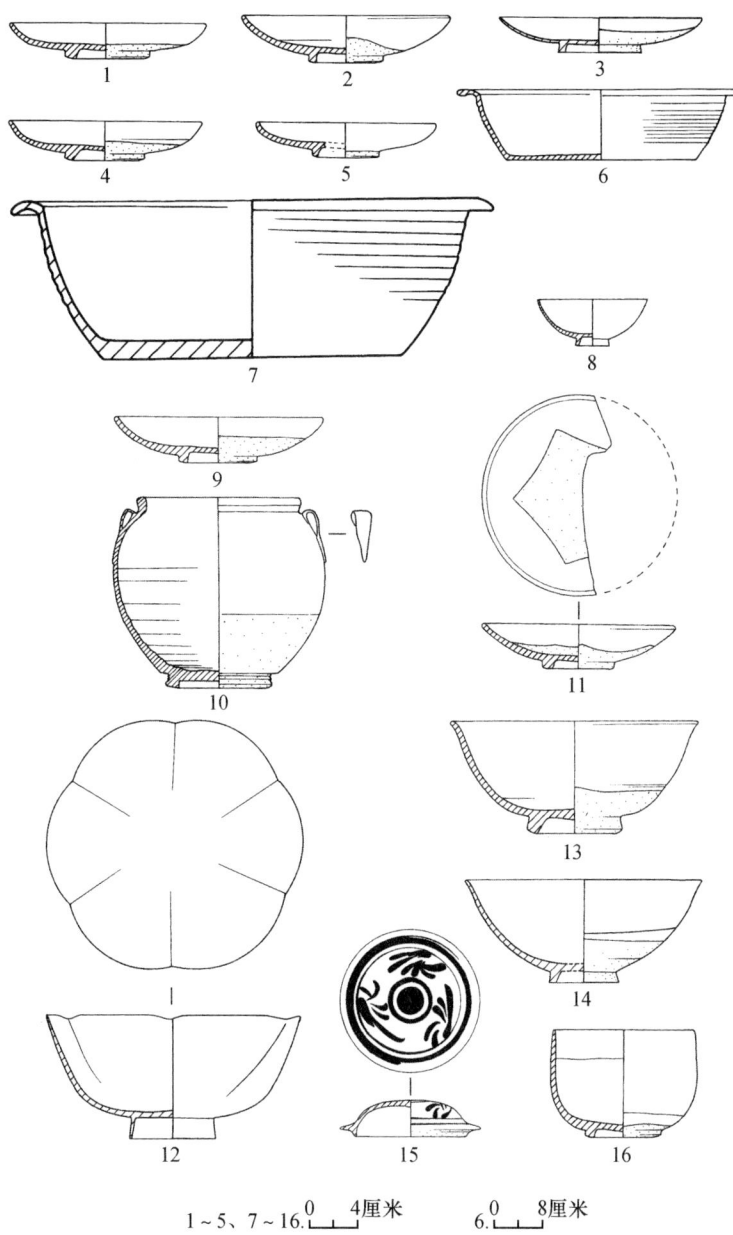

附图四 2006YY西ⅠT2H27出土陶瓷器

1~5、9、11. 瓷盘（2006YY西ⅠT2H27：15、2006YY西ⅠT2H27：16、2006YY西ⅠT2H27：17、2006YY西ⅠT2H27：18、2006YY西ⅠT2H27：20、2006YY西ⅠT2H27：14、2006YY西ⅠT2H27：7） 6、7. 陶盆（2006YY西ⅠT2H27：22、2006YY西ⅠT2H27：21） 8. 瓷盏（2006YY西ⅠT2H27：9） 10. 瓷罐（2006YY西ⅠT2H27：6） 12~14、16. 瓷碗（2006YY西ⅠT2H27：11、2006YY西ⅠT2H27：5、2006YY西ⅠT2H27：13、2006YY西ⅠT2H27：10） 15. 瓷器盖（2006YY西ⅠT2H27：4）

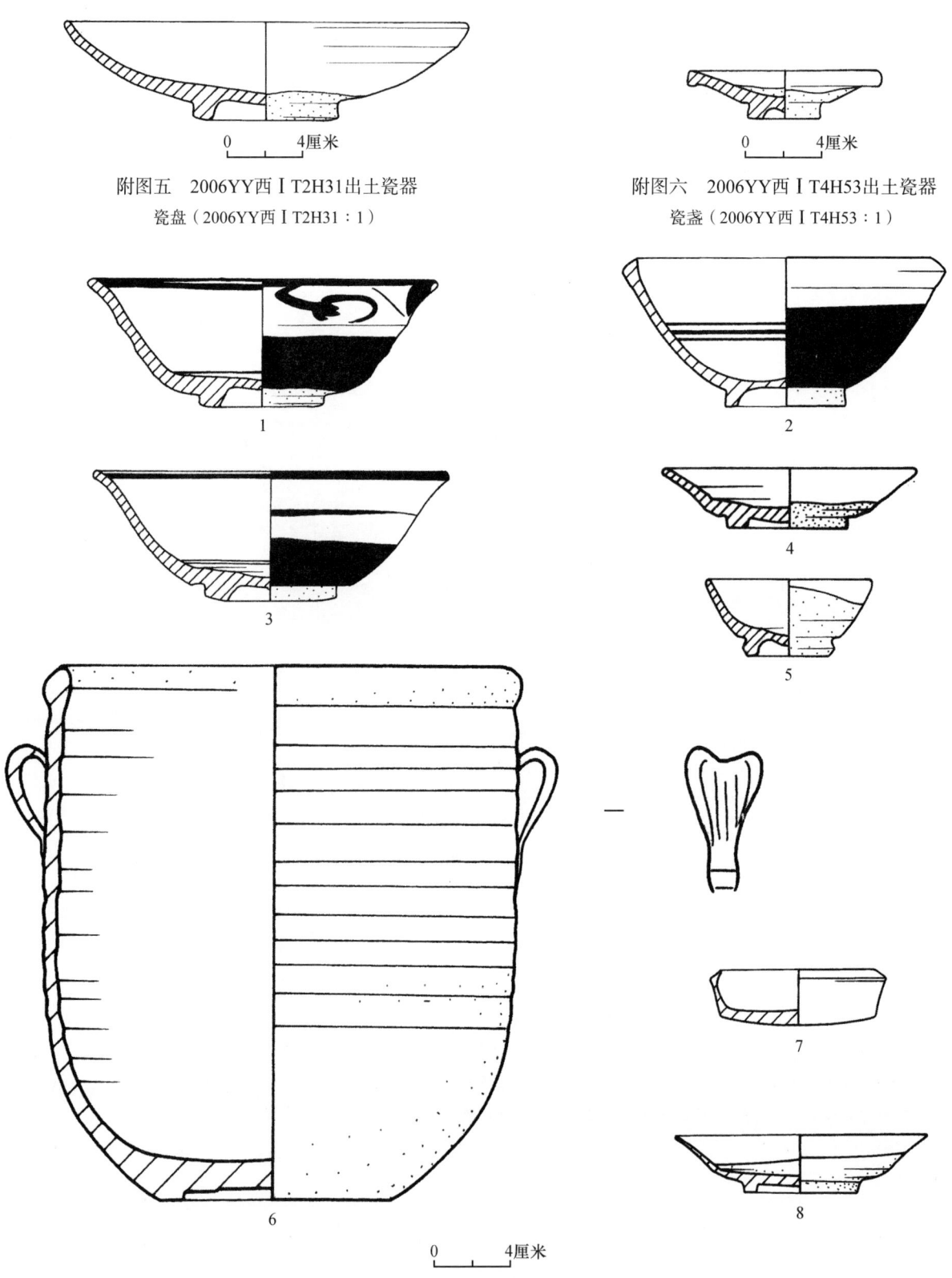

附图五　2006YY西ⅠT2H31出土瓷器
瓷盘（2006YY西ⅠT2H31：1）

附图六　2006YY西ⅠT4H53出土瓷器
瓷盏（2006YY西ⅠT4H53：1）

附图七　2006YY西ⅠT4H54出土瓷器
1～3、5.瓷碗（2006YY西ⅠT4H54①：2、2006YY西ⅠT4H54：54、2006YY西ⅠT4H54⑥：19、2006YY西ⅠT4H54：53） 4、8.瓷碟（2006YY西ⅠT4H54④：11、2006YY西ⅠT4H54⑤：14）　6.瓷罐（2006YY西ⅠT4H54⑥：17）　7.瓷盒（2006YY西ⅠT4H54④：10）

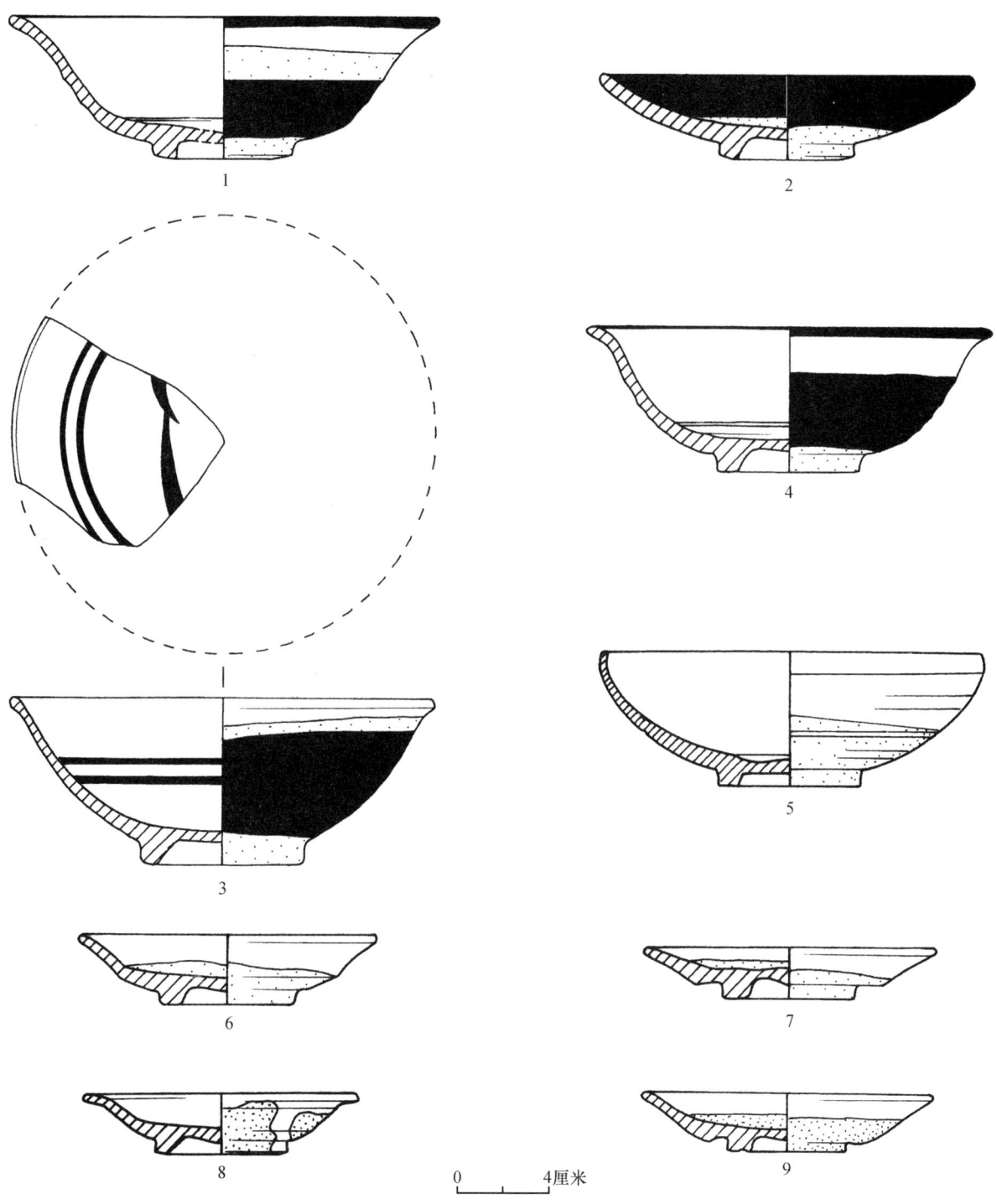

附图八 2006YY西ⅠT4H54出土瓷器

1、3~5. 瓷碗（2006YY西ⅠT4H54⑦：23、2006YY西ⅠT4H54⑦：25、2006YY西ⅠT4H54⑦：26、2006YY西ⅠT4H54⑦：52）
2. 瓷盘（2006YY西ⅠT4H54⑦：24）　6~9. 瓷碟（2006YY西ⅠT4H54⑧：29、2006YY西ⅠT4H54⑧：30、2006YY西ⅠT4H54⑧：33、2006YY西ⅠT4H54⑨：38）

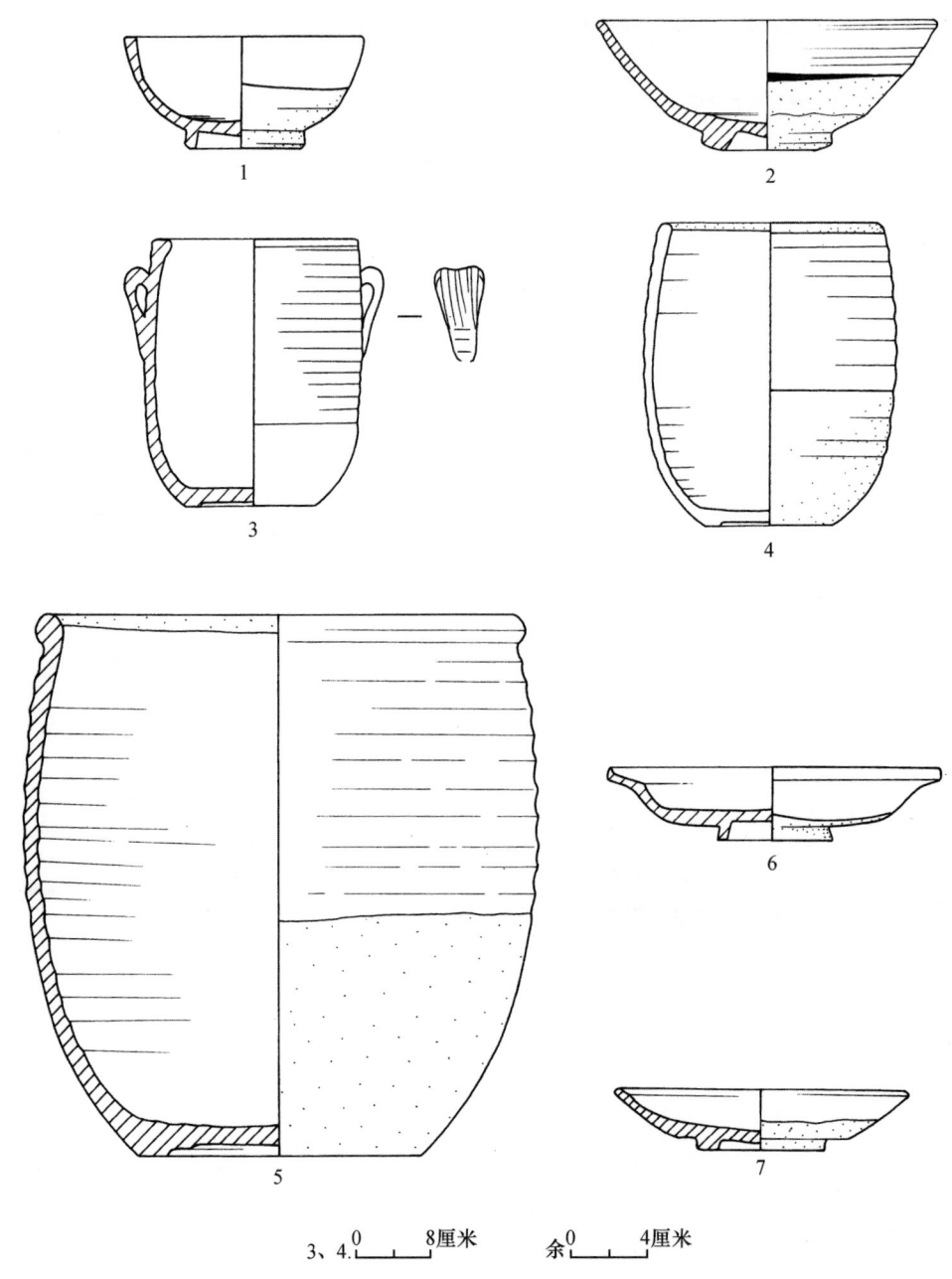

附图九　2006YY西ⅠT4H54出土瓷器

1、2. 瓷碗（2006YY西ⅠT4H54⑨：44、2006YY西ⅠT4H54⑨：45）　3~5. 瓷罐（2006YY西ⅠT4H54⑨：55、2006YY西ⅠT4H54⑨：56、2006YY西ⅠT4H54⑩：41）　6、7. 瓷盘（2006YY西ⅠT4H54⑩：48、2006YYⅠTT4H54⑩：50）

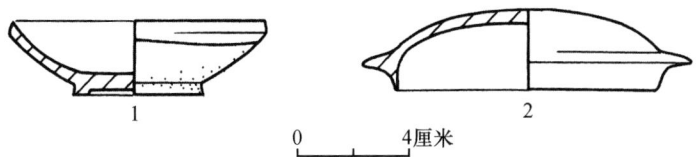

附图一〇 2006YY西ⅠT5H21出土瓷器

1. 瓷盏（2006YYT5H21:3） 2. 瓷器盖（2006YYT5H21:6）

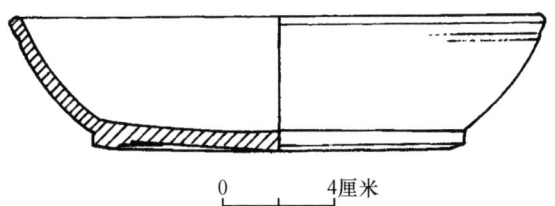

附图一一 2006YY西ⅠT5J12出土瓷器

瓷盘（2006YY西ⅠT5J12:3）

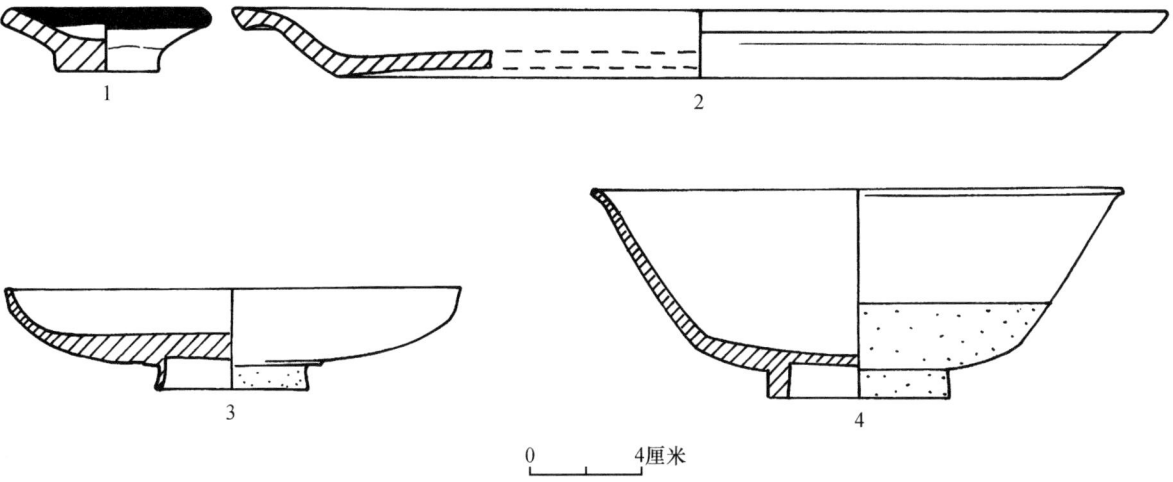

附图一二 2006YY西ⅠT6H44出土陶瓷器

1. 瓷灯盏（2006YY西ⅠT6H44①:1） 2. 陶盘（2006YY西ⅠT6H44②:10） 3. 瓷盘（2006YY西ⅠT6H44②:12）
4. 瓷碗（2006YY西ⅠT6H44③:5）

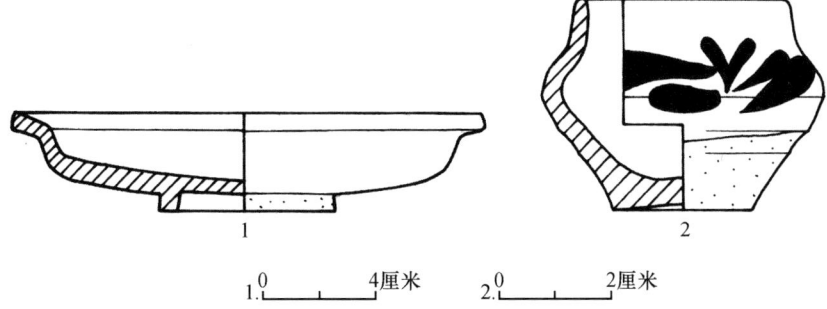

附图一三 2006YY西ⅠT6②出土瓷器

1. 瓷盘（2006YY西ⅠT6②:1） 2. 瓷鸟食罐（2006YY西ⅠT6②:3）

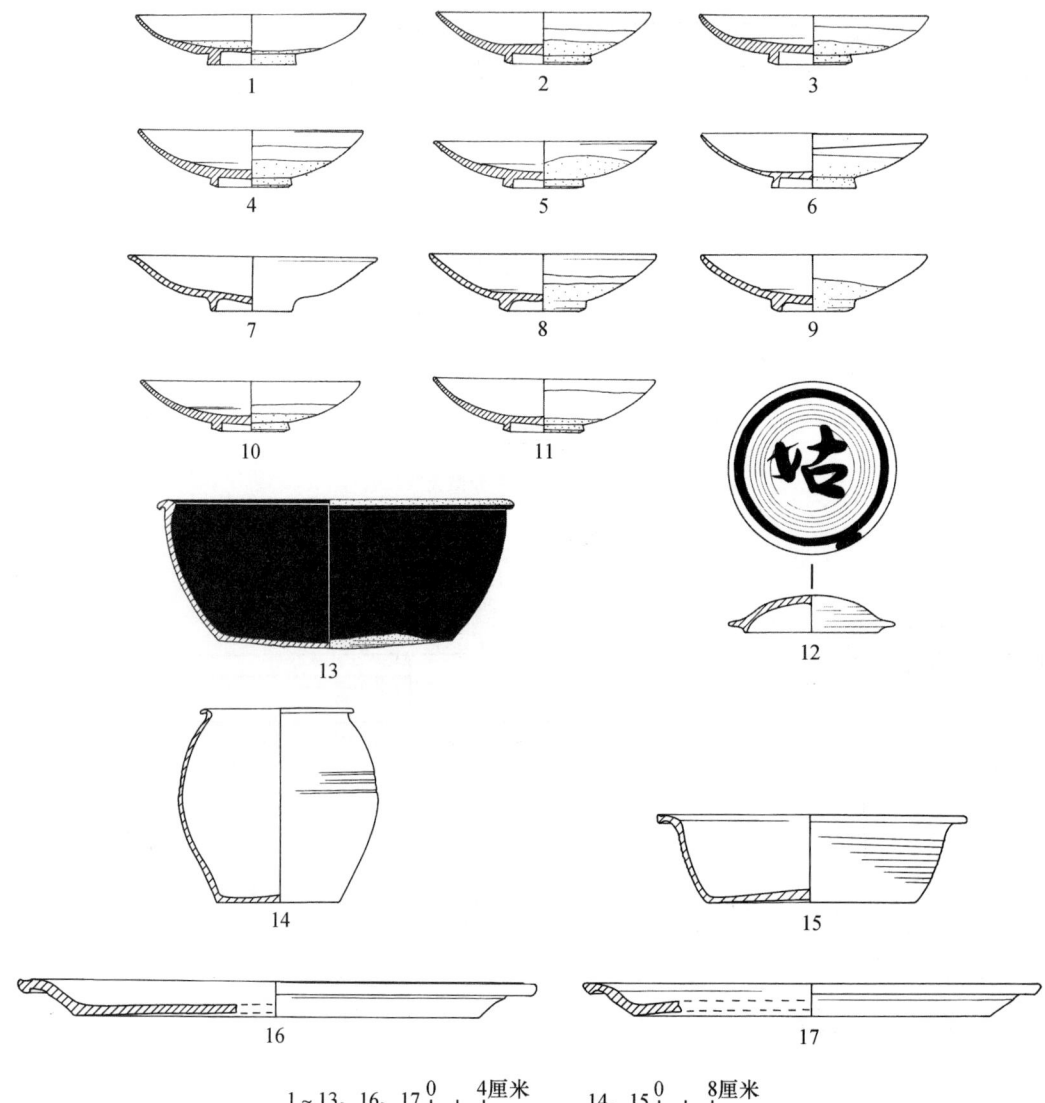

附图一四　2006YYT6H81出土陶瓷器

1~11. 瓷盘（2006YY西ⅠT6H81①：11、2006YY西ⅠT6H81①：28、2006YY西ⅠT6H81①：13、2006YY西ⅠT6H81①：14、2006YY西ⅠT6H81①：35、2006YY西ⅠT6II81③：42、2006YY西ⅠT6H81③：20、2006YY西ⅠT6H81①：25、2006YY西ⅠT6H81③：40、2006YY西ⅠT6H81③：41、2006YY西ⅠT6H81①：6）　12. 瓷器盖（2006YY西ⅠT6H81①：33）　13. 瓷盆（2006YY西ⅠT6H81③：30）　14. 陶罐（2006YY西ⅠT6H81：49）　15. 陶盆（2006YY西ⅠT6H81：47）　16、17. 陶盘（2006YY西ⅠT6H81①：15、2006YY西ⅠT6H81①：3）

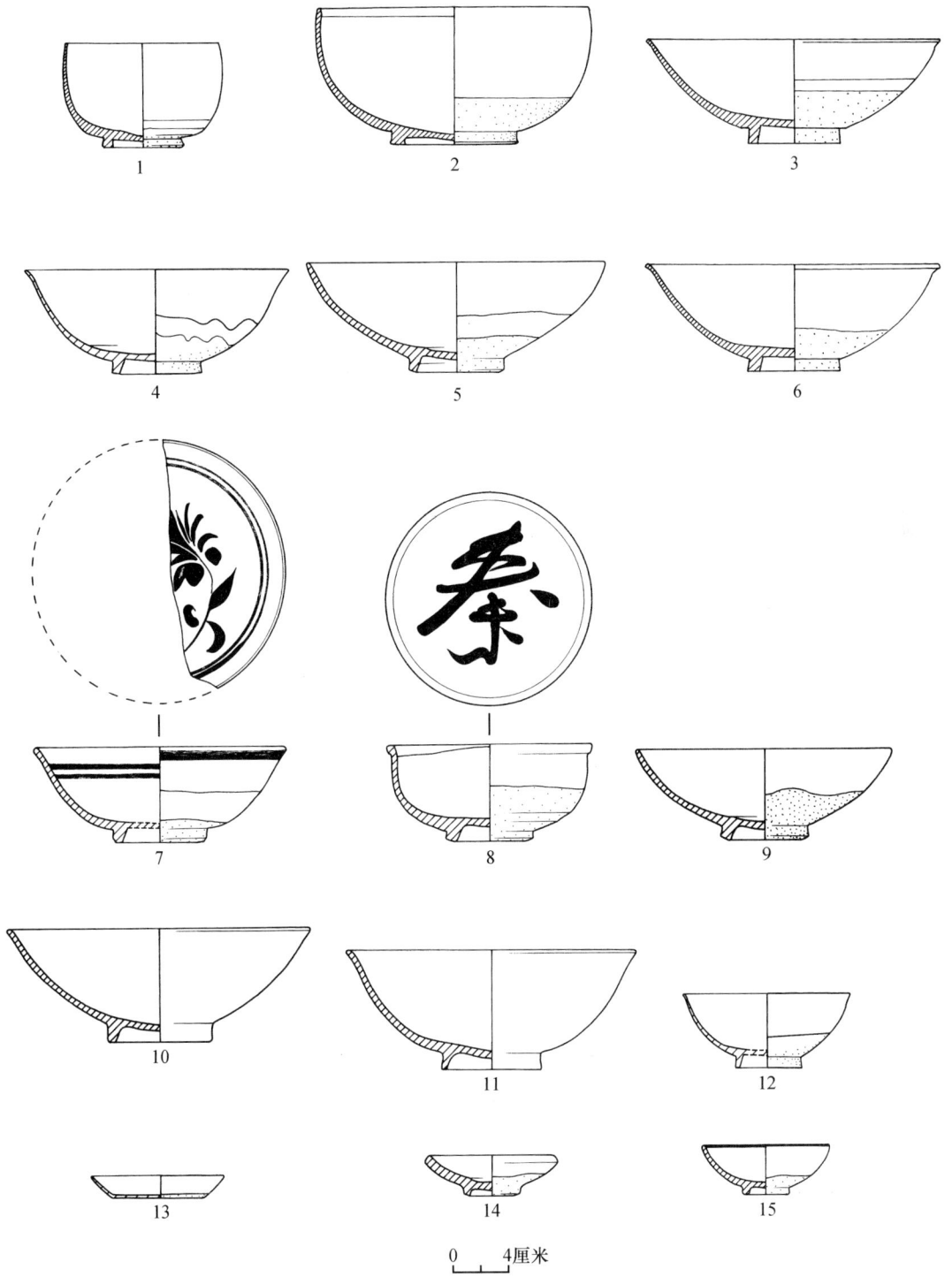

附图一五 2006YY西ⅠT6H81出土瓷器

1~12. 瓷碗（2006YY西ⅠT6H81③：18、2006YY西ⅠT6H81③：39、2006YY西ⅠT6H81③：26、2006YY西ⅠT6H81①：34、2006YY西ⅠT6H81①：43、2006YY西ⅠT6H81①：19、2006YY西ⅠT6H81③：29、2006YY西ⅠT6H81①：2、2006YY西ⅠT6H81：46、2006YY西ⅠT6H81③：44、2006YY西ⅠT6H81③：45、2006YY西ⅠT6H81③：21） 13. 瓷碟（2006YY西ⅠT6H81：48） 14、15. 瓷盏（2006YY西ⅠT6H81①：27、2006YY西ⅠT6H81①：1）

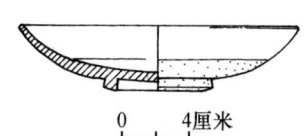
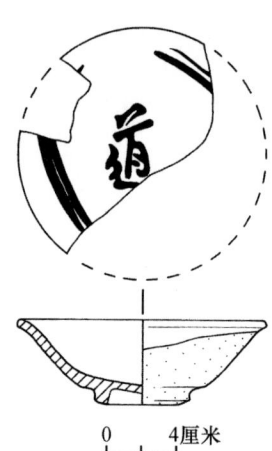

附图一六　2006YY西ⅠT6H115出土瓷器
瓷盘（2006YY西ⅠT6H115∶1）

附图一七　2006YY西ⅠT7H28出土瓷器
瓷碗（2006YY西ⅠT7H28∶1）

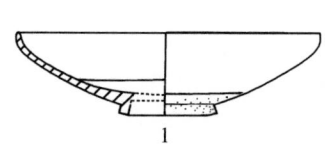
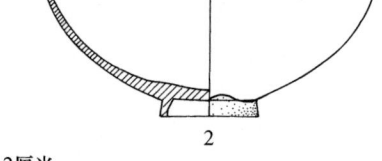

附图一八　2006YY西ⅠT7H102出土瓷器
1.瓷盘（2006YY西ⅠT7H102∶1）　2.瓷碗（2006YY西ⅠT7H102∶2）

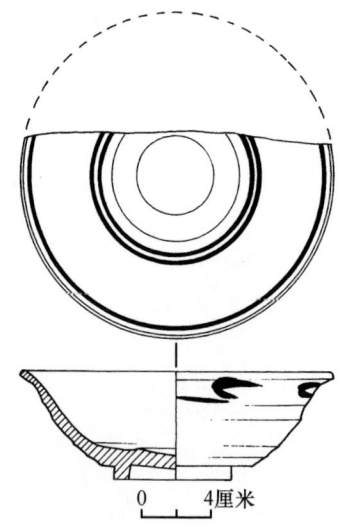

附图一九　2006YY西ⅠT8H166①出土瓷器
瓷碗（2006YY西ⅠT8H166①∶1）

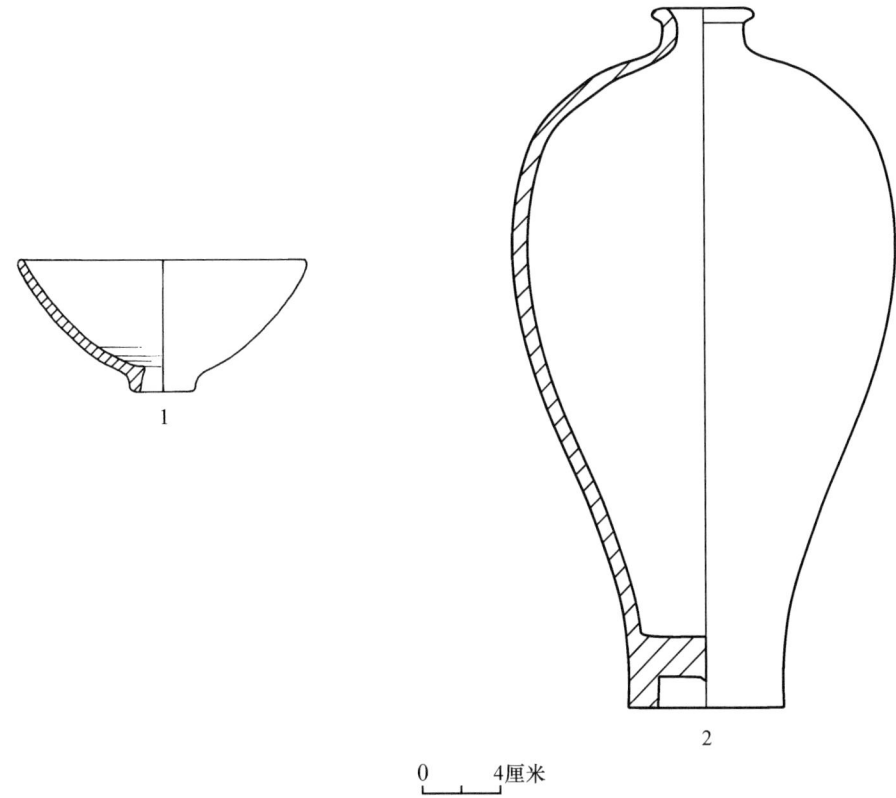

附图二〇　2006YY西ⅠT8M1出土瓷器

1. 瓷漏斗（2006YY西ⅠT8M1：6）　2. 瓷梅瓶（2006YY西ⅠT8M1：5）

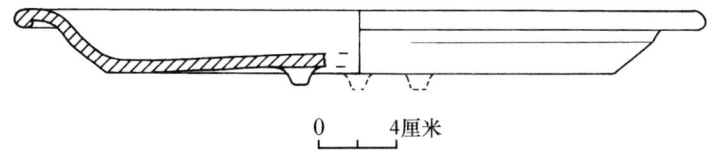

附图二一　2006YY西ⅠT10H8出土陶器

陶盘（2006YY西ⅠT10H8：2）

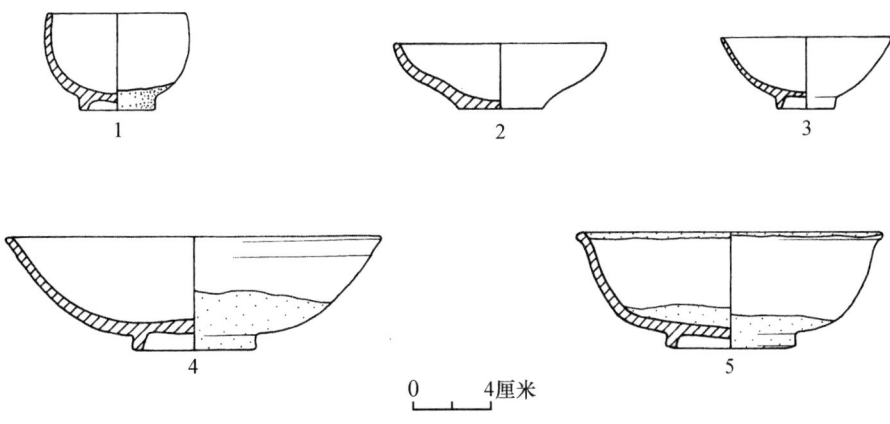

附图二二　2006YY西ⅠT10H13出土陶瓷器

1. 瓷杯（2006YY西ⅠT10H13①：1）　2. 陶钵（2006YY西ⅠT10H13①：2）　3. 瓷盏（2006YY西ⅠT10H13②：7）
4、5. 瓷碗（2006YY西ⅠT10H13①：5、2006YY西ⅠT10H13①：4）

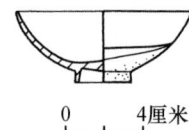

附图二三　2006YY西ⅠT10H23出土瓷器
瓷盏（2006YY西ⅠT10H23∶1）

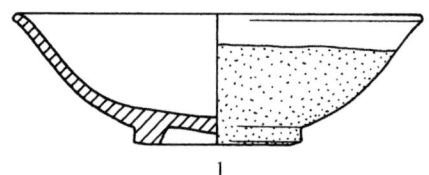
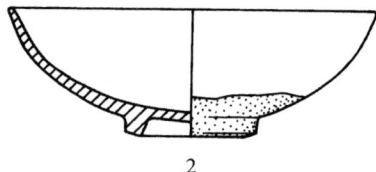

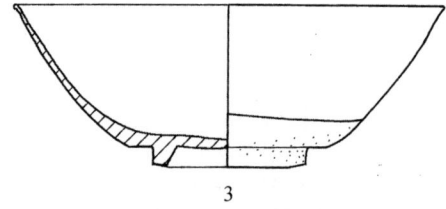

附图二四　2006YY西ⅠT10H33①出土瓷器
1~3.瓷碗（2006YY西ⅠT10H33①∶1、2006YY西ⅠT10H33①∶2、2006YY西ⅠT10H33③∶1）

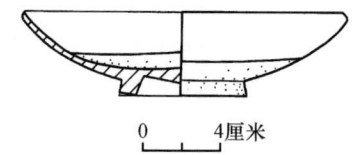

附图二五　2006YY西ⅠT10H56出土瓷器
瓷盘（2006YY西ⅠT10H56∶2）

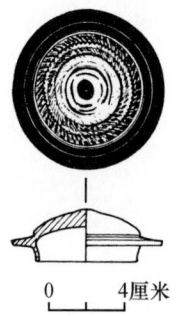

附图二六　2006YY西ⅠT10H113出土瓷器
瓷器盖（2006YY西ⅠT10H113∶1）

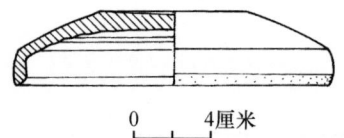

附图二七　2006YY西ⅠT11H67出土瓷器
瓷器盖（2006YY西ⅠT11H67∶1）

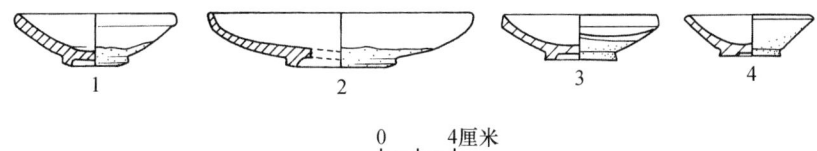

附图二八　2006YY西ⅠT14②出土瓷器

1、3、4.瓷盏（2006YY西ⅠT14②：2、2006YY西ⅠT14②：5、2006YY西ⅠT14②：7）　2.瓷盘（2006YY西ⅠT14②：4）

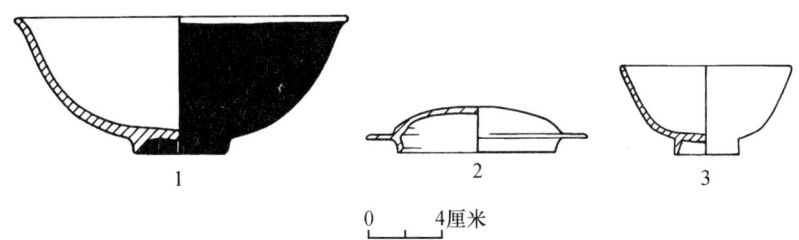

附图二九　2006YY西ⅠT14③出土瓷器

1、3.瓷碗（2006YY西ⅠT14③：1、2006YY西ⅠT14③：2）　2.瓷器盖（2006YY西ⅠT14③：3）

附图三〇　2006YY西ⅠT14H117出土瓷器

瓷盏（2006YY西ⅠT14H117：1）

附图三一　2006YYT15③出土瓷器

瓷盘（2006YY西ⅠT15③：6）

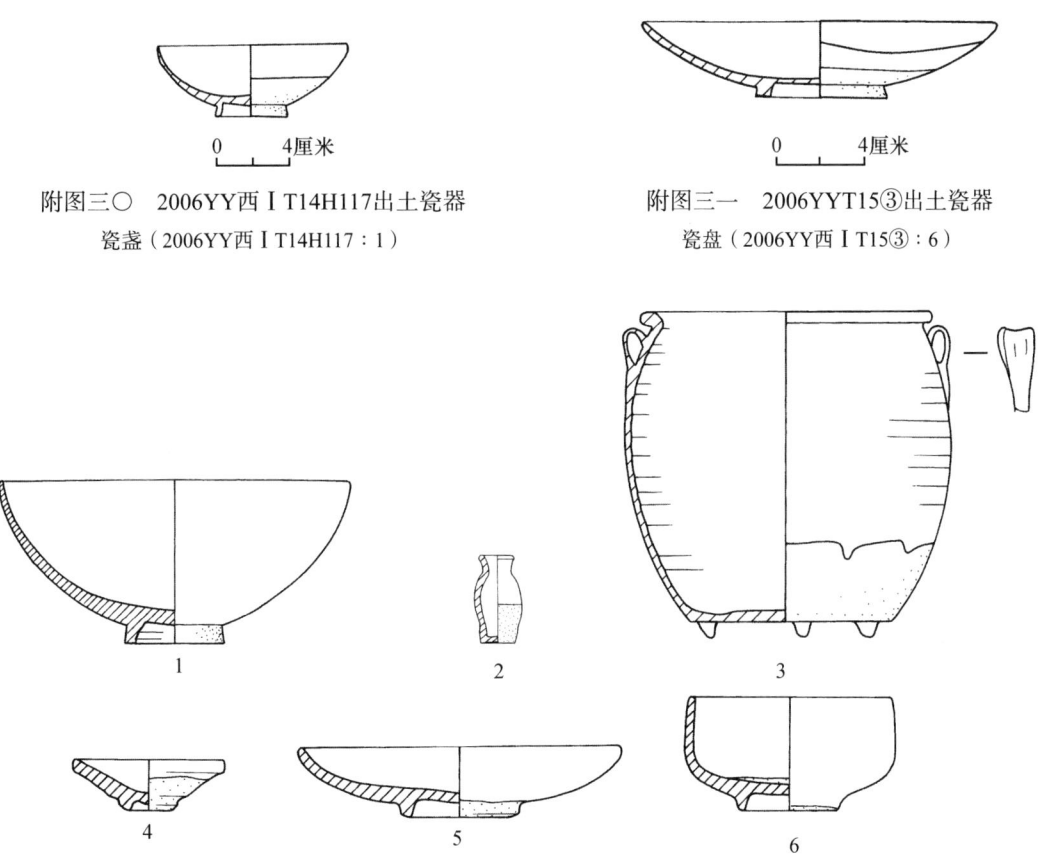

附图三二　2006YY西ⅠT16H58出土瓷器

1、6.瓷碗（2006YY西ⅠT16H58：4、2006YY西ⅠT16H58：8）　2.瓷瓶形器（2006YY西ⅠT16H58：5）
3.瓷罐（2006YY西ⅠT16H58：3）　4.瓷盏（2006YY西ⅠT16H58：6）　5.瓷盘（2006YY西ⅠT16H58：7）

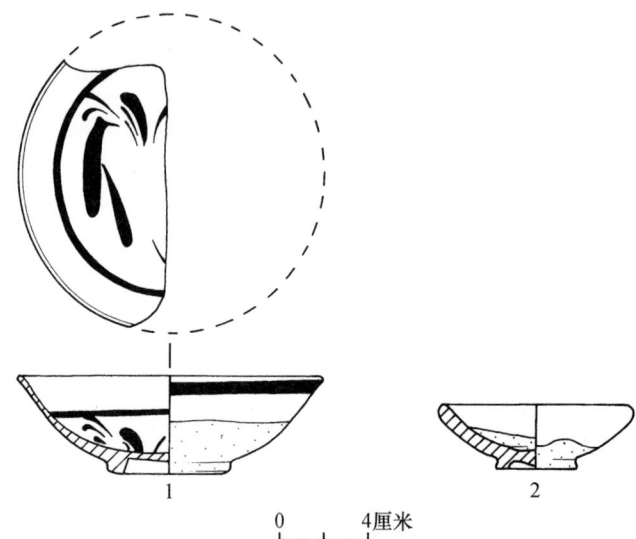

附图三三　2006YY西T16H95出土瓷器
1. 瓷碗（2006YY西ⅠT16H95∶1）　2. 瓷盏（2006YY西ⅠT16H95∶3）

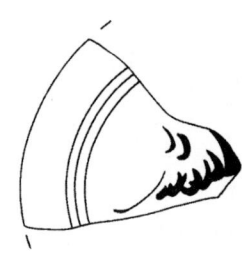

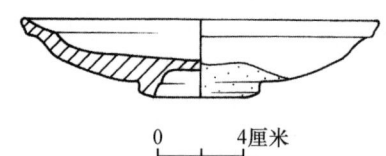

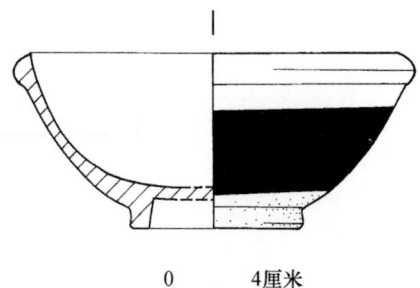

附图三四　2006YY西ⅠT16H96出土瓷器　　　　　附图三五　2006YY西ⅠT16H97出土瓷器
瓷盘（2006YY西ⅠT16H96∶1）　　　　　　　　　瓷碗（2006YY西ⅠT16H97∶3）

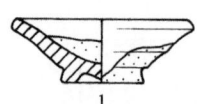
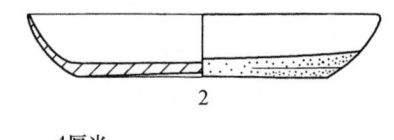

附图三六　2006YY西ⅠT17②出土瓷器
1. 瓷盏（2006YY西ⅠT17②∶4）　2. 瓷盘（2006YY西ⅠT17②∶6）

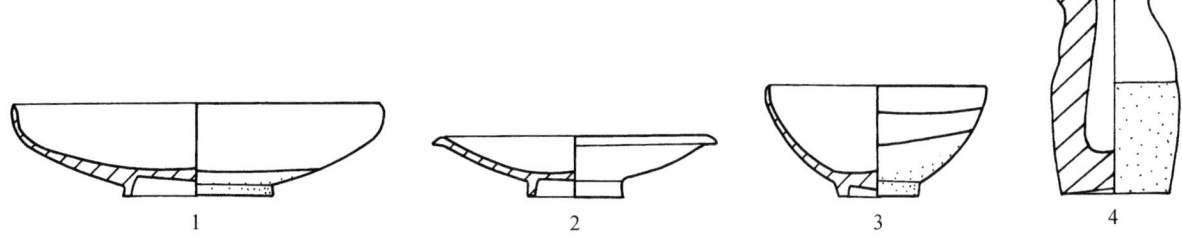

附图三七　2006YY西ⅠT18②出土瓷器

1. 瓷盘（2006YY西ⅠT18②∶10）　2. 瓷碟（2006YY西ⅠT18②∶11）　3. 瓷盏（2006YY西ⅠT18②∶12）
4. 瓷瓶形器（2006YY西ⅠT18②∶6）

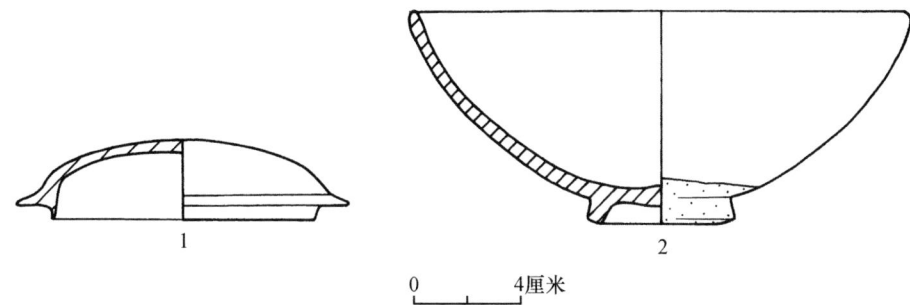

附图三八　2006YY西ⅠT18③出土瓷器

1. 瓷器盖（2006YY西ⅠT18③∶3）　2. 瓷碗（2006YY西ⅠT18③∶2）

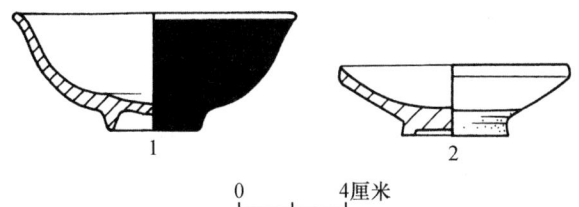

附图三九　2006YY西ⅠT18④出土瓷器

1. 瓷碗（2006YY西ⅠT18④∶6）　2. 瓷盏（2006YY西ⅠT18④∶4）

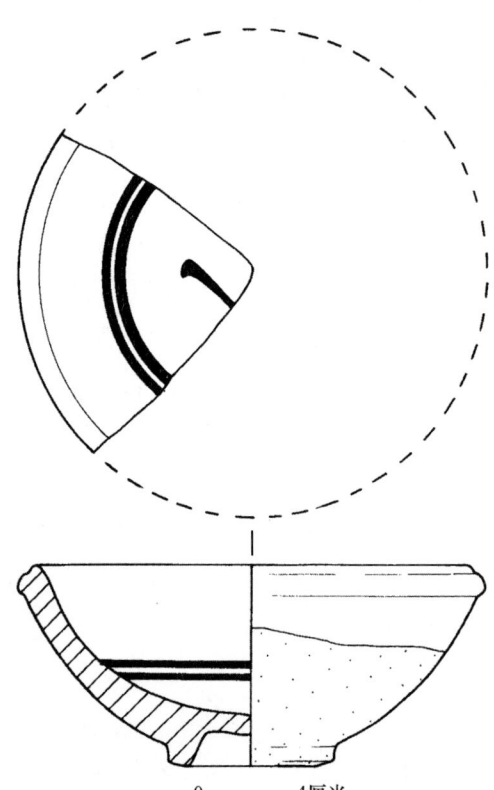

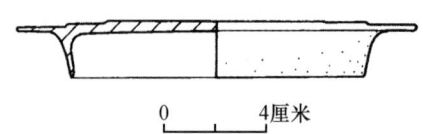

附图四一　2006YY西ⅠT19②出土瓷器
瓷器盖（2006YY西ⅠT19②：43）

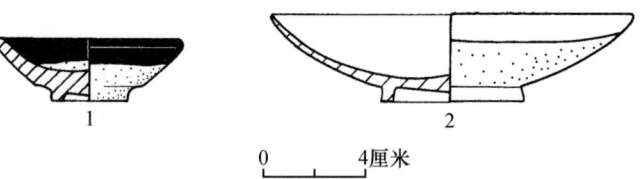

附图四二　2006YY西ⅠT20②出土瓷器
1.瓷盏（2006YY西ⅠT20②：26）　2.瓷盘（2006YY西ⅠT20②：40）

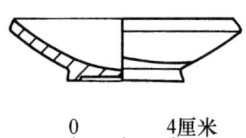

附图四〇　2006YY西ⅠT18J2出土瓷器
瓷碗（2006YY西ⅠT18J2：1）

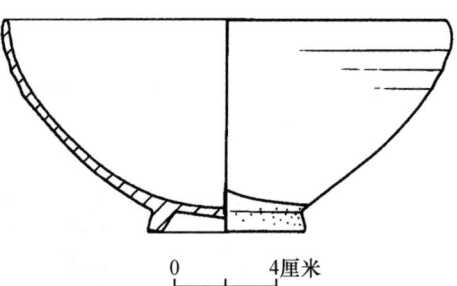

附图四三　2006YYT西ⅠT20H72出土瓷器
瓷盏（2006YYT西ⅠT20H72：3）

附图四四　2006YY西ⅠT20H103出土瓷器
瓷碗（2006YY西ⅠT20H103：1）

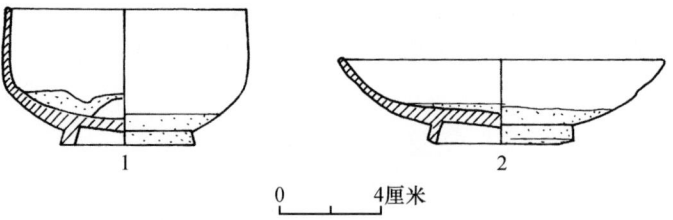

附图四五　2006YY西ⅠT20H133出土瓷器
1.瓷碗（2006YY西ⅠT20H133：2）　2.瓷碟（2006YY西ⅠT20H133：3）

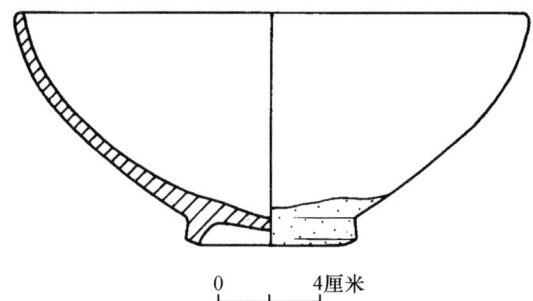

附图四六　2006YY西ⅠT20H138出土瓷器

瓷碗（2006YY西ⅠT20H138：1）

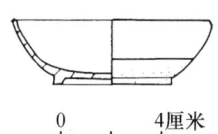

附图四七　2006YY西ⅠT22③出土瓷器

瓷盏（2006YY西ⅠT22③：1）

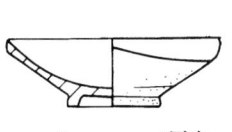

附图四八　2006YY西ⅠT22④出土瓷器

瓷盏（2006YY西ⅠT22④：2）

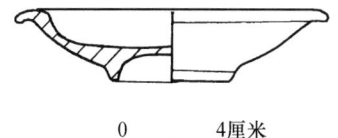

附图四九　2006YY西ⅠT23③出土瓷器

瓷碟（2006YY西ⅠT23③：8）

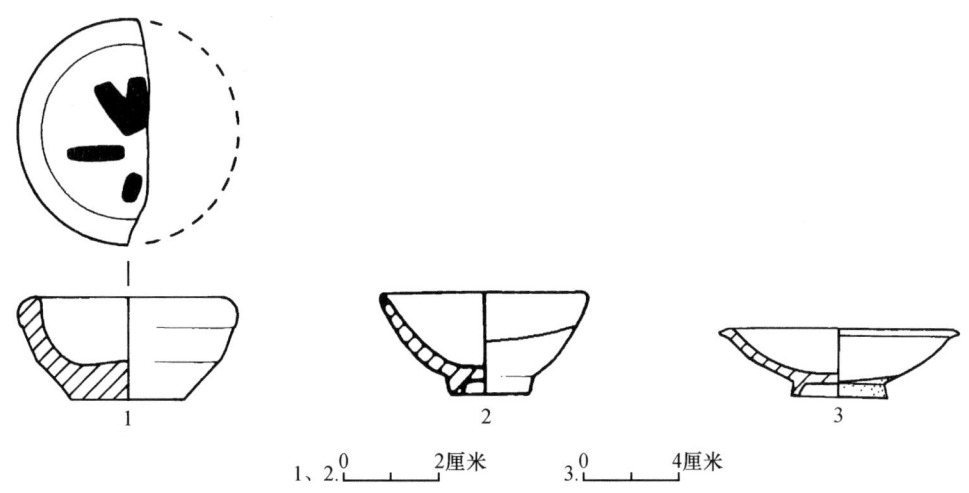

附图五〇　2006YY西ⅠT24②出土瓷器

1、2.瓷杯（2006YY西ⅠT24②：3、2006YY西ⅠT24②：4）　3.瓷碟（2006YY西ⅠT24②：1）

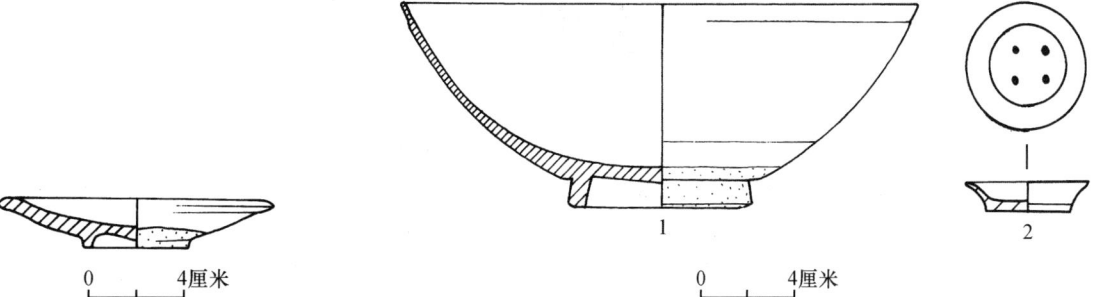

附图五一　2006YY西ⅠT24H22出土瓷器

瓷碟（2006YY西ⅠT24H22：2）

附图五二　2006YY西ⅠT24H57出土瓷器

1.瓷碗（2006YY西ⅠT24H57：1）　2.瓷碟形器（2006YY西ⅠT24H57：2）

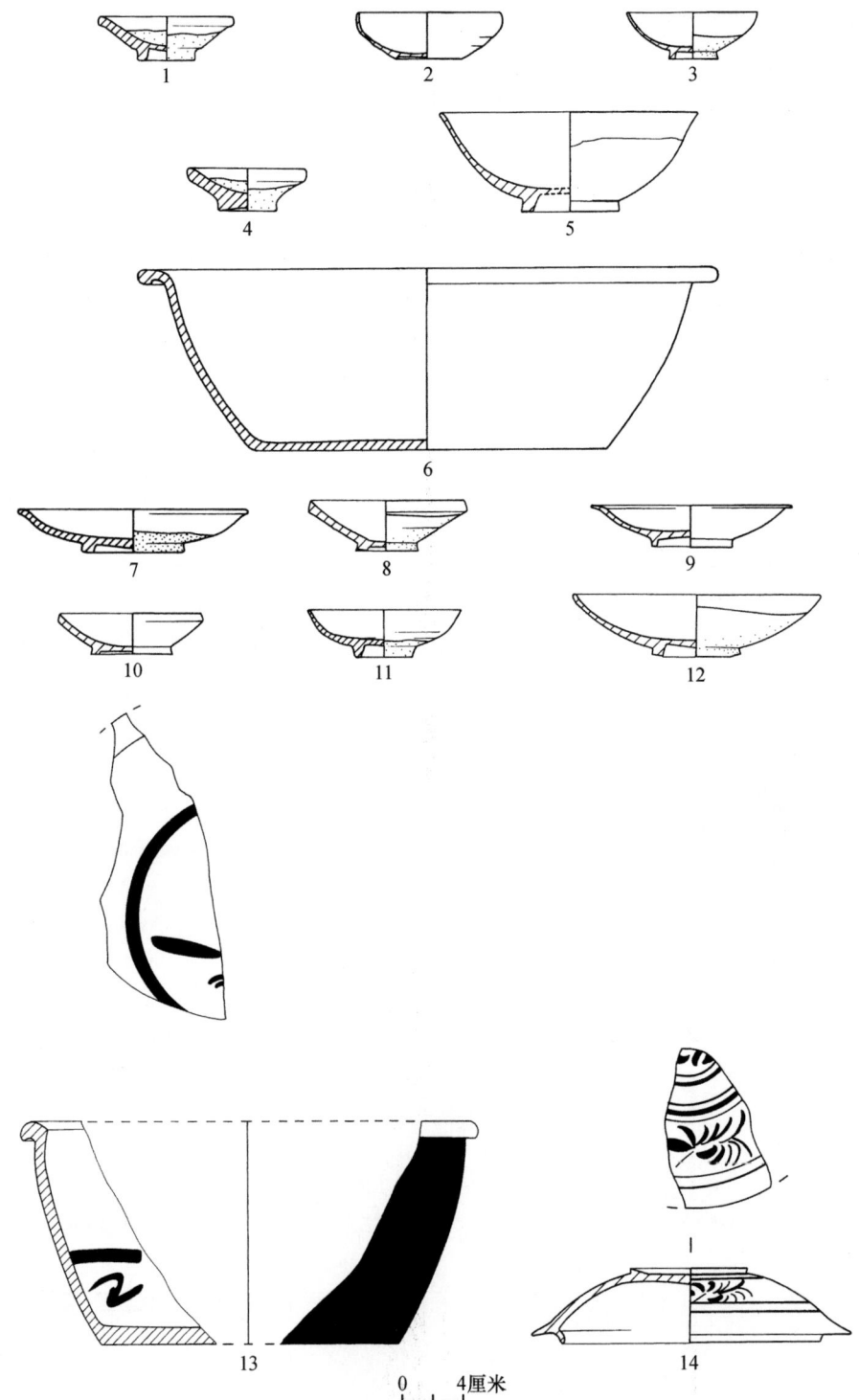

附图五三 2006YY西ⅠT25②出土陶瓷器

1、3、8、10. 瓷盏（2006YY西ⅠT25②：14、2006YY西ⅠT25②：17、2006YY西ⅠT25②：5、2006YY西ⅠT25②：7） 2、9、11. 瓷碟（2006YY西ⅠT25②：15、2006YY西ⅠT25②：6、2006YY西ⅠT25②：8） 4. 瓷灯盏（2006YY西ⅠT25②：19） 5. 瓷碗（2006YY西ⅠT25②：13） 6. 陶盆（2006YY西ⅠT25②：1） 7、12. 瓷盘（2006YY西ⅠT25②：3、2006YY西ⅠT25②：10） 13. 瓷盆（2006YY西ⅠT25②：9） 14. 瓷器盖（2006YY西ⅠT25②：12）

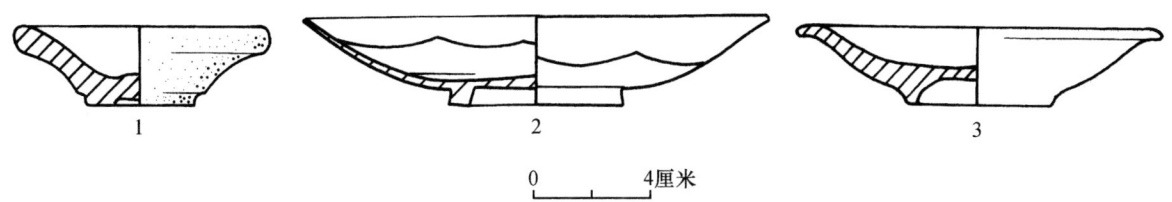

附图五四　2006YY西ⅠT25③出土瓷器

1. 瓷盏（2006YY西ⅠT25③：8）　2. 瓷盘（2006YY西ⅠT25③：10）　3. 瓷碟（2006YY西ⅠT25③：11）

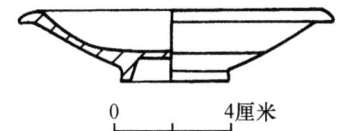

附图五五　2006YY西ⅠT25H234出土瓷器

瓷碟（2006YY西ⅠT25H234：1）

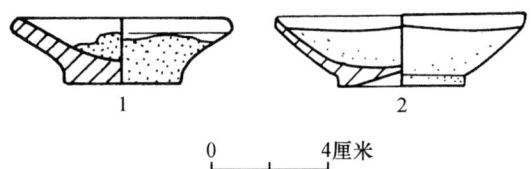

附图五六　2006YY西ⅠT25H239出土瓷器

1、2. 瓷灯盏（2006YY西ⅠT25H239：4、2006YY西ⅠT25H239：3）

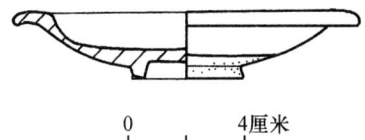

附图五七　2006YY西ⅠT25H241出土瓷器

瓷碟（2006YY西ⅠT25H241：4）

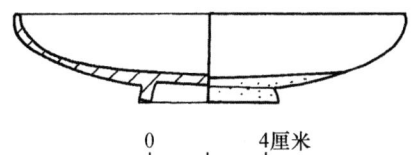

附图五八　2006YY西ⅠT25H245出土瓷器

瓷碟（2006YY西ⅠT25H245：1）

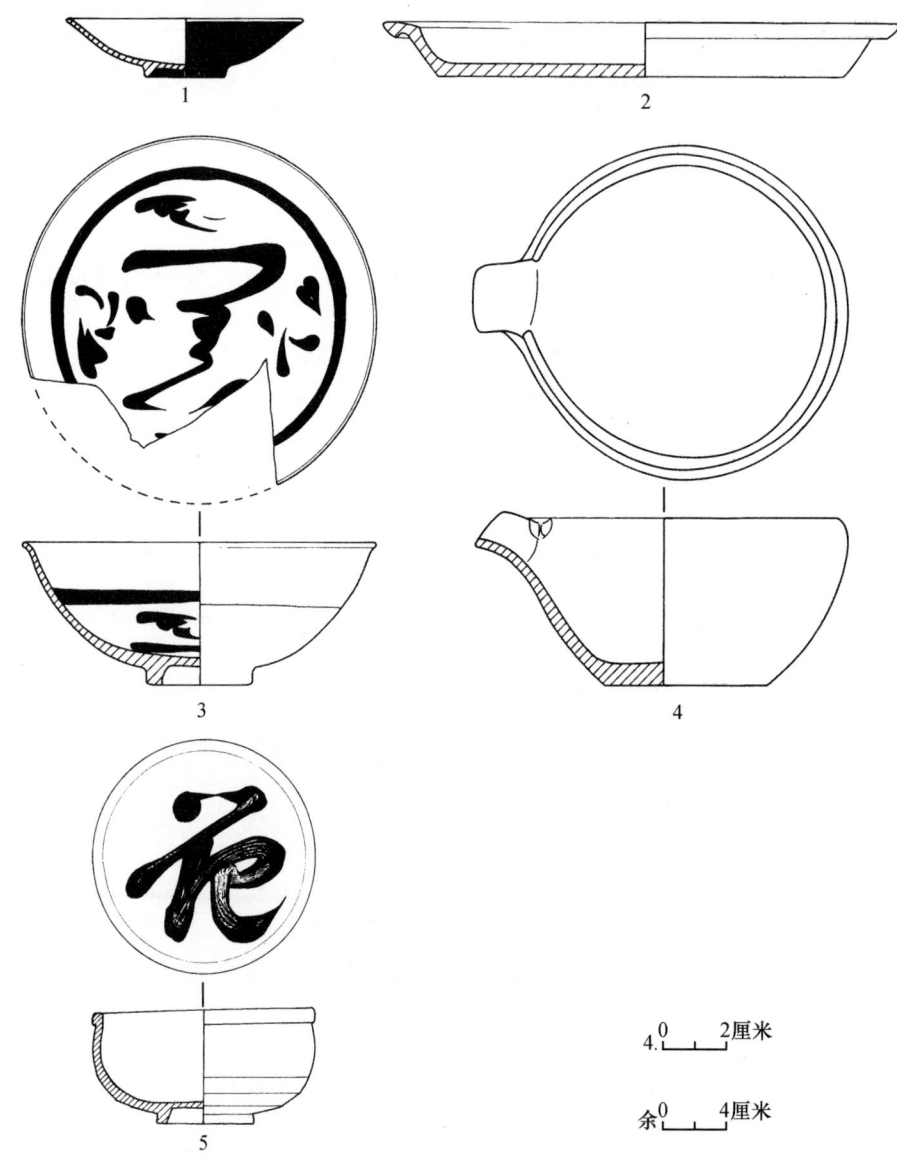

附图五九　2006YY西ⅠT25H252出土陶瓷器

1. 瓷盘（2006YY西ⅠTT25H252：3）　2. 陶盘（2006YY西ⅠT25H252：4）　3、5. 瓷碗（2006YY西ⅠTT25H252：1、2006YY西ⅠTT25H252：2）　4. 陶砂锅（2006YY西ⅠT25H252：5）

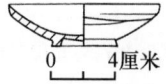

附图六〇　2006YY西ⅠT25H264出土瓷器

瓷盏（2006YY西ⅠT25H264：1）

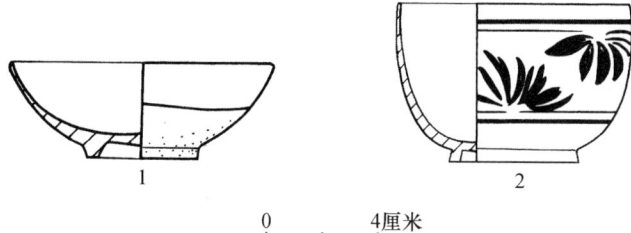

附图六一　2006YY西ⅠT25H269出土瓷器

1. 瓷盏（2006YY西ⅠT25H269：1）　2. 瓷碗（2006YY西ⅠT25H269：2）

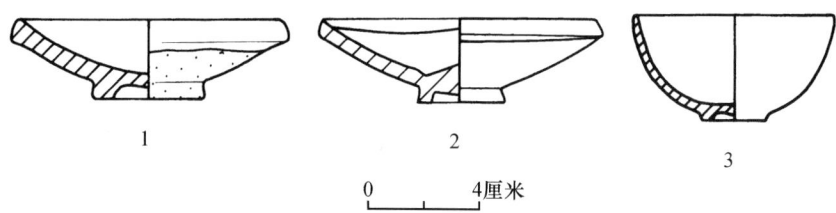

附图六二　2006YY西ⅠT25H271出土瓷器

1、2. 瓷盏（2006YY西ⅠT25H271：1、2006YY西ⅠT25H271：2）　3. 瓷杯（2006YY西ⅠT25H271：3）

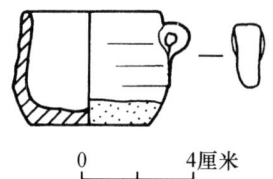

附图六三　2006YY西ⅠT25H277出土瓷器

瓷杯（2006YY西ⅠT25H277：1）

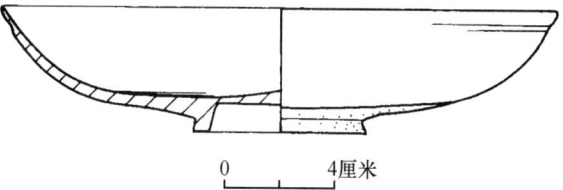

附图六四　2006YY西ⅠT25H278出土瓷器

瓷盘（2006YY西ⅠT25H278：1）

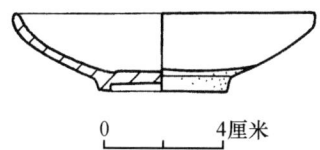

附图六五　2006YY西ⅠT25H284出土瓷器

瓷盏（2006YY西ⅠT25H284：1）

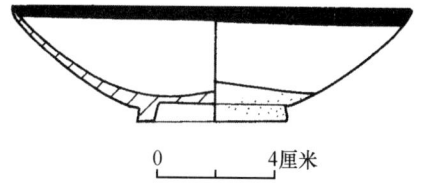

附图六六　2006YY西ⅠT25H286出土瓷器

瓷碗（2006YY西ⅠT25H286：2）

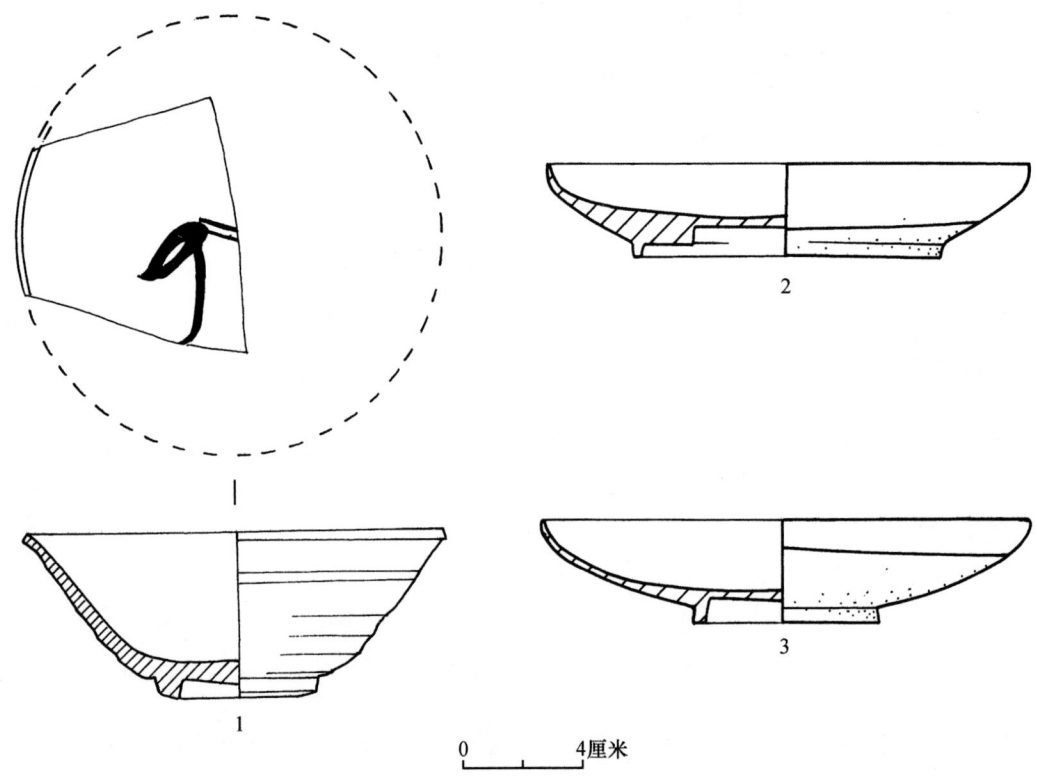

附图六七 2006YY西ⅠT26②出土瓷器
1. 瓷碗（2006YY西ⅠT26②：4） 2、3. 瓷盘（2006YY西ⅠT26②：3、2006YY西ⅠT26②：2）

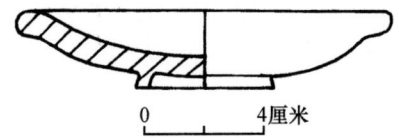

附图六八 2006YY西ⅠT26③出土瓷器
瓷碟（2006YY西ⅠT26③：7）

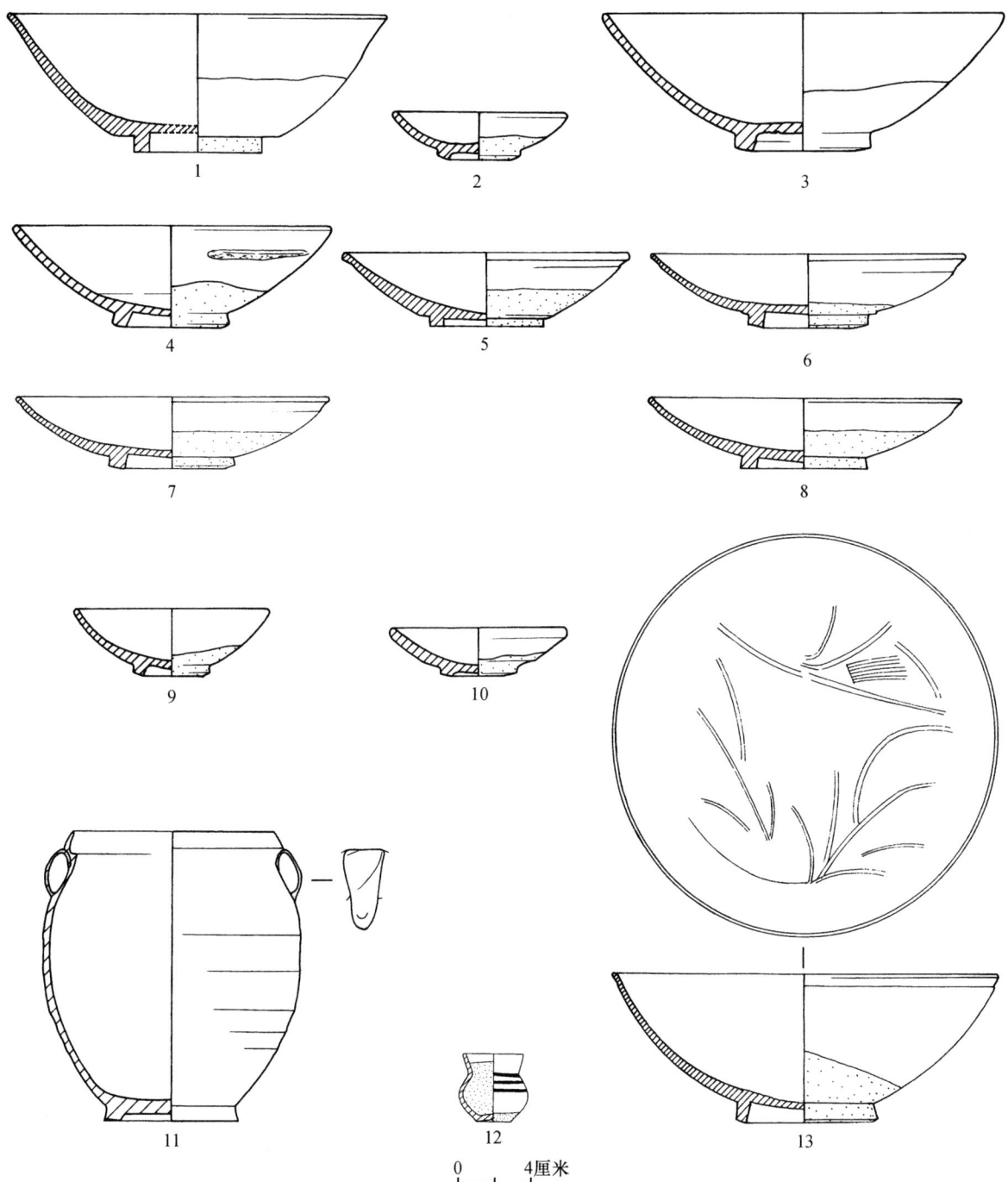

附图六九　2006YY西ⅠT26H211出土瓷器

1、3、4、13. 瓷碗（2006YY西ⅠT26H211：12、2006YY西ⅠT26H211：2、2006YY西ⅠT26H211：6、2006YY西ⅠT26H211：20）　2、9、10. 瓷盏（2006YY西ⅠT26H211：10、2006YY西ⅠT26H211：18、2006YY西ⅠT26H211：17）　5～8. 瓷盘（2006YY西ⅠT26H211：4、2006YY西ⅠT26H211：3、2006YY西ⅠT26H211：11、2006YY西ⅠT26H211：1）　11. 瓷罐（2006YY西ⅠT26H211：16）　12. 瓷瓶形器（2006YY西ⅠT26H211：15）

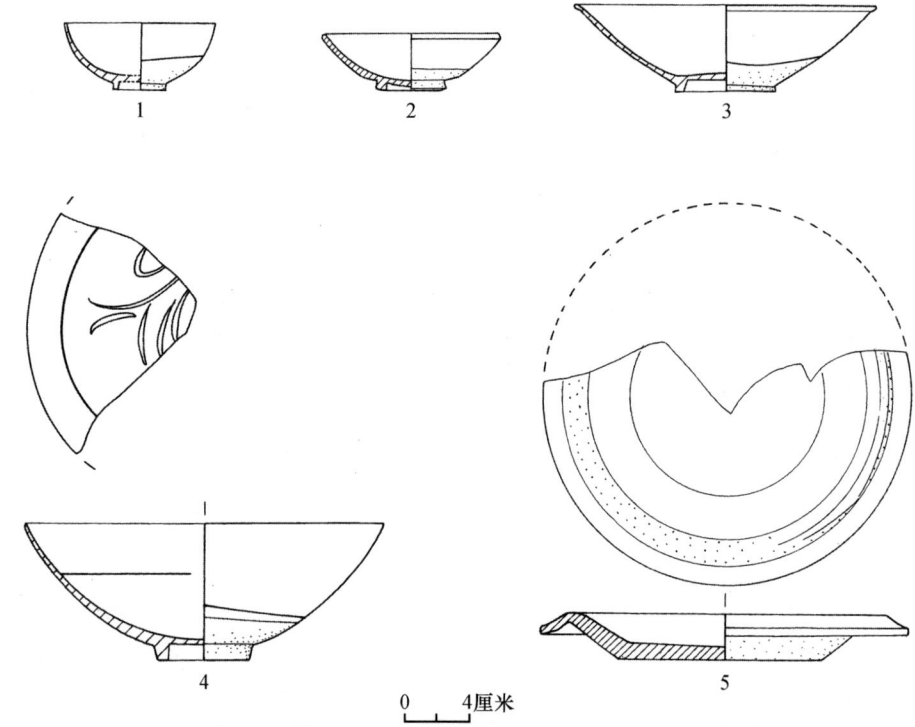

附图七〇　2006YY西ⅠT26J9出土瓷器
1、2. 瓷盏（2006YY西ⅠT26J9：1、2006YY西ⅠT26J9：3）　3、4. 瓷碗（2006YY西ⅠT26J9：5、2006YY西ⅠT26J9：4）　5. 瓷器盖（2006YY西ⅠT26J9：6）

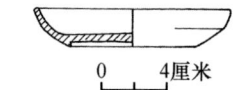

附图七一　2006YY西ⅠT27②出土瓷器
瓷碟（2006YY西ⅠT27②：1）

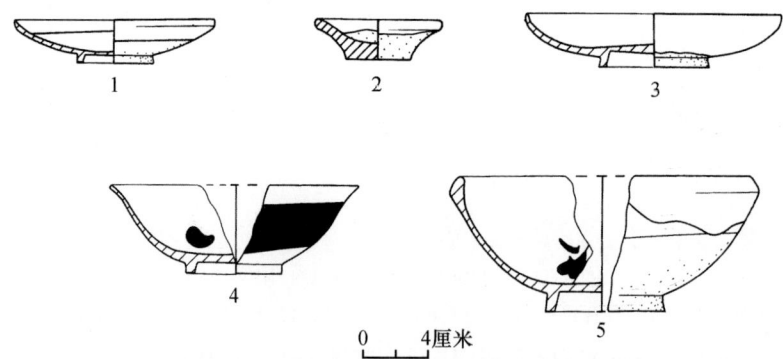

附图七二　2006YY西ⅠT27H173②出土瓷器
1. 瓷碟（2006YY西ⅠT27H173②：1）　2. 瓷灯盏（2006YY西ⅠT27H173②：2）　3. 瓷盘（2006YY西ⅠT27H173②：3）
4、5. 瓷碗（2006YY西ⅠT27H173②：4、2006YY西ⅠT27H173②：6）

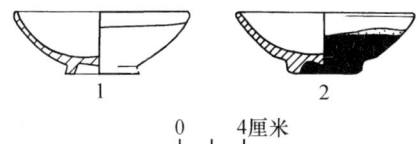

附图七三　2006YY西ⅠT27H176出土瓷器
1、2.瓷盏（2006YY西ⅠT27H176：3、2006YY西ⅠT27H176：4）

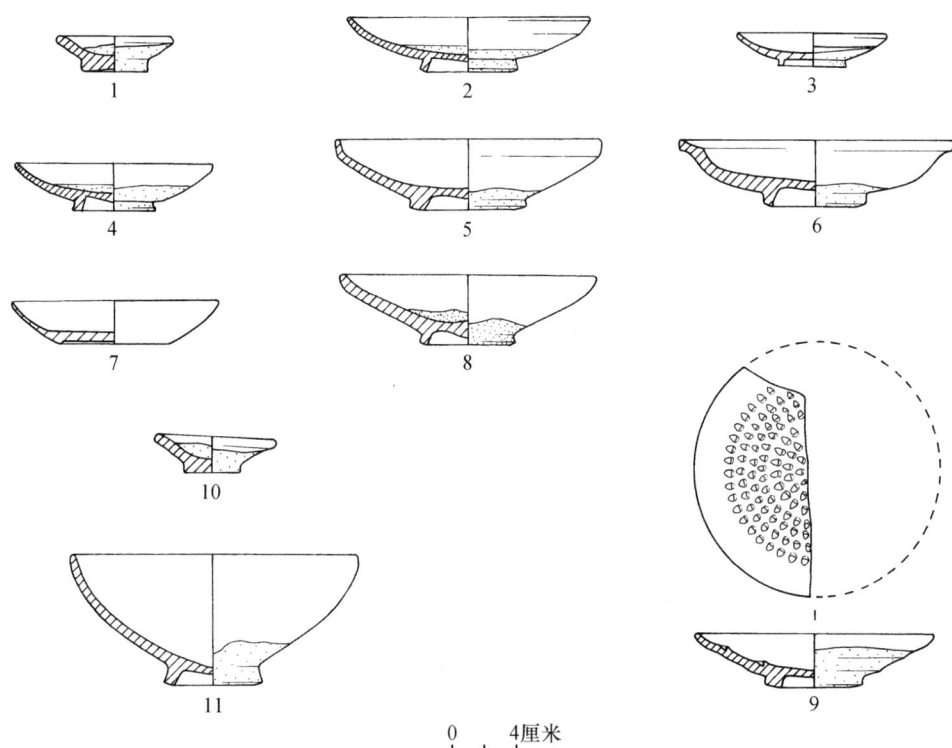

附图七四　2006YY西ⅠT27H180出土瓷器
1、10.瓷灯盏（2006YY西ⅠT27H180：1、2006YY西ⅠT27H180：12）　2、5、6、8.瓷盘（2006YY西ⅠT27H180：3、2006YY西ⅠT27H180：6、2006YY西ⅠT27H180：8、2006YY西ⅠT27H180：10）　3.瓷盏（2006YY西ⅠT27H180：4）　4、7.瓷碟（2006YY西ⅠT27H180：5、2006YY西ⅠT27H180：9）　9.瓷研磨盘（2006YY西ⅠT27H180：2）　11.瓷碗（2006YY西ⅠT27H180：7）

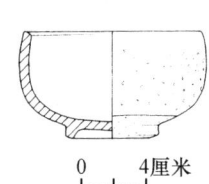

附图七五　2006YY西ⅠT27H189出土瓷器
瓷碗（2006YY西ⅠT27H189：1）

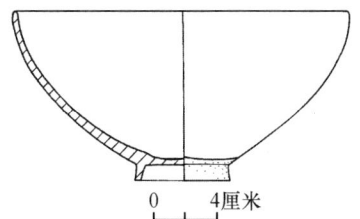

附图七六　2006YY西ⅠT28H191出土瓷器
瓷碗（2006YY西ⅠT28H191：1）

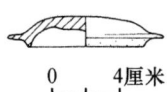
附图七七　2006YY西ⅠT29②出土瓷器
瓷器盖（2006YY西ⅠT29②：1）

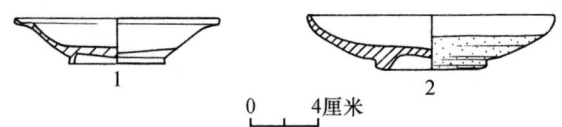
附图七八　2006YY西ⅠT29H261出土瓷器
1. 瓷碟（2006YY西ⅠT29H261：3）　2. 瓷盘（2006YY西ⅠT29H261：2）

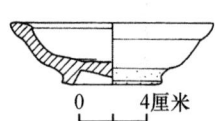
附图七九　2006YY西ⅠT29H274出土瓷器
瓷碟（2006YY西ⅠT29H274：2）

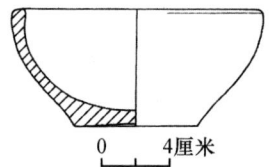
附图八〇　2006YY西ⅠT29J10出土陶器
陶钵（2006YY西ⅠT29J10：1）

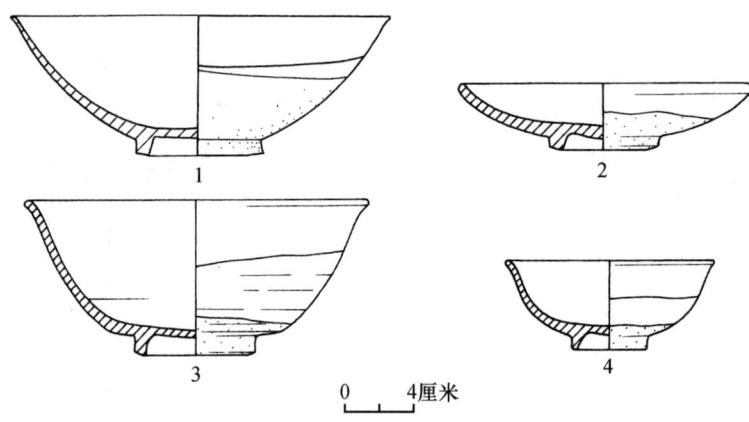
附图八一　2006YY西ⅠT30H228出土瓷器
1、3、4. 瓷碗（2006YY西ⅠT30H228：1、2006YY西ⅠT30H228：4、2006YY西ⅠT30H228：5）　2. 瓷盘（2006YY西ⅠT30H228：2）

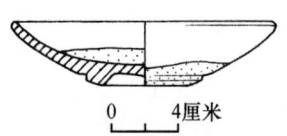
附图八二　2006YY西ⅠT30H215出土瓷器
瓷盘（2006YY西ⅠT30H215：3）

附图八三　2006YY西ⅠT32②出土瓷器
瓷盘（2006YY西ⅠT32②：20）

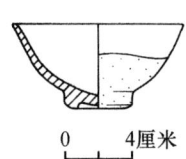

附图八四　2006YY西ⅠT32H246出土瓷器

瓷杯（2006YY西ⅠT32H246∶1）

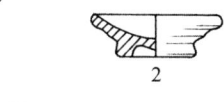

附图八五　2006YY西ⅠT32H248出土瓷器

1. 瓷碗（2006YY西ⅠT32H248∶1）　2. 瓷灯盏（2006YY西ⅠT32H248∶2）

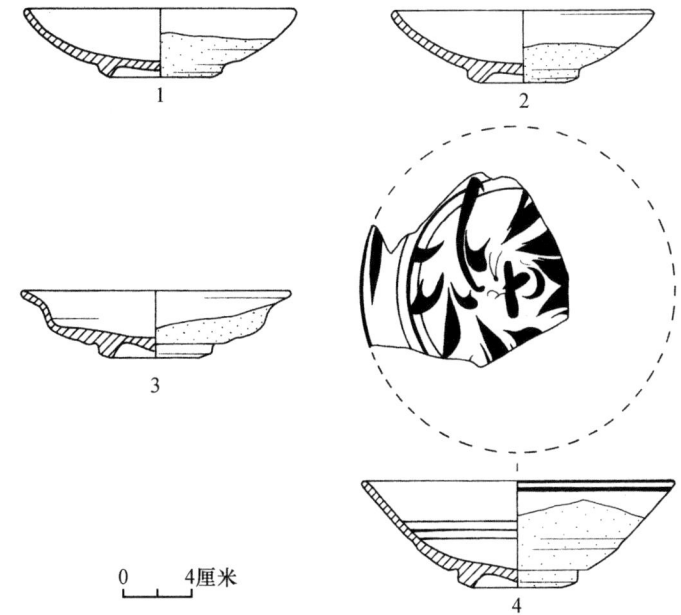

附图八六　2006YY西ⅠT32H255出土瓷器

1~3. 瓷盘（2006YY西ⅠT32H255∶5、2006YY西ⅠT32H255∶6、2006YY西ⅠT32H255∶7）　4. 瓷碗（2006YY西ⅠT32H255∶4）

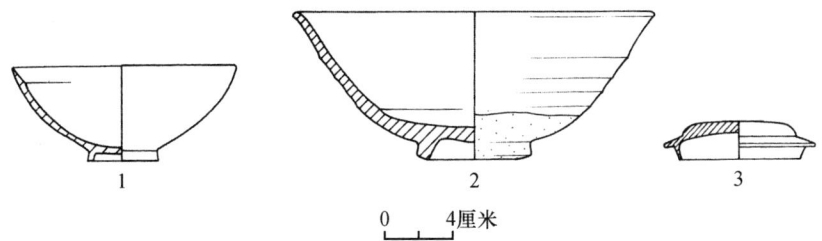

附图八七　2006YY西ⅠT32H258出土瓷器

1、2. 瓷碗（2006YY西ⅠT32H258∶4、2006YY西ⅠT32H258∶8）　3. 瓷器盖（2006YY西ⅠT32H258∶9）

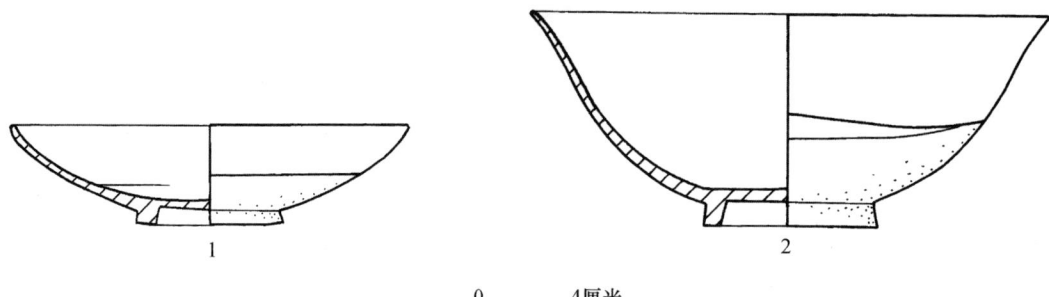

附图八八　2006YY西ⅠT32J16出土瓷器
1.瓷盘（2006YY西ⅠT32J16：1）　2.瓷碗（2006YY西ⅠT32J16：2）

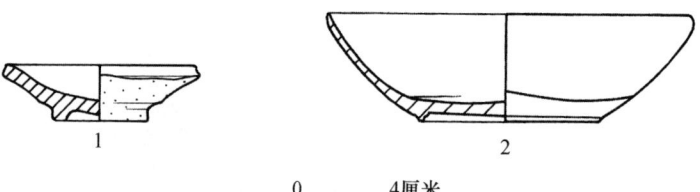

附图八九　2006YY西ⅠT32Z7出土瓷器
1.瓷盏（2006YY西ⅠT32Z7：1）　2.瓷盘（2006YY西ⅠT32Z7：3）

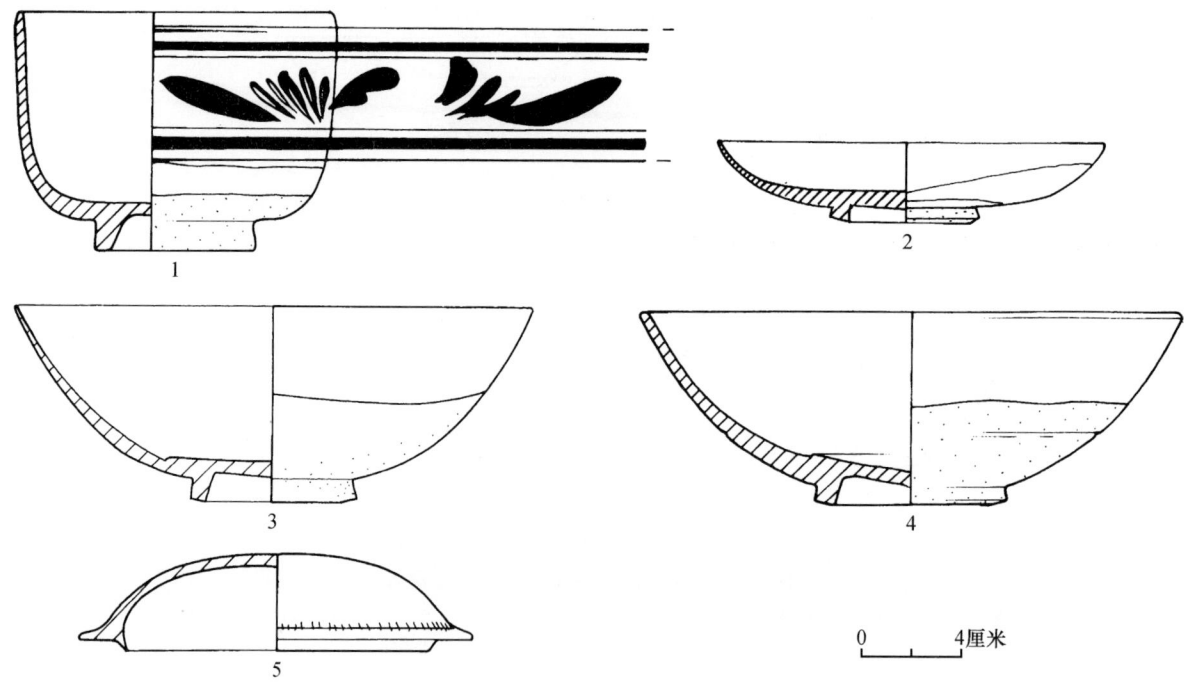

附图九〇　2006YY西ⅡT1G6出土瓷器
1、3、4.瓷碗（2006YY西ⅡT1G6：1、2006YY西ⅡT1G6：3、2006YY西ⅡT1G6：4）　2.瓷盘（2006YY西ⅡT1G6：2）
5.瓷器盖（2006YY西ⅡT1G6：5）

附　图

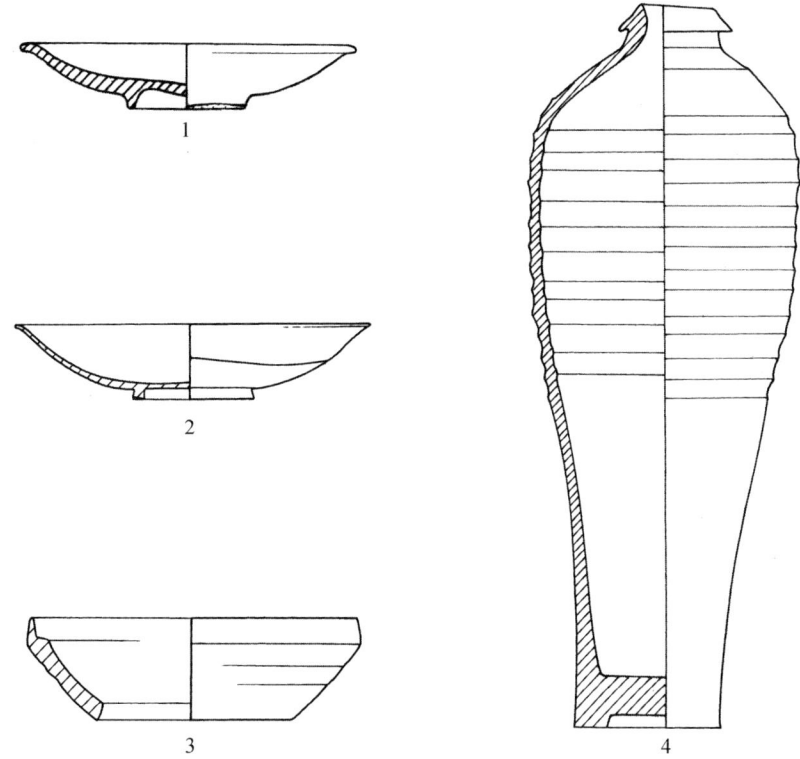

附图九一　2006YY西ⅡT2H223出土陶瓷器
1、2.瓷盘（2006YY西ⅡT2H223：1、2006YY西ⅡT2H223：2）　3.陶支圈（2006YY西ⅡT2H223：4）
4.瓷经瓶（2006YY西ⅡT2H223：3）

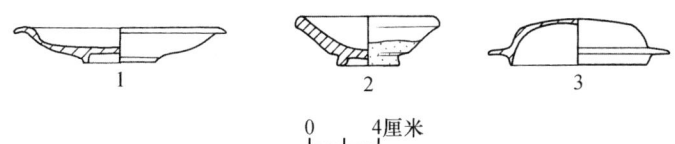

附图九二　2006YY西ⅡT4②出土瓷器
1.瓷碟（2006YY西ⅡT4②：1）　2.瓷盏（2006YY西ⅡT4②：3）　3.瓷器盖（2006YY西ⅡT4②：4）

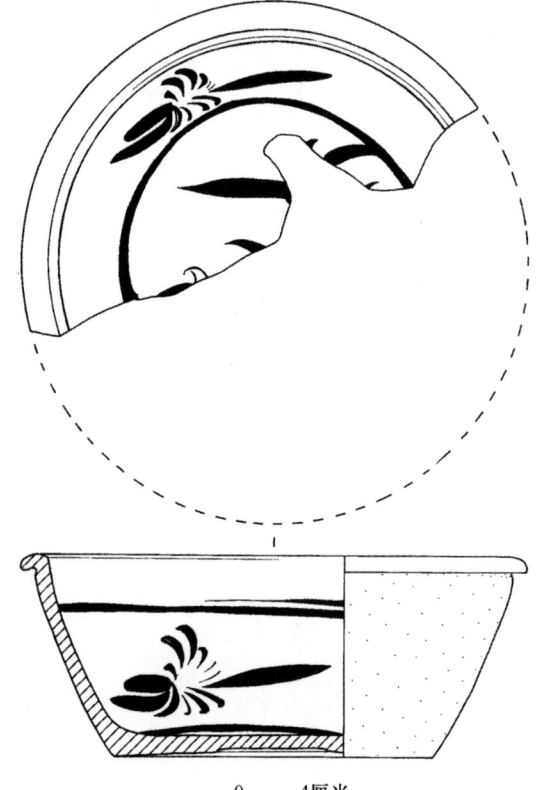

附图九三　2006YY Ⅱ T4G6出土瓷器
瓷盆（2006YY西Ⅱ T4G6：1）

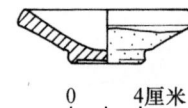

附图九四　2006YY西Ⅱ T5②出土瓷器
瓷盏（2006YY西Ⅱ T5②：2）

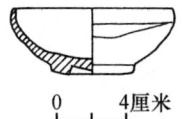

附图九五　2007YY东T1H26出土瓷器
瓷盏（2007YY东T1H26：1）

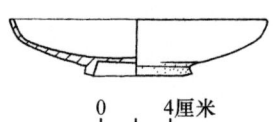

附图九六　2007YY东T1H43出土瓷器
瓷盘（2007YY东T1H43：1）

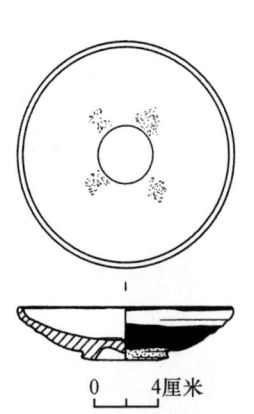

附图九七　2007YY东T1H77出土瓷器
瓷碟（2007YY东T1H77：1）

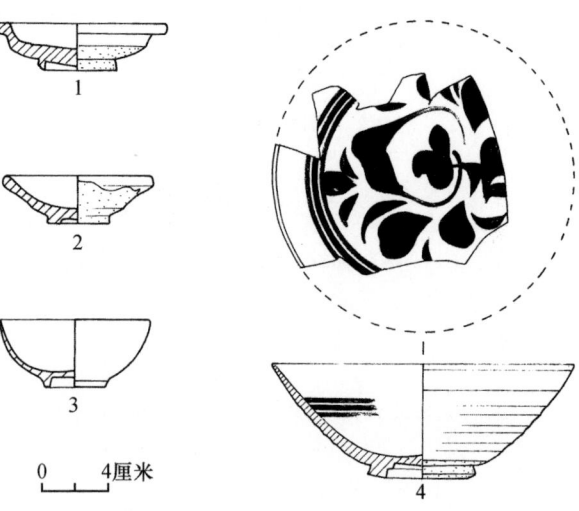

附图九八　2007YY东T3⑫出土瓷器
1. 瓷碟（2007YY东T3⑫：5）　2. 瓷盏（2007YY东T3⑫：6）
3、4. 瓷碗（2007YY东T3⑫：4、2007YY东T3⑫：8）

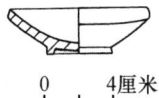

附图九九　2007YY东T3H55出土瓷器
瓷盏（2007YY东T3H55：1）

附图一〇〇　2007YY东T3H66出土瓷器
1、5、6.瓷碗（2007YY东T3H66：2、2007YY东T3H66：4、2007YY东T3H66：3）　2.瓷灯盏（2007YY东T3H66：8）　3、4、7.瓷盘（2007YY东T3H66：1、2007YY东T3H66：6、2007YY东T3H66：7）

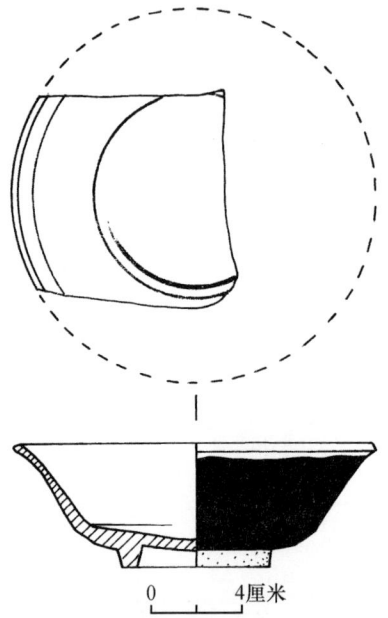

附图一〇一　2007YY东T3H221出土瓷器

瓷碗（2007YY东T3H221①：1）

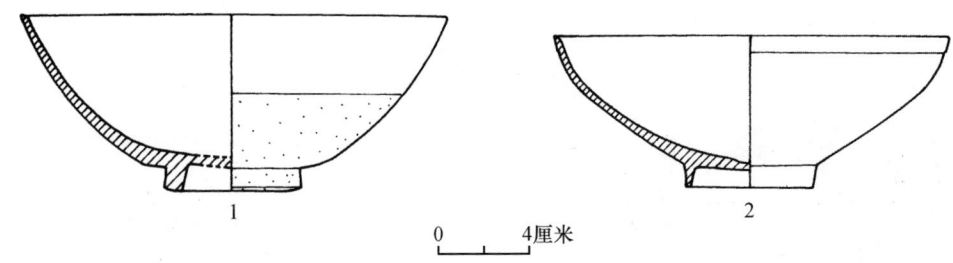

附图一〇二　2007YY东T3H240出土瓷器

1、2. 瓷碗（2007YY东T3H240：1、2007YY东T3H240：3）

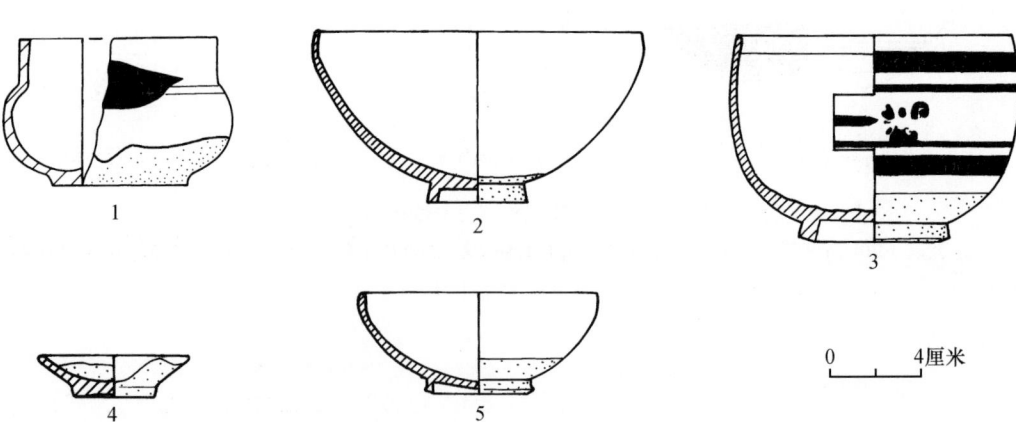

附图一〇三　2007YY东T3L1出土瓷器

1. 瓷鸟食罐（2007YY东T3L1②：6）　2、3、5. 瓷碗（2007YY东T3L1②：5、2007YY东T3L1②：4、2007YY东T3L1③：1）　4. 瓷灯盏（2007YY东T3L1②：1）

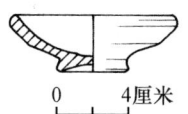

附图一〇四　2007YY东T4③B出土瓷器

瓷盏（2007YY东T4③B∶3）

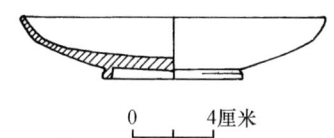

附图一〇五　2007YY东T4H18出土瓷器

瓷盘（2007YY东T4H18∶3）

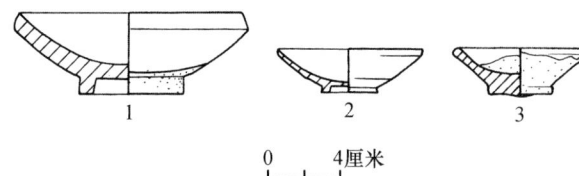

附图一〇六　2007YY东T4H19出土瓷器

1. 瓷碟（2007YY东T4H19∶1）　2. 瓷盏（2007东YYT4H19∶2）　3. 瓷灯盏（2007东YYT4H19∶3）

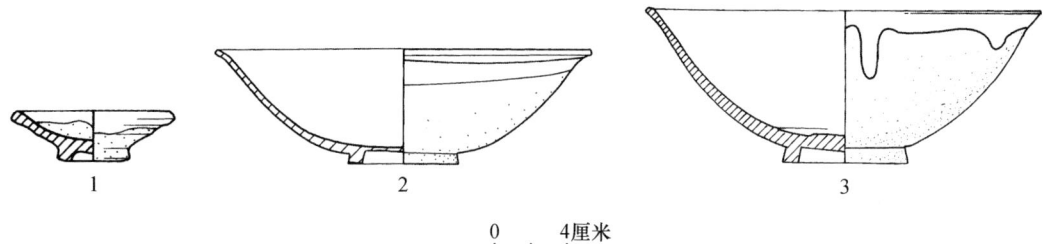

附图一〇七　2007YY东T4H58出土瓷器

1. 瓷盏（2007YY东T4H58∶3）　2、3. 瓷碗（2007YY东T4H58∶2、2007YY东T4H58∶1）

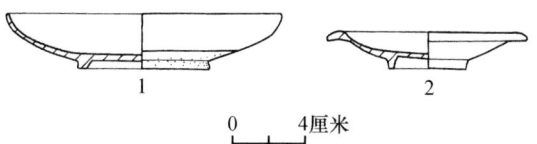

附图一〇八　2007YY东T4H60出土瓷器

1. 瓷盘（2007YY东T4H60∶4）　2. 瓷碟（2007YY东T4H60∶3）

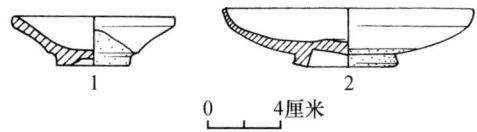

附图一〇九　2007YYT5H142出土瓷器

1. 瓷盏（2007YYT5H142∶4）　2. 瓷盘（2007YYT5H142∶3）

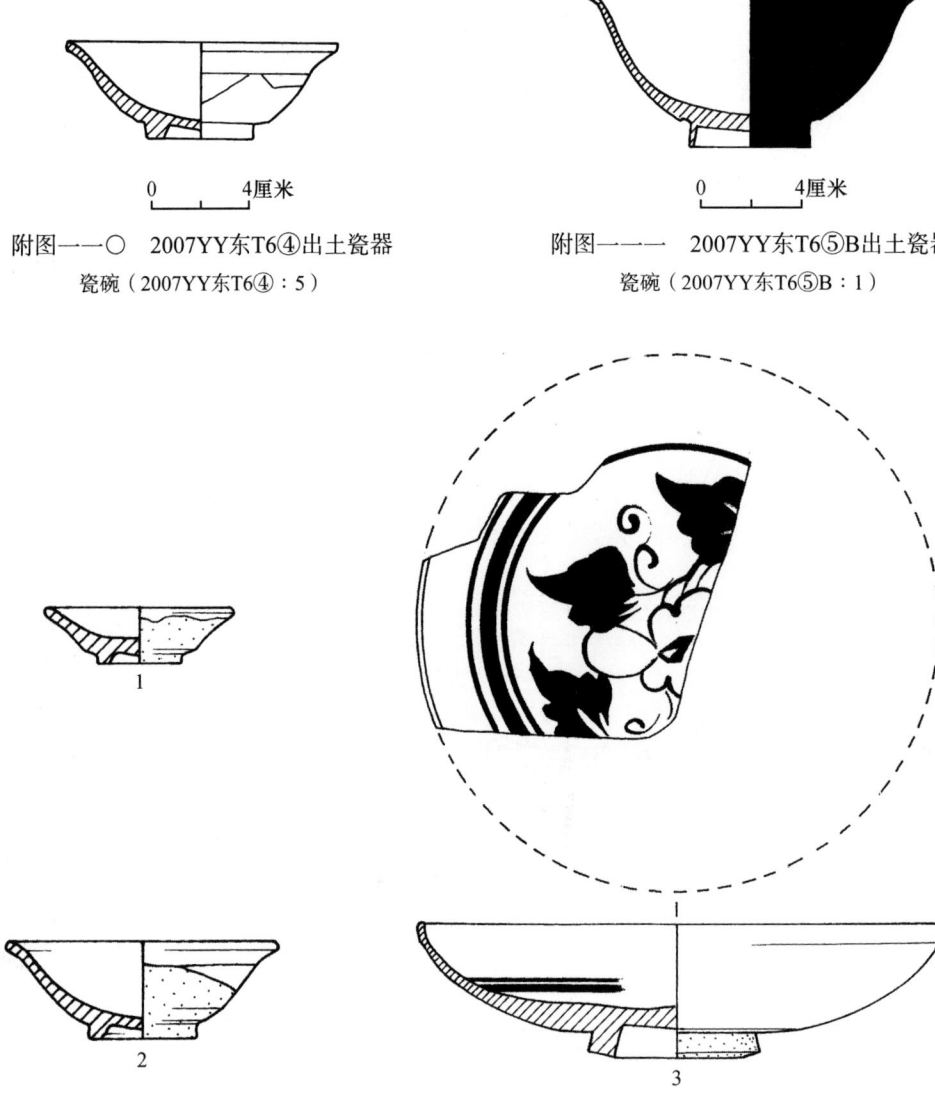

附图一一〇 2007YY东T6④出土瓷器
瓷碗（2007YY东T6④：5）

附图一一一 2007YY东T6⑤B出土瓷器
瓷碗（2007YY东T6⑤B：1）

附图一一二 2007YY东T6⑤C出土瓷器
1.瓷盏（2007YY东T6⑤C：2） 2.瓷碗（2007YY东T6⑤C：3） 3.瓷盘（2007YY东T6⑤C：1）

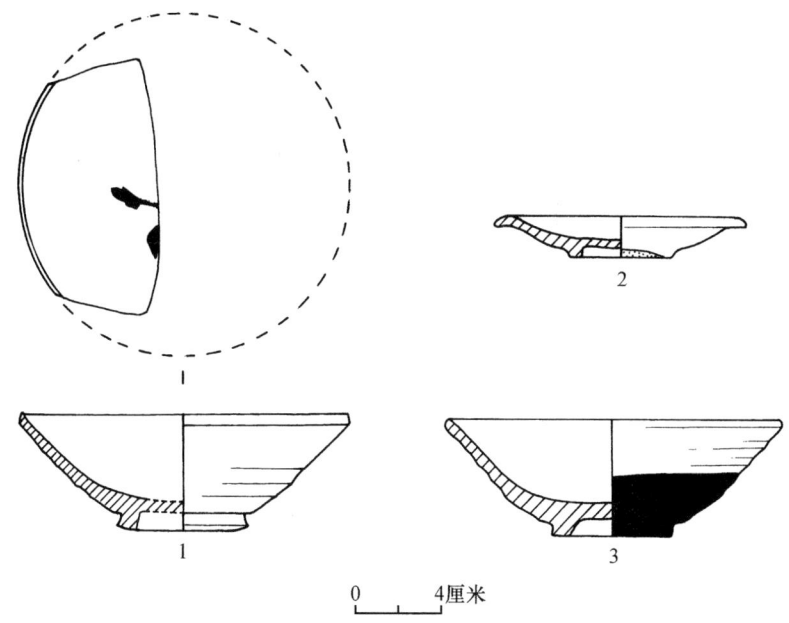

附图一一三　2007YY东T6G3出土瓷器

1、3.瓷碗（2007YY东T6G3∶1、2007YY东T6G3∶4）　2.瓷碟（2007YY东T6G3∶3）

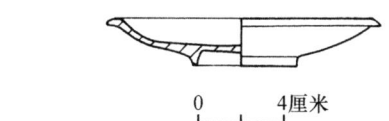

附图一一四　2007YY东T6H85出土瓷器

瓷碟（2007YY东T6H85∶1）

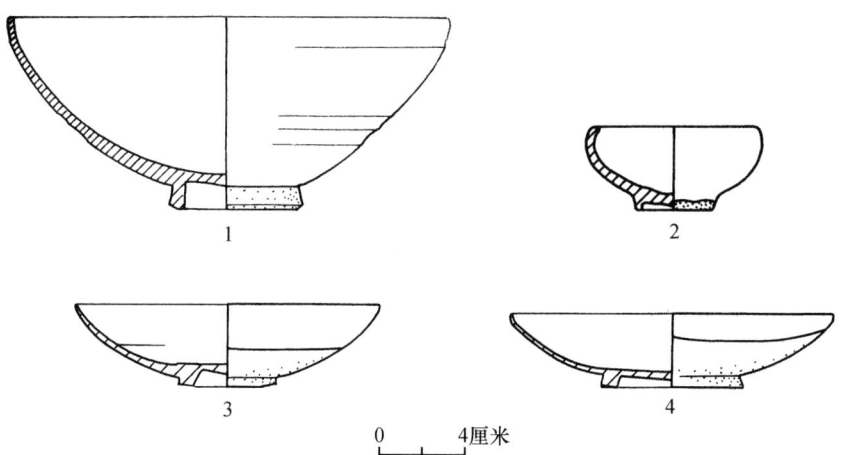

附图一一五　2007YY东T6H121出土瓷器

1.瓷碗（2007YY东T6H121∶8）　2.瓷杯（2007YY东T6H121∶9）　3、4.瓷盘（2007YY东T6H121∶6、2007YY东T6H121∶5）

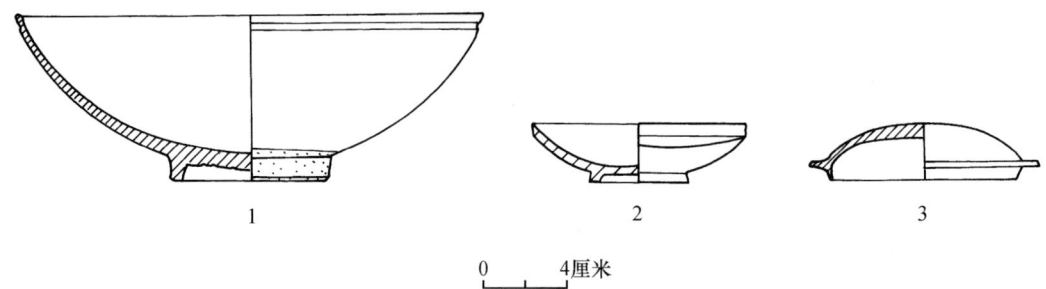

附图一一六　2007YY东T6H155出土瓷器
1. 瓷碗（2007YY东T6H155③：9）　2. 瓷盏（2007YY东T6H155③：6）　3. 瓷器盖（2007YY东T6H155③：5）

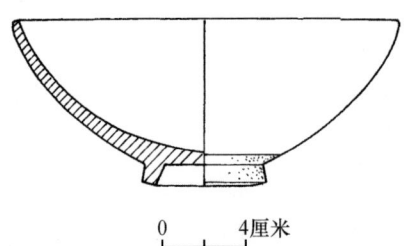

附图一一七　2007YY东T6H226出土瓷器
瓷碗（2007YY东T6H226：1）

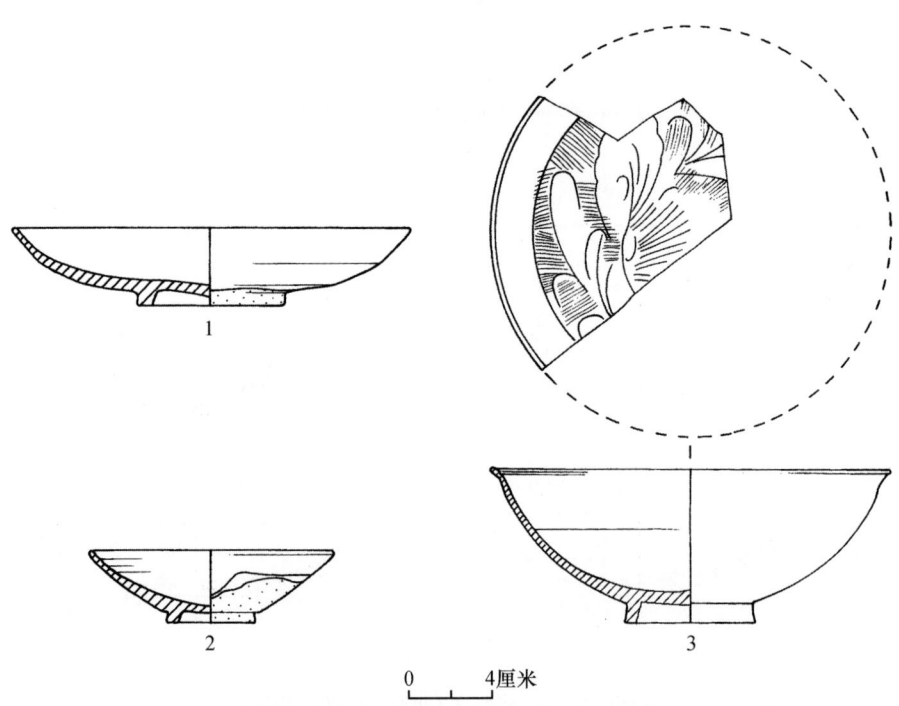

附图一一八　2007YY东T6J1出土瓷器
1. 瓷盘（2007YY东T6J1：11）　2. 瓷盏（2007YY东T6J1：3）　3. 瓷碗（2007YY东T6J1：1）

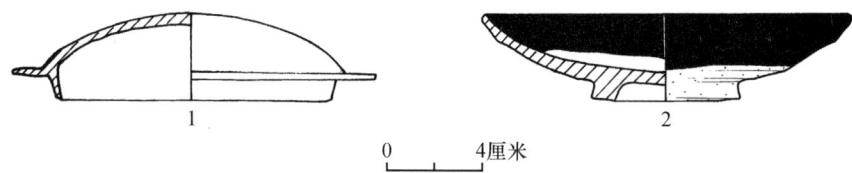

附图一一九　2007YY东T6L1②出土瓷器

1. 瓷器盖（2007YY东T6L1②∶6）　2. 瓷盘（2007YY东T6L1②∶4）

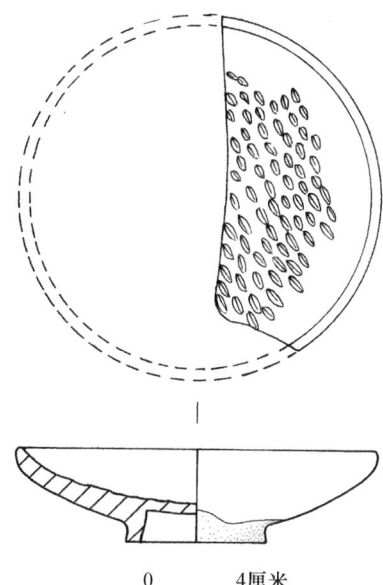

附图一二〇　2007YY东T6Z3出土瓷器

瓷研磨盘（2007YY东T6Z3∶1）

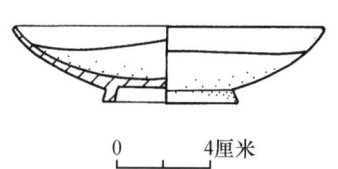

附图一二一　2007YY东T7③出土瓷器

瓷碟（2007YY东T7③B∶1）

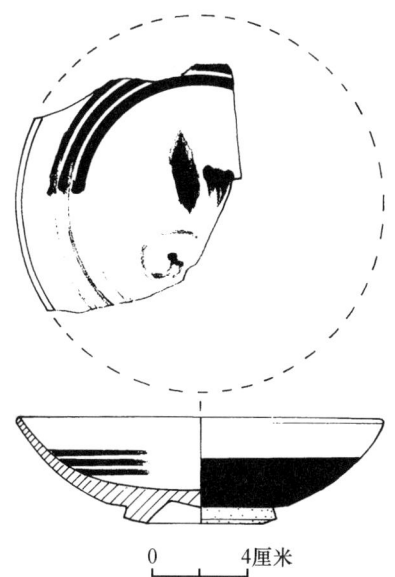

附图一二二　2007YY东T7G1出土瓷器

瓷盘（2007YY东T7G1∶1）

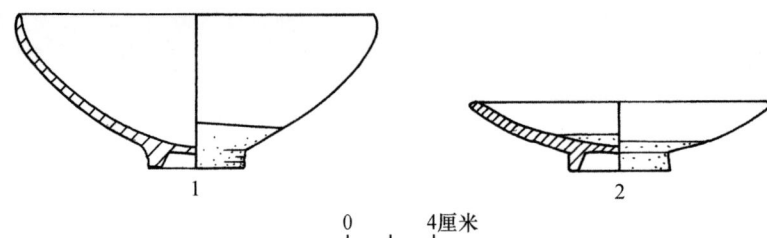

附图一二三 2007YY东T7H23出土瓷器
1. 瓷碗（2007YY东T7H23∶3） 2. 瓷碟（2007YY东T7H23∶4）

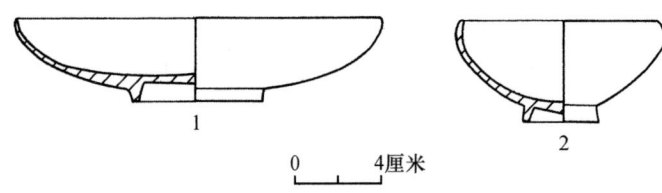

附图一二四 2007YY东T7H40出土瓷器
1. 瓷盘（2007YY东T7H40∶2） 2. 瓷碗（2007YY东T7H40∶1）

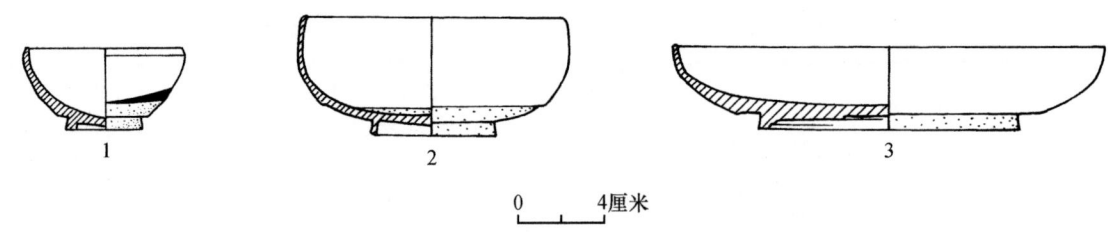

附图一二五 2007YY东T7H112②出土瓷器
1. 瓷盏（2007YY东T7H112②∶3） 2. 瓷碗（2007YY东T7H112②∶1） 3. 瓷盘（2007YY东T7H112②∶2）

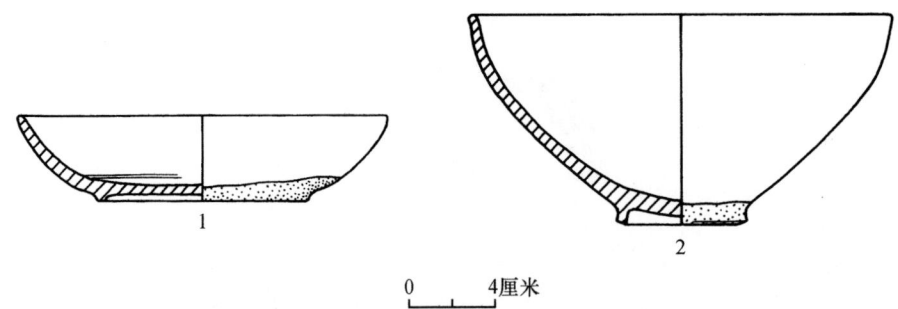

附图一二六 2007YY东T7H150出土瓷器
1. 瓷盘（2007YY东T7H150∶1） 2. 瓷碗（2007YY东T7H150∶2）

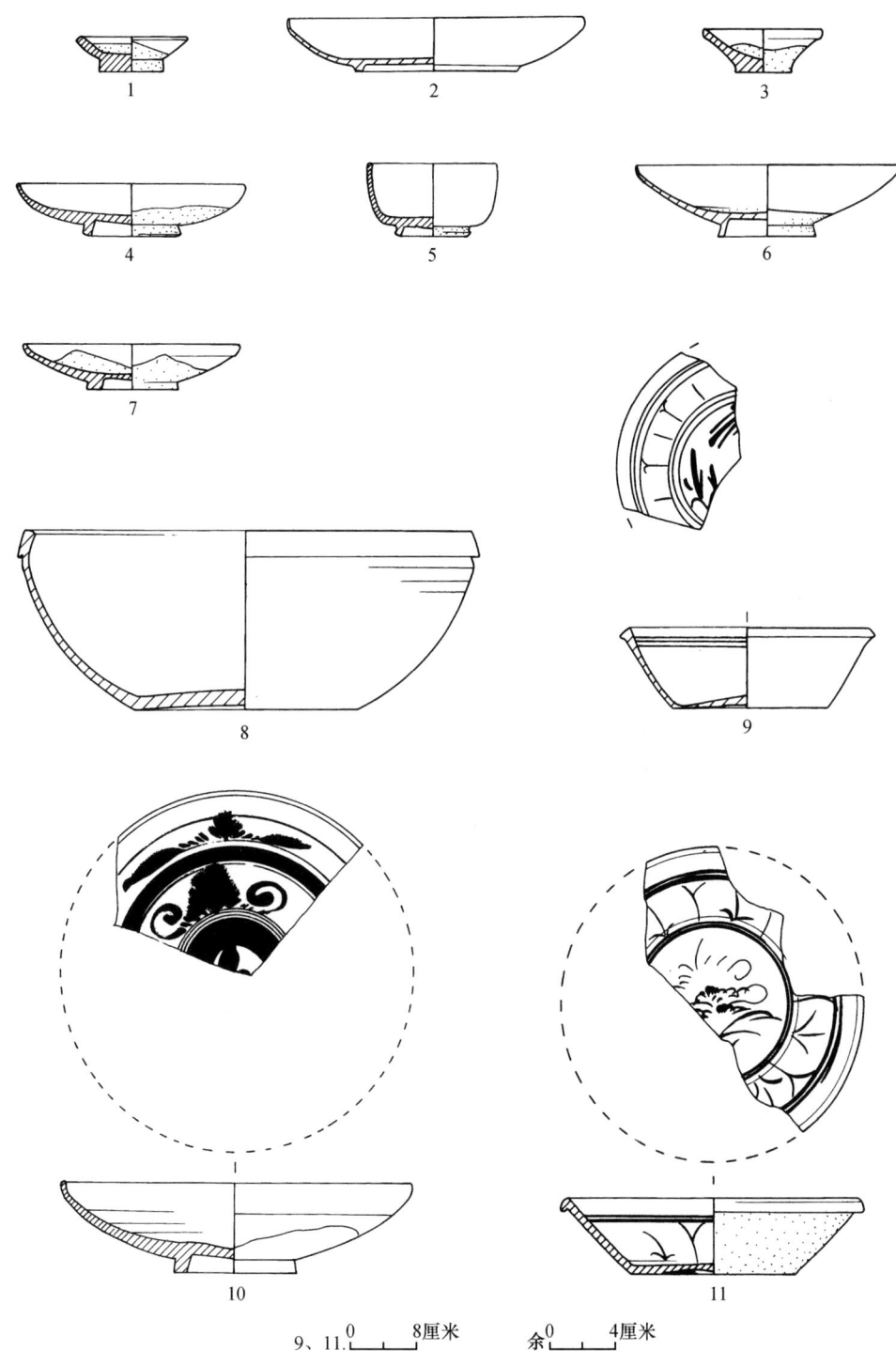

附图一二七　2007YY东T7H124出土陶瓷器

1、3. 瓷灯盏（2007YY东T7H124：13、2007YY东T7H124：6）　2、4、6、10. 瓷盘（2007YY东T7H124：3、2007YY东T7H124：5、2007YY东T7H124：11、2007YY东T7H124：4）　5. 瓷杯（2007YY东T7H124：7）　7. 瓷碟（2007YY东T7H124：12）　8. 陶盆（2007YY东T7H124：8）　9、11. 瓷盆（2007YY东T7H124：2、2007YY东T7H124：1）

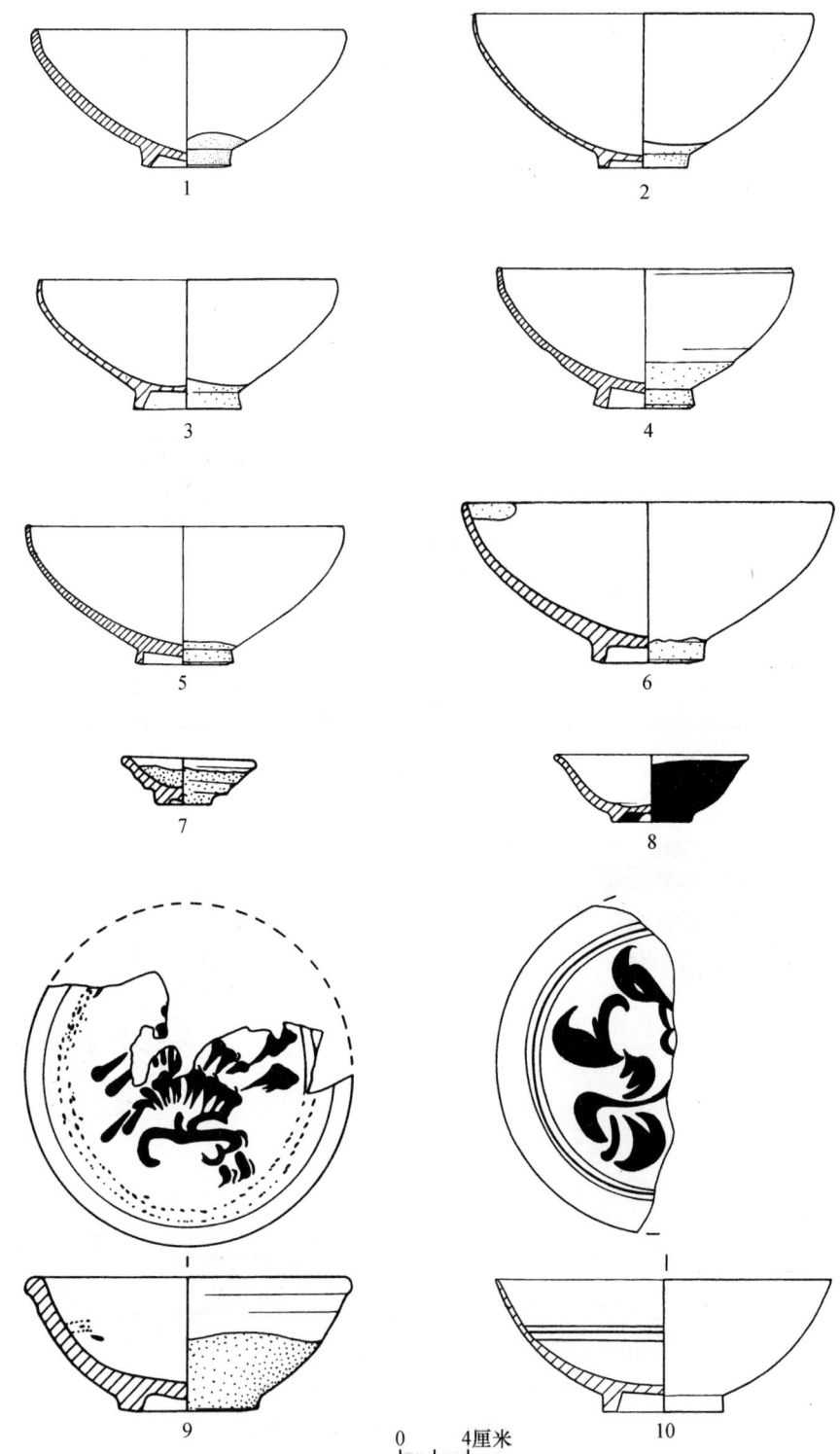

附图一二八　2007YY东T7J4出土瓷器

1~6、8~10. 瓷碗（2007YY东T7J4：3、2007YY东T7J4：4、2007YY东T7J4：5、2007YY东T7J4：6、2007YY东T7J4：9、2007YY东T7J4：10、2007YY东T7J4：12、2007YY东T7J4：1、2007YY东T7J4：11）　7. 瓷盏（2007YY东T7J4：7）

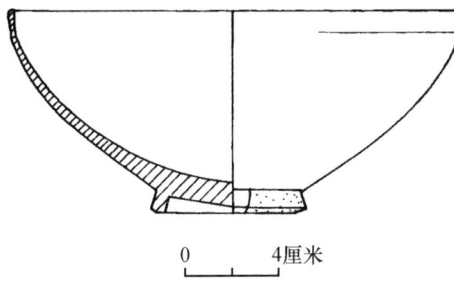

附图一二九　2007YY东T7H145出土瓷器

瓷碗（2007YY东T7H145∶1）

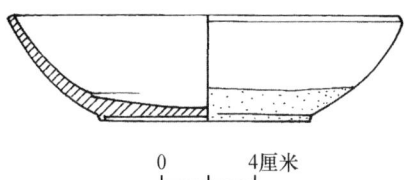

附图一三〇　2007YY东T8③出土瓷器

瓷盘（2007YY东T8③∶2）

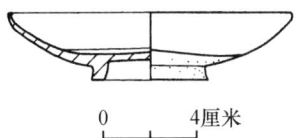

附图一三一　2007YY东T8G1出土瓷器

瓷碟（2007YY东T8G1∶1）

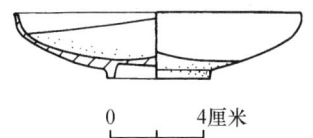

附图一三二　2007YY东T8H51出土瓷器

瓷碟（2007YY东T8H51∶1）

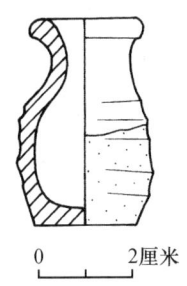

附图一三三　2007YY东T9④出土瓷器

瓷瓶形器（2007YY东T9④∶1）

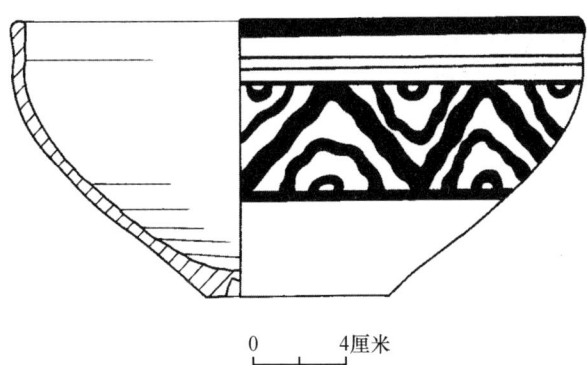

附图一三四　2007YY东T9H129出土瓷器

瓷盆（2007YY东T9H129∶1）

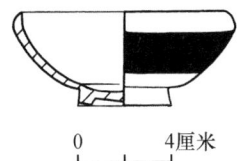

附图一三五　2007YY东T9H130出土瓷器

瓷盏（2007YY东T9H130∶1）

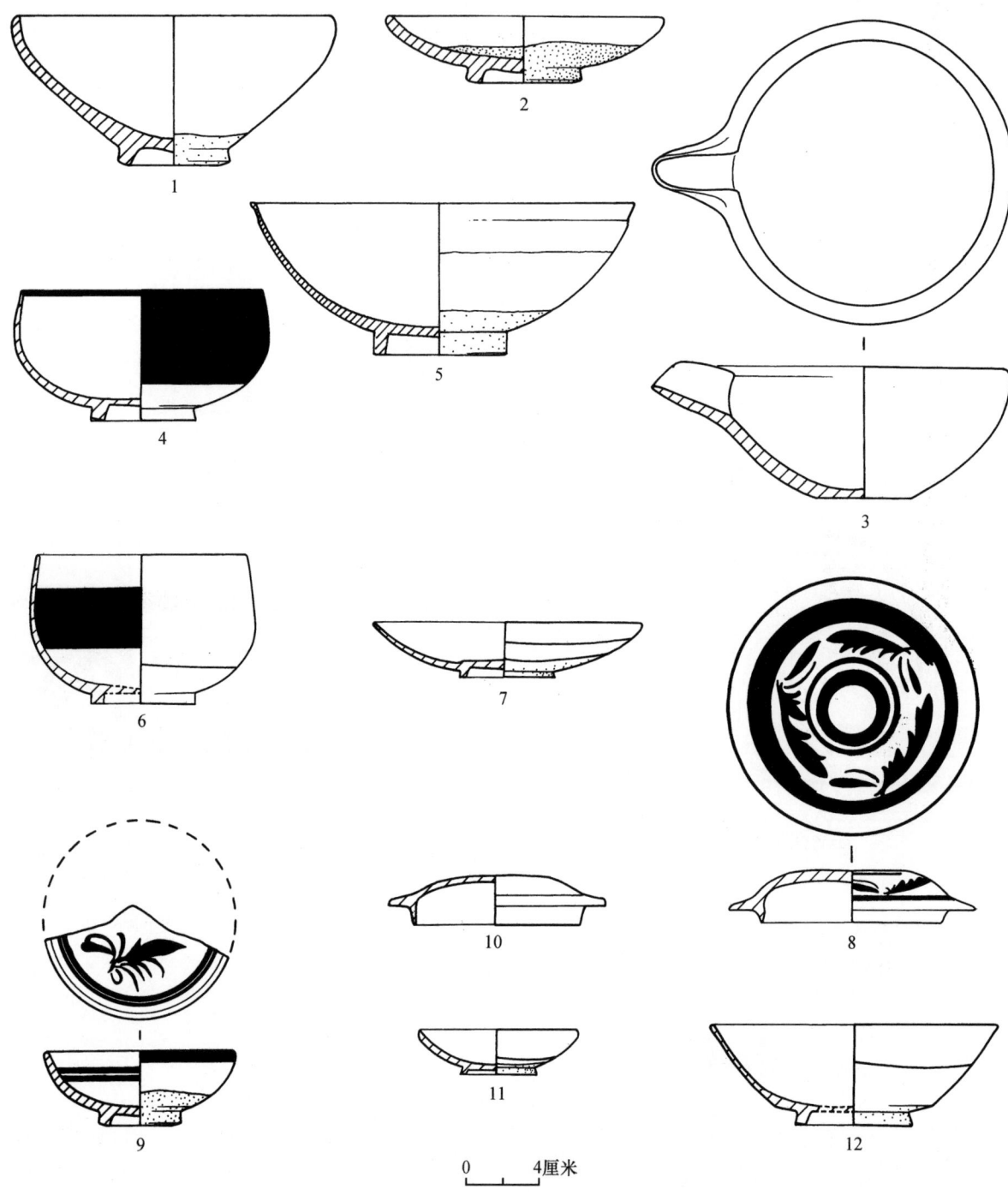

附图一三六　2007YY东T9H147出土陶瓷器

1、4~6、12. 瓷碗（2007YY东T9H147：1、2007YY东T9H147：3、2007YY东T9H147：4、2007YY东T9H147：6、2007YY东T9H147：17）　2、7. 瓷盘（2007YY东T9H147：2、2007YY东T9H147：7）　3. 陶砂锅（2007YY东T9H147：14）　8、10. 瓷器盖（2007YY东T9H147：5、2007YY东T9H147：9）　9、11. 瓷盏（2007YY东T9H147：8、2007YY东T9H147：10）

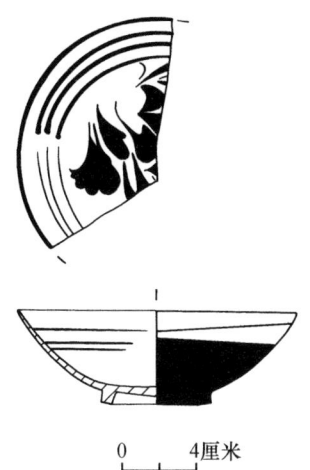

附图一三七　2007YY东T9H182出土瓷器

瓷碗（2007YY东T9H182∶1）

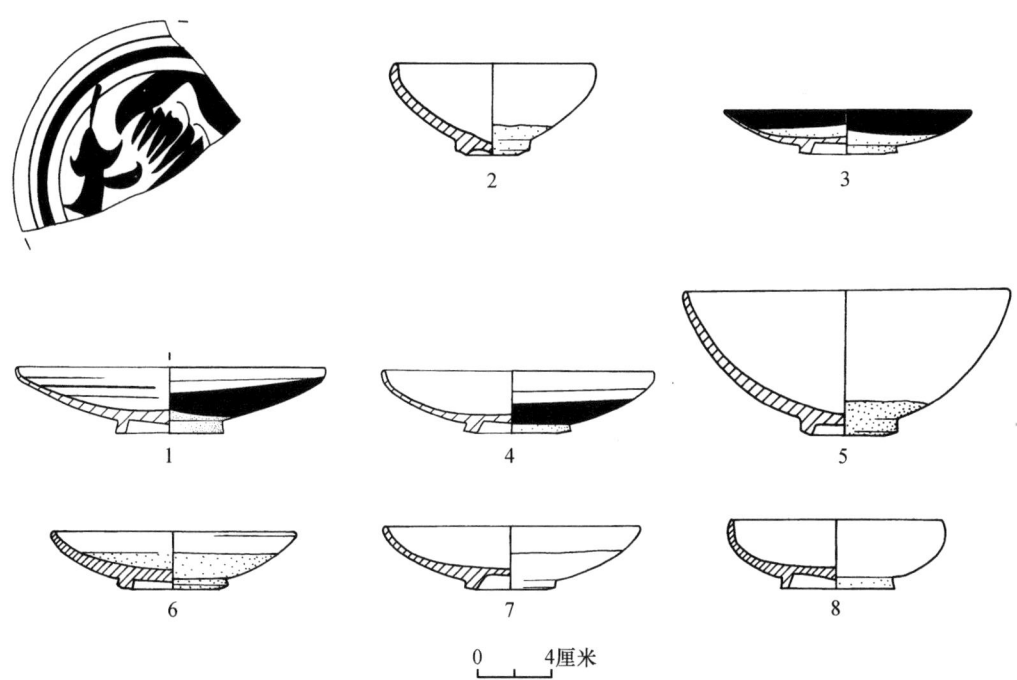

附图一三八　2007YY东T9H197出土瓷器

1、4、7.瓷盘（2007YY东T9H197∶1、2007YY东T9H197∶5、2007YY东T9H197∶12）　2、5.瓷碗（2007YY东T9H197∶2、2007YY东T9H197∶6）　3、6、8.瓷碟（2007YY东T9H197∶4、2007YY东T9H197∶7、2007YY东T9H197∶13）

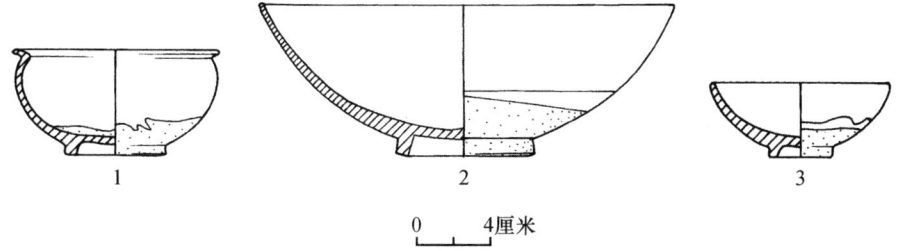

附图一三九　2007YY东T9H236出土瓷器

1.瓷盂（2007YY东T9H236∶5）　2.瓷碗（2007YY东T9H236∶1）　3.瓷盏（2007YY东T9H236∶2）

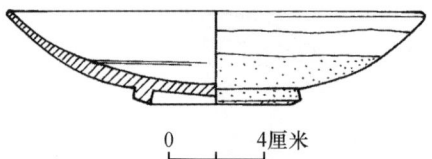

附图一四〇　2007YY东T9L1出土瓷器

瓷盘（2007YY东T9L1∶1）

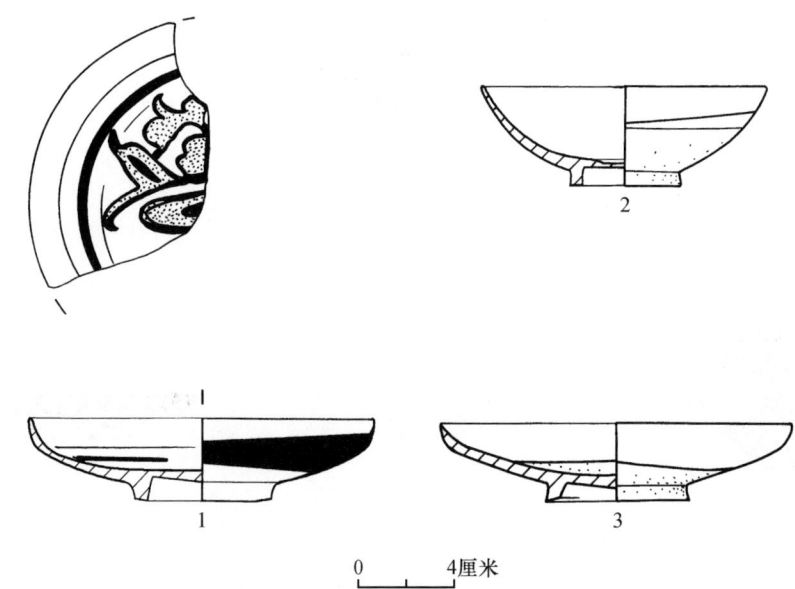

附图一四一　2007YY东T10②出土瓷器

1、3.瓷盘（2007YY东T10②∶5、2007YY东T10②∶4）　2.瓷盏（2007YY东T10②∶3）

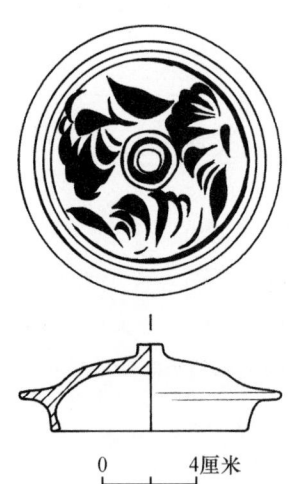

附图一四二　2007YY东T10③出土瓷器

瓷器盖（2007YY东T10③∶1）

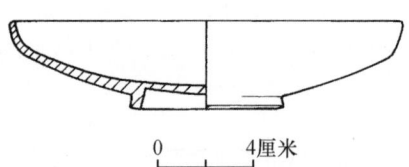

附图一四三　2007YY东T10⑤出土瓷器

瓷盘（2007YY东T10⑤∶3）

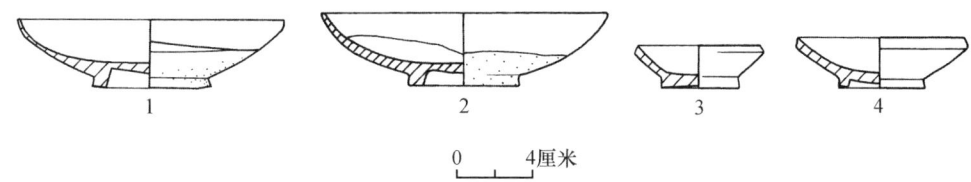

附图一四四　2007YY东T10H10出土瓷器

1、2.瓷盘（2007YY东T10H10：1、2007YY东T10H10：2）　3.瓷灯盏（2007YY东T10H10：3）　4.瓷盏（2007YY东T10H10：4）

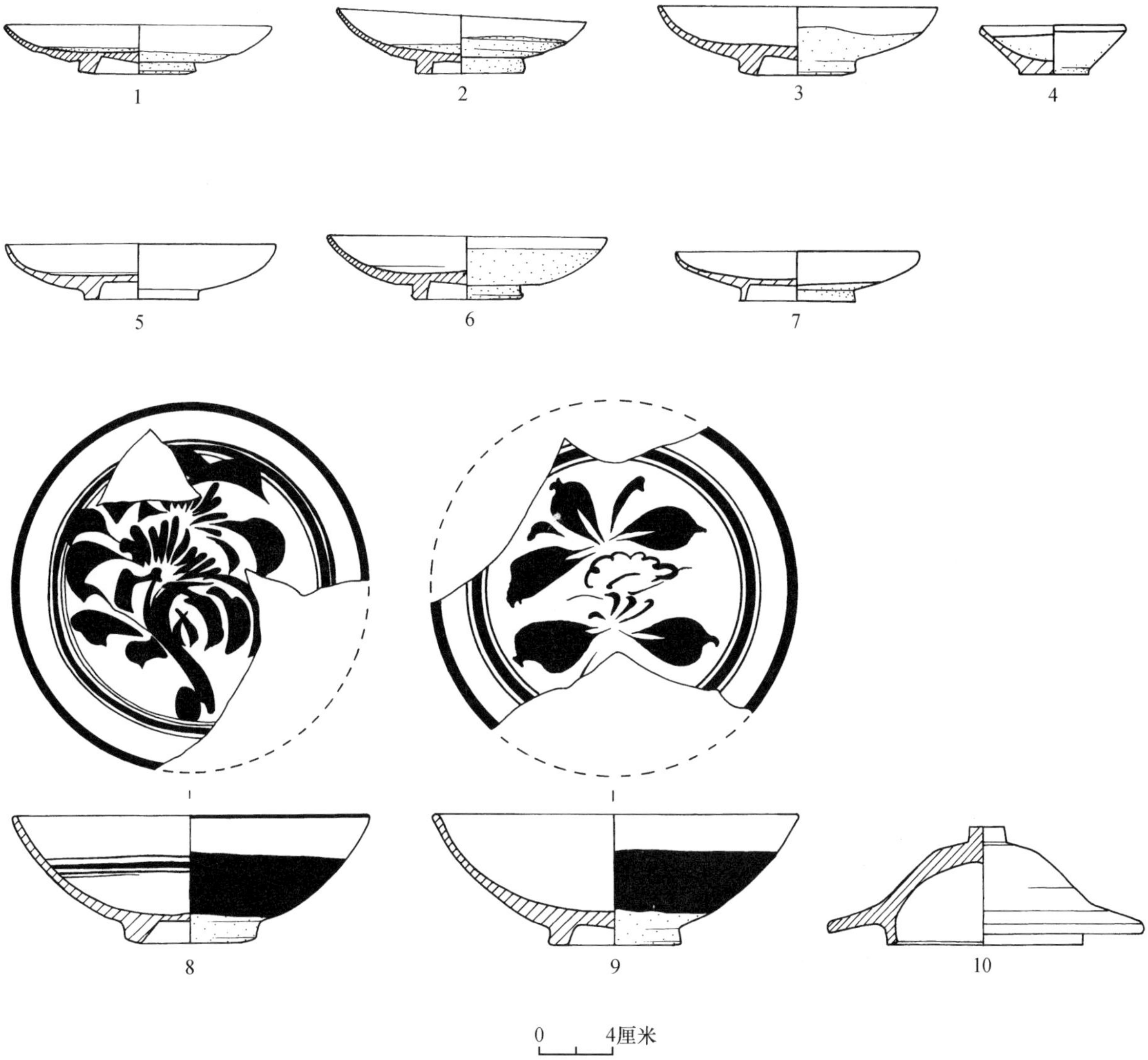

附图一四五　2007YY东T10H11出土瓷器

1、3、5、6.瓷盘（2007YY东T10H11②：2、2007YY东T10H11②：4、2007YY东T10H11②：9、2007YY东T10H11②：8）　2、7.瓷碟（2007YY东T10H11②：3、2007YY东T10H11④：10）　4.瓷灯盏（2007YY东T10H11②：5）　8、9.瓷碗（2007YY东T10H11④：11、2007YY东T10H11②：7）　10.瓷器盖（2007YY东T10H11②：6）

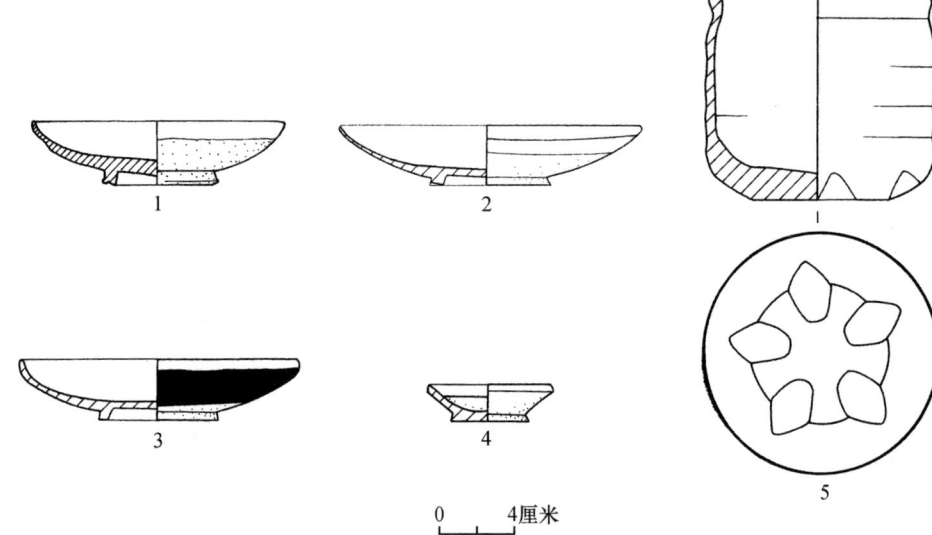

附图一四六　2007YY东T10H35出土瓷器

1~3. 瓷盘（2007YY东T10H35：1、2007YY东T10H35：2、2007YY东T10H35：3）　4. 瓷灯盏（2007YY东T10H35：4）
5. 瓷臼（2007YY东T10H35：5）

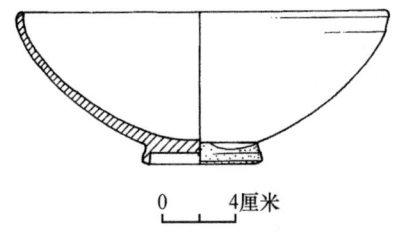

附图一四七　2007YY东T10H36②出土瓷器

瓷碗（2007YY东T10H36②：1）

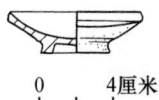

附图一四八　2007YY东T10H63出土瓷器

瓷盏（2007YY东T10H63：1）

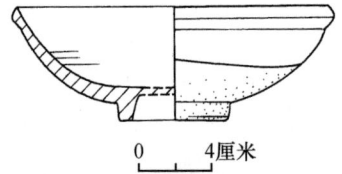

附图一四九　2007YY东T10H106出土瓷器

瓷碗（2007YY东T10H106：1）

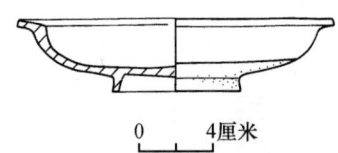

附图一五〇　2007YY东T10H114出土瓷器

瓷盘（2007YY东T10H114：1）

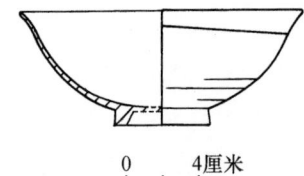

附图一五一　2007YY东T10H115出土瓷器

瓷碗（2007YY东T10H115：1）

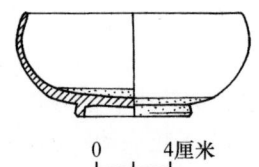

附图一五二　2007YY东T10H152出土瓷器

瓷碗（2007YY东T10H152：10）

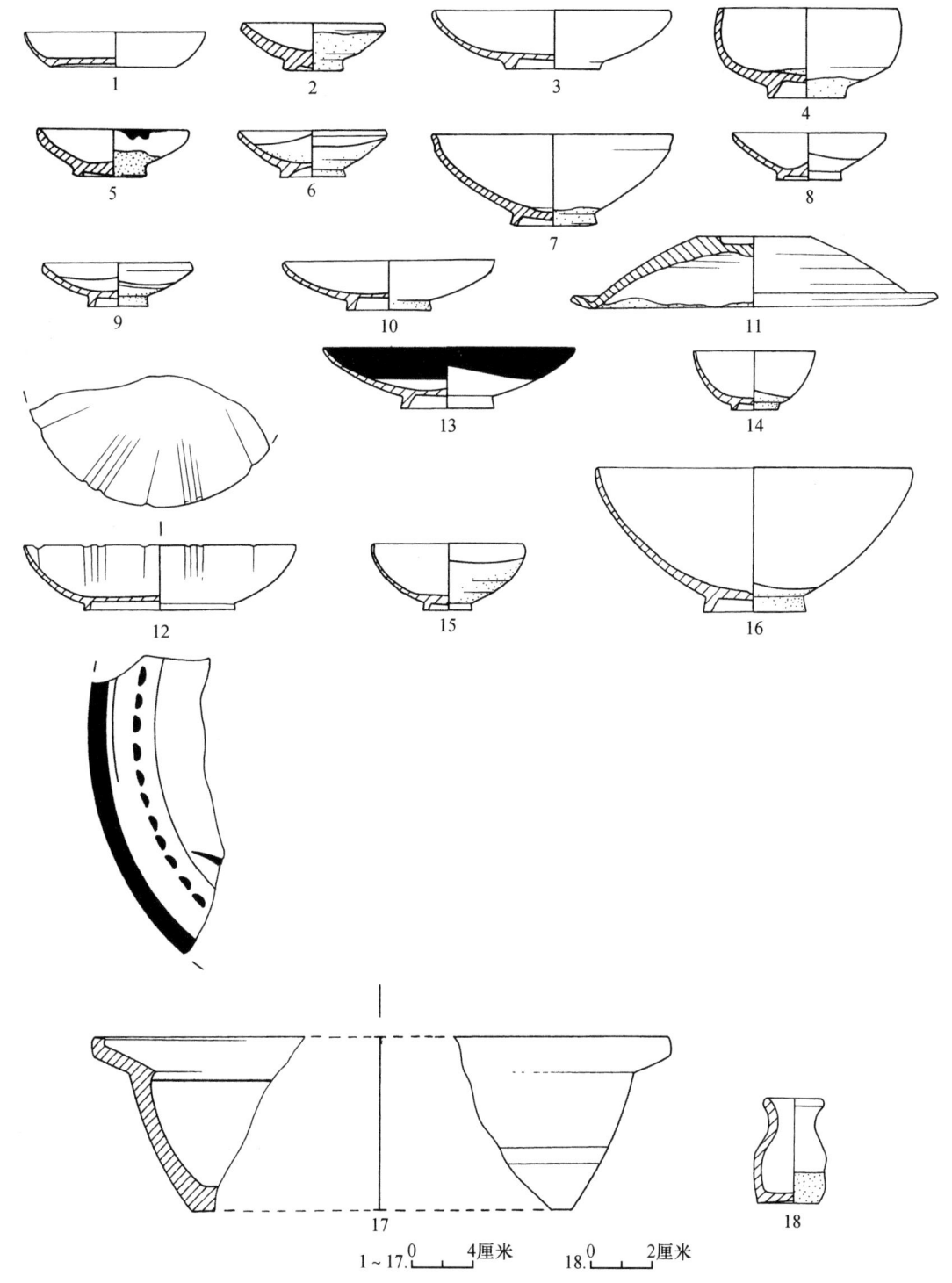

附图一五三 2007YY东T10J5出土瓷器

1. 瓷碟（2007YY东T10J5：3） 2、5、8、9、15. 瓷盏（2007YY东T10J5：4、2007YY东T10J5：10、2007YY东T10J5：16、2007YY东T10J5：19、2007YY东T10J5：43） 3、10、12、13. 瓷盘（2007YY东T10J5：6、2007YY东T10J5：36、2007YY东T10J5：46、2007YY东T10J5：40） 4、7、16. 瓷碗（2007YY东T10J5：7、2007YY东T10J5：12、2007YY东T10J5：47） 6. 瓷灯盏（2007YY东T10J5：11） 11. 瓷器盖（2007YY东T10J5：34） 14. 瓷杯（2007YY东T10J5：37） 17. 瓷盆（2007YY东T10J5：38） 18. 瓷瓶形器（2007YY东T10J5：33）

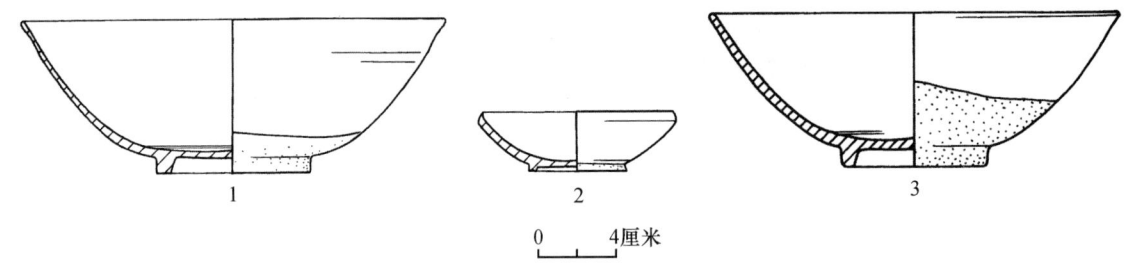

附图一五四　2007YY东T10H159出土瓷器

1、3. 瓷碗（2007YY东T10H159∶1、2007YY东T10H159∶3）　2. 瓷盏（2007YY东T10H159∶2）

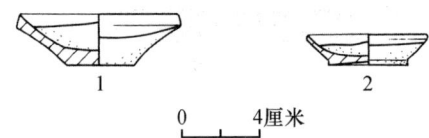

附图一五五　2007YY东T11②出土瓷器

1、2. 瓷灯盏（2007YY东T11②∶1、2007YY东T11②∶10）

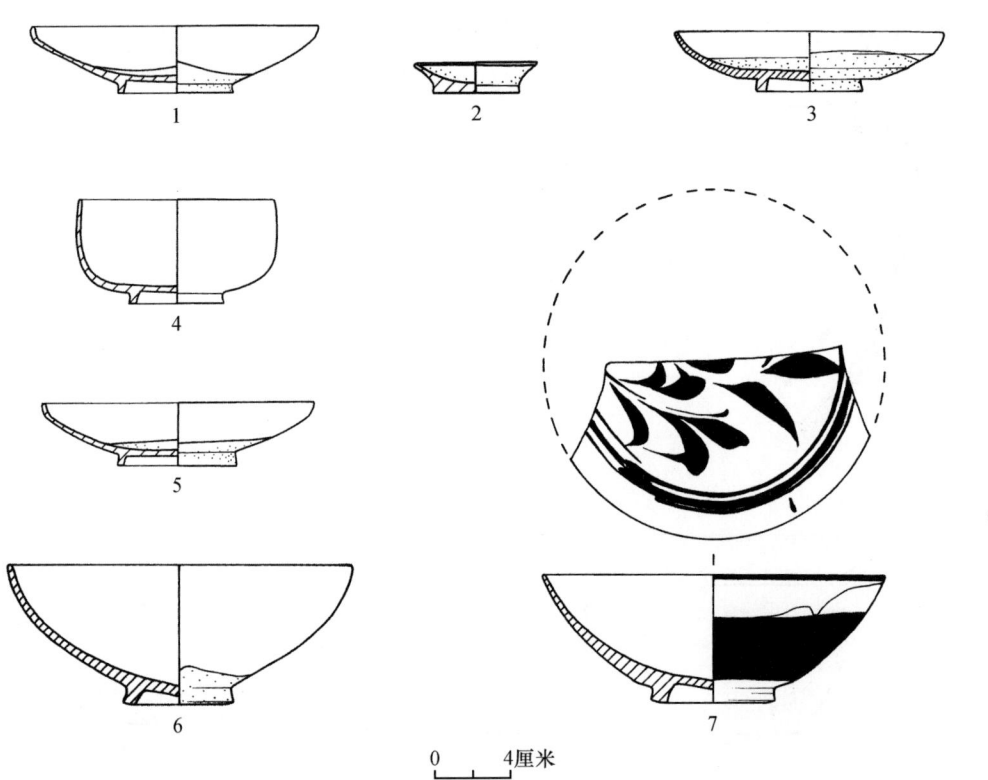

附图一五六　2007YY东T11③出土瓷器

1、3、5. 瓷盘（2007YY东T11③∶1、2007YY东T11③∶3、2007YY东T11③∶14）　2. 瓷灯盏（2007YY东T11③∶8）　4、6、7. 瓷碗（2007YY东T11③∶15、2007YY东T11③∶2、2007YY东T11③∶9）

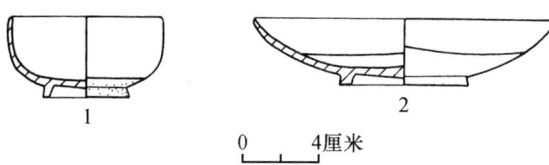

附图一五七　2007YY东T11④出土瓷器

1. 瓷杯（2007YY东T11④：1）　2. 瓷盘（2007YY东T11④：2）

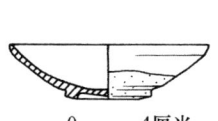

附图一五八　2007YY东T11⑤出土瓷器

瓷盏（2007YY东T11⑤：1）

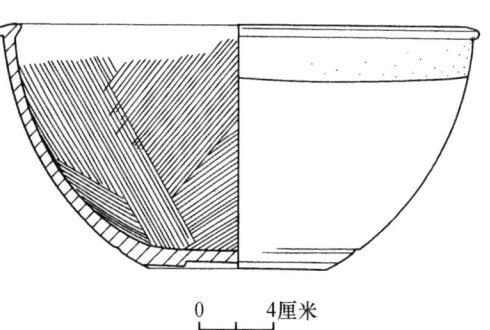

附图一五九　2007YY东T11H161出土瓷器

瓷刻槽盆（2007YY东T11H161：1）

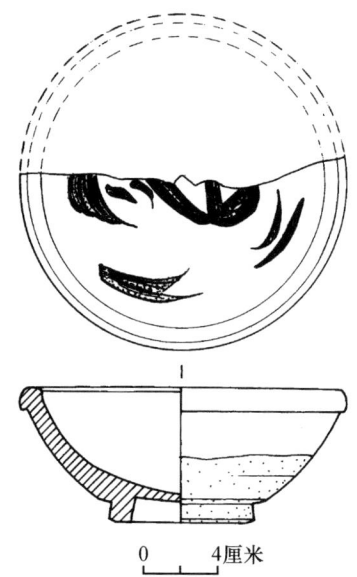

附图一六〇　2007YY东T11H177出土瓷器

瓷碗（2007YY东T11H177：1）

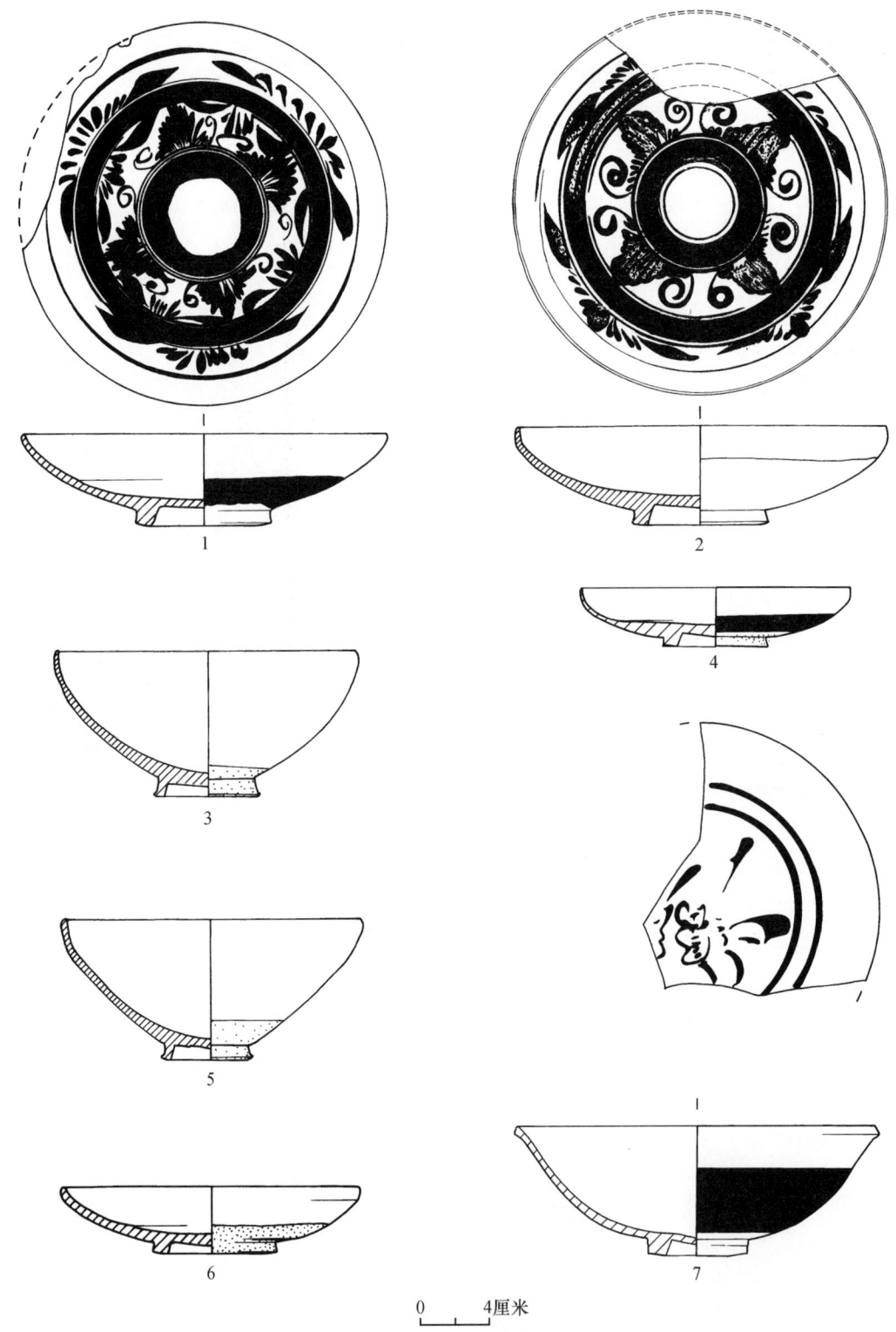

附图一六一　2007YY东T11H220出土瓷器

1、2、4、6.瓷盘（2007YY东T11H220：1、2007YY东T11H220：2、2007YY东T11H220：3、2007YY东T11H220：8）
3、5、7.瓷碗（2007YY东T11H220：6、2007YY东T11H220：7、2007YY东T11H220：4）

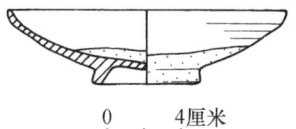

附图一六二　2007YY东T11H228出土瓷器

瓷盘（2007YY东T11H228：1）

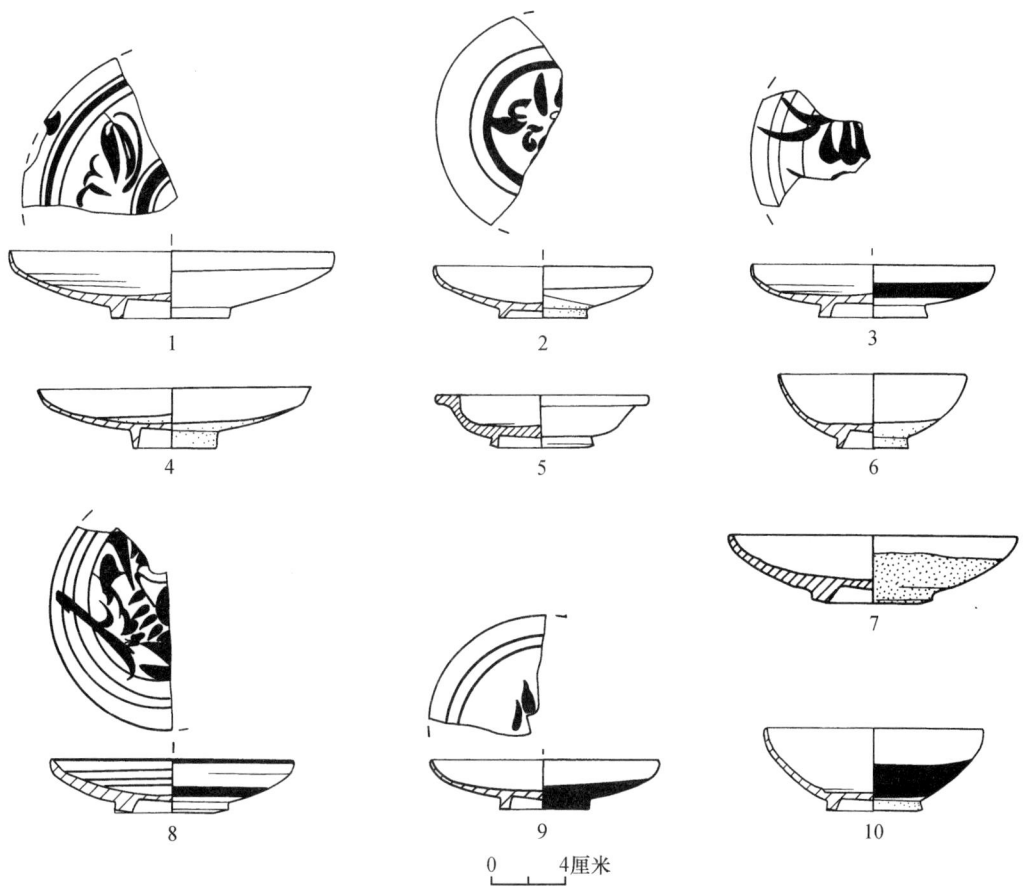

附图一六三　2007YY东T11J6出土瓷器

1~4、7、9. 瓷盘（2007YY东T11J6：1、2007YY东T11J6：2、2007YY东T11J6：3、2007YY东T11J6：4、2007YY东T11J6：8、2007YY东T11J6：11）　5、8. 瓷碟（2007YY东T11J6：5、2007YY东T11J6：7）　6. 瓷盏（2007YY东T11J6：6）　10. 瓷碗（2007YY东T11J6：10）

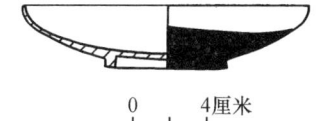

附图一六四　2007YY东T12②出土瓷器

瓷盘（2007YY东T12②：2）

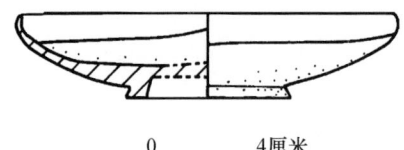

附图一六五　2007YY东T12⑤出土瓷器

瓷碟（2007YY东T12⑤：1）

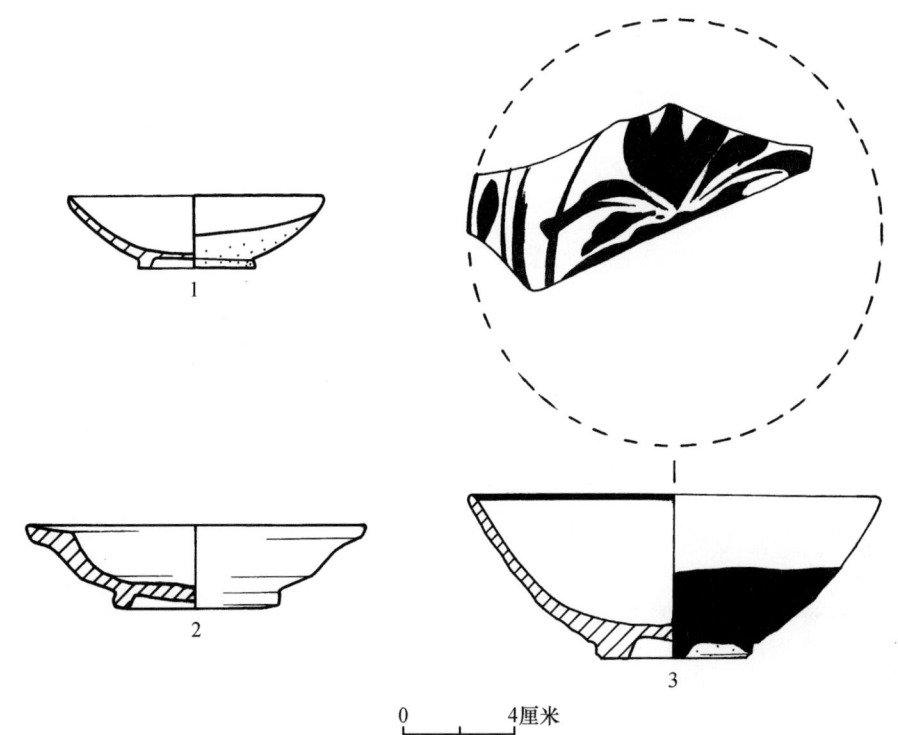

附图一六六　2007YY东T12H65①出土瓷器

1.瓷盏（2007YY东T12H65①：2）　2.瓷碟（2007YY东T12H65①：5）　3.瓷碗（2007YY东T12H65①：7）

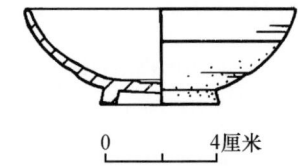

附图一六七　2007YY东T12H141出土瓷器

瓷盏（2007YY东T12H141：2）

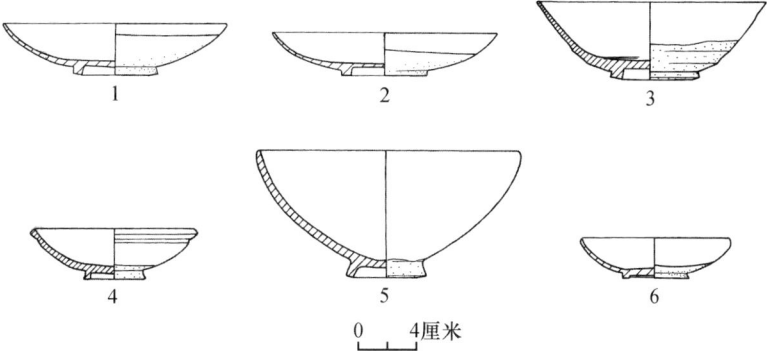

附图一六八　2007YY东T12H172出土瓷器

1、2.瓷盘（2007YY东T12H172①：2、2007YY东T12H172①：7）　3~5.瓷碗（2007YY东T12H172①：9、2007YY东T12H172①：10、2007YY东T12H172①：11）　6.瓷盏（2007YY东T12H172①：12）

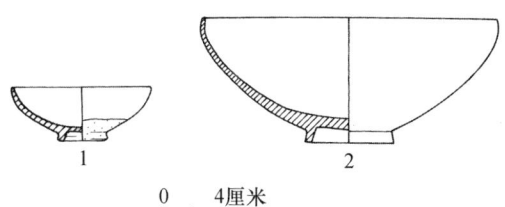

附图一六九　2007YY东T12G3出土瓷器

1.瓷盏（2007YY东T12G3①：1）　2.瓷碗（2007YY东T12G3②：5）

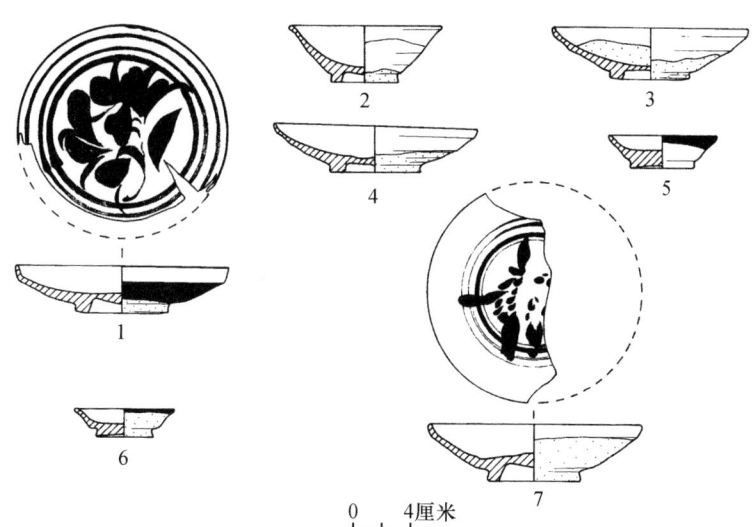

附图一七〇　2007YY东T13②出土瓷器

1、7.瓷盘（2007YY东T13②：1、2007YY东T13②：7）　2.瓷碗（2007YY东T13②：5）　3、4.瓷碟（2007YY东T13②：3、2007YY东T13②：4）　5、6.瓷灯盏（2007YY东T13②：8、2007YY东T13②：9）

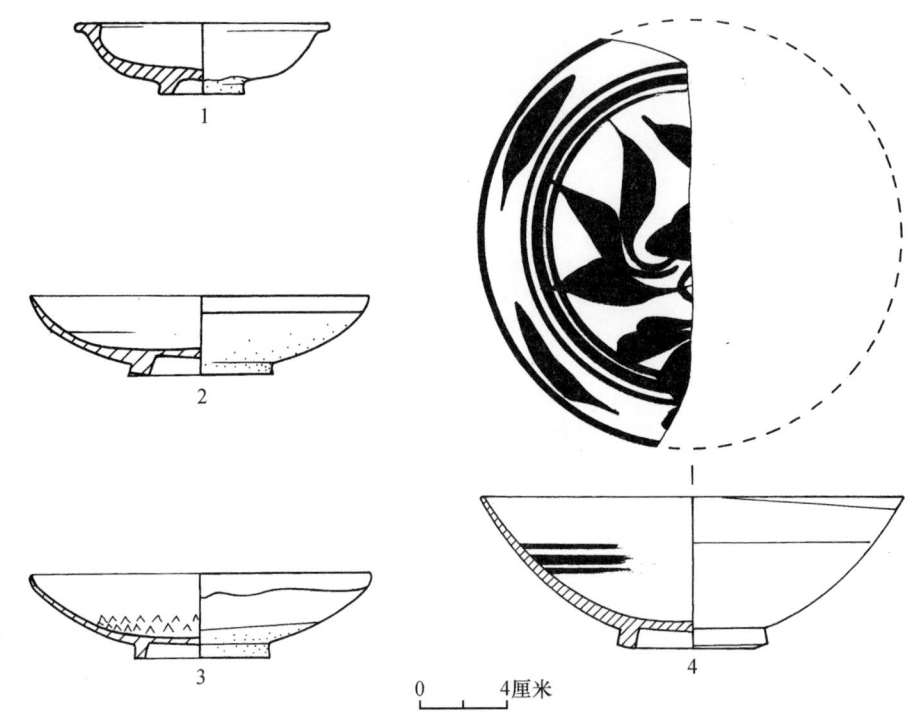

附图一七一　2007YY东T13③出土瓷器

1. 瓷碟（2007YY东T13③∶1）　2. 瓷盘（2007YY东T13③∶2）　3. 瓷研磨盘（2007YY东T13③∶4）　4. 瓷碗（2007YY东T13③∶3）

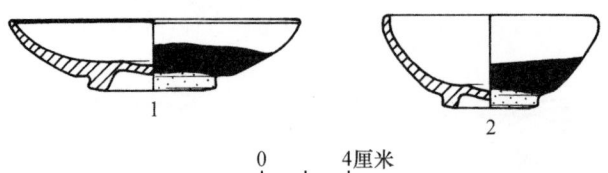

附图一七二　2007YY东T13H1出土瓷器

1. 瓷碟（2007YY东T13H1∶2）　2. 瓷盏（2007YY东T13H1∶3）

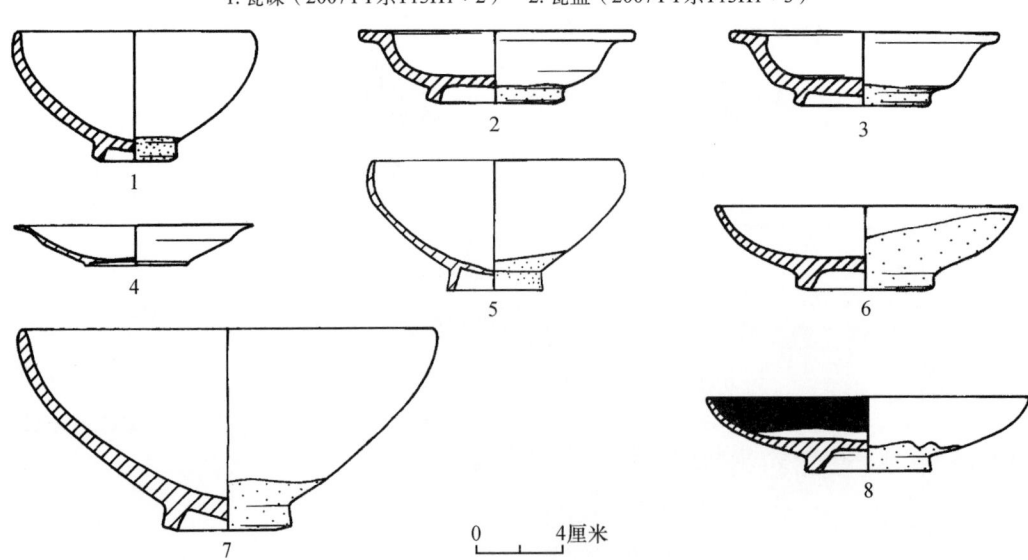

附图一七三　2007YY东T13H2出土瓷器

1、5、7. 瓷碗（2007YY东T13H2∶2、2007YY东T13H2∶6、2007YY东T13H2∶9）　2~4. 瓷碟（2007YY东T13H2∶3、2007YY东T13H2∶4、2007YY东T13H2∶5）　6、8. 瓷盘（2007YY东T13H2∶7、2007YY东T13H2∶10）

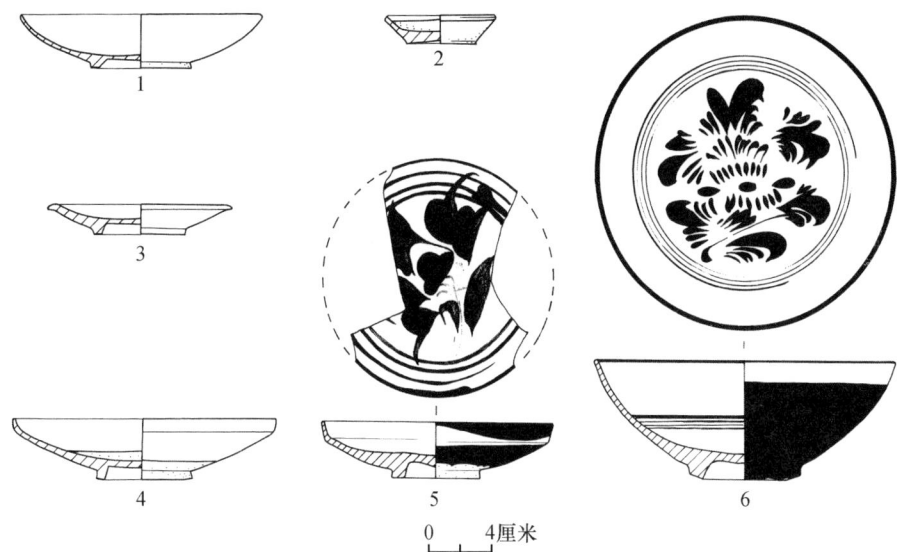

附图一七四　2007YY东T13H6出土瓷器

1、4、5. 瓷盘（2007YY东T13H6：1、2007YY东T13H6：8、2007YY东T13H6：3）　2. 瓷灯盏（2007YY东T13H6：9）
3. 瓷碟（2007YY东T13H6：2）　6. 瓷碗（2007YY东T13H6：5）

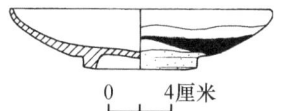

附图一七五　2007YY东T13H21出土瓷器

瓷盘（2007YY东T13H21：1）

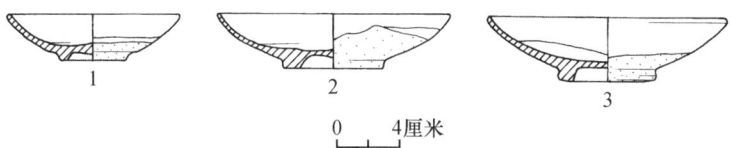

附图一七六　2007YY东T13H57出土瓷器

1. 瓷碟（2007YY东T13H57：1）　2、3. 瓷盘（2007YY东T13H57：2、2007YY东T13H57：3）

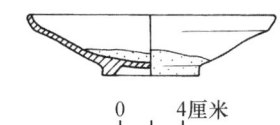

附图一七七　2007YY东T13H93出土瓷器

瓷盘（2007YY东T13H93：1）

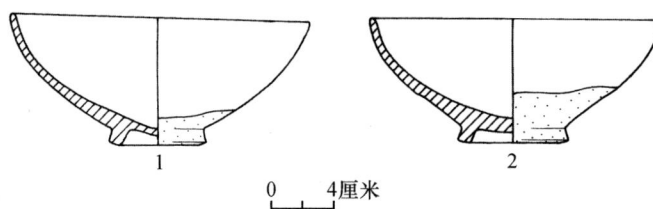

附图一七八　2007YY东T13H100出土瓷器

1、2.瓷碗（2007YY东T13H100∶1、2007YY东T13H100∶2）

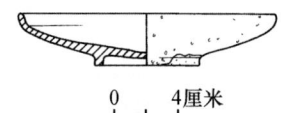

附图一七九　2007YY东T13H108出土瓷器

瓷盘（2007YY东T13H108∶1）

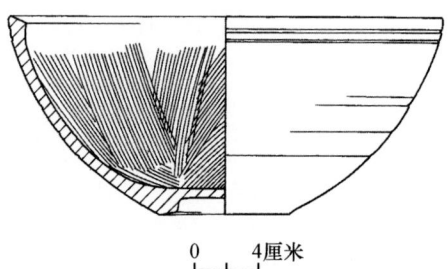

附图一八〇　2007YY东T13H133出土瓷器

瓷刻槽盆（2007YY东T13H133∶1）

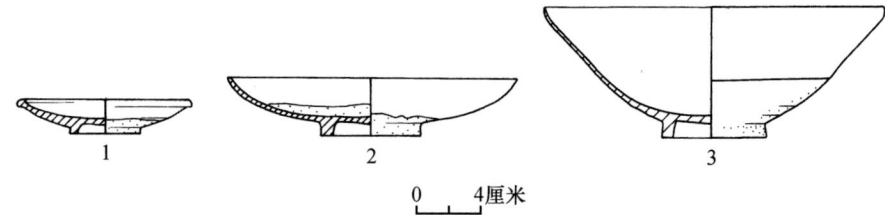

附图一八一　2007YY东T13H134出土瓷器

1.瓷碟（2007YY东T13H134∶1）　2.瓷盘（2007YY东T13H134∶2）　3.瓷碗（2007YY东T13H134∶3）

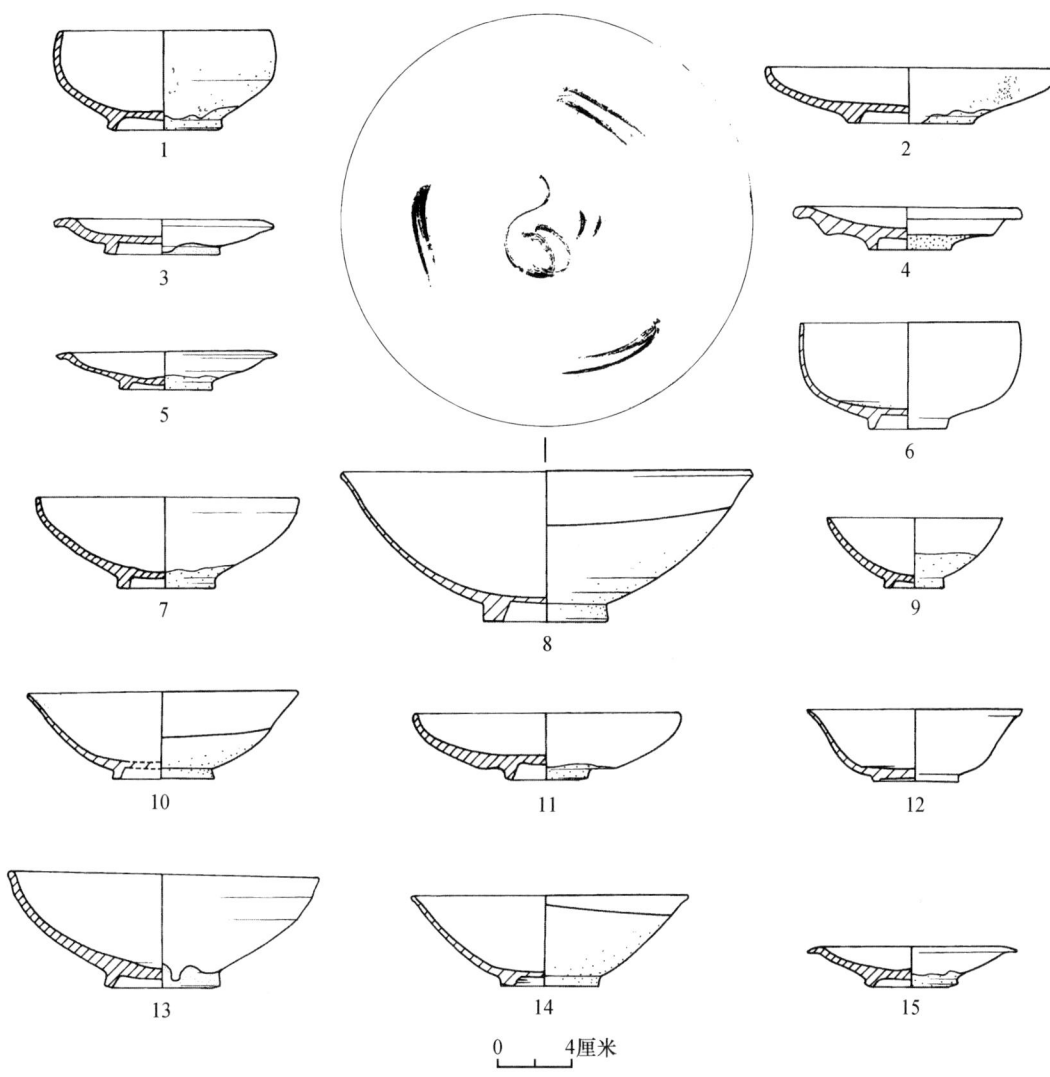

附图一八二　2007YY东T13H153出土瓷器

1、6~8、10、12~14. 瓷碗（2007YY东T13H153：1、2007YY东T13H153：8、2007YY东T13H153：9、2007YY东T13H153：2、2007YY东T13H153：11、2007YY东T13H153：13、2007YY东T13H153：14、2007YY东T13H153：15）　2、11. 瓷盘（2007YY东T13H153：3、2007YY东T13H153：12）　3~5、15. 瓷碟（2007YY东T13H153：5、2007YY东T13H153：6、2007YY东T13H153：7、2007YY东T13H153：16）　9. 瓷盏（2007YY东T13H153：10）

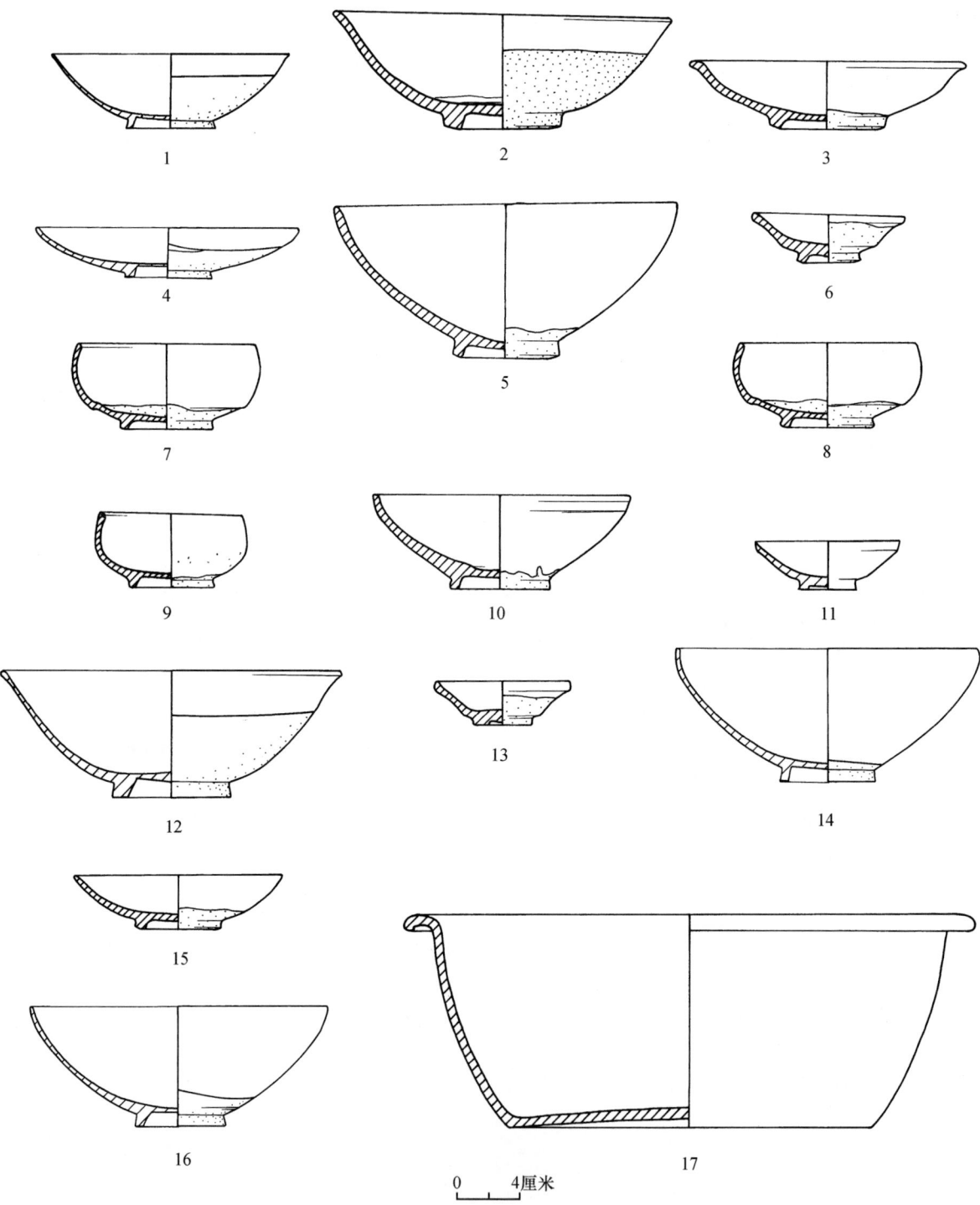

附图一八三　2007YY东T13H153出土陶瓷器

1、2、5、7~10、12、14、16. 瓷碗（2007YY东T13H153：17、2007YY东T13H153：18、2007YY东T13H153：22、2007YY东T13H153：31、2007YY东T13H153：32、2007YY东T13H153：33、2007YY东T13H153：35、2007YY东T13H153：36、2007YY东T13H153：39、2007YY东T13H153：38）　3、4. 瓷盘（2007YY东T13H153：19、2007YY东T13H153：21）　6、11、13. 瓷盏（2007YY东T13H153：30、2007YY东T13H153：34、2007YY东T13H153：37）　15. 瓷碟（2007YY东T13H153：40）　17. 陶盆（2007YY东T13H153：41）

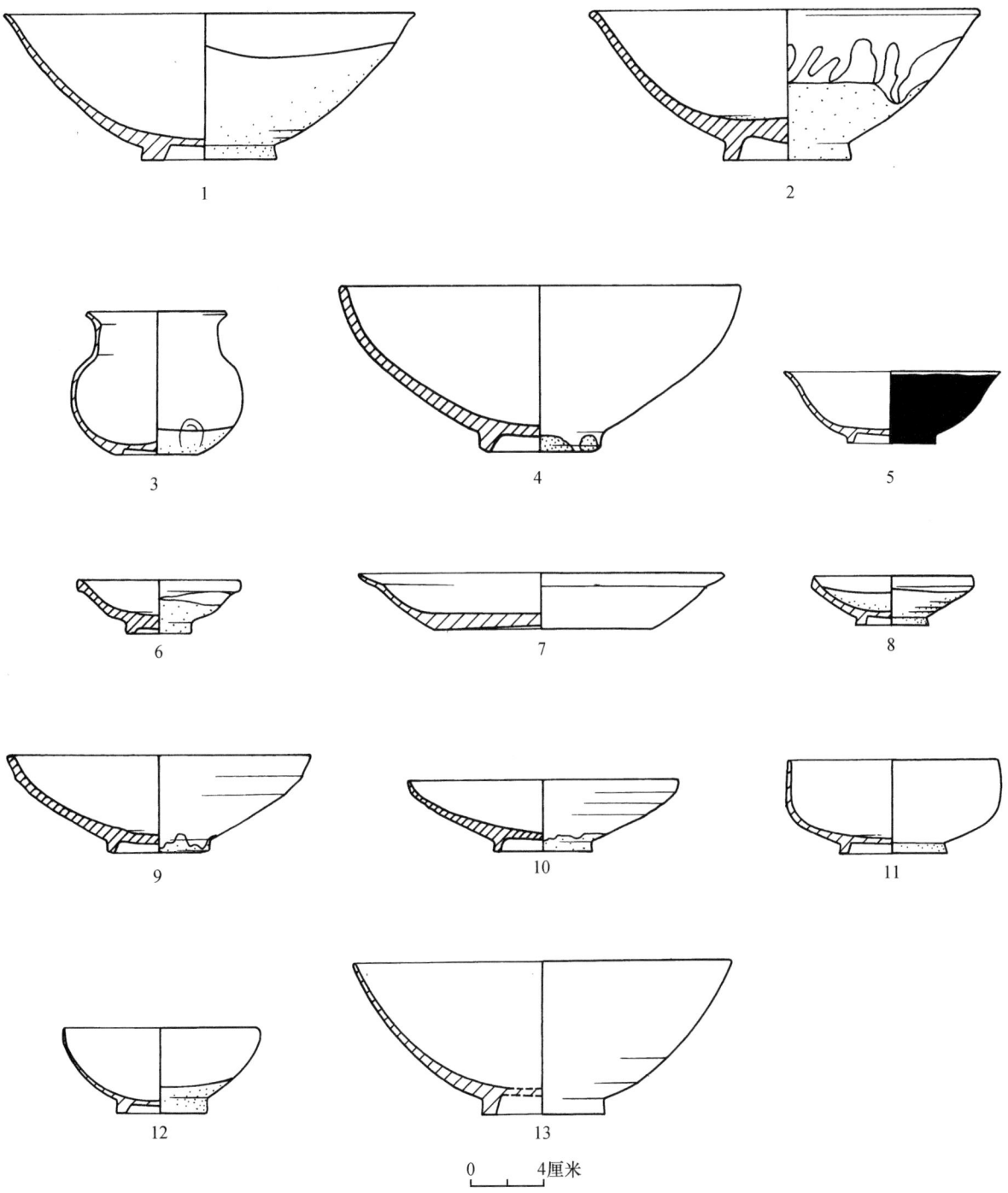

附图一八四　2007YY东T13H153出土瓷器

1、2、4、5、9、11~13. 瓷碗（2007YY东T13H153：43、2007YY东T13H153：44、2007YY东T13H153：48、2007YY东T13H153：49、2007YY东T13H153：53、2007YY东T13H153：60、2007YY东T13H153：62、2007YY东T13H153：63）　3. 瓷炉（2007YY东T13H153：45）　6、8. 瓷盏（2007YY东T13H153：61、2007YY东T13H153：52）　7、10. 瓷盘（2007YY东T13H153：51、2007YY东T13H153：54）

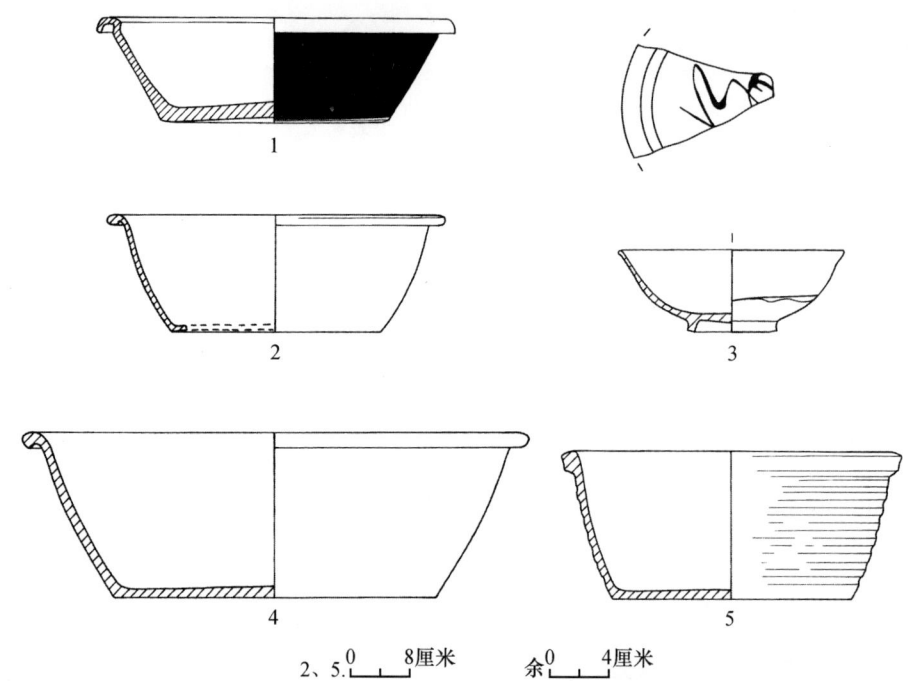

附图一八五　2007YY东T13H153出土陶瓷器

1. 瓷盆（2007YY东T13H153：58）　2、4、5. 陶盆（2007YY东T13H153：66、2007YY东T13H153：64、2007YY东T13H153：65）　3. 瓷碗（2007YY东T13H153：59）

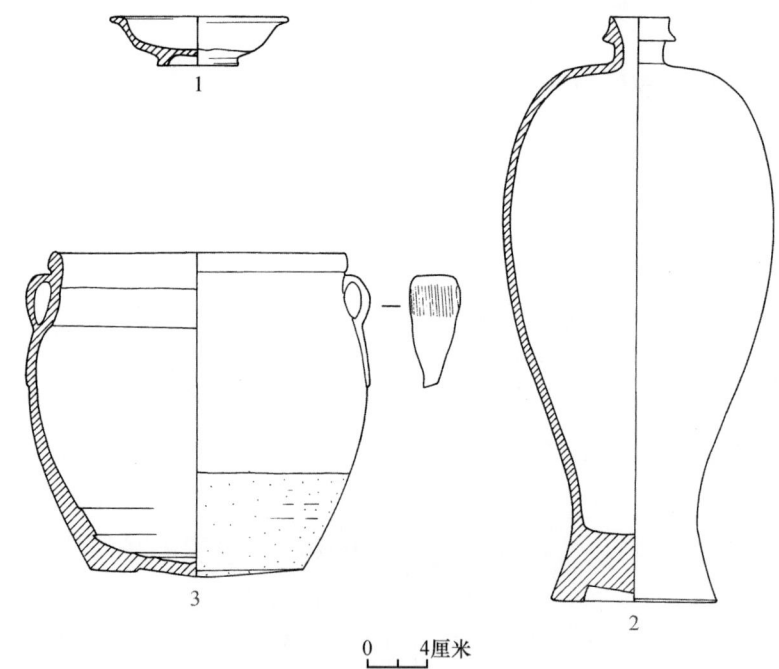

附图一八六　2007YY东T13H170出土瓷器

1. 瓷碟（2007YY东T13H170：2）　2. 瓷梅瓶（2007YY东T13H170：1）　3. 瓷罐（2007YY东T13H170：3）

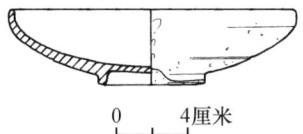

附图一八七　2007YY东T13H186出土瓷器

瓷盘（2007YY东T13H186∶2）

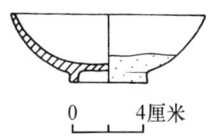

附图一八八　2007YY东T13H198出土瓷器

瓷碗（2007YY东T13H198∶1）

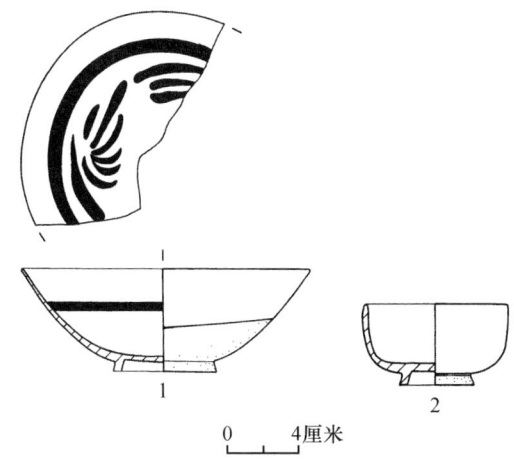

附图一八九　2007YY东T13J2出土瓷器

1.瓷碗（2007YY东T13J2∶1）　2.瓷杯（2007YY东T13J2∶2）

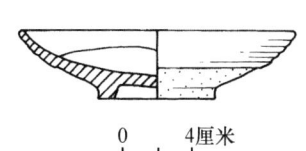

附图一九〇　2007YY东T14③出土瓷器

瓷盘（2007YY东T14③∶1）

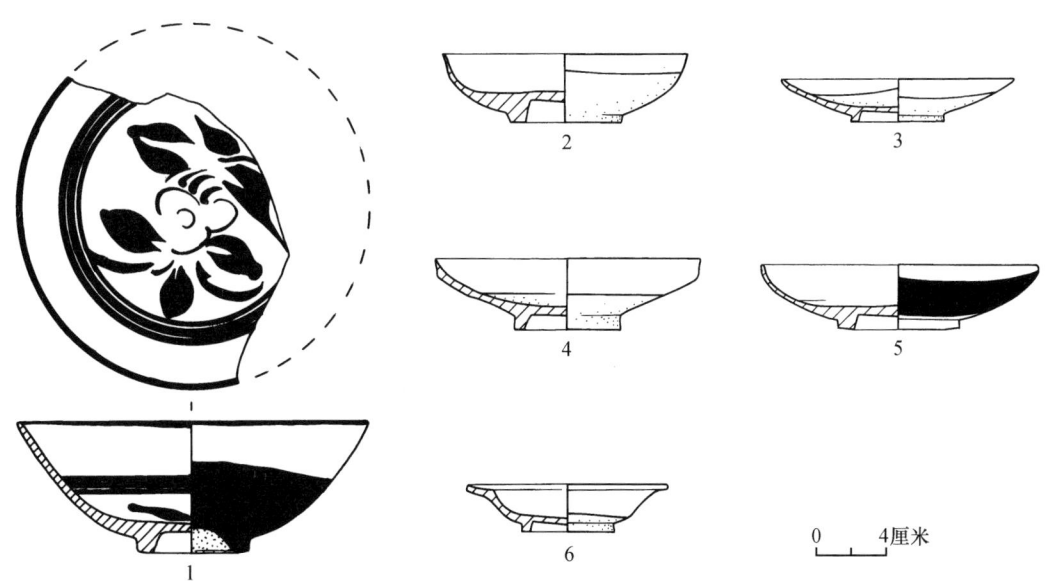

附图一九一　2007YY东T14④出土瓷器

1.瓷碗（2007YY东T14④∶2）　2、3、6.瓷碟（2007YY东T14④∶1、2007YY东T14④∶3、2007YY东T14④∶6）　4、5.瓷盘（2007YY东T14④∶7、2007YY东T14④∶5）

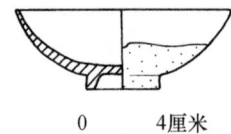

附图一九二　2007YY东T14⑤出土瓷器

瓷盏（2007YY东T14⑤：2）

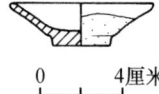

附图一九三　2007YY东T14H29出土瓷器

瓷灯盏（2007YY东T14H29：1）

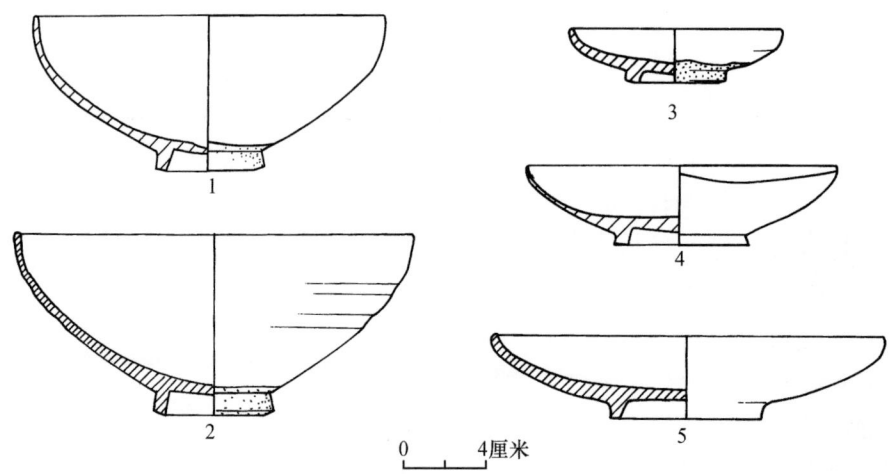

附图一九四　2007YY东T14H33出土瓷器

1、2.瓷碗（2007YY东T14H33：5、2007YY东T14H33：4）　3.瓷碟（2007YY东T14H33：1）
4、5.瓷盘（2007YY东T14H33：6、2007YY东T14H33：3）

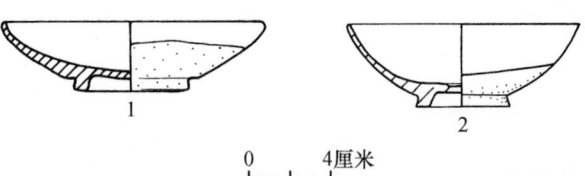

附图一九五　2007YY东T14H56出土瓷器

1.瓷碟（2007YY东T14H56：1）　2.瓷盏（2007YY东T14H56：2）

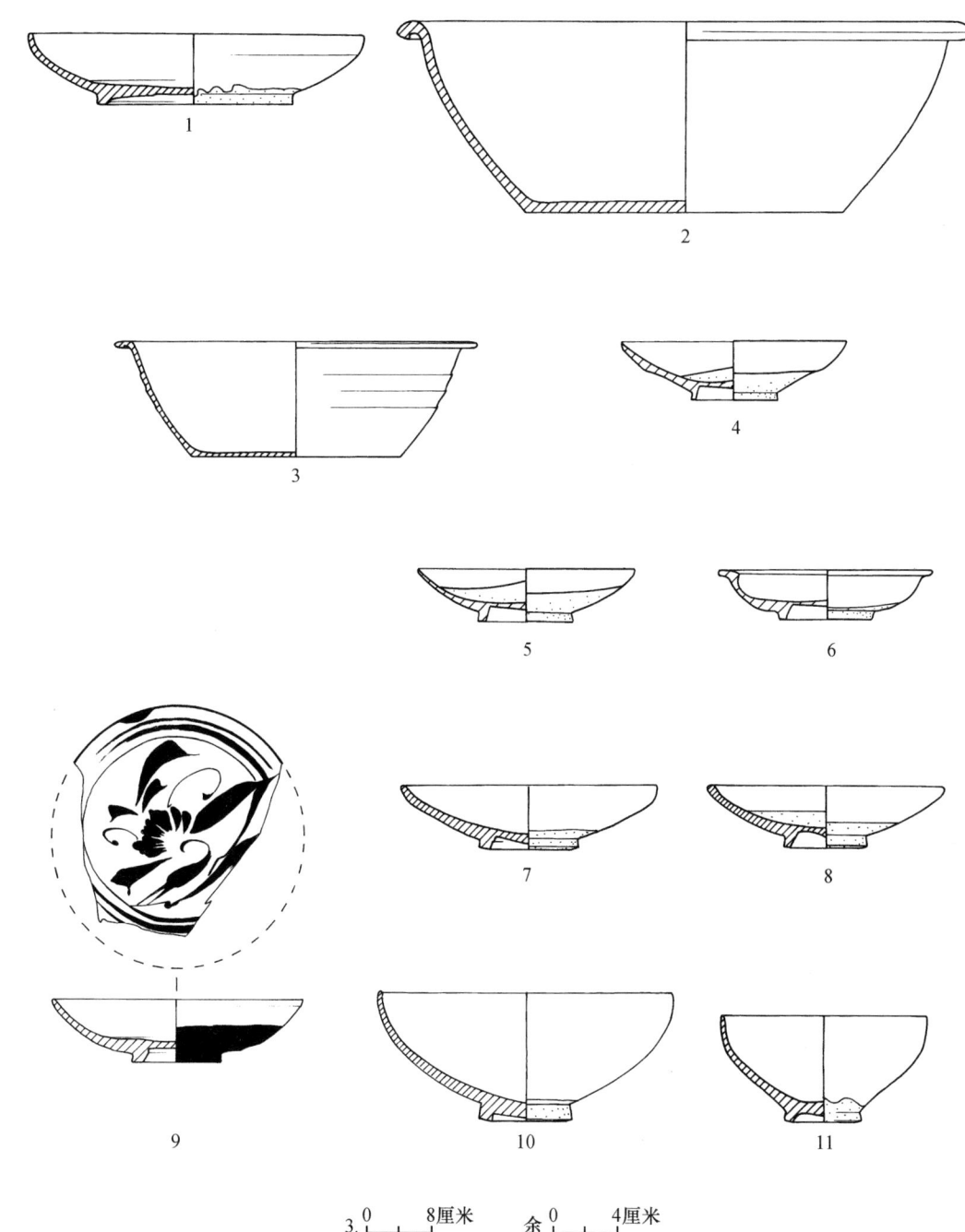

附图一九六　2007YY东T14H69出土陶瓷器

1、4、7~9. 瓷盘（2007YY东T14H69：9、2007YY东T14H69：2、2007YY东T14H69：3、2007YY东T14H69：7、2007YY东T14H69：5）　2、3. 陶盆（2007YY东T14H69：8、2007YY东T14H69：14）　5、6. 瓷碟（2007YY东T14H69：10、2007YY东T14H69：4）　10、11. 瓷碗（2007YY东T14H69：1、2007YY东T14H69：6）

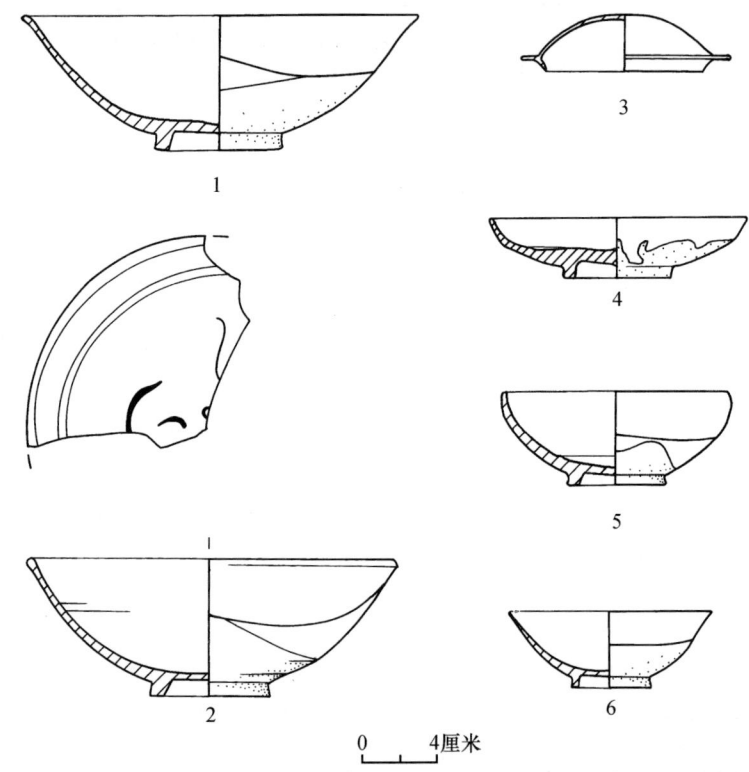

附图一九七　2007YY东T14H95出土瓷器

1、2、5、6. 瓷碗（2007YY东T14H95：2、2007YY东T14H95：5、2007YY东T14H95：4、2007YY东T14H95：7）　3. 瓷器盖（2007YY东T14H95：3）　4. 瓷碟（2007YY东T14H95：1）

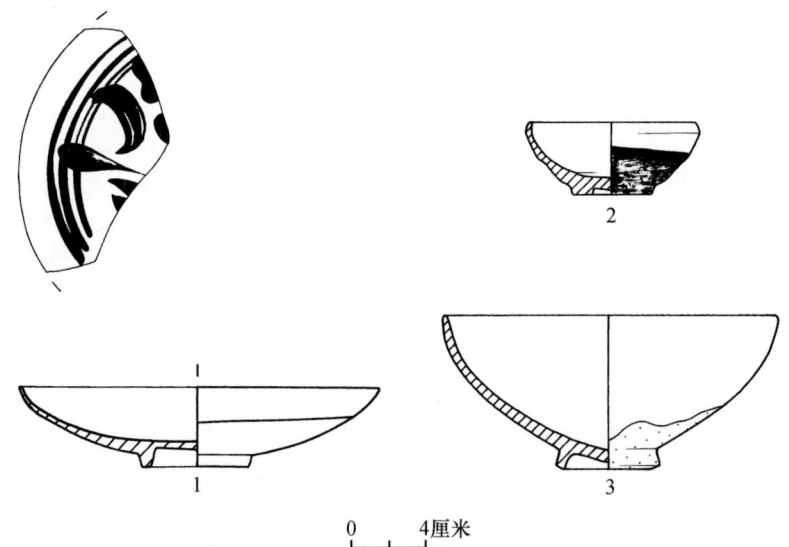

附图一九八　2007YY东T14H96出土瓷器

1. 瓷盘（2007YY东T14H96：2）　2. 瓷盏（2007YY东T14H96：1）　3. 瓷碗（2007YY东T14H96：3）

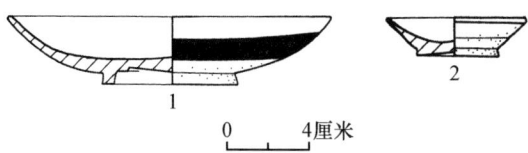

附图一九九　2007YY东T14H97出土瓷器
1. 瓷盘（2007YY东T14H97：1）　2. 瓷灯盏（2007YY东T14H97：2）

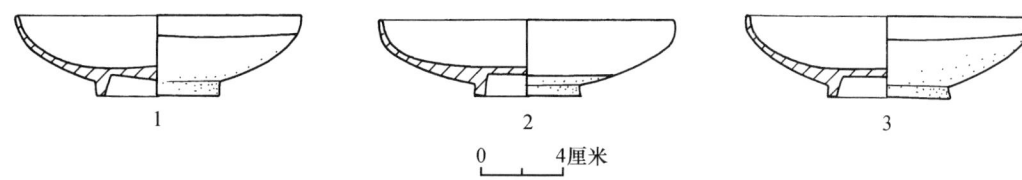

附图二○○　2007YY东T14H110出土瓷器
1~3. 瓷碟（2007YY东T14H110：1、2007YY东T14H110：2、2007YY东T14H110：3）

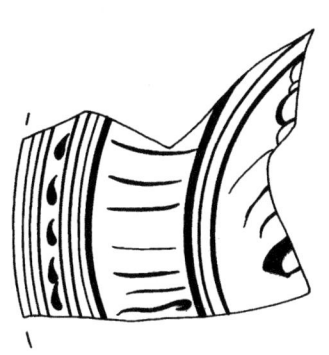

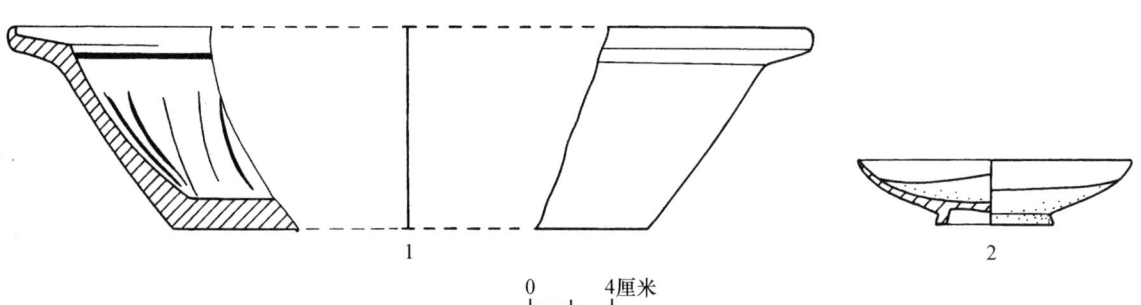

附图二○一　2007YY东T14H136出土瓷器
1. 瓷盆（2007YY东T14H136：2）　2. 瓷碟（2007YY东T14H136：1）

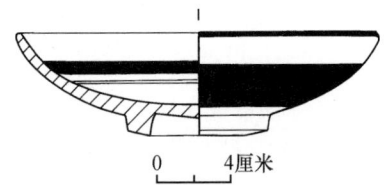

附图二〇二　2007YY东T14H173出土瓷器

瓷盘（2007YY东T14H173：1）

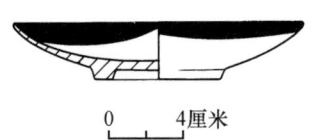

附图二〇三　2007YY东T14H188出土瓷器

瓷盘（2007YY东T14H188：3）

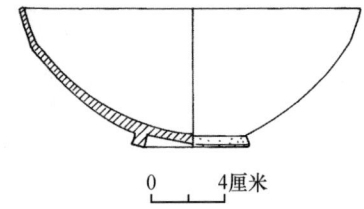

附图二〇四　2007YY东T14H192出土瓷器

瓷碗（2007YY东T14H192：1）

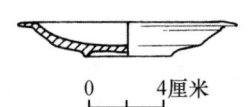

附图二〇五　2007YY东T14H199出土瓷器

瓷碟（2007YY东T14H199：1）

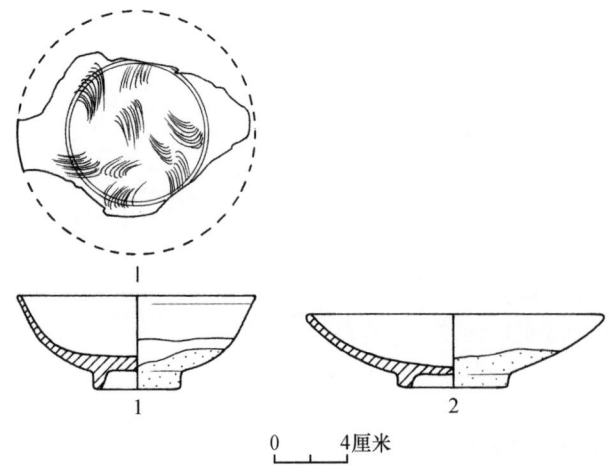

附图二〇六　2007YY东T14H230出土瓷器

1. 瓷碗（2007YY东T14H230：3）　2. 瓷盘（2007YY东T14H230：4）

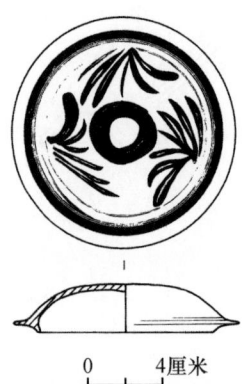

附图二〇七　2007YY东T15④出土瓷器

瓷器盖（2007YY东T15④：2）

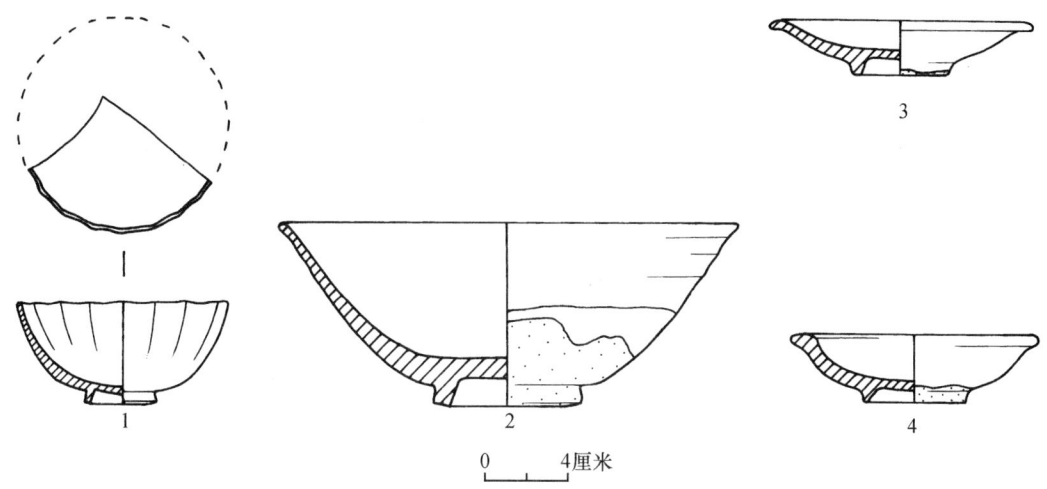

附图二〇八　2007YY东T15G3出土瓷器

1. 瓷碗（2007YY东T15G3③：3）　2. 瓷碗（2007YY东T15G3③：2）　3、4. 瓷碟（2007YY东T15G3③：1、2007YY东T15G3①：1）

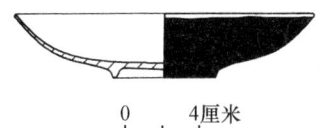

附图二〇九　2007YY东T15H17出土瓷器

瓷盘（2007YY东T15H17：1）

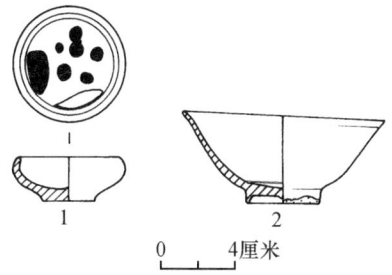

附图二一〇　2007YY东T15H163②出土瓷器

1. 瓷杯（2007YY东T15H163②：2）　2. 瓷碗（2007YY东T15H163②：1）

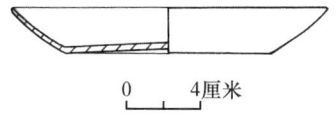

附图二一一　2007YY东T15H164出土陶器

陶碟（2007YY东T15H164：1）

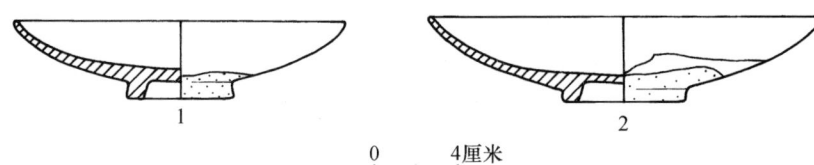

附图二一二　2007YY东T15H229出土瓷器

1、2.瓷盘（2007YY东T15H229∶5、2007YY东T15H229∶4）

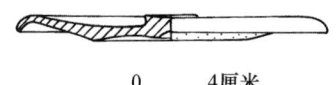

附图二一三　2007YY东T15Z5出土瓷器

瓷器盖（2007YY东T15Z5∶1）

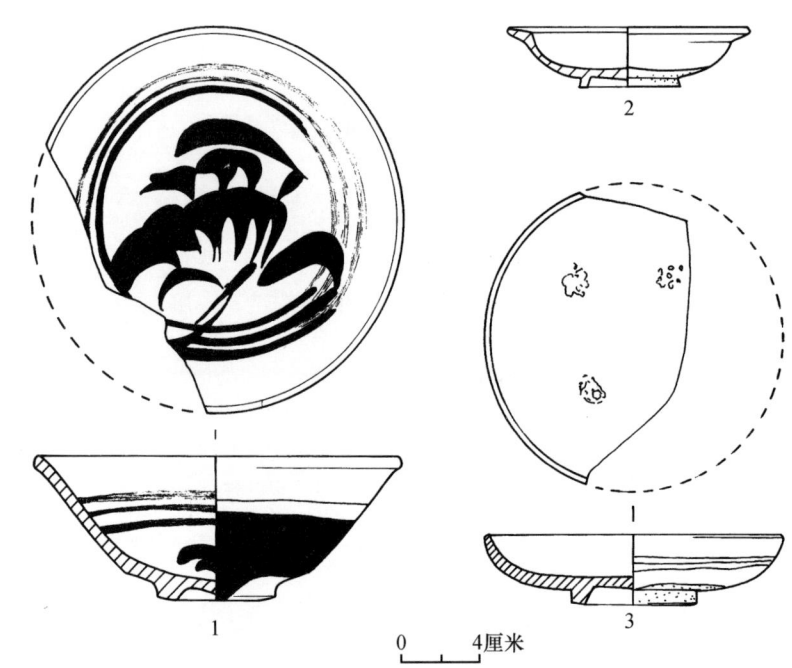

附图二一四　2007YY西ⅠT1①出土瓷器

1.瓷碗（2007YY西ⅠT1①∶1）　2.瓷碟（2007YY西ⅠT1①∶7）　3.瓷盘（2007YY西ⅠT1①∶4）

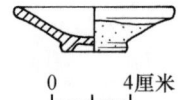

附图二一五　2007YY西ⅠT1②出土瓷器

瓷盏（2007YY西ⅠT1②∶2）

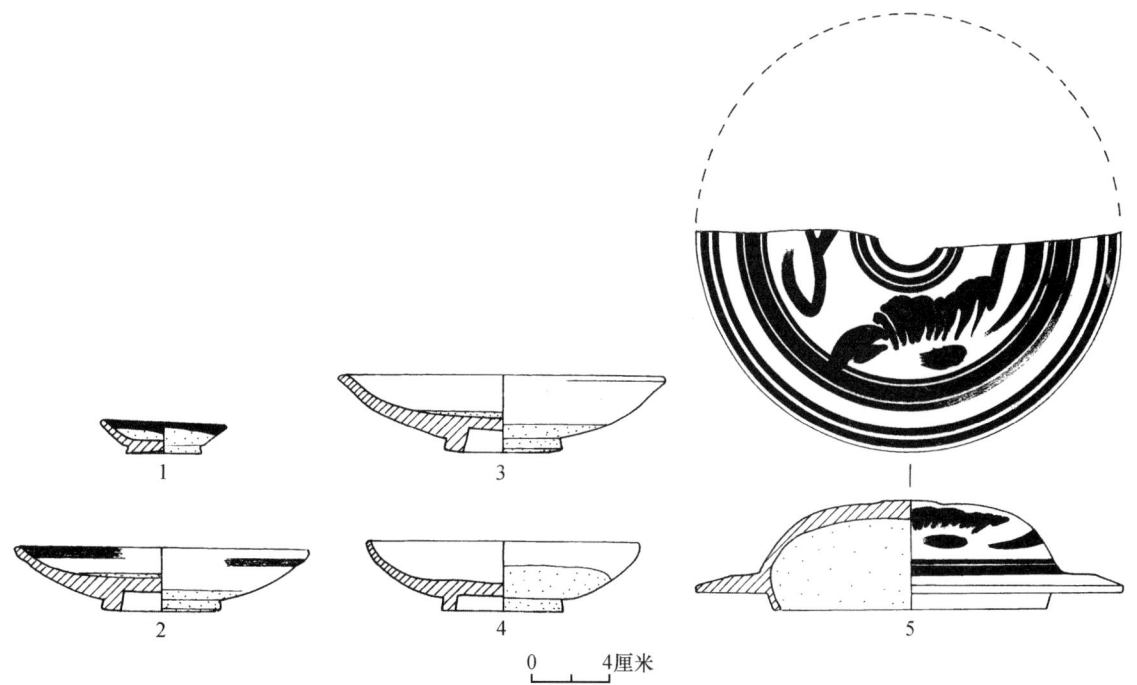

附图二一六　2007YY西ⅠT1③出土瓷器

1. 瓷灯盏（2007YY西ⅠT1③：4）　2、3. 瓷盘（2007YY西ⅠT1③：2、2007YY西ⅠT1③：6）　4. 瓷碟（2007YY西ⅠT1③：5）
5. 瓷器盖（2007YY西ⅠT1③：7）

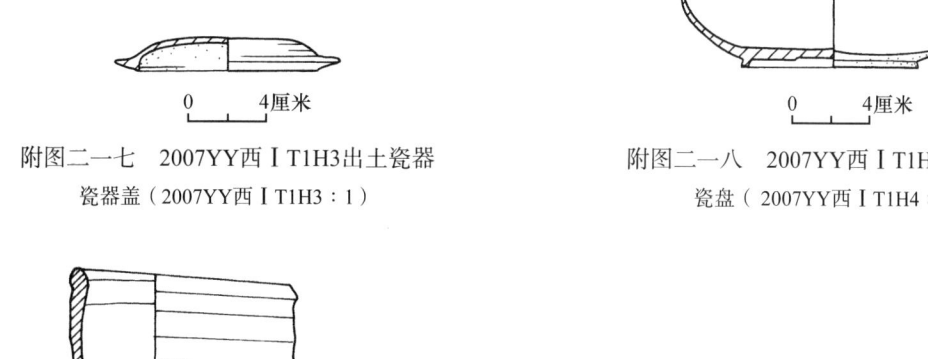

附图二一七　2007YY西ⅠT1H3出土瓷器

瓷器盖（2007YY西ⅠT1H3：1）

附图二一八　2007YY西ⅠT1H4出土瓷器

瓷盘（2007YY西ⅠT1H4：1）

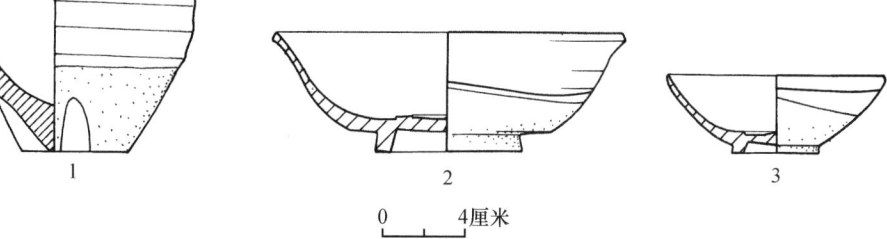

附图二一九　2007YY西ⅠT1H10出土瓷器

1. 瓷臼（2007YY西ⅠT1H10②：3）　2. 瓷碗（2007YY西ⅠT1H10②：2）　3. 瓷盏（2007YY西ⅠT1H10①：1）

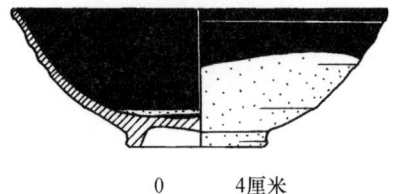

附图二二〇　2007YY西ⅠT1H11出土瓷器

瓷碗（2007YY西ⅠT1H11∶2）

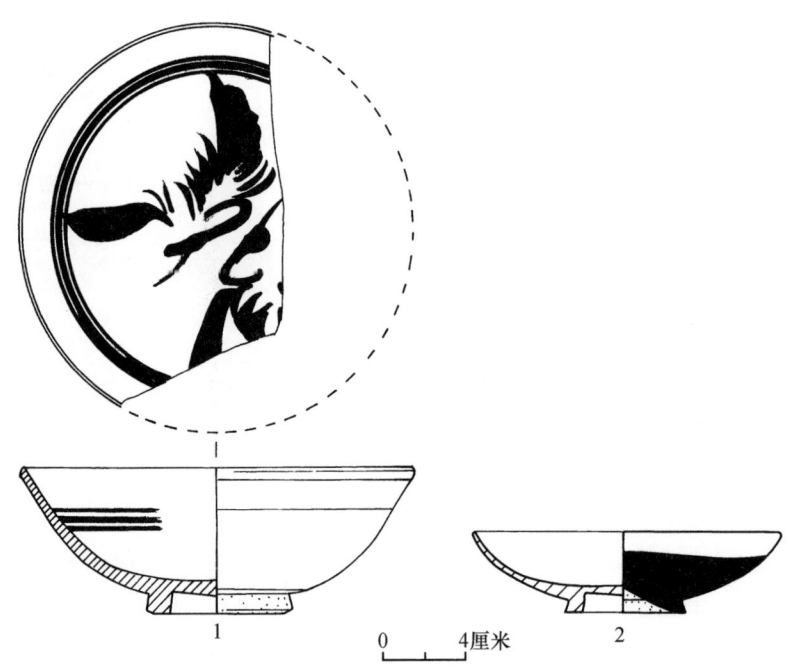

附图二二一　2007YY西ⅠT1H44出土瓷器

1.瓷碗（2007YY西ⅠT1H44∶3）　2.瓷盘（2007YY西ⅠT1H44∶2）

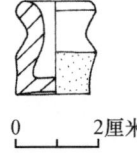

附图二二二　2007YY西ⅠT1H168出土瓷器

瓷瓶形器（2007YY西ⅠT1H168∶1）

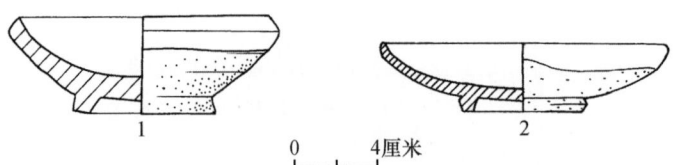

附图二二三　2007YY西ⅠT1H184出土瓷器

1、2.瓷碟（2007YY西ⅠT1H184①∶1、2007YY西ⅠT1H184③∶1）

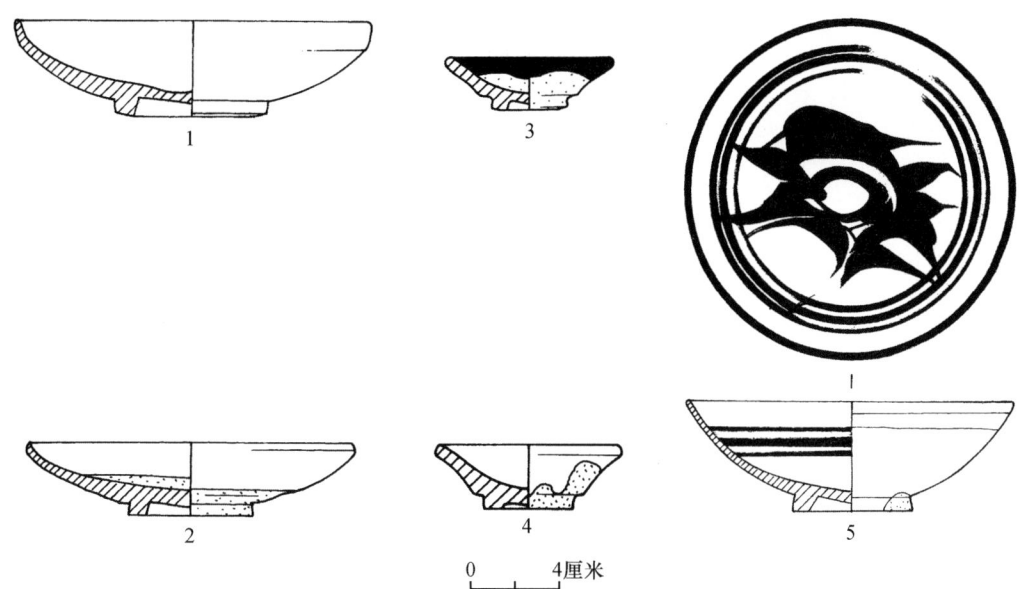

附图二二四　2007YY西ⅠT2③出土瓷器

1、2.瓷盘（2007YY西ⅠT2③：1、2007YY西ⅠT2③：5）　3、4.瓷盏（2007YY西ⅠT2③：6、2007YY西ⅠT2③：7）
5.瓷碗（2007YY西ⅠT2③：8）

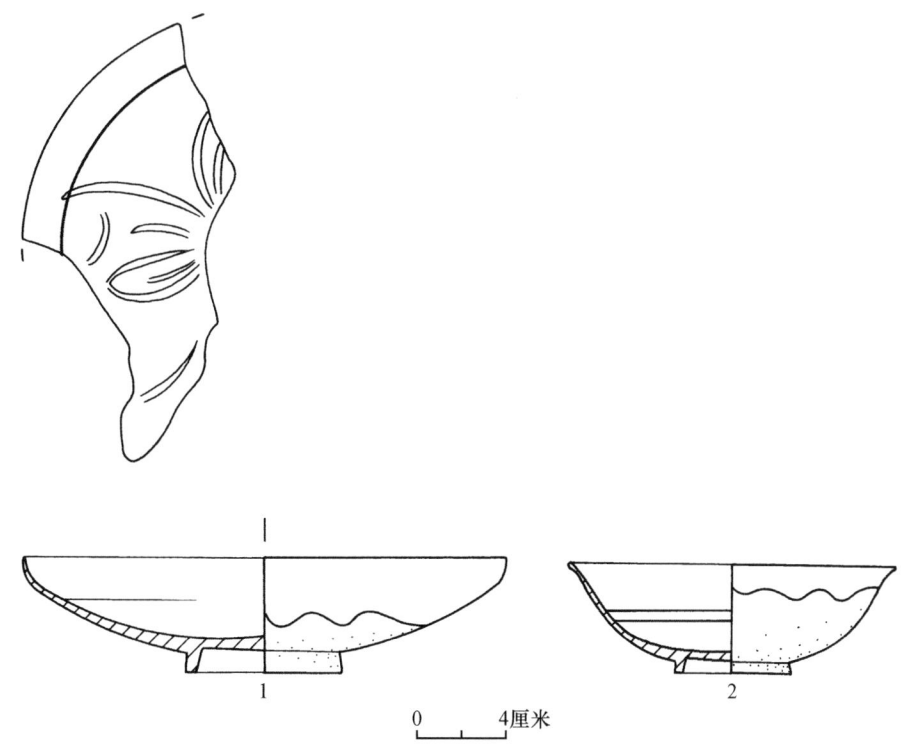

附图二二五　2007YY西ⅠT2⑤出土瓷器

1.瓷盘（2007YY西ⅠT2⑤：2）　2.瓷碗（2007YY西ⅠT2⑤：1）

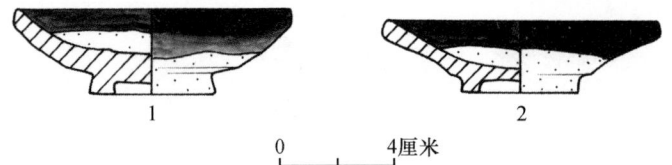

附图二二六　2007YY西ⅠT2H282出土瓷器

1、2. 瓷盏（2007YY西ⅠT2H282：2、2007YY西ⅠT2H282：1）

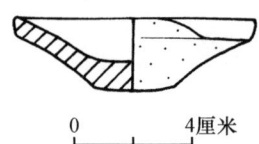

附图二二七　2007YY西ⅠT2H297出土瓷器

瓷灯盏（2007YY西ⅠT2H297：1）

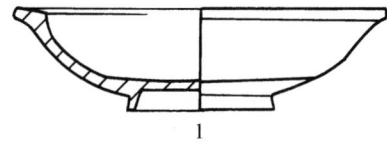 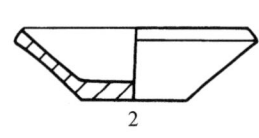 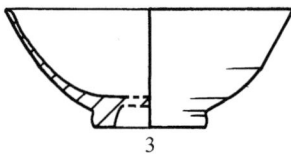

附图二二八　2007YY西ⅠT2H327出土瓷器

1. 瓷碟（2007YY西ⅠT2H327：1）　2. 瓷灯盏（2007YY西ⅠT2H327：4）　3. 瓷碗（2007YY西ⅠT2H327：2）

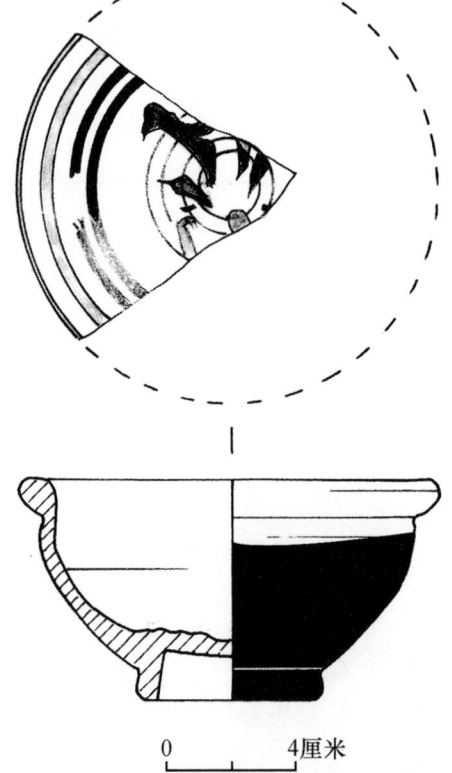

附图二二九　2007YY西ⅠT2H330出土瓷器

瓷碗（2007YY西ⅠT2H330：1）

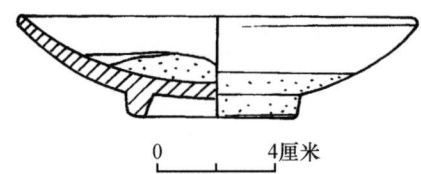

附图二三〇　2007YY西ⅠT2H367出土瓷器

瓷碟（2007YY西ⅠT2H367：2）

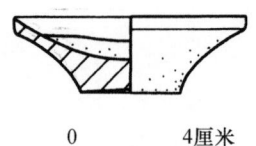

附图二三一　2007YY西ⅠT3②出土瓷器

瓷灯盏（2007YY西ⅠT3②：1）

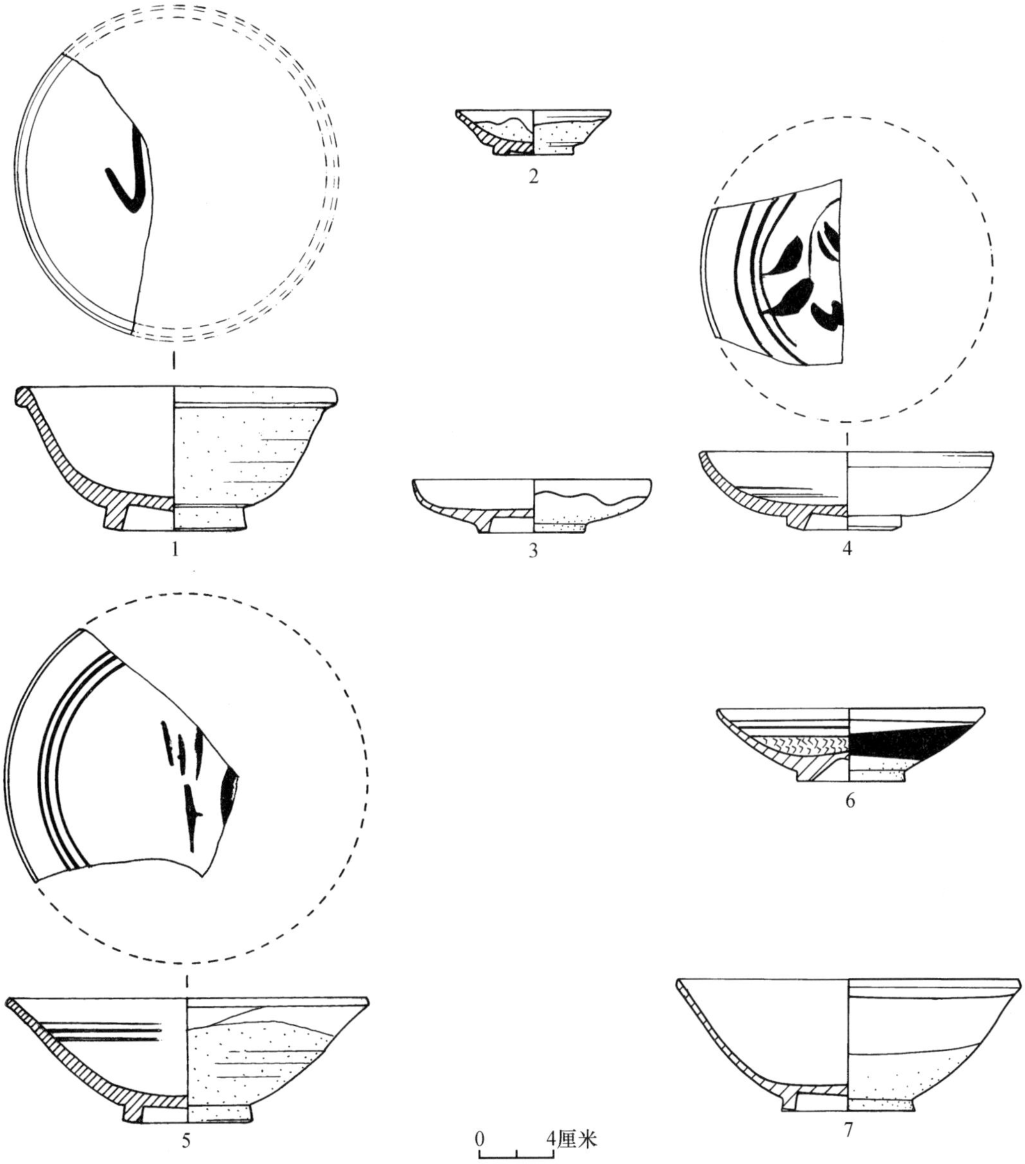

附图二三二　2007YY西ⅠT3③出土瓷器

1、5、7. 瓷碗（2007YY西ⅠT3③：8、2007YY西ⅠT3③：9、2007YY西ⅠT3③：11）　2. 瓷盏（2007YY西ⅠT3③：1）
3. 瓷碟（2007YY西ⅠT3③：4）　4. 瓷盘（2007YY西ⅠT3③：10）　6. 瓷研磨盘（2007YY西ⅠT3③：12）

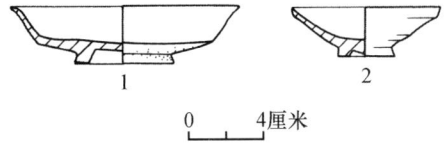

附图二三三　2007YY西ⅠT3H12出土瓷器

1. 瓷碟（2007YY西ⅠT3H12：1）　2. 瓷盏（2007YY西ⅠT3H12：2）

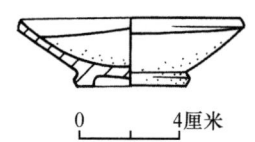

附图二三四　2007YY西ⅠT3H13出土瓷器

瓷盏（2007YY西ⅠT3H13:1）

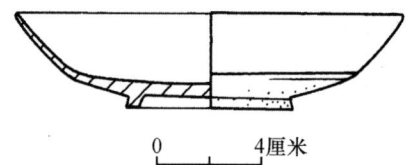

附图二三五　2007YY西ⅠT3H254出土瓷器

瓷盘（2007YY西ⅠT3H254:2）

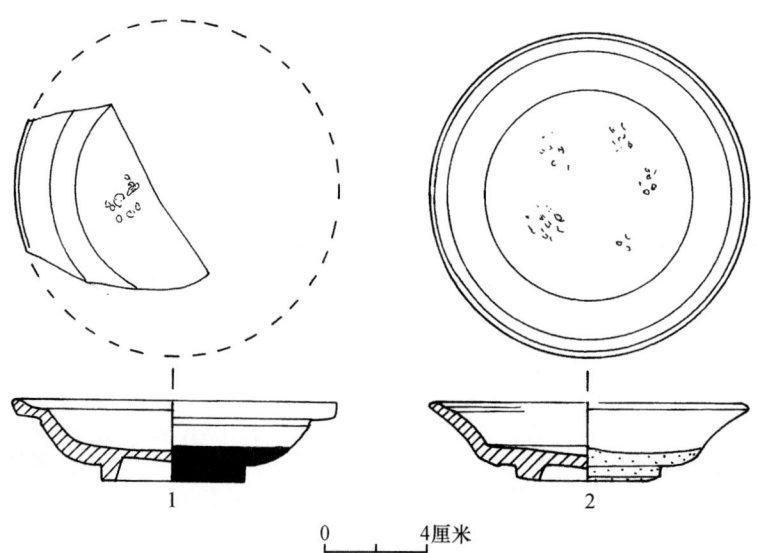

附图二三六　2007YY西ⅠT3H255出土瓷器

1、2.瓷碟（2007YY西ⅠT3H255:3、2007YY西ⅠT3H255:2）

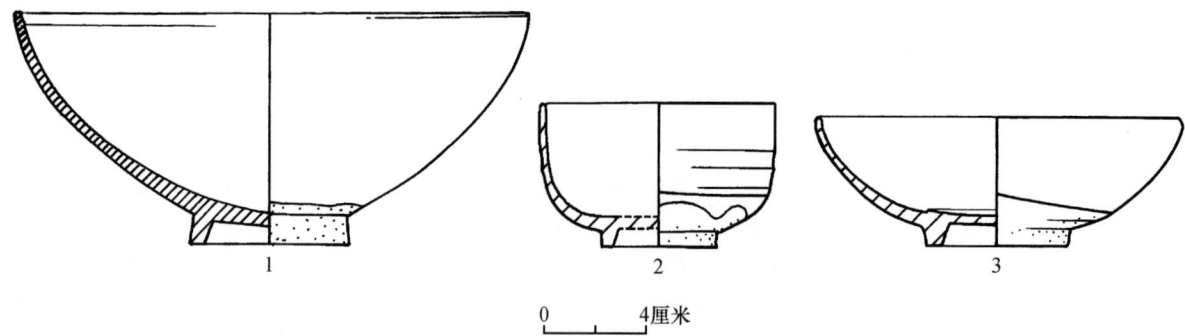

附图二三七　2007YY西ⅠT3H267出土瓷器

1～3.瓷碗（2007YY西ⅠT3H267:1、2007YY西ⅠT3H267:2、2007YY西ⅠT3H267:3）

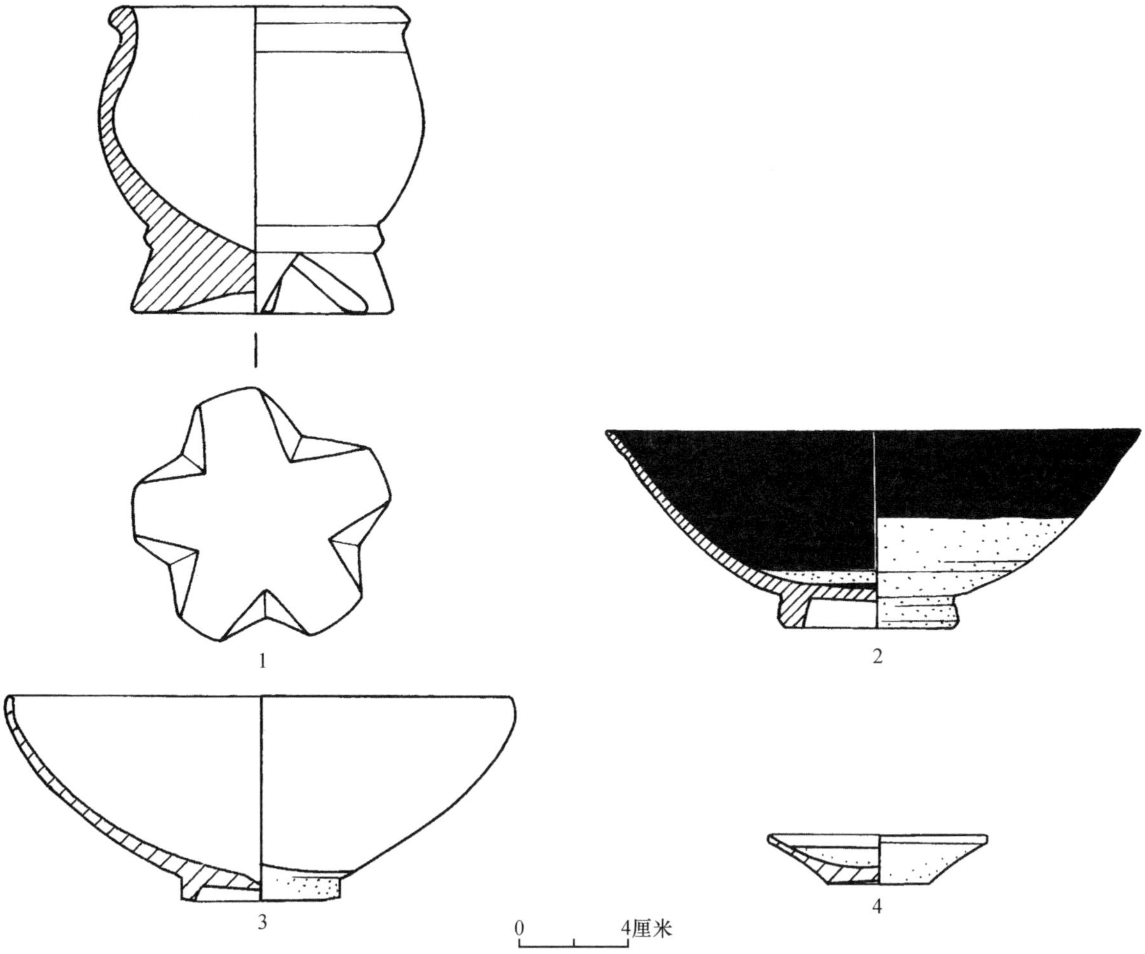

附图二三八　2007YY西ⅠT3H290出土瓷器

1. 瓷臼（2007YY西ⅠT3H290：1）　2、3. 瓷碗（2007YY西ⅠT3H290：2、2007YY西ⅠT3H290：3）
4. 瓷灯盏（2007YY西ⅠT3H290：4）

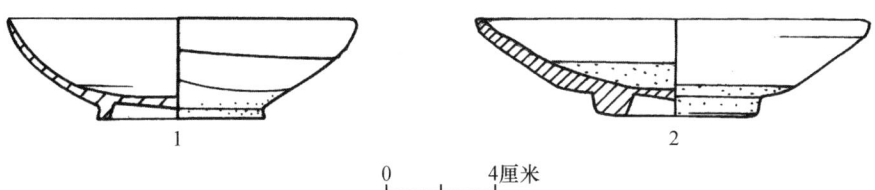

附图二三九　2007YY西ⅠT3H298出土瓷器

1. 瓷碟（2007YY西ⅠT3H298：2）　2. 瓷盘（2007YY西ⅠT3H298：1）

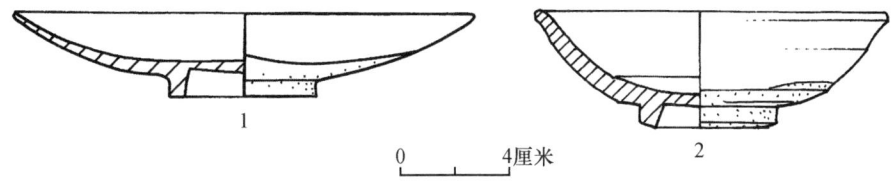

附图二四〇　2007YY西ⅠT4③出土瓷器

1. 瓷盘（2007YY西ⅠT4③：6）　2. 瓷碗（2007YY西ⅠT4③：5）

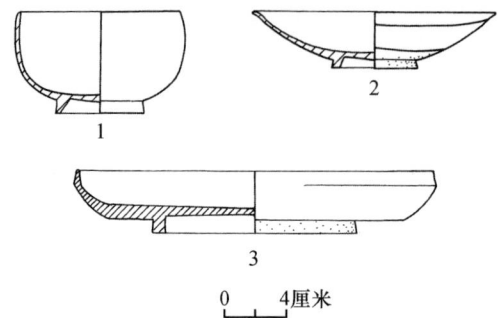

附图二四一　2007YY西ⅠT4H25出土瓷器

1. 瓷碗（2007YY西ⅠT4H25：2）　2、3. 瓷盘（2007YY西ⅠT4H25：1、2007YY西ⅠT4H25：3）

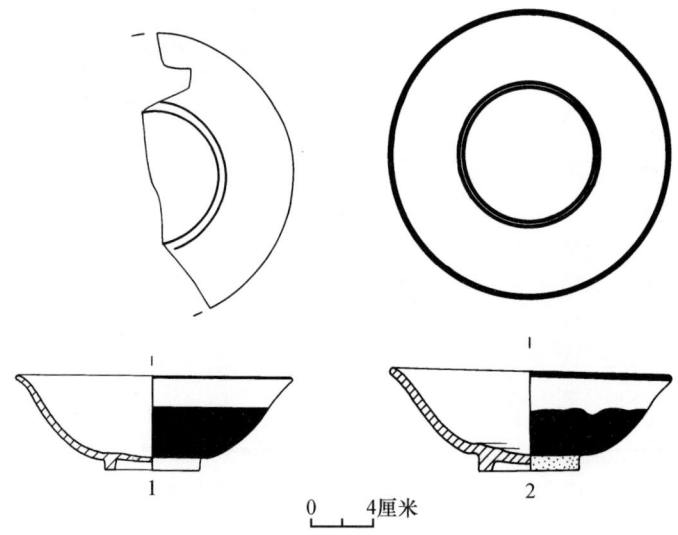

附图二四二　2007YY西ⅠT4H26出土瓷器

1、2. 瓷碗（2007YY西ⅠT4H26：1、2007YY西ⅠT4H26：2）

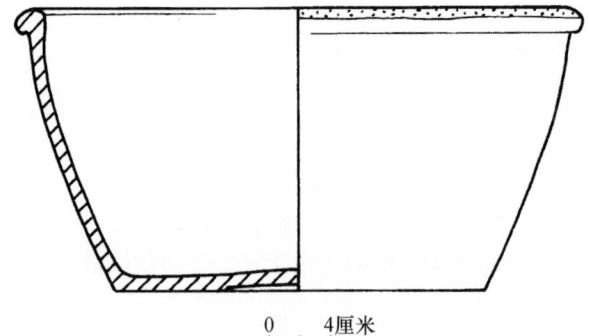

附图二四三　2007YY西ⅠT4H85出土瓷器

瓷盆（2007YY西ⅠT4H85：1）

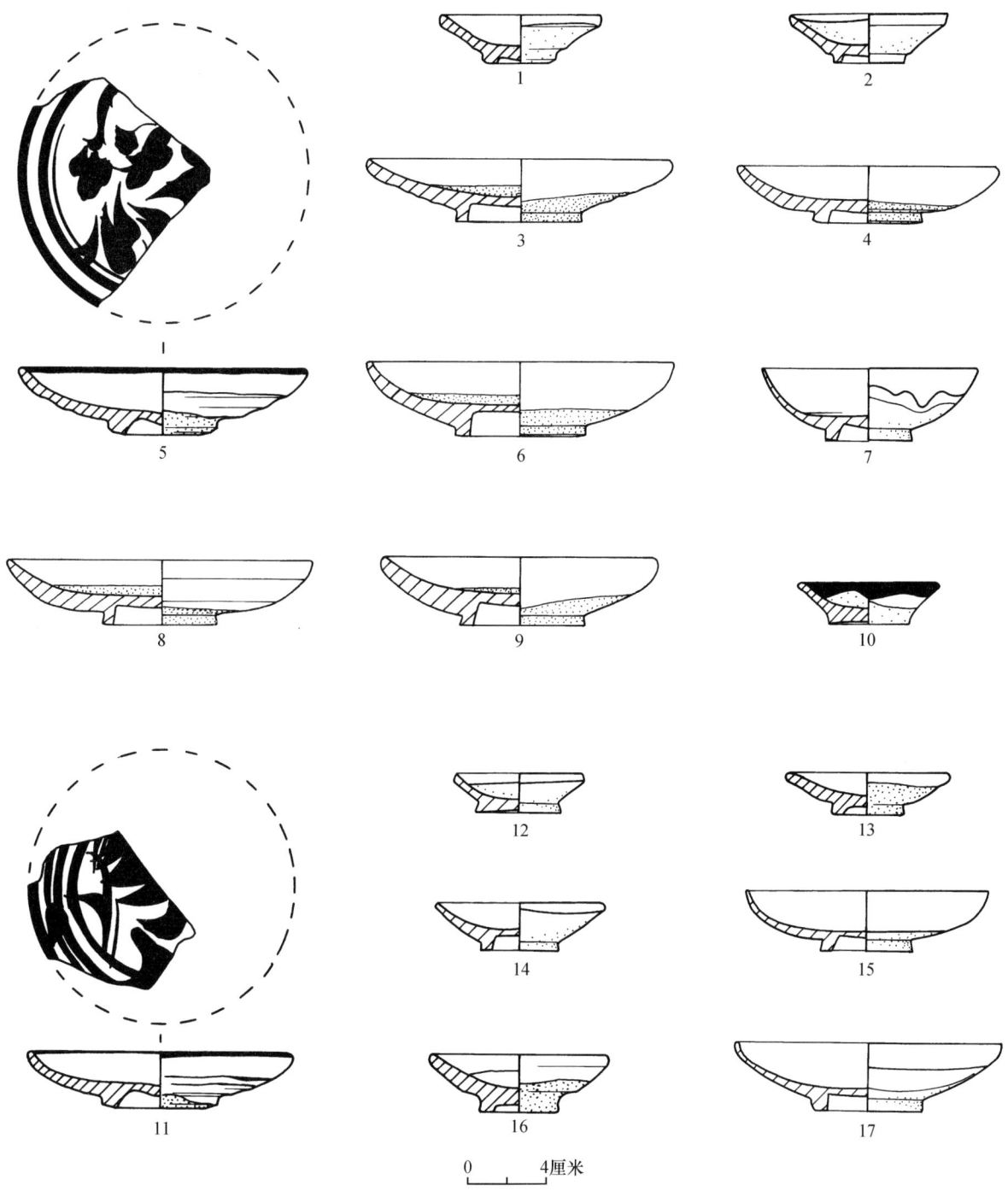

附图二四四　2007YY西ⅠT5③出土瓷器

1、2、7、13、14、16. 瓷盏（2007YY西ⅠT5③：8、2007YY西ⅠT5③：6、2007YY西ⅠT5③：10、2007YY西ⅠT5③：28、2007YY西ⅠT5③：27、2007YY西ⅠT5③：29）　3~6、8、9. 瓷盘（2007YY西ⅠT5③：7、2007YY西ⅠT5③：3、2007YY西ⅠT5③：1、2007YY西ⅠT5③：4、2007YY西ⅠT5③：12、2007YY西ⅠT5③：11）　10、12. 瓷灯盏（2007YY西ⅠT5③：13、2007YY西ⅠT5③：26）　11、15、17. 瓷碟（2007YY西ⅠT5③：30、2007YY西ⅠT5③：17、2007YY西ⅠT5③：21）

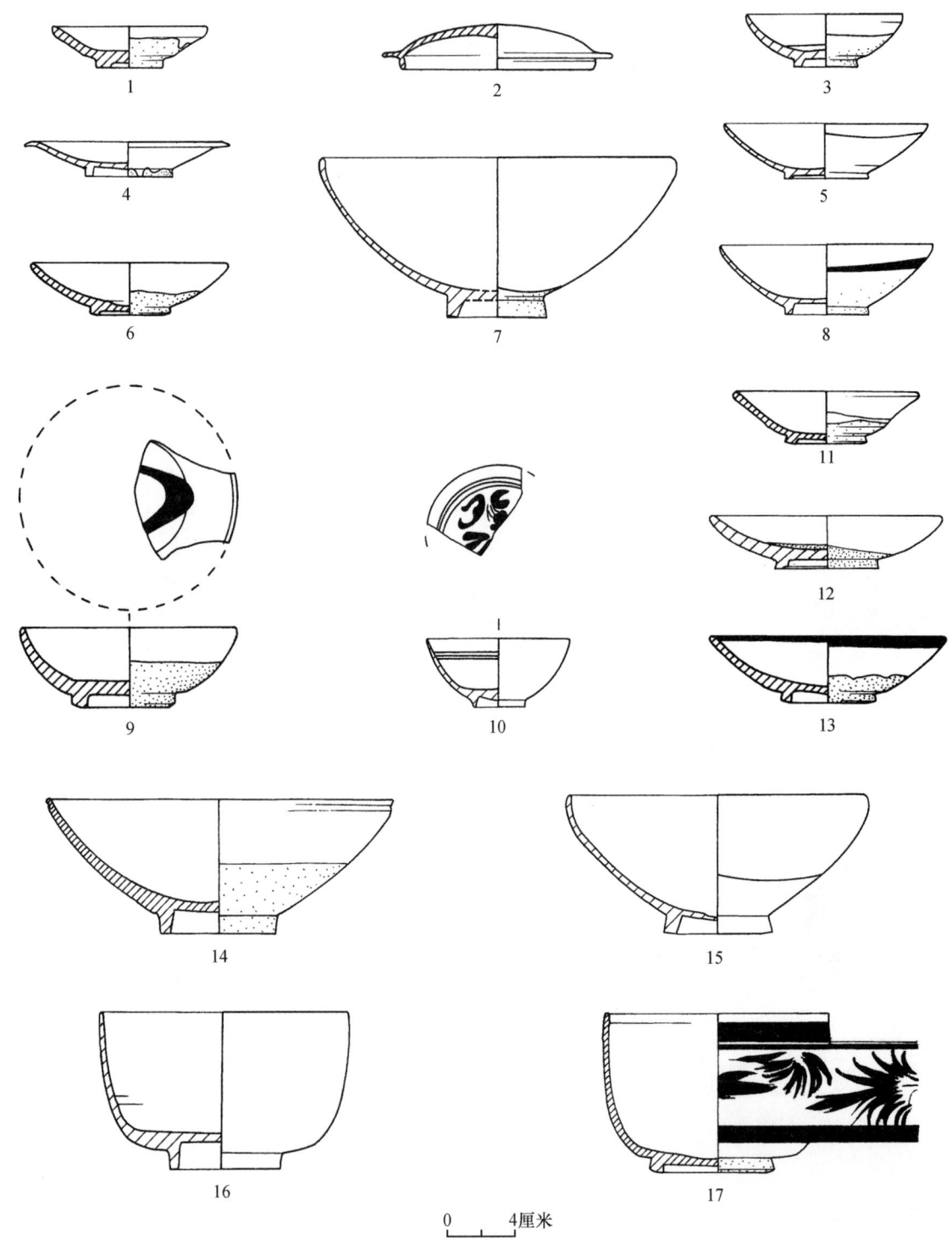

附图二四五 2007YY西ⅠT5④出土瓷器

1、3、5、6、8、11. 瓷盏（2007YY西ⅠT5④：14、2007YY西ⅠT5④：8、2007YY西ⅠT5④：10、2007YY西ⅠT5④：4、2007YY西ⅠT5④：9、2007YY西ⅠT5④：15） 2. 瓷器盖（2007YY西ⅠT5④：18） 4. 瓷碟（2007YY西ⅠT5④：13） 7、9、13~17. 瓷碗（2007YY西ⅠT5④：1、2007YY西ⅠT5④：17、2007YY西ⅠT5④：12、2007YY西ⅠT5④：7、2007YY西ⅠT5④：16、2007YY西ⅠT5④：3、2007YY西ⅠT5④：2） 10. 瓷杯（2007YY西ⅠT5④：11） 12. 瓷盘（2007YY西ⅠT5④：6）

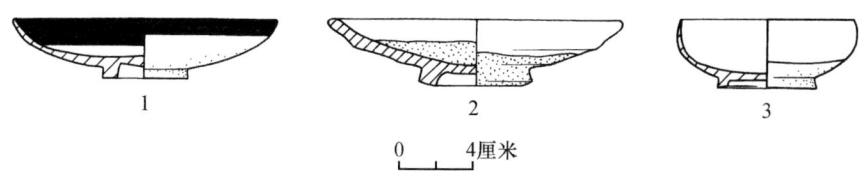

附图二四六　2007YY西ⅠT5H143出土瓷器

1、2.瓷盘（2007YY西ⅠT5H143：2、2007YY西ⅠT5H143：3）　3.瓷盏（2007YY西ⅠT5H143：1）

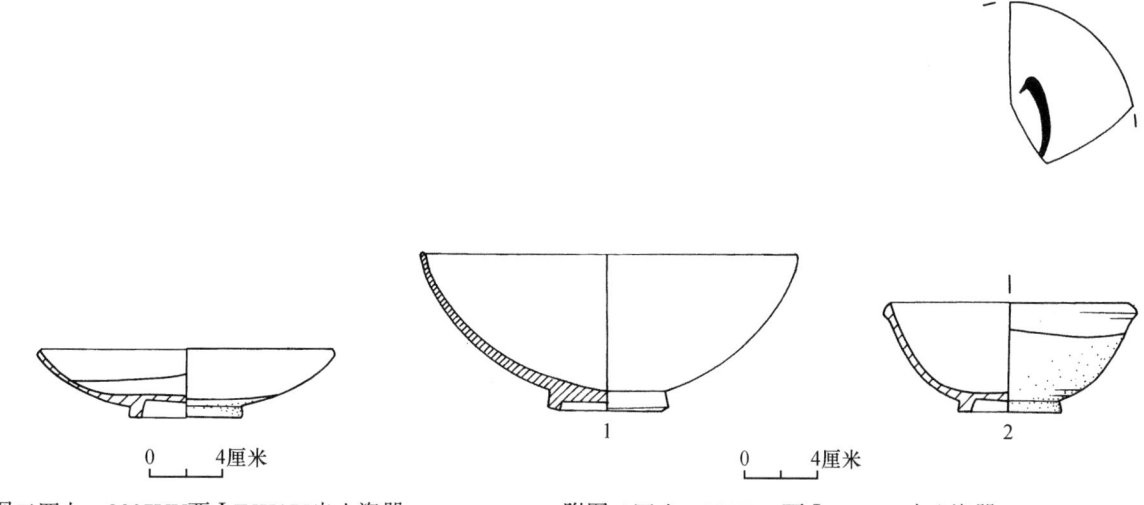

附图二四七　2007YY西ⅠT5H175出土瓷器

瓷盘（2007YY西ⅠT5H175：1）

附图二四八　2007YY西ⅠT5H187出土瓷器

1、2.瓷碗（2007YY西ⅠT5H187：1、2007YY西ⅠT5H187：2）

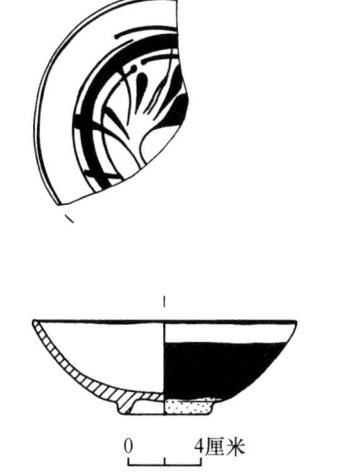

附图二四九　2007YY西ⅠT5H210出土瓷器

瓷碗（2007YY西ⅠT5H210：1）

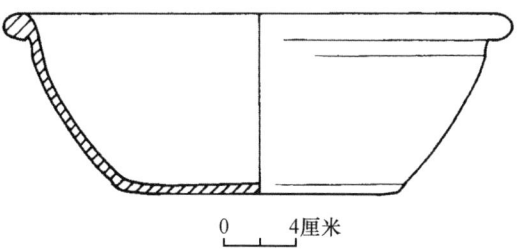

附图二五〇　2007YY西ⅠT5H215出土陶器

陶盆（2007YY西ⅠT5H215：1）

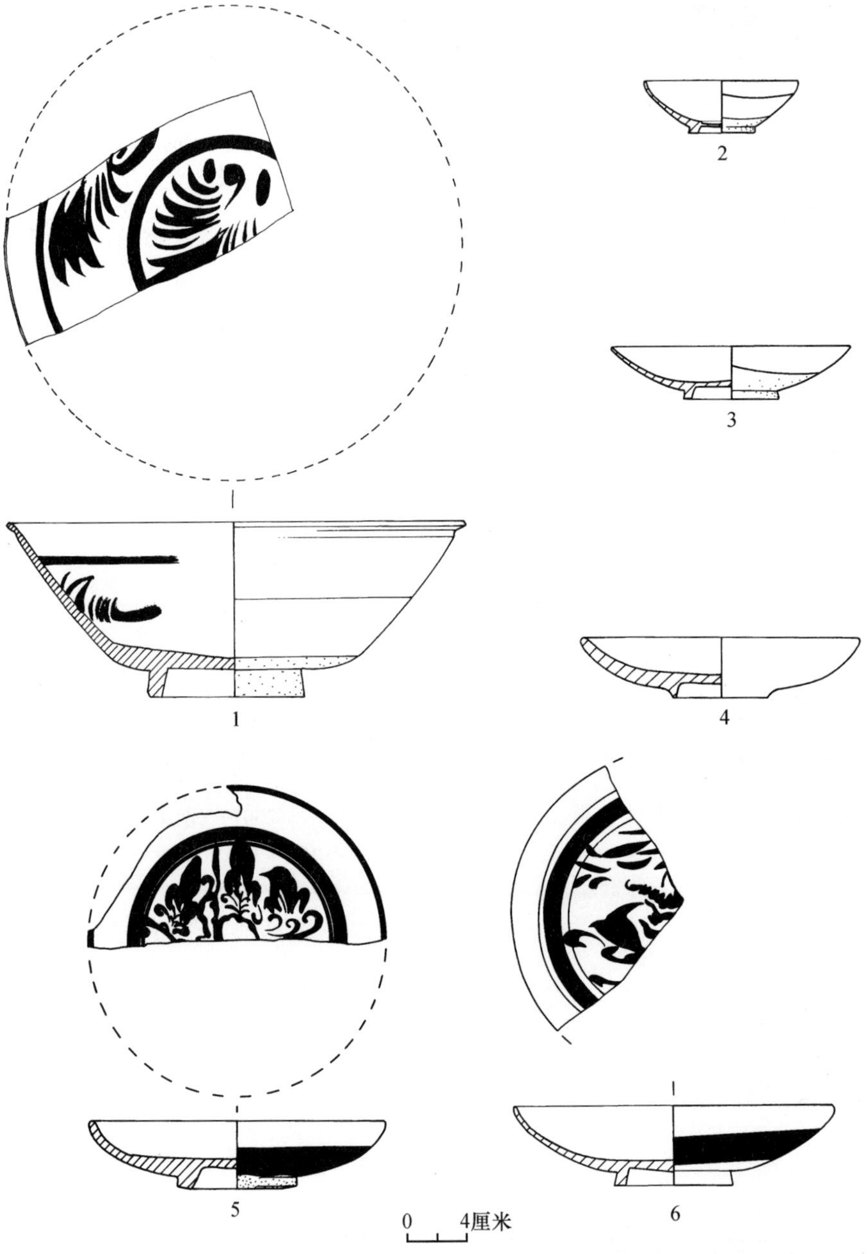

附图二五一　2007YY西ⅠT5H226出土瓷器

1. 瓷碗（2007YY西ⅠT5H226∶6）　2. 瓷盏（2007YY西ⅠT5H226∶5）　3~6. 瓷盘（2007YY西ⅠT5H226∶3、2007YY西ⅠT5H226∶1、2007YY西ⅠT5H226∶7、2007YY西ⅠT5H226∶2）

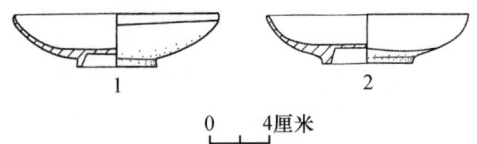

附图二五二　2007YY西ⅠT6H20出土瓷器

1、2. 瓷碟（2007YY西ⅠT6H20∶2、2007YY西ⅠT6H20∶3）

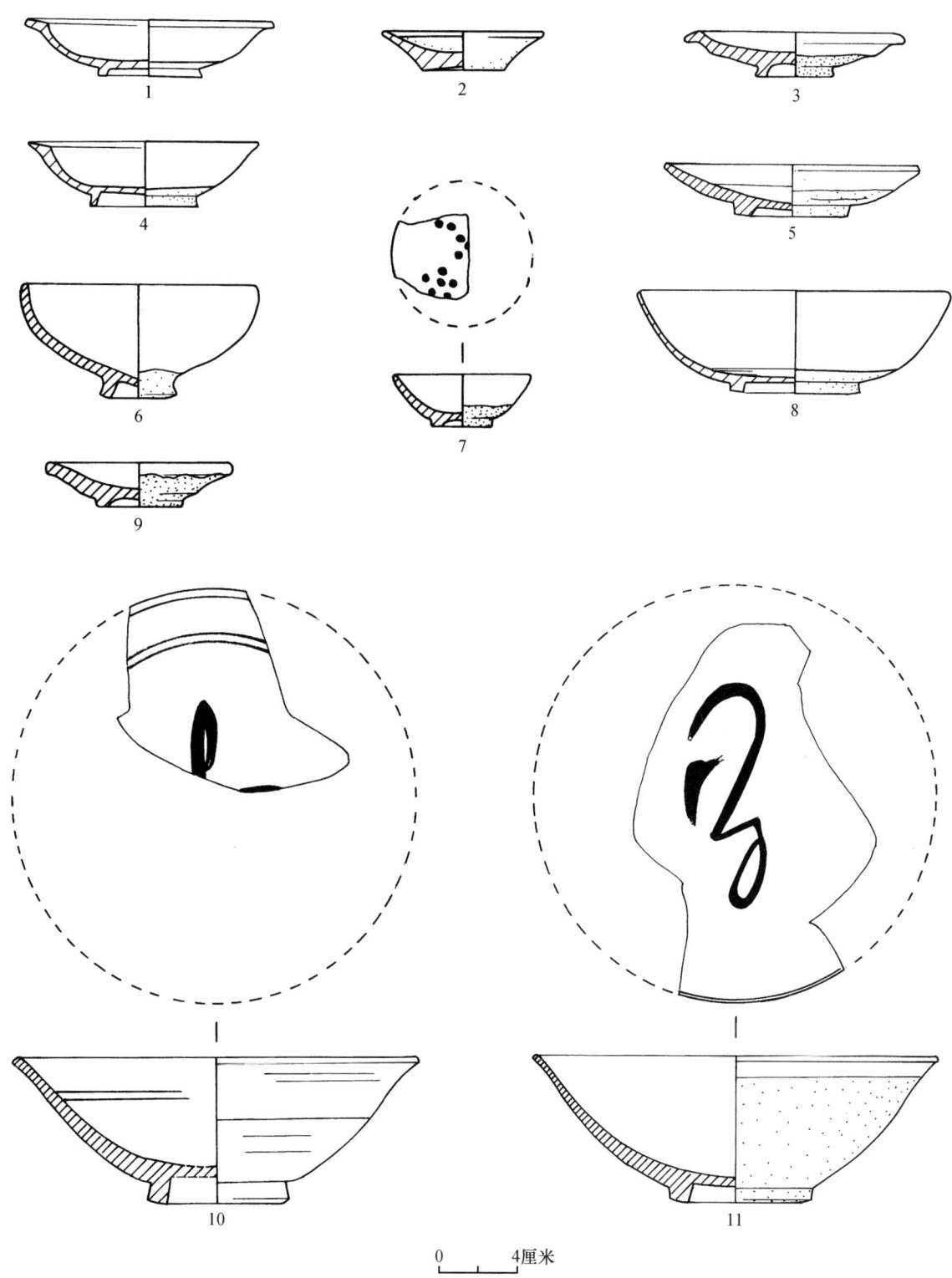

附图二五三　2007YY西ⅠT6③出土瓷器

1、3~5.瓷碟（2007YY西ⅠT6③：3、2007YY西ⅠT6③：18、2007YY西ⅠT6③：11、2007YY西ⅠT6③：10）　2.瓷灯盏（2007YY西ⅠT6③：9）　6、8、10、11.瓷碗（2007YY西ⅠT6③：1、2007YY西ⅠT6③：12、2007YY西ⅠT6③：14、2007YY西ⅠT6③：15）　7.瓷杯（2007YY西ⅠT6③：2）　9.瓷盏（2007YY西ⅠT6③：16）

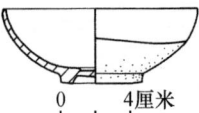

附图二五四　2007YY西ⅠT6H37出土瓷器
瓷碗（2007YY西ⅠT6H37∶1）

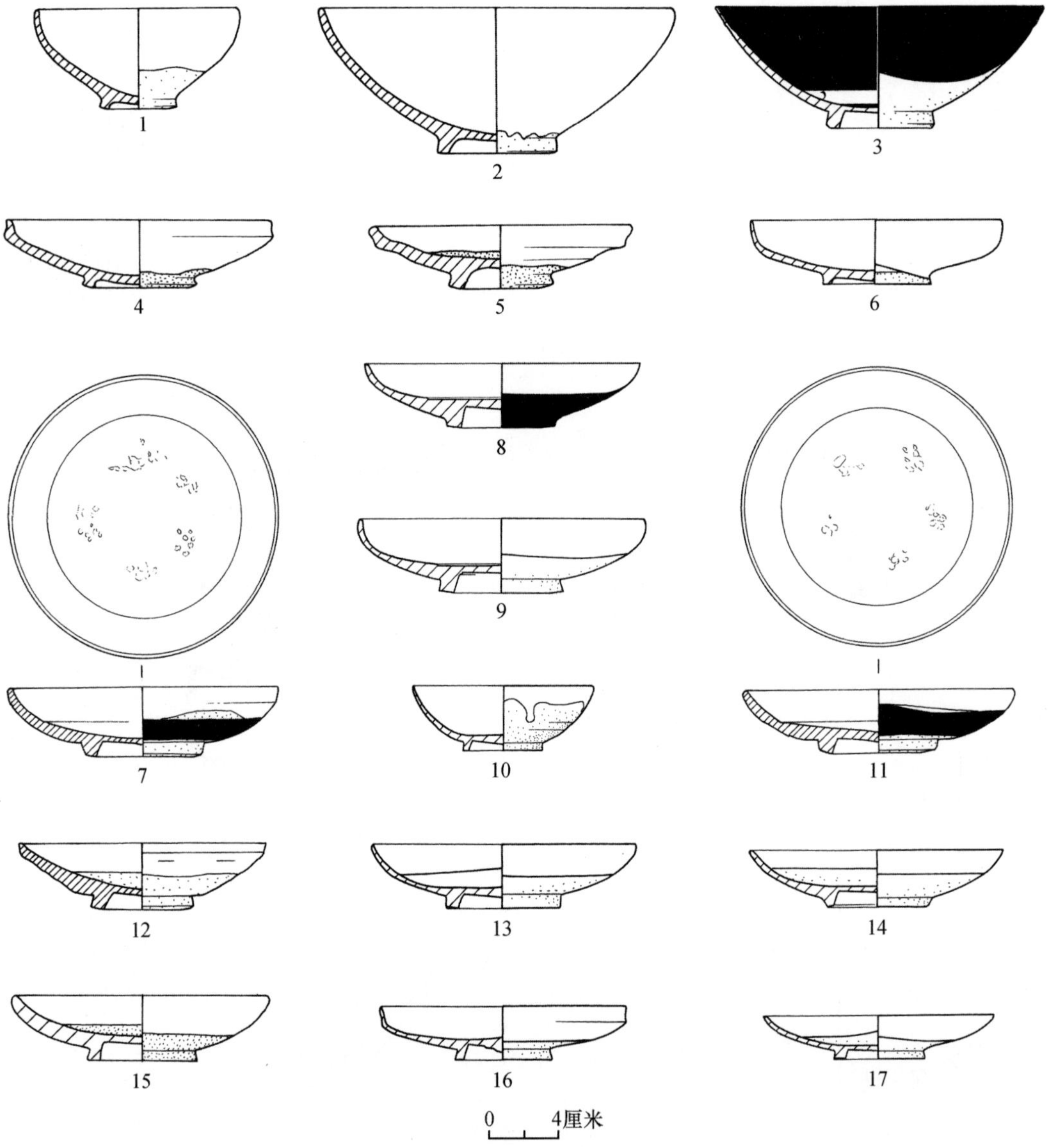

附图二五五　2007YY西ⅠT6H47出土瓷器
1~3. 瓷碗（2007YY西ⅠT6H47∶2、2007YY西ⅠT6H47∶3、2007YY西ⅠT6H47∶17）　4~9、11~16. 瓷盘（2007YY西ⅠT6H47∶5、2007YY西ⅠT6H47∶6、2007YY西ⅠT6H47∶7、2007YY西ⅠT6H47∶8、2007YY西ⅠT6H47∶9、2007YY西ⅠT6H47∶10、2007YY西ⅠT6H47∶11、2007YY西ⅠT6H47∶12、2007YY西ⅠT6H47∶13、2007YY西ⅠT6H47∶14、2007YY西ⅠT6H47∶16、2007YY西ⅠT6H47∶20）　10. 瓷盏（2007YY西ⅠT6H47∶19）　17. 瓷碟（2007YY西ⅠT6H47∶15）

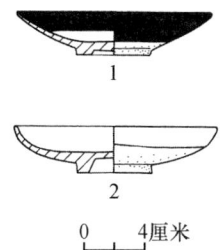
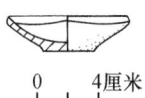

附图二五六　2007YY西ⅠT6H52出土瓷器
1、2.瓷碟（2007YY西ⅠT6H52∶1、2007YY西ⅠT6H52∶2）

附图二五七　2007YY西ⅠT6H75出土瓷器
瓷灯盏（2007YY西ⅠT6H75∶2）

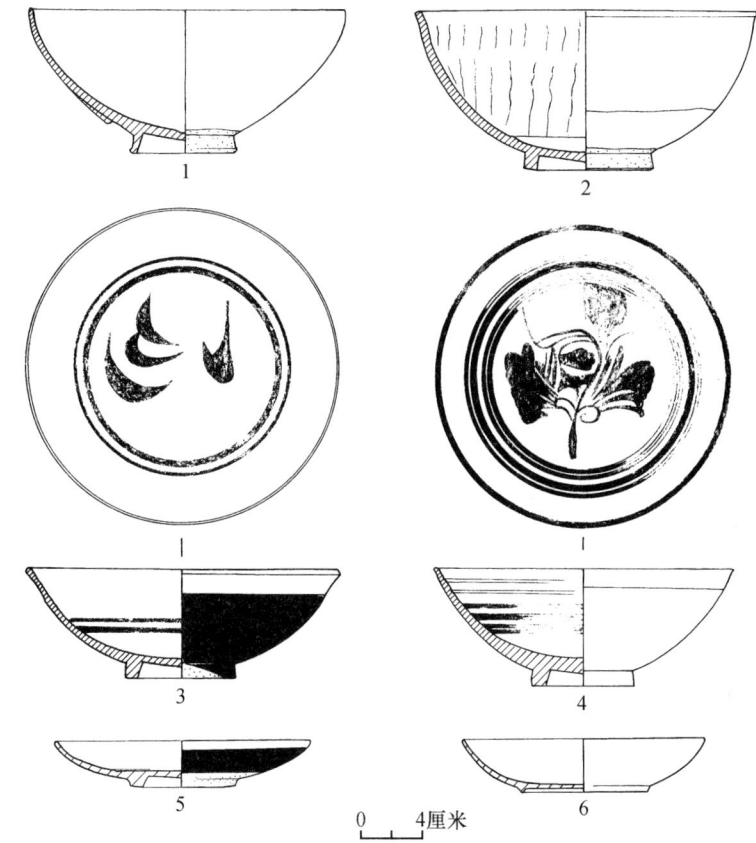

附图二五八　2007YY西ⅠT6H122出土瓷器
1~4.瓷碗（2007YY西ⅠT6H122∶1、2007YY西ⅠT6H122∶2、2007YY西ⅠT6H122∶3、2007YY西ⅠT6H122∶5）
5、6.瓷盘（2007YY西ⅠT6H122∶4、2007YY西ⅠT6H122∶6）

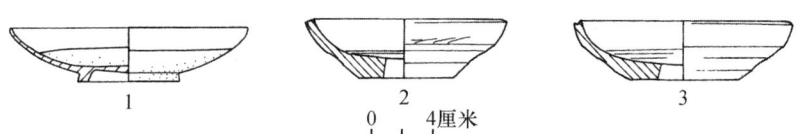

附图二五九　2007YY西ⅠT6H123出土陶瓷器
1.瓷盘（2007YY西ⅠT6H123∶1）　2、3.陶支圈（2007YY西ⅠT6H123∶2、2007YY西ⅠT6H123∶3）

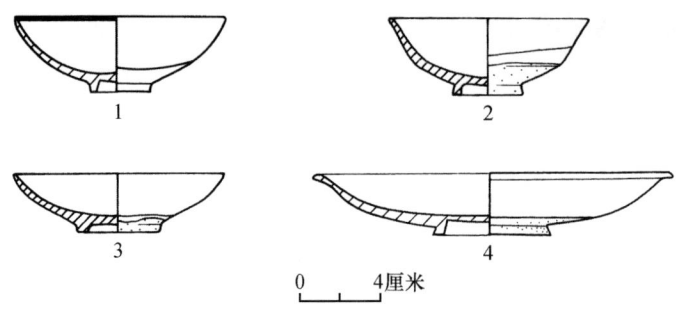

附图二六〇　2007YY西ⅠT6H124出土瓷器
1、2.瓷盏（2007YY西ⅠT6H124：1、2007YY西ⅠT6H124：2）　3.瓷碟（2007YY西ⅠT6H124：3）
4.瓷盘（2007YY西ⅠT6H124：4）

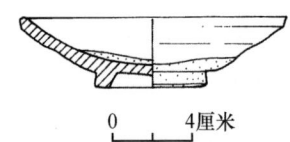

附图二六一　2007YY西ⅠT6H133出土瓷器
瓷碟（2007YY西ⅠT6H133：1）

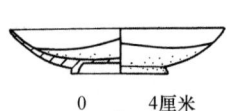

附图二六二　2007YY西ⅠT6H205出土瓷器
瓷碟（2007YY西ⅠT6H205：1）

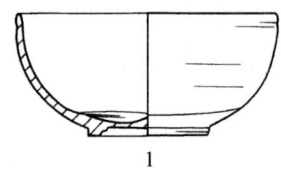 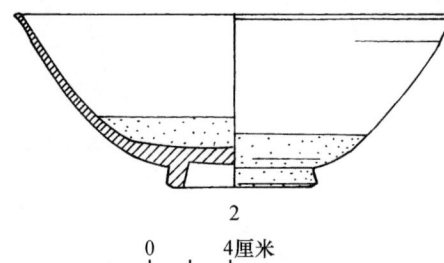 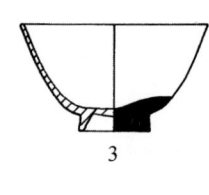

附图二六三　2007YY西ⅠT6J9出土瓷器
1、2.瓷碗（2007YY西ⅠT6J9：1、2007YY西ⅠT6J9：2）　3.瓷杯（2007YY西ⅠT6J9：3）

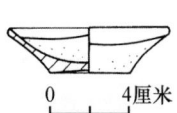 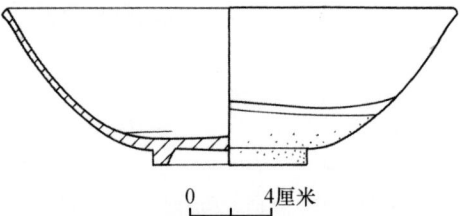

附图二六四　2007YY西ⅠT7③出土瓷器
瓷灯盏（2007YY西ⅠT7③：1）

附图二六五　2007YY西ⅠT7H99出土瓷器
瓷碗（2007YY西ⅠT7H99：1）

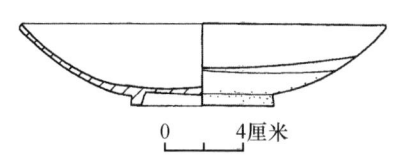

附图二六六　2007YY西ⅠT7H139出土瓷器

瓷盘（2007YY西ⅠT7H139：1）

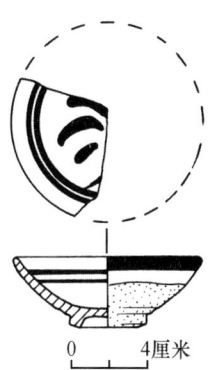

附图二六七　2007YY西ⅠT7H245出土瓷器

瓷碗（2007YY西ⅠT7H245：1）

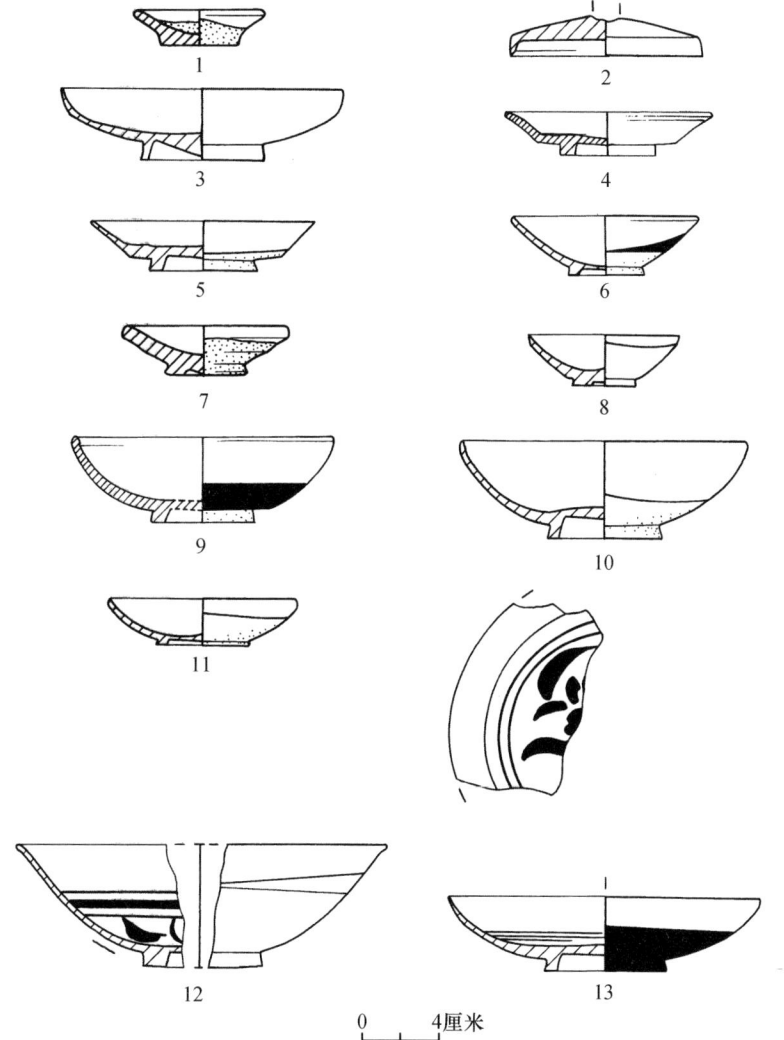

附图二六八　2007YY西ⅠT8③出土瓷器

1.瓷灯盏（2007YY西ⅠT8③：3）　2.瓷器盖（2007YY西ⅠT8③：1）　3、13.瓷盘（2007YY西ⅠT8③：7、2007YY西ⅠT8③：11）　4、5.瓷碟（2007YY西ⅠT8③：9、2007YY西ⅠT8③：4）　6~8、11.瓷盏（2007YY西ⅠT8③：6、2007YY西ⅠT8③：33、2007YY西ⅠT8③：17、2007YY西ⅠT8③：30）　9、10、12.瓷碗（2007YY西ⅠT8③：27、2007YY西ⅠT8③：31、2007YY西ⅠT8③：32）

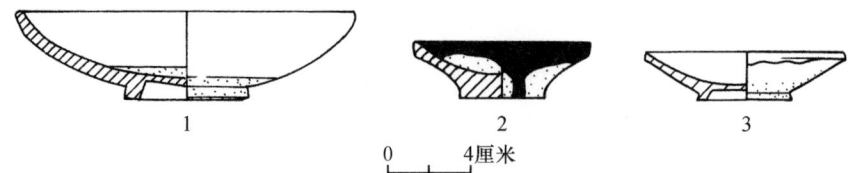

附图二六九　2007YY西ⅠT8④出土瓷器

1. 瓷盘（2007YY西ⅠT8④：4）　2. 瓷灯盏（2007YY西ⅠT8④：3）　3. 瓷盏（2007YY西ⅠT8④：2）

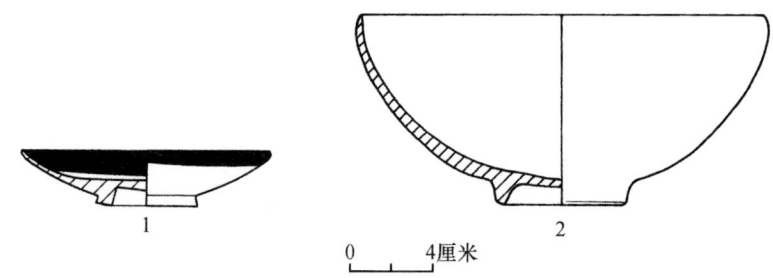

附图二七〇　2007YY西ⅠT8H214出土瓷器

1. 瓷碟（2007YY西ⅠT8H214：3）　2. 瓷碗（2007YY西ⅠT8H214：2）

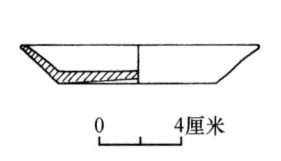

附图二七一　2007YY西ⅠT8H370出土瓷器

瓷碟（2007YY西ⅠT8H370：1）

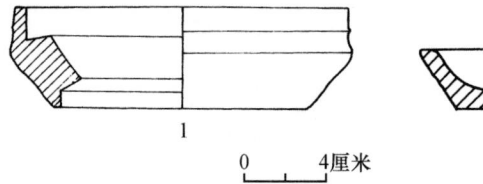

附图二七二　2007YY西ⅠT8J1出土陶器

1. 陶支圈（2007YY西ⅠT8J1：1）　2. 陶杯（2007YY西ⅠT8J1：5）

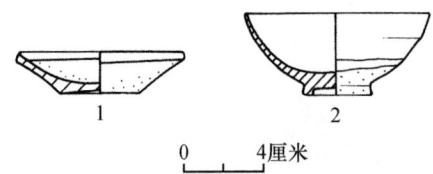

附图二七三　2007YY西ⅠT9③出土瓷器

1. 瓷灯盏（2007YY西ⅠT9③：3）　2. 瓷盏（2007YY西ⅠT9③：2）

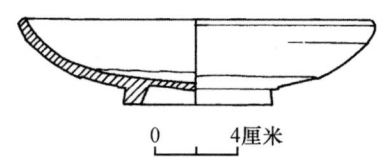

附图二七四　2007YY西ⅠT9⑤出土瓷器

瓷盘（2007YY西ⅠT9⑤：1）

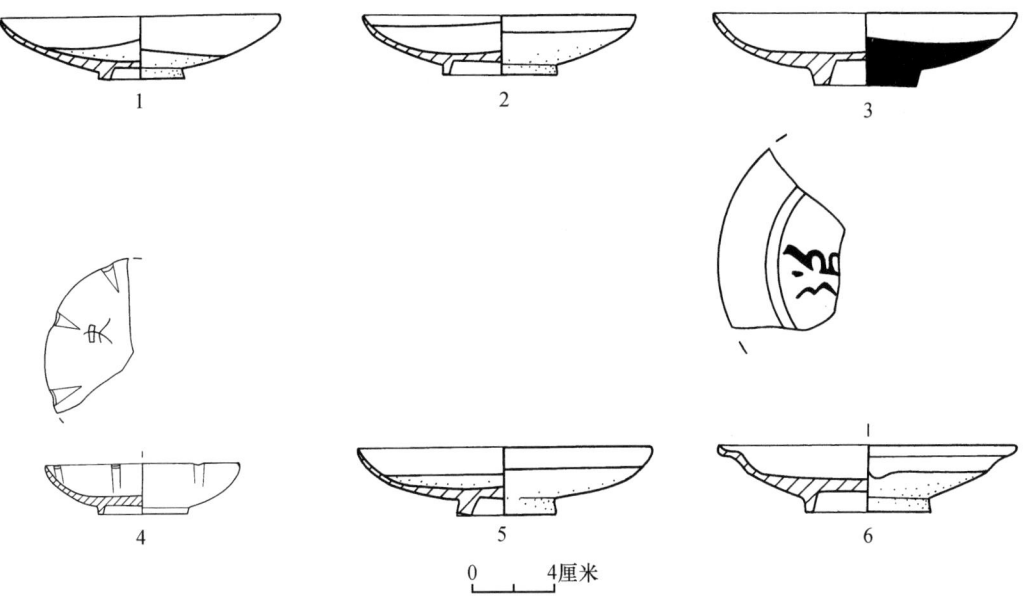

附图二七五　2007YY西ⅠT9H17出土瓷器

1、2、4.瓷碟（2007YY西ⅠT9H17：3、2007YY西ⅠT9H17：4、2007YY西ⅠT9H17：2）
3、5、6.瓷盘（2007YY西ⅠT9H17：6、2007YY西ⅠT9H17：1、2007YY西ⅠT9H17：5）

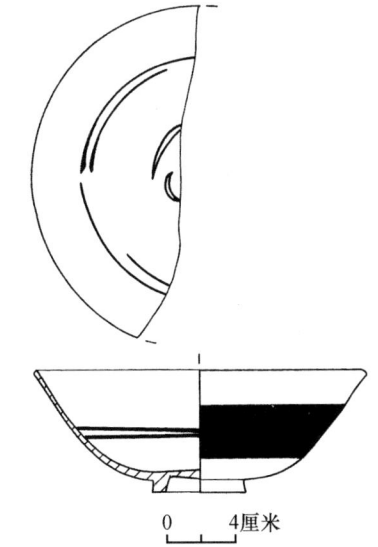

附图二七六　2007YY西ⅠT9H39出土瓷器
瓷碗（2007YY西ⅠT9H39：1）

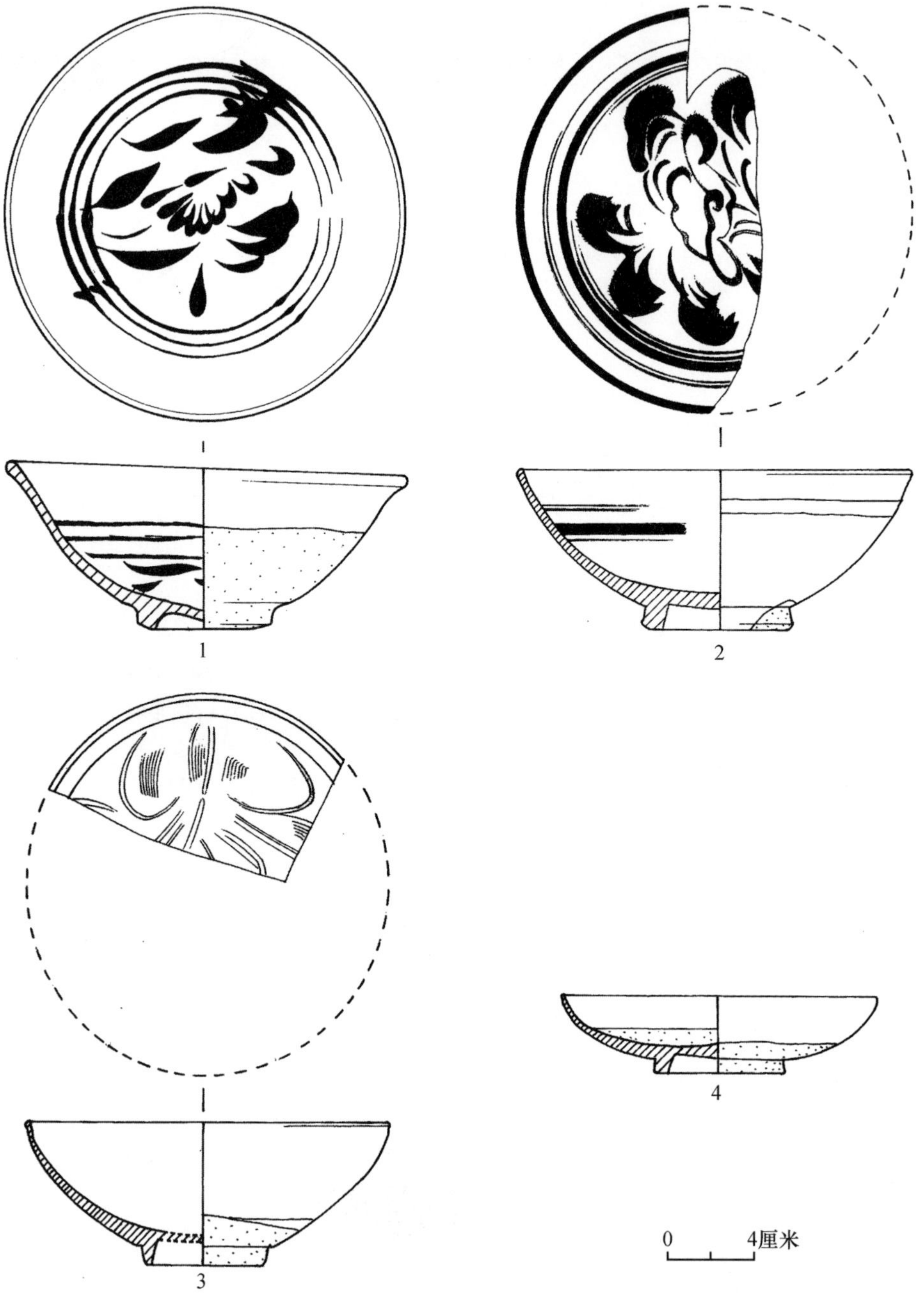

附图二七七　2007YY西ⅠT9H247出土瓷器
1~3.瓷碗（2007YY西ⅠT9H247：1、2007YY西ⅠT9H247：2、2007YY西ⅠT9H247：3）　4.瓷盘（2007YY西ⅠT9H247：4）

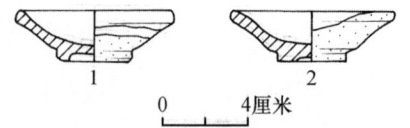

附图二七八　2007YY西ⅠT9H249出土瓷器
1、2.瓷盏（2007YY西ⅠT9H249：2、2007YY西ⅠT9H249：3）

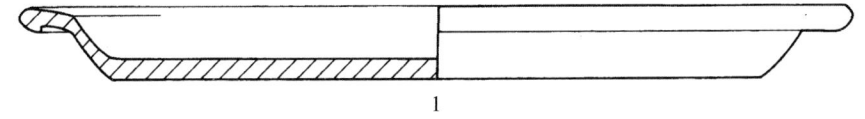

附图二七九　2007YY西ⅠT9H275出土陶器

1、2.陶盘（2007YY西ⅠT9H275:1、2007YY西ⅠT9H275:2）

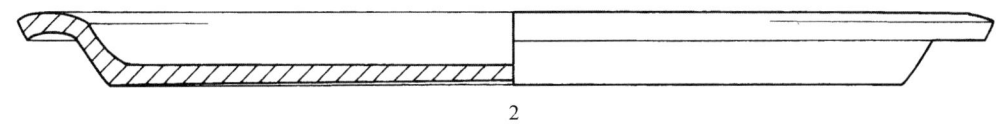

附图二八〇　2007YY西ⅠT9H276出土瓷器

1.瓷盘（2007YY西ⅠT9H276:1）　2.瓷器盖（2007YY西ⅠT9H276:2）

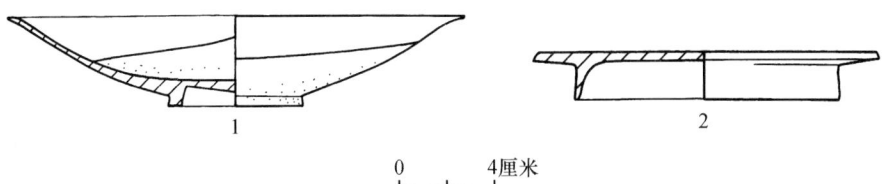

附图二八一　2007YY西ⅠT9H345出土瓷器　　　附图二八二　2007YY西ⅠT9H347出土瓷器

瓷盘（2007YY西ⅠT9H345:1）　　　1.瓷碗（2007YY西ⅠT9H347:1）　2.瓷碟（2007YY西ⅠT9H347:2）

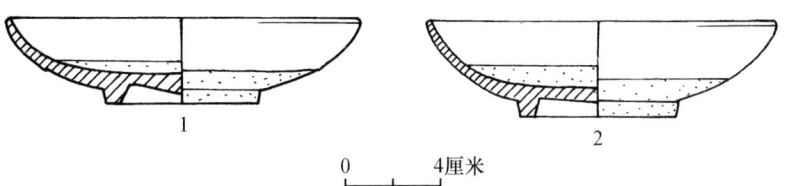

附图二八三　2007YY西ⅠT9H352出土瓷器

1、2.瓷盘（2007YY西ⅠT9H352:2、2007YY西ⅠT9H352:1）

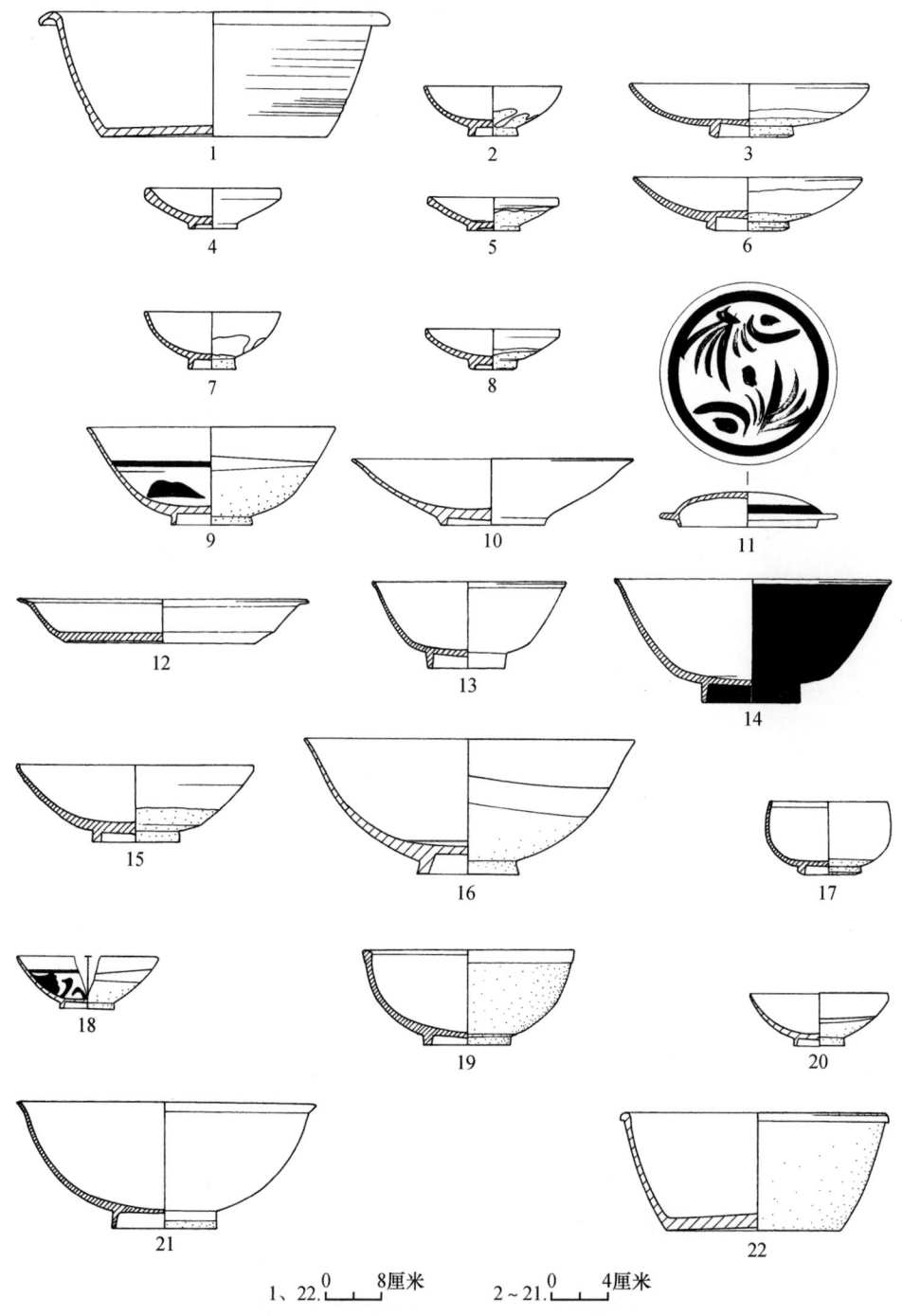

附图二八四　2007YY西ⅠT9J7出土陶瓷器

1. 陶盆（2007YY西ⅠT9J7：1）　2、4、5、7、8、18、20. 瓷盏（2007YY西ⅠT9J7：2、2007YY西ⅠT9J7：4、2007YY西ⅠT9J7：5、2007YY西ⅠT9J7：7、2007YY西ⅠT9J7：8、2007YY西ⅠT9J7：19、2007YY西ⅠT9J7：24）　3、6、10、12. 瓷盘（2007YY西ⅠT9J7：3、2007YY西ⅠT9J7：6、2007YY西ⅠT9J7：10、2007YY西ⅠT9J7：13）　9、13～17、19、21. 瓷碗（2007YY西ⅠT9J7：12、2007YY西ⅠT9J7：14、2007YY西ⅠT9J7：15、2007YY西ⅠT9J7：16、2007YY西ⅠT9J7：17、2007YY西ⅠT9J7：18、2007YY西ⅠT9J7：23、2007YY西ⅠT9J7：25）　11. 瓷器盖（2007YY西ⅠT9J7：11）　22. 瓷盆（2007YY西ⅠT9J7：26）

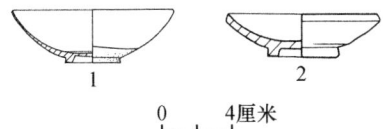

附图二八五　2007YY西ⅠT10H142出土瓷器

1. 瓷碗（2007YY西ⅠT10H142：1）　2. 瓷盏（2007YY西ⅠT10H142：2）

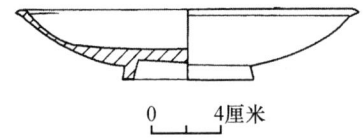

附图二八六　2007YY西ⅠT10H157瓷器

瓷盘（2007YY西ⅠT10H157：1）

附图二八七　2007YY西ⅠT10Z11出土瓷器

瓷灯盏（2007YY西ⅠT10Z11：1）

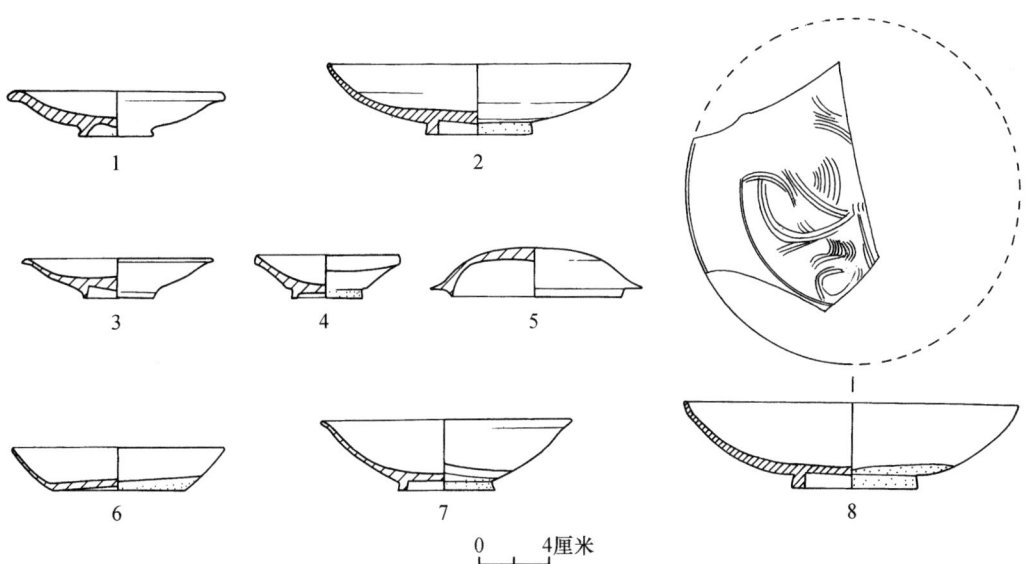

附图二八八　2007YY西ⅠT11③出土瓷器

1、3、6. 瓷碟（2007YY西ⅠT11③：3、2007YY西ⅠT11③：12、2007YY西ⅠT11③：15）　2、7、8. 瓷盘（2007YY西ⅠT11③：6、2007YY西ⅠT11③：16、2007YY西ⅠT11③：8）　4. 瓷盏（2007YY西ⅠT11③：13）　5. 瓷器盖（2007YY西ⅠT11③：14）

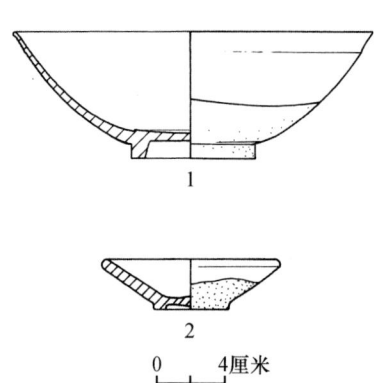

附图二八九　2007YY西ⅠT11④出土瓷器

1.瓷碗（2007YY西ⅠT11④：1）　2.瓷盏（2007YY西ⅠT11④：2）

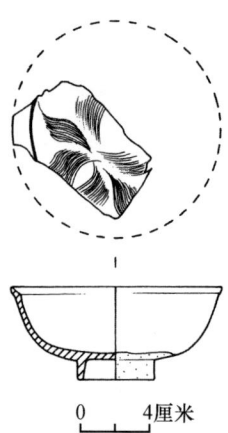

附图二九〇　2007YY西ⅠT11H33出土瓷器

瓷碗（2007YY西ⅠT11H33：2）

附图二九一　2007YY西ⅠT11H34出土瓷器

1～3.瓷盏（2007YY西ⅠT11H34：1、2007YY西ⅠT11H34：2、2007YY西ⅠT11H34：4）

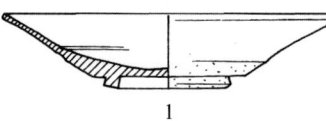

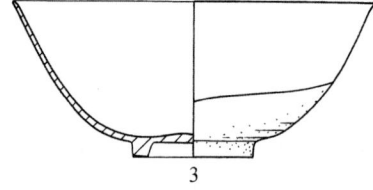

附图二九二　2007YY西ⅠT11H80出土瓷器

1、2.瓷盘（2007YY西ⅠT11H80：1、2007YY西ⅠT11H80：2）　3.瓷碗（2007YY西ⅠT11H80：4）

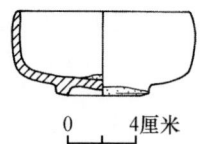

附图二九三　2007YY西ⅠT11H93瓷器

瓷碗（2007YY西ⅠT11H93：2）

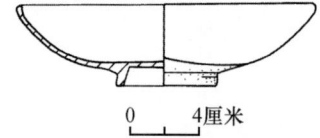

附图二九四　2007YY西ⅠT11H94出土瓷器

瓷盘（2007YY西ⅠT11H94：2）

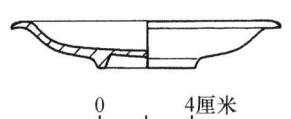

附图二九五　2007YY西ⅠT11H110出土瓷器

瓷碟（2007YY西ⅠT11H110∶5）

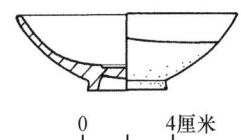

附图二九六　2007YY西ⅠT11H135出土瓷器

瓷盏（2007YY西ⅠT11H135∶1）

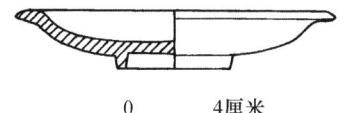

附图二九七　2007YY西ⅠT11H179出土瓷器

瓷盘（2007YY西ⅠT11H179∶1）

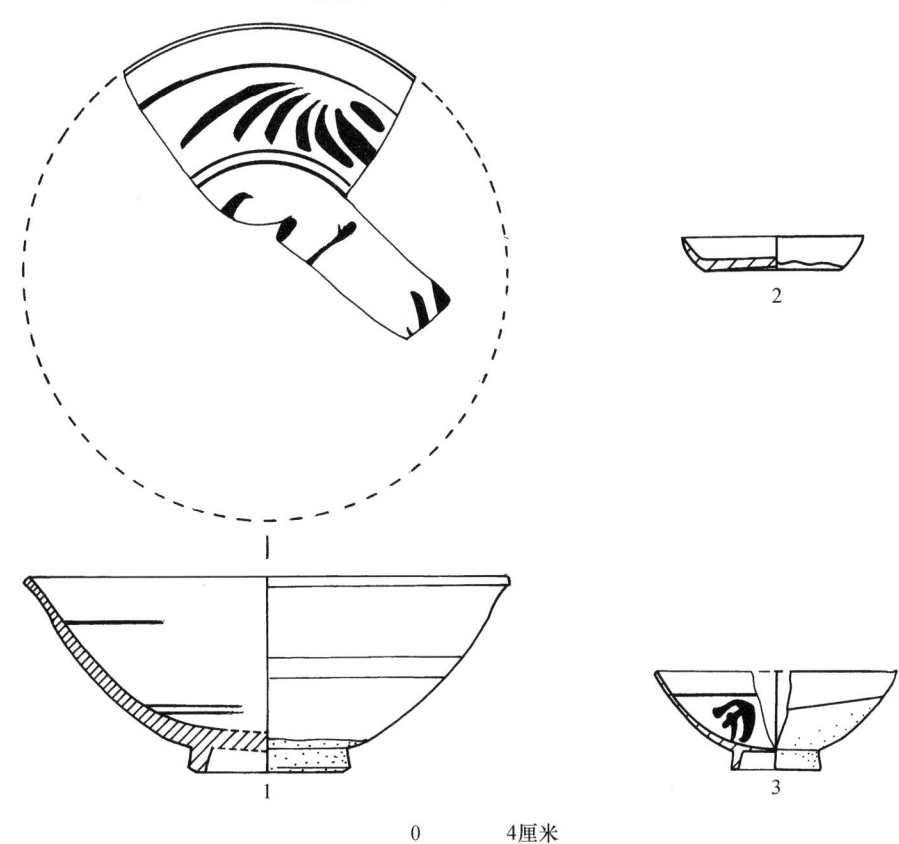

附图二九八　2007YY西ⅠT11H231出土瓷器

1.瓷碗（2007YY西ⅠT11H231∶1）　2.瓷碟（2007YY西ⅠT11H231∶2）　3.瓷盏（2007YY西ⅠT11H231∶3）

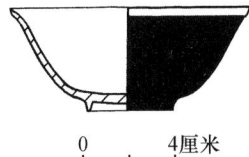

附图二九九　2007YY西ⅠT11H265出土瓷器

瓷碗（2007YY西ⅠT11H265∶1）

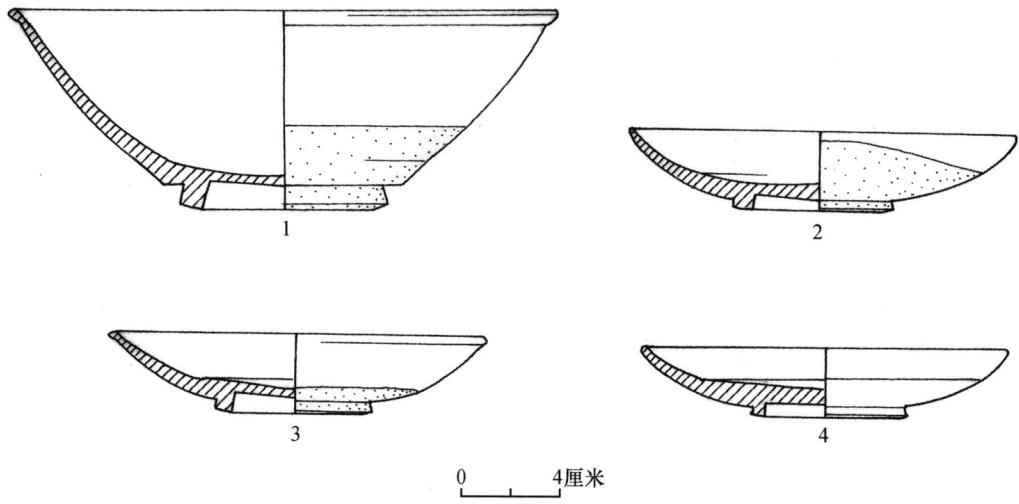

附图三〇〇　2007YY西ⅠT11H311出土瓷器

1.瓷碗（2007YY西ⅠT11H311：1）　2~4.瓷盘（2007YY西ⅠT11H311：3、2007YY西ⅠT11H311：5、2007YY西ⅠT11H311：6）

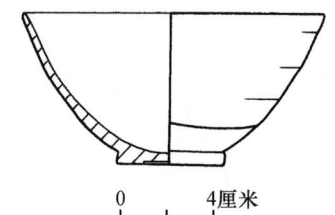

附图三〇一　2007YY西ⅠT11H312出土瓷器

瓷碗（2007YY西ⅠT11H312：1）

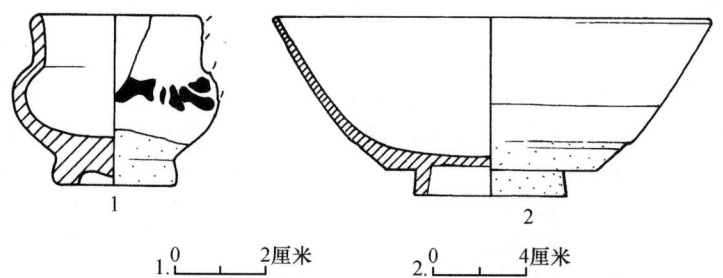

附图三〇二　2007YY西ⅠT11H326瓷器

1.瓷鸟食罐（2007YY西ⅠT11H326：1）　2.瓷碗（2007YY西ⅠT11H326：2）

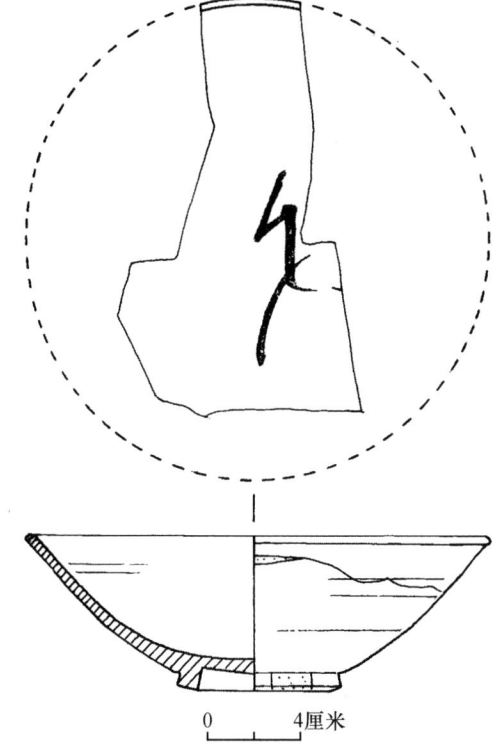

附图三〇三　2007YY西ⅠT11Y2出土瓷器

瓷碗（2007YY西ⅠT11Y2∶3）

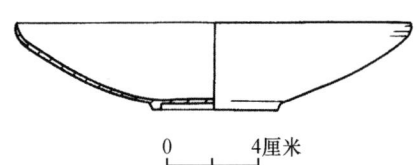

附图三〇四　2007YY西ⅠT11Z6出土瓷器

瓷盘（2007YY西ⅠT11Z6∶1）

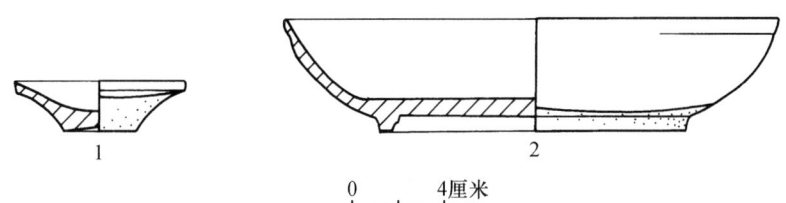

附图三〇五　2007YY西ⅠT11Z7出土瓷器

1. 瓷灯盏（2007YY西ⅠT11Z7∶1）　2. 瓷盘（2007YY西ⅠT11Z7∶2）

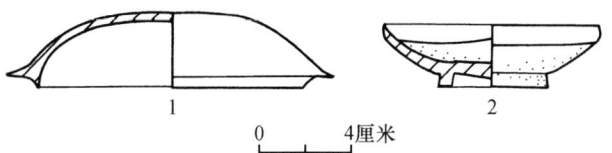

附图三〇六　2007YY西ⅠT12③出土瓷器

1. 瓷器盖（2007YY西ⅠT12③∶1）　2. 瓷盏（2007YY西ⅠT12③∶2）

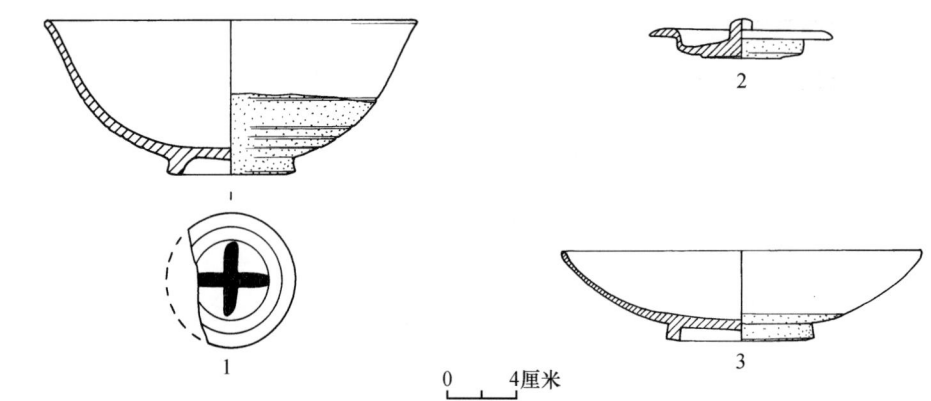

附图三〇七　2007YY西ⅠT12H229出土瓷器
1. 瓷碗（2007YY西ⅠT12H229：1）　2. 瓷器盖（2007YY西ⅠT12H229：4）　3. 瓷盘（2007YY西ⅠT12H229：2）

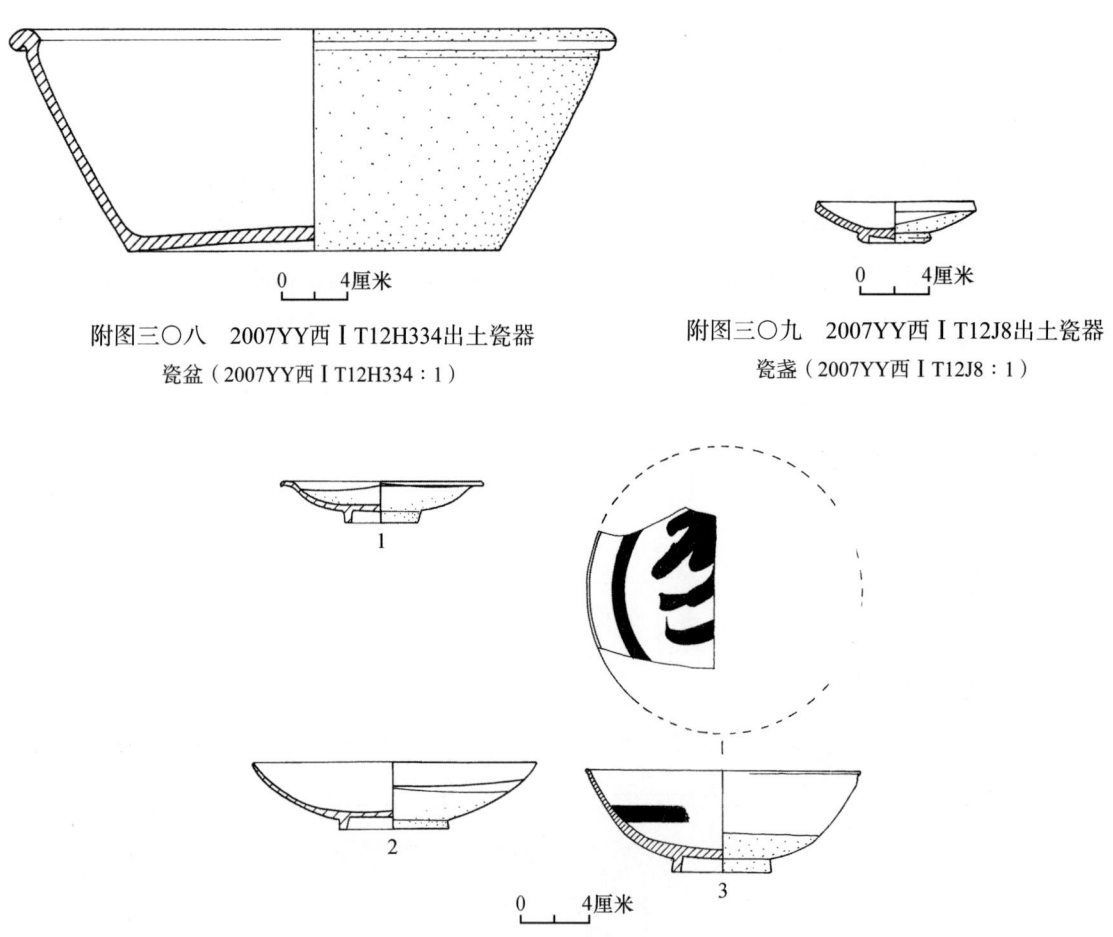

附图三〇八　2007YY西ⅠT12H334出土瓷器
瓷盆（2007YY西ⅠT12H334：1）

附图三〇九　2007YY西ⅠT12J8出土瓷器
瓷盏（2007YY西ⅠT12J8：1）

附图三一〇　2007YY西ⅠT13③出土瓷器
1. 瓷碟（2007YY西ⅠT13③：5）　2. 瓷盘（2007YY西ⅠT13③：3）　3. 瓷碗（2007YY西ⅠT13③：4）

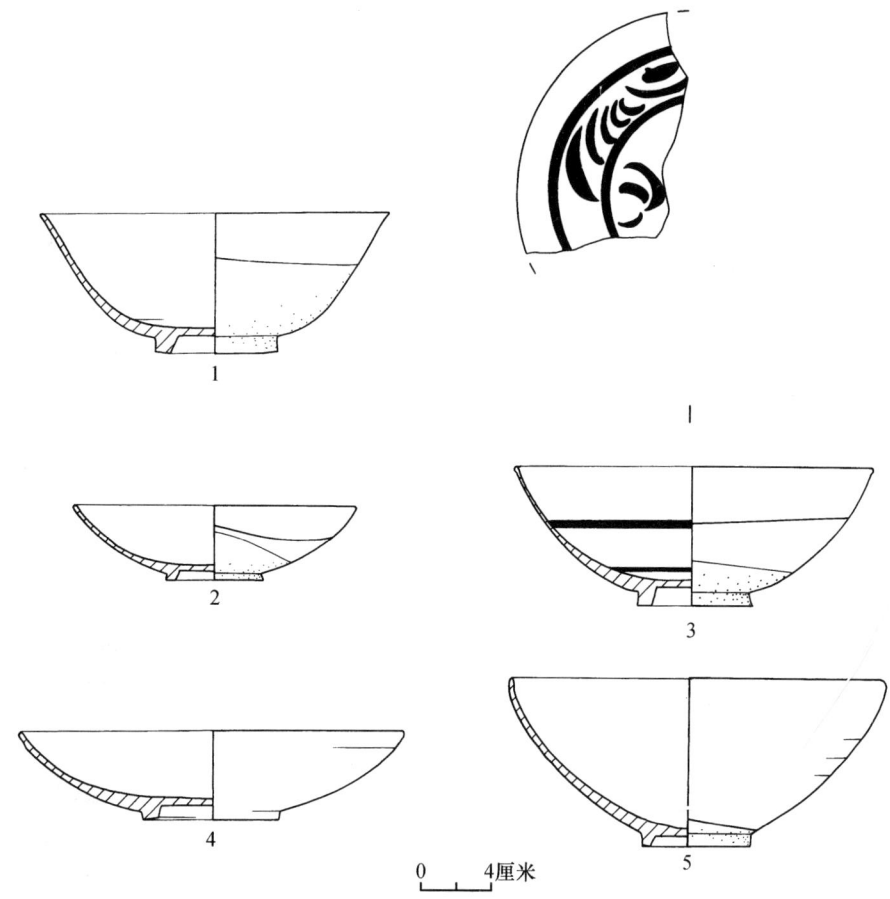

附图三一一　2007YY西ⅠT13H42出土瓷器

1、3、5. 瓷碗（2007YY西ⅠT13H42：1、2007YY西ⅠT13H42：2、2007YY西ⅠT13H42：5）

2、4. 瓷盘（2007YY西ⅠT13H42：3、2007YY西ⅠT13H42：4）

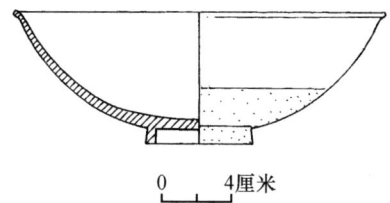

附图三一二　2007YY西ⅠT13H173出土瓷器

瓷碗（2007YY西ⅠT13H173①：1）

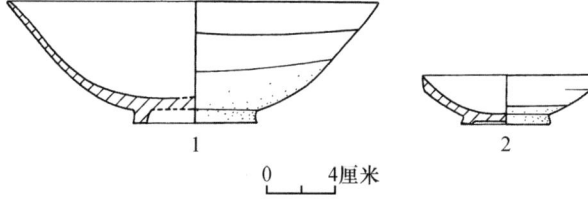

附图三一三　2007YY西ⅠT13H201出土瓷器

1. 瓷碗（2007YY西ⅠT13H201：2）　2. 瓷盏（2007YY西ⅠT13H201：3）

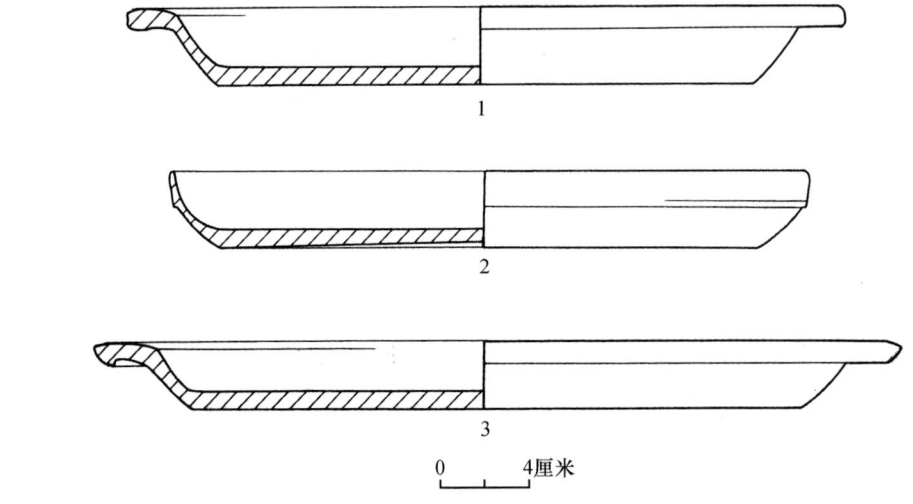

附图三一四　2007YY西ⅠT13H289出土陶器

1~3.陶盘（2007YY西ⅠT13H289：1、2007YY西ⅠT13H289：2、2007YY西ⅠT13H289：4）

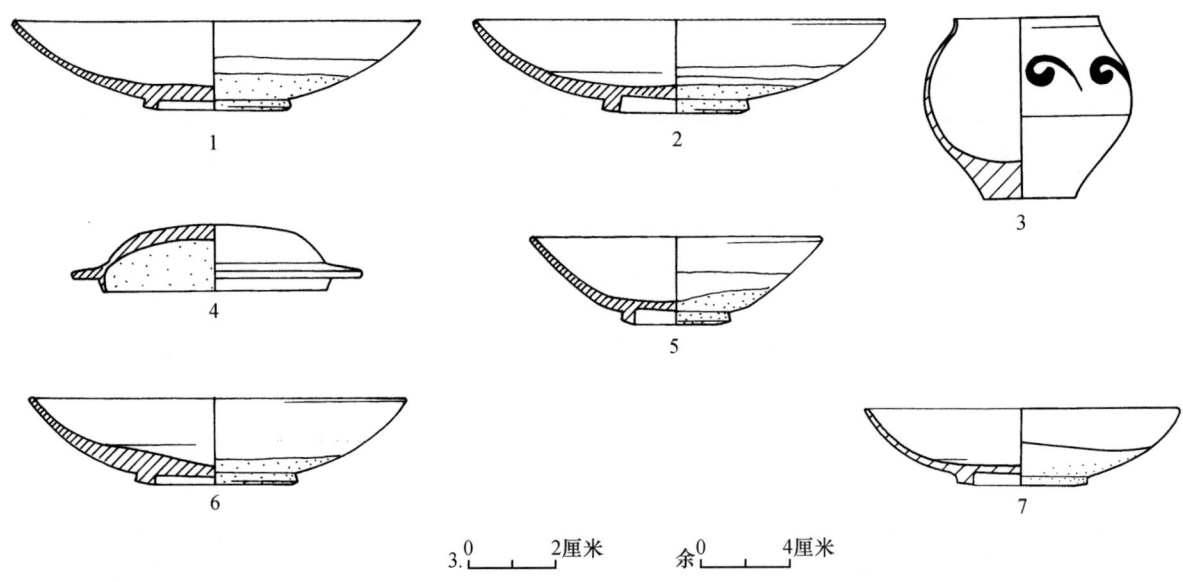

附图三一五　2007YY西ⅠT13H309出土瓷器

1、2、6、7.瓷盘（2007YY西ⅠT13H309②：2、2007YY西ⅠT13H309②：3、2007YY西ⅠT13H309①：1、2007YY西ⅠT13H309①：7）
3.瓷鸟食罐（2007YY西ⅠT13H309②：4）　4.瓷器盖（2007YY西ⅠT13H309②：5）　5.瓷碗（2007YY西ⅠT13H309②：6）

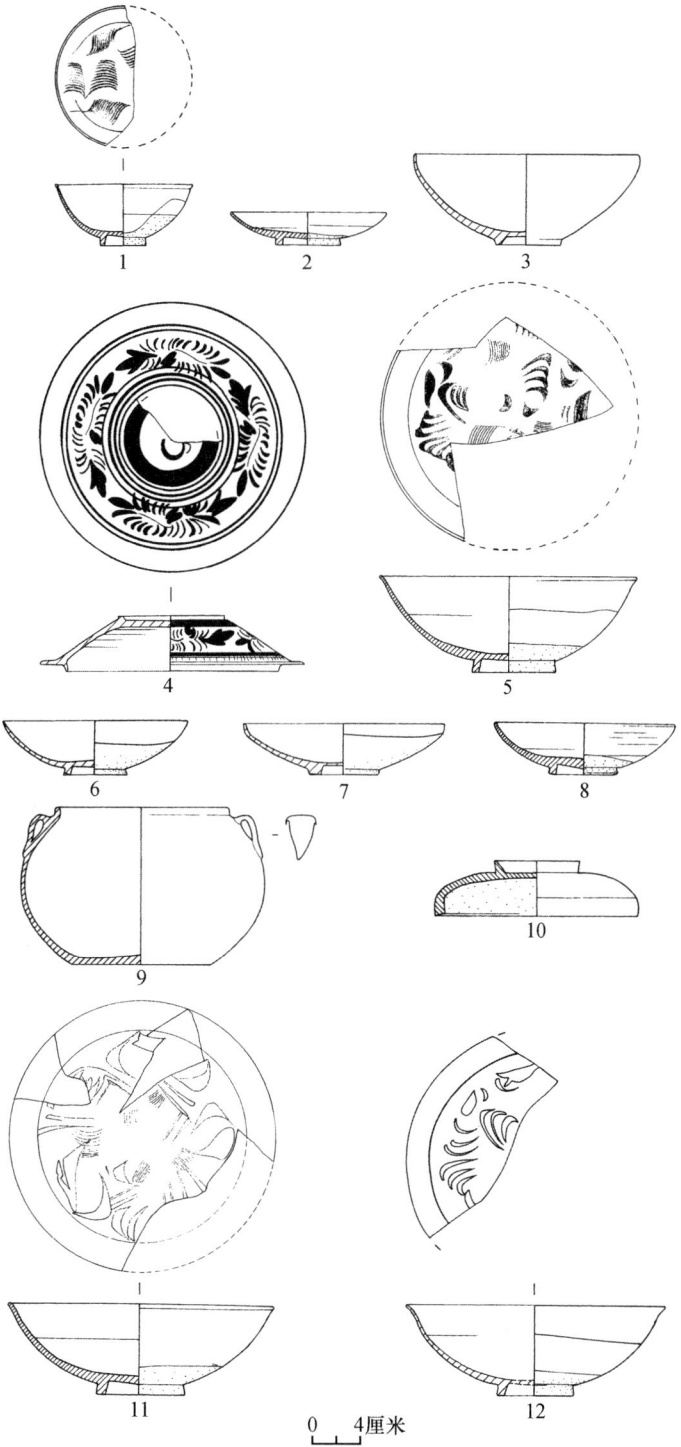

附图三一六　2007YY西ⅠT13J3出土瓷器

1、3、5、11、12. 瓷碗（2007YY西ⅠT13J3∶1、2007YY西ⅠT13J3∶3、2007YY西ⅠT13J3∶5、2007YY西ⅠT13J3∶8、2007YY西ⅠT13J3∶13）　2. 瓷碟（2007YY西ⅠT13J3∶2）　4、10. 瓷器盖（2007YY西ⅠT13J3∶4、2007YY西ⅠT13J3∶12）　6~8. 瓷盘（2007YY西ⅠT13J3∶6、2007YY西ⅠT13J3∶7、2007YY西ⅠT13J3∶14）　9. 瓷罐（2007YY西ⅠT13J3∶10）

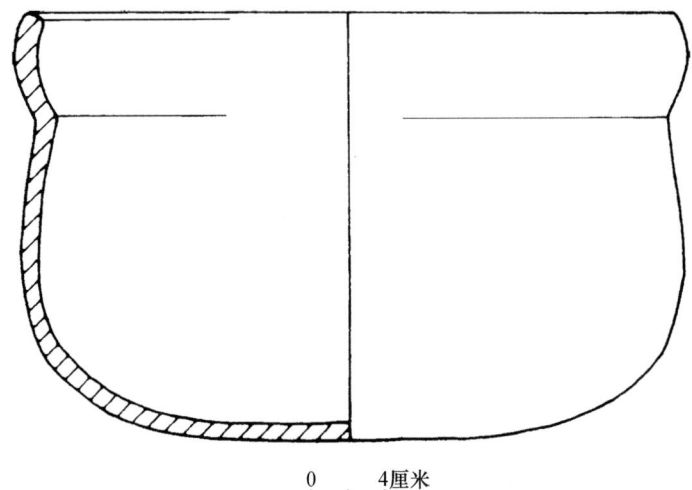

附图三一七　2007YY西ⅠT14③出土陶器

陶釜（2007YY西ⅠT14③：1）

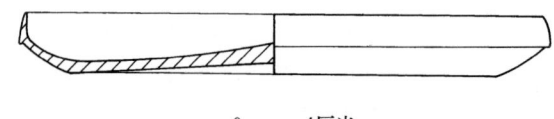

附图三一八　2007YY西ⅠT14H96出土陶器

陶盘（2007YY西ⅠT14H96：1）

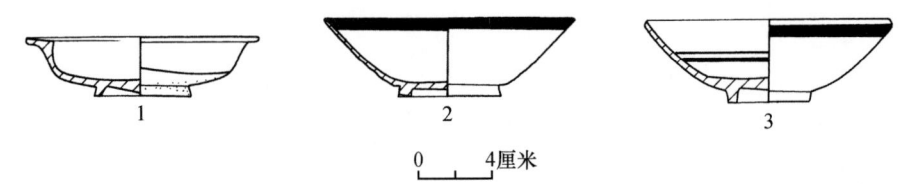

附图三一九　2007YY西ⅠT14H97出土瓷器

1. 瓷碟（2007YY西ⅠT14H97：1）　2、3. 瓷碗（2007YY西ⅠT14H97：2、2007YY西ⅠT14H97：3）

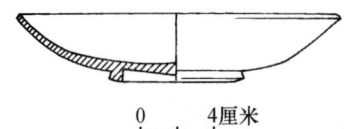

附图三二〇　2007YY西ⅠT14H188出土瓷器

瓷盘（2007YY西ⅠT14H188：1）

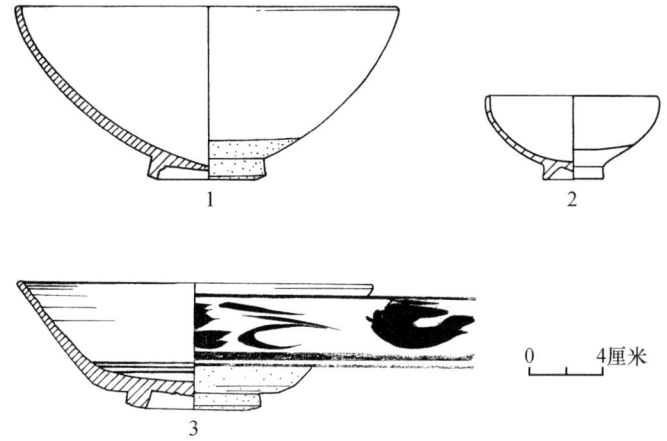

附图三二一　2007YY西ⅠT15③出土瓷器
1~3.瓷碗（2007YY西ⅠT15③：9、2007YY西ⅠT15③：30、2007YY西ⅠT15③：41）

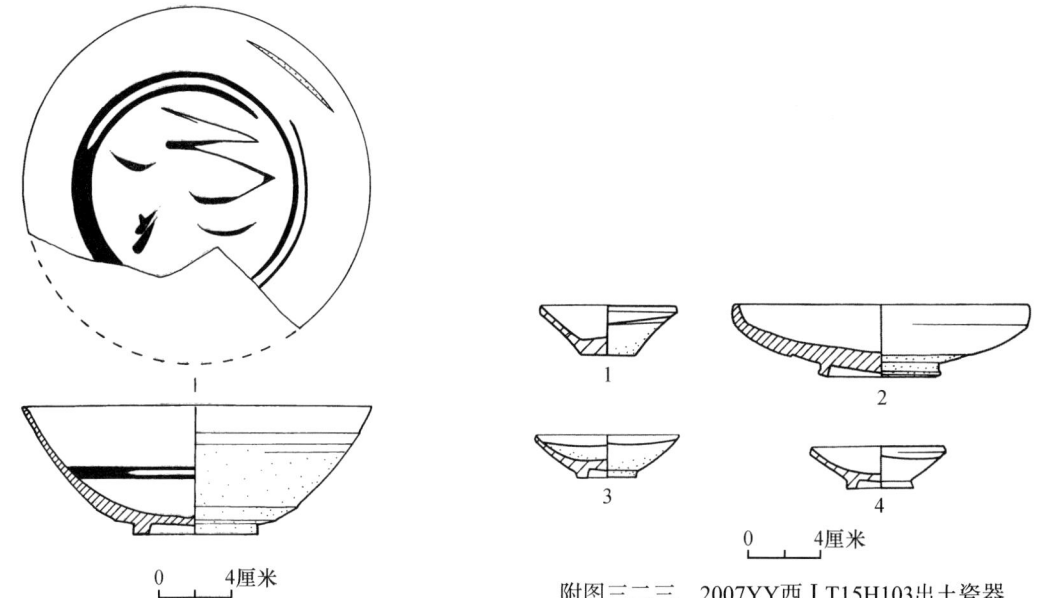

附图三二二　2007YY西ⅠT15H68出土瓷器
瓷碗（2007YY西ⅠT15H68：1）

附图三二三　2007YY西ⅠT15H103出土瓷器
1.瓷灯盏（2007YY西ⅠT15H103：1）　2.瓷盘（2007YY西ⅠT15H103：2）
3、4.瓷盏（2007YY西ⅠT15H103：3、2007YY西ⅠT15H103：4）

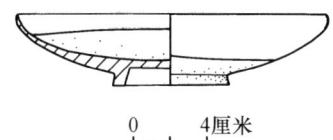

附图三二四　2007YY西ⅠT15H115出土瓷器
瓷盘（2007YY西ⅠT15H115：2）

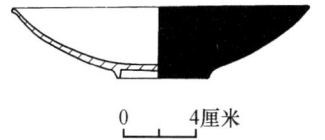

附图三二五　2007YY西ⅠT15H120出土瓷器
瓷盘（2007YY西ⅠT15H120：1）

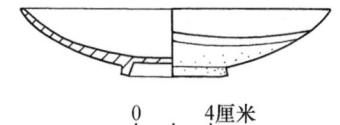

附图三二六　2007YY西ⅠT15H129出土瓷器

瓷盘（2007YY西ⅠT15H129：1）

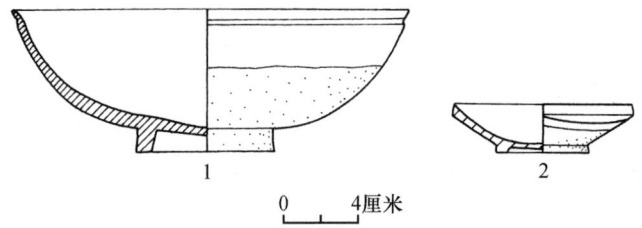

附图三二七　2007YY西ⅠT15H134出土瓷器

1. 瓷碗（2007YY西ⅠT15H134：1）　2. 瓷盏（2007YY西ⅠT15H134：2）

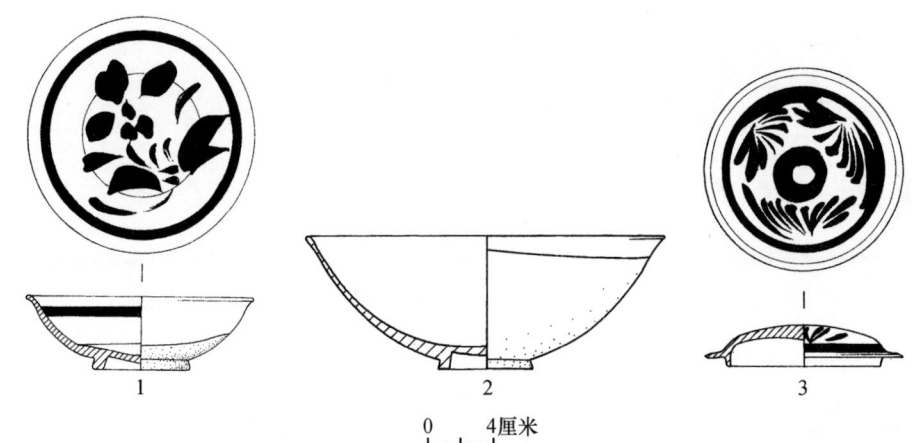

附图三二八　2007YY西ⅠT15H196出土瓷器

1、2. 瓷碗（2007YY西ⅠT15H196：1、2007YY西ⅠT15H196：3）　3. 瓷器盖（2007YY西ⅠT15H196：2）

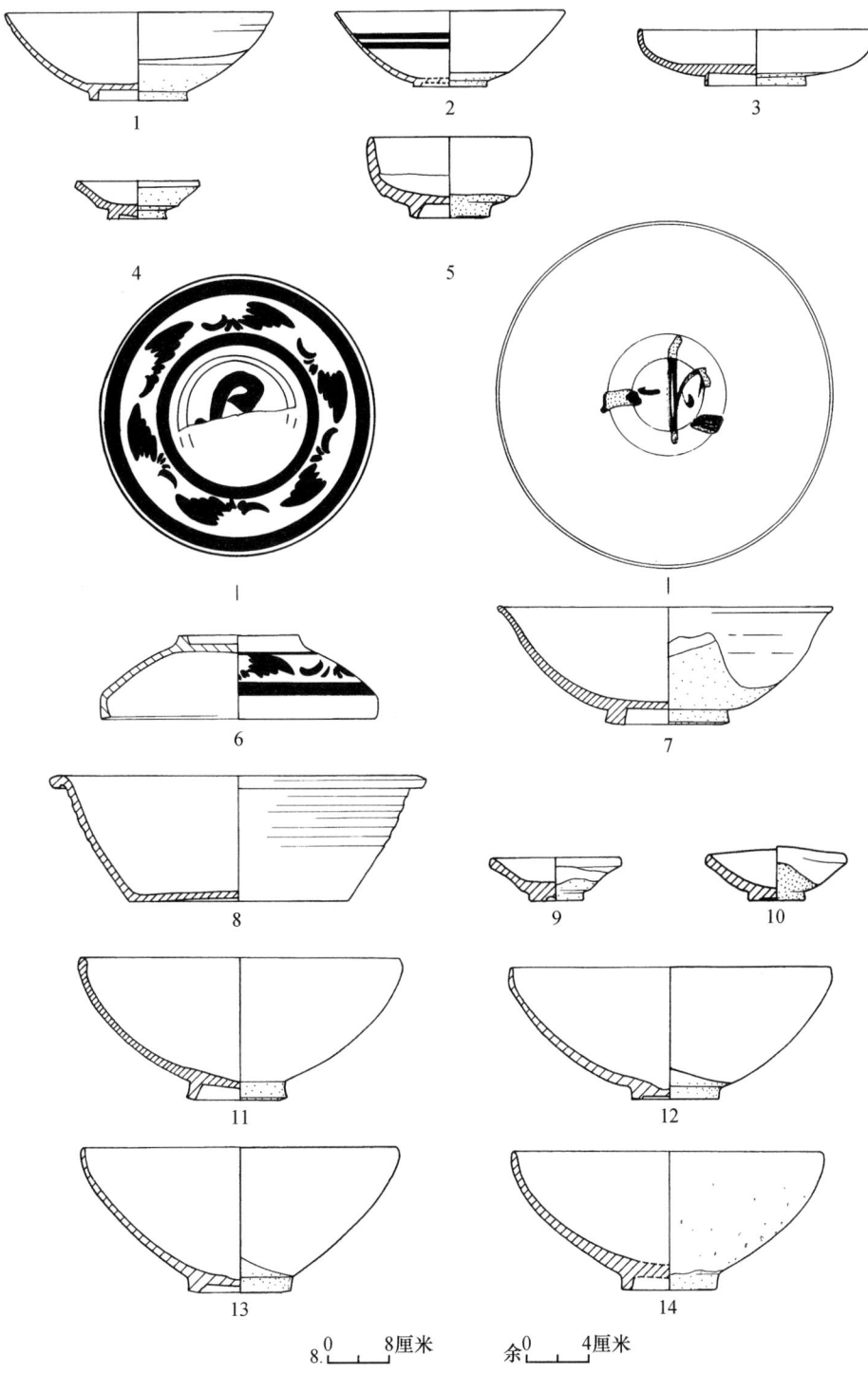

附图三二九　2007YY西ⅠT15H351出土陶瓷器

1、2、5、7、11~14. 瓷碗（2007YY西ⅠT15H351①：2、2007YY西ⅠT15H351①：3、2007YY西ⅠT15H351③：9、2007YY西ⅠT15H351③：10、2007YY西ⅠT15H351③：15、2007YY西ⅠT15H351③：16、2007YY西ⅠT15H351③：17、2007YY西ⅠT15H351③：18）　3. 瓷盘（2007YY西ⅠT15H351③：7）　4、9、10. 瓷盏（2007YY西ⅠT15H351③：8、2007YY西ⅠT15H351③：13、2007YY西ⅠT15H351③：14）　6. 瓷器盖（2007YY西ⅠT15H351①：4）　8. 陶盆（2007YY西ⅠT15H351③：12）

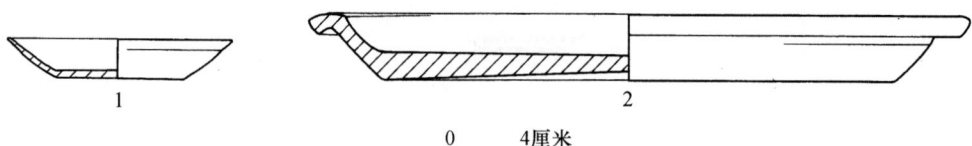

附图三三〇　2007YY西ⅠT15H371出土陶瓷器
1. 素烧碟（2007YY西ⅠT15H371：1）　2. 陶盘（2007YY西ⅠT15H371：2）

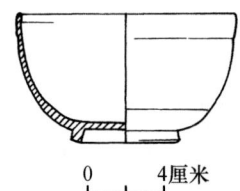

附图三三一　2007YY西ⅠT15H377出土瓷器
瓷碗（2007YY西ⅠT15H377：1）

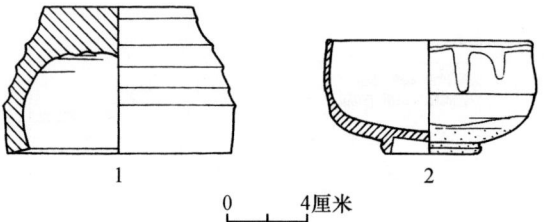

附图三三二　2007YY西ⅠT15J4出土陶瓷器
1. 陶匣钵（2007YY西ⅠT15J4：2）　2. 瓷碗（2007YY西ⅠT15J4：4）

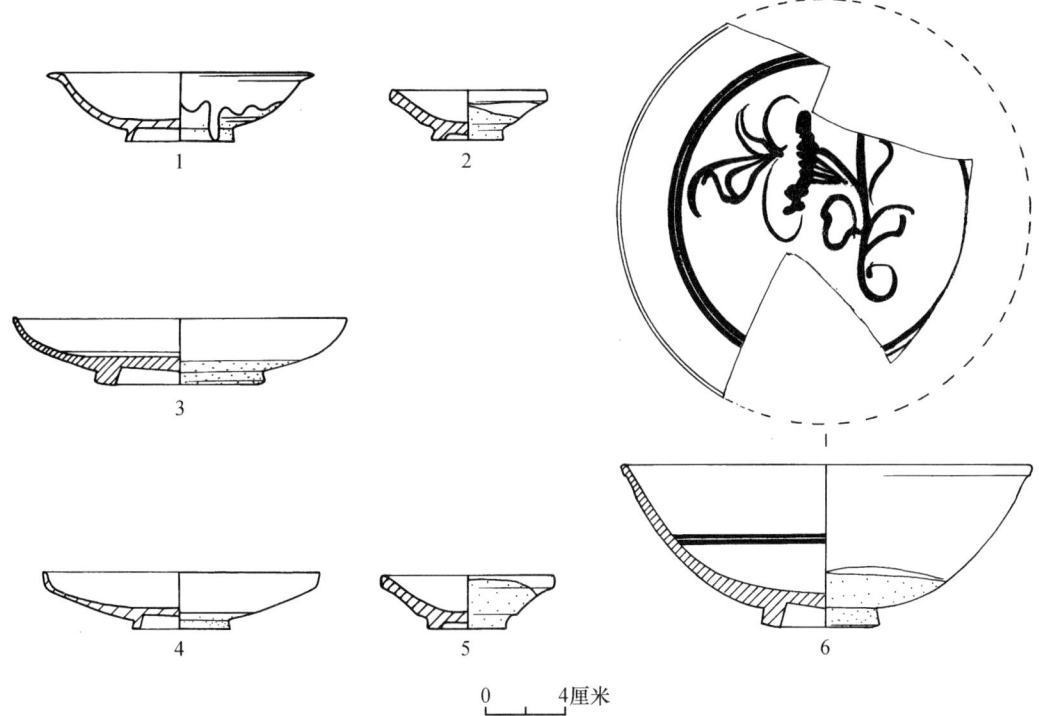

附图三三三　2007YY西ⅠT16③出土瓷器

1.瓷碟（2007YY西ⅠT16③：1）　2、5.瓷盏（2007YY西ⅠT16③：2、2007YY西ⅠT16③：5）

3、4.瓷盘（2007YY西ⅠT16③：4、2007YY西ⅠT16③：3）　6.瓷碗（2007YY西ⅠT16③：6）

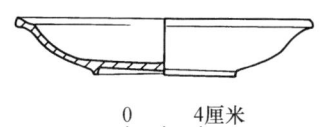

附图三三四　2007YY西ⅠT16H155出土瓷器

瓷盘（2007YY西ⅠT16H155：1）

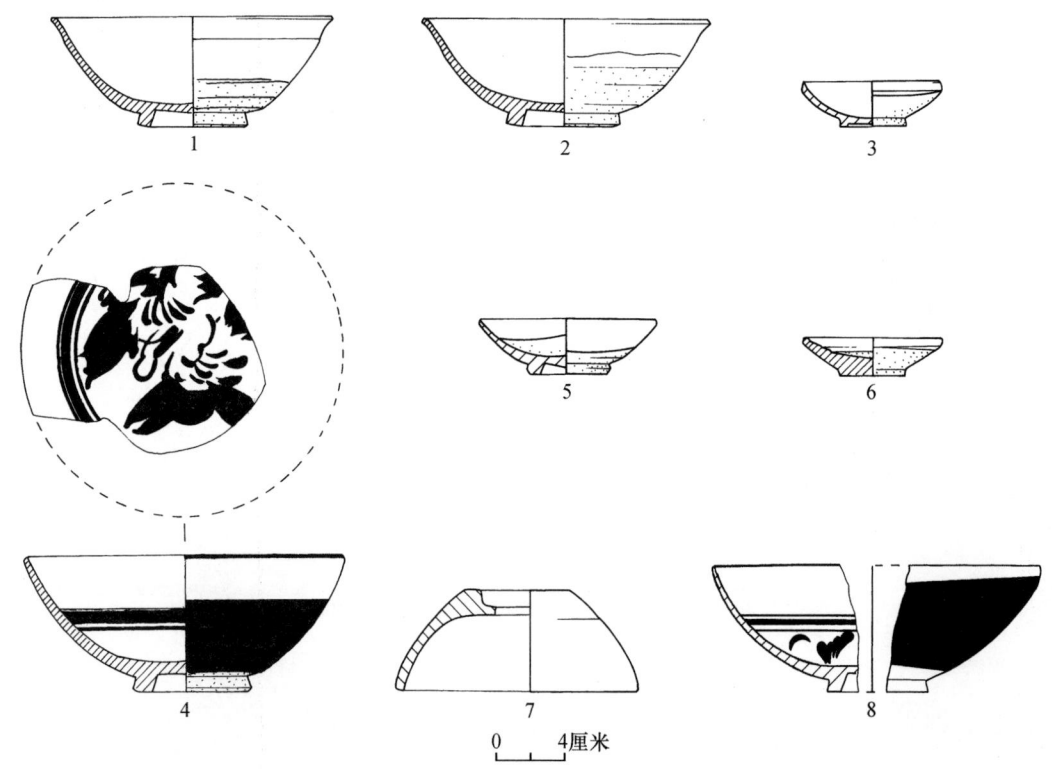

附图三三五　2007YY西ⅠT17③出土陶瓷器

1、2、4、8.瓷碗（2007YY西ⅠT17③：1、2007YY西ⅠT17③：5、2007YY西ⅠT17③：8、2007YY西ⅠT17③：13）　3、5.瓷盏（2007YY西ⅠT17③：4、2007YY西ⅠT17③：6）　6.瓷灯盏（2007YY西ⅠT17③：9）　7.陶匣钵（2007YY西ⅠT17③：11）

附图三三六　2007YY西ⅠT17H88出土瓷器
瓷碗（2007YY西ⅠT17H88：1）

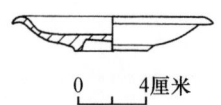

附图三三七　2007YY西ⅠT17H292出土瓷器
瓷碟（2007YY西ⅠT17H292：1）

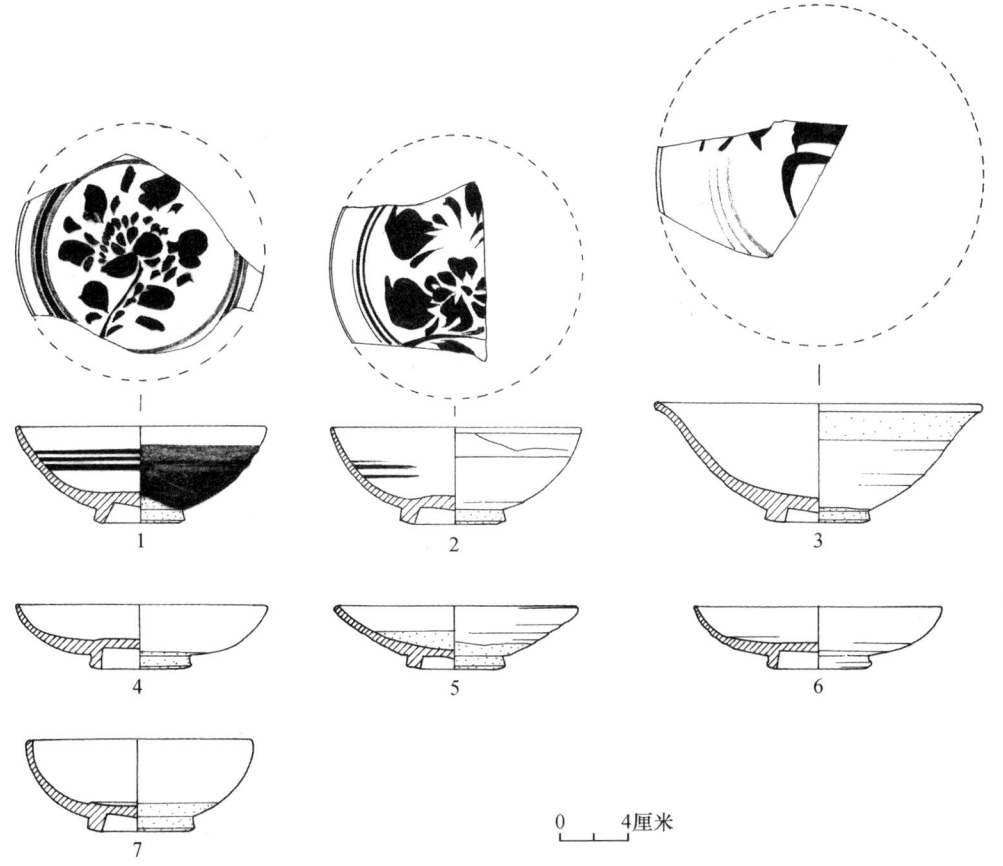

附图三三八　2007YY西ⅠT17H293出土瓷器

1~3、7. 瓷碗（2007YY西ⅠT17H293：1、2007YY西ⅠT17H293：6、2007YY西ⅠT17H293：7、2007YY西ⅠT17H293：3）
4~6. 瓷盘（2007YY西ⅠT17H293：2、2007YY西ⅠT17H293：4、2007YY西ⅠT17H293：5）

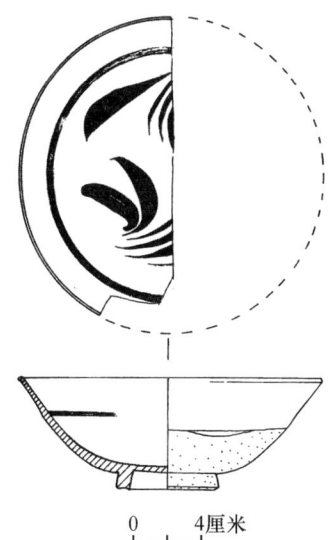

附图三三九　2007YY西ⅠT17H308出土瓷器

瓷碗（2007YY西ⅠT17H308：1）

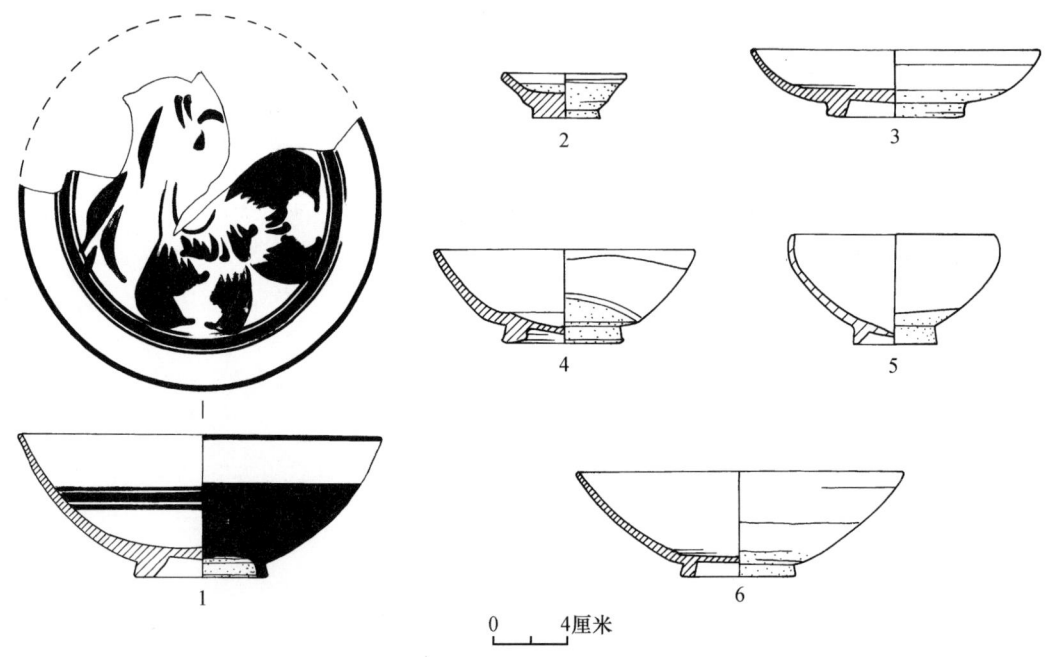

附图三四〇　2007YY西ⅠT17H310出土瓷器

1、4~6. 瓷碗（2007YY西ⅠT17H310∶1、2007YY西ⅠT17H310∶3、2007YY西ⅠT17H310∶4、2007YY西ⅠT17H310∶5）　2. 瓷灯盏（2007YY西ⅠT17H310∶2）　3. 瓷盘（2007YY西ⅠT17H310∶7）

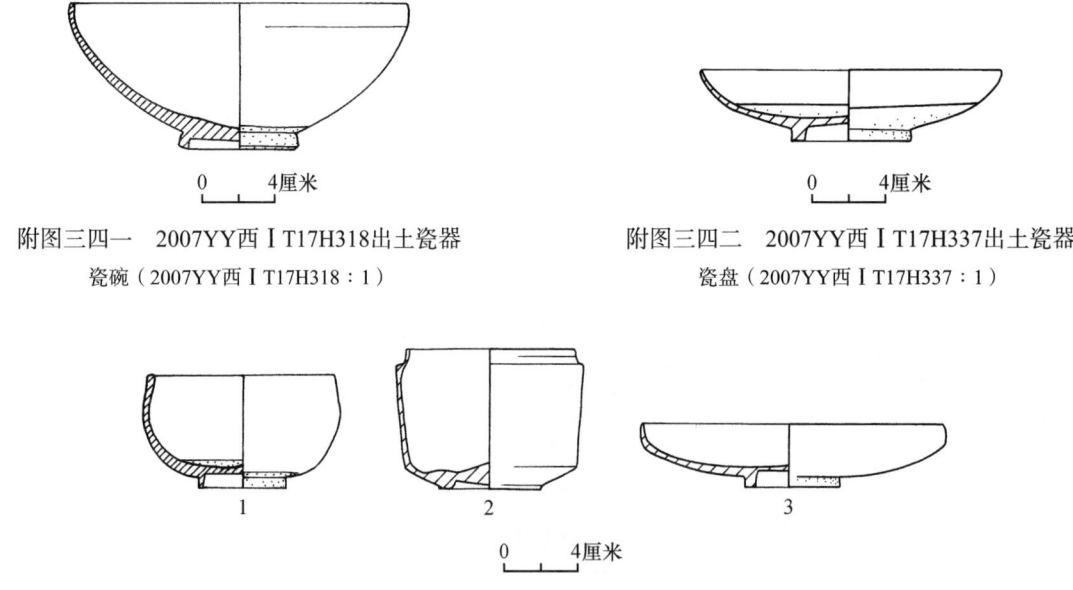

附图三四一　2007YY西ⅠT17H318出土瓷器

瓷碗（2007YY西ⅠT17H318∶1）

附图三四二　2007YY西ⅠT17H337出土瓷器

瓷盘（2007YY西ⅠT17H337∶1）

附图三四三　2007YY西ⅠT17H338出土瓷器

1. 瓷碗（2007YY西ⅠT17H338∶1）　2. 瓷盒（2007YY西ⅠT17H338∶2）　3. 瓷盘（2007YY西ⅠT17H338∶3）

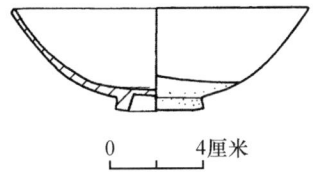

附图三四四　2007YY西ⅠT17H339出土瓷器

瓷碗（2007YY西ⅠT17H339∶1）

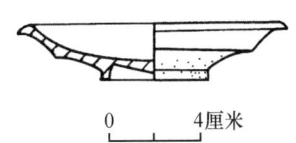

附图三四五　2007YY西ⅠT17H340出土瓷器

瓷碟（2007YY西ⅠT17H340∶1）

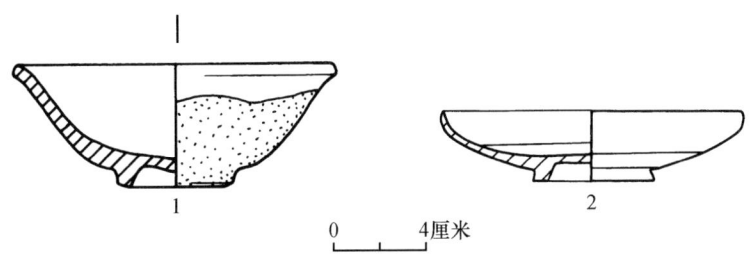

附图三四六　2007YY西ⅠT17H349出土瓷器

1. 瓷碗（2007YY西ⅠT17H349∶1）　2. 瓷碟（2007YY西ⅠT17H349∶2）

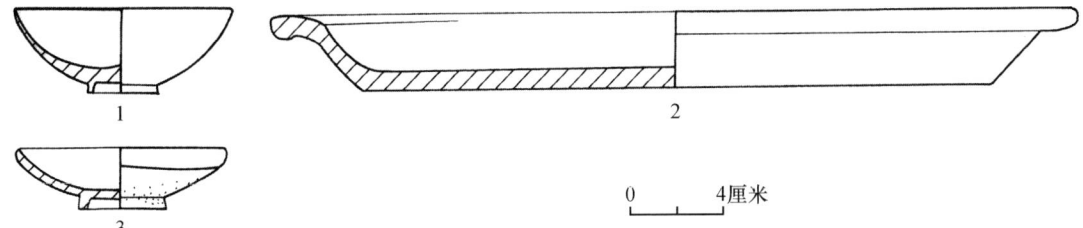

附图三四七　2007YY西ⅠT17J12出土陶瓷器

1、3. 瓷盏（2007YY西ⅠT17J12∶1、2007YY西ⅠT17J12∶9）　2. 陶盘（2007YY西ⅠT17J12∶8）

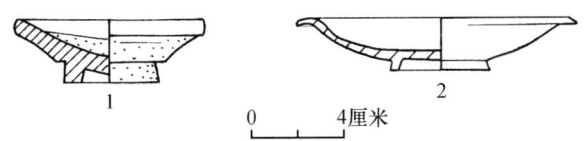

附图三四八　2007YY西ⅠT17Z12出土瓷器

1. 瓷盏（2007YY西ⅠT17Z12∶1）　2. 瓷碟（2007YY西ⅠT17Z12∶2）

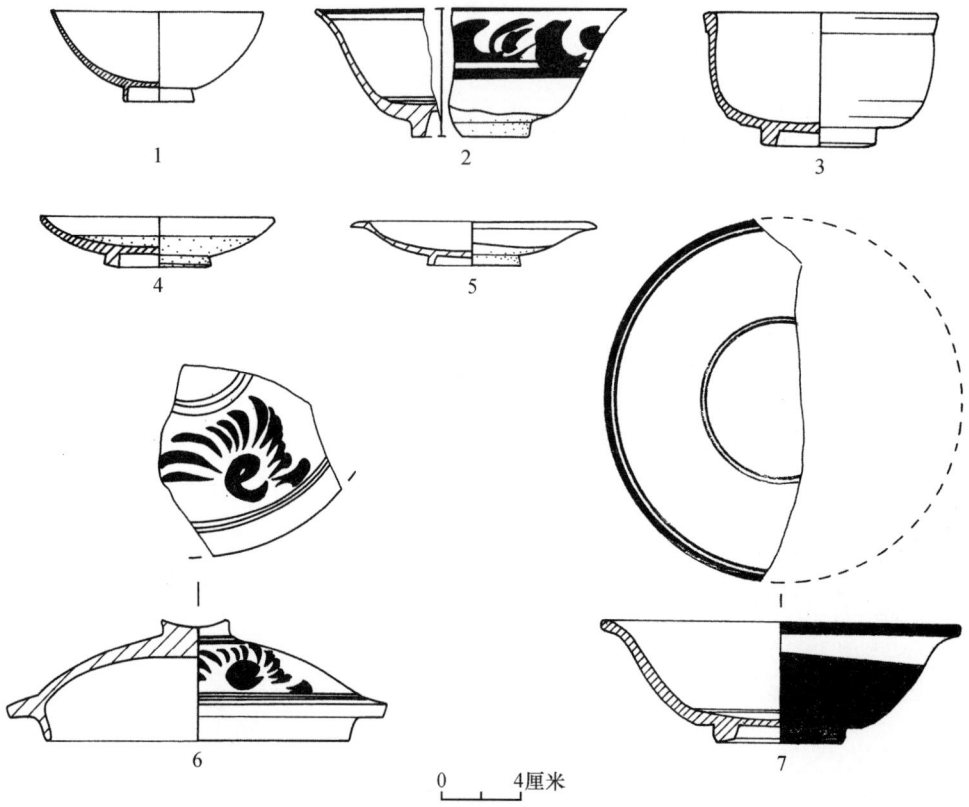

附图三四九　2007YY西ⅠT18③出土瓷器

1. 瓷盏（2007YY西ⅠT18③：13）　2、3、7. 瓷碗（2007YY西ⅠT18③：14、2007YY西ⅠT18③：16、2007YY西ⅠT18③：24）
4、5. 瓷碟（2007YY西ⅠT18③：18、2007YY西ⅠT18③：19）　6. 瓷器盖（2007YY西ⅠT18③：17）

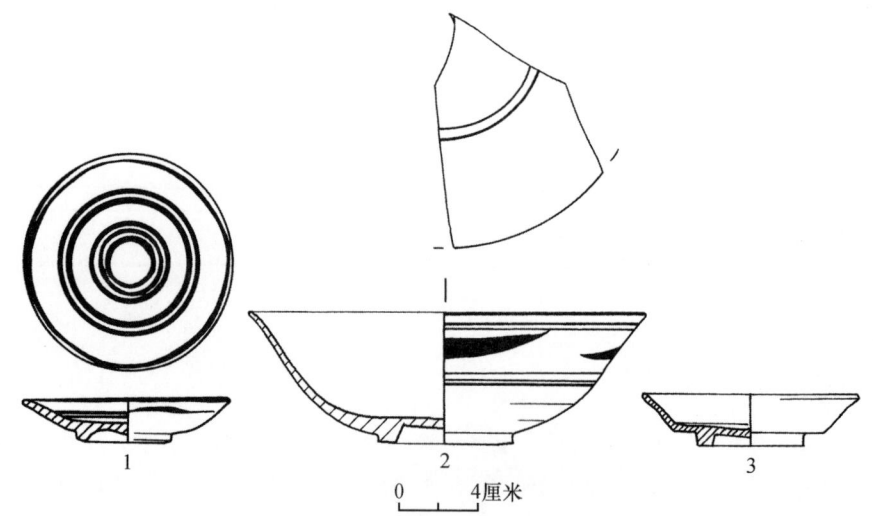

附图三五〇　2007YY西ⅠT18H212出土瓷器

1、3. 瓷碟（2007YY西ⅠT18H212：1、2007YY西ⅠT18H212：2）　2. 瓷碗（2007YY西ⅠT18H212：3）

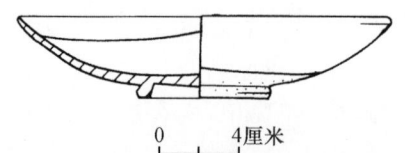

附图三五一　2007YY西ⅠT18H213出土瓷器

瓷盘（2007YY西ⅠT18H213：1）

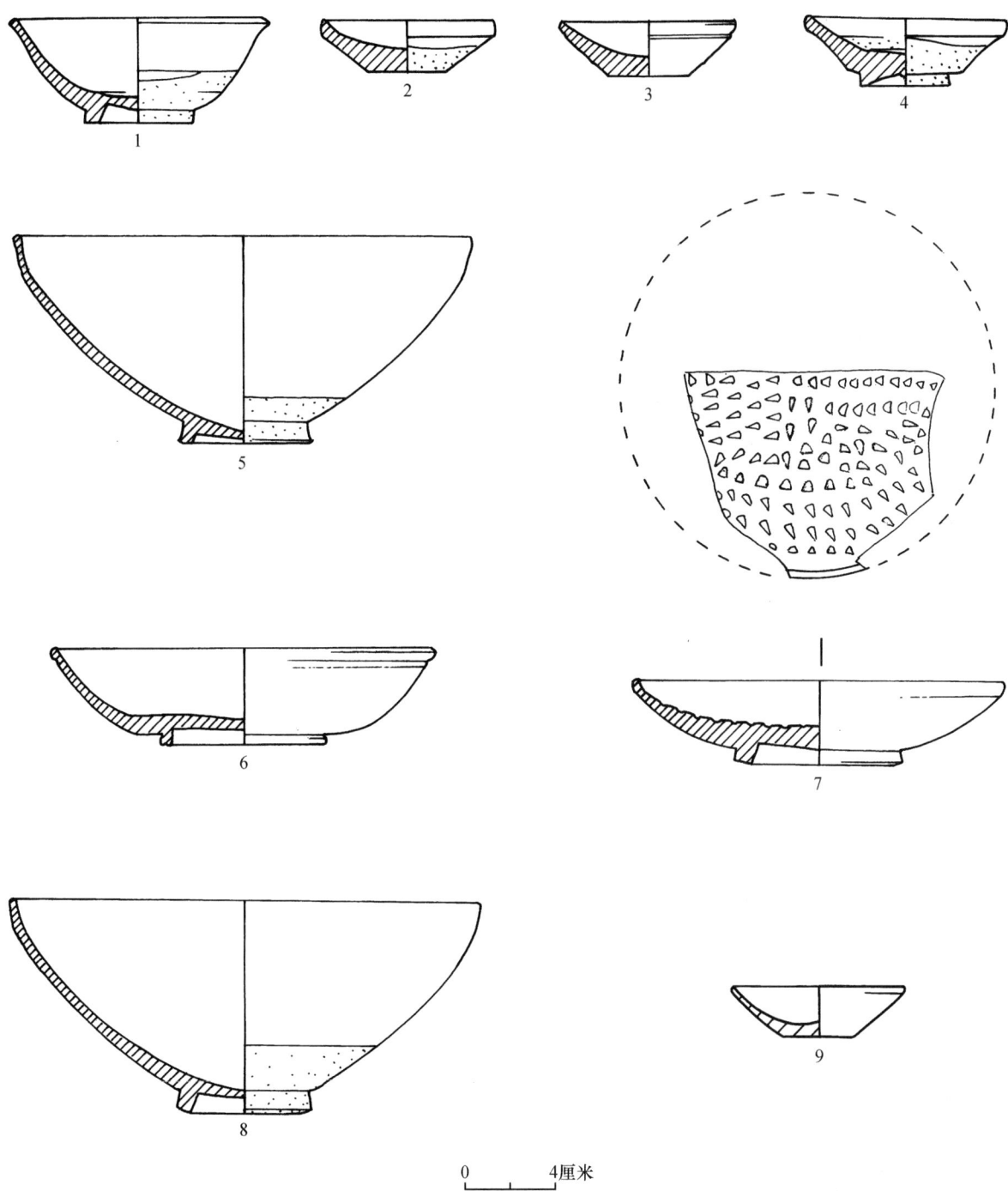

附图三五二　2007YY西ⅠT18H239出土瓷器

1、5、8. 瓷碗（2007YY西ⅠT18H239：1、2007YY西ⅠT18H239：5、2007YY西ⅠT18H239：10）　2、3、9. 瓷灯盏（2007YY西ⅠT18H239：2、2007YY西ⅠT18H239：3、2007YY西ⅠT18H239：13）　4. 瓷盏（2007YY西ⅠT18H239：4）　6. 瓷盘（2007YY西ⅠT18H239：6）　7. 瓷研磨盘（2007YY西ⅠT18H239：9）

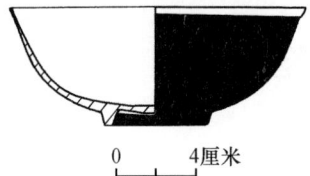

附图三五三　2007YY西ⅠT18H218出土瓷器

瓷碗（2007YY西ⅠT18H218：1）

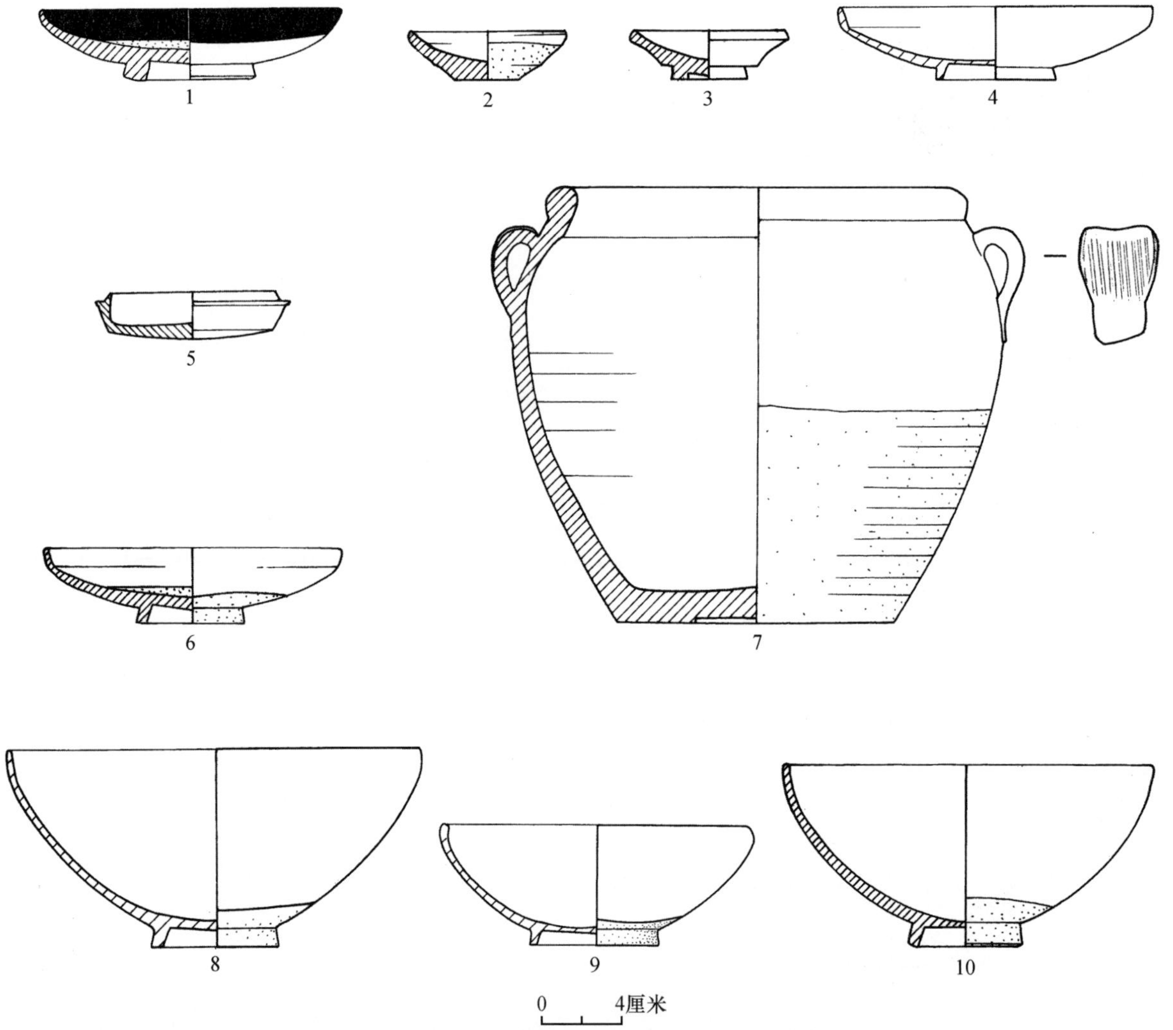

附图三五四　2007YY西ⅠT18H239出土瓷器

1、4、6. 瓷盘（2007YY西ⅠT18H239：15、2007YY西ⅠT18H239：18、2007YY西ⅠT18H239：20）　2. 瓷灯盏（2007YY西ⅠT18H239：16）　3. 瓷盏（2007YY西ⅠT18H239：17）　5. 瓷盒（2007YY西ⅠT18H239：19）　7. 瓷罐（2007YY西ⅠT18H239：21）　8～10. 瓷碗（2007YY西ⅠT18H239：22、2007YY西ⅠT18H239：23、2007YY西ⅠT18H239：24）

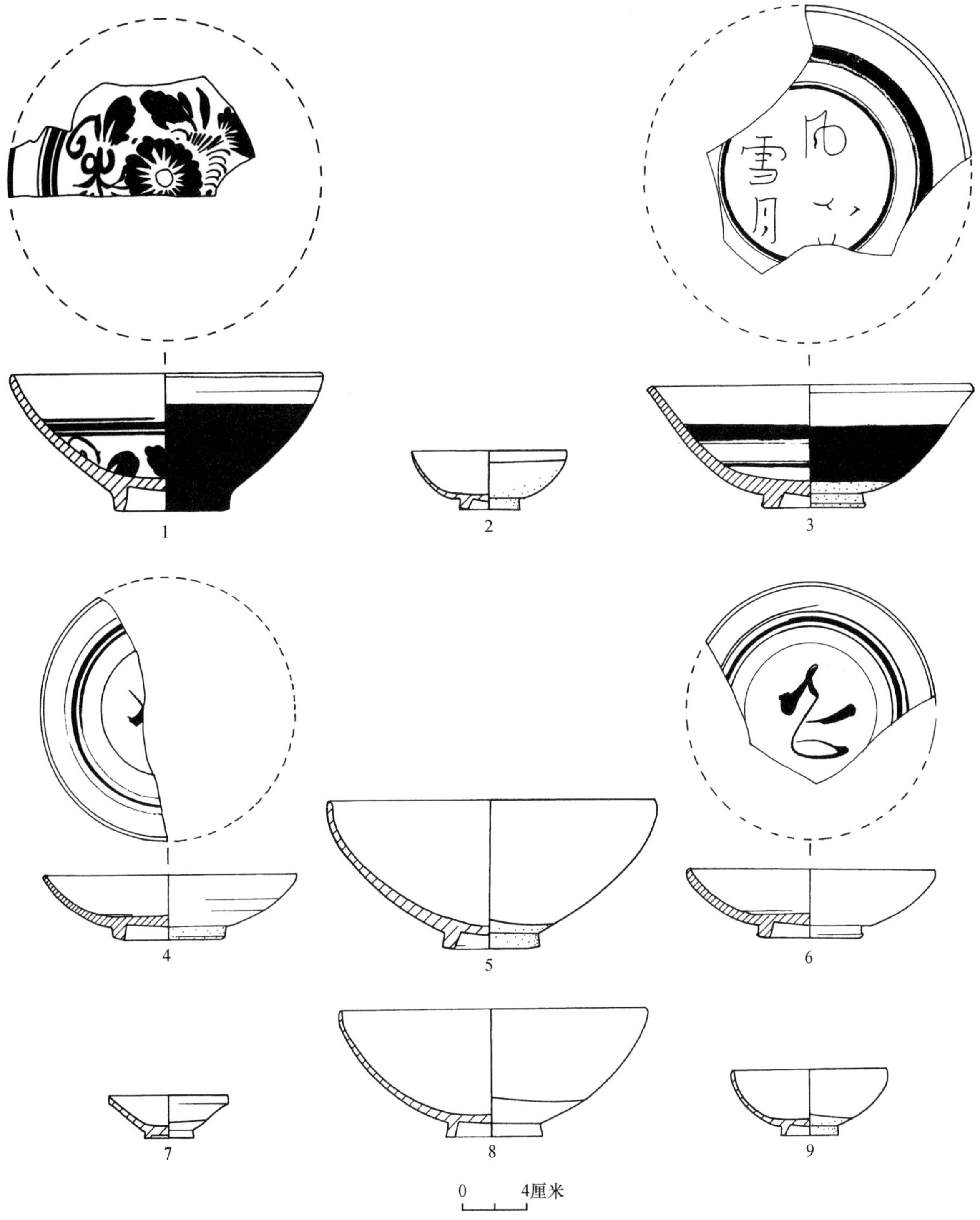

附图三五五　2007YY西ⅠT19③出土瓷器

1、3、5、8、9.瓷碗（2007YY西ⅠT19③：3、2007YY西ⅠT19③：11、2007YY西ⅠT19③：2、2007YY西ⅠT19③：16、2007YY西ⅠT19③：17）　2、7.瓷盏（2007YY西ⅠT19③：1、2007YY西ⅠT19③：15）　4、6.瓷盘（2007YY西ⅠT19③：4、2007YY西ⅠT19③：13）

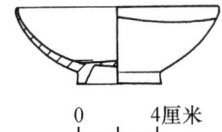

附图三五六　2007YY西ⅠT19H74出土瓷器
瓷盏（2007YY西ⅠT19H74：1）

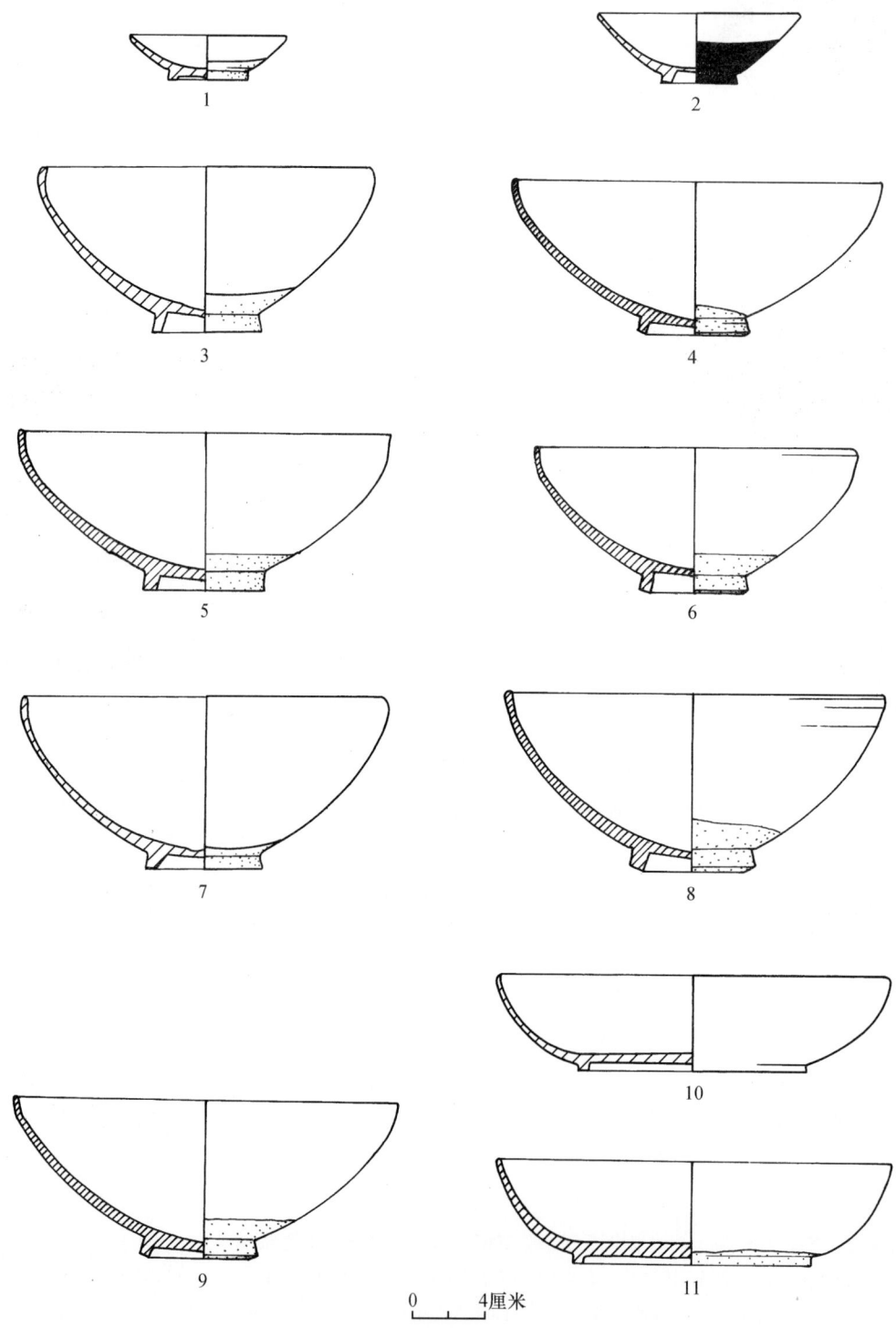

附图三五七　2007YY西ⅠT19H183出土瓷器

1、2. 瓷盏（2007YY西ⅠT19H183：3、2007YY西ⅠT19H183：4）　3~9. 瓷碗（2007YY西ⅠT19H183：5、2007YY西ⅠT19H183：6、2007YY西ⅠT19H183：7、2007YY西ⅠT19H183：8、2007YY西ⅠT19H183：9、2007YY西ⅠT19H183：11、2007YY西ⅠT19H183：12）　10、11. 瓷盘（2007YY西ⅠT19H183：13、2007YY西ⅠT19H183：14）

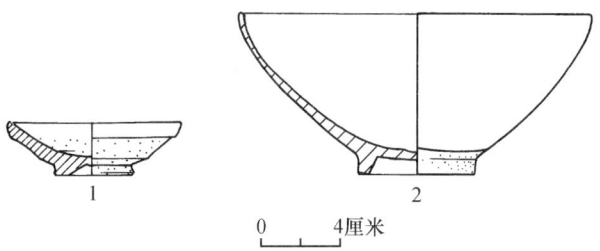

附图三五八　2007YY西ⅠT19H220出土瓷器

1. 瓷盏（2007YY西ⅠT19H220∶2）　2. 瓷碗（2007YY西ⅠT19H220∶3）

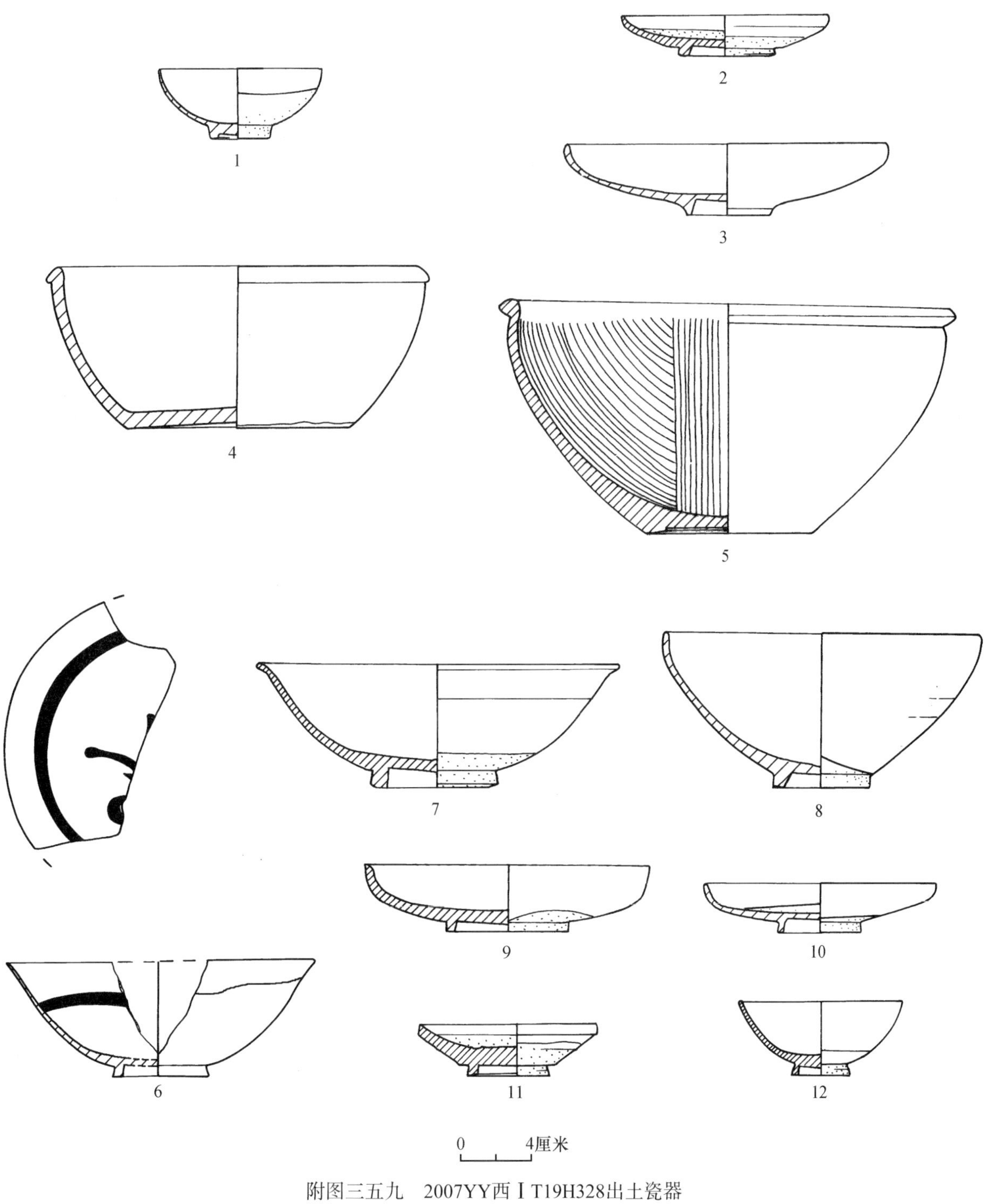

附图三五九　2007YY西ⅠT19H328出土瓷器

1、11、12. 瓷盏（2007YY西ⅠT19H328∶2、2007YY西ⅠT19H328∶13、2007YY西ⅠT19H328∶14）　2. 瓷碟（2007YY西ⅠT19H328∶3）　3、9、10. 瓷盘（2007YY西ⅠT19H328∶4、2007YY西ⅠT19H328∶11、2007YY西ⅠT19H328∶12）　4. 瓷盆（2007YY西ⅠT19H328∶5）　5. 素烧刻槽盆（2007YY西ⅠT19H328∶6）　6~8. 瓷碗（2007YY西ⅠT19H328∶7、2007YY西ⅠT19H328∶8、2007YY西ⅠT19H328∶10）

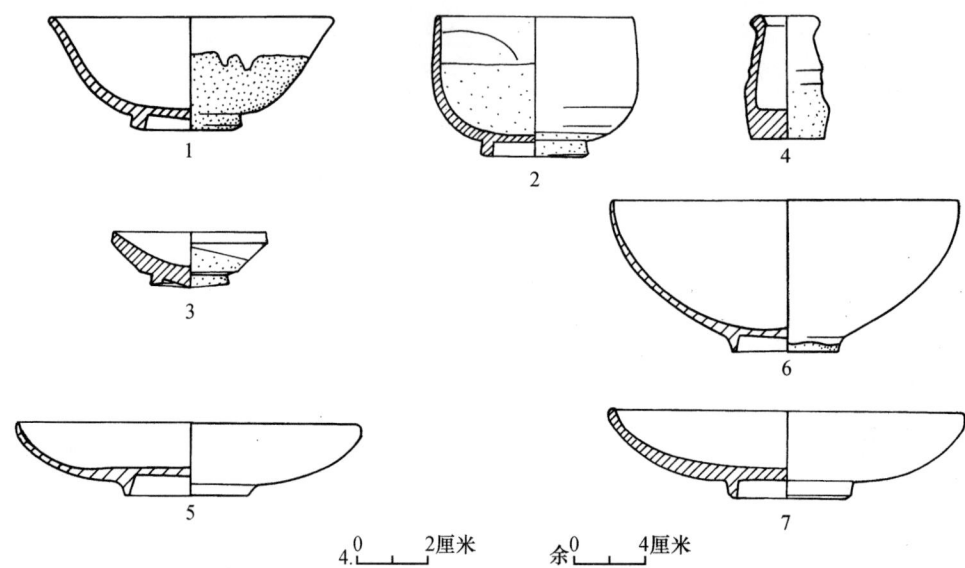

附图三六〇　2007YY西ⅠT19H328出土瓷器

1、2、6.瓷碗（2007YY西ⅠT19H328：15、2007YY西ⅠT19H328：17、2007YY西ⅠT19H328：20）　3.瓷盏（2007YY西ⅠT19H328：18）　4.瓷瓶形器（2007YY西ⅠT19H328：16）　5、7.瓷盘（2007YY西ⅠT19H328：19、2007YY西ⅠT19H328：21）

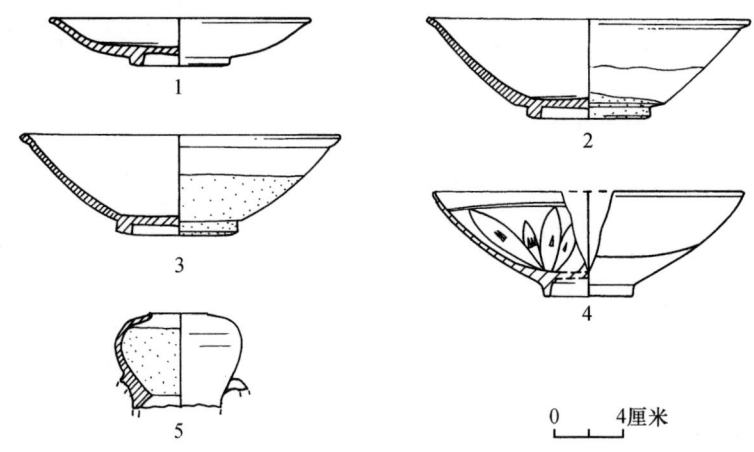

附图三六一　2007YY西ⅠT19H381出土瓷器

1.瓷盘（2007YY西ⅠT19H381：1）　2～4.瓷碗（2007YY西ⅠT19H381：2、2007YY西ⅠT19H381：3、2007YY西ⅠT19H381：5）　5.瓷瓶（2007YY西ⅠT19H381：7）

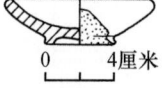

附图三六二　2007YY西ⅠT20③出土瓷器

瓷盏（2007YY西ⅠT20③：9）

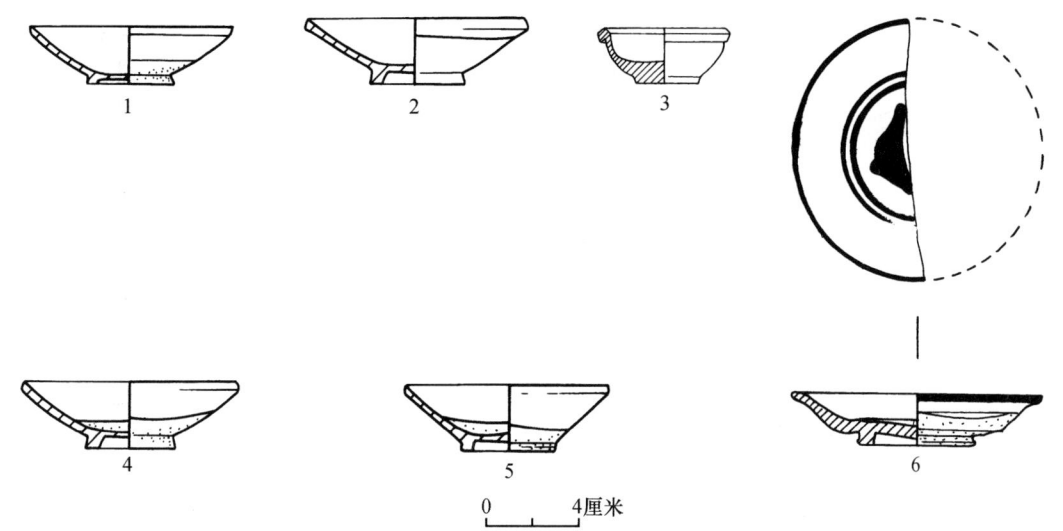

附图三六三　2007YY西ⅠT20H102出土瓷器

1、2、4、5.瓷盏（2007YY西ⅠT20H102：2、2007YY西ⅠT20H102：3、2007YY西ⅠT20H102：4、2007YY西ⅠT20H102：6）
3.瓷杯（2007YY西ⅠT20H102：5）　6.瓷碟（2007YY西ⅠT20H102：7）

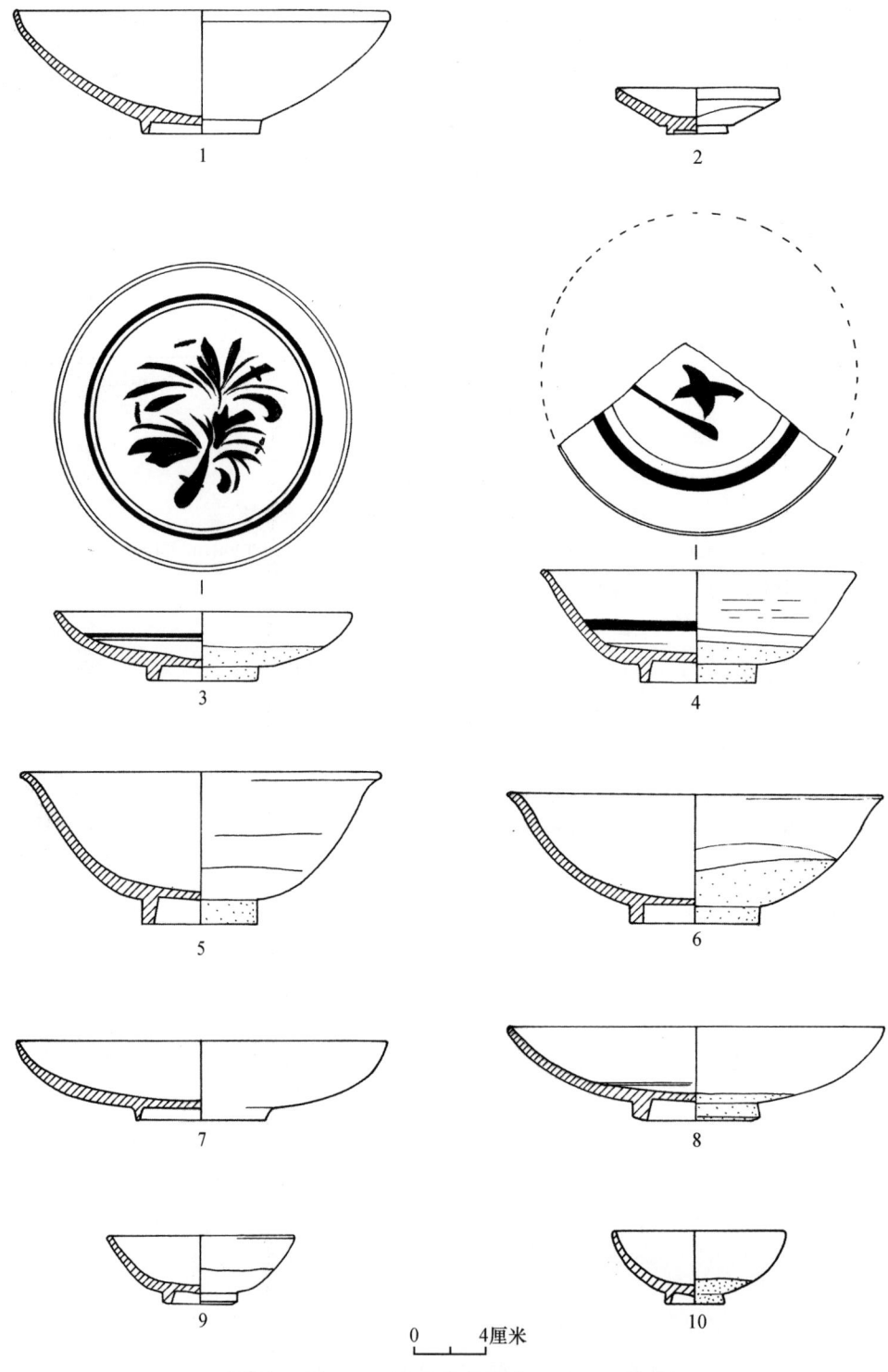

附图三六四　2007YY西ⅠT20H151②出土瓷器

1、4~6. 瓷碗（2007YY西ⅠT20H151②：4、2007YY西ⅠT20H151②：8、2007YY西ⅠT20H151②：7、2007YY西ⅠT20H151②：9）　2、9、10. 瓷盏（2007YY西ⅠT20H151②：5、2007YY西ⅠT20H151②：13、2007YY西ⅠT20H151②：22）
3、7、8. 瓷盘（2007YY西ⅠT20H151②：6、2007YY西ⅠT20H151②：10、2007YY西ⅠT20H151②：11）

附图三六五　2007YY西ⅠT20H151出土瓷器

1、2、4~6、8~11. 瓷碗（2007YY西ⅠT20H151：1、2007YY西ⅠT20H151：2、2007YY西ⅠT20H151：3、2007YY西ⅠT20H151：4、2007YY西ⅠT20H151：5、2007YY西ⅠT20H151：10、2007YY西ⅠT20H151：12、2007YY西ⅠT20H151：9、2007YY西ⅠT20H151：13）　3. 瓷盘（2007YY西ⅠT20H151：7）　7. 瓷盏（2007YY西ⅠT20H151：8）

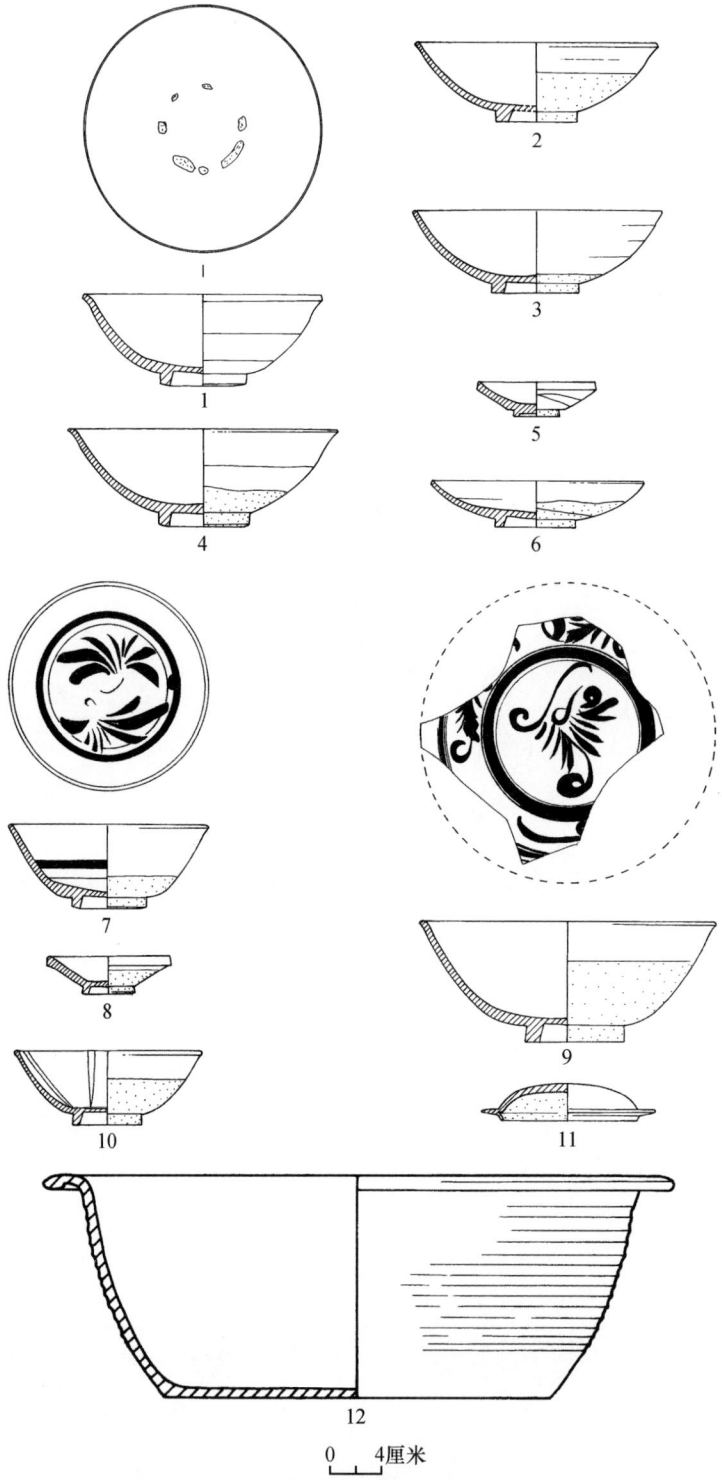

附图三六六　2007YY西ⅠT20H151出土陶瓷器

1~4、7、9、10. 瓷碗（2007YY西ⅠT20H151:14、2007YY西ⅠT20H151:15、2007YY西ⅠT20H151:16、2007YY西ⅠT20H151:18、2007YY西ⅠT20H151:26、2007YY西ⅠT20H151:28、2007YY西ⅠT20H151:30）　5、8. 瓷盏（2007YY西ⅠT20H151:25、2007YY西ⅠT20H151:29）　6. 瓷盘（2007YY西ⅠT20H151:19）　11. 瓷器盖（2007YY西ⅠT20H151:31）　12. 陶盆（2007YY西ⅠT20H151:32）

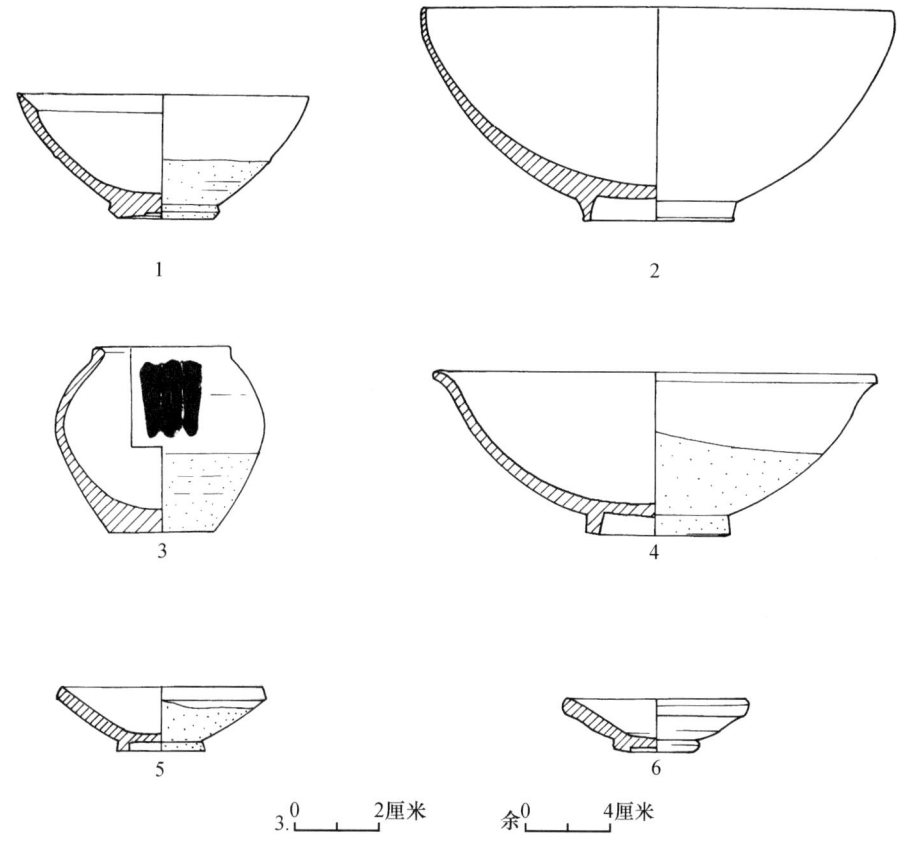

附图三六七　2007YY西ⅠT21H151出土瓷器

1、2、4.瓷碗（2007YY西ⅠT21H151：1、2007YY西ⅠT21H151：2、2007YY西ⅠT21H151：9）　3.瓷鸟食罐（2007YY西ⅠT21H151：6）　5、6.瓷盏（2007YY西ⅠT21H151：12、2007YY西ⅠT21H151：14）

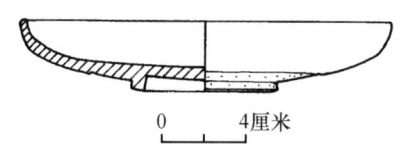

附图三六八　2007YY西ⅠT20H170出土瓷器

瓷盘（2007YY西ⅠT20H170：1）

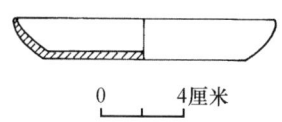

附图三六九　2007YY西ⅠT20H198出土瓷器

瓷碟（2007YY西ⅠT20H198：2）

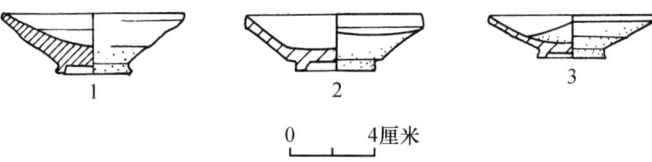

附图三七〇　2007YY西ⅠT21③出土瓷器

1~3.瓷盏（2007YY西ⅠT21③：2、2007YY西ⅠT21③：3、2007YY西ⅠT21③：6）

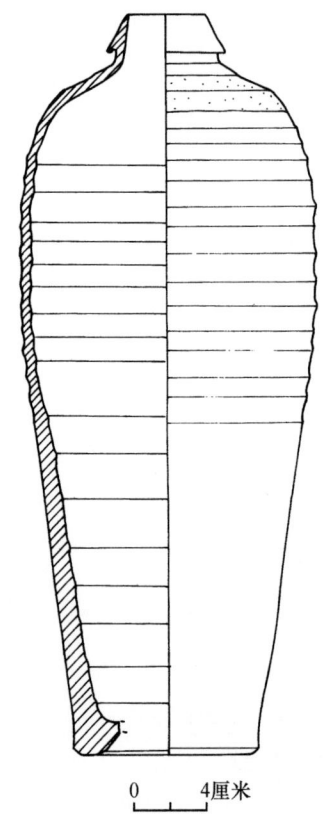

附图三七一　2007YY西ⅠT21H365出土瓷器
瓷经瓶（2007YY西ⅠT21H365∶1）

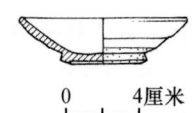

附图三七二　2007YY西ⅠT21J5出土瓷器
瓷盏（2007YY西ⅠT21J5∶3）

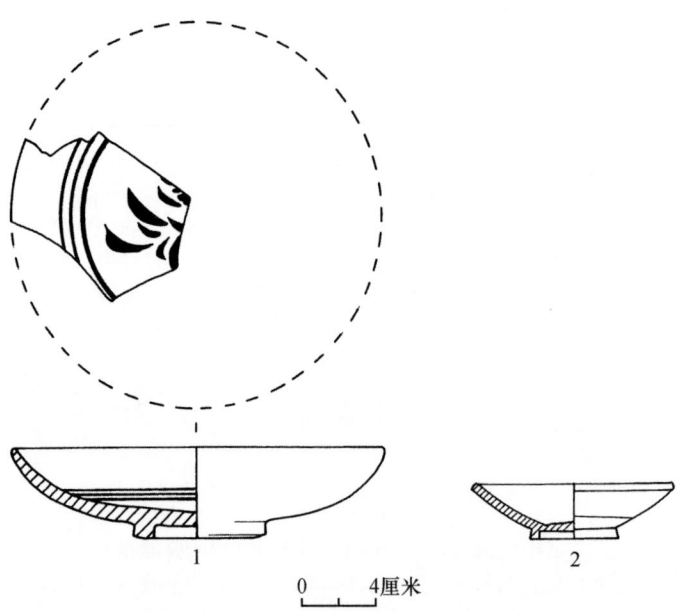

附图三七三　2007YY西ⅠT22③出土瓷器
1. 瓷盘（2007YY西ⅠT22③∶1）　2. 瓷盏（2007YY西ⅠT22③∶9）

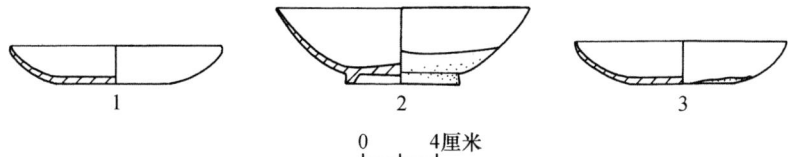

附图三七四　2007YY西ⅠT22H149出土瓷器

1、3.瓷碟（2007YY西ⅠT22H149：1、2007YY西ⅠT22H149：3）　2.瓷碗（2007YY西ⅠT22H149：2）

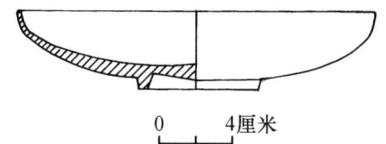

附图三七五　2007YY西ⅠT22H160出土瓷器

瓷盘（2007YY西ⅠT22H160：1）

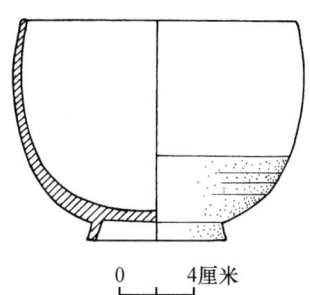

附图三七六　2007YY西ⅠT22H182出土瓷器

瓷碗（2007YY西ⅠT22H182：1）

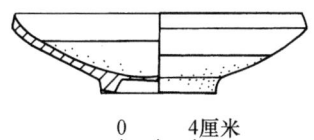

附图三七七　2007YY西ⅠT22H264出土瓷器

瓷盘（2007YY西ⅠT22H264：1）

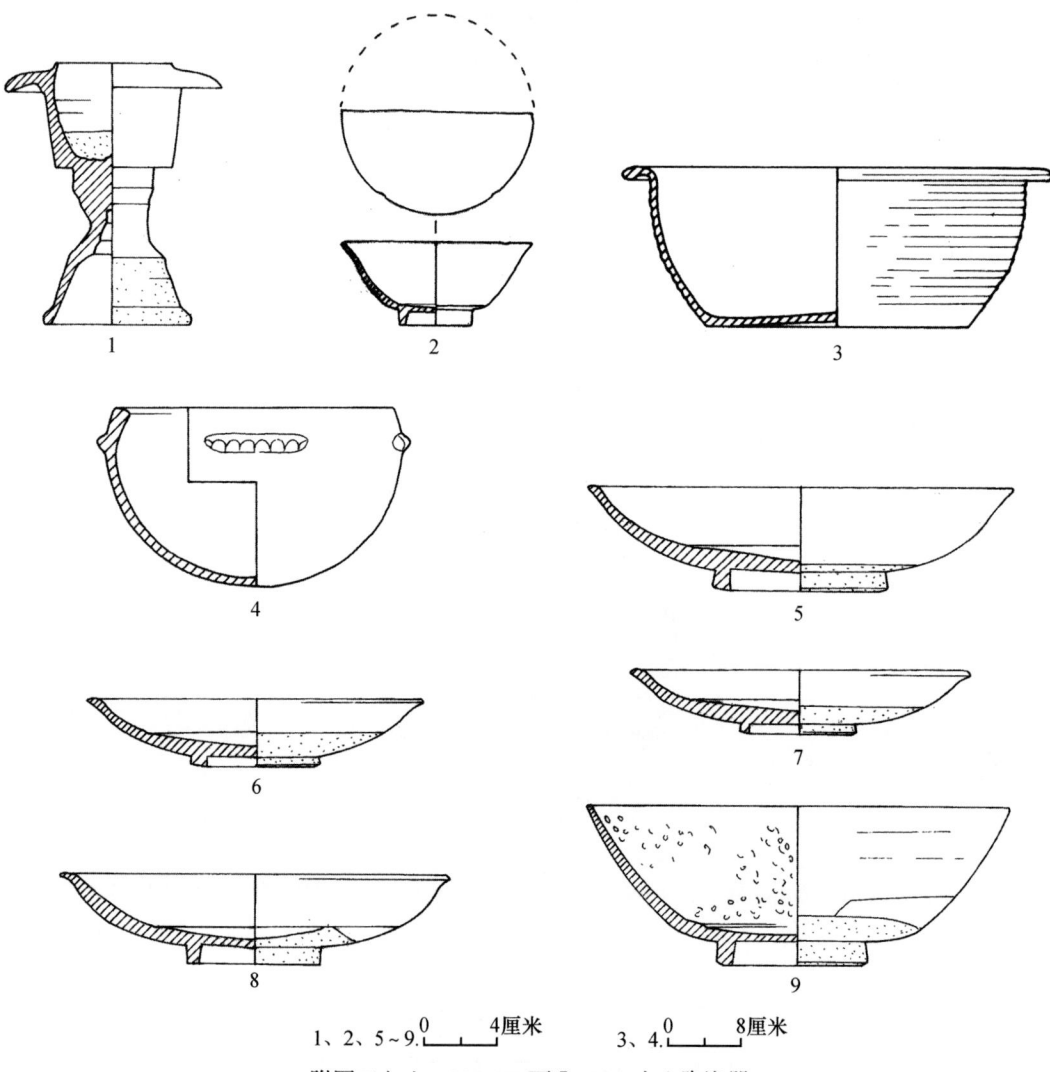

附图三七八 2007YY西ⅠT22J2出土陶瓷器

1. 瓷炉（2007YY西ⅠT22J2：1） 2、9. 瓷碗（2007YY西ⅠT22J2：2、2007YY西ⅠT22J2：10） 3. 陶盆（2007YY西ⅠT22J2：4） 4. 瓷釜（2007YY西ⅠT22J2：5） 5~8. 瓷盘（2007YY西ⅠT22J2：6、2007YY西ⅠT22J2：7、2007YY西ⅠT22J2：8、2007YY西ⅠT22J2：9）

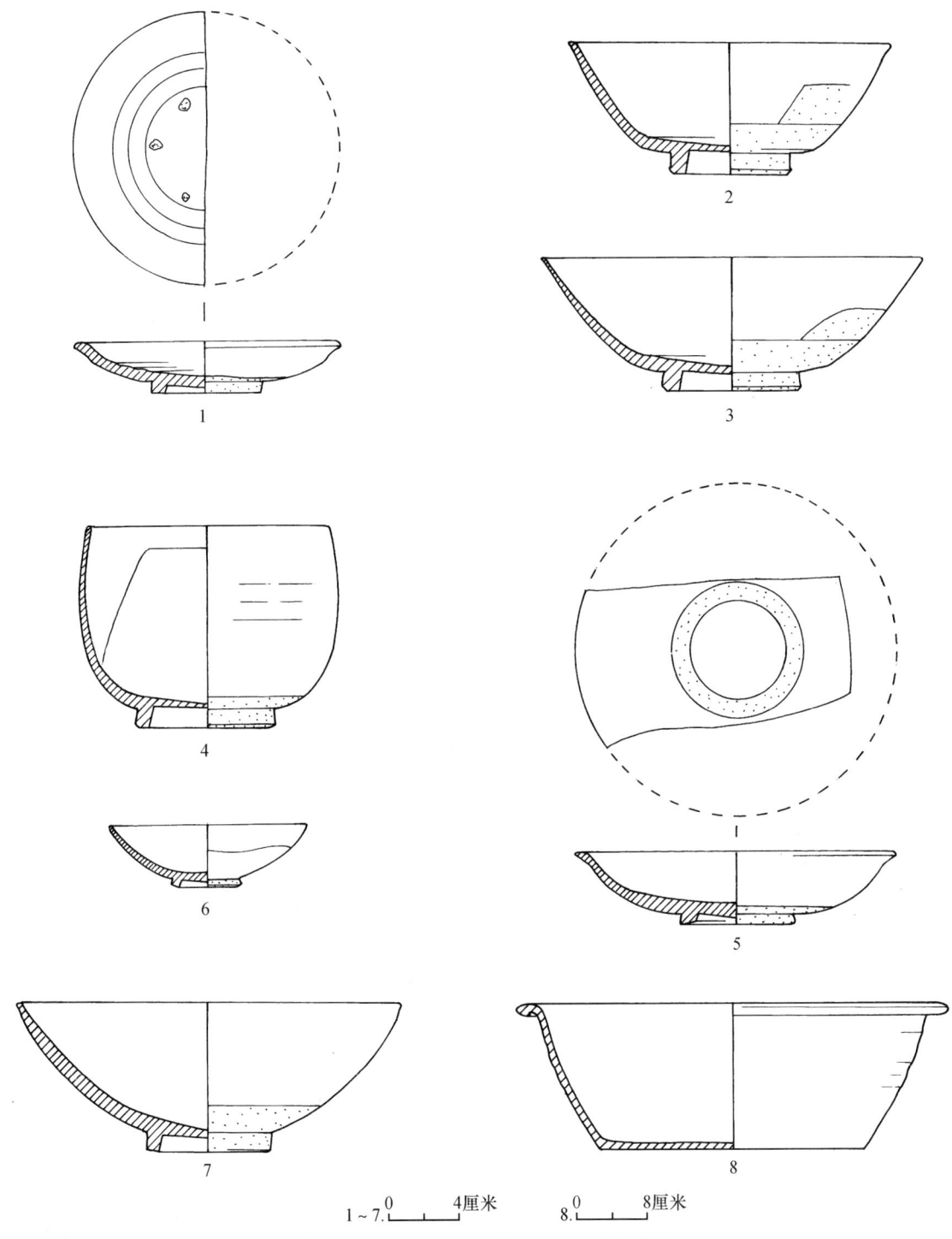

附图三七九　2007YY西ⅠT22J2出土陶瓷器

1、5. 瓷盘（2007YY西ⅠT22J2：21、2007YY西ⅠT22J2：26）　2~4、6、7. 瓷碗（2007YY西ⅠT22J2：22、2007YY西ⅠT22J2：24、2007YY西ⅠT22J2：25、2007YY西ⅠT22J2：27、2007YY西ⅠT22J2：28）　8. 陶盆（2007YY西ⅠT22J2：29）

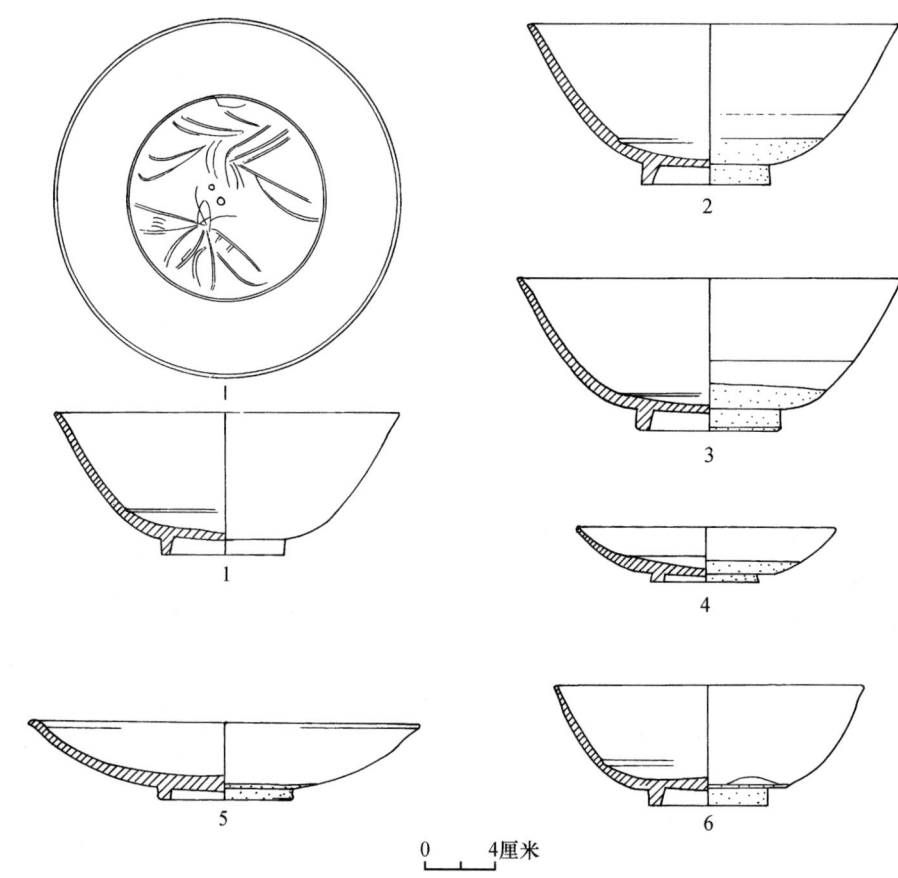

附图三八〇　2007YY西ⅠT22J2出土瓷器

1~3、6. 瓷碗（2007YY西ⅠT22J2：14、2007YY西ⅠT22J2：15、2007YY西ⅠT22J2：16、2007YY西ⅠT22J2：20）

4、5. 瓷盘（2007YY西ⅠT22J2：17、2007YY西ⅠT22J2：18）

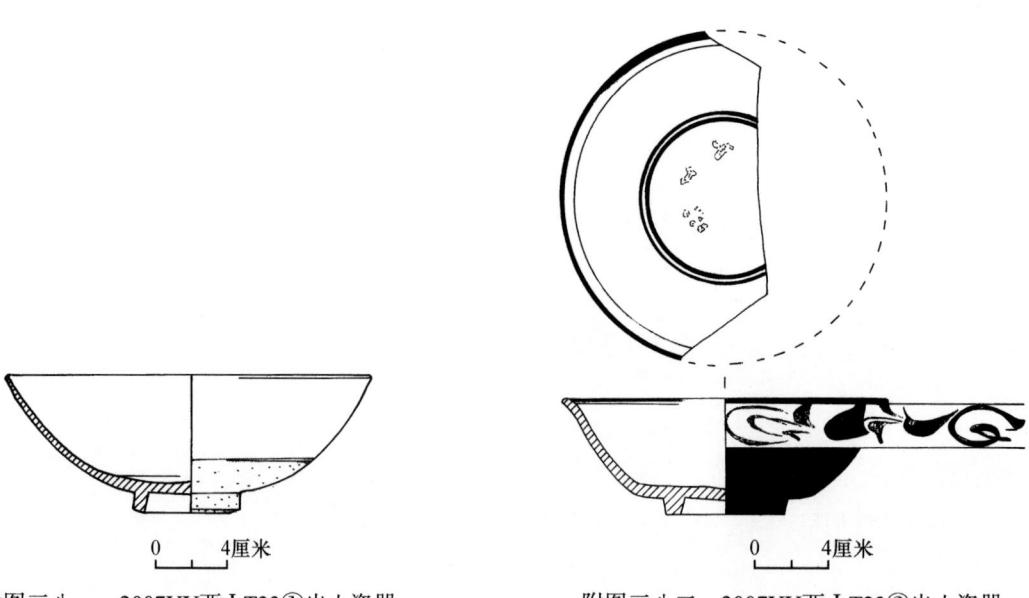

附图三八一　2007YY西ⅠT23①出土瓷器

瓷碗（2007YY西ⅠT23①：2）

附图三八二　2007YY西ⅠT23②出土瓷器

瓷碗（2007YY西ⅠT23②：1）

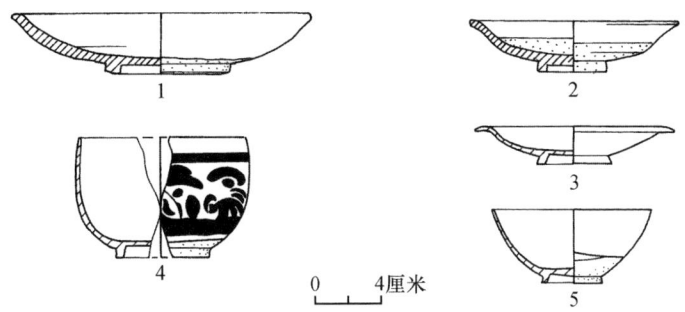

附图三八三　2007YY西ⅠT23③出土瓷器

1. 瓷盘（2007YY西ⅠT23③：4）　2、3. 瓷碟（2007YY西ⅠT23③：6、2007YY西ⅠT23③：11）
4. 瓷碗（2007YY西ⅠT23③：12）　5. 瓷盏（2007YY西ⅠT23③：13）

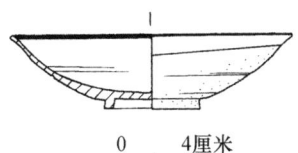

附图三八四　2007YY西ⅠT23H64出土瓷器

瓷碗（2007YY西ⅠT23H64：1）

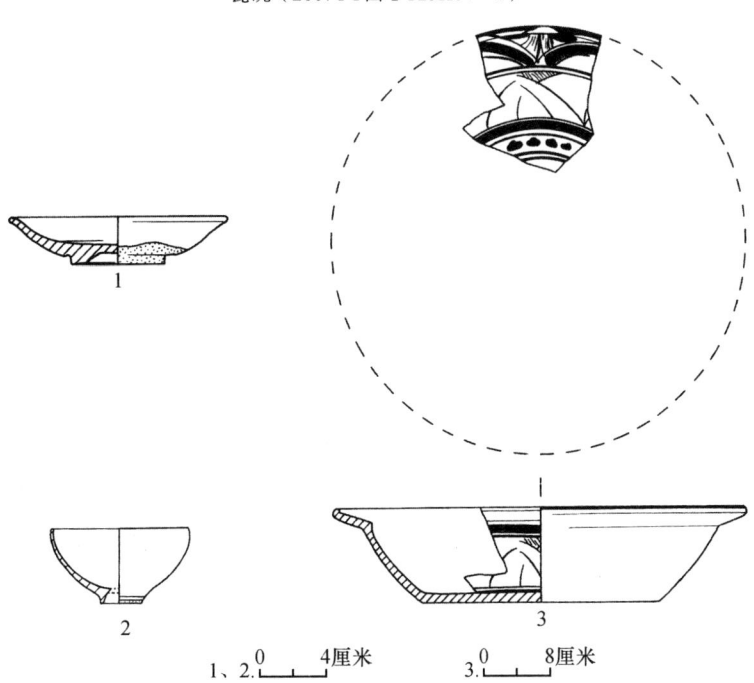

附图三八五　2007YY西ⅠT23H70出土瓷器

1. 瓷碟（2007YY西ⅠT23H70：2）　2. 瓷杯（2007YY西ⅠT23H70：7）　3. 瓷盆（2007YY西ⅠT23H70：5）

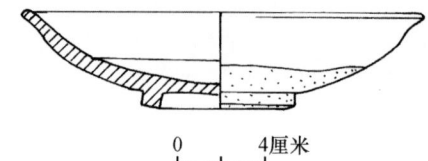

附图三八六　2007YY西ⅠT23H281出土瓷器

瓷盘（2007YY西ⅠT23H281∶1）

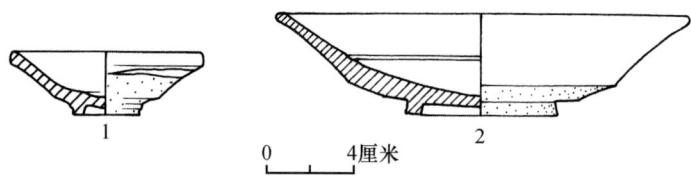

附图三八七　2007YY西ⅠT23H296出土瓷器

1. 瓷盏（2007YY西ⅠT23H296∶1）　2. 瓷盘（2007YY西ⅠT23H296∶3）

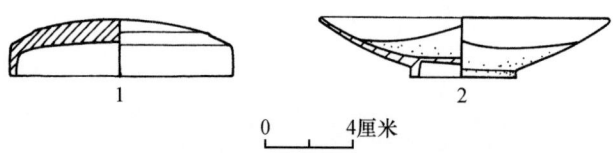

附图三八八　2007YY西ⅠT24③出土瓷器

1. 瓷器盖（2007YY西ⅠT24③∶3）　2. 瓷碟（2007YY西ⅠT24③∶4）

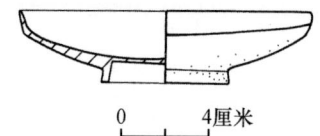

附图三八九　2007YY西ⅠT25③出土瓷器

瓷碟（2007YY西ⅠT25③∶8）

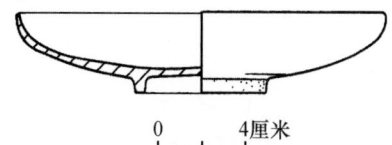

附图三九〇　2007YY西ⅠT25H31出土瓷器

瓷盘（2007YY西ⅠT25H31∶1）

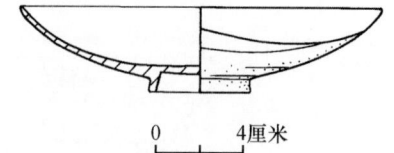

附图三九一　2007YY西ⅠT25H146出土瓷器

瓷盘（2007YY西ⅠT25H146∶2）

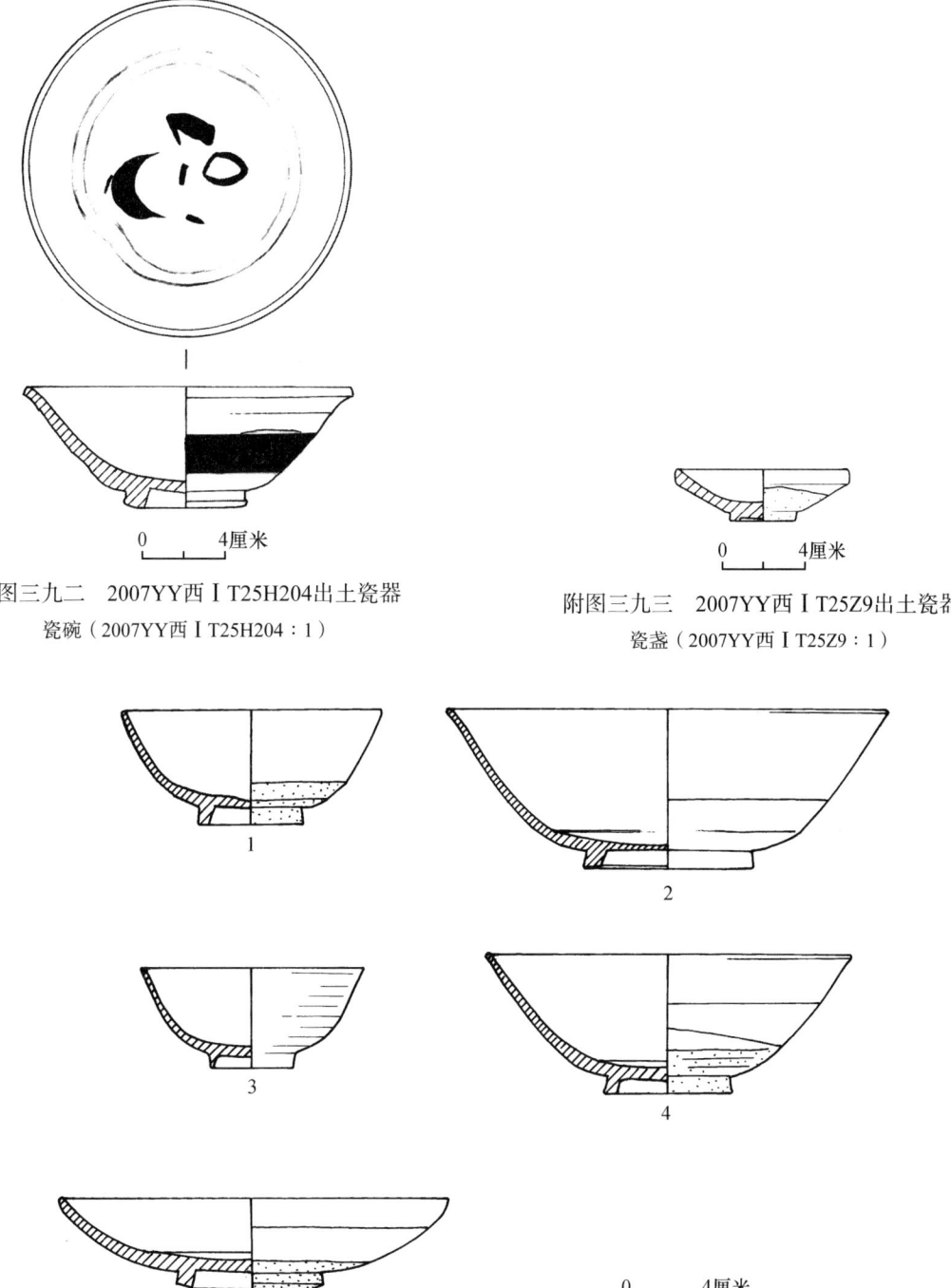

附图三九二 2007YY西ⅠT25H204出土瓷器
瓷碗（2007YY西ⅠT25H204∶1）

附图三九三 2007YY西ⅠT25Z9出土瓷器
瓷盏（2007YY西ⅠT25Z9∶1）

附图三九四 2007YY西ⅠTG1③出土瓷器
1~4.瓷碗（2007YY西ⅠTG1③∶1、2007YY西ⅠTG1③∶2、2007YY西ⅠTG1③∶3、2007YY西ⅠTG1③∶4）
5.瓷盘（2007YY西ⅠTG1③∶5）

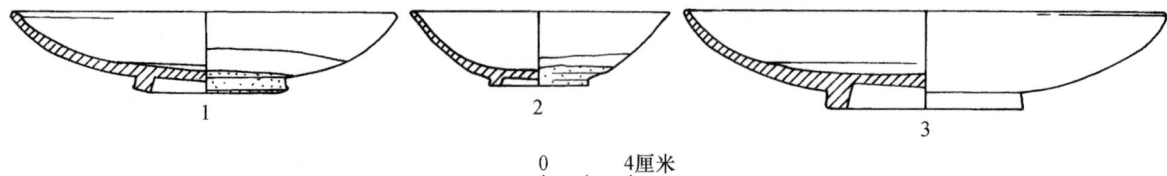

附图三九五　2007YY西ⅠTG1H385出土瓷器

1、3. 瓷盘（2007YY西ⅠTG1H385：1、2007YY西ⅠTG1H385：3）　2. 瓷碗（2007YY西ⅠTG1H385：2）

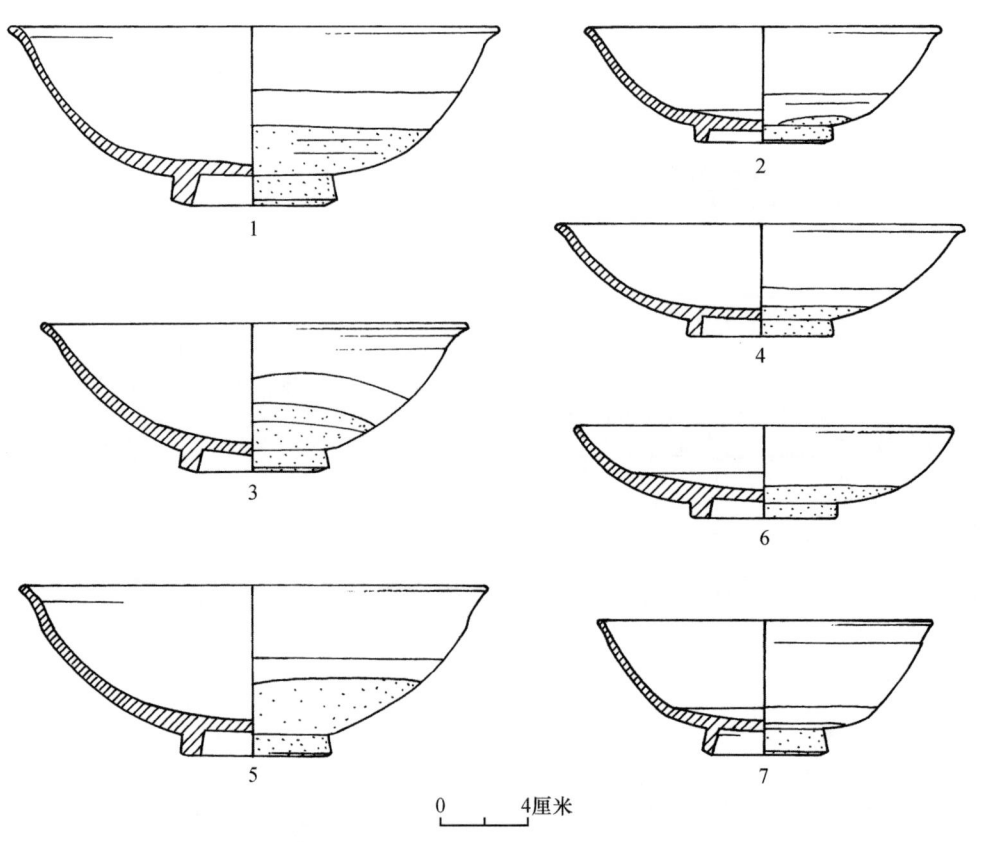

附图三九六　2007YY西ⅠTG1J10出土瓷器

1~5、7. 瓷碗（2007YY西ⅠTG1J10：1、2007YY西ⅠTG1J10：2、2007YY西ⅠTG1J10：4、2007YY西ⅠTG1J10：3、2007YY西ⅠTG1J10：5、2007YY西ⅠTG1J10：7）　6. 瓷盘（2007YY西ⅠTG1J10：6）

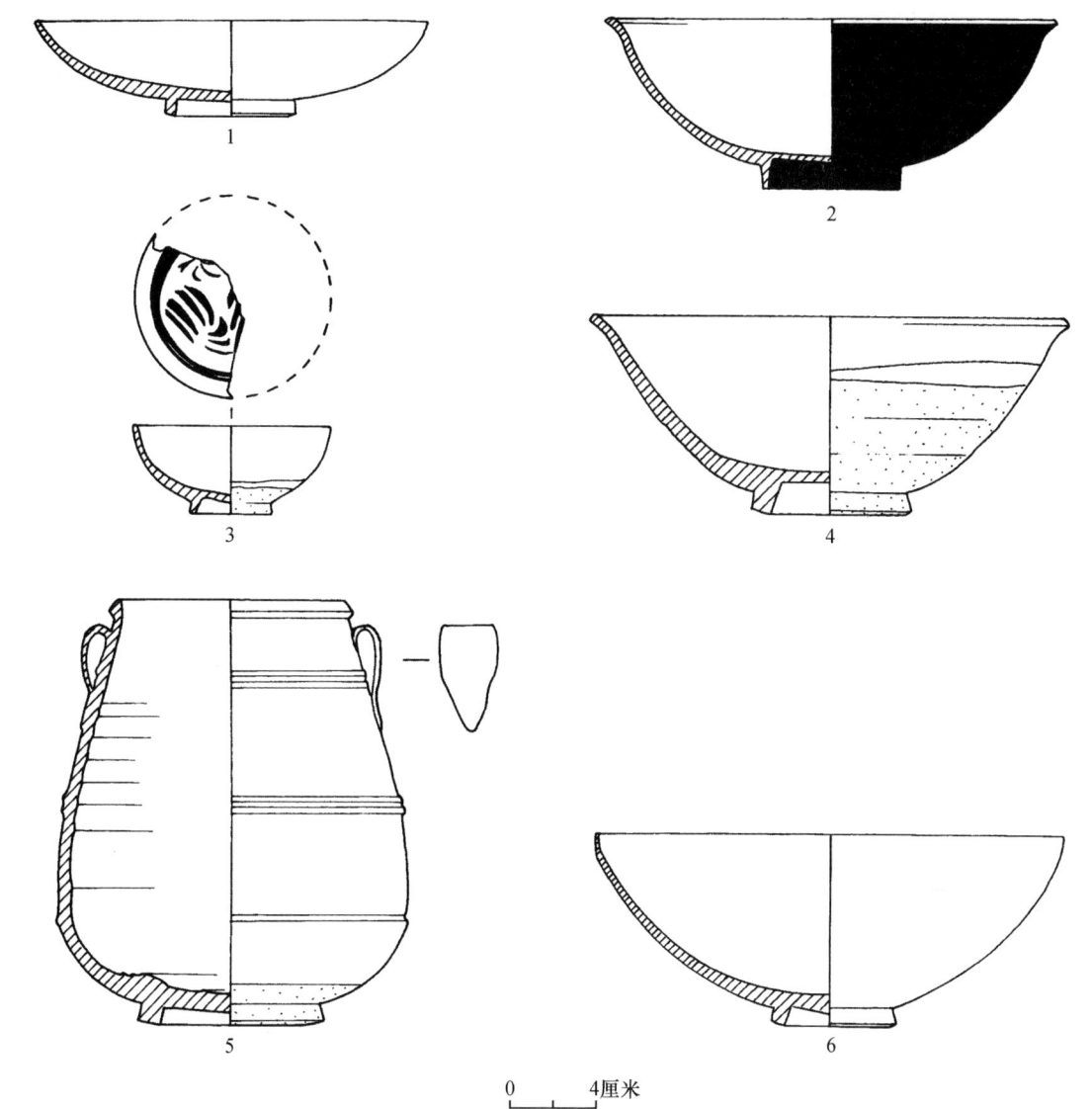

附图三九七　2007YY西ⅠTG1J13出土瓷器

1. 瓷盘（2007YY西ⅠTG1J13∶2）　2、4、6. 瓷碗（2007YY西ⅠTG1J13∶3、2007YY西ⅠTG1J13∶5、2007YY西ⅠTG1J13∶7）　3. 瓷盏（2007YY西ⅠTG1J13∶4）　5. 瓷罐（2007YY西ⅠTG1J13∶6）

后 记

禹州阳翟故城遗址的发掘从2006年7月6日正式开始，至2007年12月20日结束，历时两个年头，田野发掘时间共计311天。期间河南省文物局陈爱兰局长，河南省文物局南水北调文物保护办公室张志清主任、孔祥珍副主任、秦文波副主任等都曾多次亲临现场，视察、指导工作。禹州市文管处张志伟主任也给予了很大帮助。

先后参加过阳翟故城遗址田野发掘工作的人员包括：

安徽大学本科生郭光、胡小伟；

武汉大学历史学院考古系本科生董祖权、郭薛、黄伟、李冬冬、李俊、祁慧、秦让平、宋海超、唐乾、王少伟、吴震霖、熊鑫、易珊珊、余成龙、余杰、张熙、张剑、宗夏，硕士研究生范江欧美、宋博、王文嘉、周立刚。

郑州大学历史文化学院考古系张继华老师，本科生董义理、李凡、明永华、申文。

安徽阜阳博物馆杨玉彬。

禹州市文物工作队潘强生、杨红亚。

技工丁宝成、李航、涂忠、杨淼、杨明宝、余劲、张荣辉。

阳翟故城遗址的整理工作在发掘过程中就已开始进行，系统整理开始于2008年夏，完成于2014年夏。其中由武汉大学历史学院考古系2006级硕士研究生宋博，2005级本科生蔡波涛、曹昭、梁佩华、佘涛、王千迁、夏艳臣、俞同辉等，完成了对陶瓷器残片的统计工作。遗物修复工作主要由涂忠完成。武汉大学历史学院考古系硕士研究生李龙俊、尹以江、赵路花协助完成了大量的文字录入工作。遗物绘图、遗迹描图由姜凤玲、高凤梅完成。器物照相郭民卿。

遗址的全站仪测图由荆州博物馆肖玉军负责完成。

本报告的编写采取分工合作的形式，具体分工如下：概述、序章、上编第一章、下编第一章、后记由徐承泰执笔，上编第二章由谢晓庆执笔，下编第二章、第三章、第六章、第七章由范江欧美执笔，下编第四章、第五章由王吉卿执笔，全书由徐承泰、范江欧美最后统稿。

编 者

2016年1月

图版一

1. 阳翟故城遗址全景（E—W）

2. 阳翟故城遗址2006YY西Ⅰ发掘区全景（E—W）

阳翟故城遗址全景及2006YY西Ⅰ发掘区全景

图版二

1. 阳翟故城遗址2006YY西Ⅱ发掘区全景（WS—EN）

2. 2006YY西ⅠG3（E—W）

3. 2006YY西ⅠG4（E—W）

阳翟故城遗址2006YY西Ⅱ发掘区全景及2006YY西ⅠG3、G4全景

图版三

1. 2006YY西ⅠT2Y1（WN—ES）

2. 2006YY西ⅠT2Y1（E—W）

3. 2006YY西ⅠT2Y1火膛（N—S）

2006YY西ⅠT2Y1全景及细部

图版四

1. 2006YY西ⅠT2Y1火门封门（E—W）

2. 2006YY西ⅠT2Y1火门封门（W—E）

2006YY西ⅠT2Y1细部

图版五

1. 2006YY西ⅠT8M1洞室口（E—W）

2. 2006YY西ⅠT8M1（W—E）

2006YY西ⅠT8M1全景及细部

图版六

1. 2006YY西ⅠT8M1（E—W）

2. 2006YY西ⅠT8红烧土面2（S—N）

3. 2006YY西ⅠT12L2（E—W）

2006YY西ⅠT8M1、2006YY西ⅠT8红烧土面2和2006YY西ⅠT12L2细部

图版七

1. 2006YY西ⅠT8红烧土面2（EN—WS）

2. 2006YY西ⅠT13Z4（WN—ES）

2006YY西ⅠT8红烧土面2和2006YY西ⅠT13Z4

图版八

1. 2006YY西ⅠT16J4（S—N）

2. 2006YY西ⅠT17J1（S—N）

3. 2006YY西ⅠT31Z5（S—N）

2006YY西ⅠT16J4、2006YY西ⅠT17J1和2006YY西ⅠT31Z5

图版九

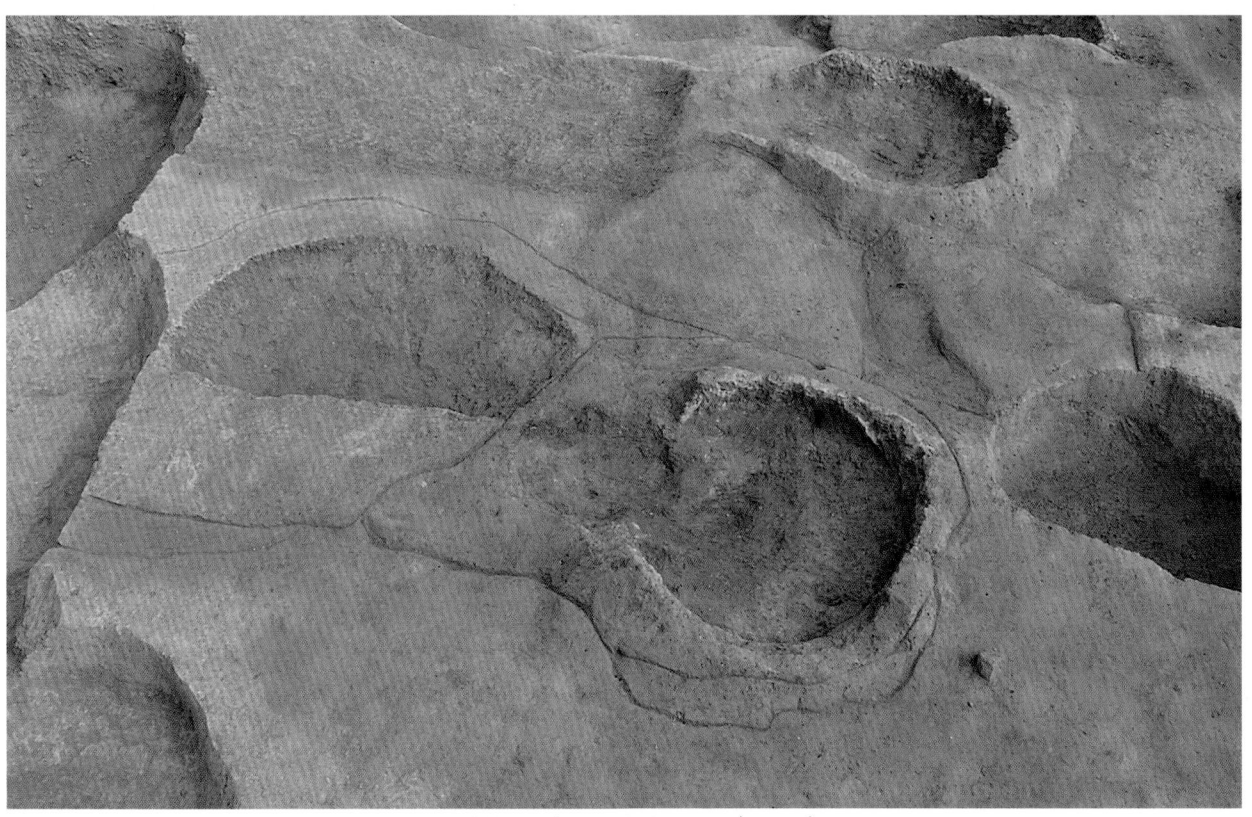

1. 2006YY西ⅠT16Z2、Z3（S—N）

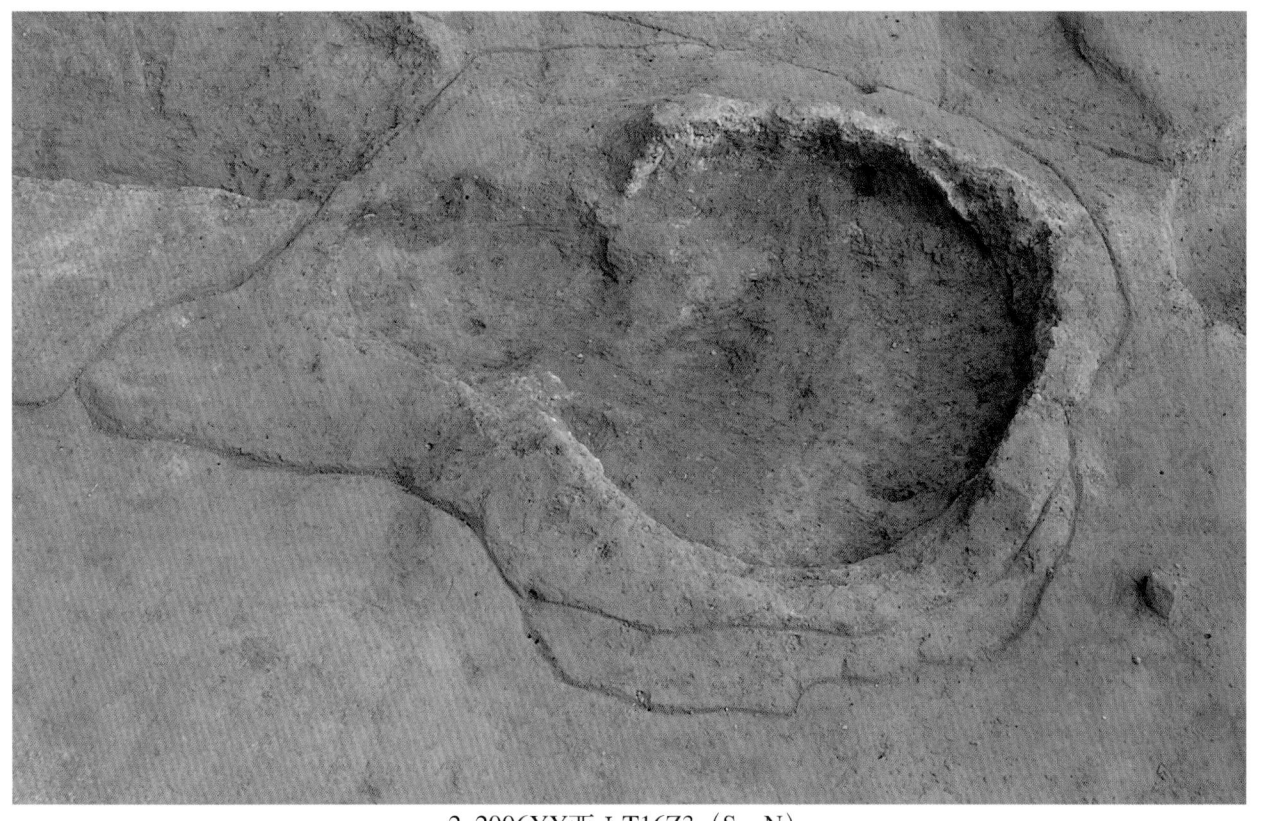

2. 2006YY西ⅠT16Z3（S—N）

2006YY西ⅠT16Z2、Z3

图版一〇

1. 2006YY西ⅠT24、T26墓葬全景（EN—WS）

2. 2006YY西ⅠT24M3（S—N）

2006YY西ⅠT24、T26墓葬全景和2006YY西ⅠT24M3

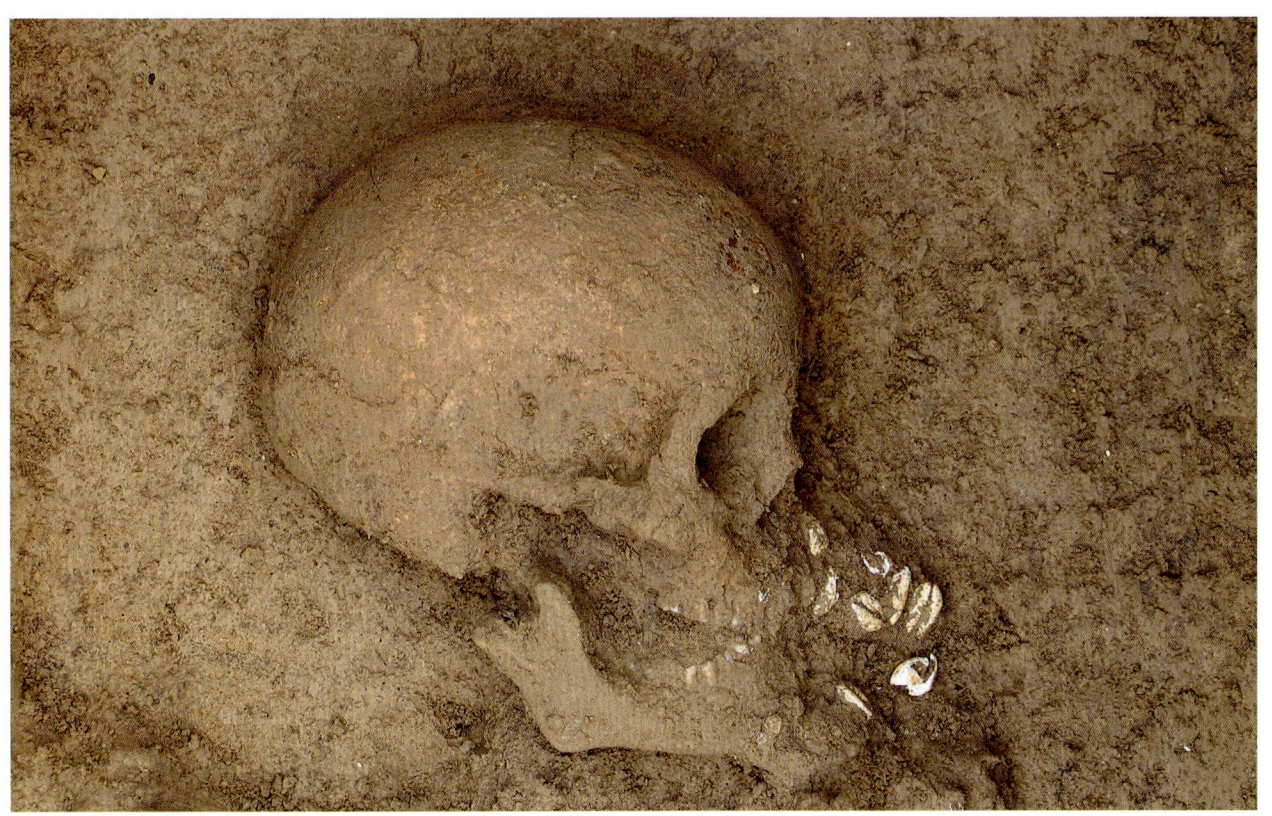

1. 2006YY西ⅠT24M4（含贝）（S—N）

2. 2006YY西ⅠT24M4（S—N）

3. 2006YY西ⅠT24M11（S—N）

2006YY西ⅠT24M4全景及细部、2006YY西ⅠT24M11

图版一二

1. 2006YY西ⅠT26J9（E—W）

2. 2006YY西ⅠT25M24（N—S）

3. 2006YY西ⅠT24M6、M7（E—W）

2006YY西ⅠT26J9、2006YY西ⅠT25M24和2006YY西ⅠT24M6、M7

图版一三

1. 2006YY西ⅠT26M13（S—N）

2. 2006YY西ⅠT26M13（E—W）

3. 2006YY西ⅠT24M22（S—N）

2006YY西ⅠT26M13和2006YY西ⅠT24M22

图版一四

1. 2006YY西ⅠT29J10（S—N）

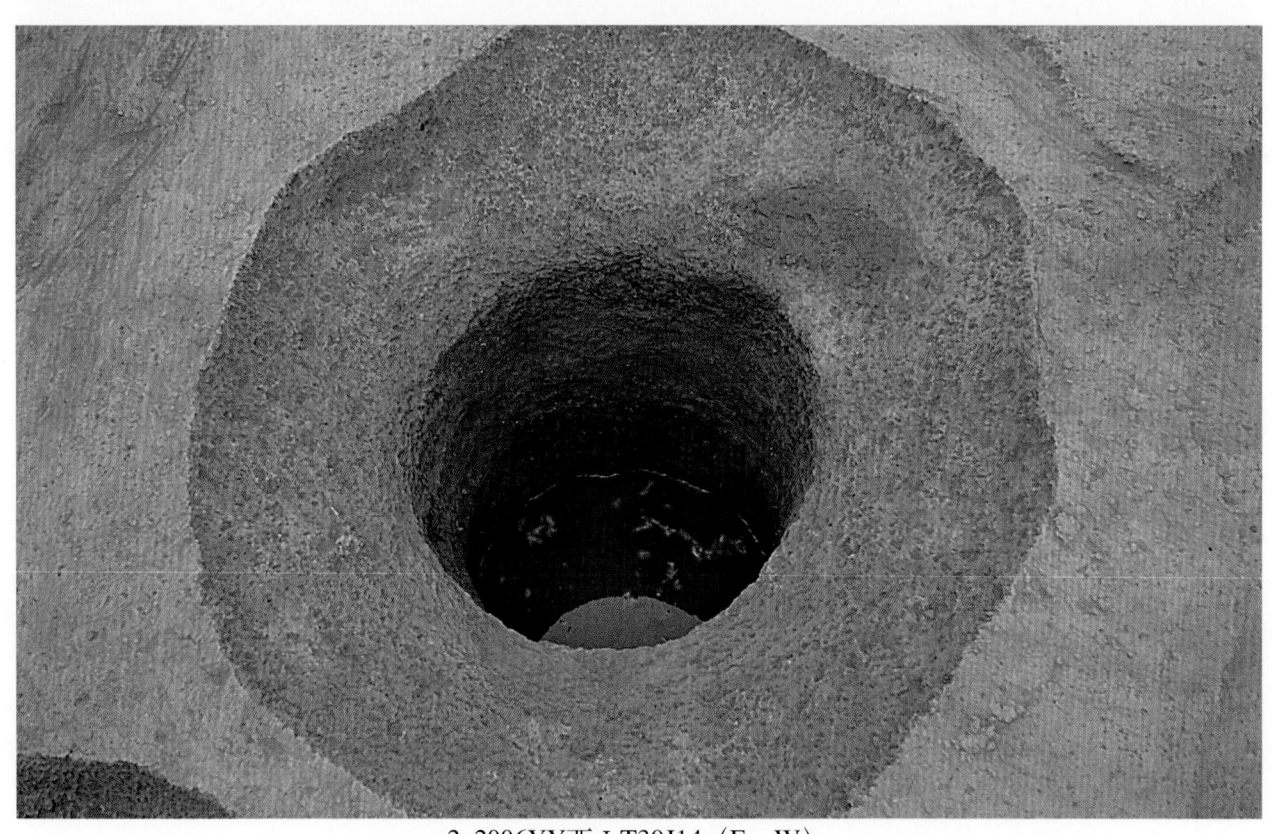

2. 2006YY西ⅠT30J14（E—W）

2006YY西ⅠT29J10和2006YY西ⅠT30J14

图版一五

1. 2006YY西Ⅰ夯土（ES—WN）

2. 2006YY西Ⅰ夯土T28内夯层夯窝细部（E—W）

2006YY西Ⅰ夯土和2006YY西Ⅰ夯土T28内夯层夯窝细部

图版一六

1. 2006YY西ⅡT4M12（N—S）

2. 2006YY西ⅡT6J8（S—N）

2006YY西ⅡT4M12和2006YY西ⅡT6J8

图版一七

1. 2006YY西Ⅰ夯土T28内夯土解剖（W—E）

2. 2006YY西ⅡT1、T4G6（W—E）

3. 2007YY东G3（W—E）

2006YY西Ⅰ夯土T28内夯土解剖、2006YY西ⅡT1、T4G6及2007YY东G3

图版一八

1. 2007YY西Ⅰ发掘区全景（E—W）

2. 2007YY东发掘区全景（W—E）

2007YY西Ⅰ和2007YY东发掘区全景

图版一九

1. 2007YY东L1（W—E）

2. 2007YY东L1第2层层表（T6，E—W）

3. 2007YY东L1第3层层表（T9，E—W）

2007YY东L1及第2、3层层表细部

图版二〇

1. 2007YY东L1解剖（T3，E—W）

2. 2007YY东L1解剖（T15，W—E）

2007YY东L1解剖情况

图版二一

1. 2007YY东T5J3（N—S）

2. 2007YY西ⅠT6G1（E—W）

3. 2007YY西ⅠT6G1（E—W）

2007YY东T5J3和2007YY西ⅠT6G1

图版二二

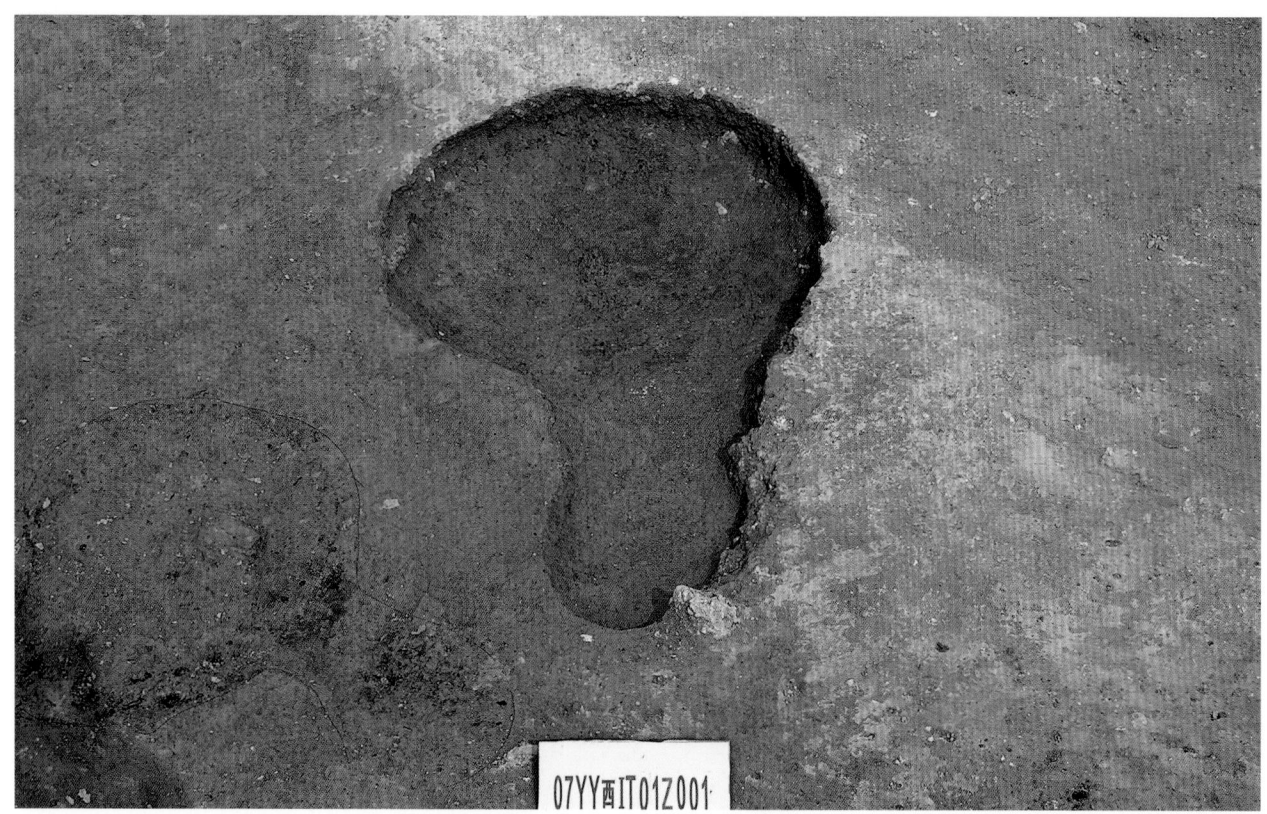

1. 2007YY西ⅠT1Z1（ES—WN）

2. 2007YY西ⅠT1Z8（疑为厕坑）（N—S）

2007YY西ⅠT1Z1和T1Z8

图版二三

1. 2007YY东T5Y1（E—W）

2. 2007YY西ⅠT7Z13（疑为厕坑）（E—W）

2007YY东T5Y1和2007YY西ⅠT7Z13

图版二四

1. 2007YY西ⅠT1M1（N—S）

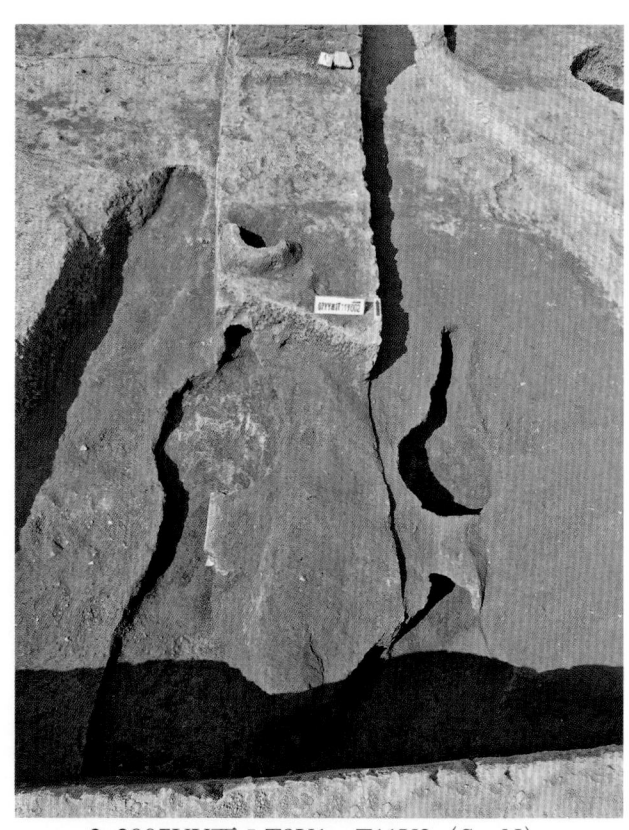

2. 2007YY西ⅠT8Y1、T11Y2（S—N）

3. 2007YY西ⅠT8Y1（N—S）

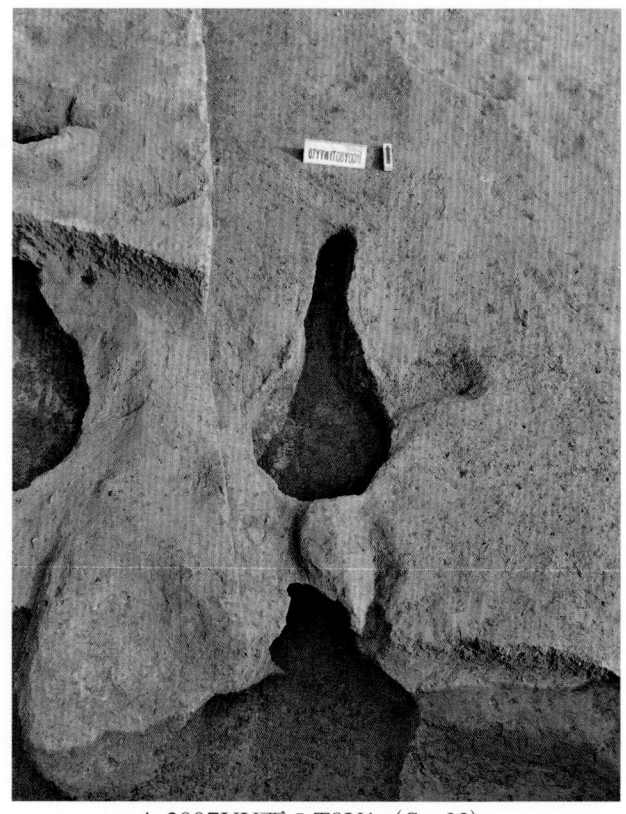

4. 2007YY西ⅠT8Y1（S—N）

2007YY西ⅠT1M1、T8Y1、T11Y2

图版二五

1. 2007YY西Ⅰ夯土建筑（夯层）（N—S）

2. 2007YY西Ⅰ T9Q1（W—E）

3. 2007YY西Ⅰ夯土建筑（S—N）

2007YY西Ⅰ夯土建筑及T9Q1

图版二六

1. 2007YY西ⅠT10Z11（疑为厕坑）（S—N）

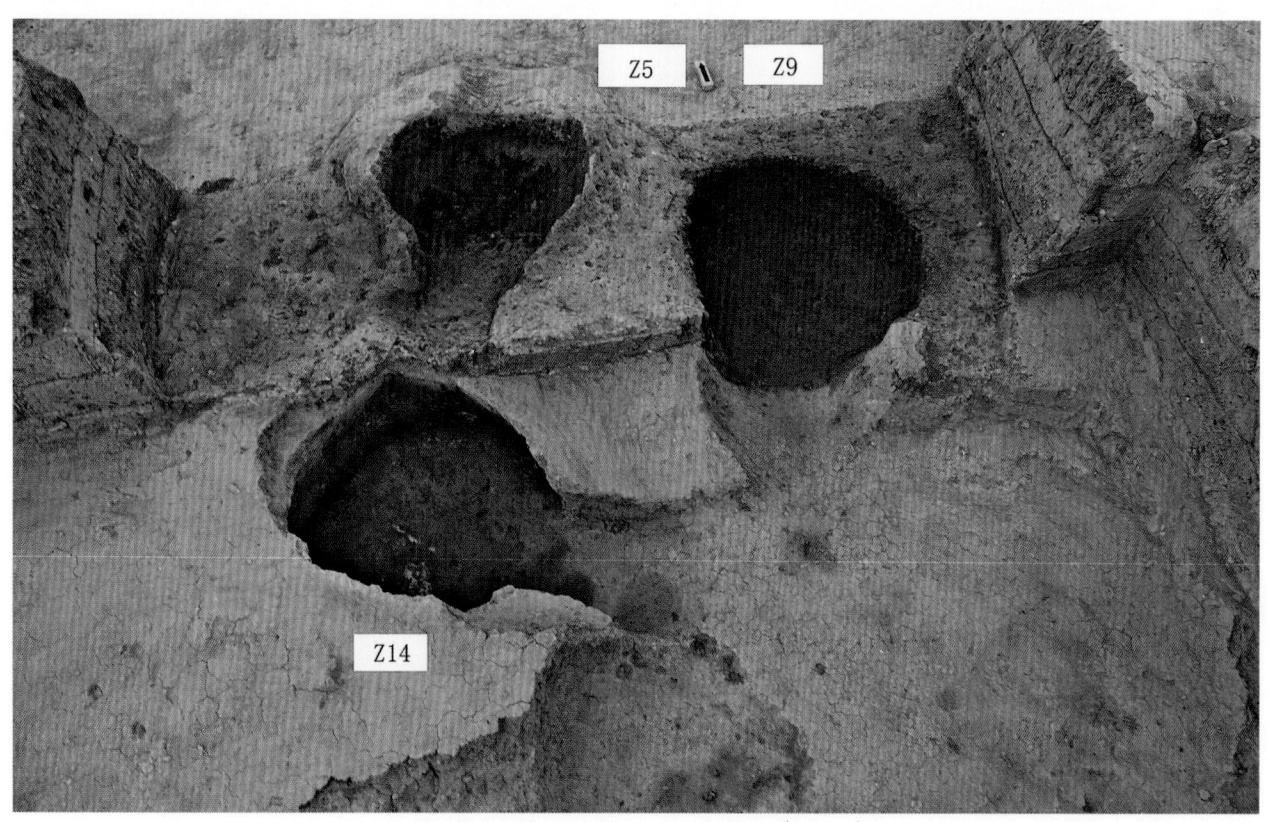

2. 2007YY西ⅠT25Z5、Z9、Z14（S—N）

2007YY西ⅠT10Z11及T25Z5、Z9、Z14

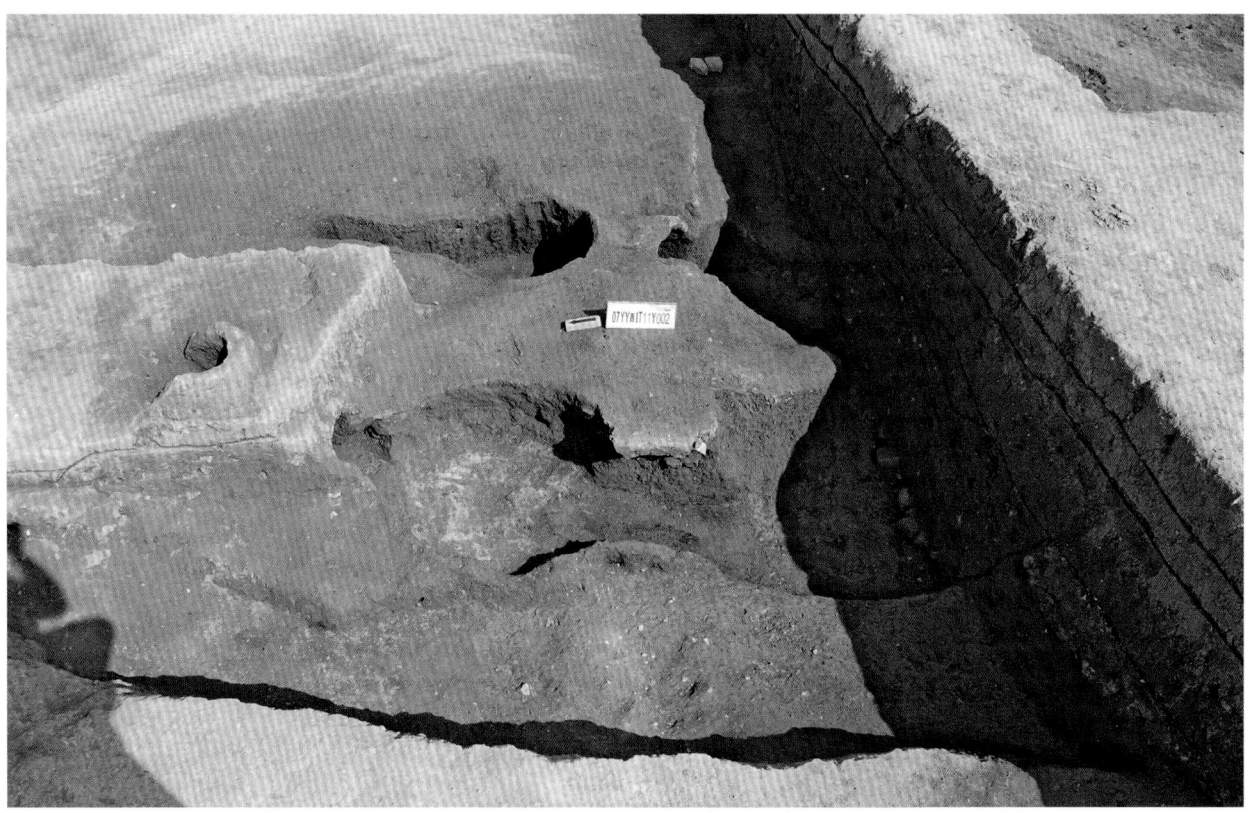

1. 2007YY西ⅠT11Y2 (W—E)

2. 2007YY西ⅠT11Y2 (S—N)

3. 2007YY西ⅠT17Z12 (S—N)

2007YY西ⅠT11Y2、T17Z12

图版二八

1. 陶罐（2006YY西ⅠT25M24：1）

2. 陶罐（2006YY西ⅠT26M13：2）

3. 陶鬲（2006YY西ⅠT26M13：1）

4. 陶钵（2006YY西ⅠT29J10：1）

5. 陶盆（2007YY东T13H153：41）

6. 陶盆（2007YY东T13H153：65）

陶罐、陶鬲、陶钵和陶盆

图版二九

1. 陶盆（2007YY东T13H153∶66）

2. 陶盆（2007YY西ⅠT21J5∶1）

3. 陶杯（2007YY西ⅠT8J1∶5）

4. 陶钵（2006YY西ⅠT10H13①∶2）

5. 陶罐（2006YY西ⅠT6H81∶49）

6. 陶盘（2007YY西ⅠT14H96∶1）

陶盆、陶杯、陶钵、陶罐和陶盘

图版三〇

1. 陶砂锅（2006YY西ⅠT25H252∶5）

2. 陶砂锅（2007YY东T9H147∶14）

3. 陶釜（2007YY西ⅠT14③∶1）

4. 陶匣钵（2007YY西ⅠT15J4∶2）

5. 陶匣钵（2007YY西ⅠT17③∶11）

6. 陶匣钵（2007YY西ⅠT17③∶11）

陶砂锅、陶釜和陶匣钵

图版三一

1. 陶支圈（2006YY西ⅡT2H223∶4）

2. 陶支圈（2006YY西ⅡT2H223∶4）

3. 素烧瓷碟（2007YY西ⅠT15H371∶1）

4. 素烧瓷刻槽盆（2007YY西ⅠT19H328∶6）

5. 素烧瓷刻槽盆（2007YY西ⅠT19H328∶6）

陶支圈、素烧瓷碟和素烧瓷刻槽盆

图版三二

1. 瓷碗（2006YY西ⅠT1H60②：5）

2. 瓷碗（2006YY西ⅠT1H60②：5）

3. 瓷碗（2006YY西ⅠT2H27：5）

4. 瓷碗（2006YY西ⅠT4H54①：2）

5. 瓷碗（2006YY西ⅠT4H54①：2）

6. 瓷碗（2006YY西ⅠT4H54①：2）

白釉瓷碗

图版三三

1. 瓷碗（2006YY西ⅠT4H54⑦:26）

2. 瓷碗（2006YY西ⅠT4H54⑦:26）

3. 瓷碗（2006YY西ⅠT4H54⑦:26）

4. 瓷碗（2006YY西ⅡT1G6:1）

5. 瓷碗（2006YY西ⅠT4H54⑨:45）

6. 瓷碗（2006YY西ⅠT4H54⑨:45）

白釉瓷碗

图版三四

1. 瓷碗（2006YY西ⅠT6H81①：2）

2. 瓷碗（2006YY西ⅠT6H81①：2）

3. 瓷碗（2006YY西ⅠT6H81③：29）

4. 瓷碗（2006YY西ⅠT6H81③：29）

5. 瓷碗（2006YY西ⅠT7H28：1）

6. 瓷碗（2006YY西ⅠT7H28：1）

白釉瓷碗

图版三五

1. 瓷碗（2006YY西ⅠT25H252∶1）

2. 瓷碗（2006YY西ⅠT25H252∶1）

3. 瓷碗（2006YY西ⅠT25H252∶2）

4. 瓷碗（2006YY西ⅠT25H252∶2）

5. 瓷碗（2006YY西ⅠT25H269∶2）

6. 瓷碗（2006YY西ⅠT25H269∶2）

白釉瓷碗

图版三六

1. 瓷碗（2006YY西ⅠT26H211:2）

2. 瓷碗（2006YY西ⅠT26H211:6）

3. 瓷碗（2007YY东T3H66:4）

4. 瓷碗（2007YY东T3H66:4）

5. 瓷碗（2007YY东T7J4:1）

6. 瓷碗（2007YY东T7J4:1）

白釉瓷碗

图版三七

1. 瓷碗（2007YY东T10H11④∶11）

2. 瓷碗（2007YY东T10H11④∶11）

3. 瓷碗（2007YY东T11H220∶4）

4. 瓷碗（2007YY东T11H220∶4）

5. 瓷碗（2007YY东T11H220∶4）

6. 瓷碗（2007YY西ⅠT13H42∶1）

白釉瓷碗

图版三八

1. 瓷碗（2007YY东T13③∶3）

2. 瓷碗（2007YY东T13③∶3）

3. 瓷碗（2007YY东T13H6∶5）

4. 瓷碗（2007YY东T13H6∶5）

5. 瓷碗（2007YY东T13H153∶2）

6. 瓷碗（2007YY东T13H153∶2）

白釉瓷碗

图版三九

1. 瓷碗（2007YY东T14④∶2）

2. 瓷碗（2007YY东T14④∶2）

3. 瓷碗（2007YY西ⅠT1①∶1）

4. 瓷碗（2007YY西ⅠT1①∶1）

5. 瓷碗（2007YY西ⅠT5H187∶2）

6. 瓷碗（2007YY西ⅠT5H187∶2）

白釉瓷碗

图版四〇

1. 瓷碗（2007YY西ⅠT6H122∶3）

2. 瓷碗（2007YY西ⅠT6H122∶3）

3. 瓷碗（2007YY西ⅠT6H122∶5）

4. 瓷碗（2007YY西ⅠT6H122∶5）

5. 瓷碗（2007YY西ⅠT9H247∶1）

6. 瓷碗（2007YY西ⅠT9H247∶1）

白釉瓷碗

图版四一

1. 瓷碗（2007YY西ⅠT9J7∶12）

2. 瓷碗（2007YY西ⅠT9J7∶12）

3. 瓷碗（2007YY西ⅠT13J3∶8）

4. 瓷碗（2007YY西ⅠT13J3∶8）

5. 瓷碗（2007YY西ⅠT15H68∶1）

6. 瓷碗（2007YY西ⅠT15H68∶1）

白釉瓷碗

图版四二

1. 瓷碗（2007YY西ⅠT15H196∶1）

2. 瓷碗（2007YY西ⅠT15H196∶1）

3. 瓷碗（2007YY西ⅠT15H196∶1）

4. 瓷碗（2007YY西ⅠT15H134∶1）

5. 瓷碗（2007YY西ⅠT15H351③∶10）

6. 瓷碗（2007YY西ⅠT15H351③∶10）

白釉瓷碗

图版四三

1. 瓷碗（2007YY西ⅠT16③：6）

2. 瓷碗（2007YY西ⅠT16③：6）

3. 瓷碗（2007YY西ⅠT17H88：1）

4. 瓷碗（2007YY西ⅠT17H88：1）

5. 瓷碗（2007YY西ⅠT17H293：1）

6. 瓷碗（2007YY西ⅠT17H293：1）

白釉瓷碗

图版四四

1. 瓷碗（2007YY西ⅠT17H310∶1）

2. 瓷碗（2007YY西ⅠT17H310∶1）

3. 瓷碗（2007YY西ⅠT17H310∶1）

4. 瓷碗（2007YY西ⅠT18③∶14）

5. 瓷碗（2007YY西ⅠT18③∶14）

6. 瓷碗（2007YY西ⅠT18③∶14）

白釉瓷碗

1. 瓷碗（2007YY西ⅠT19H328∶17）

2. 瓷碗（2007YY西ⅠT19H328∶17）

3. 瓷碗（2007YY西ⅠT20H151∶4）

4. 瓷碗（2007YY西ⅠT20H151∶4）

5. 瓷碗（2007YY西ⅠT20H151∶9）

6. 瓷碗（2007YY西ⅠT20H151∶9）

白釉瓷碗

图版四六

1. 瓷碗（2007YY西ⅠT20H151：8）

2. 瓷碗（2007YY西ⅠT21H151：9）

3. 瓷碗（2007YY西ⅠT22H182：1）

4. 瓷碗（2007YY西ⅠT22J2：2）

5. 瓷碗（2007YY西ⅠT22J2：16）

6. 瓷碗（2007YY西ⅠTG1③：1）

白釉瓷碗

图版四七

1. 瓷碗（2007YY西ⅠT25H204∶1）

2. 瓷碗（2007YY西ⅠT25H204∶1）

3. 瓷盏（2006YY西ⅠT26H211∶10）

4. 瓷盏（2007YY东T4H19∶1）

5. 瓷盏（2007YY东T9H147∶8）

6. 瓷盏（2007YY东T9H147∶8）

白釉瓷碗和白釉瓷盏

图版四八

1. 瓷盏（2007YY东T9H147：10）

2. 瓷盏（2007YY东T10H63：1）

3. 瓷盏（2007YY西ⅠT11H231：3）

4. 瓷盏（2007YY西ⅠT11H231：3）

5. 瓷碟（2007YY西ⅠT3H255②：2）

6. 瓷碟（2007YY西ⅠT8H370：1）

白釉瓷盏和白釉瓷碟

图版四九

1. 瓷碟（2007YY东T1H77：1）

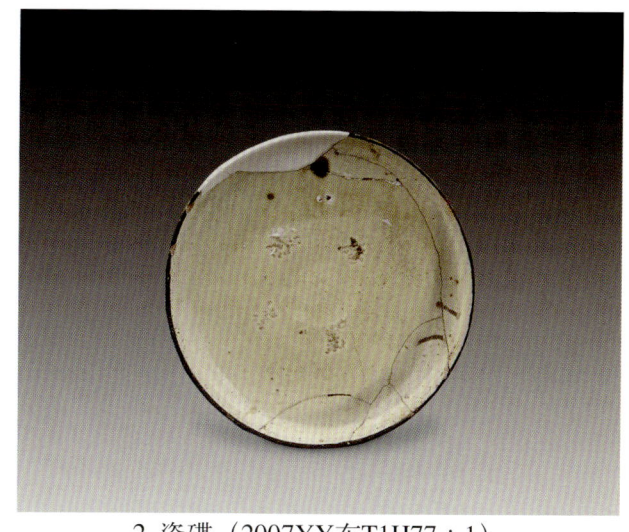

2. 瓷碟（2007YY东T1H77：1）

3. 瓷碟（2007YY东T1H77：1）

4. 瓷碟（2006YY西ⅠT1H19②：5）

5. 瓷碟（2007YY西ⅠT18H212：1）

6. 瓷碟（2007YY西ⅠT18H212：1）

白釉瓷碟

图版五〇

1. 瓷碟（2007YY西ⅠT16③:1）

2. 瓷盘（2006YY西ⅠT2H27:15）

3. 瓷盘（2006YY西ⅠT2H27:16）

4. 瓷盘（2006YY西ⅠT25②:3）

5. 瓷盘（2006YY西ⅠT6H81③:20）

6. 瓷盘（2006YY西ⅠT6H81③:40）

白釉瓷碟和白釉瓷盘

图版五一

1. 瓷盘（2006YY西ⅠT32②：20）

2. 瓷盘（2006YY西ⅠT32②：20）

3. 瓷盘（2006YY西ⅠT32②：20）

4. 瓷盘（2006YY西ⅠT30H228：2）

5. 瓷盘（2006YY西ⅠT32H255：6）

6. 瓷盘（2006YY西ⅠT32H255：7）

白釉瓷盘

图版五二

1. 瓷盘（2007YY东T7H150：1）

2. 瓷盘（2007YY东T7H150：1）

3. 瓷盘（2007YY西ⅠT19③：13）

4. 瓷盘（2007YY西ⅠT19③：13）

5. 瓷盘（2007YY西ⅠT20H151②：6）

6. 瓷盘（2007YY西ⅠT20H151②：6）

白釉瓷盘

图版五三

1. 瓷盘（2007YY东T9H197∶1）

2. 瓷盘（2007YY东T9H197∶1）

3. 瓷盘（2007YY东T11H220∶8）

4. 瓷盘（2007YY东T11H220∶8）

5. 瓷盘（2007YY西ⅠT6H47∶8）

6. 瓷盘（2007YY西ⅠT6H47∶8）

白釉瓷盘

图版五四

1. 瓷盘（2007YY西ⅠT23H296∶3）

2. 瓷盘（2007YY西ⅠT17H293∶2）

3. 瓷盘（2007YY西ⅠT11Z7∶2）

4. 瓷盘（2007YY西ⅠT16H155∶1）

5. 瓷盘（2007YY西ⅠT22J2∶9）

6. 瓷盘（2007YY西ⅠT22J2∶21）

白釉瓷盘

图版五五

1. 瓷研磨盘（2006YY西ⅠT27H180∶2）

2. 瓷研磨盘（2006YY西ⅠT27H180∶2）

3. 瓷研磨盘（2007YY西ⅠT18H239∶9）

4. 瓷研磨盘（2007YY西ⅠT18H239∶9）

5. 瓷盆（2007YY东T9H129∶1）

6. 瓷盆（2007YY东T9H129∶1）

白釉瓷研磨盘和白釉瓷盆

图版五六

1. 瓷杯（2006YY西ⅠT24②：3）

2. 瓷杯（2006YY西ⅠT24②：3）

3. 瓷杯（2006YY西ⅠT24②：4）

4. 瓷杯（2006YY西ⅠT32H246：1）

5. 瓷杯（2007YY东T15H163②：2）

6. 瓷杯（2007YY东T15H163②：2）

白釉瓷杯

图版五七

1. 瓷杯（2007YY西ⅠT20H102：5）

2. 瓷杯（2007YY西ⅠT20H102：5）

3. 瓷杯（2006YY西ⅠT25H277：1）

4. 瓷鸟食罐（2006YY西ⅠT6②：3）

5. 瓷鸟食罐（2007YY东T3L1②：6）

6. 瓷鸟食罐（2007YY西ⅠT13H309②：4）

白釉瓷杯和白釉瓷鸟食罐

图版五八

1. 瓷鸟食罐（2007YY西ⅠT21H151：6）

2. 瓷鸟食罐（2007YY西ⅠT21H151：6）

3. 瓷鸟食罐（2007YY西ⅠT11H326：1）

4. 瓷器盖（2006YY西ⅠT2H27：4）

5. 瓷器盖（2006YY西ⅠT2H27：4）

6. 瓷器盖（2006YY西ⅠT2H27：4）

白釉瓷鸟食罐和白釉瓷器盖

图版五九

1. 瓷器盖（2006YY西ⅠT6H81①：33）

2. 瓷器盖（2006YY西ⅠT6H81①：33）

3. 瓷器盖（2007YY东T9H147：5）

4. 瓷器盖（2007YY东T9H147：5）

5. 瓷器盖（2007YY西ⅠT15H196：2）

6. 瓷器盖（2007YY西ⅠT15H196：2）

白釉瓷器盖

图版六〇

1. 瓷器盖（2007YY西ⅠT13J3：4）

2. 瓷器盖（2007YY西ⅠT13J3：4）

3. 瓷器盖（2007YY西ⅠT15H351①：4）

4. 瓷器盖（2007YY西ⅠT15H351①：4）

5. 瓷器盖（2007YY西ⅠT18③：17）

6. 瓷器盖（2007YY西ⅠT24③：3）

白釉瓷器盖

1. 瓷盒（2007YY西ⅠT18H239∶19）

2. 瓷盒（2007YY西ⅠT18H239∶19）

3. 瓷碟形器（2006YY西ⅠT24H57∶2）

4. 瓷碟形器（2006YY西ⅠT24H57∶2）

5. 瓷碗（2006YY西ⅠT6H81③∶39）

6. 瓷碗（2006YY西ⅠT6H81③∶39）

白釉瓷盒、白釉瓷碟形器和酱黑釉瓷碗

图版六二

1. 瓷瓶盖（2006YY西ⅠT8G4∶1）

2. 瓷瓶盖（2006YY西ⅠT8G4∶1）

3. 瓷瓶盖（2006YY西ⅠT8G4∶1）

4. 瓷瓶盖（2006YY西ⅠT8G4∶1）

5. 瓷瓶盖（2006YY西ⅠT8G4∶1）

6. 瓷瓶盖（2006YY西ⅠT8G4∶1）

白釉瓷瓶盖

图版六三

1. 白釉瓷梅瓶（2007YY东T13H170：1）

2. 钧釉瓷梅瓶（2006YY西ⅠT8M1：5）

3. 酱黑釉瓷经瓶（2007YY西ⅠT21H365：1）

4. 酱黑釉瓷经瓶（2006YY西ⅡT2H223：3）

白釉瓷梅瓶、钧釉瓷梅瓶和酱黑釉瓷经瓶

图版六四

1. 瓷碗（2007YY东T13H153：13）

2. 瓷碗（2007YY东T13H153：13）

3. 瓷碗（2007YY东T13H153：13）

4. 瓷碗（2007YY西ⅠT9J7：25）

5. 瓷碗（2007YY西ⅠT6H122：2）

6. 瓷碗（2007YY西ⅠT6H122：2）

酱黑釉瓷碗

图版六七

1. 瓷盘（2007YY西ⅠT12H229∶2）

2. 瓷盘（2007YY西ⅠT18H239∶15）

3. 瓷盘（2007YY西ⅠT22J2∶6）

4. 瓷盘（2007YY西ⅠT22J2∶6）

5. 瓷盆（2007YY东T13H153∶58）

6. 瓷盆（2007YY东T14H95∶6）

酱黑釉瓷盘和酱黑釉瓷盆

图版六八

1. 瓷盆（2007YY西ⅠT12H334：1）

2. 瓷盒（2007YY西ⅠT17H338：2）

3. 瓷刻槽盆（2007YY东T11H161：1）

4. 瓷刻槽盆（2007YY东T11H161：1）

5. 瓷罐（2006YY西ⅠT4H54⑩：41）

6. 瓷罐（2006YY西ⅠT4H54⑥：17）

酱黑釉瓷盆、酱黑釉瓷盒、酱黑釉瓷刻槽盆和酱黑釉瓷罐

图版六九

1. 瓷罐（2006YY西ⅠT4H54⑨：56）

2. 瓷（双耳）罐（2006YY西ⅠT4H54⑨：55）

3. 瓷（双耳）罐（2006YY西ⅠT2H27：6）

4. 瓷（双耳）罐（2006YY西ⅠT16H58：3）

5. 瓷（双耳）罐（2006YY西ⅠT16H58：3）

酱黑釉瓷罐

图版七〇

1. 瓷（双耳）罐（2006YY西ⅠT26H211∶16）

2. 瓷（双耳）罐（2007YY东T13H170∶3）

3. 瓷（双耳）罐（2007YY西ⅠT18H239∶21）

4. 瓷（双耳）罐（2007YY西ⅠTG1J13∶6）

5. 瓷（双耳）罐（2007YY西ⅠT13J3∶10）

6. 瓷炉（2007YY西ⅠT22J2∶1）

酱黑釉瓷罐和酱黑釉瓷炉

图版七一

1. 瓷瓶形器（2006YY西ⅠT26H211∶15）

2. 瓷瓶形器（2007YY东T9④∶1）

3. 瓷瓶形器（2007YY西ⅠT19H328∶16）

4. 瓷釜（2007YY西ⅠT22J2∶5）

5. 瓷器盖（2006YY西ⅠT11H67∶1）

6. 瓷器盖（2006YY西ⅠT11H67∶1）

酱黑釉瓷瓶形器、酱黑釉瓷釜和酱黑釉瓷器盖

图版七二

1. 瓷器盖（2007YY东T10H11②：6）

2. 瓷器盖（2007YY东T10H11②：6）

3. 瓷器盖（2007YY西ⅠT12H229：4）

4. 瓷器盖（2007YY西ⅠT12H229：4）

5. 瓷臼（2007YY西ⅠT1H10②：3）

6. 瓷臼（2007YY西ⅠT1H10②：3）

酱黑釉瓷器盖和酱黑釉瓷臼

图版七三

1. 瓷臼（2007YY西ⅠT3H290：1）

2. 瓷臼（2007YY西ⅠT3H290：1）

3. 瓷碗（2006YY西ⅠT1H60①：1）

4. 瓷碗（2006YY西ⅠT20H138：1）

5. 瓷碗（2006YY西ⅠT27H189：1）

6. 瓷碗（2007YY东T10J5：7）

酱黑釉瓷臼和青釉瓷碗

图版七四

1. 瓷碗（2007YY东T13H153∶48）

2. 瓷碗（2007YY东T13H153∶48）

3. 瓷碗（2007YY东T7J4∶3）

4. 瓷碗（2007YY东T7J4∶3）

5. 瓷碗（2007YY西ⅠT5④∶1）

6. 瓷碗（2007YY西ⅠT4③∶5）

青釉瓷碗

1. 瓷碗（2007YY西ⅠT8H214∶2）

2. 瓷碗（2007YY西ⅠT15H351③∶17）

3. 瓷碗（2007YY西ⅠT15H351③∶15）

4. 瓷碗（2007YY西ⅠT15H351③∶15）

5. 瓷碗（2007YY西ⅠT18H239∶10）

6. 瓷碗（2007YY西ⅠT18H239∶10）

青釉瓷碗

图版七六

1. 瓷碗（2007YY西ⅠT18H239∶24）

2. 瓷碗（2007YY西ⅠT18H239∶24）

3. 瓷碗（2007YY西ⅠT19H183∶12）

4. 瓷碗（2007YY西ⅠT19H183∶12）

5. 瓷碗（2007YY西ⅠT19H183∶9）

6. 瓷碗（2007YY西ⅠT19H328∶10）

青釉瓷碗

图版七七

1. 瓷碗（2007YY西ⅠT20H151∶1）

2. 瓷碗（2007YY西ⅠT20H151∶1）

3. 瓷碗（2007YY西ⅠT20H151∶30）

4. 瓷碗（2007YY西ⅠT20H151∶30）

5. 瓷碟（2006YY西ⅠT4H54⑤∶14）

6. 瓷碟（2006YY西ⅠT4H54⑤∶14）

青釉瓷碗和青釉瓷碟

图版七八

1. 瓷碟（2007YY东T13H2：3）

2. 瓷碟（2007YY东T13H2：3）

3. 瓷碟（2007YY东T13H2：3）

4. 瓷碟（2007YY东T13H153：5）

5. 瓷碟（2007YY东T13H2：4）

6. 瓷碟（2007YY东T13H2：4）

青釉瓷碟

图版七九

1. 瓷盘（2006YY西ⅠT27H180∶6）

2. 瓷盘（2007YY东T7H124∶11）

3. 瓷盘（2007YY东T14H69∶3）

4. 瓷盘（2007YY东T14H69∶7）

5. 瓷盘（2007YY西ⅠT2③∶1）

6. 瓷盘（2007YY西ⅠT6H47∶7）

青釉瓷盘

图版八〇

1. 瓷盘（2007YY西ⅠT18H239：18）

2. 瓷盘（2007YY西ⅠT18H239：20）

3. 瓷盘（2007YY西ⅠT19H328：11）

4. 瓷盘（2007YY西ⅠT20H170：1）

5. 瓷盘（2007YY西ⅠT22H160：1）

6. 瓷盘（2007YY西ⅠT22H160：1）

青釉瓷盘

1. 瓷杯（2007YY东T6H121∶9）

2. 瓷杯（2007YY西ⅠT23H70∶7）

3. 瓷器盖（2006YY西ⅠT29②∶1）

4. 瓷器盖（2006YY西ⅠT32H258∶9）

5. 瓷器盖（2007YY西ⅠT20H151∶31）

6. 瓷炉（2007YY东T13H153∶45）

青釉瓷杯、青釉瓷器盖和青釉瓷炉

图版八二

1. 瓷碗（2007YY东T9H147：1）

2. 瓷碗（2007YY西ⅠT19H183：7）

3. 瓷碗（2007YY西ⅠT17H310：5）

4. 瓷碗（2007YY西ⅠT6H47：2）

5. 瓷碗（2007YY东T9H197：2）

6. 瓷碗（2007YY西ⅠT6③：1）

钧釉瓷碗

图版八三

1. 瓷碗（2007YY西ⅠT21H151∶2）

2. 瓷碗（2007YY西ⅠT21H151∶2）

3. 瓷碗（2007YY西ⅠT11H94∶2）

4. 瓷碗（2007YY西ⅠT15H351③∶9）

5. 瓷碟（2006YY西ⅠT29H274∶2）

6. 瓷碟（2006YY西ⅠT29H274∶2）

钧釉瓷碗和钧釉瓷碟

图版八四

1. 瓷碟（2007YY东T9H197∶13）

2. 瓷碟（2007YY东T13H153∶6）

3. 瓷盘（2006YY西ⅠT6②∶1）

4. 瓷盘（2007YY西ⅠT15H351③∶7）

5. 瓷盘（2007YY西ⅠT19H183∶13）

6. 瓷盘（2007YY西ⅠT20H151②∶10）

钧釉瓷碟和钧釉瓷盘

图版八五

1. 陶球（2007YY西ⅠT19H381∶8）

2. 瓷球（2006YY西ⅠT26②∶5）

3. 陶丸（2007YY西ⅠT15③∶4）

4. 陶丸（2007YY西ⅠT23H296∶2）

5. 陶纺轮（2006YY西ⅠT32H299∶1）

6. 陶纺轮（2007YY东T6Z3∶2）

陶球、瓷球、陶丸和陶纺轮

图版八六

1. 陶纺轮（2007YY西ⅠT2③：10）

2. 陶纺轮（2007YY西ⅠT18H239：14）

3. 瓷围棋子（2007YY东T6H155①：1）

4. 瓷围棋子（2007YY西ⅠT5③：9-1、2007YY西ⅠT5③：9-2）

5. 瓷骰子（2007YY东T13H160：1）

6. 瓷骰子（2007YY西ⅠT3③：6）

陶纺轮、瓷围棋子和瓷骰子

图版八七

1. 瓷象棋子（2007YY东T12H172①∶4）

2. 瓷象棋子（2007YY东T12H172①∶4）

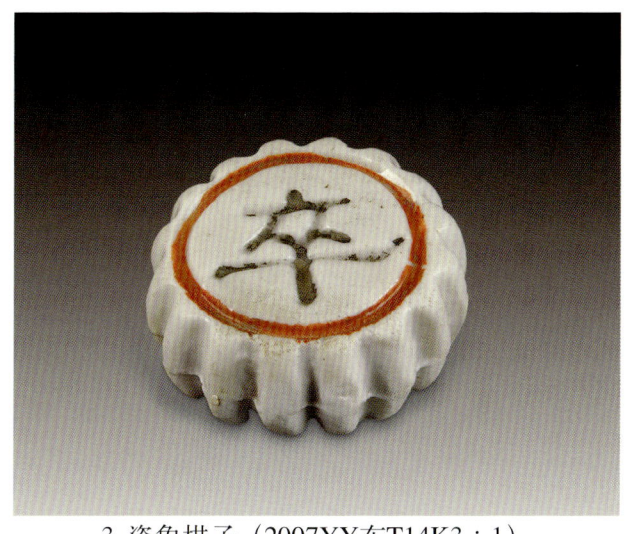
3. 瓷象棋子（2007YY东T14K3∶1）

4. 瓷象棋子（2007YY东T14K3∶1）

5. 陶象棋子（2007YY西ⅠT5③∶24）

6. 陶象棋子（2007YY西ⅠT5③∶24）

瓷象棋子和陶象棋子

1. 瓷围棋子（2007YY西ⅠT7②：2）

2. 瓷坐姿俑（2006YY西ⅠT2H27：2）

3. 瓷坐姿俑（2006YY西ⅠT2H27：2）

4. 瓷坐姿俑（2006YY西ⅠT2H27：2）

5. 瓷坐姿俑（2006YY西ⅠT14②：1）

6. 瓷坐姿俑（2006YY西ⅠT14②：1）

瓷围棋子和瓷坐姿俑

图版九一

1. 瓷立姿俑（2007YY西ⅠT21H151：13、2007YY西ⅠT21H151：11）

2. 瓷坐姿俑（2007YY西ⅠT1①：2）

3. 瓷女俑头（2006YY西ⅠT19②：1）

4. 瓷男俑头（2006YY西ⅠT15②：1）

5. 瓷女俑头（2006YY西ⅠT20②：6）

6. 瓷女俑头（2007YY东T4H60：1）

瓷立姿俑、瓷坐姿俑和瓷人俑头

图版九二

1. 瓷男俑头（2007YY东T6L1②：2）

2. 瓷男俑头（2007YY东T11③：6）

3. 瓷女俑头（2007YY东T15H204：1）

4. 瓷女俑头（2007YY西ⅠT9J7：22）

5. 瓷姿势不明俑（2007YY西ⅠT20H151②：3）

6. 瓷姿势不明俑（2007YY西ⅠT20H151②：3）

瓷人俑头和瓷姿势不明俑

1. 瓷蛙俑（2006YY西ⅠT21H168∶3）

2. 瓷马俑（2006YY西ⅠT21H168∶4）

3. 瓷狮俑（2007YY西ⅠT9J7∶21）

4. 瓷狮俑（2007YY西ⅠT9J7∶21）

5. 瓷鸭俑（2007YY西ⅠT6③∶4）

6. 瓷鸭俑（2006YY西ⅠT16H95∶2）

瓷蛙俑、瓷马俑、瓷狮俑和瓷鸭俑

图版九四

1. 瓷猴俑（2007YY西ⅠT5H215∶2）

2. 陶鸱吻（2007YY西ⅠT11③∶11）

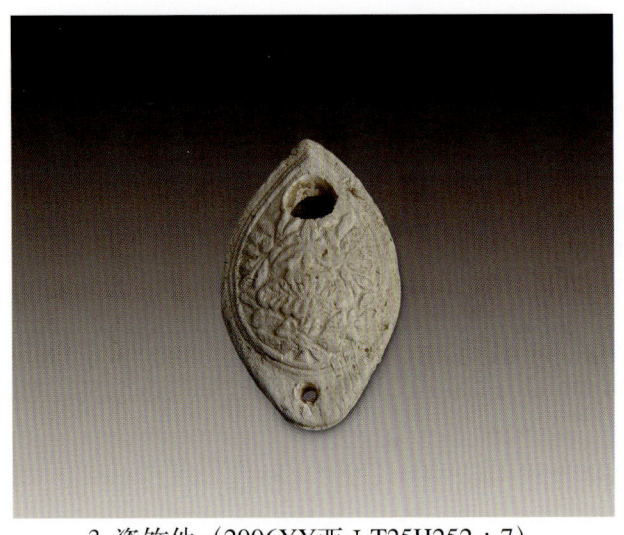
3. 瓷饰件（2006YY西ⅠT25H252∶7）

4. 瓷饰件（2006YY西ⅠT25H252∶7）

5. 铜花饰（2007YY东T4H25∶1）

6. 铜花饰（2007YY东T4H25∶1）

瓷猴俑、陶鸱吻、瓷饰件和铜花饰

图版九五

1. 铜双股钗（2006YY西ⅠT20①：5）

2. 铜双股钗（2006YY西ⅠT20H140：1）

3. 铜双股钗（2006YY西ⅠT30H215：1）

4. 铜双股钗（2007YY西ⅠT2H297：2）

5. 铜双股钗（2007YY西ⅠT3②：5）

6. 铜双股钗（2007YY西ⅠT6H47：18）

铜双股钗

图版九六

1. 铜簪（2007YY东T13H6：7）

2. 铜花饰（2007YY东T12H65①：4）

3. 铜镞（2007YY西ⅠT5⑤：1）

4. 铜镞（2007YY西ⅠT16⑤：1）

5. 铜镈（2006YY西ⅠT4G4：1）

6. 铜环（2007YY东T10J5：14）

铜簪、铜花饰、铜镞、铜镈和铜环

图版九七

1. 铜环（2007YY东T10J5:31）

2. 铜梳（2007YY西ⅠT2H330:2）

3. 铜耳勺（2007YY东T3H209:1）

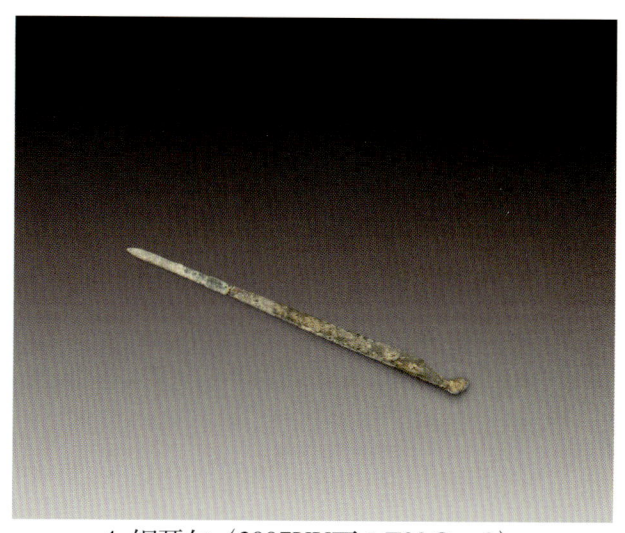

4. 铜耳勺（2007YY西ⅠT20③:3）

5. 铜提手（2007YY西ⅠT1H71:1）

6. 铜提手（2007YY西ⅠT2③:4）

铜环、铜梳、铜耳勺和铜提手

图版九八

1. 铜棋子（2007YY东T10②∶6）

2. 铜棋子（2007YY东T10②∶6）

3. 铁镞（2006YY西ⅠT4H54⑥∶20）

4. 铁镞（2006YY西ⅠT5①∶1）

5. 铁镞（2007YY西ⅠT23H70∶4）

6. 铁鏓（2007YY西ⅠT9⑤∶2）

铜棋子、铁镞和铁鏓

图版九九

1. 铁钉（2006YY西ⅠT20①：6）

2. 铁钉（2007YY东T9③：1）

3. 铁铲（2006YY西ⅡT3①：3）

4. 铁凿（2007YY东T3⑪：2）

5. 铁凿（2007YY东T1H77：3-1）

6. 铁凿（2007YY东T1H77：3-1）

铁钉、铁铲和铁凿

图版一〇〇

1. 铁剪刀（2007YY西ⅠT15H68：2）

2. 铁锸（2006YY西ⅠT30H215：2）

3. 铁钳（2007YY东T15Z5：2）

4. 铁錾（2007YY东T42006G1：1）

5. 铁灯（2007YY东T3H240：2）

6. 铁灯（2007YY西ⅠT1①：3）

铁剪刀、铁锸、铁钳、铁錾和铁灯

图版一〇一

1. 铁权（2007YY西ⅠT8③：14）

2. 铁权（2007YY西ⅠT10H59：1）

3. 铁钩（2007YY东T1H77：3-2）

4. 铁钩（2007YY东T1H77：3-2）

5. 铁钩（2007YY西ⅠT5③：16）

6. 石纺轮（2006YY西ⅠT8①：2）

铁权、铁钩和石纺轮

图版一〇二

1. 石砚（2007YY西ⅠT3③:2）

2. 石砚（2007YY西ⅠT3③:2）

3. 石砚（2007YY西ⅠT3③:2）

4. 石球（2006YY西ⅠT6H81③:17）

5. 石球（2007YY西ⅠT6J11①:1）

6. 石球（2007YY西ⅠT8J1:4）

石砚和石球

图版一〇三

1. 石雕童子（2006YY西ⅠT8M1∶1）

2. 石雕童子（2006YY西ⅠT8M1∶1）

3. 石雕童子（2006YY西ⅠT8M1∶1）

4. 石雕童子（2006YY西ⅠT8M1∶1）

5. 石雕童子（2006YY西ⅠT8M1∶1）

6. 石杵（2006YY西ⅠT8②∶2）

石雕童子和石杵

图版一〇四

1. 铜压胜钱（2007YY西ⅠT2③∶3）

2. 铜压胜钱（2007YY西ⅠT2③∶3）

3. 骨刷（2006YY西ⅠT2H27∶1）

4. 骨刷（2006YY西ⅠT2H27∶1）

5. 骨刷（2006YY西ⅠT2H27∶1）

6. 骨针（2006YY西ⅠT6H81①∶9）

铜压胜钱、骨刷和骨针

图版一○五

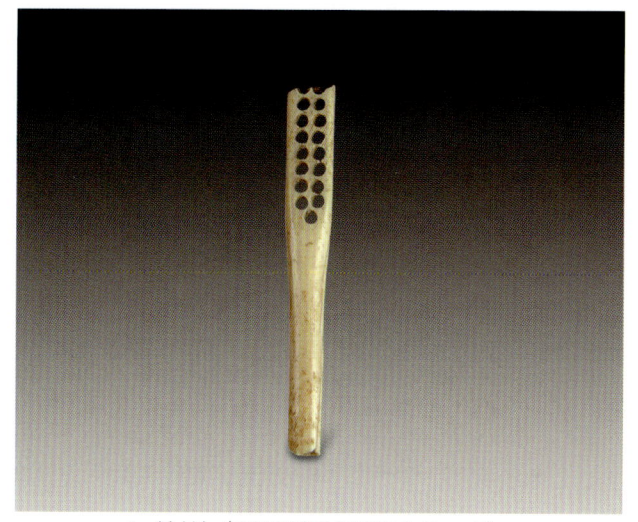

1. 骨刷（2007YY东T3L1②∶3）

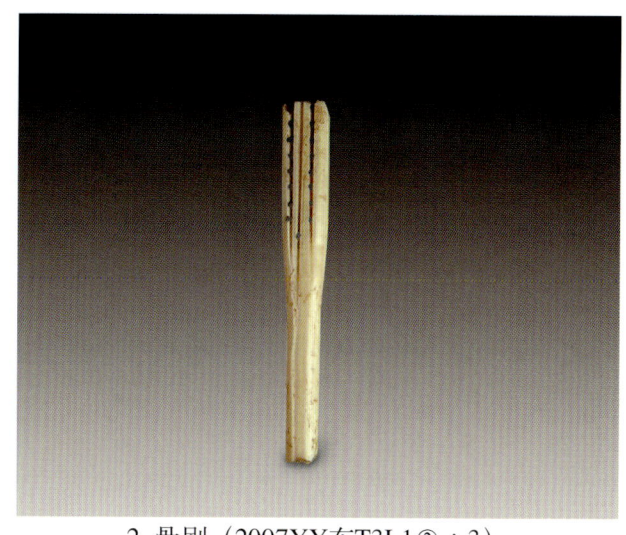

2. 骨刷（2007YY东T3L1②∶3）

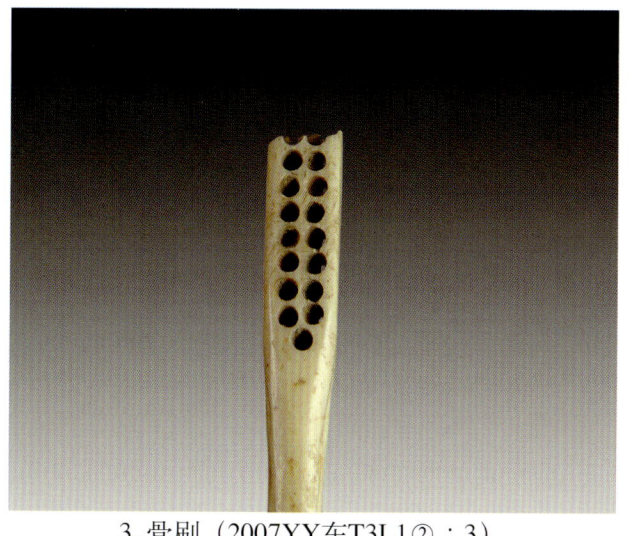

3. 骨刷（2007YY东T3L1②∶3）

4. 骨刷（2007YY东T3L1②∶3）

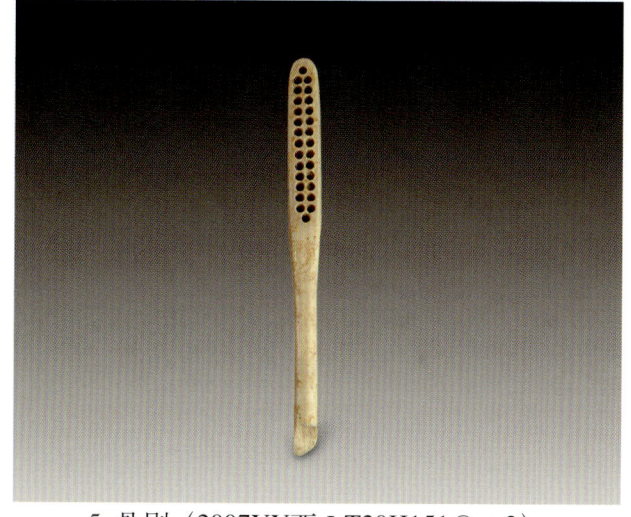

5. 骨刷（2007YY西ⅠT20H151②∶2）

6. 骨刷（2007YY西ⅠT20H151②∶2）

骨刷

图版一〇六

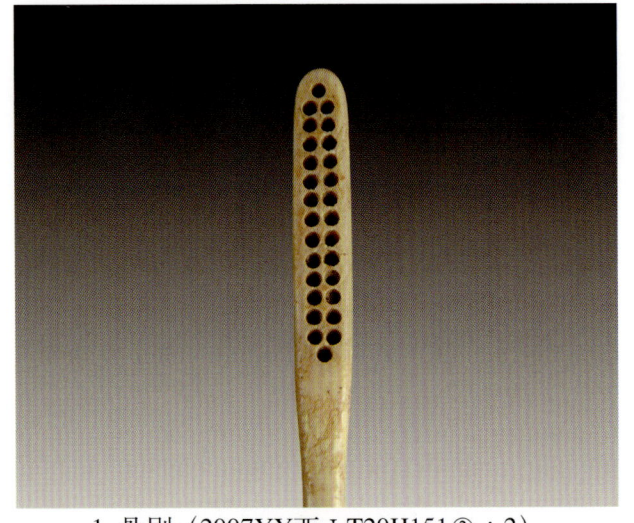

1. 骨刷（2007YY西ⅠT20H151②：2）

2. 骨刷（2007YY西ⅠT20H151②：2）

3. 骨梳（2006YY西ⅠT5J12：1）

4. 骨梳（2006YY西ⅠT5J12：1）

5. 骨梳（2007YY东T10J5：32）

6. 骨梳（2007YY东T10J5：32）

骨刷和骨梳

1. 骨梳（2006YY西ⅠT22⑤:2）

2. 骨梳（2006YY西ⅠT22⑤:2）

3. 骨梳（2006YY西ⅠT22⑤:2）

4. 骨梳（2007YY西ⅠT6⑤:1）

5. 骨梳（2007YY西ⅠT6⑤:1）

6. 骨梳（2007YY西ⅠT6⑤:1）

骨梳

图版一〇八

1. 骨梳（2007YY西ⅠT11H214∶1-1）

2. 骨梳（2007YY西ⅠT11H214∶1-1）

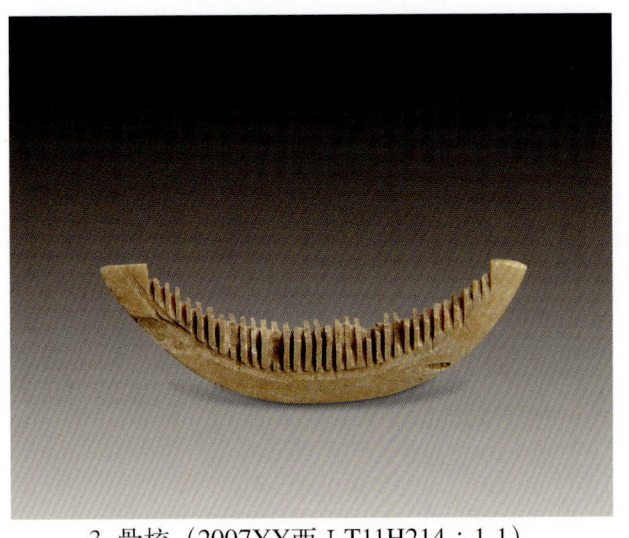

3. 骨梳（2007YY西ⅠT11H214∶1-1）

4. 骨梳（2007YY西ⅠT15③∶15）

5. 骨梳（2007YY西ⅠT15③∶15）

6. 骨梳（2007YY西ⅠT15③∶15）

骨梳

图版一○九

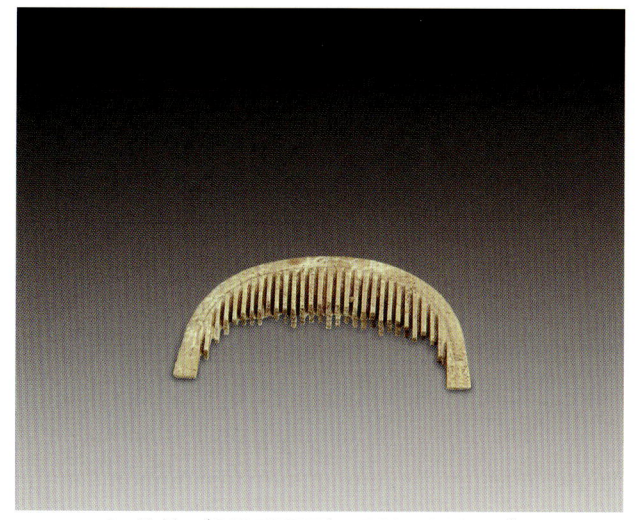

1. 骨梳（2007YY西ⅠT23H296：4）

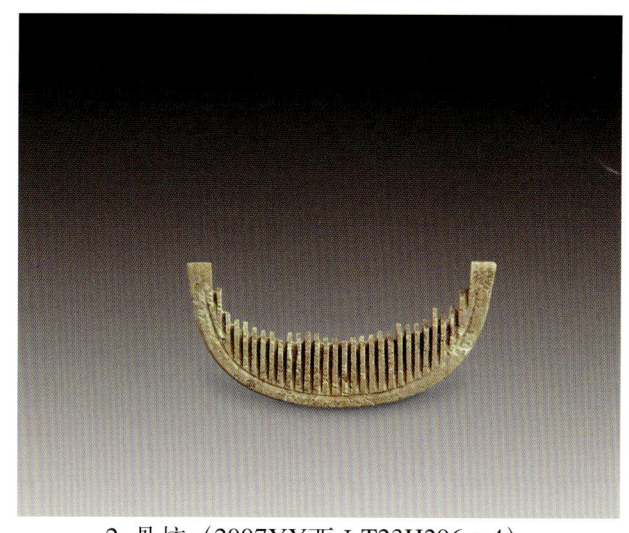

2. 骨梳（2007YY西ⅠT23H296：4）

3. 骨笄（2007YY西ⅠT13J3：11）

4. 骨笄（2007YY西ⅠT22J2：19）

5. 骨料（2006YY西ⅠT20②：19-1）

6. 骨料（2006YY西ⅠT20②：19-1）

骨梳、骨笄和骨料

图版一一〇

1. 骨料（2007YY西ⅠT8④：5）

2. 骨料（2007YY西ⅠT8④：5）

3. 骨器（2006YY西ⅠT24M11：1）

4. 角（2007YY西ⅠT11H311：4）

5. 蚌饰（2007YY西ⅠT11H107：1）

6. 蚌饰（2007YY西ⅠT11H107：1）

骨料、骨器、角和蚌饰

1. 货贝（2006YY西ⅠT24M17：2-1）

2. 货贝（2006YY西ⅠT25M24：2-1）

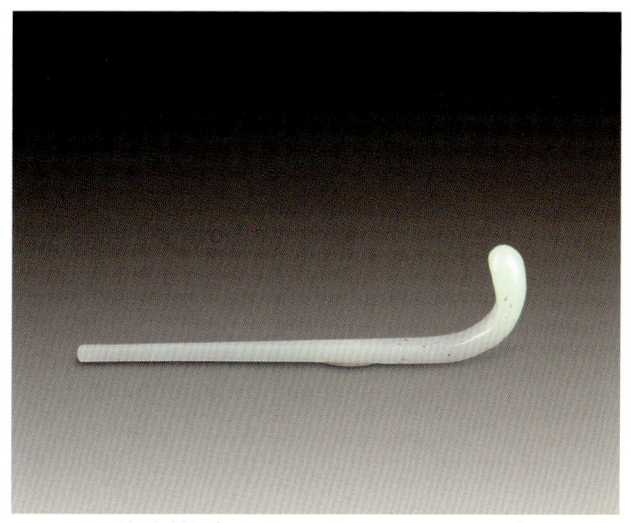
3. 玻璃簪（2006YY西ⅠT4H54④：8）

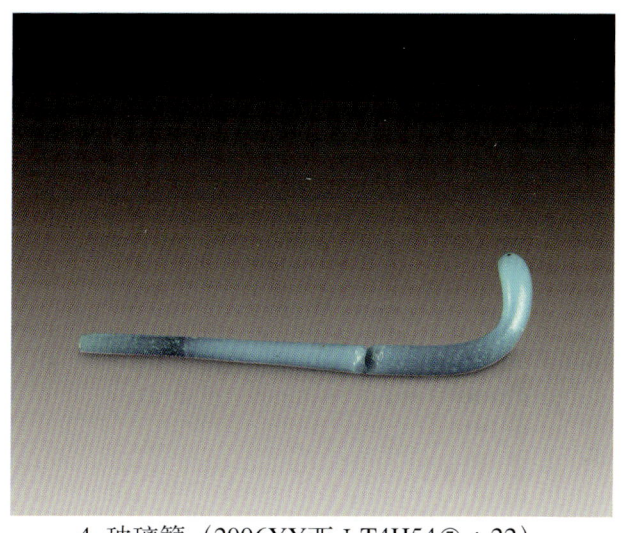
4. 玻璃簪（2006YY西ⅠT4H54⑦：22）

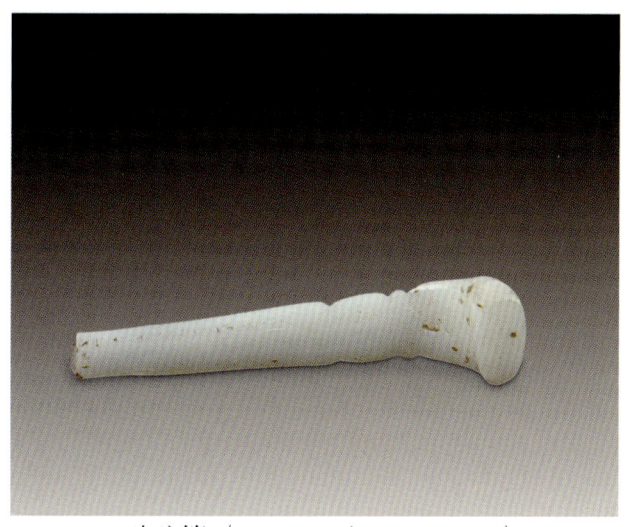
5. 玻璃簪（2007YY西ⅠT5H46：1）

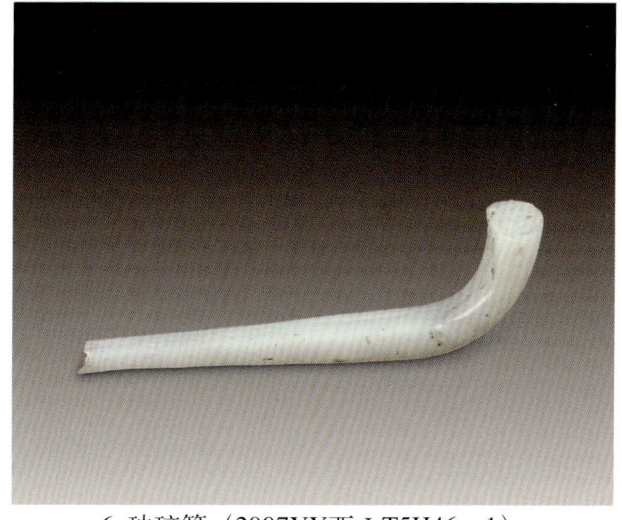
6. 玻璃簪（2007YY西ⅠT5H46：1）

货贝和玻璃簪

图版一一二

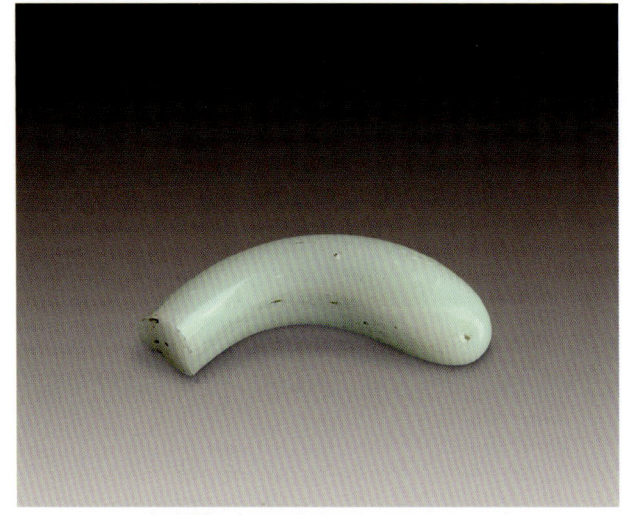

1. 玻璃簪（2007YY西ⅠT10④∶1）

2. 玻璃簪（2007YY西ⅠT10④∶1）

3. 玻璃簪（2007YY西ⅠT8③∶15）

4. 玻璃簪（2007YY西ⅠT8③∶15）

5. 玻璃簪（2007YY西ⅠT8H35∶2）

6. 玻璃珠（2007YY西ⅠT2③∶9）

玻璃簪和玻璃珠